SIE PRÄGTEN UNSERE WELT

SIE PRÄGTEN UNSERE WELT

4000 Menschen, die Geschichte schrieben

Reader's Digest
Deutschland · Schweiz · Österreich

Autoren
Ralf Dombrowski, Claudia Gass, Birgit Hock, Guido Huss, Dr. Roland Knauer, Frank J. Müller, Dr. Sabine Rochlitz, Reinald Schröder, Prof. Dr. Holger Sonnabend, Verena Stindl, Kerstin Viering, Ellen Weitbrecht

Producing
red.sign GbR, Stuttgart

Reader's Digest
Redaktion: Joachim Wahnschaffe, Falko Spiller (Aktualisierung)
Grafik: Gabriele Stammer-Nowack
Bildredaktion: Sabine Schlumberger
Prepress: Frank Bodenheimer

Chefredakteurin Ressort Buch: Dr. Renate Mangold
Art Director: Susanne Hauser

Produktion
arvato distribution: Thomas Kurz

Satz und Reproduktion: Meyle + Müller GmbH + Co. KG, Pforzheim
Druck und Binden: Neografia, Martin

Aktualisierte Ausgabe 2015

Redaktionsschluss: 30. Juni 2015

GR 1390/IC

Printed in Slovakia
ISBN 978-3-95619-171-8

Besuchen Sie uns im Internet
www.readersdigest.de | www.readersdigest.ch |www.readersdigest.at

VORWORT

Wer erfand eigentlich den Kugelschreiber? Wer waren die Vorkämpfer für ein geeintes Europa? Und welche tragische Folge hatte Charles Lindberghs Flug über den Atlantik für seine Familie und ihn?

Auf diese und Tausende weiterer Fragen finden Sie Antworten in diesem Buch, einer einzigartigen Kombination von präzisem Nachschlagewerk und spannendem Lesebuch zu Leben und Leistung großer Persönlichkeiten. In acht Kapitel und weit über 200 Artikel gegliedert, bietet dieses Werk die entscheidenden Informationen über 4000 Menschen, die den Lauf der Geschichte nachhaltig beeinflussten. Dabei schafft es das Buch trotz der immensen Datenfülle, die Lebenslinien der Persönlichkeiten miteinander in Bezug zu setzen und gegenseitige Verbindungen sichtbar zu machen. So entstanden spannende Artikel, die nicht nur von bedeutenden Menschen erzählen, sondern auch die Geschichte ganzer Sachgebiete wiedergeben und so über wesentliche Zusammenhänge informieren.

Lassen Sie sich also hineinziehen in dieses großartige Leseabenteuer! Begegnen Sie großen Denkern und strategischen Köpfen, genialen Forschern, Erfindern und Entdeckern, grandiosen Schöpfern unsterblicher Kunstwerke! Und lesen Sie, wie diese Menschen unsere Welt prägten und sie zu dem machten, was sie heute ist.

Die Redaktion

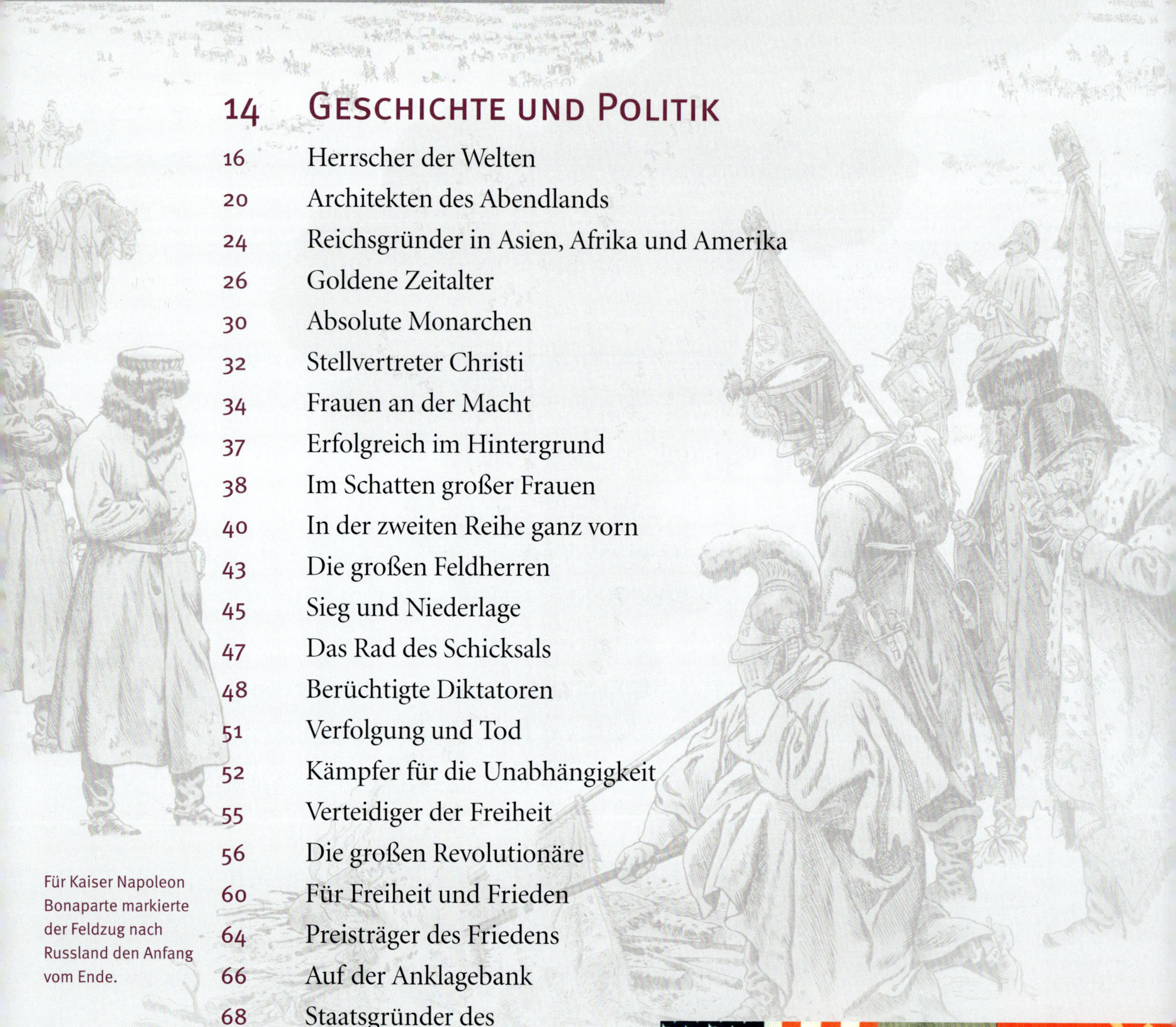

14 GESCHICHTE UND POLITIK

Für Kaiser Napoleon Bonaparte markierte der Feldzug nach Russland den Anfang vom Ende.

Vorkämpfer der Abrüstung: George Bush (links) und Michail Gorbatschow

Die Kogge ist ein Symbol für die Macht der Hanse, zu deren herausragenden Vertretern Konrad Klepping zählte.

Der Portugiese Pedro Alvarez Cabral war einer der wagemutigen Pioniere auf dem Seeweg nach Indien.

Das Amazonasgebiet erforschte eine ganze Reihe von Entdeckern.

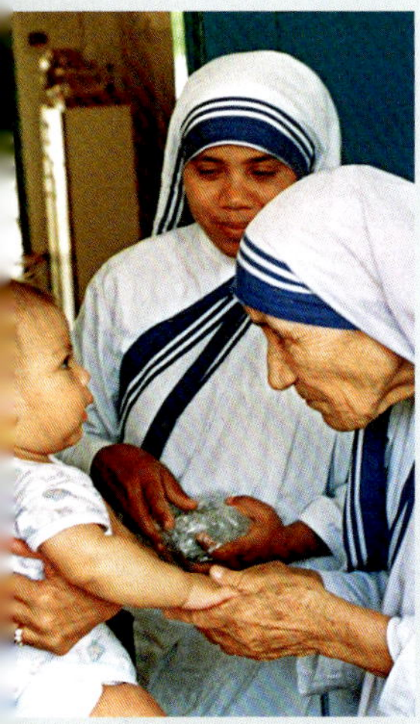

Mutter Teresa (rechts) zählt zu den bekanntesten Wohltätern der Menschheit.

Sergej Bubka stellte im Stabhochsprung 35 Weltrekorde auf.

Leonardo da Vinci war eines der größten Genies aller Zeiten. Einer seiner weniger bekannten Entwürfe ist dieses Fahrrad.

Die nach ihrem Gründer William E. Boeing benannte Firma ist heute der größte Flugzeughersteller der Welt.

Jüdische Glaubenslehrer berufen sich auf die Schriftrollen der Thora.

Den Teilnehmern seiner exklusiven Tischgesellschaften erläuterte Immanuel Kant (Zweiter von links) seine Gedankengänge.

Zu den herausragenden Frauen in der Kunst zählt Niki de Saint-Phalle. Im Bild ihre »Trois Nanas«.

Jonathan Paul Ive brachte Farbe in das Design von Computern und – wie bei dieser Maus – ihrem Zubehör.

Schauspieler wie Emil Jannings und Marlene Dietrich prägten das frühe deutsche Kino.

Einer der gegenwärtigen Stars im Konzertsaal ist der chinesische Pianist Lang Lang.

Astrid Lindgren schuf in ihren Büchern Kinderhelden wie Pippi Langstrumpf.

GESCHICHTE UND POLITIK

Vom Beginn der Geschichte an gelang es immer wieder Einzelnen – ob Herrscher oder Revolutionär, Diktator oder Freiheitskämpfer, Feldherr oder Friedensfürst – ihrer Epoche einen unauslöschlichen Stempel aufzudrücken. Über die Jahrtausende sicherte sich so eine Vielzahl von aus der Masse herausragenden Persönlichkeiten einen Platz im ewigen Gedächtnis der Menschheit.

Eroberer und Entdecker
Mit seinen Feldzügen bis ans Ende der damals bekannten Welt schuf ***Alexander der Große*** (356 bis 323 v. Chr.) *ein gigantisches Reich. Dabei bezwang er die damals als unbesiegbar geltenden Perser.*

Herrscher der Welten

In der Geschichte gab es immer wieder Persönlichkeiten, die sich in ihrer Zeit als Eroberer einen Namen machten. Viele von ihnen gerieten bald wieder in Vergessenheit. Dauerhaften Ruhm ernteten hingegen jene Herrscher, die nicht nur die Waffen sprechen ließen, sondern sich auch bemühten, die unterworfenen Gebiete zu ihrem Vorteil neu zu gestalten.

Der berühmteste Eroberer und Reichsgründer der Antike war **Alexander der Große** *(356–323 v. Chr.)*. In gerade einmal 10 Jahren unterwarf der König der Makedonen ein Reich, das sich von der Ägäis bis nach Indien erstreckte. Mit 19 Jahren war er seinem Vater Philipp II. auf den Thron gefolgt; von ihm hatte er den Plan eines Feldzugs gegen das mächtige Perserreich geerbt. Doch während Philipp es nur auf die Befreiung der Griechenstädte im westlichen Kleinasien abgesehen hatte, dachte der ehrgeizige Sohn in größeren Dimensionen. 334 v. Chr. zog er mit seinem Heer Richtung Osten und besiegte in der Schlacht von Issos (333 v. Chr.) den persischen Herrscher Dareios III. Anschließend besetzte er die persischen Königsresidenzen und nahm nach dem Tod des Dareios den Titel eines Großkönigs an. In Ägypten, das er danach eroberte, ließ er sich zum Pharao krönen und zog dann über den Hindukusch nach Indien, wo er das Ende der Welt zu erreichen hoffte. Doch seine ermüdeten Soldaten zwangen ihn 325 v. Chr. zur Rückkehr.
Am 10. Juni 323 v. Chr. erlag der 32-jährige Alexander in Babylon einer schweren Krankheit. Nur wenig Zeit war ihm geblieben, das riesige Reich zu organisieren. Der frühe Tod verhinderte seinen Plan, die europäischen und asiatischen Kulturen zusammenzuführen. Weil leibliche Nachkommen fehlten, brach das Reich Alexanders des Großen bald wieder auseinander.

Francisco Pizarro *(1478–1541)* legte als sogenannter Konquistador (Eroberer) mit der Inbesitznahme Perus den Grundstein zum spanischen Imperium in Südamerika. Schon vorher hatten ihn Seereisen nach Westindien und Panama geführt.
Auf das Vorhaben, das legendäre Reich der Inka zu erobern, hatte ihn die Niederwerfung des Aztekenreichs in Mittelamerika durch Hernando Cortez (1519) gebracht. Zu diesem Zweck verbündete er sich mit dem Konquistador Diego de Almagro und holte sich 1529 die Rückendeckung von König Karl V., der ihn zum Statthalter und Generalkapitän von Peru ernannte.

Der Feldzug nach Russland 1812 war für Napoleon der Anfang vom Ende.

1531 begann die Eroberung des Andenreichs. Nachdem der Inka-König Atahualpa gefangen genommen und hingerichtet worden war, zog Pizarro mit seinen Soldaten in die Hauptstadt Cuzco ein, wo er den Inka Manco Capac II. als Vasallen des spanischen Königs auf den Thron setzte. Einen Aufstand, den dieser organisierte, schlug er mithilfe des alten Verbündeten Almagro nieder und brach so den Widerstand der Inka. Doch Pizarro und Almagro gerieten bei der Frage der Verteilung der Beute in einen erbitterten Streit. Zwar gelang es Pizarro, Almagro in der Schlacht von Salinas 1538 zu besiegen. Doch dessen Söhne ruhten nicht eher, bis sie den Tod des Vaters, der auf Befehl Pizarros hingerichtet worden war, gerächt hatten. Einer von ihnen ermordete den Konquistadoren 1541 in der peruanischen Stadt Lima, die Pizarro 6 Jahre zuvor gegründet hatte. Peru aber blieb bis ins 19. Jh. unter spanischer Herrschaft.

Auf Korsika geboren, machte **Napoleon Bonaparte** *(1769–1821)* in den Wirren der Französischen Revolution Karriere und profilierte sich in jenen Kriegen, die die europäischen Mächte führten, um die Revolution in Frankreich niederzuwerfen. Den Weg in die gehobene Gesellschaft ebnete ihm die Ehe mit der vornehmen Joséphine Beauharnais. Eine Expedition nach Ägypten (1798–1801) hatte das Ziel, die Vormachtstellung der Engländer im östlichen Mittelmeer zu brechen. Sie scheiterte – und hätte seine Karriere fast vorzeitig beendet. Doch in einem Handstreich stürzte er 1799 die Regierung und ließ sich zunächst für 10 Jahre, später auf Lebenszeit zum Ersten Konsul, einem der drei höchsten Staatsbeamten, ernennen. Den Höhepunkt seiner Laufbahn erreichte Napoleon 1804, als er sich in Notre-Dame zu Paris zum Kaiser der Franzosen krönte. Innenpolitisch bedeutsam war der Code Napoléon, mit dem er den Grundstein für das noch heute in Frankreich gültige Recht legte. Außenpolitisch brachten ihn seine Großmachtansprüche schon bald in Konkurrenz zu England, Österreich und später auch Russland. Die Napoleonischen Kriege, die der Korse zwischen 1803 und 1812 führte, mündeten in die Herrschaft Frankreichs über Mittel- und Südeuropa. Nachdem die 1809 geschiedene Ehe mit Joséphine kinderlos geblieben war, heiratete Napoleon 1810 Marie Louise, die Tochter des österreichischen Kaisers. Der Sohn aus dieser Ehe war als sein Nachfolger vorgesehen. Doch der Feldzug seiner Grande Armee 1812 nach Russland leitete die Wende seiner Herrschaft ein. Die Völkerschlacht bei Leipzig 1813 wurde für seine Gegner zum größten Erfolg der Befreiungskriege. 1814 wurde Napoleon von den Verbündeten abgesetzt und nach Elba verbannt. 1815 kehrte er zurück, doch die »Herrschaft der 100 Tage« endete mit der verheerenden Niederlage in der Schlacht von Waterloo (1815) und der endgültigen Verbannung nach St. Helena. Hier starb Kaiser Napoleon 6 Jahre später.

Der kleine Kaiser

Der Korse veränderte mit seinen Feldzügen die Landkarte in Europa. Die Schlacht bei Waterloo markiert den Untergang ***Napoleons I.*** (1769 bis 1821).

»Vom Erhabenen zum Lächerlichen ist es nur ein Schritt.«

Napoleon I.

Eroberer des Goldreichs

Der spanische Entdecker ***Francisco Pizarro*** (1478–1541) *besiegte die Inka und eroberte das reiche Peru. 1533 wurde auch die Stadt Cuzco, heute Weltkulturerbe, widerstandslos eingenommen.*

Große Reichsgründer der Antike

Eines der ersten Großreiche der Geschichte gründete im Zweistromland, also dem Gebiet zwischen Euphrat und Tigris, **Sargon von Akkad** *(2235–2180 v. Chr.)*. In Sargons Fußstapfen trat später der Perser **Kyros II.** *(um 600–530 v. Chr.)*. Unter seiner Herrschaft stieg das Perserreich zu bis dahin nicht erreichter Größe auf. **Dareios I.** *(550–486 v. Chr.)* dehnte die Eroberungen des Kyros auf ein Gebiet vom Indus bis zum Mittelmeer aus. Der Initiative von **Themistokles** *(um 525–459 v. Chr.)* war es zu verdanken, dass das damals noch kleine Athen eine mächtige Flotte baute und eine Seeherrschaft im östlichen Mittelmeerraum begründen konnte. **Mithridates I.** *(um 200–138 v. Chr.)* dehnte das Kernland Parthiens im heutigen Iran durch Eroberungen im Zweistromland und Mittelasien aus und begründete so das zweite persische Großreich. Nach dem Tod Alexanders des Großen war ein Teil seines Erbes an die Dynastie der Seleukiden in Makedonien auf dem Balkan gefallen. König **Antiochos III.** *(243/2–187 v. Chr.)* bewahrte das riesige Gebiet vor dem Zerfall und verschaffte seiner Familie wieder eine Vorreiterrolle im östlichen Mittelmeer. Erst der Vormarsch der Römer bereitete dem Seleukidenreich ein Ende.

Kaiser Augustus *(63 v. Chr. bis 14 n. Chr.)* formte das Römische Reich, das zuvor eine Republik gewesen war, mit viel Geschick in eine Monarchie um. Seine Reformen gaben dem Imperium Romanum für Jahrhunderte Stabilität, bis es im 4. und 5. Jh. unter dem Ansturm der Germanen zu wanken begann. Für kurze Zeit baute damals der Hunnenkönig **Attila** *(etwa 400–453)*, der König Etzel in der deutschen Sage, ein Imperium auf, das vom Kaukasus bis zum Rhein reichte. Das römische Gebiet war 395 in eine Ost- und eine Westhälfte geteilt worden. 476 ging das Weströmische Reich unter und zerfiel in germanische Königreiche. Der Kaiser des Oströmischen (oder Byzantinischen) Reiches regierte in Konstantinopel, dem ehemaligen Byzanz und heutigen Istanbul. Offiziell in seinem Auftrag herrschte in Italien **Theoderich der Große** *(wohl 451–526)*. In der Realität aber baute er sich als König der Ostgoten einen eigenen Herrschaftsbereich auf. Der oströmische **Kaiser Justinian** *(482–565)* unternahm den Versuch, die im Westen verloren gegangenen römischen Gebiete zurückzuerobern und ein großes, einheitliches Reich zu bilden. Es gelang ihm zwar, Nordafrika, Italien und Teile Spaniens zu gewinnen. Doch bald nach Justinians Tod mussten diese Territorien wieder aufgegeben werden.

Sieger von Hastings

Mit seinem normannischen Heer landete ***Wilhelm I., der Eroberer*** (um 1028 bis 1087) *in England. Nach der Schlacht bei Hastings 1066 öffnete er England dem romanischen Kulturkreis.*

Auf dem Weg ins Mittelalter

Kalif Omar I. ibn al-Chattab *(um 586–644)* stand am Beginn der großen arabischen Eroberung, die in wenigen Jahrzehnten ein islamisches Imperium von Spanien bis Persien und von Nordafrika bis Syrien begründete. In Mitteleuropa schweißte **Otto I.** *(912–973)* das Heilige Römische Reich zu einem deutschen Imperium zusammen, das bis 1806 Bestand haben sollte. In Ungarn begründete **Stephan I.** *(um 974–1038)* die Monarchie der Magyaren. Er ist bis heute Nationalheiliger der Ungarn.

Unter den normannischen Reichsgründern ragten **Robert Guiscard** *(1016–85)* als Eroberer Apuliens und Kalabriens und **Wilhelm der Eroberer** *(um 1028–87)* hervor. Ihm gelang es, nach der Schlacht bei Hastings (1066) England zu besetzen, das er zu einem modernen Staat formte. Einer seiner Nachfolger, **Richard I. »Löwenherz«** *(1157–99)*, begegnete als Kreuzritter dem größten Helden der muslimischen Welt, Sultan **Saladin** *(1137/38–93)*, der für seine Ritterlichkeit bekannt war und seinem Gegner während einer Schlacht sogar Ersatz für sein getötetes Pferd schickte. Die Mongolen beherrschten unter **Dschingis Khan** *(wohl 1162–1227)* ein Großreich vom Chinesischen Meer bis nach Osteu-

Symbol für das »Tatarenjoch«

Der Begründer der mongolischen Nation ***Dschingis Khan*** (wohl 1162–1227) *war ein gnadenloser Eroberer und Unterdrücker Osteuropas.*

Erneuerer des Kaisertums
962 wurde der Ungarnbezwinger ***Otto I.*** (912–973) *zum Kaiser gekrönt – bis 1806 blieb diese Würde mit dem deutschen Königtum verbunden.*

Weltherrscher
Der König und Kaiser des Heiligen Römischen Reiches ***Karl V.*** (1500–58) *etablierte das Weltreich der Habsburger. Er sah sich als Verteidiger des »wahren« Glaubens.*

ropa. Kurzlebig war das Reich des Mongolen **Timur Lenk** *(1336–1405)*, der seine Macht vor allem auf Gewalt gründete.

Neue Zeiten, neue Mächte

Dem türkischen Sultan **Mehmet II. Fatih** *(1432 bis 1481)* gelang 1453 die Eroberung von Konstantinopel, das der Osmane unter dem Namen Istanbul zu seiner Hauptstadt machte. Damit setzte er dem Byzantinischen Reich ein Ende und schuf die Grundlagen für den Aufstieg der Osmanen. **Akbar der Große** *(1542–1605)* gilt mit seinem Reich, das er in Indien aufbaute, als einer der geschicktesten Herrscher Asiens. **Iwan IV.** *(1530–84)*, genannt »der Schreckliche«, war der erste russische König, der sich »Zar« – übersetzt »Kaiser« – nannte. Damit knüpfte er an die Tradition römischer Kaiser an. Als Herrscher, in dessen Reich die Sonne niemals unterging, ist **Karl V.** *(1500–58)* in die Geschichte eingegangen. Der Habsburger Kaiser herrschte nicht nur über halb Europa, sondern verfügte auch in Mittel- und Südamerika über Besitzungen. **Sinowij Chmelnizkij** *(um 1590–1657)* war Feldherr der Kosaken und wurde durch seine Eroberungen zum Nationalhelden der Ukrainer. **Peter der Große** *(1672–1725)* führte in Russland zahlreiche Reformen durch, gründete ein Ostsee-Reich und leitete die Hinwendung seines Landes zum Westen ein. **William Pitt** *(1708–78)* sorgte als leitender britischer Minister mit der Zerstörung der französischen Flotte für den Aufstieg Britanniens zur Seeweltmacht. Unter **Friedrich II., dem Großen** *(1712 bis 1786)* etablierte sich Preußen neben den Habsburgern als Großmacht in Europa.

»Der Schreckliche«
Mit 3 Jahren kam ***Iwan IV.*** (1530 bis 1584) *auf den Thron. Später regierte der Zar mit brutalen Methoden und erschlug sogar seinen Sohn in einem Wutanfall.*

Architekten des Abendlands

Immer wieder gab es in der Geschichte Persönlichkeiten, die mit Geschick, Gewalt oder auch nur mit einer gehörigen Portion Glück die politische Landkarte verändert haben. Die Namen der historischen Architekten Europas sind bis heute nicht vergessen – auch wenn Staaten und Reiche nicht allein durch die Initiative einzelner Menschen entstehen.

Einiger des Abendlands
Der Begründer des mittelalterlichen Kaisertums, ***Karl I., der Große*** *(747–814), herrschte über weite Teile des Abendlands. Mit seiner Reform des Bildungswesens brachte er die Kultur voran.*

Historische Persönlichkeiten werden nach ihrem Tod oft in Zusammenhänge gestellt, die ihnen selbst fremd gewesen sind. Dieses Schicksal blieb auch **Karl I., dem Großen** *(747–814)* nicht erspart, den man in der Neuzeit gern zu einem überzeugten Europäer stilisierte, wovon bis heute die jährlich in Aachen stattfindende Verleihung des Karlspreises an Menschen zeugt, die sich um den europäischen Gedanken verdient gemacht haben. Europa als Idee hat Karl den Großen aber wenig interessiert. Vielmehr ging es ihm in erster Linie um die Macht, sowohl für sein Volk, die Franken, als auch für seine Dynastie, die Arnulfinger, die nach ihm dann Karolinger genannt wurden.

Über das genaue Geburtsdatum Karls herrscht Unklarheit. Vermutlich kam er am 2. April 747 zur Welt. Sein Vater Pippin III., der Jüngere, wurde 4 Jahre später König der Franken, die schon zu dieser Zeit unter den germanischen Stämmen, die das Weströmische Reich beerbt hatten, eine Führungsrolle spielten. Doch erst Karl sollte es vorbehalten bleiben, zum Architekten eines fränkischen Großreichs zu werden. Allerdings hatte er sich zunächst der Konkurrenz seines Bruders Karlmann zu erwehren, mit dem er nach dem Tod des Vaters 768 gemeinsam regieren musste. Als Karlmann schon 771 starb, enterbte Karl kurz entschlossen dessen Söhne und übernahm die alleinige Herrschaft.

Von Erfolg zu Erfolg

Der neue König ließ von Anfang an keinen Zweifel daran, dass sein großes Ziel die Errichtung eines Imperiums der Franken war. 773 zog er nach Norditalien, besiegte die dort regierenden Langobarden, setzte König Desiderius ab und nahm 774 selbst den Titel eines »Königs der Langobarden« an. Weniger erfolgreich verlief ein Feldzug nach Spanien, wo die arabisch-islamische Dynastie der Omaijaden das Emirat von Cordoba begründet hatte. Das magere Ergebnis dieser Expedition war der Erwerb eines kleinen Streifens bis zum Ebro, den Karl als »Spanische Mark« einrichtete.

Der Thron des Kaisers im Aachener Dom

Karl der Große bei Hadrian I. Der Papst hatte Karl um Hilfe gegen den Langobardenkönig Desiderius gerufen. Mit Erfolg–Karl besiegte 774 die Langobarden.

Der Schriftzug im Hintergrund links enthält das Monogramm Karls des Großen, mit dem er wichtige Dokumente unterzeichnete.

Bald aber kehrte der Erfolg zu Karl zurück. Er zwang die abtrünnigen Bayern mit ihrem Herzog Tassilo III. zur Rückkehr ins Reich, festigte die Ostgrenze in Feldzügen gegen die in Ungarn ansässigen Awaren und sicherte die fränkische Kontrolle über Böhmen. Große Schwierigkeiten bereiteten ihm die Sachsen. Karl benötigte mehr als 30 Jahre, um diese kriegerischen Stämme an der Nordostgrenze seines Reiches zu besiegen. Dabei trieb ihn auch das Ziel an, die heidnischen Sachsen unter das Dach der christlichen Kirche zu bringen, als deren weltliches Oberhaupt sich der Frankenherrscher betrachtete. Die teilweise äußerst blutigen Kämpfe begannen 772, und selbst nach der Taufe des Sachsenherzogs Widukind 785 sah sich Karl immer wieder mit Aufständen konfrontiert. Erst 804 wurden die nun christianisierten Sachsen zu einem Teil des Fränkischen Reiches.

Zu diesem Zeitpunkt hatte Karl bereits einen weiteren wichtigen Schritt in seiner Karriere vollzogen. An Weihnachten 800 krönte ihn Papst Leo III. in der Peterskirche in Rom zum Kaiser. Das war kein ganz uneigennütziger Schritt des Papstes, denn der von vielen Seiten bedrängte und von seinen Gegnern vorübergehend abgesetzte Papst hoffte auf diese Weise, den mächtigen Herrscher für sich zu gewinnen. Allerdings war mit der Krönung ein Konflikt mit dem Byzantinischen Reich im Osten vorprogrammiert, da Konstantinopel für sich das alleinige Recht auf den Kaisertitel beanspruchte. Karl ließ über seinen Hofbiografen Einhard vorsichtshalber verbreiten, er sei in die Pläne des Papstes nicht eingeweiht gewesen. Die Verstimmungen mit Byzanz konnten aber auf diplomatischem Wege beseitigt werden. Karl durfte den Kaisertitel behalten, dafür überließ er Byzanz fränkische Besitzungen in Venetien, Istrien und Dalmatien.

Das Reich wächst zusammen

Karl, den schon die Zeitgenossen als »den Großen« bewunderten, machte sich nicht nur als Eroberer, sondern auch als Organisator einen Namen. Von seiner Residenz in Aachen aus knüpfte er ein Netz von Pfalzen, durch die er das Reich kontrollierte. Das Bildungsniveau versuchte Karl, der nicht gut schreiben konnte, durch die Einrichtung von Schulen und Bibliotheken zu erhöhen. In seiner Residenz in Aachen versammelte er bedeutende Gelehrte, darunter das berühmte Universalgenie Alkuin.
Karl der Große starb am 28. Januar 814 in Aachen, vermutlich an den Folgen einer Rippenfellentzündung. In der dortigen Pfalzkapelle fand er seine letzte Ruhestätte. Viermal war der bedeutendste Frankenkönig verheiratet gewesen, sodass an Erben und Nachfolgern kein Mangel herrschte. Zwei Söhne waren jedoch frühzeitig gestorben, und daher fiel die Herrschaft an seinen dritten Sohn Ludwig mit dem Beinamen »der Fromme«.

Sie veränderten die Landkarte Europas

Alfred der Große (848 – 899)
Der angelsächsische König vertrieb die Dänen und legte damit die Fundamente für die englische Monarchie.

Hugo Capet (um 940 – 996)
Der Stammvater der Kapetinger löste sich von den Karolingern und sicherte seiner Dynastie für Jahrhunderte die französische Krone.

Rudolf I. von Habsburg (1218 – 91)
Er verschaffte dem Hause Habsburg 1273 die deutsche Königskrone und trat damit das Erbe der Staufer an.

Otto von Bismarck (1815 – 98)
Der »eiserne Kanzler« ebnete den Weg für die Gründung des Deutschen Reiches und die Kaiserkrönung Wilhelms I.

Germanen und Araber

König Theoderich *(um 451–526)*, aus der Sage bekannt als »Dietrich von Bern«, gründete das Reich der Ostgoten in Italien und machte Ravenna zu einer blühenden Metropole. In der Adriastadt befindet sich heute noch sein imposantes Grabmal. Zur selben Zeit schuf **Chlodwig** *(um 466–511)* aus der Dynastie der Merowinger im Westen Europas ein erstes fränkisches Reich. Seine Taufe in Reims 497 durch Bischof Remigius bedeutete die Christianisierung eines großen Teils des Abendlands.
Alboin *(um 526–572)* eroberte mit seinen Langobarden Norditalien. Die germanischen Könige residierten in Pavia und hielten bis in die Zeit Karls des Großen die Vormacht in weiten Teilen Oberitaliens. Mit der Überquerung der Meerenge von Gibraltar und der Einnahme von Cordoba und Toledo leitete der Feldherr **Tarik Ibn Sijad** *(um 670–720)* die Eroberung Spaniens durch die Araber ein, deren Einfluss dort bis heute spürbar ist.
Den Vormarsch der Araber stoppte 732 in den Schlachten von Tours und Poitiers der fränkische Hausmeier **Karl Martell** *(um 688–741)*, der Großvater Karls des Großen. Damit schuf er die Grundlagen für den Aufstieg der Karolinger.
Der aus Westfalen stammende Herzog **Widukind** *(um 743–um 807)* einte im Kampf gegen Karl den Großen die Sachsen, deren Widerstand allerdings nach Widukinds Taufe 785 erlahmte. **Papst Leo III.** *(um 750–816)* krönte zu Weihnachten 800 Karl den Großen zum Kaiser. Die Allianz mit den Franken sicherte dem Kirchenstaat die Existenz.

Stammvater der Wasa
Nach dem Sieg gegen die dänischen Besatzer wurde **Gustav I.** (1496–1560) *1523 zum König Schwedens gewählt. Damit begründete er die Dynastie der Wasa.*

Anschluss ans Abendland
Nachdem er die heidnische Opposition ausgeschaltet hatte, errichtete **Stephan I.** (um 974–1038) *in Ungarn eine zentralistische Königsherrschaft nach karolingischem Vorbild.*

Aufblühender Osten

Im Osten Europas gründeten die Bulgaren einen von Byzanz unabhängigen Staat. Eine entscheidende Rolle spielte dabei **Simeon** *(864–927)*, der sich von 917 an Zar der Bulgaren und Griechen nannte. Währenddessen eroberte der Wikinger **Oleg** *(um 850 bis 912)* Kiew und formte nach der Unterwerfung benachbarter Slawenstämme mit dem Kiewer Reich die erste Großmacht auf dem Boden Russlands.
Wladimir I. mit dem Beinamen »der Heilige« *(960–1015)* einte später das vom Zerfall bedrohte Reich. Er pflegte enge Kontakte zu Byzanz und erhob 988 das Christentum zur Staatsreligion. Seinen unumstrittenen Höhepunkt erlebte das Kiewer Reich unter Großfürst **Jaroslaw Mudry** *(978 bis 1054)*. »Der Weise«, wie man ihn nannte, war ab 1036 Herr über ganz Russland und gab dem Reich einheitliche Gesetze.
Als Einiger der Tschechen war **Herzog Boriwoj** *(850–894)* aus der Familie der Przemysliden eine der frühesten Gründerfiguren Böhmens. 869 ließ er sich taufen und sorgte damit für die Christianisierung des Landes.
In langen Kämpfen gegen den deutschen Kaiser Heinrich II. gewann **Boleslaw I. Chrobry** *(967 bis 1025)* die Lausitz, Teile Mährens und der Slowakei sowie Schlesien und Pommern. 1025 wurde der Abkömmling der Piasten-Dynastie erster König von Polen. **Stephan I.** *(um 974–1038)* wird in Ungarn

Einiger Italiens
Mit der Annahme des Titels »König von Italien« durch ***Viktor Emanuel II.*** (1820 bis 1878), *bis dahin König von Sardinien, fand 1861 der lange Einigungsprozess Italiens sein Ende.*

bis heute als Heiliger verehrt. Er einte die Magyaren unter dem Dach des Christentums, nahm 1000 den Königstitel an und wurde 1001 mit der »Stephanskrone« gekrönt.
Mit dem Namen **Hermann von Salza** *(um 1170–1239)* sind untrennbar die Anfänge der deutschen Kolonisation in Osteuropa verbunden. Der vierte in der Reihe der Hochmeister des Deutschen Ordens wurde zum Gründer des deutschen Ordensstaats in Preußen.
Im hohen Norden stabilisierte zur gleichen Zeit **Jarl Birger** *(um 1210–1266)*, der Stammvater des Königsgeschlechts der Folkunger, gestützt auf die Kirche das Königreich Schweden. Eigentlich nur Vormund des rechtmäßigen Königs, unternahm er einen Feldzug gegen Finnland und soll die Hauptstadt Stockholm gegründet haben. **Gustav I.** *(1496–1560)* aus der Familie der Wasa beseitigte die dänische Fremdherrschaft und wurde 1523 zum König gewählt. Nach dem Vorbild der deutschen Reformation setzte er in seinem Land den Protestantismus durch. Dem Haus Wasa sicherte er für Jahrhunderte das erbliche Königtum in Schweden.

Von Burgund nach Italien

Herzog **Philipp der Kühne** *(1342–1404)* aus dem Haus der Valois erbte 1363 Burgund und baute das Land auch dank einer geschickten Heiratspolitik zu einem mächtigen Herzogtum aus, das sich als dritte Kraft zwischen Frankreich und dem Heiligen Römischen Reich zu behaupten wusste.
Isabella von Kastilien *(1451 bis 1504)* heiratete 1469 Ferdinand II. von Aragonien und war seit 1474 Königin von Kastilien und Léon. Damit stand fast ganz Spanien erstmals unter einheitlicher Führung, zumal es Isabella im Zuge der Reconquista gelang, die letzten arabischen Bastionen in Spanien in ihren Besitz zu bringen. Sie unterstützte auch die Entdeckungsreisen von Christoph Kolumbus.

Giuseppe Garibaldi *(1807–82)* war der Held der italienischen Freiheitsbewegung, die sich gegen die Fremdherrschaft der Habsburger und der Bourbonen richtete. Den Durchbruch brachte 1860 der »Zug der Zehntausend« mit der Eroberung Siziliens und Süditaliens. Für den Schritt von der Freiheit zur Einheit steht **Viktor Emanuel II.** *(1820–78)*, der 1861 zum König ernannt wurde und damit zur Symbolgestalt einer neuen Ära in der Geschichte Italiens avancierte.

»Der Wert eines Menschen wird bestimmt durch den Nutzen, den er seinen Mitmenschen bringt.«
Giuseppe Garibaldi

Italiens Freiheitskämpfer
Mit ungestümem Revolutionsgeist kämpfte ***Giuseppe Garibaldi*** (1807 bis 1882) *mit dem Schwert in der Hand gegen Habsburger und Franzosen für ein geeintes Italien.*

Reichsgründer in Asien, Afrika und Amerika

Die Wiege der Hochkulturen stand nicht in Europa, sondern in Asien. Und auch als die Europäer nachgezogen hatten, gab es außerhalb der Alten Welt immer wieder bedeutende Gründer von Staaten und Kulturen.

Im fernen China begründete der »Erste Kaiser« **Qin Shi Huangdi** *(259–210 v.Chr.)* den chinesischen Zentralstaat. Wenige Jahre später folgte ihm der aus dem einfachen Volk stammende **Liu Bang** *(256 oder 247–195 v. Chr.)* auf den Thron, etablierte die Han-Dynastie und machte aus dem Reich der Mitte einen bedeutenden Machtfaktor. Weiter westlich hatte zuvor bereits **Chandragupta** *(um 350 bis 298 v. Chr.)* die Maurya-Dynastie gegründet, die unter seinem Enkel **Ashoka** *(um 300–231 v. Chr.)* über ein indisches Großreich herrschte. Japan trat erst viele Jahrhunderte später ins Licht der Weltgeschichte, als der Tenno **Mutsuhito** *(1852–1912)* das Kaiserreich formte.
In Palästina war es König **David** *(um 1020–um 965 v. Chr.)*, der die beiden Landesteile Juda und Israel vereinte. Dank römischer Hilfe schuf König **Herodes** *(um 73–4 v. Chr.)* einen starken jüdischen Staat. Während der Kreuzzüge entstanden im Nahen Osten nach der Eroberung von Jerusalem 1099 die westlichen Kreuzfahrerstaaten. **Gottfried von Bouillon** *(um 1060–1100)* wurde »Vogt des Heiligen Grabes«. Im 20. Jh. sorgte **David Ben Gurion** *(1866–1973)* für die Gründung des Staates Israel.

Massinissa *(um 240–149/48 v. Chr.)* beherrschte als König von Numidien weite Teile Nordafrikas. An gleicher Stelle rief der Vandale **Geiserich** *(um 390 bis 477)* das erste germanische Königreich innerhalb des Imperium Romanum ins Leben.
Im Hochland von Mexiko errichtete **Moctezuma I.** *(1390–1469)* mit dem Aztekenreich eine der frühesten Hochkulturen Amerikas. **Atahualpa** *(1502–33)* war vor der spanischen Eroberung Herrscher des bedeutenden Inkareichs. Als Wegbereiter des modernen Südamerika erwarb sich **Simon Bolivar** *(1783–1830)* bleibende Verdienste. Der Führer der lateinamerikanischen Unabhängigkeitsbewegung gründete die Republik Großkolumbien, zu der auch Venezuela und Peru gehörten.

Der Befreier
Den Befreiungskampf Südamerikas gegen die Kolonialmacht Spanien leitete ***Simon Bolivar*** (1783–1830) *ein.*

Israels größter König
Heute ist ***David*** (um 1020–um 965 v. Chr.) *wie auf dem Gemälde dargestellt vor allem als Sieger gegen Goliath bekannt – auch wenn dieser Kampf wohl gar nicht stattgefunden hat.*

Glückloser Gottkönig

Der Gottkönig ***Atahualpa*** (1502 – 33) *einte das Inkareich – doch dann unterlag der leichtgläubige Herrscher den spanischen Eroberern.*

Modernisierer Japans

Der Name des japanischen Kaisers ***Mutsuhito*** (1852 bis 1912) *ist eng mit der Öffnung des Landes gen Westen verbunden.*

Im Mausoleum Kaiser Qin Shi Huangdis wachen Tausende Terrakottakrieger über seine ewige Ruhe.

Erster Kaiser Chinas

Der chinesische Kaiser ***Qin Shi Huangdi*** (259 – 210 v. Chr.) *beendete das »Zeitalter der streitenden Reiche« und einte das riesige Reich. Als Alleinherrscher regierte er brutal.*

Plünderer Roms

Der Vandalenkönig ***Geiserich*** (um 390 bis 477) *regierte ein Reich, das zur Hauptmacht im westlichen Mittelmeer wurde. Mit seinen Truppen stieß er nach Rom vor und plünderte die Stadt.*

Idealbild eines Ritters

Als Teilnehmer am 1. Kreuzzug war ***Gottfried von Bouillon*** (um 1060 bis 1100) *1099 an der Eroberung Jerusalems und der Gründung der Kreuzfahrerstaaten beteiligt. Die Sage machte ihn zum Idealbild des christlichen Ritters.*

Goldene Zeitalter

Manche Zeiten sind als »golden« in die Geschichte eingegangen. Voraussetzung für dieses Prädikat war stets eine Blüte der Kultur – meist begründeten aber auch Glanzleistungen einzelner Herrscher den Mythos.

Im 5. Jh. v. Chr. war Athen eine der großen Metropolen der antiken Welt. Nach der Abwehr der Perser hatte man die bisherige griechische Führungsmacht Sparta überflügelt. Stolz waren die Athener besonders auf ihre demokratische Ordnung, denn in den meisten anderen Städten Griechenlands herrschte der Adel. Einflussreichster Politiker war in dieser Zeit **Perikles** *(um 490–429 v. Chr)*. Er stammte aus einer vornehmen Familie, gab sich aber als glühender Verfechter der Demokratie. Seine Stellung war die des »Strategen«. 15 Jahre lang – eine Zeit, die als das »Perikleische Zeitalter« in die Annalen einging, vertrauten ihm die Athener diese wichtige Position eines Befehlshabers der Streitkräfte an. Perikles' Ziel war der Ausbau der Machtposition Athens. Um die Stadt vor Angriffen zu schützen, ließ er die »Langen Mauern« errichten, die Athen mit dem Hafen Piräus verbanden und die ein fast uneinnehmbares Bollwerk darstellten. Politische Würde verband Perikles mit kultureller Reputation, indem er die Akropolis mit jenen Bauwerken versah, die noch heute die Touristen anziehen.

»Zum Glück brauchst du Freiheit, zur Freiheit brauchst du Mut.«

Perikles

Perikles war noch im Amt, als der Gegensatz zwischen Athen und Sparta 431 v. Chr. in den Peloponnesischen Krieg mündete. Weil man ihn für den Ausbruch der Feindseligkeiten verantwortlich machte, geriet er zunehmend ins Kreuzfeuer der Kritik. Der Krieg dauerte 27 Jahre. Perikles starb gleich an dessen Anfang als eines der zahlreichen Opfer, die eine verheerende Pestepidemie forderte.

Gestalter der Akropolis
Als großer Förderer der Künste und Wissenschaften organisierte ***Perikles*** (um 490–429 v. Chr.) *die bis heute sichtbare Bebauung der Akropolis.*

Pracht und Glanz am Arno

Die Zeitgenossen gaben **Lorenzo de' Medici** *(1449 bis 1492)* den Beinamen »Il Magnifico« (der Prächtige) und ehrten ihn damit für jenen Beitrag, den er beim Aufstieg seiner Heimatstadt Florenz zur führenden Stadt in Italien geleistet hatte. Die Familie der Medici hatte sich schon in den Jahrzehnten zuvor durch einträgliche Bank- und Handelsgeschäfte eine zunächst wirtschaftliche und dann auch politische Spitzenposition unter den Adelsfamilien von Florenz erarbeitet.
Nach dem Tod seines Vaters Piero übernahm Lorenzo 1469 die Leitung der Republik Florenz. Allerdings versuchte die rivalisierende Familie der Pazzi – unterstützt vom Papst –, die Medici zu stürzen. 1478 wurde Lorenzos Bruder Giuliano ermordet, er selbst entkam dem Tod mit knapper Not. Doch Lorenzo gelang es, die Konkurrenten auszuschalten und seine Position durch Bündnisse mit auswärtigen Mächten wie Mailand und Venedig zu sichern. Nun begann das goldene Zeitalter von Florenz. Der gebildete Fürst investierte viel Zeit und Geld, um aus der Stadt am Arno eine Perle von Kunst und Wissenschaft zu formen. Vielversprechende Gelehrte und Künstler fanden in ihm einen großzügigen Mäzen. Zu seinen Entdeckungen

Florenz' glänzendster Fürst
Etwa ab 1480 war ***Lorenzo de' Medici*** *(1449–92), »der Prächtige«, unumstrittener Herrscher der Republik Florenz. Unter seiner Ägide erlebte Florenz eine grandiose Blütezeit.*

gehörte der junge Michelangelo, der sich in Florenz seine ersten Sporen als Bildhauer verdiente. Als Lorenzo 1492 im Alter von nur 43 Jahren starb, war die Trauer in Florenz groß.

Radikalkur für Russland

Mit **Peter dem Großen** *(1672–1725)* begann für Russland eine neue Ära. Den bis dahin rückständigen Staat unterzog er einer Radikalkur, die Russland in die vorderste Riege der europäischen Mächte katapultierte. Bis er sich an diese Aufgabe machen konnte, musste der Sohn des Zaren Aleksej Michailowitsch hart um den Thron kämpfen. Aber weder Familienintrigen noch Aufstände konnten ihn auf

»Wer will, soll glücklich sein, denn morgen ist uns nichts gewiss.«
Lorenzo de' Medici

dem Weg zur alleinigen Macht bremsen und ab 1689 hatte er das Heft fest in der Hand.
Von Beginn seiner Herrschaft an verfolgte der Monarch das Ziel, Russland nach dem Vorbild der Staaten Westeuropas zu modernisieren. 1697 begab er sich inkognito auf eine ausgedehnte Reise, um die technologischen und wirtschaftlichen Errungenschaften des Westens zu studieren. Dabei kam er nach Preußen, England und in die Niederlande, wo er sich u. a. tief gehende Kenntnisse auf dem Gebiet des Schiffbaus aneignete.
Nach Russland zurückgekehrt, sicherte Peter seinem Land in den Nordischen Kriegen gegen Schweden den Zugang zur Ostsee. Diesen Erfolg nahm er 1721 zum Anlass, den Zaren-, also den Kaisertitel, anzunehmen. Innenpolitisch setzte er die im Westen gewonnenen Kenntnisse und Erfahrungen um,

Russlands Reformzar
Durch die Gründung von Petersburg sicherte ***Peter der Große*** *(1672–1725) Russland den Zugang zur Ostsee und förderte durch seine Studien des Schiffbaus in den Niederlanden den Aufbau der russischen Flotte.*

ohne auf die russischen Traditionen Rücksicht zu nehmen. Die Palette der Neuerungen reichte von der Einführung westeuropäischer Kleidung und Haartracht bis hin zu einer grundlegenden Umgestaltung der Verwaltung. Als Peter der Große 1723 in seiner neuen Hauptstadt Sankt Petersburg starb, hatte er Russland den Weg in die Zukunft gewiesen.

Glorreiche Antike

Fast 3000 Jahre lang gehörte Ägypten zu den Hochkulturen der antiken Welt. Viele Pharaonen hatten daran Anteil, besonders aber **Thutmosis III.** *(um 1490–1436 v. Chr.)*, der die Grenzen Ägyptens bis an den Euphrat erweiterte, und **Ramses II.** *(um 1310 bis 1224 v. Chr.)*, der sich als großer Bauherr einen Namen machte. Auf ihn gehen die berühmten Tempel in Abu Simbel und Karnak zurück. Im benachbarten Königreich »Juda und Israel« trat **Salomo** *(um 1000–946 v. Chr.)* im Jahr 965 v. Chr. die Nachfolge seines Vaters David an. Außenpolitisch war er zwar weniger erfolgreich als sein Vorgänger, doch dafür wurde er zum Inbegriff des weisen Königs und zum Repräsentanten eines goldenen Zeitalters der Juden. Nach seinem Tod zerfiel das Königreich, Palästina wurde immer wieder von fremden Herrschern erobert. 587 v. Chr. zerstörte der babylonische König **Nebukadnezar II.** *(um 635–562 v. Chr.)* Jerusalem und deportierte die jüdische Oberschicht an seinen Herrschaftssitz nach Babylon. Die Stadt am Tigris wurde unter seiner Herrschaft zur glanzvollen Metropole eines Großreichs.
Ägypten erlebte nach der Eroberung durch Alexander den Großen unter der makedonischen Dynastie der Ptolemäer noch einmal eine Spätblüte. König **Ptolemaios I.** *(366–283 v. Chr.)* gründete in der Hauptstadt Alexandria eine Forschungsstätte mit angeschlossener Bibliothek. Als letzte Vertreterin der Dynastie konnte **Kleopatra VII.** *(69–30 v. Chr.)* die Unabhängigkeit Ägyptens behaupten, bevor das Land am Nil von den Römern erobert wurde. Im Römischen Reich beendete Kaiser **Augustus** *(63 v. Chr.–14 n. Chr.)* eine lange Phase der Bürgerkriege und verordnete der Mittelmeerwelt einen von zeitgenössischen Dichtern hymnisch gefeierten »römischen Frieden«. Kaiser **Hadrian** *(76–138 n. Chr.)* offenbarte wenig Sympathien für Kriege, umso mehr jedoch für die Förderung der griechischen Philosophie und Literatur.

Bauherr Ägyptens
Am großen Amontempel in Karnak ließ sich ***Ramses II.*** (um 1310 –1224 v. Chr.) *mit dieser Granitstatue ein imposantes Denkmal setzen.*

Kalifen, Sultane und Kaiser

Nach dem 7. Jh. waren es arabische Herrscher, die für politischen und kulturellen Glanz sorgten. **Abd ar-Rahman III.** *(912–61)* verwandelte das spanische Emirat von Cordoba in eine wahre Wunderstadt. **Harun ar-Raschid** *(763 oder 766–809)*, der Kalif aus »1001 Nacht«, stattete seine Residenz Bagdad mit prachtvollen Bauwerken aus. Später traten die osmanischen Türken in die Fußstapfen der Araber. Sultan **Süleiman der Prächtige** *(1494–1566)* beherrschte mit seiner Flotte das Mittelmeer und das Rote Meer, belagerte 1529 Wien und finanzierte die Bauwerke des herausragenden Architekten Sinan. Im Fernen Osten erfreute sich China unter der Ming-Dynastie einer außerordentlichen Blütezeit, an der Kaiser **Yongle** *(um 1360–1424)* großen Anteil hatte.

König, Kaiser, Kreuzfahrer
*Auf diesem Gemälde unterwirft sich Heinrich der Löwe dem Kaiser **Friedrich I. Barbarossa** (1122–90), tatsächlich löste dieser den Konflikt mit dem Welfen 1180 durch dessen Verbannung.*

Goldene Zeiten für Italien

Enrico Dandolo *(um 1107–1205)* sicherte als Doge (»Führer«) der Handelsrepublik Venedig eine Vielzahl von Stützpunkten im östlichen Mittelmeerraum und war 1204 maßgeblich an der Eroberung von Konstantinopel beteiligt. Der Stauferkaiser **Friedrich I. Barbarossa** *(1122–90)* strebte die Wiedererrichtung der kaiserlichen Macht in Italien an, starb aber auf einem Kreuzzug ins Heilige Land. Sein Enkel, der gebildete **Friedrich II.** *(1194–1250)*, der Sizilien und Süditalien geerbt hatte, sorgte mit seinem exzentrischen Herrschaftsstil für Aufsehen, sodass man ihm den Beinamen »Staunen der Welt« gab. Papst **Julius II.** *(1443–1513)* profilierte sich als Renaissancefürst und gab Künstlern wie Bramante, Michelangelo und Raffael die Chance, ihr Talent zu demonstrieren. Papst **Urban VIII.** *(1568–1644)* war ein sehr politischer Papst, sah seine Aufgabe aber auch in der Förderung von Dichtern und Gelehrten.

»Willst du nicht geschlagen werden, so schlage.«
Elisabeth I., Königin von England

Von Spanien nach Bayern

In **Philipp II.** *(1527–98)* fanden die Spanier einen König, der sich intensiv um die Künste und um die Naturwissenschaften kümmerte. Zu verantworten hatte er allerdings die Niederlage seiner für unschlagbar gehaltenen Flotte. 1588 ging die »Armada« im Zuge eines Angriffs auf Großbritannien unter. Für seine Gegenspielerin, die englische Königin **Elisabeth I.** *(1558–1603)*, war dieses Ereignis ein grandioser Triumph und der Anfang der britischen Seeherrschaft. Auch das kulturelle Leben nahm unter ihrer Herrschaft einen rasanten Aufschwung – u. a. feierte Shakespeare in dieser Zeit seine größten Erfolge. Eine ähnliche Entwicklung nahm Großbritannien unter der volkstümlichen Königin **Viktoria** *(1819 bis 1901)*. 1837 wurde sie Königin von Großbritannien und Irland, 1879 Kaiserin von Indien. Das lange »Viktorianische Zeitalter« bescherte den Briten Wohlstand und internationalen Einfluss. Die erste Weltausstellung, die 1851 in London stattfand, war eine eindrucksvolle Demonstration der Leistungsfähigkeit der britischen Wirtschaft unter Königin Viktorias Regiment.

In Frankreich setzte der Sonnenkönig **Ludwig XIV.** *(1638–1715)* neue Maßstäbe. Höfische Prachtentfaltung in Versailles verband er mit einem absoluten Herrschaftsstil. Sein Beispiel machte in Europa Schule. In Sachsen versuchte Kurfürst **August der Starke** *(1670–1733)*, Ludwigs Herrschaftsstil zu imitieren, ruinierte dabei aber die staatlichen Finanzen. Jedoch erwarb er sich unsterblichen Ruhm durch seine legendären Kunstsammlungen und die Gründung der Meißner Porzellanmanufaktur.

Die Habsburger Kaiserin **Maria Theresia** *(1717–80)* regierte in Österreich, Ungarn und Böhmen zwar weniger prunkvoll, dafür aber mit behutsamen Reformen durchaus erfolgreich. Nördlich der Alpen schuf der bayerische König **Ludwig I.** *(1786–1868)* in München nach dem Muster der Antike eine Stadt der Kunst, während **Ludwig II.** *(1846–86)* mit dem Bau von Traumschlössern wie Neuschwanstein die Staatskasse leerte.

Architektin des Empires
*Die Regierungszeit von Königin **Viktoria** (1819–1901) war geprägt von wirtschaftlicher Blüte und staatlicher Expansion.*

Im Mittelpunkt von Ludwigs XIV. Alleinherrschaft stand Schloss Versailles, dessen Errichtung mehr als eine Jahreseinnahme des französischen Staates kostete.

Absolute Monarchen

Die absoluten Herrscher des 17. und 18. Jh. standen über dem Gesetz, sahen sich jedoch selbst an die Gebote der Religion und an das Naturrecht gebunden. Der Absolutismus entstand als Antwort auf den Zerfall der gesellschaftlichen Ordnung in den Religionskriegen des 16. Jh.

Ludwig XIV. stand mehrfach bei Theateraufführungen auf der Bühne. Die Illustration zeigt ihn als »aufgehende Sonne« im »Königlichen Nachtballett« von 1653.

Wie kein zweiter Monarch verkörperte der französische König **Ludwig XIV.** *(1638–1715)* die Herrschaftsform des Absolutismus. Schon der legendäre Satz »Der Staat bin ich.« dokumentierte den Anspruch des selbstbewussten Hausherrn von Schloss Versailles, über allen Gesetzen zu stehen und die alleinige Entscheidungsinstanz in allen politischen Angelegenheiten zu sein.
Diesem Ziel entsprachen eine Hofhaltung und eine königliche Repräsentation, die sämtliche Maße sprengten.
Ludwig XIV. war gerade einmal 5 Jahre alt, als er 1643 nach dem Tod seines Vaters den französischen Thron bestieg. Für den unmündigen König übte seine Mutter, die Habsburgerin Anna, die Regentschaft aus. 1661 aber nahm der nun 23-jährige Ludwig das Zepter selbst in die Hand und überraschte die Hofkreise gleich mit der Ankündigung der Entmachtung von Premierminister und Kabinett. Diese Maßnahme war eine direkte Antwort auf die Bestrebungen einflussreicher Adelskreise, die während der Interimsherrschaft Annas den Versuch unternommen hatten, die Macht des Königtums einzuschränken. Während der teilweise gewaltsam geführten Auseinandersetzungen hatte die königliche Familie vorübergehend aus Paris fliehen müssen – ein Erlebnis, das Ludwig tief prägte.
Der »Sonnenkönig«, wie er sich gern nennen ließ, zwang den Hochadel, nach Versailles umzuziehen – um so die Aristokraten stets direkt unter Kontrolle zu haben. In der weit dimensionierten Schlossanlage war alles auf den König zentriert. Straßen, Alleen und Kanäle waren so angelegt, dass sich ihre Linien exakt in Ludwigs Schlafgemach schnitten. Die Auftritte des Herrschers waren bis ins letzte Detail protokollarisch geregelt. Nach dem Aufstehen wusch er sich die Hände mit Franzbranntwein, und Pagen mussten ihm das Gesicht mit Schwanenflaum abtupfen. Nur die Söhne und Enkel hatten das Privileg, ihm beim Ankleiden das Hemd reichen zu dürfen. Waren sie einmal unabkömmlich, durfte ausnahmsweise ein dafür vorgesehener Edelmann einspringen.

Moderne Wirtschaftspolitik

Aber nicht einmal ein Herrscher wie Ludwig XIV., – seit 1660 mit Maria Theresia von Spanien verheiratet –, kam ganz ohne Ratgeber aus. Wichtigster Konsultant war der Finanzminister **Jean-Baptiste Colbert** *(1619–83)*. Auf ihn geht das Wirtschaftssystem des Merkantilismus zurück, das eine untrennbare Einheit mit dem politischen System des Absolutismus bildete.

»L'état c'est moi.«
Ludwig XIV.

Das Ziel der staatlichen Eingriffe in den Wirtschaftsprozess bestand darin, dem Staat die Mittel zu verschaffen, die er brauchte, um Heer und Verwaltung zu finanzieren. So ließen Ludwig und sein Minister aus den überseeischen Kolonien Rohstoffe importieren, aus denen in Frankreich teure Fertigwaren hergestellt wurden, die man wiederum ins Ausland exportierte.

Insbesondere hatte man dabei den europäischen Adel im Auge, der sich um Luxuswaren aus Frankreich riss und auf diese Weise viel Geld in den königlichen Kassen ließ. Allerdings verschlang der Hof in Versailles ebenfalls Millionen. Das sorgte bei vielen für Verstimmung. Kritik erntete Ludwig auch, als er 1685 das Edikt von Nantes aufhob. Darin hatte einer seiner Vorgänger, Heinrich IV., den Hugenotten im katholischen Frankreich die Glaubensfreiheit zugesichert. Nun mussten die Hugenotten das Land verlassen, was sich auch in wirtschaftlicher Hinsicht negativ auswirkte.

»Die ganze Kunst der Politik besteht darin, sich der Zeitumstände richtig zu bedienen.«

Ludwig XIV.

Erfolge und Misserfolge

In der Außenpolitik ging Ludwig XIV. von Anfang an in die Offensive, um Frankreich an die Spitze der europäischen Mächte zu setzen. Die Armee, deren Personalstand unter Ludwig XIV. den Rekordwert von 170 000 Mann erreichte, führte ständig und nicht erfolglos Kriege, wie etwa gegen Spanien (1667–68) und gegen die Niederlande (1672–78). Der Spanische Erbfolgekrieg (1701–14) überforderte die Kräfte Frankreichs allerdings und führte das Land auch wirtschaftlich fast in den Ruin. So hielt sich bei den Franzosen die Trauer in Grenzen, als der »Sonnenkönig« Ludwig XIV. kurz nach dem Ende des Krieges in Versailles starb.

»Der Staat bin ich.«
Gravitätisch posiert ***Ludwig XIV.*** (1638 bis 1715) *in prunkvollem Ornat für den Künstler. Hyacinthe Rigauds Porträt von 1701 ist das absolutistische Staatsporträt schlechthin.*

Selbstherrscher – die Macht in einer Hand

Karl I. (1600–49)
Der König von England, Schottland und Irland herrschte als streng absolutistisch gesinnter Regent seit 1625 über England. Seine seit 1629 ohne das Parlament ausgeübte Willkürherrschaft mündete 1642 in den Bürgerkrieg. Nach der Niederlage der königlichen Truppen wurde er im selben Jahr hingerichtet.

Leopold I. (1640–1705)
Der Kaiser und König des Heiligen Römischen Reiches nahm an vielen militärischen Auseinandersetzungen seiner Zeit teil, z. B. an der »Schlacht am Kahlenberg«, in der die Türken kurz vor Wien gestoppt werden konnten.

August II., der Starke (1670–1733)
Der Kurfürst von Sachsen und König von Polen hielt sehr aufwendig Hof. In Dresden und Warschau entstanden herrliche Gebäude – aber die Finanzen des Landes waren ruiniert.

Friedrich Wilhelm I. (1688–1740)
Der autoritäre »Soldatenkönig« hatte eine große Vorliebe für die Armee. So wollte er Preußen gegen die Großmächte stärken. Die anderswo übliche üppige Hofhaltung lehnte er ab, Arbeit und Pflichterfüllung prägten seine Herrschaft.

Katharina II., die Große (1729–96)
Die Kaiserin von Russland kam durch ein Komplott gegen ihren Gatten an die Macht. Ihre oft skrupellose Machtpolitik war erfolgreich und Russland konnte seine Stellung als Großmacht festigen.

Stellvertreter Christi

Bis heute gab es über 300 Päpste. Die römisch-katholischen Christen verehren 81 der »Heiligen Väter« und »Bischöfe von Rom« als Heilige, einige Inhaber des »Petrusamts« haben große historische Bedeutung erlangt.

Alle Päpste berufen sich auf den **Apostel Petrus** *(um 1–um 64 n. Chr.)*. Doch offiziell hat der Jünger Jesu dieses Amt nie bekleidet. Erst in der Spätantike wurde aus dem Bischof von Rom der Papst. Wesentlichen Anteil daran hatte **Leo I., »der Große«** *(um 400–461)*, der als erster den Anspruch erhob, Stellvertreter Christi zu sein. **Gregor I., »der Große«** *(um 540–604)* ebnete den Weg für den Kirchenstaat. **Leo III.** *(um 750–816)* suchte Schutz bei den weltlichen Mächten und vollzog Weihnachten 800 in der Peterskirche in Rom die Kaiserkrönung Karls des Großen. **Gregor VII.** *(um 1020–85)* kämpfte für die Rechte der Kirche und zwang 1077 König Heinrich IV. zum »Gang nach Canossa«. **Urban II.** *(um 1035–99)* rief die Christen 1095 zum ersten Kreuzzug auf. **Leo IX.** *(1002–54)* führte 1054 die Trennung zwischen der katholischen Westkirche und der orthodoxen Ostkirche herbei. Unter **Innozenz III.** *(1160–1216)* wurde das Papsttum zu einem bedeutsamen politischen Machtfaktor. Er erreichte die Unabhängigkeit des Kirchenstaats, gewann Sizilien und setzte den deutschen Kaiser ein. **Bonifatius VIII.** *(um 1235–1303)* zeichnet für eine umfassende Kirchenreform verantwortlich. Auf seine Initiative geht die Einführung des »Heiligen Jahres« zurück. **Julius II.** *(1443–1513)*, der in zahlreiche Kriege verwickelt war, machte sich einen Namen als Förderer von Künstlern wie Michelangelo und Raffael. Auf **Sixtus V.** *(1521–90)* geht eine grundlegende Neuorganisation des Kollegiums der Kardinäle zurück. Der volkstümliche **Johannes XXIII.** *(1881–1963)* öffnete die katholische Kirche gegenüber anderen christlichen Glaubensgemeinschaften. Eine Sensation war 1978 die Wahl des polnischen Kardinals Wojtyla, des ersten nichtitalienischen Papstes seit 1523. **Johannes Paul II.** *(1920–2005)* wurde zur Symbolfigur der Revolutionen in Osteuropa.

Radikaler Reformer
Der Benediktiner Papst ***Gregor VII.*** (um 1020–85) *kämpfte gegen Priesterehe und Ämterkauf in der Kirche.*

Der Menschenfischer
Der Apostel **Petrus** (um 1–um 64) *war die führende Persönlichkeit unter den Jüngern Jesu. Die Bibel berichtet, dass er in Rom den Märtyrertod starb.*

Zentralist im Vatikan
In seiner Reform, die bis ins 20. Jh. hinein Bestand hatte, beschränkte ***Sixtus V.*** (1521–90) *u. a. die Zahl der Kardinäle auf maximal 70 und regelte die Berichtspflicht der Bischöfe neu.*

Auf dem Weg zum Kirchenstaat

Unter der Führung des Theologen und Kirchenlehrers ***Gregor I.*** (um 540–604) *wurden die Grundlagen für die weltliche Macht des Papsttums gelegt.*

Mittler zwischen den Religionen

Der ehemalige Kirchendiplomat ***Johannes XXIII.*** (1881–1963) *war ein Vorkämpfer der Ökumene.*

Der »Medienpapst«

Durch zahlreiche Auslandsreisen erlangte ***Johannes Paul II*** (1920 bis 2005) *große Popularität. Für die Irrtümer der Kirche bat er um Vergebung.*

Mit der Krönung Karls des Großen zum Kaiser gelang Leo III. im Jahr 800 ein politischer Coup: Er stellte sich und den Vatikan unter den Schutz des mächtigen Franken.

Frauen an der Macht

Bis vor wenigen Jahrzehnten war die politische Macht fast überall und selbstverständlich eine Domäne der Männer. Gleichwohl schafften immer wieder einzelne Frauen den Weg an die Spitze des Staates.

Im alten Ägypten war **Hatschepsut** *(um 1500–1468 v. Chr.)* eine solche Ausnahmepersönlichkeit. Sie regierte zunächst für ihren unmündigen Stiefsohn Thutmosis III., dann ganz offiziell als Königin. Ihr Totentempel gehört bis heute zu den großen Touristenmagneten im Land am Nil. Im Gegensatz zu Hatschepsut war **Kleopatra** *(69–30 v. Chr.)* keine Ägypterin. Sie war die letzte Vertreterin der griechisch-makedonischen Ptolemäer-Dynastie und kämpfte vergeblich gegen die römischen Eroberer. Mit dem Biss einer giftigen Schlange nahm sie sich das Leben, Ägypten wurde römische Provinz. Ihre Affären mit Julius Cäsar und Marcus Antonius machten sie aber unvergessen.

Königin **Boudicca** *(um 30–61 n. Chr.)* organisierte in ihrer Heimat Britannien 60 n. Chr. einen blutigen Aufstand gegen die römische Besatzungsmacht. Als die Römer die Rebellion niederschlugen, beging sie Selbstmord. **Zenobia** *(um 240–um 272 n. Chr.)* herrschte über die syrische Wüstenstadt Palmyra, löste sich von der Herrschaft Roms und machte sich selbst zur römischen Kaiserin. Zeitweise gehörten große Teile des Orients zu ihrem Machtbereich. 272 n. Chr. wurde sie von dem legitimen römischen Kaiser Aurelian besiegt.

Im Oströmischen Reich von Byzanz gelang es Frauen immer wieder, eine dominierende politische Rolle zu spielen. **Irene** *(752–803)* regierte stellvertretend für ihren Sohn Konstantin VI. Im Westen sorgte eine geplante, letztlich geplatzte Heirat mit Karl dem Großen, für Schlagzeilen. Das Eheprojekt einer anderen byzantinischen Prinzessin wurde indes Wirklichkeit. 972 heiratete **Theophano** *(um 955–991)* den Sachsenkaiser Otto III. und wurde offiziell zur Kaiserin gekrönt. In der Folgezeit hatte sie erheblichen Einfluss auf die Politik und erschreckte manchen Sachsen mit der Übernahme des byzantinischen Hofzeremoniells.

Geliebte Caesars
*Weniger ihre Rolle als kluge Herrscherin Ägyptens als vielmehr ihre Affären mit Julius Cäsar und Marcus Antonius prägen das Bild von **Kleopatra*** (69–30 v. Chr.).

Siegerin über die Mauren
*Als eine der bedeutendsten Persönlichkeiten der Geschichte Spaniens legte **Isabella von Kastilien*** (1451–1504) *mit dem Sieg über die Mauren die Basis für ein gesamtspanisches Königreich.*

Fehden und Intrigen

Im späten Mittelalter und in der frühen Neuzeit profilierten sich in Spanien, Frankreich und Großbritannien Frauen als bedeutende Herrscherpersönlichkeiten. **Isabella von Kastilien** *(1451–1504)* wurde 1474 Königin von Kastilien und León. Gemeinsam mit ihrem königlichen Gemahl Ferdinand II. von Aragonien vollendete sie die Reconquista, die Wiedereroberung Spaniens von den Ara-

Geschickte Heiratspolitik
Durch geschickte Heiratspolitik verband ***Maria Theresia*** (1717–80) *viele ihrer Kinder mit den europäischen Fürstenhäusern – und kompensierte so den Verlust Schlesiens, den die Habsburger im Siebenjährigen Krieg (im Bild die Schlacht bei Maxen) erdulden mussten.*

bern. Der dankbare Papst verlieh dem Paar 1496 den Titel »Katholische Könige«.
Katharina von Medici *(1519–89)*, aus der ruhmreichen florentinischen Familie stammend, heiratete als 14-Jährige den französischen Thronfolger Heinrich II. und war nach dessen Tod Regentin. Ein trauriger Höhepunkt ihrer Herrschaft war die »Bartholomäusnacht« 1572, in der ein Blutbad unter den französischen Protestanten, den Hugenotten, angerichtet wurde.
In Großbritannien schrieben im 16. Jh. zwei Frauen Geschichte, die um die Macht im Königreich kämpften – **Maria Stuart** *(1542–87)* und **Elisabeth I.** *(1533–1603)*. Elisabeth, eine Tochter Heinrichs VIII., sicherte sich 1558 nach einigen Turbulenzen den englischen Thron. Die Spannungen mit Maria Stuart, die als Tochter Jakobs V. im Alter von 6 Tagen Königin von Schottland geworden war, ergaben sich aus dem Gegensatz zwischen Katholiken und Protestanten. Von protestantischen Lords zur Abdankung gezwungen, floh die katholische Maria nach England, wo sie von ihrer Rivalin Elisabeth 18 Jahre lang gefangengehalten und 1587 unter dem Vorwurf der Verschwörung hingerichtet wurde. Elisabeth legte, nachdem der Angriff der spanischen Armada 1588 abgewehrt war, den Grundstein zum britischen Kolonialreich. Sie starb unverheiratet und ohne Kinder.

»Ich wäre lieber eine Bettlerin und allein, als eine Königin und verheiratet.«

Elisabeth I., Königin von England

Erfolge und Misserfolge

Ihre Namensvetterin **Elisabeth** *(1709–62)*, die Tochter Peters des Großen, wurde 1741 Kaiserin (Zarin) von Russland. Unter ihrer Führung kämpfte Russland im Siebenjährigen Krieg (1756–63) gegen Preußen und erlebte im Innern einen wirtschaftlichen Aufschwung. Beerbt wurde sie von **Katharina der Großen** *(1729–96)*, die durch den von ihr herbeigeführten Sturz ihres Ehemanns Peter III. zur Herrschaft gelangte. Unter dem Einfluss der Aufklärung setzte sie eine Reihe von Reformen in Gang. Auf dem Gebiet der Außenpolitik äußerst aktiv, sicherte sie Russland einen Platz unter den führenden europäischen Mächten.
Ein weniger glückliches Geschick war in dieser Hinsicht **Maria Theresia** *(1717–80)* bestimmt, der Erzherzogin von Österreich und Königin von Böhmen und Ungarn. Im Siebenjährigen Krieg verlor sie Schlesien an den Preußenkönig Friedrich den Großen. Dafür erntete die sehr populäre Monarchin, die 16 Kinder zur Welt brachte, viele Lorbeeren durch soziale Reformen und die Förderung von Handel und Industrie.
Queen **Viktoria** *(1819–1901)*, die mütterlich wirkende Königin von Irland und Großbritannien, drückte einem ganzen Zeitalter ihren Stempel auf. Wirtschaft und Handel blühten auch dank einer ausgeprägten Kolonialpolitik, die ihr 1876 den Titel einer Kaiserin von Indien einbrachte.
An der Schwelle zum 20. Jh. wurde das bereits morsche Kaiserreich von China erstmals von einer Frau regiert. In den Wirren zwischen Konservativen und Reformern setzte sich die Kaiserinwitwe **Cixi** *(1835 bis 1908)* in einem Staatsstreich durch und führte bis zu ihrem Tod ein reformfeindliches Regiment.
In Großbritannien folgte **Elisabeth II.** *(geb. 1926)* 1953 ihrem Vater Georg VI. auf den Thron. Seitdem herrscht die Monarchin aus dem Hause Windsor äußerlich unbeeindruckt von den Skandalen in

First Lady der Philippinen
Nach der Ermordung ihres Mannes Benigno setzte ***Corazon Aquino*** (1933–2009) *dessen Werk fort und vertrieb 1986 den Diktator Ferdinand Marcos aus dem Präsidentenamt.*

der Familie, die von den Medien begierig aufgegriffen werden. Ihr ältester Sohn Charles bleibt bis auf Weiteres ein König im Wartestand.

Die Niederlande, ein anderer demokratischer Staat mit monarchischer Tradition, wurden von 1980 bis 2013 von Königin **Beatrix** *(geb. 1938)* regiert. Im April 2013 übergab sie das Amt an ihren Sohn Willem-Alexander. Verheiratet war sie seit 1966 mit dem deutschen Diplomaten Claus von Amsberg, der im Jahr 2002 starb.

Macht ohne Krone

Neben den gekrönten Häuptern profilierten sich im 20. Jh. auch einige Frauen als gewählte Regierungschefinnen. In Indien trat **Indira Gandhi** *(1917–84)*, die Tochter des ersten Premierministers Jawaharlal Nehru, 1966 an die Spitze des von Wirtschaftsproblemen und rapidem Bevölkerungswachstum geplagten Staates. Nach der Abwahl 1977 wurde sie 1980 erneut Premierministerin. 1984 starb sie an den Folgen eines Attentats.

Golda Meir *(1898–1987)*, in Kiew geboren, war von 1969 bis 1974 Ministerpräsidentin von Israel. Ihre Politik der Annäherung an die arabischen Nachbarn erhielt 1973 durch den Yom-Kippur-Krieg mit dem Angriff Ägyptens einen Dämpfer.

Großbritannien wurde zwischen 1979 und 1990 von der »Eisernen Lady« regiert. Dieses Etikett erwarb sich die Premierministerin **Margaret Thatcher** *(1925–2013)* durch einen kompromisslosen Kurs nach innen, nicht zuletzt gegenüber den Gewerkschaften, und, wie der Falkland-Krieg 1982 zeigte, nach außen.

Auf den Philippinen setzte sich 1986 **Corazon Aquino** *(1933–2009)* in demokratischen Wahlen gegen den Diktator Ferdinand Marcos durch. Mit der Unterstützung der USA versuchte die populäre Präsidentin, die durch die Diktatur verursachten Schäden zu reparieren. Nach Ende ihrer Amtszeit 1992 stellte sie sich nicht mehr zur Wiederwahl.

Ellen Johnson-Sirleaf *(geb. 1939)*, seit 2006 Präsidentin von Liberia, ist die erste Frau, die in Afrika durch Wahl an die Macht kam.

Für Blockfreiheit und soziale Gerechtigkeit
Als Premierministerin legte ***Indira Gandhi*** (1917–84) *mit die Basis für Indiens Aufstieg.*

Hoffnungsträgerin Afrikas
Bei den Präsidentschaftswahlen in Liberia setzte sich 2005 die weltweit anerkannte Ökonomin ***Ellen Johnson-Sirleaf*** (geb. 1939) *durch.*

Erfolgreich im Hintergrund

Immer wieder gelang es Frauen, die gesellschaftlichen Schranken zu durchbrechen und an der Seite mächtiger Männer Einfluss auszuüben.

Trotz mancher amourösen Fehltritte des Ehemanns galten **Livia** *(58 v. Chr.–29 n. Chr.)* und Kaiser Augustus als ein glückliches Paar. Livia war die dritte und die politisch aktivste Frau des Augustus. Als Augustus 14 n. Chr. starb, wurde Tiberius, ihr Sohn aus erster Ehe, dessen Nachfolger.

Messalina *(um 25–48 n. Chr.)* repräsentiert unter den römischen Kaiserinnen den Typus der Femme fatale. Als etwa 15-Jährige heiratete sie den 50-jährigen Kaiser Claudius, fiel danach vor allem durch Intrigen, Skandale und Affären auf und wurde schließlich auf Weisung ihres Gatten hingerichtet.

Theodora *(um 497–548)* stammte aus einfachsten Verhältnissen, ihr Vater arbeitete als Tierwärter im Hippodrom von Konstantinopel. Nach der Heirat mit dem oströmischen Kaiser Justinian avancierte sie zur mächtigsten Frau des byzantinischen Imperiums. Während eines Aufstands rettete sie 532 ihrem Mann den Thron.

Eine der politisch einflussreichsten Frauen des Mittelalters war **Eleonore von Aquitanien** *(um 1122 bis 1204)*. Die Tochter des Herzogs Wilhelm von Aquitanien war erst mit dem französischen König Ludwig VII. und dann, nach der Scheidung, mit Heinrich von Anjou, der danach König von England wurde, verheiratet. Aus dieser Ehe ging der spätere englische König Richard Löwenherz hervor.

Der Name der **Madame de Pompadour** *(1721–64)* steht für die höfische Eleganz im Frankreich des 18. Jh. Von bürgerlicher Herkunft, nutzte sie ihre Stellung als Lieblingsmätresse von König Ludwig XV., um auf dem Gebiet der Politik Fäden zu ziehen. Daneben trat sie als Förderin von Künstlern und Literaten in Erscheinung.

Joséphine *(1763–1814)*, mit vollem Namen Marie Josèphe Rose Tascher de la Pagerie, ebnete mit ihren exzellenten Verbindungen dem jungen Napoleon Bonaparte, den sie 1796 heiratete, den Weg zur Macht. 1804 wurde sie von Napoleon persönlich zur Kaiserin gekrönt. Weil die Ehe kinderlos blieb, ließ sich der Kaiser 1809 von ihr scheiden.

Die Chinesin **Jiang Qing** *(1914–91)* trat als Frau Mao Zedongs ans Licht der Öffentlichkeit. In der »Kulturrevolution« versuchte sie mit rabiaten Methoden, radikale sozialistische Positionen durchzusetzen.

Gattin des Präsidenten

Gemeinsam mit US-Präsident John F. Kennedy bildete ***Jacqueline Kennedy-Onassis*** (1929–94) *nach außen hin ein Traumpaar im Weißen Haus.*

Ikonen des 20. Jahrhunderts

Evita Perón *(1919–52)* war eine bekannte Sängerin und Schauspielerin, ehe sie 1945 den argentinischen General Juan Perón heiratete, der 1946 zum Präsidenten gewählt wurde. Als »Presidenta« kämpfte sie für die Rechte der Frauen und für soziale Verbesserungen. 33 Jahre alt erlag sie einem Krebsleiden.

Unter ihrem bürgerlichen Namen Grace Kelly machte **Gracia Patricia** *(1929–82)* zunächst Karriere als Filmschauspielerin in Hollywood. 1956 heiratete sie Fürst Rainier III. von Monaco. Als Fürstin sorgte sie im Zwergstaat für Glanz und Glamour, kümmerte sich bis zu ihrem tragischen Auto-Unfalltod aber auch um karitative Einrichtungen.

Jacqueline Kennedy-Onassis *(1929 bis 1994)* prägte an der Seite des US-Präsidenten John F. Kennedy im Weißen Haus einen neuen Stil. Nach der Ermordung des Präsidenten sorgte ihre Ehe mit dem griechischen Tankerkönig Aristoteles Onassis für Schlagzeilen.

Radikale Sozialistin

Als Haupt der »Viererbande« wurde ***Jiang Qing*** (1914–91) *nach dem Tod ihres Mannes Mao Zedong verhaftet.*

Im Schatten großer Frauen

Architekt des Hatschepsut-Tempels
Die Blockstatue zeigt den Ägypter ***Senmut*** *(um 1500– um 1468 v. Chr.) mit Hatschepsuts Tochter Neferure. Senmut war Architekt, Berater und wohl auch Liebhaber Hatschepsuts.*

Sich an der Seite oder im Umkreis von berühmten Machthaberinnen zu behaupten, fiel Männern zu allen Zeiten schwer. Einige aber schafften es, nachhaltig auf sich aufmerksam zu machen.

Senmut *(um 1500– um 1468 v. Chr.)* war der Mann hinter der legendären ägyptischen Königin Hatschepsut. Der Architekt baute für die Pharaonin den berühmten Terrassentempel in der Tempelanlaga Deir el-Bahari, kümmerte sich um die Erziehung ihrer Töchter und beriet sie in politischen Angelegenheiten.
Auch der Römer **Marcus Antonius** *(82–30 v. Chr.)* pflegte eine enge Beziehung zu einer Herrscherin im Land am Nil. Doch wurde ihm seine Liebe zu Kleopatra zum Verhängnis. Weil er sie großzügig mit Ländern beschenkte, die eigentlich zum Römischen Reich gehörten, geriet er in Rom ins politische Abseits, verlor die entscheidende Schlacht gegen den Rivalen Octavian und beging wie Kleopatra Selbstmord.
Otto III. *(980–1002)*, der als 3-Jähriger König und als 16-Jähriger Kaiser des Heiligen Römischen Reiches geworden war, stand wegen seines jugendlichen Alters lange Zeit unter der Vormundschaft seiner aus Byzanz stammenden Mutter Theophano sowie nach deren Tod seiner Großmutter Adelheid.

Missionar des Ostens
Der Sachsenkaiser ***Otto III.*** (980–1002) *zwischen geistlichen und weltlichen Standesvertretern – Frauen durften in dieser Männerwelt allenfalls im Hintergrund die Fäden ziehen.*

Glückspilze und Pechvögel

Ferdinand II. von Aragonien *(1452–1516)* war an sich ein mächtiger Mann, der über große Teile Spaniens und Italiens herrschte. Doch war ihm seine Ehefrau Isabella von Kastilien eine ebenbürtige Partnerin, die es verstand, sich im Rampenlicht der großen Politik zu platzieren. Nur gemeinsam mit ihr verlieh ihm Papst Alexander VI. 1496 den Ehrentitel »Katholische Könige«.
Robert Dudley, Earl of Leicester *(um 1533–88)*, war die wichtigste Persönlichkeit im Umfeld der englischen Königin Elisabeth I. Als Günstling der Monarchin hatte der Sohn des Herzogs von Northumberland beträchtlichen Einfluss am Hof. Gerüchten zufolge soll sich die unverheiratete Elisabeth mit dem Gedanken getragen haben, mit dem unentbehrlichen Ratgeber die Ehe einzugehen.
Henry Stuart *(1545–67)*, besser bekannt als Lord Darnley, spielte dagegen eine unglückliche Rolle an der Seite seiner Frau und Cousine, der prominenten schottischen Königin Maria Stuart. Bald nach der Hochzeit entfremdete sich das ungleiche Paar. Darnley erkrankte an Syphilis und kam bei einer mysteriösen Explosion ums Leben.
Franz Stephan von Lothringen *(1708–65)* wurde 1745 zum Kaiser des Heiligen Römischen Reiches gewählt. Damals war er bereits 9 Jahre mit Maria There-

Stütze der »Eisernen Lady«
*Sir **Dennis Thatcher** (1915–2003) war Ehemann der früheren britischen Premierministerin Margaret Thatcher.*

Perfekter Prinzgemahl
*Prinz **Albert von Sachsen-Coburg-Gotha** (1819–61), Gemahl der britischen Königin Viktoria, organisierte die erste Weltausstellung (im Bild die Abschlussveranstaltung).*

sia verheiratet. Die resolute Frau hielt in den habsburgischen Erblanden das Heft fest in der Hand und degradierte den Ehemann fast zum politischen Statisten. Über den Tod des Gatten, mit dem sie 16 Kinder hatte, war sie allerdings tief betrübt. Auch in Russland machten Männer im Schatten mächtiger Frauen Karriere. **Alexei Grigorjewitsch Rasumowski** *(1709–71),* Marschall der Zarenarmee und Sohn eines Kosaken, durfte sich der besonderen Gunst der Kaiserin Elisabeth I. erfreuen. Eine ähnliche Position nahm Fürst **Grigorij Potemkin** *(1739–91)* später bei der Kaiserin Katharina der Großen ein. Ihm verdankte die Monarchin den Erwerb neuer Territorien am Schwarzen Meer. Ins Reich der Fabel gehören hingegen die »Potemkinschen Dörfer«, mit denen der Fürst der Kaiserin bei einer Inspektionsreise blühende Ortschaften vorgespiegelt haben soll.

Die schwierige Rolle des Prinzgemahls

Albert von Sachsen-Coburg-Gotha *(1819–61)* heiratete 1840 seine Cousine, die britische Königin Viktoria. Stets loyal und ohne eigenen Ehrgeiz unterstützte er sie bei der Erfüllung ihrer monarchischen Pflichten. Ein persönlicher Erfolg war die Organisation der ersten Weltausstellung 1851 in London. Wie das Beispiel **Philip Mountbatten** *(geb. 1921)* zeigt, war die Haltung Alberts nicht selbstverständlich. Nach seiner Heirat mit der britischen Thronfolgerin Elisabeth II. fiel er mehrfach mit seinem skurrilen, die Hofetikette verletzenden Humor auf. Wie ein Kontrastprogramm dazu wirkt die Rolle des biederen Ehemanns, die die britischen Medien **Dennis Thatcher** *(1915–2003)*, dem Gatten der Premierministerin Margaret Thatcher, zuschrieben. Gleichwohl war Dennis Thatcher ein erfolgreicher Geschäftsmann und Margaret Thatcher bekannte, dass sie ohne ihn niemals 11 Jahre als Premierministerin durchgehalten hätte.

Von handfesten Skandalen war das Leben des Prinzen **Bernhard der Niederlande** *(1911–2004)* geprägt. 1937 heiratete er Prinzessin Juliana, die 1948 Königin wurde. Die Ehe war manchen Belastungen ausgesetzt. Für besondere Turbulenzen sorgte die Verwicklung des Prinzen in die Affäre um den US-Flugzeugkonzern Lockheed. Dessen ungeachtet genoss Bernhard bei den Niederländern große Popularität.

In ruhigeren Bahnen bewegte sich das Dasein als Prinzgemahl bei dem deutschen Diplomaten **Claus von Amsberg** *(1926–2002),* der seit 1966 mit der Kronprinzessin und späteren Königin Beatrix verheiratet war. Allgemeine Anerkennung fand sein soziales Engagement für die Menschen in Afrika, dem er sich auch noch widmete, als er bereits von einer schweren Krankheit gezeichnet war.

In der zweiten Reihe ganz vorn

Kardinal als Staatsmann
In seiner äußeren Erscheinung wirkte Kardinal ***Richelieu*** (1585–1642) *eher wie ein König. Dieses Gemälde aus dem 19. Jh. zeigt ihn an den Kais von La Rochelle.*

Offiziell waren sie nur die wichtigsten Ratgeber und Helfer. In der Praxis aber stellten viele Kanzler und Minister die Monarchen, denen sie dienten, in den Schatten und zogen nicht nur hinter den Kulissen die Fäden.

Der Mann, dem der Stauferkaiser Friedrich Barbarossa vertraute, war **Rainald von Dassel** *(um 1120 bis 1167).* 1156 zum Reichskanzler ernannt, kämpfte Rainald, obwohl von der Herkunft und der Ausbildung her eigentlich ein Mann der Kirche, unermüdlich für die Stärkung des Kaisertums gegenüber dem Papst. Diese Linie behielt er auch bei, als er 1159 Erzbischof von Köln wurde.

Im benachbarten Burgund vermochte sich drei Jahrhunderte später **Nicolas Rolin** *(1376–1462)* als eine der einflussreichsten Führungspersönlichkeiten der mittelalterlichen Geschichte zu profilieren. Als Kanzler Herzog Philipps des Guten formte er aus dem zuvor eher einflusslosen Land eine starke Macht. In der Wahl seiner politischen Methoden nicht zimperlich, beruhigte er sein Gewissen mit der Stiftung von Hospitälern.

Für einen starken Kaiser
Kurz nachdem ***Rainald von Dassel*** (um 1120–67) *für Friedrich Barbarossa Rom erobert hatte, erlag er einer Seuche. Seine Gebeine ruhen im Kölner Dom.*

Die großen Drei aus Frankreich

Das Beispiel des Burgunders machte in der Neuzeit und da vor allem am französischen Königshof mehrfach Schule. Hier fanden Monarchen immer wieder äußerst befähigte Kanzler und Minister.
Zu den bekanntesten Figuren gehört Kardinal **Richelieu** *(1585–1642),* der von Haus aus den Namen Armand-Jean du Plessis trug. Als treuer Diener König Ludwigs XIII. strebte der Erste Staatsrat nach der Festigung der königlichen Macht und nach der Erweiterung des französischen Einflusses in Europa. Auf dem Gebiet der Kultur machte sich Richelieu einen Namen als Gründer der berühmten Académie française.
Nicht minder emsig war Richelieus Freund und Nachfolger **Mazarin** *(1602–61),* den Ludwig XIII. nach dem Tod Richelieus im Rang eines Kardinals in seinen Kronrat aufnahm. Für den noch unmündigen Nachfolger Ludwigs XIV. führte Mazarin bis zu seinem Tod die Staatsgeschäfte, wobei er in der Außenpolitik weitaus erfolgreicher agierte als in der Innenpolitik.

Reformer Frankreichs

Um höhere Steuereinkünfte zu erreichen, förderte ***Jean-Baptiste Colbert*** *(1619 bis 1683) u. a. die neu aufkommende Produktionsform in Manufakturen.*

»Politiker der Diagonale«

Dieses Etikett erwarb sich ***Theobald von Bethmann Hollweg*** *(1856–1921) wegen seiner Politik des Ausgleichs zwischen links und rechts. Das Foto zeigt ihn (l.) 1915 im Gespräch vor dem Berliner Reichstagsgebäude.*

Dritter im Bunde großer französischer Minister des 17. Jh. war **Jean-Baptiste Colbert** *(1619 bis 1683)*. Unter der Protektion Mazarins stieg der Sohn eines Tuchhändlers zum Finanzchef von König Ludwig XIV. auf. Dem absolutistischen Sonnenkönig schuf er mit dem Merkantilismus ein neues Wirtschaftssystem. Mit einer gezielt auf Export ausgerichteten Handelspolitik und der Verdoppelung der Steuereinnahmen wurden die finanziellen Mittel für den aufwendigen Herrschaftsstil des Monarchen und die vielen Kriege, die Frankreich in dieser Zeit führte, beschafft.

Im Bann Napoleons

Von einer bemerkenswerten Anpassungsfähigkeit war die politische Haltung von **Charles Maurice de Talleyrand** *(1754–1838)* geprägt. In den Wirren der Französischen Revolution nach oben gekommen, wurde er später Napoleons Außenminister. Nach dem Scheitern des Kaisers verbündete er sich mit dessen Gegnern – Seitenwechsel, die von dem großen diplomatischen Geschick zeugen, das er im Dienst seiner verschiedenen Herren auf der Bühne der internationalen Politik unter Beweis stellte.
Auf dem Wiener Kongress von 1814/15, wo es um die Neuordnung Europas in der Ära nach Napoleon ging, traf Talleyrand den österreichischen Fürsten **Klemens Wenzel von Metternich** *(1773–1859)*, der in den folgenden Jahrzehnten zu einem der führenden Köpfe in der europäischen Politik wurde und für seinen antiliberalen Kurs berüchtigt war.
Was Richelieu, Mazarin und Colbert für die französischen Herrscher gewesen waren, war Maximilian **Graf von Montgelas** *(1759–1838)* für die bayerischen Könige. Noch während der Herrschaft Napoleons gab er Bayern 1808 eine neue, moderne Verfassung. Rechtzeitig wechselte er auf die Seite von Napoleons Gegnern und sicherte Bayern so die Souveränität. Seine Karriere endete allerdings mit einem Missklang, als er 1817 nach Differenzen mit dem Kronprinzen seinen Posten und damit seinen Einfluss verlor.
Zur gleichen Zeit arbeitete in Preußen Finanz- und Wirtschaftsminister **Heinrich Reichsfreiherr vom und zum Stein** *(1757 bis 1831)* an einem umfassenden Reformwerk. Unterstützung fand er beim Staatskanzler **Karl Freiherr von Hardenberg** *(1750–1822)*.
Die Bestimmungen über die Bauernbefreiung, die Aufhebung des ständischen Systems und eine neue Städteordnung waren Meilensteine auf dem Weg zu einem modernen Preußen.

Im Dienst deutscher Kaiser

Nach der Gründung des deutschen Kaiserreichs 1871 wurde **Otto von Bismarck** *(1815–98)* zum ersten Reichskanzler ernannt. Kaiser Wilhelm I. überließ dem brillanten Politiker, der seine Talente bereits bei der Bildung des Deutschen Reiches unter Beweis gestellt hatte, weitgehend das Feld. So wurde Bismarck nicht nur zum Architekten, sondern auch zum Gestalter des jungen Kaiserreichs. Als der forsche Wilhelm II. den Thron bestieg, kam es bald zu ernsthaften Differenzen, die im März 1890 zur Entlassung Bismarcks führten.
Auch Bismarcks Nachfolger, wie etwa **Leo Graf von Caprivi** *(1831–99)* oder **Theobald von Bethmann Hollweg** *(1856–1921)*, bekamen die Launen des

> ***»Es gibt keine Handlung, für die niemand verantwortlich wäre.«***
>
> Otto von Bismarck

Kaisers häufig zu spüren. Dem letzten Reichskanzler Prinz **Max von Baden** *(1867–1929)* blieb es 1918 vorbehalten, aus eigener Machtvollkommenheit die Absetzung des Kaisers zu erklären.

Erfolgreiche Premierminister

Lang ist die Liste der Persönlichkeiten, die es im Dienst der englischen Krone zu Ansehen und Einfluss brachten. Am Anfang steht der streitbare **Thomas Becket** *(1118–70)*. Anfangs war er als Kanzler ein enger Freund von König Heinrich II. Doch nachdem dieser ihn 1162 zum Erzbischof von Canterbury gemacht hatte, fuhr Becket einen strikt kirchlichen Kurs und geriet dadurch in einen ernsten Gegensatz zum König. Becket fand ein tragisches Ende, als er in der Kathedrale von Canterbury ermordet wurde.
Ein solches Schicksal blieb späteren britischen Premierministern erspart. **William Pitt der Jüngere** *(1759–1806)* trat in die Fußstapfen seines gleichnamigen Vaters, der sich um die Ausdehnung der britischen Kolonialgebiete einige Verdienste erworben hatte. Als Regierungschef führte William Pitt der Jüngere innere Reformen durch und koordinierte die europäischen Militäraktionen gegen das revolutionäre Frankreich.
Im 19. Jh. wurde die Politik im British Empire über Jahrzehnte von zwei Konkurrenten geprägt, die sich mehrfach im Amt des Premierministers abwechselten. Als führender Vertreter der Konservativen Partei strebte **Benjamin Disraeli** *(1804–81)* nach einer Festigung der englischen Weltmachtstellung. Sein liberaler Rivale **William Gladstone** *(1809–98)* kümmerte sich mehr um die Lösung der durch die Industrielle Revolution hervorgerufenen sozialen Probleme. Alle seine Vorgänger stellte **Winston Churchill** *(1874 bis 1965)* in den Schatten. Der Führer der Konservativen zog 1940 erstmals in die Downing Street 10, den Amtssitz des britischen Premierministers, ein und bewährte sich im Zweiten Weltkrieg. Auch in der Nachkriegszeit spielte der Politiker mit dem Markenzeichen Zigarre eine herausragende Rolle.

»Schlage zuerst, bevor die anderen dich schlagen.«

Rasputin

Einfluss im Osten

Im alten japanischen Kaiserreich formte der Adlige **Michinaga Fujiwara** *(966–1028)* ein Netzwerk der Macht, das seiner Familie für lange Zeit die Vorherrschaft sicherte. Formell war er Chef der kaiserlichen Verwaltung. Durch eine geschickte Heiratspolitik band er seine Dynastie jedoch so eng an das Kaiserhaus, dass im ostasiatischen Inselreich nichts ohne seine Zustimmung geschehen konnte.
In Russland bestimmte unter der Zarin Katharina der Großen die schillernde Gestalt des Fürsten **Grigorij Potemkin** *(1739–91)* die Politik. Zu seinen wichtigsten Erfolgen zählt die Besiedlung der den Türken abgerungenen Provinzen im Süden durch Russen.
In der Endphase der Romanow-Herrschaft erregte die mysteriöse Gestalt des Wanderpropheten und angeblichen Wunderheilers **Rasputin** *(1869–1916)* die Gemüter. Als er immer mehr Einfluss auf die Politik gewann und sich zahlreiche Ausschweifungen erlaubte, wurde er nach einem Komplott von Höflingen ermordet.

Der Wundermönch
*Diese Karikatur von 1916 zeigt **Rasputin** (1869–1916), der Zar Nikolaus II. bei guter Laune hält. Seinen enormen Einfluss verdankte er rätselhaften Heilerfolgen bei dem an der Bluterkrankheit leidenden Zarensohn Aleksej.*

Die großen Feldherren

Sie erfochten glanzvolle Siege zu Lande, zu Wasser und in der Luft. Häufig genug standen diese Erfolge auf des Messers Schneide, doch gerade in der Bewältigung schwieriger Situationen liegt der Ruhm großer Militärstrategen begründet.

Ein Pionier der Feldherrnkunst war der Grieche **Epameinondas** *(um 420–362 v. Chr.)*. Als Führer der Streitkräfte der Stadt Theben besiegte er 371 v. Chr. die Spartaner in der Schlacht bei Leuktra. Die gegnerische Armee überraschte er mit der neuen Taktik der »Schiefen Schlachtordnung«, die es ihm erlaubte, die Spartaner über die Flügel in die Zange zu nehmen. Bis dahin waren die Heere immer frontal aufeinander getroffen.
Julius Cäsar *(100–44 v. Chr.)*, der nach eigenen Worten »kam, sah und siegte«, triumphierte nicht nur wegen des Tempos, das er seinen Soldaten abverlangte. Wie er vor allem im Gallischen Krieg unter Beweis stellte, war er auch ein großer Motivator. Als er sich für Kleopatra in den Krieg um das ägyptische Alexandria stürzte, wäre er allerdings beinahe ums Leben gekommen.

Kaisermacher

Ohne seinen unentbehrlichen Helfer **Marcus Agrippa** *(63–12 v. Chr.)* wäre Augustus vermutlich nie römischer Kaiser geworden. Agrippa schlug für ihn alle wichtigen Schlachten, so auch 31 v. Chr. das Seegefecht bei Aktium gegen seinen Rivalen Marcus Antonius und die ägyptische Königin Kleopatra. Ebenso hätte der oströmische Kaiser Justinian auf viele militärische Lorbeeren verzichten müssen, hätte er nicht in **Belisar** *(um 505–565)* über einen äußerst befähigten General verfügt. Dessen Ruhmestat war der Sieg über das Reich der Vandalen in Nordafrika. Weniger glücklich verliefen die Kämpfe gegen die Ostgoten in Italien.

Im Mittelalter gab es relativ wenige große Feldherren. Das lag daran, dass statt der offenen Feldschlacht der ritterliche Einzelkampf dominierte. Erst in der frühen Neuzeit bot sich für militärische Talente wieder die Gelegenheit, sich an der Spitze großer Heere auszuzeichnen. Im Dreißigjährigen Krieg (1618–48) eilte **Albrecht von Wallenstein** *(1583 bis 1634)*, später »Generalissimus« genannt, für die Sache des Kaisers von Sieg zu Sieg.
Zwei der größten militärischen Begabungen der Geschichte kämpften zeitweilig gemeinsam, als der britische Feldherr **John Churchill Marlborough** *(1650–1722)* und Prinz **Eugen von Savoyen** *(1663 bis 1736)*, Heerführer in österreichischen Diensten, die Armeen Ludwigs XIV. besiegten. Prinz Eugen sammelte darüber hinaus in den Auseinandersetzungen mit den Türken kriegerische Lorbeeren.

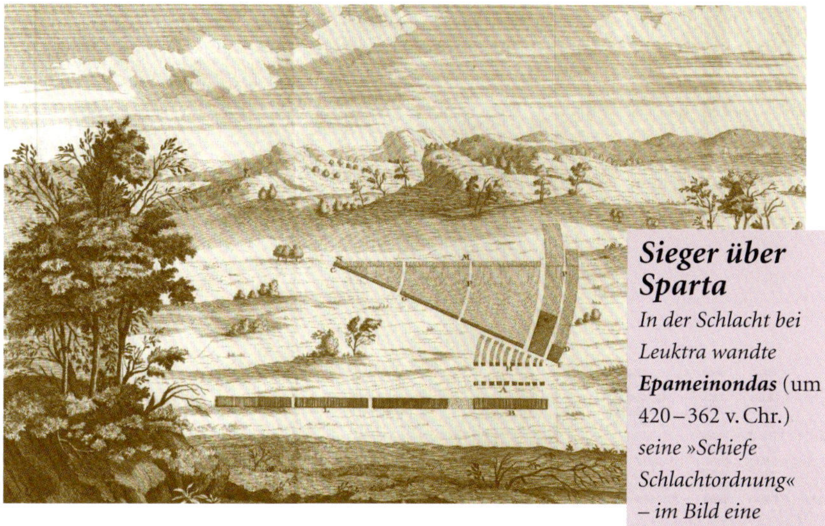

Sieger über Sparta
In der Schlacht bei Leuktra wandte ***Epameinondas*** (um 420–362 v. Chr.) *seine »Schiefe Schlachtordnung« – im Bild eine Druckgrafik aus dem 19. Jh. – erstmals an.*

Retter des Kaisers
Im Dreißigjährigen Krieg stoppte ***Albrecht von Wallenstein*** (1583 bis 1634) *den Vormarsch der in den Süden des Kaiserreichs vorgerückten Schweden.*

»Der Würfel ist gefallen.«

Julius Cäsar

Sieger in Gallien
Seinen militärischen Erfolg im Gallischen Krieg 58–51 v. Chr. nutzte ***Julius Cäsar*** (100 bis 44 v. Chr.), *gestützt auf sein Heer, zur Errichtung der Alleinherrschaft in Rom.*

Gegen Napoleon

Stratege der Nordstaaten
*Im amerikanischen Bürgerkrieg zwang **Ulysses Grant** (1822–85) die Truppen der Konföderierten 1865 zur Kapitulation.*

Fast an der Tagesordnung waren große Schlachten in der Zeit der Französischen Revolution und der nachfolgenden Ära Napoleons. Der französische General **Marquis de La Fayette** *(1757 bis 1834)* war ein glühender Verfechter der Revolution und führte die revolutionären Garden an. **Horatio Nelson** *(1758 bis 1805)*, der bereits im Alter von 21 Jahren im nordamerikanischen Unabhängigkeitskrieg eine englische Fregatte kommandierte, fügte als englischer Admiral 1798 der napoleonischen Flotte vor den Küsten Ägyptens eine schwere Niederlage zu. Nelson siegte auch 1805 beim spanischen Trafalgar gegen die Franzosen, kam dabei aber selbst ums Leben. Diese Schlacht machte seinen Namen zum Mythos. Ein Schlachtort und die Namen zweier Heerführer markieren das Ende der wechselvollen Karriere Napoleons. 1815 startete der ehemalige Kaiser der Franzosen den letzten Versuch eines Comebacks. Im belgischen Waterloo traf seine Grande Armée auf eine Koalition europäischer Mächte unter der Führung des britischen Feldmarschalls, des Herzogs **Arthur Wellesley Wellington** *(1769–1852)*, und erlitt dabei eine vollständige Niederlage. Wirksam unterstützt wurde Wellington von den preußischen Truppen, die unter dem Kommando des populären Generalfeldmarschalls **Gebhard Leberecht Fürst Blücher von Wahlstatt** *(1742–1819)* standen. Zuvor hatte sich Blücher im Oktober 1813 bereits in der großen Völkerschlacht bei Leipzig bewährt, von deren Schlachtfeld sich Napoleon nur mit Mühe in Sicherheit bringen konnte.

General der Freiheit
*Ob im Kampf der Amerikaner gegen die Briten oder später der Franzosen für die Revolution – der **Marquis de La Fayette** (1757–1834) kämpfte erfolgreich für den Freiheitsgedanken.*

Preußen, Engländer und Amerikaner

Fortgesetzt wurde die Tradition der erfolgreichen preußischen Heerführer durch **Helmuth Graf von Moltke** *(1800–91)*. Auf seine strategischen Planungen ging der Sieg Deutschlands im deutsch-französischen Krieg von 1870/71 zurück. **Paul von Hindenburg** *(1847–1934)*, später Reichspräsident, wurde im Ersten Weltkrieg durch den Sieg über die russischen Truppen bei Tannenberg (1914) zur militärischen Legende.

In den USA entschied **Ulysses Grant** *(1822–85)* den Sezessionskrieg zwischen den Nordstaaten und den Südstaaten (1861–65) zugunsten des Nordens. Nicht zuletzt aufgrund seiner militärischen Heldentaten wählten ihn die Amerikaner 1869 zu ihrem 18. Präsidenten. Eine andere Lichtgestalt aus der Zeit des amerikanischen Bürgerkriegs war General **George Armstrong Custer** *(1839–76)*, auf dessen Konto der Sieg des Nordens in der Schlacht bei Gettysburg (1863) ging. In einer Auseinandersetzung mit den Sioux am Little Bighorn kam Custer, der selbst 1868 ein Massaker unter den Cheyenne angerichtet hatte, ebenso wie seine gesamte Truppe von über 200 Mann ums Leben. Erfolgreiche Generäle der jüngeren Kriegsgeschichte waren Feldmarschall **Bernard Montgomery** *(1887–1976)*, der im Zweiten Weltkrieg die britischen Aktionen in Afrika und die Landung der Alliierten in Sizilien leitete, und **Douglas McArthur** *(1880–1964)*, der zur selben Zeit den Oberbefehl über die amerikanischen Streitkräfte in Ostasien führte.

Niederlage bei Issos
Das Mosaik in Pompeji zeigt den Perserkönig **Dareios III.** (um 380–330 v. Chr.) *in der Schlacht bei Issos gegen Alexander den Großen, die den Anfang vom Ende seiner Dynastie markiert.*

Sieg und Niederlage

Die Kriegsgeschichte kennt viele Sieger, sie kennt aber auch viele Verlierer. Angetreten waren sie immer mit großen Hoffnungen, doch scheiterten sie schließlich an den Umständen, einem übermächtigen Gegner oder auch einfach nur an sich selbst.

Der König von Sparta, **Leonidas** *(um 520–480 v. Chr.),* besetzte in seinem Todesjahr mit 300 Kriegern den Thermopylenpass in Mittelgriechenland. Auf diese Weise konnte er den Vormarsch des persischen Invasionsheeres so lange aufhalten, bis sich die übrigen Griechen zur Gegenwehr versammelt hatten. Leonidas wurde bei der Aktion von den Persern getötet und avancierte zum Helden.
Als Alexander der Große in sein Reich einfiel, war **Dareios III.** *(um 380–330 v. Chr.)* persischer König. Er eilte dem Makedonenkönig entgegen und stellte sich 333 v. Chr. bei Issos zur Schlacht. Der Kampf ging für ihn ebenso verloren wie die Schlacht bei Gaugamela am Tigris (331 v. Chr.). In der Folge verlor Dareios Herrschaft und Leben.
Pyrrhus *(319–272 v. Chr.)* hatte die zweifelhafte Ehre, alle seine Schlachten zu gewinnen, den Krieg jedoch zu verlieren. Der König des griechischen Epirus kämpfte in Italien sehr erfolgreich gegen die Römer, verlor dabei aber viele Soldaten und musste schließlich aus Italien fliehen. Ein »Pyrrhus-Sieg« steht seitdem sprichwörtlich für einen Sieg, der eigentlich eine Niederlage ist.
Der karthagische Feldherr **Hannibal** *(247–183 v. Chr.)* fiel über die Alpen nach Italien ein. In mehreren Schlachten besiegte er die Römer, für die besonders die Niederlage in der Schlacht von Cannae (216 v. Chr.) traumatische Wirkung hatte. Doch dann verließ Hannibal das Glück. Er kehrte nach Karthago zurück, wo ihn die Römer 202 v. Chr. in der Schlacht von Zama besiegten.
Der thrakische Gladiator **Spartacus** *(um 100–71 v. Chr.)* organisierte von Capua aus einen Aufstand der Sklaven gegen die römischen Herren. Anfangs sehr erfolgreich, musste er sich am Ende den Römern beugen und fand den Tod in der Schlacht.
Bis heute gilt **Vercingetorix** *(um*

»Zu viel ist zu viel, aber viel zu viel ist genau richtig.«

Hannibal

Held Spartas
Der König von Sparta, **Leonidas** (um 520–480 v. Chr.) *fiel an den Thermopylen, nachdem die griechische Stellung an die Perser verraten worden war. Sein und seiner Krieger Heldenmut bewahrte die Griechen vor einer vernichtenden Niederlage.*

82 – 46 v. Chr.) in Frankreich als Nationalheld. Der Fürst der Averner einte die gallischen Stämme im Kampf gegen die Römer, musste aber bei Alesia 52 v. Chr. eine Niederlage einstecken. Er verbrachte lange Jahre in römischer Gefangenschaft und wurde schließlich hingerichtet.

Als eine ihrer unglücklichsten Figuren ging **Varus** *(um 46 v. Chr. – 9 n. Chr.)* in die römische Geschichte ein. Er führte die römischen Legionen, die in der Varusschlacht 9 n. Chr. den germanischen Stämmen unter Arminius unterlagen.

Gegen die römischen Besatzer lehnte sich der jüdische Widerstandskämpfer **Simon bar Kochba** *(um 100 – 135 n. Chr.)* auf. Nach einigen Erfolgen musste der charismatische Anführer, der sich als Messias ausgab, den Kampf aufgeben.

Karl ohne Glück

Obwohl er einen kämpferischen Namen trug, war **Karl dem Kühnen** *(1433 – 77)* das Kriegsglück nicht hold. Im Kampf gegen die Schweizer Eidgenossenschaft musste der Herzog von Burgund schwere Niederlagen einstecken, in der Schlacht von Nancy gegen die Lothringer kam er ums Leben.

Sein Namensvetter **Karl XII.** *(1682 bis 1718),* König von Schweden, hatte im Zweiten Nordischen Krieg (1700 – 21) zunächst große Erfolge gegen Dänen und Russen. Im weiteren Kriegsverlauf wurde ihm jedoch ein Feldzug gegen Russland zum Verhängnis. Den Weiten des Landes musste er ebenso Tribut zollen wie dem strengen Winter und seinem Gegenspieler, Zar Peter dem Großen. Schließlich suchte er bei den Türken Schutz und geriet dort in Gefangenschaft. In die Heimat zurückgekehrt, fiel er im Kampf gegen die Norweger.

Krieg in Amerika

Im amerikanischen Bürgerkrieg (1861 – 65) führte General **Robert Lee** *(1807 – 70)* die Südstaatler. Zunächst gelangen ihm einige Erfolge, doch dann drehte sich der Wind, und nach der Niederlage bei Gettysburg musste er 1863 kapitulieren. Seinen legendären Ruf konnte dieses traurige Ende aber nicht schmälern.

Sitting Bull *(um 1831 – 90),* Häuptling der Sioux, war eine Symbolfigur im Kampf der amerikanischen Indianer gegen die Weißen. Obwohl er von Anfang an auf verlorenem Posten stand, gab er den Widerstand lange nicht auf. Später wurde er zur Attraktion in Buffalo Bills Wild-West-Show. Nach wie vor der Konspiration gegen die Weißen beschuldigt, fand er ein gewaltsames Ende.

Im Zweiten Weltkrieg

Der deutsche Generalfeldmarschall **Erwin Rommel** *(1891 – 1944)* befehligte im Zweiten Weltkrieg die Operationen in Nordafrika. Seine einfallsreiche Strategie brachte ihm den Namen »Wüstenfuchs« ein; letztlich musste er aber die Waffen strecken. Lange genoss er das Vertrauen Hitlers, wurde dann aber wegen seiner Sympathien für die deutsche Widerstandsbewegung von diesem zum Selbstmord gezwungen.

Generalfeldmarschall **Friedrich Paulus** *(1890 – 1957)* war Befehlshaber der 6. Armee, die im Januar 1943 vor Stalingrad entgegen dem ausdrücklichen Befehl Hitlers kapitulierte. Er geriet in sowjetische Kriegsgefangenschaft und fungierte nach dem Krieg bei den Nürnberger Prozessen als Zeuge der Anklage.

»Ein Mann ohne Ziel ist wie ein Pfeil ohne Spitze – hough!«

Sitting Bull

Sieger und Verlierer

Der Sioux-Häuptling ***Sitting Bull*** (um 1831 – 90) *brachte der US-Armee ihre größte Niederlage im Kampf gegen die Indianer bei – den Krieg aber verlor er.*

Das Rad des Schicksals

Sie waren mit ehrgeizigen Plänen angetreten – und hatten anfangs auch Erfolg. Dann aber wendete sich das Blatt.

Eine der schillerndsten Persönlichkeiten des Mittelalters war **Girolamo Savonarola** *(1452–98)*. Der italienische Mönch-Prediger verunsicherte die Zeitgenossen mit äußerst düsteren Prophezeiungen und brachte es in Florenz zum führenden Politiker, bevor er beim Papst in Ungnade fiel. Man machte ihm den Prozess und verurteilte ihn zum Tod auf dem Scheiterhaufen.
Dank seiner finanziellen Mittel, seiner diplomatischen Fähigkeiten und seines Geschicks als Feldherr stieg **Albrecht von Wallenstein** *(1583–1643)* zu einem der mächtigsten Männer seiner Zeit auf. Dann verlor er jedoch das Vertrauen des Kaisers. Er wurde des Verrats bezichtigt und schließlich heimtückisch ermordet.

Für die Rechte des Volkes

Zu Lebzeiten konnte der Engländer **Oliver Cromwell** *(1599–1658)* als Gewinner gelten. Mit allen Mitteln kämpfte er gegen die Macht des Königs und für die Stärkung des Parlaments, woraus sich indes eine Diktatur entwickelte. Nach seinem Tod stellte König Karl II., dessen Vater Karl I. Cromwell hatte hinrichten lassen, die Monarchie wieder her. Der Leichnam des »Königsmörders« wurde aus dem Grab gerissen und an den Galgen gehängt.

Menschlicher Sozialismus
*Für **Alexander Dubceks** (1921–92) »Sozialismus mit menschlichem Antlitz« gingen im »Prager Frühling« 1968 die Menschen auf die Straße.*

Chiang Kai-shek *(1887–1975)*, von 1928 bis 1949 Führer der Republik China, verlor den internen Machtkampf gegen seinen Rivalen Mao Zedong. Er musste 1949 vor den Kommunisten ins Exil nach Taiwan fliehen, wo er bis zu seinem Tod als vergleichsweise machtloser Präsident fungierte.
In Chile war der Sozialist **Salvador Allende** *(1908 bis 1973)* nach seiner Wahl zum Staatspräsidenten 1970 Hoffnungsträger vieler Menschen. Doch nur 3 Jahre später putschte die Armee des südamerikanischen Staates und in den danach ausbrechenden Kämpfen beging Allende Selbstmord.

Tauwetter im Osten

Der tschechoslowakische Politiker **Alexander Dubcek** *(1921–92)* entwickelte sich zum Initiator des »Prager Frühlings«. Seinen Kurs der behutsamen Liberalisierung des kommunistischen Landes beantworteten die Sowjets mit dem Einmarsch von Truppen. Die Reformen wurden gestoppt, Dubcek verlor alle seine Ämter.
Es sollte **Michail Gorbatschow** *(geb. 1931)* vorbehalten bleiben, das Ende der kommunistischen Regime in Osteuropa einzuläuten. Der Generalsekretär der KPdSU übernahm sich jedoch mit seinem Reformprogramm und musste Boris Jelzin Platz machen.

Präsident zweier China
*Mehr als zwei Jahrzehnte führte **Chiang Kai-shek** (1887–1975) das große Festlandchina. Auf Taiwan hatte er später Zeit zur Muße – hier mit seiner Frau.*

Berüchtigte Diktatoren

Oft installieren Diktatoren pseudodemokratische Strukturen, um ihre wirkliche Machtfülle zu verschleiern. Doch hinter der Fassade herrschen, wie die Geschichte zur Genüge beweist, Gewalt und Unterdrückung.

Adolf Hitler *(1889–1945)* und **Josef Stalin** *(1878 bis 1953)* stehen an der Spitze der Diktatoren des 20. Jh. Beide zeichnen für unvorstellbares Unrecht und den Tod vieler Millionen Menschen verantwortlich. Hitler, als Reichskanzler legal an die Macht gekommen, entfesselte den größten Krieg, den die Menschheit bis dahin erlebt hatte, und betrieb die Verfolgung und Vernichtung von Millionen europäischer Juden. Sein Gegenspieler Stalin, mit dem er kurz vor Kriegsausbruch noch ein strategisches Bündnis geschlossen hatte (Hitler-Stalin-Pakt von 1939), herrschte in der Sowjetunion nach der gewaltsamen Ausschaltung echter oder vermeintlicher Widersacher unumschränkt und betrieb eine Politik der Expansion, die er nach dem Zweiten Weltkrieg fortsetzte, als die Weltpolitik im Zeichen des »Kalten Krieges« stand.

Duce und Caudillo

Hitlers Verbündeter im Krieg, der italienische »Duce« (Führer) **Benito Mussolini** *(1883–1945)*, machte Italien zu einem faschistischen Staat. Doch sein Traum, an die Herrlichkeit des alten römischen Reiches anknüpfen zu können, zerplatzte. Am Ende wurde er von italienischen Widerstandskämpfern erschossen. Vierter im Bunde der europäischen Diktatoren, die im Zweiten Weltkrieg eine wesentliche Rolle spielten, war der spanische General **Francisco Franco** *(1892–1975)*. Der »Caudillo« (Führer) kam mit dem blutigen Spanischen Bürgerkrieg an die Macht und blieb bis zu seinem Tod die bestimmende Figur in der Politik Spaniens.

Spaniens »Führer«
Im Spanischen Bürgerkrieg siegten die faschistischen Truppen ***Francisco Francos*** (1892–1975), *der hier die Massen grüßt.*

Wie der Vater, so der Sohn
Auch nach dem Tod ***Kim Jong Ils*** (1941 bis 2011, kleines Bild) gehört *Nordkorea zu den restriktivsten Regimen unserer Zeit. Als seinen Nachfolger bestimmte er seinen Sohn* **Kim Jong-un** (geb. 1983), *der den Kurs seines Vaters fortsetzt.*

Europäische Diktatoren nach dem Zweiten Weltkrieg

Nach dem Zweiten Weltkrieg etablierten sich auch in anderen Teilen Europas diktatorische Herrschaften. Unter den kommunistischen Führern ragte negativ der rumänische Staatschef **Nicolae Ceausescu** *(1918–89)* heraus. Gestützt auf seinen gefürchteten Geheimdienst »Securitate« installierte er eine Gewaltherrschaft. Im Zuge des politischen Tauwetters in Osteuropa wurde der Diktator schließlich gestürzt, angeklagt und hingerichtet.
Im Chaos nach dem Untergang des Vielvölkerstaates Jugoslawien verschaffte sich **Slobodan Milošević** *(1941–2006)* in Serbien nach regulären Wahlen eine diktatorische Ausnahmestellung. Entscheidend beteiligt an den »ethnischen Säuberungen« während des Balkankriegs wurde Milosevic 1999 vom UN-Kriegsverbrechertribunal in Den Haag angeklagt. Er starb in der Untersuchungshaft.
Der Zusammenbruch der Sowjetunion führte in ihren ehemaligen, nun jedoch souveränen Teilstaaten häufig zu politischen Komplikationen, die gelegentlich in diktatorische Strukturen mündeten. Dies gilt etwa für Weißrussland und den dort seit 1994 amtierenden Präsidenten **Alexander Lukaschenko** *(geb. 1954)*.

Vater der Golfkriege

*Plakate wie dieses, das britische Soldaten in Basra enrfernen, dienten dem Personenkult **Saddam Husains** (1937–2006), der 1980 und 1991 die beiden Golfkriege auslöste. Beide waren mit großen Verlusten für den Irak verbunden.*

In Griechenland wurde **Georgios Papadopulos** *(1919–99)* zum führenden Kopf eines Obristenregimes, das das Land der Hellenen nach einem Putsch 1967 zum Spielball einer Militärdiktatur machte. Nach ihrem Zusammenbruch 1974 wurde Papadopulos zum Tode verurteilt, die Strafe aber später in lebenslange Haft umgewandelt.

Im Visier der USA

Unter den außereuropäischen Diktatoren des 20. Jh. war es im Irak Präsident **Saddam Husain** *(1937 bis 2006)*, der, gestützt auf die Armee, die reichen Erdölvorkommen und einen ausgeprägten Personenkult, einen autoritären Staat einrichtete, dessen Schergen Hunderttausende Iraker zum Opfer fielen. Als Folge einer von den USA geführten internationalen Militärintervention wurde Saddam gefangen genommen, angeklagt und hingerichtet.

Südamerika, Afrika und Fernost

In Chile erlebten die Menschen einen dramatischen Wechsel, als nach dem Militärputsch gegen den sozialistischen Präsidenten Allende 1973 der Junta-Chef **Augusto Pinochet** *(1915–2006)* das Heft in die Hand nahm und eine strenge Militärdiktatur einrichtete, die bis zu seinem Abgang 1998 Bestand hatte.
Auch viele afrikanische Staaten blieben nach dem Schritt in die staatliche Unabhängigkeit nicht von Diktatoren verschont. Traurige Berühmtheit erlangte in dieser Hinsicht das Terrorregime des **Idi Amin** *(1928–2003)* in Uganda. Mindestens HunderttausendMenschen wurden Opfer seiner Herrschaft. Auch **Robert Mugabe** *(geb. 1924)*, der noch amtierende Präsident von Simbabwe, sieht sich wegen seiner autoritären und menschenverachtenden Politik, wegen Wahlfälschung und Korruption im Fokus der internationalen Kritik.
In Kambodscha steht der Name **Pol Pot** *(1928–98)* für Terror und Gewalt. Der Führer der kommunistischen Guerillabewegung der »Roten Khmer« wurde 1976 Ministerpräsident und war in dieser Eigenschaft für den Massenmord an 2 Mio. Kambodschanern verantwortlich. Ebenfalls unter kommunistischem Vorzeichen regierte in Nordkorea von 1994 bis 2011 **Kim Jong Il** *(1941–2011)*. Er kam als Nachfolger seines Vaters Kim Il Sung an die Macht und stützte seine nahezu uneingeschränkte Herrschaft vor allem auf die Armee. Ihm folgte Ende

Der Christenverfolger
Kapitalverbrechen waren für **Nero** *(*37 bis 68*) selbstverständliches politisches Instrument. Den Brand von Rom im Jahr 64 (das Gemälde oben stammt aus dem 18. Jh.) nutzte er als Vorwand für die erste Christenverfolgung der Geschichte.*

Dezember 2011 sein Sohn **Kim Jong-un** *(geb. 1983)*, der vor allem durch Drohgebärden gegen die USA von sich reden macht.

Tyrannen in Rom und Italien

Caligula *(12–41 n. Chr.)*, der eigentlich Gaius hieß, wegen seiner Jugendzeit im Militärlager aber »Soldatenstiefelchen« genannt wurde, war der dritte römische Kaiser nach Augustus und Tiberius. Im Gegensatz zu seinen Vorgängern übte er eine Gewaltherrschaft aus und verärgerte die Senatoren damit, dass er sein Pferd zum Konsul machte. Er fiel einer Verschwörung der Prätorianer zum Opfer.

Kaiser **Nero** *(37–68)* wird häufig in einem Atemzug mit Caligula genannt. Tatsächlich ist das Register seiner Schandtaten nicht weniger umfangreich. So ermordete er seine Ehefrau und seine Mutter. Zudem ließ er nach dem Brand von Rom erstmals Christen verfolgen.

Nur wenigen Frauen kann man in der Geschichte das Etikett »Diktatorin« anheften. Zu den Ausnahmen zählt vielleicht **Lucretia Borgia** *(1480–1519)*. Doch waren die Intrigen und Ausschweifungen, die man der italienischen Fürstin zuschrieb, wohl mehr die Erfindung missgünstiger Zeitgenossen. Tatsächlich entfaltete sie in ihrer Residenz Ferrara ein reges Kultur- und Gesellschaftsleben.

Ihr Zeitgenosse **Andrea Doria** *(1466–1560)* war ein berühmter Admiral aus Genua, der sich in vielen Seeschlachten auszeichnete. Er wurde zu einem Günstling von Kaiser Karl V. und übernahm in seiner Heimatstadt das politische Regiment mit diktatorischen Vollmachten. Gleichzeitig bewährte er sich weiter als unentbehrlicher Flottenkommandant im Dienst des Kaisers.

Schrecklich, aber erfolgreich

In Russland sorgte Zar **Iwan IV.** *(1530–84)* mit dem Beinamen »der Schreckliche« dafür, dass die Zentralgewalt gestärkt wurde. Immer wieder gehörten Gewaltexzesse, mit denen er u. a. den Adel dezimierte, zu seinem politischen Repertoire.

Im Kampf gegen König und Monarchie zog der englische Staatsmann **Oliver Cromwell** *(1599 bis 1658)* alle Register. Mit seiner Elitetruppe, den »Ironsides«, besiegte er die Truppen des Königs. Als »Lord Protector« verfügte er danach über diktatorische Vollmachten. Mit außenpolitischen Erfolgen vermochte er seine Position zu festigen.

Im Lateinamerika des 19. Jh. gehörten Diktaturen zum politischen Alltag. Viele Diktatoren etablierten sich nach dem Muster von **José Gaspar Rodriguez de Francia** *(1766–1840)*, der in Paraguay 1814 eine autoritäre Präsidialherrschaft einrichtete und sein Land nahezu vollständig nach außen abschottete.

Verfolgung und Tod

Sie schickten andere Menschen bedenkenlos in den Tod. Manche taten es, um ihre Herrschaft zu festigen, andere handelten aus religiösen oder ideologischen Motiven. Die Liste der politischen Massenmörder ist eine Liste des Grauens.

Der römische Kaiser **Nero** *(37–68)* ließ 64 die Christen der Stadt Rom auf qualvolle Weise hinrichten. Dies war das erste Mal, dass die Anhänger der damals noch jungen Religion ins Visier des römischen Staates gerieten. Die Verfolgungsmaßnahmen gegen die Christen dienten dem exzentrischen Kaiser dazu, den Verdacht, Rom in Brand gesteckt zu haben, von sich abzulenken. Christenverfolgungen in großem Stil betrieb später Kaiser **Diokletian** *(um 245–313)*. Im ganzen Römischen Reich wurden die Christen aufgespürt und systematisch verfolgt. Tausende kamen bei diesen Aktionen ums Leben. Wie bei Nero handelte es sich um ein Ablenkungsmanöver: Die Christen mussten als Sündenböcke für die politische Krise, die Rom damals durchlitt, herhalten.

Christen gegen Christen

Im Spätmittelalter fielen viele Menschen der Inquisition zum Opfer. Die katholische Kirche versuchte mit diesem Instrument, tatsächliche und vermeintliche Ketzer und Abweichler vom »rechten Glauben« auszuschalten. Besonders aktiv war bei diesen Bestrebungen **Thomas de Torquemada** *(1420–98)*. Als Leiter der spanischen Inquisition schickte der Dominikaner und Beichtvater der Isabella von Kastilien viele Tausende gnadenlos auf die Folterbank und in den Tod.

Blutiger Terror

Eine neue Dimension erreichte die staatliche Verfolgung von Opponenten, Andersdenkenden und Randgruppen 1933–45 im nationalsozialistischen Deutschland. Sie gipfelte in der Vernichtung von Millionen Menschen, darunter 6 Mio. Juden, in den Konzentrationslagern, die zum Teil als echte Tötungsfabriken fungierten. Verbunden ist diese Politik der Vernichtung unter vielen anderen mit den Namen **Heinrich Himmler** *(1900–45)*, dem »Reichsführer SS«, und **Reinhard Heydrich** *(1904 bis 1942)*, dem Chef der Geheimen Staatspolizei (Gestapo).
Idi Amin *(1928–2003)* verbreitete in Uganda 8 Jahre lang Angst und Schrecken. Schätzungen über die Zahl der Todesopfer, die auf das Konto des Gewaltherrschers gehen, schwanken zwischen 100 000 und einer halben Million.
Im Iran führte die islamische Revolution des charismatischen Religionsführers **Ayatollah Khomeini** *(1900–89)* ebenfalls zu Vertreibung und Verfolgung, mehrere Zehntausend Andersdenkende wurden ermordet.
Der internationale Terrorismus erhielt in jüngster Zeit eine neue Dimension durch die Aktivitäten der islamistischen Terrororganisation al-Qaida mit ihrem Führer **Osama Bin Laden** *(1957–2011)*. Er gilt u. a. als Drahtzieher der Anschläge vom 11. September 2001 auf das World Trade Center in New York.

Chef der Gestapo
Unter der Leitung ***Reinhard Heydrichs*** (1904–42) *stand 1942 die Wannseekonferenz, die den Völkermord an den deutschen Juden organisierte.*

Planer des 11. September
Höhepunkt des »Heiligen Krieges«, den die Terrororganisation al-Qaida gegen den Westen führt, war 2001 der Anschlag auf das World Trade Center in New York, bei dem fast 3000 Menschen starben.

Tiroler Freiheitskämpfer
Vielen Österreichern gilt ***Andreas Hofer*** *(1767–1810) als Nationalheld. Das Gemälde von 1819 zeigt ihn als Führer des Aufstands gegen die bayerische Armee.*

Kämpfer für die Unabhängigkeit

Das Bestreben, sich von fremder Herrschaft zu befreien, ist so alt wie die Geschichte. Und stets fanden sich einzelne, auch auswärtige Persönlichkeiten, die das Wagnis auf sich nahmen, den Völkern den häufig dornigen Weg in die Unabhängigkeit zu ebnen. Kaum je kamen die Akteure ohne Gewalt aus und nicht immer endeten ihre Unternehmungen glücklich.

Die Liste der Kämpfer für Freiheit und Unabhängigkeit reicht bis in die Antike zurück. So organisierte **Judas Makkabäus** *(um 200–160 v. Chr.)* im antiken Palästina eine erfolgreiche Widerstandsbewegung gegen die makedonischen Besatzer und bescherte den Juden eine 100-jährige Phase der Autonomie.
Auf Sizilien wagte der Syrer **Eunus** *(um 170–132 v. Chr.)*, ein Sklave, den Aufstand gegen die römischen Herren und scheiterte ebenso wie der aus Thrakien stammende Gladiator **Spartacus** *(um 100–71 v. Chr.)*. Spartacus gilt vielen bis heute als Vorbild im Kampf gegen die Unterdrückung.

Nationen fordern ihre Rechte

Die Hochzeit der Freiheitskämpfer kam jedoch erst etwa 18 Jahrhunderte später im Zug der Bildung von Nationalstaaten. Am Anfang des langen Kampfes der Griechen um die Freiheit von der türkischen Herrschaft stand **Alexandros Ypsilantis** *(1792 bis 1828)*. Er gründete 1814 einen Geheimbund und eröffnete den bewaffneten Aufstand. Hilfe von außen erreichte die Griechen in der Gestalt des englischen Dichters **Lord George Byron** *(1788–1824)*. Der Literat kam 1823 nach Griechenland, um sich am Unabhängigkeitskampf zu beteiligen.
In Südtirol wurde **Andreas Hofer** *(1767–1810)* zum Symbol für den Widerstand gegen die bayerische Herrschaft. Doch endete sein Wirken nach einigen Erfolgen tragisch. Auf Anordnung Napoleons wurde er in Mantua getötet.
Für die Freiheit Italiens und gegen die Habsburger focht **Giuseppe Garibaldi** *(1807–82)*, bis heute ein Volksheld im Land südlich der Alpen. Auf dem Gipfel seines Ruhms stand er 1860, als er gemeinsam

mit dem künftigen König Vittorio Emanuele im Triumph in Neapel einzog und nicht nur die Freiheit, sondern auch die Einheit Italiens besiegelte.
Der Freiheitsdrang der Ungarn fand einen charismatischen Protagonisten in dem Grafen **Lajos Batthyany** *(1807–49)*. 1848 wurde er im Land der Magyaren erster Ministerpräsident, doch schon im Jahr darauf auf Betreiben der Österreicher wegen angeblichen Hochverrats verhaftet und hingerichtet.
Eine der großen Symbolfiguren für den Kampf um nationale Unabhängigkeit in Afrika war der Algerier **Abd el-Kader** *(1808 bis 1883)*, der die Berberstämme gegen die französischen Besatzer vereinte und von diesen als Emir anerkannt wurde.

Schauplatz Amerika

Sowohl in Nord- als auch in Südamerika standen die Indianer trotz oft heldenhaften Kampfes gegenüber den europäischen Kolonialmächten auf verlorenem Posten. Legendär wurde der Apachenhäuptling **Geronimo** *(1829–1909)*, der sich im Existenzkampf der nordamerikanischen Indianer um die immer knapper werdenden Siedlungsplätze dem unaufhaltsamen Vormarsch der Weißen mutig, letztendlich aber erfolglos entgegenstellte.
In Südamerika setzte zu Beginn des 19. Jh. der Kampf gegen die europäischen Kolonialmächte ein. **Simón Bolívar** *(1783–1830)*, aus einer reichen Kreolenfamilie Venezuelas stammend, blies zum Angriff, gründete den Staat Großkolumbien und erhielt den Ehrennamen »Libertador« (Befreier). Sein wichtigster Helfer war **Francisco de Miranda** *(1750–1816)*, der bereits im nordamerikanischen Unabhängigkeitskrieg und während der Französischen Revolution Erfahrungen im Befreiungskampf gesammelt hatte. In Konkurrenz zu Bolívar stand **José de San Martín** *(1778–1850)*. Er bildete die Truppen Argentiniens für den Freiheitskampf gegen die Spanier aus, schlug eine Reihe von Schlachten, zerstritt sich aber mit Bolívar in der Frage der politischen Zukunft Südamerikas und zog sich nach Frankreich zurück.

Der Kampf der nordamerikanischen Kolonien um die Unabhängigkeit von Großbritannien brachte eine Reihe von bedeutenden Persönlichkeiten hervor, die bei der Gründung der Vereinigten Staaten von Amerika eine herausragende Rolle spielten. Der offiziellen Unabhängigkeitserklärung von 1776 ging in den Kolonien eine publizistische Offensive der Aktivisten voraus. Hier taten sich besonders **Thomas Paine** *(1737 bis 1809)* und **Samuel Adams** *(1722–1803)* hervor. Paine, der später in Frankreich lebte, warb in auflagestarken Flugschriften für die Idee der Unabhängigkeit, während Adams in radikaler Form zum Kampf gegen die Briten aufrief. 1773 organisierte er die legendäre Vernichtung einer Schiffsladung Tee (Boston Tea Party) als Protest gegen die von den Briten erhobene Teesteuer. Geistiger Vater der Unabhängigkeitserklärung war der Rechtsanwalt **Thomas Jefferson** *(1743–1826)*.

Gegen die Kolonialmacht
In mehreren Ländern Südamerikas kämpfte ***José de San Martín*** (1778 bis 1850) *gegen spanische Truppen für die Unabhängigkeit.*

Der letzte freie Krieger
Mit einer kleinen Kriegerschar führte der Apachenhäuptling ***Geronimo*** (1829 bis 1909) *einen Guerillakrieg gegen die Amerikaner.*

Er formulierte jenen Text, mit dem sich die Kolonien formell von Großbritannien lösten. Später war Jefferson Gouverneur von Virginia und schließlich dritter Präsident der USA.

Erster Präsident

Der erfolgreiche Feldherr ***George Washington*** (1732–99) *wurde 1789 einstimmig zum ersten Präsidenten der USA gewählt.*

Freiheitskämpfer und Präsidenten

George Washington *(1732–99)* wurde 1775 zum Oberbefehlshaber der amerikanischen Truppen ernannt. Er errang mit seinen Armeen zahlreiche Erfolge gegen die Briten. An der Formulierung der amerikanischen Verfassung von 1787 war er maßgeblich beteiligt. 1789 wurde er zum ersten Präsidenten der Vereinigten Staaten von Amerika gewählt. Die heutige Hauptstadt der USA ist nach ihm benannt. Seine Nachfolge als Präsident trat 1796 **John Adams** *(1735–1826)* an. Sein Beitrag zur Festigung der Unabhängigkeit bestand vor allem in der internationalen Absicherung der jungen USA auf diplomatischem Parkett. Zwischen 1778 und 1788 war er in Europa als Diplomat tätig und brachte in dieser Eigenschaft 1783 einen Frieden mit Großbritannien zustande.

Ein anderer Architekt der Verfassung von 1787 war **James Madison** *(1751–1836),* ab 1809 vierter Präsident der USA. Auf ihn geht das bis heute gültige politische System mit einer starken, im Präsidenten verkörperten Zentralregierung, zurück.

Moderne Nationalisten

1947 entstanden aus dem Kolonialgebiet von Britisch-Indien die beiden unabhängigen Staaten Indien und Pakistan. Auf indischer Seite war **Jawaharlal Nehru** *(1889–1964),* der zu den engsten Freunden Mahatma Gandhis zählte, eine Ikone des Kampfes gegen die Briten. Als Präsident des Indischen Nationalkongresses (INC) leistete er die politischen Vorarbeiten für die Autonomie und wurde nach der Unabhängigkeit erster Ministerpräsident Indiens.

Der muslimische Politiker **Muhammad Ali Jinnah** *(1876–1948)* betrieb die Teilung des alten Indien und die Ausgliederung eines islamischen Staates. So wurde er zum Architekten des modernen Pakistan.

In Afrika war das 20. Jh. die große Zeit der Unabhängigkeitsbewegungen, deren Erfolge mit zahlreiche Namen verbunden sind. Zu den bekanntesten zählen **Jonas Savimbi** *(1934–2002),* der in Angola an vorderster Front gegen die Herrschaft der Portugiesen kämpfte, und **Jomo Kenyatta** *(1891–1978),* der im Kampf für die Unabhängigkeit Kenias von Großbritannien 1963 erfolgreich war.

Die Boston Tea Party, bei der als Indianer verkleidete Bostoner Bürger aus Protest gegen eine vom Mutterland verlangte Teesteuer 1773 im Hafen von Boston eine Schiffsladung Tee ins Meer warfen, gilt als einer der Auslöser des Amerikanischen Unabhängigkeitskriegs (1775–83).

Verteidiger der Freiheit

Immer wieder führten tapfere Feldherren das Schwert gegen anrückende Armeen. Wer dabei zum Kriegshelden wurde, sicherte sich in der Geschichte seines Volkes einen ruhmreichen Platz.

In Erwartung eines persischen Großangriffs setzte der Athener **Themistokles** *(um 525 – 460 v. Chr.)* ein gigantisches Flottenbauprogramm in Gang. Dank der damit erreichten Überlegenheit auf See konnten die Griechen die Perser in der Seeschlacht von Salamis (480 v. Chr.) besiegen.
Der Römer **Publius Cornelius Scipio** *(um 235–183 v. Chr.)* verlegte den Krieg gegen den karthagischen Feldherrn Hannibal von Italien nach Nordafrika und beendete in der Schlacht von Zama (202 v. Chr.), direkt vor der Haustür der Karthager, deren Vormarsch. Als Kaiser Augustus die römischen Legionen nach Germanien schickte, erlebten sie 9 n. Chr. in der »Varusschlacht« eine Katastrophe. Von dem Cherusker **Arminius** *(16 v. Chr.–21 n. Chr.)* befehligte germanische Truppen errangen einen vollständigen Sieg und vereitelten den Plan der Eroberung Germaniens.
Kaiser Otto I. mit dem Beinamen »der Große« stoppte 955 auf dem Lechfeld bei Augsburg das Vordringen der Ungarn, die damit ihre Herrschaftsambitionen im Westen aufgeben mussten.
Admiral **Francis Drake** *(um 1540–96)* verteidigte 1588 für England und Königin Elisabeth I. das Inselreich beim Angriff der spanischen Flotte. Dank seines militärischen Geschicks – u. a. ließ er die aus etwa 50 schwer bewaffneten Kriegsschiffen bestehende spanische Flotte durch Brandschiffe auseinandertreiben – mussten die Spanier fliehen. Auf der Flucht fielen zahlreiche ihrer Schiffe heftigen Stürmen zum Opfer, die übermächtige Armada war besiegt und der Aufstieg Englands zur Weltmacht möglich.
Der polnische **König Johann III. Sobieski** *(1624 bis 1696)* focht erfolgreich bei der Abwehr der Türken und sorgte 1683 für die Befreiung des von den Türken belagerten Wien.

Sieger über Napoleon
In der Schlacht bei Waterloo am 18. Juni 1815 erlebte der ***Herzog von Wellington*** (1769–1852) *einen historischen Triumph, als seine Armee die Franzosen besiegte (zeitgenössische Druckgrafik).*

Für die Freiheit gegen Napoleon

Der Kampf gegen Kaiser Napoleon bot gleich mehreren Persönlichkeiten die Chance, sich als Verteidiger der Unabhängigkeit zu profilieren. Der englische Admiral **Horatio Nelson** *(1758 bis 1805)* gewann die Seeschlacht von Trafalgar, in der er allerdings ums Leben kam. Der österreichische Feldmarschall **Joseph Graf Radetzky** *(1766 bis 1858)* organisierte 1813/14 die Befreiungskriege, und der Brite **Arthur Wellesley, Herzog von Wellington** *(1769 bis 1852)* sowie der preußische Generalfeldmarschall **Gebhard Leberecht Fürst Blücher von Wahlstatt** *(1742 bis 1819)* siegten 1815 in der Schlacht von Waterloo.

Überwältiger Roms
Dieses Denkmal im Teutoburger Wald erinnert an den Germanen ***Arminius*** (16 v. Chr. bis 21 n. Chr.), *der das Heer des römischen Feldherrn Varus vernichtete.*

Die großen Revolutionäre

Ein Kapitel für sich ist bei allen Revolutionen das Schicksal ihrer führenden Köpfe. Viele überlebten die von ihnen begonnene Revolution nicht. Die Französische Revolution von 1789 hat wegen ihrer Auswirkungen und Dimensionen unter allen anderen Revolutionen der Geschichte einen besonderen Rang.

Taucht in historischen Darstellungen der Name Robespierre auf, so folgt regelmäßig und unweigerlich der Begriff »Schreckensherrschaft«. Das entspricht auch uneingeschränkt den geschichtlichen Tatsachen, denn **Maximilien de Robespierre** *(1758 bis 1794)* gehört zu jenen Gestalten, die der Französischen Revolution eine gewaltsame Richtung gegeben haben. Bald nach Ausbruch der Revolution übernahm der Rechtsanwalt aus Arras die Führung im Club der Jakobiner. Diese revolutionäre Gruppe nannte sich nach ihrem Tagungslokal, dem Pariser Dominikanerkloster St. Jacques (St. Jakob). Leidenschaftlich verfocht Robespierre die Ziele der Revolution und scheute nicht davor zurück, mit brutalen Mitteln sowohl gegen die Anhänger von König Ludwig XVI. als auch gegen rivalisierende Revolutionäre vorzugehen. 1793 war er die treibende Kraft hinter dem Beschluss, den König mit der Guillotine hinrichten zu lassen. Gleichzeitig heizte er den Streit mit den Girondisten, einer eher liberalen und gemäßigten Gruppierung, bis zur Eskalation an. Ab 1793 traten die Jakobiner nur noch als eine Terrorvereinigung in Erscheinung, dank derer der nunmehr von allen gefürchtete Robespierre sich als erster Mann Frankreichs fühlen durfte. Die Guillotine als Symbol der Schreckensherrschaft war nahezu pausenlos im Einsatz, Schätzungen zufolge kamen in dieser Zeit fast 40 000 Menschen gewaltsam ums Leben. Schließlich überspannte Robespierre mit seiner gnadenlosen Politik der »Grande Terreur« (»großer Schrecken«) den Bogen. Am 27. Juli 1794 wurde er vom Nationalkonvent gestürzt und nur einen Tag später unter der Guillotine getötet.

Vollstrecker des Schreckens

Wie Robespierre, so gehörte auch **Georges Danton** *(1759–94)* zu jenen aus bürgerlichen Verhältnissen stammenden Revolutionären, die sich nicht scheuten, ihre Ziele mit Gewalt und Brutalität durchzu-

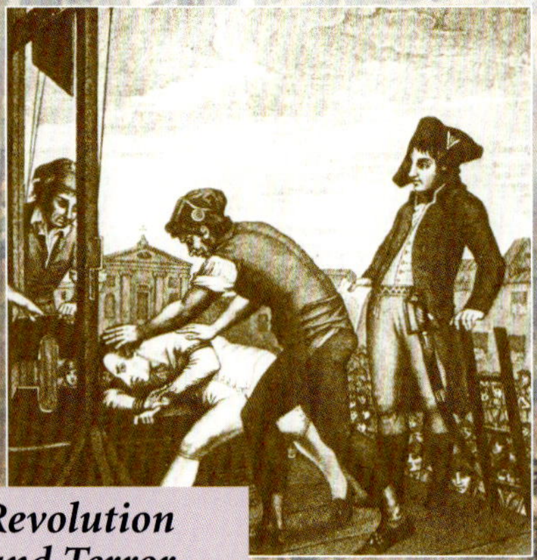

Revolution und Terror
Mit dem Sturm auf die Bastille (Hintergrund) begann 1789 der Aufstieg von ***Maximilien de Robespierre*** (1758 bis 1794). *Er endete unter der Guillotine.*

Tod in der Badewanne
Zur heutigen Bekanntheit ***Jean Paul Marats*** (1743–93) *hat die Kunst viel beigetragen: Sein Tod wurde oft dargestellt, wie hier von Jean Jacques Hauer.*

setzen. Es ist kein Zufall, dass Danton im gleichen Jahr wie Robespierre, wenn auch fast 4 Monate früher, den Tod durch Hinrichtung fand.
Der Anwalt Danton machte sich in den ersten Monaten der Revolution einen Namen als Propagandist und verstand es, mithilfe seines mitreißenden Rednertalents vor allem die unteren Bevölkerungsschichten zu mobilisieren. Er war es, der die Pariser zum Sturm auf die Bastille und zum Sturz der Monarchie ermutigte, er selbst führte dabei eine Abteilung der Bürgerwehr an. Bei allen wichtigen politischen Entscheidungen hatte er fortan seine Hände im Spiel. Im weiteren Verlauf der Revolution geriet er mehr und mehr in das Fahrwasser Robespierres. 1792 übernahm er das Amt des Justizministers und wurde in dieser Eigenschaft zum Organisator von Robespierres Terroraktionen. Die Einrichtung der gefürchteten Revolutionstribunale, die bei der Aburteilung von Angeklagten kurzen Prozess zu machen pflegten, ging auf seine Initiative zurück.
Dann aber vollzog Danton eine überraschende Kehrtwende, indem er sich vom Terror zu distanzieren begann und für einen gemäßigteren Kurs plädierte. Diese Haltung brachte ihn bei dem noch allmächtigen Robespierre, der Danton zudem als Gegner im Ränkespiel der Macht sah, in Misskredit. Ende März erging, von Robespierre gesteuert, ein Haftbefehl gegen Danton, was praktisch dem Todesurteil gleichkam, und am 5. April 1794 senkte sich über einen der großen Aktivisten der Französischen Revolution das Fallbeil der Guillotine. Der deutsche Schriftsteller Georg Büchner widmete ihm 1835 ein berühmt gewordenes Drama mit dem Titel »Dantons Tod«.

»Revolution ist der Krieg der Freiheit gegen ihre Feinde.«
Maximilien de Robespierre

Der Volkstribun

Auch **Jean Paul Marat** *(1743–93)* fand ein gewaltsames Ende. Allerdings wurde er nicht zu einem der zahllosen Opfer der Guillotine.
Der Publizist, einer der radikalsten Vertreter der Revolution, wurde im Bad ermordet. Täterin war eine französische Adlige namens **Charlotte Corday** *(1768 bis 1793)*, die anfangs mit den Idealen der Revolution sympathisiert hatte, dann aber zu einer erklärten Gegnerin geworden war. In Jean Paul Marat sah sie das ganze Übel der revolutionären Bewegung verkörpert und von seiner Ermordung erhoffte sie sich die Rettung des Staates. In der Tat war Marat in seinem Eifer und in seiner Leidenschaft kaum zu bremsen. Nur kurze Zeit nach dem Sturm auf die Bastille im Juli 1789 gab er eine Zeitung mit dem programmatischen Titel »Ami du Peuple« (Freund des Volkes) heraus. Wegen seiner radikalen Haltung zur Flucht gezwungen, hielt er sich zeitweilig im Exil in England auf.
Nach dem Sturz des Königs schloss er sich 1792 Georges Danton an, der in ihm einen fanatischen Helfer bei der Durchführung der Revolutionstribunale fand. Bei den Jakobinern nahm er eine führende Position ein und kämpfte energisch gegen die Girondisten.
Die Rücksichtslosigkeit, mit der er dabei vorging, war für Charlotte Corday unmittelbarer Anlass für das Attentat am 13. Juli 1793. Ihre Hoffnung, mit der Ausschaltung Marats dem revolutionären Morden ein Ende zu setzen, erfüllte sich allerdings nicht.

Redner der Revolution
Sein Rednertalent machte ***Georges Danton*** (1759 bis 1794) *zu einer der führenden Persönlichkeiten der Französischen Revolution.*

Neben Robespierre, Danton und Marat brachte die Französische Revolution noch eine ganze Reihe weiterer Protagonisten hervor, deren Leben ebenso abrupt endete. Einer der Täter, der zum Opfer der eigenen Revolution wurde, war **Louis Saint-Just** *(1767–94)*. Sein Schicksal war eng mit dem Robes-

Gründerin der deutschen KP
Zur Zeit des internationalen Aufblühens der Sozialdemokratie stand ***Rosa Luxemburg*** (1870–1919) *in deren Zentrum. Sie engagierte sich intensiv gegen den Krieg.*

»Zu sagen was ist, bleibt die revolutionärste Tat.«
Rosa Luxemburg

pierres verknüpft. Als führender Exponent der jakobinischen Schreckensherrschaft wurde er am gleichen Tag wie sein Förderer und Vorbild hingerichtet. Der **Marquis de La Fayette** *(1757–1834),* der am amerikanischen Unabhängigkeitskampf teilgenommen hatte, wurde nach dem Sturm auf die Bastille Kommandant der Pariser Nationalgarde. Er überlebte die Revolution ungeschoren und engagierte sich später in der Julirevolution von 1830.

Römische Vorbilder

Zu den historischen Vorbildern der französischen Revolutionäre zählten die römischen Brüder **Tiberius** *(162–133 v. Chr.)* und **Gaius Gracchus** *(153 bis 121 v. Chr.).* Sie leiteten als Volkstribune mit ihrer Reformpolitik das Ende der römischen Republik ein, ohne jedoch wie die Franzosen viele Jahrhunderte nach ihnen nach einer Änderung des politischen Systems zu streben. Auch **Lucius Sergius Catilina** *(um 108–62 v. Chr.)* war in der späten römischen Republik eher ein Störenfried als ein wirklicher Revolutionär. Doch bedeutete die von ihm angezettelte, vom Konsul Cicero niedergeworfene Verschwörung eine weitere Stufe auf dem Weg zur Umgestaltung des Staates.

Deutsche Revolutionäre

Dagegen darf man **Thomas Müntzer** *(um 1486 bis 1525)* mit Fug und Recht das Etikett »Revolutionär« anheften. Im großen deutschen Bauernkrieg führte er die Armeen der Bauern an und hatte zudem die religiöse Vision von einem Reich Gottes auf Erden. Lange mussten die Deutschen danach auf weitere Revolutionäre warten. In der Badischen Revolution von 1848 tat sich Rechtsanwalt **Friedrich Hecker** *(1811–81)* hervor, der sich nach dem Scheitern der Bewegung in die USA absetzte und im Bürgerkrieg auf Seiten der Südstaaten kämpfte. Ganz andere Ziele verfolgten später **Rosa Luxemburg** *(1870 bis 1919)* und **Karl Liebknecht** *(1871–1919).* Sie träumten nach dem Ende des deutschen Kaiserreichs von einer marxistischen Räterepublik und gründeten zu diesem Zweck erst den Spartacusbund und dann die Kommunistische Partei Deutschlands. Nach einem Aufstandsversuch wurden beide ermordet. Einer ihrer wichtigsten Mitstreiter war der Schriftsteller **Ernst Toller** *(1893–1939),* der 1933 in die USA emigrierte.

Vorreiter und Erben des Sozialismus

Die Vorbilder der deutschen Revolutionäre stammten aus Russland. Hier agitierte als einer der ersten **Michail Bakunin** *(1814–76),* ein Freund von Karl Marx, gegen das zaristische Regime; er wurde dafür nach Sibirien verbannt. Erheblich erfolgreicher waren **Wladimir Iljitsch Uljanow**, besser bekannt unter seinem Decknamen **Lenin** *(1870–1924),* und sein Mitstreiter **Leo Trotzkij** *(1879–1940).* Sie vollendeten die kommunistische Revolution und wurden zu Begründern der Sowjetunion.
Nach dem Zerfall des Sowjetimperiums standen die Politiker der ehemaligen Teilrepubliken vor der schweren Aufgabe eines umfassenden Neuanfangs. Insbesondere die Herstellung marktwirtschaftlicher Strukturen kam einer Revolution gleich. In der Ukraine übernahm diese Aufgabe der 2005 zum

Legenden Lateinamerikas
*Kubas alternder Staatschef **Fidel Castro** (geb. 1926) zeigt sich 1997 bei einer Rede in Havanna vor einem Plakat seines Mitstreiters **Che Guevara** (1928–67).*

Präsidenten gewählte **Viktor Juschtschenko** *(geb. 1954)* mit seiner »Orangenen Revolution«, an der auch seine Premierministerin **Julija Timoschenko** *(geb. 1960)* großen Anteil hatte.
In Portugal kam 1974 durch die unblutig verlaufene »Nelkenrevolution« der Militärchef **Antonio de Spinola** *(1910–96)* an die Regierung. Den blumigen Namen bekam dieser Machtwechsel, in dessen Zusammenhang zahlreiche Sozialisten und Kommunisten aus dem Exil ins Land zurückkehren durften, weil die aufständischen Soldaten ihre Gewehrläufe mit Nelken schmückten.
Keine Nelken hatte dagegen der Kubaner **Fidel Castro** *(geb. 1926)* im Gepäck, als er gemeinsam mit seinem Partner, dem aus Argentinien stammenden Arzt **Ernesto »Che« Guevara** *(1928–67)*, von Mexiko aus einen Guerillakrieg gegen den amtierenden Diktator Kubas, Batista, startete. 1959 trat Batista die Flucht ins Ausland an. Castro übernahm die Macht und wandelte Kuba in einen kommunistischen Staat um. Guevara war zunächst erfolgreich in Kuba als Minister tätig. 1966 kam er bei dem Versuch, in Bolivien eine Guerillaorganisation aufzubauen und dann eine revolutionäre Bewegung zu organisieren, ums Leben.
Eine Revolution jüngeren Datums vollzog sich in Venezuela, wo **Hugo Chávez** *(1954–2013)* im Jahr 1999 die Präsidentschaft antrat, der Korruption den Kampf ansagte und dem Volk, gegen den heftigen Widerstand der alten Eliten, eine stärkere Beteiligung an den politischen Entscheidungsprozessen verschaffte. Vor seiner Präsidentschaft hatte Chávez bereits einen vergeblichen Putschversuch gegen die damalige Regierung unternommen.
In China war es 1965/66 der »Große Vorsitzende« **Mao Tse-tung** *(1893–1976)*, der international mit seiner »Kulturrevolution« Schlagzeilen machte. Hinter diesem Begriff verbarg sich eine sorgfältig geplante und rigoros durchgeführte Aktion zur Ausschaltung seiner zahlreichen innenpolitischen Gegner. Begründet wurde sie mit der Notwendigkeit einer Abkehr von »kapitalistischen Tendenzen« und der Rückbesinnung auf überkommene Werte der chinesischen Kultur. Bei dieser Gelegenheit inszenierte Mao um seine Person einen regelrechten Kult. Bis heute gilt er als die überragende Persönlichkeit im China des 20. Jh.

Islamische Revolution

Im Iran installierte **Ayatollah Khomeini** *(1900 bis 1989)* nach dem Ende des Schah-Regimes und der Rückkehr aus dem Exil in Frankreich auf revolutionärem Weg einen islamischen Staat. 1979 proklamierte er offiziell die »Islamische Republik Iran«.

Helden der »Orangenen Revolution«
*2005 erkämpften sich die Ukrainer unter der Führung von **Viktor Juschtschenko** (geb. 1954) und **Julija Timoschenko** (geb. 1960) die Freiheit von den »alten Seilschaften« aus sowjetischen Zeiten.*

Für Freiheit und Frieden

Freiheit, Gleichberechtigung und Frieden sind keineswegs selbstverständlich. Viele kämpften für diese fundamentalen Grundrechte, manche auch mit friedlichen Mitteln.

Aus der Schar der Freiheits- und Friedenskämpfer ragten zu allen Zeiten Persönlichkeiten heraus, die andere mutig zu jenem Ziel führten, das nicht besser beschrieben werden könnte als mit dem Motto der Französischen Revolution »Freiheit, Gleichheit, Brüderlichkeit!« Und im Gegensatz zu den Unterdrückern, die oftmals brutale Gewalt einsetzten, gingen sie den friedlichen Weg.

»Ich habe einen Traum …«

Martin Luther King

Prediger der Gewaltlosigkeit
Mit friedlichen Mitteln kämpfte **Martin Luther King** (1929 bis 1968) *gegen die Rassentrennung und ist bis heute eine Leitfigur der Bürgerrechtsbewegung.*

Gegen den Rassismus

»Ich habe einen Traum, dass eines Tages diese Nation … der wahren Bedeutung ihres Credos gemäß leben wird: ›Wir halten diese Wahrheit für selbstverständlich: dass alle Menschen gleich erschaffen sind.‹« Dies ist einer der zentralen Sätze aus der legendären Rede des Führers der US-amerikanischen Bürgerrechtsbewegung **Martin Luther King** *(1929–68)*, die er am 28. August 1963 beim »Marsch auf Washington« hielt. Mit diesem Ereignis erreichten die friedlichen Proteste gegen die Rassentrennung in den USA ihren Höhepunkt. Und auch King stand an diesem Tag im Zenit seines Ansehens als »moralischer Führer der Nation«.

Als Martin Luther King am 15. Januar 1929 in Atlanta zur Welt kam, herrschte dort nicht nur die gesetzlich festgelegte strikte Rassentrennung, faktisch waren die Schwarzen den Übergriffen von Weißen schutzlos ausgesetzt. In diesem Umfeld wuchs King auf, studierte und wurde schließlich wie sein Vater Pfarrer. Etwa ab Mitte der 1950er-Jahre begann er, intensiv, aber gewaltlos, für die Gleichberechtigung der Schwarzen zu kämpfen. Dabei vertraute er auf die Prinzipien des zivilen Ungehorsams und passiven Widerstands. 1955 organisierte er in der Stadt Montgomery einen Busboykott, nachdem die schwarze Näherin Rosa Parks verhaftet worden war, weil sie

Symbolfigur des Friedens
Mit gewaltlosen Aktionen brachte ***Mahatma Gandhi*** *(1869–1948) die britische Kolonialmacht in Schwierigkeiten. Vielerorts erinnern heute Denkmäler wie dieses an den indischen Nationalhelden.*

Frau für den Frieden
Das zeitgenössische Porträt zeigt die österreichische Pazifistin ***Bertha von Suttner*** *(1843–1914).*

»Die Waffen nieder, sagt es allen!«

Bertha von Suttner

im Bus nicht für einen Weißen aufstehen wollte. 1 Jahr später wurde die Rassentrennung in den Bussen für verfassungswidrig erklärt – und Martin Luther King war zum Führer der Bürgerrechtsbewegung aufgestiegen. Der Erfolg ermutigte die Bürgerrechtler zu weiteren Schritten, die 1964 in ein Bürgerrechtsgesetz mündeten. Damit hatte King, der im selben Jahr den Friedensnobelpreis erhielt, sein Ziel zumindest auf der gesetzlichen Ebene erreicht. 4 Jahre später, am 4. April 1968, fiel er dem Attentat eines weißen Rassisten zum Opfer.

Ungehorsamer Pazifist

Im Kampf für die Unabhängigkeit Indiens von der Kolonialmacht England vertraute **Mahatma Gandhi** *(1869–1948)* auf das Konzept des gewaltlosen Widerstands und zivilen Ungehorsams. Heute gilt er als Vater des modernen Indien, doch als sich am 19. August 1947 Indien und Pakistan für unabhängig erklärten, hatte Gandhi ein großes Ziel nicht erreicht: die Spaltung des indischen Subkontinents in einen islamischen und einen hinduistischen Staat zu verhindern.

Der am 2. Oktober 1869 geborene Gandhi erlebte eine behütete Kindheit. Seine wohlhabende Familie finanzierte ihm ein Jurastudium in London. 1893 kam er als Anwalt nach Südafrika, wo er bald zum Führer der zahlreichen Inder im Land aufstieg und gegen deren Diskriminierung durch die britischen Herren kämpfte. Hier entwickelte er die Lehre vom gewaltlosen Widerstand, die sich später in Indien als so erfolgreich erweisen sollte. 1914 kehrte er in seine Heimat zurück und organisierte bald den zivilen Ungehorsam gegen die Kolonialherren. Zwar wurde er deswegen mehrfach inhaftiert, seinen Willen aber brachen die Briten nicht. Weltweite Beachtung erreichte er mit dem »Salzmarsch«, bei dem er und seine Anhänger 1930 vorsätzlich das Salzmonopol der Briten brachen und so die Ordnungsmacht offen herausforderten. Im Ergebnis etablierte sich die indische Unabhängigkeitsbewegung als anerkannte politische Kraft – der Weg in die Unabhängigkeit war damit vorgezeichnet. Am 30. Januar 1948 wurde Gandhi, weltweit als Symbolfigur des Friedens geachtet, in Neu-Delhi von einem fanatischen Hindu erschossen.

Engagierte Friedenskämpferin

Die Gouvernante, Journalistin und Schriftstellerin **Bertha von Suttner** *(1843–1914)* führte ein für das 19. Jh. ungewöhnlich emanzipiertes Leben. Ihre pazifistischen Romane wie das zweibändige, 1889 erschienene Werk »Die Waffen nieder« brachten ihr weltweite Anerkennung ein. Der russische Literat Lew Tolstoj hoffte gar, dieser Roman könne die Abschaffung des Krieges erreichen, ähnlich wie »Onkel Toms Hütte« von Harriet Beecher-Stowe die Abschaffung der Sklaverei bewirkt habe. Neben von Suttners schriftstellerisches Engagement trat am Vorabend des Ersten Weltkriegs der Einsatz für die

Friedensbewegung. Ihre Anregung war es, die ihren Freund Alfred Nobel dazu brachte, den Friedensnobelpreis zu stiften – mit dem die Österreicherin dann selbst 1905 als erste Frau ausgezeichnet wurde.

Gegen die Sklaverei

Um ganz grundlegende Freiheitsrechte ging es im Kampf gegen die Sklaverei, die in den Herrschaftsgebieten der europäischen Staaten erst im Lauf des 19. Jh. abgeschafft wurde. Mitentscheidend für das Verbot des Sklavenhandels im britischen Weltreich waren die Aktivitäten der »Abolitionisten«: Im Jahr 1787 gründeten der englische Hochschullehrer **Thomas Clarkson** *(1760–1846)* und der englische Jurist **Granville Sharp** *(1735–1813)* die »Gesellschaft zur Abschaffung der Sklaverei«, die bald viele Anhänger fand. Im Parlament wurde sie von **William Wilberforce** *(1759–1833)* unterstützt. Ihnen ist das 1808 in Kraft getretene Verbot des Sklavenhandels in Großbritannien zu verdanken.
Auch in den USA entstand eine Bewegung der »Abolitionisten«. Deren führende Köpfe wie **Frederick Douglass** *(1817–95)*, **Wendell Philipps** *(1811 bis 1884)*, **William Lloyd Garrison** *(1805–79)* und **Lucretia Mott** *(1793–1880)* wollten die Sklaverei abschaffen. Ihre Aktivitäten verschärften den Gegensatz zwischen den relativ sklavereifeindlichen Nordstaaten und den Südstaaten, deren Wirtschaftssystem wesentlich auf Sklavenarbeit aufgebaut war. 1861 mündete der Konflikt in den Amerikanischen Bürgerkrieg; mit dem Sieg der Nordstaaten kam das Ende der Sklaverei in den USA.
Im portugiesischen Kolonialreich hatte der mächtigste Mann des Landes im 18. Jh., **Sebastião José de Carvalho e Mello, Marquis von Pombal** *(1699 bis 1782)*, die Sklaverei bereits 1773 abgeschafft.

Mit der Peitsche in der Hand beaufsichtigt ein Weißer schwarze Sklaven bei der Arbeit. Die Druckgrafik stammt aus der Mitte des 19. Jh.

Häftling und Präsident
*Nach seiner Freilassung 1990 grüßt **Nelson Mandela** (1918–2013) seine Anhänger. 4 Jahre später war er Präsident.*

Für gleiche Rechte

Vom Ende der Sklaverei bis zur Gleichberechtigung der ehemaligen Sklaven war es jedoch noch ein weiter und steiniger Weg, auf dem beispielsweise in den USA die Bürgerrechtsbewegung um Martin Luther King voranschritt. Als eine weitere bedeutende Persönlichkeit der Bewegung profilierte sich **Eldridge Cleaver** *(1935–98)*. Der Schriftsteller war einer der Mitbegründer der radikalen Gruppe »Black Panther«. Der Jamaikaner **Bob Marley** *(1945–81)*, im Hauptberuf Reggae-Sänger, setzte sich neben seiner künstlerischen Tätigkeit für Frieden und Freiheit ein und wurde auf diese Weise zu einer Identifikationsfigur vieler Menschen in der Dritten Welt.
Die letzte staatliche Bastion der Rassendiskriminierung bildete Südafrika, dessen weiße Minderheiten gegenüber den Schwarzen eine bedrückende Politik der Rassentrennung (Apartheid) betrieben. Lange Zeit verhielt sich die Weltpolitik gegenüber dem Regime zurückhaltend. Als die internationale Öffentlichkeit aber durch Meldungen wie die vom gewaltsamen Tod des jungen farbigen Bürgerrechtlers **Steve Biko** *(1946–77)* aufgeschreckt wurde, stieg der Druck auf das Regime. Zur Leitfigur des Widerstands im Inneren wurde **Nelson Mandela** *(1918–2013)*, der Führer des Afrikanischen Nationalkongresses (ANC). 27 Jahre verbrachte er in Haft und wurde 1994, 4 Jahre nach seiner Freilassung, zum ersten schwarzen Staatspräsidenten der Republik Südafrika gewählt.

Friedlich gegen totalitäre Macht

Eine andere Art der Unfreiheit erlitten und erleiden die Menschen in den totalitären Staaten des 20. und 21. Jh. Die nationalsozialistische Herrschaft endete 1945 nach einem schrecklichen Krieg mit vielen Millionen Opfern gewaltsam. Das Schreckensregime in der Sowjetunion dagegen zerbrach von innen. Hier verstärkte sich in der Nachkriegszeit der vor allem von Intellektuellen ausgehende Protest gegen die totalitäre Herrschaft. Von großem Einfluss war dabei der Atomphysiker **Andrej Sacharow** *(1921–89)*, dessen Kampf für die Menschenrechte 1975 mit dem Friedensnobelpreis gewürdigt wurde, der sich aber andererseits in der Heimat vielen Repressionen wie der Verbannung nach Gorki ausgesetzt sah. Der Schriftsteller und Literatur-Nobelpreisträger **Alexander Solschenizyn** *(1918 – 2008)* geißelte in seinem Bestseller »Der Archipel GULAG« von 1974 das sowjetische Lagersystem und wurde prompt aus dem Land gewiesen.

Mit dem Niedergang der Sowjetunion im letzten Viertel des 20. Jh. erstarkten die Bürgerrechtsbewegungen in ihren osteuropäischen Satellitenstaaten. Zwei dominierende Persönlichkeiten im Prozess der Loslösung Osteuropas von der Sowjetunion waren in Polen **Lech Walesa** *(geb. 1943)* und in Tschechien **Vaclav Havel** *(1936 bis 2011)*. Walesa kam aus der Danziger Arbeiterschaft, gründete die Gewerkschaft »Solidarität« und wurde später Staatspräsident. Havel, von Haus aus Schriftsteller, gründete die Bewegung der »Charta 77« und erreichte wie Walesa das Amt des Staatspräsidenten.

Weltweite Popularität genießt **Tenzin Gyatso** *(geb. 1935)*, besser bekannt als »Dalai-Lama«, und in dieser Eigenschaft geistiges und politisches Oberhaupt der Tibeter. Unermüdlich kämpft er mit friedlichen Mitteln für die Befreiung Tibets von der chinesischen Zwangsherrschaft.

Mit einer Militärdiktatur hat es die birmanische Bürgerrechtlerin **Aung San Suu Kyi** *(geb. 1945)* zu tun. Sie erlangte 1991 internationale Bekanntheit, als ihr in Anerkennung ihres Kampfes für Menschenrechte und Demokratie der Friedensnobelpreis zuerkannt wurde.

Keinen Nobelpreis, aber viele andere Anerkennungen erntete die Wienerin **Hildegard Goss-Mayr** *(geb. 1930)* für ihr Engagement für Frieden und Freiheit in der Welt. Sie ist Ehrenpräsidentin des Internationalen Versöhnungsbunds.

Tibets Oberhaupt

1940 wurde der ***Dalai-Lama*** (geb. 1935) *als geistliches Oberhaupt Tibets inthronisiert, seit 1950 ist er auch Regierungschef. 1959 musste er ins indische Exil fliehen.*

Macher der neuen Ostpolitik
Begeistert verabschieden Erfurter Bürger 1970 ***Willy Brandt*** (1913–92) *nach dem ersten innerdeutschen Gespräch auf höchster Ebene.*

Preisträger des Friedens

Für jeden Friedensaktivisten bedeutet die Verleihung des Friedensnobelpreises die höchste Anerkennung. Die Liste der Preisträger weist viele prominente, aber auch einige weniger bekannte Namen auf.

Erster Friedensnobelpreisträger nach der Katastrophe des Ersten Weltkriegs war 1919 mit **Woodrow Wilson** *(1856–1924)* ein US-Präsident. Die von ihm im Jahr zuvor formulierten »14 Punkte« bildeten den Anstoß für die Gründung des Völkerbunds. Zum ersten Mal in der Geschichte gab es nun ein internationales Gremium mit dem Ziel, Konflikte künftig auf friedlichem Weg zu lösen.

Für den Völkerbund
1918 stellte ***Woodrow Wilson*** (1856–1924) *sein 14-Punkte-Programm für den Frieden vor, das die Errichtung des Völkerbunds beinhaltete.*

Forscher und Kommissar

Bis 1922 galt **Frithjof Nansen** *(1861–1930)* in der breiten Öffentlichkeit als ein überaus erfolgreicher Polarforscher. Doch als der populäre Norweger in diesem Jahr den Friedensnobelpreis erhielt, wurde auch seinem Wirken für den Frieden endlich die gebührende Aufmerksamkeit zuteil. Als Hochkommissar des Völkerbunds hatte sich Nansen vor allem um die Lösung humanitärer Probleme gekümmert.

1926 gab es gleich zwei Preisträger, die diese Auszeichnung auch für eine gemeinsam erbrachte Leistung erhielten. Der französische Außenminister **Aristide Briand** *(1862–1932)* und sein deutscher Amtskollege **Gustav Stresemann** *(1878–1929)* durften den Preis in Empfang nehmen, weil sie sich mit dem Abschluss des Vertrags von Locarno (1925) um die deutsch-französische Verständigung verdient gemacht hatten.

Ein Jahr nach Stresemann konnten sich die Deutschen über einen weiteren Friedensnobelpreisträger freuen. Der Historiker **Ludwig Quidde** *(1858 bis 1941)* war ein glühender Verfechter der Friedensidee, und als Präsident der Deutschen Friedensgesellschaft verstand er es, sich auch öffentlich wirksam in Szene zu setzen. Nach der Machtübernahme der Nationalsozialisten 1933 ging er ins Exil in die Schweiz.

Der amerikanische Außenminister **Frank Billings Kellogg** *(1856–1937)* durfte sich seit 1929 mit der begehrten Auszeichnung schmücken. Anlass war ein Abkommen, an dem er ebenso viel Anteil hatte wie der Franzose Aristide Briand und das deswegen allgemein als Briand-Kellogg-Pakt bezeichnet wird. 15 Staaten verpflichteten sich darin 1928 zur Ächtung des Krieges als eines Mittels der politischen Auseinandersetzung.

Urwalddoktor und Atomkritiker

1952 erntete der »Urwalddoktor von Lambarene« die Meriten für sein Engagement für Frieden und Humanität. Der aus dem Elsass stammende Arzt

Vermittler in Mittelamerika
Der Präsident Costa Ricas, ***Oscar Arias Sanchez*** (geb. 1940), *bei einer Audienz bei Papst Benedikt XVI., vermittelte 1987 Frieden im Bürgerkrieg Nicaraguas.*

und Theologe **Albert Schweitzer** *(1875–1965)* gründete in Lambarene im heutigen Gabun ein Hospital und wurde damit zum Vorkämpfer einer modernen Entwicklungshilfe. Daneben warnte er beharrlich vor den verheerenden Folgen eines möglichen Atomkriegs und appellierte während der Hochphase des Kalten Krieges an die Supermächte, sich an den Verhandlungstisch zu begeben. Geleitet wurde er in seinem Tun von der »Ehrfurcht vor dem Leben« und einer Ethik, die die moralische Verpflichtung des Menschen zur Wahrung der Schöpfung forderte.

Als **Albert John Luthuli** *(1898 bis 1967)* im Jahr 1960 vom Nobelpreiskomitee gekürt wurde, horchte die Welt auf. Der Zuluhäuptling aus dem heutigen Simbabwe war der erste Schwarzafrikaner, dem diese Ehrung zuteil wurde. Als langjähriger Präsident des Afrikanischen Nationalkongresses hatte er den Kampf gegen die Apartheid auf seine Fahnen geschrieben.

Afrika stand auch im Mittelpunkt der Aktivitäten des Schweden **Dag Hammarskjöld** *(1905 bis 1961)*, der von 1953 bis 1961 das Amt des UN-Generalsekretärs bekleidete und der 1961 den Friedensnobelpreis erhielt – als bisher einziger Preisträger posthum. Denn seine Bemühungen, die Nachwehen des Kolonialismus zu beseitigen, fanden mit einem Flugzeugabsturz in Sambia ein abruptes Ende.

Der Amerikaner **Linus Pauling** *(1901–94)* brachte das Kunststück zustande, gleich zweimal geehrt zu werden. 1954 bekam er den Nobelpreis für Chemie, 1962 die Krone der Friedensaktivisten. Mit dieser Auszeichnung prämierte das Komitee seine Kampagne gegen Experimente mit Kernwaffen.

Willy Brandt *(1913–92)*, Empfänger des Friedensnobelpreises von 1971, war der Architekt einer neuen deutschen Ostpolitik, für die der sozialdemokratische Bundeskanzler die Formel »Wandel durch Annäherung« geprägt hatte. Ergebnis waren Verträge mit Polen, der Sowjetunion und der DDR.

Im Dienst der Humanität

Alle nannten sie nur »Mutter Teresa«, in Wirklichkeit hieß sie **Agnes Gonxha Bojaxhio** *(1910–97)*. Die in Skopje geborene Ordensfrau sorgte in Kalkutta mit einer solchen Hingabe für die Ärmsten der Armen, dass sie zu den populärsten Frauen ihrer Zeit gehörte. 1979 schloss sich das Nobelpreiskomitee dieser Auffassung an.

Desmond Tutu *(geb. 1931)* brachte es in Südafrika zum ersten schwarzen Bischof und wurde mit seiner strikten Antiapartheidspolitik zum Hoffnungsträger für die farbige Bevölkerung in Südafrika. Der Friedensnobelpreis von 1984 war ein Zeichen der Anerkennung für eine Politik, die wenige Jahre später mit der Abschaffung der Apartheid Früche trug.

»Frohsinn und Freude sind etwas Köstliches.«
Albert Schweitzer

Im von Bürgerkriegen geschüttelten Mittelamerika betätigte sich der aus Costa Rica stammende Politiker **Oscar Arias Sanchez** *(geb. 1940)* als umsichtiger Krisenmanager und Kämpfer für die Menschenrechte. 1987 erhielt er dafür den Friedensnobelpreis. 2006 wurde er nach 1986 zum zweiten Mal zum Staatspräsident von Costa Rica gewählt.

Helfer Afrikas
Der Schwede ***Dag Hammarskjöld*** (1905–61) *setzte sich in seinem Amt als UN-Generalsekretär für den Frieden in Afrika ein. Das Foto zeigt ihn 1960 bei einem Besuch im Kongo.*

Auf der Anklagebank

In der Geschichte ist es oft vorgekommen, dass sich einst Mächtige vor Gericht für ihre Taten – oder solche, die man ihnen nur vorhielt – verantworten mussten. In Frankreich traf dieses Schicksal sogar eines der führenden Herrscherpaare Europas.

Als am 17. Mai 1770 der französische Thronfolger, der spätere **König Ludwig XVI.** *(1754–93)*, die habsburgische Prinzessin **Marie Antoinette** *(1755 bis 1793)* zum Traualtar führte, ahnte unter den Hochzeitsgästen noch niemand das traurige Schicksal, das dem Paar beschieden sein sollte. Vielmehr waren die Hofkreise in Versailles neugierig auf die blutjunge Tochter der berühmten Maria Theresia. Diese machte bald durch zahlreiche Eskapaden von sich reden. Der gehemmte und linkische Ludwig, der 1774 nach dem Tod des Großvaters Ludwig XV. den Thron bestiegen hatte, sah dem Treiben seiner lebenslustigen Gattin eher hilflos zu. Zu schaffen machte dem Monarchen auch der Umstand, dass der erhoffte Kindersegen zunächst ausblieb. Erst 1778 schenkte die Königin einer Tochter das Leben, und in den folgenden Jahren kamen drei weitere Kinder darunter zwei Söhne, zur Welt.

Wankende Monarchie

Das Unheil für die königliche Familie begann 1798 mit dem Ausbruch der Französischen Revolution. Zunächst dachten die Revolutionäre nicht daran, den König abzusetzen oder gar die Monarchie als solche zu beseitigen. Allerdings sollte nach ihren Vorstellungen das absolute Königtum, wie es Ludwig XIV. begründet hatte, ein Ende haben.
Ludwig XVI. weigerte sich jedoch, sich mit einer konstitutionellen Monarchie abzufinden, wie sie in der von den Revolutionären entworfenen Verfassung von 1791 vorgesehen war.
Damit geriet der König endgültig in das Visier seiner republikanischen Kontrahenten. Auch in der Bevölkerung verlor Ludwig mehr und mehr an Rückhalt und in Paris waren Demonstrationen gegen die königliche Familie an der Tagesordnung. Am 10. August 1792 wurden Ludwig, Marie Antoinette und ihre Kinder nach dem Sturm auf die Tuilerien, das Stadtschloss des Königs, interniert. Als Arrestort wies man ihnen den Temple, eine mittelalterliche Festung in Paris, zu.

Todesurteil gegen den König

Am 21. September 1792 erklärte der neu gegründete Nationalkonvent die Abschaffung des Königtums und proklamierte zugleich die Republik.
Zu dieser Zeit hatte die Revolution immer radikalere Züge angenommen. So kam rasch die Forderung auf, den König vor Gericht zu stellen. Im Dezember 1792 begann vor dem Konvent der Prozess gegen Ludwig XVI., der seine Unschuld beteuerte. Im Januar 1793 fiel die Entscheidung. Der

Die Abbildung zeigt die Hinrichtung des französischen Königs Ludwig XVI. am 21. Januar 1793 durch die Guillotine.

Verhasste Herrscher
Wegen ihrer österreichischen Herkunft und ihrer Prunksucht war Königin ***Marie Antoinette*** (1755–93) *den Franzosen verhasst. Das Todesurteil gegen sie fiel ihnen daher leichter als das gegen ihren Gemahl* ***Ludwig XVI.*** (1754–93).

König wurde der »Verschwörung gegen die Freiheit« für schuldig befunden. Von den 721 Abgeordneten stimmten 387 für, 334 gegen die Todesstrafe. Nach hitzigen Debatten beschloss der Konvent mit äußerst knapper Mehrheit die sofortige Vollstreckung des Urteils.
Am 21. Januar 1793 verfolgte eine riesige Zuschauermenge, wie der entmachtete König auf der ehemaligen »Place de Louis XV.«, die nun »Place de la Révolution« hieß, zur Guillotine geführt und schließlich enthauptet wurde.

Das Ende der Marie Antoinette

Marie Antoinette hatte ihrem Ehemann vom Gefängnis aus nicht helfen können. Für sie musste es nun darum gehen, sich selbst und ihre Kinder zu retten. Doch im Juli 1793 beschloss der Konvent, ihren Sohn Louis Charles in besonderen Gewahrsam zu nehmen. Am 14. Oktober 1793 wurde auch Marie Antoinette vor Gericht gestellt. Offiziell nannte man sie nun »Witwe Capet«, nach dem alten französischen Herrschergeschlecht der Kapetinger. Der Volkszorn kochte bei ihr noch heftiger als bei Ludwig XVI., denn sie galt als Inbegriff monarchischer Verschwendungssucht und vielen war sie wegen ihrer österreichischen Herkunft nicht geheuer.
Der Prozess vor dem Revolutionstribunal verlief für die Angeklagte von Anfang an katastrophal. Neben Landesverrat warf man ihr auch Unzucht und zahlreiche andere Vergehen vor. Vergeblich versuchte die ehemalige Königin, die Vorwürfe zu entkräften. Diesmal fiel der Spruch des Gerichts einstimmig aus: Tod durch die Guillotine. Nur 2 Tage nach Eröffnung des Prozesses wurde Marie Antoinette auf einem einfachen Karren zur Guillotine auf der »Place de la Révolution«, der heutigen »Place de la Concorde«, transportiert. Als das Fallbeil sein blutiges Werk verrichtet hatte, brandete unter den Zuschauern Jubel auf. Es war 12 Uhr mittags, als Marie Antoinette, 23 Jahre nach der glanzvollen Hochzeit mit Ludwig, ihren letzten Atemzug tat. 2 Jahre später starb auch Louis Charles, das letzte überlebende ihrer 4 Kinder, an den Folgen der Kerkerhaft.

Politische Prozesse

Alfred Dreyfus (1859–1935)
Der französische Offizier wurde 1894 wegen des vorgeblichen Verrats von Militärgeheimnissen an Deutschland auf der Basis einer offensichtlich konstruierten Beweisführung zu lebenslänglicher Verbannung verurteilt. Hintergrund waren rassistische Vorbehalte gegenüber dem Juden Dreyfus, der nach unermüdlichem Einsatz fortschrittlicher Franzosen 1906 rehabilitiert wurde und heute als eine Art Ikone der französischen Republik gilt.

Maria Stuart (1542–87)
Die schöne und intelligente Königin Schottlands verlor den Machtkampf gegen Elisabeth I. von England. Nach 19-jähriger Haft wurde ihr ein Verschwörungsprozess gemacht, der wie zu erwarten mit dem Todesurteil endete.

Jan Hus (um 1370–1415)
Der spätere Namensgeber der böhmischen Reformbewegung der Hussiten kämpfte als Theologe und Priester schon früh gegen den moralischen Niedergang und die Verweltlichung des Klerus. Die Kirche lud ihn unter Zusicherung freien Geleits zum Konstanzer Konzil 1415 ein. Dennoch machte man ihm dort den Prozess. Er starb in Konstanz auf dem Scheiterhaufen.

Jeanne d'Arc (um 1411–31)
Die »Jungfrau von Orléans« führte Frankreich 1429 im Hundertjährigen Krieg zu wichtigen Siegen, geriet aber im Folgejahr in englische Gefangenschaft. Die Engländer inszenierten einen Prozess, als dessen Ergebnis Jeanne d'Arc auf dem Scheiterhaufen starb.

Kubas Führer
Im »Hinterhof« der USA errichtete **Fidel Castro** (geb. 1926) *einen sozialistischen Staat, der sich auch nach dem Zusammenbruch des Ostblocks bis heute hält.*

Staatsgründer des 20. Jahrhunderts

Durch die Befreiung von fremder Herrschaft oder durch innere Umwälzungen entstanden im Verlauf des 20. Jh. in Europa, Afrika und Asien viele neue Staaten. Deren Gründer genießen in ihren Ländern bis heute einen Ruf, der von Respekt bis zu kultischer Verehrung reicht.

Eigentlich wirkte er als Professor der Philosophie. Doch **Thomas Masaryk** *(1850–1937)* war mehr als ein Mann der Bücher. Vielmehr strebte er danach, seine idealen Vorstellungen vom Staat in die Praxis umzusetzen. So wurde er nach dem Ersten Weltkrieg zum Gründer des Staates Tschechoslowakei. Von 1918 bis 1935 war er Staatspräsident.

Lichtgestalten und Diktatoren

Sein richtiger Name lautete **Mustafa Kemal Pascha** *(1881–1938),* doch alle nannten ihn **»Atatürk«** (»Vater der Türken«). Mit diesem Titel würdigten die Türken seinen Anteil an der Gründung eines modernen Staatswesens nach dem Ende der osmanischen Sultansherrschaft. Er selbst bekleidete in der neuen Republik über mehrere Jahre hinweg das Amt des Präsidenten.

Was Atatürk für die Türken war, war für die Pakistani **Muhammad Ali Jinnah** *(1876–1948).* Nach dem Ende der britischen Kolonialherrschaft in Indien setzte er sich für die Teilung des Landes und die Gründung eines islamischen Staates Pakistan ein. Diese Vision wurde 1947 Realität, Ali Jinnah übernahm das provisorische Amt des Generalgouverneurs, starb aber bereits einige Monate später. Etwa zur selben Zeit wurde der Traum der Juden, einen eigenen Staat zu haben, Wirklichkeit. Am 14. Mai 1948 proklamierte **David Ben Gurion** *(1886 bis 1973)* in Tel Aviv den Staat Israel. Danach war er als Ministerpräsident für die Politik eines Landes zuständig, dessen Existenzrecht von den arabischen Nachbarn vehement bestritten wurde. Zu den heftigsten Widersachern gehörte Ägypten, wo der Militärchef **Gamal Abd-el-Nasser** *(1918–70)* im Jahr 1954 am Sturz von König Faruk und dem Aufbau eines neuen politischen Systems beteiligt war. Bis zu

seinem Tod 1970 hatte der allmächtige Nasser das Amt des Staatspräsidenten inne.
Im September 1948 rief in Korea der Armeeführer **Kim Il Sung** *(1912–94)* die »Demokratische Volksrepublik Korea« ins Leben und zementierte damit die Teilung des Landes in einen Nord- und einen Südteil. Im kommunistischen Nordkorea regierte Kim Il Sung diktatorisch. Nur geringfügig moderater gestaltete sich in Indonesien, dem **Ahmed Sukarno** *(1901–70)* den Weg in die Autonomie geebnet hatte, die Herrschaft des langjährigen Staatspräsidenten **Suharto** *(1921–2008)*. Sein prowestlicher Kurs verschaffte ihm im Ausland mehr Sympathien als im Innern, wo er bis 1998 mithilfe des Militärs praktisch als Diktator regierte.

Brennpunkt Schwarzer Kontinent

In Afrika waren nach dem Ende der Kolonialzeit Staatsgründungen fast an der Tagesordnung. Oft profilierten sich dabei einzelne Militärs und Politiker als Geburtshelfer. In Ghana, das 1957 unabhängig wurde, trat 1960 der Sozialist **Kwame Nkrumah** *(1909–72)* an die Spitze der Regierung, wurde aber 1966 durch einen Militärputsch gestürzt. Dieses Schicksal blieb **Julius Nyerere** *(1922–99)* erspart, obwohl auch der Gründer von Tansania, 1964 aus dem Zusammenschluss von Tanganjika und Sansibar entstanden, aus seinen Sympathien für den Sozialismus keinen Hehl machte. International genoss er bis zu seinem Tod hohes Ansehen. Etwas reservierter war die Haltung gegenüber **Jomo Kenyatta** *(1891–1978)*, der nach dem Ende der britischen Herrschaft 1963 die Macht in Kenia übernahm und den seine Landsleute in Suaheli ehrfuchtsvoll als »Mzee« (»Alten Herrn«) titulierten.

Kenneth Kaunda *(geb. 1924)* war nach der Unabhängigkeit 1964 der starke Mann in Sambia. Seine Visionen von einem neuen Gesellschaftsmodell waren beeindruckend, konnten angesichts der Uneinigkeit der Stammesführer Sambias jedoch nur zum Teil in die Realität umgesetzt werden. Kaunda schuf zunächst ein Einparteiensystem, akzeptierte 1990 aber die Einführung der Demokratie und trat nach einer Wahlniederlage 1991 zurück.
Im nördlichen Afrika, in Libyen, startete **Moamar Gaddhafi** *(1942 bis 2011)* eine Revolution. Im Jahr 1969 stürzte eine von Gaddhafi angeführte Gruppe von Offizieren König Idris al-Senussi. Der exzentrische »Führer der Revolution« war seitdem die unumstrittene Autorität in Libyen, auch wenn er seit 1979 offiziell dort keine politische Funktion mehr innehatte. Aufgrund seiner Verbindungen zum Terrorismus stand Libyen lange am Rande der Staatengemeinschaft, bevor das Land einen zaghaften Versöhnungskurs einschlug.

Indonesiens graue Eminenz
Nach seiner Amtszeit wurde der ehemalige Präsident ***Suharto*** (1921–2008) *wegen Korruption vor Gericht gestellt, wegen seiner angegriffenen Gesundheit aber nicht verurteilt.*

Ein »Lider« und ein Erzbischof

Aus ähnlichem Holz geschnitzt ist **Fidel Castro** *(geb. 1926)*, der Kopf der kubanischen Revolution, die 1959 durch den Sturz der Regierung Batista eingeleitet wurde. Dem kommunistischen »Lider Maximo« (»Höchster Führer«) blies der politische Gegenwind immer wieder heftig ins Gesicht, doch überstand Castro bis heute alle Krisen und Rückschläge.
In Zypern war Erzbischof **Makarios** *(1913–77)* weniger erfolgreich, als es sein Name (»der Glückliche«) verhieß. 1960 nach der Unabhängigkeit Präsident von Zypern geworden, geriet er in den Strudel der griechisch-türkischen Auseinandersetzungen und musste miterleben, wie die Insel aufgeteilt wurde.

Vater der Türkei
Aus dem Osmanischen Reich formte ***Mustafa Kemal Atatürk*** (1881–1938) *die moderne Türkei. Das Foto zeigt ihn (l.) mit Prinz Gustaf Adolf von Schweden.*

Kurs auf Europa

Das 19. Jh. war das Zeitalter rivalisierender Nationalstaaten. Nach zwei verheerenden Weltkriegen setzte sich in Europa zunehmend der Wunsch nach Verständigung und Ausgleich durch. Zu den Vorkämpfern eines geeinten Europa zählte politische Prominenz aus vielen Staaten.

Die Urväter der europäischen Einigung waren ein Franzose und ein Deutscher. 1925 schlossen im schweizerischen Locarno die Außenminister **Aristide Briand** *(1862–1932)* und **Gustav Stresemann** *(1878–1929)* einen Vertrag, der die gegenseitigen Beziehungen neu regelte und zugleich für mehr Stabilität in Europa sorgen sollte. Auch später sind französische und deutsche Politiker entscheidend an der Weiterentwicklung der europäischen Integration beteiligt gewesen. Insbesondere gilt dies für **François Mitterrand** *(1916–96)*. Der franzöische Staatspräsident setzte die Europapolitik ganz oben auf seine Agenda. Von großer symbolischer Bedeutung war für den Sozialisten der Bau des Eurotunnels zwischen Frankreich und England. Eng gestaltete sich Mitterands Verhältnis zu dem deutschen Bundeskanzler **Helmut Kohl** *(geb. 1930)*, der sich im Schulterschluss mit seinem französischen Kollegen für Europa und die Erweiterung der Europäischen Union engagierte. Für Kohl war auch die deutsche Einheit ein wichtiger Baustein für die europäische Integration.

»Der Abrüstung der Geister muß die Abrüstung der Waffen vorausgehen.«

Robert Schuman

Mitterrand und Kohl konnten an eine Politik anknüpfen, für die **Charles de Gaulle** *(1890–1970)* und **Konrad Adenauer** *(1876–1967)* die Grundlagen geschaffen hatten. Adenauer, der 1949 als 73-Jähriger zum Bundeskanzler gewählt worden war, setzte in seiner Außenpolitik zunächst ganz auf die Integration Deutschlands in die westliche Staatengemeinschaft. Eine wichtige Voraussetzung dafür war die Aussöhnung mit Frankreich. In Präsident de Gaulle fand der »Alte von Rhöndorf« einen charismatischen und wortgewaltigen Mitstreiter. Unter beider Federführung entstanden wichtige europäische Institutionen wie die Westeuropäische Union (WEU) und die Europäische Wirtschaftsgemeinschaft (EWG), der Vorläufer der heutigen EU.

In die Fußstapfen des europafreundlichen de Gaulle trat später in der Person von **Valéry Giscard d`Estaing** *(geb. 1926)* ein weiterer französischer Staatspräsident. 1974 kam er an die Spitze des Staates und neben der Pflege guter Beziehungen zu den Supermächten USA und UdSSR setzte er sich nachhaltig für die Fortführung des europäischen Integrationsprozesses ein.

Gleich nach dem Zweiten Weltkrieg waren es ebenfalls Franzosen gewesen, die den Europagedanken tatkräftig vorangetrieben hatten. Der in Cognac geborene **Jean Monnet** *(1888–1979)* engagierte sich in den frühen europäischen Gremien wie der Mon-

Das Europaparlament in Straßburg ist eine der zentralen Institutionen der Europäischen Union.

Europäischer Visionär
1946 forderte ***Winston Churchill*** (1874–1965) *die – auf das Festland bezogene – Bildung der »Vereinigten Staaten von Europa«.*

tanunion. Zum Dank wurde ihm 1953 der renommierte Aachener Karlspreis verliehen. Ihm zur Seite stand in **Robert Schuman** *(1886–1963)* ein weiterer Europapionier, dem der Karlspreis 5 Jahre nach Monnet zugesprochen wurde. Auf den französischen Außenminister geht die Initiative zur Gründung der Europäischen Gemeinschaft für Kohle und Stahl zurück.
Ein Europäer vom Scheitel bis zur Sohle war der Franzose **Jacques Delors** *(geb. 1925)*. Der gebürtige Pariser war bis 1995 Präsident der Europäischen Kommission und insofern vom politischen Rang her der oberste Europäer. Mit seinem Namen sind so wichtige europäische Reformprojekte wie der Vertrag von Maastricht und die Erweiterung des Kreises der Mitgliedsstaaten der Union verbunden.

Chefsache Integration

Der Kreis der Europafreunde bestand aber nicht nur aus Franzosen und Deutschen. In der Anfangsphase der Diskussionen um die Zukunft Europas brachte sich auch der britische Premierminister **Winston Churchill** *(1874–1965)* tatkräftig ein. Legendär wurde eine Rede in Zürich im September 1946, in der Churchill, unter dem Eindruck des gerade beendeten Zweiten Weltkriegs seine Vision von den »Vereinigten Staaten von Europa« als Voraussetzung für eine friedliche Zukunft des Kontinents vorstellte.
In Spanien entwickelte sich der sozialistische Regierungschef **Felipe Gonzalez** *(geb. 1942)* zu einem engagierten Europabefürworter. Bei der Öffnung seines Landes in Richtung Europa konnte er einige bemerkenswerte Erfolge aufweisen, von denen das Land stark profitierte. Dennoch entzog ihm die Mehrheit der Spanier bei der Wahl 1996 ihr Vertrauen und übertrug den Konservativen die Regierungsverantwortung. Auch aus Osteuropa kamen zahlreiche Impulse zur europäischen Integration, dies umso mehr, nachdem die kommunistischen Systeme in den 1980er-Jahren zusammengebrochen waren. Eine herausragende Rolle spielte dabei **Václav Havel** *(1936–2011)*, zunächst als Bürgerrechtler und Dissident im sozialistischen Staat, dann als Präsident der Tschechischen Republik.

Kluge Köpfe denken für Europa

Dass man nicht nur mit praktischer Politik, sondern auch mit Wort und Schrift die europäische Integration fördern kann, beweisen die Beispiele einiger kluger Köpfe. Unter diesen Gelehrten und Intellektuellen ragen der spanische Diplomat und Literat **Salvador de Madariaga** *(1886–1978)*, der u. a. eine psychologische Deutung des Wesens Europas versuchte, und der deutsche Soziologe **Ralf Dahrendorf** *(1929–2009)* heraus. Madariaga wurde durch seine Arbeiten zu einer Ikone des europäischen Geisteslebens, während der in London lebende Dahrendorf mit brillanten und messerscharfen Analysen zur Zukunft Europas auf sich aufmerksam machte.

Für die Westintegration
Wichtiges Ziel des ersten Bundeskanzlers ***Konrad Adenauer*** (1876–1967) *war die Einbindung Deutschlands in ein geeintes Westeuropa.*

Kalte Krieger

Der Kommunistenjäger

*Von 1950 bis 1954 führte **Joseph McCarthy** (1908–57) eine antikommunistische Verfolgungskampagne im öffentlichen Leben und den Behörden der USA.*

Nach dem Zweiten Weltkrieg lebte die Staatengemeinschaft fast 40 Jahre lang in einer Konfrontation der Systeme und stand oft bedrohlich nahe an der Schwelle zum Dritten Weltkrieg. Geführt wurde dieser »Kalte Krieg« von den Regierenden der Supermächte und ihren Helfern.

Der Bau der Berliner Mauer 1961 zählt zu den zentralen Ereignissen des Kalten Krieges. Im Bild erste Absperrungsmaßnahmen am Brandenburger Tor.

Die ersten Gegenspieler im Kalten Krieg waren der amerikanische Präsident **Harry S. Truman** *(1884 bis 1972)* und der sowjetische Staats- und Parteichef **Josef Stalin** *(1879–1953)*. Während Stalin schon lange an der Macht war, hatte Truman sein Amt kurz vor Ende des Zweiten Weltkriegs vom verstorbenen Präsidenten Roosevelt übernommen. 1945 hatte er den Abwurf der Atombomben auf Hiroshima und Nagasaki angeordnet. Er war der Urheber der »Truman-Doktrin«, mit der die USA den Anspruch erhoben, alle freien Völker vor totalitären Systemen zu beschützen.

Stalins Erben

*Mit einem Bruderkuss begrüßen sich **Nikita Chruschtschow** (1894–1971) und **Walter Ulbricht** (1893–1973) im Jahr 1963 bei einem Staatsbesuch.*

Die Welt geteilt in zwei Lager

Stalins wichtigster Helfer **Andrej Schdanow** *(1896 bis 1948)*, als Sekretär des Zentralkomitees der KPdSU eine führende politische Figur des Landes, antwortete auf die Truman-Doktrin mit der Theorie von den zwei Lagern im Osten und im Westen. Innenpolitisch war er der Urheber der »Schdanowschtschina«. Darunter verstand man das Verfahren, Künstler und Dichter in der Sowjetunion strikt an den bolschewistischen Kurs zu binden.

Trumans Nachfolge als US-Präsident trat 1953 **Dwight D. Eisenhower** *(1890–1969)* an. Er hatte sich im Zweiten Weltkrieg militärische Meriten als Oberbefehlshaber in Europa erworben und setzte die harte Linie gegenüber den kommunistischen Staaten fort. Er bot insbesondere den Nahoststaaten seine Unterstützung gegen sowjetische Einflussnahme an, war aber darüber hinaus bestrebt, jeglichen bewaffneten Konflikt zu vermeiden. Ein dunkler Punkt in der Spätzeit der Regierung Truman wie auch der Anfangszeit der Präsidentschaft Eisenhowers war die fast schon hysterische Treibjagd auf tatsächliche oder vermeintliche Kommunisten in den USA. Organisiert wurden diese Aktionen von **Joseph McCarthy** *(1908–57)*. Der Senator scheute nicht einmal davor zurück, den Präsidenten höchstpersönlich ins Visier zu nehmen.

In der Sowjetunion kam nach Stalin **Nikita Chruschtschow** *(1894–1971)* an die Schalthebel der Macht. Zunächst brach er im Innern mit dem Terrorregime des Stalinismus und ließ sich in der

Erste Schritte zur Abrüstung
Unter der Führung von ***Leonid Breschnew*** (1906–82), *hier 1980 mit Bundeskanzler Helmut Schmidt, öffnete sich die Sowjetunion dem Abrüstungsgedanken.*

Außenpolitik von der Idee der friedlichen Koexistenz beider Lager leiten. Dann aber riskierte er in der Kubakrise von 1962 einen Atomkrieg mit den USA. 1964 wurde er aller Ämter enthoben.

Am Rande des Atomkriegs

Während der Kubakrise, in der es um die Stationierung sowjetischer Raketen auf Kuba, also in »Amerikas Hinterhof« ging, hatte es Chruschtschow auf amerikanischer Seite mit dem jungen, charismatischen Präsidenten **John F. Kennedy** *(1917–63)* zu tun. Kennedy behielt kühlen Kopf, Chruschtschow blies sozusagen in letzter Sekunde zum Rückzug und baute die Raketenbasen auf Kuba ab. Kennedy kam ein Jahr später bei einem Attentat in Dallas ums Leben. Sein Nachfolger **Lyndon B. Johnson** *(1908–73)* war zu sehr in den Vietnamkrieg verwickelt, um in der Auseinandersetzung mit der Sowjetunion eigene Akzente setzen zu können.
In die Amtszeit Chruschtschows und Kennedys fiel auch der Bau der Berliner Mauer, die vom 13. August 1961 an ein Symbol für die Aufteilung der Welt in zwei Interessensphären war. Federführend auf Seiten der DDR war **Walter Ulbricht** *(1893 bis 1973),* der Generalsekretär der SED und Vorsitzende des DDR-Staatsrats, der sich gegenüber Moskau durch absolute Linientreue auszeichnete.
Abgelöst wurde er 1971 von **Erich Honecker** *(1912 bis 1914),* dessen Wiege im saarländischen Neunkirchen gestanden hatte. Der überzeugte Kommunist blockierte jegliche Annäherung an den Westen und hielt auch dann noch an seiner starren Haltung fest, als sich das Ende des Kalten Krieges und der sozialistischen Staaten offensichtlich abzeichnete. Auch **Leonid Breschnew** *(1906–82)* zeigte als starker Mann der Sowjetunion anfangs wenig Neigung zur Kooperation mit dem Westen. Immerhin kamen unter seiner Ägide wichtige Abrüstungsverträge mit den USA zustande, bei denen sein Außenminister **Andrej Gromyko** *(1909–89)* als Unterhändler die Fäden zog. Breschnews Nachfolger **Jurij Andropow** *(1914–84)* bemühte sich um wirtschaftliche und soziale Reformen und eine Neuorientierung der Außenpolitik. Doch nur 2 Jahre nach Amtsantritt starb er an einer schweren Krankheit.

Hollywoodstar und »Eiserne Lady«

US-Präsident **Ronald Reagan** *(1911–2004),* ein ehemaliger Hollywood-Schauspieler mit enormer persönlicher Ausstrahlung, ließ sich in seinem politischen Handeln von der Überzeugung leiten, dass Amerika die Führungsrolle in der Welt gebühre. Er setzte auf das erfolgreiche Konzept, die Sowjetunion im Rüstungswettlauf wirtschaftlich zu schwächen und »totzurüsten«. Als in Moskau die Reformer die Oberhand gewannen, zögerte er nicht, in Verhandlungen mit der UdSSR zu treten.
Assistiert wurde Reagan von der resoluten »Eisernen Lady« **Margaret Thatcher** *(1925 – 2013).* Die britische Premierministerin stand unbeirrt auf der Seite der USA, trat für eine starke NATO ein und betrieb darüber hinaus eine äußerst selbstbewusste Außenpolitik. 1990 trat sie, in der eigenen Konservativen Partei unter Druck geraten, von ihrem Amt zurück.

Präsident aus Hollywood
Der patriotische US-Präsident ***Ronald Reagan*** (1911 bis 2004) *drehte so lange an der Rüstungsspirale, bis die Sowjetunion nicht mehr mithalten konnte.*

Sieger gegen die Putschisten
Entschlossen tritt ***Adolfo Suarez*** (1932 bis 2014) *1981 im Parlament (links) den Putschisten entgegen. Der Putsch scheiterte vor allem aufgrund des Eingreifens von König* ***Juan Carlos*** (geb. 1938).

Wegbereiter der Demokratie

Demokratie ist keine Selbstverständlichkeit. Auch im 20. Jh. waren immer wieder große Anstrengungen notwendig, um totalitäre Systeme aus den Angeln zu heben. Und immer bedurfte es herauragender Persönlichkeiten, die diesen Prozess beförderten.

Gegen die Obristen
Die Obristenherrschaft, also die Militärdiktatur in Griechenland, beendete Ministerpräsident ***Konstantin Karamanlis*** (1907–98).

In Griechenland, in der Antike die Geburtsstätte der Demokratie, etablierte sich 1967 eine Militärdiktatur. Der entmachtete **König Konstantin II.** *(geb. 1940)*, der 1960 bei den Olympischen Spielen eine Goldmedaille im Segeln gewonnen hatte, versuchte das Regime durch einen Gegenputsch zu beseitigen. Nach dem Scheitern der Aktion begab er sich unter großer Anteilnahme der europäischen Regenbogenpresse ins Exil, ohne den Anspruch auf den griechischen Thron aufgegeben zu haben. Nach dem Ende der Militärdiktatur führte Ministerpräsident **Konstantin Karamanlis** *(1907–98)* das Land der Hellenen 1974 zur Demokratie zurück. Bis 1980 blieb er an der Regierung und übernahm anschließend das Amt des Staatspräsidenten.

Nelken in Portugal, Trubel in Spanien

General **Antonio de Spinola** *(1910–96)* war der führende Kopf der »Nelkenrevolution« in Portugal. Auf unblutige Weise, mit Blumen in den Gewehrläufen, beendeten die Streitkräfte die Diktatur der Regierung Caetano. Der »Mann mit dem Monokel« bemühte sich um demokratische Reformen, trat nach internen Querelen zurück, scheiterte 1975 mit einem Putschversuch und musste anschließend das Land verlassen.

Das Nachbarland Spanien stand bis 1975 unter dem Regime des Diktators Franco. Nach dessen Tod machte sich **Adolfo Suarez** *(1932–2014)* als Ministerpräsident an die schwierige Aufgabe, das Land wieder auf den Pfad der Demokratie zu führen. Trotz der Erfolge, die er dabei aufzuweisen hatte, musste er 1981 zurücktreten.
Als im gleichen Jahr einige Militärs einen spektakulären Putschversuch unternahmen und das Parlament in Madrid stürmten, erwies sich König **Juan Carlos** *(geb. 1938)*, den Franco einst protegiert

hatte, als Retter der Demokratie. Der König aus dem Haus der Bourbonen rief die Streitkräfte zur Ruhe auf, und als sich diese tatsächlich in die Kasernen zurückzogen, gaben die Putschisten auf.

Der Eiserne Vorhang fällt

In den Staaten Osteuropas wurde es nach dem Zusammenbruch der kommunistischen Systeme unruhig. Auslöser waren die tief greifenden politischen Reformen, die **Michail Gorbatschow** *(geb. 1931)* in der Sowjetunion in Gang brachte. Mit den Schlagworten »Perestroika« (Umgestaltung) und »Glasnost« (Offenheit) verordnete er dem wankenden Koloss Sowjetunion eine Radikalkur, die den Generalsekretär der KPdSU und Vorsitzenden des Präsidiums des Obersten Sowjets schließlich selbst zu Fall brachte. Das konnte auch sein Außenminister **Eduard Schewardnadse** *(1928–2014)* nicht verhindern, der 1995 Staatspräsident von Georgien wurde. Das Tempo der Reformen war zu hoch, hinzu kamen immer stärker werdende Autonomiebestrebungen in den Teilrepubliken des Riesenreichs. 1991 entmachtete **Boris Jelzin** *(1931–2007)* seinen ehemaligen Weggefährten Gorbatschow. Im gleichen Jahr zum Präsidenten Russlands gewählt, führte er die Reformen konsequent fort und war maßgeblich an der Bildung der GUS (Gemeinschaft Unabhängiger Staaten) beteiligt.
Ausgegangen waren die revolutionären Bewegungen in Osteuropa von den Aktivitäten der polnischen Gewerkschaft »Solidarität« und deren charismatischer Führungsfigur **Lech Walesa** *(geb. 1943)*. Wie ein Flächenbrand breiteten sich nun im gesamten sowjetischen Machtbereich die Forderungen nach Freiheit und Demokratie aus. Der ehemalige Danziger Werftarbeiter Walesa, der später Staatspräsident von Polen wurde, wurde 1983 mit dem Friedensnobelpreis ausgezeichnet.

Eine Figur historischen Ranges war der ungarische Außenminister **Gyula Horn** *(1932–2013)*, dem das Verdienst zukommt, den »Eisernen Vorhang« zertrennt zu haben. Persönlich beseitigte er im Juni 1989 symbolisch ein Stück jenes Stacheldrahts, der die Grenze zwischen Ungarn und Österreich markierte. Wenig später gab er DDR-Bürgern die Gelegenheit, über Ungarn in die Bundesrepublik Deutschland auszureisen.
In der Tschechoslowakei war der Schriftsteller **Václav Havel** *(1936–2011)* ein großer Hoffnungsträger der Reformkräfte. Wegen seiner regimekritischen Haltung wurde er wiederholt zu Gefängnisstrafen verurteilt und durfte nicht mehr publizieren. Als Sprecher des »Bürgerforums« war er 1989 maßgeblich an der »Sanften Revolution« in der Tschechoslowakei beteiligt. 1993 wurde Havel Präsident der Tschechischen Republik. In der Slowakei wurde **Vladimir Meciar** *(geb. 1942)*, in der Übergangszeit ein führender Kopf der demokratischen Kräfte, 1990 erster frei gewählter Ministerpräsident. Nach dem Zerfall Jugoslawiens entwickelten sich in den Nachfolgestaaten, unter äußerst schwierigen Bedingungen und gegen erhebliche Widerstände, demokratische Strukturen. Eine führende Rolle spielten dabei Persönlichkeiten wie **Franjo Tudjman** *(1922–99)*, der 1990 zum Präsidenten Kroatiens gewählt wurde, und **Boris Tadic** *(geb. 1958)*. Während Tadics von 2004 bis 2012 dauernden Amtszeit verfolgte er eine liberale Politik und versuchte überdies, die Schrecken der zurückliegenden Bürgerkriege in der Region zu überwinden.

Öffner der Grenzanlagen
Die Außenminister Österreichs und Ungarns, Alois Mock (links) und ***Gyula Horn*** (1932–2013), *schneiden 1989 das erste Loch in den Eisernen Vorhang.*

Diplomat der Perestroika
Auf internationaler Ebene kämpfte ***Eduard Schewardnadse*** (1928–2014) *als sowjetischer Außenminister für die Perestroika.*

Das Ende des Ost-West-Konflikts

Kanzler der Einheit
Der Fall der Berliner Mauer zählt zu den größten Erfolgen **Helmut Kohls** (geb. 1930). *Das Foto zeigt DDR-Grenzsoldaten bei dem Versuch, das Werk der »Mauerspechte« rückgängig zu machen.*

Um den Kalten Krieg, der die Welt in zwei große verfeindete Lager spaltete, zu beenden, bedurfte es des Mutes, des Geschicks und des Engagements zahlreicher Persönlichkeiten.

Helmut Schmidt *(geb. 1918),* von 1974 bis 1982 deutscher Bundeskanzler, galt eher als pragmatischer »Macher« denn als politischer Visionär. Und tatsächlich war während seiner Amtszeit von einer grundlegenden Entspannung zwischen Ost und West noch nicht viel zu spüren. Jedoch war Schmidt treibende Kraft bei der »Konferenz für Sicherheit und Zusammenarbeit in Europa« (KSZE), die die politischen Grundlagen für diesen Prozess legte. Wichtigste Voraussetzung für den Wandel war der Zusammenbruch der Sowjetunion. **Michail Gorbatschow** *(geb. 1931)* sorgte für notwendige innere Reformen und öffnete die Politik des Kreml gegenüber dem Westen. Nach seiner Ablösung setzte **Boris Jelzin** *(1931–2007)* diesen Kurs auch gegen starke innere Widerstände fort. Als russischer Präsident leitete er erste Schritte zur Annäherung seines Landes an den Westen ein.

Politischer Papst
Wegen seines Einflusses auf die polnische Reformbewegung geriet Papst **Johannes Paul II.** (1920 bis 2005) *ins Visier östlicher Geheimdienste, die sogar einen Mordanschlag auf ihn verübten.*

Macht von Kirche und Staat

In Person von **Papst Johannes Paul II.** *(1920–2005)* hatte auch die katholische Kirche einen bedeutenden Anteil am Zusammenbruch der sozialistischen Staaten. Die hohe moralische Autorität des obersten Kirchenfürsten spielte dabei ebenso eine Rolle wie der Umstand, dass der Papst, der selbst aus Polen stammte, die fest in der Gesellschaft verankerte polnische Kirche ausdrücklich ermunterte, sich auf die Seite der Bürgerrechtler zu stellen.
Der Westen stand vor der großen Herausforderung, die verschiedenen Signale und Tendenzen aus dem Osten aufzugreifen und politisch zu verwerten. In dieser Richtung wirkte **George Bush sen.** *(geb. 1924),* der 1989 als Nachfolger Ronald Reagans US-Präsident geworden war. Der oberste Repräsentant der größten Supermacht kooperierte eng mit der Sowjet-

union, befürwortete die deutsche Wiedervereinigung und brachte eine Reihe von Abrüstungsinitiativen auf den Weg. Der amerikanische Präsident war im Westen der stärkste Rückhalt für den deutschen Bundeskanzler **Helmut Kohl** *(geb. 1930)*, dem sogar seine politischen Gegner bescheinigten, den dornigen Weg zur deutschen Einheit mit Geschick geebnet zu haben. Am 3. Oktober 1990 erntete Kohl die Früchte seiner Arbeit, als er zum ersten gesamtdeutschen Bundeskanzler gewählt wurde. Zu diesem Zeitpunkt hatte auch der französische Staatspräsident **François Mitterrand** *(1916–96)* seine anfängliche Skepsis hinsichtlich der deutschen Wiedervereinigung aufgegeben. Der Sozialist im Élysée-Palast entwickelte sich zu einem verlässlichen Partner des Kanzlers in seinen Bemühungen, den Ost-West-Konflikt nachhaltig zu beenden.

Bedeutende Außenminister

US-Präsident Bush stand als Außenminister **James Baker** *(geb. 1930)* zur Seite. Bedeutend war seine Rolle beim Abschluss des »Zwei-plus-Vier-Vertrags« vom September 1990, in dem von den beiden deutschen Außenministern und ihren Amtskollegen aus den USA, Frankreich, Großbritannien und der Sowjetunion die staatliche Zukunft des geeinten Deutschland geregelt wurde. Unterzeichner des Vertrags war aufseiten der damals noch existierenden DDR **Lothar de Maizière** *(geb. 1940)*, zu diesem Zeitpunkt in Personalunion Ministerpräsident und Außenminister. Der ehemalige Kirchenmann wurde später in der neuen Bundesrepublik stellvertretender Vorsitzender der CDU und Bundesminister. Im Rahmen der deutschen Wiedervereinigung schlug auch die große Stunde von **Hans-Dietrich Genscher** *(geb. 1927)*. Der FDP-Politiker und Außenminister arbeitete vor und hinter den Kulissen intensiv an dem Projekt »Vereintes Deutschland«. Unterstützung fand er bei seinen Kollegen aus Frankreich und Großbritannien. Der Sozialist **Roland Dumas** *(geb. 1922)* war einer der Wegbereiter des bahnbrechenden »Zwei-plus-Vier-Vertrags«. Später litt seine Karriere durch eine Reihe von Korruptionsaffären. **Douglas Hurd** *(geb. 1930)*, Außenminister im Kabinett der »Eisernen Lady« Margaret Thatcher, gehörte ebenfalls zu den Architekten des »Zwei-plus-Vier-Vertrags.« Anders als Thatcher war er ein überzeugter Europäer. Nach seiner Amtszeit machte Hurd auch als Schriftsteller von sich reden.
Der bekannteste Außenminister jener Zeit kam aber aus Ungarn. Es war **Gyula Horn** *(1932–2013)*, der den »Eisernen Vorhang« lüftete, als er im Sommer 1989 die Grenze zwischen Ungarn und Österreich öffnete und damit den DDR-Bürgern eine relativ gefahrlose Flucht in den Westen ermöglichte.

»Wer zu spät kommt, den bestraft das Leben.«

Michail Gorbatschow

Unfreiwillige und stille Helden

Eher unabsichtlich wurde **Günter Schabowski** *(geb. 1929)* zu einem der Helden der deutschen Einheit. Am 9. November 1989 verkündete der SED-Funktionär auf einer Pressekonferenz eigenmächtig die sofortige Öffnung der deutsch-deutschen Grenze. Im Hintergrund wirkte **Wolfgang Schäuble** *(geb. 1942)*, der als Bundesinnenminister in zähen Verhandlungen den Einigungsvertrag vorbereitete, der die Grundlage für die neue Bundesrepublik Deutschland darstellte.
Kurt Masur *(geb. 1927)* war im Hauptberuf Gewandhauskapellmeister in Leipzig. Der weltberühmte Dirigent sorgte mit seiner besonnenen Haltung dafür, dass die Leipziger Montagsdemonstrationen von 1989 einen friedlichen Verlauf nahmen.

Präsidenten des Friedens
Sie steuerten den Reformprozess: ***Michail Gorbatschow*** (geb. 1931) *und* ***George Bush sen.*** (geb. 1924).

Rebell für die Freiheit
In seinen frühen Jahren rebellierte der Dichter **Friedrich Schiller** (1759 bis 1805) *vor allem mit seinem freiheitlichen Stück »Die Räuber« gegen die bestehenden Verhältnisse.*

Die Zeichen stehen auf Protest

In den 1960er-Jahren erhob sich die rebellische Jugend zum Protest gegen Autoritäten und eingefahrene gesellschaftliche Strukturen. Aushängeschilder dieser Bewegung waren Musiker, Lebenskünstler und Psychologen. Völlig neu aber waren ihre Denkansätze nicht, wie der Rückblick auf frühere Zeiten beweist.

Der Dichter **Friedrich Schiller** *(1759–1805)* gilt heute als Klassiker der deutschen Literatur. Dabei hatte der Poet aus Marbach am Neckar eine bewegte Jugend, opponierte gegen Staat, Gesellschaft und Autoritäten und machte seinem Unmut in der »Sturm-und-Drang«-Dichtung Luft, wovon insbesondere sein Stück »Die Räuber« zeugt.

Denker, Aussteiger, Alternative

Kein Freund der bestehenden Verhältnisse war im 19. Jh. der britische Schriftsteller, Kunsthistoriker und Sozialreformer **John Ruskin** *(1819–1900)*. In seinen Arbeiten thematisierte er die sozialen Folgen der industriellen Revolution ebenso wie die Drangsalierungen, denen die jungen Menschen in England während ihrer Erziehung und Ausbildung ausgesetzt waren.
Eher sanfter Art war der Protest, den der Österreicher **Rudolf Steiner** *(1861–1925)*, der Begründer der Anthroposophie, übte. Konträr zur gängigen Bildungspraxis plädierte er in vielen Schriften für eine Aktivierung der in der Seele schlummernden geistigen Kräfte eines jeden Menschen. Aus dieser Zielsetzung heraus wurde Steiner zum Gründer der Waldorfschulen.
Die österreichische Pianistin **Ida Hofmann** *(1864 bis 1926)* gründete 1900 mit einem Kreis Gleichgesinnter bei Ascona in der Schweiz eine Naturheilanstalt auf dem Monte Monescia, den sie in »Monte Verità« (Berg der Wahrheit) umtauften. Hier tummelten sich in den nächsten 20 Jahren Aussteiger, Alternative und abenteuerlustige Künstler bei vegetarischer Kost und regen Diskussionen.
Dass auch Psychologen gegen das Establishment sein können, bewiesen die US-Amerikaner **Abraham Maslow** *(1908–70)* und **Timothy Leary** *(1920 bis 1996)*. Maslow war der Begründer der »Humanistischen Psychologie« und entwarf mit der »Bedürfnispyramide« ein Modell, das in der Selbstverwirklichung des Menschen gipfelt. Das war eine Formel, die gerade bei der rebellischen Jugend seit den 1960er-Jahren großen Anklang fand. Timothy Leary machte Furore mit seiner Forderung nach Freigabe von bewusstseinserweiternden Drogen wie LSD und Mescalin. Auf literarischem Gebiet gelten die Mitglieder der »Beat Generation« oder »Beatniks« als Vordenker der aufkommenden Protestkultur – eine kleine Gruppe von Autoren und Studenten in den USA rund um **Allen Ginsberg** *(1926 bis 1997)*, **William S. Burroughs** *(1914–97)* und **Jack Kerouac** *(1922–69)*.

Protestmedium Musik

Zu Leitfiguren der Protestkultur wurden zur gleichen Zeit amerikanische und britische Musiker, die alle derselben Generation angehörten. **Bob Dylan** *(geb. 1941)*, der eigentlich Robert Allen Zimmerman hieß, nutzte den Folkrock, um seine sozialkritischen Botschaften in der Welt zu verbreiten. Kaum ein Musiker der Gegenwart hat einen größeren Einfluss ausgeübt als Dylan. Sanfter im Ton, aber nicht weniger entschieden in der Aussage waren die Songs von **Joan Baez** *(geb. 1941)*. Daneben setzte

Protestsänger
Mit ihren sozialkritischen Songs übten **Bob Dylan** (geb. 1941) *und* **Joan Baez** (geb. 1941) *einen enormen Einfluss auf die »Protestgeneration« aus.*

Führer der APO
Als Aushängeschild der »außerparlamentarischen Opposition« kämpfte **Rudi Dutschke** (1940–79) *gegen die herrschenden Verhältnisse.*

Internationale Studentenbewegung
Der französische Studentenführer **Daniel Cohn-Bendit** (geb. 1945, rechts) *1968 gemeinsam mit dem britischen Kollegen* **Tariq Ali** (geb. 1943) *am Karl-Marx-Denkmal in London.*

sich die »Königin des Protestes« aktiv für Menschenrechte und Bürgerrechte ein. **John Lennon** *(1940–80)* war neben Paul McCartney der kreative Kopf der legendären Beatles. Zusammen mit seiner zweiten Frau Yoko Ono schockierte Lennon die bürgerliche Öffentlichkeit auch nach der Trennung der Band mit provokanten Performance-Einlagen wie »Bed-Ins« als Demonstration für den Frieden. 1980 wurde er von einem Fanatiker erschossen.

Die Generation der 68er

In der deutschen Studentenszene machten in den 1960er- und 1970er-Jahren die »zornigen jungen Männer« auf sich aufmerksam. Die unumstrittene Nummer Eins in der Szene war der Bürgerschreck **Rudi Dutschke** *(1940–79).* Er studierte an der Freien Universität Berlin Gesellschaftswissenschaften, engagierte sich im »Sozialistischen Deutschen Studentenbund« und war Aushängeschild der »Außerparlamentarischen Opposition«, die sich dem Kampf gegen die »herrschenden Verhältnisse« verschrieben hatte. Von einem Attentat, das 1968 auf ihn verübt wurde, erholte er sich nicht mehr.

Die Symbolfigur der deutschen »Sponti«-Szene war in den 1960er-Jahren **Rainer Langhans** *(geb. 1940).* Mit spontanen Happening-Aktionen versuchte er, zusammen mit seinen Mitstreitern aus der legendären Berliner »Kommune 1«, den bürgerlichen Idealen eine von Konventionen freie Lebensform entgegenzusetzen. Mit seiner Partnerin **Uschi Obermaier** *(geb. 1946)* schockierte er die Öffentlichkeit, als die beiden in den Medien offen über ihre Beziehung, über Eifersucht und Sex sprachen.
Den Weg in die praktische Politik fanden zwei herausragende Figuren der »68er«-Bewegung. **Joschka Fischer** *(geb. 1948),* einer der führenden Köpfe der Frankfurter Studentenbewegung, brachte es als Repräsentant der Grünen bis zum Außenminister und Vizekanzler in der rot-grünen Regierung von Bundeskanzler Gerhard Schröder. **Daniel Cohn-Bendit** *(geb. 1945)* erlebte seine politische Prägung in der Pariser Studentenszene, engagierte sich wie Fischer bei den Grünen und wurde 1994 Abgeordneter im Europaparlament. In London avancierte der gebürtige Pakistani **Tariq Ali** *(geb. 1943)* zu einem der wichtigsten Vordenker der internationalen Studentenbewegung.

Für die Rechte der Frauen

Für das Frauenwahlrecht
Die Durchsetzung des Frauenwahlrechts in England (1918) ist vor allem das Verdienst von ***Emmeline Pankhurst*** (1858 bis 1928). *Plakat (1910) der von Emmeline Pankhurst geführten Kampagne für das Frauenwahlrecht.*

Sie waren Lehrerinnen, Schriftstellerinnen und Sexualwissenschaftlerinnen – aber vor allem couragierte Frauen, die sich für ihre Rechte in einer von Männern dominierten Welt einsetzten. Der Kampf für die Idee der Gleichbehandlung begann schon während der Französischen Revolution.

Die aus kleinbürgerlichen Verhältnissen stammende **Olympe de Gouges** *(1748–93)* verfügte über ein großes Kämpferherz und nutzte die Französische Revolution, um die männlichen Revolutionäre daran zu erinnern, bei ihrem politischen Agieren die Frauen nicht zu vergessen. 1791 veröffentlichte sie eine »Erklärung der Rechte der Frau und Bürgerin«. 1793 wurde sie von einem Revolutionstribunal zum Tode verurteilt und hingerichtet.
Die britische Pädagogin und Schriftstellerin **Mary Wollstonecraft** *(1759–97)* wurde zur frühesten Vorkämpferin der Frauenemanzipation in Großbritannien. Ihre für damalige Verhältnisse radikalen Ansichten legte sie in ihrem Hauptwerk »Ein Plädoyer für die Rechte der Frau« dar.

Auf den Spuren von Mary Wollstonecraft wandelte **Emmeline Pankhurst** *(1858–1928)*, eine der ersten Frauen in Großbritannien, die sich nicht nur literarisch, sondern auch aktiv politisch für die Rechte der Frauen einsetzte. An der Spitze einer von ihr 1903 gegründeten Organisation forderte sie das Wahlrecht für Frauen. Achtmal landete die radikale Agitatorin im Gefängnis, bevor sie später allseits geschätztes Parlamentsmitglied wurde. Zum Idol der britischen Frauenbewegung wurde die Schriftstellerin **Virginia Woolf** *(1892–1941)*.

Frauenrechtlerinnen in Deutschland

Als eine der ersten deutschen Feministinnen trat die aus Breslau stammende Lehrerin und Schriftstellerin **Auguste Schmidt** *(1833–1902)* hervor. 1865 gründete sie gemeinsam mit **Louise Otto-Peters** *(1819–95)* den »Allgemeinen Deutschen Frauenverein«. Auch **Helene Lange** *(1848–1930)* war eine der Initiatorinnen der deutschen Frauenbewegung. Von Haus aus war sie ebenfalls Lehrerin und entwickelte in dieser Eigenschaft ein Programm für die Erziehung und Ausbildung junger Frauen. 1892 wurde sie Chefin des »Allgemeinen Deutschen Frauenvereins«, 2 Jahre später gründete sie den »Bund deutscher Frauenvereine«. Im Kaiserreich und in der Weimarer Republik zählte **Clara Zetkin** *(1857–1933)* zu jenen engagierten deutschen Frauen, die sich in die Politik einmischten. Schon früh schloss sie sich der sozialistischen Bewegung an und koordinierte die sozialdemokratischen Frauengruppen in Deutschland. Später wechselte sie zur KPD und wurde in den Reichstag gewählt. 1933, dem Jahr der Machtübernahme der Nationalsozialisten, starb sie im Moskauer Exil.

Die aus Westfalen stammende Pfarrerstochter **Getrud Bäumer** *(1873–1954)* ist als Repräsentantin der bürgerlichen Frauenbewegung in die Geschichte eingegangen. Gemeinsam mit Helene Lange gab sie das mehrbändige »Handbuch der Frauenbewegung« heraus. In der Weimarer Republik war sie bis zur NS-Machtübernahme 1933 Reichstagsabgeordnete der »Deutschen Demokratischen Partei«. Sie ist auch als Schriftstellerin hervorgetreten.

Sexualität und Freiheit

Zu den wenigen Männern, die man mit gutem Gewissen der Kategorie »Vorkämpfer für die Rechte der Frauen« zuordnen kann, gehört zweifelsfrei **Alfred Kinsey** *(1894–1956)*. Der US-Sexualwissenschaftler trug mit seinen erstmals auf Statistiken aufbauenden Forschungen erheblich zur »Sexuellen Revolution« bei, die erst nach seinem Tod richtig ausbrach.

Die französische Schriftstellerin **Simone de Beauvoir** *(1908–86)*, die den literarischen Durchbruch 1949 mit dem Welterfolg »Das andere Geschlecht« schaffte, engagierte sich bis zu ihrem Tod für die Sache des Feminismus. Die Lebenspartnerin des berühmten Philosophen Jean-Paul Sartre gehörte zu den ersten öffentlichen Befürworterinnen der Abtreibung.

Zu den Klassikern der feministischen Literatur gehört der 1961 veröffentlichte Roman »Das Goldene Notizbuch« von **Doris Lessing** *(1919–2013)*. Lessing wurde als Tochter britischer Eltern in Persien geboren und lebte später in Rhodesien, dann in London. 2007 wurde sie für ihr Gesamtwerk mit dem Literaturnobelpreis ausgezeichnet.

Virginia Johnson *(1925–2013)*, US-Psychologin und ehemalige Sängerin, hatte mit ihrem zweiten Ehemann, dem Mediziner **William Masters** *(1915–2001)*, wesentlichen Anteil an der Befreiung der Sexualität aus den konventionellen Normen. Sie stützten ihre Analysen auf umfangreiche empirische Studien, bei denen sie u. a. Labordaten über sexuelle Reaktionen des Menschen aufzeichneten. Die sexuelle Befreiung der Frau thematisierte **Nancy Friday** *(geb. 1933)* in ihren viel gelesenen Büchern. Bis heute ist die Autorin ein gern gesehener Gast in Talkshows.

Im Kreuzfeuer der Kritik

Die US-Wissenschaftlerin **Shere Hite** *(geb. 1942)* machte Furore mit den nach ihr benannten »Hite-Reports«, einer Serie über das Sexualverhalten der Frau. Dabei brach sie manches Tabu und erntete in ihrer Heimat heftige Kritik.

Die gegenwärtig prominenteste Feministin Deutschlands ist **Alice Schwarzer** *(geb. 1942)*. Die gebürtige Wuppertalerin konnte sich durch zahlreiche Bücher und regelmäßige TV-Auftritte eine intensive öffentliche Wahrnehmung als wichtigste Instanz zur Vertretung der Fraueninteressen sichern. Alice Schwarzer ist außerdem Herausgeberin des von ihr 1977 gegründeten Magazins »Emma«. Schwarzer erhielt zahlreiche Auszeichnungen, u. a. wurde ihr 2005 das Bundesverdienstkreuz erster Klasse verliehen.

Gegen das Patriarchat
Mit ihrem Buch »Das andere Geschlecht« schuf ***Simone de Beauvoir*** (1908–86) *im Jahr 1949 die theoretische Grundlage der Frauenbewegung; sie selbst wurde zur Vordenkerin des Feminismus.*

Der Sexualforscher
Als Erster sammelte ***Alfred Kinsey*** (1894 bis 1956) *statistische Daten über das menschliche Sexualverhalten. Das Foto zeigt ihn mit seiner Familie im Jahr 1953.*

Gründer von »Greenpeace« *Mitglieder von Greenpeace hindern 2003 ein mit Genmais beladenes Schiff an der Weiterfahrt. Als Urvater von Aktionen wie dieser gilt* ***Robert Hunter*** (1941 bis 2005), *der Greenpeace 1971 gründete.*

Im Einsatz für die Umwelt

Erst im Lauf des 20. Jh. erkannten die Menschen, dass die natürlichen Ressourcen auf der Erde nicht unerschöpflich sind. Dank des Einsatzes zahlreicher Aktivisten sind Umweltschutz und ökologisches Denken heute fest etabliert und in einer Reihe globaler Organisationen strukturiert.

Als einer der ersten Wissenschaftler machte der britische Zoologe und Verhaltensforscher **Julian Huxley** *(1887–1975)* auf die Situation bedrohter Wildtiere in Afrika aufmerksam. 1946 wurde er zum ersten Direktor der UNESCO gewählt.
Wie Julian Huxley, so war auch **Peter Scott** *(1909 bis 1989)* einer der Gründerväter des World Wide Fund for Nature (WWF). Der Sohn des britischen Polarforschers Robert Scott trat auch als bedeutender Künstler in Erscheinung.
Besonders für den Schutz von Vögeln interessierte sich **Max Nicholson** *(1904–2003)*. Der irische Forscher zählt zum Kreis derjenigen, die den WWF ins Leben riefen.

Protagonisten der Umweltbewegung

Als »Mutter der Umweltbewegung« wird häufig **Rachel Carson** *(1917–64)*, eine amerikanische Meeresbiologin, tituliert. Ihr 1962 veröffentlichtes Buch »Der stumme Frühling« ist eine einzige Anklage gegen die vom Menschen verursachte Zerstörung der natürlichen Umwelt. 2 Jahre später starb sie an Krebs, doch Öffentlichkeit und Politik waren aufgerüttelt.
1972 alarmierte der elitäre »Club of Rome« Fachleute und Laien mit der Studie »Die Grenzen des Wachstums«. Sie war eine eindringliche Mahnung, mit den schwindenden Ressourcen an Nahrungsmitteln und Rohstoffen vernünftiger umzugehen. Federführend war dabei der US-Ökonom **Dennis Meadows** *(geb. 1942)*. Auf deutscher Seite war der Professor für Mechanik **Eduard Pestel** *(1914–88)* entscheidend an dem Zustandekommen dieses fundamentalen Werkes beteiligt. **Elisabeth Mann-Borghese** *(1918–2002)*, die jüngste Tochter des

Schriftstellers Thomas Mann, war bei der Gründung des »Club of Rome« einziges weibliches Mitglied. Auf dem Gebiet der Ökologie leistete sie wichtige Arbeiten zur Meeresforschung.

Greenpeace tritt auf den Plan

Ein Meilenstein in der Geschichte des Umweltschutzes war die Gründung der internationalen Organisation »Greenpeace« im Jahr 1971. Ins Leben gerufen wurde sie von dem Kanadier **Robert (Bob) Hunter** *(1941–2005)*. Anlass waren von den USA geplante Atomtests vor der Küste von Alaska. Später schrieb Hunter den Schutz von Walen und Robben auf seine Fahnen und initiierte verschiedene Aktionen gegen die Verschmutzung der Meere durch Giftmüll. In der deutschen Sektion von »Greenpeace« profilierte sich **Thilo Bode** *(geb. 1947)* als führender Aktivist. Bundesweit bekannt wurde er durch die Besetzung der ausgedienten Nordsee-Bohrinsel »Brent Spar« im April 1995, mit der deren Versenkung verhindert werden sollte. Tatsächlich lenkten die verantwortlichen Ölkonzerne ein, entsorgten die »Brent Spar« an Land und bescherten »Greenpeace« einen bemerkenswerten Erfolg.

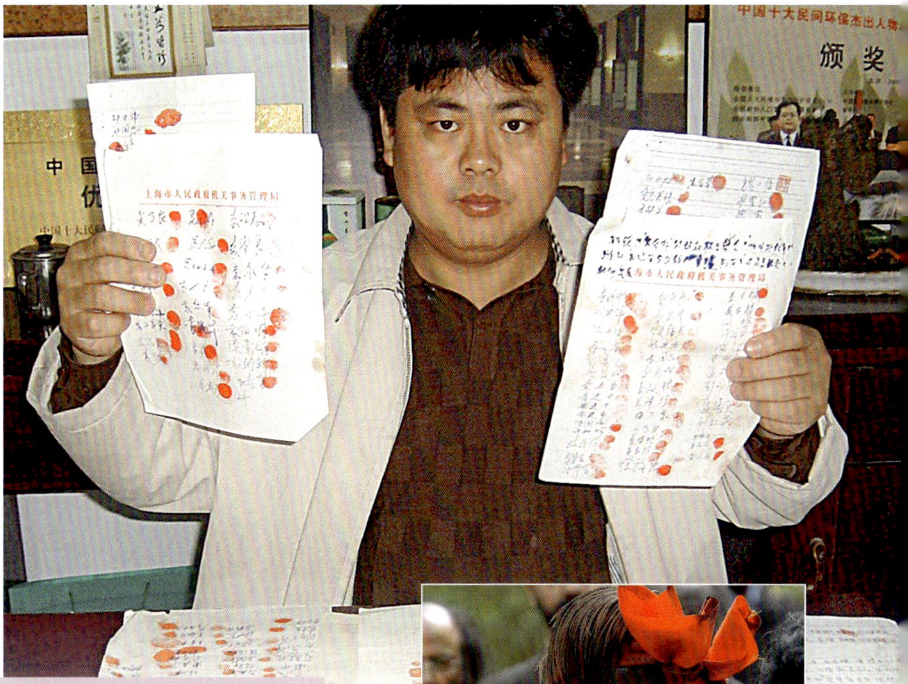

Ökofighter für den Tai-See
*Der Umweltaktivist **Wu Lihong** (geb. 1968) präsentiert Dokumente seines Kampfes für die Rettung des Tai-Sees, des drittgrößten Süßwassersees Chinas.*

Grüne Zeiten

Zu diesem Zeitpunkt hatte sich die ökologische Bewegung in Deutschland bereits fest etabliert. **Herbert Gruhl** *(1921–93)* darf für sich den Ehrentitel eines Ökopioniers beanspruchen. Der Bauernsohn aus Sachsen saß zunächst für die CDU/CSU im Bundestag. 1978 verließ der Autor des Bestsellers »Ein Planet wird geplündert« die Union und rief die »Grüne Aktion Zukunft« ins Leben, die sich 1979 mit den »Grünen« vereinte. 1981 trennte er sich von den Grünen und gründete 1982 die »Ökologisch-Demokratische Partei«.
Zu den Gründungsmitgliedern der »Grünen« gehörte **Petra Kelly** *(1947–92)*. Bis 1990 saß die Friedensaktivistin für die Partei im Deutschen Bundestag. Am 1. Oktober 1992 wurde sie, unter bis heute nicht geklärten Umständen, von ihrem Lebensgefährten, dem Ex-General Gert Bastian, im Schlaf erschossen, der sich daraufhin selbst das Leben nahm.
Aushängeschild und Vorzeigefigur der »Grünen« war **Joschka Fischer** *(geb. 1948)*. Der Wortführer der »Realos« war zwischen 1985 und 1987 erster grüner Minister in Hessen. Als hessischer Umweltminister setzte er sich für die Abschaffung von Atomkraftwerken in Deutschland ein.

Der Autor und Biochemiker **Frederic Vester** *(1925–2003)* verfasste zahlreiche populärwissenschaftliche Bücher, die große Wirkung entfalteten.
2004 erhielt die Kenianerin **Wangari Maathai** *(1940–2011)* für ihr Umweltengagement als erste Afrikanerin den Friedensnobelpreis. Mama Miti, die »Mutter der Bäume«, versuchte der Rodung der Wälder ihrer Heimat durch Aufforstung ein Ende zu setzen.
In Osteuropa steckte der Umweltschutz lange in den Kinderschuhen. Inzwischen ist er in allen Ländern zumindest strukturell angelegt – überall gibt es Umweltministerien. So konnte in Polen **Martin Bursik** *(geb. 1959)* als Leiter dieses Ressorts einige, wenn auch zunächst noch bescheidene Erfolge erzielen. Noch schwieriger ist die Lage in dem wirtschaftlich und technologisch expandierenden China. Unter oft großen persönlichen Risiken setzen sich hier Aktivisten wie **Wu Lihong** *(geb. 1968)* für den Umweltschutz ein. Und auch auf staatlicher Seite steigt nicht zuletzt dank der Bemühungen des von **Zhou Schengxian** *(geb. 1949)* geleiteten Umweltministeriums das ökologische Bewusstsein.

»Mutter der Bäume«
*Die Friedensnobelpreisträgerin von 2004, **Wangari Maathai** (1940 bis 2011), engagierte sich für die Aufforstung gerodeter Wälder in Afrika. Im Bild wässert sie symbolisch einen von ihr gepflanzten Baum.*

Attraktiv für kluge Köpfe

Universitäten als Bildungs- und Forschungseinrichtungen mit einem umfassenden Kanon an wissenschaftlichen Disziplinen gibt es erst seit dem Mittelalter. Gegründet wurden sie von ambitionierten Königen und Fürsten, aber auch von Kirchenführern und großzügigen Mäzenen.

Gründer der Sorbonne
*Die Buchmalerei (15. Jh.) zeigt eine Vorlesung an der Pariser Sorbonne, deren Name von dem ihres Gründers **Robert de Sorbon** (1201–74) abgeleitet ist.*

Eine der ältesten Universitäten der Welt befindet sich im spanischen Salamanca. Hier war es 1219 **Alfons IX.** *(1188–1230)*, der Herrscher von Léon, der diese gelehrte Einrichtung ins Leben rief und damit zu einem der Pioniere der Universitätsgeschichte wurde – auch wenn die Universität zu Beginn ihrer Geschichte kein Gebäude hatte und der Unterricht in der Kathedrale Salamancas stattfand. Nur wenige Jahrzehnte später bildete sich die Keimzelle der nachmals so berühmten Pariser Sorbonne heraus. Pate stand bei diesem denkwürdigen Gründungsakt **Robert de Sorbon** *(1201–74)*. Der Hofkaplan des französischen Königs Ludwigs IX. (mit dem Beinamen »der Heilige«) hob 1257 das früheste Kolleg in der Hauptstadt Frankreichs aus der Taufe. Eine umfassende Erweiterung erfuhr die Sorbonne, wie die Universität seit dem 14. Jh. hieß, in der ersten Hälfte des 17. Jh. durch Kardinal **Richelieu** *(1585–1642)*, die graue Eminenz am Königshof von Versailles.

Vorreiter England

Die Tradition der englischen Universitäten begründete 1263 ein schottischer Adliger namens **John de Balliol** *(um 1210–69)*, der mit Fug und Recht für sich in Anspruch nehmen darf, einer der Gründerväter der Universität Oxford gewesen zu sein. Gegenüber dem späteren Dauerkonkurrenten Cambridge hatte Oxford damit zeitlich knapp die Nase vorn. Hier war es in der Person des eher unbekannten Bischofs **Hugo de Balsam** *(um 1240–90)* ein Geistlicher, der 1284 mit Peterhouse, dem ältesten College von Cambridge, das Fundament für eine der renommiertesten Universitäten der Welt legte. In Oxford profilierte sich später der Diplomat **Thomas Bodley** *(1544–1613)* als großzügiger Ausstatter der Universitätsbibliothek, der er 1598 Geld, Bücher und Handschriften aus seinem privaten Besitz vermachte.

Das Beispiel Bodleys machte auch außerhalb Großbritanniens Schule. So rief Fürst **August der Jüngere,** Herzog von Braunschweig-Wolfenbüttel *(1579–1666)*, in Wolfenbüttel eine Bibliothek ins Leben, die schon die Zeitgenossen als das »Achte Weltwunder« anpriesen. Bis in die Gegenwart hinein gehört die »Bibliotheca Augusta« zu den weltweit wichtigsten Sammlungen gelehrter Literatur. Ein anderes El Dorado für Bücherfreunde entstand 1691 in Weimar. Benannt ist die berühmte Bibliothek nach der Herzogin **Anna Amalia** *(1739–1807)*, doch eigentlicher Stifter war Herzog **Wilhelm Ernst von Sachsen-Weimar** *(1662–1728)*. 2004 wurden große Teile der Bibliothek von einem verheerenden Brand in Mitleidenschaft gezogen.

Lichtgestalten der Universitätsgeschichte

Der König von Böhmen und Herrscher über das Heilige Römische Reich, **Karl IV.** *(1316–78)*, verstand sich als Förderer von Wissenschaften und Künsten. Zudem hatte er eine besondere Leidenschaft für seine Residenzstadt Prag und gründete konsequenterweise 1358 in der Moldaumetropole die erste deutsche Universität. Diese Tat inspirierte auch andere Könige und Fürsten. Im beschaulichen Heidelberg am Neckar installierte der pfälzische Kurfürst **Ruprecht I.** *(1309–90)* mit päpstlichem Segen 1386 eine Universität, deren Ruf bald weit über die Landesgrenzen hinaus reichte.

Forscher und Reformer
An ihren Mitbegründer ***Wilhelm von Humboldt*** (1767–1835) *erinnert das Marmordenkmal vor dem Haupteingang der Humboldt-Universität in Berlin.*

Im Jahr 1477 gründete der württembergische Graf **Eberhard im Bart** *(1445–96)* unter tatkräftiger Mithilfe seiner Mutter **Mechthild von der Pfalz** *(1419–82)* die Universität Tübingen. Ein Akt mit Folgen: Bis heute verschafft diese Institution der kleinen Neckarstadt südlich von Stuttgart eine weltweite Reputation als führende Gelehrtenresidenz.
Zu den Größen der amerikanischen Universitätsszene gehört **John Harvard** *(1607–38)*. Früh verstarb der in Cambridge/Massachusetts ansässige Theologe an Tuberkulose. Dem damaligen College von Cambridge stiftete er neben einem namhaften Geldbetrag auch viele Bücher und legte damit gleichzeitig den Grundstein für eine der erfolgreichsten Universitäten der Welt – die seit 1639 als »Harvard University« den Namen ihres großen Mäzens trägt – und das Hochschulwesen in den USA.
In Niedersachsen wurde 1736 die Universität Göttingen offiziell ihrer Bestimmung übergeben. Pate war der Landesherr **Georg August** *(1683–1760)*, seines Zeichens Kurfürst im benachbarten Hannover, zugleich in Personalunion als **Georg II.** König von Großbritannien.
Bis heute berufen sich Bildungspolitiker und Professoren auf **Wilhelm von Humboldt** *(1767 bis 1835)*. Der Gelehrte und Politiker aus Potsdam fand mit seinen universitären Reformideen viel Anklang und gehörte 1810 selbst zu den Gründervätern der Berliner Universität.

»Wie ein Mensch sein Schicksal meistert ist wichtiger, als was sein Schicksal ist.«

Wilhelm von Humboldt

Wegweisend waren auch die Aktivitäten des Ehepaars **Sidney** *(1859–1947)* und **Beatrice Webb** *(1858–1943)*. 1895 eröffneten sie die »London School of Economics and Political Science« – bis heute eine führende Institution auf dem Gebiet der Wirtschafts- und Sozialwissenschaften.
Der Name **Michel Debré** *(1912–96)* ist eng mit dem Hochschulwesen Frankreichs verbunden. Ab 1945 organisierte er die Gründung der Eliteuniversität École nationale d'administration, später, von 1988 bis zu seinem Tod, führte er die altehrwürdige Académie française in Paris.

Gründer von Cambridge
Szene auf dem Campus der Universität Cambridge im Jahr 2002. Bischof ***Hugo de Balsam*** (um 1240–90) *war der Gründervater der weltberühmten englischen Universität.*

Reformer im Dienst sozialer Gerechtigkeit

Britischer Frühsozialist
Mit Teilen des Gewinns seiner Fabrik in New Lanark finanzierte ***Robert Owen*** (1771–1858) *Einrichtungen für die Arbeiter wie Wohnungen, Speisesäle und Gartenanlagen.*

Die große Zeit der Sozialreformer waren das 19. und das 20. Jh., als sich die gesellschaftlichen und wirtschaftlichen Schattenseiten der Industriellen Revolution überall bemerkbar machten. Aber auch davor setzten sich einzelne Persönlichkeiten für soziale Gerechtigkeit ein.

Der Urahn aller Sozialreformer war im antiken Sparta beheimatet. Wie zuvor schon König **Agis** *(um 280–241 v. Chr.)* kümmerte sich König **Kleomenes III.** *(um 260–220 v. Chr.)* um die Belange der »kleinen Leute«. Doch hatten seine Bodenreform und die Enteignung der Großgrundbesitzer auch das Ziel, dem moralischen Niedergang des Adels entgegenzuwirken. Bei den Römern hatte der Volkstribun **Tiberius Gracchus** *(um 163–133 v. Chr.)* ein Herz für die Armen. Er machte sich zum Anwalt der Kleinbauern und kämpfte für eine gerechte Verteilung des Ackerbodens. Allerdings brachte ihm sein Einsatz die erbitterte Gegnerschaft des Adels ein und er musste seine Initiative mit einem gewaltsamen Tod büßen.

Auf dem Weg zum Sozialstaat

In der Geschichte Preußens werden die Namen Stein und Hardenberg häufig in einem Atemzug genannt. **Karl Reichsfreiherr vom und zum Stein** *(1757–1831)* leitete die »Preußischen Reformen« mit der Aufhebung der Erbuntertänigkeit und der Standesschranken ein. **Karl Freiherr von Hardenberg** *(1750–1822)* sorgte für mehr Gewerbefreiheit durch Sanktionen für die Zünfte und kämpfte, allerdings vergeblich, für mehr Gerechtigkeit im Steuerwesen.
In Bayern machte sich Maximilian de Garnerin, besser bekannt als **Graf von Montgelas** *(1759 bis 1838)*, einen Namen als Reformer. Als starker Mann neben dem König setzte er 1808 eine neue Verfassung durch, die manche alten Zöpfe abschnitt und Bayern den Weg zu einem nach damaligen Verhältnissen modernen Sozialstaat wies. Insbesondere Adel und Kirche mussten hinsichtlich ihrer Privilegien Federn lassen.
Von mehr Bewegung durch Sport versprach sich **Friedrich Ludwig Jahn** *(1778–1852)* neben der rein körperlichen auch eine politische und soziale Funktion: Die moralische Kraft gegenüber den Unterdrückungen vonseiten der Obrigkeit sollte gestärkt werden. Unter dem Ehrennamen »Turnvater Jahn« ist er in die deutsche Geschichte eingegangen.
In Großbritannien war **Robert Owen** *(1771–1858)* ein herausragender Vertreter der »Frühsozialisten«. Als Industrieller zu Reichtum gelangt, setzte er sich

Förderung des Sports
Die politische und soziale Funktion und Bedeutung des Sports erkannte ***Friedrich Ludwig Jahn*** (1778–1852).

engagiert für die Belange der Arbeiterschaft ein. Zu den auf Owen zurückgehenden Errungenschaften zählen die Beseitigung der Kinderarbeit, die Reduzierung der Arbeitszeiten und die Einrichtung von Kranken- und Alterspensionen.
Anders als Owen, der seine Ideen dank seines Reichtums selbst umsetzen konnte, wirkten die bedeutendsten Sozialreformer Frankreichs zu jener Zeit vor allem auf der intellektuellen Ebene. So beeinflusste **François Noël Babeuf** *(1760–97)* mit seinen Ideen die französische »Februarrevolution« von 1848 und die »Pariser Kommune« von 1871. Sein frühsozialistischer Zeitgenosse **Henri de Saint-Simon** *(1760–1825)* wollte Unternehmer wie Arbeiter angemessen entlohnen, »parasitäre Klassen« wie der Adel sollten jedoch keine materiellen Ansprüche haben. **Charles Fourier** *(1772–1837)* wiederum forderte ein ohne jegliche Bedingung zu zahlendes Grundeinkommen für jeden.
Der bedeutendste kirchliche Sozialpolitiker ist wohl Papst **Leo XIII.** *(1810–1903)*. Seine berühmte Enzyklika »Rerum Novarum« von 1891 begründete seinen Ruf als »Arbeiterpapst« und sorgte weltweit für einen enormen Ansehenszuwachs des Papsttums. Mit dem Ziel, zu einer Versöhnung von Kapital und Arbeit beizutragen, entwickelte er u. a. Maßstäbe für die Ordnung der Wirtschaft und die soziale Verpflichtung des Staates. Außerdem forderte er die Koalitionsfreiheit der Arbeiter, das Verbot der Sonntagsarbeit und eine besondere Rücksicht auf Frauen und Kinder im Arbeitsleben wie in der Gesellschaft allgemein.

Reformen in Deutschland

Der »Eiserne Kanzler« und Architekt des Deutschen Kaiserreichs, **Otto von Bismarck** *(1815–98)*, war auch der Urheber einer umfassenden Sozialgesetzgebung. Erstmals kamen die Arbeiter in den Genuss von Errungenschaften wie Unfall-, Kranken- und Altersversicherung. Dabei störte es sie wenig, dass Bismarck diese Maßnahmen wohl weniger aus Überzeugung denn aus politischem Kalkül einleitete: Indem er den Forderungen der Sozialisten nachgab, wollte er die Zunahme von deren politischem Einfluss stoppen.

> ***»Im Dienst für andere verzehre ich mich.«***
> Otto von Bismarck

Die Refom der Schule machte sich der Münchener Pädagoge **Georg Kerschensteiner** *(1854–1932)* zur Lebensaufgabe. Er gehörte zu den Protagonisten der Arbeiterschule und der Einheitsschule. Ein besonderes Anliegen war ihm die Bildung des Charakters, wozu u. a. die Kunsterziehung dienen sollte.
Der Berliner Lehrer **Adolf Damaschke** *(1865–1935)* lernte das soziale Elend aus eigener Anschauung in den Arbeitervierteln der Spreemetropole kennen. Aufgrund dieser Erfahrungen kämpfte er für eine Beschränkung des privaten Bodeneigentums. Zwar war seinem Einsatz für eine Bodenreform politisch kein Erfolg beschieden, doch war es sein Verdienst, dass sich dieses Thema in den Köpfen der Menschen festsetzte.

Kampf den Konzernen

In den USA, dem Land der unbegrenzten Möglichkeiten, sammelten sich viele Menschen auf den untersten Stufen der gesellschaftlichen Skala. Der Ökonom und Sozialphilosoph **Henry George** *(1839–97)* analysierte die Lage und kam zu dem Ergebnis, dass die Ursache aller Not das Privateigentum sei. Konsequenterweise forderte er in Wort und Schrift eine radikale Bodenreform.
Theodore Roosevelt *(1858 bis 1919)*, den die Amerikaner liebevoll »Teddy« nannten, war als US-Präsident in einer ungleich günstigeren Situation, um Veränderungen herbeizuführen. Der Friedensnobelpreisträger von 1906 leitete eine Kampagne gegen die Macht der großen Wirtschafts- und Industriekonzerne ein und verbuchte dabei einige Erfolge, die auch die Lage der

Gegen Monopole
Großen Einfluss auf die Sozialpolitik in den USA hatte ***Theodore Roosevelt*** (1858–1919). *Das Foto zeigt ihn 1912 bei einer Wahlkampfveranstaltung.*

Sport und Soziales

Baron ***Pierre de Coubertin*** (1863 bis 1937) *erneuerte die Olympische Idee auf der Basis einer sozialpolitischen Zielsetzung.*

unteren Bevölkerungsschichten verbesserten.

Großbritannien, der Vorreiter der Industriellen Revolution, brachte in dieser Zeit auch eine Reihe von Sozialreformern hervor. **Sidney Webb** *(1859–1947)* war zusammen mit seiner Frau **Beatrice** *(1858–1943)* ein führender Kopf der britischen Gewerkschaftsbewegung. Ab 1922 saß er für die Arbeiterpartei im Parlament. Seinen Kampf für soziale Gerechtigkeit führte er auch auf dem Feld der Publizistik, indem er als Verfasser zahlreicher Schriften hervortrat. **David Lloyd George** *(1863–1945)* war ein führender Politiker der Liberalen Partei und leitete im Ersten Weltkrieg das britische Kabinett. Schon früh trat er aber auch als Sozialreformer in Erscheinung und bemühte sich mit verschiedenen Maßnahmen um die Verbesserung der sozialen Verhältnisse. So sorgte er im Amt des Schatzkanzlers 1908 für die Einführung der Altersrente und 1911 für die Zwangsversicherung gegen Krankheit und Arbeitslosigkeit.
William Henry Beveridge *(1879–1963)* war der Urheber eines nach ihm benannten Planes mit dem Ziel, das System der Sozialversicherung zu optimieren. Dieser Plan, der auf dem Gedanken einer durch Steuern finanzierten, einheitlichen Grundversorgung auf niedrigem Niveau fußte, wurde in der Zeit nach dem Zweiten Weltkrieg Grundlage der britischen Sozialpolitik. Zudem sorgte Beveridge, nach deutschem Vorbild, für die Einführung von Arbeitsämtern und einer Arbeitslosenversicherung. Auch in den skandinavischen Staaten entfalteten seine Ideen Wirkung.

Olympische Ertüchtigung

Als Begründer der modernen Olympischen Spiele, die erstmals 1896 in Athen stattfanden, ist der französische Baron **Pierre de Coubertin** *(1863–1937)* in die Annalen eingegangen. Wie einst der deutsche »Turnvater Jahn« verband der Pädagoge mit seinem Plädoyer für mehr Sport auch eine politische und soziale Zielsetzung. Körperliche Ertüchtigung und sportliche Höchstleistungen waren für ihn das Mittel, um die Moral, die Disziplin und die Widerstandskraft des einzelnen Menschen zu steigern. Die Wiederbelebung der olympischen Idee sollte also dazu beitragen, die Menschheit durch den Sport zu erneuern. Bis 1925 war Pierre de Coubertin Präsident des von ihm gegründeten Internationalen Olympischen Komitees.

Britischer Bismarck

In Großbritannien führte ***David Lloyd George*** (1863–1945) *die Alters-, Kranken- und Arbeitslosenversicherung ein.*

Beseelt von sozialer Verantwortung

Die Geschichte kennt viele reiche Persönlichkeiten, die ihren Wohlstand als Verpflichtung auffassten, sich um Menschen zu kümmern, die nicht auf der Sonnenseite des Lebens standen. Bis heute haben ihre Namen daher einen besonders guten Klang.

Die Augsburger **Jakob** *(1459–1525)* und **Anton Fugger** *(1493–1560),* Onkel und Neffe, schufen ein weit verzweigtes Handelsimperium, das die Fugger zu einer der reichsten Familien Europas werden ließ. Mit ihrem Geld verhalfen sie Kaisern und Päpsten zur Macht. Doch hatten sie auch eine soziale Ader. 1519 entstand in ihrer Heimatstadt die »Fuggerei«, eine bis heute bestehende Siedlung für Arme und Bedürftige. Weiter im Norden gründete der aus Lübeck stammende Theologe **August Hermann Francke** *(1663–1727)* die »Franckeschen Stiftungen«. Aus ihren Mitteln werden seit 1695 soziale Einrichtungen wie Waisenhäuser und Armenschulen finanziert.

Unternehmer mit sozialem Gewissen

Der Essener Stahlmagnat **Alfred Krupp** *(1812 bis 1887)*, baute Arbeitersiedlungen und bot den Beschäftigten eine Reihe bedeutender Sozialleistungen. **Ernst Abbe** *(1840–1905)* war Chef der Firma Zeiss in Jena und rief die »Carl-Zeiss-Stiftung« ins Leben. Der englische Süßwarenfabrikant **George Cadbury** *(1839–1922)* schuf 1878 mit seiner neugegründeten Produktionssiedlung Bourneville bei Birmingham eine »Fabrik im Garten« und damit eine echte Idylle des Industriezeitalters. Nach dem Ersten Weltkrieg führte er in seinem Unternehmen demokratisch gewählte Betriebsräte ein. Auch die irische Familie Guinness war von sozialer Verantwortung beseelt. Als Inhaber der berühmten Brauerei gründete der reichste Ire seiner Zeit, **Edward Cecil Guinness** *(1847 bis 1927)* im Jahr 1888 den Guinness Trust, der in London und Dublin Armen eine Unterkunft bot. Der schwäbische Unternehmer **Robert Bosch** *(1861–1942)* sorgte 1906 für Aufsehen, als er für seine Mitarbeiter den Achtstundentag einführte. Dem Gedanken der genossenschaftlichen Selbsthilfe war **Friedrich Wilhelm Raiffeisen** *(1818–88)* verbunden. Er gründete die nach ihm benannten Spar- und Darlehenskassen.

In den USA war **Andrew Carnegie** *(1835–1919)* der Inbegriff des sozial denkenden Unternehmers. Der Stahlmagnat schuf eine Vielzahl wohltätiger Einrichtungen. Der amerikanische Industrielle **George Pullman** *(1831–97)* baute für seine Arbeiter in Chicago eine eigene Vorstadt mit modernen Standards.

Wohltätiger Stifter

Zu den zahlreichen wohltätigen Leistungen von ***Andrew Carnegie*** (1835 bis 1919) *zählt die Finanzierung des Baus der berühmten Carnegie Hall in New York. Im Bild eine Konzertszene im Jahr 2002.*

Vorstadt für Arbeiter

Für seine Arbeiter ließ ***George Pullman*** (1831–97) *eine komfortable Industriestadt (Foto 1996) errichten.*

Philosoph der Arbeiterklasse

Streikende in heutiger Zeit – im Bild ein Transportarbeiterstreik in Paris im Jahr 2005 – profitieren von den Errungenschaften der Arbeiterbewegung, zu deren Begründern ***Karl Marx*** *(1818 – 83) zählt.*

Heroen der Arbeiterklasse

Im Zuge der Industrialisierung bildete sich die Schicht der Arbeiter heraus, die zumeist in großer Armut leben mussten. Dagegen regte sich bald Widerstand, in Großbritannien, dem Mutterland der Industrialisierung, zerstörten Arbeiter die Maschinen und bildeten so den Anfang der Arbeiterbewegung. In Deutschland entwickelte sie sich dann zur großen politischen Kraft.

Politisierer der Arbeiter

Der Sozialist ***Ferdinand Lassalle*** (1825 bis 1864) *machte die Arbeiterschaft zu einem Machtfaktor in Deutschland.*

Zu einer der Ikonen der internationalen Arbeiterbewegung wurde der aus einer angesehenen und wohlhabenden Familie stammende **Ferdinand Lassalle** *(1825–64)*. Eigentlich hätte der junge Lassalle in das väterliche Tuchgeschäft einsteigen sollen, doch er träumte von einer akademischen Laufbahn und studierte von 1842 bis 1845 an den Universitäten Breslau und Berlin die Fächer Philologie, Geschichte und Philosophie. Nach der Rückkehr von einem Parisaufenthalt, wo er die Bekanntschaft mit den radikalen Lehren des Sozialisten **Louis Blanc** *(1811 – 82)* gemacht hatte, schloss sich der mit außerordentlichen intellektuellen Fähigkeiten ausgestattete Lassalle der deutschen Arbeiterbewegung an. Zusammen mit **Karl Marx** *(1818 – 83)* gab er die »Neue Rheinische Zeitung« heraus, die sich mit den revolutionären Ereignissen der Zeit beschäftigte. In den unruhigen Zeiten der Revolution von 1848/49 geriet Lassalle wegen seiner politischen Überzeugungen erstmals in Konflikt mit der Obrigkeit und landete wegen Anstiftung zur Gewalt für 6 Monate im Gefängnis. Nach der Entlassung widmete er sich zunächst wissenschaftlichen Studien und veröffentlichte ein Werk über den griechischen Philosophen Heraklit. 1861 meldete er sich mit dem zweibändigen Opus »Das System der erworbenen Rechte« zu Wort, in dem er sich mit der Rechtsphilosophie Hegels beschäftigte.

Geburtsstunde der deutschen Sozialdemokratie

Zugleich verstärkte Lassalle sein politisches Engagement und machte in Vorträgen und Schriften kein Hehl aus seiner Kritik an den von Preußen diktierten politischen Verhältnissen in Deutschland. Wegen seiner sozialistischen Ideen kam der unbequeme Regimegegner abermals vor Gericht und wurde wegen »Aufreizung zum Klassenhass« mit einer Geldstrafe belegt. Das hinderte den streitbaren Arbeiterfreund jedoch nicht daran, verstärkt für seine Ideen und Ideale zu kämpfen. Ihm schwebte

die Beseitigung sozialer Ungerechtigkeiten durch die Beteiligung der Arbeiter an der Produktion vor. Aufgrund dieser Zielsetzung kam er bald in Kontakt mit den führenden Köpfen der deutschen Arbeitervereine. Anfang 1863 entwarf Lassalle für eine Leipziger Gruppe ein Programm für einen »Allgemeinen deutschen Arbeiterkongress«. Die darin formulierten Thesen wurden in der Folgezeit zur theoretischen und praktischen Grundlage der deutschen Arbeiterbewegung. In dem Manifest waren auch Forderungen enthalten wie die Abschaffung des preußischen Dreiklassenwahlrechts und die Einführung von allgemeinen und gleichen Wahlen. Auch eine Lieblingsvorstellung Lassalles fand Eingang in das Papier: Ausdrücklich setzte der Arbeiterführer die Einführung von »Produktivassoziationen« auf die Agenda. Mit diesen sollte der Staat den Arbeitern Beihilfen und Kredite gewähren.
Am 23. Mai 1863 wurde auf der Basis des von Lassalle entworfenen Programms in Leipzig der »Allgemeine Deutsche Arbeiterverein« gegründet. Lassalle übernahm auch den Vorsitz in dieser ersten politischen Vereinigung der deutschen Arbeiterbewegung. An der Gründung dieser Keimzelle der deutschen Sozialdemokratie waren Arbeiter aus elf deutschen Industriestädten beteiligt.
Lassalle entfaltete zahlreiche Aktivitäten. So suchte er den Kontakt zu dem allmächtigen preußischen Ministerpräsidenten **Otto von Bismarck** (1815–98) und sprach mit ihm über Strategien, die liberalen Kräfte des Bürgertums, die auch zu Bismarcks Gegnern zählten, in Schach zu halten. Lassalles unbefangener Umgang mit den staatlichen Instanzen stieß in der Arbeiterschaft nicht auf ungeteilten Beifall. Doch Lassalle dachte pragmatisch und hatte keine Berührungsängste.

»Der Sozialismus will individuelles, auf Arbeit gegründetes Eigentum aufbauen.«

Ferdinand Lassalle

Tragisches Ende

Allen Bemühungen machte jedoch sein früher Tod am 31. August 1864 ein Ende. 39-jährig kam Lassalle bei einem altertümlich anmutenden Duell ums Leben, zu dem er selbst gefordert hatte. Hintergrund war eine private Affäre: Der Vater seiner Auserwählten hatte die Zustimmung zur geplanten Eheschließung verweigert. Lassalle forderte ihn, der verhinderte Schwiegervater schickte zum Duell den Exverlobten seiner Tochter, der den Hoffnungsträger der deutschen Arbeiterschaft so schwer verwundete, dass er 3 Tage später in einem Hotel in Genf, wo er sich eigentlich zur Kur aufhielt, verschied.

Das Gemälde »Eisenwalzwerk« von Adolph Menzel zeigt die harten Arbeitsbedingungen der Zeit.

Für die Sache der arbeitenden Klasse

August Bebel (1840–1913)
Unter der Regie des ungekrönten und international angesehenen »Kaisers der Sozialdemokratie« stiegen die Sozialdemokraten zur stärksten Partei im Deutschen Reich auf. Ihr langfristiges Ziel war die Überwindung der Monarchie.

Karl Liebknecht (1871 –1919)
Der Antimilitarist gehörte zur radikalen Linken der Sozialdemokratie, die die internationale Revolution anstrebte. 1918 war er einer der Gründer der Kommunistischen Partei Deutschlands. Gemeinsam mit Rosa Luxemburg wurde er 1919 von politischen Gegnern ermordet.

Ned Ludd (Ende 18./Anfang 19. Jh.)
Gemeinsam mit seinen Anhängern, den nach ihm benannten Ludditen, zerstörte der englische Textilarbeiter gezielt Maschinen. Der Aufstand der Ludditen wurde brutal niedergeschlagen.

Rosa Luxemburg (1870 –1919)
Die gebildete und emanzipierte Frau suchte nach einem eigenen Weg zum Sozialismus. Für die Arbeiterschaft symbolisierte die Kriegsgegnerin nach dem Zusammenbruch des Kaiserreichs 1919 die Hoffnung auf eine neue Welt – bis sie gemeinsam mit Karl Liebknecht ermordet wurde.

Lech Walesa (geb. 1943)
Von Beruf Elektriker, kämpfte der Gewerkschaftsführer unter großen persönlichen Risiken erfolgreich für den Wandel Polens vom Sozialismus sowjetischer Prägung zur Demokratie.

Skrupelloser Bereicherer
Auch vor den Heiligtümern machte ***Marcus Licinius Crassus*** (115 bis 53 v. Chr.) *bei seiner Bereicherung nicht Halt. Das Gemälde zeigt die von ihm angeordnete Plünderung eines Tempels.*

Tankerkönig mit Kontakten
Enge Verbindungen zur Politik pflegte der griechische Reeder ***Aristoteles Onassis*** (1906–75), *z. B. durch seine Ehe mit der Witwe John F. Kennedys, Jackie Kennedy.*

Finanz und Macht

Reiche Geschäftsleute versuchten häufig mit ihrem Geld Einfluss auf die große Politik zu nehmen – oder sie gar selbst zu machen.

Im alten Rom war es **Marcus Licinius Crassus** *(115–53 v. Chr.)*, der seinen Reichtum in politische Macht ummünzte. Der zu seiner Zeit reichste Mann der Stadt kaufte sich in das Triumvirat mit Pompeius und Caesar ein. Etwa 15 Jahrhunderte später und ein Stück weiter nördlich bestimmten in Florenz die Medici, z. B. **Lorenzo de' Medici** *(1449 bis 1492)*, Politik und Wirtschaft.
Im Mittelalter wurden die Kaufleute immer bedeutender. So fiel dem Hansekaufmann **Konrad Klepping** *(um 1290–1354)* eine Schlüsselrolle bei der Finanzierung des englischen Staatshaushalts zu. Das Augsburger Handelshaus Fugger finanzierte unter **Jakob Fugger** *(1459–1525)* Kaiser und Päpste. Seine Konkurrenten aus dem Haus der Welser, die durch Überseegeschäfte reich geworden waren, mischten sich unter **Anton** *(1451–1518)* und **Bartholomäus Welser** *(1484–1561)* ebenfalls in die Politik ein. Karl V. verdankte ihnen seine Kaiserwürde.

Zu Beginn des 19. Jh. begann die Erfolgsgeschichte der Frankfurter Bankiersdynastie Rothschild. Unter der Regie von **Jakob Rothschild** *(1792–1868)* nahm sie erheblichen Einfluss auf die europäische Politik. Der Hamburger Großreeder **Albert Ballin** *(1857 bis 1918)* profilierte sich als enger Berater von Kaiser **Wilhelm II.** in Flottenfragen. **Alfred Hugenberg** *(1865–1951)* gründete in der Weimarer Republik einen Medienkonzern, den er für seine politischen Ziele einsetzte. In Adolf Hitlers erstem Kabinett war er Minister für Wirtschaft und Ernährung.
Der exzentrische amerikanische Milliardär **Howard Hughes** *(1905–76)* geriet als enger Freund von US-Präsident Richard Nixon in den Strudel des Watergate-Skandals, der zu Nixons Rücktritt führte. Der Großreeder **Aristoteles Onassis** *(1906–75)* schloss mit Saudi-Arabien einen Exklusivvertrag über den Transport saudischen Öls und war so zeitweise mächtiger als mancher Staat.
Der Unternehmer **Friedrich Karl Flick** *(1927 bis 2006)* war die Schlüsselfigur in einem Parteispenden-Skandal, der nach 1980 in der Bundesrepublik Deutschland zu einem politischen Erdbeben führte.

Finanzier Englands

Mit dem typischen Hanseschiff, der Kogge, dominierten Kaufleute wie ***Konrad Klepping*** (um 1290–1354) *den Handel mit England und finanzierten mit Krediten den englischen Staatshaushalt.*

»Spenden« an Richard Nixon

Der schwerreiche Unternehmer und Filmproduzent ***Howard Hughes*** (1905–76) *gewährte dem Bruder von US-Präsident Richard Nixon einen großen Kredit, der nie zurückgezahlt wurde.*

Erbe der Medici: der Dom von Florenz

Im Visier von Attentätern

Diktator Roms
Umringt von den Verschwörern muss ***Gaius Iulius Caesar*** (100–44 v. Chr.) *dem Tod ins Auge sehen. Klassizistisches Gemälde von Heinrich Füger*

Einiger Frankreichs
Der erste Bourbonenkönig ***Heinrich IV.*** (1553–1610) *stand für eine tolerante Religionspolitik. Er bereitete Frankreichs politischen Aufstieg in Europa vor.*

Die Täter waren meist schnell gefasst, die Hintergründe dagegen manchmal mysteriös. Attentate auf prominente Politiker und bedeutende Persönlichkeiten gab es zu allen Zeiten – manchmal sorgten sie auch für politische Wendungen.

König **Philipp II. von Makedonien** *(382–336 v. Chr.)*, der Vater Alexanders des Großen, wurde während der Hochzeit seiner Tochter ermordet. Der Täter war einer seiner Leibwächter, der aber offenbar angeheuert worden war. Die Hintermänner blieben jedoch im Dunkeln. **Gaius Iulius Caesar** *(100–44 v. Chr.)* wurde Opfer einer Verschwörung von 60 Senatoren, die die römische Republik retten wollten. Der römische Diktator starb einen grausamen Tod durch 23 Messerstiche.
Der deutsche König **Philipp von Schwaben** *(um 1178 bis 1208)*, Sohn des Stauferkaisers Friedrich Barbarossa, war mit den Welfen in heftige Machtkämpfe um die deutsche Krone verwickelt. Sein gewaltsamer Tod, herbeigeführt durch den bayerischen Pfalzgrafen Otto von Wittelsbach, war indes das Resultat einer privaten Fehde.

»Es gibt viele Dinge, die es wert sind, dafür zu sterben, aber keine, die es wert wären, dafür zu töten.«

Mahatma Gandhi

Heinrich IV. *(1553–1610)*, populärer König von Frankreich und Navarra, wurde von dem religiösen Fanatiker **François Ravaillac** *(1578–1610)* in Paris ermordet. Den Attentäter erwartete die grausame Strafe der Vierteilung durch Pferde.
Der große Feldherr des Dreißigjährigen Krieges, **Albrecht von Wallenstein** *(1583–1634)*, überstand viele Schlachten, nicht aber das Komplott, das einige Offiziere auf Anordnung des Kaisers gegen ihn schmiedeten. Gemeinsam mit einigen Vertrauten wurde der einst strahlende Held in Eger ermordet.

Attentate in den USA

Der 16. Präsident der Vereinigten Staaten von Amerika und Held der Nordstaatler im Sezessionskrieg, **Abraham Lincoln** *(1809–65)*, starb in einem Washingtoner Theater. Während einer Aufführung wurde er in seiner Loge von einem Schauspieler aus den Südstaaten aus nächster Nähe angeschossen. Kurz darauf erlag er seinen schweren Verletzungen. Durch die spektakuläre Art seines Todes wurde Lincoln zu einem ähnlichen Mythos wie später **John F. Kennedy** *(1917 bis 1963)*. Die Bilder von der Ermordung des sympathischen Hoffnungsträgers im texanischen Dallas gingen um die Welt. 5 Jahre später ereilte seinen Bruder **Robert** *(1925–68)* dasselbe Schicksal. Den früheren Justizminister und Vater von elf Kindern trafen die tödlichen Kugeln eines Attentäters während seiner Kampagne für die Präsidentschaft von 1969. 2 Monate zuvor hatte ein anderes Attentat die USA schockiert. Der schwarze Prediger und Bürgerrechtler **Martin Luther King** *(1929–68)*, der die Welt mit seiner visionären »Ich-habe-einen-Traum«-Rede hatte aufhorchen lassen, wurde auf dem Balkon eines Motels in Memphis erschossen.

Zufall und Kalkül

Unterschiedliche Auswirkungen hatten Mordanschläge auf gekrönte Häupter am Ende des 19. und zu Beginn des 20. Jh. In Sankt-Petersburg wurde der russische Reformzar **Alexander II.** *(1818–81)* von Terroristen mit einer Bombe ermordet.
In Genf wurde die gegen Ende ihres Lebens zunehmend exzentrischer und depressiver gewordene **Elisabeth von Österreich** *(1837–98)* getötet. Der Täter, ein Italiener namens **Luigi Lucheni,** hatte sie eher zufällig ausgewählt, eigentlich hatte er einen französischen Adligen ermorden wollen, der aber seine Reisepläne kurzfristig geändert hatte. Man trauerte um »Sissi«, doch politisch änderte sich durch ihren Tod wenig. Ganz anders verhielt es sich bei einem anderen Angehörigen der Habsburger Herrscherfamilie. Das folgenreichste Attentat der Geschichte war wohl jenes auf den Thronfolger Erzherzog **Franz Ferdinand** *(1863–1914)* und seine Gattin in Sarajevo, verübt durch serbische Nationalisten – es löste den Ersten Weltkrieg aus.
In Indien wurde **Mahatma Gandhi** *(1869–1948)*, der weltberühmte Prediger des gewaltlosen Widerstands, kurz nach der Unabhängigkeit des Landes von einem fanatischen Hindu erschossen. **Indira Gandhi** *(1917–84)* war lange Zeit indische Premierministerin. Sie wurde Opfer eines Anschlags, den zwei ihrer Leibwächter verübten. Ihr Sohn **Rajiv Gandhi** *(1944–91)*, Ministerpräsident von 1984 bis 1989, fand bei einem Selbstmordattentat den Tod. Der ägyptische Präsident **Anwar as-Sadat** *(1918 bis 1981)* und der israelische Premier **Itzhak Rabin** *(1922–95)* waren treibende Kräfte bei der Suche nach einer Lösung im Nahostkonflikt. Beide wurden Opfer von Extremisten, die jeder Friedenspolitik strikt ablehnend gegenüberstanden.
Die Journalistin **Anna Politkowskaja** *(1958–2006)* ist ein Beispiel dafür, dass auch einfache Bürger zum Ziel politischer Anschläge werden können. Der Beteiligung am Mord an der Regimekritikerin werden bis heute auch russische Behörden verdächtigt.

Gescheiterte Attentate

Lang ist die Liste der Attentate, die aus der Sicht der Täter nicht den erhofften Erfolg hatten. So überstand der amerikanische Präsident **Ronald Reagan** *(1911–2005)* im Jahr 1981 einen Anschlag auf sein Leben. Ebenso schlug im gleichen Jahr der Versuch des türkischen Extremisten **Ali Agca** *(geb. 1958)* fehl, Papst **Johannes Paul II.** *(1920–2005)* direkt auf dem Petersplatz in Rom zu töten. Später besuchte der Papst den Täter im Gefängnis. Im Bereich des Sports machte das Attentat auf die Tennisspielerin **Monica Seles** *(geb. 1973)* Schlagzeilen. 1993 versetzte ihr ein psychisch gestörter Fan einen Messerstich, der zwar physisch nicht schwerwiegend war, ihre weitere Karriere aber überschattete.

Aussöhnung mit Israel
Der ägyptische Staatschef ***Anwar as-Sadat*** (1918–81) *löste sein Land aus der engen Bindung an die Sowjetunion und schloss 1979 gegen erhebliche innere Widerstände Frieden mit Israel.*

Tod einer Regimekritikerin
Im Oktober 2006 nehmen zahlreiche Russen Abschied von ***Anna Politkowskaja*** (1958–2006). *Offiziell wurde der Mord an ihr bisher nicht endgültig aufgeklärt.*

Die Realität der Meisterspione ist – anders als dieses Szenefoto aus einem James-Bond-Film vermuten lässt – eher still.

Kundschafter und Spione

Spion in großer Höhe

Der Helm von **Francis Powers** (1929 bis 1977), *Pilot der amerikanischen U-2, die 1960 über der Sowjetunion abgeschossen wurde, wird heute in Museen ausgestellt.*

Fester Bestandteil ihres Berufs ist die Arbeit im Verborgenen. Man hört von ihnen nur dann, wenn sie auffliegen. Das ist in der Geschichte vielen Meisterspionen passiert.

Mata Hari *(1876–1917)* war eine deutsch-französische Doppelagentin niederländischer Herkunft, die von einem französischen Militärgericht zum Tode verurteilt wurde. **Arvid Harnack** *(1901–42)* war in der NS-Zeit im Wirtschaftsministerium tätig, spionierte für die Alliierten und wurde nach seiner Aufdeckung hingerichtet. **Richard Sorge** *(1895–1944)*, ein deutscher Journalist, entfaltete für die Sowjets geheime Aktivitäten in Japan und wurde dafür von den Japanern mit dem Tod bestraft. **Mathilde Carré** *(1910–70)* gehörte im Zweiten Weltkrieg zum französischen Widerstand und war gleichzeitig für den deutschen und englischen Geheimdienst tätig.

Im Kalten Krieg hatten Topspione Hochkonjunktur. **Klaus Fuchs** *(1911–88)* bediente die Sowjetunion mit Informationen über amerikanische Atomprojekte. In gleicher Weise war der US-Amerikaner **David Greenglass** *(geb. 1922)* tätig. **Kim Philby** *(1912–88)* gehörte bis zu seiner Enttarnung 1951 zu einer Gruppe britischer Cambridge-Absolventen, die vom sowjetischen Geheimdienst angeworben wurden. Auch **Guy Burgess** *(1911–63)* stammte aus der Elite von Cambridge und stellte seine Dienste den Sowjets zur Verfügung. **Francis Powers** *(1929 bis 1977)* war kein Berufsspion, sondern Pilot. Bei einem Aufklärungsflug über der Sowjetunion wurde er 1960 abgeschossen, inhaftiert und später ausgetauscht – und zwar gegen **Rudolf Iwanowitsch Abel** *(1903–71)*, der bis zu seiner Verhaftung 1957 sehr erfolgreich für die UdSSR spionierte.

Ein typischer Vertreter der Kategorie Doppelagent war **Alfred Spuhler** *(geb. 1940)*. Er arbeitete für den Bundesnachrichtendienst, stand aber zugleich auf der Gehaltsliste des Ministeriums für Staatssicherheit der DDR. Ein anderer DDR-Spion, **Günter Guillaume** *(1927–95)*, brachte es zum persönlichen Referenten von Bundeskanzler Willy Brandt.

Alle Spione dieser Welt stellt jedoch James Bond in den Schatten. Indes ist 007, der Topagent im Geheimdienst Ihrer Majestät, nur eine Erfindung seines Schöpfers Ian Fleming.

Codename Katze

In Frankreich wurde ***Mathilde Carré*** (1910–1970) *1949 zum Tode verurteilt, später aber begnadigt. Das Foto zeigt sie nach der Verkündung des Urteils.*

Tanzende Spionin

Die in Pariser Salons als exotische Tänzerin bekannt gewordene ***Mata Hari*** (1876 bis 1917) *ist wohl die berühmteste Spionin aller Zeiten.*

Dokumente des britischen Geheimdiensts über Atomspionage.

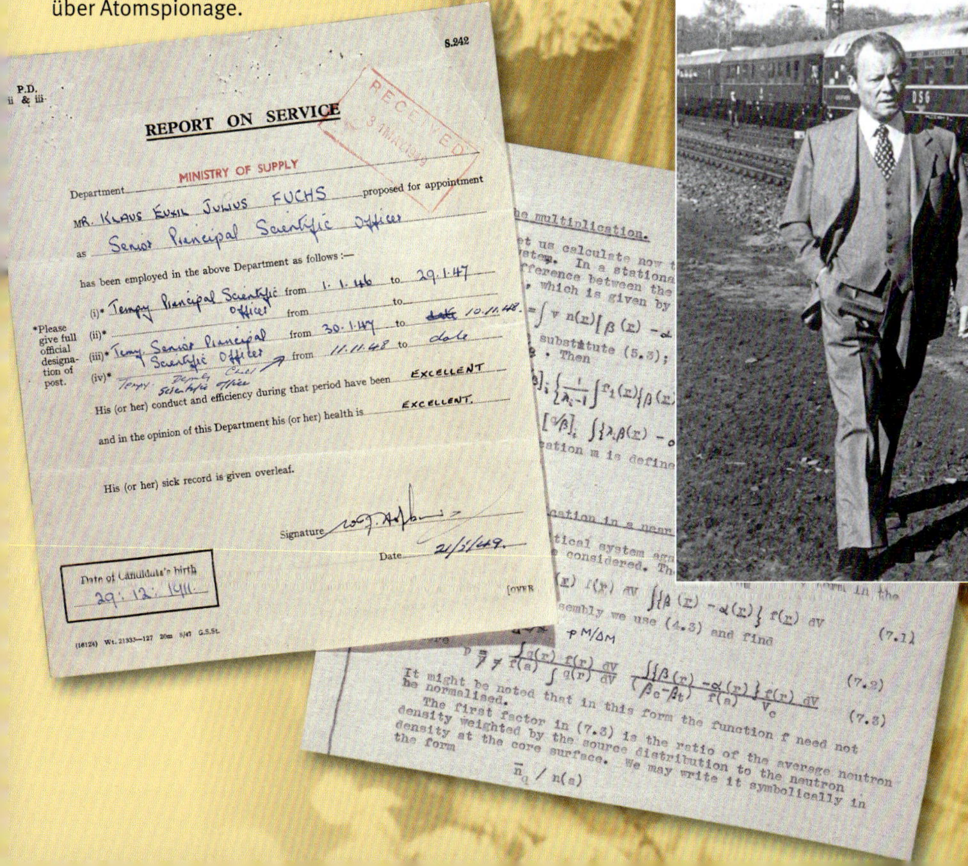

Spion im Kanzleramt

Nachdem ***Günter Guillaume*** (1927 bis 1995) *als Spion enttarnt worden war, trat Bundeskanzler Willy Brandt (links) im Jahr 1974 zurück.*

ENTDECKER UND ABENTEURER

Seit Menschengedenken machten sich wagemutige Männer und auch Frauen auf, um unseren Planeten zu erkunden. Sie entdeckten neue Kontinente und Schiffspassagen, erforschten unbekannte Regionen und durchquerten lebensfeindliche Wüsten und Bergwelten. Mit der Zeit tilgten sie so die einst zahlreichen weißen Flecken auf den Landkarten. Diesen Abenteurern, die bei ihren Unternehmungen oftmals ihr Leben riskierten, verdanken wir das heute selbstverständliche Bild von der Welt.

BREITLING
ORBITER 3

Entdecker neuer Welten

Zu allen Zeiten sind wagemutige Menschen, von Abenteuerlust und Neugier, manchmal aber auch von schierer Not getrieben, zu Expeditionen ins Unbekannte aufgebrochen.

Wohl keiner dieser Forschungsreisenden ist bekannter als **Christoph Kolumbus** *(1451–1506)*, der als Entdecker Amerikas gilt. Das Beispiel des Seefahrers aus Genua aber beweist auch, wie schwierig die Geschichte der Entdeckungen oft ist: Christoph Kolumbus hat ohne Zweifel die Türen zu einer völlig neuen Welt aufgestoßen, die später als Nord- und Südamerika bezeichnet werden sollte. Nach ihm kamen andere Entdecker, Eroberer und Siedler aus Europa, die dem neuen Kontinent ihren Stempel bis heute aufdrücken.
Entdeckt hat Christoph Kolumbus Amerika aber nicht für die Welt, sondern für Europa. Andere Menschen aus anderen Weltgegenden waren nämlich schon lange vor 1492 nach Amerika gelangt. So traf der Genuese dort auf Menschen, deren Vorfahren aus Asien und vielleicht aus Polynesien kamen. Nur hatte zur Zeit ihrer Entdeckung Amerikas niemand Buch darüber geführt.
Aber auch schon vor Christoph Kolumbus hatten Europäer amerikanischen Boden betreten – die Wikinger. Diese erste Entdeckung Amerikas begann mit einem Mord. **Erik Thorwaldsson** *(um 950 bis 1006)* wurde 982 für 3 Jahre aus seiner Heimat Island verbannt, weil er einen Mord begangen hatte. In dieser Zeit segelte er nach Westen und erkundete die Küsten Grönlands.
Als er zurückkam warb er für diese neue Welt, die er als »grünes Land« bezeichnete, von dem sich der heutige Name Grönland ableitet. 25 Schiffe mit Siedlern segelten unter seinem Kommando nach Grönland. Zwei Siedlungen gründeten die Wikinger in dieser neuen Welt, bald lebten im grünen Land mehr als 3000 Menschen. Bis ins 15. Jh. bestanden diese Siedlungen, ehe sie aufgegeben wurden, weil das Klima kälter und das grüne Land immer kahler wurde.

»Und die See gibt ihnen neue Hoffnung, wie die Nacht ihnen neue Träume bringt.«

Christoph Kolumbus

Entdecker Amerikas
Das Gemälde von 1893 zeigt ***Leif Eriksson*** (um 970 bis um 1020), *der am Ruder seines Schiffes steht und auf Land am Horizont weist – Amerika!*

Vier Kinder hatte Erik Thorwaldsson, der wegen seiner feuerroten Haare und wohl auch wegen des blutigen Mordes meist Erik der Rote genannt wurde. Um das Jahr 1000 segelte einer seiner Söhne mit Namen **Leif Eriksson** *(um 970–um 1020)* mit etwa 35 Mann von Grönland aus weiter nach Westen und stieß schließlich auf Neufundland. Nach dem Wikingerwort für »Weide« nannte er seine Entdeckung »Vinland«. Der erste Europäer dort aber war vermutlich ein anderer Wikinger gewesen, dessen Name längst in Vergessenheit geraten ist und der 15 Jahre vor Leif Eriksson Neufundland betreten haben soll. Glück hatten die ersten Siedler indes wenig in ihrem Vinland – eben weil sie nur die ersten Europäer, nicht aber die ersten Menschen in der Neuen Welt waren. Mit den Ureinwohnern gab es immer wieder heftige Konflikte, am Ende zogen sich die Wikinger wieder aus Neufundland zurück. Nur die Reste einer Siedlung, die in den 1960er-Jahren von kanadischen Forschern ausgegraben wurden, zeugen von ihrem Besuch in der Neuen Welt.

Eroberer in der Antarktis
In das sturmreichste Gebiet der Erde, das Adélieland in der Antarktis, wagte sich der französische Admiral ***Jules Dumont d'Urville*** (1790–1842).

Namensgeber Amerikas
Weil er erkannte, dass Kolumbus einen Erdteil entdeckt hatte, wurde ***Amerigo Vespuccis*** (1451–1512) *Vorname zu dessen Bezeichnung.*

Ein Kontinent erhält seinen Namen

Benannt wurde dieser oft entdeckte Kontinent indes nach keinem seiner ersten Entdecker, sondern nach dem Florentiner **Amerigo Vespucci** *(1451–1512)*. Der brach im Jahr 1499, 7 Jahre nach Christoph Kolumbus, auf und erkundete im Auftrag der reichen Medici-Bankiers große Teile der Ostküste Südamerikas. Klein-Venedig nannte er eine Gegend, in der die Ureinwohner ähnlich wie in Venedig Häuser auf Pfählen in das flache Wasser bauten. Der Name hat sich bis heute gehalten, das Land dort heißt nach wie vor Venezuela. Auch den Namen eines im Januar 1502 entdeckten Flusses, den Amerigo Vespucci kurzerhand als Januar-Fluss bezeichnete, gibt es noch immer als »Rio de Janeiro«. Als der Florentiner bis dorthin an einer Küste entlang gesegelt war, wurde ihm klar, dass dieses Land keine Insel, sondern ein neuer Kontinent sein musste. So hatte er als erster Amerika in seiner Qualität als Kontinent »entdeckt« und daher trägt dieser heute seinen Namen. Christoph Kolumbus dagegen glaubte bis an sein Lebensende, einige Inseln vor seinem eigentlichen Expeditionsziel Indien entdeckt zu haben. Die von ihm entdeckten Eilande tragen noch heute den Namen »Westindische Inseln«.

Neue Welten – besiedelt

Vorher und später gab es noch viele Entdecker neuer Welten, die dort aber immer auf Menschen trafen, die schon vor ihnen dorthin gelangt waren. So segelte **Hanno der Seefahrer** *(unbekannt–um 440 v. Chr.)* von Karthago aus wohl als erster Europäer an der Westküste Afrikas entlang und erreichte zumindest die Gegend des heutigen Kamerun. Erst im 15. Jh. gab **Heinrich der Seefahrer** *(1394 bis 1460)* wieder den Anstoß zu einer vergleichbaren Expedition in diese Weltgegend – wo die Teilnehmer überall auf Afrikaner trafen.
Fast alle anderen Entdecker machten die gleiche Erfahrung: **Abel Tasman** *(1603–59)* erreichte Neuseeland, **Willem Jansz** *(1570–um 1630)* Australien und **James Cook** *(1728–79)* etliche Südseeinseln – aber überall lebten bereits Menschen.
Später entdeckte **Fabian von Bellingshausen** *(1778 bis 1852)* per Schiff die Antarktis. Der Erste, der sie betrat, war der Robbenfänger **John Davis** *(1784 bis unbekannt)*. **James Weddell** *(1787–1834)* segelte bis zum 71. Breitengrad Süd – damals eine geradezu unglaubliche Leistung –, **Jules Dumont d'Urville** *(1790–1842)* entdeckte das Adélieland in der Antarktis. Niemand von ihnen traf dort Menschen – aber die Tür zu Eroberungen stießen sie auch nicht auf, weil die Welt dort zu lebensfeindlich ist.
Letzteres gilt selbstverständlich auch für die Astronauten **Neil Armstrong** *(1930–2012)* und **Edwin Aldrin** *(geb. 1930)*, die als erste Menschen den Mond betraten und damit einen Menschheitstraum verwirklichten.

Spektakuläres Experiment
Mit der Ra *gelang* ***Thor Heyerdahl*** (1914–2002) *eine spektakuläre Fahrt von Afrika nach Amerika.*

Legendäre Expeditionen

Ihre Namen sind Legende, aber viele bezahlten den Ruhm mit ihrem Leben: Die Männer, die als Erste die Pole und deren Eiswüsten bezwangen, die Wüsten Australiens durchquerten oder mit nachgebauten historischen Fahrzeugen durch Atlantik oder Pazifik segelten.

Einer dieser Helden war **Ernest Shackleton** *(1874 bis 1922)*. Zwar blieb ihm der große Erfolg versagt, doch führte er die vielleicht legendärste Expedition, die es auf der Erde jemals gab. Der britische Polarforscher **Apsley Cherry-Garrard** *(1886–1959)* charakterisierte ihn später mit einem legendären Satz: »Gebt mir Scott als wissenschaftlich-geografischen Expeditionsleiter, gebt mir Amundsen für eine rasche und effiziente Polarexpedition, aber gebt mir Shackleton, wenn sich das Schicksal gegen mich verschworen zu haben scheint und ich einen Ausweg suche!«

Denn Ernest Shackleton hat das Vertrauen seiner Männer nie enttäuscht. Am 9. Januar 1909 kehrte er z. B. keine 180 km vom Südpol entfernt um. Gemeinsam mit seinen drei Gefährten hätte er den südlichsten Punkt der Erde als Erster erreichen können, auf dem Rückweg wären die Vier aber verhungert. Den Südpol überließ der Brite daher dem Norweger **Roald Amundsen** *(1872–1928)* und dem Briten **Robert Scott** *(1868–1912)*.

Am 5. Dezember 1914 brach Shackleton mit 27 Männern auf dem Schiff *Endurance* erneut auf, um so weit wie möglich in die Weddell-See vor der Antarktis vorzudringen. Die *Endurance* wurde bereits am 18. Januar 1915 vom Packeis eingeschlossen und die 28 Männer mussten auf dem Schiff überwintern. Das Eis zerdrückte schließlich die Planken des Schiffes, die Männer lebten danach auf dem Eis, wo sie sich von Robben- und Pinguinfleisch ernährten. Mit drei geretteten Beibooten erreichten sie schließlich nach einer höllischen Fahrt Elephant Island, fernab jeder Rettungsmöglichkeit. Von hier brach Shackleton mit fünf Männern im nur 6 m langen Beiboot *James Caird* mitten im Winter zu einer 1300 km langen Seereise auf. Der Brite **Frank Wild** (1873/74–1939) leitete das Lager der Zurückgebliebenen, während der Neuseeländer **Frank Worsley** (1872/73–1943) die *James Caird* mit einfachsten Mitteln durch furchtbare Stürme nach South Georgia navigierte. In einem 36-stündigen Gewaltmarsch durchquerten die Männer anschließend eine völlig unbekannte Landschaft mit Gletschern und 1000 m hohen Bergen, ehe sie die norwegische Walfangstation Stromness auf der anderen Seite der Insel erreichten. Mitten im arktischen Winter, am 30. August 1916, waren auch die längst tot geglaubten 22 Männer von Elephant Island gerettet.

Auf zum Nordpol

Den ersten Versuch auf der Nordhalbkugel machte der Norweger **Fridtjof Nansen** *(1861–1930)*, der sein Schiff *Fram* in Polareis einfrieren ließ, um sich so zum Nordpol treiben zu lassen – ohne Erfolg. Wirklich erreicht haben will der US-Amerikaner **Frederick Cook** *(1865–1940)* 1908 den Nordpol, sein Landsmann **Robert Peary** *(1856–1920)* behauptete das Gleiche im Jahr 1909. Wissenschaft-

Verlierer am Südpol
4 Wochen nach Amundsen erreichte ***Robert Scott*** (1868–1912, Bildmitte) *den Südpol. Auf dem Rückweg kam das gesamte Team ums Leben.*

lich gesichert ist aber erst der Flug des Luftschiffs *Norge* 1926 über den Nordpol, an Bord waren der Italiener **Umberto Nobile** *(1885–1978)*, der Norweger und Südpol-Eroberer Roald Amundsen und der US-Amerikaner **Lincoln Ellsworth** *(1880–1951)*.

Quer durch Australien

Robert O'Hara Burke *(1821–61)*, **William John Wills** *(1834–61)*, **John King** *(1832–72)* und **Charlie Gray** *(unbekannt–1861)* durchquerten als Erste Australien. Am 20. August 1860 in Melbourne aufgebrochen, erreichten sie und die 17 Männer ihres Teams im Oktober nach vielen Streitereien untereinander die kleine Siedlung Menindee am Darling River. Von hier zog nur eine Sechsergruppe als Vorhut weiter. Zwei Männer dieser Gruppe blieben aus verschiedenen Gründen später zurück.
Nach vielen Strapazen erreichten die anderen vier am 10. Februar 1861 schließlich den Flinders River und schmeckten, dass sein Wasser viel Salz enthielt – das Meer war also nahe. So hatten sie zwar als Erste Australien durchquert, auf dem Rückweg aber rächte sich die fehlende Erfahrung von Robert O'Hara Burke. Essen und Wasser wurden knapp, die Männer mussten ein Pferd und vier Kamele schlachten. Am 17. April erlag Charlie Gray den Torturen. 4 Tage später erreichten die anderen drei ein Zwischenlager am Cooper Creek. Die Feuerstelle der Kameraden, die dort gewartet hatten, war noch warm, die Kameraden selbst aber waren mit allen Vorräten bereits auf dem Weg nach Süden. Beim Weitermarsch starben zwei weitere Männer, nur John King wurde von Ureinwohnern gerettet.

Im Gebirge und auf See

Weniger tragisch endeten die Expeditionen des Engländers **Francis Younghusband** *(1863–1942)*, der als erster Europäer 1887 das Karakorumgebirge Zentralasiens überquerte. Wohlbehalten kehrte auch der Schwede **Sven Hedin** *(1865–1952)* von seinen vier abenteuerlichen Asienexpeditionen nach Hause zurück. U. a. entdeckte er dabei den Transhimalaja. Und selbst die tollkühnen Unternehmungen des Norwegers **Thor Heyerdahl** *(1914–2002)* endeten ohne Verluste. Der Archäologe ließ von Indios in Peru aus Balsabaumstämmen das Floß *Kon-Tiki* in alter Bauweise zimmern. Zusammen mit **Erik Hesselberg** *(1914–70)*, **Bengt Danielssen** *(1921–97)*, **Knut Haugland** *(geb. 1917)*, **Torstein Raaby** *(1920–64)* und **Herman Watzinger** *(1910 bis 1986)* segelte der Forscher 1947 von Peru mit dem Humboldtstrom in 101 Tagen fast 7000 km weit bis zum Tuamotu-Südsee-Archipel. Damit hatte er gezeigt, dass die Polynesier der Südseeinseln von Südamerikanern abstammen könnten.
1970 krönte Thor Heyerdahl sein Lebenswerk mit der Reise des aus Papyrus gebauten Bootes *Ra*, das von Marokko aus die Karibikinsel Barbados erreichte. Damit hatte er ein Indiz für den gemeinsamen Ursprung der Pyramiden in Ägypten und Mittelamerika gefunden.

Forscher und Politiker
Der norwegische Arktisforscher ***Fridtjof Nansen*** (1861–1930) *kam 1895 dem Nordpol näher als je ein Mensch zuvor. Später errang er als Politiker nicht weniger Ruhm.*

Schwedischer Asienkenner
Im Verlauf seiner Expeditionen wurde ***Sven Hedin*** (1865–1952) *zum überragenden Asienexperten. Als letzter Schwede überhaupt wurde er 1902 geadelt.*

Legenden des Reisens

Im Zeitalter des Massentourismus ist das Reisen eine Selbstverständlichkeit. In früheren Jahrhunderten war es eine äußerst abenteuerliche Angelegenheit, schon weil die Reisenden oft viele Jahre in der Ferne verbringen mussten.

Ein Name wird immer genannt, wenn von legendären Reisenden die Rede ist: **Marco Polo** *(um 1254 bis 1324)* war nahezu ein Vierteljahrhundert unterwegs, um das sagenhafte China mit seinen Gewürzen, Edelsteinen und Geheimnissen zu erkunden. Ob diese fantastische Reise aber wirklich stattgefunden hat, bezweifeln manche Forscher heute. Denn aus moderner Sicht weist Marco Polos Schilderung durchaus Lücken auf: Mit keinem Wort erwähnt der Venezianer in seinem Reisebericht beispielsweise die chinesische Mauer, den in China bereits bekannten Buchdruck oder das Lieblingsgetränk der Chinesen, den Tee. War Marco Polo also nie in China? Hat er etwa nur in den arabischen Ländern oder in Persien die Geschichten anderer Reisender gesammelt und aufgeschrieben und dann als seine eigenen Erlebnisse wiedergegeben? Die Antwort auf diese Fragen liegt vielleicht in der Entstehungsgeschichte von Marco Polos Reisebericht begründet.

»Ich habe nicht die Hälfte von dem erzählt, was ich gesehen habe, weil keiner mir geglaubt hätte.«

Marco Polo

Im Gefängnis

Nach seiner Rückkehr nach Venedig im Jahr 1295 geriet Marco Polo im Zuge einer kriegerischen Auseinandersetzung zwischen Venedig und Genua in genuesische Gefangenschaft. Im Gefängnis begegnete er einem französischen Romancier, dem er seine Abenteuer diktierte. Man kann sich leicht vorstellen, dass unter den Umständen einer mittelalterlichen Gefangenschaft einerseits manches Wissenswerte nicht oder nicht korrekt notiert wurde und die Autoren andererseits gelegentlich ihre Fantasie nicht ganz im Zaum halten konnten. Wie dem auch sei – als sich für Marco Polo 1299 die Gefängnistore öffneten, war das Werk vollendet. Ab 1300 erschien es unter Titeln wie »Il Milione« oder »Die Wunder der Welt« und wurde bald zu einem Bestseller des Mittelalters. Bis heute wird der Bericht als meisterhafter Vergleich von Kulturen und als die erste Reisereportage, die diese Bezeichnung verdient, gewürdigt. Das Reisen lag den Polos im Blut. Schon Marcos Vater Nicolò und dessen Bruder Maffeo waren in

Der erste Reiseliterat

Zu Zeiten ***Marco Polos*** (um 1254 bis 1324) *war das Reisen gefährlich. Das Gemälde von Jan van Grevenbroeck aus dem 18. Jh. zeigt ihn daher bewaffnet.*

Die Illustration aus dem 14. Jh. zeigt den Aufbruch Marco Polos 1271 nach Ostasien. Im Vordergrund sind Länder, die er bereiste und merkwürdige Begebenheiten, die er erlebte, dargestellt.

Die historische Buchillustration zeigt den Empfang der Polos bei Kubilai Khan: Nicolò, Maffeo und Marco Polo überbringen eine Botschaft des Papstes.

Geschäften bis ins heutige Peking vorgestoßen und dort von Kubilai Khan, dem Herrscher der Mongolen, der gleichzeitig Kaiser von China war, empfangen und über Europa befragt worden. Auf ihre Rückreise gab dieser ihnen eine Botschaft an den Papst mit, der die Polos wiederum mit der Überbringung seiner Antwort beauftragte. 1271 brachen sie auf – gemeinsam mit Nicolòs Sohn Marco.

Die große Reise

Den Angaben seines Berichts nach erreichten die Polos im Jahr 1274 über Afghanistan den äußersten Westen des heutigen China. Ein Stück weiter in Schangdu begegneten sie Kubilai Khan, der das Mongolenreich zum flächenmäßig größten Staat machte, den die Erde je gesehen hat. Sein Reich erstreckte sich vom Chinesischen Meer bis an die Grenzen Mitteleuropas.
Während Europa vor den Horden der Mongolen zitterte, ließ Marco Polo sich zusammen mit seinem Vater Nicolò und seinem Onkel Maffeo in Schangdu in unmittelbarer Nähe der Sommerresidenz des Mongolenherrschers nieder. Der nahm die Venezianer ebenso wie viele andere Fremde, die damals seinen Hof besuchten, in seinen Dienst auf. Marco Polo betraute er schließlich sogar mit diplomatischen Missionen, die diesen in die entlegensten Gebiete Chinas führten. 17 Jahre lang bereiste der Mann aus Venedig das Herrschaftsgebiet des Khans – kein Wunder also, dass er nach seiner Rückkehr den staunenden Europäern viele fremde Dinge aus dem »Reich der Mitte« zu berichten wusste.
Dabei haben Marco Polo und sein Koautor zweifelsohne immer wieder übertrieben, die meisten ihrer Geschichten beruhen jedoch auf Tatsachen. Davon ganz unabhängig ist der Einfluss ihres Reiseberichts kaum zu überschätzen. Lange Zeit stellte er in Europa die bei Weitem vollständigste Informationsquelle über den Fernen Osten dar. Mit seinen Angaben bereicherte Marco Polo die geografischen und kartografischen Kenntnisse des mittelalterlichen Europa. Zudem beflügelten seine oft fantasievollen Schilderungen von den Wundern und Reichtümern des Ostens manchen späteren Entdecker – als Christoph Kolumbus 1492 in Amerika an Land ging, hatte er »Il Milione« an Bord seines Schiffes.

Von der Entdeckungsreise zum Tourismus

Idris al-Idrisi (um 1100 – 66)
Mithilfe der Weltkarte des Griechen Claudius Ptolemäus (um 100 – 175) erstellte er Karten der damals in Europa bekannten Welt und wurde so zum Wegbereiter für die Reisen Marco Polos.

Muhammad Ibn Battuta (um 1304 – 68)
Zu den Nachfolgern Marco Polos zählt Muhammad Ibn Battuta, der 120 000 km durch die islamische Welt seiner Zeit gereist sein will.

Heinrich Harrer (um 1912 – 2006)
Auch der Österreicher Heinrich Harrer bereiste lange den Fernen Osten und vor allem Tibet, anders als seine Vorgänger aber lieferte er dem staunenden Publikum in Europa keinerlei Fantastereien, sondern echte Reiseberichte.

Thomas Cook (um 1808 – 92)
Ganz andere Reisen machten den Briten Thomas Cook bekannt: Er organisierte in Ägypten die ersten Nilkreuzfahrten und legte damit die Grundlagen für den heutigen Massentourismus (im Bild eine Reisegesellschaft im Jahr 1958).

Einmal um die ganze Welt

Nonstop im Ballon
Der Ballon von **Bertrand Piccard** (geb. 1958) *und* **Brian Jones** (geb. 1947) *überfliegt in Château d'Oex die Schweizer Alpen.*

Die Geschichte der Weltumrundungen ist vor allem ein Teil der Seefahrtsgeschichte, der im Zeitalter der Entdeckungen von spanischen, portugiesischen und britischen Kapitänen geprägt ist. Später trug sich eine Reihe weiterer Abenteurer in die Liste der Weltumrunder ein – auf dem Wasser, unter Wasser oder in der Luft.

Im Auftrag des spanischen Königs Karl I. gelang dem Portugiesen **Ferdinand Magellan** *(1480–1521)* und dem Spanier **Juan Sebastian Elcano** *(1476 bis 1526)* in den Jahren 1519 bis 1522 die erste Weltumsegelung. Magellan war es nicht vergönnt, den Erfolg seiner Fahrt zu erleben – er fiel 1521 auf den Philippinen im Kampf mit der einheimischen Bevölkerung. So blieb es seinem Nachfolger Elcano vorbehalten, die Fahrt – die die Kugelform der Erde endgültig bewies – zu beenden.

Freibeuter als Weltumrunder
Königin Elisabeth I. schlägt **Francis Drake** (um 1540–96) *an Bord seines Schiffes »Golden Hind« zum Ritter (Gemälde von 1888).*

Der Freibeuter **Francis Drake** *(um 1540–96)* gelangte als erster englischer Weltumrunder zu großem Ruhm und wurde sogar zum Ritter geschlagen. Als erster Franzose folgte ihm **Louis Antoine de Bougainville** *(1729–1811)* nach. Er kam mit seiner Weltumsegelung einem anderen Briten knapp zuvor, mit dem die Epoche der Erkundung neuer Welten in Übersee glanzvoll endete.

Drei Weltreisen

Seine ersten Meriten verdiente sich **James Cook** *(1728–79)*, der zum bedeutendsten Seefahrer Englands aufsteigen sollte, als Kartograf der englischen Marine. Mit dem umgebauten Kohletransporter *Endeavour* wurde er in die Südsee geschickt, um dort astronomische Beobachtungen zu machen. Mit an Bord waren die Botaniker **Joseph Banks** *(1743 bis 1820)* aus England und **Daniel Solander** *(1733 bis 1782)* aus Schweden sowie der britische Astronom **Charles Green** *(1735–71)*.
Nach der Erledigung seines Auftrags begann James Cook, den Ozean um den 40. südlichen Breitengrad zu erforschen und zu kartografieren. Vor allem aber wollte er den geheimnisvollen Südkontinent »Terra Australis incognita« entdecken, der südlich dieses Breitengrads vermutet wurde. Stattdessen fand Cook etliche Südseeinseln und konnte das bereits

1642 vom Niederländer **Abel Tasman** *(1603–59)* entdeckte Neuseeland genau vermessen. Als erster Europäer betrat Cook auch die Ostküste Australiens und beendete über Sumatra und Südafrika schließlich seine erste Weltumsegelung, die mit der Reise von England nach Südamerika und um Kap Hoorn in den Pazifik begonnen hatte.
Cooks zweite Weltumseglung dauerte von 1772 bis 1775. Diesmal begleiteten ihn der preußische Naturwissenschaftler **Johann Reinhold Forster** *(1729–98)* und dessen Sohn **Georg Forster** *(1754 bis 1794)*, der danach als Begründer der modernen Reiseliteratur bekannt wurde. Auf der Suche nach dem sagenhaften Südkontinent stieß James Cook bis über den 71. südlichen Breitengrad vor, ohne Land zu sehen. Nie zuvor in der Geschichte war ein Mensch so weit in den Süden gekommen, erst ein halbes Jahrhundert später sollte **James Weddell** *(1787–1834)* diesen Rekord brechen.
Als Cook im Zickzackkurs die Erde auf dem gesamten 60. Breitengrad Süd umsegelt hatte, war ihm klar, dass es südlich von Australien keinen größeren Kontinent mit Ackerland, Weiden und Wald geben konnte. Das vorher von anderen Seefahrern dort gesichtete Land mussten Eisberge gewesen sein.
1776 brach James Cook zu seiner dritten Südseereise auf. Inzwischen war sein Ruhm weltweit so groß, dass die Marinen Frankreichs, Spaniens und der USA die Anweisung erhielten, Cook in jedem Fall zu verschonen, auch wenn man sich mit seinem Land gerade im Krieg befinden sollte. Denn alle Seefahrernationen profitierten von den fantastischen Seekarten, die der Brite von seinen Reisen mitbrachte. Von diesem Ruf hatten allerdings die Menschen auf den Hawaii-Inseln, die Cook zunächst freundlich empfangen hatten, noch nichts gehört: James Cook wurde dort beim Versuch, eine Auseinandersetzung zwischen seinen Leuten und den Eingeborenen zu schlichten, erschlagen.

> ***»Wer an der Küste bleibt, kann keine neuen Ozeane entdecken.«***
>
> Ferdinand Magellan

Im Wasser und in der Luft

Nach diesen Weltumseglern ging noch eine Reihe weiterer Menschen als erste Weltumfahrer in die Annalen der Geschichte ein: **Adam Johann Baron von Krusenstern** *(1770–1846)* und **Juri Lisjanski** *(1773–1837)* segelten 1803 bis 1806 als erste Russen um die Welt. Der Kanadier **Joshua Slocum** *(1844 bis 1909)* war der erste Einhandweltumsegler. Das Gleiche gelang dem Deutschen **Rollo Gebhardt** *(geb. 1921)*. **Wilfried Erdmann** *(geb. 1940)* war der Erste, der die Welt mit dem gleichen Boot in beiden Himmelsrichtungen umfuhr, und **Jesse Martin** *(geb. 1980)* war mit 17 Jahren jüngster Weltumsegler. Die Engländerin **Ellen MacArthur** *(geb. 1976)* schaffte in 71 Tagen die schnellste Einhandweltumseglung, **Denise Caffari** *(geb. 1973)* war die erste Frau, die nonstop gegen die Hauptwindrichtung um die Erde segelte. Unter Wasser war Kapitän **Edward Beach** *(1918–2002)* mit dem Atom-U-Boot USS Triton 1960 der Erste, der die Erde nonstop umrundete.
Der Deutsche **Hugo Eckener** *(1868–1954)* flog mit dem Luftschiff *Graf Zeppelin* 1929 mit nur drei Zwischenlandungen in 35 Tagen um die Erde. Die ersten Weltumrunder per Flugzeug waren 1924 eine Gruppe von US-Piloten, zu denen **Lowell Smith** *(1892–1945)* gehörte. Der US-Amerikaner **Wiley Post** *(1898–1935)* und der Australier **Harold Gatty** *(1903–57)* schafften den Flug um die Welt 1931 in 8 Tagen. 1986 gelang dann **Dick Rutan** *(geb. 1938)* und **Jeana Yeager** *(geb. 1952)* der erste Nonstopflug um den Globus im Flugzeug. Der Schweizer **Bertrand Piccard** *(geb. 1958)* und der Brite **Brian Jones** *(geb. 1947)* umrundeten 1999 als erste Menschen im Heißluftballon die Erde nonstop. 2002 wiederholte der US-Amerikaner **Steve Fossett** *(1944–2007)* einen solchen Flug allein.

Gegen den Wind
*Allein und nonstop, gegen Wind- und Meeresströmungen, segelte **Denis Caffari** (geb. 1973) 2005/06 um die Welt.*

Milliardär und Pionier
*Der reiche Abenteurer **Steve Fossett** (1944–2007), im Bild links, kam beim Absturz seines Leichtflugzeugs in einer Bergregion in Kalifornien ums Leben.*

Tod im arktischen Eis
Drei Expeditionen unternahm **Willem Barents** (um 1550–97) *auf der Suche nach der Nordostpassage. Die Illustration zeigt sein im Eis festsitzendes Schiff.*

Entdecker wichtiger Seewege

Die meisten Entdecker, die in vergangenen Jahrhunderten die Welt umsegelten, wollten Seewege nach Asien finden, die den langen Weg zu den Gewürzen und anderen Kostbarkeiten des Ostens abkürzten.

Der erste Entdecker eines solchen Seewegs nach Asien war der Portugiese **Bartolomeu Diaz** *(um 1450–1500)*, der 1487/88 als Erster das heutige Südafrika umsegelte und so den Indischen Ozean erreichte. Als der Portugiese **Ferdinand Magellan** *(um 1480–1521)* im Jahr 1520 eine Seepassage durch die später nach ihm benannte Meeresstraße im Süden Patagoniens nach Asien entdeckt hatte, spekulierten viele, ob es einen ähnlichen Weg nicht auch um den Norden Kanadas herum geben könnte. Der Engländer **Martin Frobisher** *(um 1535–94)* war 1576 und 1578 der Erste, der diese Nordwestpassage suchte. Ebenso wie viele seiner Nachfolger aber scheiterte der Kapitän am dicken Eis im hohen Norden. Berühmt wurde der Engländer **Henry Hudson** *(1565–um 1611)*, der von seiner meuternden Mannschaft ausgesetzt wurde. Auf der Südhalbkugel fanden 1615 die Niederländer **Jacob Le Maire** *(1585–1616)* und **Willem Schouten** *(um 1580 bis 1625)* eine weitere stürmische Passage nach Asien um Kap Hoorn herum. Die Suche nach der kurzen Nordwestpassage, an der sich auch der Engländer **James Cook** *(1728–79)* und der russische Kapitän **Otto von Kotzebue** *(1788–1846)* erfolglos beteiligten, ging derweil weiter. Erst der Norweger und spätere Südpoleroberer **Roald Amundsen** *(1872 bis 1922)* schaffte es zwischen 1903 und 1906, die Nordwestpassage komplett zu durchfahren. Die Strecke von Rotterdam nach Tokio schrumpfte damit von den bisherigen 23 300 km auf 15 900 km – Eisfreiheit vorausgesetzt. Noch kürzer wird dieser Weg mit 14 100 km durch die Nordostpassage entlang der Küste Sibiriens. Dort scheiterte 1597 als einer der Ersten der Holländer **Willem Barents** *(um 1550–97)* am Eis und bezahlte den Versuch mit dem Leben. 1648 entdeckte der Russe **Semjon Deschnjow** *(um 1605–73)* die Meeresstraße zwischen Sibirien und Alaska, die prinzipiell eine Fahrt durch das Eismeer nach China erlaubt. Weiter erkundet wurde sie von dem Dänen **Vitus Bering** *(1680 bis 1741)*. Aber erst dem Schweden **Adolf von Nordenskjöld** *(1832–1901)* gelang es 1878/79, durch die Nordostpassage Japan zu erreichen.

Ums stürmische Kap Hoorn
Die felsige Küste von Kap Hoorn in Südamerika, die **Jacob Le Maire** (1585 bis 1616) *und* **Willem Schouten** (um 1580 bis 1625) *1615 als Erste umfuhren und so einen weiteren Weg nach Asien eröffneten.*

Sieger im Nordosten

Nach fünf Forschungsreisen gelang **Adolf von Nordenskjöld** (1832–1901) *1878/79 unter großen Entbehrungen die Durchquerung der Nordostpassage.*

Pionier im Nordwesten

Mit der Suche nach der Nordwestpassage beauftragt, befuhr **Martin Frobisher** (um 1535–94) *als erster Europäer die Hudsonstraße.*

Opfer von Meuterei

Auf seiner vierten Fahrt durch das Nordpolarmeer wurde **Henry Hudson** (1565–um 1611) *mit seinem Sohn und acht Gefährten von Meuterern ausgesetzt und blieb verschollen.*

Entdecker der Westpassage

Mit einer Flotte von fünf Schiffen stach **Ferdinand Magellan** (um 1480–1521) *1519 in See. 1520 fand er die Westpassage an der Südspitze Südamerikas.*

Entdeckungsorganisator
Dieses Denkmal ***Heinrichs des Seefahrers*** *(1394–1460) in Lissabon zeigt den Prinzen (rechts) mit einer Karavelle in der Hand an der Spitze seiner Kapitäne, Wissenschaftler und Missionare.*

Die Suche nach Reichtümern im Osten

Im 15. und 16. Jh. träumten die Herrscher der großen Seemächte Spanien und Portugal davon, einen Seeweg nach Indien zu finden. Bis dahin häuften die Araber beim Handel mit Pfeffer und anderen Gewürzen aus dem Osten, die sie auf dem Landweg transportierten, große Reichtümer an. Wer aber mit dem Schiff in den Fernen Osten fahren konnte, könnte dort direkt handeln und so selbst die hohen Gewinne kassieren. Deshalb scheuten die Herrscher dieser Zeit auch die Kosten für teure Expeditionen nicht, die den Seeweg nach Indien finden sollten.

Der wohl erste große Finanzier solcher Expeditionen war **Heinrich der Seefahrer** *(1394–1460).* Als Gouverneur der Algarve im Süden Portugals legte er 1418 ein großes Programm für Entdeckungsfahrten auf und ließ sogar eigene Schiffe dafür entwickeln. Diese Karavellen konnten viel besser als die älteren Schiffe bei widrigen Winden kreuzen. Der mächtige Schiffsrumpf bot viel Platz für Lebensmittel- und Trinkwasservorräte, aber auch für Ersatzteile und Tauschwaren. Ohne diese Voraussetzung waren Vorstöße in unbekannte Regionen nicht möglich. Heinrich der Seefahrer war bei solchen Entdeckungsreisen nicht selbst dabei, der portugiesische Prinz schickte vielmehr erfahrene Kapitäne aus. Alle auf den Expeditionen gemachten Entdeckungen und die für das Wiederfinden der jeweiligen Orte so wichtigen Navigationsdaten mussten die Kapitäne in geheimen Logbüchern festhalten.
Bereits 1418 entdeckten die Portugiesen eine zu Madeira gehörende Insel im Atlantik, ab 1425 wurde die heute noch portugiesische Inselgruppe 700 km westlich von Marokko dann auch besiedelt. 1427 entdeckten die Portugiesen die Azoren, die 1500 km westlich Portugals und 3600 km östlich von Amerika mitten im Atlantik liegen. 1432 gelang es, das Kap Bojador an der afrikanischen Küste westlich der Sahara zu umsegeln.
15 Anläufe brauchten die Portugiesen für diesen Erfolg, die ersten 14 Expeditionen kehrten am stürmischen »Kap des Schreckens« entweder um oder verschwanden auf Nimmerwiedersehen. Vorher galt das auch »Kap der Angst« genannte Vorgebirge als das westliche Ende der Welt, nach

der Erstumfahrung stand der Seeweg nach Asien erstmals offen. Tatsächlich stießen die Portugiesen bis zum Tod Heinrichs des Seefahrers entlang der afrikanischen Küste fast bis zum Äquator vor, sie entdeckten und besiedelten in dieser Zeit auch die Kapverdischen Inseln. Der heiß ersehnte Seeweg nach Indien aber wurde in dieser Zeit noch nicht gefunden.

Entdecker Amerikas
Die Darstellung von 1860 zeigt ***Christoph Kolumbus*** (1451–1506) *beim erstmaligen Betreten amerikanischen Bodens, den der Italiener allerdings für indischen hielt.*

Nicht Indien, aber Amerika!

Das gelang auch **Christoph Kolumbus** *(1451–1506)* nicht. Der Mann aus Genua hatte eine ganze Reihe von Indizien gesammelt, nach denen weit im Westen des Atlantiks eine große Landmasse sein müsse. So waren an europäischen Küsten fremde, offenbar von Menschenhand bearbeitete Hölzer gefunden worden, auf den Azoren wurden zwei Leichen angeschwemmt, die sehr fremdartig aussahen. Und da Christoph Kolumbus auch davon ausging, dass die Erde eine Kugel sei, glaubte er, weit im Westen Europas müsse man auf Indien und China stoßen. Und wenn man zunächst nach Süden führe, würden einen die Passatwinde fast von allein westwärts in Richtung Indien und zu dessen Reichtümern treiben.
Die Portugiesen wollten seinen Plan nicht unterstützen, Spanien dagegen finanzierte dem Italiener 1492 dann nach langen Verhandlungen seine Expedition. Am 3. August des gleichen Jahres startete Christoph Kolumbus endlich mit drei Schiffen. Die Reise stand unter keinem guten Stern, mehrmals war die Mannschaft kurz vor einer Meuterei, weil die Männer fürchteten, in den Tod zu fahren. Christoph Kolumbus konnte sie jedoch jedesmal beschwichtigen. Schließlich hatten sie gemeinsam Erfolg: Am 12. Oktober 1492 erreichte die Flotte die Bahamas, später entdeckten die Schiffe auch noch Kuba und Hispaniola. Auf einer zweiten Reise suchte der Italiener 1493 bis 1496 westlich dieser Inseln das asiatische Festland, entdeckte aber nur die Inseln Jamaika und Puerto Rico. Erst auf der dritten Reise erreichte Christoph Kolumbus 1498 das Festland, das er bis an sein Lebensende für Asien hielt. Tatsächlich aber handelte es sich um die Mündung des Flusses Orinoko in Südamerika.

»Und die See wird allen neue Hoffnung bringen …«
Christoph Kolumbus

Durchbruch nach Westen

Erst dem Portugiesen **Ferdinand Magellan** *(um 1480–1521)* gelang es dann, Südamerika zu umsegeln und über den Pazifik die heutigen Philippinen und damit die Gewürzinseln und Asien zu erreichen. Magellan brach 1519 mit fünf Schiffen von Spanien aus auf, denn er war in Portugal in Ungnade gefallen. Immerhin kannte er eine geheime Karte aus dem Seefahrtsarchiv des Landes, die einen möglichen Seeweg um Südamerika herum beschrieb. Ausgerüstet von den Spaniern und mit

Über den Westen nach Osten
Den Marinelli-Gletscher passierte ***Ferdinand Magellan*** (um 1480–1521) *auf seinem Weg westwärts über Amerika nach Asien.*

Jahrhundertelang war eine solche Szene eine Vision von Reichtum: In Kabul wartet ein Gewürzhändler auf Kundschaft.

Unterstützung der Fugger im deutschen Augsburg erkundete die kleine Flotte die Küste Südamerikas. Als sie die Mündung des Rio de la Plata erreichte, glaubten sich die Männer zum ersten Mal am Ziel. Doch erst im November 1520 fanden sie ganz im Süden, was sie suchten: die später nach Ferdinand Magellan benannte Meeresstraße, die zwischen Patagonien und der Insel Feuerland vom Atlantik in den Pazifik führt. Zuvor hatte es mehrere Meutereien und Havarien gegeben, sodass von fünf Schiffen nur noch drei übrig waren. Als die Männer 3 Monate später die Marianen-Insel und im März 1521 die heutigen Philippinen erreichten, versuchten sie, die Einwohner zu unterwerfen. Dabei kam Ferdinand Magellan ums Leben; das Ende der ersten Weltumseglung erlebte der Kapitän selbst nicht mehr.

Die Suche nach der Gewürzroute

Da Afrika im Osten an den Indischen Ozean und im Westen an den Atlantik grenzt, könnte es eine Route um Afrika herum nach Indien geben – das glaubte auch der Portugiese **João Gonçalvo Zarco** *(um 1380– um 1467)*, der 1418 die Insel Madeira entdeckte. 1427 stieß **Diogo de Silves** *(etwa 14./15. Jh.)* auf die Azoren, 1432 umsegelte **Gil Eanes** *(etwa 14./15. Jh.)* endlich das gefürchtete Kap Bojador. Damit war der Seeweg an die Küsten Afrikas südlich der Sahara frei.

Den Seeweg um die Südspitze Afrikas herum hoffte **Diogo Cão** *(gest. um 1486)* gefunden zu haben, der 1482 im Auftrag des portugiesischen Königs **Johann II.** *(1455–1495)* die Mündung des Kongo-Flusses erreichte. Als der Kapitän den breiten Fluss hinauffuhr, muss er spätestens an den Wasserfällen von Ielala festgestellt haben, dass der Kongo doch nicht der Seeweg zu den Gewürzen war.

König Johann II. schickte **Bartolomeu Diaz** *(um 1450–1500)* mit einer neuen Expedition aus. Starke Nordwinde trieben die beiden Karavellen 1488 weit über das Kap der Guten Hoffnung nach Süden. Nun hielt Bartolomeu Diaz nach Osten. Als aber lange kein Land auftauchte und eisige Temperaturen der Mannschaft zu schaffen machten, drehte er nach Norden und stieß wohl an der heutigen Mossel Bay auf eine von Afrikanern bewohnte Küste, die von Westen nach Osten führte. Sollte das etwa der Süden Afrikas sein, hatte er endlich den Seeweg um Afrika herum in den Indischen Ozean gefunden? Der Kapitän befahl, die Küste nach Osten entlang zu segeln. Und tatsächlich wandte sich der Küstenverlauf nach einiger Zeit deutlich nach Nordost. Die Gewürzroute war entdeckt, aber Bartolomeu Diaz musste umkehren, weil seine Mannschaft nicht mehr weiter konnte. Weshalb der portugiesische **König Manuel I.** *(1469 bis 1521)* mit der alles entscheidenden Folgeexpedition 1497 nicht den

Entdecker der Südroute

Von Portugal führte ***Vasco da Gamas*** (um 1469–1524) *Route über die Kanaren und Kapverden zum Kap der guten Hoffnung und dann nach Norden Richtung Indien.*

erfolgreichen Bartolomeu Diaz, sondern den eher unerfahrenen **Vasco da Gama** *(um 1469–1524)* betraute, ist heute unbekannt. Aufbauend auf die Vorgängermissionen umsegelte da Gamas Expedition das Kap der Guten Hoffnung und erreichte schließlich den damals arabischen Hafen Mombasa im heutigen Kenia. Die Kaufleute dort wollten ihn an der Weiterfahrt hindern, also segelte Vasco da Gama kurzerhand in die konkurrierende Hafenstadt Malinda weiter. Dort stellte ihm der Sultan einen Navigator zur Verfügung, der die Portugiesen quer über den Indischen Ozean bis zur Südküste Indiens leitete. Damit war das Gewürzmonopol der Araber gebrochen, die alle Landrouten in den Fernen Osten kontrollierten.

Hindernis Amerika

Gleichzeitig verloren die Spanier das Rennen um diese lukrative Handelsroute, weil sie mit Christoph Kolumbus auf die falsche Himmelsrichtung gesetzt hatten: Denn auf der Westroute muss das damals in Europa unbekannte Amerika durchquert oder umsegelt werden, um die Gewürzinseln zu erreichen. Immerhin entdeckte **Vicente Yañez Pinzon** *(um 1460–um 1523)* am 26. Januar 1500 Brasilien und später die Mündung des Amazonas. Dieses Land aber ging Spanien verloren, als die Portugiesen **Pedro Alvarez Cabral** *(um 1467–um 1526)* am 9. März 1500 mit einer riesigen Flotte aussandten, um den Seeweg nach Indien zu sichern. Um die Passatwinde auszunutzen, segelte die Flotte im Atlantik zunächst weit nach Westen und stieß dabei am 22. April 1500 auf die Küste Brasiliens. Die Portugiesen nahmen das Land in Besitz; dann schlugen sie einen Kurs auf das Kap der Guten Hoffnung in Afrika ein und erreichten schließlich erneut Indien.

Dort aber hatten die um ihr Handelsmonopol fürchtenden Araber inzwischen die lokalen Herrscher gegen die Portugiesen aufgebracht, die gerade erst entdeckte Gewürzroute war wieder in Gefahr. Daher schickte König Manuel I. 1505 **Francisco de Almeida** *(um 1450–1510)* aus, um den Seeweg militärisch zu sichern. Mit 1500 Soldaten griff die Flotte die arabischen Hafenstädte an und errichtete portugiesische Festungen, um die Eroberungen an den Küsten Afrikas und Indiens dauerhaft zu sichern. Den Rest der Gewürzroute sicherte **Alfonso de Albuquerque** *(1453–1515)*, der mit seinem Geschwader als Nachfolger von Francisco de Almeida 1511 Malakka im heutigen Malaysia eroberte, das die gleichnamige Meeresstraße und damit das letzte Stück des Seewegs zu den Gewürzinseln kontrollierte. 100 Jahre später entriss der Brite **James Lancaster** *(um 1554 –1618)* mit Expeditionen entlang der gleichen Route den Portugiesen das Handelsmonopol auf der Gewürzroute.

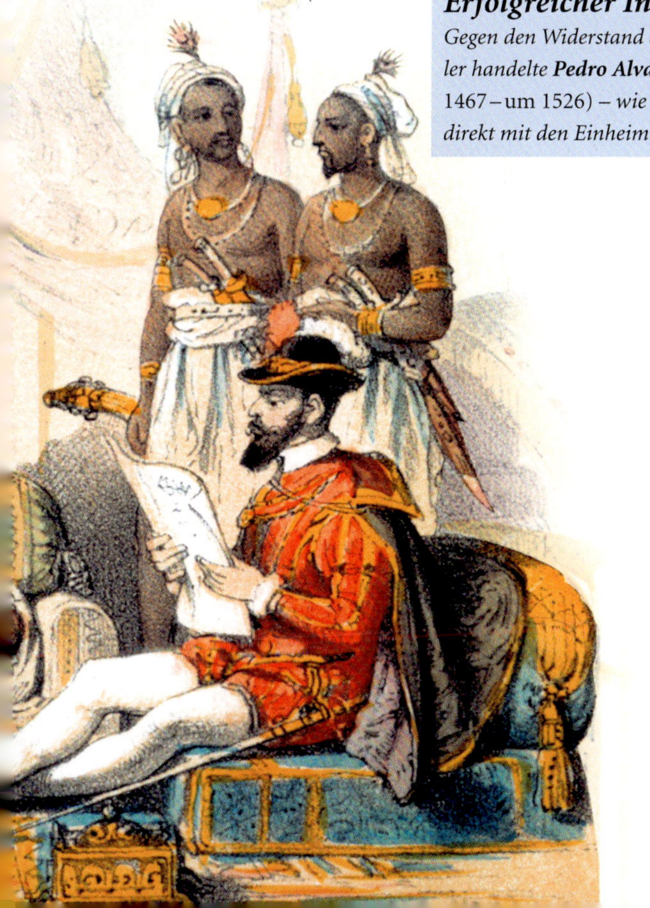

Erfolgreicher Indienfahrer

Gegen den Widerstand arabischer Händler handelte ***Pedro Alvarez Cabral*** (um 1467–um 1526) *– wie hier dargestellt – direkt mit den Einheimischen.*

Wechselvolles Schicksal
Als ihr Günstling zeigt ***Walter Raleigh*** (um 1554–1618) *Königin Elisabeth I. auf einem Globus die Neue Welt. Ihr Nachfolger Jakob I. ließ den Entdecker hinrichten.*

Pioniere in Nordamerika

Das Klischee der Westernhelden des 19. Jh., die in vielen Büchern und in Filmen meist ebenso schießwütig wie erfolgreich sind, prägt wohl für alle Zeiten das Bild von der europäischen Eroberung Nordamerikas. Dabei begann diese Kolonialisierung 300 Jahre früher und verlief durchaus nicht immer so glatt, wie die Unterhaltungsindustrie es vorgaukelte.

Schon der erste Versuch der Engländer, die von **Christoph Kolumbus** *(1451–1506)* entdeckten Länder weit im Westen des Atlantiks für sich zu reklamieren, scheiterte kläglich: Im Auftrag des Königshauses erreichte der Italiener **Giovanni Caboto** *(um 1450–98)* gemeinsam mit seinem Sohn **Sebastian** *(1472–1552)* zwar bereits im Jahr 1497 irgendwo im heutigen Kanada die Küsten Nordamerikas, das er genau wie Kolumbus für China oder davor liegende Inseln hielt. Schon bei der nächsten Expedition 1 Jahr später aber verschwand der Italiener mitsamt vier seiner fünf Schiffe spurlos – und die neu entdeckten Länder gerieten wieder in Vergessenheit.

Dann waren die Franzosen am Zug: **Jacques Cartier** *(1491–1557)* erkundete 1535 den St.-Lorenz-Strom und gründete 1540 in der Nähe des heutigen Quebec das erste Fort in der Gegend. Diese erste Siedlung hatte aber genauso wenig Bestand wie die erste britische Niederlassung in den heutigen USA, die **Walter Raleigh** *(um 1554–1618)* im heutigen North Carolina 1585 errichtete. Bereits 6 Jahre davor hatte **Francis Drake** *(um 1540–96)* die Gegend um das heutige San Francisco für die englische Krone in Besitz genommen.

Lange vor den Engländern und Franzosen waren bereits die Spanier aus dem Süden in das Gebiet der heutigen USA vorgedrungen. Schon 1513 hatte **Juan Ponce de León** *(um 1460–1521)* Florida entdeckt, das er zunächst für eine Insel hielt. 1521 wurde er bei dem Versuch, das Land für Spanien in Besitz zu nehmen, von einem vergifteten Pfeil getroffen und starb im gleichen Jahr an dieser Verwundung. 1528 folgte sein Landsmann **Álvar Núñez Cabeza de Vaca** *(um 1490–um 1557)*, der bis 1536 den gesamten Küstenstreifen zwischen dem heutigen Florida und Texas erkundete und dabei zeitweise von Indianern gefangen gehalten wurde. 1539 vermutete der Spanier **Hernando de Soto** *(1496 oder 1500–42)* in Florida ähnliche Reichtümer wie in Peru, fand aber vor allem Sümpfe und Moskitos. Durch die heutigen US-Bundesstaaten Georgia, South und North Carolina zogen seine Truppen eine Spur der Verwüstung, anschließend erreichten sie den Mississippi, an dem

Begründer Neufrankreichs
Die Länder, die ***Jacques Cartier*** (1491–1557) *in den 1530er-Jahren entdeckte, wurden zu Keimzellen der französischen Kolonien in Nordamerika.*

Hernando de Soto 1542 an einer Infektion starb. Auf diesem Raubzug waren den Spaniern etliche Pferde entkommen, aus denen im Lauf der Zeit die riesigen Mustang-Herden entstanden, auf deren Tieren später die Indianer der Wildwestfilme Angriffe gegen die Trecks der weißen Siedler ritten.

Erforschung des Westens

Auf der Westseite des riesigen Kontinents befuhr **Hernando de Alarcón** *(16. Jh.)* als erster Europäer im Jahr 1540 aus dem Golf von Kalifornien den Colorado-Fluss flussaufwärts, bis er das Gebiet der heutigen USA erreichte. Ein anderer Teil der gleichen Expedition kam auf dem Land unter dem Kommando von **Francisco Vásquez de Coronado** *(1510 bis 1554)* sehr viel weiter und nahm praktisch den gesamten Südwesten der heutigen USA für die spanische Krone in Besitz. So erreichte **García López de Cárdenas** *(16. Jh.)* damals den Grand Canyon und **Hernando de Alvarado** *(16. Jh.)* das Tal des Rio Grande.

»Eine Horde Reiter kam auf uns zu, mit Gewehren, Schwertern, Lanzen und Pfeil und Bogen.«

John Charles Fremont

Im Norden erkundete der Engländer **John Davis** *(1550–1605)* zwischen 1585 und 1587 Teile der Baffin-Insel, die nach **William Baffin** *(1584 bis 1624)* benannt ist, der ebenfalls die Inselwelt im hohen Norden Kanadas durchstreift hatte.
Auch **Henry Hudson** *(um 1565–um 1611)* gehört zu den Eroberern der polaren Regionen Kanadas. Er entdeckte 1610 die Hudson-Straße und die Hudson Bay. Heute kennen ihn die meisten Amerikaner als ersten Europäer, der 1609 in die Bucht von New York segelte, die Insel Manhattan entdeckte und den nach ihm benannten Hudson River 240 km flussaufwärts erforschte.
1804–1806 waren es dann **Merriwether Lewis** *(1774–1809)* und **William Clark** *(1770–1838)*, die kurz nach dem Kauf des französischen Louisiana über die Rocky Mountains zogen und das Land bis an die Küsten des Pazifiks erkundeten. Die Bewohner dieser Regionen studierte ab 1830 **George Catlin** *(1796–1872)*, der als Indianerforscher in die Geschichte einging. Damals war der »Wilde Westen« immer noch weitgehend unbekannt, erst **John Charles Fremont** *(1813–90)* vermaß ab 1838 die Gebiete westlich des Mississippi. Er entdeckte den South Pass in den Rocky Mountains, über den im 19. Jh. fast alle Siedler- und Händlertrecks nach Westen zogen. Angeregt vom New Yorker Geologen **James Hall** *(1811–98)* erkundete **Ferdinand Hayden** *(1829 bis 1887)* ab 1856 diese Gegend weiter und legte mit seiner Expedition von 1872 die Grundlagen für die Gründung des ersten Nationalparks der Welt im Yellowstone-Gebiet. **John Wesley Powell** *(1834 bis 1902)* folgte 1869 dem Colorado River und erforschte den Grand Canyon, der später ebenfalls zu einem weltberühmten Nationalpark der USA wurde. Zwischen 1871 und 1879 durchzog **George Wheeler** *(1842 bis 1905)* schließlich ein Gebiet in den Rocky Mountains, das mit 500 000 km² die Ausdehnung großer europäischer Staaten hat.

In Diensten Englands

Der erste europäische Entdecker, der nordamerikanisches Festland betrat, war ***Giovanni Caboto*** (um 1450–98). *Er reiste im Auftrag der englischen Krone. Das englische Historiengemälde zeigt seine Landung auf Neufundland 1497.*

Die blutige Eroberung Lateinamerikas

Sieger über die Azteken
Die mexikanische Bilderhandschrift aus dem 16. Jh. zeigt eine Szene der Eroberung Mexikos durch ***Hernán Cortés*** (1485 bis 1547). *Im Bild tötet er mit der Lanze einen Aztekenkrieger.*

Grausam war das Erobern fremder Länder in der Geschichte fast immer. Für einen brutalen Höhepunkt aber sorgten die Konquistadoren, die im Namen der spanischen Krone, vor allem aber mit Blick auf die eigene Schatztruhe, die unvorstellbar reichen Hochkulturen Mittel- und Südamerikas zerstörten.

Das erste Kapitel in der Geschichte der Konquistadoren schrieb **Francisco Hernández de Cordóva** *(?–1517)*, der in Mexiko 1517 mit den Maya die erste Hochkultur der »Neuen Welt« fand und sah, dass sie reichen Goldschmuck trugen, was die Goldgier der Spanier weckte. 1 Jahr später entdeckte **Juan de Grijalva** *(1490–1527)* das Aztekenreich mit seinen unermesslichen Reichtümern. **Hernán Cortés** *(1485 bis 1547)* brach im Sommer 1519 mit 508 Fußsoldaten, 16 Reitern und sechs Kanonen von der Küste auf, um dieses Reich zu erobern. Mittels militärischer Gewalt, vor allem aber mit einer Riesenportion Glück und der unabsichtlich eingeschleppten Pockeninfektion schaffte der Abenteurer es tatsächlich, die Azteken zu besiegen. Gerade 12 Jahre vorher hatte der deutsche Kartograf **Martin Waldseemüller** *(um 1470–1522)* dem neuen Kontinent seinen Namen »Amerika« gegeben. Namensgeber war der Italiener **Amerigo Vespuccio** *(1451–1512)*, der bereits 1499 auf einer Expedition vermutete, die von **Christoph Kolumbus** *(1451–1506)* entdeckten Länder gehörten zu einem bisher unbekannten Kontinent. Als der Spanier **Juan Díaz de Solis** *(1470–1516)* 1515 die Atlantikküste Südamerikas bis zum Rio de la Plata nach Süden entlangfuhr, war endgültig klar, dass diese riesigen Landmassen ein Kontinent sein mussten. Die Eroberung dieses Kontinents ging allerdings nicht von der Atlantik-, sondern von der Pazifikküste aus. Entdeckt hatte diesen Pazifischen oder Stillen Ozean der Spanier **Vasco Núñez de Balboa** *(1475–1517)*, der als erster Europäer 1513 die Landenge von Panama durchquert hatte.
An dieser Expedition hatte auch **Francisco Pizarro** *(1476/78–1541)* teilgenommen, beide Männer waren mit **Alonso de Ojeda** *(um 1466–1516)* im Jahr 1509 an die Nordküste Südamerikas aufgebrochen und hatten dort erste Siedlungen gegründet. Beim Erreichen der Pazifikküste soll ein Häuptling den Spaniern erzählt haben, dass es weiter im Süden ein Land mit viel Gold gebe. Diese Informa-

Entdecker des Pazifiks

Nachdem er die Landenge von Panama durchquert hatte, stieß ***Vasco Núñez de Balboa*** (1475–1517) *auf den Pazifik. Heute folgen Schiffe auf dem Panamakanal seinen Spuren.*

tion sollte das restliche Leben von Francisco Pizarro bestimmen. Allerdings brach der Abenteurer erst 1531 zur Eroberung Perus auf, wo er das mächtige Reich der Inka fand, das sich gerade in einem Bürgerkrieg aufrieb. Gegen die Übermacht von mehr als 50 000 Inka schaffte Francisco Pizarro es mit 180 Kriegern, den Inkaherrscher **Atahualpa** *(um 1500 bis 1533)* gefangenzunehmen. Obwohl die Inka ein Lösegeld in Form von Gold anboten, das einen 35 m^2 großen Raum bis zur Decke auffüllte, beschlossen Pizarro und sein inzwischen zu ihm gestoßener Partner **Diego de Almagro** *(um 1475 bis 1538)*, Atahualpa hinzurichten. Anschließend eroberten die beiden das Inkareich vollständig. Diego de Almagro zog weiter bis nach Chile und kehrte von dort enttäuscht ohne Gold zurück. Die Kampfgefährten bekämpften sich nun und kamen dabei schließlich beide ums Leben.

Das langgestreckte Land Chile eroberte zwischen 1540 und 1552 **Pedro de Valdivia** *(um 1466–1516)*. Er unterwarf dort das Volk der Mapuche, gründete Städte wie Santiago de Chile, La Serena, Concepción, Villarrica und Valdivia. 1553 aber schlugen die Mapuche die Spanier, zwangen Pedro de Valdivia, flüssiges Gold zu trinken, und zerstörten die meisten der spanischen Siedlungen südlich des Bio-Bio-Flusses wieder. Bis zum 19. Jh. sollte dieser Fluss die Südgrenze der spanischen Besiedlung bleiben.

Suche nach El Dorado

Auch **Gonzalo Jiménez de Quesada** *(1509–79)* war auf der Jagd nach Gold, als er ab 1535 im heutigen Kolumbien das Land eroberte. Zwar konnte er sich und der spanischen Krone Gold und Smaragde sichern, die sagenhafte Goldstadt »El Dorado« fand er allerdings nicht. Diese Stadt suchte auch **Nikolaus Federmann** *(1506–42)* in zwei Expeditionen 1530 und 1536 vom Orinoco-Fluss aus. In dieser Zeit machte sich ebenfalls **Sebastián de Belalcázar** *(um 1479 oder 1495–1551)* auf die Suche nach El Dorado und eroberte das heutige Ecuador und den Südwesten des heutigen Kolumbien.

1535 und 1536 segelte **Pedro de Mendoza** *(1487 bis 1537)* die Atlantikküste Südamerikas entlang nach Süden und gründete schließlich die Stadt und Kolonie Buenos Aires. Damit legte er den Grundstein für das heutige Argentinien. Der Deutsche **Ulrich Schmidl** *(1510–79)* erreichte in seinen Expeditionen den südöstlichen Teil des heutigen Bolivien. 100 Jahre später festigte der Niederländer **Johann Moritz von Nassau-Siegen** *(1604–79)* den Einfluss Hollands im Nordosten des heutigen Brasilien. In der gleichen Zeit schaffte es der Portugiese **Pedro Teixeira** *(?–1640)* als erster Europäer, den Amazonas 1638 von der Mündung bis zu den Oberläufen zu befahren, am Ende erreichte er Quito im Hochland Ecuadors. Damit war die Entdeckung Südamerikas weitgehend abgeschlossen.

Gründervater Argentiniens

Aus der Gründung von Buenos Aires – im Bild ein Obelisk auf der Avenida 9 de Julio – durch ***Pedro de Mendoza*** (1487 bis 1537) *erwuchs später Argentinien.*

Im Bann des Schwarzen Kontinents

Afrika – mit dem Klang dieses Namens verbanden die Europäer lange ein Gefühl des Unheimlichen. Die Natur des Landes mit den Wüsten im Norden und Süden sowie dem Tropenwald am Äquator bildete lange Zeit eine kaum überwindbare Barriere. Etwa ab dem Ende des 18. Jh. nahm die Forschungstätigkeit gleichwohl zu. Besonders interessant war die Frage nach der Quelle des Nil.

Zu den Nilforschern gehörte auch der schottische Arzt und Missionar **David Livingstone** *(1813–73)*. Auf seiner ersten Expedition (1849–56) durchzog er die Kalahariwüste, durchquerte von Luanda an der Atlantikküste bis Quelimane am Indischen Ozean als erster Europäer den Kontinent von West nach Ost und entdeckte die Victoriafälle. In seiner Heimat machte ihn dieser Erfolg zum Nationalhelden. Livingstones zweite Reise (1858 bis 1864) brachte weniger spektakuläre Ergebnisse, wenngleich er u. a. den Njassasee (heute Malawisee) entdeckte. Seine dritte Expedition (1866–73) widmete der Forscher der Suche nach der Quelle des Nil; an die Lösung der »Nilfrage« durch den Briten John Speke schien er nicht zu glauben. Neue Erkenntnisse blieb er allerdings schuldig und entdeckte lediglich einige große Seen. Dennoch sollte diese Expedition den Hauptgrund für den Ruhm Livingstones liefern. Denn während der Reise versiegte der Nachrichtenfluss über den gesundheitlich angeschlagenen Forscher: Livingstone galt als verschollen. So brach 1871 der Journalist **Henry Morton Stanley** *(1841–1904)* auf, um ihn zu suchen. Am 10. November 1871 traf seine Expedition in Ujiji am Tanganjikasee ein, und wenig später stand Stanley dem Vermissten gegenüber. Mit dem berühmten Satz »Dr. Livingstone, nehme ich an« begrüßte er Livingstone. Gemeinsam unternahmen die beiden Männer nun Forschungen am Tanganjikasee, dann trennten sie sich. Wenig später, am 1. Mai 1873, starb Livingstone. Seine Diener trugen den einbalsamierten Leichnam nach Sansibar, von wo er nach England verschifft wurde. Am 18. April 1874 wurde Livingstone in der Westminsterabtei in London beigesetzt.

Legendärer Forscher

Auf drei Reisen erforschte ***David Livingstone*** (1813 bis 1873) *Süd- und Zentralafrika. Seine Suche nach der Nilquelle blieb erfolglos.*

Erforscher des Kongoflusses

Dem Kongo als dem letzten großen unerforschten Strom Afrikas widmete ***Henry Morton Stanley*** (1841–1904) *sein Wirken.*

Entlang der Flusssysteme

Das Interesse der Europäer an Afrika war zu Beginn des Zeitalters der Entdeckungen vornehmlich auf den Sklavenhandel gerichtet. Dazu errichteten sie zahlreiche befestigte Handelsstationen an den Küsten; ins Landesinnere wagten sie sich kaum, denn der Kontinent galt als das »Grab des weißen Mannes«. Erst gegen Ende des 18. Jh. begann die systematische Erforschung Afrikas, zunächst vor allem von Großbritannien aus. Hier war in den 1780er-Jahren die Sklaverei in Verruf geraten. So gaben die Briten ihr geschäftliches Interesse am »schwarzen Elfenbein« auf und strebten stattdessen nun eine Verbindung von »gerechtem Handel« und christlicher Mission an, um so Zivilisation und Wohlstand in ganz Afrika zu verbreiten.
Mutige Entdecker wagten sich nun, zunächst vor allem entlang großer Ströme wie Niger, Kongo, Sambesi und Nil, ins Herz des Dunklen Kontinents, wobei sie aufgrund zahlreicher Stromschnellen große Teile der riesigen Entfernungen unter unsäglichen Strapazen zu Fuß zurücklegen mussten. **James Bruce** *(1730–94)* war zwischen 1763 und 1765 Konsul von Algier und studierte währenddessen orientalische Sprachen und Medizin. Danach widmete sich der Schotte vor allem der Erforschung der Nilquelle. 1770 erreichte er die Quelle des Blauen Nil und folgte dessen Lauf bis zum Zusammenfluss mit dem Weißen Nil. **John H. Speke** (1827–64) entdeckte 1858 den Victoriasee. Gemeinsam mit James A. Grant fand der Engländer während einer zweiten Expedition 1860–63 den Kagera als Hauptquellfluss des Victoriasees und entdeckte den Victorianil als dessen nördlichen Abfluss. Damit war die Frage nach der Quelle des Nil beantwortet. **Richard F. Burton** (1821–90) erforschte 1858 zusammen mit John H. Speke als erster Europäer das zentrale Ostafrika. Gemeinsam entdeckten sie den Tanganjikasee, den Burton für die Quelle des Nil hielt. Später bereiste der Engländer Brasilien, Syrien und Arabien; er gilt daher als einer der bedeutendsten Weltreisenden seiner Zeit. **Samuel W. Baker** (1821–93) erforschte 1861–65 das obere Nilgebiet und entdeckte 1864 den Albertsee, den zweiten Quellsee des Nil. Wahrscheinlich verdankt der Engländer diese Entdeckung Hinweisen von John Speke und James Grant, denen er 1863 begegnete. Baker konnte die Verbindung des Victoriasees mit dem Albertsee beweisen. Der französische Offizier **Pierre Brazza** *(1852–1905)* wurde durch seine Reise zur Erforschung des oberen Ogowe (1875–78) im Kongobecken berühmt.

Humaner Entdecker
Die moderne Illustration zeigt ***Pierre Brazza*** *(1852–1905) im Gespräch mit Afrikanern. Brazza verzichtete bei seinen Reisen weitgehend auf Gewaltanwendung.*

Licht auf den Schwarzen Kontinent

Aber nicht nur die Flusssysteme zogen die Forscher an. Eines der legendären Ziele war die westafrikanische Oasenstadt Timbuktu, deren Erkundung vor allem mit den Forschernamen **Mungo Park** *(1771 bis 1806)*, **Alexander Gordon Laing** *(1793–1826)*, **René Caillié** *(1799–1838)* und **Heinrich Barth** *(1821–65)* verbunden ist. Der Brite Park, der sich

»Ungeachtet ihrer Einförmigkeit hat die Wüste doch etwas unaussprechlich Großartiges.«
Heinrich Barth

Seiner Zeit weit voraus
Die Skizze aus dem Bericht von ***Heinrich Barth*** *(1821 bis 1865) über seine große Expedition zeigt deren Einzug in Timbuktu 1853. Barth war einer der wenigen Entdeckungsreisenden, der den Afrikanern ohne kolonialen Dünkel begegnete.*

um die Erforschung des Nigergebiets große Verdienste erwarb, musste umkehren, bevor er Timbuktu erreichte. Der erste Europäer, der Timbuktu betrat, war 1828 der Brite Laing – doch er überlebte den Rückweg nicht. Nach ihm erreichte der Franzose Caillié die Wüstenmetropole und war damit der Erste, der aus Timbuktu berichtete. Auch der Weg des deutschen Forschers Barth, der von 1851 bis 1855 die bis dahin bedeutendste Afrikaexpedition leitete und dabei etwa 18 000 km zurücklegte, führte bei seiner Durchquerung der Sahara 1853 in die sagenumwobene Stadt.

Entdeckungen, Reichtum und Ruhm

Oft spielten nicht zuletzt geschäftliche Interessen eine wichtige Rolle, wenn Menschen in das Herz Afrikas vorstießen. Das war z. B. bei **André Brue** *(1654–1738)* der Fall, der 1697 Generaldirektor der französischen Kompanie an der Mündung des Senegalflusses wurde. Weiter im Süden hatten sich die Engländer längst am Gambia-Fluss festgesetzt, ihren Einfluss sollte der Franzose schwächen. Die wichtigste »Handelsware« damals waren Sklaven, die Menschenrechte standen noch nicht hoch im Kurs. Das musste auch **Leo Africanus** *(um 1490 bis nach 1550)*, der eigentlich Al-Hasan ibn Mohammed al-Wassan hieß, am eigenen Leib erfahren. Der arabische Geograf beschrieb vor allem die Sahara und den Sudan, später wurde er von Piraten gefangen und nach Italien in die Sklaverei verkauft. Seine in Arabisch begonnene »Beschreibung Afrikas« setzte er daher in Italienisch fort.

Zahlreiche Forscher widmeten sich auch ethnologischen Studien – das Hintergrundbild zeigt eine 1870 von Georg Schweinfurth angefertigte Porträtskizze von König Munsa der Monbuttu.

Auf seinen Spuren war Jahrhunderte später der Deutsche **Eduard Vogel** *(1829–56)* unterwegs, der 1854 die Lage des Tschadsees im Süden der Sahara bestimmte. Als er aber in das Hochland von Adamaoua im Norden des heutigen Kamerun vordrang, ließ ihn der dortige Sultan töten. Das Schicksal seines Landsmanns konnte erst Jahre später **Gustav Nachtigal** *(1834 bis 1885)* klären, der die gleiche Region Afrikas bereiste. Auch der Deutsche **Gerhard Rohlfs** *(1831–96)* erforschte die Sahara, dort gelang ihm nach David Livingstone die zweite Durchquerung des afrikanischen Kontinents. Berühmt wurde er aber weniger wegen seiner entdeckerischen Leistungen als vielmehr aufgrund der fesselnden Berichte über seine Reisen.

Der Schweizer **Josua Zweifel** *(1854–96)* entdeckte 1879 die Quellen des drittlängsten Flusses Afrikas, des Niger, und beendete damit ein 200 Jahre altes Rätselraten über den Ursprung des Flusses, der durch Berge und Regenwald, Savanne und Wüste fließt. Die Quellen eines der beiden längsten Flüsse der Welt fand der Deutsche **Richard Kandt** *(1867 bis 1918)* der im Nyungwe-Wald Ruandas die Quellen des Rukarara entdeckte. Dieser Fluss wird später zum Nyabaraongo, der wiederum der größte Zufluss des Viktoriasees ist, aus dem der Weiße Nil nach Süden fließt. Auch der Deutsche **Paul Reichard** *(1854–1938)* erforschte in dieser Region Teile Ugandas und des Ostens des Kongo.

Weiter im Osten entdeckten **Johann Ludwig Krapf** *(1810–81)* und **Johannes Rebmann** *(1820–76)* mit dem Kilimandscharo und dem Mount Kenia die höchsten Berge Afrikas. Mit **Georg Schweinfurth** *(1836–1925)* war es ein weiterer Deutscher, der im Herzen Afrikas u. a. den Ubangi entdeckte, dessen mehr als 2000 km langes Flusssystem später den Kongo speist.

Der Versuch des österreichischen Südafrikaforschers **Emil Holub** *(1847–1902)*, Afrika von Süden nach Norden zu durchqueren, endete nach 4-jährigen Strapazen erfolglos am Sambesi.

Südafrikaforscher

Der Holzstich von 1890 zeigt ***Emil Holub*** (1847–1902) *und seine Frau* ***Rosa*** (1865–1958). *Gemeinsam versuchten sie die Durchquerung Afrikas von Kapstadt nach Kairo.*

Pionier im Nigergebiet

Die Illustration zeigt eine Expedition des britischen Afrikaforschers ***Mungo Park*** (1771–1806) *beim Überqueren eines Flusses.*

Die Entdeckung von Down Under

Grandiose Naturschönheiten wie hier an der Südwestküste prägen das heutige Bild Australiens.

Als letzten der fünf klassischen Kontinente entdeckten die Europäer mit Australien die einzige große Landmasse der Erde, die ausschließlich auf der Südhalbkugel liegt.

Eigentlich sollte der Niederländer **Willem Jansz** *(um 1570–um 1630)* mit seinem Schiff »Duyfken« (Täubchen) neue Handelsmöglichkeiten in Südostasien erschließen, als er von Neuguinea aus Kurs Süd einschlug. Doch setzte er, wohl im März des Jahres 1606, als erster Europäer nachweislich seinen Fuß an der Westküste der Kap-York-Halbinsel auf den Boden Australiens.

Der tropische Norden des fünften Kontinents indes kam Jansz sehr unwirtlich vor. Während verschiedener Expeditionen töteten die Ureinwohner des Landes mindestens zehn seiner Männer. Trotzdem kartierte Jansz gut 300 km der Küste, die er allerdings für einen Teil des längst bekannten Neuguinea hielt. »Nieu Zelandt« nannte er das von ihm entdeckte Land.

Diesen Namen sollte **Abel Tasman** *(1603–59)* 1642 für ein ganz anderes Land verwenden, das viel isolierter als Australien weit im Osten des fünften Kontinents liegt und das er »Neuseeland« nannte. Seine eigentliche Aufgabe war die Erkundung des von Willem Jansz entdeckten Landes gewesen, das inzwischen Neuholland genannt wurde. Die Niederländer vermuteten, den sagenhaften riesigen Südkontinent »Terra australis« entdeckt zu haben und dort neue Handelsmöglichkeiten erschließen zu können. Abel Tasman segelte von Jakarta in Indonesien zu den Mauritiusinseln, von dort allerdings viel weiter im Süden in Richtung Osten als die Expeditionen vor ihm. Auf diesem Kurs fuhr er außerhalb der Sichtweite an der Südküste Australiens vorbei und erreichte erst bei einer Insel wieder Land, die er Van-Diemens-Land nannte und die heute nach ihrem Entdecker »Tasmanien« heißt. Viel weiter im Osten stieß er am 13. Dezember 1642 in der Nähe der heutigen Stadt Hokitika auf die Westküste der Südinsel Neuseelands. Zunächst vermutete er, die Westküste Chiles erreicht zu haben. Viel Glück hatte Tasman dort nicht. Bereits beim ersten Landgang töteten die einheimischen Maori vier Matrosen. An Land ging Abel Tasman danach nicht mehr, entdeckte aber auf seiner Fahrt nach Norden noch die Tonga- und die Fidschi-Inseln.

Erst der Engländer **James Cook** *(1728–79)*, der Neuseeland 1769 erreichte, erforschte das Land genauer und entdeckte, dass es durch die 30 km breite Meeresstraße, die heute seinen Namen trägt, in zwei Hauptinseln unterteilt ist. Auf der gleichen Reise setzte der Engländer 1770 als erster Europäer dann seinen Fuß auf die Ostküste Australiens.

Entdecker Tasmaniens

In Zeichnungen wie dieser hielt ***Abel Tasman*** (1603–59) *die Eindrücke von seinen Reisen fest. Neben Tasmanien entdeckte der Niederländer auch Neuseeland.*

Erforscher des Pazifiks

*Drei Weltreisen unternahm **James Cook** (1728–79), bei denen er vor allem den Pazifik erforschte. Seine Fahrten markieren das Ende des maritimen Entdeckungszeitalters.*

Ein unwirtlicher Kontinent

Vermutlich waren bereits im 16. Jh. spanische Seefahrer in Australien gelandet, Chinesen sollen den Kontinent noch früher erreicht haben. Die Aborigines Australiens wiederum wurden erst von ihren Nachbarn isoliert, als vor rund 8000 Jahren die Landbrücke nach Neuguinea überflutet wurde, die während der Eiszeit trocken gelegen hatte.
Nachdem 1606 der Niederländer Willem Jansz als erster Europäer nachweislich die Kap-York-Halbinsel im Norden Australiens betreten hatte, bekam sein Landsmann **Dirk Hartog** *(1580–1621)* am 25. Oktober 1616 als Nächster den Kontinent zu sehen.
80 Jahre später kartierte **Willem de Vlamingh** *(1640 bis 1698)* 1696 Teile der Westküste Australiens. Anschließend versank der Kontinent wieder in Vergessenheit, bis James Cook im Jahr 1770 die Ostküste erreichte und das Land für England beanspruchte. 1787 landeten dann die ersten deportierten Gefangenen in einer Bucht, an der heute die Stadt Sydney steht.
Die neue Kolonie entwickelte sich rasch entlang der Küste. Den gesamten Kontinent umsegelte als Erster **Matthew Flinders** *(1774–1814)* in den Jahren 1801 und 1802, gleichzeitig untersuchte auch der Franzose **Louis de Freycinet** *(1779–1842)* die Küsten Australiens. Aber weiter als 100 km landeinwärts drang damals praktisch niemand vor.

Auf dem Weg ins Landesinnere

Die erste Expedition ins Innere des fünften Kontinents begann **John Edward Eyre** *(1815–1901)*, als er 1839 am Unterlauf des Murray-Flusses landeinwärts vorstieß. Praktisch im Alleingang durchquerte er die südlichen Wüsten Australiens. **Charles Sturt** *(1795–1869)* versuchte auf drei Expeditionen zwischen 1827 und 1845 nach Norden vorzustoßen, kam aber nur bis zum 24. Breitengrad Süd. 1848 brach der Deutsche **Ludwig Leichhardt** *(1813 bis 1848)* auf, um die Wüsten von Ost nach West zu durchqueren – und verschwand spurlos. Auf einer Suchaktion nach seiner Expedition schaffte dann **John Forrest** *(1847–1918)* im Jahr 1870 diese Durchquerung. Auch **Augustus Gregory** *(1819 bis 1905)* suchte auf seinen Expeditionen ins Landesinnere nach den Spuren des Verschwundenen.
Robert O'Hara Burke *(1821–61)*, **William John Wills** *(1834–61)*, **John King** *(1832–72)* und **Charlie Gray** *(?–1861)* waren die vier Abenteurer, die die erste Durchquerung Australiens von Süden nach Norden versuchten – drei von ihnen kamen dabei 1861 ums Leben. Nur King wurde von Aborigines gerettet. Erfolgreicher war der Schotte **John McDouall Stuart** *(1815–66)*: Zwischen 1858 und 1862 durchquerte er als erster Europäer den Kontinent, um die Route für eine Telegrafenleitung von Südaustralien nach Darwin ganz im Norden des Landes zu erkunden. 1870–72 wurde entlang dieser Strecke dann eine Telegrafenlinie gebaut.

Im Innern Australiens

*Der Kupferstich von 1880 zeigt **Robert O' Hara Burke** (1821–61), **William John Wills** (1834–61) und **John King** (1832–72) während ihrer Expedition.*

Im wilden Osten

Bis ins 16. Jh. gehörten zumindest Teile von Sibirien zum Herrschaftsbereich der Goldenen Horde und damit den Nachfolgern von Dschingis Khan. Europäer dagegen drangen erst ab 1582 über den Ural in das riesige Land vor.

Eroberer Sibiriens
*Im Dienst der Kaufmannsfamilie Stroganow begann der Kosakenführer **Jermak** (um 1540–85) die Unterwerfung Sibiriens. Der Holzstich von 1895 zeigt eine Schlacht im Jahr 1582.*

Als 1572 Tataren aus dem Khanat Sibir russische Siedler am Ural bedrohten, holten diese Kosaken von der Wolga zu Hilfe, deren Ataman oder Hauptmann **Jermak** *(um 1540–85)* war. Seine kleine Armee besiegte mit schnellen Attacken die Tataren und öffnete damit das Tor nach Sibirien. **Jerofei Chabarow** *(um 1610–nach 1667)* machte sich einen Namen, als er den Amur-Fluss im Fernen Osten erkundete. Noch weiter im Osten erforschte **Wladimir Arsenjew** *(1872–1930)* zwischen 1902 und 1930 in mehreren großen Expeditionen die unbekannten Regionen zwischen der russischen Pazifikküste und dem Fluss Ussuri, der dort die Grenze mit Sibirien bildet. Bereits im frühen 18. Jh. kannten auch die Westeuropäer den Wilden Osten, weil der Niederländer **Nicolaas Witsen** *(1641 bis 1717)* nach mehreren Forschungsreisen die erste Landkarte Sibiriens veröffentlichte.
Der deutsch-russische Botaniker **Alexander von Bunge** *(1803–90)* untersuchte 1826 und 1836 das Altaigebirge und leitete 1885 und 1886 eine Expedition zu den Neusibirischen Inseln, an der auch der russische Naturforscher **Eduard Toll** *(1858–1902)* teilnahm. Der deutsch-baltische Zoologe **Alexander Theodor von Middendorff** *(1815–94)* erforschte zwischen 1842 und 1845 den Hohen Norden Sibiriens auf der Taimyrhalbinsel.
Nachdem die russischen Zaren begonnen hatten, die Bodenschätze des Landes mithilfe von Strafgefangenen auszubeuten, erkundete als erster in Freiheit reisender Nichtrusse der US-Amerikaner **George Kennan** *(1845–1924)* auf einer 24 000 km langen Forschungsreise 1885 und 1886 dieses Verbannungssystem. Bereits vorher hatte er Teile der Kamtschatkahalbinsel bereist.
Der Deutsche **Oskar Iden-Zeller** *(1879–1925)* hat nach eigenen Angaben zwischen 1902 und 1906 Sibirien zu Fuß durchquert und dabei 12 000 km zurückgelegt.
Semjon Iwanowitsch Deschnjow *(um 1605–73)* erforschte in der Mitte des 17. Jh. die sibirische Eismeer- und Pazifikküste und entdeckte u. a. die Beringstraße zwischen Sibirien und Alaska. **Wassili Pojarkow** *(unbekannt–1646?)* erkundete von Jakutsk aus die Gebiete am Oberlauf des Amur im äußersten Osten Sibiriens. **Pjotr Fjodorowitsch Anschu** *(1796–1869)* erfasste 1820 die Küste Nordsibiriens in exakten Karten. Der Deutschrusse **Leopold von Schrenck** *(1826–94)* erforschte in der Mitte des 19. Jh. die Insel Sachalin vor der Ostküste Sibiriens.

Die Karte zeigt den Verlauf bedeutender Expeditionsrouten in Sibirien.

Unterwegs auf der Seidenstraße

Mit Kettenfahrzeugen
Unter Leitung von ***Georges-Marie Haardt*** (1884 bis 1932) *veranstaltete der französische Autobauer Citroën eine »Gelbe Kreuzfahrt« mit Halbkettenfahrzeugen über die Seidenstraße.*

Um keinen anderen Handelsweg ranken sich so viele Mythen wie um die Seidenstraße. Das Netz aus Karawanenwegen, das vom Mittelmeer bis nach China führt, war Jahrhunderte lang eine ebenso exotische wie lukrative Reiseroute. Neben Seide transportierten die Pferde und Kamele Porzellan, Gewürze, Parfüm und Tee nach Westen, auf dem Rückweg nach China waren sie dann z. B. mit Gold, Silber und Edelsteinen beladen. Kein Wunder, dass diese Route früh das Interesse von Herrschern und Händlern weckte.

Schon im 2. Jh. v. Chr. machte sich **Zhang Qian** *(195–114 v. Chr.)* im Auftrag des chinesischen Kaisers nach Westen auf, um endlich verlässliche Informationen über Zentralasien zu sammeln. Doch seine im Jahr 138 v. Chr. begonnene Reise stand zunächst nicht unter einem guten Stern. Statt wie befohlen ein Bündnis mit einem Volk im heutigen Tadschikistan aushandeln zu können, wurde der Gesandte unterwegs gefangengenommen und 10 Jahre festgehalten. Nach dieser Geduldsprobe hatte er nicht nur geheiratet, sondern auch das Vertrauen des lokalen Herrschers gewonnen, sodass er seine Reise schließlich doch noch fortsetzen konnte. Er blieb 1 Jahr in Tadschikistan und brachte dann detaillierte Berichte über die dortigen Sitten und Gebräuche mit zurück nach China. Der Kaiser erfuhr, dass im Westen zivilisierte Menschen lebten, mit denen es sich lohnen könnte zu handeln und diplomatische Beziehungen aufzubauen. In der Folge machten sich viele weitere Gesandtschaften dorthin auf den Weg. Damit war die Seidenstraße entstanden.

Auf ihr reisten aber nicht nur Gesandte, Händler und Waren, sondern auch Ideen. Beispielsweise gelangte der Buddhismus aus Indien über die Seidenstraße bis nach China. Und etliche seiner Anhänger machten sich in umgekehrter Richtung auf den Weg, um diese Religion in ihrem Ursprungsland zu studieren. Bekannt wurde der Pilgermönch **Xuanzang** *(603–664)*, der über die Seidenstraße nach Indien reiste und von dort nicht nur wertvolle heilige Schriften, sondern auch umfangreiche Informationen über Land und Leute mit zurück in seine Heimat China brachte.

Der wohl berühmteste europäische Reisende auf der Seidenstraße war der venezianische Händler **Marco Polo** *(um 1254–1324)*. Schon sein Vater und sein Onkel, die beide im Juwelengeschäft tätig waren,

Chinakenner
Der Deutsche **Ferdinand Freiherr von Richthofen** (1833 bis 1905) *war der wohl beste Chinakenner seiner Zeit. Er gab der Seidenstraße ihren Namen.*

hatten eine Geschäftsreise an die Wolga unternommen und waren dann durch Kriegswirren immer weiter nach Osten geraten. So gelangten sie schließlich im Winter 1266 bis nach Peking, wo sie vom damaligen Mongolenherrscher freundlich aufgenommen wurden. Auf einer zweiten Reise nach China war dann 1271 auch Marco Polo mit von der Partie. 1275 erreichten die Händler ihr Ziel, die chinesische Stadt Schangdu, wo sie dem Mongolenherrscher Kubilai Khan begegneten.

Der Namensgeber und seine Nachfolger

Seinen berühmten Reisebericht schrieb Marco Polo in einer Zeit, in der von wissenschaftlicher Beobachtung im heutigen Sinn noch nicht die Rede sein konnte. Erst **Ferdinand Freiherr von Richthofen** *(1833–1905)* füllte diese Lücke und widmete sich dem Kaiserreich China mit wissenschaftlicher Akribie. Zwischen 1868 und 1872 bereiste er systematisch 13 der 18 Provinzen. Er studierte die Gesteine und Landschaftsformen ebenso wie die Pflanzen und Tierwelt oder die Bevölkerung, Kultur und Wirtschaft. Alle diese einzelnen Mosaiksteine fügte er zu einem umfassenden Chinabild zusammen. Von Richthofen war es auch, der für die berühmte uralte Handelsstraße mit ihren beiden Hauptrouten im Süden und Norden den Namen »Seidenstraße« prägte.
Einen seiner Studenten, den Schweden **Sven Hedin** *(1865–1952),* steckte Richthofen mit seiner Begeisterung für die Region an. Zwischen 1894 und 1908 erforschte dieser auf drei abenteuerlichen Expeditionen die Wüsten und Gebirgsregionen Zentralasiens, Chinas und Tibets. Er legte die Grundlage für eine genaue Karte von Zentralasien und schlug mit interessanten Reiseberichten, wissenschaftlichen Dokumentationen sowie Abenteuerberichten für junge Leser weltweit ein breites Publikum in seinen Bann. Hedins wissenschaftliches Ansehen litt jedoch aufgrund seiner eindeutigen Parteinahme für Deutschland im Ersten Weltkrieg. Gleichwohl ließen sich Fachkollegen von Sven Hedin inspirieren. So unternahm der in Budapest geborene Archäologe **Marc Aurel Stein** *(1862–1943)* mehrere Expeditionen, auf denen er die Kulturen entlang der Seidenstraße erforschte, archäologische Stätten entdeckte und Dokumente in den verschiedenen Sprachen Zentralasiens sammelte. Seinen spektakulärsten Fund machte er in den Mogao-Grotten in der Nähe der Oasenstadt Dunhuang im Westen Chinas. Dort stieß er auf das wohl erste gedruckte Buch der Menschheitsgeschichte: Der »Diamant-Sutra« genannte buddhistische Text stammt aus dem Jahr 868.
Sehr lohnende Expeditionen führten auch die deutschen Wissenschaftler **Albert Grünwedel** *(1856 bis 1935)* und **Albert von Le Coq** *(1860–1930)* durch. Zwischen 1902 und 1914 reisten sie insgesamt vier Mal in die Oase von Turfan im Westen Chinas. Dort erkundeten sie ausgedehnte Höhlentempel und brachten kistenweise Malereien und mehr als 40 000 Textfragmente für das Museum für Völkerkunde in Berlin mit. Sonderlich zimperlich gingen sie dabei nicht vor: Sie ließen ganze Fresken aus Höhlenwänden herausmeißeln und zerstörten bei den Ausgrabungen zahlreiche Manuskripte.
Aus ganz anderen Gründen bereiste **Georges-Marie Haardt** *(1884–1932)* in den 1930er-Jahren die Seidenstraße. Dem Mitarbeiter des französischen Autoherstellers Citroën ging es weniger um Kunstschätze und wissenschaftliche Forschungen, als um eine Pionierleistung im Automobilbereich. Unter dem Namen »Croisière Jaune« unternahm er von 1931 bis 1932 die erste Autoexpedition auf der Seidenstraße.

Kartograf Zentralasiens
Die Erkenntnisse aus **Sven Hedins** (1865–1952) *Expeditionen trugen maßgeblich zur genauen Kartierung Zentralasiens bei.*

Stupas (Kultbauten) bei den Mogao-Grotten, wo Marc Aurel Stein forschte.

Erforscher Innerasiens
Der Archäologe **Marc Aurel Stein** (1862 bis 1943) *beschäftigte sich bei seinen Studien an der Seidenstraße u. a. mit exquisiten Seidenstoffen wie diesem.*

Begründer der Evolutionstheorie
Die Tierwelt der Galápagosinseln – oben ein Landleguan – inspirierte **Charles Darwin** (1809–82) *zur Niederschrift seiner Theorie.*

Reisende der Wissenschaft

Reisen bildet – diese heute noch gern gebrauchte Floskel hatte in den vergangenen Jahrhunderten eine viel umfassendere Bedeutung. Auf abenteuerlichen Wegen wurden unbekannte Welten entdeckt, die alsbald von wagemutigen Wissenschaftlern erforscht wurden.

»Alexander von Humboldt hat Amerika mehr Wohltaten erwiesen als alle seine Eroberer, er ist der wahre Entdecker Amerikas.« Der südamerikanische Unabhängigkeitskämpfer Simon Bolivar war nicht der einzige Zeitgenosse, der begeisterte Loblieder auf den deutschen Naturforscher sang. **Alexander von Humboldt** *(1769–1859)* war schon zu Lebzeiten eine Legende.
Dabei hatte er seine Laufbahn wenig spektakulär im Staatsdienst begonnen. Doch als er nach dem Tod seiner Mutter ein beachtliches Vermögen erbte, beschloss Humboldt, einen alten Traum zu verwirklichen. 1796 schrieb er in einem Brief: »Meine Reise ist unerschütterlich gewiss. Ich präpariere mich noch einige Jahre und sammle Instrumente, ein bis anderthalb Jahre bleibe ich in Italien, um mich mit Vulkanen genau bekannt zu machen, dann geht es über Paris nach England … und dann mit englischen Schiffen nach Westindien.« Unter »Westindien« verstand man damals große Teile Mittel- und Südamerikas zwischen Mexiko und dem Amazonas.
Nach akribischen Vorbereitungen setzte Humboldt seinen ehrgeizigen Plan tatsächlich um: Gemeinsam mit dem Botaniker **Aimé Bonpland** *(1773–1858)*, der ihn auf seinen abenteuerlichen Reisen in die Neue Welt begleiten sollte, stach er am 5. Juni 1799 in der spanischen Hafenstadt La Coruña in See. Nach einer Zwischenstation auf Teneriffa erreichte die Fregatte *Pizarro* gut 3 Wochen später die Küste Venezuelas. An Bord aber gab es Probleme. Der Typhus wütete unter der Mannschaft, die Seekarten waren unzuverlässig, der Kapitän versuchte tagelang vergeblich, den Hafen von Cumaná anzusteuern.
Plötzlich tauchten vor der Küste Boote mit Einheimischen auf, der Anführer der Indianer bot sich als Lotse an. Nebenbei berichtete er seinen faszinierten Zuhörern von den

Alexander von Humboldt registrierte buchstäblich alles, was ihm auf seinen Reisen an Neuem oder Bemerkenswertem begegnete. Im Bild die Pflanze *Rhexia rotundifolia*.

Naturschätzen seiner Heimat. Als das Schiff schließlich im Hafen lag, beschlossen Humboldt und Bonpland, die vielversprechende Gegend zu erkunden – und kamen aus dem Staunen nicht mehr heraus: »Wir sind hier in dem göttlichsten und vollsten Land. Wunderbare Pflanzen, Zitteraale, Tiger, Armadölle, Affen, Papageien; und viele, viele echte, halbwilde Indianer.« Manchmal fürchtete Humboldt sogar, all die Eindrücke könnten zu viel werden: »Wie die Narren laufen wir bis jetzt umher; in den ersten 3 Tagen können wir nichts bestimmen, da man immer einen Gegenstand wegwirft, um einen anderen zu ergreifen. Bonpland versichert mir, dass er von Sinnen kommen werde, wenn die Wunder nicht bald aufhören.«

»Überall geht ein frühes Ahnen dem späteren Wissen voraus.«

Alexander von Humboldt

Die beiden Forscher reisten weiter nach Caracas und unternahmen von dort eine große Flussfahrt. In einem Einbaum erkundeten sie die Flüsse Apure, Orinoco, Rio Atabapo und Rio Negro. Dabei entdeckten sie, dass der Amazonaszufluss Rio Negro über den Rio Cassiquiare direkt mit dem Orinoco verbunden ist – eine Tatsache, die in der damaligen Wissenschaftswelt einiges Aufsehen erregte. In 75 Tagen legten die Forscher 2250 km zurück. An Bord des Einbaums war es allerdings mehr als unbequem. Humboldt berichtet von drangvoller Enge, karger Kost und blutrünstigen Moskitos, »die die Luft verfinstern.« Und trotzdem fühlte sich der früher eher kränkliche Reisende so tatkräftig wie nie: »Die Tropenwelt ist mein Element, und ich bin nie so ununterbrochen gesund gewesen, als in den letzten 2 Jahren.«

Auf weiteren Expeditionen widmeten sich Humboldt und Bonpland der Erforschung der Anden und bestiegen verschiedene Gipfel. Den 6310 m hohen Chimborazo in Ecuador konnten sie 1802 zwar nicht ganz bezwingen, trotzdem brachte ihnen allein der Versuch den Höhenweltrekord für Bergsteiger ein, der 30 Jahre lang Bestand haben sollte.

Darwin erschüttert die Wissenschaft

Nach seiner Rückkehr nach Europa im Jahr 1804 wurde Humboldt mit seinen fesselnden Berichten von diesen Abenteuern zum gefeierten Star. »Er war der größte reisende Wissenschaftler, der jemals gelebt hat«, begeisterte sich **Charles Darwin** *(1809–82)*. Der britische Naturforscher sollte später allerdings Leistungen vollbringen, die denen seines deutschen Kollegen in nichts nachstanden. 1831 brach er mit dem Vermessungsschiff *Beagle* zu einer Reise auf, deren Ergebnisse das Selbstverständnis der Menschheit erschüttern sollten.

Die Fahrt führte über die Kapverdischen Inseln nach Brasilien. Darwin beschäftigte sich unterwegs mit den Pflanzen, Tieren und Gesteinsformationen der fremden Landstriche. Besonders faszinierten ihn die Galápagosinseln, die 1000 km vor der ecuadorianischen Küste im Pazifik liegen. Er stieß dort auf Schildkröten, Vögel und bizarre Meerechsen, die an kleine Drachen erinnerten. Überrascht stellte der Forscher fest, dass auf den verschiedenen Inseln jeweils unterschiedliche Arten leben. Allein 13 verschiedene Finkenarten gibt es auf Galápagos, die sich z. B. in der Form ihres Schnabels und der Art ihrer Nahrung unterscheiden.

Noch hatte Darwin keine Erklärung für diese Vielfalt. Doch im Lauf der Zeit entwickelte er eine Theorie darüber, welche Kräfte die Entstehung der Arten steuern. Demnach passen sich Finken und alle anderen Lebewesen nach und nach an verschiedene Umweltbedingungen an. Der eine Vogel entwickelt z. B. einen dicken, kräftigen Schnabel zum Knacken harter Samen, der andere nutzt seinen schlanken Schnabel wie eine Pinzette, um Insekten aufzupicken.

Mit diesen Überlegungen hat Darwin die Grundlage für die moderne Evolutionstheorie gelegt. Von seinen Zeitgenossen wurde er allerdings häufig verlacht oder angefeindet. Mit der Idee, dass auch der Mensch durch einen solchen natürlichen Entwicklungsprozess entstanden sei, wollte sich die selbsternannte »Krone der Schöpfung« nur ungern abfinden.

Forscher in Amerika
5 Jahre verbrachte ***Alexander von Humboldt*** (1769 bis 1859) *in Amerika. Dort registrierte und ordnete er alles, was er zu sehen bekam.*

Erforscher Grönlands
Der Polarforscher ***Alfred Wegener*** (1880–1930) *während einer Grönlandexpedition. Berühmt wurde er vor allem durch seine Theorie der Kontinentalverschiebung.*

Abenteuer Wissenschaft

Mitten im unwirtlichen grönländischen Inlandeis wurde am 1. November 1930 ein Fest gefeiert. In einer winzigen Forschungsstation mit dem bezeichnenden Namen »Eismitte« stieß der Meteorologe, Polarforscher und Geowissenschaftler **Alfred Wegener** *(1880 bis 1930)* mit Kollegen auf seinen 50. Geburtstag an. Schon am nächsten Tag wollte er sich mit seinem Begleiter **Rasmus Villumsen** *(1909–30)* auf den Weg zu einer anderen Station an der Westküste der Insel machen. Doch keiner der beiden Männer sollte lebend dort ankommen. Von Rasmus Villumsen fehlt bis heute jede Spur. Wegeners Leiche aber fand ein Suchtrupp im Mai des folgenden Jahres. Wegener war also keineswegs nur ein Theoretiker, der im Studierzimmer die Theorie der Kontinentalverschiebung entwickelte. Das harsche Grönland lockte ihn, insgesamt vier Expeditionen unternahm er zwischen 1906 und 1930 dorthin. Die letzte davon kostete ihn das Leben.

Wie Wegener haben zahlreiche Wissenschaftler zwischen dem 18. und dem Beginn des 20. Jh. auf wissenschaftlichen Expeditionen Kopf und Kragen riskiert. Der Botaniker **Carl von Linné** *(1707 bis 1778)* durchstreifte das damals kaum bekannte Lappland und entdeckte dort um die 100 neue Pflanzenarten; **Adelbert von Chamisso** *(1781–1838)* kartierte die Küste Alaskas und die dortige Pflanzenwelt. **Louis-Antoine de Bougainville***(1729–1811)* dagegen segelte auf der Fregatte *La Boudeuse* in wärmere Gefilde und erforschte zahlreiche pazifische Inseln.

Der Botaniker **Carl Friedrich Philipp von Martius** *(1794–1868)* und der Zoologe **Johann Baptist von Spix** *(1781–1826)* unternahmen von 1817 bis 1820 eine gemeinsame Expedition nach Brasilien, die sie u. a. an den Amazonas führte. Sie brachten Tausende von konservierten tropischen Pflanzen und Tieren mit nach Deutschland. Auch **Eduard Poeppig** *(1798–1868)* hatte etwa 4000 Pflanzenarten im Gepäck, nachdem er per Floß und Kanu den gesamten Amazonas hinuntergefahren war und noch weitere Regionen Südamerikas bereist hatte. Ebenfalls im Amazonasbecken und im Mato Grosso forschte der Brasilianer **Candido Rondon** *(1865 bis 1958)*. 1909 entdeckte er den »Fluss des Zweifels«, den heutigen Rio Roosevelt.

Doch auch die anderen Kontinente boten noch genügend Gelegenheiten für Entdeckungen. So widmeten sich der Zoologe **Wilhelm Peters** *(1815 bis 1883)*, der Ornithologe **Theodor von Heuglin** *(1824 bis 1876)* und der Botaniker **Adolf Engler** *(1844 bis 1930)* der Erforschung der Tier- und Pflanzenwelt Afrikas. **Johann Georg Gmelin** *(1709–55)* unternahm eine anstrengende Reise nach Sibirien und trug 10 Jahre lang Informationen über die dortige Pflanzenwelt zusammen. Der englische Botaniker und Pharmazeut **George Forrest** *(1873–1932)* sammelte ab 1903 auf fünf China-Expeditionen Pflanzen, Vögel und Schmetterlinge. Während der fünften Expedition erkrankte er schwer und starb im Südwesten Chinas.

Und noch zahlreiche weitere Forscher haben enorme Strapazen auf sich genommen, um den abgelegenen Landstrichen der Erde ihre Geheimnisse zu entreißen.

Der »Südseeromantiker«
Der umfassende Reisebericht ***Louis-Antoine de Bougainvilles*** (1729–1811) *über seine Weltumsegelung prägte das Bild von der Idylle in der Südsee.*

Die Vermessung von Erde und Himmel

Wer im 17. Jh. eine Schiffsreise antrat, konnte nie ganz sicher sein, wo sie ihn hinführen würde. Zwar war man recht gut in der Lage, auf hoher See mithilfe von Kompass, Sextant und Seekarte den Breitengrad zu bestimmen. Doch was den Längengrad anging, tappte man weitgehend im Dunkeln. Die Seemächte der damaligen Zeit setzten daher große Belohnungen für eine zuverlässige Methode zur Bestimmung des Längengrads aus, die renommiertesten Wissenschaftler machten sich an die Arbeit.

Doch es war ein einfacher schottischer Uhrmacher, der schließlich die Lösung fand. **John Harrison** *(1693–1776)* entwickelte eine Uhr, die trotz aller Widrigkeiten auf See die Zeit so genau anzeigte, dass sich daraus der Längengrad der jeweiligen Position berechnen ließ.
Indes hatten Wissenschaftler schon viele Jahrhunderte zuvor versucht, der Menschheit die Orientierung zu erleichtern und dazu ein möglichst genaues Bild von der Erde zu entwerfen. Der Grieche **Eratosthenes von Kyrene** *(um 284–202 v. Chr.)* prägte für diese Forschungsrichtung den Begriff »Geografie«. Wer auf diesem Gebiet arbeitete, stellte seine Erkenntnisse oft anschaulich als Karte oder als Nachbildung der Erde dar.
Den ältesten bis heute erhaltenen Globus entwickelte der Nürnberger Tuchhändler **Martin Behaim** *(1459–1507)*. Auf seinem »Erdapfel« findet sich das in der Antike und im Mittelalter verbreitete Bild der Welt mit den drei Kontinenten Asien, Europa und Afrika. Amerika fehlt ebenso wie der Pazifik. Deutlich vollständiger war die Darstellung des deutschen Geografen **Martin Waldseemüller** *(1470–1522)*. Gemeinsam mit seinem Kollegen **Matthias Ringmann** *(1482–1511)* veröffentlichte er 1507 eine Weltkarte und einen Globus, die zum ersten Mal den Kontinent Amerika zeigten. Noch berühmter wurde die 1569 erschienene Weltkarte von **Gerhard Mercator** *(1512–94)*. Er entwickelte eine Methode, die Erdkugel auf einer rechteckigen Karte darzustellen, ohne dabei die Winkel zu verzerren. Das ist für navigierende Seeleute entscheidend. Die Kapitäne hantierten aber nicht nur mit Darstellungen der gesamten Welt, es gab auch große Nachfrage nach genauen Karten von einzelnen Ozeanen. Also entwarf **Joseph Des Barres** *(1722–1824)* präzise Seekarten von Atlantik, Pazifik und Indischem Ozean.

Erfinder der Weltkarte
Die von **Gerhard Mercator** (1512 bis 1594) *erfundene Projektionstechnik revolutionierte die Kartografie. Mithilfe dieser Technik entstand im 17. Jh. auch die Karte oben.*

Die Ausmessung der Erdoberfläche

Neben den Karten wurden auch die Messinstrumente immer besser. So verbesserte der Engländer **Jesse Ramsden** *(1735–1800)* das Barometer für Luftdruck- und Höhenmessungen und den Theodoliten zum Bestimmen von Winkeln. Einen Schub bekam die Vermessungskunde auch durch neue Berechnungsmethoden. **Friedrich Wilhelm Bessel** *(1784–1846)* kalkulierte beispielsweise den Durchmesser der Erde neu, **Carl Friedrich Gauß** *(1777 bis 1855)* entwickelte das bis heute verwendete »Gauß-Krüger-Koordinatensystem« für Landkarten.
Neben solchen eher theoretischen Arbeiten waren

Astronom der Antike

Die Darstellung aus dem 19. Jh. zeigt ***Hipparch von Nikaia*** (um 190 – um 120 v. Chr.) *in seiner Sternwarte.*

Erforscher des Halleyschen Kometen

Als »Königlicher Astronom« führte ***Edmond Halley*** (1656 – 1742) *die Sternwarte im Londoner Stadtteil Greenwich zu Weltruhm – nicht zuletzt wegen seiner Arbeiten zu dem nach ihm benannten Kometen.*

viele Vermesser der damaligen Zeit aber auch im Gelände unterwegs, um die weißen Flecken der Landkarten mit den modernen Methoden zu erkunden. So leitete der Brite **George Everest** *(1790 bis 1866)* 20 Jahre lang umfangreiche Vermessungsarbeiten in Indien. Ihm zu Ehren wurde der höchste Berg der Erde »Mount Everest« genannt. Und schließlich begannen sich Wissenschaftler zunehmend auch für die Vorgänge im Inneren der Erde zu interessieren. Der US-Amerikaner **Charles Francis Richter** *(1900 – 85)* entwickelte eine Klassifikation für die Stärke von Erdbeben. Diese »Richter-Skala« wird bis heute verwendet.

Der Blick zum Himmel

Eine ebenso lange Geschichte wie die Vermessung der Erde hat die Erforschung des Himmels. Schon der Grieche **Hipparch von Nikaia** *(um 190 bis um 120 v. Chr.)* war für seine Himmelsstudien und Sternenkarten berühmt – und er war bei Weitem nicht der erste professionelle Himmelsbeobachter der Menschheit.

Seine Nachfolger sollten mit immer präziseren Instrumenten und Rechenmethoden dem All mehr und mehr seiner Geheimnisse entreißen. **Galileo Galilei** *(1564 – 1642)* war einer der ersten Menschen, die die Himmelskörper mit einem Fernrohr beobachteten, **Johannes Kepler** *(1571 – 1630)* goss die Gesetze der Planetenbewegungen in mathematische Formeln. Ganze Familien ließen sich von der aufkommenden Begeisterung für die Sternenwelt anstecken. So brachte der italienisch-französische Cassini-Clan mit **Giovanni Domenico Cassini** *(1625 – 1712)*, **Jacques Cassini** *(1677 – 1756)*, **César François Cassini de Thury** *(1714 – 1784)* und **Jean Dominique Cassini** *(1748 – 1845)* gleich vier Direktoren der berühmten Pariser Sternwarte hervor, die sich außer mit Astronomie auch mit Arbeiten zur Vermessungskunde und Kartografie beschäftigten.

Sterne und andere Himmelskörper zu orten und zu beschreiben ist eine anspruchsvolle Aufgabe, der sich Generationen von Wissenschaftlern gewidmet haben. **Edmond Halley** *(1656 – 1742)* bestimmte die Position von 341 Sternen am Südhimmel und berechnete die Bahn des nach ihm benannten Halleyschen Kometen.

Friedrich Argelander *(1799 – 1875)* fertigte einen Sternenkatalog mit 325 000 Sternen des nördlichen Sternenhimmels an. **George Biddell Airy** *(1801 bis 1902)* machte sich u. a. mit seinen Mondbeobachtungen einen Namen. **Edwin Hubble** *(1889 – 1953)* beschäftigte sich mit der räumlichen Verteilung von Galaxien und fand beispielsweise heraus, dass der Andromedanebel M31 weit außerhalb unserer Milchstraße liegt.

Heute erweitern die Vermesser des Himmels den Horizont der Menschen bis in Dimensionen, die bis vor wenigen Jahrzehnten weit außerhalb jeder Vorstellungskraft lagen.

Entdecker der Saturnmonde

Nach ***Giovanni Domenico Cassini*** (1625 – 1712) *ist die Unterteilung des Saturnrings durch den »Cassinischen Streifen« benannt.*

Erforscher Punts

Diese Skulpturen am Tempel der Hatschepsut in Theben künden von der Reise des **Nehsi** (15. Jh. v. Chr.) *ins Land Punt – rechts sind Weihrauchbäume zu sehen.*

Entdecker in der Antike

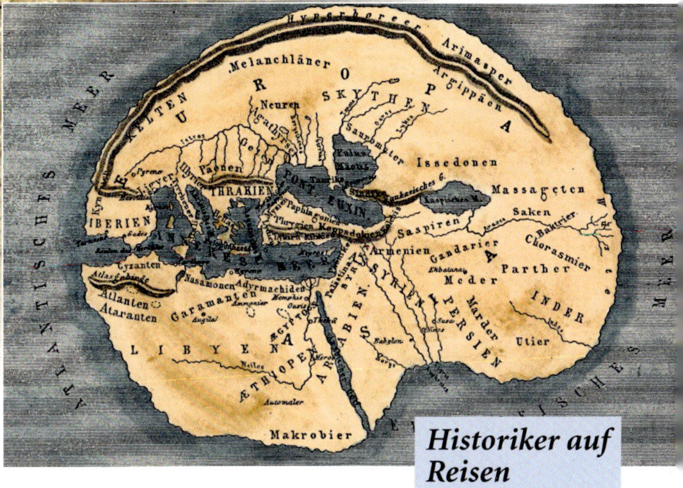

Historiker auf Reisen

Nach den Angaben des griechischen Historikers **Herodot** (um 484 v. Chr. bis 424 v. Chr.) *wurde im 19. Jh. diese Weltkarte gezeichnet.*

Spannende Reiseberichte über exotische Landstriche waren schon in der Antike beliebt. Über die damaligen Entdecker weiß man meist wenig, oft sind nicht einmal Geburts- und Todesjahr bekannt. Doch zumindest Bruchstücke von Berichten über ihre abenteuerlichen Expeditionen sind bis heute überliefert.

So erkundete der ägyptische Seefahrer **Hannu** um das Jahr 2750 v. Chr. das Rote Meer und die Arabische Halbinsel und kehrte mit Schätzen beladen aus dem Land Punt zurück. Wo das genau lag, weiß heute niemand mehr. Es muss irgendwo östlich von Ägypten gewesen sein, vielleicht zwischen dem Sinai und dem heutigen Libanon, vielleicht aber auch in Afrika. Klar ist jedenfalls, dass die Ägypter von dort allerlei Luxusgüter wie Gold und Silber, Elfenbein, Weihrauch und Ebenholz importierten. Daher sind noch etliche weitere Ägypter in das lukrative Punt gereist. Eine der bekanntesten Expeditionen führte **Nehsi** im 15. Jh. v. Chr. durch, um Myrrhe und Zedern in die Heimat zu bringen. Doch auch andere Landstriche waren für die ägyptischen Entdeckungsreisenden interessant. So unternahm der Beamte **Harkhuf** um 2300 v. Chr. vier Expeditionen in die Region des ersten Nilkatarakts und in ein Land namens Jam. Auch die genaue Lage dieser Region ist heute nicht bekannt. Jedenfalls soll Harkhuf von dort einen »Zwerg« mitgebracht haben. Möglicherweise handelte es sich dabei um einen Pygmäen.

Einen Seeweg von Ägypten nach Indien entdeckte der Grieche **Skylax von Karyanda**, als er um 508 v. Chr. von der Mündung des Indus rund um die Arabische Halbinsel bis ins Rote Meer fuhr. Allerdings geriet die Route wieder in Vergessenheit, bis sie von **Eudoxos aus Kyzikos** um 120 v. Chr. wiederentdeckt wurde.
Auch **Herodot** *(um 484 – 424 v. Chr.)* bereiste Ägypten und darüber hinaus das Schwarze Meer, den heutigen Balkan, die eurasischen Steppengebiete und den Vorderen Orient bis nach Babylon. **Hanno der Seefahrer** *(gest. um 440 v. Chr.)* erkundete die Westküste Afrikas, **Pytheas** *(um 380 – um 310 v. Chr.)* machte sich auf nach Nordwesteuropa, das für die Griechen der damaligen Zeit ein vollkommen weißer Fleck auf der Landkarte war. **Artemidor von Ephesos** *(um 100 v. Chr.)* reiste durch Italien, Spanien und andere Länder des Mittelmeerraums. Doch das klassische Ziel Ägypten blieb für ihn ebenso wie für **Strabon** *(um 63 v. Chr. – 23 n. Chr.)* weiterhin interessant. **Julius Maternus** *(1./2. Jh.)* dagegen konzentrierte sich auf andere Regionen Nordafrikas. Um das Jahr 90 n. Chr. war er im Gebiet des heutigen Libyen unterwegs. Doch er muss wohl auch deutlich weiter nach Süden, vielleicht bis in die Region des Tschadsees gekommen sein. Denn spätere Berichte behaupten, dass er auf seiner Reise Nashörnern begegnet sei.

»Große Dinge sind immer mit großen Gefahren verknüpft.«

Herodot

Reisende aus dem Orient

Im Mittelalter wussten die Araber weitaus mehr von Afrika und Asien als die Europäer. Einerseits hatten sie die Erkenntnisse der antiken griechischen Geografen übernommen, andererseits grenzte ihr eigener Lebensraum direkt an Asien und Afrika. Aber auch in Asien interessierte man sich für die Welt im Westen und unternahm Expeditionen dorthin.

Er reist zu exotischen Zielen und erlebt fantastische Abenteuer: Sindbad der Seefahrer ist wohl eine der bekanntesten Figuren aus der Märchensammlung »Tausendundeine Nacht«. Manche Experten glauben, dass der Held dieser Geschichte ein reales Vorbild hat: Den chinesischen Admiral **Zheng He** *(1371 bis um 1433)*, der zwischen 1405 und 1433 etliche große Entdeckungsreisen unternahm. Der Moslem trug verschiedene Beinamen, darunter auch »San Bao«. Dieser Name könnte im arabischen Raum zu »Sindbad« verfremdet worden sein. Sicher ist jedenfalls, dass Zheng He im Jahr 1405 zu seiner ersten Reise aufbrach. Er befehligte eine Flotte von mehr als 60 Schiffen, von denen einige nur Pferde transportierten, andere nur Trinkwasser. Es gab Versorgungsschiffe, Kriegsschiffe und besonders große sogenannte »Schatzschiffe«. An Bord waren mehr als 27 000 Mann Besatzung. Die gewaltige Flotte steuerte über Vietnam, Java, Malakka und Sri Lanka nach Indien. Dieser Subkontinent war den Chinesen nicht unbekannt, schließlich hatte **Xuanzang** *(603–664)* ihn bereits auf dem Landweg erforscht. Also war klar, dass Indien ein lohnendes Ziel für Händler und Diplomaten war.

Nach seiner Rückkehr im Jahr 1407 organisierte Zheng He sechs weitere Reisen durch den Pazifik und den Indischen Ozean und erkundete die Seerouten nach Arabien und Ostafrika. So führte er seine Flotte in den Persischen Golf und bis nach Mosambik. Auf dieser Route machten die »Schatzschiffe« ihrem Namen alle Ehre. Denn auf der Rückfahrt waren sie mit Perlen, Edelsteinen und anderen Kostbarkeiten beladen. Doch auch die Fahrten durch Asien brachten viele interessante Erkenntnisse. **Ma Huan** *(um 1380– um 1460)*, der Zheng He auf drei Reisen als Dolmetscher begleitete, schrieb einen akribischen Bericht über diese Expeditionen. Er schilderte die Geografie der bereisten Länder ebenso wie die jeweiligen politischen Verhältnisse und die lokalen Sitten.

Mit Reisen im Orient sind auch heute noch Assoziationen wie die einer Kamelkarawane (oben) verbunden. In der Geschichte waren damit oft abenteuerlichste Vorstellungen verknüpft, die sich u. a. in Erzählungen wie der von Sindbad dem Seefahrer spiegeln (rechts). Vielleicht geht diese sogar auf ein reales Vorbild, den Chinesen Zheng He, zurück.

Arabiens Marco Polo
Der berühmteste Reiseschriftsteller der arabischen Welt, ***Ibn Battuta*** (1304–68 oder 1377), *reiste etwa drei Mal so weit wie sein westliches Pendant Marco Polo.*

Zheng He und seine Begleiter waren allerdings nicht die ersten orientalischen Entdeckungsreisenden. Schon der Chinese **Zhang Qian** *(195 bis 114 v. Chr.)* hatte mit seinen Berichten aus Zentralasien für Aufregung gesorgt, der in Andalusien geborene maurische General **Chaschchasch Ibn Said Ibn Aswad** *(9. Jh.)* soll im Jahr 859 sogar eine Flotte über den Atlantik bis nach Amerika geführt haben. Historiker bezweifeln allerdings, dass diese Reise stattgefunden hat.

Arabische und andere Reisende

Gesichert ist dagegen, dass der in Bagdad geborene **Abu al-Hasan Ali ibn al-Husayn al-Mas'udi** *(895 bis 956)* im Lauf seines Lebens ein beeindruckendes Reiseprogramm absolviert hat. Er besuchte Persien, Arabien, Ägypten und Syrien ebenso wie Indien, Ostafrika und die Regionen am Kaspischen Meer. Auch in Sri Lanka und China soll er gewesen sein. Detailliert berichtet er über die Lebensgewohnheiten in den verschiedenen Ländern.
Auch **Ahmad Ibn Fadlan** *(10. Jh.)* stammte aus Bagdad, hatte sich aber eine ganz andere Forschungsregion ausgesucht. Im Auftrag des Kalifen reiste er 921 an die Wolga und nahm dort Kontakt zu den Wolgabulgaren und anderen Völkern in Russland, Weißrussland und der Ukraine auf. Die Gegend war für arabische Händler attraktiv, weil man dort für Silber z. B. Pelze und Sklaven bekam. Daher machten sich weitere arabische Reisende wie **Ahmad Ibn Rustah** *(10. Jh.)* in die Region auf und verfassten ausführliche Expeditionsberichte.
Auch der in Spanien geborene Araber **Ibn Gubair** *(1145–1217)* hielt seine Erlebnisse in der Fremde schriftlich fest. Seine erste große Reise war eine Pilgerfahrt nach Mekka, die ihn über die Straße von Gibraltar, Sardinien, Sizilien und Kreta nach Ägypten führte. Beeindruckt besichtigte er den damals noch nicht zerstörten Leuchtturm von Alexandria, der als eines der sieben Weltwunder galt. Von dort ging es weiter durch Syrien und den Irak bis nach Mekka im heutigen Saudi-Arabien. Später unternahm Ibn Gubair zwei weitere Reisen nach Persien und Ägypten.
Der in Marokko geborene **Ibn Battuta** *(1304 bis 1367/68)* begann seine Karriere als Entdeckungsreisender ebenfalls mit einer Pilgerfahrt nach Mekka. Das war ihm allerdings nicht genug. Er reiste kreuz und quer durch die Welt, besuchte Mesopotamien und die Seidenstraße, Afrika und Indien, Konstantinopel und die Krim, die Malediven und China. Insgesamt soll er in seinem Leben mehr als 120 000 km zurückgelegt haben. Allerdings sind seine Reiseberichte mit Vorsicht zu genießen. Denn es ist schwer zu sagen, welche Teile davon real und welche der Fantasie des Autors entsprungen sind.
Die Arbeit des im heutigen Oman geborenen **Ahmad Bin Majid** *(um 1432 bis um 1500)* dagegen erwies sich als sehr verlässlich. Er schrieb Bücher über Seefahrt und Navigation und erstellte Seekarten, die den Kapitänen die Orientierung erleichterten. Sogar der portugiesische Seefahrer **Vasco da Gama** *(um 1469–1524)* nutzte die Informationen des Arabers bei seiner Suche nach dem Seeweg von Europa nach Indien. Den in Granada geborenen arabischen Geografen **Johannes Leo Africanus** *(um 1490 bis 1550)* reizten dagegen eher Herausforderungen an Land. Von Marokko aus reiste er in die Sahara und den Sudan. Und es gab noch zahlreiche weitere Expeditionsziele, die einer gründlichen Erforschung harrten. So machte der Japaner **Yamada Nagamasa** *(1590–1630)* mit Handelsreisen zwischen Siam und Japan von sich reden, der Inder **Nain Singh** *(um 1830–82)* erforschte den Himalaja und lieferte die erste zuverlässige Karte von Tibet. Die Geschichte der orientalischen Forschungsreisenden wurde also nicht nur von Chinesen und Arabern geschrieben.

Kartograf Tibets
Im Auftrag der britischen Krone vermaß ***Nain Singh*** (um 1830–82) *Tibet, Lhasa und den Fluss Brahmaputra.*

Gegen alle Konventionen: Frauen auf Reisen

Zu neuen Ufern aufbrechen, exotische Landstriche erkunden und später seine Abenteuer in spannenden Reiseberichten niederschreiben – dieses Privileg war lange den Männern vorbehalten. Und doch gab es immer wieder Frauen, die alle Konventionen ihrer Zeit über Bord warfen, weil ihre Neugier und ihr Forscherdrang stärker waren.

Das Leben in den Tropen

Die Frankfurterin ***Maria Sybilla Merian*** (1647 bis 1717) *war eine der ersten wissenschaftlichen Forschungsreisenden überhaupt. Von ihrer Expedition ins heutige Surinam brachte sie exakte Zeichnungen wie diese von Fledermausapfel und Gottesanbeterin mit.*

»Ich erkühne mich, als Frau an die Öffentlichkeit zu treten«, soll **Maria Sybilla Merian** *(1647 bis 1717)* gesagt haben, als sie von ihrer Reise berichtete, die sie 1699 nach Niederländisch-Guyana geführt hatte, um dort die tropische Tier- und Pflanzenwelt zu untersuchen. Zum ersten Mal unternahm eine Frau eine naturwissenschaftliche Forschungsexpedition dieser Größenordnung. Sie sammelte Insekten, Reptilien und Pflanzen und zeichnete Schmetterlinge in verschiedenen Entwicklungsstadien. Nach ihr kamen andere Wissenschaftlerinnen, um den exotischen Kontinent zu erkunden. So reiste Prinzessin **Therese von Bayern** *(1850–1925)* durch Südamerika und trug eine beeindruckende Kollektion der dortigen Tier- und Pflanzenwelt zusammen.

Die Britin **Gertrude Bell** *(1868–1926)* dagegen begeisterte sich für den Nahen Osten. Auf eigene Faust ritt sie nach Damaskus und in die antike syrische Stadt Palmyra. Sie besuchte Regionen, die bisher nur wenige europäische Männer zu Gesicht bekommen hatten – von einer Frau ganz zu schweigen. Auch die Österreicherin **Ida Pfeiffer** *(1797–1858)* wählte als Ziel für ihre erste große Reise den Nahen Osten. Damit aber war ihre Neugier auf die Welt noch nicht gestillt, ihre Expeditionen führten sie auf insgesamt vier Kontinente. Die Französin **Alexandra David-Néel** *(1868–1969)* hatte als anerkannte Kennerin des Buddhismus Asien im Visier. Sie betrat als erste europäische Frau die verbotene Stadt Lhasa in Tibet. Ein ähnlich legendäres Ziel hatte die Engländerin **Florence Baker** *(1841–1916)* – sie war die erste Frau, die sich auf die Suche nach den Nilquellen machte.

Manche Entdeckerinnen haben ihre Faszination für exotische Landstriche sogar mit dem Leben bezahlt. Die Niederländerin **Alexandrine Tinné** *(1835 bis 1869)* und die in Genf geborene **Isabelle Eberhardt** *(1877–1904)* beispielsweise starben beide in der Sahara. Und auch die Engländerin **Mary Kingsley** *(1862–1900)*, die als erste Europäerin abgelegene Teile in West- und Zentralafrika betreten hatten, ließ in Afrika ihr Leben.

In der verbotenen Stadt

Als buddhistische Einsiedlerin verkleidet betrat ***Alexandra David-Néel*** (1868 bis 1969) *im Jahr 1939 als erste Frau die tibetische Hauptstadt Lhasa.*

Ins Innere Afrikas

Die Reiseschriftstellerin ***Mary Kingsley*** *(1862–1900) unternahm zwei abenteuerliche Expeditionen nach Afrika. Im Kongo stieß sie dabei in Regionen vor, die noch kein Europäer betreten hatte.*

Quer durch die Sahara

Beim Versuch, die Sahara zu durchqueren, kam ***Alexandrine Tinné*** *(1835–69) ums Leben, als sie einen Streit zwischen Tuareg zu schlichten versuchte.*

Die »Wüstenfrau« Gertrude Bell drang bis zu den Ruinen der antiken Stadt Palmyra, im Bild der Baal Shamin-Tempel, vor.

Reisende im Biedermeier

Aus einem von ***Ida Pfeiffers*** *(1797 bis 1858) Büchern stammt diese Illustration malaiischer Opiumraucher. Pfeiffer unternahm fünf z. T. langjährige Reisen.*

Die Gipfelstürmer

Steile Flanken und schmale Grate, gefährliche Eisfelder und abweisende Geröllflächen, dünne Luft und schwindelnde Höhen: Von all dem lassen sich Bergenthusiasten nicht entmutigen. Irgendwie muss doch ein Weg hinauf führen auf die schneebedeckten Gipfel, dorthin, wo möglichst noch kein anderer gestanden hat. Nicht wenige Bergsteiger haben diesen Traum mit dem Leben bezahlt. Und doch lässt die Faszination Berg auch ihre Nachfolger nicht los.

Die Alpen hielten am Ende des 18. Jh. zahlreiche Herausforderungen für ehrgeizige Gipfelstürmer bereit. Noch warteten z. B. die eisbedeckten Hänge des 4810 m hohen Montblanc auf ihre Bezwingung. 1786 machten sich ein Bergführer und ein Arzt aus dem französischen Chamonix daran, diese Aufgabe zu lösen. Und am 8. August standen **Jacques Balmat** *(1762–1834)* und **Michel-Gabriel Paccard** *(1757–1827)* tatsächlich als erste Menschen auf dem höchsten Gipfel der Alpen.

Pioniere des Alpinismus

Der mit 3798 m deutlich niedrigere Großglockner widersetzte sich zunächst allen Besteigungsversuchen. Ein Anlauf im Jahr 1799 musste erfolglos abgebrochen werden. Im folgenden Sommer brach dann eine zweite Expedition mit mehr als 60 Teilnehmern auf, über deren Leben einschließlich der Geburts- und Todesjahre wenig bekannt ist. Sicher ist nur, dass am 29. Juli 1800 die beiden Zimmerleute **Martin** und **Sepp Klotz,** zwei ihrer Kollegen sowie der Döllacher Pfarrer **Franz Josef Horasch** den pyramidenförmigen Gipfel erreichten.
Solche Siege über die Herausforderungen der Natur aber forderten immer wieder auch Opfer. Zwar erklomm der Brite **Edward Whymper** *(1840–1911)* am 14. Juli 1865 zum ersten Mal das 4478 m hohe Matterhorn und gewann damit ein dramatisches Wettrennen gegen den praktisch zeitgleich gestarteten Italiener **Jean-Antoine Carrel** *(1829–90).* Doch vier seiner Begleiter stürzten beim Abstieg zu Tode.

Nach der Bezwingung des Matterhorns war die Zeit der spektakulären Erstbesteigungen in den Alpen vorbei. Doch auch danach blieben den Alpinisten Herausforderungen. So erkundete der Deutsche **Hermann von Barth** *(1845–76)* die Berchtesgadener Alpen und die Gebirgsgruppe des Karwendel. Dabei stieg er allein im Sommer 1870 auf 88 Gipfel. Manche Routen in den Alpen aber wurden erst im 20. Jh. erschlossen. So dauerte es bis zum Juli 1938, bis die Österreicher **Heinrich Harrer** *(1912–2006)* und **Fritz Kasparek** *(1910–54)* sowie die Deutschen **Andreas Heckmair** *(1906–2005)* und **Ludwig Vörg** *(1911–41)* zum ersten Mal die berüchtigte Eigernordwand in der Schweiz durchkletterten.

Bergsteiger der Rekorde
Ohne Sauerstoffmaske bezwang ***Reinhold Messner*** (geb. 1944) *sämtliche 14 Achttausender der Erde.*

Erste Frau auf dem Everest
Mit einer japanischen Flagge steht die 35-jährige Hausfrau ***Junko Tabei*** (geb. 1939) *am 16. Mai 1975 als erste Frau auf dem höchsten Gipfel der Welt.*

Doch auch auf anderen Kontinenten lockten bergsteigerische Herausforderungen. Der legendäre Kilimandscharo beispielsweise ragt knapp 5900 m über den Meeresspiegel empor und gilt damit als höchstes Bergmassiv Afrikas. 1889 gelang es dem Österreicher **Ludwig Purtscheller** *(1849–1900)* und dem Deutschen **Hans Meyer** *(1858–1929)* zum ersten Mal, diesen afrikanischen Rekordhalter zu bezwingen. Acht Jahre später stand der Schweizer **Matthias Zurbriggen** *(1856–1917)* als erster Mensch auf dem höchsten Berg Südamerikas, dem 6959 m hohen Aconcagua in Argentinien.

Attacken auf die Achttausender

Noch höhere Berge gibt es auf der Erde nur noch in Asien. Doch es sollte bis zur Mitte des 20. Jh. dauern, bis sich Menschen in die dünne Luft dieser gewaltigen Gebirgsmassive wagten. 1950 waren **Maurice Herzog** *(geb. 1919)* und **Louis Lachenal** *(1921–55)* die ersten Menschen, die erfolgreich einen Achttausender bestiegen. Sie erklommen den 8091 m hohen Annapurna im Himalaja, der wegen seiner zahlreichen Lawinen als extrem gefährlich gilt.

1953 stand dann der Österreicher **Hermann Buhl** *(1924–57)* zum ersten Mal auf dem 8125 m hohen Nanga Parbat, der ebenfalls im Himalaja liegt. Auch an den Hängen dieses Berges rissen später immer wieder Lawinen und Steinschläge Menschen in die Tiefe. Laut Statistik ist die Wahrscheinlichkeit, am Nanga Parbat ums Leben zu kommen dreimal höher als am berühmten Mount Everest. Dieser Gigant ist mit 8850 m der höchste Berg der Erde. Nach sicher belegten Fakten hat seine Erstbesteigung erst Mitte der 1950er-Jahre stattgefunden. Zuvor, 1924, hatten sich schon der Brite **George Mallory** *(1886–1924)* und sein Begleiter **Andrew Irvine** *(1902–24)* Richtung Gipfel aufgemacht. Beide aber verschwanden im Nebel und tauchten nicht wieder auf. Erst 1999 wurde Mallorys Leiche in 8200 m Höhe entdeckt. Und niemand kann sagen, ob er vor seinem Tod den Gipfel erreicht hatte oder nicht. Die erste zweifelsfrei nachgewiesene Besteigung gelang jedenfalls Edmund Hillary und Tenzing Norgay im Jahr 1953. Und es sollte sogar noch bis 1975 dauern, bis mit der Japanerin **Junko Tabei** *(geb. 1939)* die erste Frau auf dem Mount Everest stand.

Nach dem höchsten Berg der Erde wurden nach und nach auch die anderen Achttausender bestiegen. So erreichten die Italiener **Achille Compagnoni** *(1914–2009)* und **Lino Lacedelli** *(1925–2009)* 1954 den Gipfel des K2 an der Grenze zwischen Pakistan und China. Und mit der Zeit begannen einige Bergsteiger auch, Achttausender geradezu zu »sammeln«. Der Südtiroler **Reinhold Messner** *(geb. 1944)* war der erste Mensch, der alle 14 Rekordberge der Erde bestieg. Sein Landsmann **Hans Kammerlander** *(geb. 1956)*, der ihn auf etlichen Expeditionen begleitete, brachte es immerhin auf 13 Achttausender. Dafür war er der erste, der 1990 auf Skiern vom Gipfel

Im schweizerischen Zermatt gibt es für tödlich verunglückte Bergsteiger einen eigenen Friedhof.

Bezwinger des Everest
Vom Gipfel des Mount Everest zurückgekehrt präsentierten sich ***Edmund Hillary*** (1919–2008) *und Sherpa* ***Tenzing Norgay*** (1914–86) am 20. Juni 1953 *strahlend dem Fotografen.*

des Nanga Parbat fuhr und sich 1996 mit dem gleichen Sportgerät auch an die Abfahrt vom Mount Everest wagte.

Die Erstbesteigung des Mount Everest

Schon seine lokalen Namen zeigen, dass der Mount Everest kein Berg wie jeder andere ist. In Nepal nennt man ihn »Sagarmatha« (Himmelsgöttin), auf tibetisch heißt er »Qomolangma« (Mutter des Universums). Seit jeher hat das gewaltige Massiv an der Grenze zwischen Nepal und Tibet die Menschen fasziniert. Für das Himalajavolk der Sherpa ist er ein heiliger Berg, für Geografen ist der 8850 m hohe Gipfel schlicht der höchste Berg der Erde.
Kein Wunder also, dass Generationen von Bergsteigern davon geträumt haben, einmal auf diesem Dach der Welt zu stehen. Schon Anfang der 1920er-Jahre gab es erste Besteigungsversuche, doch jahrzehntelang sollten alle diese Unternehmungen scheitern. Dann aber startete 1953 eine britische Expedition, zu der u. a. der Neuseeländer **Edmund Hillary** *(1919–2008)* und der Sherpa **Tenzing Norgay** *(1914–86)* gehörten. Und diese beiden Männer sollten Geschichte schreiben. Edmund Hillary hatte schon 1951 an einem Besteigungsversuch teilgenommen, der allerdings gescheitert war. Auch Tenzing Norgay war zuvor schon mit mehreren Teams am höchsten Berg der Welt gewesen. Nun aber wollten die beiden Männer im Rahmen der britischen Expedition endlich den Gipfel bezwingen.
Von ihrem letzten Lager in 8510 m Höhe brachen sie am 29. Mai 1953 um 6.30 Uhr auf. Schon zweieinhalb Stunden später erreichten sie den 8760 m hohen Südgipfel, an dem zwei ihrer britischen Kollegen ein paar Tage zuvor umgekehrt waren. Noch immer lagen 90 Höhenmeter zwischen ihnen und dem höchsten Punkt der Erde. Eine weitere Stunde später standen die beiden Männer vor dem letzten großen Hindernis auf ihrem beschwerlichen Weg: Vor ihnen ragte eine steile, 12 m hohe Felsstufe auf, die inzwischen als »Hillary Step« bekannt ist. Die beiden Everest-Pioniere überwanden auch diese gefährliche Stelle, an der sie durchaus hätten 3000 m in die Tiefe stürzen können. Gegen 11.30 Uhr standen sie endlich auf dem Dach der Welt. Dort hielten sie vergeblich Ausschau nach Spuren von George Mallory und Andrew Irvine, die 1924 in der Nähe des Gipfels verschwunden waren. Auch Edmund Hillary und Tenzing Norgay konnten nicht klären, ob die beiden Briten vielleicht schon vor ihnen den Gipfel erreicht hatten und erst auf dem Rückweg gestorben waren. Für Hillary war diese Frage aber auch nicht entscheidend. Es komme gar nicht darauf an, als erster oben zu sein, kommentierte der Neuseeländer trocken. Viel entscheidender sei, dass man lebend wieder hinunterkomme. Und das ist ihm und seinem Gefährten gelungen.

Der Mount Everest, der höchste Berg der Welt, zieht nach wie vor Bergsteiger aus aller Welt an.

Seen und Inseln – oft Zufallsfunde

Kaum ein Entdeckungsreisender der Geschichte dürfte gezielt aufgebrochen sein, um einen See oder eine Insel zu finden. Doch mancher, der eigentlich die Quellen des Nils oder den sagenhaften Südkontinent gesucht hatte, stieß unterwegs zufällig auf ein solches Schmuckstück der Natur.

Kolonisator Kanadas
Diese wohl aus einem Schul- oder Jugendbuch stammende Illustration zeigt ***Samuel de Champlain*** *(1567–1635) bei der Landung am Ufer des Huronsees im Jahr 1615.*

Das hätte sich **Samuel de Champlain** *(1567–1635)* wohl nicht träumen lassen: Nicht nur der sechstgrößte Binnensee der USA trägt inzwischen den Namen des französischen Forschungsreisenden. Auch das angeblich in seinen Tiefen hausende Seeungeheuer wurde ihm zu Ehren liebevoll »Champ« getauft. Verdient hat der Franzose diese Ehre, denn auf seinen Reisen durch Nordamerika entdeckte er 1609 zunächst den Champlainsee mit seinen etwa 80 Inseln, der in den US-Bundesstaaten New York und Vermont und zu einem kleinen Teil in der kanadischen Provinz Québec liegt. 1615 kam er dann als wohl erster Europäer an den gewaltigen Huronsee, der zu den fünf »Great Lakes« im Grenzgebiet zwischen den USA und Kanada gehört. Diese Seenlandschaft lockte im 17. Jh. auch etliche von de Champlains Landsleuten an. So machten sich **Jean Nicolet** *(1598–1642)*, **Robert La Salle** *(1643–87)* und **Pierre Gaultier de Varennes** *(1685–1749)* daran, die Region näher zu erkunden.

Auf dem Landweg zum Wasser

Auch in Südamerika waren Entdeckungsreisende schon seit dem 15. Jh. auf beeindruckende Wasserflächen gestoßen. Schon der Italiener **Amerigo Vespucci** *(1451–1512)* hatte mit dem Maracaibosee in Venezuela das größte Binnenmeer des Teilkontinents entdeckt. Der Spanier **Pedro de Valdivia** *(1497–1553)* erreichte 1552 den fischreichen und äußerst malerischen Lago Llanquihue in Chile, dessen blaue Fluten sich vor dem schneebedeckten Kegel des Vulkans Osorno erstrecken. Zu den eindrucksvollsten Gewässern Argentiniens gehört der Lago Viedma mit seinem türkisblauen Wasser, in das ein gewaltiger Andengletscher mündet. 1782 stand der Spanier **Antonio de Viedma** *(1737–1809)* zum ersten Mal an seinem Ufer. Fast 100 Jahre später staunte der argentinische Geograf **Perito Moreno** *(1852–1919)* über einen noch spektakuläreren Anblick. Vor seinen Füßen glitzerten die Wasser des benachbarten Lago Argentino, in den ebenfalls mehrere Andengletscher münden. Von gewaltigen Eisfronten brechen immer wieder blau schimmernde Eisberge ab, die auf seinem Wasser treiben. Zwar hatte der Seemann Valentin Filberg bereits 1873 das gleiche Ufer erreicht, doch glaubte er sich am längst bekannten Lago Viedma. Perito Moreno war 1877 besser orientiert und taufte die Entdeckung auf den Namen »Lago Argentino«. Auch etliche große Seen in Afrika bekamen im 19. Jh. erstmals europäischen Besuch. Die Briten **John Hanning Speke** *(1827–64)* und **Richard**

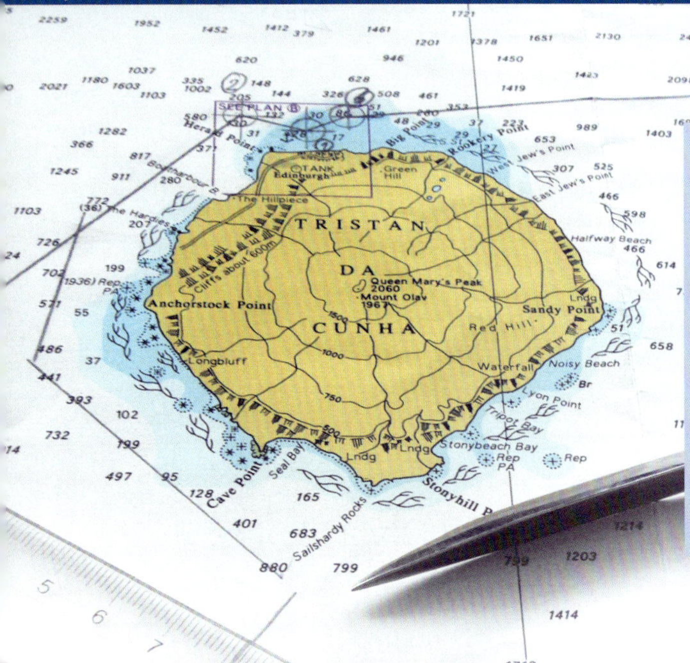

Abgelegen im Südatlantik

Die Bewohner der nach ***Tristão da Cunha*** (um 1460 bis um 1540) *benannten Inselgruppe – im Bild eine Seekarte mit Navigationsinstrumenten – müssen rund 3000 km reisen, um anderen Menschen zu begegnen.*

Francis Burton *(1821–90)* erreichten 1858 den Tanganjikasee in Zentralafrika, der nicht nur als einer der größten, sondern auch als einer der artenreichsten Seen der Welt gilt. Noch im gleichen Jahr entdeckte Speke im Alleingang den Victoriasee, dessen Fläche sich heute die Staaten Kenia, Tansania und Uganda teilen. Nach dem Kaspischen Meer und dem Oberen See in der Region der Großen Seen ist er der drittgrößte See der Erde. Der österreichisch-ungarische Entdecker **Sámuel Teleki** *(1845–1916)* schließlich fand den größten See Kenias, der heute als »Rudolfsee« oder »Turkanasee« bekannt ist.

Land in Sicht!

Während sich die Entdecker von Seen meist unter abenteuerlichen Umständen durch unbekanntes Land schlagen mussten, hatten die Entdecker von Inseln oft eine nicht weniger gefährliche Schiffsreise hinter sich. So segelte der Portugiese **Diogo Días** *(15./16. Jh.)* im 15. Jh. durch den Indischen Ozean und erreichte dabei als erster Europäer die Küsten von Mauritius, Réunion und Madagaskar.
Im Südatlantik entdeckte sein Landsmann **Tristão da Cunha** *(um 1460– um 1540)* drei Vulkaninseln, die er selbst »Tristan da Cunha« taufte. Die Hauptinsel dieser Gruppe gilt heute als abgelegenste bewohnte Insel der Welt: Mehr als 3200 km lang ist der Seeweg von dort bis nach Brasilien, mehr als 2700 km nach Südafrika. Auch in anderen Regionen des Atlantiks stießen europäische Seefahrer im 15. und 16. Jh. auf neues Land. In der im Westen dieses Ozeans gelegenen Karibik entdeckte der Spanier **Alonso de Hojeda** *(um 1466– 1516)* die weißen Strände und türkisblauen Buchten von Curaçao. Gewissermaßen das Kontrastprogramm zu diesem Südseeparadies erforschte der Niederländer **Willem Barents** *(um 1550–97),* der in der rauen Polarnatur um den heute zu Norwegen gehörenden Arktisarchipel Spitzbergen unterwegs war.
Auch der Pazifik hatte mit spannenden Entdeckungen für Seefahrer aufzuwarten. Der Spanier **Tomás de Berlanga** *(1487–1551)* war allerdings eigentlich kein Forschungsreisender oder Abenteurer, sondern Bischof von Panama. Doch auf dem Weg nach Peru geriet sein Schiff in eine Flaute und wurde von starken Strömungen abgetrieben. So kam es, dass der Priester 1535 wohl durch puren Zufall als erster Europäer die Galápagosinseln mit ihrer bizarren Tierwelt erreichte. Auch **Edward Davis** *(vor 1680 bis vermtl. 1702),* der als Entdecker der Osterinsel gilt, war kein Forscher, sondern Pirat.
Andere Südpazifikfahrer aber hatten tatsächlich eine wissenschaftliche Mission, die oft in der Suche nach dem sagenhaften Südkontinent bestand. Dabei entdeckte der Spanier **Alvaro de Mendaña de Neyra** *(um 1541–95)* einen Teil der Cookinseln, die Salomonen und die Marquesas. Der Niederländer **Jakob Roggeveen** *(1659–1729)* landete bei einer ähnlichen Suche auf Samoa.

Tanganjika- und Victoriasee

Nach einer seiner erfolgreichen Expeditionen begegnet ***John Hanning Speke*** (1827 bis 1864, Mitte) *den Forschern James Grant sowie Samuel und Florence Baker.*

Abenteuer Flussfahrt

Über Jahrhunderte waren Flüsse wichtige Verkehrswege, auf denen man Waren transportieren und selbst in die unwegsamsten Regionen vordringen konnte. Kein Wunder also, dass sich Forscher die Erkundung solcher Lebensadern in fernen Ländern zur Aufgabe machten.

Der Amazonas und seine Nebenflüsse haben daher schon die ersten Europäer fasziniert, die in Südamerika unterwegs waren. Als der spanische Seefahrer **Vicente Yáñez Pinzón** *(um 1460–um 1523)* um das Jahr 1500 ins heutige Brasilien segelte, entdeckte er einen der zahlreichen Mündungsarme des Amazonas und wahrscheinlich auch den 370 km langen Fluss Oiapoque, der heute die Grenze zwischen Französisch-Guayana und Brasilien bildet.

Geheimnisvolles Amazonasgebiet

Mehr vom größten Fluss Südamerikas bekam der Spanier **Francisco de Orellana** *(1490–1546)* zu sehen. 1541 brach er mit zwei Schiffen am Nebenfluss Río Napo auf und fuhr flussabwärts bis in den Amazonas und weiter Richtung Meer. 1542 erreichte er schließlich das riesige Delta, in dem der Fluss in den Atlantik mündet. In seinen Reiseberichten ist von Indianerangriffen die Rede, an denen sich auch kriegerische Frauen beteiligten. Viele Europäer fühlten sich dadurch an die antike Sage von den Amazonen erinnert. Das ist vielleicht der Grund dafür, dass der zeitweise »Río Orellana« genannte Fluss später den Namen »Amazonas« bekam.

Es sollte dann bis ins 18. Jh. dauern, ehe wieder ein Europäer den südamerikanischen Riesenfluss bis zu seiner Mündung befuhr. Der Franzose **Charles Marie de La Condamine** *(1701–74)* war gleichzeitig der erste Wissenschaftler, der dies schaffte. Auf seiner 1744 begonnenen Reise machte er astronomische Beobachtungen und zeichnete auf dieser Grundlage eine Karte des Amazonas. Zudem brachte er von der Expedition zum ersten Mal das bei den Indianern verwendete Pfeilgift Curare mit nach Paris.

Das sollte nicht der einzige geheimnisvolle Schatz bleiben, den Forschungsreisende in der Amazonasregion entdeckten und von dort nach Hause schickten. 1848 begannen die Briten **Henry Walter Bates** *(1825–92)* und **Alfred Russel Wallace** *(1823–1913)* eine gemeinsame Amazonasexpedition, später trennten sich ihre Wege und jeder forschte allein weiter. Allein Bates sammelte bis zum Jahr 1859 mehr als 14 000 verschiedene Tier- und Pflanzenarten – etwa 8000 davon waren der Wissenschaft damals vollkommen unbekannt.

Bis heute werden im Amazonasgebiet noch immer neue Arten gefunden. Und selbst neue Flüsse wurden in der Region noch im 20. Jh. entdeckt. So stieß der brasilianische Abenteurer **Cândido Rondon** *(1865–1958)* im Jahr 1909 auf einen großen Fluss mit Stromschnellen und Wasserfällen, den er wegen großer Probleme bei der Organisation und Versorgung seiner Expedition »Río da Dúvida« (»Fluss des Zweifels«) taufte. 1914 brach der Brasilianer zu einer zweiten Erkundung dieses Flusses auf. Dies-

Blick auf das dicht bewaldete Ufer eines Wasserlaufs im Amazonasgebiet mal gehörten der amerikanische Ex-Präsident **Theodore Roosevelt** *(1858–1919)* und dessen Sohn **Kermit** *(1889–1943)* zum Team. Erneut gab es Schwierigkeiten mit der Versorgung, die Boote waren nicht robust genug für die Stromschnellen und so gut wie alle Teilnehmer litten an hohem Fieber. Roosevelt wäre an einer infizierten Wunde fast gestorben und sollte sich von den gesundheitlichen Folgen dieser Reise nie mehr ganz erholen.

Ströme Nordamerikas

Die großen Flüsse Nordamerikas waren zu dieser Zeit längst erforscht. So hatte der Franzose **Jacques Cartier** *(1491–1557)* schon 1535 den St.-Lorenz-Strom entdeckt, der durch Kanada und die Vereinigten Staaten fließt. Auch Cartiers Landsleute **Louis Joliet** *(1645–1700)* und **Jacques Marquette** *(1637–1675)* schrieben ein wichtiges Kapitel in der Geschichte der Flusserkundungen. Im Jahr 1673 brachen sie zu einer Flussfahrt auf, bei der sie einen großen Fluss namens Mississippi erkundeten, von dem ihnen Indianer erzählt hatten. Der Schotte **Alexander MacKenzie** *(1764–1820)* startete 1729 zu einer Entdeckungsreise durch den Nordwesten Kanadas und stieß dabei auf jenen 1900 km langen Fluss, der heute seinen Namen trägt. Später entdeckte er noch einen zweiten großen kanadischen Fluss, der südlich von Vancouver in den Pazifik mündet. Der kanadische Forschungsreisende und Pelzhändler **Simon Fraser** *(1776–1862)* fuhr 1808 per Kanu die ganze Länge dieses Flusses ab. Ihm zu Ehren wurde das Gewässer daher auf den Namen »Fraser River« getauft.

»Tu, was du kannst, mit dem was du hast, wo immer du bist.«

Theodore Roosevelt

Auf Asiens und Afrikas Flüssen

Auch andere Erdteile boten im 19. Jh. noch genügend Arbeit für Flussforscher. So fuhr der deutsch-russische Geograf und Zoologe **Leopold von Schrenck** *(1826–94)* den mehr als 2800 km langen Amur entlang, der durch China und Russland fließt. Noch mehr wissenschaftliches Interesse fanden die Ströme Afrikas. Der Brite **Samuel White Baker** *(1821–93)* erkundete den Nil, sein Landsmann **Richard Lander** *(1804–34)* und der Schweizer **Josua Zweifel** *(1854–95)* erforschten den Niger. Den Kongo hatte bereits der Portugiese **Diogo Cão** *(15. Jh.)* bereist, bevor **Henry Morton Stanley** *(1841 bis 1904)* ihn intensiv erkundete. Und um die Erforschung des Sambesi machten sich u. a. der Schotte **David Livingstone** *(1813–73)* und der Portugiese **Alexandre Alberto da Rocha de Serpa Pinto** *(1846 bis 1900)* verdient.

Bis heute haben die Flüsse der Erde noch immer nicht alle ihre Geheimnisse preisgegeben. Beispielsweise gibt es immer wieder neue Messungen und Berechnungen über die tatsächliche Länge des Amazonas – und damit immer andere Antworten auf die Frage, ob dem südamerikanischen Giganten oder doch dem Nil der Titel »längster Fluss der Erde« zusteht.

Entdecker der Victoriafälle

1855 war es der Schotte ***David Livingstone*** (1813 bis 1873), *der die Victoriafälle im Herzen Afrikas erkundete und sie nach Königin Victoria benannte.*

Sengende Sonne – ewiges Eis

Menschenleere Weite und lebensfeindliche Bedingungen: Wüsten und Polargebiete machen es ihren Erforschern nicht leicht. Das aber hat entdeckungsfreudige Pioniere nicht davon abgehalten, in diese Gebiete vorzudringen, ehe moderne Technik den Einsatz von Leib und Leben für die Forschung weitgehend überflüssig machte.

Drei Arktis-Expeditionen unternahm der Engländer **John Franklin** *(1786–1847)*, bei denen er u. a. gezwungen war, Flechten zu essen. Von seiner dritten Expedition kehrten er und die 129 Mann starke Besatzung nicht zurück. Der Norweger **Otto Sverdrup** *(1854–1930)* hatte sich zunächst als Kapitän des Schiffes »Fram« einen Namen gemacht, mit dem sein Landsmann **Fridtjof Nansen** *(1861–1930)* zwischen 1893 und 1896 in der Arktis unterwegs war. Auch **Carl Koldewey** *(1837–1908)* zog es mehrfach in die raue Natur der vereisten Insel. **Wally Herbert** *(1934–2007)* leitete die britische Trans-Arktis-Expedition, die sich von 1968 bis 1969 per Hundeschlitten und zu Fuß über das Eis des Nordpolarmeers von Alaska bis nach Spitzbergen durchschlug. Die Männer waren wohl die Ersten, die den Nordpol zu Fuß erreichten.
Auch auf der entgegengesetzten Seite der Erde gewannen die Pioniere der Polarforschung ein immer besseres Bild vom Reich des Eises. So leitete **Wilhelm Filchner** *(1877–1957)* in den Jahren 1911 und 1912 die zweite deutsche Antarktisexpedition, die ihn und seine Gefährten in das Weddellmeer führte.
Viele Polarpioniere waren von der menschenleeren Eiswelt so fasziniert, dass sie sowohl in der Arktis als auch in der Antarktis unterwegs waren. Der Brite **James Clark Ross** *(1800–62)* entdeckte 1831 den magnetischen Nordpol und leitete von 1839 bis 1843 eine große Südpolarexpedition. **Richard Evelyn Byrd** *(1888–1957)* behauptete, im Jahr 1926 als Erster per Flugzeug den Nordpol erreicht zu haben. Daran wurden später viele Zweifel laut. Gesichert ist dagegen, dass der US-Amerikaner 1929 als Erster den Südpol überflog. **Ranulph Fiennes** *(geb. 1944)* blieb es vorbehalten, als erster Mensch sowohl am Nord- als auch am Südpol angekommen zu sein – wobei er entlang der Polarachsen reiste.

An Nordpol und Südpol
*Undatierte Fotografie des britischen Forschers **Ranulph Fiennes** (geb. 1944), dem es als Erstem gelang, die Erde von Pol zu Pol zu umrunden.*

Entbehrungen in den Wüsten der Welt

Doch nicht nur das ewige Eis, auch die Wüsten der Erde zogen ein Heer von Forschungsreisenden an. **Henri Duveyrier** *(1840–12)*, **Erwin von Bary** *(1846 bis 1877)* und **Henri Lhote** *(1903–91)* erkundeten die sandigen Weiten der Sahara, **Roy Chapman Andrews** *(1884–1960)* reiste durch die Wüste Gobi. Und **Harry Philby** *(1885–1960)*, **Bertram Thomas** *(1892–1950)* und **Wilfred Thesiger** *(1910–2003)* wagten sich sogar in die Rub al-Chali. Diese 650 000 km² große, wasserlose und windgepeitschte Wüste, die sich von Saudi-Arabien bis nach Jemen und in den Oman erstreckt, gilt als die größte Sandwüste der Erde. Philby – übrigens der Vater des berühmten Doppelspions Kim Philby – und Thomas durchquerten dieses sogenannte Leere Viertel 1931, Thesiger in der Zeit von 1945 bis 1955.

Sensation in der Sahara
*Bei seinen Erkundungsreisen entdeckte **Henri Lhote** (1903 bis 1991) im Jahr 1956 die bedeutenden Felsmalereien von Tassili N'Ajjer in der Zentralsahara.*

Auf verbotenen Wegen

Klima, Krankheiten und ungezähmte Natur waren nicht die einzigen Herausforderungen, mit denen Entdeckungsreisende zu kämpfen hatten. Manche Regionen waren zudem durch kulturelle Schranken vor neugierigen Augen aus anderen Teilen der Welt geschützt. Doch auch diese verbotenen Städte und Regionen haben europäische Forscher und Abenteurer schließlich betreten – oft unter Vorspiegelung falscher Tatsachen.

So war es jahrhundertelang für Christen riskant, in islamischen Ländern unterwegs zu sein. Trotzdem bestieg Ende des Jahres 1502 der Italiener **Ludovico di Varthema** *(1470–1517)* ein Schiff nach Ägypten und reiste anschließend über Beirut, Tripolis und Aleppo nach Damaskus. Dort fädelte er ein höchst erfolgreiches Täuschungsmanöver ein. Es gelang ihm, sich unter dem falschen Namen »Yunas« zum Heer der sogenannten Mamelucken verpflichten zu lassen. Wie üblich begleitete eine Eskorte dieser Sklavensoldaten auch im Jahr 1503 den Pilgerzug nach Mekka und Medina – aber dieses Mal war ein neugieriger Christ dabei. Soweit man heute weiß warf damals zum ersten Mal ein nicht-muslimischer Europäer einen Blick auf die heiligsten Stätten des Islam. Ludovico di Varthema veröffentlichte später detaillierte Beschreibungen von Mekka und Medina und den Ritualen der Pilger.

Trotzdem war Arabien für Europäer auch mehr als 250 Jahre später noch immer eine weitgehend fremde Welt. Um das zu ändern, brach 1761 eine dänische Expedition dorthin auf, an der auch der deutsche Kartograf **Carsten Niebuhr** *(1733–1815)* teilnahm. Nach einem Abstecher auf die Sinaihalbinsel ging es mit einem Pilgerschiff von der ägyptischen Hafenstadt Sues nach Dschidda in Saudi-Arabien. Anschließend reiste die Gruppe weiter nach Mekka und von dort in den Jemen. Nachdem seine Begleiter an Krankheiten gestorben waren, besuchte Niebuhr auf eigene Faust Indien sowie die Ruinen von Niniveh im heutigen Irak und von Persepolis im heutigen Iran. Auf all diesen Reisen kleidete sich

Getarnt durch Arabien

Die Felsenstadt Petra war neben Mekka einer der Orte, die ***Jean Louis Burckhardt*** (1784 bis 1817) *als einer der ersten Europäer bereiste.*

Inkognito in Mekka

Der erste christliche Europäer, der die heiligen Stätten des Islam – im Bild die Kaaba in Mekka – zu Gesicht bekam, war ***Ludovico di Varthema*** (1470–1517).

Freund des Dalai Lama
Im Juli 2005 begegneten sich in Wiesbaden der Dalai Lama (links) und sein Jugendfreund und Berater ***Heinrich Harrer*** (1912–2006).

der Kartograf in der landesüblichen Tracht, um unter der muslimischen Bevölkerung nicht aufzufallen und keinen Verdacht zu erregen.

Unter falschem Namen

Der Schweizer **Jean Louis Burckhardt** *(1784–1817)* ging bei seiner Tarnung noch weiter. Von Aleppo in Syrien aus wollte er neue Erkenntnisse über den Nahen Osten und den Islam gewinnen. Auch er trug die ortsübliche Kleidung, erfand sich aber zudem eine neue Biografie und behauptete, ein muslimischer Kaufmann zu sein. In den Folgejahren führten ihn seine Reisen z. B. nach Damaskus, in den Libanon, nach Ägypten und nach Mekka. Staunend stand er vor den Grabtempeln der Felsenstadt Petra im heutigen Jordanien und entdeckte in der Wüste Ägyptens die Tempel von Abu Simbel wieder.
Auch der Spanier **Don Domingo Badía y Leblich** *(1767–1818)* hatte sich für seine Unternehmungen in der arabischen Welt ein Pseudonym zugelegt – und zwar nicht irgendeins. Eigenhändig gefälschte Papiere wiesen »Ali Ibn Osman Bey« als Verwandten des Propheten Mohammed aus. Kein Wunder, dass er in Marokko mit größter Hochachtung empfangen wurde. Tatsächlich gelang es ihm, unerkannt eine Pilgerfahrt nach Mekka zu unternehmen.

In China und Tibet

Doch nicht nur die arabische Welt inspirierte die Europäer zu solchen Abenteuern. Auch in Asien gab es verbotene Städte. So durfte im 16. Jh. kein Ausländer Peking betreten. Der italienische Jesuit **Matteo Ricci** *(1552–1610)* schaffte das allerdings trotzdem. Anders als viele christliche Reisende in islamischen Ländern verlegte er sich dabei nicht aufs Tarnen und Täuschen. Vielmehr hatte er bei seiner im Jahr 1582 begonnenen Missionsarbeit in China großes Ansehen gewonnen, sodass er schließlich im Jahr 1601 ganz offiziell die Erlaubnis bekam, in Peking zu wohnen.
Auch Tibets Hauptstadt Lhasa war für Europäer lange verbotenes Terrain. Entsprechend viel Kopfschütteln erntete der Brite **Thomas Manning** *(1772–1840)*, als er eine Reise dorthin plante. Doch unbeirrt schiffte er sich 1806 nach Asien ein. Er blieb zunächst in Kanton, wo er nicht nur die chinesische Sprache und Kultur studierte, sondern sich zum Entsetzen seiner Landsleute auch in chinesischen Kleidern präsentierte. Allerdings fand er zunächst keine Gelegenheit, wie geplant in die verbotenen Städte Lhasa und Peking weiterzureisen. Nachdem er vergeblich nach Kalkutta gesegelt war, wo ihm der Gouverneur die Unterstützung für sein Vorhaben verweigerte, brach Manning schließlich allein und in Verkleidung Richtung Tibet auf. Und tatsächlich gelang es ihm, nach Lhasa zu kommen und dort monatelang zu bleiben. Er hatte sogar Gelegenheit, mit dem Dalai Lama, dem politischen und religiösen Führer des Landes, zu sprechen.
Im 20. Jh. sollte es einem Europäer sogar gelingen, eine tiefe Freundschaft zum Dalai Lama aufzubauen. 1944 flohen **Heinrich Harrer** *(1912–2006)* und **Peter Aufschnaiter** *(1899–1973)* aus einem britischen Gefangenenlager in Indien, in dem die beiden Österreicher nach dem Ausbruch des Zweiten Weltkrieges interniert worden waren. Nach vielen Strapazen erreichten sie schließlich Lhasa. Aufschnaiter wurde dort Berater für Landwirtschaft und Städtebau, Harrer arbeitete zunächst als Übersetzer und Fotograf für die Regierung des damals noch unabhängigen Landes. Später wurde er dann Berater, Lehrer und Freund des Dalai Lama.

Jesuit in China
Der Italiener ***Matteo Ricci*** (1552–1610) *brachte 1518 mit der Gründung der jesuitischen Mission das neuzeitliche Christentum nach China.*

Auf den Spuren der Vergangenheit

Das Hintergrundbild zeigt eine von Heinrich Schliemann in Mykene gefundene Grabbeigabe.

Von Jahrtausendfunden wie dem sagenhaften Troja aus den Schriften Homers, dem Grab des ägyptischen Pharao Tut-ench-Amun oder der alten Inkastadt Machu Picchu, die mit ihren mehr als 200 durch unzählige Treppen verbundenen Gebäuden auf einem Andengipfel thront, träumt wohl jeder Archäologe. Und für einige wenige wird der Traum wahr.

Vergeblich hatte **Howard Carter** *(1874–1939)* 7 Jahre lang im Tal der Könige nach noch unbekannten Gräbern altägyptischer Herrscher gesucht. Doch am 6. November 1922 schickte er aufgeregt ein Telegramm an seinen britischen Mäzen **Lord George Edward Stanhope Molyneux Herbert Carnarvon** *(1866–1923):* »Habe wunderbare Entdeckung im Tal gemacht. Ein großartiges Grab mit unversehrten Siegeln. Bis zu Ihrer Ankunft alles wieder zugedeckt. Gratuliere.« 2 Wochen später war der Geldgeber und Amateurarchäologe vor Ort.

Im Grab des Pharao

Fasziniert betrachtet ***Howard Carter*** *(1874–1939) das Innere des Sarges von Tut-ench-Amun. Mit dessen Ruhestätte hatte Carter das einzige beinahe ungeplünderte Pharaonengrab gefunden.*

Gemeinsam brach das Grabungsteam eine versiegelte Tür mit dem Zeichen Tut-ench-Amuns auf. Schon in der Vorkammer des eigentlichen Grabes fanden sich prunkvolle Truhen und Möbelstücke sowie zwei steinerne Figuren, die einen weiteren Eingang bewachten. Diese Tür wurde offiziell am 17. Februar 1923 im Beisein von Regierungsbeamten und Journalisten geöffnet. Zutage kamen ein goldener Schrein und prächtige Grabbeigaben, Truhen voller Kostbarkeiten, ein vergoldeter Thron und das wohl berühmteste Fundstück, die Totenmaske des Tut-ench-Amun.

Nicht so umfangreich, aber genauso berühmt ist der Schatz, den **Heinrich Schliemann** *(1822–90)* aus dem Hügel Hisarlik in der Türkei ans Licht holte. Auf der Suche nach dem Schauplatz des legendären Trojanischen Krieges hatte er dort 1871 eine Grabungskampagne gestartet. 2 Jahre später hatte er zahlreiche Fundamente und Gebäudereste einer antiken Stadt freigelegt. Doch in die Schlagzeilen der Weltpresse geriet er erst, als er im Mai 1873 Edelmetall in den Händen hielt. In einem steinernen Behälter fand er Schmuck und Gefäße aus Gold und Silber. Der Schatz von König Priamos, der laut der »Ilias« des altgriechischen Dichters Homer während des Trojanischen Krieges regierte, schien gefunden. Später stellte sich allerdings heraus, dass die Schmiede der Kostbarkeiten mehr als 1000 Jahre vor dieser Zeit gelebt haben müssen.

Auch in den Inkastädten Südamerikas vermutete man goldene Reichtümer. Doch nachdem **Hiram Bingham** *(1875–1956)* im Jahr 1911 auf einem knapp 2400 m hohen Berg in den peruanischen Anden auf die von Pflanzen überwucherten Überreste von Machu Picchu gestoßen war, wurde der Öffentlichkeit kein legendärer Schatz des Indianervolks präsentiert. Der amerikanische Archäologe nahm vielmehr kistenweise Knochen, Mumien, Keramik und Gegenstände aus Metall und Holz mit in die USA. Von Gold oder Silber ist in den offiziellen Dokumenten der damaligen Zeit nicht die Rede. Wo das Inkagold aus dem wohl seit Mitte des 16. Jh. verlassenen Machu Picchu geblieben ist, bleibt bis heute ein Rätsel.

Schädel und Skelette

Unter Pflanzen, Sand und Erde liegen die Spuren der Vergangenheit. Generationen von Wissenschaftlern haben bei Ausgrabungen nach den Überresten untergegangener Kulturen gesucht. Aus den frühesten Tagen der Menschheit sind vor allem Knochen übriggeblieben. Uralte Schädel, Zähne und Skelettteile zeigen, wie die Entwicklung zum heutigen Menschen verlaufen ist und wie seine frühen Verwandten aussahen. Etliche Puzzleteile für diesen Stammbaum hat eine einzige Familie von Paläanthropologen – also Wissenschaftlern, die sich mit der Entstehungsgeschichte des Menschen befassen – zusammengetragen. **Louis Leakey** *(1903–72)* und seine Frau **Mary** *(1913–96)* fanden in Afrika die Überreste verschiedener früher Menschenverwandter und gaben ihre wissenschaftliche Leidenschaft auch an die nächsten Generationen weiter. Neben den Söhnen **Jonathan** *(geb. 1940)* und **Richard** *(geb. 1944)* gehören auch Schwiegertochter **Meave** *(geb. 1942)* und Enkelin **Louise** *(geb. 1972)* zu der mit Abstand bekanntesten Dynastie von Frühmenschenforschern.

Vom Leben in späteren Epochen erzählen neben Knochen auch Gebäude und Kunstwerke, Schmuck und Alltagsgegenstände. Seit **Johann Joachim Winckelmann** *(1717–68)* die wissenschaftliche Archäologie begründete, haben unzählige Forscher solche Kulturzeugnisse gefunden und zu interpretieren versucht.

Selbst die Gesellschaften der Steinzeit waren demnach erstaunlich hoch entwickelt. So grub der australische Archäologe und Historiker **Vere Gordon Childe** *(1892–1957)* in Skara Brae auf den schottischen Orkneyinseln Gebäude aus der Jungsteinzeit aus, die sogar mit Möbeln vom Bett bis zum Regal eingerichtet waren.

Noch älter als diese zwischen 3100 und 2500 v. Chr. errichteten Wohnungen sind die Überreste, die **James Mellaart** *(1925–2012)* in Anatolien ans Tageslicht geholt hat. Mehr als 1000 Menschen sollen zwischen 7400 und 6500 v. Chr. in den über Treppen verbundenen Häusern von Catal Hüyük gelebt haben. Aus dem Schutt des anatolischen Hügels Göbekli Tepe hat ein Team um **Klaus Schmidt** *(1953–2014)* sogar 11 000 Jahre alte Bauwerke ausgegraben, die mit verzierten Säulen und Tiermotiven geschmückt sind.

Die Funde aus späteren Epochen sind zahlreicher. Die wichtigen Städte der Antike waren immer auch ein Dorado für Archäologen. Als archäologischer Bauforscher war **Wilhelm Dörpfeld** *(1853–1940)* in Olympia, Troja und Pergamon aktiv. **Arthur Evans** *(1851–1941)* ließ auf Kreta den Palast von Knossos ausgraben – ein beeindruckendes Erbe der minoischen Zivilisation, die sich etwa ab dem Jahr 3000 v. Chr. zur ersten Hochkultur Europas entwickelte. Auf der etwa 100 km nördlich von Kreta gelegenen Insel Santorini fand **Spyridon Marinatos** *(1901–74)* unter den meterdicken Ascheschichten eines gewaltigen Vulkanausbruchs gut erhaltene Gebäude, Straßen und Plätze aus minoischer Zeit. In Pompeji hat ein Ausbruch des Vesuv im Jahr 79 n. Chr. sogar eine ganze Stadt verschüttet und über die Jahrhunderte konserviert, sodass **Giuseppe Fiorelli** *(1823–96)* dort viele Details über das damalige Alltagsleben erfahren konnte.

Entdecker von Machu Picchu

*Mit der Inkastadt Machu Picchu spürte **Hiram Bingham** (1875–1956) die eindrucksvollste architektonische Anlage der Inka auf.*

Ägypten – El Dorado der Archäologen

Eines der klassischen Ziele für Archäologen und Schatzsucher war Ägypten. Ein Vorgänger von Howard Carter und Lord Carnarvon war **Giovanni Belzoni** *(1778–1823)*. Er legte z. B. die Tempel von Abu Simbel und Karnak frei und entdeckte zahlreiche Pharaonengräber im Tal der Könige.

Auch die Schrift der alten Hochkultur hat Generationen von Ägyptologen fasziniert. Mithilfe des

Steins von Rosette, auf dem ein Text in drei Sprachen eingemeißelt ist, entzifferte **Jean-François Champollion** *(1790–1832)* erstmals die geheimnisvollen Hieroglyphen. **Karl Richard Lepsius** *(1810 bis 1884)* brachte dann Ordnung in das Zeichengewirr und begründete die systematische Hieroglyphenforschung. Dem Engländer **Flinders Petrie** *(1853–1942)* dagegen blieb die ägyptische Sprache Zeit seines Lebens fremd. Dennoch brachte er es zu einem Pionier der modernen Archäologie. Statt aufsehenerregenden Funden hinterherzujagen, ließ er erstmals systematisch graben und schenkte auch unspektakulären Scherben und Alltagsgegenständen Aufmerksamkeit. Neuland betrat er zudem, als er 1898 zum ersten Mal in der Geschichte eine Mumie röntgen ließ.

Ruinenspezialisten

Doch auch andere Teile der Welt weckten das Interesse der Archäologen. Im Zweistromland grub **Sir Leonhard Woolley** *(1880–1960)* die Königsgräber in Ur aus, **Ernest de Sarzec** *(1832–1901)* fand auf dem Ruinenhügel von Tello die Reste der wichtigen sumerischen Stadt Girsu und **Austen Henry Layard** *(1817–94)* machte sich einen Namen als Ausgräber von Ninive. Im heutigen Pakistan entdeckte **Sir John Marshall** *(1876–1958)* mit Harappa und Mohenjo-Daro zwei der wichtigsten Städte der Induskultur wieder, die ihre Blütezeit um 1900 v. Chr. hatte. **Sir Aurel Stein** *(1862–1943)* erforschte die alten Zivilisationen entlang der Seidenstraße. Und **Alexandre Henri Mouhot** *(1826–61)* stand beeindruckt vor den Tempeln von Angkor in Kambodscha.

Auch die gewaltigen Bauwerke, die von der Macht und Kultur der Maya berichteten, verfehlten ihre Wirkung auf die staunenden Besucher aus der alten Welt nicht. Schon **Juan de Grijalva** *(1490–1527)* entdeckte auf der mittelamerikanischen Halbinsel Yucatán große Pyramiden. **Jean Frédéric Waldeck** *(1766–1875)* hielt die Mayaarchitektur in Palenque und Uxmal in Kupferstichen und Zeichnungen fest. Zwar nahm er es mit der Exaktheit nicht allzu genau, doch die Bilder motivierten **John Lloyd Stephens** *(1805–52)*, die geheimnisvolle Hochkultur näher zu erforschen. In der Folge haben sich dann viele weitere Wissenschaftler wie **Juan Galindo** *(1802–39)*, **Teoberto Maler** *(1842–1917)* und **Thomas Gann** *(1867–1938)* mit den Maya beschäftigt. Bis heute haben die alten Hochkulturen bei Weitem noch nicht alle ihre Geheimnisse preisgegeben. Rätselhaft ist beispielsweise nach wie vor, ob und inwieweit Homers Epen um den Trojanischen Krieg tatsächliche Ereignisse wiedergeben. Für die Archäologen bleibt also noch viel zu tun.

Europäer in Angkor
1860 erreichte ***Alexandre Henri Mouhot*** (1826–61) *die Tempelanlagen von Angkor in Kambodscha und machte sie in seinem postum erschienenen Reisebericht in Europa bekannt.*

In Dunkelheit und Tiefe

Die spannendsten Geheimnisse liegen oft unter der Oberfläche. In Höhlen und am Grund der Ozeane haben Forscher faszinierende Entdeckungen gemacht.

Der Besitzer der Altamira-Höhle in Spanien, **Marcelino Sanz de Sautuola** *(1831–88)* stieß dort 1869 nach Hinweisen seiner 5-jährigen Tochter Maria auf merkwürdige Zeichnungen, die die Höhle weltberühmt machen sollten. Denn an die Felswände hatten Steinzeitkünstler Hirsche, Pferde, Wildschweine und andere Tiere gemalt. 1940 entdeckte **Marcel Ravidat** *(1923 bis 1995)* gemeinsam mit drei weiteren Jugendlichen die Höhle von Lascaux in Frankreich, als sie einen in ein Erdloch gefallenen Hund retteten. Staunend standen sie bald vor einer unterirdischen Welt voller farbiger Auerochsen, Hirsche und Pferde. **Abbé Henri Breuil** *(1877–1961)* analysierte diese Kunstwerke und wurde zur ersten wissenschaftlichen Kapazität für steinzeitliche Höhlenmalerei. Schwerer zugänglich war die Cosquer-Höhle bei Marseille mit ihren Bildern von Meeresvögeln, Robben und Fischen. Ihren unter dem Meeresspiegel gelegenen Eingang hat der Taucher **Henri Cosquer** *(geb. 1950)* 1984 erstmals passiert. Durch das Erkunden des Blautopfs bei Ulm und der daran angeschlossenen Höhlensysteme wurde der Höhlentaucher **Jochen Hasenmayer** *(geb. 1941)* bekannt.

Meeresarchäologe

Mit diesem Hightech-U-Boot entdeckte **Franck Goddio** (geb. 1947) *im Philippinischen Meer zahlreiche gesunkene Dschunken mit kostbarer Fracht.*

Attraktion Meerestiefen

Die meisten Taucher aber zieht es in die Tiefen der Ozeane. **Charles William Beebe** *(1877–1962)* und **Otis Barton** *(1899–1992)* konstruierten 1923 eine Tauchkugel, mit der Menschen in die Tiefe reisen konnten. Diese »Bathysphäre« tauchte 1934 immerhin 923 m unter die Meeresoberfläche. Der Mensch begann nun ernsthaft, die Unterwasserwelt zu erobern. 1958 unterquerte **William Anderson** *(1921 bis 2007)* mit dem Atom-U-Boot *Nautilus* den Nordpol. Und 1960 erreichten **Jacques Piccard** *(1922–2008)* und **Don Walsh** *(geb. 1931)* mit dem U-Boot *Trieste* eine Rekordtiefe von knapp 11 000 m. Je mehr aber über die Meere bekannt wurde, desto klarer wurde auch, dass der Mensch diese Ökosysteme bedroht. Sowohl Piccard als auch seine Forscherkollegen **Hans Hass** *(1919–2013)* und **Jacques Yves Cousteau** *(1910–97)* setzten sich daher intensiv für den Schutz der Ozeane und ihrer Bewohner ein. Die faszinierende Tier- und Pflanzenwelt ist aber nicht der einzige Schatz, der sich unter der Wasseroberfläche verbirgt. So hat der Unterwasserarchäologe **Franck Goddio** *(geb. 1947)* zahlreiche versunkene Schiffe und spektakuläre Kunstwerke aus den Meeren der Welt geborgen.

Öko-Forscher der Meere

Der französische Meeresforscher ***Jacques Yves Cousteau*** (1910–97) *umschwimmt 1963 auf dem Grund des Roten Meeres ein wie eine große Muschel aussehendes Tauchfahrzeug. Neben der Erforschung der Meere war deren Schutz sein besonderes Anliegen.*

Eroberer des Himmels

Tragfähige Flugapparate
Von erhöhten Geländepunkten aus startete ***Otto Lilienthal*** *(1848–96) zu seinen bis zu 300 m langen Flügen, z. B. mit diesem Doppeldecker-Hängegleiter.*

Der Traum vom Fliegen ist wohl so alt wie die Menschheit selbst. Doch lange hatte niemand gewagt, ihn in die Realität umzusetzen. Schließlich galt der Himmel als Wohnsitz von Göttern, Engeln und Dämonen – eine Sphäre, die für Normalsterbliche unerreichbar war.

Schon Ende des 19. Jh. hatte der Deutsche **Otto Lilienthal** *(1848–96)* mit verschiedenen Gleitflugzeugen für Furore gesorgt. Seine Flugapparate waren die Ersten, die in der Lage waren, einen Menschen zu tragen. Mehr als 2000 Flüge hatte der Ingenieur bereits absolviert, als er am 9. August 1896 mit einem seiner Geräte abstürzte und ums Leben kam. Die amerikanischen Flugzeugbauer **Orville** *(1871 bis 1948)* und **Wilbur Wright** *(1867–1912)* ahnten den Grund für das tragische Unglück: Lilienthals Konstruktionen ließen sich einfach zu schlecht steuern. An die Erkenntnisse des Deutschen anknüpfend tüftelten die Brüder daher eine neue motorgetriebene Maschine aus, die über Höhen-, Seiten- und Querruder gelenkt werden konnte. Mit dieser »Flyer II« erhob sich Orville Wright am 17. Dezember 1903 zum ersten Motorflug der Geschichte in die Lüfte: Die Flugstrecke betrug 36 m, die Flugdauer etwa 12 Sekunden – und der Wettlauf um die Eroberung des Himmels per Flugzeug hatte endgültig begonnen.

Über den Ärmelkanal
Begeistert begrüßen Zuschauer ***Louis Blériot*** (1872–1936), *als er nach 27 Minuten Flugzeit erstmals den Ärmelkanal überflogen hat.*

Der nächste große Sprung in der Luftfahrtgeschichte gelang dem Franzosen **Louis Blériot** *(1872–1936)*, der am 25. Juli 1909 im Rahmen eines Fliegerwettbewerbs, den die englische Tageszeitung »Daily Mail« veranstaltete, mit einem Eindecker die erste Überfliegung des Ärmelkanals von Calais nach Dover meisterte.

Nun setzte man sich weitere Ziele. Die Briten **John Alcock** *(1892–1919)* und **Arthur Whitten Brown** *(1886–1948)* überquerten am 14./15. Juni 1919 als erste Menschen in einem Flugzeug nonstop den Atlantik. 16 Stunden und 12 Minuten benötigten sie für die 3667 km lange Strecke vom kanadischen Neufundland nach Irland.

Den wohl berühmtesten Flug aller Zeiten aber absolvierte der US-Amerikaner **Charles Lindbergh** *(1902–74)*. Am 22. Mai 1927 startete er in New York mit der »Spirit of Saint Louis« zum ersten Nonstop-Flug eines Einzelnen über den Atlantik. 5809 km weiter östlich landete er 33,5 Stunden später triumphal begrüßt auf dem Flugplatz Le Bourget in Paris. Seine Popularität mussten Lindbergh und seine Frau **Anne Morrow Lindbergh** *(1906–2001)*, die als Begleiterin ihres Mannes auf zahlreichen Flügen ebenfalls in die Annalen der Fliegerei einging, teuer bezahlen: 1932 wurde ihr erstes Kind Charles entführt und ermordet.

Tollkühne Frauen

Die erste Frau, die den Atlantik allein überquerte, war 1932 die US-Amerikanerin **Amelia Earhart** *(1897–1937)*. Die Engländerin **Amy Johnson** *(1903–41)* hatte schon 1930 als erste Frau die Strecke von England nach Australien bewältigt und die Deutsche **Elly Beinhorn** *(1907–2007)* stellte in den 1930er-Jahren eine Reihe von Fliegerrekorden auf, u. a. 1934 eine unbegleitete Weltumrundung.

Nonstop über den Atlantik

Kriegsminister Winston Churchill überreicht ***John Alcock*** *(1892–1919) und* ***Arthur Whitten Brown*** *(1886–1948) im Jahr 1919 den für ihren Rekordflug ausgelobten Preis von 10 000 Pfund.*

Allein über den Atlantik

1927 absolvierte ***Charles Lindbergh*** *(1902–74) seine berühmte Atlantiküberquerung. Das Foto zeigt ihn im Jahr 1933 bei Reparaturarbeiten.*

Erfolg über dem Atlantik, Tod im Pazifik

Das undatierte Foto zeigt die US-Amerikanerin ***Amelia Earhart*** *(1897–1937) an Bord ihres Flugzeugs. Als erste Frau bezwang sie den Atlantik im Alleinflug, 1937 kehrte sie von einem Flug über den Pazifik nicht zurück.*

London–Australien

1930, im Entstehungsjahr dieses Fotos, flog ***Amy Johnson*** *(1903–41) allein von London nach Australien. Sie gilt als die bekannteste britische Pilotin.*

Edwin E. Aldrin bei der ersten Mondlandung am 20. Juli 1969

Ein kleiner Schritt ...

Der Griff zu den Sternen ist ein uralter Menschheitstraum – im 20. Jh. rückte seine Realisierung näher. Denn sowjetischen und amerikanischen Kosmo- bzw. Astronauten gelang der Sprung in den Weltraum und auf den Mond.

»Das ist ein kleiner Schritt für einen Menschen, aber ein riesiger Schritt für die Menschheit«, will **Neil Armstrong** *(1930–2012)* eigentlich sagen, als er im Juli 1969 als erster Mensch die Mondoberfläche betritt. Er weiß genau, was diese Worte bedeuten, hat er doch noch Stunden zuvor die Erde als blau-weiß-braune Kugel aus dem Fenster der Apollo-Raumkapsel gesehen, die ihn zusammen mit **Edwin Aldrin** *(geb. 1930)* und **Michael Collins** *(geb. 1930)* aus dem Raumfahrtbahnhof in Florida bis in eine Umlaufbahn um den Mond getragen hat. Doch als die Landefähre *Adler* vom Computer gesteuert auf die Oberfläche des Mondes hinunter schwebt, funktioniert keineswegs alles nach Plan. Weil versehentlich ein gar nicht benötigtes Radargerät eingeschaltet ist, meldet der überlastete Bordcomputer laufend Fehler. Gleichzeitig steuert der Autopilot auf einen von riesigen Felsen bedeckten Kraterboden zu. Um eine Bruchlandung abzuwenden, übernimmt der Kommandant der Mission, Neil Armstrong, die Handsteuerung und setzt die Fähre am 20. Juli 1969 um 21.17 Uhr mitteleuropäischer Zeit im Staub des Mare Tranquillitatis gut 60 m westlich des gefährlichen Kraters auf. »Houston, hier spricht der Tranquillity-Stützpunkt. Der Adler ist gelandet«, meldet er an das Kontrollzentrum auf der Erde.

Neil Armstrong wirkt in diesem Augenblick wie die Ruhe selbst.

Als er jedoch 6 Stunden später um 3.56 Uhr mitteleuropäischer Zeit als erster Mensch den Boden eines anderen Himmelskörpers als den der Erde betritt, da spüren viele Menschen seine Aufregung. Kaum steht er unbeholfen in seinem klobigen Raumanzug auf dem luftleeren Mond, verhaspelt er den historischen Satz mit dem kleinen Schritt für einen Menschen und dem großen Schritt für die Menschheit, der später in allen Büchern stehen wird. Tatsächlich hören 500 Mio. Menschen auf der

Triumph für die NASA

*Ganze 152 Minuten verbrachten **Neil Armstrong** (1930–2012), **Edwin Aldrin** (geb. 1930) und **Michael Collins** (geb. 1930) auf dem Mond – zurückgekehrt mussten sie lange in Quarantäne.*

Erde folgenden Satz des nervösen Neil Armstrong aus ihren Fernsehgeräten: »Das ist ein kleiner Schritt für die Menschheit, ...«. Ganz offensichtlich bemerkt er seinen Versprecher sofort, zögert 3 Sekunden und ändert dann den Rest des geplanten Satzes ein wenig, um seinen Patzer zu überdecken: »... ein gewaltiger Sprung für die Menschheit!«
Später wird dieser Versprecher zu einem wichtigen Indiz, als in verschiedenen Publikationen Zweifel daran aufkommen, dass die USA wirklich einen Menschen auf den Mond gebracht haben. In einer riesigen Show, so wird behauptet, hätten sie die Landung in den Filmstudios in Hollywood nur gedreht, um einen Sieg im Weltraum-Wettrennen mit der Sowjetunion vorzugaukeln. Zwar bringen die Astronauten von sechs Mondlandungen insgesamt 382 kg Steine mit, die auch von Forschern außerhalb der USA analysiert werden und mit Sicherheit nicht von der Erde stammen können. Viel mehr spricht für eine echte Mondlandung aber der Versprecher des ersten Mannes auf einem anderen Himmelskörper – ein solcher Fehler wäre einer Filmgesellschaft kaum passiert.

Große Schritte für die Menschheit

Neil Armstrong und 20 Minuten nach ihm Edwin Aldrin haben also tatsächlich ihre Stiefelabdrücke im Mondstaub hinterlassen, die USA hatten im verloren geglaubten Wettlauf mit der Sowjetunion in den Weltraum aufgeholt. Dieses Rennen hatte mit dem Kalten Krieg nach dem Zweiten Weltkrieg begonnen. Bei der Entwicklung von Atomwaffen waren die Amerikaner den Russen weit voraus, auch das Wirtschaftssystem der USA funktionierte um Klassen besser als das der Sowjetunion, das von der Planwirtschaft geprägt war.
Am 4. Oktober 1957 aber demonstrierten die Russen, dass sie im »Space-Race« weit in Führung lagen. Eine umgebaute Interkontinentalrakete trug vom Weltraumbahnhof Baikonur in Kasachstan den Satelliten Sputnik in den Weltraum. Am 13. September 1959 erreichte eine Raumsonde der Sowjetunion den Mond, einen Monat später fotografierte eine weitere Raumsonde die Rückseite des Mondes. Die Russen hatten den Glauben der US-Amerikaner an ihre Überlegenheit nachhaltig erschüttert.
Der größte Paukenschlag aber stand noch aus: Am 12. April 1961 startete das russische Raumschiff *Wostok*, an Bord befand sich **Juri Gagarin** *(1934 bis 1968)*, der als erster Mensch in einer Raumkapsel die Erde umkreiste. In 108 Minuten umrundete sein Raumschiff in bis zu 315 km Höhe einmal den Planeten. Dann zündeten die Bremsraketen, das Raumschiff näherte sich wieder der Erdoberfläche. In 7000 m Höhe löste Juri Gagarin den Schleudersitzmechanismus aus und landete an seinen Fallschirmen wohlbehalten 25 km südwestlich der Stadt Engels am Ufer der Wolga. Und die Russen – nicht zuletzt auf Öffentlichkeitswirksamkeit bedacht – trumpften weiter auf, z. B. als am 16. Juni 1963 an Bord von *Wostok 6* mit **Walentina Tereschkowa** *(geb. 1937)* die erste Frau in den Weltraum startete.

Mit der* Wostok 1 *ins All

Für seine historische Mission wurde der Russe **Juri Gagarin** (1934–68) *nicht zuletzt wegen seiner inneren Ruhe und seiner Ausgeglichenheit ausgewählt.*

49 Runden um die Erde

Die 26-jährige Kosmonautin **Walentina Tereschkowa** (geb. 1937) *umkreiste vom 16. bis 19. Juni 1963 im Raumschiff* Wostok 6 *als erste Frau der Welt die Erde.*

Die USA holten nach einer gewaltigen Kraftanstrengung mit der Mondlandung den Vorsprung der Sowjetunion schließlich ein, die entstehende Europäische Union aber blieb zunächst Zaungast der bemannten Weltraumfahrt. Erst am 24. Juni 1982 flog mit dem Franzosen **Jean-Loup Chrétien** *(geb. 1938)* der erste Westeuropäer in den Weltraum – als Gast im sowjetischen Raumschiff *Sojus-T6*. Der erste Westeuropäer in einem US-amerikanischen Raumschiff war ein gutes Jahr später der Deutsche **Ulf Merbold** *(geb. 1941)*, der am 28. November 1983 mit der später verunglückten Raumfähre *Columbia* als erster Astronaut der Europäischen Weltraumorganisation ESA startete.

Wostok 1 startet am 12. 4. 1961 ins All. An Bord: Juri Gagarin.

Startschuss ins Weltall
Der Raketenkonstrukteur **Wernher von Braun** (1912 bis 1977) *erklärt die Funktion einer Weltraumrakete an einem Modell. 1970 avancierte von Braun zum stellvertretenden NASA-Direktor.*

Der Traum vom Weltraum

In der Fiktion war den Menschen die Eroberung des Weltraums spätestens im 19. Jh. gelungen: Die Abenteuerromane von **Jules Verne** *(1828–1905)* und **Kurd Lasswitz** *(1848–1910)* über Menschen im Weltraum und auf anderen Planeten faszinierten international breite Leserkreise. Das Raketenprinzip war da bereits etwa 600 Jahre alt: 1265 hatten Chinesen am Ende eines Geschosses Schwarzpulver gezündet, die Explosion trieb das Projektil vorwärts und versetzte die Pferde der angreifenden Mongolen in Panik.

Einen Quantensprung erlebte die Raketentechnik am 16. März 1926, als eine vom US-amerikanischen Physiker **Robert Goddard** *(1882–1945)* konstruierte, mit Flüssigtreibstoff betriebene Rakete die Tauglichkeit ihres Konstruktionsprinzips bewies. Sie erreichte zwar nur eine Höhe von 14 m und flog in 2,5 Sekunden gerade einmal 50 m weit, doch entwickelte sich aus dieser Technologie die mächtige Saturn-Rakete, die mit ähnlichen flüssigen Treibstoffen den Mondflug möglich machte.
Auch der deutsche Ingenieur **Wernher von Braun** *(1912–77)* vertraute auf dieses Prinzip. 1934 erreichte seine mit flüssigem Treibstoff angetriebene Rakete eine Rekordhöhe von 2200 m. Fasziniert vom Buch »Die Rakete zu den Planetenräumen« von **Hermann Oberth** *(1894–1989)* hatte Wernher von Braun seit 1929 mit Oberth an Raketen mit flüssigem Treibstoff getüftelt. Von 1937 bis 1945 entwickelte von Braun in Peenemünde auf der Ostseeinsel Usedom eine Flüssigtreibstoffrakete, die nicht nur mit einer Höhe von 200 km als erstes Fahrzeug aus Menschenhand den Weltraum erreichte, sondern gleichzeitig auch als Waffe – V2 genannt – beim Kriegsgegner Großbritannien Angst und Schrecken verbreitete.
Nach dem Zweiten Weltkrieg verpflichteten die USA und die Sowjetunion die deutschen Raketeningenieure, die – mehr oder weniger freiwillig – die jeweiligen Programme für Großraketen der beiden Supermächte maßgeblich prägten. Angesichts seiner fachlichen Kompetenz spielte die nationalsozialistische Vergangenheit Wernher von Brauns, der immerhin Sturmbannführer (Major) der SS gewesen war, keine Rolle mehr. Ziel waren zunächst Trägerraketen, mit denen Atomwaffen verschossen werden sollten.

Geglücktes Experiment
Kurz vor dem historischen Moment: **Robert Goddard** (1882–1945) *posiert am 16. März 1926 neben seiner Flüssigtreibstoffrakete für den Fotografen.*

Amerikaner, Russen – und der Rest der Welt

Wernher von Braun war schließlich maßgeblich am Bau der Raketen beteiligt, die US-Astronauten in den Weltraum trugen. Zunächst ist hier **Alan Shepard** *(1923–98)* zu nennen, der am 5. April 1961 als erster Amerikaner in einem 15-Minuten-Flug immerhin 187 km Höhe und damit die Grenzen des Weltraums erreichte. Auch an der Mondlandung waren die Ingenieure um Wernher von Braun beteiligt. Sie konstruierten die 110 m hohe Saturn-V-Rakete, die 120 t Nutzlast in eine Erdumlaufbahn oder 45 t auf den Weg zum Mond bringen konnte. Wenn das Ungetüm von Cape Canaveral startete, zerbarsten im 12 km entfernten Titusville Fensterscheiben. Schon der dritte Start einer Rakete dieses Typs demonstrierte, dass die Amerikaner mit den Russen gleichgezogen hatten: **Frank Borman**

Das erste Lebewesen im All war die Hündin Laika.

(geb. 1928), **James Lovell** *(geb. 1928)* und **William Anders** *(geb. 1933)* flogen mit der Raumkapsel Apollo 8 an Weihnachten 1968 zum Mond. Zehnmal umkreisten sie den Erdtrabanten und schossen eines der berühmtesten Bilder in der Geschichte der Menschheit, auf dem die blauweiße Erde über der kargen Oberfläche ihres Trabanten aufgeht.
James Lovell war im April 1970 auch Kommandant des Fluges Apollo 13, bei dem ein Sauerstofftank explodierte. Nur weil er zusammen mit den beiden Crewmitgliedern **John Swigert** *(1931–82)* und **Fred Haise** *(geb. 1933)* aus Tüten, Klebeband und Flugplänen einen provisorischen Adapter für die Luftreinigung bauen konnte, überlebten die Männer den Flug.

Die Eroberung des Weltraums hat noch eine ganze Reihe weiterer Helden hervorgebracht. Ganz am Beginn der bemannte Raumfahrt stand ein Tier – mit der Mischlingshündin **Laika** *(1954–57)* brachten die Russen bereits im November 1957 das erste Lebewesen in den Weltraum. Der Russe **German Titow** *(1935–2000)* machte im August 1961 eine durchaus unwillkommene Erfahrung – als erster Mensch litt er an der Raumkrankheit. **Alexei Leonow** *(geb. 1934)* verließ 1965 als erster Mensch sein Raumschiff und schwebte frei im Weltraum. **Waleri Poljakow** *(geb. 1942)* absolvierte 1994 und 1995 mit 438 Tagen den längsten Weltraumflug, insgesamt hält aber sein Landsmann **Sergej Krikaljow** *(geb. 1958)* mit 803 Weltraumtagen den Rekord, der sich allerdings auf sechs Flüge verteilt. 19 Russen folgen auf den nächsten Plätzen der Weltraum-Tage-Rekorde, dann kommt erst der US-Amerikaner **Colin Foale** *(geb. 1957)* mit 374 Tagen, dicht gefolgt vom Deutschen **Thomas Reiter** *(geb. 1958)* mit 350 Tagen.

Die ersten Raumfahrer ohne einen sowjetischen oder US-Pass waren 1978 der Tscheche **Vladimir Remek** *(geb. 1948)*, der Pole **Miroslaw Hermaszewski** *(geb. 1941)* und der Deutsche **Sigmund Jähn** *(geb. 1937)*. **Georgi Iwanow** *(geb. 1940)* war 1979 der erste Bulgare, **Bertalan Farkas** *(geb. 1949)* 1980 der erste Ungar und **Pham Thuan** *(geb. 1947)* ebenfalls 1980 der erste Vietnamese im All. 1981 eroberte mit **Dschügderdemidiin Gürragtschaa** *(geb. 1947)* der erste Mongole das All. 1991 erreichten mit **Helen Sharman** *(geb. 1964)* die erste Britin und mit **Franz Viehböck** *(geb. 1960)* der erste Österreicher den Weltraum, seit 1992 ist mit **Claude Nicollier** *(geb. 1944)* auch die Schweiz im Weltraumclub vertreten. 2003 gelang China mit dem Astronauten **Yang Liwei** *(geb. 1965)* sein erster bemannter Raumflug. Der US-Amerikaner **Dennis Tito** *(geb. 1940)* bereiste 2001 als erster Tourist den Weltraum und **John Glenn** *(geb. 1921)*, der 1962 als erster US-Astronaut die Erde umkreist hatte, war 1998 mit 77 Jahren der bisher älteste Mensch im All.

Handwerker im All

Der Schweizer ESA-Astronaut ***Claude Nicollier*** (geb. 1944) *bei der Reparatur des Hubble-Teleskops im Dezember 1999*

Zuhause für Raumfahrer

Mit der Ankunft von ***Thomas Reiter*** (geb. 1958) *auf der ISS im Juli 2006 trat erstmals ein ESA-Astronaut einen Langzeitaufenthalt an.*

GESELLSCHAFT UND SPORT

Im Lauf der Geschichte wurde das Leben immer farbiger und vielfältiger. Und jeder gesellschaftliche Aspekt bildete die Bühne für herausragende Persönlichkeiten – Bankiers und Unternehmer, Wohltäter und Mäzene, Artisten und Magier –, die jeweils auf ihrem Feld Großartiges leisteten und weltbekannt wurden. Im 20. Jahrhundert wuchs dem Sport und seinen Stars eine herausragende Bedeutung zu.

Engel der Verwundeten
Die Krankenschwester ***Florence Nightingale*** *(1820–1910) pflegte im Krimkrieg im Hospital von Skutari verwundete Soldaten. Später sorgte sie für Reformen im englischen Gesundheitswesen.*

Wohltäter der Menschheit

Sich um Menschen zu kümmern, die Not leiden, haben sich bekannte Persönlichkeiten zu allen Zeiten auf die Fahnen geschrieben. War die Fürsorge früher eine Sache fast allein der Kirche, so wurde das Spektrum der Hilfe im Lauf der Zeit immer breiter.

Mit dem Namen **Henri Dunant** *(1828–1910)* ist untrennbar die Gründung einer der erfolgreichsten internationalen Hilfsorganisationen verbunden. 1863 rief der Schweizer, von Haus aus Besitzer einer Firma für Getreidemühlen, das Internationale Rote Kreuz ins Leben. Auslöser waren die von ihm selbst erlebten Schrecken der Schlacht von Solferino im Juni 1859 gewesen. 40 000 Tote und unzählige Verwundete hatte dieses Gefecht zwischen Franzosen und Österreichern gefordert. Künftig widmete Dunant sein Leben dem Schutz von Verwundeten, Gefangenen und Zivilisten in Zeiten des Krieges. Das Rote Kreuz leistete dabei immer wertvollere Dienste. Für seine Leistungen erhielt Dunant 1901 den damals erstmals verliehenen Friedensnobelpreis.

Engagierte Krankenschwester

Es ist ein Zufall, dass Henri Dunant im selben Jahr starb wie **Florence Nightingale** *(1820–1910)*. Die englische Krankenpflegerin engagierte sich, wie der Gründer des Roten Kreuzes, in einer außergewöhnlichen Weise für Menschen in Not. Ihren für englische Verhältnisse etwas eigenartigen Vornamen verdankte sie dem Umstand, dass ihre Eltern bei der Geburt während einer Italienreise in Florenz Station gemacht hatten. Im Krimkrieg, der von 1853 bis 1856 zwischen dem Osmanenreich, Großbritannien und Frankreich auf der einen und Russland auf der anderen Seite tobte, war sie als freiwillige Krankenschwester tätig. Aufgerüttelt von den tristen Verhältnissen in den Lazaretten, entwickelte die tatkräftige Frau nach dem Krieg ein Konzept für eine effizientere Organisation des militärischen und zivilen Hospitalwesens. Schon zu Lebzeiten wurde die überaus populäre Florence Nightingale auch außerhalb ihrer Heimat zu einer Legende.

Mahner aus dem Urwald

Einen Nobelpreis wie Dunant erhielt Florence Nightingale nicht, dafür aber **Albert Schweitzer** *(1875–1965)*. Das Komitee ehrte den aus dem Elsass stammenden Theologen und Arzt mit dem Friedensnobelpreis von 1952. Geprägt war die Lebensleistung Schweitzers sowohl von ganz praktischer Hilfe als auch von Visionen für eine friedliche Welt. In Lambarene im heutigen Gabun sorgte der »Urwalddoktor« in seinem Tropenhospital für die

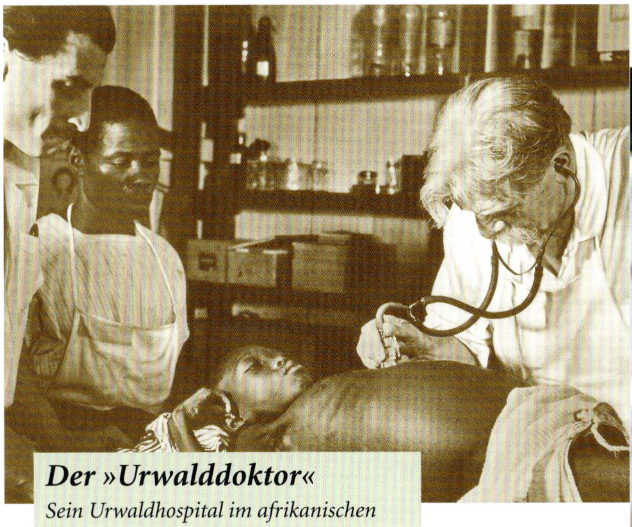

Der »Urwalddoktor«
Sein Urwaldhospital im afrikanischen Lambarene machte ***Albert Schweitzer*** *(1875–1965) weltberühmt, ebenso wie sein Engagement gegen Atomwaffen.*

Gründer des Roten Kreuzes
Auf die Initiative von ***Henri Dunant*** *(1828–1910) zur Gründung des Roten Kreuzes gehen viele Hilfslieferungen in Notstandsgebiete zurück. Dieser albanische Junge im Kosovo freut sich über zwei Brote und zwei Milchdosen.*

Heilung von Tausenden von Kranken. Daneben wurde er nicht müde, vor den Gefahren des atomaren Zeitalters zu warnen. Und beharrlich mahnte er, stets von christlichen Idealen geleitet, die Politiker, sich stärker um die Belange der Dritten Welt zu kümmern.

Zum Sinnbild christlicher Nächstenliebe wurde **Martin von Tours** *(316–337)*. Der Sohn eines römischen Tribuns trat zum Christentum über und wurde später Bischof von Tours. Der berühmten Legende nach teilte er seinen Mantel mit einem frierenden Bettler. Ebenfalls ein Herz für die Armen hatte der burgundische Kanzler **Nicolas Rolin** *(1376 bis 1462)*. Er gründete und finanzierte in Beaune ein für damalige Verhältnisse bestens ausgestattetes Hospital – wohl aber auch mit dem Hintergedanken, sich dadurch sein Seelenheil zu sichern. Ebenfalls aus dem Bereich der Politik stammt **William Penn** *(1644–1718)*, der erste Gouverneur von Pennsylvania in Nordamerika. Einen Namen machte sich der Sohn eines englischen Admirals auch als Verteidiger der verfolgten Quäker und als Schutzherr der Indianer in seinem Gebiet.

»Das Fundament des Rechts ist Humanität.«

Albert Schweitzer

Organisatoren der Hilfe

Diakonissen gab es schon in den christlichen Urgemeinden. Es blieb jedoch der aus einer vornehmen Hamburger Familie stammenden **Amalie Sieveking** *(1794–1859)* vorbehalten, der kirchlichen Armen- und Krankenpflege eine feste Struktur zu geben. Ein besonderes Anliegen war ihr die Erziehung und Ausbildung von jungen Frauen aus armen Familien. Bis heute gehört die Heilsarmee zum vertrauten Erscheinungsbild großer Städte. Gegründet wurde diese mildtätige Organisation von dem Briten **William Booth** *(1829–1912)*. Nach seinem Austritt aus der anglikanischen Staatskirche wurde er Methodist und reiste im Rang eines Generals der Heilsarmee mit seiner Frau predigend um die Welt.

Die Großherzogin **Alice von Hessen** *(1843–78)*, als Tochter der britischen Königin Victoria zugleich Prinzessin von Großbritannien und Irland, kümmerte sich um Wöchnerinnen und gründete mit anderen betuchten Frauen den einflussreichen »Alice-Verein« für Armen- und Krankenpflege.
Auf katholischer Seite zählt in Deutschland die Caritas heute zu den wichtigsten Wohlfahrtsverbänden. Gegründet wurde die Organisation von dem Theologen **Lorenz Werthmann** *(1858–1921)* mit dem Ziel, soziale Nöte zu mildern.
Bis heute ist die Arbeiterwohlfahrt eine zentrale Anlaufstelle für Menschen in Not geblieben. Ihre Gründerin **Marie Juchacz** *(1879–1956)* setzte sich darüber hinaus für soziale Reformen und die Rechte der Frauen ein. **Elsa Brandström** *(1888 bis 1948)* war die Tochter eines schwedischen Diplomaten in Sankt Petersburg. Im und nach dem Ersten Weltkrieg setzte sie all ihre Kraft ein, um für deutsche Kriegsgefangene in Sibirien eine medizinische Versorgung aufzubauen und rief ein Hilfswerk für Gefangene ins Leben. Heute gilt der »Engel von Sibirien« als Schutzpatronin der Soldaten.

Symbol der Nächstenliebe
*Die Gründerin des Ordens »Missionarinnen der Nächstenliebe«, **Mutter Teresa*** (1910–97, rechts), *trat gegen das Leid der Armen vor allem in Kalkutta ein. Auf dem undatierten Foto scherzt sie mit einem Kind.*

Rettung vor dem Holocaust

Während der Verfolgungen im Dritten Reich rettete **Oscar Schindler** *(1908–74)* über 1000 Juden das Leben, indem er sie in seiner Fabrik einstellte und sie von den Behörden als »kriegswichtig« einstufen ließ. Dem Industriellen und Lebemann aus dem Sudetenland hat der US-Regisseur Steven Spielberg mit dem Film »Schindlers Liste« ein cineastisches Denkmal gesetzt. Eine wichtige Stütze fanden die Juden während der NS-Herrschaft auch in dem schwedischen Diplomaten **Raoul Wallenberg** *(1912 bis um 1947)*. 1944 und 1945 verteilte er an die bedrohten ungarischen Juden in Budapest Pässe und sorgte zudem für Ernährung und medizinische Versorgung. 1945 wurde der Helfer von russischen Soldaten gefangen genommen. Danach verliert sich seine Spur. Nach sowjetischen Angaben ist er 1947 in einem Gefängnis in Moskau gestorben.

Am 16. August 2005 ging die Nachricht von dem Mord an **Roger Schutz** *(1915–2005)* alias **Frère Roger** um die Welt. Der Begründer der ökumenischen Bruderschaft im burgundischen Taizé wurde das Opfer einer offenbar geistig verwirrten Frau. Im Zweiten Weltkrieg hatte er verfolgten Juden Obdach gewährt, nach dem Krieg deutsche Kriegsgefangene versorgt. Eine andere Legende des 20. Jh., **Mutter Teresa** *(1910–97)*, stammte aus Albanien, hieß eigentlich Agnes Gonxha Bojaxhio und erhielt für ihren Einsatz für Arme und Kranke 1979 den Friedensnobelpreis. 1950 hatte sie den Orden der »Missionarinnen der Nächstenliebe« gegründet.

Ein Herz für Kinder

Der Österreicher **Hermann Gmeiner** *(1919–86)* war der Gründer der SOS-Kinderdörfer. Um Waisenkindern ein Zuhause zu verschaffen, gründete er 1949 in Tirol das erste Dorf dieser Art. Daraus entstand später ein weltweites Netz. Ein anderer Österreicher, **Karlheinz Böhm** *(1928–2014)*, war der Öffentlichkeit vor allem als Kaiser Franz Joseph aus den Sissi-Filmen bekannt, bevor er aufgrund einer Fernsehwette die Organisation »Menschen für Menschen« ins Leben rief. Sie kümmert sich seitdem erfolgreich um notleidende Menschen in Äthiopien. Auch **Jochen Richert** *(1915–84)* nutzte das Fernsehen für wohltätige Zwecke. 1956 legte er mit der Aktion »Ferienplätze für Berliner Kinder« den Grundstein zur ARD-Fernsehlotterie. Deren Slogans »Ein Platz an der Sonne« und »Mit fünf Mark sind Sie dabei« wurden in Deutschland zu geflügelten Worten. Ebenfalls auf ihrer Popularität in den Medien aufbauend profilierte sich die Ärztin **Mildred Scheel** *(1932–85)*, Ehefrau des Bundespräsidenten Walter Scheel, als Gründerin der Deutschen Krebshilfe. 1985 erlag sie selbst einem Krebsleiden.

Show und Glamour gegen das Elend

Weltweit setzen sich zahlreiche Prominente gegen Not und Elend ein. Unter den bekannten Rockmusikern ragen in dieser Hinsicht der Exbeatle **George Harrison** *(1943–2001)* mit seinem Engagement für Bangladesch und **Bob Geldof** *(geb. 1954)*, der Organisator des Live-Aid-Konzerts zugunsten Afrikas von 1985, heraus. Im Zusammenhang mit diesem Konzert entstand auch das Bandprojekt »USA for Africa«, dessen wichtigste Initiatoren **Harry Belafonte** *(geb. 1927)* und **Lionel Richie** *(geb. 1949)* waren. Der Operntenor **Luciano Pavarotti** *(1935–2007)* ist nicht nur durch seine einmalige Stimme, sondern auch durch Benefizkonzerte für Flüchtlinge und das Rote Kreuz bekannt geworden.

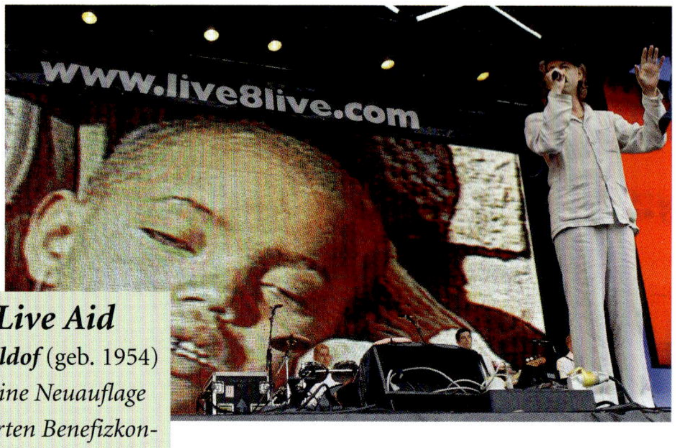

Der Macher von Live Aid
*2005 organisierte **Bob Geldof*** (geb. 1954) *mit dem Live 8-Konzert eine Neuauflage des ersten von ihm initiierten Benefizkonzertes von 1985.*

Die Verleihung der Nobelpreise ist alljährlich ein Höhepunkt im wissenschaftlichen und kulturellen Leben.

Stifter des Nobelpreises

Als Erfinder und Unternehmer war ***Alfred Nobel*** (1833 bis 1896) *schon zu Lebzeiten berühmt. Heute ist er weltweit vor allem wegen der nach ihm benannten Stiftung bekannt.*

Große Mäzene

Man bezeichnet sie als Philanthropen, jene »Menschenfreunde«, die im 18. Jh. eine neue pädagogische Bewegung ins Leben riefen. Im weiteren Sinne dürfen alle Persönlichkeiten als Philanthropen gelten, die sich aus sozialer und geistiger Verantwortung heraus für ihre Mitmenschen einsetzen.

1768 trat der aus Hamburg stammende Pädagoge **Johann Bernhard Basedow** *(1723–90)* mit der Schrift »Vorstellung an Menschenfreunde und vermögende Männer über Schulen, Studien und ihren Einfluss in die öffentliche Wohlfahrt« an die Öffentlichkeit. Sie enthielt ein leidenschaftliches Plädoyer für eine Reform der Bildung. Frei vom Einfluss der Kirche sollte ein moderner Unterricht mit einem deutlichen Akzent auf körperlicher Erziehung und auf den Naturwissenschaften das Ideal eines eigenverantwortlichen, sozial befähigten Menschen verwirklichen. Basedow fand eine Reihe von kompetenten Mitstreitern. Der prominenteste unter ihnen war **Johann Christoph Friedrich Gutsmuths** *(1759 bis 1839).* Sein besonderes Interesse galt der körperlichen Ertüchtigung der Jugend. In Wort und Schrift sorgte er dafür, dass sich das Schulturnen durchsetzte. Sein Buch »Gymnastik für die Jugend« von 1793 wurde zu einer Bibel des Schulsports.

Stifter und Mäzene

Basedows Wunsch, die Reichen der Welt für seine Ideen zu gewinnen, blieb der Erfolg, wenn auch unter unterschiedlichen Voraussetzungen, nicht versagt. Wohlhabende Unternehmer und Industrielle investierten ein Vermögen in die Bildung und in wohltätige Aktivitäten. Der schwedische Chemiker **Alfred Nobel** *(1833–96),* auf den die Erfindung des Dynamits zurückgeht, bestimmte per Testament den größten Teil seines riesigen Vermögens zur Gründung der Nobelstiftung. Bis heute ist der Nobelpreis die begehrteste Trophäe für Naturwissenschaftler, Literaten und Friedensaktivisten.
Ein erklärter Philanthrop war der US-amerikanische Stahlmagnat **Andrew Carnegie** *(1835–1919).* Einen großen Teil seines immensen Vermögens steckte er in Stiftungen zur Förderung der Kultur und der Bildung. An diese segensreiche Tätigkeit erinnert bis heute die Carnegie Hall in New York, eine der bekanntesten Konzerthallen der Welt. **Brooke Astor** *(1902–2007)* verwaltete das Vermögen ihres verstorbenen Ehemanns **Vincent Astor** *(1891–1959)*, ein Spross der Astor-Familie, die im 19. Jh. die reichste Familie in den USA war, entsprechend seinem Testament im Sinne der Wohlfahrt.

> ***»Man muss den Nächsten so behandeln, wie man von ihm behandelt sein will.«***
>
> Alfred Nobel

Förderer von Kunst und Technik

Henry Clay Frick *(1849–1919)* war einer von Andrew Carnegies reichen Geschäftspartnern, bis es zwischen den beiden zum Zerwürfnis kam. Auf ihn geht die Frick Collection in New York zurück. Mit diesem bedeutenden Kunstmuseum setzte Frick

»Königin der Herzen«
Bei einem Besuch in der indonesischen Hauptstadt Jakarta 1989 spricht ***Prinzessin Diana*** (1961–97) *mit Kindern der Britischen Internationalen Schule.*

Maßstäbe. Seinem Beispiel folgte der Bankier und langjährige US-Finanzminister **Andrew Mellon** *(1855–1937)* mit einer eigenen Kunstsammlung. Im Gedenken an ihn wurde später die »Andrew W. Mellon Foundation« ins Leben gerufen.

Kulturell höchst aktiv waren auch die Mitglieder der schwerreichen Rockefeller-Dynastie. Bereits **John Rockefeller** *(1839–1937)*, durch Erdöl vermögend geworden, finanzierte verschiedene karitative Projekte. Seitdem gibt es ein ganzes Netz von Rockefeller-Stiftungen zur Förderung humanitärer und wissenschaftlicher Arbeiten.

Angehörige der amerikanischen Guggenheim-Familie gründeten eine ganze Kette von Museen im In- und Ausland. **Daniel Guggenheim** *(1856–1930)* tat sich als Mäzen der Technik und der Naturwissenschaften hervor. So finanzierte er Institute, die sich mit der Entwicklung des Flugzeugbaus und mit aeronautischen Forschungen befassten.

Einen glänzenden Klang hat in Kunstkreisen auch der Name **Jean Paul Getty** *(1892–1976)*. Der Ölmagnat aus Minneapolis gründete 1953 im kalifornischen Malibu das J. Paul Getty Museum mit bedeutenden Kunstschätzen aus allen Stilepochen.

Der Schweizer **Max Schmidheiny** *(1908–91)* schuf ein einträgliches Firmenimperium und profilierte sich als einer der engagiertesten Förderer von Kunst und Kultur in Europa. Auch wohltätige Projekte zieren seine beeindruckende Leistungsbilanz. Soziales Gewissen sowie Interesse an Bildung und Wissenschaften begleiteten die Karriere des schwäbischen Unternehmers **Robert Bosch** *(1861–1942)*. Seinen philantropischen Neigungen entsprechend stattete er Hochschulen mit üppigen Finanzmitteln aus. Die Robert-Bosch-Stiftung geht auf eine testamentarische Verfügung des Firmenpatriarchen zurück. Als Stifterin ist auch **Amélie Thyssen** *(1877–1965)*, die Ehefrau des deutschen Industriellen Fritz Thyssen, in Erscheinung getreten. 1959 schuf sie die »Fritz Thyssen Stiftung zur Förderung von Wissenschaft und Forschung«, die sie mit einem Kapital von rund 100 Mio. DM ausstattete. Für den Forschungsstandort Deutschland erlangte diese Stiftung außerordentliche Bedeutung.

Könige des Benefiz'
Zu Wohlfahrtszwecken bündeln ***Warren Buffett*** (geb. 1930, rechts) *und* ***Bill Gates*** (geb. 1955) *große Teile ihrer Vermögen in der Bill-und-Melinda-Gates-Stiftung.*

Mit viel Geld und noch mehr Herz

Auf allen Listen, die die reichsten Männer der Welt aufzählen, nimmt der amerikanische Investor **Warren Buffett** *(geb. 1930)* einen Spitzenplatz ein. 2006 kündigte er an, 85 % seines Vermögens für wohltätige Zwecke abtreten zu wollen.

Noch reicher als Buffett ist **Bill Gates** *(geb. 1955)*, der Gründer der Microsoft Corporation. Die zusammen mit seiner Frau aus der Taufe gehobene »Bill and Melinda Gates Foundation« verfügt über ein enorm hohes Stiftungskapital, das vielen Projekten, z. B. im Bereich der Entwicklungshilfe und dem Kampf gegen Aids, zugutekommt. Auch **Diana Spencer** *(1961–97)*, die »Princess of Wales«, engagierte sich in zahllosen karitativen Projekten, beispielsweise in der britischen Aids-Hilfe, während **Karlheinz Böhm** *(1928–2014)* dafür kämpfte, die Not der Menschen in Afrika zu lindern.

Erziehen und bilden

Gedanken über die passende Erziehung der Jugend haben sich die Menschen immer gemacht. Doch nur wenigen ist es vergönnt gewesen, mit ihren Vorstellungen Schule und Bildungswesen zu revolutionieren.

Urahn aller Pädagogen war der Grieche **Sokrates** *(um 470–399 v. Chr.)*. Der Athener entwickelte eine eigene Methode des Erwerbs von Wissen, nach der man alle vertrauten Vorstellungen ablegen muss, um zur wahren Erkenntnis zu gelangen.

Große Aufklärer und Pädagogen

Von sich reden machte die Pädagogik danach erst wieder im Zeitalter der Aufklärung. Vorreiter war der Engländer **John Locke** *(1632–1704)*. Nicht die Ideen, so lehrte der Philosoph, sind die Quellen der Erfahrung, sondern einzig die Sinneswahrnehmung und die Selbstwahrnehmung. Wenig später avancierte der französische Aufklärer **Jean-Jacques Rousseau** *(1712–78)* zum Großmeister der Pädagogik. Überzeugt von der Allmacht der Erziehung, forderte er deren Ausrichtung an dem Gang der Natur. **Johann Heinrich Pestalozzi** *(1746–1827)*, Schweizer mit italienischen Ahnen, setzte auf eine umfassende Bildung der jungen Menschen und gab der modernen Pädagogik mit seinen Ideen zahlreiche wichtige Impulse.

Schülerin einer Montessori-Grundschule

Junge Frauen fanden in der schwedischen Lehrerin **Ellen Key** *(1849–1926)* eine kompetente Fürsprecherin. **Georg Kerschensteiner** *(1854–1932)* aus München war, wie später sein russischer Kollege **Pawel Petrowitsch Blonskij** *(1884–1941)*, ein Vorkämpfer der Arbeitsschule und stellte zudem die Charakterbildung in das Zentrum des Unterrichts. Der US-Pädagoge **John Dewey** *(1859–1952)* setzte sich unermüdlich für die Vermittlung demokratischer Umgangsformen im Unterricht ein.
Der Anthroposoph **Rudolf Steiner** *(1861–1925)* machte sich einen Namen als Inspirator der Waldorfschulen. **Maria Montessori** *(1870–1952)* war die erste Italienerin mit einem medizinischen Doktorgrad und kümmerte sich vor allem um die Erziehung von Kleinkindern. Die nach ihr benannte Pädagogik bevorzugt den offenen gegenüber dem frontalen Unterricht. Der Pole **Janusz Korczak** *(1878–1942)* war Arzt, Kinderbuchautor und Gründer eines jüdischen Waisenhauses. 1942 wurde er von den Nationalsozialisten ermordet. Die moderne Gegenwartspädagogik hat der Schweizer Entwicklungspsychologe **Jean Piaget** *(1896–1980)* stark beeinflusst.

Erneuerer der Erziehung

Der überkommenen an der Disziplin orientierten Erziehung setzte ***Johann Heinrich Pestalozzi*** (1746–1827) *ein Modell entgegen, mit dem er versuchte, kindliche Selbsterfahrung und Erziehung in Übereinstimmung zu bringen. Der Stich von 1879 zeigt ihn in seiner Schule.*

Wissen in handlichen Portionen serviert

Aufklärer und Enzyklopädist

Mit seiner Enzyklopädie – das Hintergrundbild zeigt einige Bände des Werks – schufen **Denis Diderot** (1713–84) *und* **Jean le Rond d'Alembert** (1717 bis 1783) *ein Flaggschiff der Aufklärung.*

Man muss nicht alles wissen, man sollte nur wissen, wo man nachschauen muss, lautet eine Binsenweisheit. Viele Menschen erwarben sich mit der Bereitstellung von Wissen in Wörterbüchern, Lexika und Atlanten unsterbliche Verdienste.

Das Wort »Enzyklopädie« stammt aus dem Griechischen, bedeutet so viel wie »kreisförmige Bildung« und beschreibt den Lehrplan einer universalen Bildung, den in der Antike junge Griechen zu durchlaufen hatten. Dieses Modell berücksichtigten auch die beiden Franzosen **Denis Diderot** *(1713–84)* und **Jean le Rond d'Alembert** *(1717–83)*, als sie gemeinsam mit 50 Mitarbeitern die berühmte alphabetisch geordnete »Encyclopédie ou Dictionnaire raisonné des sciences, des arts, et des métiers« herausgaben, was so viel heißt wie »Ordentlich aufgebaute Enzyklopädie oder Wörterbuch der Wissenschaften, der Künste und der Gewerbe«. Dieses monumentale Werk, dessen einzelne Bände zwischen 1751 und 1772 erschienen, war eine Fundgrube des bis zu dieser Zeit vorliegenden Wissens. Nahezu jedes Gebiet fand in dem grandiosen Opus, das zum Standardwerk der französischen Aufklärung wurde, Berücksichtigung.

»Es geht darum, ein allgemeines Bild der Anstrengungen des menschlichen Geistes zu entwerfen.«

Denis Diderot

Die Fachwelt war tief beeindruckt. Johann Wolfgang von Goethe versah Diderot mit dem akademischen Ritterschlag und titulierte ihn voller Anerkennung als »ursprüngliches und unnachahmliches Genie.« Tatsächlich hatte der Sohn eines Messerschmieds eine große Leistung vollbracht. Eigentlich hatte er nur den Auftrag erhalten, eine zweibändige englische Enzyklopädie ins Französische zu übersetzen. Doch das war ihm nicht genug. Aus eigenem Antrieb fügte er im Lauf der Zeit mehrere Tausend Artikel hinzu. Bis zum achten Band war der Philosoph und Mathematiker d'Alembert sein kongenialer Mitarbeiter. Von ihm stammt auch die Ein-

leitung zum Gesamtwerk, das er als ein »Kompendium der Aufklärung« verstand. Der Erwerb von Wissen hatte für ihn, wie auch für Diderot, eine gesellschaftliche Funktion: Die Menschen sollten auf diese Weise Freiheit erlangen. Das stieß auf den Widerstand staatlicher und vor allem kirchlicher Kreise, die um ihre Autorität fürchteten. Diderot ließ sich nicht beeindrucken und setzte seine Arbeit unbeirrt fort. D'Alembert hingegen hielt es für ratsam, sich zurückzuziehen.
Diderot verfasste eine ganze Reihe weiterer, meist philosophischer Schriften. Auch als Autor von Romanen trat er in Erscheinung. In der russischen Zarin Katharina II. fand er eine Gönnerin, die ihn nach einem Besuch in Sankt Petersburg 1773 mit einem üppigen Gehalt ausstattete.

Im Dienst von Wissenschaft und Allgemeinbildung

Autor jenes zweibändigen enzyklopädischen Wörterbuchs der Künste und Wissenschaften, das den Anstoß für die große Enzyklopädie der Aufklärung gegeben hatte, war der Engländer **Ephraim Chambers** *(1680–1740)*. Anders als in seinen Vorläufern wurden in diesem Nachschlagewerk besonders Technik und Naturwissenschaften berücksichtigt.

Wissen und Wissenschaft
Der zweite Herausgeber der Enzyklopädie, ***Jean le Rond d'Alembert*** *(1717 bis 1783) war einer der besten Mathematiker seiner Zeit.*

Zudem wurde der Nutzen des Lexikons mithilfe eines Systems von Querverweisen verbessert. Ebenfalls aus Großbritannien stammt, wie der Name schon sagt, die »Encyclopaedia Britannica«, deren erste dreibändige Ausgabe von **William Smellie** *(1740–95)* herausgegeben wurde.
Zu Beginn des 19. Jh. legte **Friedrich A. Brockhaus** *(1772–1823)* den Grundstein zu einem Konversationslexikon, das vorbildhaft werden sollte. Als Autoren verpflichtete der Verleger bekannte Persönlichkeiten aus den jeweiligen Fachgebieten.
In Frankreich entwickelte **Pierre Larousse** *(1817–75)* eine ganze Reihe von Wörterbüchern und Lexika für bildungsbeflissene Franzosen, u. a. – auf Brockhaus' Spuren – eine 15-bändige Enzyklopädie. Auf 13 Bände kam die »Encyclopaedia Americana«, die **Francis Lieber** *(1798–1872)* in den USA herausgab.
Neben den Anbietern von Enzyklopädien machten sich aber auch noch andere Persönlichkeiten um die Verbreitung von Wissen verdient. So publizierte **Jacob Grimm** *(1785–1863)* gemeinsam mit seinem Bruder **Wilhelm** *(1786–1859)* das erste »Deutsche Wörterbuch«. Um reisefreudige Menschen auf Sehenswürdigkeiten in der Fremde aufmerksam zu machen, schuf der Koblenzer Verleger **Karl Baedeker** *(1801–59)* die »Baedeker«-Reiseführer. Auch der Leipziger Buchhändler **Anton Philipp Reclam** *(1807–96)* war ein Pionier der Volksbildung. Mit der preisgünstigen »Universalbibliothek« versorgte er Menschen, die nur einen schmalen Geldbeutel hatten, mit anspruchsvollem Lesestoff.
Der Gymnasialdirektor **Konrad Duden** *(1829 bis 1911)* wurde mit seinem »Orthographischen Wörterbuch« von 1880 zur Autorität in allen Fragen der deutschen Rechtschreibung. Der Sprachlehrer **Gustav Langenscheidt** *(1832–95)* entwickelte mit seinen Wörterbüchern bis heute unentbehrliche Hilfsmittel zum Erlernen von Fremdsprachen.

Die Welt in Karten

Pioniere auf dem Sektor von Atlanten waren **Carl Diercke** *(1842–1913)* und **Friedrich Wilhelm Putzger** *(1849–1913)*. Konzentrierte sich der Kartograf Diercke auf geografische Atlanten, so widmete sich der sächsische Pädagoge Putzger der Herausgabe von historischen Kartenwerken.

Universal-Bibliothek
1867 gründete ***Anton Philipp Reclam*** *(1807–96) die »Universal-Bibliothek«, in der deutsche und internationale Literaturklassiker zu günstigen Verkaufspreisen veröffentlicht wurden. Im Bild der Nachbau eines Buchautomaten von 1915.*

Pariser Bücherkönig

*Frankreichs Verlegerlegende **Gaston Gallimard** (1881–1975) war in allen Sektoren des Buchmarkts aktiv. Das Foto von 1957 zeigt ihn (links) mit Albert Camus.*

Eine Heimat für Autoren

Ohne sie läuft in der Buchbranche nichts. Wer einen Roman erfolgreich veröffentlichen will, braucht einen Verleger, der das Werk herausgibt. Die Liste der Verlegerpersönlichkeiten zieren bekannte Namen.

Die Zeichnung im Hintergrund zeigt den Verleger Samuel Fischer.

Georg Joachim Göschen *(1764–1832)* gründete 1785 in Leipzig die Göschensche Verlagsbuchhandlung. Als führender Verleger der deutschen Klassik besorgte er die Gesamtausgabe der Werke Goethes. 1838 wurde der Verlag von der J. G. Cottaschen Buchhandlung erworben. Deren Gründer **Johann Friedrich Cotta** *(1764–1832)* führte sein Unternehmen an die Spitze der deutschen Verlage. Der Erfolg basierte vor allem auf der Publikation der Werke von Goethe und Schiller. Der umtriebige Schwabe machte auch als Politiker von sich reden und war einer der Pioniere der Dampfschifffahrt.

Für Tradition steht in der Bücherszene auch der Name Campe. 1823 übernahm **Julius Campe** *(1792 bis 1867)* den in Hamburg angesiedelten Verlag Hoffmann und Campe und ließ mit einem mutigen Verlagsprogramm aufhorchen. In den restaurativen Zeiten nach dem Wiener Kongress mit strengen Zensurbedingungen scheute er nicht davor zurück, fortschrittlichen Autoren wie Heinrich Heine ein Forum zur Veröffentlichung ihrer Werke zu bieten. Bei Campe erschien auch erstmals der von Hoffmann von Fallersleben verfasste Text des Deutschlandlieds.

Internationale Verlagswelt

In Großbritannien machte zur selben Zeit der schottische Verleger **William Collins** *(1789–1853)* von sich reden. Als religiöser Mensch konzentrierte er sich zunächst auf christliche Literatur und auf Bibelausgaben. Später wandte sich das Unternehmen auch mehr und mehr der fiktiven Prosaliteratur zu. Keine Geringere als die englische Krimi-Ikone Agatha Christie gehörte dann zu den Autoren des Collins-Verlags.

In Prag hatte im 19. und zu Beginn des 20. Jh. der Name **Jan Otto** *(1841–1916)* einen guten Klang. Der aus Primislau stammende Verleger entwickelte sich zur führenden Persönlichkeit auf dem tschechischen Buchmarkt. Da er inhaltlich und thematisch keine Schwerpunkte setzte, wurde sein Verlag zum Sammelpunkt von Autoren der unterschiedlichsten Ausrichtung.

Samuel Fischer *(1859–1934)*, ein gebürtiger Ungar, gründete 1886 in Berlin den später berühmten S. Fischer Verlag. Fischer hatte den Mut, dem damals unbekannten jungen Autor Thomas Mann eine Chance zu geben. Dessen »Buddenbrooks« wurden zu einem Welterfolg und verhalfen Fischers Verlag zu internationaler Geltung.

Für die Qualität französischer Bücher garantiert der Name **Gaston Gallimard** *(1881–1975)*. Im Jahr 1911 hob er in Paris einen kleinen Verlag aus der Taufe, der sich rasch zum wichtigsten Unternehmen dieser Art in Frankreich entwickelte. Es gibt kaum

Seele eines Imperiums

Durch schwere Krisen steuerte ***Inge Feltrinelli*** (geb. 1931) *nach dem Tod ihres Mannes Giangiacomo das italienische Verlagsimperium Feltrinelli.*

einen französischen Autor von Rang, der seine Werke nicht bei Gallimard veröffentlicht hätte. Ein etwas jüngerer Zeitgenosse Gallimards war der deutsche Verleger **Ernst Rowohlt** *(1887 bis 1960)*, der dafür verantwortlich ist, dass den Namen Rowohlt bis heute jeder Bücherfreund in Deutschland kennt. Zuerst siedelte sich der Hanseat aus Bremen in Leipzig, dann in der pulsierenden Kulturmetropole Berlin an. Nach dem Zweiten Weltkrieg fand der Verlag nacheinander in Stuttgart und Hamburg neue Bleiben.

In den USA hatte etwa zeitgleich **Alfred A. Knopf** *(1892–1984)* eine ähnliche Bedeutung. Er gab so fortschrittlichen Autoren wie Joseph Conrad, Jean-Paul Sartre, Thomas Mann und Franz Kafka in Amerika eine literarische Heimat. Eine schillernde Verlegerpersönlichkeit war der US-Amerikaner **George Palmer Putnam** *(1887–1950)*, der nicht nur wegen seiner verlegerischen Erfolge, sondern auch wegen seiner Heirat mit der 1937 verschollenen Fliegerin Amelia Earhart bekannt wurde.

Als Doyen des amerikanischen Verlagswesens im 20. Jh. gilt **Roger William Straus jr.** *(1917–2004)*, ein Spross der märchenhaft reichen Guggenheim-Dynastie. Entsprechend verfügte er über genügend finanzielle Mittel, um seine verlegerischen Ambitionen in die Wirklichkeit umzusetzen. Nicht weniger als 20 Nobelpreisträger zieren die Liste seines Verlags Farrar, Straus & Giroux.

Peter Suhrkamp *(1891–1959)* gründete 1911 den nach ihm benannten Suhrkamp Verlag. Große Namen der Literaturszene wie Hesse, Adorno und Proust zählten zu seinen Autoren. Nach Suhrkamps Tod übernahm 1959 **Siegfried Unseld** *(1924–2002)* die Leitung des Verlags. Nicht zuletzt mit den von ihm konzipierten Taschenbuchreihen konnte sich das Unternehmen auf diesem heiß umkämpften Buchmarktsektor eine führende Position verschaffen. In Deutschland war Unseld der einflussreichste Verleger seiner Zeit.

Der in London geborene **Victor Gollancz** *(1893 bis 1967)* war Sohn jüdisch-polnischer Einwanderer. In seinem 1928 gegründeten Verlag veröffentlichte er Bücher von Autoren wie George Orwell und Ford Madox Ford, die sein Engagement für Freiheit, Frieden und Menschlichkeit teilten. 1960 wurde er mit dem Friedenspreis des deutschen Buchhandels ausgezeichnet.

Von Kindern und Kommunisten

Ursula Nordstrom *(1910–88)*, gebürtig aus New York, machte sich einen Namen als Verlegerin von Kinderbüchern. Recht kurz war die Lebensspanne von **Giangiacomo Feltrinelli** *(1926–72)*. Sie reichte jedoch aus, um sein 1954 gegründetes Unternehmen »Feltrinelli« zu einem Gütesiegel auf dem italienischen Buchmarkt zu machen. Aus seiner Sympathie für den Kommunismus machte der schwerreiche Freund Fidel Castros keinen Hehl und viele seiner Autoren hatten ähnliche politische Ansichten. Mysteriös sind die Umstände seines Todes. Angeblich starb er bei dem Versuch, einen Hochspannungsmast in die Luft zu sprengen. Seine Nachfolge trat seine Witwe **Inge Feltrinelli** *(geb. 1931)* an.

Mr. Suhrkamp

Patriarchalisch führte ***Siegfried Unseld*** (1924–2002) *den Suhrkamp-Verlag von Erfolg zu Erfolg. Das Foto zeigt ihn 1998 während einer Matinee zum 100. Geburtstag Bertolt Brechts.*

Bankier und Politiker

Eine ganze Stadt, nämlich das mächtige Florenz, beherrschte die Familie der Medici. ***Cosimo dè Medici*** (1389–1464) *hatte daran wesentlichen Anteil.*

Gründer von Familiendynastien

In vielen Unternehmen von Weltruf wird die Führung seit Jahrzehnten von einer Generation auf die nächste vererbt. Die namengebenden Patriarchen genießen dabei eine besondere Wertschätzung.

Cosimo dè Medici *(1389–1464),* Chef und Ahnherr der berühmten Patrizierfamilie aus Florenz, war der Gründer der Bank, die den Medici Reichtum und politischen Einfluss bescherte. **Franz von Taxis** *(um 1460–1517)* bekam von Kaiser Maximilian I. das Recht, den Postverkehr zwischen Wien und Brüssel zu organisieren. **Friedrich Krupp** *(1787–1826),* der 1811 in Essen eine Gussstahlfabrik gründete, stand am Beginn der Erfolgsgeschichte der Essener Familie Krupp. Die französischen Brüder **André** *(1853 bis 1931)* und **Edouard Michelin** *(1859–1940)* riefen ein Reifenimperium ins Leben und brachten mit dem »Guide Michelin« die Bibel für Feinschmecker auf den Markt. **Daniel Swarovski** *(1862–1956)* erfand eine automatische Schleifmaschine und schuf mit seinem Tiroler Unternehmen den weltweiten Marktführer im Bereich Kristallglas.
Henry Ford *(1863–1947)* konstruierte 1892 sein erstes Automobil und gründete 1903 die »Ford Motor Company«. Weitere familienbewusste Autokönige waren in Deutschland **Ferdinand Porsche** *(1875–1951),* der ab 1934 den Volkswagen baute, in Italien der FIAT-Gründer **Giovanni Agnelli** *(1866 bis 1945)* und **Enzo Ferrari** *(1898–1988),* der Chef von Ferrari. Auf Schusters Rappen setzte der tschechische Schuhmacher **Tomas Bat'a** *(1876–1932)* und machte aus seiner 1894 gegründeten Schuhfabrik den größten Schuhkonzern der Welt.
Carl Miele *(1869–1939),* dessen weltbekanntes Unternehmen mittlerweile in der vierten Generation immer noch in Familienbesitz ist, erfüllte mit seinen Haushaltsmaschinen Hausfrauenträume, während sich der italienische Industrielle **Pietro Barilla** *(1869–1939)* mit seinem Nudelimperium um das leibliche Wohl verdient machte. Seine Karriere begann er bescheiden als Besitzer eines Brot- und Pastaladens in Parma. Auf flüssige Genüsse setzte **Arthur Guinness** *(1725–1803),* der die nach ihm benannte Bierbrauerdynastie begründete.

Freund der Hausfrauen

Mit der Produktion hochwertiger Haushaltsgeräte begründete ***Carl Miele*** (1869–1939) *den Miele-Konzern. Im Bild eine Staubsaugerwerbung von 1938.*

Schmuck aus Glas
*Mit geschliffenen Glaskristallen machte **Daniel Swarovski** (1862–1956) ein Vermögen. Heute leitet der Ururenkel des Gründers, Markus Langes-Swarovski, das Unternehmen.*

Traditionsbewusste Familie
*1971 musste das von **Pietro Barilla** (1869–1939) im Jahr 1877 gegründete Pastaimperium Barilla verkauft werden, doch 1979 erwarb es die Familie zurück.*

Die Nobelautomarke Porsche gehört seit Mitte des Jahres 2012 komplett zum VW-Konzern.

Von Großvater bis Enkel
*Der Gründer des Autokonzerns Ford, **Henry Ford** (1863 bis 1947) im Jahr 1905. Sein Sohn Edsel und dessen Sohn Henry führten das Unternehmen bis zum Jahr 1960.*

Irische Traditionsmarke
*Aus der 1755 von **Arthur Guinness** (1725–1803) gegründeten Brauerei entwickelte sich ein Großunternehmen. Das Foto von 2007 zeigt Mitarbeiter des St. Jame's Gate Guinness Storehouse in Dublin beim Zapfen von Pints.*

Gründer einer Stahldynastie
*Die Farblithografie zeigt die Gussstahlfabrik in Essen im Jahr 1912. Die Keimzelle dafür hatte **Friedrich Krupp** (1787 bis 1826) gelegt.*

Sie lässt die Herzen von Unternehmern in aller Welt höher schlagen: die New Yorker Börse.

Unternehmer mit goldenem Händchen

Industriekapitäne und Magnaten der Finanzwelt bringen die Wirtschaft in Schwung. Die Cleversten und Geschäftstüchtigsten rangieren in der Liste der reichsten Persönlichkeiten der Welt ganz oben. Aber auch für sie gilt die alte Weisheit: Um den ganz großen Preis zu gewinnen, braucht man viel Fleiß und eine gehörige Portion Glück.

Als im 18. Jh. die Industrielle Revolution das Leben der Menschen grundlegend veränderte, waren Transportkapazitäten gefragt. Von entscheidender Bedeutung wurde dabei der Bau der Eisenbahn. Den amerikanischen Finanzmann **Cornelius Vanderbilt** *(1794 bis 1877)* nannte man respektvoll und völlig zu Recht den »Eisenbahnkönig«. Ursprünglich hatte Vanderbilt in Schifffahrtslinien investiert und besaß über 100 Schiffe. Dann aber erkannte er die enormen Chancen, die mit der Eisenbahn verbunden waren. Als Besitzer seiner New Yorker Eisenbahngesellschaft wurde er zum Superreichen und hinterließ bei seinem Tod die für damalige Verhältnisse riesige Summe von 105 Mio. Dollar.

Auf Schiffe und Eisenbahnen war auch der britische Ingenieur **Isambard Brunel** *(1806–69)* spezialisiert. Er zeichnete verantwortlich für die Konstruktion der damals größten Dampfschiffe: 1837 baute er die Great Western, 1843 die Great Britain und 1858 die Great Eastern. Besondere Berühmtheit erlangte er allerdings als Urheber der »Great Western Railway«, die London mit dem Südwesten Englands und Wales verband. Eine Attraktion waren nicht allein die Züge der Gesellschaft, sondern auch die prunkvoll gestalteten Bahnhöfe.

»Unsere Gegner sind Lehrer, die uns nichts kosten.«

Ferdinand de Lesseps

Der Franzose **Ferdinand de Lesseps** *(1805–1926)* verwirklichte den alten Traum, das Mittelmeer und das Rote Meer durch einen Kanal zu verbinden und damit die damaligen Schifffahrtsrouten erheblich zu verkürzen, den der Österreicher Alois Negrelli von Moldelbe entwickelt hatte. Eröffnet wurde der Sueskanal am 17. November 1869. Bei anderen Unternehmungen hatte Lesseps weniger Glück. So scheiterte er mit dem Projekt des Panamakanals (das später von den USA verwirklicht wurde) und verbrachte wegen Betrugs 5 Jahre im Gefängnis.

Gute Reise!

Transportmöglichkeiten ganz anderer Art bot der aus einfachen Verhältnissen stammende britische Selfmademan **Thomas Cook** *(1808–92)*. Er erfüllte die Wünsche von Menschen, die viel Fernweh, aber

wenig Geld hatten. Die Lösung war die Erfindung des Pauschaltourismus. Erst blieb man in Großbritannien, dann aber wagte sich Cook mit seinen Reisegruppen in die weite Welt hinaus. 1872 organisierte er eine Weltreise, die 222 Tage lang dauerte. Außerdem bot er als Erster Nilkreuzfahrten an. Heute gehört die »Thomas Cook Group«, die seit 1928 nicht mehr im Besitz der Familie Cook ist, zu den Giganten der Reisebranche.
Die Bequemlichkeit des Reisens zu fördern, war das große Anliegen von **George Mortimer Pullman** *(1831–97)*. Der Industrielle aus Chicago erfreute die Reichen mit der Konstruktion von luxuriös und elegant ausgestatteten Eisenbahnwagen. Gebaut wurden sie in der 1867 gegründeten »Pullman's Palace Car Company«. Bald belieferte Pullman auch den europäischen Kontinent. Bei seinen Arbeitern war der Boss nicht besonders beliebt, weil sie bei niedrigen Löhnen arbeiten, zu hohen Mieten in seinen Wohnungen leben und in seinen Läden teuer einkaufen mussten.

Mithilfe von Technik und Wissenschaft

Ein wichtiger Pionier des Automobils war der Amerikaner **Henry Ford** *(1863–1947)*. Der Farmerssohn aus Michigan konstruierte 1892 sein erstes Auto und rief 1903 die »Ford Motor Company« ins Leben. Bahnbrechend waren Fords Methoden, um die Produktion zu steigern: Dank der von ihm eingeführten Fließbandtechnik konnten Autos schneller und vor allem billiger gebaut werden. Stolz präsentierte Ford 1908 das erste Modell dieser Art, das auf den offiziellen Namen »Model T« getauft, im Volksmund aber als »Tin Lizzy« bekannt wurde. Bevor der VW-Käfer auf den Markt kam, war die Tin Lizzy das meistverkaufte Automobil, Ford beherrschte zeitweise beinahe 50 % des amerikanischen Automarkts.
Bei Ford arbeitete sich **Lee Iacocca** *(geb. 1924)*, Spross italienischer Einwanderer, ganz nach oben, bis er nach Differenzen mit dem Chef Henry Ford II. 1978 kündigte, zu Chrysler wechselte und dieses Unternehmen so clever führte, dass es schließlich seinem früheren Arbeitgeber Ford die Rolle des Marktführers entriss.
An der Spitze des US-Automobilgiganten General Motors stand zwischen 1923 und 1937 **Alfred P. Sloan** *(1875–1966)*. Seine innovative und zukunftweisende Leistung war ein preislich gestaffeltes Angebot von Autos innerhalb eines Unternehmens, vom Kleinwagen für den schmalen Geldbeutel bis zur Luxuslimousine für gehobene Ansprüche.
Als Pionier der Elektrotechnik und Gründervater eines heutigen Weltunternehmens wird **Werner von Siemens** *(1816–92)* gefeiert. Mit zahlreichen Erfindungen sorgte er für Furore. Auf sein Konto gehen die erste elektrische Straßenbeleuchtung, der erste elektrische Aufzug und die erste elektrische Straßenbahn.
Auch **Emil Rathenau** *(1838 bis 1915)* hatte ein Faible für die Elektrizität. Nachdem er von dem amerikanischen Erfindergenie Thomas Edison die Patente für die elektrische Beleuchtung erworben und Investoren gefunden hatte, gründeter er die »Allgemeine Elektrizitäts Gesellschaft« (AEG).
Der Neffe des Stuttgarter Unternehmers Robert Bosch, **Carl Bosch** *(1874–1940)*, erhielt 1931 den Nobelpreis für Chemie. Zuvor hatte er eine steile Karriere bei der BASF (»Badische Anillin- und Soda-Fabrik«) durchlaufen. 1925 bildete er mit der IG Farben das seinerzeit größte Chemieunternehmen der Welt. In diesem Unternehmen, das die Nationalsozialisten im Wahlkampf 1932 mit der höchsten Einzelspende der deutschen Wirtschaft unterstützte, bekleidete er während der NS-Herrschaft den Posten des Aufsichtsratsvorsitzenden.

Paläste auf Schienen
Der Amerikaner ***George Mortimer Pullman*** (1831–97) *setzte mit seinen Luxuswaggons – hier ein Werbeplakat von 1929 – ganz auf die Reichen.*

Gründer der IG Farben
Einen Moment der Industriegeschichte hält dieses Gemälde fest: Unter Führung von ***Carl Bosch*** (1820–78, vorne rechts) *wird 1925 die IG-Farben gegründet.*

Max Grundig *(1908–89)* lernte den Beruf des Elektrikers von der Pike auf, machte sich mit Radioläden selbstständig und baute sein Unternehmen nach dem Zweiten Weltkrieg als Musterknabe des deutschen Wirtschaftswunders zu einem der führenden Hersteller von Rundfunk- und TV-Geräten in Europa aus.

Einfallsreichtum und Geschäftssinn

Zündende Ideen hatte der schwedische Chemiker und Erfinder **Alfred Nobel** *(1833–96)*. Jedes Jahr zur selben Zeit ist sein Name in aller Munde, wenn gemäß seiner Stiftung die Nobelpreise verliehen werden. Seine epochale Leistung war die Entdeckung des Dynamits, das nach seinen Vorstellungen vor allem im Bergbau Verwendung finden sollte.

Französischer Modezar
Die Modemarke, der ***Christian Dior*** (1905–57) *seinen Namen gab, zählt weltweit zu den ersten Adressen. Das Foto zeigt ihn bei der Arbeit, das Hintergrundbild einen seiner Entwürfe.*

Der Chemiker **Carl Duisberg** *(1861–1935)* war ab 1912 Generaldirektor der Farbwerke »Bayer« in Elberfeld. Nach dem Umzug nach Leverkusen wurde aus »Bayer« der Weltkonzern »Bayer AG«. Der Erfolg des Unternehmens beruhte auch auf dem von Duisberg nach amerikanischem Vorbild eingeführten Modell, bei dem Aktiengesellschaften in einem Trust zusammengeschlossen werden.
Als schillernde Persönlichkeit gilt **Cecil Rhodes** *(1853–1902)*. Nachdem er in Südafrika höchst ertragreich in Diamantenminen investiert hatte, brachte er es als Politiker 1890 zum Premierminister der britischen Kapkolonie.
Der Bankier **Hermann Josef Abs** *(1901–94)* führte die Deutsche Bank in die erste Liga der internationalen Geldinstitute. In der Funktion des Vorsitzenden der Kreditanstalt für Wiederaufbau war Abs nach dem Zweiten Weltkrieg auch maßgeblich verantwortlich für das deutsche Wirtschaftswunder.
Aus einem bescheidenen Unternehmen machte der IBM-Boss **Thomas J. Watson** *(1874–1956)* eine weltweit führende Firma auf dem Gebiet der Informationstechnik. Als Lohn für sein effektives und engagiertes Management avancierte er zu einem der reichsten Männer seiner Ära. Ähnlich verdienstvoll war die Rolle, die **Berthold Beitz** *(1913–2013)* für den Krupp-Konzern spielte.

Die Kaufhauskönige

Eines der exklusivsten Kaufhäuser der Welt steht in London und heißt »Harrods«. Der Gründer, **Charles Henry Harrod** *(1799–1885)*, war eigentlich Müller. Seine Erfolgsstory begann, als er 1840 in dem späteren Nobelviertel Knightsbridge einen Laden mietete – aus dem sich das heute dort stehende Gebäude entwickelte. Zur gleichen Zeit eröffnete in Paris der ehemalige Schalverkäufer **Aristide Boucicaut** *(1810–77)* das Warenhaus »Bon Marché«, das dank des Ideenreichtums des Chefs eine rasante Entwicklung nahm. Vornehmlich luxuriös geht es in dem Pariser Kaufhaus »La Samaritaine« zu. Gegründet wurde es 1869 von **Ernest Cognac** *(1839–1929)*.
Der Amerikaner **Frank W. Woolworth** *(1852–1919)* dachte eher an die armen Leute, als er die ersten Geschäfte seiner Ladenkette eröffnete. Er setzte anstelle des Handelns auf feste Preise und durfte sich 1911 bereits über 586 unter dem Dach seiner Firma vereinte Geschäfte freuen.
Der deutsche Kaufhauskönig **Hermann Tietz** *(1837 bis 1907)* war ab 1904 am Alexanderplatz in Berlin präsent. Aus dem jüdischen Namen »Tietz« wurde in der nationalsozialistischen Zeit »Hertie«. Heute ist der Konzern Teil der »Kaufhof AG«.
Im Deutschland der Nachkriegszeit boomte, nach amerikanischem Vorbild, der Versandhandel. Pioniere waren in Hamburg **Werner Otto** *(1909–2011)* mit dem »Otto-Versand«, **Josef Neckermann** *(1912–92)*, der auch als äußerst erfolgreicher Dressurreiter und Sportfunktionär in Erscheinung trat, und **Gustav Schickedanz** *(1895–1977)*, der bereits 1927 in Fürth das Versandhaus »Quelle« gegründet hatte. Nach seinem Tod wurde es von seiner zweiten

Versandkönig
Blick in das Versandzentrum des Otto-Versands in Haldensleben. Der Unternehmensgründer, ***Werner Otto*** (1909–2011), *zählt zu den erfolgreichsten deutschen Unternehmern.*

Frau **Margarete** *(1911–94)*, die bereits 1927 Angestellte seines Unternehmens war, geführt.
Einen Versandservice mit Schriften zur Empfängnisverhütung bot die ehemalige Stuntpilotin **Beate Uhse** *(1919–2001)* an. Später gründete sie ein erfolgreiches Unternehmen für »Ehehygiene«, wie ihr Geschäft mit Sexartikeln anfangs bezeichnet wurde.
Mit exquisiten Modeartikeln wurde **Christian Dior** *(1905–57)* berühmt. Der Name des aus begüteter Familie stammenden Franzosen, der als Galerist begonnen, dann als Modezeichner gearbeitet und sich 1947 selbstständig gemacht hatte, wurde zum Markenzeichen für Haute Couture aus Paris. Sein früher Tod gab einige Rätsel auf.

Aktuelle und ehemalige Superreiche

Trendigen Möbeln verdankt **Ingvar Kamprad** *(geb. 1926)* seinen Reichtum. Der Schwede mit deutschen Vorfahren gründete bereits als 17-Jähriger das spätere IKEA-Imperium. Erst handelte er mit Streichhölzern und Kugelschreibern, Möbel kamen später ins Sortiment. Laut dem Forbes-Instiut war Kamprad im Jahr 2007 der reichste Mann Europas.
Mit dem skandinavischen Möbelkönig mithalten kann **Lee Shau Kee** *(geb. 1928)*. Auf der globalen Geldrangliste rangiert der chinesische Immobilienhändler momentan ganz weit oben. Sein Einfluss im Grundstücks-, Makler- und Investmentgeschäft, vor allem in der Finanzmetropole Hongkong, ist gewaltig.
Lakshmi Mittal *(geb. 1950)* aus Indien gehörte zeitweise zu den Top Ten der Reichsten der Welt. Überall, wo es interessante Investitionen zu tätigen gilt, ist der Stahl-Tycoon und Chef des Unternehmens »Arcelor Mittal« am Ball. Die Hochzeit seiner Tochter feierte der Multimilliardär 2004 stilgerecht in Versailles. Das kostspielige Fest dauerte eine Woche.
Doch nicht immer werden die kühnen Träume der Unternehmer wahr. Das bekamen auch die Brüder **Bunker** *(1926–2014)* und **William Hunt** *(geb. 1929)* zu spüren. Die amerikanischen Spekulanten, Sprösslinge einer Milliardärsfamilie, fielen mit riskanten Silbergeschäften komplett auf die Nase und mussten Bankrott anmelden. Inzwischen ist William Hunt wieder zurück in der Erfolgsspur.

Hausse und Baisse

Ohne die Börsen geht in der Welt der Wirtschaft und der Hochfinanz heute nichts mehr. Eine Leitfunktion für die Börsen der Welt nimmt der »Dow-Jones«-Index ein, benannt nach seinen beiden wichtigsten Initiatoren. Der Journalist **Charles Henry Dow** *(1851–1902)*, später Herausgeber des angesehenen »Wall Street Journal«, entwickelte diesen Index zur Bestimmung der Werteentwicklung von amerikanischen Aktien im Jahr 1896. Tatkräftig half ihm dabei sein Partner, der Journalist und Statistiker **Edward D. Jones** *(1856–1920)*. Keine namentliche Berücksichtigung im Begriff fand **Charles Bergstresser** *(1859–1923)*, obwohl es dieser Mann aus Pennsylvania war, der mit seinen kargen Ersparnissen die wichtige Anschubfinanzierung für ihre gemeinsame Firma leistete.

Der Ikea-Gründer
Schwedens beliebtester und erfolgreichster Unternehmer ***Ingvar Kamprad*** (geb. 1926) *gilt als Meister der Mitarbeitermotivation.*

Geld regiert die Welt

Manche sind der Meinung, dass die Erde von den Banken regiert werde. Tatsache ist, dass es den Chefs solcher Geldinstitute immer wieder gelungen ist, nicht nur auf der Bühne der Finanzwelt eine prominente Rolle zu spielen.

Der Ahnherr der mächtigen Familie Rothschild lebte in einer bewegten Zeit. **Mayer Amschel Rothschild** *(1744–1812)*, der als Sohn eines jüdischen Geldwechslers in Frankfurt am Main das Licht der Welt erblickte, war Zeitzeuge des amerikanischen Unabhängigkeitskriegs, der Französischen Revolution und des Aufstiegs Napoleons zum Kaiser der Franzosen. Rothschild verfügte über das Geschick, Talent und Glück, diese unruhige Epoche zu seinen Gunsten auszunutzen und aus den Wirren der Zeit Kapital zu schlagen.

Reicher Landesherr

Wie sein Vater nur als Geldwechsler in der Frankfurter Judengasse tätig zu sein, war für den jungen Rothschild nicht das Ziel seiner Träume. Vielmehr strebte er schon früh nach Höherem. Durch eine Lehre bei dem Bankhaus Oppenheimer in Hannover lernte er die Regeln und Praktiken des gehobenen Bankgeschäfts kennen. Entscheidend für seinen kometenhaften Aufstieg in die erste Riege der europäischen Bankiers waren die Kontakte, die er zu seinem Landesfürsten knüpfte. Wilhelm von Hanau, der Kurfürst von Kassel, hatte enorme Reichtümer angehäuft, indem er Landeskinder als Söldner an die Briten, die gegen die abtrünnigen Kolonien in Nordamerika kämpften, »vermietete«. Außerdem zählten viele gekrönte Häupter Europas zu seinen Schuldnern. Einen besonders guten Draht hatte Rothschild zu Wilhelms Finanzchef Carl Buderus. Über ihn kam er an die ganz großen Geschäfte. Als Napoleons Stern aufging und Deutschland unter die Herrschaft des französischen Kaisers fiel, reagierte Rothschild flexibel und scheute auch nicht vor Bestechung zurück, um seinen Spitzenplatz in der deutschen Finanzwelt zu behaupten. Für seinen von den Franzosen seines Amtes enthobenen Landesherrn trieb er bei dessen Schuldnern die ausstehenden Gelder ein. Zu deren Verwendung ließ ihm der dankbare Fürst freie Hand. Umgehend investierte Rothschild diese Gelder in Großbritannien.

Finanzier und Ölmagnat
Die goldene Skulptur des Menschenfreundes Prometheus vor dem Hochhaus des Rockefeller Centers in New York weist auf ***John D. Rockefellers*** (1839–1937) *karitative Leistungen hin.*

Starke Familie

Bald konnte er auch seine Söhne in seine Geschäfte einspannen. Jetzt entstand das internationale Netzwerk der Bankiersdynastie Rothschild. Filialen wurden unter der Führung der Söhne in London, Paris, Wien und Neapel eröffnet, die genauso profitabel arbeiteten wie das Frankfurter Stammhaus. Wie der Vater mischten sich die Söhne in die Politik ein. Sohn Nathan half z. B. dem Herzog von Wellington bei der Finanzierung der Schlacht von Waterloo (1815) gegen Napoleon. Und der alte Rothschild sorgte dafür, dass der Reichtum in der Familie blieb. Denn von seinen 17 Enkeln heirateten auch dank seiner Einflussnahme 12 untereinander.

Gründer der Finanzdynastie

*Diese Villa an der französichen Riviera zeugt vom Reichtum, den **Mayer Amschel Rothschild** (1744–1812) und seine Nachfahren anhäuften.*

Mit Fleiß und Engagement

Einer der großen Vorgänger Rothschilds in der Frankfurter Bankszene war **Benjamin Metzler** *(1650–86)*. Der Sprössling einer sächsischen Pfarrersfamilie war eigentlich Tuchhändler. Aus diesem Gewerbe entwickelte sich das renommierte Bankhaus Metzler, das auch nach dem frühen Tod des Gründers prächtig florierte. Eine längere Lebensspanne war dem etwas jüngeren **John Law** *(1671 bis 1729)* beschieden. Der Schotte gründete 1715 in Frankreich eine Privatnotenbank und spekulierte fleißig, aber nicht glücklich mit Aktien. Bei seinem Tod war er völlig verarmt, hatte sich aber als Theoretiker der Nationalökonomie einen Namen gemacht.

Johann Philipp Bethmann *(1715–93)* hatte wie Metzler und Rothschild einen großen Anteil daran, dass sich Frankfurt am Main zu einem Zentrum der internationalen Bankwelt entfaltete. Gemeinsam mit einem seiner Brüder gründete er 1748 das einflussreiche Bankhaus Gebrüder Bethmann, die spätere Bethmann-Bank.

Familiäre Wurzeln in der Hansestadt Bremen hatte **Sir Francis Baring** *(1740–1810)*. Er gründete 1770 in London das nach ihm benannte große Bankhaus, das im 19. Jh. neben Rothschild zur führenden Londoner Bank aufstieg. 1995 machte die Bank mit ihrem Bankrott weltweit Schlagzeilen.

Mit dem Datum 1798 fällt auch die Gründung der später berühmten Privatbank Warburg durch **Gerson Warburg** *(um 1770–1825)* im damals holsteinischen Altona noch ins 18. Jh.

Weniger aus geschäftlichen als aus privaten Gründen gelangte der Bankier **Jakob Gontard** *(1764 bis 1843)* zu etwas unglücklicher Bekanntheit. Denn der Dichter Friedrich Hölderlin, Hauslehrer bei Gontard, verliebte sich unsterblich in dessen Gattin Susette. Gontard warf den Poeten kurzerhand aus seinem Haus.

Meister der Übernahmen

*Die Karikatur von 1910 zeigt **John Pierpont Morgan** (1837–1913) beim Zusammenschließen zahlreicher Banken. Als Investor half er 1895 und 1907 dabei, die USA vor dem Staatsbankrott zu bewahren.*

Erfolg auf der ganzen Linie

Das 19. Jh. war das Jahrhundert der Banken. An der rasanten Entwicklung der Geld- und Kreditinstitute waren damals prominente und bis heute klangvolle Namen beteiligt. Dazu zählen **Abraham Oppenheim** *(1804–78)*, der das Bankhaus seines Vaters Salomon zu großem Erfolg führte, der Stockholmer Bankkönig **André Oscar Wallenberg** *(1816–66)*, der Hamburger **Johann Berenberg** *(1839–1913)* und der US-Amerikaner **John Pierpont Morgan** *(1837–1913)*, der nicht nur ein erfolgreicher Bankier, sondern auch ein mächtiger Stahlmagnat war. Als Ölmagnat kam **John D. Rockefeller** *(1839 bis 1937)* zu seinem Reichtum – seitdem zählt sein Name zu den strahlendsten in der internationalen Finanz- und Unternehmerwelt. Nicht ganz so bekannt, aber doch sehr einflussreich, war **Julius Bär** *(1857–1922)*. Der Name des Gründers der Bank Julius Bär steht für Schweizer Seriosität und Kreativität. Für den Aufstieg der heutigen Münchener Privatbank Merck, Finck & Co. ist vor allem **Wilhelm Peter Finck** *(1849–1924)* verantwortlich. Der 1870 gegründeten Bank diente er zunächst als Prokurist, hielt aber bald den Großteil des Firmenvermögens.

Neuigkeiten aus aller Welt

Vossische Zeitung

Berlinische Zeitung von Staats- und gelehrten Sachen / Gegründet 1704

Berlin

SONNABEND, 7. MAI 1932

MORGEN-AUSGABE

10 Pf. · Nr 219

Attentat auf Präsident Doumer

Der Präsident der französischen Republik von einem russischen Emigranten schwer verwundet

Schüsse aus dem Schatten

Der Hergang des Attentats

Der Attentäter

Erste deutsche Nachrichtenagentur
*Neben seinem Telegrafenbüro leitete **Bernhard Wolff** (1811–79) auch Zeitungen wie die angesehene »Vossische Zeitung«.*

In der heutigen Medien- und Informationsgesellschaft kann man sich kaum vorstellen, dass es einmal keine Presse und kein Fernsehen gegeben hat. Doch es bedurfte des Engagements und des Einsatzes ideenreicher Unternehmer, um der Branche zum Durchbruch zu verhelfen.

Einen erheblichen Anteil daran, dass die Menschen wissen, was in der Welt passiert, hat **Charles-Louis Havas** *(1783–1858)*. Bald nach 1830 gründete der aus Rouen stammende Franzose mit der »Agence Havas« die erste Nachrichtenagentur der Welt. Der Vorläufer der heutigen »Agence France-Presse« (AFP) entwickelte sich ursprünglich aus einem kleinen Übersetzungsbüro in Paris. Havas' überaus einträgliche Geschäftsidee bestand darin, die Pariser Presse und die diplomatischen Vertretungen in der Seinemetropole mit Übersetzungen ausländischer Zeitungen zu versorgen. Bald konnte er sich vor Aufträgen kaum noch retten. Um keinen Ärger mit der Zensur zu bekommen, verordnete er sich und seinen immer zahlreicher werdenden Mitarbeitern einen Kurs der strikten politischen Neutralität.

Erfolg mit Telegrafie

Was den Franzosen Charles-Louis Havas war, war den Deutschen **Bernhard Wolff** *(1811–79)*. Der Berliner Journalist gründete in seiner Heimatstadt zunächst eine Verlagsbuchhandlung und rief später die Berliner »National-Zeitung« ins Leben. Im Dezember 1849 folgte die eigentliche Pioniertat seines beruflichen Lebens, als er sich die technischen Fortschritte der Telegrafie zunutze machte und die Eröffnung von »Wolffs Telegraphischem Büro« verkünden konnte. Damit war in Deutschland eine neue und hochmoderne Nachrichtenbörse entstanden. Für Wolff zahlte sich das Geschäft auch in klingender Münze aus, denn er ließ sich die Nachrichtenversorgung von den Kunden in den Zeitungsredaktionen gut bezahlen.

Der Branchenführer

1879 gelang es Wolff, den Konkurrenten Reuters per juristischer Anordnung und Kartellvertrag vom deutschen Markt zu verdrängen. Diesen Rückschlag konnte der erfolgreiche Unternehmensgründer **Paul Julius Reuter** *(1816–99)*, der eigentlich Israel Beer Josaphat hieß, leicht verschmerzen. 1849 hatte er sein Nachrichtenbüro in Aachen gegründet, schon zwei Jahre später erfolgte der Umzug in die Finanz- und Medienmetropole London. Durch ein weltweites Netz von Filialen und Agenturen stieg Reuters so schnell zum internationalen Branchenprimus in Sachen Nachrichten auf, dass er es sich leisten konnte, in Deutschland Wolff das Feld zu überlassen. Reuter selbst wurde zu einer bedeutenden und sogar von gekrönten Häuptern wie der britischen Queen Victoria hofierten Persönlichkeit des öffentliches Lebens. Als er 1899 in Nizza starb, hatte er das erste Medienimperium der Welt geschaffen.

Große Meister ihres Fachs

Vor der Erfindung des Fernsehens war Medienmacht vor allem die Macht der Presse. Ein umstrittener Meister der Beeinflussung der Öffentlichkeit

Nachrichtenmonopol
*In London erinnert diese Skulptur an **Paul Julius Reuter** (1816–99), der mit seiner Agentur »Reuters« zeitweise ein Nachrichtenmonopol innehatte.*

Gründer der ersten Presseagentur
Aus seinem Übersetzungsbüro machte **Charles-Louis Havas** (1783–1858) *die erste Nachrichtenagentur der Welt.*

durch das gedruckte Wort war **Alfred Hugenberg** *(1865–1951)*. Mit seinem Konzern versuchte er in der Zeit der Weimarer Republik, die öffentliche Meinung in Deutschland mit Zeitungen, Nachrichtenbüros sowie Anzeigen- und Filmunternehmen zu steuern. Sein Pendant auf amerikanischer Seite war **William Randolph Hearst** *(1863–1951)*, der als Erfinder des Sensationsjournalismus gilt. Vor allem in der Zeit zwischen den Weltkriegen übte der kanadische Medienzar **William Maxwell Aitken** bzw. **Lord Beaverbrook** *(1879–1964)* großen Einfluss auf die britische Politik aus. Im Nachkriegsdeutschland erwarb sich **Axel Caesar Springer** *(1912–85)* den Ruf eines Pressezaren. Der Zeitungsverleger und Konzernchef dominierte mit seinen Blättern, vor allem mit der »Bild«-Zeitung, die deutsche Presselandschaft, wurde aber auch zu einer polarisierenden Reizfigur. In die Spitzengruppe der deutschen Printszene katapultierte sich auch **Georg von Holtzbrinck** *(1909–83)*. Der Jurist war der Gründer einer der größten Verlagsgruppen in Europa. Dieses Verdienst konnten sich auch **Franz Burda** *(1903–86)*, der Doyen des Burda-Konzerns, und **Reinhard Mohn** *(1921–2009)*, der langjährige Chef der Bertelsmann-Gruppe, ans Revers heften. Neue Käuferschichten erschloss Bertelsmann durch die Einrichtung von Buchgemeinschaften und Leseringen. **Rudolf Augstein** *(1923 bis 2002)* war ein Selfmademan, der nach dem Zweiten Weltkrieg erst in Hannover, dann in Hamburg ein Verlagshaus gründete. Sein Flaggschiff war die kritische Wochenzeitschrift »Der Spiegel«.
In dieser Zeit stieg das neue Medium Fernsehen auf. **John Reith** *(1889–1971)* war der erste Direktor der BBC (British Broadcasting Corporation). Zum Inbegriff des über ein weltweites Imperium regierenden Medienzaren entwickelte sich der australische Unternehmer **Rupert Murdoch** *(geb. 1931)*. Kaum noch zu überblicken sind seine Beteiligungen an TV-, Radio- und Presseunternehmen. Sein amerikanischer Kollege **Ted Turner** *(geb. 1938)* kann eine ähnliche Erfolgsbilanz aufweisen. Früh entdeckte er die Möglichkeiten des Kabelfernsehens. Seine wichtigste Leistung war die Gründung des Nachrichtensenders CNN (Cable News Network).

Immer am Ball

Absoluter Herrscher auf dem italienischen Medienmarkt ist **Silvio Berlusconi** *(geb. 1936)*. Da er auch noch politische Ambitionen hat, die ihn auf den Sessel des italienischen Ministerpräsidenten brachten, werden in Italien die Stimmen immer lauter, die von Interessenskollision sprechen. Uneingeschränkt positiv wird Berlusconi hingegen von den Fans des AC Mailand gesehen, dessen Präsident und Besitzer er ist. In Deutschland machte **Leo Kirch** *(1926–2011)* zunächst als Filmrechtehändler ein Vermögen. Der breiten Öffentlichkeit wurde er durch den Aufbau des Pay-TV-Senders »Premiere« und dessen Fußballübertragungen bekannt. 2002 musste sein Unternehmen KirchMedia Insolvenz anmelden.

Erfinder des Sensationsjournalismus
Die Karikatur zeigt **William Randolph Hearst** (1863 bis 1951), *der mit zweifelhaften Methoden den ersten Medienkonzern des 20. Jh. gründete.*

Revolutionär des Modellbaus

Nachbau eines Ford-Automobils – einer der ersten Modellbausätze der Firma »Revell«, mit der ***Lewis H. Glaser*** (1917–72) *Plastikmodelle auf den Markt brachte.*

Spiele für Jung und Alt

Die von ihnen hergestellten Spiele und Spielzeuge kennt jedes Kind. Aber wer waren oder sind die klugen Köpfe, die sich diese Wunderwerke des Zeitvertreibs ausgedacht haben?

In die moderne Spielzeugindustrie hat längst Hightech Einzug gehalten. Für Furore sorgen beispielsweise die Videospiele von **Nolan Bushnell** *(geb. 1943)*, dem Gründer des Computergiganten Atari, die Fantasycomputerspiele von **Richard Garriott** *(geb. 1961)* oder die Kreationen von **Caleb Chung** *(geb. 1957)*, der das Elektronikspielzeug »Furby«, ein »intelligentes« Plüschtier, erfunden hat. Der scheue Spielemacher **Tim Walsh** *(geb. 1964)* setzt eher auf Bewährtes und hat damit Riesenerfolge. Auch Klassiker wie »Lego«, erschaffen vom Dänen **Ole Kirk Christiansen** *(1891–1951)*, oder »Monopoly«, die von **Charles Darrow** *(1889–1967)* veröffentlichte Trockenübung für Kapitalisten, kommen nicht aus der Mode. Gleiches gilt für Spielzeugeisenbahnen, zu deren Pionieren die Göppinger Brüder **Eugen** *(1861–1947)* und **Karl Märklin** *(1866– unbekannt)* sowie das amerikanische Multitalent **Alfred Gilbert** *(1884–1961)* gehörten. Gilbert sorgte auch als Sportler für Aufsehen. Die Ravensburger Spiele, die einst **Otto Robert Maier** *(1852 bis 1925)* begründete, erfreuen sich nach wie vor großer Beliebtheit bei Jung und Alt. Puppenfans in aller Welt schwören auf Barbie, eine Erfindung der Amerikanerin **Ruth Handler** *(1916–2002)*. Kommerziell höchst einträglich sind nach wie vor die Plüschtiere aus dem Haus **Margarete Steiff** *(1847–1909)*. **Lewis H. Glaser** *(1917–72)* spezialisierte sich auf den Modellbau und feierte mit der Marke »Revell« große Erfolge. Zu den Glanzlichtern von »Revell« gehört ein Nachbau der 1912 gesunkenen »Titanic«. **Frank Hornby** *(1863–1936)* erfreute das Spielpublikum mit Eisenbahnen und dem Metallbaukasten »Meccano«. Nicht an Popularität eingebüßt hat das alte Gesellschaftsspiel »Mensch ärgere dich nicht«, entwickelt von dem Bayern **Josef Friedrich Schmidt** *(1871–1948)*. Auch »Kniffel« stammt aus der Ideenwerkstatt des Gründers der »Schmidt Spiele«.

Urahn der Plüschtiere

Der Teddybär ist das bekannteste unter den Plüschtieren »mit dem Knopf im Ohr«, die ***Margarete Steiff*** (1847–1909) *mit ihrem Unternehmen vertrieb.*

Kapitalismusklassiker

Dass es im Kapitalismus hart zugeht bewies ***Charles Darrow*** *(1889–1967), der die Idee für »Monopoly« von einer anderen Erfinderin kopierte.*

»Barbies« Mutter

Mit »Barbie« schuf ***Ruth Handler*** *(1916 bis 2002) in den 1950er-Jahren eines der weltweit beliebtesten Spielzeuge für Mädchen.*

Baukastensysteme wie »Lego« findet man heute in beinahe jedem Kinderzimmer.

Ableger von »Meccano«

Neben den berühmten Eisenbahnen vertrieb ***Eugen Märklin*** *(1861–1947) Metallbaukästen. Das Recht dazu erwarb Märklin 1915 vom Konkurrenten »Meccano«.*

Britischer Märklin

Mit seinem Baukasten »Meccano« sowie mit Eisenbahnen trug ***Frank Hornby*** *(1863–1936) über viele Jahrzehnte zur frühen technischen Ausbildung von Kindern, vor allem Jungen, bei.*

Chef von »Virgin«
Im Jahr 2002 stellt ***Richard Branson*** (geb. 1950) *eine der zahlreichen Neuerungen seines Unternehmens im Reisegeschäft, einen Neigezug, vor.*

In die weite Welt hinaus

Reisen bildet, hieß es früher. Dieses Privileg war lange Zeit den Reichen vorbehalten. Doch seit dem Ende des 19. Jh. setzte sich der Massentourismus durch. Clevere Unternehmer stellten dafür die Weichen.

Der wohl bedeutendste Pionier des Tourismus ist **Thomas Cook** *(1808–92)*. Der britische Unternehmer gründete 1871 ein Reisebüro, das seiner Zeit weit voraus war. Cook bot seinen Kunden günstige Pauschalreisen an, organisierte Nilkreuzfahrten auch für den schmaleren Geldbeutel und beeindruckte mit der logistischen Leistung der Organisation einer Weltreise.

Exquisite Reisekoffer
Diese Karikatur zum Thema »Entente cordiale« und dem damals bündnisähnlichen Verhältnis zwischen England und Frankreich nutzte die Firma ***Louis Vuitton*** (1821–92) *ab 1908 zu Werbezwecken.*

Ein für jeden Reisenden unverzichtbares Utensil ist der Koffer. Der französische Unternehmer **Louis Vuitton** *(1821–92)* eröffnete 1854 in Paris ein Geschäft, das sich auf die Herstellung und den Vertrieb von Reisekoffern spezialisierte. Bald wurden seine Koffer immer besser und damit auch teurer, sodass sie sich zu einer für eine betuchte Klientel bestimmten Luxusmarke entwickelten.
Darum, dass die Reisenden bequem am Zielort ankamen, kümmerte sich **George Mortimer Pullman** *(1831–97)*. Der amerikanische Industrielle stellte 1858 den ersten Komfortschlafwagen vor, dessen Interieur an die Einrichtung eines Wohnzimmers erinnerte. Damit wurde die Eisenbahnfahrt zu einem puren Vergnügen.

Komfortable Absteigen

Zum Reisen gehören auch geeignete Quartiere. Für die Vornehmen der Welt stand bald eine Reihe von Nobelherbergen bereit, deren Namen bis heute für Qualität bürgen. Der Schweizer **César Ritz** *(1850 bis 1918)* begann seine Karriere als Manager in der Kette der Savoy-Hotels. 1898 gründete er mit dem »Ritz« in Paris sein erstes eigenes Hotel, dem bald Filialen in London und Madrid folgten. Seinem Arbeitstempo musste er allerdings mit einem völligen körperlichen und nervlichen Zusammenbruch Tribut zollen. Wer das »Ritz« kennt, dem sagt selbstverständlich auch der Name »Hilton« etwas. Dahinter steht als Gründerfigur **Conrad Hilton**

Hotelkönig
Einer der großen Hoteliers der Geschichte war ***Conrad Hilton*** (1887 bis 1979). *Seine große Hotelkette ist im hochpreisigen Segment heute weltweit etabliert.*

(1887–1979), der seine glanzvolle Karriere 1925 mit der Eröffnung eines Hotels im texanischen Dallas begann. Seine Nachkommen sorgten indes eher durch Skandale und Affären für Schlagzeilen.
Die gesellschaftlichen Eliten entdeckten am Ende des 19. Jh. die Côte d'Azur als Urlaubsdomizil. Wer gesehen werden wollte, bezog das »Negresco« in Nizza, eine Gründung des rumänischen Gastwirtssohnes **Henri Negresco** *(1868–1920)*. Mit diesem Hotel erfüllte er sich den Traum, ein Haus im Stil der Belle Époque zu errichten.

Zu Wasser und zu Land

Als Vater der Kreuzfahrten gilt **Albert Ballin** *(1857 bis 1918)*. Der Hamburger Großreeder, Generaldirektor der HAPAG, realisierte die Idee von touristischen Reisen zur See mit allem Komfort und dabei so preisgünstig, dass sie die Reisenden nicht in den finanziellen Ruin stürzten. Die erste Tour dieser Art startete 1891 in das Mittelmeer.
Die Pauschalreise machte in Deutschland **Dr. Hubert Tigges** *(1895–1971)* salonfähig. Nach dem Zweiten Weltkrieg bot der ehemalige Volkshochschuldozent vielen Menschen erstmalig die Gelegenheit, mit »Dr. Tigges« ferne Ziele in Europa und Afrika anzusteuern. Das Leben des verdienten Reisemanagers endete tragisch. Bei einem Spaziergang wurde er von einem Lieferwagen überfahren. Einer seiner deutschen Konkurrenten, der Versandhauschef und Multiunternehmer **Josef Neckermann** *(1912–92)*, warb mit dem einprägsamen Slogan »Neckermann macht's möglich« und lockte auch eine weniger betuchte Reiseklientel in die Busse, Züge und Flugzeuge. Ganz klein waren die Anfänge des dänischen Reisegiganten »Tjaereborg«. An der Wiege dieses Unternehmens stand der aus dem Örtchen Tjaereborg stammende Pfarrer **Elif Krogager** *(1910–92)*, der nach dem Zweiten Weltkrieg, in der Aufbruchstimmung der 1950er-Jahre, in bescheidenem Rahmen Busreisen nach Spanien organisierte. An dem späteren Aufstieg der Firma war der Gründer maßgeblich mitbeteiligt.
Eine besondere Form, den Urlaub zu verbringen, erfanden die französischen Unternehmer **Gérard Blitz** *(1901–90)* und **Gilbert Trigano** *(1920–2001)*. Am 27. April 1955 hoben sie in der Bucht von Alcusia auf Mallorca den ersten »Club Méditerranée« aus der Taufe. Animierter Cluburlaub in netter Gesellschaft und schöner Umgebung lautete das Erfolgsrezept, das sich in aller Welt bewährt hat.

Billigairlines

Seit den 1970er-Jahren kam als Transportmittel für die Reise in den Urlaub immer mehr das Flugzeug in Mode. Einer der Pioniere der erschwinglichen Flugreise war der britische Geschäftsmann **Freddy Laker** *(1922–2006)*, der 1966 die »Laker Airways« ins Leben rief und die Kundschaft mit traumhaften Billigpreisen lockte. Der Ire **Tony Ryan** *(1936 bis 2007)* war einer der Gründer von »Ryan Air«. Das 1985 ins Leben gerufene Unternehmen bot den Passagieren ebenfalls äußerst günstige Konditionen – ein Konzept, das Ryan Millionen einbrachte. Ein türkischer Reisekönig mit deutschem Pass ist **Vural Öger** *(geb. 1942)*. Seine »Öger Tours« gingen aus einer Fluglinie hervor, die Verbindungen zwischen Hamburg und der Türkei anbot. Der schillernde Brite **Richard Branson** *(geb. 1950)* ist Gründer und Chef des »Virgin«-Unternehmens, das in verschiedenen Branchen, etwa in der Musikszene, tätig ist. Reisenden sind die »Virgin Atlantic Airways« ein fester Begriff. Manchmal macht Branson auch als Ballonfahrer von sich reden. Der Zypriote **Haji-Ioannou** *(geb. 1967)* genießt in der Reisebranche den Status eines Wunderkinds. Der Unternehmer gründete 1995 die Billigairline »Easyjet«. Sie bildet das Fundament eines rapide wachsenden Firmenimperiums. Des Wunderkinds Wohnort Monaco zeigt an, wie gut seine Geschäfte laufen.

Gründer des »Club Med«
Fast 40 Jahre lang leitete der ehemalige Marxist ***Gilbert Trigano*** (1920–2001) *die Geschicke des Reisekonzerns »Club Méditerranée«, den er 1955 mitgegründet hatte.*

Wie auf dieser Historienmalerei stellte man sich im 19. Jh. gern lukullische Freuden vor.

Lukullische Trendsetter

Essen und Trinken hält Leib und Seele zusammen, sagt der Volksmund. Das wusste man seit der Antike und erfand eifrig interessante Rezepte. Doch wer kennt all die erfindungsreichen Menschen, die hinter jenen Produkten stehen, deren Namen heute fast jedem Kind ein Begriff sind?

Erfinder des Champagners

Raritäten wie dieser Dom Pérignon aus dem Jahr 1961 werden heute für Tausende Euro versteigert. Das Herstellungsverfahren schuf ***Pierre Pérignon*** (1638–1715).

Auf der ganzen Welt gibt es Speiselokale mit dem Namen »Lukullus« oder »Lucullus«. Pate steht hier der berühmte römische Schlemmer und Feinschmecker **Lucius Licinius Lucullus** *(117–56 v. Chr.)*. Aus dem Orient brachte der feinsinnige Aristokrat die veredelte Süßkirsche nach Italien und vergrößerte damit den kulinarischen Spielraum antiker Köche in erheblichem Maß.
Unter dem Namen Apicius veröffentlichte ein unbekannter Anhänger von Gaumenfreuden um 400 n. Chr. ein viel gelesenes Kochbuch mit einer Menge neuer Rezepte. Als Namenspatron wählte sich der Autor den Prasser **Marcus Gavius Apicius** *(um 10 v. Chr.–37 n. Chr.)*, der Flamingozungen als Delikatesse salonfähig machte.

Geniale Erfindungen

Während das Mittelalter in Bezug auf kulinarische Genüsse wenig Innovatives zu bieten hatte, vollbrachte in der frühen Neuzeit ein französischer Benediktinermönch aus der Champagne eine epochale Leistung. **Pierre Pérignon** *(1638–1715)*, besser bekannt unter dem Namen Dom Pérignon, war Kellermeister in der Abtei Hautvillers. Unter seiner maßgeblichen Beteiligung wurde hinter den Mauern des Klosters ein spezielles Verfahren der Flaschengärung entwickelt, aufgrund dessen es möglich wurde, das heute als »Champagner« bezeichnete stimulierende Perlgetränk herzustellen.
Wer in einen Sandwich beißt, wird dabei kaum an **John Montagu** *(1718–92)* denken. Und doch ist es dieser Earl of Sandwich gewesen, der um 1765 einen Einfall hatte, der die Essgewohnheiten stark beeinflussen sollte. Über die Umstände, die zu seiner Erfindung führten, kursieren unterschiedliche

Geschichten. Wahrscheinlich war der Diplomat beruflich so sehr eingespannt, dass er nicht die Zeit für ordentliche Mahlzeiten fand. So begnügte er sich mit einem Stück Rindfleisch, das er zwischen zwei getoastete Weißbrotscheiben legte.

Im Hauptberuf war **Joseph Priestley** *(1733–1804)* Theologe und Philosoph, hatte aber zugleich ein Faible für die Naturwissenschaften. Dieser Vorliebe verdankt die Welt die Erfindung des Sodawassers. Voraussetzung war 1775 die Entdeckung des Sauerstoffs. Mithilfe dieses Elements konnte sich Priestley daran machen, das bekannte Getränk auf den Markt zu bringen.

Für die Entwicklung eines anderen wohlschmeckenden Getränks zeichnete der aus dem hessischen Witzenhausen stammende Uhrmacher und Silberschmied **Johann Jacob Schweppe** *(1740–1821)* verantwortlich. Bei seinen chemischen Experimenten stieß er auf eine Möglichkeit, Wasser mit Kohlensäure zu versetzen, die er 1783 zum Patent anmeldete. Ursprünglich hatte er seine Erfindung für medizinische Zwecke einsetzen wollen. Doch wegen der großen Nachfrage stellte er den neuen Softdrink ab 1790 in einer in London gegründeten Firma her. Der Siegeszug von »Schweppes« nahm seinen Lauf.

Jean Anthelme Brillat-Savarin *(1755–1826)* ging über die Entwicklung, Herstellung und Verbreitung eines einzigen Produkts hinaus. Von Haus aus Richter, flüchtete der Franzose während der Französischen Revolution ins Exil in die Schweiz. Dort widmete er sich voll und ganz seiner Leidenschaft für das Kochen. 1826 veröffentlichte er sein Werk »Die Physiologie des Geschmacks«, das zur Bibel der Gastronomie wurde. Darin präsentierte er nicht allein eine stattliche Anzahl von raffinierten Rezepten. Vielmehr gab er dem Lesepublikum auch eine Reihe guter Ratschläge für eine kultivierte Gestaltung des Tafelns. Und er veröffentlichte sein kochphilosophisches Credo: Die Qualität einer Mahlzeit hängt nicht von der Opulenz, sondern allein von der Kunstfertigkeit der Zubereitung ab.

Urahn der Spitzenköche

Heute gibt es ein ganzes Heer von Starköchen. Als deren historischer Protagonist kann der Pariser **Marie-Antoine Carême** *(1784–1833)* gelten. Er begründete den Weltruf der französischen Küche.

Roter Kräuterlikör
Das Werbeplakat für den nach seinem Erfinder ***Gaspare Campari*** (1828–82) *benannten roten Aperitif stammt aus dem Jahr 1926.*

Seine Kochkünste wurden bald so berühmt, dass sich auch die politische Prominenz der Zeit um seine Dienste riss. So durfte er den Herzog von Talleyrand, Zar Alexander I. von Russland und den englischen Prinzregenten Georg IV. zu seinen begeisterten Kunden zählen. Auch der schwerreiche Bankier James Mayer Rothschild ließ sich mit den Köstlichkeiten des unbestrittenen Spitzenkochs der Zeit verwöhnen.

Berühmte Getränke

Der jüngste Spross einer aus Turin stammenden Familie mit zehn Kindern und Besitzer eines Bistros in Mailand, **Gaspare Campari** *(1828–82)*, war ein leidenschaftlicher Barmixer, der stets danach strebte, neue alkoholische Getränke zu destillieren. 1862 stellte er begeisterten Kunden seine jüngste Errungenschaft vor: einen bitteren Kräuterlikör, den er aus nicht weniger als 86 Kräutern, Früchten und Gewürzen gemixt hatte. Damit war eine der erfolgreichsten Spirituosenmarken geboren.

Der amerikanische Drogist **John Stith Pemberton** *(1831–88)* erfand das dunke Limonadengetränk, das unter dem Namen »Coca Cola« weltweit einen unvergleichlichen Siegeszug antrat. 1887 ließ er sich die bis heute geheimgehaltene Rezeptur und Erfolgsformel patentieren. Angeblich verdankt die Cola ihre Entdeckung dem an sich traurigen Umstand, dass Pemberton hoffte, mithilfe des kokahaltigen Getränks von seiner Morphiumsucht befreit zu werden.

Guten Appetit!

Henry John Heinz *(1844–1919)* war der Begründer der weltberühmten Ketchup-Dynastie. Der Sohn einer aus der Pfalz stammenden deutschen Einwanderer-

Erfolg mit Tomaten
Das Ketchup, auf dem ***Henry John Heinz*** (1844–1919) *seinen Weltkonzern aufbaute, war weniger für die Gourmets als für die breite Masse gedacht.*

Spanischer Gourmetfreund
In seinem Lokal »El Bulli« in Rosas in Nordspanien gibt ***Ferran Adria Acosta*** (geb. 1962) *dem Küchenpersonal seine Anweisungen.*

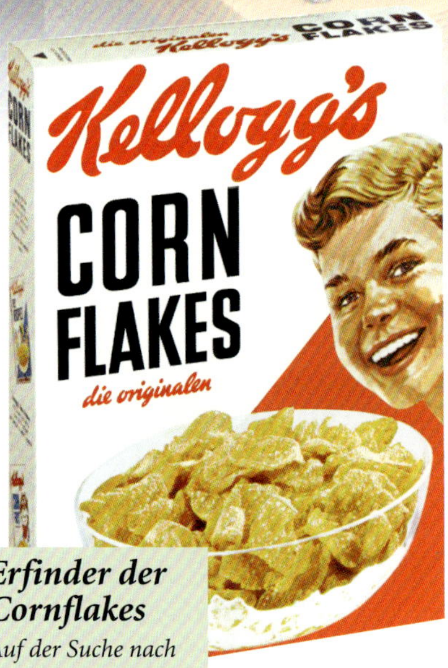

Erfinder der Cornflakes
Auf der Suche nach einer Alternative zum Frühstücksbrot erfand ***Will Keith Kellogg*** (1860 bis 1951) *eher zufällig die Cornflakes.*

familie bewies von Anfang an einen ausgeprägten Geschäftssinn. Nachdem er mit einer Firma, die auf die Produktion von Meerrettich spezialisiert war, Schiffbruch erlitten hatte, konzentrierte er sich ab 1876 auf das Geschäft mit den Tomaten. Mit ausgefeilten Marketingstrategien, zu denen der legendäre Werbespruch »Wenn es nicht Heinz ist, ist es auch nicht Ketchup« gehörte, eroberte er den US-Markt und sorgte auf diese Weise dafür, dass Tomatenketchup zum festen Bestandteil der Mahlzeiten wurde.

Das appetitliche Würzen von Speisen machte sich der Schweizer Unternehmer **Julius Maggi** *(1846–1912)* zur Lebensaufgabe. 1897 gründete er in Singen jene Firma, deren Flaggschiff die berühmte Maggiflasche wurde. Daneben stellte Maggi ebenso erfolgreich Fertigsuppen, Soßen und Brüherzeugnisse her.

Für ambitionierte Chefköche waren Maggigewürze natürlich tabu. Das galt auch für **Auguste Escoffier** *(1846–1935)*. Der gebürtige Südfranzose arbeitete als Küchenchef in den vornehmsten Hotels, so etwa im Ritz in Monte Carlo und im Savoy in London. In seinen Küchen herrschte immer Ordnung, da Escoffier den Arbeitsbetrieb generalstabsmäßig zu organisieren pflegte. Mit dem »Guide Culinaire« schuf er das maßgebliche Standardwerk der gehobenen Kochkunst.

Wer sich damit nicht begnügen wollte, hatte immer noch die Möglichkeit, bei der berühmten Bostoner Gastronomin **Fannie Farmer** *(1857–1915)* nachzulesen. Sie machte aus dem Kochen nicht nur eine Kunst, sondern auch eine Lehre. 1896 brachte sie mit der »Bostoner Kochschule« ein innovatives Kochbuch für jedermann heraus, das im Gegensatz zu damals vergleichbaren Publikationen genaue Angaben zu den Zutaten und zum Kochvorgang enthielt.

Gesundes und Praktisches

Das Frühstück abwechslungsreicher und gesünder zu gestalten, war das Anliegen des US-Amerikaners **Will Keith Kellogg** *(1860–1951)*. Ausgangspunkt war seine Erkenntnis, dass die Amerikaner zu dick geworden waren. So entstanden als Therapie die als »Cornflakes« bekannten Frühstücksflocken, die für jeden Geldbeutel erschwinglich waren.

Die Erfolgsgeschichte von **Dr. August Oetker** *(1862–1918)* begann 1903 mit dem Patent für ein Verfahren »zur Herstellung von dauerhaftem Backpulver oder backfertigem Mehl«. In seiner Bielefelder Firma wurde »Backin« in kleinen handlichen Mengen für den Hausgebrauch hergestellt. Damit war der Grundstein gelegt für ein international bedeutendes Nahrungsmittelunternehmen.

Der Name »Bircher« bürgt für gesunde Ernährung. Die Verantwortung dafür trägt der Schweizer Arzt

und Ernährungswissenschaftler **Maximilian Oskar Bircher-Benner** *(1867–1939)*. Mit der Erfindung des Birchermüeslis brachte er verwöhnten Städtern die naturnahe und vitaminreiche Ernährung der Schweizer Bergbauern nahe.
Der Amerikaner **James Lewis Kraft** *(1874–1953)* schuf die nach ihm benannte Weltmarke Kraft. Der Farmerssohn setzte ganz auf Käse, gründete 1903 in Chicago seine erste Firma und sicherte sich 1916 das Patent auf Schmelzkäse.
Mit der Idee, Kartoffeln in Form von Pulver zu trocknen, revolutionierte der deutsche Unternehmer **Werner Eckart** *(1909–97)* die Essgewohnheiten der Menschen. Man nannte ihn deshalb respektvoll den »Knödelkönig«. Aus dem »Pfanni«-Pulver genannten Produkt konnten die Hausfrauen ihren erfreuten Ehemännern ab 1949 schmackhafte Kartoffelknödel, aber auch -puffer und -pürree zubereiten.

Kochen per TV

Die Britin **Fanny Cradock** *(1909–94)* machte das Kochen im Fernsehen populär und zauberte dem TV-Publikum schmackhafte und raffinierte Gerichte in die Wohnstuben, die am nächsten Tag eifrig nachgekocht wurden. Ihr Kollege **Gerry Thomas** *(1922–2005)* aus den USA präsentierte der Fernsehgemeinde eine fertige Mahlzeit auf einem Aluminium-Einweg-Teller, die gleich während der Sendung verzehrt werden konnte.
Wer **Margaret Thatcher** *(1925–2013)* nur als britische Premierministerin kennt, übersieht, dass die resolute Dame einst als Chemikerin arbeitete und mit ihrem Team 1950 das Softeis erfand.

Könige des Fastfoods
Produkte wie der Big-Mac machten ***Richard*** (1909 bis 1998) *und* ***Maurice*** (1902–71) ***McDonald*** *reich. Die Ernährung mit Fastfood steht aber auch immer wieder in der öffentlichen Kritik.*

Fastfood auf dem Vormarsch

Der Name »McDonald's« ist gleichbedeutend mit Fastfood. Das heute weltweite Imperium entstand 1940, als die Brüder **Richard** *(1909–98)* und **Maurice** *(1902–71)* **McDonald** ein Schnellrestaurant im kalifornischen San Bernadino aus der Taufe hoben. Ihre Zielgruppe waren hungrige Autofahrer, die keine Zeit oder Lust zu einem »normalen« Mahl hatten. In dem Geschäftsmann **Raymond Kroc** *(1902–84)* fanden die Brüder einen cleveren Vermarkter, der 1961 selbst die Leitung des Konzerns übernahm.
Dem Fastfood waren auch die beiden Brüder **Dan** *(geb. 1931)* und **Frank** *(geb. 1938)* **Carney** aus Wichita in Kansas verpflichtet. 1958 borgten sie sich von ihrer Mutter 600 Dollar und gründeten die Firma »Pizza-Hut«. Dieser Name hat nichts mit einer Kopfbedeckung zu tun, sondern bezieht sich auf die bescheidene Hütte, in der die Erfolgsgeschichte des späteren Weltunternehmens begann.

Stars am Herd

Der französische Starkoch **Paul Bocuse** *(geb. 1926)* ist der Erfinder der »Nouvelle Cuisine« (»Neue Küche«). Er trat auch als Autor von Kochbüchern hervor. Sein spanischer Kollege **Ferran Adria Acosta** *(geb. 1962)* begann als Tellerwäscher und wurde zu einem der berühmtesten Köche der Welt. Sein Lokal an der Costa Brava zählt zu den großen Gourmettempeln. Immer wieder nimmt er sich kreative Auszeiten, um neue Gerichte zu erfinden. **Jamie Oliver** *(geb. 1975)*, ein Spitzenkoch der jungen Garde, verbindet hohe Kochkunst mit sozialem Engagement. In seinem Londoner Restaurant gibt er arbeitslosen Jugendlichen die Gelegenheit, sich für den Beruf des Kochs ausbilden zu lassen.

Spitzenkoch mit Herz
In jeder Filiale seiner Restaurantkette »Fifteen« beschäftigt ***Jamie Oliver*** (geb. 1975) *regelmäßig 15 sozial benachteiligte Jugendliche.*

Legendäre Verbrecher

Die Kriminalität ist so alt wie die Menschheit. Die meisten Verbrechen werden von der Öffentlichkeit nur am Rande wahrgenommen. Manche Gesetzesbrecher aber haben für immer einen festen Platz im Gedächtnis der Menschen.

In den frühen Kapiteln einer Kriminalgeschichte darf der Name **Gilles de Rais** *(1404–40)* nicht fehlen. Auf das Konto dieses französischen Adligen gehen mindestens 140 Morde. Offiziell galt er als Edelmann, er focht erfolgreich im »Hundertjährigen Krieg« und stand an der Seite von Jeanne d'Arc. Die Opfer seiner Ritualmorde waren meist Kinder. Mit zwei Mittätern wurde er 1440 hingerichtet. Unter den historischen Kriminalfällen ragen auch die Untaten der **Erszebet Bathory** *(1560–1614)* negativ heraus. Die adlige Ungarin, aus einer der angesehensten Familien des Landes stammend, war die »Blutgräfin«. Diesen Namen erhielt sie wegen ihrer sadistischen Morde, verübt ausschließlich an jungen Frauen.

Held und Serienmörder
Die Untaten des französischen Edelmanns **Gilles de Rais** (1404–40) *dienten als Vorlage für das Märchen von König Blaubart.*

Morde an jungen Leuten

Zum kriminellen Urgestein gehört auch die mysteriöse Gestalt des **»Jack the Ripper«**, dessen Identität bis heute nicht eindeutig geklärt werden konnte. 1888 wurde London durch eine Serie von Morden an Prostituierten aufgeschreckt, die der Täter auch noch grässlich verstümmelte. Die Suche nach dem Mörder blieb, trotz vieler Verdächtigter, erfolglos. Ähnlich brutal ging **Fritz Haarmann** *(1878–1925)* vor. Zwischen 1918 und 1924 trieb er in Hannover sein Unwesen. Auf das Konto des bieder wirkenden Altkleiderhändlers geht der Mord an mindestens 24 jungen Männern. Nach einem aufsehenerregenden Prozess wurde der Serienmörder im April 1925 hingerichtet.

Organisiertes Verbrechen

In den USA waren es zu Beginn des 20. Jh. italienische Einwanderer, die sich auf das organisierte Verbrechen spezialisierten. Eine der frühesten Größen der Mafia war der Gangsterboss **James Colosimo** *(1877–1920)*. Er stammte aus Cosenza in Kalabrien und dominierte die kriminelle Szene in Chicago auf dem Sektor von Prostitution und Glücksspiel. Sein Tod war das Ergebnis interner Rivalitäten.
Der ungekrönte König aller amerikanischen Gangsterchefs war Colosimos Nachfolger **Al Capone** *(1899–1947)*. Sein Name ist bis heute Synonym für die amerikanische Verbrecherszene in den 1920er- und 1930er-Jahren. Capone zog alle kriminellen Register. In der Zeit der Prohibition machte der gebürtige Neapolitaner mit dem Handel von Alkohol ein Vermögen. 1931 wurde er wegen Steuervergehen verureilt und landete im gefürchteten Gefängnis von Alcatraz. 1939 schwer krank entlassen, zog er sich nach Florida zurück, wo er 8 Jahre später in völliger Isolation starb.
Die Stelle Capones blieb nicht lange verwaist. **Lucky Luciano** *(1896–1962)*, in der Nähe von Corleone auf Sizilien als Salvatore Lucania geboren, trat in die Fußstapfen des großen Bosses und beherrschte

Gangsterboss Nr. 1
Als Synonym für das organisierte Verbrechen gilt der Name des amerikanischen Gangsterbosses ***Al Capone*** (1899 bis 1947). *Das Foto zeigt ihn im Jahr 1930.*

die New Yorker Unterwelt. Um die häufigen blutigen Rivalitäten zwischen den einzelnen Clans zu beenden, brachte er ein Bündnis der wichtigsten Mafiafamilien zustande. Wahrscheinlich verdankt er es diesem Bündnis, dass er nicht wie viele andere Mafiosi eines gewaltsamen Todes starb. Vielmehr ereilte ihn auf dem Flughafen von Neapel ein Herzschlag.

Prominente Räuber

Ebenfalls in den USA machte **Roy Gardner** *(1884 bis 1940)* als raffinierter Dieb und als Ausbruchskünstler von sich reden. Mehr als 1 Mio. Dollar erbeutete er im Verlauf seiner kriminellen Karriere. Zeitweilig waren kein Zug und keine Bank vor ihm sicher. Wenn er geschnappt und inhaftiert wurde, war er dank seiner technischen Kunstfertigkeit bald wieder auf freiem Fuß. Aus Alcatraz gelang aber auch Gardner nicht die Flucht. Bald nach seiner Entlassung beging er Selbstmord.
Das prominenteste Pärchen der Kriminalgeschichte sind **Bonnie Parker** *(1910–34)* und **Clyde Barrow** *(1909–34)*, kurz »Bonnie and Clyde« genannt. Neben diversen Banküberfällen gehen auch neun Polizistenmorde auf ihr Konto. 1934 wurden die Verbrecher von Polizisten aufgestöbert und erschossen. Der US-Spielfilm »Bonnie and Clyde« von 1967 zeichnete ihr turbulentes Leben auf der Leinwand nach.

Der große Coup

Auf Bankraub waren auch die Berliner Brüder **Franz** *(1904–40)* und **Erich Sass** *(1906–40)* spezialisiert. Mehrere Jahre lang waren sie der Schrecken aller Berliner Bankdirektoren. Ihre Erfolge verdankten sie dem Gebrauch von Schneidbrennern beim Öffnen der Geldtresore, was damals ein Novum war. Später wurden sie zu langen Haftstrafen verurteilt. 1940 starben beide im KZ Sachsenhausen. **Ronald Biggs** *(1929–2013)* war ein führender Kopf beim berühmtesten Eisenbahnraub der Geschichte. 1963 überfiel er mit seiner Bande den Postzug von Glasgow nach London, wobei den Gangstern 2,63 Mio. Pfund in die Hände fielen. Biggs floh nach Brasilien, doch seit 2001 war er Insasse britischer Gefängnisse. Bewegt war das Leben von **Jacques Mesrine** *(1936–79)*. Der Franzose begann als kleiner Krimineller im Pariser Milieu, wurde dann aber zu einem der meistgesuchten Killer. Wiederholt gelang ihm die Flucht aus Gefängnissen. 1979 wurde er von Polizisten am Steuer seines Autos erschossen.

Schockierende Verbrechen

Immer wieder wurde die Öffentlichkeit von Nachrichten über besonders abscheuliche Delikte schockiert. **Charles Manson** *(geb. 1934)* zeichnete 1969 verantwortlich für den grausamen Mord an der Filmschauspielerin Sharon Tate. Der Amerikaner **Ted Bundy** *(1946–89)* tötete zwischen 1974 und 1978 nicht weniger als 30 junge Frauen. Der Deutsche **Armin Meiwes** *(geb. 1961)* tötete 2001 einen Mann und verspeiste die Leichenteile. Dem Belgier **Marc Dutroux** *(geb. 1956)* wurde die Entführung von sechs Mädchen, von denen vier starben, zur Last gelegt. In drei Fällen wurde er 2004 des Mordes für schuldig befunden.

Belgischer Kinderschänder
Im April 2004 verfolgt ***Marc Dutroux*** (geb. 1956) *seine Gerichtsverhandlung. In seinem Fall sorgten auch Fahndungspannen für internationales Aufsehen.*

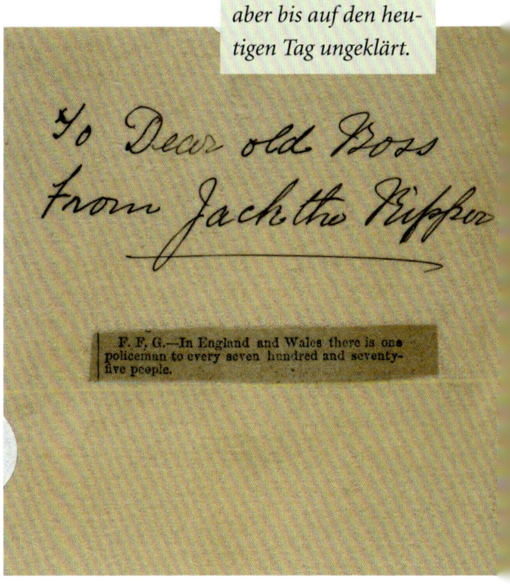

Der große Unbekannte
Von dem Serienmörder ***»Jack the Ripper«*** *gibt es zwar Zeugnisse wie diesen Brief an die Polizei, seine Identität ist aber bis auf den heutigen Tag ungeklärt.*

Bisonjäger und Showman
Seinen Namen verdankt **Buffalo Bill** (um 1846–1917) *seiner Jagdkunst. Zur Legende wurde er, weil er den Wilden Westen zum Showthema machte.*

Helden aus dem Wilden Westen

John Wayne gehörte nicht zu den legendären Gestalten des Wilden Westens, auch wenn er als Schauspieler mit seinen Filmen das Bild des rauen, aber herzlichen Cowboys entscheidend geprägt hat. Die Wirklichkeit sah meistens ganz anders aus.

Die berühmten Namen, die die Geschichte des Wilden Westens geprägt haben, stammen alle aus der Zeit der Siedler, als es die Weißen aus dem Osten Amerikas in die Weiten der Prärien des Mittleren Westens drängte. Einer der ersten Pioniere war **Daniel Boone** *(1734–1820)*. Im dauernden Kampf mit Briten und Indianern stieß er bis nach Kentucky vor, wo er die Stadt Boonesborough gründete. Der Schriftsteller James Fenimore Cooper machte Boone zum Vorbild des »Lederstrumpf«. **Davy** (eigentlich: David) **Crockett** *(1786–1836)* starb in, vielleicht auch erst nach der Schlacht von Alamo, in einem Krieg, den die Texaner gegen die Mexikaner führten. Crockett, der sich auch politisch engagiert hatte, wurde auf diese Weise zu einem amerikanischen Nationalhelden.

In der Schlacht von Alamo fand auch **James Bowie** *(1796–1836)* den Tod. Dieser Pionier, der eigentlich in Kentucky beheimatet war, ist nicht nur als Erfinder des Bowie-Messers in die Geschichte des Wilden Westens eingegangen. Darüber hinaus lieferte er mit seinem wirklichen Leben jenen Stoff, aus dem sich Mythen und Legenden stricken lassen. So wurde Bowie wie Crockett zu einem der Heroen der frühen amerikanischen Geschichte.

Zu diesen zählt auch **George Armstrong Custer** *(1839–76)*. Als General kämpfte er im amerikanischen Bürgerkrieg auf der Seite der Nordstaaten. Berühmtheit erlangte er jedoch vor allem durch die Schlacht am Little Big Horn im heutigen Montana, wo er mit seinen Truppen gegen die Sioux eine vollständige Niederlage erlitt und dabei selbst ums Leben kam.

Westernheld mit Showtalent

Unter seinem richtigen Namen William Frederick Cody kannte ihn kaum ein Mensch. Alle sprachen nur von **Buffalo Bill** *(1846–1917)*. So nannte man den aus Iowa stammenden Kundschafter und Soldaten, weil er sich auf die Jagd von Büffeln spezialisiert hatte. 1867 war er als Oberst der US-Kavallerie an der Vernichtung riesiger Büffelherden beteiligt, mit deren Fleisch die Bahnarbeiter der »Kansas Pacific Railway« versorgt wurden. Später ging er mit seiner damals sensationellen Wild-West-Show nach Europa, als deren Hauptattraktion der unglückliche Sioux-Häuptling **Sitting Bull** *(um 1831–90)* herhalten musste.

Banditen und Revolverhelden

Natürlich wimmelte es im Wilden Westen auch von Gesetzesbrechern, Banditen und Revolverhelden. Viele von ihnen brachten es zu allerdings zweifelhaftem Ruhm. In die erste Riege der Gangster gehörte **Jesse James** *(1847–82)*, der Chef einer berüchtigten Bande. Ihre Spezialität waren Überfälle auf Banken und Eisenbahnzüge. Später kam es in der Bande zu Streitigkeiten, in deren Folge James von eigenen Gefolgsmännern erschossen wurde.

Das Hintergrundbild zeigt einen Colt – ein Symbol für den Wilden Westen.

Die Scharfschützin

Diese undatierte Aufnahme zeigt ***Annie Oakley*** *(1860–1926) mit ihren Arbeitsinstrumenten. Oakley zählt zu den bekanntesten Frauen des Wilden Westens.*

Butch Cassidy *(1866–1908)* hieß mit richtigem Namen **Robert Leroy Parker**. Mit seinem Partner **»Sundance Kid« (Harry Longabaugh,** *1867–1908)* trieb er in Colorado und Mexiko sein Unwesen, bevor sich die beiden nach Südamerika absetzten.

Auch **Billy the Kid** *(1859–81)* war ein Künstlername, hinter dem sich der zwielichtige Westernheld **Henry McCarty** verbarg. Bekannt wurde er im »Rinderkrieg«, der in New Mexico zwischen Viehzüchtern und reichen Geschäftsleuten tobte. Mehrere Morde gehen auf sein Konto. Am 14. Juli 1881 wurde er von **Pat Garrett** *(1850–1908)*, dem Sheriff von Lincoln County, der ihn lange gejagt hatte, erschossen. Weil Billy the Kid trotz seiner Verbrechen bei der Bevölkerung hohes Ansehen genoss, geriet Garrett ins Kreuzfeuer der Kritik. Der Konflikt der beiden Protagonisten wurde 1973 mit Kris Kristofferson (Billy the Kid) und James Coburn (Pat Garrett) in den Hauptrollen verfilmt.

Lang ist die Liste der großen Revolverhelden. Die kurze Lebensspanne von **Wild Bill** (richtig: **James Butler Hickock,** *1837–76)* zeigt, dass dieser Job äußerst gefährlich wa. Der Farmerssohn aus Vermont gewann alle seine Duelle, spielte leidenschaftlich gern Karten und war mit Buffalo Bills Westernshow unterwegs. Dann bereitete die Kugel eines Attentäters, die ihn im Saloon beim Kartenspiel traf, seinem Leben ein abruptes Ende.

Wyatt Earp *(1848–1929)* schöpfte seinen Ruhm aus der legendären Schießerei am O.K. Corrall in Tombstone, Arizona, am 26. Oktober 1881, die zwischen den Mitgliedern verfeindeter Clans ausgetragen wurde. Earp zur Seite stand sein Freund **Doc Holliday** *(1851–87)*, ein ehemaliger Zahnarzt, der eigentlich auf den Namen **John Henry Holliday** hörte. Der professionelle Spieler wusste geschickt mit dem Revolver umzugehen. Er starb nicht bei einer Schießerei, sondern an einer schweren Krankheit. Earp führte danach ein unstetes Leben, suchte erfolglos nach Gold und starb ganz unspektakulär in hohem Alter ebenfalls an einer Krankheit.

In die Kategorie »Revolverheld« gehörte auch **Johnny Ringo** *(um 1850–82)*. Er war eine geheimnisumwitterte Persönlichkeit, siegte in diversen Duellen und starb nach einer ausgedehnten Zechtour eines mysteriösen Todes. Freunde und Gegner beeindruckte er immer wieder mit seiner hohen Bildung.

Treffsichere Frauen

Auch Frauen machten in der rauen Welt des Wilden Westens von sich reden, allerdings eher selten. Zu ihnen gehörte **Martha Jane Cannary Burke** *(1852 bis 1903)*, die alle nur **»Calamity Jane«** nannten. Sie versuchte, wie ein Mann zu wirken, und trat in Buffalo Bills Show als Reiterin und Kunstschützin auf. **Annie Oakley** *(1860–1926)* beeindruckte die staunende Männerwelt mit ihren Schießkünsten, die sie ebenfalls bei Buffalo Bill unter Beweis stellte – z. B. indem sie ihrem Mann die brennende Zigarre aus dem Mund schoss.

Tod am Little Big Horn

1876 wurden die Truppen von General ***George Armstrong Custer*** *(1839–76) in einer Schlacht gegen die Sioux-Indianer aufgerieben – was den General zur Legende machte.*

Clown und Pantomime
Seit Jahrzehnten begeistert der Russe **Oleg Popow** (geb. 1930) *weltweit das Zirkuspublikum mit seinen Späßen. Die Aufnahme zeigt ihn im Jahr 1988.*

Aus der Welt von Zirkus und Magie

Die glitzernde und faszinierende Welt der Showbühne von Zirkus und Varieté hat zu allen Zeiten ein begeistertes Publikum gefunden.

Eine der herausragendsten Persönlichkeiten der Zirkusgeschichte war der Amerikaner **Phineas Taylor Barnum** *(1810–91)*, dessen Show als eines der größten Unterhaltungsspektakel des 19. Jh. gilt. **Ernst Jakob Renz** *(1815–92)* war ein Pionier des deutschen Zirkus. Selbst ein Artist, gründete er in Berlin einen erfolgreichen Zirkus. Bald befand er sich in der Gesellschaft vieler bekannter Direktorenkollegen. Zu seinen berühmten Konkurrenten zählte der Veteran **Paul Busch** *(1850–1927)*, der in Hamburg eine Heimat fand. In der Schweiz etablierte sich unter der Führung von **Fredi Knie** *(1920–2003)* ein weltbekanntes Unternehmen. Die große Zirkustradition seiner Familie setzt z. B. mit seiner Tigernummer sehr erfolgreich **André Sarrasani** *(geb. 1972)* fort. **Giovanni Althoff** *(geb. 1937)* aus der weit verzweigten Althoff-Familie ist eine der Größen der Branche, hatte aber auch immer wieder Schwierigkeiten mit dem Tierschutz.

Nit mööööglich – Grock
Fester Bestandteil der Auftritte des Musikclowns **Grock** *alias* **Adrien Wettach** (1880–1959) *war der Spruch »Nit mööööglich!«*

Stars in der Manege und große Magier

Frühe Stars der Manege waren die Angehörigen der russischen Durow-Familie. **Anatolij Durow** *(1864 bis 1916)* ragte als Dompteur und Trainer wilder Tiere hervor. Zum Vorbild aller Clowns avancierte der Schweizer **Grock**, der bürgerlich **Adrien Wettach** *(1880–1959)* hieß. Als Clown und Pantomime ist der Russe **Oleg Popow** *(geb. 1930)* ein würdiger Nachfolger.

Erik Jan Hanussen *(1889–1933)* stieg zum gefeierten Hellseher auf, nachdem er in bürgerlichen Berufen durch eher halbseidene Geschäftspraktiken aufgefallen war. Als **Siegfried & Roy** sorgten **Siegfried Fischbacher** *(geb. 1939)* und **Roy Uwe Ludwig Horn** *(geb. 1944)* im Spielerparadies Las Vegas für Begeisterungsstürme. **Uri Geller** *(geb. 1946)* brillierte mit verbogenen Gabeln, **André Heller** *(geb. 1947)* mit Events aller Art, **David Copperfield** *(geb. 1956)* mit magischen Tricks. Über allen thront die Showlegende **Bob Hope** *(1903–2003)*, der als Entertainer und Komiker Maßstäbe setzte.

Schweizer Zirkus

*Die Zirkustradition der Familie Knie reicht bis 1803 zurück. Zu einer weltbekannten Marke machte **Fredi Knie** (1920–2003) das Unternehmen. Im Bild eine Artistin hinter den Kulissen.*

Zirkus und Varieté

*Der Spross der berühmten Zirkusfamilie Sarrasani, **André Sarrasani** (geb. 1972) modernisierte seinen Zirkus in Richtung spektakulärer Varietéshows.*

Showkunst in Las Vegas

*Die Illusionisten **Siegfried** (geb. 1939) und **Roy** (geb. 1944) in einer Filmszene. Roy wurde 2003 währen einer Vorstellung von einem Tiger angefallen und lebensgefährlich verletzt.*

Wir Wunderkinder

Wunderkind und Klassiker
Das Gemälde von Eduard Ender zeigt den 6-jährigen ***Wolfgang Amadeus Mozart*** (1756–91), *der im Jahr 1762 vor der österreichischen Kaiserin Maria-Theresia konzertiert.*

Wenn von Wunderkindern die Rede ist, denken die meisten sofort an Wolfgang Amadeus Mozart. Doch ein Blick in die Geschichte zeigt, dass es noch weitere Menschen gab, die meist schon in jungen Jahren mit außergewöhnlichen Fähigkeiten aufwarteten. Nicht immer waren sie aber auch glückliche Menschen.

Das musikalische Wunderkind schlechthin war **Wolfgang Amadeus Mozart** *(1756–91)*. Schon im Alter von 6 Jahren ging er auf Konzertreisen und beglückte verschiedene gekrönte Häupter mit seinem ausgefeilten Cembalospiel.

Früh übt sich

Schon vor Mozart durften einige andere Persönlichkeiten das Privileg für sich beanspruchen, in die Kategorie »Wunderkinder« eingeordnet zu werden. Der englische Physiker **Isaac Newton** *(1643 bis 1727)*, später zum »Sir« geadelt, war ein echtes Universalgenie. Schon in frühen Jahren verblüffte er seine Umwelt mit komplexen mathematischen Studien und technischen Konstruktionen. Prototyp aller Wunderkinder der Neuzeit war **Christian Heinrich Heineken** *(1721–25)* aus dem norddeutschen Lübeck. Das extrem frühreife Kind beherrschte mit 2 Jahren bereits die lateinische und die französische Sprache, mit 3 Jahren schrieb es eine Geschichte Dänemarks und jonglierte mit den kompliziertesten mathematischen Formeln, mit 4 Jahren war es tot. Verzweifelt musste die Familie alle Pläne begraben, mit dem genialen Kind, wie bereits geschehen, weiter auf Tournee zu gehen. Etwas älter wurde **Jean-Philippe Baratier** *(1721–40)* aus dem bayerischen Schwabach. Er verblüffte die Zeitgenossen damit, dass er mit 7 Jahren, neben Deutsch und Französisch, fließend Latein, Griechisch und Hebräisch sprach und zu dieser Zeit auch schon erste Schriften über historische Themen verfasste. Bald gab es kein Wissensgebiet, auf dem er sich nicht auskannte. Gesundheitlich stand es mit ihm aber nie zum Besten und er starb bereits im Alter von 19 Jahren. Von beeindruckendem Umfang war die Liste der Tätigkeiten, denen **Tobias Mayer** *(1723–62)* seinen

Wunderkind ohne Fortune
Buchstäblich unglaubliche Anlagen hatte ***Christian Heinrich Heineken*** (1721 bis 1725). *Doch starb er früh an einer Lebensmittelallergie.*

Ruf als Wunderkind verdankte. Das Urbild des schwäbischen Tüftlers war eine Koryphäe der Mathematik, der Kartografie, der Physik und der Astronomie. Ohne je ein Studium absolviert zu haben, erhielt er 1751 den Lehrstuhl für Ökonomie und Mathematik an der Universität in Göttingen.

Musikalische Genies

Als Mozart seine ersten musikalischen Gehversuche unternahm, war **André Danican Philidor** *(1726 bis 1795)* bereits eine arrivierte Persönlichkeit. Das Wunderkind profilierte sich als einer der wichtigsten Vertreter der komischen Oper in Frankreich. Daneben war er aber auch noch der beste Schachspieler seiner Zeit. Noch heute zählen manche von ihm erdachte Züge zum Standardrepertoire der Schachspieler. Auch nach Mozart gab es immer wieder Wunderkinder. Vergleichbare musikalische Qualitäten wie Mozart legte sein Bonner Kollege **Ludwig van Beethoven** *(1770–1827)* – ebenfalls eine Frühbegabung – an den Tag.

Nicht jeder beherrscht im Alter von 2 Jahren und 3 Monaten auf der Orgel die eigene Nationalhymne. Für den Engländer **William Crotch** *(1775–1847)* war dies kein besonderes Problem. Da bei dem Mann mit dem absoluten Gehör alles früher anfing, begann er bereits mit 11 Jahren zu studieren. Der Komponist und Pianist **Frédéric Chopin** *(1810–49)* gab im zarten Alter von 8 Jahren die ersten öffentlichen Kostproben seines außergewöhnlichen Talents.

Mit Talent, Fleiß und Ehrgeiz

Nicht die Musik, sondern die Mathematik und die Astronomie waren Domänen von **Karl Friedrich Gauß** *(1777–1855)*. Der spätere Direktor der Göttinger Sternwarte formulierte schon im Alter von 12 Jahren seine ersten mathematischen Gesetze.

Der Franzose **Jean-François Champollion** *(1790–1832)* wurde als der Entzifferer der ägyptischen Hieroglyphen berühmt. Seine außergewöhnlichen Anlagen waren bereits in frühester Kindheit sichtbar geworden, als er sich intensiv mit dem Studium altorientalischer Sprachen und Kulturen befasste.

Bei **Johann Heinrich Friedrich Karl Witte** *(1800–83)* plante der Vater die Wunderkindkarriere seines Sohnes generalstabsmäßig. Dank Karl Wittes streng systematisierter Ausbildung schaffte es der Sohn, bereits mit 10 Jahren sein Jurastudium abzuschließen und im Alter von 13 Jahren zu promovieren. Der stolze Vater schrieb später ein Buch über seine Erziehungsmethoden und wunderte sich über die Kritik, er habe seinen Sohn zu einem Genie »dressiert«.

Wunderkinder des 20. Jahrhunderts

Mit 4 Jahren gab der deutsche Komponist und Dirigent **Rio Gebhardt** *(1907–44)*, später eine Ikone der Jazzmusik, sein erstes Konzert im Varieté »Folies-Bergère«. 8 Jahre wiederum war der amerikanische Pianist **Arno Foldes** *(1913–92)* jung, als er zum ersten Mal vor Publikum spielte.

Robert »Bobby« Fischer *(1943–2008)* ist ein Schachgenie. Mit 15 Jahren wurde er bereits Großmeister. Damit war er bei diesem Triumph 2 Jahre älter als das norwegische Superhirn **Magnus Carlsen** *(geb. 1990)*. Der jüngste Schachgroßmeister aller Zeiten ist jedoch der Ukrainer **Sergej Karjakin** *(geb. 1990)*, der diesen Titel mit 12 Jahren errang.

Die ukrainische Kunstturnerin **Olga Korbut** *(geb. 1955)* war mit 17 Jahren der Liebling des Publikums bei den Olympischen Spielen 1972 in München. Und die Amerikanerin **Michelle Wie** *(geb. 1989)* überraschte die Fachwelt als 11-Jährige mit großartigen Leistungen im Golfsport.

Der Floh von München

Bei den Olympischen Spielen von München 1972 gewann die zierliche sowjetische Kunstturnerin **Olga Korbut** (geb. 1955) *als 17-Jährige dreimal Gold.*

Die Legenden des Sports

Erfolgreiche Athleten stehen immer im Rampenlicht. Die größten Sportstars genießen oft weltweiten Ruhm. Und das nicht zu Unrecht, denn manche ihrer Leistungen erscheinen beinahe unglaublich.

Der berühmteste Boxer aller Zeiten hieß erst **Cassius Clay** *(geb. 1942)*, nach seinem Übertritt zum Islam nannte er sich **Muhammad Ali**. 1960 trat der Mann aus Louisville/Kentucky zum ersten Mal ins Rampenlicht, als er bei den Olympischen Spielen in Rom die Goldmedaille im Halbschwergewicht gewann. Danach wechselte er zu den Profis, besiegte 1964 in einem seiner vielen legendären Kämpfe den gefürchteten Sonny Liston und war damit Weltmeister im Schwergewicht. Aufsehen erregte Clay mit seiner unkonventionellen Art des Boxens. Leichtfüßig durchmaß er den Ring und brachte seine Gegner damit zur Verzweiflung, getreu seiner Devise: »Tanze wie ein Schmetterling und steche wie eine Biene.« Mehrfach verteidigte er seine Titel als Weltmeister, bevor 1967 der große Karriereknick kam. Der Champion, der auch große Sympathien für die schwarzen Bürgerrechtler in den USA zeigte und der als vehementer Kritiker des Vietnamkriegs in Erscheinung getreten war, verweigerte den Wehrdienst in der US-Army. Daraufhin wurde ihm der Weltmeistertitel aberkannt, die Boxlizenz wurde einbehalten. Doch Muhammad Ali kam wieder. 1970 feierte er ein glanzvolles Comeback, 1 Jahr später verlor er allerdings gegen Joe Frazier. Zwar war Ali nach der langen Pause nicht mehr ganz der Alte, aber dass er immer noch eine Klasse für sich war, konnte 1974 ein Millionenpublikum vor den TV-Geräten verfolgen, als er in Kinshasa den legendären »Rumble in the Jungle« gegen den amtierenden Weltmeister George Foreman gewann und den Spruch »They never come back« eindrucksvoll widerlegte.
1981 trat Ali mit der Bilanz von 56 erfolgreichen Fights ab. Nach der Karriere brach eine schwere Parkinsonkrankheit aus, die der Exchampion bis heute mit Gelassenheit meistert. 1999 wählte ihn das Internationale Olympische Komitee zum Sportler des Jahrhunderts unter den Boxern.

Triumph in Berlin

Der Superstar der Olympischen Sommerspiele 1936 in Berlin war **James Cleveland »Jesse« Owens** *(1913–80)*. Als erster Sportler in der modernen olympischen Geschichte gewann der Leichtathlet aus Oakville/Alabama vier Goldmedaillen. Keiner konnte ihm in den sogenannten Königsdisziplinen das Wasser reichen. Die 100-Meter-Sprintstrecke lief er in 10,3 Sekunden, die 200 Meter in 20,7 Sekunden, und im Weitsprung wurde er mit einer Weite von 8,06 m überlegener Sieger. Schließlich gewann er auch als Startläufer der 4 × 100-Meter-Staffel olympisches Edelmetall.

Die Erfolge von Jesse Owens kamen für Experten nicht überraschend. Am 12. September 1935 hatte er bei einem Sportfest in Michigan innerhalb von weniger als einer Stunde vier Weltrekorde auf- bzw. eingestellt. Dass Owens bei den Spielen von Berlin zu den Topfavoriten gehörte, war also kein Wunder. Für die Nationalsozialisten um Adolf Hitler, der Augenzeuge von Owens' Erfol-

Der Herr des Rings
Vom Internationalen Olympischen Komitee wurde ***Muhammad Ali*** (geb. 1942) *– das Foto zeigt ihn 1976 beim Training – zum Boxer des Jahrhunderts gekürt.*

gen war, bedeuteten seine Triumphe allerdings einen schweren Schlag. Die Siege eines schwarzen Athleten passten nicht in ihr Weltbild von der Überlegenheit der »arischen Rasse«. In den USA weigerte sich US-Präsident Franklin D. Roosevelt nach Owens' Rückkehr, den Sportler im Weißen Haus zu empfangen. Der Präsident steckte mitten im Wahlkampf und fürchtete um die Stimmen der Wähler in den Südstaaten. Die Brüskierung durch den Präsidenten nahm Owens mehr übel als die Ignoranz Hitlers. Erst lange nach dem Ende seiner aktiven Laufbahn wurde er in seiner Heimat mit Ehrungen und Auszeichnungen geradezu überschüttet und nachträglich zum schwarzen Vorzeigesportler erklärt. 1980 starb der Kettenraucher Owens an Lungenkrebs.

Begnadeter Ballkünstler

Wie viele brasilianische Fußballer legte sich auch **Edson Arantes do Nascimento** *(geb. 1940)* einen Künstlernamen zu. So lernte alle Welt den Wunderstürmer aus Santos unter dem Namen **Pelé** (schwarze Perle) kennen. Bereits im Alter von 17 Jahren gab er sein Debüt in der brasilianischen Nationalmannschaft. 1958 gewann er mit der »Selecao« bei der Weltmeisterschaft in Schweden den Titel. Schon hier beeindruckte Pelé die Fußballwelt mit seiner Schnelligkeit, seiner unglaublichen Technik und seinem »Torriecher«. 1962 und 1970 hatte er entscheidenden Anteil daran, dass Brasilien erneut die Trophäe des Weltmeisters gewann. Lange Zeit blieb Pelé seinem Heimatverein FC Santos treu, für den er bis 1974 in 1114 Spielen 1088 Tore schoss. Als er 1969 im Maracana-Stadion von Rio de Janeiro per Elfmeter seinen 1000. Treffer erzielte, feierte die ganze Nation. Für die brasilianische Nationalmannschaft traf er in 92 Spielen 77-mal ins gegnerische Netz.

1974 wechselte Pelé in die USA, wo er gemeinsam mit Franz Beckenbauer und anderen in die Jahre gekommenen Stars der internationalen Fußballszene fußballerische Entwicklungshilfe bei dem Club Cosmos New York leistete. Dort spielte er 3 Jahre lang, bevor er 1977 die Fußballschuhe an den Nagel hängte.
Trotz aller Erfolge blieb Pelé immer bescheiden. Seine freundliche Art bildete einen angenehmen Kontrast zu den Allüren mancher anderen Stars. 1999 wurde der UNESCO-Botschafter vom Internationalen Olympischen Komitee zum »Sportler des Jahrhunderts« in der Sparte Fußball gewählt.

Auf Rekordjagd

Raymond Ewry *(1873–1937)* gewann zwischen 1900 und 1908 acht olympische Goldmedaillen in den Disziplinen des Springens aus dem Stand. Frühe Sterne des Wintersports waren die norwegische Eiskunstläuferin **Sonja Henie** *(1912–69)* und die deutsche Skiläuferin **Christl Cranz** *(1914–2004)*. Sonja Henie holte Gold bei den Olympischen Spielen 1928, 1932 und 1936, war mehrmals Welt- und Europameisterin und gründete später eine Eisrevue. Im Jahr 1969 starb sie während eines Fluges von Paris nach Oslo. Christl Cranz dominierte in den 1930er-Jahren den alpinen Skisport bei den Damen. Sie räumte bei Olympischen Spielen und bei Weltmeisterschaften alle Goldmedaillen ab, und dies sowohl in der Abfahrt als auch im Slalom und in der Kombination.

Skistar der 1930er-Jahre
1936 holte ***Christl Cranz*** (1914–2004) *bei den Olympischen Winterspielen in Garmisch-Partenkirchen in der Alpinen Kombination die Goldmedaille.*

Joe DiMaggio *(1914–99)* war die große amerikanische Baseball-legende. Der Sohn eines italienischen Einwanderers machte auch als Ehemann der Schauspielerin Marilyn Monroe von sich reden. Unübertroffen blieb seine Leistung, in 56 aufeinanderfolgenden

Jahrhundertfußballer
Spektakuläre Aktionen kennzeichneten das Fußballspiel von ***Pelé*** (geb. 1940). *Das Bild zeigt ihn im Jahr 2003 vor einem Foto mit ihm bei einem Fallrückzieher.*

Spielen einen »Hit«, also einen erfolgreichen Schlag, zu erzielen. 1949 unterzeichnete er als erster Sportler überhaupt einen Profivertrag.
Der Argentinier **Juan Manuel Fangio** *(1911–95)* war eine der ersten Ikonen des Automobilsports. Seine Erfolgsbilanz von fünf Siegen in der Gesamtwertung der Formel 1-WM blieb lange Zeit unerreicht. Einen Spitzenwert stellen auch seine 24 Siege bei 51 Starts dar.

Amerikas Baseballlegende
Dreimal wurde ***Joe DiMaggio*** (1914 bis 1999) *zum »wertvollsten Spieler« in der American League gewählt. Das Foto zeigt ihn vor seiner Hochzeit mit Marilyn Monroe.*

Olympische Cracks

Man nannte ihn die »Lokomotive aus Prag«. Tasächlich hatte der tschechoslowakische Langläufer **Emil Zatopek** *(1922–2000)* so viel »Dampf«, dass er seine Konkurrenten meist zu bloßen Mitläufern degradierte. In seiner Karriere stellte er über 5000 und 10 000 Meter zahlreiche Rekorde auf. Bei den Olympischen Spielen 1952 in Helsinki holte Zatopek in diesen beiden Disziplinen Gold und dazu noch im ersten Marathonlauf seines Lebens.
Der deutsche Springreiter **Hans Günther Winkler** *(geb. 1926)* schrieb gemeinsam mit seinem Wunderpferd Halla Sportgeschichte bei den Olympischen Spielen von 1956 in Melbourne. Das Pferd trug den schwerverletzten Winkler ohne Fehler ins Ziel und sicherte der deutschen Equipe den Olympiasieg. Darüber hinaus ist Winkler der erfolgreichste deutsche Springreiter aller Zeiten.
Abebe Bikila *(1932–73)* war ein Laufwunder aus Äthiopien. Zwischen 1960 und 1965 galt er als der beste Marathonläufer der Welt. 1960 lief er bei den Spielen in Rom barfuß Weltrekord. Tragischerweise brach er sich 1969 bei einem Autounfall das Genick und war danach querschnittsgelähmt.
Anton »Toni« Sailer *(geb. 1935)* aus Tirol war der Crack unter den österreichischen alpinen Skifahrern. Sein Meisterstück vollbrachte er 1956 bei den Winterspielen in Cortina d'Ampezzo, bei denen er in Abfahrt, Slalom und Riesenslalom Gold holte. Mit weniger Erfolg versuchte sich Sailer nach seiner Sportlerkarriere als Schauspieler.
Der US-Amerikaner **Al Oerter** *(1936–2007)* gewann zwischen 1956 und 1958 als einziger Sportler bei Olympischen Spielen viermal hintereinander Gold im Diskuswurf.

Eishockey-superstar
Die Meriten von ***Wayne Gretzky*** (geb. 1961) *sind einzigartig: So wurde er neunmal Torschützenkönig in der Nordamerikanischen Eishockeyliga (NHL).*

Glanzvolle Namen

Einer der ganz Großen des Golfsports war **Jack Nicklaus** *(geb. 1940)*. Es gab kein einziges bedeutendes Turnier auf der Welt, bei dem der Mann aus Ohio nicht wenigsten einmal den Sieg davontrug. 2005 verließ er aus Altersgründen den Profizirkus.
Jean Claude Killy *(geb. 1943)* bescherte den Franzosen eine Glanzzeit im Skisport. In den 1960er-Jahren dominierte er die alpinen Disziplinen. Bei den Olympischen Spielen 1968 in Grenoble siegte er in der Abfahrt, im Slalom und im Riesenslalom.
Der Name **Sawao Kato** *(geb. 1946)* bürgte über Jahre hinweg für Kunstturnen auf allerhöchstem Niveau. Der Japaner war zwischen 1968 und 1976 der mit Abstand erfolgreichste Olympionike seiner Disziplin. In dieser Zeit gewann er jeweils dreimal die Mannschaftswertung, zweimal am Barren und einmal das Bodenturnen.
Niemand kann **Mark Spitz** *(geb. 1950)* den Rang des besten Schwimmers aller Zeiten streitig machen. Der smarte US-Sportler brach 1972 bei den Olympischen Spielen in München nicht weniger als sieben Weltrekorde.

Schwedens Tennislegende

Fünfmal in Folge gewann **Björn Borg** (geb. 1956) *das renommierteste Tennisturnier der Welt in Wimbledon. Das Foto zeigt ihn 1977 mit der Siegestrophäe.*

Tennisgeschichte schrieben **Martina Navratilova** *(geb. 1956)* und **Björn Borg** *(geb. 1956)*. Die gebürtige Tschechoslowakin holte bei den wichtigsten Turnieren 167 Titel im Einzel und 177 Titel im Doppel. Der stille Schwede, der seine Karriere bereits im Alter von 26 Jahren beendete, holte elf Siege bei Grand Slam Turnieren und gewann zwischen 1976 und 1980 fünfmal hintereinander in Wimbledon.
Die Zehnkämpfer der Welt brachte **Daley Thompson** *(geb. 1958)* zur Verzweiflung. Der Brite war lange Jahre Abonnementssieger in dieser Königsdisziplin der Leichtathletik.
Im Eishockey setzte der Kanadier **Wayne Gretzky** *(geb. 1961)* Maßstäbe. Der Ausnahmekönner wurde von seinen Kollegen in der amerikanischen Hockeyliga NHL mehrmals zum besten Spieler gewählt.

Sieger in Serie

Die Kanutin **Birgit Fischer** *(geb. 1963)* mauserte sich zur erfolgreichsten deutschen Olympiateilnehmerin in der Sportgeschichte. Bei sechs olympischen Spielen errang sie acht Goldmedaillen.
Als bester Basketballspieler aller Zeiten gilt der US-Amerikaner **Michael Jordan** *(geb. 1963)*. Der Superstar holte mit seinen Teams sechs NBA-Meisterschaften. Zudem gewann »Air Jordan« mit der Mannschaft der USA zweimal olympisches Gold.
Mehrere Siege bei Olympia und bei der renommierten Vierschanzentournee zieren die Liste der Erfolge des finnischen Skispringers **Matti Nykänen** *(geb. 1963)*, der in den 1980er-Jahren der unumstrittene Herr der Lüfte war.
Der spanische Radprofi **Miguel Indurain** *(geb. 1964)* wurde durch seine fünf Siege bei der Tour de France, errungen zwischen 1991 und 1995, zur Legende. Zuvor war diese Ausnahmeleistung dem Belgier **Eddy Merckx** *(geb. 1945)* gelungen. Übertroffen wurden beide zwischen 1999 und 2005 von dem US-Amerikaner **Lance Armstrong** *(geb. 1971)*, der die Tour siebenmal gewann.
Björn Daehlie *(geb. 1967)* aus Norwegen ist der medaillenreichste Athlet in der gesamten Geschichte der Olympischen Winterspiele. Zwischen 1992 und 1998 holte er acht Gold- und vier Silbermedaillen im Skilanglauf.

»Tschechische Lokomotive«

In Tschechien wurde **Emil Zatopek** (1922 bis 2000) *zum Athleten des Jahrhunderts gewählt. 1968 setzte er sich aktiv gegen den Einmarsch sowjetischer Truppen in Prag ein.*

Auf der Jagd nach olympischem Gold

Offiziell lautet die Devise »Dabeisein ist alles«. Tatsächlich gibt es für einen Sportler aber nichts Größeres, als bei den Olympischen Spielen zu siegen. Die Chroniken der Spiele sind voll von berühmten Namen und herausragenden Leistungen.

Seriensieger im Standsprung

Das Hintergrundbild zeigt ***Raymond Ewry*** (1873–1937) *im Wettkampf bei den Olympischen Spielen 1908 in London. Ewry ist einer der erfolgreichsten Olympioniken überhaupt.*

Die Zeit bleibt nicht stehen, auch nicht bei den Olympischen Spielen. So sind inzwischen manche Disziplinen aus dem Wettkampfkatalog verschwunden, die vor Jahrzehnten noch die Athleten und die Zuschauer begeisterten. Dazu gehört der Wettbewerb des Standspringens, den die mit Anlauf vollzogenen Disziplinen Weitsprung, Hochsprung und Dreisprung inzwischen abgelöst haben. Bei den Spielen von 1900, 1904 und 1908 war es ein Amerikaner, der aus dem Stand am weitesten und höchsten hüpfte. Seine Landsleute bedachten ihn deswegen mit dem Spitznamen »Human Frog« (menschlicher Frosch). Und die gesamte Sportwelt hatte großen Respekt vor **Raymond Ewry** *(1873–1937)*, der als Kind an Kinderlähmung gelitten hatte und auf den Rollstuhl angewiesen war. Umso erstaunlicher war seine spätere Traumkarriere als Sportler. Zwar konnte man in jenen Jahren, als die Olympischen Spiele noch in den Kinderschuhen steckten, mit großen Sprüngen im Wettkampf keine großen finanziellen Sprünge machen – denn noch galt die eiserne Regel des lupenreinen Amateursports. Zudem hatte die Medienwelt die Spiele nicht annähernd in der Weise in den Fokus gerückt, wie das heute der Fall ist.

Olympischer Hüpfer

Jedoch brachte es der Springer aus Lafayette in Indiana zu einiger Bekanntheit. 1900 gewann er bei den zweiten Spielen der Neuzeit in Paris an einem einzigen Tag die Goldmedaillen in allen drei Standsprungwettbewerben. 4 Jahre später gelang ihm in St. Louis das Kunststück, diesen Erfolg zu wiederholen. Und 1908 in London siegte er immerhin noch im Hochsprung und im Weitsprung. Bei den »Zwischenspielen« 1906 in Athen holte Ewry ebenfalls zwei Goldmedaillen, die aber in den offiziellen Siegerlisten keine Berücksichtigung fanden, sodass er mit lediglich acht offiziell anerkannten Goldmedaillen keine olympische Rekordmarke setzen konnte.

Auch rückwärts

Aus dem Jahr 1904 stammt Ewrys Weltrekord im Standweitsprung. Die von ihm damals überwundenen 3,476 m blieben bis 1938, als die Disziplin aus der Mode kam, unerreicht. Schon 1912 war sie zum letzten Mal im olympischen Programm. Zum Spaß betätigte sich Ewry auch als Rückwärts-Standsprin-

Superstar von 1896

Begeistert feiern die Griechen 1896 ihren Landsmann ***Spyridon Louis*** (1873 bis 1940) *als Sieger im ersten olympischen Marathonlauf der Neuzeit.*

ger und erreichte dabei die erstaunliche Weite von 2,87 m, die von keinem seiner vielen Nachahmer jemals übertroffen wurde, sodass auch sie als Weltrekord gelten kann.
1937 verstarb der »menschliche Frosch«. 1983 wurde er posthum in die amerikanische »Olympic Hall of Fame« aufgenommen.

Gesunde Ernährung ist alles

1896 wurden in Athen die ersten Olympischen Spiele der Neuzeit veranstaltet. Die Ursprünge indes liegen in der Antike, wo im heiligen Hain von Olympia alle 4 Jahre die Athleten zusammenkamen, um sich im sportlichen Wettkampf zu messen. Ungekrönter König der antiken Sportler war der Ringer **Milon** *(um 560–500 v. Chr.)* aus Kroton in Unteritalien. Sechsmal siegte der Hüne, der bei seinen Mahlzeiten 20 Pfund Fleisch zu vertilgen pflegte, in seiner Spezialdisziplin.
Umjubelter Star bei den Spielen von 1896 war der Grieche **Spyridon Louis** *(1873–1940)*, der in dem neu geschaffenen Wettbewerb des Marathonlaufs siegte. Auf der Strecke vom historischen Marathon zur Hauptstadt war der schnelle Hirte der Konkurrenz so überlegen, dass er es sich leisten konnte, während des Laufs in einer Taverne eine kurze Rast einzulegen.

Teamspielerin
Acht Olympische Goldmedaillen, darunter jedoch keine einzige in einem Einzelwettkampf, gewann ***Jenny Thompson*** (geb. 1973) *mit Schwimmstaffeln der USA.*

Meister im Wasser

Bevor **Johnny Weissmüller** *(1904–84)* als Film-Tarzan Karriere machte, war er der beste Schwimmer der Welt. Bei den Olympischen Spielen von 1924 und 1928 holte er fünf Goldmedaillen im Freistil. Er stellte 22 Weltrekorde auf und unterbot mit 58,6 Sekunden als erster Schwimmer die Marke von 1 Minute über 100 Meter. Spätere Kollegen waren dank intensiverer Trainingsmethoden aber deutlich schneller. **Mark Spitz** *(geb. 1950)* schwamm 1972 die 100 Meter bei den Olympischen Spielen in München in 54,27 Sekunden. **Roland Matthes** *(geb. 1950)*, der Schwimmstar aus der damaligen DDR, wurde in seiner Disziplin zum erfolgreichsten Sportler aller Zeiten. Er sammelte Medaillen wie am Fließband und blieb zwischen 1967 und 1974 ungeschlagen.
Bei den Wettbewerben der Frauen hatte die Australierin **Dawn Fraser** *(geb. 1937)* meist die Nase vorn. Sie gewann 1960, 1964 und 1968 Gold über die 100 Meter Freistil und dazu noch viele Silbermedaillen. Auch **Kristin Otto** *(geb. 1968)* aus der DDR war im Wasser quicklebendig und dabei überaus vielseitig. Bei den Wettbewerben in Seoul gewann sie 1988 sechsmal Edelmetall in den Disziplinen Freistil, Schmetterling, Rücken und Lagen. Die US-Schwimmerin **Jenny Thompson** *(geb. 1973)* holte

»Schwarze Gazelle«
Die amerikanische Wunderläuferin **Wilma Rudolph** (1940–94) *gewann bei den Olympischen Spielen 1960 in Rom drei Goldmedaillen über 100 Meter, 200 Meter und mit der 100-Meter-Staffel.*

niemals Einzelgold, dafür aber zwischen 1992 und 2000 achtmal Gold in verschiedenen Staffelwettbewerben. Damit gehört sie zu den erfolgreichsten US-Sportlern aller Zeiten.

Mit Ausdauer und Tempo

Ein wahres Laufwunder war der finnische Leichtathlet **Paavo Nurmi** *(1897–1973)*. Auf allen Langstrecken bewies er seine überlegene Klasse und holte zwischen 1920 und 1928 nicht weniger als neun olympische Goldmedaillen. Zeitweilig hielt er auch sämtliche Weltrekorde in den Disziplinen zwischen 1500 und 20 000 Metern. Ähnlich erfolgreich war der Tschechoslowake **Emil Zatopek** *(1922–2000)*, der 1952 in Helsinki sogar bei dem für ihn ungewohnten Marathonlauf als Erster ins Ziel kam. **Kipchoge Keino** *(geb. 1940)* aus Kenia beherrschte die Mittel- und Langstrecken. Gestählt durch intensives Höhentraining, sicherte er sich 1968 Gold über 1500 Meter und 1972 über die 3000 Meter Hürden.
Der erste Mensch, der die 100 Meter in 10,0 Sekunden lief, war im Juni 1960 der Deutsche **Armin Hary** *(geb. 1937)*. Im gleichen Jahr holte er in Rom Gold im Einzel und in der Staffel. Der US-Sportler **Carl Lewis** *(geb. 1961)* heimste zwischen 1984 und 1996 neunmal Gold im Sprint und im Weitsprung ein.
Die Niederländerin **Fanny Blankers-Koen** *(1918 bis 2004)* gewann 1948 in London in den Sprintwettbewerben vier Goldmedaillen. Die US-Gazelle **Wilma Rudolph** *(1940–94)* triumphierte 1960 über 100 Meter, 200 Meter sowie in der 4 × 100-Meter-Staffel. Eine schillernde Figur war die Amerikanerin **Florence Griffith-Joyner** *(1959–98)*, die in Seoul 1988 mit drei Siegen in den Sprints die Szene beherrschte.

Erfolgreichste Olympionikin
Seit 1956 sammelte **Larissa Latynina** (geb. 1934) *neunmal Gold, fünfmal Silber und viermal Bronze bei Olympia. Das Foto zeigt sie 1960 in Rom.*

Auf Medaillenkurs

In Mexiko City schaffte 1968 der US-Weitspringer **Bob Beamon** *(geb. 1946)* den Satz des Jahrhunderts, als er den Weltrekord auf fantastische 8,90 m schraubte. Dieser »Rekord für die Ewigkeit« hielt immerhin 23 Jahre. **Dick Fosbury** *(geb. 1947)* erstaunte bei den gleichen Spielen Experten und Laien mit einer unkonventionellen, bald als »Fosbury-Flop« bekannten Weise, die Latte beim Hochsprung zu überspringen. Noch größer war die Verblüffung, als er mit diesem Stil die Goldmedaille errang. 1972 war es in München die Hochspringerin **Ulrike Meyfahrt** *(geb. 1956)*, die als jüngste Leichtathletin aller Zeiten Olympiasiegerin in einem Einzelwettbwerb wurde – und das sogar mit einem Weltrekordsprung.
In die Luft ging auch der Ukrainer **Sergej Bubka** *(geb. 1963)* und übersprang im Stabhochsprung die Latte so erfolgreich wie kein anderer. Trotz einer Flut von Weltrekorden gewann er aber nur einmal, im Jahr 1988, olympisches Edelmetall.
Das Dressurreiten war die Domäne des deutschen Sportlers und erfolgreichen Unternehmers **Josef Neckermann** *(1912–92)*. Er hatte seine Pferde so gut im Griff, dass er sechs olympische Medaillen, darunter zwei Goldmedaillen, mit nach Hause nehmen konnte.
Einer der großen Champions bei den Speerwerfern war der Tscheche **Jan Zelezny** *(geb. 1966)*, der zwischen 1992 und 2000 ganz oben auf dem Siegertreppchen stand.
Dem olympischen Kunstturnen drückten häufig Sportlerinnen aus der Sowjetunion ihren Stempel auf. Die Ukrainerin **Larissa Latynina** *(geb. 1934)* ist bis heute die erfolgreichste Olympionikin überhaupt. Zwischen 1956 und 1964 durfte sie insgesamt 18 Medaillen, darunter neun goldene, in Empfang nehmen. Die als Wunderkind gefeierte Ukrainerin **Olga Korbut** *(geb. 1955)* war der Liebling der Münchener Spiele, wo sie auf dem Schwebebalken, am Boden und in der Teamwertung triumphierte.

Champions der Leichtathletik

Weitenjäger in Mexiko

Der wohl sensationellste Sprung der Sportgeschichte gelang 1968 in Mexiko City ***Bob Beamon*** (geb. 1946), *als er den Weltrekord im Weitsprung um 55 cm verbesserte.*

Wenn die Sprinter über die Bahn fliegen, die Langläufer das Letzte aus sich herausholen, die Springer immer neue Rekorde erreichen, dann sind die Massen im Stadion und vor den Bildschirmen begeistert. Die Leichtathletik gehört seit Langem zu den Königsdisziplinen im Sport.

Der US-Athlet **Bob Beamon** *(geb. 1946)* verbesserte 1968 in Mexiko den Weltrekord im Weitsprung von 8,35 m auf sagenhafte 8,90 m. Erst 1991 gelang es Beamons Landsmann **Mike Powell** *(geb. 1963)*, diesen vermeintlichen »Rekord für alle Ewigkeit« noch um 5 cm zu verbessern.

Sergej Bubka *(geb. 1963)* liebte als Stabhochspringer die Höhe. Beinahe regelmäßig schraubte der Ukrainer die Bestmarken nach oben, bis er 1994 die noch heute gültige Rekordhöhe von 6,14 m übersprang. So hoch kommen die stablosen Hochspringer naturgemäß nicht. Doch stießen auch sie in neue Dimensionen vor, nachdem der Amerikaner **Dick Fosbury** *(geb. 1947)* eine neue Sprungtechnik entwickelt hatte. Statt sich, wie bisher, frontal über die Latte zu wälzen, hüpfte Fosbury mit seinem »Flop« elegant mit dem Rücken voran. Lohn war, neben dauerhaftem Erfinderruhm, die olympische Goldmedaille 1968 nach übersprungenen 2,24 m. Von Fosburys genialem Einfall profitierte auch **Javier Sotomayor** *(geb. 1967)*. Der lange Kubaner ist der erfolgreichste Hochspringer aller Zeiten und mit einer übersprungenen Höhe von 2,45 m aktueller Weltrekordhalter.

Für die Dreispringer ist der für die Sowjetunion startende Georgier **Viktor Sanejew** *(geb. 1945)*, der zwischen 1968 und 1976 sämtliche Olympiagoldmedaillen in seiner Disziplin gewann, bis heute eine unerreichte Lichtgestalt.

»Mister Stabhochsprung«

35 Weltrekorde stelle ***Sergej Bubka*** (geb. 1963) *im Stabhochsprung auf. Er folgte dabei einer »Salamitaktik« – jeder Rekord brachte erneut Ruhm und Geld.*

Auf schnellen Füßen

Die Sprinter ziehen bei jedem Leichtathletiktreffen die Massen an. Dabei dauert die Kurzstrecke über 100 Meter bei den Männern häufig nicht mehr als 10, bei den Frauen nicht mehr als 11 Sekunden. Bei den Olympischen Spielen 1972 in München brach der für die Sowjetunion startende Ukrainer **Valerij Borsow** *(geb. 1949)* das Siegesmonopol der Amerikaner und verwies die Konkurrenz nicht nur über die 100, sondern auch über die 200 Meter und in der 4 × 100-Meter-Staffel auf die Plätze.
Die australische Sprinterin **Betthy Cuthbert** *(geb. 1938)* begeisterte zwischen 1956 und 1964 über die 100 Meter. Die Amerikanerin **Evelyn Ashford** *(geb. 1957)* musste wegen des US-Boykotts zwar bei den Olympischen Spielen in Moskau 1980 passen. Dennoch errang sie insgesamt viermal olympisches Edelmetall.
Auch über die längeren Distanzen sorgten Frauen für Furore. Ein bekanntes Beispiel ist die DDR-Athletin **Marita Koch** *(geb. 1957)* aus Wismar. Ihre Rivalinnen sahen sie im Rennen meistens nur von hinten. Ihre Erfolgsbilanz schmücken der noch heute gültige Weltrekord über 400 Meter und der Europarekord über 200 Meter. In ihrem Trophäenschrank befinden sich zahlreiche olympische Medaillen, darunter die Goldmedaille über die 400-Meter-Strecke von 1980. Im Wettbewerb der 400 Meter Hürden der Männer war der US-Amerikaner **Edwin Moses** *(geb. 1955)* über Jahre hinweg unschlagbar. Zwischen 1977 und 1987 demoralisierte er seine Gegner mit 122 gewonnenen Rennen in Folge. Ähnlich erging es den Athleten, die sich darauf einließen, ihre Kräfte mit **Michael Johnson** *(geb. 1967)* zu messen, der über die 200 und die 400 Meter, trotz eines höchst unkonventionell anmutenden Laufstils, praktisch nicht zu besiegen war.
In den 1980er-Jahren dominierte ein Trio aus Großbritannien die Mittelstrecken: **Stephen Ovett** *(geb.1955)* gewann 1980 in Moskau Olympisches Gold über 800 Meter und stellte zwischen 1980 und 1983 fünf Weltrekorde auf; **Sebastian Coe** *(geb. 1956)* holte vier Olympische Medaillen und verbesserte acht Weltrekorde; **Steve Cram** *(geb. 1960)* lief als Erster die 1500 Meter unter 3:30 Minuten.
Über außergewöhnliche Sprintqualitäten verfügte die DDR-Sportlerin **Heike Drechsler** *(geb. 1964)*. Doch wohler fühlte sie sich beim Weitspringen, das ihr 1992 in Barcelona und 2000 in Sydney Goldmedaillen bescherte. Ebenso zeichnete sich der US-Superstar **Carl Lewis** *(geb. 1961)* sowohl in den Sprintwettbewerben als auch im Weitsprung aus. Der charismatische und rhetorisch versierte Sportler aus Alabama hamsterte in allen Diszilinen, in denen er an den Start ging, Rekorde und Medaillen.

Äthiopischer Weltrekordler
Ein Jahrzehnt lang dominierte ***Haile Gebreselassie*** (geb. 1973) *den Langstreckenlauf. Noch immer hält er den Weltrekord im Marathon.*

Länger unterwegs

Die Langstrecken werden seit geraumer Zeit von afrikanischen Athleten dominiert. **Wilson Kikpeter** *(geb. 1970)* stammt vom Schwarzen Kontinent, obwohl er später unter dänischer Flagge an den Start ging. Seine Domäne waren die 800 Meter. Auf dieser Mittelstrecke ließ er den Mitstreitern selten eine Siegchance und stellte mit einer gewissen Folgerichtigkeit einen neuen Weltrekord über diese Strecke auf. Einer der besten Langstreckenläufer aller Zeiten ist der Äthiopier **Haile Gebreselassie** *(geb. 1973)*. Nicht weniger als 25 Weltrekorde konnte er auf seinem Konto verbuchen, erlaufen über die 10 000 Meter und im Marathonlauf.
Vielseitig waren die Talente von **Jackie Joyner-Kersee** *(geb. 1962)*. Die US-Athletin beherrschte zwischen 1987 und 1993 den Siebenkampf der Frauen.

Stars von gestern

Manche einst große Namen der Leichtathletik sind heute nur noch den Experten ein Begriff. Das gilt für die schwedische Speerwurfikone **Eric Lemming** *(1880–1930)* ebenso wie für den amerikanischen Mittelstreckler **Jim Lightbody** *(1882–1953)* oder den »fliegenden Finnen« **Ville Ritola** *(1896 bis 1982)*. Und auch dessen Landsmann **Hannes Kolehmainen** *(1889–1966)* ist in Vergessenheit geraten, der seine größten Stunden als Langstreckler bei den Olympischen Spielen 1912 in Stockholm erlebte.

Finnische Ruderlegende
Mit drei Olympiasiegen gilt der Finne **Pertti Karppinen** (geb. 1953) *als erfolgreichster Ruderer im Einer in der Geschichte des Rudersports.*

Ausdauer im Ärmelkanal
Nach dem Durchschwimmen des Ärmelkanals und ihrer Rückkehr in die Heimat wird die Amerikanerin **Gertrude Ederle** (1906–2003) *im August 1926 in New York begeistert empfangen.*

Das Wasser ist ihr Element

Der Art und Weise, wie man sich im und auf dem Wasser sportlich betätigt, sind keine Grenzen gesetzt. So gibt es heute ein breites Spektrum von Wassersportarten. Und auch diese Disziplinen haben Superstars hervorgebracht.

Das Fernsehen war noch nicht dabei, als **Gertrude Ederle** *(1906–2003)* Schwimmgeschichte schrieb. Am 6. August 1926 durchschwamm sie als erste Frau den Ärmelkanal und brauchte dafür 14 Stunden und 32 Minuten. Allerdings litt die Amerikanerin, die auch sonst immer auf Sieges- und Rekordkurs war, seit dieser Aktion unter Taubheit.

Größen des Schwimmsports

Ihre Nachfolgerinnen und Nachfolger standen dagegen im Scheinwerferlicht des öffentlichen Interesses. Die australische Schwimmerin **Shane Gould** *(geb. 1956)* stellte mit 14 Jahren über 100 Meter Freistil ihren ersten Weltrekord auf, hielt alle Rekorde auf den Strecken zwischen 100 und 1500 Metern und beendete dann, nach den Olympischen Spielen 1972 in München, als gerade einmal 16-Jährige ihre einzigartige Karriere. Der US-Amerikaner **Mark Spitz** *(geb. 1950)* machte München 1972 zu seinem persönlichen Medaillenfestival, als er siebenmal Edelmetall – immer in Weltrekordzeit – holte. Der Russe **Wladimir Salnikow** *(geb. 1960)* war ebenfalls ein eifriger Medaillensammler. Bei den Olympischen Spielen in Moskau 1980 gewann der Ausnahmeschwimmer drei Goldmedaillen. **Ian Thorpe** *(geb. 1982)* stellte 13 Weltrekorde auf, die den schnellen Mann aus Australien, neben zahlreichen Medaillen bei Olympia und Weltmeisterschaften, zu einem der besten Schwimmer aller Zeiten machten.
Nicht vom Startblock aus, sondern aus luftiger Höhe sprang der Südtiroler **Klaus Dibiasi** *(geb. 1947)* ins Wasser. Weil der Turmspringer dabei auch immer eine gute Figur machte, war er nicht nur in dieser Disziplin, sondern überhaupt einer der erfolgreichsten Olympioniken aus Italien.

Ikonen auf dem Wasser

Die Domäne des Finnen **Pertti Karppinen** *(geb. 1953)* war das Rudern. Bei den Olympischen Spielen 1976, 1980 und 1984 holte er im Einer gegen stärkste Konkurrenz jeweils Gold.
Agneta Andersson *(geb. 1961)* war eine perfekte Kanutin, bei der ihre Rivalinnen meist das Nachsehen hatten. Gold holte die Schwedin bei den Spielen von 1984 und 1996.
Auf Segeljachten war der Engländer **Francis Chichester** *(1901–72)* zu Hause. Nachdem er trotz einer Krebserkrankung 1966/67 die Welt umsegelt hatte, schlug ihn Königin Elisabeth II. mit dem Schwert des Seehelden Francis Drake zum Ritter.
Der Amerikaner **Dennis Conner** *(geb. 1942)* holte zwischen 1974 und 1988 vier Siege beim renommierten America's Cup der Segler. Die Engländerin **Ellen MacArthur** *(geb. 1976)* brach 2005 den bis dahin gültigen Weltrekord bei der Weltumsegelung im Einhandsegeln und hielt ihn drei Jahre lang. Sie bewältigte dieses gefährliche Abenteuer in 71 Tagen, 14 Stunden, 18 Minuten und 33 Sekunden.

Ausnahmekönner am runden Leder

Ballgenie und Funktionär
Unter der Regie von ***Michel Platini*** (geb. 1955) *wurde Frankreich 1984 erstmals Europameister. Heute ist Platini Chef des Europäischen Fußballverbands.*

Mitreißende Tore, glänzende Pässe, tollkühne Paraden: Das Spektrum, das der Fußball zu bieten hat, elektrisiert die Massen und sorgt für volle Stadien. Die Größten der Szene genießen bei den Fans Kultstatus.

Sir Stan
Das Foto zeigt die englische Fußball-legende ***Stanley Matthews*** (1915 bis 2000), *der für den FC Blackpool einen Eckball tritt. 1956 wurde er zum ersten »Fußballer des Jahres« in Europa gewählt.*

Voller Ehrfurcht nannte man ihn das »Schwarze Wunder«. Tatsächlich war der dunkelhäutige Uruguayer **José Leandro Andrade** *(1901–57)* der erste Superstar des Fußballs. Dank der Ballkünste des begnadeten Spielgestalters gewann Uruguay 1930 den Titel bei der ersten Fußballweltmeisterschaft. Im heimatlichen Montevideo besiegten die Uruguayer im Finale Argentinien mit 4:2. Mit seinem Ruhm wusste Andrade jedoch nicht umzugehen. Nach einem ausschweifenden Leben starb er einsam und mittellos in einem Armenhaus.

Der Engländer **Stanley Matthews** *(1915–2000)* entzückte das Fußballvolk durch seine unwiderstehlichen Dribblings über die Flügel, gekrönt von präzisen Flanken in die Mitte. Noch mit 50 Jahren war er als Profi am Ball und erreichte die Zahl von 84 Länderspielen und 886 Ligaspielen. Nachdem ihn Königin Elisabeth II. 1965 zum Ritter schlug, durfte er seinen Namen mit dem Titel »Sir« schmücken.

In seiner Zeit war **Fritz Walter** *(1920–2002)* nicht nur der beste, sondern auch der populärste Fußballer in Deutschland. Seinen größten Triumph feierte er mit dem sensationellen Gewinn der Fußballweltmeisterschaft 1954 in der Schweiz, an dem der begnadete Spielgestalter maßgeblichen Anteil hatte. Seinen Heimatverein 1. FC Kaiserslautern, dem er immer die Treue hielt, führte Walter zweimal zur deutschen Meisterschaft.

Umjubelte Stars

Der gebürtige Argentinier **Alfredo di Stefano** *(1926–2014)* war der große Superstar in der mit Stars gespickten Mannschaft von Real Madrid, die in den 1950er- und 1960er-Jahren das Nonplusultra fußballerischer Spitzenleistungen verkörperte. 1957 und 1959 wurde der geniale Dirigent und Torjäger zum Fußballer Europas gewählt.

Nicht minder berühmt war Di Stefanos Mannschaftskollege **Ferenc Puskas** *(1927–2006)*. Der Kapitän der ungarischen Nationalmannschaft, die 1954 beim »Wunder von Bern« den deutschen Außenseitern unterlag, emigrierte 1956 nach Spanien, wo er sich Real Madrid anschloss. Dort ent-

Argentinischer Fußballgott

*In Argentinien wird **Diego Maradona*** (geb. 1960) *geradezu kultisch verehrt. 1986 schoss er im Spiel gegen England das »WM-Tor des Jahrhunderts«.*

Kaiser Franz

*Den Höhepunkt der Karriere **Franz Beckenbauers*** (geb. 1945) *bildet der Sieg im Weltmeisterschaftsendspiel 1974 gegen die Niederlande. Auf dem Foto umarmt er nach dem Spiel den Trainer Helmut Schön.*

wickelte sich Puskas zu einem der treffsichersten Stürmer der Welt.

Als der vielleicht beste Torhüter aller Zeiten gilt der Russe **Lew Jaschin** *(1929–90)*. Mit seinen fantastischen Reflexen brachte der Keeper von Dynamo Moskau und der sowjetischen Nationalmannschaft die gegnerischen Stürmer immer wieder zur Verzweiflung. Als erster Torhüter überhaupt wurde Jaschin 1963 zum »Fußballer des Jahres« in Europa gewählt.

Künstler und Individualisten auf dem grünen Rasen

Edson Arantes do Nascimento, besser bekannt unter seinem Künstlernamen **Pelé** *(geb. 1940)*, gilt als der beste Fußballer aller Zeiten. Der Brasilianer nahm an vier Weltmeisterschaften teil, schoss über 1000 Tore und leistete am Ende seiner Laufbahn fußballerische Entwicklungshilfe in den USA.

Für ähnlich positive Schlagzeilen sorgte der Portugiese **Eusebio da Silva Ferreira**, der sich kurz **Eusebio** *(1942–2014)* nannte. Sowohl bei seinem Club Benfica Lissabon als auch in der portugiesischen Nationalmannschaft war er der Garant für viele Tore und raffinierte Spielkultur.

»Dino Nazionale« nannten die Italiener ihre Torwartlegende **Dino Zoff** *(geb. 1942)*. In 112 Länderspielen stand der Keeper, der für Juventus Turin spielte, im Kasten der Italiener und krönte seine einzigartige Karriere 1982, im Alter von 40 Jahren, mit dem Gewinn der Weltmeisterschaft.

Franz Beckenbauer *(geb. 1945)* und **Gerd Müller** *(geb. 1945)* waren die tragenden Säulen bei den großen Erfolgen, die der FC Bayern München auf nationaler und internationaler Ebene in den 1970er-Jahren feierte. Während Beckenbauer mit seiner eleganten und technisch perfekten Spielweise beeindruckte, schoss Müller so viele Tore, dass man ihm den martialischen Namen »Bomber der Nation« verpasste. Gemeinsam gewannen Beckenbauer und Müller mit Deutschland im eigenen Land die Fußballweltmeisterschaft 1974.

Als »Enfant terrible« des internationalen Fußballs wurde der Nordire **George Best** *(1946–2005)* bekannt. Mit seinen Eskapaden und Skandalen landete er immer wieder in der Regenbogenpresse. Doch niemand wollte bestreiten, dass der agile Stürmer einer der besten Fußballer der Welt war.

Das Aushängeschild des niederländischen Fußballs, der in den 1970er-Jahren eine Blütezeit erlebte, war **Johan Cruyff** *(geb. 1947)*. Der geniale Spielmacher sorgte nicht nur im Nationalteam für Furore, sondern auch in den Farben von Ajax Amsterdam und des FC Barcelona.

Bei Dynamo Kiew und in der sowjetischen Nationalelf imponierte **Oleg Blochin** *(geb. 1952)* mit seiner enormen Schnelligkeit und seinem ausgeprägten »Torriecher«. 1975 wurde er vor Beckenbauer und Cruyff zu Europas Fußballer des Jahres gewählt.

Der Franzose **Michel Platini** *(geb. 1955)*, heute Präsident des Europäischen Fußballverbands UEFA, gehörte in seiner aktiven Zeit zu den kreativsten und erfolgreichsten Fußballern der Welt.

Körperlich klein, war der Argentinier **Diego Maradona** *(geb. 1960)* von seinem spielerischen Potenzial her einer der größten Kicker aller Zeiten. Als er für den SSC Neapel spielte, versetzte er die Fans mit seinen Ballkünsten und seinen Toren in einen kollektiven Rausch der Begeisterung. Mit Argentinien gewann er 1986 die Weltmeisterschaft.

Der Abgang des Franzosen **Zinedine Zidane** *(geb. 1972)* war unrühmlich, als er im WM-Finale 2006 gegen Italien des Feldes verwiesen wurde. Doch dies konnte den Glanz des dreimaligen Weltfußballers, geboren als Sohn algerischer Einwanderer in Marseille, nicht beeinträchtigen. Als der Franzose 2001 zu Real Madrid wechselte, war er der teuerste und bestbezahlte Fußballer der Welt.

Fußball ist weltweit die Breitensportart Nummer eins.

König am Korb
Zu den größten US-Sportstars zählt der Basketballer ***Michael »Air« Jordan*** (geb. 1963). *Seinen Beinamen verdankt er seiner enormen Sprungkraft.*

Es muss nicht immer Fußball sein

Ballsportarten werden meistens als Mannschaftssport betrieben. Doch wer besonders erfolgreich ist, ragt aus dem Team heraus und genießt den Status eines Superstars.

Als Inbegriff des erfolgreichen Basketballspielers gilt bis heute **Earvin Johnson** *(geb. 1959)*, den alle wegen seiner Zauberkünste unter dem Korb nur »Magic« nannten. Seine große Zeit waren die 1980er- und die frühen 1990er-Jahre. Der 2,06 m große Hüne gewann fünf US-Meisterschaften und war Kopf des legendären »Dream Teams«, das 1992 bei den Olympischen Spielen in Barcelona Gold holte. 1991 hatte er sich öffentlich zu seiner Aidsinfektion bekannt. Nicht weniger Popularität genoss **Michael »Air« Jordan** *(geb. 1963)*, der vor allem durch seine gewaltige Sprungkraft auffiel. Zwischen 1984 und 2002 wurde der Mann aus Brooklyn mit den Chicago Bulls sechsmal Champion in der amerikanischen Profiliga. 1984 und 1992 errang er mit dem US-Team olympisches Gold. Die Schuhmarke »Air Jordan«, entwickelt von der Firma Nike, wurde zu einem Verkaufsschlager. **Charles Barkley** *(geb. 1963)* gewann zwar weniger nationale Titel als seine berühmten Kollegen. Dafür stellte der Heißsporn und gefürchtete Sprücheklopfer aber einsame Rekorde auf, was die Trefferquote anging.

Ein weiterer Superstar in der amerikanischen Basketballszene ist **LeBron James** *(geb. 1984)*. In dem Spitznamen »King James« spiegelt sich die Anerkennung wider, die sich der junge Mann von den Cleveland Cavaliers in der Liga erworben hat. Wie sein großer Vorgänger »Air« Jordan steht James bei dem Ausrüster Nike unter Vertrag. Nicht zuletzt deswegen zählt er zu den bestbezahlten amerikanischen Profisportlern.

Lorbeeren in der Fremde

Zu den Ausländern, die in der US-Basketball-Liga von sich reden machen, gehört **Dirk Nowitzki** *(geb. 1978)*. Der gebürtige Würzburger ist der einzige deutsche Spieler in der amerikanischen Edelliga. Seit 1998 spielt das Aushängeschild des deutschen Basketballs bei den Dallas Mavericks. Ausdruck der Wertschätzung, die die Amerikaner dem »German Wunderkind« entgegenbringen, war nach der Saison 2006/2007 die Wahl zum »Most Valuable Player« (MVP, »wertvollster Spieler«). Diese Ehre war bis dahin noch keinem Europäer widerfahren, nicht einmal **Pau Gasol** *(geb. 1980)*. Der 2,13 m große Katalane in Diensten der Memphis Grizzlies gilt als der Ausnahmekönner des mit herausragenden Talenten auch sonst reich gesegneten spanischen Basketballs. 2006 wurde er mit der spanischen Mannschaft Sieger bei den Weltmeisterschaften in Japan.

Meister und Meisterinnen am Netz

Im Volleyball der Männer steht der Name des Italieners **Lorenzo Bernardi** *(geb. 1968)* für internationale Spitzenklasse. 306-mal trat der Mann aus Trento für sein Land an und gewann dabei zweimal (1990 und 1994) die Weltmeisterschaft. 2001 wählte

Brasiliens Volleyballstar

Als Kapitän der brasilianischen Volleyball-Nationalmannschaft hatte ***Gilberto Godoy Filho*** (geb. 1976) *wesentlichen Anteil an deren Erfolgen.*

ihn der Internationale Volleyballverband zum »Volleyballer des Jahrhunderts«. Nicht minder beeindruckend liest sich die Leistungsbilanz seines Mitspielers **Andrea Giani** *(geb. 1970)*. Dreimal in Folge gewann der Neapolitaner zwischen 1990 und 1998 mit den Azzurri den Weltmeistertitel, dazu kam zweimal Silber bei Olympia. Der brasilianische Volleyballstar **Gilberto Godoy Filho** *(geb. 1976)* litt als Kind an Leukämie. Als Sportler profilierte er sich als einer der fleißigsten Punktesammler der Branche. 2002 und 2006 holte er mit Brasilien WM-Gold, 2004 gewann er olympisches Gold.

In der Rangliste der erfolgreichsten Volleyballdamen stehen zwei Kubanerinnen ganz oben. **Regla Bell** *(geb. 1970)* war maßgeblich daran beteiligt, dass die karibischen Ballzauberinnen 1992, 1996 und 2000 die olympische Goldmedaille mit nach Hause brachten. Das Publikum erschreckte sie dabei durch die lauten Schreie, mit denen sie ihre Ballkontakte zu begleiten pflegte. Auch ihre Landsfrau **Regla Torres** *(geb. 1975)* brachte es auf drei Goldmedaillen bei den Olympischen Spielen. 2001 wurde die 1,90 m große Kubanerin vom Weltverband zur »Spielerin des Jahrhunderts« gekürt.

Nicht auf Sand gebaut

Zunehmend an Popularität gewinnt die Disziplin des Beachvolleyballs. Als eine Meisterin auf dem feinen Sand erwies sich die Brasilianerin **Adriana Behar** *(geb. 1969)*, die mit ihrer nicht minder talentierten Partnerin **Shelda Bede** *(geb. 1973)* zweimal die Weltmeisterschaft holte und auch olympisches Edelmetall in Empfang nehmen durfte.

Tore am Fließband

Unter den großen Handballern der Welt nimmt **Hans »Hansi« Schmidt** *(geb. 1942)* eine herausragende Stellung ein. Der aus Rumänien stammende Deutsche sorgte in den 1960er- und 1970er-Jahren mit seinen Toren dafür, dass der kleine Club VfL Gummersbach zu einer Topadresse in der internationalen Handballszene wurde. Auch mit der Nationalmannschaft errang der sprunggewaltige Spieler viele Erfolge. Der Rumäne **Stefan Birtalan** *(geb. 1948)* führte sein Land unter die führenden Handballnationen. Der Torschütze vom Dienst brachte die Rumänen mit 43 Toren zum WM-Sieg 1974. Einen einsamen Rekord hält der Pole **Jerzy Klempel** *(1953–2004)* mit 19 Toren in einem Pflichtspiel in der deutschen Bundesliga. Seine Treffsicherheit bewies er auch als Torschützenkönig bei der Weltmeisterschaft 1978 in Dänemark.

Als einer der besten Handballer der Welt galt auch **Ivano Balic** *(geb. 1979)*. 2003 und 2006 wurde der Mann aus Split zum »Welthandballer des Jahres« gewählt. Die gegnerischen Spieler fürchteten vor allem die Raffinesse, mit der Balic seine Mitspieler am Kreis in Szene setzte. Dank seiner Geniestreiche holten die kroatischen Handballer 2003 WM-Gold und 2004 in Athen olympisches Gold. Im Juni 2015 beendete Balic seine aktive Karriere.

Volleyballer des Jahrhunderts

Als »Volleyballer des Jahrhunderts« wurde 2001 der Italiener ***Lorenzo Bernardi*** (geb. 1968) *ausgezeichnet. Das Foto zeigt ihn mit der einmaligen Trophäe.*

Sprung- und Wurfgewalt

Der Erfinder des verzögerten Sprungwurfs, ***Hans Schmidt*** (geb. 1942), *gilt als einer der besten Handballer der 1960er- und 1970er-Jahre.*

Spiel, Satz und Sieg

Schwarzes Tennisas

Der erste farbige Wimbledon-Sieger ***Arthur Ashe*** (1943 bis 1993) *arbeitete nach seinem Rückzug vom aktiven Sport u. a. als Kapitän der US-Daviscupmannschaft.*

Früher war Tennis ein Sport der Reichen und Vornehmen, die unter sich blieben. Das hat sich inzwischen grundlegend geändert. Große Cracks werden heute von den Massen gefeiert. Spitzenkönner im Badminton, Squash oder Tischtennis haben es da etwas schwerer bei der Würdigung ihrer Leistungen.

Der australische Tennisspieler **Rod Laver** *(geb. 1938)* gewann 1962 den »Grand Slam«, siegte also in einem Jahr bei den wichtigsten internationalen Turnieren in Wimbledon, New York, Melbourne und Paris. 1969 konnte er dieses Kunststück sogar wiederholen. **Arthur Ashe** *(1943–93)* und **Billie Jean King** *(geb. 1943)* wurden im selben Jahr geboren. Das war nicht die einzige Gemeinsamkeit. Beide waren Amerikaner und beide dominierten auf den Tennisplätzen der Welt, Ashe bei den Herren, King bei den Damen. Arthur Ashe war der erste schwarze Tennisspieler im Daviscupteam der Amerikaner. Mit dem Sieg 1975 in Wimbledon krönte er seine Karriere. Billie Jean King räumte alle Preise ab, die es bei den großen Turnieren zu gewinnen gab. Auch abseits des Tennisplatzes machte sie auf sich aufmerksam, indem sie sich für soziale Projekte einsetzte und gegen sexuelle Diskriminierung kämpfte.

Der erfolgreichste Tennisspieler aus Rumänien ist **Illie Nastase** *(geb. 1946)*. Seine beste Zeit hatte er zu Beginn der 1970er-Jahre. 1973 und 1974 stand er auf Platz 1 der Weltrangliste. Eher seinem unermüdlichen Kämpferherz als angeborenem Talent hatte **Jimmy Connors** *(geb. 1952)* seine Erfolge zu verdanken – und das machte ihn zum Liebling der Massen. 160 Wochen stand der Mann aus Illinois ununterbrochen an der Spitze der Weltrangliste.

Der Name der US-Amerikanerin **Chris Evert** *(geb. 1954)* führte sogar 262 Wochen in Folge die Liste der weltweit erfolgreichsten Tennisdamen an.

Der Schwede **Björn Borg** *(geb. 1956)* redete nicht viel, dafür siegte er um so mehr. Allein Wimbledon konnte er fünfmal zu seinen Gunsten entscheiden. Zwischen 1972 und 1983 gewann er nicht weniger als 62 Einzeltitel.

Martina Navratilova *(geb. 1956)*, US-Amerikanerin tschechoslowakischer Herkunft, war über viele Jahre eine der herausragenden Persönlichkeiten im Damentennis. Neunmal gewann sie in Wimbledon, außerdem setzte sie die bis heute unübertroffene Rekordmarke von sechs Grand-Slam-Siegen in Folge.

Titel, Turniere, Temperamente

Der Amerikaner **John McEnroe** *(geb. 1959)* spielte auf dem Court gern den zornigen jungen Mann, ohne dabei das Siegen zu vergessen. Neben zahlreichen Einzelerfolgen holte er als bisher einziger Spieler der Welt fünfmal mit seinem Team den Daviscup. Gegenüber einem Heißsporn wie McEnroe wirkte der gebürtige Tscheche **Ivan Lendl** *(geb. 1960)*, der 1992 US-Staatsbürger wurde, vom Temperament her wie

Tennispaar

Seit 2001 sind die Tennislegenden ***Steffi Graf*** (geb. 1969) *und* ***André Agassi*** (geb. 1970) *miteinander verheiratet. Das Foto zeigt das Paar im Jahr 2004.*

Europäischer Chinese

Der dreifache Weltmeister ***Wang Liqin*** (geb. 1978) *spielt im europäischen Shakehandstil – mit einer Griffhaltung, die für mehr Ballgefühl sorgt.*

ein Kühlschrank. Mit stoischer Ruhe gestaltete er seine Matches meistens erfolgreich. 270 Wochen hielt er sich an der Spitze der Weltrangliste. In Wimbledon hat Lendl nie gewonnen. Der Deutsche **Boris Becker** *(geb. 1967)* schaffte dies bereits als 17-Jähriger und galt seitdem als Wunderkind des Tennis. Mit unbändiger Kampfkraft und glänzender Technik ausgestattet, gehörte Becker über viele Jahre hinweg zur absoluten Weltklasse. 1992 holte er mit seinem deutschen Partner **Michael Stich** *(geb. 1968)* olympisches Gold im Doppel. Freuen durften sich die deutschen Fans in dieser Zeit auch über **Steffi Graf** *(geb. 1969)*. Insgesamt zierte ihr Name 377 Wochen lang die Spitze der Tennisweltrangliste. Verdient hatte sie sich diese Position durch Siege bei den wichtigen Turnieren, 1988 gewann sie den »Grand Slam«. Nach dem Ende ihrer Laufbahn schloss sie eine Tennisehe mit ihrem amerikanischen Kollegen **André Agassi** *(geb. 1970)*.

Profis an der Platte

Im Tischtennis war **Victor Barna** *(1911–72)* einer der erfolgreichsten Sportler. Nicht weniger als 21-mal sicherte sich der Ungar den Titel des Weltmeisters im Einzel, Doppel und Mixed. Seine Karriere wurde während des Zweiten Weltkriegs unterbrochen, als er nach Amerika emigrierte. 1939 gewann Barna den WM-Titel zusammen mit seinem Partner **Richard Bergmann** *(1918–70)*. Der Österreicher, der in späteren Jahren die britische Staatsbürgerschaft annahm, wurde bereits mit 19 Jahren erstmals Weltmeister. Bergmann war der erste Tischtennisprofi.

Eine ganze Schar an Meisterspielern brachte China hervor. Hier ist vor allem **Wang Liqin** *(geb. 1978)* zu erwähnen, der 2001, 2005 und 2007 die Weltmeisterkrone holte und auch bei den Olympischen Spielen brillierte, wo er die Europäer mit seiner europäischen Spielweise überraschte.

Tempo ist alles

Chinesen haben auch im Badminton oft die Nase vorn. Als ihr Aushängeschild gilt **Lin Dan** *(geb. 1983)*, der seit 2004 die Konkurrenzen fast nach Belieben dominiert und zuletzt 2013 den Weltmeistertitel gewann. **Jansher Khan** *(geb. 1969)* aus Pakistan war über viele Jahre hinweg der Champion im Squash. Zwischen 1987 und 1996 hieß der Weltmeister in diesem rasanten Spiel achtmal Khan. Als Jansher Khan 2001 seinen Rücktritt erklärte, atmeten die Rivalen erleichtert auf – nun hatten sie endlich wieder eine realistische Chance, Titel zu gewinnen.

Champion am Federball

Badminton wird weltweit in über 160 Ländern wettkampfmäßig gespielt. Die weltbesten Spieler kommen meistens aus Asien, wie der Chinese ***Lin Dan*** (geb. 1983).

Eistanz mit Traumnote
In der Geschichte des Eistanzes hat kein Paar je eine bessere Bewertung erhalten als ***Jayne Torvill*** (geb. 1957) *und* ***Christopher Dean*** (geb. 1958) *bei den Olympischen Spielen 1984.*

Superstars auf Schnee und Eis

Im Winter schlägt ihre große Stunde. Dann rasen sie mit Skiern die Berge hinunter, vollbringen waghalsige Sprünge von der Schanze oder kämpfen in der Loipe um den Sieg. Und auch auf Eis vollbringen die besten Wintersportler Höchstleistungen.

Annemarie Pröll *(geb. 1953)*, die nach ihrer Heirat den Doppelnamen Moser-Pröll trug, stammt aus Salzburg und wuchs in Kleinarl in den Salzburger Bergen auf. Damit war ihr der Wintersport gleichsam in die Wiege gelegt und es bedurfte nur noch der konsequenten Förderung durch den Österreichischen Skiverband, um der hochtalentierten Jungsportlerin den Weg zur Spitze zu weisen. 1970 feierte die damals knapp 17-Jährige im Riesenslalom den ersten Weltcupsieg ihrer glanzvollen Laufbahn. Danach reihte sie sowohl in der Abfahrt als auch im Slalom und im Riesenslalom Sieg an Sieg. Aus insgesamt 62 Weltcuprennen ging sie als Siegerin hervor, sechsmal gewann sie den Gesamtweltcup. Selbstverständlich fehlte auch olympisches Edelmetall nicht in ihrer Sammlung. 1976 erklärte sie ihren Rücktritt vom Leistungssport, doch gab sie in der Wintersaison 1979/80 ein eindrucksvolles Comeback und holte sich bei den Olympischen Winterspielen in Lake Placid die Goldmedaille in der Abfahrt. Nach diesem Triumph beendete sie ihre einzigartige Laufbahn endgültig und widmete sich beruflich der Gastronomie. 1999 wurde sie vom Internationalen Olympischen Komitee für den Wintersport zur »Sportlerin des Jahrhunderts« gewählt.

Dreifacher Triumph

Jean-Claude Killy *(geb. 1943)* ist 10 Jahre älter als Annemarie Pröll und so erzielte er seine sportlichen Erfolge auch etwa ein Jahrzehnt vor dem österreichischen Skias. Geboren wurde der Franzose in einem Ort in der Nähe von Paris. Doch bald zog die Familie in die Berge nach Val d'Isère, sodass der junge Killy frühzeitig die Gelegenheit hatte, sich mit den Skiern vertraut zu machen. 1968 begeisterte er bei den Olympischen Winterspielen in Grenoble seine Landsleute mit einem Paukenschlag, als er in der Abfahrt, im Slalom und im Riesenslalom Gold holte. Völlig überraschend kam dieser Erfolg nicht, denn zuvor hatte Killy bereits zweimal den Gesamtweltcup gewonnen. 1969 verließ er den Skizirkus und begann eine erfolgreiche Zweitkarriere als Geschäftsmann. Auch als Sportfunktionär ist Killy, der 1999 die Auszeichnung »Sportler des Jahrhunderts« in Frankreich in Empfang nehmen durfte, in Erscheinung getreten. So war er maßgeblich beteiligt an der Organisation der Olympischen Winterspiele in Albertville 1992 und Turin 2006.

Skisportler des Jahrhunderts
Aufgrund seiner überragenden Erfolge in den 1960er-Jahren wurde der Franzose ***Jean-Claude Killy*** (geb. 1943) *1999 zum Skisportler des Jahrhunderts gewählt.*

Eleganz und Tempo auf dem Eis

Nicht nur das Publikum, auch neun von zehn Punktrichtern waren sich einig: Diese Leistung hatte die Traumnote 6,0 verdient. Tatsächlich legten **Jayne Torvill** *(geb. 1957)* und **Christopher Dean** *(geb. 1958)* bei den Olympischen Winterspielen in Sarajevo 1984 zur Musik von Ravels »Boléro« einen perfekten Tanz auf das Eisparkett. Konsequenterweise erhielten die beiden Briten dafür die Goldmedaille im Eistanz. Im Eiskunstlauf waren lange Zeit **Irina Rodnina** *(geb. 1949)* und ihr Partner **Alexander Saizew** *(geb. 1952)* das Maß aller Dinge. Für die Sowjetunion startend, gewannen sie 1976 und 1980 Gold bei Olympia. Der Amerikaner **Scott Hamilton** *(geb. 1958)* brillierte nur einmal, doch reichte sein Goldauftritt in Sarajevo 1984 aus, um ihm ewigen Eiskunstlaufruhm zu sichern.
Erhard Keller *(geb. 1944)* war ein Meister im Eisschnelllauf. Mehrfach Weltrekordhalter, holte der Zahnarzt 1968 und 1972 olympisches Gold.

In luftigen Höhen

Björn Wirkola *(geb. 1943)* beherrschte über viele Jahre das Skispringen. 1967–69 gewann er dreimal hintereinander die Vierschanzentournee. 1969 schraubte er den Rekord im Skifliegen auf 160 m, der heute bei inzwischen 239 m liegt. **Jens Weißflog** *(geb. 1964)* war der beste deutsche Skispringer, der gleich viermal bei der Vierschanzentournee siegte. Die Japaner konnten auf **Kazuyoshi Funaki** *(geb. 1975)* bauen, der seine erfolgreichste Zeit bei den Olympischen Spielen 1998 in Nagano hatte.

Schneekönige

Im Rodeln war der Bayer **Georg »Schorsch« Hackl** *(geb. 1966)* über viele Jahre der Schnellste. Bei den Frauen dominierte **Silke Kraushaar** *(geb. 1970)* – fünfmal gewann sie den Gesamtweltcup.
Beim Biathlon kommt es auf Ausdauer und Treffsicherheit an. Der Russe **Alexander Tichonow** *(geb. 1947)* zeigte dabei besondere Qualitäten, wurde jedoch von **Ole Einar Bjorndalen** *(geb. 1974)* noch übertroffen. Der äußerst perfektionistische Norweger gilt als erfolgreichster Biathleten aller Zeiten.

24 Jahre bei Olympia
An sechs aufeinanderfolgenden Olympischen Spielen nahm ***Georg »Schorsch« Hackl*** (geb. 1966) *teil – dreimal gewann der Deutsche Rennrodler Gold.*

Ohne Gewehr sind die Skilangläufer unterwegs, bei denen sich der Norweger **Björn Daehli** *(geb. 1966)* als ein Meister seines Fachs erwies. Auf allen Strecken zwischen 10 und 50 km hielt er bei Olympischen Spielen oder Weltmeisterschaften die Konkurrenz auf Distanz.
Im alpinen Skisport demonstrierte der Österreicher **Karl Schranz** *(geb. 1938)* in der Abfahrt und im Riesenslalom seine Extraklasse. Einen würdigen Nachfolger fand er in seinem Landsmann **Franz Klammer** *(geb. 1953)*. Der Kärntener Abfahrtsspezialist war 1976 Olympiasieger und gewann viermal das berühmte Kitzbüheler Hahnenkamm-Rennen. Meister des Slaloms waren der Schwede **Ingemar Stenmark** *(geb. 1956)*, bis heute der erfolgreichste alpine Skiläufer seit Einführung des Weltcups, und der italienische Skirennläufer **Alberto »la Bomba« Tomba** *(geb. 1966)*.

Fünfmal Gold im Biathlon
Der Norweger ***Ole Einar Bjorndalen*** (geb. 1974) *freut sich 2002 über den Sieg in der 4 × 7,5 km Staffel – und über seine fünfte Goldmedaille bei Olympia.*

Tollkühne Rennfahrer

Rekordweltmeister
Im Formel-1-Rennsport wurde **Michael Schumacher** (geb. 1969) *siebenmal Weltmeister. Das machte ihn zu einem der beliebtesten Sportler Deutschlands.*

In einem Maserati rast Juan Manuel Fangio (1911–95) dem Ziel entgegen.

Beim Autorennen gibt es nicht nur strahlende, sondern auch tragische Helden. Viele Piloten büßten ihre Leidenschaft mit schweren Unfällen oder sogar mit dem Verlust des Lebens.

Juan Manuel Fangio *(1911–95)* war einer der ersten Superstars der Formel 1. Der Argentinier holte zwischen 1950 und 1958 fünfmal den WM-Titel. Der Brite **Sir Stirling Moss** *(geb. 1929)* wurde nie Weltmeister, stellte aber über Jahre hinweg seine Extraklasse unter Beweis. Sein Landsmann **Graham Hill** *(1929–75)* gewann mit den 500 Meilen von Indianapolis, den 24 Stunden von Le Mans und dem Grand Prix von Monaco drei Klassiker des Automobilsports. Er kam bei einem Flugzeugunglück ums Leben. Der Australier **Jack Brabham** *(1926–2014)* hatte einen eigenen Rennstall und gewann dreimal die Formel-1-WM. 1979 schlug ihn Königin Elisabeth II. zum Ritter. **Jackie Stewart** *(geb. 1939)* wurde der »fliegende Schotte« genannt. 1969, 1971 und 1973 triumphierte er als Weltmeister.
Der Österreicher **Niki Lauda** *(geb. 1949)* überlebte 1976 einen schweren Unfall auf dem Nürburgring, bei dem sein Wagen in Flammen aufging. Zweimal sicherte er sich mit Ferrari, einmal mit McLaren-Porsche die Krone des Champions.
Gilles Villeneuve *(1950–82)* starb bei einem Trainingsunfall im belgischen Zolder. Davor war der Ferraripilot einer der großen Stars des Formel-1-Zirkus gewesen.

Formel-1-Ikonen
1984 wurde **Niki Lauda** (geb. 1949, links) *Weltmeister. Beim Großen Preis von Holland musste er in diesem Jahr aber seinem Teamkollegen* **Alain Prost** (geb. 1955) *den Vortritt auf dem Treppchen lassen.*

Die Stars der 1980er-Jahre bis heute

Der Brasilianer **Nelson Piquet** *(geb. 1952)* war in den 1980er-Jahren eine der dominierenden Figuren auf den Rennpisten der Welt. Zu seinen schärfsten Konkurrenten gehörte der viermalige Weltmeister **Alain Prost** *(geb. 1955)*, der später einen eigenen Rennstall gründete. **Ayrton Senna** *(1960–94)* aus Brasilien war ein begnadeter Fahrer, der 41 Grandprixsiege verbuchen konnte und dreimal den Weltmeistertitel errang. 1994 verunglückte er beim Großen Preis von San Marino in Imola tödlich.
Sämtliche Rekorde brach der deutsche Rennfahrer **Michael Schumacher** *(geb. 1969)*. Als siebenmaliger Weltmeister beendete der Ferrari-Pilot, der zuvor für Benetton unterwegs gewesen war, im Jahr 2006 seine glanzvolle Karriere – um 2010 für Mercedes für drei Jahre in die Formel 1 zurückzukehren.

Unsterblicher Champion

Das Foto zeigt die von Fans mit Blumen geschmückte Unfallstelle, an der **Ayrton Senna** (1960–94) *am 1. Mai 1994 in Imola tödlich verunglückte. Unfälle wie dieser lösen in der Formel-1 regelmäßig Sicherheitsdebatten aus.*

Der ewige Zweite

Die britische Rennfahrerlegende **Sir Stirling Moss** (geb. 1929) *wurde mehrfach Weltmeisterschaftszweiter – und wegen seiner Fairness zur Legende.*

Der »fliegende Schotte«

Seine drei Weltmeisterschaftstitel brachten **Jackie Stewart** (geb. 1939) *den Ehrentitel »Sir« ein. Stewart brachte es auf 27 Siege in 99 Formel-1-Rennen.*

In Formel-1-Rennen hat der Start besondere Brisanz. Im Bild der Rennauftakt zum Großen Preis von England 1970.

Schnelle Kufen
Bei den Olympischen Spielen 2006 in Turin holte sich ***William Joseph »Joey« Cheek*** *(geb. 1979) Gold über die 500- und Silber über die 1000-Meter-Strecke.*

Tempo ist alles

In vielen Sportarten geht es um Sekunden, Zehntelsekunden oder sogar Hundertstelsekunden. Wer die Nase vorn hat, wird gefeiert. Bei den schnellen Männern ist das nicht anders als bei den schnellen Frauen.

Aktueller König der Sprinter ist der Jamaikaner **Usain Bolt** *(geb. 1986)*. 2009 verbesserte er die Weltrekordmarke über 100 Meter auf 9,58 Sekunden. Er ist der bislang einzige Mensch, dem es gelang, die 100 Meter in weniger als 9,6 Sekunden zu laufen. Er hält mit 19,19 Sekunden auch den aktuellen Weltrekord im 200-Meter-Lauf.
Bei den Frauen lief **Florence Griffith-Joyner** *(1959 bis 1998)* jahrelang ihren Konkurrentinnen auf und davon. Die US-Sprinterin fiel bei den Rennen nicht nur durch ihr exzentrisches Outfit, geprägt von greller Kleidung und langen Fingernägeln, auf. Vielmehr beeindruckte sie auch mit ihren grandiosen sportlichen Leistungen. Seit 1988 hält sie mit 10,49 Sekunden den Weltrekord über 100 Meter ebenso wie mit 21,34 Sekunden den Weltrekord über 200 Meter. Rätsel gab ihr früher Tod im Alter von nur 38 Jahren auf.
Im Schwimmsport sind die Kurzstrecken die Nagelprobe für die Schnellsten der Branche. Bei den Wettbewerben der Herren setzte der US-Boy **Michael Phelps** *(geb. 1985)* Maßstäbe. Insgesamt verbuchte der Ausnahmekönner aus Baltimore auf seinem Erfolgskonto bisher 19 olympische Medaillen, davon 15-mal Gold sowie je zweimal Silber und Bronze, und stellte zahlreiche Weltrekorde auf. Bei den Damen nahm **Britta Steffen** *(geb. 1983)* bis zu ihrem Karriereende 2013 eine ähnlich dominierende Position ein. Über die 100 Meter Freistil kam keine Mitstreiterin an der blonden Deutschen, der Inhaberin des Weltrekords über diese Strecke, vorbei.

Auf vier oder zwei Rädern

Der Rennfahrer **Michael Schumacher** *(geb. 1969)* war der Superstar der Formel 1. Siebenmal gewann der Deutsche, der zuletzt für Mercedes startete, die Krone des Weltmeisters. Seine deutsche Kollegin **Jutta Kleinschmidt** *(geb. 1962)* fährt lieber durch die Wüste. Als bisher einzige Frau gewann sie 2001 die legendäre Rallye Paris–Dakar.
Der Engländer **John Surtees** *(geb. 1934)* war das Nonplusultra in Sachen Tempo auf dem Motorrad. Der vielfache Weltmeister gab 1964 auch ein kurzes Gastspiel in der Formel 1. **Gina Bovaird** *(geb. 1949)* aus den USA ist die bisher einzige Frau, die in der 500-ccm-Klasse startete.
König der Radrennfahrer war lange Zeit der Spanier **Miguel Indurain** *(geb. 1964)*. Zwischen 1991 und 1995 war er Seriensieger bei der Tour de France. Außerdem gewann er Gold bei der Straßen-WM und bei den Olympischen Spielen. Die Französin **Jeannie Longo** *(geb. 1958)* ist die erfolgreichste Radrennfahrerin aller Zeiten. Über 1000-mal fuhr sie als Erste über die Ziellinie.

Zu Wasser und zu Land

Ein wirklicher König ist **Harald V. von Norwegen** *(geb. 1937)*. Er war sicher nicht der beste, wohl aber der prominenteste Segelsportler. Mehrfach nahm der Monarch an Olympischen Spielen teil und 1987 errang er mit »Fram X« die Krone des Weltmeisters. **Sarah Webb** *(geb. 1977)* aus England gewann mit

Siegerin bei Paris – Dakar
Die deutsche Rallyefahrerin ***Jutta Kleinschmidt*** (geb. 1962) *schaffte es 2001 als erste Frau, die strapaziöse Rallye Paris–Dakar zu gewinnen.*

ihrer Crew 2004 in Athen eine olympische Goldmedaille im Segeln.

Bobfahren ist schon lange keine Männerdomäne mehr, denn inzwischen gibt es auch viele schnelle Frauen teilen. So ragt aus der Riege der Bobfahrerinnen die Deutsche **Susi Erdmann** *(geb. 1968)* hervor, die sich dreimal mit dem Prädikat Weltmeisterin schmücken durfte. Bei den männlichen Kollegen repräsentierte der Deutsche **André Lange** *(geb. 1973)* Extraklasse. Bis zu seinem Karriereende 2010 holte er eine Vielzahl an Titeln und Medaillen im Zweier- und im Viererbob. Wenn **Hermann Maier** *(geb. 1972)* die Piste herunterraste, wurde den Zuschauern meist Atemberaubendes geboten. Der österreichische Abfahrtsspezialist, durch Unfälle und Stürze immer wieder außer Gefecht gesetzt, begeisterte mit seinem ungestümen Fahrstil. Bei den olympischen Winterspielen 2014 in Sotschi gab es ein Novum: Bei der Damenabfahrt kamen die Schweizerin **Dominique Gisin** *(geb. 1985)* und **Tina Maze** *(geb. 1983)*aus Slowenien zeitgleich ins Ziel und erhielten beide die Goldmedaille.

Norwegische Skisprinterin
Stolz zeigt ***Maiken Caspersen Falla*** (geb. 1990) *ihre Goldmedaille im Sprintwettbewerb der Skilangläuferinnen bei den Olympischen Spielen 2014 in Sotschi.*

Nicht ganz so schnell sind die Skilangläufer, die dafür auch länger arbeiten müssen als die alpinen Kollegen. Bei den Männern triumphierte besonders häufig der Schwede **Tobias Fredriksson** *(geb. 1975)*, der im Einzel und in verschiedenen Mannschaftswettbewerben siegte. **Maiken Caspersen Falla** *(geb. 1990)* aus Norwegen düpierte 2014 in Sotschi die Konkurrenz im Einzelsprint.

Hauptsache schnell

William Joseph »Joey« Cheek *(geb. 1979)* aus North Carolina ist einer der erfolgreichsten Eisschnellläufer aller Zeiten. Einen Fabelweltrekord über die 500 Meter stellte 2007 der Kanadier **Jeremy Wotherspoon** *(geb. 1976)* in der Zeit von 34,03 Sekunden auf. **Anni Friesinger** *(geb. 1977)* setzte bei den schnellen Eisdamen die Glanzlichter. Bei allen wichtigen internationalen Wettbewerben konnte sich die Sprinterin aus Bad Reichenhall in die Siegerlisten eintragen. 2010 beendete sie ihre aktive Karriere. Auch die Kajakfahrer sind meist mit rasantem Tempo unterwegs. Dafür sorgen Stars wie der Kanadier **Adam von Koeverden** *(geb. 1982)*, in Athen 2004 stolzer Empfänger der Goldmedaille über 1500 Meter, und die Serbin **Natasa Janics** *(geb. 1982)*, die in Athen bei den Frauen über dieselbe Distanz siegte.

Ein schneller Ruderer war der norwegische Landwirt **Olaf Tufte** *(geb. 1976)*, bei Olympia 2004 Gewinner im Einer. Die Deutsche **Katrin Rutschow-Stomporowki** *(geb. 1975)* siegte im Sprint der Frauen.

Schwimmstar im 21. Jh.
Bei den Schwimmweltmeisterschaften 2007 in Melbourne gewann ***Michael Phelps*** (geb. 1985) *fünf Einzeltitel und stellte dabei vier Weltrekorde auf.*

Noch ohne Frauen

Das Rennreiten wird noch von Männern dominiert. Dabei mauserte sich der Kanadier **Russel Baze** *(geb. 1958)* in den 1980er-Jahren zum weltweit erfolgreichsten Jockey. Auch in den schnellen Motorbooten sitzen meistens noch Männer am Steuer. Hier stellte der britische Pilot **Donald Campbell** *(1921 bis 1967)* immer wieder neue Geschwindigkeitsrekorde auf, bis er 1967 bei einem weiteren Rekordversuch tödlich verunglückte.

Sein Duell mit Joe Louis machte Max Schmeling (1905–2005) in Deutschland zur Legende. Das Foto von 1931 zeigt ihn beim Training.

Der schwarze Bomber

Bis zu seiner K.O.-Niederlage gegen Max Schmeling 1936 galt ***Joe Louis*** *(1914–81) als unbesiegbar. Auch danach dominierte er die Boxszene wieder über viele Jahre.*

Legendäre Konkurrenten

Der Sport bezieht viel von seiner Faszination aus den großen Duellen herausragender Athleten. Privat waren die Konkurrenten nicht selten die besten Freunde.

Im Schwergewichtsboxen waren es beispielsweise die Kämpfe zwischen dem Deutschen **Max Schmeling** *(1905–2005)* und dem Amerikaner **Joe Louis** *(1914–81)*, welche die Massen begeisterten. Eine, wenn auch inneramerikanische, Neuauflage erlebten diese legendären Auseinandersetzungen durch **Muhammad Ali** *(geb. 1942)* und **Joe Frazier** *(1944 bis 2011)*. In der Formel 1 lieferten sich der Franzose **Alain Prost** *(geb. 1955)* und sein später tödlich verunglückter Rivale **Ayrton Senna** *(1960–94)* aus Brasilien packende Rennen. Das Finale der Fußballweltmeisterschaft 1954 in der Schweiz zwischen Deutschland und Ungarn (3:2) stand ganz im Zeichen der genialen Spielgestalter **Fritz Walter** *(1920 bis 2002)* und **Ferenc Puskas** *(1927–2006)*. Bei der WM 1966 in England waren es der junge **Franz Beckenbauer** *(geb. 1945)* und der alte Hase **Robert »Bobby« Charlton** *(geb. 1937)*, die dem Spiel ihren Stempel aufdrückten. Dank des umstrittenen »Wembley-Tores« konnte Charlton mit seinen Engländern die Deutschen besiegen.
Häufig kreuzten die »großen Damen« des Tennis **Martina Navratilova** *(geb. 1956)* aus der Tschechoslowakei und **Chris Evert** *(geb. 1954)* aus den USA die Klingen. An der Tischtennisplatte lieferten sich der Schwede **Jan-Ove Waldner** *(geb. 1965)* und der Chinese **Jiang Jialiang** *(geb. 1964)* heiße Duelle.
Im Radrennsport waren der belgische Radrennfahrer des Jahrhunderts, **Eddie Merckx** *(geb. 1945)* und der »spanische Merckx« **Luis Ocaña** *(1945–94)* in den frühen 1970er-Jahren kaum zu schlagen. Zur Legende wurde die Tour de France 1971, in der Ocaña das Klassement mit großem Vorsprung anführte, dann jedoch stürzte und damit Merckx den Weg zum Sieg eröffnete.
Im Eishockey gab es eine traditionelle Rivalität zwischen der Sowjetunion und der Tschechoslowakei. Symbolgestalten dieses Wettstreits waren die Torhüter: aufseiten der UdSSR **Wladislaw Tretjak** *(geb. 1952)*, bei den Tschechen **Jiri Holecek** *(geb. 1944)*.
Der Zehnkampf ist die Königsdisziplin der Leichtathletik. Heftig stritten der Brite **Daley Thompson** *(geb. 1958)* und sein deutscher Herausforderer **Jürgen Hingsen** *(geb. 1958)* um die Krone. Legendär war die Rivalität zwischen den Sprintern **Carl Lewis** *(geb. 1961)* aus den USA und **Ben Johnson** *(geb. 1961)* aus Kanada.

Sprintstars

Auf diesem Bild muss ***Carl Lewis*** (geb. 1961) ***Ben Johnson*** (geb. 1961) *den Vortritt lassen. 1999 wurde Lewis zum Leichtathleten des Jahrhunderts gekürt, während Johnson 1988 des Dopings überführt wurde.*

Tennisduell

In den 1980er-Jahren dominierten ***Martina Navratilova*** (geb. 1956) *und* ***Chris Evert*** (geb. 1954) *das Damentennis. Das Foto zeigt sie 1985 nach einem ihrer zahlreichen Duelle.*

Könige der Leichtathletik

Die Zehnkämpfer ***Jürgen Hingsen*** (geb. 1958, links) *und* ***Daley Thompson*** (geb. 1958, rechts) *bei der Olympiade 1984 in Los Angeles. Thompson gewann den Wettbewerb.*

Rivalen im Peloton

Der siegreiche ***Eddy Merckx*** (geb. 1945, rechts) *schüttelt seinem Rivalen* ***Luis Ocaña*** (1945–94) *1970 am Zielort der Tour de France in Paris die Hand.*

WISSENSCHAFT UND TECHNIK

Wo stünde die Menschheit ohne revolutionäre Erfindungen wie die des Rads, der Dampfmaschine oder des Flugzeugs? Und was wären wir ohne die Naturwissenschaften, die uns die Gesetze des Lebens und des Universums erklären? Die Erfindungen und Erkenntnisse, die unseren Wohlstand begründen, verdankt die Welt dem Genie zahlreicher Forscher aus allen Epochen.

Geniale Ideen, große Wirkung

Gigant unter den Genies
Über eine Zeitspanne von mehr als 2000 Jahren prägte ***Aristoteles*** (384 bis 322 v. Chr.) *das Denken. Die Statue des Denkers steht in Chalkidiki (Griechenland).*

Nicht Genie allein zeichnet die Personen aus, die Außerordentliches leisteten; sie wurden auch zur richtigen Zeit geboren. Denn gerade in Zeiten wissenschaftlicher Umbrüche können neue Erkenntnisse gewonnen werden. So war es in der Antike, als die Wissenschaften aus der Taufe gehoben wurden, in der frühen Neuzeit, als die moderne Wissenschaft entstand, und im 18. und 19. Jh., als viele Disziplinen sich herausbildeten.

Der Begründer von Philosophie und Wissenschaft, insbesondere der Astronomie, war **Thales von Milet** *(625–545 v. Chr.)*. Etliche mathematische Sätze sind mit seinem Namen verbunden, auch wenn es kaum sicheres Wissen über sein Leben und Wirken gibt. Das Leben des **Hippokrates** *(um 460–um 370 v. Chr.)*, der als Begründer der rationalen Medizin gilt und mit der Viersäftelehre (Blut, Schleim und zweierlei Galle) ein lange akzeptiertes Modell entwarf, liegt ebenfalls im Nebel von Legenden verborgen. **Aristoteles** *(384–322 v. Chr.)*, der Schüler von **Platon** *(427–347 v. Chr.)* und Lehrer Alexanders des Großen, war einer der bedeutendsten Denker aller Zeiten. Auf zahlreichen Gebieten von der Philosophie und der Logik über die Poetik, Politik und Ethik bis zu den Naturwissenschaften hatte er das Wissen seiner Zeit zusammengefasst und in ein System gebracht. Seine Meinung blieb maßgeblich für 2 Jahrtausende. Das mathematische Wissen seiner Zeit fasste **Euklid** *(um 365–um 300 v. Chr.)* zusammen. Seine Methode, aus wenigen Grundannahmen die Eigenschaften der mathematischen Gegenstände abzuleiten, wurde zum Vorbild für die spätere Mathematik.

Die Vermehrung des Wissens von der Natur

Archimedes *(285–212 v. Chr.)* erkannte nicht nur grundlegende physikalische Zusammenhänge, seine mathematischen Erkenntnisse waren noch im 16. und 17. Jh. von großer Bedeutung. Auch wenn seine technischen Meisterleistungen, mit denen er den Römern bei der Belagerung von Syrakus so große

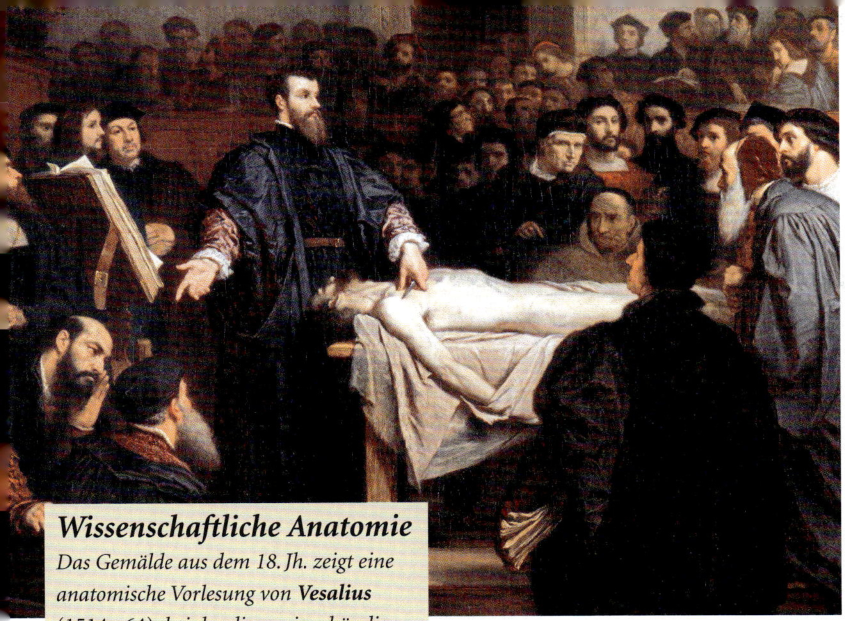

Wissenschaftliche Anatomie
Das Gemälde aus dem 18. Jh. zeigt eine anatomische Vorlesung von ***Vesalius*** (1514–64), *bei der dieser eigenhändig eine Sektion durchführt.*

Schwierigkeiten bereitete, teilweise ins Reich der Legende gehören – beispielsweise die Entzündung von Schiffen durch riesige Brennspiegel –, so hat er doch die spätere Entwicklung der Technik maßgeblich beeinflusst.
Claudius Ptolemäus *(um 100 – um 170)* fasste nicht nur das Wissen über den Himmel zu jenem Weltbild zusammen, das später nach ihm benannt wurde, sondern zeichnete auch Karten von der damals bekannten Welt und überzog die Erdkugel mit Längen- und Breitengraden.
Das anatomische Wissen vom Menschen erweiterte **Claudius Galenus** *(129 – um 200)* ganz erheblich durch Sektionen von Tieren, was allerdings zu Fehlschlüssen führte, die erst **Vesalius** *(1514–64)* erkannte. Seine Form der Diagnose mittels Puls und Harn und die Behandlung mittels Medikamenten waren bis ins 19. Jh. in Gebrauch.

Rege Geister

Mit **Leonardo da Vinci** *(1452–1519)* trat eines der größten Genies aller Zeiten auf die Bühne. Zwar war er kein Gelehrter – er hatte das Handwerk der Malerei erlernt, worin er es zu wahrhafter Meisterschaft brachte –, dennoch erforschte er die Natur, wie seine detailreichen anatomischen Studien belegen. In seinen technischen Zeichnungen nahm er zahlreiche Erfindungen späterer Jahrhunderte wie den Fallschirm, den Panzer oder den Hubschrauber vorweg. Quasi nebenbei war er auch ein viel beschäftigter Baumeister für italienische Herrscher und den König von Frankreich.
Der Frauenburger Domherr **Nikolaus Kopernikus** *(1473–1543)* ließ seine revolutionären Erkenntnisse über die Bewegung der Planeten um die Sonne erst in seinem Todesjahr veröffentlichen. Damit vertrieb er den Menschen aus dem Mittelpunkt der Welt und rief eine der größten wissenschaftlichen Revolutionen hervor. Philippus Theophrastus von Hohenheim, genannt **Paracelsus** *(1493–1541)*, war ein unruhiger und rebellischer Geist, der beißende Kritik an der Medizin seiner Zeit übte. Dies und seine legendären Heilungserfolge trugen ihm die erbitterte Feindschaft der Ärzte und Apotheker ein. Er beschäftigte sich nicht nur mit medizinischen, sondern auch mit astrologischen, philosophischen und theologischen Fragen.
Der Florentiner Hofmathematiker und Mathematikprofessor zu Pisa, **Galileo Galilei** *(1564–1642)*, der sich aufgrund seiner Streitlust viele Feinde machte, war nicht nur ein bedeutender Astronom. Er nutzte das praktische Wissen der Handwerker zur Naturerkenntnis und führte selbst Experimente durch, wenn auch häufig nur theoretisch. So gelang es ihm, die seit Jahrtausenden herrschenden falschen Vorstellungen von Aristoteles über das Verhalten von Körpern zu korrigieren.
Der Astronom am Kaiserhof und Hofastrologe **Wallensteins** *(1583–1634)*, **Johannes Kepler** *(1571–1630)*, erkannte dank der präzisen Daten **Tycho Brahes** *(1546–1601)* die Bewegungsgesetze der Planeten, reiste in

Das Hintergrundbild zeigt eine Skizze Leonardo da Vincis, mit der er ein Kurbelgetriebe für Flügel entwarf.

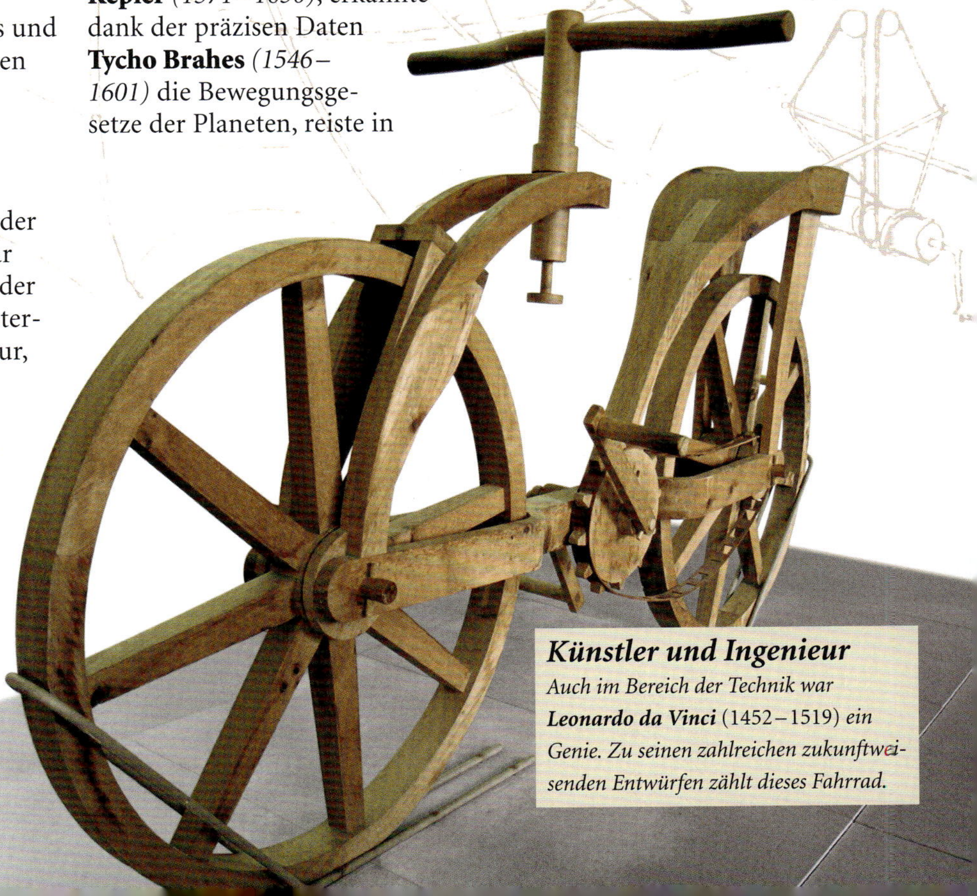

Künstler und Ingenieur
Auch im Bereich der Technik war ***Leonardo da Vinci*** (1452–1519) *ein Genie. Zu seinen zahlreichen zukunftweisenden Entwürfen zählt dieses Fahrrad.*

Gedanken auf den Mond und beschäftigte sich mit den optischen Gesetzen. Neben mathematischen stellte er auch astrologische Berechnungen an.
René Descartes *(1596–1650)* war einer der größten Philosophen, der die Schlussfolgerungen der Vernunft über alles stellte. Als Mathematiker begründete er die analytische Geometrie, die sich als ideales Handwerkszeug der Physik entpuppte. Er bekämpfte erfolgreich die Naturvorstellungen von Aristoteles, auch wenn seine eigenen Ansichten bald von Newton widerlegt werden sollten.
Der Niederländer **Christiaan Huygens** *(1629–95)* leistete in Mathematik, Physik und Astronomie gleichermaßen Außerordentliches. Er verbesserte das Fernrohr, erhöhte die Genauigkeit der Pendeluhr und stellte einen Explosionsmotor vor.

Auf den Vorgängern aufbauend

Isaac Newton *(1643–1727)* begründete die Infinitesimalrechnung, erkannte die Bewegungsgesetze der Mechanik und die Wirkung der Anziehung der Masse. Er entdeckte, dass weißes Licht sich in farbiges zerlegen lässt. Außerdem beschäftigte er sich intensiv mit Alchemie und biblischer Chronologie. Einige Jahre lang reformierte er als königlicher Münzverwalter erfolgreich das englische Geldwesen, was ihm den Adelstitel einbrachte.
Gottfried Wilhelm Leibniz *(1646–1716)* gehörte zu den Vätern der Aufklärung und gilt als der letzte Universalgelehrte. Unabhängig von Newton entwickelte er die Grundgedanken der Infinitesimalrechnung. In seinem nur schwer lesbaren Nachlass von 200 000 Blättern, der seit 2006 zum »Weltdokumentenerbe der UNESCO« zählt, finden sich Gedanken zu praktisch jedem Thema. Als Hofbibliothekar in Hannover schrieb er eine Geschichte der Welfendynastie und versuchte, Verbesserungen im Harzer Bergbau einzuführen. Er baute eine der ersten Rechenmaschinen und gilt als Vater der Computertechnik, weil er das duale Zahlensystem ersann.
Der Schweizer **Leonhard Euler** *(1707–83)* war einer der bedeutendsten Mathematiker überhaupt, der auch dann nicht von der Forschung ließ, als er vollständig erblindet war. In Berlin hatte er sich mit den königlichen Wasserspielen von Friedrich II. befasst, ging dann aber im Streit nach St. Petersburg zu Katharina der Großen. Er bewies zahlreiche mathematische Sätze und führte die moderne mathematische Symbolik ein. Auch für viele mathematisch schwierige Probleme der Physik und der Musiktheorie fand er eine Lösung.

Fürst der Mathematiker
Der Schöpfer der Zahlentheorie ***Leonhard Euler*** (1707 bis 1783) *machte sich mit einem Lehrbuch zur Algebra um die Verbreitung mathematischen Wissens verdient.*

Die Grenzen des Himmels durchbrochen

Der Hannoveraner **Friedrich Wilhelm Herschel** *(1738–1822)* war vor den Franzosen nach England geflohen, wo er als Musiker wirkte. In seiner Freizeit wollte er den gesamten Himmel erforschen und baute sich dafür Riesenfernrohre. Schlagartig berühmt wurde er, als er hiermit den Uranus entdeckte – und damit den ersten neuen Planeten seit der Antike. Außerdem erkannte er, dass der Sternenhimmel sich innerhalb langer Zeiträume verändert und manche Objekte sich in unvorstellbar großer Entfernung befinden. Zudem entdeckte er auch eine völlig neue Strahlungsart – das unsichtbare Infrarot. **Antoine Laurent de Lavoisier** *(1743–94)* plante und vollbrachte eine Revolution in der Chemie. Für seine Messungen benutzte er die Waage und stellte fest, dass bei allen chemischen Verwandlungen die Masse erhalten bleibt. **Pierre Simon Laplace** *(1749–1827)*

Moderner Erfinder
Ohne die Erfindung des Fonografen von ***Thomas Alva Edison*** (1847–1931) *gäbe es in den Diskotheken heute keine DJs, die per Scratchtechnik Töne verzerren.*

gelang es, die komplizierten Bewegungen der Planeten um die Sonne exakt zu berechnen, womit er zeigen konnte, dass das Planetensystem über lange Zeiten stabil bleibt. Er nahm an, dass das gesamte Weltgeschehen genauso exakt vorauszuberechnen sei, wenn alle Anfangszustände bekannt wären, dass die Zukunft also vorherbestimmt sei. Da die nötigen Informationen aber nicht zu erlangen sind, behalf er sich mit der Wahrscheinlichkeitsrechnung, die er auf ein hohes Niveau führte.

»Wenn ich weiter sehen konnte, so deshalb, weil ich auf den Schultern von Giganten stand.«

Isaac Newton

Als vielseitiger Naturforscher hat **Alexander von Humboldt** *(1769–1859)* fast die gesamte Welt bereist und zahlreiche Entdeckungen in vielen verschiedenen Disziplinen gemacht. Er sah die Erde als ein großes zusammenhängendes System, erkannte viele klimatische und geografische Zusammenhänge und verstand es wunderbar, das Wissen über die Welt einem großen Publikum zu vermitteln, was ihn selbst überaus populär machte. Noch heute werden seine Bücher immer wieder nachgedruckt.
Schon in der Schule wurde **Carl Friedrich Gauß** *(1777–1855)* als Wunderkind entdeckt und gefördert. So brachte er es, aus einfachsten Verhältnissen stammend, zum Professor. Es gibt kaum ein Gebiet der Astronomie und der Mathematik, in dem er nicht bahnbrechende Neuigkeiten fand, teilweise seiner Zeit weit voraus. Dennoch war er sich nicht zu fein, über Jahre hin die hannoverschen Lande zu vermessen. Zusammen mit **Wilhelm Weber** *(1804 bis 1891)* stellte er zudem die erste elektromagnetische Telegrafenverbindung her – über den Dächern von Göttingen.

Schutz vor Blitzen und Bakterien

Als Autodidakt entdeckte **Michael Faraday** *(1791 bis 1867)* die Zusammenhänge von Elektrizität und Magnetismus sowie Elektrizität und Chemie. Er erfand den Elektromotor und den Generator und erkannte, dass ein Blitz den Insassen eines Eisenkäfigs nichts anhaben kann.
Der Privatgelehrte **Charles Darwin** *(1809–82)* fügte den Menschen nach Kopernikus eine weitere Kränkung zu. Seine Evolutionstheorie machte aus der Krone der Schöpfung einen Nachkommen des Affen. Selten hat eine Theorie so langwierige und erbitterte Kontroversen hervorgerufen und auf so vielen Gebieten Denken und Handeln beeinflusst.
Louis Pasteur *(1822–95)* – in Frankreich ein Nationalheld – öffnete den Blick in den Mikrokosmos der Bakterien, erkannte ihre Bedeutung als Krankheitserreger und fand erste Gegenmittel.
Der Schotte **James Clerk Maxwell** *(1831–79)* »entdeckte« laut Einstein »das Tiefste und Fruchtbarste seit Newton«. Er fand nicht nur die Formeln für den von Michael Faraday entdeckten Zusammenhang von Elektrizität und Magnetismus, sondern beschrieb auch das Verhalten von Molekülen in Gasen. Seine mathematischen Methoden und Vorstellungen über die Natur haben bis heute große Bedeutung.
Durch **Robert Koch** *(1843–1910)* wurde das Wissen über die Bakterien ausgeweitet. Er erkannte die Bedeutung der Hygiene und entwickelte Impfstoffe auch auf dem Gebiet der Tropenmedizin. Auch das Wissen über die körpereigenen Abwehrmechanismen wurde von ihm erheblich erweitert.
Der Amerikaner **Thomas Alva Edison** *(1847–1931)* war eine Art moderner Prometheus. Er brachte die Elektrizität und mit seiner Glühbirne das elektrische Licht zu den Menschen. Wenn auch nicht alle ihm zugeschriebenen Erfindungen von ihm persönlich stammten, so verstand er es einzigartig, Ideen weiter zu entwickeln und erfolgreich zu vermarkten. Ihm gelang es, das Telefon zu verbessern, die menschliche Stimme aufzuzeichnen und eine Filmkamera zu bauen. Auch der elektrische Stuhl geht auf ihn zurück.

Pionier der Bakteriologie

Die Erreger von Infektionskrankheiten wie Tuberkulose und Cholera wies der Deutsche ***Robert Koch*** (1843–1910) *nach. Im Bild eines seiner Mikroskope.*

Das Allerkleinste und das Allergrößte werden durchschaut

Der Neuseeländer **Ernest Rutherford** *(1871–1937)* enthüllte den Aufbau des Atoms. Er entdeckte den Atomkern und fand das Proton als dessen Bestandteil. Er erkannte, dass Radioaktivität die Umwandlung eines Elements in ein anderes zur Folge hat. Ihm gelang die erste künstliche Kernumwandlung und die erste Zertrümmerung eines Atoms. **Albert Einstein** *(1879–1955)* ist der Inbegriff des vergeistigten Genies. Dies wird dem Schöpfer der Relativitätstheorie, womit er die Vorstellungen von Raum und Zeit revolutionierte, und Mitbegründer der Quantenphysik jedoch nicht gerecht. Er arbeitete nicht nur lange im Berner Patentamt, sondern beantragte selbst Patente, z. B. für den Kreiselkompass.

Im Palais de la Découverte in Paris veranschaulicht diese Konstruktion eine der großen mathematischen Leistungen von Carl Friedrich Gauß (1777–1855).

Vordenker der Naturwissenschaften

Wissenschaftliche Erfolge beruhen immer auch auf den Leistungen der Vorgängergenerationen. Besonders großen Einfluss hatten die Vordenker wissenschaftlicher Methodik.

Platon *(427–347 v. Chr.)* glaubte, dass die sichtbare Welt nur ein unvollständiges Abbild einer idealen Ideenwelt sei, weshalb er nach mathematischen Gesetzmäßigkeiten im scheinbaren Chaos am Himmel und auf der Erde suchte. Sein Schüler **Aristoteles** *(384–322 v. Chr.)* lehnte diesen Idealismus ab und fasste das gesamte Wissen seiner Zeit zusammen, womit er für 2000 Jahre die Grundlage aller Wissenschaften schuf. Dem heiligen **Thomas von Aquin** *(1225–74)* gelang es, die Bibel und das heidnische System des Aristoteles zu versöhnen, indem er erklärte, dass sich Glauben und Verstand ergänzen und nicht ausschließen. **Galileo Galilei** *(1564–1642)* setzte auf die Unabhängigkeit der Vernunft, die allein maßgeblich für die Erkenntnis der Natur sei. Antworten auf Fragen an Gottes Schöpfung könnten eher durch Experimente als in der Bibel gefunden werden. Der Staatsmann **Francis Bacon** *(1561–1626)* wollte Daten sammeln, um aus diesen Zusammenhänge zu erkennen. Er war der Meinung, dass man über den Wissensstand der Antike hinausgelangen könne. **René Descartes** *(1596–1650)* dagegen wollte die Gesetze der Natur mithilfe des Verstandes aus einigen Grundannahmen ableiten – wie in der Mathematik. Die Gewissheit des eigenen Denkens war für ihn gleichzeitig der Beweis für die Existenz der Welt. Mit seiner Methode, die mathematischen Grundgesetze der Mechanik ohne Hypothesen zu finden, wurde **Isaac Newton** *(1643–1727)* zum Vorbild für viele Wissenschaften. Seine Vorstellungen von einem absoluten Raum und einer absoluten Zeit beherrschten das Denken der Menschen bis Einstein. **Gottfried Wilhelm Leibniz** *(1646 bis 1716)* lehnte die Vorstellung von absoluter Zeit und absolutem Raum ab, konnte sich aber gegen Newton nicht durchsetzen.

Um zur Erkenntnis zu gelangen, setzte **Immanuel Kant** *(1724–1804)* darauf, dass Sinne und Verstand zusammenwirken. Die Vorstellungen von Raum, Zeit und Kausalität könnten nicht abgeleitet werden, sondern seien Voraussetzung, um überhaupt etwas wahrnehmen zu können. **Albert Einstein** *(1879–1955)* bewies, dass Raum und Zeit nicht unabhängig von der Welt existieren und dass unsere anschaulichen Vorstellungen von Raum und Zeit keineswegs den Tatsachen der relativistischen Raum-Zeit entsprechen.

»Wissen ist Macht.«

Francis Bacon

Mit Sinn und Verstand

Dieses Denkmal in Königsberg erinnert an ***Immanuel Kant*** (1724–1804). *Der Philosoph setzte auf das Zusammenwirken der Sinne mit dem Verstand.*

Philosoph und Pionier der modernen Wissenschaft

Als Begründer der neuzeitlichen Philosophie und Wissenschaft gilt ***René Descartes*** (1596–1650). *Das Porträt von Frans Hals entstand um 1640.*

Erste Rechenmaschine
Gottfried Wilhelm Leibniz *(1646 bis 1716) machte sich u. a. mit der Erfindung der Rechenmaschine (Darstellung von 1727) verdient.*

Er trotzte der Kirche
Das Foto zeigt ein Teleskop und andere von ***Galileo Galilei*** *(1564–1642) gebaute astronomische Instrumente auf der Terrasse von San Marco in Venedig, wo sie dem Dogen vorgeführt wurden.*

Demonstration der Allgemeinen Relativitätstheorie von Einstein anhand eines Pendels in einem fahrenden Zug.

Erfinder in der Antike
Besucher einer Ausstellung setzen eine Schraube zur Förderung von Wasser in Bewegung, die der Grieche **Archimedes** (285–212 v. Chr.) *erfunden hat.*

Meister der Zahlen und der Formeln

Mathematik ist keine Naturwissenschaft. Trotzdem dachte man lange Zeit, ihre Gesetze entsprächen der Wirklichkeit. Bis findige Denker erkannten, dass auch eine ganz andere Mathematik möglich ist, die Voraussetzungen benutzt, die nicht der Realität zu entsprechen scheinen. Überraschenderweise fanden dann die Physiker im 20. Jh. heraus, dass die Realität genau diesen »unrealistischen« Gesetzen folgt.

In seiner Jugend hielt sich der auf Samos geborene **Pythagoras** *(um 570–um 500 v. Chr.)* lange in Ägypten und Mesopotamien auf, wo er sich mit den dortigen mathematischen und astronomischen Kenntnissen vertraut machte. Hier war es wohl auch, wo er von dem später mit seinem Namen versehenen berühmten mathematischen Lehrsatz über das rechtwinklige Dreieck ($a^2 + b^2 = c^2$) erfuhr, der schon vor ihm existiert hatte. Nachdem der Tyrann Polykrates im Jahr 538 v. Chr. auf Samos die Macht an sich gerissen hatte, begab sich Pythagoras in die griechischen Kolonien in Süditalien. Dort gründete er eine Sekte, die dem Glauben an Reinkarnation anhing und deren Mitglieder nach strengen Regeln lebten und sich der Mathematik verschrieben hatten. Ihre Philosophie gründete auf ganzen Zahlen und ihren Verhältnissen (»Das Maß aller Dinge ist die Zahl«). Für die von den Pythagoreern entwickelte Harmonienlehre der Musik traf dies zu, denn die Saitenlängen, die harmonischen Intervallen zugrunde liegen, verhalten sich wie ganze Zahlen. Der Pythagoreer **Hippasos** *(6./5. Jh. v. Chr.)* untergrub dieses Gedankengebäude, als er bewies, dass es Längen gibt, die sich nicht durch das Verhältnis ganzer Zahlen darstellen lassen, wie z. B. die Diagonale eines Quadrats mit der Seitenlänge 1 ($\sqrt{2}$). Schreckerfüllt bezeichneten die Geheimbündler diese Zahlen als irrationale. Als Hippasos ihre Existenz öffentlich bekannt machte, soll er von seinen Glaubensbrüdern ertränkt worden sein.

Der Grundsteinleger

Der griechische Mathematiker **Euklid** *(um 360–um 300 v. Chr.)* wirkte in Alexandria. In seinem über die Jahrtausende gerühmten Werk »Die Elemente« leitete er das gesamte mathematische Wissen seiner Zeit aus einigen wenigen Grundannahmen ab. Vor allem in der Geometrie wurden seine Bücher noch bis in das 20. Jh. als Lehrbücher benutzt. Als Anhänger Platons war Euklid überzeugt, dass seine Ideen ein höheres Maß an Realität besäßen als die gezeichneten Figuren selbst. Denn ein mathematischer Beweis gilt streng und ganz exakt, während Zeichnungen immer ungenau sind. So muss jede gezeichnete Linie dreidimensional sein, während die gedachte nur eine Dimension besitzt. Die Realität entstellt und verwässert also die Klarheit der Idee zwangsläufig. Die irrationalen Zahlen baute Euklid ganz selbstverständlich in sein System ein. Diese »axiomatische Methode« blieb das Vorbild für alle Mathematiker nach ihm und wurde immer widerspruchsfreier ausgebaut. Von großer Bedeutung für das Verständnis und die Geschichte der Mathematik erwies sich sein Parallelenaxiom, das besagt, dass es zu jeder Geraden in einem bestimmten Abstand genau eine Parallele gibt, die sich mit der Geraden nicht schneidet. Alle Versuche, diese Aussage aus anderen Axiomen herzuleiten, schlugen fehl und führten schließlich zu einer ganz anderen Geometrie.

Der Praktiker

Der in Syrakus lebende **Archimedes** *(285–212 v. Chr.)* war ein Universalgenie, das in Mathematik, Physik und Technik gleichermaßen Großes leistete. Er stellte ein Verfahren vor, wie man sich der Zahl Pi – (das Verhältnis von Kreisumfang zu seinem Durchmesser) – bis zu einer beliebig großen Genauigkeit nähern könne – wahrscheinlich das erste Verfahren, wie man ein exakt nicht lösbares Problem näherungsweise lösen kann. Er verbesserte das Verfahren der Flächenberechnung unter Kurven, indem er z. B. einen Kreis oder eine Parabel durch ein Vieleck annäherte. Geht die Zahl der Ecken gegen unendlich, erhält man den exakten Flächeninhalt. Diese Methode wurde bis zur Entwicklung der Integralrechnung im 17. Jh. benutzt. Auch machte Archimedes sich Gedanken über die Unendlichkeit. So zeigte er, dass die Anzahl der Sandkörner an allen Gestaden der Welt keineswegs unendlich ist. Selbst wenn das ganze Universum – nach damaligen Vorstellungen etwa von der Größe unseres heutigen Sonnensystems – mit Sandkörnern gefüllt würde, wäre ihre Zahl immer noch nicht unendlich, behauptete Archimedes.

Jahrtausend-Mathematiker

Dieses Relief am Dom von Florenz zeigt den Mathematiker **Euklid** (um 360 bis um 300 v. Chr.), *dessen Werke noch im 20. Jh. als Lehrbücher dienten.*

Der Problemlöser

Über das Leben des **Diophantos** *(3. Jh. n. Chr.)*, der wohl in Alexandria lebte, ist nichts überliefert. Bekannt sind lediglich seine Werke. Sechs Bände seiner 13-bändigen »Arithmetika« wurden im 15. Jh. aufgefunden, vier weitere sogar erst im Jahr 1982 in arabischer Übersetzung. In diesen Büchern beschäftigte sich Diophantos mit dem Lösen von Gleichungen mit mehreren Unbekannten, wofür er etliche Lösungen fand. Bedenkt man, dass er dafür noch nicht die moderne Buchstabenschreibweise zur Verfügung hatte, kann man die Gedankenleistung ermessen, mit der dieses Wissen erarbeitet wurde.

Indische Ziffern und europäische Buchstaben

Die Rechnung mit Zahlen – man versuche einmal, römische Ziffern zu addieren – vereinfachten ganz entscheidend die Inder. Sie führten das Dezimalsystem ein und der indische Mathematiker **Brahmagupta** *(598 bis nach 665)* rechnete bereits ganz selbstverständlich mit der Null und den negativen Zahlen, für die es schon kein Pendant mehr in der Realität gibt. Weil dieses Wissen über die arabisch-

$a^2 + b^2 = c^2$

Unsterblich wurde ***Pythagoras*** (um 570 bis um 500 v. Chr.) *durch den nach ihm benannten obigen Satz – den er jedoch gar nicht selbst gefunden hat.*

Sprichwörtlicher Rechenmeister

Das Standardwerk der Rechenkunst im 16. Jh., die »Coss«, und eine Skulptur seines Autors ***Adam Ries*** (1492–1559) *in dem Museum, das ihm in Annaberg-Buchholz gewidmet ist.*

persische Welt nach Europa gelangte, haben diese Zahlen im Westen ihren missverständlichen Namen erhalten: Arabische Ziffern.
Während der Renaissance kamen wichtige Anstöße für die Mathematik aus dem Handwerk, wozu auch die Kunst zählte. Der »mathematischste Kopf« unter den Künstlern seiner Zeit war **Albrecht Dürer** *(1471 bis 1528)*, der eines der ersten geometrischen Lehrbücher in deutscher Sprache verfasste. Der sprichwörtliche Rechenmeister aus dem Erzgebirge, **Adam Ries** *(1492–1559)*, veröffentlichte Rechenbücher in deutscher Sprache, in denen er für die Verwendung des Dezimalsystems und der arabischen Ziffern plädierte. Diese Bücher fanden durch den Buchdruck eine weite Verbreitung. Die Mathematik wurde viel einfacher handhabbar und leichter zu verstehen, was eine geradezu explosionsartige Zunahme des mathematischen Wissens bedeutete. Der philosophierende Mathematiker **René Descartes** *(1596 bis 1650)* begründete die analytische Geometrie, indem er ein System von rechtwinkligen Achsen einführte, wodurch die geometrischen Rechnungen ungemein vereinfacht wurden. **Leonhard Euler** *(1707–83)* brachte das kartesische Koordinatensystem mit Geraden in konstantem Abstand in seine heutige Form und **Blaise Pascal** *(1623–62)* entwickelte mit der »Pascaline« die erste Addiermaschine. Der französische Advokat und Königsratgeber **François Viète** *(1540–1603)*, der Geheimbotschaften des Kriegsgegners Spanien entschlüsselt hatte, führte das Rechnen mit Buchstaben ein und erleichterte die allgemeine Lösung von Gleichungen damit sehr. Er machte klar, dass man mit Buchstaben, den Variablen, genauso rechnen kann wie mit Zahlen. Damit waren die umständlichen Formulierungen Geschichte und der Mathematik öffneten sich ganz neue Welten.

»Beim Erwachen habe ich schon so viele Einfälle, dass der Tag nicht ausreicht, um sie niederzuschreiben.«

Gottfried Wilhelm Leibniz

Das unendlich Kleine

Diese neuen Welten betraten zuerst **Isaac Newton** *(1643–1727)* und **Gottfried Wilhelm Leibniz** *(1646 bis 1716)*, indem sie die Infinitesimalrechnung schufen. Der deutsche Universalgelehrte trieb die archimedische Methode auf die Spitze, indem er zunächst wie dieser eine Kurve durch ein Vieleck mit unendlich vielen Ecken annäherte. Eine Tangente musste nun diese Kurve an einer unendlich kleinen Strecke schneiden. Unter dieser Strecke befindet sich ein unendlich kleines Steigungsdreieck, das die Steigung der Tangente angibt. Dies nennt sich heute die 1. Ableitung einer Funktion. Aus dem Vieleck mit unendlich vielen Ecken kann man aber auch die Fläche unter der Kurve berechnen, später als Integral bezeichnet. Isaac Newton stellte kurz darauf ähnliche Überlegungen an und benutzte sie für die Entwicklung seiner Physik. Denn die 1. Ableitung des zurückgelegten Weges nach der Zeit ist die Geschwindigkeit, die 2. ist die Beschleunigung. Hiermit fand er seine universalen physikalischen Gesetze.

Versicherungsmathematik
Weltweit berechnen Versicherungsunternehmen heute auf Basis der gaußschen Normalverteilung von ***Carl Friedrich Gauß*** (1777–1855) *die Wahrscheinlichkeit von Schäden.*

Waren die Pythagoreer über die Irrationalität von √2 gestolpert, so beunruhigten ihre Nachfolger Zahlen wie √-2. Was sollte man sich unter diesen imaginär genannten Zahlen nur vorstellen? Auch hier wies Leonhard Euler den Weg. Er zeigte, dass man durch die Benutzung dieser Zahlen viele Rechnungen erheblich vereinfachen kann, und führte für √–1 die Bezeichnung i ein. Ein großer Teil der heutigen mathematischen Symbole geht auf den Schweizer zurück, wie das Summenzeichen und die Bezeichnung für eine Funktion (f(x)). Die Infinitesimalrechnung wurde zwar fleißig angewandt, aber die mathematischen Grundlagen waren äußerst dürftig. Der Franzose **Augustin Louis Baron Cauchy** *(1789 bis 1857)* sorgte hier für Abhilfe, indem er eine Größe einführte, die beliebig klein, aber niemals Null werden konnte. Nun konnten alle Formeln auf diesem Gebiet mathematisch korrekt abgeleitet werden.

Es geht auch ohne Parallelen

Das Parallelenaxiom von Euklid abzuleiten war in all den Jahrhunderten seither nicht gelungen. **Carl Friedrich Gauß** *(1777–1855)*, **Nikolai Lobatschewski** *(1792–1856)* und **János Bolyai** *(1802–60)* machten sich nun unabhängig voneinander Gedanken darüber, wie eine Geometrie aussehen könnte, in der dieses Axiom nicht gelten würde. **Bernhard Riemann** *(1826–66)* entwickelte aus diesen Überlegungen die nichteuklidische Geometrie, in der der Raum gekrümmt ist. Die Winkelsumme eines Dreiecks muss nun nicht mehr 180° betragen. Lange hielt man dies für Gedankenspielerei, bis **Albert Einstein** *(1879–1955)* diese Geometrie in seiner Allgemeinen Relativitätstheorie benutzte.
Aber auch andere antike Probleme wurden gelöst bzw. ihre Unlösbarkeit bewiesen. Der Legende nach schrieb der Franzose **Evariste Galois** *(1811–32)* am Vorabend eines für ihn tödlich verlaufenden Duells eine Theorie nieder, mit deren Hilfe die drei klassischen Probleme der Antike als nicht lösbar bewiesen werden können: die Dreiteilung des Winkels, die Verdopplung des Würfels und die Quadratur des Kreises jeweils mit Zirkel und Lineal.
Diese Überlegungen regten **David Hilbert** *(1862 bis 1943)* dazu an, die Mathematik auf ein formales und einheitliches Fundament zu stellen und sie damit vollständig exakt und widerspruchsfrei zu gestalten. Im Jahr 1900 formulierte Hilbert 23 offene Fragen der Mathematik, die die Forschung stark beeinflussten. Im Jahr zuvor hatte er mit seinem Werk »Grundlagen der Geometrie« die Axiomatik der euklidischen Geometrie neu gefasst und auf eine feste Grundlage gestellt. Von diesem »Hilbertprogramm« angeregt, veröffentlichten die Briten **Bertrand Russell** *(1872–1970)* und **Alfred North Whitehead** *(1861–1947)* ihre dreibändigen »Principia mathematica«, um alle mathematischen Wahrheiten aus einem wohldefinierten Satz von Axiomen und Schlussregeln abzuleiten.

Alle Kreter sind Lügner

Aus dem Traum von der völligen Widerspruchsfreiheit der Mathematik weckte 20 Jahre später **Kurt Gödel** *(1906–78)* seine Kollegen. Der geniale Mathematiker litt später an Verfolgungswahn und verhungerte, weil er fürchtete, vergiftet zu werden.
Der Unvollständigkeitssatz, den Gödel bewiesen hatte, besagt: »Jedes hinreichend mächtige formale System ist entweder widersprüchlich oder unvollständig.« Vereinfacht ausgedrückt, kann in jedem System ein Satz gefunden werden in der Art: »Dieser Satz ist falsch«, der weder als richtig bewiesen noch als falsch widerlegt werden kann. Damit schloss sich in gewissem Sinn ein Kreis, denn bereits über 2500 Jahre zuvor hatte der kretische Seher **Epimenides** *(6./7. Jh. v. Chr.)* seine Zuhörer mit dem berühmten Lügner-Paradoxon »Alle Kreter sind Lügner« irritiert.

Erste Addiermaschine
Der Philosoph und Mathematiker ***Blaise Pascal*** (1623–62) *entwickelte diese Rechenmaschine, die aber noch nicht alle Rechenarten bewältigte.*

Die Väter der Physik

Vordenker
Vor Aristoteles war ***Demokrit*** (um 460 bis um 370 v. Chr.) *der bedeutendste Wissenschaftler. Nach ihm entstand die Welt durch einen Wirbel von Atomen.*

Die Physiker und Astronomen benötigten über 2000 Jahre, um die Gesetze des Himmels und der Erde zu enthüllen. Mit der Energieerhaltung fanden sie schließlich im 19. Jahrhundert das für alle Naturerscheinungen und die Technik gültige Grundgesetz.

Thales von Milet *(625–545 v. Chr.)* versuchte als Erster, die Welt allein mithilfe des Verstands zu erklären. Er hielt das Wasser für den Urgrund allen Seins. **Demokrit** *(um 460–um 370 v. Chr.)* und **Leukipp** *(5. Jh. v. Chr.)* stellten die Behauptung auf, dass alle Materie aus kleinen unteilbaren Teilchen besteht, den Atomen. Diese Idee wurde seinerzeit verworfen und erst in der Neuzeit von **Pierre Gassendi** *(1592–1655)* und **Galileo Galilei** *(1564 bis 1642)* wieder ins Gespräch gebracht. **Aristoteles** *(384–322 v. Chr.)* fasste das gesamte Wissen seiner Zeit zusammen und legte damit die Grundlage für fast 2000 Jahre der Naturerkenntnis. **Claudius Ptolemäus** *(um 100–um 170)* leistete in Alexandria das Gleiche für das geografische und astronomische Wissen seiner Zeit. Er lehnte das Modell des **Aristarch von Samos** *(um 310–230 v. Chr.)*, der behauptet hatte, dass die Sonne sich im Mittelpunkt der Planeten befinde, zugunsten des geozentrischen Weltbilds ab. Danach befindet sich die Erde im Mittelpunkt der Welt, um den Sonne und Planeten auf kugelförmigen Schalen kreisen.

Begründer eines Weltbilds
Der Kaufmannssohn ***Nikolaus Kopernikus*** (1473–1543) *entdeckte, dass die Erde um die Sonne kreist und ebnete der naturwissenschaftlichen Weltanschauung den Weg.*

Die Vertreibung des Menschen aus dem Mittelpunkt der Welt

Diese Ansicht hatte für Jahrhunderte Bestand, bis ihr im Jahr 1443 der Domprobst **Nikolaus Kopernikus** *(1473–1543)* widersprach, die Menschen aus dem Mittelpunkt der Welt vertrieb und sie auf eine Umlaufbahn um die Sonne schickte. Galileo Galilei richtete im Jahr 1610 das Fernrohr gen Himmel und entdeckte die Berge des Mondes und die Monde des Jupiters, was er für Beweise der Theorie des Kopernikus hielt.

»In der Mitte von allen aber steht die Sonne«
Nikolaus Kopernikus

Durch die Einführung des Experimentes in die Naturforschung konnte Galilei Aristoteles tatsächlich widerlegen. So fand er, dass alle Körper gleich schnell fallen und nicht schwere schneller als leichte, wie Aristoteles gemeint hatten. Außerdem behauptete der Italiener, dass jeder Körper seine Geschwindigkeit beibehält, wenn keine Kraft auf ihn wirkt (Trägheitsgesetz) – deshalb bemerkt auch niemand etwas davon, dass wir uns als Erdbewohner zusammen mit unserem Heimatplaneten rasend schnell um die Sonne bewegen. Ein entscheidendes Argument gegen Kopernikus war damit entkräftet. 1851 demonstrierte **Léon Foucault** *(1819–68)* im Pariser Pantheon in einem Versuch, den der Italiener **Vincenzo Viviani** *(1622 bis 1703)* erdachtet hatte, mithilfe eines 67 m langen Pendels erstmals vor Publikum die Erddrehung.

Planetengesetze und Schwerkraft

Die Planetengesetze, die **Johannes Kepler** *(1571 bis 1630)* entdeckt hatte und mit denen man die Bahnen der Planeten verstehen und berechnen konnte,

Wetterexperte des Barock
Das Quecksilberbarometer war die wichtigste Erfindung ***Evangelista Torricellis*** (1608–47). *Bedeutung erlangte der Italiener auch als Mathematiker.*

führten **Isaac Newton** *(1643– 1727)* zur Entdeckung des Gravitationsgesetzes, das die Planeten auf ihre Bahnen um die Sonne zwingt und den Apfel zur Erde fallen lässt. Ende des 18. Jh. gelang es **Nevil Maskelyne** *(1732–1811)* und **Henry Cavendish** *(1731–1810)* mit diesem Gesetz, die Masse der Erde zu bestimmen.
Newton verallgemeinerte zudem Galileis Trägheitsgesetz dergestalt, dass ein Körper Richtung und Geschwindigkeit seiner Bewegung nur ändert, wenn eine Kraft wirkt und damit eine entsprechende Beschleunigung hervorruft – andernfalls bleibt der Impuls erhalten, was **René Descartes** *(1596–1650)* schon früher erkannt hatte.

Im Jahr 1648 bestieg **Blaise Pascal** *(1623–62)* mit dem von **Evangelista Torricelli** *(1608–47)* erfundenen Barometer den 1465 m hohen Berg Puy de Dôme und bestätigte die Vermutung, dass die Lufthülle der Erde nur eine bestimmte Dicke hat und die Luft nach oben hin dünner wird. Der Magdeburger Bürgermeister **Otto Guericke** *(1602–86)* nahm an, dass im Weltraum ein Vakuum herrscht, das er mithilfe einer Luftpumpe und zweier Kugelhälften auch auf der Erde herstellte. 16 Pferde schafften es nicht, die Schalen auseinander zu reißen. Dabei stellte Guericke fest, dass Schall sich im luftleeren Raum nicht ausbreitet, Licht dagegen schon, dass Feuer erlischt und Tiere aufhören zu atmen.

Die Energie bleibt erhalten

Dass mechanische Energie stets erhalten bleibt, wenn keine Kraft (z. B. Reibung) wirkt, hatte **Gottfried Wilhelm Leibniz** *(1646–1716)* bereits im 17. Jh. nachgewiesen. Wo aber blieb die Energie, die durch die Reibung scheinbar verloren ging? 1798 konnte **Benjamin Thompson Graf von Rumford** *(1756–1814)* zeigen, dass Wärme eine Art Bewegung und keine Substanz ist. 1842 berechnete **Julius Robert Mayer** *(1814–78)* das Verhältnis, in dem sich mechanische Energie in Wärme umwandelt, wie kurz darauf ebenfalls der Engländer **James Prescott Joule** *(1818–89)*, und stellte das Gesetz von der Erhaltung der Energie auf. Dieses formulierte 1847 **Hermann von Helmholtz** *(1821–94)* in allgemeiner Form als Ersten Hauptsatz der Thermodynamik – damit war das Grundgesetz der Natur gefunden, wonach Energie nicht erzeugt werden kann und auch nicht verloren geht, sondern sich nur in eine andere Form verwandelt. Bereits 1827 hatte **Robert Brown** *(1773–1858)* die nach ihm benannte Bewegung an Pollen in einem Wassertropfen entdeckt, die aber schon 1785 der holländische Botaniker **Jan Ingenhousz** *(1730–99)* beschrieben hatte. Heute weiß man, dass diese Bewegung die Folge der Wärmebewegung der Wassermoleküle ist.
Im Jahr 1848 behauptete **William Thomson** (der spätere **Lord Kelvin**; *1824–1907)*, dass es eine Temperatur gibt, bei der jede Wärmebewegung erlischt und die deshalb auch nicht unterschritten werden kann. Auf diesem absoluten Nullpunkt (–273 °C) basiert die heutige Kelvinskala.
2 Jahre später stellte **Rudolf Clausius** *(1822–88)* den Zweiten Hauptsatz der Thermodynamik auf, der besagt, dass sich alle Energie letztendlich in Wärmebewegung verwandelt. **Ludwig Boltzmann** *(1844–1906)* führte dies auf das Bestreben der Atome zurück, den Zustand der größten Unordnung anzunehmen. Hiermit waren klassische Mechanik und Thermodynamik abgeschlossen.

Entdecker der Gravitation
Die Erkenntnisse ***Isaac Newtons*** (1643–1727) *erklären alle alltäglichen physikalischen Vorgänge – vom Auffahrunfall bis zum Ballspiel.*

Tausendsassa

Aus einfachsten Verhältnissen arbeitete sich **Benjamin Franklin** (1706–90) *zum Geschäftsmann, Erfinder und Politiker hoch. Seine Drachenexperimente sind weltberühmt.*

Erforscher von Licht und Elektrizität

Bereits in der Antike beschäftigten sich die Menschen mit den Eigenschaften des Lichtes, der Reibungselektrizität und dem Verhalten von Magneten. Erst im 19. Jh. erkannte man, dass alle drei Erscheinungen zusammen gehören. So wurde eine ganz neue Strahlungsart mit großer technischer Bedeutung entdeckt – die Radiowellen.

In der Antike war bekannt, dass sich kleine Splitter des Magneteisensteins in Nord-Süd-Richtung orientieren. Und **Thales von Milet** *(625–545 v. Chr.)* soll bereits gewusst haben, dass sich Bernstein (griech. Elektron) durch Reibung elektrisch auflädt. In Europa erwähnte der englische Gelehrte **Alexander Neckam** *(1157–1217)* als Erster den Gebrauch von Magnetnadeln in der Seefahrt, wenn auch der Kompass zuerst in China benutzt wurde. Der spätere Leibarzt der englischen Königin Elisabeth I., **William Gilbert** *(1544–1603)*, stellte in seinem im Jahr 1600 erschienen Buch »De Magnete« die Reibungselektrizität und den Magnetismus als unterschiedliche Erscheinungen dar. Zudem erkannte er, dass die Erde ein Magnet ist.

Anfang des 17. Jh. entdeckten **Thomas Harriot** *(1560–1621)*, **Willebrord Snellius** *(1580–1626)* und **René Descartes** *(1596–1650)* unabhängig voneinander das Lichtbrechungsgesetz. Im Jahr 1665 äußerte **Robert Hooke** *(1635–1703)* erstmals die Vermutung, dass Licht eine Schwingung sei. Der Holländer **Christiaan Huygens** *(1629–95)* konnte mit seiner Wellentheorie des Lichtes, das sich in einem Medium – dem Äther – ausbreiten sollte, Lichtbrechung und Reflexion erklären. Dennoch setzte sich die Vorstellung **Isaac Newtons** *(1643 bis 1727)* durch, wonach das Licht aus kleinen Teilchen besteht. Newton war es auch gelungen, das Licht in die Spektralfarben zu zerlegen und daraus wieder weißes Licht zu erzeugen. Die Vermutung, dass sich Licht mit endlicher Geschwindigkeit ausbreitet, konnte der Däne **Ole Römer** *(1644–1710)* durch astronomische Beobachtungen bestätigen.

Zuckende Blitze und Froschschenkel

Das 18. Jh. brachte viele neue Erkenntnisse auf dem Gebiet der Elektrizität. So entdeckte **Charles Dufay** *(1698–1739)*, dass es zwei verschiedene Arten von Elektrizität gibt, ähnlich wie beim Magnetismus – gleichartige stoßen sich ab und unterschiedliche ziehen sich an. 1745/46 erfanden **Ewald von Kleist** *(1700–48)* und **Pieter von Musschenbrock** *(1692 bis 1761)* unabhängig voneinander den Kondensator, damals als Leidener Flasche bezeichnet, mit der man größere Ladungsmengen speichern konnte. Mithilfe eines Drachens bewies 1752 der Amerikaner **Benjamin Franklin** *(1706–90)*, dass Gewitterblitze eine Form der Elektrizität sind. In Anlehnung an das Gravitationsgesetz beschrieb Ende des 18. Jh. **Charles Augustin de Coulomb** *(1736–1806)* die Anziehungs- und Abstoßungskräfte von Ladungen. Mit der Wende zum 19. Jh. begann elektrischer Strom dauerhaft zu fließen, weil der Italiener **Alessandro Volta** *(1745–1827)*, aufbauend auf Untersuchungen zuckender Froschschenkel seines Landsmanns **Luigi Galvani** *(1737–98)*, die Batterie erfand.

Eine Kompassnadel wird abgelenkt

Ein solcher Strom konnte eine Kompassnadel ablenken, wie **Hans Christian Ørsted** *(1777 bis 1851)* im Jahr 1820 entdeckte, womit er die erste Beziehung zwischen Elektrizität und Magnetismus gefunden hatte. **André Marie Ampère** *(1775 bis 1836)* erkannte als Ursache des Magnetismus winzige Ströme, die im Magneten fließen. Im Jahr 1826 stellte **Georg Simon Ohm** *(1789–1854)* das Grundgesetz der Elektrotechnik auf: Strom und Spannung in einem Leiter sind proportional, ihr Verhältnis bestimmt den Widerstand.

Den Engländer **Michael Faraday** *(1791–1867)* brachte dieses Gesetz auf die Idee, einen Elektromotor zu bauen. 1821 verwirklichte er sie. Nur 10 Jahre später hatte er auch die Umwandlung von Bewegung in elektrischen Strom vollbracht und damit den Generator erfunden. Dies gelang mithilfe der elektromagnetischen Induktion, die gleichzeitig der Amerikaner **Joseph Henry** *(1797–1878)* entdeckt hatte, wonach ein sich änderndes Magnetfeld Strom in einem Leiter erzeugt. Diesen rätselhaften Effekt hatte 1824 bereits **Dominique Arago** *(1786 bis 1853)* beobachtet, ohne ihn jedoch verstehen zu können.

Magnete erzeugen Strom
In der Londoner Royal Institution konnte ***Michael Faraday*** (1791–1867) *im damals besten Labor Englands arbeiten. Nicht zuletzt seinen Entdeckungen verdanken wir z. B. die Magnetschwebebahn.*

Aber auch beim Verständnis des Lichtes war man in der ersten Hälfte des 19. Jh. ein ganzes Stück weitergekommen. 1801 hatte der in Hannover geborene und in England lebende Musiker und Hobbyastronom **Wilhelm Herschel** *(1738–1822)* die Infrarotstrahlung entdeckt. Schlagartig berühmt geworden war er, als er im Jahr 1781 mit dem Uranus den ersten neuen Planeten seit der Antike entdeckt hatte. 1782 fand **Johann Wilhelm Ritter** *(1776 bis 1810)* am anderen Ende des sichtbaren Spektrums die Ultraviolette Strahlung.

Ebenfalls 1782 brachte **Thomas Young** *(1773–1829)* entscheidende Argumente für die Wellentheorie des Lichtes vor. Denn bei Überlagerungserscheinungen (Interferenz) kann sich Licht gegenseitig auslöschen, was mit der Teilchentheorie von Newton nicht in Einklang zu bringen war. **Augustin Jean Fresnel** *(1788–1828)* und Arago bewiesen 1821, dass Lichtwellen senkrecht zur Ausbreitungsrichtung schwingen. Damit wurde ein Schwingungsmedium benötigt – der Äther, den schon Christiaan Huygens ins Spiel gebracht hatte. Licht und Elektrizität schienen nun weitgehend verstanden, aber zwei unabhängige Erscheinungen zu sein – bis **James Clerk Maxwell** *(1831–79)* aus den nach ihm benannten Grundgleichungen der Elektrodynamik 1873 schloss, dass Licht ebenfalls eine elektromagnetische Erscheinung ist und dass mit elektrischen Strömen ähnliche Wellen im Raum erzeugt werden können, wenn auch mit viel größerer Wellenlänge. 1886 gelang dies **Heinrich Hertz** *(1857–94)* an der Technischen Universität Karlsruhe. Er konnte zeigen, dass die Radiowellen sich genauso verhalten wie Licht.

Tragbare Stromquellen
Durch seine Arbeiten erlangte der Italiener ***Alessandro Volta*** (1745–1827) *höchste Anerkennung und Ruhm. Im Bild erläutert er Napoleon seine Batterie.*

Die Revolution unseres Weltbilds

Die Naturwissenschaften gelten den meisten Menschen als trockener Stoff – nur in wenigen Ausnahmefällen sind Wissenschaftler wirklich populär geworden. Einen aber, der wie kein anderer die Wissenschaft revolutioniert und das Verständnis der Natur des Allerkleinsten und Allergrößten erst ermöglicht hat, kennt heute jeder.

Albert Einstein *(1879 – 1955)* wurde in Ulm als Sohn eines Kaufmanns geboren. Seinen Schulabschluss machte er in der Schweiz, deren Staatsbürgerschaft er auch annahm. Nach dem Studium zum Gymnasiallehrer für Mathematik und Physik in Zürich bemühte sich Einstein vergeblich um die Einstellung als Assistent an der Universität, bewarb sich aber erfolgreich um eine Stelle am Patentamt in Bern. Während er also nun Patentanträge prüfte, machte er sich seine Gedanken über die Grundfragen der Physik. Dabei kam er zu dem Ergebnis, dass Materie, Licht und Energie aus kleinen Teilchen bestehen. Die These von der atomaren Struktur der Materie war nicht neu, aber umstritten. Die These von den kleinen Energieteilchen – den Quanten –, deren Energie zudem noch von ihrer Wellenlänge abhängen sollte, dagegen schien allem, was die Physiker in den Jahrhunderten zuvor herausgefunden hatten, Hohn zu sprechen. Das zweite Ergebnis seiner Überlegungen war, dass die Lichtgeschwindigkeit immer konstant ist. Dass er mit seinen Vermutungen recht hatte, bewies Einstein im Jahr 1905 durch drei legendäre Aufsätze in der Fachzeitschrift »Annalen der Physik«.

Nun war die von **Max Planck** *(1858–1947)* im Jahr 1900 auf der Grundlage von Strahlungsmessungen widerwillig aufgestellte Quantenhypothese von einem mathematischen Trick zur Realität geworden. Und mit einem Mal wurde klar, warum die Versuche von **Albert Michelson** *(1852–1931)* und **Edward Morley** *(1838–1923)*, das Schwingungsmedium des Lichts – den Äther – nachzuweisen, scheitern mussten. Er existiert nicht, die Lichtteilchen bewegen sich durch den leeren Raum.

Aus der Konstanz der Lichtgeschwindigkeit leitete Einstein die wohl berühmteste Formel aller Zeiten ab, nach der Masse und Energie gleichwertig sind: $E=mc^2$. Damit lieferte er zugleich die Grundlage für den Bau der Atombombe und die Gewinnung von Kernenergie.

Genie und Pazifist

Die Leser des amerikanischen »Time Magazine« wählten den deutsch-jüdischen Physiker ***Albert Einstein*** (1879–1955) *zur bedeutendsten Persönlichkeit des 20. Jh.*

Die Erklärung der Gravitation

Nach diesen epochalen Veröffentlichungen war der Autor ein gefragter Mann. Bald erhielt er eine Professur, zuerst in Zürich, dann in Prag und 1914 in Berlin. Aber Einstein war noch lange nicht zufrieden. Er wollte auch noch das Geheimnis der Gravitation ergründen. Wieso, so fragte er sich, spüren wir beim Fallen unser Gewicht nicht? Aus diesem Gedanken entwickelte er 1915 die Allgemeine Relativitätstheorie. In dieser Theorie verzerren schwere Massen, also beispielsweise die Sonne, Raum und Zeit in ihrer Umgebung, und zwar derart, dass andere Massen sich auf Kreisbahnen bewegen müssen. Deshalb wird auch Licht von Sternen abgelenkt. Wenn sich zu viel Materie zusammenballt, kann ihr das Licht nicht mehr entkommen, ein Schwarzes Loch entsteht, wie **Karl Schwarzschild** *(1873–1916)* bereits 1916 berechnete. Den Namen prägte **John Archibald Wheeler** *(1911–2008)* erst im Jahr 1968. Im Rahmen der klassischen Physik hatten **John Michell** *(1724–93)* und **Pierre Simon Laplace** *(1749–1827)* Ende des 18. Jh. auch schon über »dunkle Sterne« spekuliert.

Quantensprünge in der Forschung

Am Ende des 19. Jh. dachten die Physiker, die Welt im Großen und Ganzen verstanden zu haben. Das Gegenteil war jedoch der Fall. Es fanden sich völlig unerwartete Effekte; die neuen Theorien ließen das Atom Realität werden und seinen Aufbau verstehen. Außerdem gelang es, Struktur und Entwicklung des Kosmos zu begreifen, bis Ende des 20. Jh. wieder neue Rätsel auftauchten.
Johann Wilhelm Hittorf *(1824–1914)* beschrieb Strahlen, die in einer Röhre von der Kathode ausgesandt werden, was **William Crookes** *(1832–1919)* 1879 genauer untersuchte. **Wilhelm Conrad Röntgen** *(1845–1923)* entdeckte 1895 durch Zufall die nach ihm benannten Strahlen, die entstehen, wenn die Kathodenstrahlen auf Materie treffen. Ebenfalls zufällig stieß im folgenden Jahr **Antoine Henri Becquerel** *(1852–1908)* darauf, dass Uran eine neue Art von Strahlung aussendet, die später als radioaktive Strahlung bezeichnet wurde.

Joseph John Thomson *(1856–1940)* erkannte 1897, dass das Elektron Träger der Elementarladung ist und die Kathodenstrahlen aus eben diesen negativen Ladungen bestehen. 1898 fanden **Marie** *(1867–1934)* und **Pierre Curie** *(1859–1906)* zwei neue Elemente, die radioaktive Strahlung aussenden – Polonium und Radium. Wenig später bemerkte der in England lebende Neuseeländer **Ernest Rutherford** *(1871 bis 1937)*, dass es zwei Arten radioaktiver Strahlung gibt, die er Alpha- und Betastrahlung nannte. (In Frankreich entdeckte man später noch eine dritte Strahlungsart, die Gammastrahlen.) Zusammen mit **Frederick Soddy** *(1877–1956)* entdeckte Rutherford zudem, dass radioaktive Strahlen entstehen, wenn Elemente sich in andere verwandeln. Der Beschuss von Goldatomen mit Heliumkernen führte den Neuseeländer im Jahr 1911 zu dem Schluss, dass fast die gesamte Masse des Atoms, das ansonsten aus leerem Raum besteht, im winzigen Kern konzentriert ist. Nun hatte man die Atome lokalisiert, aber sie erwiesen sich nicht als unteilbar, sondern bestanden wiederum aus noch kleineren Teilchen. Dies führte **Niels Bohr** *(1885–1962)* 1913 dazu, ein Atommodell in Analogie zu dem Planetensystem einzuführen. Die Elektronen umkreisen den Atomkern in großem Abstand auf stabilen Bahnen. Dabei folgte Bohr der von Max Planck und Albert Einstein begründeten Quanten-

Entdecker des Radiums
Bis zum Unfalltod Pierres 1906 forschten ***Marie und Pierre Curie*** (1867–1934 / 1859–1906) *gemeinsam in Paris. Marie Curie gilt als eine der bedeutendsten Wissenschaftlerinnen aller Zeiten.*

»Man muss nichts im Leben fürchten, man muss nur alles verstehen.«

Marie Curie

Glücksfall für die Medizin
Der erste Nobelpreisträger für Physik war ***Wilhelm Conrad Röntgen*** (1845–1923), *der Entdecker der »X-Strahlen«, die später nach ihm benannt wurden.*

Eines der ersten Röntgenbilder ist eine 1896 entstandene Aufnahme der Hand von Conrad Röntgens Frau.

theorie. Lichtstrahlung wird nur abgegeben oder aufgenommen, wenn ein Quantensprung zwischen den Bahnen stattfindet. Als ein Kernbaustein wurde im folgenden Jahr, wiederum von Rutherford, das Proton identifiziert, mit dem zweiten Baustein – dem Neutron – gelang dies erst 1932 **James Chadwick** *(1891–1974)*.
Aber auch diese Kernbausteine erwiesen sich nicht als elementar. **Murray Gell-Mann** *(geb. 1929)*, **Yuval Neemann** *(1925–2006)* und **George Zweig** *(geb. 1937)* fanden 1964 heraus, dass Proton und Neutron aus noch kleineren Teilchen bestehen, denen Gell-Mann den Namen »Quarks« gab – nach einem Fantasiewort aus dem Roman »Finnegans Wake« von **James Joyce** *(1882–1941)*.

Der Traum der Alchimisten wird wahr

Die erste künstliche Kernumwandlung gelang Ernest Rutherford bereits kurz nach Ende des Ersten Weltkriegs, womit der alte Traum der Alchimisten, Elemente ineinander umzuwandeln, doch noch wahr geworden war.
Arthur Compton *(1892–1962)* konnte 1922 den Teilchencharakter von Licht durch Stöße mit Elektronen nachweisen. Diese Erkenntnis führte dazu, dass der Doppelcharakter des Lichts als Teilchen mit einer Wellenlänge in der Wissenschaft allmählich akzeptiert wurde. Dann aber behauptete **Louis de Broglie** *(1892–1987)*, dass die Materie ebenfalls eine Wellenlänge besitzt, was 1927 durch Forschungsarbeiten von **Clinton Davisson** *(1881 bis 1958)* und **Lester Germer** *(1896–1971)* in den USA und von **George Paget Thomson** *(1892–1975)* in Schottland bestätigt wurde.

Im Jahr 1926 stellte der Österreicher **Erwin Schrödinger** *(1887–1961)* die heute nach ihm benannte Wellengleichung vor, die sich als Grundgleichung der Quantenmechanik entpuppte, während der Deutsche **Werner Heisenberg** *(1901–76)* wenig später das Unschärfeprinzip entdeckte, das besagt, dass Ort und Geschwindigkeit eines Quantenteilchens nicht gleichzeitig beliebig exakt ermittelt werden können. Und es kam noch verrückter. So sagte **Paul Dirac** *(1902–84)* 1928 die Existenz von Antimaterie voraus. Tatsächlich fand **Carl Anderson** *(1905–91)* auf Anregung von **Robert Millikan** *(1868–1953)* 1932 das Positron – ein positiv geladenes Elektron.

Zum Jahr 1932 verzeichnen die Chronisten ein weiteres bahnbrechendes Ereignis der Physikgeschichte: **John Cockcroft** *(1897–1967)* und **Ernest Walton** *(1903–95)* gelang es mithilfe eines Teilchenbeschleunigers zum ersten Mal, einen kleinen Atomkern zu spalten. Nur 6 Jahre später beobachteten **Otto Hahn** *(1879–1968)* und **Fritz Straßmann** *(1902–80)* die Kernspaltung des Urans, bei der Energie frei wird. Wie ihre Versuche zu interpretieren waren, erklärte ihnen die nach Schweden emigrierte Österreicherin **Lise Meitner** *(1878–1968)* brieflich. Bereits 1942 wurde von einem Team unter dem Italiener **Enrico Fermi** *(1901–54)* und dem Ungarn **Leó Szilárd** *(1898–1964)* die erste selbsterhaltende Kernreaktion in Gang gesetzt. Unter der Leitung von **Robert Oppenheimer** *(1904–67)*, dem zahlreiche europäische Emigranten halfen, wurde 1945 die erste Atombombe in den USA gezündet. Der Ungar **Eward Teller** *(1908–2003)* entwickelte nach dem Zweiten Weltkrieg die Wasserstoffbombe, womit die Energiequelle der Sonne – die Fusion von Wasserstoffkernen – auf die Erde geholt war. Ende der 1930er-Jahre hatten **Hans Bethe** *(1906 bis 2005)* und **Carl Friedrich von Weizsäcker** *(1912 bis 2007)* unabhängig voneinander den Fusionsprozess in Sternen beschrieben. Damit kannte man endlich die Quelle, aus der die Sonne ihren Energiebedarf für Milliarden von Jahren befriedigen kann. Geologen hatten schon lange mit dieser Zeitspanne gerechnet – auch wenn sie damit auf erhebliche Bedenken der Physiker gestoßen waren.

Vater der Kernchemie
Der deutsche Chemiker ***Otto Hahn*** *(1879–1968) war ein Wegbereiter der Kernspaltung. Er warnte aber auch vor den Gefahren der Atomenergie und ihrem Missbrauch.*

Bestsellerautor
*Mit seinen Büchern machte der Engländer **Stephen Hawking** (geb. 1942) die Physik populär. In seinen Forschungen beschäftigt er sich vor allem mit den »Schwarzen Löchern«.*

Ein Perpetuum Mobile wird gefunden

Damit war die Ursache für die hohen Temperaturen auf der Sonne erkannt. Wie verhält sich die Materie aber bei Temperaturen nahe des absoluten Nullpunkts? Im Jahr 1911 hatte der Niederländer **Heike Kamerling Onnes** *(1853–1926)* die erstaunliche Entdeckung gemacht, dass Quecksilber bei 4,16 K (–269 °C) plötzlich seinen elektrischen Widerstand verliert. Damit war ein Perpetuum Mobile gefunden, denn ein einmal eingeschalteter Strom konnte praktisch beliebig lange fließen – ohne hierbei allerdings Arbeit verrichten zu können.
Erst 1957 konnten **John Bardeen** *(1908–91)*, **Leon N. Cooper** *(geb. 1930)* und **John R. Schrieffer** *(geb. 1931)* dieses Verhalten damit erklären, dass Elektronen bei niedrigen Temperaturen Paare bilden, die von den Atomen des Kristallgitters, durch das der Strom fließt, nicht mehr gebremst werden können. 1986 stellten der Deutsche **Johannes Georg Bednorz** *(geb. 1950)* und der Schweizer **Karl Alexander Müller** *(geb. 1927)* einen keramischen Supraleiter vor, der dieses Verhalten bei höheren Temperaturen zeigte.

Die Urknalltheorie

Aber nicht nur die Ansichten über den Mikrokosmos sollten sich vollständig wandeln, auch die über den Makrokosmos wurden revolutioniert. Um 1922 hatte der russische Physiker **Alexander Friedmann** *(1888–1925)* aus Einsteins Allgemeiner Relativitätstheorie geschlossen, dass sich das Universum entweder ausdehnen oder zusammenziehen müsse.
Der amerikanische Astronom **Edwin Hubble** *(1889–1953)* stellte 1923 fest, dass viele sogenannte Nebelflecken eigentlich andere Galaxien sind, die sich weit außerhalb des Sonnensystems befinden. 1929 bemerkte er, dass sich fast alle Galaxien von der Erde fortbewegen – damit war die Behauptung des belgischen Priesters und Astronomen **Georges Lemaître** *(1894–1966)*, dass der Kosmos aus der Explosion eines »Uratoms« entstanden sei, nicht mehr gänzlich von der Hand zu weisen. Als dann 1964 die Radiotechniker **Arno Penzias** *(geb. 1933)* und **Robert Woodrow Wilson** *(geb. 1936)* in New Jersey eine störende Hintergrundstrahlung empfingen, die **Robert Dicke** *(1916–97)* als das von **George Gamow** *(1904–68)* behauptete Echo des Urknalls deutete, setzte sich diese Theorie schnell durch. Der an den Rollstuhl gefesselte englische Physiker **Stephen Hawking** *(geb. 1942)* versucht sogar, Berechnungen über die Zeit vor dem Urknall anzustellen.
Neuere Beobachtungen ergaben, dass sich das Universum immer schneller ausdehnt. Als Ursache hierfür wurde von **Michael Turner** *(geb. 1949)* 1998 der Begriff »Dunkle Energie« geprägt, die mit herkömmlichen Mitteln nicht beobachtet werden kann, aber 74 % der Energie des Universums ausmachen soll. Als **Fritz Zwicky** *(1898–1974)* bereits 1933 die Existenz der »Dunklen Materie« vermutet hatte, um die viel zu schnelle Rotationsgeschwindigkeit vieler Galaxien zu erklären, traf dies noch auf heftige Ablehnung. Inzwischen gilt diese unsichtbare Materie ebenfalls als gesichert und soll zusammen mit der »Dunklen Energie« 96 % des Universums ausmachen.

Nebelforscher
*Der amerikanische Astronom **Edwin Hubble** (1889 bis 1953) – hier in einem Observatorium – war der Erste, der außerhalb unserer eigenen Galaxie noch weitere vermutete.*

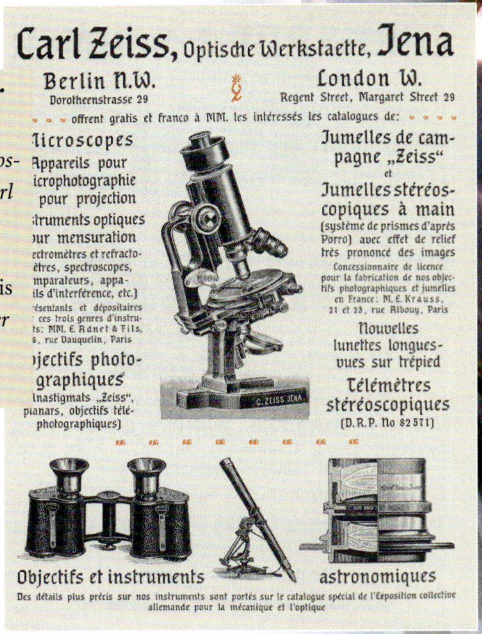

Synonym für Mikroskope

Werbung für Mikroskope der Firma Carl Zeiss aus dem Jahr 1900. Ihr Gründer **_Carl Zeiß_** (1816 bis 1888) *war einer der Pioniere der optischen Industrie.*

Mehr sehen mit besseren Gläsern

Ein Pionier der Herstellung optischer und technischer Gläser war **_Otto Schott_** (1851 bis 1935). *Das Foto zeigt eine Zusammenstellung verschiedener solcher Gläser.*

Jenseits der Sinne

Im Lauf der Zeit hat sich der Mensch vielerlei Instrumente geschaffen, um etwas zu messen, wie die Zeit oder die Temperatur, oder um – z. B. mit der Brille – eigene Gebrechen auszugleichen. Ja, er konnte mit Mikroskop und Teleskop sogar bisher Unsichtbares sichtbar machen.

Der arabische Gelehrte **Ibn al-Haitham** *(965–um 1040)* erkannte, dass gewölbte Glasflächen Gegenstände vergrößern. Seine Lesesteine waren die ersten Lupen. Dies soll den englischen Mönch **Roger Bacon** *(1214–92)* zur Konstruktion der ersten Brille inspiriert haben, sodass auch ein im Alter weitsichtig gewordener Mensch wieder lesen konnte. René Descartes beschrieb im Jahr 1636 die Idee, eine Linse direkt im Auge zu tragen. Nach ersten unbefriedigenden Versuchen mit Glas erfand **Heinrich Wöhlk** *(1913–91)* nach dem Zweiten Weltkrieg die Kontaktlinse aus Plexiglas; der Tscheche **Otto Wichterle** *(1913–98)* folgte in den 1960er-Jahren mit der weichen Kontaktlinse.

Die Messung der Zeit

Schon früh versuchte der Mensch, die natürliche Gliederung der Zeit in Tag und Jahr durch einen Kalender zu erfassen. **Julius Cäsar** *(100–44 v. Chr.)* führte im Jahr 46 v. Chr. den aus Ägypten stammenden Sonnenkalender mit 365 Tagen ein, bei dem alle 4 Jahre ein zusätzlicher Tag eingefügt wird. Dieser Kalender wird heute noch von den orthodoxen Kirchen und in Äthiopien benutzt. Da das Jahr hierbei etwa 11 Minuten länger ist als in Wirklichkeit, kam es zu immer größeren Unstimmigkeiten. Deshalb wurde von Papst **Gregor XIII.** *(1502–85)* im Jahr 1582 ein neuer Kalender eingeführt, der diese Probleme löste. Diesen Kalender haben heute fast alle Länder übernommen.
Die Stunde war anfangs eine willkürliche Einteilung des Tages durch die Babylonier, für deren Messung zunächst Wasser, Sand oder der Schatten der Sonne genutzt wurde. Die Erfindung einer mechanischen Uhr, die Schwingungen zählt, war eine der wichtigs-

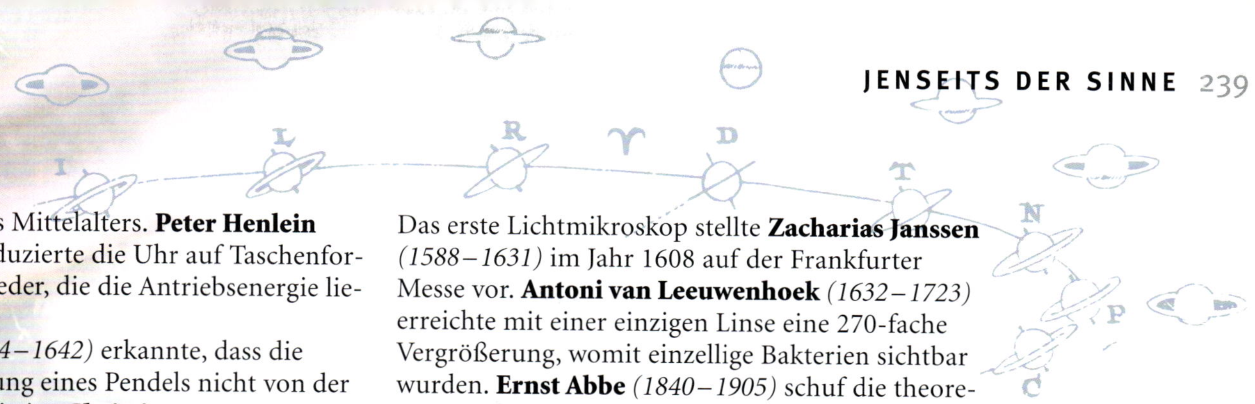

ten Erfindungen des Mittelalters. **Peter Henlein** *(um 1480–1542)* reduzierte die Uhr auf Taschenformat, indem er die Feder, die die Antriebsenergie lieferte, verkleinernte.
Galileo Galilei *(1564–1642)* erkannte, dass die Dauer der Schwingung eines Pendels nicht von der Auslenkung abhängig ist. **Christiaan Huygens** *(1629–95)* verbesserte die Genauigkeit der Pendeluhr auf 10 Sekunden Abweichung am Tag. Außerdem entwickelte er die Unruh, eine Art Drehpendel für Taschenuhren, die auf einer Idee von **Robert Hooke** *(1635–1703)* basierte.

Die Erde tickt nicht richtig

John Harrison *(1693–1776)* gilt als »Vater der Zeit«, denn ihm gelang es, in jahrelanger Tüftelei den Einfluss von Temperaturschwankungen und Bewegungen auf die Zeitmessung auszugleichen. Damit war auch eine präzise Zeitmessung auf See möglich, wodurch wiederum die geografische Länge bestimmt werden konnte.
Ende der 1920er-Jahre benutzte der Kanadier **Warren Marrison** *(1896–1980)* die Schwingungen eines Kristalls als Zeitgeber – die Idee der Quarzuhr war geboren. **Adolf Scheibe** *(1895–1958)* und **Udo Adelsberger** *(1902–92)* gelang es, die Genauigkeit der Quarzuhr weit genug zu erhöhen, um damit Schwankungen der Erdrotation festzustellen. So hat die Erde seit 1967 als Zeitnormal ausgedient. Heute wird die Zeit von Atomuhren mit einem Fehler von 1 Sekunde in 30 Mio. Jahren gemessen.

Blick in Kosmos und Mikrokosmos

Mit einer Linse sieht man nur Gegenstände in der Nähe vergrößert. Werden zwei Linsen kombiniert, rückt die Ferne näher ans Auge heran. Dies entdeckte der deutsch-niederländische Brillenmacher **Hans Lippershey** *(um 1570–1619)* im Jahr 1608. Einen Nachbau seines Apparats richtete Galileo Galilei erstmals gen Himmel.
Fast alles, was wir über den Kosmos wissen, verdanken wir den immer weiter verbesserten Teleskopen, die heute nicht nur im Bereich des sichtbaren Lichts betrieben werden, sondern auch im Mikrowellen-, Infrarot-, Ultraviolett- und Röntgenspektrum. Die heutigen Riesenteleskope mit bis zu 10 m Durchmesser, mit denen 13 Mrd. Lichtjahre in die Ferne und die Vergangenheit geblickt werden kann, sind Spiegelteleskope. Als Erster nutzte der Jesuitenpater **Nicolaus Zucchius** *(1586–1670)* einen Hohlspiegel zur Vergrößerung, womit die Farbfehler, die bei Linsen auftreten, vermieden wurden.

Das erste Lichtmikroskop stellte **Zacharias Janssen** *(1588–1631)* im Jahr 1608 auf der Frankfurter Messe vor. **Antoni van Leeuwenhoek** *(1632–1723)* erreichte mit einer einzigen Linse eine 270-fache Vergrößerung, womit einzellige Bakterien sichtbar wurden. **Ernst Abbe** *(1840–1905)* schuf die theoretischen Grundlagen für die Mikroskopie und führte damit die Firmen von **Carl Zeiß** *(1816–88)* und **Otto Schott** *(1851–1935)* zu Weltruhm und die Wissenschaft in noch kleinere Gefilde. Die Begrenztheit der Vergrößerung von Lichtmikroskopen aufgrund der Wellenlänge durchbrachen im Jahr 1931 **Ernst Ruska** *(1906–88)* und **Max Knoll** *(1897–1969)* mit dem ersten Elektronenmikroskop, mit dem heute Details von der Größe eines Millionstel Millimeters betrachtet werden können. Zu Beginn des 21. Jh. gelang es **Stefan Hell** *(geb. 1962)* durch eine geniale Kombination zweier Lichtstrahlen, diese Grenze ebenfalls zu unterschreiten.

Optische Instrumente verhalfen zu einem genaueren Blick auf den Himmel. Diese Zeichnung des Saturns und seiner Ringe (1659) stammt von Christiaan Huygens.

Messung von Temperatur und Luftdruck

Galileo Galilei stellte im Jahr 1592 fest, dass sich die Dichte einer Flüssigkeit bei unterschiedlichen Temperaturen ändert. 1714 führte der deutsche Physiker **Daniel Gabriel Fahrenheit** *(1686–1736)* das Quecksilberthermometer ein und benutzte eine geeichte Temperaturskala, bei der der Nullpunkt bei –17,8 °C liegt und die »Körpertemperatur eines gesunden Menschen« bei 96 °F. Diese Skala war lange Zeit in Europa gebräuchlich, heute wird sie vor allem in den USA benutzt. Der Schwede **Anders Celsius** *(1701–44)* führte dann 1742 die nach ihm benannte Skala ein. Der Italiener **Evangelista Torricelli** *(1608–47)*, ein Schüler Galileis, wollte beweisen, dass für das Aufsteigen einer Flüssigkeit in einer luftleeren Röhre das Gewicht der Luft verantwortlich ist. Nachdem er im Jahr 1643 ein langes Glasrohr mit Quecksilber gefüllt und es dann mit der Öffnung nach unten in ein Quecksilberbecken gestellt hatte, hatte er das erste Barometer vor sich. Denn die Höhe und damit das Gewicht der Quecksilbersäule entsprach exakt dem Gewicht der Luftsäule über dem Quecksilber.

Erfinder der Brille?

*Der englische Franziskanermönch und Philosoph **Roger Bacon** (1214 bis 1292), der sich auch mit der Astronomie befasste, soll die Brille erfunden und Erfindungen wie das Mikroskop vorausgesagt haben.*

Die Pioniere der Chemie

Revolutionär der Chemie
Die Abbildung aus dem 19. Jh. zeigt ***Antoine Laurent de Lavoisier*** (1743–94) *in seinem Labor. Der Wissenschaftler wurde während der Französischen Revolution Opfer eines voreingenommenen Gerichts.*

Schon die alten Ägypter und Babylonier zeigten Interesse am Verhalten und der Umwandlung der Stoffe. Im Mittelalter und in der frühen Neuzeit beschäftigten sich die sogenannten Alchimisten dann z. B. mit Versuchen, Gold herzustellen. Erst mit dem Durchbruch des rationalen und im heutigen Sinne wissenschaftlichen Denkens wurde das Fundament der modernen Chemie gelegt.

Die Verwandlung der Stoffe hatte die Menschheit schon immer interessiert. Aber es gestaltete sich äußerst schwierig, die dabei wirkenden Gesetze zu erkennen. Schließlich waren es **Robert Boyle** *(1627–91)* und **Antoine Laurent de Lavoisier** *(1743–94),* die die Grundlagen für die moderne Chemie legten, indem der eine klärte, was eigentlich Elemente sind – nämlich durch chemische Verfahren nicht weiter zerlegbare Stoffe, während der andere mithilfe der Waage feststellte, wann sich Stoffe verbanden bzw. trennten. Der Ire Robert Boyle war ein Anhänger der Theorie von **Pierre Gassendi** *(1592–1655),* nach der die Materie aus Atomen aufgebaut ist. Gassendi hatte sich auf die Vorstellungen von **Demokrit** *(um 460–um 370 v. Chr.)* und **Leukipp** *(5. Jh. v. Chr.)* berufen. Die Lehre der vier Elemente (Erde, Wasser, Luft und Feuer) des **Aristoteles** *(384–322 v. Chr.)* lehnte Boyle ebenso ab wie die von astrologischen, alchimistischen und okkultistischen Ideen geprägte Lehre des **Paracelsus** *(1493–1541).* Demgegenüber vertrat er den Standpunkt, dass die einzelnen Elemente unterschiedliche Formen hätten, nicht ineinander verwandelt werden könnten und vor allem nicht weiter zerlegbar seien. Zwar konnte auch er nicht sagen, welche Stoffe Elemente und welche Verbindungen sind, aber begrifflich hatte er beides getrennt. Hiermit begründete er die Chemie und grenzte sie von Medizin und Alchimie ab.

Angekündigte Revolution

Antoine Laurent de Lavoisier hatte bereits 1773 angekündigt, dass er eine Revolution – allerdings nur in der Chemie – herbeiführen wolle. Die Aufklärung der Rolle des Sauerstoffs bei der Verbrennung sollte hierbei entscheidend sein.
Ende des 17. Jh. hatte der Deutsche **Georg Ernst Stahl** *(1659–1734),* aufbauend auf den Vorstellungen von **Johann Joachim Becher** *(1635–82)* die Phlogistontheorie aufgestellt, nach der bei der Verbrennung der Stoff Phlogiston frei werde, weshalb die Asche leichter sei als der Ausgangsstoff. Die Verbrennungsgase ließ er dabei außer Acht. Das holte nun der Franzose Lavoisier nach. Kaum hatte sein britischer Kollege **Joseph Priestley** *(1733–1804)* 1774 den Sauerstoff entdeckt – 2 Jahre später als der Deutschschwede **Carl Scheele** *(1742–86),* der seine Entdeckung aber erst 1777 veröffentlichte –, erkannte Lavoisier die Tragweite dieser Entdeckung. Durch genaues Wägen stellte er fest, dass sich beim Verbrennen dieses neue Gas mit dem Ausgangsstoff verbindet, der damit schwerer wird, auch wenn das Verbrennungsprodukt ein Gas ist. Er konnte zudem zeigen, dass der bereits 1766 von dem britischen Forscher **Henry Cavendish** *(1731–1810)* entdeckte Wasserstoff, der sich explosionsartig mit dem neuen Gas verbindet, dabei zu Wasser verbrennt. 1789 for-

Fortschritt dank Technik
Der Holzstich zeigt in der Bildmitte ***Joseph Fraunhofer*** (1787–1826), *der Freunden das Spektrometer erklärt, mit dessen Hilfe Chemiker wie Robert Bunsen neue chemische Elemente entdeckten.*

Entdecker des Heliums
Das neue Element Helium – in unserem Bild lässt das Gas Luftballons aufsteigen – entdeckten ***Pierre Janssen*** (1824–1907) *und der Engländer* ***Norman Lockyer*** (1836–1920) *beim Studium der Sonne.*

mulierte er das Prinzip der Erhaltung der Masse, von dem er bei seinen Forschungen intuitiv ausgegangen war. Mit seinen Arbeiten begründete Lavoisier die moderne Chemie. 1794 starb er in den Wirren der Französischen Revolution unter der Guillotine. »Die Republik braucht keine Genies«, soll der zuständige Richter gesagt haben.

Sie erleichterten und verlängerten das Leben

Die Ansichten von Lavoisier setzten sich bald durch, und so konnten seine Nachfolger nun herausfinden, bei welchen Stoffen es sich um Elemente handelt, deren Zahl sich zudem stetig erhöhte, und nach welchen Gesetzen sie sich verbanden und wieder trennten. Im 19. Jh. wurden mit diesem Wissen viele gänzlich neue Stoffe hergestellt, die das Leben erleichterten und sogar verlängerten – eine ganz neue Sparte der Industrie entstand.
Kurz nach dem Tod von Lavoisier stellte **Joseph Proust** *(1754–1826)* fest, dass die Elemente einer Verbindung immer in demselben Masseverhältnis auftreten. 1803 erkannte **John Dalton** *(1766–1844)*, dass Stoffe, die verschiedene Verbindungen miteinander eingehen, dabei immer im Verhältnis ganzer Zahlen zueinander stehen, und begründete die moderne Atomtheorie. Zudem führte er das Atomgewicht als Masseverhältnis der Atome ein, die sich nur dadurch unterscheiden und ansonsten unteilbar und unzerstörbar sein sollten, und schuf so die Voraussetzung für das Periodensystem der Elemente. Im Jahr 1811 stellte **Amedeo Avogadro** *(1776–1856)* die Hypothese auf, dass Gase, die unter gleichen Bedingungen dasselbe Volumen einnehmen, aus derselben Anzahl von Teilchen bestehen. Erst 1860 wurde dies dank des Einsatzes von **Stanislao Cannizzaro** *(1826–1910)* anerkannt, der auch als Erster zwischen Atom und Molekül unterschied. Diese Überlegungen brachten den Russen **Dimitri Mendelejew** *(1834–1907)* im Jahr 1869 dazu, das Periodensystem der Elemente aufzustellen, indem er die Elemente nach ihrem Atomgewicht auflistete; ähnliche Elemente schrieb er dabei periodisch untereinander. Da in dieser Liste noch Lücken klafften, konnte er die Existenz von drei unbekannten Elementen voraussagen.

Ein neues Element in der Sonne

1813 bemerkte **Joseph Fraunhofer** *(1787–1826)* die schwarzen Linien im Sonnenspektrum und begründete damit die Spektroskopie. **William Wollaston** *(1766–1828)* hatte diese Linien bereits 9 Jahre zuvor beobachtet, was aber unbekannt geblieben war. Gut 40 Jahre später entdeckten **Gustav Kirchhoff** *(1824 bis 1887)* und **Robert Bunsen** *(1811–99)*, dass jedes Element ganz spezifische Spektrallinien besitzt, und fanden so zwei neue Elemente. 1868 erblickten unabhängig voneinander der Franzose **Pierre Janssen** *(1824–1907)* und der Engländer **Norman Lockyer** *(1836–1920)* eine neue Linie im Sonnenspektrum, die von einem unbekannten Element ausgestrahlt wurde – es wurde Helium genannt. Erst 1895 konnte es auf der Erde durch **William Ramsay** *(1852–1916)* und fast gleichzeitig von **Per Teodor Cleve** *(1840–1905)* nachgewiesen werden.

Sieger über den Schmerz
Eine Aspirinflasche aus dem Jahr 1899. ***Arthur Eichengrün*** (1867–1949) *und* ***Felix Hoffmann*** (1868–1946) *entwickelten das bis heute erfolgreiche Medikament.*

Dünger, Backpulver und Teer

Aber auch die Chemie der lebendigen Welt entwickelte sich im 19. Jh. sprunghaft. 1828 gelang **Friedrich Wöhler** *(1800–82)* mit der Synthese des Harnstoffs die erste Herstellung einer organischen Substanz aus anorganischen Stoffen, was man bis dahin für unmöglich gehalten hatte. 1858 erkannten **Friedrich Kekulé von Stradonitz** *(1829–96)* und **Archibald Couper** *(1831–92)*, dass Kohlenstoff vierwertig ist und sich mit sich selbst verbinden kann. Im Jahr 1865 entdeckte Kekulé die Struktur des Benzolrings.

Justus Liebig *(1803–73)* stellte die Theorie auf, dass Düngemittel die landwirtschaftliche Produktivität erhöhen können, und entwickelte mit seinen englischen Schülern **Edward Frankland** *(1825–1899)* und **James Sheridan Muspratt** *(1821–71)* den heute noch gebräuchlichen Kunstdünger Superphosphat, was die Ernährung der wachsenden Bevölkerung Europas sicherstellte. Er entwickelte auch Babynahrung und Fleischextrakt. Zusammen mit seinem amerikanischen Schüler **Eben Norton Horsford** *(1818–93)* erfand er das Backpulver und 1831 entdeckte er Chloroform, womit schmerzfreie Operationen möglich wurden.

Die Untersuchungen von **August Wilhelm Hofmann** *(1818–92)* über das Anilin begründeten die Teerfarbenindustrie und führten u. a. 1858 zur Synthese des Farbstoffs Fuchsin, der die wirtschaftliche Basis der späteren Farbwerke Hoechst bildete. Mit der Synthese von Alizarin durch **Carl Graebe** *(1841 bis 1927)* und **Carl Liebermann** *(1842–1914)* begann der Siegeszug der synthetischen Farbstoffe, zu denen auch das 1878 von **Adolf Baeyer** *(1835 bis 1917)* synthetisierte Indigo zählte.

Arthur Eichengrün *(1867–1949)* und **Felix Hoffmann** *(1868–1946)* entwickelten 1897 für die Firma Bayer Aspirin. Und im Jahr 1909 stellten **Paul Ehrlich** *(1854–1915)* und **Sachahiro Hata** *(1873–1938)* mit Salvarsan das erste mikrobakteriell wirkende Heilmittel zur Verfügung.

Vom Nutzen des Stickstoffs

Mit dem Haber-Bosch-Verfahren von **Fritz Haber** *(1868–1934)* und **Carl Bosch** *(1874–1940)* konnte der für Düngemittel, Sprengstoffe und Farben benötigte Stickstoff aus dem reichlich vorhandenen Luftstickstoff gewonnen werden. Damit wurde Deutschland im Ersten Weltkrieg von der Salpetereinfuhr unabhängig.

Große Hoffnungen setzten die Menschen auf das DDT, das **Othmar Zeidler** *(gest. 1911)* 1874 chemisch dargestellt hatte und von dem **Paul Müller** *(1899–1965)* 1939 erkannte, dass es die Malariamücke tötete. Allerdings scheiterte die Ausrottung der Malaria an den gefährlichen Auswirkungen dieses Stoffes auf die Umwelt. **Walther Kossel** *(1888 bis 1956)* und **Gilbert Lewis** *(1875–1946)* entwickelten auf der Basis des Bohrschen Atommodells die Grundlagen der Theorie der chemischen Bindung. **Wolfgang Pauli** *(1900–58)* erkannte, warum es überhaupt unterschiedliche Atome gibt: Zwei Elektronen können nicht gleichzeitig am gleichen Ort einen identischen Quantenzustand einnehmen. Im Jahr 1934 gelang es **Irène** *(1897–1956)* und **Frédéric Joliot-Curie** *(1900–58)*, das erste künstliche Isotop zu erzeugen, 3 Jahre später schufen **Emilio Segré** *(1905–89)* und **Carlo Perrier** *(1886–1948)* mit dem Schwermetall Technetium das erste Element, das in der Natur praktisch nicht vorkommt.

Erfinder des Kunstdüngers
Ohne die Entwicklung des Kunstdüngers, die ***Justus Liebig*** *(1803–73) gelang, wären üppige Getreidefelder wie dieses im Bundesstaat Oregon im Nordwesten der USA nicht denkbar – und damit auch nicht die Ernährung der Weltbevölkerung.*

Die Erforscher der Erdgeschichte

Kontinentalverschiebung
Das Foto zeigt ***Alfred Wegener*** (1880–1930) *während seiner letzten Grönlandexpedition, bei der er 1930 ums Leben kam. Wegener legte die Grundlage für das heute gültige Modell der Plattentektonik.*

Das Alter der Erde beträgt etwa 4,5 Mrd. Jahre. Gegen manche der katastrophalen Vorgänge, die sich in diesen Jahrmilliarden auf ihrer Oberfläche abgespielt haben, war die biblische Sintflut geradezu ein Kinderspiel. Dass wir überhaupt von diesen Vorgängen wissen, verdanken wir einer Reihe von Forschern, die das zu ihrer Zeit gültige von der Bibel gezeichnete Bild vollständig über den Haufen warfen. So wissen wir heute z. B., dass die Evolution die Entstehung des Lebens bestimmte.

Aussterbende Arten
Urzeitliche Fossilienfunde wie dieser führten den französischen Naturforscher ***Georges Cuvier*** (1769–1832) *zu dem Gedanken, dass Lebewesen und ganze Arten aussterben können.*

Einer der wesentlichen Erkenntnisbereiche der Geologie ist die Interpretation von Fossilienfunden. **Leonardo da Vinci** *(1452–1519)* deutete um 1500 Fossilien als Überreste von Organismen. Der dänische Gelehrte und spätere katholische Bischof **Nicolaus Steno** *(1638–86)* wies nach, dass Fossilien Überreste ehemaliger Lebewesen sind und entwickelte die Vorstellung, dass Sedimentgesteine sich zeitlich nacheinander ablagern, die obersten Schichten also die jüngsten sind.
Abraham Gottlob Werner *(1749–1817)* war der Meinung, dass alle Gesteine durch Ablagerungen aus einem Urozean entstanden seien – damit begründete er den Neptunismus. Dem hielt der Schotte **James Hutton** *(1726–97)* entgegen, dass die Gesteine durch Hitze und Schmelzprozesse entstanden seien – der Plutonismus war geboren. Die erheblichen Unterschiede der Fossilien brachten schließlich **Georges Cuvier** *(1769–1832)*, der als Begründer der Paläontologie, also der Lehre von den Lebewesen vergangener Erdperioden, gilt, auf den Gedanken, dass nach gewaltigen Katastrophen die Lebewesen ausgelöscht waren, woraufhin neue entstanden seien.
Charles Lyell *(1797–1875)* wollte die Gesteinsentstehung dadurch erklären, dass in der Erdgeschichte dieselben Prozesse gewirkt hätten wie heute. Hierdurch war er allerdings gezwungen, ein wesentlich höheres Erdalter anzunehmen als die Bibel und die damals bekannten physikalischen Gesetze erlaubten. Eine ähnliche Anschauung hatte zuvor bereits **Karl Adolf von Hoff** (1771 bis 1837) vertreten, jedoch ohne Beachtung zu finden. Mit **Charles Darwins** *(1809–82)* Evolution setzte sich diese Ansicht schließlich durch.

Driftende Kontinente

Alfred Wegener *(1880–1930)* stellte 1915 die gewagte These auf, dass Europa, Afrika und Amerika vor langer Zeit einen gemeinsamen Kontinent gebildet hätten, der auseinanderbrach und dessen Bruchstücke anschließend auseinander gedriftet seien. Damit konnte er die Ähnlichkeit der Küstenlinien, der Gesteinsformationen und Fossilien auf diesen Kontinenten erklären. Die Anerkennung seiner Theorie erlebte der während einer Grönlandexpedition umgekommene Forscher nicht mehr. Erst in den 1960er-Jahren wurde erkannt, dass die hauchdünne Erdkruste aus kontinentalen und ozeanischen Platten besteht, die auf dem darunter liegenden Erdmantel schwimmen.

Zahlreiche Forscher arbeiten weltweit im Humangenomprojekt an der Entschlüsselung des menschlichen Erbguts. Das Foto zeigt eine Mitarbeiterin des Nationalen Humangenomzentrums in Schanghai, die eine Petrischale betrachtet.

Die Entschlüsselung der Geheimnisse des Lebens

Wie sind Pflanzen und Tiere aufgebaut und wie funktionieren sie? Wie kann man die zahlreichen Arten ordnen? Und schließlich: Steht jedes Lebewesen für sich oder sind sie miteinander verwandt? Mit der Enthüllung des Geheimnisses der Evolution durch Charles Darwin stellten sich die weitreichenden Fragen: Wie werden die Eigenschaften eines Lebewesens vererbt und wie können neue Arten entstehen?

Es war der schwedische Pfarrerssohn **Carl Linné** *(1707–78)*, der als »Kanzleibeamter Gottes« Tausende von Pflanzen mit dem heute noch gültigen und nach ihm benannten System ordnete. Er war zwar nicht der Erste, der zwei lateinische Namen zur Bestimmung nutzte – einen für die Gattung und den zweiten für die Art. Auch das Ordnungskriterium – Form und Anzahl der Sexualorgane der Pflanzen – hat er nicht erfunden. Aber Linné verwirklichte diese Ordnung mit nie erlahmendem Eifer nicht nur für alle bekannten Pflanzen, sondern ähnlich auch für Tiere und sogar Mineralien. Der Franzose **George Cuvier** *(1769–1832)* stellte im Jahr 1798 erstmals seine Einteilung des Tierreichs vor, die auf seinen Arbeiten der vergleichenden Anatomie beruhte. 1817 teilte er das Tierreich in vier Großgruppen ein, denen er einen jeweils eigenen grundlegenden Bauplan zuordnete und deren eine die Wirbeltiere bildeten.

Die Evolutionstheorien

Aufbauend auf den Forschungen Cuviers gliederte **Jean Baptiste Lamarck** *(1744–1829)* im Jahr 1801 die wirbellosen Tiere in der heute noch gültigen Weise, wobei er sich auf Funktion und Aufbau der Organe stützte. Aus dieser Stufenfolge wuchs in ihm die Überzeugung, dass die Arten nicht unveränderlich sind, wie Cuvier noch annahm. Seine Evoluti-

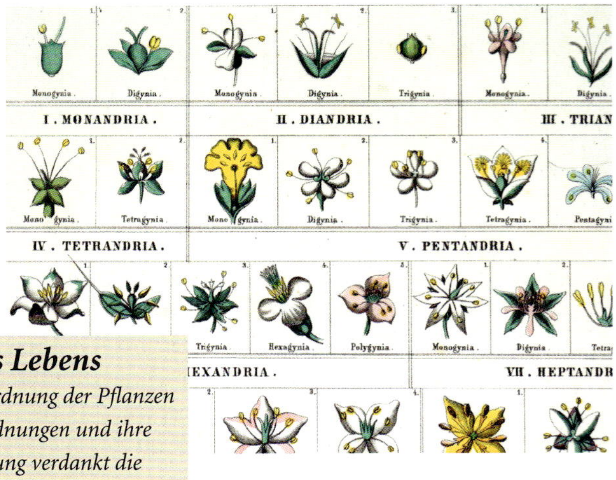

Buchhalter des Lebens

Die umfassende Einordnung der Pflanzen nach Klassen und Ordnungen und ihre einheitliche Bezeichnung verdankt die Welt ***Carl Linné*** (1707–78).

onstheorie basierte auf der Vererbung erworbener Eigenschaften, wie sie auch schon sein Förderer **Georges Buffon** *(1707–88)* vermutet hatte; so sei Giraffen mit der Zeit ein langer Hals gewachsen, weil sie sich nach Blättern reckten.
Nach seinem Studium trat **Charles Darwin** *(1809 bis 1882)* eine Forschungsreise rund um die Welt auf der »Beagle« an. Die Fossilienfunde in Patagonien und die Vogelbeobachtungen auf den Galápagosinseln bestärkten ihn darin, eine eigene Evolutionstheorie niederzuschreiben, was er 1842 tat. Aber erst als er erfuhr, dass sein Kollege **Alfred Russell Wallace** *(1823–1930)* zu denselben Schlüssen gekommen war wie er, veröffentlichte er den »Ursprung der Arten« schließlich im Jahr 1859, womit er für großes Aufsehen und vehemente Ablehnung sorgte. Danach stammen alle Organismen von gemeinsamen Vorfahren ab – letztlich also vom Einzeller. Motor der Evolution ist der Kampf um die knappen Nahrungsmittel, in dem sich die besser angepassten Individuen durchsetzen.

Das Mikroskop lässt tiefer blicken

Mit dem Gebrauch des Mikroskops ab 1690 ließ sich bis dato Unsichtbares sichtbar machen. So beschrieb **Robert Hooke** *(1635–1703)* zum ersten Mal Zellen in Korkgewebe. Und **Antoni van Leeuwenhoek** *(1632–1723)* entdeckte Bakterien, Einzeller und Blutzellen mit dem Mikroskop. **Joseph Priestley** *(1733–1804)* und **Jan Ingenhousz** *(1730 bis 1799)* erkannten, dass vom Licht beschienene Pflanzen Kohlenstoff aus der Luft aufnehmen und »dephlogisierte Luft« – später von **Antoine Laurent de Lavoisier** *(1743–94)* als Sauerstoff bezeichnet – abgeben. Damit war der bedeutendste biochemische Prozess der Erde erkannt, bei dem Sonnenenergie in chemische Energie verwandelt wird.
Der Tscheche **Johannes Purkinje** *(1787–1869)* stellte fest, dass tierisches wie pflanzliches Gewebe aus dicht aneinanderliegenden Zellen besteht. **Mathias Schleiden** *(1804–81)* zog daraus den Schluss, dass jede Pflanze sich aus einer Zelle entwickelt, was **Theodor Schwann** *(1810–82)* auf das Tierreich übertrug.

Die Gesetze der Vererbung

Während Darwin sich Gedanken über die Abstammung der Lebewesen machte, zählte **Gregor Mendel** *(1822–84)* in Brünn Zehntausende von Erbsen. Hierdurch fand er die Gesetze der Vererbung. Seine Veröffentlichung von 1866 wurde allerdings erst 35 Jahre später in ihrer Bedeutung erkannt. Der Däne **Wilhelm Johannsen** *(1857–1927)* prägte 1909 den Begriff Gen für den Träger der Erbsubstanz. Der kanadische Forscher **Oswald Avery** *(1877 bis 1955)* wies 1944 nach, dass die Desoxyribonukleinsäure – kurz DNS genannt – Trägerin der Erbinformation in der Zelle ist. Nachdem **James Watson** *(geb. 1928)* und **Francis Crick** *(1916–2004)* – aufbauend auf den Röntgenbildern der DNS von **Rosalind Franklin** *(1920–58)* und des Neuseeländers **Maurice Wilkins** *(1916–2004)* – im Jahr 1953 die Struktur der DNS erkannt hatten, dauerte es nicht lange, bis der Mensch dieses Wissen zur Schaffung neuer Wesen nutzte. **Paul Berg** *(geb. 1926)* fand heraus, wie man die einzelnen Genabschnitte trennen

Dollys »Schöpfer«
Mit seinem Team »schuf« ***Ian Wilmut*** (geb. 1944) *das Klonschaf Dolly. Das Foto zeigt ihn 2003 bei einem Vortrag – vor einer Fotografie von Dolly.*

und nach Wunsch wieder zusammensetzen kann. 1982 wurde so z. B. das menschliche Insulingen in eine Bakterie eingefügt, die nun menschliches Insulin erzeugte. 1997 wurde von **Ian Wilmut** *(geb. 1944)* mit dem Klonschaf Dolly sogar ein künstlicher Zwilling eines Säugetiers geschaffen.

Welches Alter hat der Mensch?

Auch die Evolutionstheorie profitierte von der Gentechnik. Denn hiermit können die Gemeinsamkeiten zwischen verschiedenen Arten sehr genau ermittelt werden – so sind nur 1 % der Gene von Affen und Menschen verschieden und seit der endgültigen Trennung der Stämme erst 2 Mio. Jahre vergangen. Allerdings hat **Donald Johanson** *(geb. 1943)* 1974 in Äthiopien Teile eines von ihm »Lucy« genannten Frauenskeletts gefunden, das über 3 Mio. Jahre alt ist.

Der Erbsubstanz auf der Spur

Entdecker der DNS-Struktur

*Die Erbsubstanz hat eine Molekularstruktur – das entdeckte u. a. der amerikanische Biochemiker **James D. Watson** (geb. 1928). Das Foto stammt aus dem Jahr 2004.*

Am 25. April 1953 erschien in der Zeitschrift »Nature« ein Artikel, in dem die beiden Autoren erstmals die Struktur der Erbsubstanz der Öffentlichkeit vorstellten. Neben der Kernspaltung war dies die wohl folgenreichste Entdeckung des letzten Jahrhunderts. Denn mit der Kenntnis der Grundlagen der Vererbung ist der Mensch gewissermaßen in die Fußstapfen des Schöpfers getreten. Menschen können nun Arten schaffen, die es zuvor niemals gab, oder das Erbgut gezielt verändern. Die Folgen dieser Fähigkeit sind unabsehbar und auch kaum kontrollierbar.

Die beiden Forscher, die mit ihrem Aufsatz die Welt veränderten, waren **James D. Watson** *(geb. 1928)* und **Francis Crick** *(1916–2004)*. Als sie sich an die Arbeit machten, war bereits bekannt, dass in der Desoxyribonukleinsäure (DNS) die Erbinformationen gespeichert sind. Zwar besteht die DNS aus Riesenmolekülen, doch die sind von vergleichsweise einfacher Zusammensetzung: Ein Zuckermolekül, ein Phosphatrest und vier einfache Basen. Unklar war lediglich die räumliche Struktur. Und genau diese wollten die Biochemiker ergründen – mit der Hoffnung, dass man dann verstehen würde, wie die Vererbung funktioniert. D. h. wie es möglich ist, dass sich ein riesiges Molekül bei jeder Zellteilung exakt dupliziert und sich bei der Befruchtung der Eizelle zwei Informationen mischen können.

Die Doppelhelix des menschlichen DNS-Codes: Die beiden spiralförmig gewundenen Einzelstränge sind durch chemische Bindungen, sogenannte Basenpaarungen, verbunden.

Zwei sich windende Spiralen

Inzwischen war bekannt, dass Proteine eine Spiralstruktur besitzen und dass von den vier Basen jeweils zwei in derselben Menge in der DNS enthalten sind. Dies und klare Röntgenbilder der DNS, die am King's College in London entstanden waren, brachten Watson und Crick schließlich auf die richtige Idee. Das Gerüst aus Zucker und Phosphat windet sich in einer Doppelspirale – der Doppelhelix. Die beiden Spiralen sind verbunden durch die jeweils paarweise angeordneten Basen. So kann bei der Zellteilung, wenn sich die DNS wie ein Reißverschluss öffnet, immer nur eine bestimmte Base an der übrig gebliebenen andocken, sodass zwei identische Exemplare der DNS entstehen. Das Alphabet des Lebens besteht also lediglich aus vier Buchstaben, durch deren unterschiedliche Anordnung jede Erbinformation bestimmt wird. Sehr bald wurde dieses Modell als richtig anerkannt und die beiden noch jungen Forscher erhielten im Jahr 1962 den Nobelpreis für Medizin.

Das Buch des Lebens wird entziffert

Nun kannte man die vier Zeichen, mit denen die DNS den kompletten Ablauf im Körper steuert. Wie konnte ein so simpler Code diese ungeheuer vielfältige Aufgabe erfüllen? Die Struktur des Körpers und seine Funktion werden von Tausenden Proteinen bestimmt. Sie bauen die Zelle auf und sind damit für die Beschaffenheit des Gewebes verantwortlich, sie steuern als Enzyme oder Hormone die Reaktionen im Körper, sorgen für Nerven- und Muskelerregung und ziehen durch Verformung die Muskeln zusammen. Sie transportieren Stoffe wie den Sauerstoff im Blut und bekämpfen als Antikörper gefährliche Eindringlinge. Diese Vielzahl von Proteinen wird im Wesentlichen aus nur 20 verschiedenen

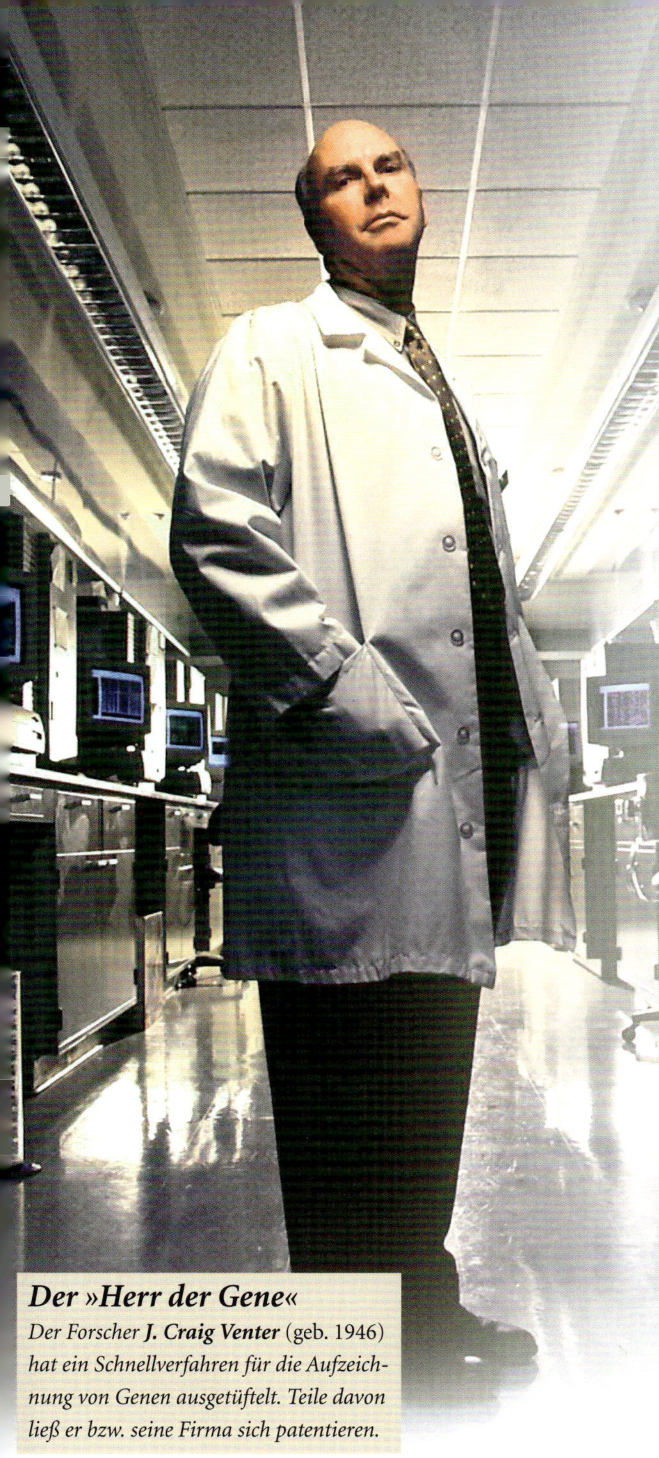

Der »Herr der Gene«

Der Forscher ***J. Craig Venter*** (geb. 1946) *hat ein Schnellverfahren für die Aufzeichnung von Genen ausgetüftelt. Teile davon ließ er bzw. seine Firma sich patentieren.*

Aminosäuren gebildet. Francis Crick konnte 1961 zeigen, dass drei hintereinander angeordnete Basen – Basen-Tripletts genannt – den Code für eine bestimmte Aminosäure darstellen. Dem Biochemiker **Marshall W. Nirenberg** *(1927–2010)* gelang es 1961 erstmals, ein Basen-Triplett einer bestimmten Aminosäure zuzuordnen – damit war das erste von 64 (4^3) Wörtern entziffert, die aus den vier Basen der DNS als Buchstaben gebildet werden können. Die Reihenfolge der Wörter bestimmt nun die Reihenfolge der Aminosäuren und damit die Art des Proteins. Aus diesen Sätzen, den Abschnitten auf dem Gen, die ein Protein bilden, besteht das Buch des Lebens.

Es dauerte lediglich 5 Jahre, dann waren alle Codierungen bekannt und damit die Wörter, mit denen das Buch des Lebens geschrieben ist. Diese haben für praktisch alle Lebewesen auf der Erde dieselbe Bedeutung. Daher ist es möglich, Teile der Gene zwischen verschiedenen Arten auszutauschen.
Doch erst in den 1970er-Jahren konnte man ganze Sätze lesen. Allerdings war dann bereits 1977 das erste Buch decodiert. Auch wenn es sich hierbei »nur« um das vergleichsweise übersichtliche komplette Erbgut einer Bakterie handelte.

Decodierung des genetischen Codes

Den Schlüssel zur Entzifferung des genetischen Codes fand ***Marshall W. Nirenberg*** (1927 bis 2010) *im Jahr 1961. Hier eine undatierte Aufnahme.*

»Herr der Gene«

Bis heute ist das Erbgut von über 300 Arten erforscht, darunter das von Hefepilz, Reis, Wanderratte und Schimpanse. 1990 wurde in den USA das mit öffentlichen Mitteln finanzierte Humangenomprojekt gegründet mit dem Ziel, das komplette Erbgut des Menschen zu entschlüsseln. Anfänglich waren 1000 Forscher aus 40 Ländern daran beteiligt, die 3 Mrd. Basenpaare, die die 25 000 Gene des Menschen bilden, zu entziffern.
Große Kontroversen löste **J. Craig Venter** *(geb. 1946)* aus, der sich mit seiner 1998 gegründeten Firma an dem Rennen beteiligte. Während das Genomprojekt seine Ergebnisse veröffentlichte, ließ Venter die seinen erst patentieren, sodass er heute über 6000 Patente auf Gene hält, was ihm den Spitznamen »Herr der Gene« einbrachte. Im Jahr 2001 behauptete er, den Schlüssel zum menschlichen Erbgut zu besitzen, den er aber nur zum Teil veröffentlichte und der sich auch als fehlerhaft herausstellte.
2003 – und damit genau 50 Jahre nachdem Watson und Crick den Bau des DNS-Moleküls erkannt hatten – stellte das öffentlich geförderte Humangenomprojekt eine vollständige Genkarte des Menschen vor. Craig Venter ließ als erster Mensch im Jahr 2007 sein komplettes Erbgut veröffentlichen, wodurch sich zeigte, dass zwischen einzelnen Individuen bis zu 0,5 % der Gene unterschiedlich sein können. 300 »Krankheitsgene« wurden bei ihm identifiziert. So besitzt er Erbanlagen, die auf ein erhöhtes Infarktrisiko schließen lassen, für die Alzheimerkrankheit sei er ebenfalls disponiert. Venter kommentierte dies mit einer Spur Sarkasmus, laut Genorakel sei er auch anfällig für Tabaksucht, Alkoholismus, unsoziales Verhalten und – Neugier.

Pioniere der Medizin

Erfinder der Impfung

Langjähriges Experimentieren führte **Louis Pasteur** *(1822–95) zu seinen Entdeckungen. Das Gemälde von 1885 zeigt »Pasteur in seinem Laboratorium«.*

Seit Jahrtausenden bemüht sich der Mensch, Funktion und Aufbau des menschlichen Körpers zu verstehen und Krankheiten zu besiegen. Der wissenschaftliche und technische Fortschritt hat vor allem seit dem 19. Jh. dramatische Fortschritte ermöglicht – bis dahin als »Geißeln der Menschheit« geltende Krankheiten wie Pest, Pocken und Cholera wurden besiegt, Lebenserwartung und Lebensqualität der Menschen deutlich angehoben. Möglich machten dies geniale Forscher und Ärzte, die bei ihrem aufopfernden Kampf für das Leben nicht selten selbst enorme gesundheitliche Risiken eingingen.

Dieses von Alexander Fleming 1928 aufgenommene Foto zeigt, wie Bakterien auf Penicillin reagieren – ein Meilenstein der Medizingeschichte.

Schon die Antike kannte bedeutende Mediziner wie **Hippokrates** *(5./4. Jh. v. Chr.)*, auf den die Ärzte immer noch ihren Eid schwören. Zu seiner Zeit war es ein geradezu umstürzlerischer Gedanke, Krankheit als organisches Phänomen zu betrachten und nicht – wie damals üblich – als das Ergebnis des Wirkens von Göttern und Dämonen, die menschliches Fehlverhalten mit körperlichen Leiden straften. Entsprechend diesem Verständnis beschränkte sich die medizinische Behandlung auf Maßnahmen, mit denen die übermenschlichen Wesen besänftigt werden sollten. Mit diesen religiösen Vorstellungen brach Hippokrates und brachte so einen rationalen Zug in die Medizin. Seine Idee von den vier Körpersäften, nach denen Blut, Schleim, gelbe Galle und schwarze Galle die Körperfunktionen regulierten, beeinflusste die Medizin über viele Jahrhunderte. Erst der Arzt und Philosoph **Paracelsus** *(1493/94–1541)* brach mit diesen Vorstellungen.

»Wer stark, gesund und jung bleiben will, sei mäßig in allem.«

Hippokrates

Der nächste Revolutionär der Medizin war **Andreas Vesal** *(1514/15–64)*. Ausgehend von seinen anatomischen Studien korrigierte er zahlreiche Irrtümer über den Körperbau und begründete die neuere Medizin. Auch er wurde in seiner Arbeit durch große religiöse Vorbehalte beeinträchtigt: Bis zu seiner Zeit galt die Öffnung von Leichen als Gotteslästerung – nur das Sezieren von hingerichteten Verbrechern wurde geduldet.

Ein weiterer epochaler Durchbruch beim Verständnis des menschlichen Körpers gelang 1628 dem Engländer **William Harvey** *(1578–1657)*. Ihm verdankt die Welt den Nachweis des geschlossenen Blutkreislaufs sowie die Beobachtung und Erklärung des Herzschlags. Auf seinen Spuren wandelte der niederländische Mikroskopbauer **Antony van Leeuwenhoek** *(1632–1723)*, der u. a. 1668 die roten Blutkörperchen entdeckte. Im Mai 1796 setzte der Brite **Edward Jenner** *(1749–1823)* mit der Pockenschutzimpfung einen Meilenstein in der Medizingeschichte. Sein wohl bedeutendster Nachfolger war der Franzose **Louis Pasteur** *(1822–95)*, der als Erster erkannte, dass Mikroorganismen Krankheiten verursachen können. Den Anstoß zu seinem größten medizinischen Erfolg gab der wohl berühmteste Zufall der Medizingeschichte:

Pasteur hatte eine Kultur von Erregern der Hühnercholera in seinem Labor versehentlich mehrere Wochen unbeobachtet stehen gelassen. Als er sie einem Huhn einimpfte, überlebte dieses zu seiner Überraschung; bei Einimpfung einer frischen Kultur wäre es gestorben. Diesem Huhn verabreichte er später eine eigentlich tödliche Dosis frischer Bazillen – und das Huhn überlebte erneut. Aus diesen Beobachtungen leitete Pasteur den Gedanken ab, dass man Krankheitserreger in Impfstoffe umwan-

deln könne. Auf der Grundlage dieser Idee entwickelte er 1885 einen Impfstoff gegen die Tollwut. Den Ideen Pasteurs folgte der Bakteriologe **Robert Koch** *(1843–1910)*, der 1882/83 sowohl den Tuberkulose- als auch den Choleraerreger entdeckte und damit die Grundlage zur Bekämpfung dieser Krankheiten legte.
Einem anderen wissenschaftlichen Ansatz widmeten sich in der zweiten Hälfte des 19. Jh. der Ungar **Ignaz Semmelweis** *(1818–65)* und die Deutschen **Max von Pettenkofer** *(1818–1901)* und **Rudolf Virchow** *(1821–1902)*. Sie betonten den Wert der Hygiene (Desinfektion) bei der medizinischen Behandlung, Virchow gilt zudem als Begründer der modernen Pathologie.

Aufspaltung in Fachrichtungen

Mittlerweile hatte sich die medizinische Wissenschaft in eine Reihe von Fachgebieten aufgespalten, in denen zahlreiche Deutsche herausragende Ergebnisse erzielten: **Paul Ehrlich** *(1854–1915)* gilt heute als Vater der Chemotherapie, **Ferdinand Sauerbruch** *(1875–1951)* entwickelte zu Beginn des 20. Jh. bedeutende chirurgische Verbesserungen, **Alois Alzheimer** *(1864–1915)* beschrieb die Demenz und der Physiker **Wilhelm Conrad Röntgen** *(1845–1923)* eröffnete 1896 mit den nach ihm benannten Strahlen den Ärzten die Möglichkeit, in den Körper ihrer Patienten hineinzuschauen.
Der Brite **Alexander Fleming** *(1881–1955)* entdeckte 1928 die antibakterielle Wirkung des Penicillins, doch blieb die Tragweite dieses wissenschaftlichen Erfolgs von der Fachwelt ein gutes Jahrzehnt lang unerkannt. Erst **Ernest Chain** *(1906–79)* und **Howard Florey** *(1898–1968)* entwickelten auf Basis der Erkenntnisse Flemings 1940 ein Medikament, das Millionen Menschen das Leben retten sollte. Auf dem Gebiet der Chirurgie schaffte der Südafrikaner **Christiaan Barnard** *(1922–2001)* 1967 das für unmöglich Gehaltene, als ihm die erste Herztransplantation gelang.
Trotz aller Fortschritte aber gibt es immer noch eine Reihe von Krankheiten wie Krebs oder Aids, die für die Medizin weitgehend rätselhaft sind. Doch sorgt die Forschung auch hier für Hoffnung. So konnten **Robert Gallo** *(geb. 1937)* und **Luc Montagnier** *(geb. 1932)* den HI-Virus 1983/86 als Aids-Erreger identifizieren.

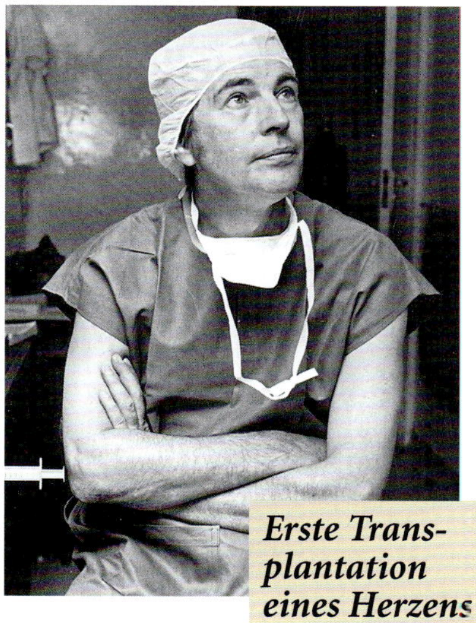

Erste Transplantation eines Herzens
Der Südafrikaner ***Christiaan Barnard*** (1922–2001) *führte 1967 die erste erfolgreiche Herztransplantation am Menschen durch.*

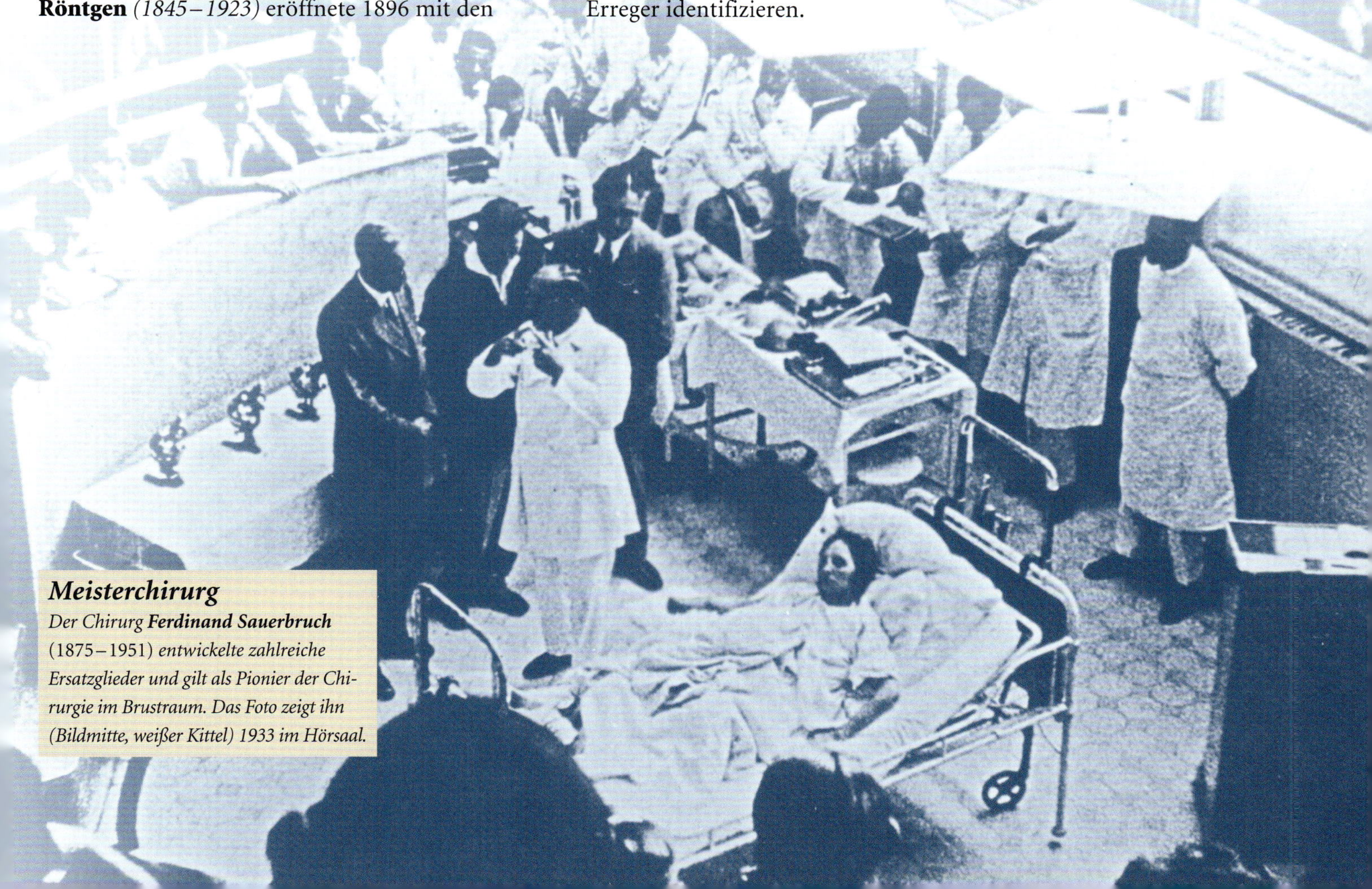

Meisterchirurg
Der Chirurg ***Ferdinand Sauerbruch*** (1875–1951) *entwickelte zahlreiche Ersatzglieder und gilt als Pionier der Chirurgie im Brustraum. Das Foto zeigt ihn (Bildmitte, weißer Kittel) 1933 im Hörsaal.*

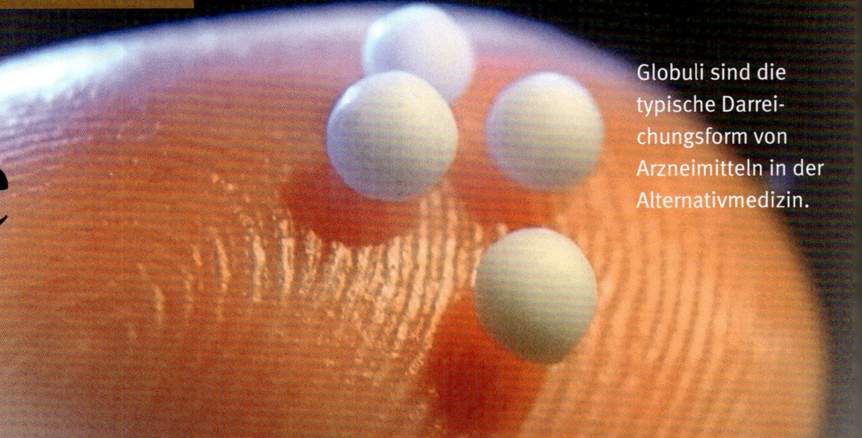

Globuli sind die typische Darreichungsform von Arzneimitteln in der Alternativmedizin.

Alternative Mediziner

Mit dem Siegeszug der naturwissenschaftlich orientierten Medizin im 19. Jh. verschwanden viele jahrhundertealte Heilverfahren aus dem Repertoire der Mediziner. Trotz der Erfolge der Schulmedizin auf den Gebieten der Hygiene, der Infektionskrankheiten, der Ersatzteil- und Apparatemedizin, die zur Verdopplung der Lebenserwartung in Europa in den letzten 170 Jahren maßgeblich beigetragen haben, verbreiteten sich zahlreiche neue, alternative Heilverfahren – zum Teil sogar aus anderen Kulturen stammend.

Heilen mit der Natur

Eines der wichtigsten Heilmittel der Natur waren zu allen Zeiten die Kräuter. Heute noch sehr beliebt sind die Ratschläge der Benediktinerin und späteren Äbtissin **Hildegard von Bingen** *(1098–1179)*. Große Verdienste um die Verbreitung einer naturgemäßen Wasserbehandlung hat sich der Pfarrer **Sebastian Kneipp** *(1821–97)* erworben, der sein Lungenleiden mit Bädern in der kalten Donau von 3–4 Sekunden Dauer geheilt hatte. Nachts schlich er sich aus dem Priesterseminar, um sich mit Brunnenwasser zu übergießen. Da er selbst Seuchenkranke mit dieser Methode zu heilen versuchte, erhielt er von der Landbevölkerung den Spitznamen »Cholera-Kaplan«.

»Wasser tut's freilich, höher steht jedoch die Luft und am höchsten das Licht« – so lautete der Leitspruch des Schweizer Färbereibesitzers **Arnold Rikli** *(1823–1906)*, der 1855 die erste Sonnenbadeanstalt der Welt eröffnete. Der Buchhändler **Adolf Just** *(1859–1936)* machte das »Licht- und Luftbad« in Deutschland populär. Er propagierte in seiner Harzer Naturheilanstalt mit Namen »Jungborn« das Nacktgehen und Sonnenbaden und führte auch Lehmkuren ein. All dies geschah unter der Devise »Kehrt zur Natur zurück!«

Die Erkenntnis, wie wichtig die richtige Ernährung für die Gesundheit ist, war lange verbreitet, verlor aber in der wissenschaftlich begründeten Medizin zunehmend an Bedeutung. Das Verdienst, die Heilung durch Ernährung wieder populärer gemacht zu haben, gebührt dem Fuhrmann **Johann Schroth** *(1800–56)*. Zur Reinigung der »Körpersäfte« empfahl dieser eine mehrwöchige Kur mit Ganzkörperpackungen, eiweiß- und salzarmer Nahrung (die berühmte »Semmeldiät«) und den periodischen Wechsel von Trocken- und Trinktagen.

Therapie mit Blüten
Auszüge aus zahlreichen Blüten stellte der englische Arzt ***Edward Bach*** (1886 bis 1936) *zusammen und entwickelte so die Bachblütentherapie.*

Schütteln und verdünnen

Kaum ein anderer deutscher Arzt der damaligen Zeit ist heute noch im öffentlichen Bewusstsein so präsent wie **Samuel Hahnemann** *(1755–1843)*, der Begründer der Homöopathie. Er benutzte das Prinzip »Ähnliches wird mit Ähnlichem geheilt.« Dies besagt, dass ein Medikament, das in hoher Dosis verabreicht ähnliche Symptome wie eine entsprechende Krankheit hervorruft, in geringer Dosierung zur Heilung derselben eingesetzt werden kann. Die Verdünnung unter Schütteln nahm er in Stufen von 1/10 (D-Potenzen), 1/100 (C-Potenzen) und später auch Q-Potenzen (1/50 000) vor. Je höher die Potenzen, also die Verdünnung, desto höher sei die Wirksamkeit des Heilmittels. Ein

»Cholera-Kaplan«
Diese Kinder laufen durch das Wasser eines Kneipp-Beckens – eine Einrichtung, die auf ***Sebastian Kneipp*** (1821–97) *zurückgeht.*

Effekt, für den die wissenschaftliche Medizin bis heute keine Erklärung gefunden hat und deshalb eher an einen Placeboeffekt glaubt. Ebenfalls aus der homöopathischen Bewegung kam Wilhelm **Heinrich Schüssler** *(1821–98)*, der aber nur zwölf mineralische Salze als Heilmittel für alle Krankheiten gelten lassen wollte statt der 1000 Mittel der Homöopathen. Dies trug ihm natürlich die erbitterte Gegnerschaft der Anhänger Samuel Hahnemanns ein.

»Krankheit ist das Ergebnis eines Konflikts zwischen Seele und Verstand.«

Samuel Hahnemann

Rudolf Steiner *(1861–1925)* wiederum übernahm zwar gleichfalls die Potenzen von Hahnemann, entwickelte jedoch ein völlig eigenes Konzept des Medikamentengebrauchs. Diese dienten nun dazu, Störungen der Wechselwirkungen zwischen physischem, ätherischem und astralischem Leib zu beheben. Um die Ausarbeitung und Verbreitung der anthroposophischen Medizin machte sich die sozial engagierte Frauenärztin **Ita Wegman** *(1876–1943)*, eine auf der indonesischen Insel Java geborene Niederländerin, sehr verdient.
Der britische Arzt **Edward Bach** *(1886–1936)* entwickelte in den 1930er-Jahren eine nach ihm benannte Therapie. Seine von **Carl Gustav Jung** *(1875–1961)* inspirierte Idee besagt, dass jede Krankheit durch eine Störung des seelischen Gleichgewichts hervorgerufen wird. Er beschrieb 38 disharmonische Seelenzustände, denen er entsprechende Blüten und Pflanzenteile zuordnete. Diese legte er in Wasser und kochte sie, um so ihre Schwingungen zu übertragen.

Heilverfahren aus dem Fernen Osten

Eines der ältesten und verbreitetsten alternativen Heilverfahren ist die Traditionelle Chinesische Medizin – kurz TCM genannt. Sie beruht auf fünf Säulen: Akupunktur, Moxibustion (Verbrennen von Heilkräutern über Akupunkturpunkten), Massage, Diätetik (Ernährungslehre) und Qigong oder Schattenboxen. Mit diesen Verfahren wird versucht, das gestörte Gleichgewicht zwischen dem männlichen Prinzip (Yang) und dem weiblichen (Yin) wiederherzustellen. Von den Methoden ist im Westen die Akupunktur am gebräuchlichsten, bei der mit Nadeln in bestimmte Punkte gestochen wird, um den Energiefluss längs sogenannter Meridiane zu verbessern. Nach anfänglichem Interesse geriet das Verfahren für lange Zeit fast vollständig in Vergessenheit. Nach dem Zweiten Weltkrieg erlebte es dann eine beeindruckende Wiedergeburt, selbst viele niedergelassene Ärzte bieten heute Akupunktur an.
Die nach wie vor in Indien praktizierte ayurvedische Medizin, in Sanskrit »Wissenschaft vom Leben«, ist wahrscheinlich noch älter als die chinesische, erfreut sich aber erst seit den 1980er-Jahren einer wachsenden Beliebtheit im Westen, wozu der Sektengründer **Maharishi Mahesh Yogi** *(1918–2008)* durch seine »Transzendentale Meditation« wesentlich beigetragen hat. Ayurveda hat einen ganzheitlichen Anspruch. Bekannt ist vor allem die ayurvedische Ölmassage.

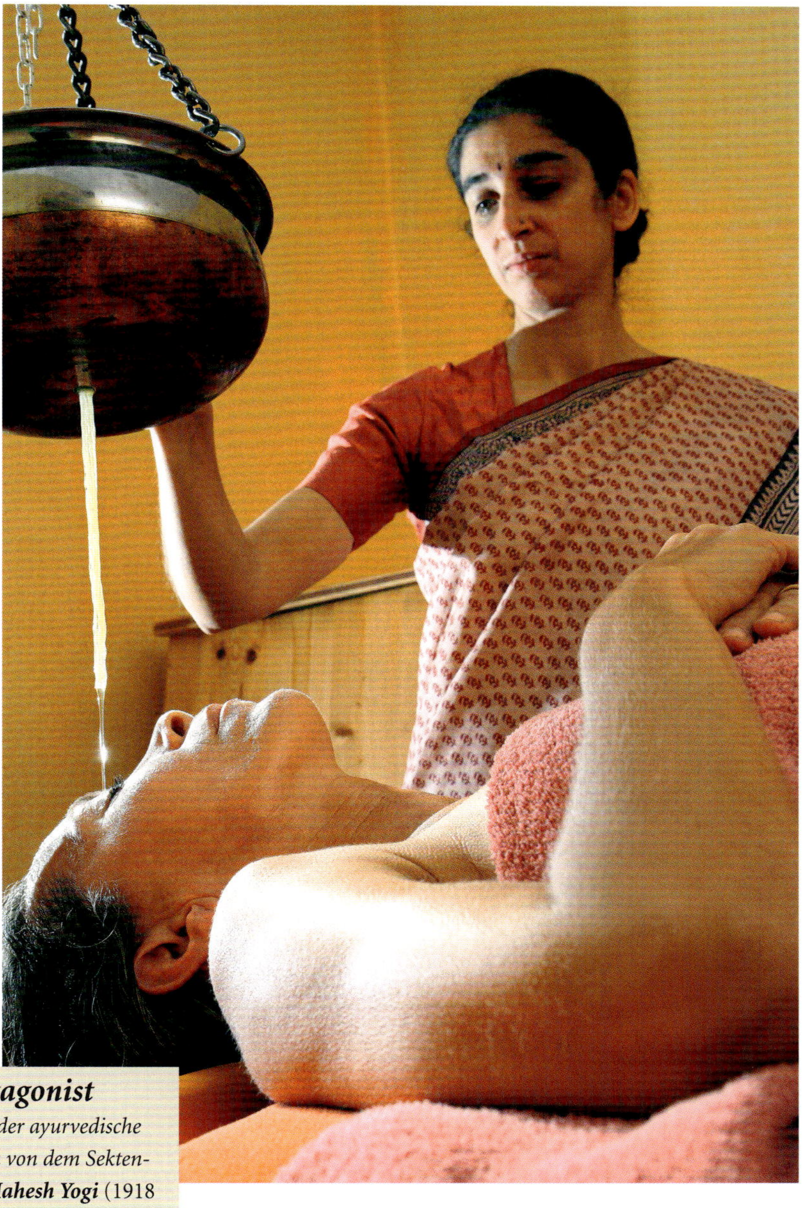

Ayurveda-Protagonist
Uralte Therapien wie der ayurvedische Stirn-Öl-Guss wurden von dem Sektengründer ***Maharishi Mahesh Yogi*** (1918 bis 2008) *im Westen populär gemacht.*

Begründer der Psychoanalyse
Auf dem Weg ins Exil: Das Foto zeigt **Sigmund Freud** (1856–1939) *1938 mit seiner Tochter Anna bei derAnkunft auf dem Gare de l'Est in Paris.*

Der Begründer der Psychoanalyse

Schon von alters her machte man sich Gedanken über die Seele und deren Krankheiten, z. B. Hysterie und Melancholie. Auch die Existenz des Unbewussten war vor Sigmund Freud bereits bekannt, aber erst dieser entdeckte die Wirkgesetze der Psyche: Die sexuellen Triebe und ihre Verformungen bestimmten nach seiner Meinung das Handeln der Menschen, ähnlich wie im Tierreich, nur etwas subtiler.

Als Sohn eines Wollhändlers wurde **Sigmund Freud** *(1856–1939)* in Freiberg, dem heutigen Príbor in Tschechien, geboren. Aus wirtschaftlichen Gründen zog die Familie wenige Jahre später nach Wien, Freuds späterer Wirkungsstätte. 1881 erlangte er den Doktor der Medizin mit einer Arbeit »Über das Rückenmark niederer Fischarten«. 4 Jahre später führte ihn eine Studienreise nach Paris an das berühmte Hôpital Salpêtrière, wo er bei **Jean Charcot** *(1825–93)*, dem »Napoleon der Hysteriker«, Anschauungsunterricht über die Behandlung von psychisch bedingten Lähmungserscheinungen durch Hypnose und Suggestion erhielt.

Der Fall der »Anna O.«

In Zusammenarbeit mit **Josef Breuer** *(1842–1925)*, der seit 1880 die Frauenrechtlerin und Sozialpionierin **Bertha Pappenheim** *(1859–1936)* – »Anna O.« – behandelte, entstand mit der Sprechtherapie eine Vorform der Psychoanalyse. Diesen Begriff benutzte Sigmund Freud erstmals im Jahr 1896 für das »etwas subtile Ausforschungsverfahren von Josef Breuer«. Diesem war es gelungen, die Traumatisierungen, die sich hinter den Symptomen seiner Patientin Anna O. verbargen, aufzuspüren, indem er sie auch über Dinge sprechen ließ, die damals tabuisiert waren, wie Verletzungen, Ekel, Gewalt und Sexualität. Freud übernahm dieses Verfahren und beschäftigte sich mit den Folgen sexueller

»Napoleon der Hysteriker«
Der vielleicht bedeutendste Lehrer Freuds war der Neurologe ***Jean Charcot*** (1825 bis 1893), *der auf Hypnose und Suggestion als Behandlungsmethoden setzte.*

Gewalt, z. B. dem Missbrauch durch den Vater in früher Kindheit. 1897 entwickelte er dann seine Vorstellungen von den sexuellen Fantasien des Kindes gegenüber dessen Eltern. Daraus erwuchs die Theorie des »Ödipuskomplexes«, wonach das männliche Kind die Mutter begehrt und den Vater als Rivalen empfindet. Im November 1899 erschien sein frühes Hauptwerk, »Die Traumdeutung«. Weitere Schriften folgten in kurzen Abständen, in denen er seine neue Theorie umriss, die sofort Aufsehen erregte. Nach Freud steht das »Ich« zwischen dem triebhaften »Es« und dem Werte und Moralvorschriften verkörpernden »Über-Ich«. Aus diesen frühkindlichen Konflikten entstünden Verhaltensweisen, die sich im Erwachsenenleben als psychische Störungen entpuppen und die nun durch die Psychoanalyse geheilt werden könnten. In Freuds Wohnung versammelten sich jede Woche seine Schüler, um die neue Methode von ihm zu erlernen und darüber zu diskutieren.

Zerwürfnis mit den Schülern

Mit einem seiner ersten Schüler, **Alfred Adler** *(1870 bis 1937)*, überwarf sich Freud allerdings bereits 1911. Dieser hatte eigene Vorstellungen entwickelt, die in der »Individualpsychologie« gipfelten, wonach jeder Patient individuell in einer Einheit von Körper und Seele als soziales Wesen behandelt werden müsse. Daraufhin wollte Freud den Schweizer **Carl Gustav Jung** *(1875–1961)* zu seinem »Kronprinzen« aufbauen. Aber auch aus dieser Zusammenarbeit entstand eine erbitterte Feindschaft, da auch Jung eigene Vorstellungen von der Psychoanalyse entwickelte. So sah er den Therapeuten eher als Begleiter, der sich möglichst vorurteilsfrei auf das einlassen sollte, was der Patient an Bildern, Eindrücken usw. beim Abstieg in seine seelischen Tiefen auffindet.

Obwohl Freuds Bücher in Deutschland nach dem Machtantritt der Nationalsozialisten verbrannt worden waren, emigrierte er erst nach dem Anschluss Österreichs 1938 nach London, wo er im folgenden Jahr verstarb. Schon 1922 war er an Gaumenkrebs erkrankt, weshalb ihm der rechte Oberkiefer und der Gaumen entfernt werden mussten. Die Schmerzen wurden so unerträglich, dass er seinen Arzt um eine tödliche Dosis Morphium bat. Sein Wohnhaus in London, in dem sein Behandlungszimmer mit der Couch und seinen geliebten antiken Figuren aus Wien wieder eingerichtet worden war, ist heute ein Museum. Freuds jüngste Tochter **Anna** *(1895 bis 1982)*, die sich sehr um die Kinderpsychologie verdient gemacht hat, lebte bis zu ihrem Tod in dieser musealen Umgebung. Bis heute ist eine Reihe weiterer Therapiekonzepte entstanden. Durch die moderne Gehirnforschung hat sich jedoch Freuds Betonung der bestimmenden Macht des Unbewussten bestätigt.

Zum weiteren Umfeld Freuds zählte auch der Amerikaner **William James** *(1842–1910)*. Er machte den Pragmatismus populär (»Wahr ist, was sich praktisch bewährt«) und begründete die Religionspsychologie. Seine Theorien nahmen Ideen der Gestalttherapie und des Behaviorismus – der Lehre vom menschlichen Verhalten – vorweg.

In den Fußstapfen Sigmund Freuds

Johannes Heinrich Schultz (1884–1970) Nach umfangreichen Selbstversuchen stellte der deutsche Psychotherapeut 1926 das Autogene Training vor.

Wilhelm Reich (1897–1957) Sigmund Freud ächtete diesen marxistischen Sexualforscher. Reich integrierte die Körpertherapie in die Psychoanalyse und strebte das Ziel der sexuellen Gesundheit in einer kommunistischen Gesellschaft an.

Carl Rogers (1902–87) Ausgehend von einem humanistischen Menschenbild entwickelte er in den USA die Gesprächstherapie.

Hans Jürgen Eysenck (1916–97) Der britische Psychologe provozierte mit der Behauptung, dass die Psychoanalyse nach Freud wenig zur Gesundung beitrage und die Besserung durch Spontanheilung sogar behindere. In den 1950er-Jahren begründete er daraufhin die Verhaltenstherapie, die sich als Hilfe zur Selbsthilfe begreift.

Michel Foucault (1926–84) äußerte vehemente Kritik an der Behandlung von psychisch Kranken, die sich in ihrer Grausamkeit kaum von früheren Methoden gegen Aussätzige unterscheide.

Ronald D. Laing (1927–89) Ausgehend von den Vorstellungen Michel Foucaults begründete er die antipsychiatrische Bewegung, die die Psychiatrie radikal infrage stellte.

Große Verhaltensforscher

Es sind vor allem drei Dinge, die die Verhaltensforscher wissen wollen. Wie funktioniert das menschliche und das tierische Verhalten? Welches sind die Unterschiede und Gemeinsamkeiten? Und: Wird Verhalten erlernt oder wird es vererbt, ist es also eher unabänderlich oder hängt es von dem gesellschaftlichen und persönlichen Umfeld ab?

Schon immer machte sich der Mensch Gedanken über sein eigenes Verhalten und das der Tiere, z. B. um als Jäger oder Viehhalter hiervon profitieren zu können. Aber er nahm das Verhalten als natur- oder gottgegeben hin. Die moderne Verhaltensforschung will dagegen die Ursachen für das Verhalten finden. **Iwan Pawlow** *(1849–1936)* entdeckte bei Versuchen mit Hunden, dass bei diesen der Speichelfluss nicht erst beim Essen einsetzte, sondern bereits beim Anblick desselben. Auch ein anderer Reiz, z. B. ein Klingelton, konnte den Speichelfluss auslösen, wenn dieser regelmäßig der Fütterung vorausgegangen war, dies bezeichnete Pawlow als »bedingten Reflex« und legte damit die Grundlagen der modernen Lerntheorie. Er war sogar der Meinung, das gesamte menschliche Lernen und Verhalten ließe sich mit bedingten Reflexen erklären.

»Ich wollte beruflich Wildgans werden.«

Konrad Lorenz

Die Tauben von Burrhus Skinner

Ein Anhänger des Behaviorismus, den **John Broadus Watson** *(1878–1958)* begründet hatte, war **Burrhus Frederic Skinner** *(1904–90)*. Seiner Meinung nach sollte das Verhalten von Menschen und Tieren wissenschaftlich untersucht werden, ohne sich Gedanken zu machen, was dabei in dem Lebewesen vorgeht. Skinner zeigte mit seinen berühmten Taubenexperimenten, wie man ein Tier durch Gabe von Belohnungen zu jeder nur möglichen Bewegung veranlassen kann und nannte dies »operante Konditionierung« – Lernen durch Verstärkung. Er wandte diese Erkenntnisse auch auf den Menschen an und prägte den Begriff des »programmierten Lernens«. Der Linguist **Noam Chomsky** *(geb. 1928)* kritisierte im Jahr 1959 die Meinung von Skinner, Sprache ließe sich wie das Schwanzwedeln des Hundes durch Verstärkung erlernen, und unterminierte damit die Herrschaft des Behaviorismus in der amerikanischen Psychologie. Chomsky vertrat die Meinung, dass jede Sprache zwar erlernt werden müsse, aber die Fähigkeit dazu angeboren wäre, was Skinner infrage gestellt hatte. Tatsächlich sind Tiere nicht in der Lage, eine Sprache im menschlichen Sinne zu erlernen. Auf das Niveau von Kleinkindern mögen aber auch sprachbegabte Tiere gelangen. So brachte **Irene Pepperberg** *(geb. 1949)* ihrem Graupapagei **Alex** *(ca. 1976–2007)* bei, Fragen zu beantworten, 200 Wörter sprechen und 500 verstehen zu können. Mit seiner Kritik förderte Chomsky die Anerkennung der Arbeiten des Schweizer Psychologen **Jean Piaget** *(1896–1980)*, dem Begründer der kognitiven Psychologie. Piaget lehnte Statistiken und standardisierte Untersuchungsmethoden ab, beispielsweise den von dem Franzosen **Alfred Binet** *(1857–1911)* im Jahr 1905 entwickelten Intelligenztest. Die von ihm formulierten Stadien der Entwicklung des Kindes fand er in erster Linie durch Beobachtungen und Untersuchungen seiner eigenen Kinder. Hieraus ergab sich, dass Lernen auch ein Prozess der verstandesmäßigen Aneignung der Welt ist. So kann ein Kind beispielsweisr erst nach Erreichen eines bestimmten Alters begreifen, dass ein sichtbares Objekt, das mit einem Tuch bedeckt wird, weiterhin existiert.

Mit Gänsen im Schlepptau

*Der Verhaltensforscher **Konrad Lorenz** (1903–89) wurde mit Untersuchungen über das Instinktverhalten der Graugans weltberühmt.*

Studien an verschiedenen Tieren

Pioniere der vergleichenden Verhaltensforschung waren die beiden Österreicher **Karl Ritter von Frisch** *(1886–1982)* und **Konrad Lorenz** *(1903 bis 1989)* sowie der Niederländer **Nikolaas Tinbergen** *(1907–88)*, die vor allem die angeborenen Verhaltensweisen bei Tieren und später auch beim Menschen untersuchten. Von Frischs große Entdeckung war die Tanzsprache der Honigbienen, mit der sich die Bienen Richtung, Entfernung und Qualität von Nahrungsquellen mitteilen können. Lorenz fand u. a. heraus, dass frisch geschlüpfte Gänseküken jedem sich bewegenden Objekt folgen und es an ihrer Mutter statt annehmen. Tinbergen unternahm Feldstudien, um das Verhalten von Tieren in ungestörter natürlicher Umgebung zu erforschen, im Gegensatz zu den Behavioristen, die sich auf Laborversuche beschränkten. Der österreichische Schüler von Lorenz, **Irenäus Eibl-Eibesfeldt** *(geb. 1928)*, erforschte die Grenze zwischen erlerntem und angeborenem Verhalten, zog sich aber auch Kritik zu wegen seiner Überzeugung, Erkenntnisse aus der Verhaltensforschung der Tiere ließen sich auf Menschen übertragen.

Jane Goodall *(geb. 1934)* untersucht seit 1961 die nächsten Verwandten des Menschen, die Menschenaffen, wozu sie ihr Lager im Urwald von Tansania aufschlug. Ihre verblüffendste Entdeckung war, dass Schimpansen Werkzeuge benutzen und diese auch herstellen können. Ihre Kollegin **Dian Fossey** *(1932 bis 1985)*, die mit Gorillas in Ruanda lebte, wo sie quasi als Hordenmitglied akzeptiert wurde, gelangte zu ähnlichen Erkenntnissen. Die Geschichte ihres Lebens, das mit ihrer nie aufgeklärten Ermordung endete, wurde 1988 erfolgreich verfilmt.

Der Mensch im Mittelpunkt

Alfred Charles Kinsey *(1894–1956)* untersuchte das menschliche Sexualverhalten durch Befragung von 10 000 amerikanischen Männern und Frauen. Die Veröffentlichung der überraschenden Ergebnisse sorgte für großes Furore. So stellte er fest, dass Selbstbefriedigung unter beiden Geschlechtern weit verbreitet ist und Abweichungen von der damaligen Norm häufiger als vermutet auftreten.

Stanley Milgram *(1933–84)* wurde Anfang der 1960er-Jahre durch Arbeiten bekannt, die sich dem Thema »Gehorsam gegenüber Autoritäten« widmeten. Mit seinem berühmten Experiment, das auch verfilmt wurde, zeigte er, dass sich die Mehrzahl einer Gruppe von ganz normalen Menschen von angeblichen Autoritäten dazu bewegen lässt, ihnen völlig Unbekannte zu quälen.

Der missionarische Atheist **Richard Dawkins** *(geb. 1941)* fasste die Ergebnisse der Soziobiologie kurz und bündig in dem Buchtitel »Das egoistische Gen« zusammen. Nach seiner Meinung lässt sich das gesamte instinktive Verhalten eines Individuums mit dem Bestreben erklären, seine Gene in möglichst großer Zahl erfolgreich weiterzugeben. Wie aber lässt sich dann selbstloses Verhalten (Altruismus), wie es beispielsweise Bienen und Ameisen an den Tag legen, verstehen? Die Antwort auf diese Frage gelang **William D. Hamilton** *(1936–2000)* 1964 mit der Erkenntnis, dass sich auch durch das Überleben von Verwandten die eigenen Gene weiter verbreiten. So »lohnt« sich für Ameisen aus dieser Sicht die Aufzucht ihrer Schwestern mehr als die der eigenen Kinder, weil sie mit den Schwestern eine größere genetische Übereinstimmung haben.

Freundin der Schimpansen

*In einem Naturreservat in Sambia widmet sich **Jane Goodall** (geb. 1934) im April 2006 einem jungen Schimpansen.*

Evolution und Gene

*Der Soziobiologe **Richard Dawkins** (geb. 1941) betrachtet die Evolution auf der Ebene der Gene, die für ihn der entscheidende Faktor für die Selektion sind. Das Foto zeigt ihn 1999 mit einem seiner Werke.*

Helden im Dienst von Fortschritt und Wahrheit

Selbst-infizierung
Helicobacter-pylori-Bakterien erzeugen Magengeschwüre. Der Australier ***Barry Marshall*** (geb. 1951) *infizierte sich absichtlich damit. 2005 wurde er für seinen Mut und seine Opferbereitschaft mit dem Medizin-Nobelpreis belohnt.*

Auf dem Weg zur Wahrheit lauern vielfältige Gefahren. So kann sie Machthabern ein Dorn im Auge sein. Aber auch konkurrierende Wahrheitssucher wie z. B. Wissenschaftler können untereinander zur Bedrohung werden. Und nicht zuletzt ist die Tücke des Objekts als Risikoquelle zu berücksichtigen. Manche Forscher begeben sich für den Fortschritt aber auch bewusst in Lebensgefahr.

Das erste prominente Opfer der Wahrheitsliebe war **Sokrates** *(um 470–399 v. Chr.)*. Der griechische Philosoph hatte durch seine kritischen Fragen und seine Zweifel an den Göttern die Bürger Athens bis zur Weißglut gereizt, sodass er wegen Jugendgefährdung zum Tode verurteilt wurde und den Schierlingsbecher trinken musste.
Zwar hatte der griechische Mathematiker **Archimedes** *(285–212 v. Chr.)* den Römern bei der 3-jährigen Belagerung seiner Heimatstadt Syrakus große Unannehmlichkeiten bereitet, sein Leben sollte jedoch geschont werden. Aber einen Soldaten brachte der in mathematische Studien Vertiefte mit seiner Bemerkung »Störe meine Kreise nicht« so in Rage, dass dieser ihn doch niedermetzelte.
Den römischen Dichter **Seneca** *(ca. 4 v. Chr.–65)* konnte als Stoiker der Tod nicht schrecken. Sonst hätte er als Erzieher des Kaisers Nero diesen wohl nicht wiederholt entschieden zur Milde gemahnt, wie es einem weisen Herrscher gezieme. Ohne zu murren beging er den befohlenen Selbstmord.

Der Streit um Kopernikus

Auf dem Scheiterhaufen in Rom musste **Giordano Bruno** *(1548–1600)* seine Standhaftigkeit mit dem Tod bezahlen. Er war Anhänger von **Nikolaus Kopernikus** *(1473–1543)*, der mit dem heliozentrischen Weltbild die Erde auf eine Umlaufbahn um die Sonne geschickt hatte. Aber Bruno ging noch weit über Kopernikus hinaus, indem er behauptete, das Weltall sei unendlich und es müsse eine Vielzahl von Welten geben. Gott hatte demnach nicht nur die Menschen geschaffen, sondern eine unendliche Anzahl anderer Lebewesen, sodass kein Platz mehr für das Jenseits blieb. Allerdings kosteten ihn weniger seine wissenschaftlichen Leistungen das Leben als die Meinung, dass Jesus nicht Gottes Sohn und Gott in der Natur verkörpert sei. Im Jahr 2000 erklärte der Papst die Hinrichtung Giordano Brunos für Unrecht. Eine Rehabilitierung der theologischen Ansichten Brunos erfolgte dagegen nicht.
Der italienische Naturforscher **Galileo Galilei** *(1564 bis 1642)* kam bei seinem Einsatz für Kopernikus glimpflicher davon. Weil er widerrief, beschränkte sich das Urteil im Jahr 1633 auf lebenslänglichen Hausarrest und ein Veröffentlichungsverbot.

Versuche mit Todesrisiko

Francis Bacon *(1561–1626)* war sehr von der Nützlichkeit der Wissenschaft überzeugt. Er glaubte daran, dass durch Experimente neues Wissen entdeckt werden könne. Nachdem er wegen Korruption sein Amt als englischer Lordkanzler hatte aufgeben müssen, hatte er Zeit, selbst Versuchen nachzugehen. Bei dem Versuch, geschlachtete Hühner durch Ausstopfen mit Schnee länger haltbar zu machen, zog er sich eine Lungenentzündung zu, an der er schließlich verstarb.
Im Jahr 1752 hatte Benjamin Franklin den Blitzableiter erfunden. Hiervon ließ sich der deutsche Physiker **Georg Wilhelm Richmann** *(1711–53)* in

Sankt Petersburg zu eigenen Forschungen anregen: Er untersuchte die elektrische Aufladung der Atmosphäre vor und während eines Gewitters mithilfe einer an seinem Haus installierten Eisenstange. Als während eines Gewitters am 26. Juli 1753 ein Blitz in die Eisenstange einschlug, wurden er und sein Assistent getötet. Danach gingen die Naturforscher vorsichtiger mit dieser Naturgewalt um.

Die Beschäftigung mit dem Neuen aber blieb gefährlich. So kam **Emil Nobel** *(1843–64)*, der jüngste Bruder von **Alfred Nobel** *(1833–96)*, ums Leben, als bei Versuchen mit Nitroglycerin das gesamte Laboratorium in die Luft flog. Erst in Verbindung mit Kieselgur erwies sich der Sprengstoff als handhabbar. Nobel nannte ihn Dynamit und machte damit ein Vermögen.

Auch **Otto Lilienthal** *(1848–96)* bezahlte seinen Wissensdurst mit dem Leben. Viele 100 Male war er sicher gelandet, als er am 9. August 1896 aus 15 m Höhe abstürzte und sich einen Halswirbel brach. Schon beim Transport ins Krankenhaus mittels Güterwagen wurde er bewusstlos. Am nächsten Tage verstarb er.

Stellvertretend für Hunderte von Strahlenopfern unter den Wissenschaftlern, die mit Röntgenstrahlen und den radioaktiven Stoffen viel zu sorglos hantierten, sei **Marie Curie** *(1867–1934)* genannt. Sie starb im Alter von 66 Jahren an Leukämie, hervorgerufen durch die hohe Strahlenbelastung während ihrer Forschungen über Radioaktivität.

Aber es gibt auch Wissenschaftler, die sich mutwillig in Lebensgefahr begeben, um eine neue Technik oder ein neues Medikament zu testen. So schob sich der deutsche Mediziner **Werner Forßmann** *(1904 bis 1979)* im Jahr 1929 von der Armvene aus einen Gummischlauch bis zur rechten Herzkammer, was er mit einer Röntgenaufnahme dokumentierte, um zu zeigen, dass man auf diese Art zum Herzen gelangen und es untersuchen könne. Und der australische Mikrobiologe **Barry Marshall** *(geb. 1951)* trank 1984 kurzerhand ein Glas Helicobacter-pylori-Bakterien, um zu beweisen, dass diese für die Entstehung von Magengeschwüren verantwortlich seien, wofür man bisher Stress und scharfe Speisen verantwortlich gemacht hatte. Tatsächlich entwickelten sich daraufhin bei ihm Magengeschwüre, die er dann mit Antibiotika heilen konnte.

Selbstversuch mit Herzkatheter

Bekannt wurde ***Werner Forßmann*** (1904 bis 1979) *durch seine Herzforschung. Das Foto zeigt ihn 1963 bei einem Vortrag.*

Wissenschaft unter Diktatoren

Zwar hatte mit dem Erfolg der Naturwissenschaft die Kirche ihre Macht über die Forscher verloren, aber dafür erlangten besonders im 20. Jh. andere Mächte Einfluss, die Leib und Leben von Wissenschaftlern bedrohten. Schon in den 1920er-Jahren erhielt **Albert Einstein** *(1879–1955)* Morddrohungen wegen seiner pazifistischen Gesinnung und weil er Jude war. Nach der Machtergreifung der Nazis blieb er in den USA. **Werner Heisenberg** *(1901 bis 1976)*, der in Deutschland verblieben war, wurde in einer SS-Zeitschrift als »weißer Jude« tituliert, da er weiterhin die einsteinsche Physik lehre.

Auch unter dem sowjetischen Schreckensherrscher Stalin hatten es die Forscher nicht leicht. Zu den prominenten Opfern zählt **Nikolai Wawilow** *(1887–1943)*, ein hoch angesehener Botaniker und Genetiker. Weil er wiederholt die in der Sowjetunion geförderten Theorien von Trofim Lyssenko, wonach Erbeigenschaften durch Umweltbedingungen verändert werden können, kritisiert hatte, wurde er 1940 zu 20 Jahren Haft verurteilt. 3 Jahre später starb Wawilow im Gefängnis, wahrscheinlich an Hunger.

Andrei Sacharow *(1921–89)* war maßgeblich an der Entwicklung der sowjetischen Wasserstoffbombe beteiligt. Als er sich jedoch 1962 gegen Lyssenko wandte, Sympathien für den Prager Frühling zeigte, 1970 sogar die Demokratisierung der Sowjetunion forderte und im Jahr 1975 gar den Friedensnobelpreis erhielt, wurde er 1980 verhaftet und in die Verbannung geschickt, aus der ihn erst der Reformer Michail Gorbatschow im Jahr 1986 erlöste.

Tod durch Blitzschlag

Als er die Wirkung eines Gewitters beobachtete, starb ***Georg Wilhelm Richmann*** (1711–53) *an einem Blitzschlag.*

Schwere Irrtümer

Kartografie auf falscher Datenbasis
Die Karte von ***Paolo dal Pozzo Toscanelli*** *(1397–1482) aus dem Jahr 1457 zeigt seine Vorstellung von der Welt aus der Zeit vor der Entdeckung Amerikas.*

Selbst die größten Wissenschaftler sind nicht vor Irrtümern gefeit. Und die Naturwissenschaften schreiten auch durch Irrtum fort zu neuer Erkenntnis. Indes gibt es derart absurde Theorien, dass ihre Irrigkeit von Anfang an offensichtlich ist. Andere Irrtümer wiederum haben die erstaunlichsten Folgen.

Dass der Grieche **Claudius Ptolemäus** *(um 100–um 170)* sich irrte, als er behauptete, die Erde befinde sich im Mittelpunkt der Welt und bewege sich nicht, ist heute Allgemeingut. Aber auch als Geograf unterlief ihm eine gravierende Fehleinschätzung – mit weitreichenden Folgen. **Eratosthenes** *(um 284 bis um 202 v. Chr.)* hatte den Umfang der Erdkugel schon ziemlich korrekt mit 39 000 km berechnet. Doch es setzte sich die Meinung des Ptolemäus durch, der den Umfang mit knapp 30 000 km angab. Dies brachte den Kartografen **Paolo dal Pozzo Toscanelli** *(1397–1482)* viel später dazu, die Entfernung von Portugal nach China in westlicher Richtung gewaltig zu unterschätzen – eine Berechnung, auf deren Basis sich wiederum **Christoph Kolumbus** *(1451–1506)* auf den Weg nach Indien machte. Wenn nicht dort, wo Kolumbus die Ausläufer Asiens wähnte, ein gänzlich neuer und unbekannter Kontinent gelegen hätte, man hätte wohl von der Expedition nie wieder etwas gehört.
Platon *(427–347 v. Chr.)* glaubte, alle Bewegungen am Himmel vollzögen sich in perfekten Kreisen. Der schwäbische Astronom **Johannes Kepler** *(1571 bis 1630)* machte daraus im Jahr 1596 Kugelschalen. 13 Jahre später erkannte er, dass sich die Planeten gar nicht auf Kreisbahnen, sondern auf Ellipsen bewegen.

Raum und Zeit

Auch das Jahrhundertgenie **Isaac Newton** *(1643 bis 1727)* lag falsch, als er die Existenz einer absoluten Zeit zur Grundlage seines Gedankengebäudes machte. Es dauerte fast 230 Jahre, bis **Albert Einstein** *(1879–1955)* die Fehlerhaftigkeit dieser Vorstellung nachwies. Nicht die Zeit ist absolut, son-

dern die Lichtgeschwindigkeit. Je mehr sich ein Reisender dieser Geschwindigkeit nähert, desto langsamer verfließt die Zeit. Bei Lichtgeschwindigkeit vergeht die Zeit überhaupt nicht mehr.
Auch Newtons großer Konkurrent, **René Descartes** *(1596–1650)*, der sich gegen den Engländer ansonsten kaum durchsetzen konnte, verbreitete einen folgenschweren Irrtum. Er glaubte, das ganze Universum sei von Äther durchdrungen, der als Medium für die Ausbreitung von Licht diene. Als man Anfang des 19. Jh. erkannte, dass Licht eine schwingende Erscheinung ist, glaubte man, ein Schwingungsmedium zu benötigen – eben jenen Äther. Ende desselben Jahrhunderts versuchten die Amerikaner **Albert Michelson** *(1852–1931)* und **Edward Morley** *(1838–1923)*, die Existenz dieses Äthers experimentell nachzuweisen. Das totale Scheitern dieses Versuchs führte Einstein u. a. zu seiner Relativitätstheorie, in der auf den Äther verzichtet werden kann.

Der falsch berechnete Weltuntergang

Ein peinlicher Irrtum unterlief dem begnadeten deutschen Mathematiker **Michael Stifel** *(um 1487 bis 1567)*. Hauptberuflich war er Prediger und ein entschiedener Parteigänger Martin Luthers. Er gab Rechenbücher heraus, in denen er sich mit Logarithmen und Exponenten beschäftigte. Aber berühmt wurde er, weil er den Weltuntergang für den 18. Oktober 1533 berechnet hatte; zu dieser Zeit bekleidete er das Pfarramt in Lochau. Als seine Prophezeiung nicht eintraf, waren nicht nur die zahlreichen Zuschauer in der Lochauer Heide enttäuscht, sondern der Zahlenmystiker musste auch eine Weile ins Gefängnis. Der italienische Astronom und Direktor der Mailänder Sternwarte **Giovanni Schiaparelli** *(1835–1910)* entdeckte mit seinem neuen Fernrohr im Jahr 1877 Linien auf dem Mars, die er als Flussbetten deutete und die für viele Jahre als Beleg für intelligentes Leben auf unserem Nachbarplaneten herhalten mussten. Erst die Marssonden enthüllten diese »Kanäle« als optische Täuschung.

Zwischen Kreis und Ellipse
Seine falsche Theorie über die Bewegungen der Planeten korrigierte der große Astronom ***Johannes Kepler*** (1571–1630) *in späteren Jahren selbst.*

Von eisigen und hohlen Welten

Von ähnlichem Kaliber waren die kosmologischen Theorien des österreichischen Ingenieurs und Stammvaters einer bekannten Schauspielerdynastie: **Hanns Hörbiger** *(1860–1931)*. Er ist der Urheber der Welteislehre, wonach Hagelschauer aus kosmischen Eisbomben entstehen, die Milchstraße eine gigantische Ansammlung von Eiskristallen und der Mond von einem Eispanzer überzogen ist. Der Nationalsozialist Heinrich Himmler war ein glühender Anhänger dieser abstrusen Theorie. Recht hatte Hörbiger immerhin mit der Behauptung, dass Kometen aus Eis bestehen; heute bezeichnet man sie als »schmutzige Schneebälle«.
Man mag es kaum glauben, aber es geht noch absurder. Der Amerikaner **Cyrus Teed** *(1839–1908)* entwickelte ab 1870 die Innenwelttheorie, früher auch Hohlwelttheorie genannt. Hiernach leben wir nicht auf der Oberfläche einer Kugel, sondern auf der Innenseite einer hohlen Kugel. Natürlich sind die optischen Gesetze andere, sonst könnte man ja nachts mit einem guten Fernglas die Australier beim Mittagessen beobachten. Der Mond kreist in etwa 3000 km Höhe, die nicht sehr große Sonne weitere 1500 km darüber in dieser hohlen Kugel, während die Sterne sich in einem kleinen Areal im Mittelpunkt des Hohlraums befinden sollen. Noch erstaunlicher als diese Theorie ist die Tatsache, dass sie immer noch gläubige Anhänger besitzt. Interessant ist auch die Frage, was sich eigentlich außerhalb dieser hohlen Kugel befindet.
Der Flug zum Mond wäre nach dieser Theorie nur ein Katzensprung gewesen. Demgegenüber hielt **Bill Kaysing** *(1922–2005)* die Schwierigkeiten eines Fluges zu unserem Trabanten für so gewaltig, dass er kurzerhand alle Mondlandungen für in einem Filmstudio aufgenommene Fälschungen erklärte.

Urheber der Welteislehre
Mit seiner Pseudowissenschaft, nach der die Milchstraße aus Eisbrocken besteht, gewann ***Hanns Hörbiger*** (1860–1931) *zahlreiche Anhänger.*

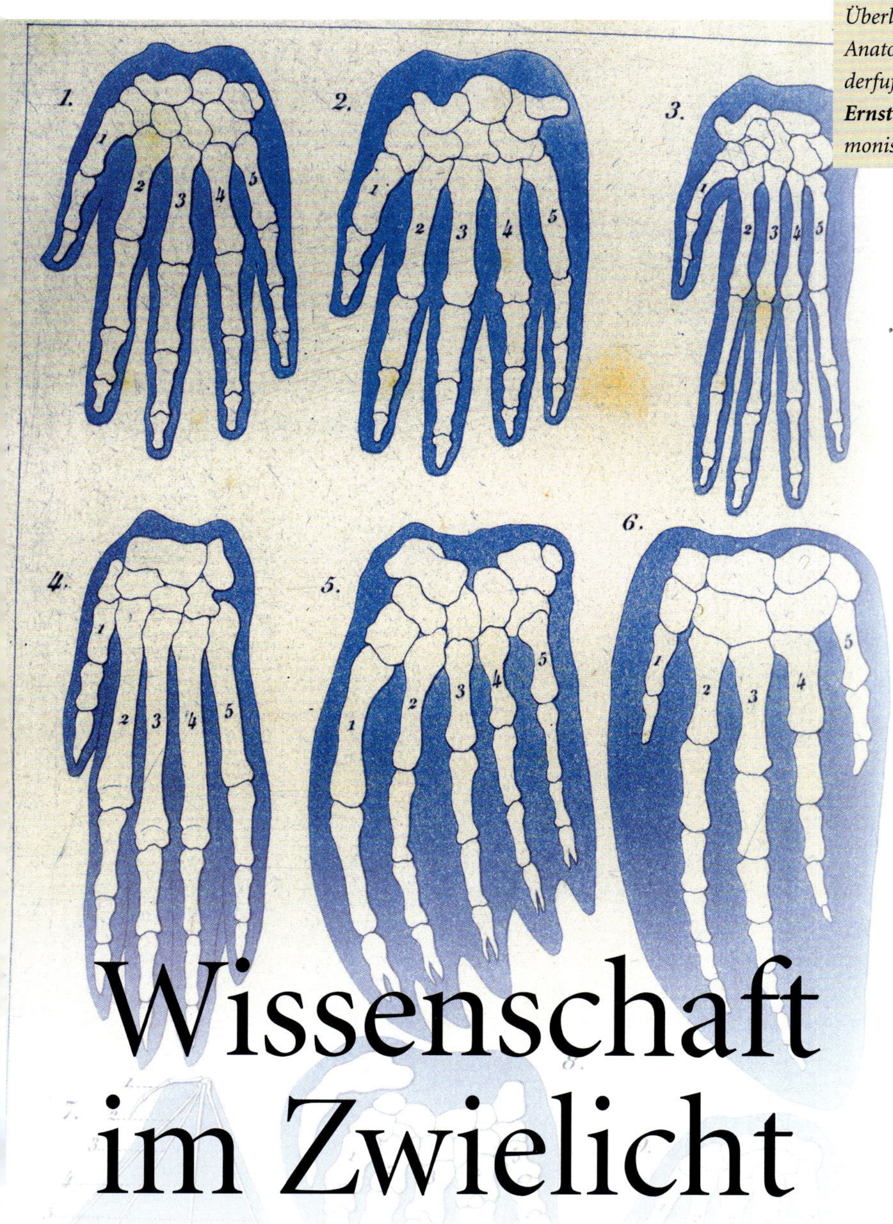

Begründer des Monismus
Überlegungen, die auf vergleichenden Anatomiestudien beruhten – im Bild Vorderfußknochen von Säugetieren – führten **Ernst Haeckel** (1834–1919) *zu seiner monistischen Philosophie.*

Wissenschaft im Zwielicht

Immer wieder gab es in der Geschichte Forscher, die durch die unsachgemäße Anwendung wissenschaftlicher Prinzipien und Erkenntnisse der Gesellschaft schweren Schaden zufügten. Das geschah häufig dann, wenn politische Dogmen und ideologische Verblendung echte wissenschaftliche Arbeit behinderten oder sogar unmöglich machten.

Der Judenhass ist fast so alt wie das Judentum selbst. Jedenfalls hielten schon die Römer Juden für »Feinde des Menschengeschlechts«, weil sie von ihrem Gott nicht lassen wollten. Bestand später aus christlicher Sicht zumeist noch die Möglichkeit der Erlösung der Juden durch die Taufe, ebnete die scheinbar wissenschaftliche Begründung des Rassismus als eines Kampfes zwischen höheren und niederen Rassen den Weg für die Mordorgien des 20. Jh.

Antisemitismus und Rassismus

Der französische Diplomat und Schriftsteller **Arthur Comte de Gobineau** *(1816–82)* begründete 1853 die Theorie der arischen Herrenrasse. Als wenig später Darwin seine Evolutionstheorie und seine Überlegungen zum »Überleben des Stärksten« veröffentlichte, wurden diese von den Rassisten auf die Geschichte der Völker übertragen, zwischen denen ein vermeintlicher Kampf auf Leben und Tod tobe. In Deutschland begründete **Karl Eugen Dühring** *(1833–1921)* den scheinwissenschaftlich verbrämten Antisemitismus, indem er die »Selbstsucht« und »Machtgier« der Juden zur unveränderlichen Erbanlage erklärte. Die Juden seien als »parasitäre Rasse« auszurotten, »wie man eben Giftschlangen und wilde Raubtiere ausrotten muss«. Der Historiker **Heinrich von Treitschke** *(1834–96)* hieb mit seinem Ausruf »Die Juden sind unser Unglück« in dieselbe Kerbe; **Houston Stewart Chamberlain** *(1855–1927)*, ein englischer Schriftsteller und Bewunderer deutscher Kultur, verlangte 1899 die »Reinheit der arischen Rasse«.
Der deutsche Zoologe **Ernst Haeckel** *(1834–1919)* war engagierter Atheist und Pazifist – Letzteres

Antisemitismus im Namen der Wissenschaft
Für die Ausbreitung des Antisemitismus in Deutschland trägt ***Karl Eugen Dühring*** (1833–1921) *besondere Verantwortung.*

allerdings nur bis 1914 – und gründete 1906 den Monistenbund, der der Verbreitung wissenschaftlicher Kenntnisse und dem Kampf gegen christliche Dogmen dienen sollte. Er machte die Evolutionstheorie von Charles Darwin in Deutschland populär und wandte sie auf die Gesellschaft an. So beschwor er die Gefahr, dass »Hunderttausende von unheilbar Kranken … künstlich am Leben erhalten werden, ohne irgendeinen Nutzen für sie selbst oder die Gesamtheit.« Mit der Überlegung, dass die Ausschaltung der natürlichen Selektion durch die Medizin zu degenerativen Erscheinungen führen müsse, machte er die spätere Euthanasie hoffähig. Auch wenn die Nationalsozialisten den Monistenbund 1933 sofort verboten, beriefen sie sich auf Haeckels sozialdarwinistische Vorstellungen und verbanden diese mit dem Glauben an den Kampf der Rassen.
Wenige Jahre später dienten die menschenverachtenden Theorien, Sprachbilder und Gedanken der oben genannten Wissenschaftler Adolf Hitler und seinen Helfershelfern als Rechtfertigung ihrer verbrecherischen Völkermorde.

Wissenschaft im Dienste des Tötens

Der aus einer jüdischen Familie stammende Chemiker **Fritz Haber** *(1868–1934)* gilt als Vater des Giftgaskriegs im Ersten Weltkrieg. Zudem hätte ohne das von ihm erfundene Haber-Bosch-Verfahren zur Herstellung von Ammoniak Deutschland den Krieg nicht lange führen können, da es rasch an Düngemitteln und Sprengstoffen gemangelt hätte. Auch wenn die Franzosen als Erste Tränengas zur Aufweichung der festgefahrenen Front einsetzten, so war es Fritz Haber, der 1915 den ersten Giftgasangriff mit Chlorgas organisierte und später Phosgen zur Wendung des Kriegsglücks einsetzte. Die Alliierten sahen in ihm einen Kriegsverbrecher.
Die Zahl von 100 000 Toten durch chemische Kampfstoffe im Ersten Weltkrieg erhöhte sich im nächsten Krieg durch eine noch ungleich schrecklichere, aus wissenschaftlichen Laboren stammende Waffe um ein Vielfaches: die Atombombe.
Hatte die Entdeckung der Kernspaltung des Urans im Jahr 1938 noch zufälligen Charakter, so war die Entwicklung der Atombombe ein gezieltes Projekt unter Leitung von **Robert Oppenheimer** *(1904 bis 1967)*. Damit sollte die Gefahr abgewendet werden, dass Hitler als Erster ein solches Massenvernichtungsmittel in Händen halten könnte. Nachdem Hitler besiegt war, ordnete **Harry S. Truman** *(1884 bis 1972)* den Abwurf zweier Bomben auf Japan an, um den Krieg im Pazifik zu verkürzen. Nachdem er die verheerende Wirkung der Atombombe erkannt hatte, setzte sich Oppenheimer später entschieden gegen den weiteren Einsatz von Atomwaffen ein.

Inferno in Japan
Der Atombombenangriff auf Hiroshima am 6. August 1945 kostete 300 000 Menschen das Leben. Die Waffe entwickelt hatte das Forscherteam um ***Robert Oppenheimer*** (1904 bis 1967) *– mit dem redlichen Motiv, schneller zu sein als deutsche Wissenschaftler und damit die Rüstungsindustrie der Nationalsozialisten.*

Wissenschaftliche Verblendung

Die beiden Nobelpreisträger **Johannes Stark** *(1874 bis 1957)* und **Philipp Lenard** *(1862–1947)* waren nach anfänglicher Begeisterung für Einstein und die neue Physik gar nicht erfreut über die Entwicklung, die Deutschland nach dem Ersten Weltkrieg im Allgemeinen und die Physik im Besonderen nahm. Sie sahen den Grund im Wirken der Juden in Politik und Wissenschaft, wurden Anhänger von Adolf Hitler und wollten eine »Deutsche Physik« begründen. Nach der Machtergreifung ihres Idols versuchten sie, die Anhänger der modernen Physik als »weiße Juden« zu diffamieren. Sie scheiterten aber damit, weil sich ihre »Deutsche Wissenschaft« als ungeeignet zur Entwicklung von Waffen erwies.
Trofim Lyssenko *(1898–1976)* war ein Bauernsohn aus der Ukraine, der in den 1930er-Jahren einem Institut für Genetik und Saatzucht in Odessa vorstand. Er erklärte die Existenz von Genen für »unsozialistisch« und vertrat die Meinung, dass Eigenschaften durch Umwelteinflüsse erworben und vererbt würden. So hatte er unter ungünstigen klimatischen Bedingungen Weizen gesät und im nächsten Jahr angeblich Roggen geerntet. Auf seine Anweisung hin wurden erhebliche Flächen mit Weizen bepflanzt, die dafür klimatisch nicht geeignet waren. Die dadurch hervorgerufenen Missernten führten zu Hungersnöten. Erst 1956 wurde Lyssenko als Wissenschaftler entmachtet.

Fälscher, Schwindler, Scharlatane

Auch berühmte Forscher haben bei ihren Experimenten gelegentlich »geschummelt«. Hier geht es um Gelehrte, die ihre Ergebnisse frei erfunden haben, auf Scherzbolde hereingefallen sind oder einer Selbsttäuschung zum Opfer fielen.

Der Würzburger Medizinprofessor **Johannes Beringer** *(1667–1738)* wurde das Opfer zweier Kollegen, die ihm gefälschte Versteinerungen unterschoben. Diese zeigten vollständig erhaltene Tiere und Pflanzen, aber auch Sonnen und Kometen sowie sich begattende Frösche. Als Beringer im Jahr 1726 ein Buch darüber veröffentlichte, flog der Schwindel auf; die »Fundstücke« hießen fortan »Würzburger Lügensteine«.

Irrtum, Blamage und Betrug

Göbel oder Edison?

Erhoffte Patenterlöse stecken wohl hinter der Behauptung, **Heinrich Göbel** (1818–93) *habe 25 Jahre vor Thomas A. Edison die Glühlampe erfunden.*

Heinrich Göbel *(1818–93)* galt in Deutschland lange Zeit als Erfinder der Glühlampe. Zum 150-jährigen Jubiläum dieser angeblichen Tat wurde im Jahr 2004 sogar eine Briefmarke herausgegeben. Sehr wahrscheinlich aber war Göbels Erfindung ein großer Schwindel. Jedenfalls konnte ein Professor Münchhausen, bei dem Göbel sein Wissen erlangt haben wollte, nicht ausfindig gemacht werden.
Der französische Physiker **René Blondlot** *(1849 bis 1930)* glaubte Anfang des 20. Jh. eine neue Strahlungsart entdeckt zu haben, die er N-Strahlen nannte. Nachdem er aber der Einzige blieb, der diese geheimnisvolle Strahlung sehen konnte, wurde ein Physiker mit der Überprüfung der Erkenntnisse Blondlots beauftragt. Als dieser unbemerkt das Prisma aus Blondlots Versuchsaufbau entfernte und Blondlot das Spektrum der Strahlen immer noch sehen konnte, war die Blamage des mit verschiedenen Wissenschaftspreisen ausgezeichneten Physikers perfekt.
Der Amateurarchäologe **Charles Dawson** *(1864 bis 1916)* stellte im Jahr 1912 einen Menschenschädel vor, den er in einem Steinbruch nahe des Örtchens Piltdown gefunden haben wollte. Dieser sogenannte Piltdown-Mensch war eine wissenschaftliche Sensation, war er doch die lange gesuchte Verbindung von Mensch und Affe. Im Jahr 1953 stellte sich dann allerdings heraus, dass ein Unterkiefer eines Orang-Utans und ein mittelalterlicher Menschenschädel zusammengefügt worden waren.
Shinichi Fujimura *(geb. 1950)* förderte mit seinen »göttlichen Händen« praktisch überall in Japan, wo er grub, sensationelle steinzeitliche Funde zutage, die zum Teil bis zu 700 000 Jahre alt waren. Er flog als Betrüger auf, als er im Jahr 2000 dabei fotografiert wurde, wie er die Steinwerkzeuge, die er später fand, vorher vergrub.

Große Ansprüche

Die Energieprobleme der Menschheit schienen gelöst, als **Martin Fleischmann** *(1927–2012)* und **Stanley Pons** *(geb. 1943)* im Jahr 1989 berichteten, ihnen sei die Fusion von Wasserstoff bei Raumtemperatur durch Elektrolyse geglückt. Schade nur, dass kein Kollege bisher diese »Kalte Kernfusion« nachvollziehen konnte.
Der südkoreanische Forscher **Hwang Woo-Suk** *(geb. 1953)* sorgte im Jahr 2004 für weltweite Aufmerksamkeit, als er behauptete, menschliche Embryonen geklont, also eine exakte Kopie eines anderen menschlichen Individuums erzeugt zu haben. Im nächsten Jahr stellte sich dann heraus, dass alle Fotos und Ergebnisse, die er in Fachzeitschriften veröffentlicht hatte, komplette Fälschungen waren.

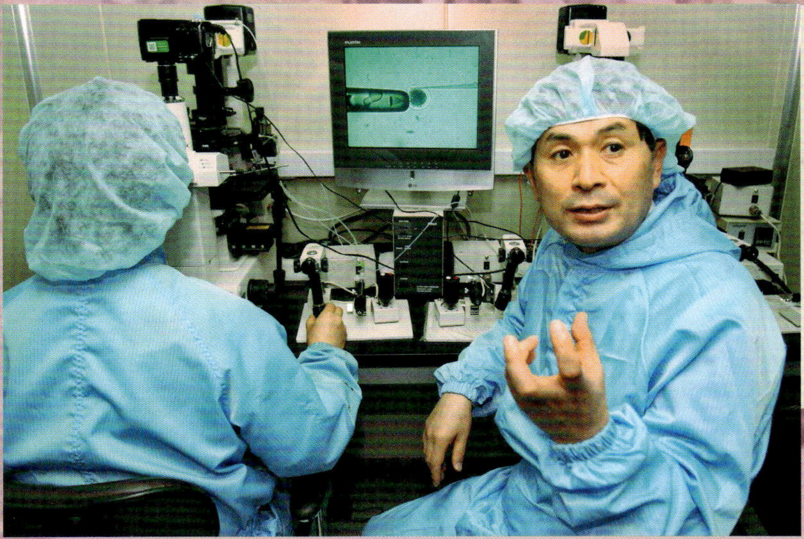

Geklonter Mensch?
Der angesehene südkoreanische Wissenschaftler **Hwang Woo-Suk** (geb. 1953) *täuschte die Öffentlichkeit mit der Behauptung, menschliche Embryonen geklont zu haben.*

Im Hintergrund sinc die »Würzburger Lügensteine« abgebildet, auf die der Mediziner Johannes Beringer (1667 bis 1738) seine Publikation stützte.

Die »Kalte Kernfusion«
Stolz präsentieren **Martin Fleischmann** (1927–2012, rechts) *und* **Stanley Pons** (geb. 1943) *1989 ein Modell ihrer Erfindung, mit deren Hilfe ihnen angeblich die »Kalte Kernfusion« geglückt war.*

Falscher »Missing Link«
Da er die Verbindung von Mensch und Affe nicht nachweisen konnte, behalf sich **Charles Dawson** (1864–1916) *1912, indem er Schädelteile eines Orang-Utans und eines Menschen (schwarz) zusammensetzte. 1953 flog der Schwindel mit dem »Piltdown-Menschen« (oben) auf.*

Das einst arbeitsintensive Spinnen wurde im Zuge der Industriellen Revolution ganz von Maschinen übernommen. Dem Menschen blieben nur Kontrollfunktionen. Mädchen in einer Baumwollspinnerei, 1908.

Die Väter der Industriellen Revolution

Die erste tief greifende Veränderung im Leben der Menschheit war der Schritt vom Jäger und Sammler zum Ackerbauern und Viehzüchter. Der Prozess währte Jahrtausende und ist in manchen Gegenden der Welt heute noch nicht abgeschlossen. Anders als diese Entwicklung veränderte die zweite große Revolution, die die Industrialisierung aller Herstellungsverfahren und die Erfindung völlig neuer Produkte und Prozesse bedeutete, in kaum 250 Jahren die gesamte Welt grundlegend.

Die Industrielle Revolution nahm im 18. Jh. von Großbritannien aus ihren Anfang. Die Bevölkerung war gewachsen; einige entscheidende Erfindungen und ein günstiges wirtschaftliches Umfeld sorgten dafür, dass diese zusätzlichen Menschen auch ernährt werden konnten. Dies führte schließlich dazu, dass aus Agrarländern Industrienationen wurden, wodurch letztlich der Wohlstand und die Lebenserwartung der Bewohner in ungekannter Weise stiegen.

Die Entwicklung begann im Jahr 1733 mit einem kleinen handlichen Instrument – dem »fliegenden Weberschiffchen« von **John Kay** *(1704–80/81)*. Dieses ermöglichte es dem Weber, den Schussfaden von einer Seite zur anderen zwischen den Kettfäden quasi hindurchzuschießen, wodurch erheblich schneller gewebt werden konnte.
Es war **James Hargreaves** *(1720–78)*, der aus dem Spinnrad eine Maschine machte, indem er die Tätigkeit der menschlichen Hand durch eine mechanische Konstruktion verrichten ließ. Bei der »Spinning Jenny« aus dem Jahr 1764 wickelten acht Spindeln gleichzeitig das Garn auf.
Den Menschen als Antriebskraft der Spinnmaschine machte 1769 **Richard Arkwright** *(1732–92)* überflüssig. Seine »Waterframe« wurde mit Wasserkraft angetrieben und betätigte Dutzende von Spindeln gleichzeitig. Nun geriet der Weber ins Hintertreffen, konnte er das Garn doch gar nicht so schnell verarbeiten, wie es jetzt gesponnen wurde.
Hier half ein Geistlicher weiter. **Edmund Cartwright** *(1743–1823)* erfand im Jahr 1785 den ersten

Arbeiter in einem Hochofen. Die Vervielfachung der Kapazitäten in der Stahlproduktion ist eine der zentralen Errungenschaften der Industriellen Revolution.

mechanischen Webstuhl, der mit Wasserkraft betrieben werden konnte, sodass ein Weber mehrere Maschinen gleichzeitig beaufsichtigen musste. Die Preise für Stoffe fielen, die Produktion wuchs. England versorgte die ganze Welt, bis andere Länder durch Spionage hinter das Geheimnis der preiswerten Herstellung gekommen waren und die Maschinen nachbauten. Die Wasserkraft reichte für die immer zahlreicher werdenden Maschinen bald nicht mehr aus. Da traf es sich gut, dass zur gleichen Zeit auch eine erste mechanische Kraftmaschine entwickelt worden war.

Die Erfindung der Dampfmaschine

Die Kraft des Dampfes zur Verrichtung von Arbeit zu nutzen, war nicht neu. Die erste praktisch verwendbare Dampfmaschine hatte **Thomas Newcomen** *(1663–1729)* 1712 für den Einsatz im Bergbau konstruiert, um das Wasser aus den Schächten zu pumpen; allerdings arbeitete sie nicht besonders sparsam. Witzbolde behaupteten damals, man müsse ein Kohlenbergwerk betreiben, um eine Dampfmaschine befeuern zu können.
Ein Schotte war es, der die Dampfmaschine zur Sparsamkeit erziehen sollte. Der Mechaniker der Universität von Glasgow, **James Watt** *(1736–1819)*, erhielt im Jahr 1764 den Auftrag, eine Dampfmaschine nach der Bauart von Newcomen zu reparieren. Da er sich für die physikalischen Erkenntnisse seiner Professoren interessiert hatte, fiel ihm auf, wie unwirtschaftlich die Maschine arbeitete. Der Wasserdampf wurde in einen Zylinder geleitet und dort so lange gekühlt, bis der Dampf kondensierte und im Zylinderraum ein Unterdruck entstand. Dieser Unterdruck sog den Kolben dann praktisch in den luftleeren Raum. Anschließend musste der gesamte Zylinder wieder für den nächsten Arbeitsgang erhitzt werden. Die Idee des findigen Schotten Watt bestand nun darin, die Kondensation des Wasserdampfs in einem separaten Behälter, dem Kondensator, stattfinden zu lassen. So konnte er den sich stetig wiederholenden Prozess des Aufheizens und Abkühlens des Zylinders vermeiden. Hierdurch sparte er von Anfang an mehr als die Hälfte der Kohle ein. Zusammen mit dem Fabrikanten **Matthew Bolton** *(1728–1809)* konnte er die Maschine erfolgreich vermarkten, wozu nicht zuletzt eine frühe Form des »Leasings« beitrug. Der Kunde musste nicht mehr Miete zahlen als den Gegenwert eines Drittels der gegenüber einer herkömmlichen Dampfmaschine eingesparten Kohlen – ein sehr attraktives Modell.
Nun stand eine Kraftmaschine zur Verfügung, die preiswert genug arbeitete, um die Maschinen in den neu geschaffenen Fabriken anzutreiben, die nun unabhängig von den Naturkräften wurden. Die Industrielle Revolution, gekennzeichnet durch immer neue und effizientere, immer stärkere und sparsamere Kraftmaschinen, nahm ihren Lauf.

»Die Leute scheinen von der Größe des Lärms auf die Kraft der Maschine zu schließen.«

James Watt

Dampfmaschine auf Schienen und auf dem Wasser

Schnell fanden sich neue Einsatzmöglichkeiten der verbesserten Dampfmaschine. Sie wurde nicht nur zur Triebkraft ortsfester Maschinen, sondern ermöglichte auch den schnellen Transport der Waren zwischen den Fabriken und hin zum Verbraucher. Es hatte bereits erste Versuche gegeben, die Konstruktion auf Schienen zu setzen, als **George Stephenson** *(1781–1848)* im Jahr 1825 die erste Eisenbahnstrecke der Welt in England eröffnete. Seine »Locomotion« zog 38 Wagen, die teilweise mit Kohlen und Weizen beladen waren, in denen aber auch 600 Festgäste Platz genommen hatten. Auch die erste Lokomotive, die den Zugverkehr in Deutschland 10 Jahre später zwischen Nürnberg und Fürth eröffnete, kam aus seiner Fabrik.

Sparsame Dampfmaschine

*Mit einer Maschine dieser Bauart sparte der Schotte **James Watt** (1736–1819) etwa 50 % der bis dahin benötigten Energie ein.*

Brennstoff der Industriellen Revolution war die Kohle. Im Hintergrundbild ist die Silhouette eines Förderturms im Ruhrgebiet zu sehen.

Schon damals gab es die Globalisierung, in deren Verlauf der Fernhandel mittels Segelschiffen rapide wuchs. Es verwundert daher nicht, dass man auch hier versuchte, sich von den Naturkräften unabhängig zu machen. Es war der Amerikaner **Robert Fulton** *(1765–1815)*, der 1807 den ersten wirtschaftlich erfolgreichen Raddampfer zu Wasser ließ. Der österreichische Forstbeamte **Josef Ressel** *(1793 bis 1857)* brachte ab 1836 mit der Schiffsschraube einen Antrieb zur praktischen Reife, der sich in der Folgezeit im Schiffbau durchsetzte. Der britische Ingenieur **Isambard Kingdom Brunel** *(1806 bis 1859)* konstruierte mit der »Great Britain« das erste vollständig aus Eisen erbaute Schiff mit dem neuen Propellerantrieb, 1845 überquerte es den atlantischen Ozean. Heute liegt es wieder in seinem Originaldock in Bristol.

Erfinder der Mähmaschine

Auf Plänen seines Vaters aufbauend entwickelte ***Cyrus McCormick*** (1809 bis 1884) *die erste, noch von Pferden gezogene Mähmaschine.*

Der Siegeszug von Kohle und Eisen

Zu Beginn der Industriellen Revolution wurde als Brennstoff für die neuen Maschinen beinahe ausschließlich Holz verwendet. Und nicht nur die Maschinen in den Hüttenwerken verbrauchten Anfang des 18. Jh. immer mehr Holz, auch der Schiffbau nahm ständig zu, sodass in Großbritannien bald ein eklatanter Holzmangel auftrat. Doch dann wurde ein anderer Brennstoff gefunden, eine neue, damals praktisch in beliebigen Mengen verfügbare Energiequelle: die Kohle.

Dem Quäker **Abraham Darby I** *(1678–1717)* ist es zu verdanken, dass England nicht völlig entwaldet wurde. 1708 hatte er ein Hüttenwerk in Coalbrookdale gepachtet und nach vielen Versuchen gelang es ihm, die reichlich vorhandene Steinkohle zum Verhütten von Eisenerz zu verwenden. Zu diesem Zweck musste sie zuvor zu Koks veredelt werden, da nur so die notwendige Temperatur erreicht werden konnte. Doch ließ sich das so gewonnene Eisen nicht mehr schmieden. Es konnte allenfalls als Gusseisen verwendet werden, denn der Kohlenstoffanteil war viel zu hoch. Dieses Problem löste der Engländer **Henry Cort** *(1740–1800)*. Er bemerkte, dass der Kohlenstoff verbrannte, wenn Luft über das Eisen strich. Also fing er das Roheisen in großen Pfannen auf und rührte es mit langen Stangen um, bis genügend Kohlenstoff verbrannt war. Noch der Stahl für den Turm, den Gustave Eiffel von 1887 bis 1889 in Paris errichten ließ, wurde in diesem mühseligen sogenannten Puddelverfahren hergestellt, womit sich aber auch seine große Haltbarkeit erklärt.

Die erste Eisenbrücke

Die massenhafte Produktion von Stahl erlaubte einen breiten Einsatz des Materials. ***Abraham Darby III*** (1750 bis 1789) *baute die erste Eisenbrücke.*

Brücken aus Eisen und Stahl

Nichtsdestotrotz musste für den zunehmenden Stahlhunger ein automatisches Verfahren gefunden werden. Dies gelang **Henry Bessemer** *(1813–98)* und **Sidney Thomas** *(1850–85)*, die in der zweiten Hälfte des 19. Jh. die Idee hatten, das Roheisen in eine große metallene Birne zu leiten und von unten Sauerstoff hineinzublasen. Da nun Eisen und auch Stahl sehr billig erzeugt werden konnten, wurden sie immer breiter eingesetzt, beispielsweise im Gebäude-, Brücken- und Schiffbau. Schon im Jahr 1779 hatte **Abraham Darby III** *(1750 bis 1789)*, der Enkel des gleichnamigen Hüttenunternehmers, die erste vollständig aus Eisen bestehende Brücke über den Severn erbaut, die heute zum Weltkulturerbe der UNESCO zählt. Als exakt 100 Jahre später die von **Thomas Bouch** *(1822–80)* nachlässig konstruierte Brücke über den Tay nach nur einem Jahr Betrieb in einer stürmischen Winternacht einstürzte und den Zug aus Edinburgh mit über 70 Passagieren in die Tiefe riss, mahnte Theodor Fontane in seiner berühmten Ballade: »Tand, Tand, ist das Gebilde von Menschenhand.« Aber die Ingenieure ließen sich durch diese Katastrophe nicht von dem einmal beschrittenen Weg abbringen. Schon 1887 stand neben den alten Fundamenten eine neue Brücke, die bis heute ihren Dienst tut. Doch um Dampf-, Spinn- und Webmaschinen bauen zu können, benötigte man nicht nur große Mengen von Eisen und Stahl, sondern auch spezielle Maschinen, mit denen man diese Maschinen herstellen konnte. **John Wilkinson** *(1728–1808)* erfand 1776 die Präzisionsbohrmaschine, mit der beispielsweise Kanonen oder auch Zylinder von Dampfmaschinen mit der nötigen Genauigkeit ausgebohrt werden konnten. **Joseph Whitworth** *(1803 bis 1887)* verbesserte im 19. Jh. nicht nur die Dreh-, Hobel- und Fräsmaschine. Als seine größte Leistung gilt die Einführung der Normung. Hierdurch konnte der Werkzeugmaschinenbau erheblich vereinfacht werden, weil nun Ersatzteile einfach ausgetauscht werden konnten und nicht wie bisher mühselig per Hand für jede Maschine extra hergestellt werden mussten.

Die Mechanisierung der Landwirtschaft

Zwar war die Produktivität durch die Maschinen enorm gestiegen, aber noch stärker wuchs die Produktion. Also arbeiteten nicht etwa weniger, sondern immer mehr Menschen in der Industrie. In der Landwirtschaft dagegen sank die Zahl der Beschäftigten. Dass für die gleichzeitig auch noch stark wachsende Bevölkerung von immer weniger Menschen dennoch genügend Lebensmittel erzeugt werden konnten, war einer Reihe von Erfindungen zu verdanken. Schon im Jahr 1708 hatte der englische Landwirtschaftspionier **Jethro Tull** *(1674 bis 1741)* die Sämaschine erfunden, die ein Loch in die Erde drückte, ein Saatkorn hineinlegte und das Loch dann wieder verschloss. Außerdem benutzte er

Pionier der Mechanisierung
Mit der Fortentwicklung des Pfluges trug ***John Deere*** (1804–86) *wesentlich zur Mechanisierung der Landwirtschaft bei. Er nutzte seinen Erfolg zur Bildung eines großen Landmaschinenunternehmens.*

eine von einem Pferd gezogene Hacke zum Jäten von Unkraut und verbesserte den Pflug. Er stieß zu seiner Zeit jedoch auf wenig Verständnis. Seine Ideen wurden erst viel später genutzt – und der Ernteertrag deutlich erhöht.
Im Jahr 1793 erfand **Eli Whitney** *(1765–1825)* in den USA eine Maschine, die den bis dahin sehr arbeitsintensiven Prozess der Trennung der Baumwolle vom Samen mechanisierte, wodurch die wachsende Nachfrage der britischen Textilindustrie befriedigt werden konnte.
Auf ganz anderem Gebiet war der schottische Ingenieur **John Loudon McAdam** *(1756–1836)* tätig. Er ärgerte sich über den schlechten Straßenzustand auf seinem Anwesen. 1816 beschrieb er seine Idee, Straßen aus drei Lagen Schotter mit unterschiedlicher Körnung auf gewölbter Grundfläche aufzubauen. Diese heute noch gebräuchliche Methode verbesserte den Verkehr auf dem Land erheblich und kam auch der Landwirtschaft und ihren Absatzmöglichkeiten zugute.
Mit dem Patent aus dem Jahr 1834 des Amerikaners **Cyrus McCormick** *(1809–84)* für eine von Pferden gezogene Mähmaschine hielt die Mechanisierung endgültig Einzug in die Landwirtschaft.
John Deere *(1804–86)* entwickelte 1837 als Grobschmied einen sich selbst reinigenden Pflug und legte damit den Grundstein zum heute weltweit führenden Hersteller landwirtschaftlicher Maschinen und Geräte.

Energie für die Welt

Ursprünglich verfügten die Menschen nur über ihre eigene Kraft oder die von Tieren. Oder sie benutzten erneuerbare Energiequellen wie Holz, Wasser und Wind. Durch die Industrielle Revolution stieg der Energiehunger derart, dass neue Energiequellen gefunden werden mussten. Dies waren in jener Zeit die fossilen Energieträger Kohle, Erdöl und Erdgas.

James Watt *(1736–1819)* hatte den Wirkungsgrad der Dampfmaschine erheblich erhöht, sodass die Verbrennungsenergie der Kohle nun in größerem Maß genutzt werden konnte. Bald gelang es zudem mittels der Dampfturbine, die energetisch viel vorteilhaftere Kreisbewegung zu nutzen, wie es im Prinzip ja schon beim Wasserrad geschehen war. Mit diesen »Rotationsdampfmaschinen« wird bis heute in Wärmekraftwerken Strom erzeugt. Der schwedische Ingenieur **Gustaf de Laval** *(1845 bis 1913)* erhielt 1883 ein Patent auf eine Gleichdruckdampfturbine, die er für den Antrieb einer Milchzentrifuge zum Abscheiden des Rahms konstruiert hatte. Der britische Erfinder **Sir Charles Parson** *(1854–1931)* ließ sich seine Reaktionsdampfturbine im folgenden Jahr patentieren. Er war es auch, der damit als Erster ein Schiff antrieb. Für die nötige Publicity sorgte er, als es im Jahr 1887 – mit über 30 Knoten so schnell wie kein anderes Wasserfahrzeug – auf einer Flottenparade zu Ehren der Königin Viktoria allen anderen Schiffen auf und davon fuhr.

Elektrizität sorgt für Licht und Kraft

Dampfmaschinen waren ideal für große Einheiten wie Schiffe, Eisenbahnen oder Betriebe. Sollte die mechanische Kraft weitere Verbreitung finden, musste eine andere Kraftquelle gefunden werden. Im Jahr 1866 erfand **Werner von Siemens** *(1816 bis 1892)* den Dynamo, in dem ein sich drehender Elektromagnet Strom erzeugt. Ein Prinzip, das der Däne **Søren Hjorth** *(1801–70)* 15 Jahre und der Ungar **Ányos Jedlik** *(1800–95)* 5 Jahre zuvor entdeckt hatten, ohne es jedoch technisch zu nutzen. Nun war man nicht mehr auf teure Batterien angewiesen, sondern konnte den Strom in Elektrizitätswerken erzeugen und zu den Verbrauchern leiten. Im Jahr 1882 nahm **Thomas Alva Edison** *(1847–1931)* das

Erfinder der Dampfturbine

Riesige Turbinen wie diese hier in einer Produktionshalle von Siemens im Jahr 2007 basieren nicht zuletzt auf der Erfindung der Dampfturbine durch ***Gustaf de Laval*** (1845–1913).

Industrieller und Erfinder

Als Gegenspieler Thomas Alva Edisons setzte ***George Westinghouse*** (1845 bis 1914) *ganz auf den Wechselstrom. Sein Erfolg machte ihn zu einem der größten Arbeitgeber seiner Zeit.*

erste Zentralkraftwerk der Welt in New York in Betrieb. Es erzeugte Gleichstrom vor allem für Beleuchtungszwecke.

Sehr schnell geriet Edison in Streit mit seinem größten Konkurrenten, **George Westinghouse** *(1846–1914)*, der auf Wechselstrom setzte, den er – auf Hochspannung transformiert – über weite Strecken zum Verbraucher transportierte, was mit Gleichstrom nicht möglich war. Westinghouse warb auch den serbischstämmigen Erfinder **Nikola Tesla** *(1856–1943)* von Edison ab, der den modernen Dreiphasen-Wechselstrom-Motor entwickelte, sodass Wechselstrom zum Antrieb von Motoren benutzt werden konnte. Damit stand nun auch für Haushalt und Kleinbetrieb eine moderne Kraftquelle zur Verfügung. Aber auch aus dem Großbetrieb verdrängte der Elektromotor die Dampfmaschine mit ihren gefährlichen Transmissionsriemen vollständig.

Der Wechselstrom setzt sich durch

Die Vorteile des Wechselstroms waren überwältigend. Dies konnten nicht zuletzt **Oskar von Miller** *(1855–1934)* – der spätere Begründer des Deutschen Museums – und der russische Emigrant **Michael von Doliwo-Dobrowolski** *(1862–1919)* im Jahr 1891 während der Internationalen Elektrotechnischen Ausstellung in Frankfurt überzeugend demonstrieren. Sie ließen bei der weltweit ersten Fernübertragung von elektrischer Energie hochgespannten Wechselstrom von Lauffen am Neckar über 175 km bis Frankfurt fließen. Dort ließ der Strom u. a. über 1000 Glühbirnen leuchten. Nun konnte die billige Wasserkaft der Alpen zur Stromversorgung weit entfernter Städte genutzt werden.

Wechselstrom für Motoren

Bizarre Kunstblitze erzeugt dieser moderne Nachbau eines Tesla-Generators. ***Nikola Tesla*** (1856–1943) *war ein Pionier des Wechselstroms.*

Einziger Nachteil des Stroms: Er muss praktisch im selben Moment, in dem er erzeugt wird, auch verbraucht werden, da er sich nur sehr schwer speichern lässt. Deshalb entstanden die europaweiten Stromverbundnetze.

Wladimir Lenin *(1870–1924)* war ein großer Förderer der Elektrizität und prägte den Spruch: »Kommunismus ist Sowjetmacht plus Elektrifizierung des ganzen Landes.« Mit der Umsetzung des diesem Motto zugrunde liegenden GOELRO genannten Plans betraute er u. a. den Ingenieur **Leonid Ramsin** *(1887–1948)*. Im Jahr 1930 wurde Ramsin von Stalin in einem fingierten Prozess wegen Spionage und Sabotage zum Tod durch Erschießen verurteilt, aber dann zu 10 Jahren Haft begnadigt. Im Lager erlaubte man ihm, weiter an der Konstruktion von Wärmekraftwerken zu arbeiten. 1936 wurde er freigelassen und im Jahr 1943 wurde er für seine Verdienste mit dem Stalinpreis, der damals höchsten Auszeichnung der Sowjetunion, geehrt.

Das Öl der Felsen

Erdöl war unter dem Namen Petroleum als »Öl der Felsen« seit Langem bekannt. Wollte man größere Mengen davon fördern, musste man es jedoch aus der Erde holen. Im Jahr 1856 versuchte **Ludwig Meyn** *(1820–78)* mit einfachen Handgeräten die erste Bohrung nach Erdöl in Dithmarschen – ohne großen Erfolg. Die erste erfolgreiche Ölbohrung gelang **Edwin L. Drake** *(1819–80)* im Jahr 1859 in Titusville (Pennsylvania). Als Ende des 19. Jh. die Glühbirne die Petroleumlampe ersetzte, schwächte sich das anfänglich sehr einträgliche Geschäft mit Erdöl ab. Mit dem weltweiten Siegeszug des Benzinautos, von dem **John D. Rockefeller** *(1839–1937)* mit seiner Standard Oil Company sehr profitierte, entstand aber Anfang des 20. Jh. ein ungleich größerer und lukrativerer Markt, dessen Nachfrage bis heute ungebrochen ist.

Stahlmagnat
*Die von seinem Vater gegründete Stahlfabrik baute **Alfred Krupp** (1812–87) zur größten der Welt aus. Das Foto zeigt ein Lager fertiger Stahlcoils (2005).*

Neue Techniken, neue Stoffe

Die Welt, die die Menschen geschaffen haben, wäre undenkbar ohne Rohstoffe. Ganze Epochen sind danach benannt, wie die Stein-, die Bronze- und die Eisenzeit. Fast alle diese Stoffe werden aus der Erde gewonnen und sind durch geologische Prozesse entstanden, die viele Millionen von Jahren dauerten.

Weit über die Hälfte der Rohstoffe wird in Form von Kies, Sand, Kalk und Natursteinen für den Straßen- und Häuserbau benötigt. Als Bindemittel war bereits in der Antike Kalkmörtel bekannt. Der wichtigste Baustoff für Häuser und Brücken ist heute der Beton. Dessen Vorläufer entwickelte 1755 **John Smeaton** *(1724–92)* in Form von wasserfestem Mörtel für den Neubau eines Leuchtturms. Heute wird zumeist Portlandzement angerührt, der aus Kalkstein, Ton, Sand und Eisenerz hergestellt wird und den sich **Joseph Aspdin** *(1778–1855)* 1824 patentieren ließ.

Zugfester Beton

Beton kann zwar hohe Druck-, aber nur geringe Zugkräfte aushalten. Hier fand der französische Gärtner **Joseph Monier** *(1823–1906)* Abhilfe. Um Blumenkübel von verbesserter Haltbarkeit zu schaffen, legte er Eisendrähte in die Gussform, bevor er den Beton hineingoss. Das Patent von 1867 kaufte **Gustav Adolf Wayß** *(1851–1917)*, entwickelte es weiter und begründete so den Stahlbetonbau. Damit wurden viele moderne Bauwerke, beispielsweise Hochhäuser und weit gespannte Brücken, überhaupt erst möglich.

Harter Stahl

Alfred Krupp *(1812–87)*, der zunächst große Schwierigkeiten mit seiner Firma für Bestecke aus Gussstahl hatte, gelang in den 1850er-Jahren der Durchbruch mit nahtlosen Radreifen für Eisenbahnräder aus Stahl, die er bis in die USA lieferte. Mit der Zunahme der Produktion benutze er als Erster in Deutschland das Prinzip der Stahlherstellung nach **Henry Bessemer** *(1813–98)*. Für denselben Zweck wandte er ebenfalls als Erster das Siemens-Martin-Verfahren an, das **Friedrich** *(1826 bis 1904)* und **Wilhelm Siemens** *(1823–83)* sowie **Pierre Martin** *(1824–1915)* entwickelt hatten und das ab 1865 erfolgreich eingesetzt wurde. Bei diesem kann eine höhere Ofentemperatur als beim Bessemer-Verfahren erreicht werden.

Leichtes Aluminium

Aluminium ist das Metall, das in der Erdkruste am häufigsten vorkommt. Wegen seines geringen Gewichts ist es vor allem im Flugzeugbau unverzichtbar. Im Jahr 1808 entdeckte es **Humphry Davy** *(1778–1829)*. **Friedrich Wöhler** *(1800–82)* gelang im Jahr 1827 die Herstellung von reinem Aluminium in Pulverform. Der silbern glänzende Stoff hatte einen höheren Preis als Gold. Der Amerikaner **Charles Martin Hall** *(1863–1914)* und der Franzose **Paul Héroult** *(1863–1914)* entwickelten 1886 unabhängig voneinander das im Prinzip noch heute gebräuchliche Verfahren, bei dem das reine Metall durch Elektrolyse aus einer Aluminiumoxidschmelze gewonnen wird. Heute ist die weltweite von Aluminiumproduktion höher als die aller anderen Nichteisenmetalle zusammen. Das Leichtmetall kann mit geringem Energieaufwand vollständig recycelt werden.

Künstliche Stoffe

Kunststoffe bestehen aus langen, miteinander verwobenen Makromolekülen. Dies bewies der Deutsche **Hermann Staudinger** *(1881–1965)* in den 1920er-Jahren gegen die landläufige Meinung der Chemiker, die derartige Riesenmoleküle für unmöglich hielten. 1953 wurde Staudinger dafür mit dem Chemie-Nobelpreis ausgezeichnet. Langkettige Moleküle kommen auch in der Natur vor, beispielsweise als Zellulose im Holz. So nutzen die Menschen schon lange die Vorteile entsprechender Produkte. Celluloid und Gummi bestehen ebenfalls aus Makromolekülen. Der erste vollständig in der Retorte hergestellte Kunststoff war das Bakelit, das der belgisch-amerikanische Erfinder **Leo Hendrik Baekeland** *(1863–1944)*, der durch ein Fotopapier zum Millionär geworden war, Anfang des 20. Jh. entwickelt hatte. Das weit verbreitete Nachkriegstelefon W48 der Deutschen Bundespost wurde hieraus gepresst.

Bereits im Jahr 1835 hatte der französische Chemiker **Victor Regnault** *(1810–78)* im Gießener Labor von **Justus von Liebig** *(1803–73)* Polyvinylchlorid hergestellt, ohne ihm irgendeine Bedeutung beizumessen. Im Jahr 1913 erhielt der deutsche Chemiker **Fritz Klatte** *(1880–1934)* ein Patent auf die industrielle Herstellung dieses Stoffes. Ursprünglich wurde er vor allem zur Bindung des in der chemischen Industrie anfallenden überschüssigen Chlors genutzt, bis man die vielfältigen Verwendungsmöglichkeiten dieses Stoffes erkannte. Nach dem Zweiten Weltkrieg wurde das PVC der am meisten produzierte Kunststoff der Welt.

In den 1930er-Jahren gelang es **Wallace Carothers** *(1896–1937)* in den USA und **Paul Schlack** *(1897–1987)* in Deutschland, die ersten Kunstfasern zu spinnen, die unter den Namen Nylon und Perlon in den Sprachgebrauch eingingen. Dabei wurden beide aufgrund der Zeitumstände nicht zuerst zur hautengen Bekleidung von Frauenbeinen eingesetzt, sondern für kriegswichtige Dinge wie Zahnbürsten, Fallschirme usw.

Karl Ziegler *(1898–1973)* und **Giulio Natta** *(1903–79)* verbesserten die Herstellung von Polyäthylen und -propylen, die heute für die Verpackung von Lebensmitteln und vielen anderen Dingen in Form von Flaschen und Folien Verwendung finden. Ein breites Anwendungsgebiet fanden nach dem Zweiten Weltkrieg auch die Polyurethanschäume, die **Otto Bayer** *(1902–82)* 1937 erstmals hergestellt hatte.

Flüssiger Stahl
Einer der drei Erfinder, die das Siemens-Martin-Verfahren zur Verflüssigung von Stahl entwickelten, war ***Friedrich Siemens*** (1826 bis 1904).

»Der Zweck der Arbeit soll das Gemeinwohl sein.«
Alfred Krupp

Vorläufer des Betons
Wasserfesten Mörtel entwickelte ***John Smeaton*** (1724–92) *für den Bau dieses Leuchtturms bei Plymouth, der von 1756 bis 1884 in Dienst stand.*

Pioniere des Fahrzeugbaus

Autos für alle
Gute Autos zu niedrigen Preisen auf den Markt gebracht zu haben ist ***Henry Fords*** (1863–1947) *Verdienst. Das Foto zeigt die Herstellung des Modell T am Fließband.*

Kaum ein anderes Massenprodukt hat den Alltag der Menschen, ihr Freizeitverhalten, das Landschaftsbild und die Städte so sehr verändert wie das Automobil. Es hat Raum und Zeit verkürzt und dem einzelnen Menschen eine praktisch unbegrenzte Mobilität verliehen. Für viele Menschen ist es deshalb ein Ausdruck von Freiheit.

Im Jahr 1769 setzte **Nicholas Joseph Cugnot** *(1725 bis 1804)* im Auftrag des Kriegsministeriums in Paris eine Dampfmaschine auf einen dreirädrigen Wagen. Eine der ersten Vorführfahrten endete an der Kasernenmauer. Im 19. Jh. spielte der Straßendampfwagen vor allem bei der Personenbeförderung, namentlich in Großbritannien, eine gewisse Rolle. Er war jedoch viel zu schwer.

Das erste Automobil
Ein Nachbau des ersten Patentmotorwagens von ***Carl Benz*** (1844–1929) *vor einer alten Produktionshalle des Autopioniers in Ladenburg.*

Als leichtere Alternative bot sich der Elektromotor an. Erste Versuche, ihn in ein Fahrzeug einzubauen, sollen von dem Schotten Robert Anderson im Jahr 1839 unternommen worden sein. Aber die Reichweite war wegen der geringen Batteriekapazität nur begrenzt. Deshalb baute **Werner von Siemens** *(1816 bis 1892)* 1882 den ersten Oberleitungsbus, der ähnlich wie die Straßenbahn den Strom aus einer Leitung bezog, deshalb aber nur auf vorgegebenen Strecken fahren konnte.

Der Ottomotor

Mit der Erfindung des Viertaktmotors durch **Nicolaus August Otto** *(1832–91)* im Jahr 1876, der den Gasmotor von **Étienne Lenoir** *(1822–1900)* entscheidend verbessert hatte, stand endlich ein praktischer Motor zur Verfügung. Nachdem es gelungen war, ihn mit Benzin zu betreiben, sorgte im Jahr 1886 **Carl Benz** *(1844–1929)* in Mannheim mit seinem »Wagen ohne Pferde« für beträchtliches Aufsehen. 2 Jahre später unternahm seine Frau **Bertha** *(1849–1944)* die erste Überlandfahrt mit einem Automobil. Zwar war der Badener den beiden Schwaben **Gottlieb Daimler** *(1834–1900)* und **Wilhelm Maybach** *(1846–1929)* beim Auto knapp zuvorgekommen, doch hatten diese 1885 mit ihrem »Reitwagen« das Motorrad erfunden. Wenig später wurde von ihnen das erste Motorboot im Neckar zu Wasser gelassen.

Rudolf Diesel *(1858–1913)* baute 1892 den später nach ihm benannten Motor, der einen wesentlich besseren Wirkungsgrad als der Ottomotor hat. Anfangs wurde er hauptsächlich auf Schiffen und in Lastwagen eingesetzt, heute aber auch zunehmend in Personenwagen.

Im Land seiner Erfinder drohte das Auto ein Flop zu werden. Seinen Siegeszug trat es von Frankreich aus an, wo **Armand Peugeot** *(1849–1915)* seit 1890 Fahrzeuge mit Daimler-Motoren ausrüstete. Zur wachsenden Popularität trugen erste Motorrennen in Frankreich bei, deren Organisation der amerikanische Zeitungsverleger **James Gordon Bennett** *(1841–1918)* initiiert hatte. In dieser Zeit setzte sich der Verbrennungsmotor gegen Dampf- und Elektroantriebe durch.

Der Prinz und der Scheibenwischer

Zum Erfolg des Automobils trug auch der verbesserte Komfort bei. So wurde das Fahren auf den damaligen schlechten Straßen wesentlich bequemer durch die Luftbereifung von **Édouard** *(1859–1940)* und **André Michelin** *(1853–1931)*, die auf einem Patent des schottischen Tierarztes **John Dunlop** *(1840–1921)* aus dem Jahr 1888 für Fahrradreifen basierte. Durch die Vulkanisation, die der amerikanische Chemiker **Charles Goodyear** *(1800–60)* im Jahr 1839 entwickelt hatte, wurde der Kautschuk dauerelastisch und gegen chemische Einflüsse und mechanische Beanspruchung unempfindlicher.
Der Scheibenwischer wiederum verbesserte die Sicht bei widrigen Witterungsverhältnissen. 1905 erhielt die amerikanische Farmerin **Mary Anderson** *(1866–1953)* das erste Patent für einen handbetriebenen Scheibenreiniger. Prinz **Heinrich von Preußen** *(1862–1929)*, Großadmiral der Kaiserlichen Marine und Bruder von Kaiser Wilhelm II., erhielt 1908 das erste deutsche Patent für einen Handscheibenwischer. Erst in den 1920er-Jahren führte Bosch den elektrischen Scheibenwischer ein.
Ab 1897 verbesserte **Robert Bosch** *(1861–1942)* zusammen mit seinem Ingenieur **Gottlob Honold** *(1876–1923)* den Magnetzünder von **Siegfried Marcus** *(1831–98)*, der mittels eines Funkens das Kraftstoff-Luft-Gemisch zündet. Erst hierdurch wurden schnell laufende Motoren möglich.

Aus dem Schlachthof in die Autofabrik: das Fließband

Im Jahr 1913 führte **Henry Ford** *(1863–1947)*, von der Technik in Schlachthöfen inspiriert, die Fließbandfertigung im Automobilbau ein und begann damit die Massenfertigung erschwinglicher Autos; das T-Modell der Firma Ford wurde 15 Mio. Mal gebaut. 1908 gründete **William Durant** *(1861 bis 1947)* General Motors – zusammen mit der Ford Motor Company und der Toyota Motor Corporation heute einer der drei größten Autohersteller der Welt. In Japan begann **Kiichiro Toyoda** *(1894 bis 1952)* 1935 mit der Automobilfabrikation in der Webmaschinenfabrik seines Vaters.
Ferdinand Porsche *(1875–1951)* konstruierte nach Vorgaben von Adolf Hitler einen preiswerten »Volkswagen«, der später als »Käfer« in Deutschland die Massenmotorisierung nach dem Krieg einläutete. Er wurde über 20 Mio. Mal gebaut.

Verringerung der Todesgefahr

Die Zahl der Opfer, die die neue Beweglichkeit forderte, konnte trotz ständig wachsender Fahrleistungen in den Industrieländern laufend verringert werden. Dazu trugen auch immer ausgefeiltere Sicherheitskonzepte bei. **Louis Renault** *(1877–1944)*, der 1898 eine Automobilfabrik gegründet hatte, erfand 1903 den Sicherheitsgurt, der seit 1976 in Deutschland, Österreich und der Schweiz Pflicht ist. Besonders um die Fahrzeugsicherheit verdient gemacht hat sich der bei Daimler-Benz beschäftigte österreichische Konstrukteur **Béla Barényi** *(1907–97)*, der 1952 die Knautschzone patentieren ließ, die bei einem Unfall einen großen Teil der Bewegungsenergie schluckt.

Konstrukteur des »Käfers«
1934 konstruierte **Ferdinand Porsche** (1875–1951) *den »Volkswagen«. Das Foto zeigt den Österreicher im Jahr seines Todes.*

Der Airbag und das Antiblockiersystem haben die Todes- und Verletzungsgefahr bei einem Unfall weiter erheblich verringert.
Trotz intensiver Versuche scheiterten bisher alle Versuche, eine wirtschaftliche Alternative zum Ottomotor mit seinen sich wie bei der Dampfmaschine hin- und herbewegenden Kolben zu finden. Dies gelang weder mit dem Rotationskolbenmotor von **Felix Wankel** *(1902–88)* noch mit dem Elektromotor oder mit der bereits 1838 von **Christian Friedrich Schönbein** *(1799–1868)* entdeckten Brennstoffzelle. Allerdings sorgt seit der Jahrtausendwende der Benzin/Elektro-Hybridmotor von Toyota für Furore.

Anstelle von Luftschiffen

Die Vorläufer dieses modernen, 350 km/h schnellen Wagens, eines Maybach Exelero 57 S, konstruierte **Wilhelm Maybach** (1846–1929). *Eigentlich hatte er Motoren für Luftschiffe bauen wollen.*

Legenden der Straßen

Eigentlich ist das Auto lediglich ein praktisches Fortbewegungsmittel. Doch seit dem Beginn seiner Geschichte waren damit auch Träume von Eleganz und Rasanz verbunden. Und bald machten Konstrukteure diese Träume wahr.

Henry Martyn Leland *(1843–1932)* gründete 1902 die Firma Cadillac, die seit 1909 zu General Motors gehört. Legendär wurden die Automobile mit den 16-Zylinder-Motoren in den 1930er-Jahren. 1917 gründete Leland zudem die Lincoln Motor Company. Beide Firmen lieferten z. B. die Staatskarossen der US-Präsidenten.
1906 legten **Henry Royce** *(1863–1933)* und **Charles Rolls** *(1877–1910)* den Grundstein der Firma Rolls-Royce. Seit 1911 ziert die legendäre Kühlerfigur »Spirit of Ecstasy« die Nobelkarossen, die seit 2000 unter dem Dach des BMW-Konzerns entstehen.
Wilhelm Maybach *(1846–1929)*, der zuvor mit **Gottlieb Daimler** *(1834–1900)* Autos entwickelt hatte, gründete zusammen mit **Ferdinand Graf von Zeppelin** *(1838–1917)* im Jahr 1909 eine Fabrik für Luftschiffmotoren. Weil der Versailler Vertrag deren Bau untersagte, verlegte man sich auf Luxuskarossen, deren Aufbauten ganz nach Wunsch der Kunden gefertigt wurden. Die Daimler AG produziert seit 2002 wieder Wagen unter diesem Namen.

Frankreichs Nobelmarke

Den ersten Grand Prix von Monaco gewann ein Fahrzeug aus dem Werk von **Ettore Bugatti** (1881 bis 1947). *Im Bild ein Plakat aus den 30er-Jahren.*

Sportwagen

Aus einer alten Mailänder Künstlerfamilie stammend fertigte **Ettore Bugatti** *(1881 bis 1947)* ab 1909 im Elsass die exklusivsten französischen Fahrzeuge überhaupt. Diese hatten den Ruf der besten Sportwagen ihrer Zeit und machten die Marke zu einer Legende. Seit 1998 nutzt die Firma VW das Image von Bugatti, um die stärksten und schnellsten Sportwagen zu bauen.
Der Geschäftsmann und Rennfahrer **Lionel Martin** *(1878–1945)* gründete 1914 die Firma Aston Martin, weil er mit den vorhandenen Rennwagen nicht zufrieden war. Sein Anspruch war, Rennwagen für die Straße zu bauen. Berühmt wurden die Aston Martins vor allem durch die James-Bond-Filme.
Walter Owen Bentley *(1888–1971)* gründete 1919 die gleichnamige Firma, die sowohl erfolgreiche Rennwagen als auch Luxuskarossen schuf. 1931 wurde Bentley von Rolls-Royce übernommen.
Ferdinand Porsche *(1875–1951)* zählt zu den bedeutendsten Automobilpionieren Österreichs. Er gründete 1931 in Stuttgart ein Konstruktionsbüro. Im Jahr 1950 begann sein Sohn **Ferry Porsche** *(1909–98)* in Stuttgart-Zuffenhausen Sportwagen herzustellen.
Der Rennfahrer **Enzo Ferrari** *(1898–1988)* gründete 1947 in Norditalien das Unternehmen Ferrari, das durch seine Sportwagen und die erfolgreiche Teilnahme an Autorennen – vor allem in der Formel 1 – berühmt geworden ist.
Als der erfolgreiche Traktorenhersteller und spätere Winzer **Ferruccio Lamborghini** *(1916–93)* einen Ferrari erstand, bei dem er zahlreiche Verbesserungsmöglichkeiten erkannte, gründete er 1963 eine Sportwagenfabrik, um die Konkurrenz aus Maranello an Leistung und Verarbeitungsqualität zu übertreffen. Seit die Firma 1972 in wirtschaftliche Schwierigkeiten geriet, hat sie mehrmals den Besitzer gewechselt, seit 1998 gehört sie zum VW-Konzern.

Scuderia in Rot

Markenzeichen der Ferraris ist das Ferrarirot. ***Enzo Ferrari*** *(1898 bis 1988) schuf die erfolgreiche Marke im Jahr 1947.*

Edel und schnell

Ein geflügeltes »B« ist die charakteristische Kühlerfigur der Bentleys. ***Walter Owen Bentley*** *(1888 bis 1971) gründete die Firma 1919.*

Rennwagen für die Straße

Im James-Bond-Film »Goldfinger« half ein Aston Martin Sean Connery aus manch misslicher Situation. ***Lionel Martin*** *(1878–1945) gründete das Unternehmen 1914, um Rennwagen für normale Straßen zu bauen.*

Cadillac und Lincoln – gleich zwei Firmen für Nobelkarossen gründete der US-Amerikaner Henry Martyn Leland . Das Foto zeigt Cadillac-Oldtimer.

Pioniere der Luftfahrttechnik

Bis zum Ende des 18. Jh., als die ersten Menschen sich in einem Heißluftballon in die Lüfte erhoben, war das Fliegen ein unerfüllbar scheinender Traum. Das 20. Jh. wurde dann die große Ära des Fliegens. Heute reisen Milliarden Menschen mit modernen Strahlflugzeugen rund um den Globus, während der »Düsenjäger« die Kriegführung vollständig verändert hat. Und der Raketenantrieb öffnete dem Menschen sogar das Tor zum Weltall.

Erfinder der Luftschiffe
Die Konstruktion des pensionierten Generals ***Ferdinand Graf von Zeppelin*** (1838–1917) *ging unter seinem Namen in die Geschichte der Luftfahrt ein.*

Nicht durch die Nachahmung des Vogelflugs, wie es die Sage von Dädalus und Ikarus berichtet, eroberten die Menschen zuerst den Luftraum, sondern mit dem Prinzip »leichter als Luft«, bei dem ein Ballon im Luftmeer schwimmt wie ein Fisch im Wasser. Es waren die Brüder **Michel Joseph** *(1740–1810)* und **Étienne Jacques de Montgolfier** *(1745–99)*, die es im Jahr 1783 den ersten Menschen ermöglichten, mit ihrem Heißluftballon in die Lüfte zu entschweben. Heute wird ein Ballon nur noch von Hobbyluftfahrern zum reinen Vergnügen genutzt, da er kaum zu steuern ist.

Auch wenn es schon vorher Versuche gab, einen gasgefüllten Ballon mit einem Motor zu versehen und zu steuern, gelang erst **Ferdinand Graf von Zeppelin** *(1838–1917)* Anfang des 20. Jh. nach vielen Rückschlägen mit seinem Luftschiff der große Wurf. Seine große Zeit erlebte das Luftschiff unter seinem Nachfolger **Hugo Eckener** *(1868–1954)*, der mit seinen Zeppelinen den Luftverkehr zwischen den Kontinenten aufnahm und die Erde umrundete.
Der Brand der *Hindenburg* in Lakehurst im Jahr 1937 mit 35 Toten bedeutete das Ende der zivilen Passagierluftschifffahrt. Die Nationalsozialisten taten bei Kriegsbeginn ein Übriges, indem sie die restlichen Zeppeline offenbar aus ideologischen Gründen zerstörten. Heute werden sie fast ausschließlich als schwebende Werbeträger eingesetzt.

Pionier im Verkehrsflugzeugbau
Die von ***William E. Boeing*** (1881–1956) *gegründete Firma Boeing ist heute der weltweit größte Flugzeughersteller. Die Abbildung zeigt das neue Großraumflugzeug* 787 Dreamliner.

Fliegen wie ein Vogel

Otto Lilienthal *(1848–96)* setzte auf das Ikarus-Prinzip – er eiferte den Vögeln nach. Da die menschlichen Muskeln zu schwach sind, um sich durch Flügelschlagen in die Lüfte zu erheben, versuchte er, den majestätischen Gleitflug zu kopieren. Mit seinen Flugapparaten gelangen ihm ab 1891 bis

zu 250 m weite Gleitflüge. 1896 fand er hierbei den Tod. Er hatte aber bereits das Prinzip des Auftriebs erkannt, nach dem bei einer gewölbten Flügelform die vorbeiströmende Luft an der Oberseite einen weiteren Weg zurücklegen muss als auf der Unterseite, wodurch ein Unterdruck und damit ein Sog in die Höhe entsteht.
Große Anhänger Lilienthals waren **Orville** *(1871 bis 1948)* und **Wilbur Wright** *(1867–1912)* in den USA. Im Jahr 1903 gelang ihnen auf den Kill Devil Hills in North Carolina der erste kontrollierte Motorflug mit einem Doppeldecker.
Der Erste Weltkrieg stimulierte den Bau und die Entwicklung von Flugzeugen enorm. 1915 stellte **Hugo Junkers** *(1859–1935)* das erste Ganzmetallflugzeug vor. 1919 wurde es von den Junkers-Werken für die friedliche Nutzung gebaut. Tatsächlich erlebte die Zivilluftfahrt nach dem Krieg einen ersten Aufschwung: Die zurückgelegten Strecken wurden immer länger, die Passagierzahlen stiegen beachtlich.

Schneller als der Schall

Auch die Geschwindigkeit der Flugzeuge hatte rapide zugenommen. Mit dem Antrieb durch Luftschrauben hatte man bereits 700 km/h erreicht. Für höhere Geschwindigkeiten war allerdings ein anderer Antrieb erforderlich. Die bereits früh als beste Lösung erkannten Rückstoßantriebe ließen sich jedoch erst in den 1930er-Jahren realisieren. **Frank Whittle** *(1907–96)* reichte im Jahr 1930 in England das erste Patent für eine Gasturbine als Flugzeugantrieb ein. Wenig später und unabhängig von ihm baute **Hans Joachim Pabst von Ohain** *(1911–98)* ein Strahltriebwerk. Er konnte **Ernst Heinkel** *(1888 bis 1958)* für seine Idee gewinnen. Der Erstflug eines Düsenflugzeugs fand 1939 mit der *He 178* statt.
Willy Messerschmitt *(1898 bis 1978)* baute mit der *Me 262* das erste in Serie produzierte Strahlflugzeug für den Kriegseinsatz, das 85 % der Schallgeschwindigkeit erreichen konnte. 1947 gelang es **Charles Yeager** *(geb. 1923)* mit der *Bell X-1,* die von **Theodore von Kármán** *(1881–1963)* entwickelt worden war, erstmals die Schallmauer zu durchbrechen.
Im Jahr 1952 nahm mit der *Comet* das erste von dem Briten **Geoffrey de Havilland** *(1882–1965)* gebaute Düsenverkehrsflugzeug der Welt den Liniendienst auf. Nachdem drei Maschinen in großen Höhen wegen Materialermüdung auseinandergebrochen waren, wurde zunächst ein Flugverbot für sie verhängt.
In der Sowjetunion wurde im Jahr 1956 die von **Andrei Tupolew** *(1888–1972)* gebaute *Tu-104* in Dienst gestellt.
Das eigentliche Jet-Zeitalter läutete aber die *Boeing 707* im Jahr 1958 ein, als die PanAm damit den Liniendienst zwischen New York und Paris aufnahm. Ein Jahr später folgte die *DC-8* der Firma Douglas, die von **Donald Douglas** *(1892–1981)* im Jahr 1921 gegründet worden war. Die *Boeing 707* wurde bis 1979 gebaut, und noch heute fliegen einige Exemplare dieses Typs. Die Firma Boeing hatte der deutschstämmige Ingenieur **William E. Boeing** *(1881 bis 1956)* im Jahr 1916 gegründet. Sie ist heute knapp vor dem europäischen Unternehmen Airbus Industries der größte Flugzeughersteller der Welt. Im Jahr 1969 startete mit der *Boeing 747* – dem »Jumbojet« – das erste Großraumflugzeug. Damit wurden Flugreisen für viele Menschen erschwinglich – unaufhaltsam setzte der weltweite Massentourismus

»Das einzig Gefährliche am Fliegen ist die Erde.«

Wilbur Wright

Die ersten Motorflieger
An der Decke eines Saals im Deutschen Museum in München hängt das erste Serienflugzeug der Brüder **Orville** (1871 bis 1948) *und* **Wilbur Wright** (1867 bis 1912). *1903 unternahm Orville Wright den ersten Motorflug.*

ein: So traten im Jahr 2014 ca. 3,2 Mrd. Menschen eine Flugreise an.
Die Firma Airbus Industries war im Jahr 1970 als Zusammenschluss zahlreicher europäischer Flugzeugfirmen mit staatlicher Hilfe gegründet worden, um der amerikanischen Übermacht Paroli zu bieten. Schon 1972 wurde mit dem *A300* das erste europäische Großraumflugzeug vorgestellt. Heute sind Boeing und Airbus die einzigen Hersteller dieses Typs. Im Jahr 2007 stellte Airbus Industries mit dem *A380* das weltweit größte in Serie produzierte Verkehrsflugzeug der Welt in Dienst. Das Konkurrenzprodukt von Boeing, der *787 Dreamliner*, folgte 2011, gerät aber aufgrund technischer Probleme immer wieder in die Schlagzeilen.

Mit Raketenantrieb ins Weltall

Auch die Entwicklung des Raketenantriebs – ebenfalls auf dem Rückstoßprinzip basierend – wurde durch die Waffenentwicklung gefördert. Ab 1929 tüftelte **Wernher von Braun** *(1912–77)* gemeinsam mit **Hermann Oberth** *(1894–1989)*, dessen Buch »Die Rakete zu den Planetenräumen« ihn darin bestärkt hatte, dass er seine Raumfahrtträume auch realisieren könne, an Flüssigraketentriebwerken. Ebenfalls inspiriert hatte ihn ein Buch des slowenischen Astronomen und Astrophysikers **Herman Potoãnik** *(1892–1929)*. Ein weiterer Visionär war **Konstantin Ziolkowski** *(1857–1935)*, der die theoretischen Grundlagen der Raumfahrttechnik entwikkelte und sich schon früh Gedanken über Flüssigkeitsraketen und Mehrstufenantrieb machte.
In den USA ließ **Robert Goddard** *(1882–1945)* ab 1926 Raketen steigen und träumte von Flügen zu Mond und Mars. 1935 durchbrach er als Erster mit einer Rakete die Schallmauer. Seine Pionierleistung wurde erst nach seinem Tod anerkannt.
Die ersten Opfer der Raketentechnik waren in Deutschland zu beklagen. **Max Valier** *(1895–1930)* hatte mit **Fritz von Opel** *(1899–1971)*, auch bekannt als »Raketen-Fritz«, erste Versuche mit Feststoffraketenautos unternommen, während **Reinhold Tiling** *(1893–1933)* die erste Postrakete gestartet hatte. Valier und Tiling starben durch Explosionen bei ihren Versuchen.
Wernher von Braun baute als Direktor der Heeresversuchsanstalt Peenemünde auf der Insel Usedom die erste voll funktionsfähige Großrakete, die 1942 erstmals vom Boden abhob und später als *V2* eine Tonne Sprengstoff binnen 5 Minuten 250–300 km weit befördern konnte. 1945 wurde mit ihr eine Gipfelhöhe von 200 km erreicht. Er hatte damit die erste Rakete geschaffen, die die Grenze zum Weltraum durchstoßen konnte.

***Konstrukteur des* Sputnik**
Kurz vor dem Start mit dem von ihm konstruierten Sputnik *verabschiedet* ***Sergei Koroljow*** (1907–66, rechts) *den Kosmonauten Juri Gagarin.*

Der Sputnik-Schock

Nach dem Krieg wurde Wernher von Braun gemeinsam mit zahlreichen seiner engsten Mitarbeiter in die USA gebracht, wo er in den folgenden Jahren für fast alle großen Raumfahrtprojekte verantwortlich war.
Allerdings war nicht er es, der den ersten künstlichen Satelliten ins All schoss. Dies gelang dem sowjetischen Raketenpionier **Sergei Koroljow** *(1907 bis 1966)*, der nur knapp die Stalinschen »Säuberungen« überlebt hatte, im Jahr 1957 mit *Sputnik 1*. Im Westen verursachte dieses Ereignis einen gewaltigen Schock. Doch damit nicht genug: 1961 beförderte Koroljow auch den ersten Menschen in den Weltraum, was den damaligen US-Präsidenten John F. Kennedy zu seiner berühmten Rede veranlasste, in der er versprach, noch vor Ende des Jahrzehnts einen Menschen auf dem Mond landen zu lassen und sicher zur Erde zurückzubringen. Dieses Ziel wurde unter Federführung Wernher von Brauns am 20. Juli 1969 tatsächlich erreicht. Heute ist die Weltraumfahrt längst zu einem gemeinsamen Projekt der Menschheit geworden. So bauen die USA, Russland, die Europäer sowie Kanada und Japan seit 1998 die Internationale Raumstation (ISS) zusammen aus, die seit 2000 permanent besetzt ist.

Die Zukunft der Beleuchtung gehört den sparsamen Leuchtdioden.

Licht für die Welt

Vom Weltall aus gesehen fallen nachts die leuchtenden Riesenstädte auf. Noch vor 200 Jahren hatte die Erde in totaler Dunkelheit gelegen. Erst die künstliche Beleuchtung hat den Menschen von den Fesseln der Nacht befreit, ihm Bewegungsfreiheit, aber auch Nachtarbeit beschert.

Bis vor 200 Jahren konnte der Mensch allenfalls mit Fackel, Kerze oder Öllampe für flackernde Helligkeit sorgen. Im Jahr 1684 bemerkte Reverend **John Clayton** *(1657–1725)*, dass sich aus Steinkohle ein brennbares Gas gewinnen lässt. Es dauerte aber noch bis 1807, ehe von **Frederick Albert Winsor** *(1763–1830)* die ersten Gaslaternen zur Straßenbeleuchtung entlang der Pall Mall in London in Betrieb genommen wurden.

Die neue Art der Beleuchtung hatte so große Vorzüge gegenüber Öl- und Kerzenlicht, dass sie sich schnell verbreitete, vor allem in den Großstädten. Doch war die Gasbeleuchtung noch recht lichtschwach. Erst der im Jahr 1885 von **Carl Auer von Welsbach** *(1858–1929)* entwickelte Glühstrumpf erhöhte die Lichtausbeute.

Humphrey Davy *(1778–1829)* hatte schon 1809 den elektrischen Lichtbogen als neuartige Lichtquelle vorgestellt, die allerdings äußerst grell und energieaufwendig war. Und so konnte sich trotz der großen Brandgefahr bei Gasbeleuchtung – der durch ausströmendes Gas verursachte Brand des Wiener Ringtheaters im Jahr 1881 forderte z. B. fast 400 Tote – die Beleuchtung mit Strom noch nicht durchsetzen. Dazu bedurfte es erst der Erfindung der Glühbirne.

Licht aus glühenden Drähten

Frédérick de Moleyns erhielt 1841 das erste bekannte Patent auf eine Glühbirne. Im Jahr 1860 stellte **Joseph Wilson Swan** *(1828–1914)* eine Glühlampe vor, bei der er als Glühfaden verkohltes Papier in einem luftleeren Glaskolben benutzte. 1879 erfand **Thomas Alva Edison** *(1847–1931)* die langlebige Glühlampe mit einem Faden aus verkohlten Bambusfasern. Als einer der größten Erfinder und Vermarkter aller Zeiten beließ er es aber nicht dabei, sondern schuf ein komplettes System von der Produktion des elektrischen Stroms bis zu seiner Verteilung in die Haushalte, wodurch nun auf Knopfdruck die Nacht zum Tag gemacht werden konnte. Jahre später behauptete der in die USA ausgewanderte Deutsche **Heinrich Göbel** *(1818 bis 1893)*, schon 20 Jahre zuvor eine Kohlefadenglühlampe erfunden zu haben, ohne allerdings einen überzeugenden Beweis dafür vorlegen zu können.

Gefährliche Gaslampen

Bei einer Brandkatastrophe kamen 1881 im Wiener Ringtheater fast 400 Menschen um. Das Theater war mit Gasleuchten ausgestattet, die auf eine Erfindung von **John Clayton** (1657–1725) *zurückgehen. Diese Leuchten lösten das Unglück aus.*

Der Kohlefaden wird durch den Strom zum Glühen gebracht. Dieser Beanspruchung hält er allerdings nicht lange stand. So suchte man schon früh nach einem passenden Ersatz. Wegen ihres hohen Schmelzpunkts erschienen die Metalle Osmium, Tantal und Wolfram geeignet. Aber es erwies sich als sehr schwierig, diese Stoffe in die erforderliche Form langer dünner Drähte zu ziehen. Carl Auer von Welsbach erhielt im Jahr 1890 ein Patent für eine Osmiumdrahtlampe. 1903 gelang es dem Chemiker **Werner Bolton** *(1868–1912)* bei der Firma Siemens & Halske zusammen mit **Otto Feuerlein** *(1863–1930)*, eine Tantallampe herzustellen, die sich in der Folgezeit hervorragend verkaufte. Den entscheidenden Durchbruch zur noch heute gebräuchlichen Wolframlampe aber schaffte **William David Coolidge** *(1873–1975)* bei der Firma General Electric im Jahr 1910. Wegen ihres nach wie vor hohen Energieverbrauchs scheinen nach 100 Jahren ihre Tage jedoch gezählt. In Australien dürfen ab 2010 keine Glühlampen mehr verkauft werden, weil sie weniger als 5 % des von ihnen verbrauchten elektrischen Stroms in sichtbares Licht und den Rest in Wärme verwandeln.

Sparsame Leuchten
Mittlerweile sind Leuchtdioden leistungsstark genug, um als Scheinwerfer bei Autos eingesetzt zu werden. Ihre Entwicklung geht auf ***Nick Holonyak*** (geb. 1928) *und* ***Shuji Nakamura*** (geb. 1954) *zurück.*

Licht durch strahlendes Gas

Der Mechaniker **Heinrich Geißler** *(1814–79)* erfreute sich 1857 an den schönen Leuchterscheinungen, die entstanden, wenn er eine Spannung an eine fast luftleere Glasröhre anlegte. Hierbei werden Elektronen derart beschleunigt, dass sie die restlichen noch vorhandenen Gasatome zum Leuchten anregen, wie **James Franck** *(1882 bis 1964)* und **Gustav Hertz** *(1887 bis 1975)* kurz vor dem Ersten Weltkrieg feststellten. **Peter Cooper-Hewitt** *(1861–1921)* nutzte im Jahr 1901 erstmals Quecksilberdampf zur Füllung der Röhre, die eine bläuliche Farbe ausstrahlte und als Dunkelkammerbeleuchtung benutzt wurde.

Der entscheidende Durchbruch gelang dem deutschen Erfinder **Edmund Germer** *(1901–87)*, der sich 1926 die Idee patentieren ließ, die Röhren innen mit einem fluoreszierenden Material zu beschichten, um die ultraviolette Strahlung, die die Quecksilberatome vor allem aussenden, in sichtbares Licht zu verwandeln. Die Firma General Electric kaufte dieses Patent und entwickelte sich ab 1938 zum führenden Hersteller solcher Lampen. Die heutigen Energiesparlampen sind nichts anderes als gefaltete und damit kompakte Leuchtstoffröhren. Diese sparen bis zu 80 % der Energie gegenüber Glühlampen. 70 % des künstlichen Lichts werden heute von Leuchtstoffröhren erzeugt. Das neue Münchener Fußballstadion kann hiermit für nur 50 Euro in der Stunde eine so große Leuchtkraft erzeugen, dass es in klaren Nächten noch von den Alpen aus sichtbar ist.

Die leuchtende Diode

Wenn bestimmte Metalle mit Licht bestrahlt werden, kann ein Strom fließen. Dieser Fotoeffekt war schon lange bekannt und wird heute zur Gewinnung von Strom aus der Sonnenstrahlung genutzt. Im Jahr 1907 beobachtete **Henry Joseph Round** *(1881–1966)* den umgekehrten Effekt, dass Halbleiter bei angelegter Spannung leuchten können. Anders als bei der Glühlampe, bei der die durch den Draht fließenden Elektronen die Atome in Schwingungen versetzen, springen hier die Leitungselektronen selbst auf ein niedrigeres Energieniveau und senden dabei Licht aus. 1962 entwickelte **Nick Holonyak** *(geb. 1928)* bei General Electric die erste praktisch nutzbare Leuchtdiode, die sichtbares Licht abgab. Auch wenn die anfänglich äußerst geringe Lichtausbeute stetig gesteigert wurde, gelang der Durchbruch in der kommerziellen Nutzung erst **Shuji Nakamura** *(geb. 1954)* bei der Firma Nichia. Er entwickelte die erste sehr helle Galliumnitrid-Leuchtdiode, die blaues Licht abstrahlt. Seit auch andere Farbdioden mit der nötigen Helligkeit hergestellt werden können, erobern sich Leuchtdioden immer neue Einsatzfelder – z. B. bei Autorücklichtern und Fahrradleuchten, wo ihre Stoßfestigkeit und ihr geringer Stromverbrauch besonders zum Tragen kommen.

Glühfaden aus Tantal
Mit der Tantallampe entwickelten ***Werner Bolton*** (1868–1912) *und* ***Otto Feuerlein*** (1863–1930) *einen recht erfolgreichen Vorläufer der modernen Glühbirne.*

Rauchende Colts ...

Erfolgreiches Sturmgewehr
Im Juli 2007 präsentiert ***Michail Kalaschnikow*** (1919–2013) *im Moskauer Museum der Streitkräfte seine weltberühmte Erfindung, die Kalaschnikow.*

Das Schwarzpulver und das Geschütz wurden schon früh in China erfunden, aber erst ihre Neuerfindung in Europa veränderte die Welt. Burgen, Stadtmauern und Rüstungen verloren ihren Wert. Die Handfeuerwaffe veränderte zudem den Ablauf kriegerischer Auseinandersetzungen. In den USA wurde sie Sinnbild von Freiheit und der Eroberung des Westens.

Erfinder des Revolvers
Dieses »Model 10« aus der Firma von ***Horace Smith*** (1808 bis 1893) *und* ***Daniel Wesson*** (1825 bis 1906) *diente als Polizeiwaffe.*

Die Urform aller Feuerwaffen war um 1300 ein metallenes Rohr, in das Pulver und Geschoss gefüllt und das dann mittels Lunte gezündet wurde. Auch spätere Formen wie die Muskete mussten von vorn geladen werden, verschossen runde Kugeln und besaßen ein hohes Gewicht bei nur geringer Treffsicherheit. Der Thüringer **Johann Nikolaus von Dreyse** *(1787 bis 1867)* entwickelte ab 1836 den ersten Hinterlader, den die preußische Armee einführte und der durch seine viel höhere Schussfrequenz 1866 zu einem schnellen Sieg über die Österreicher beitrug.

Revolver und Winchesterbüchse

Samuel Colt *(1814–62)* ließ sich 1836 in den USA den ersten praktisch einsetzbaren Revolver patentieren, bei dem sich sechs Patronen in einer drehbaren Trommel befinden, sodass sechs Schüsse nacheinander abgegeben werden können. Dieser erste »Colt« war noch ein Vorderlader, aber 1857 brachten **Horace Smith** *(1808–93)* und **Daniel Wesson** *(1825–1906)* den ersten Revolver auf den Markt, bei dem die Patronen von hinten in die Trommel gesteckt wurden. Im selben Jahr erfanden sie auch die erste Repetierpistole, bei der durch einen Mechanismus die Patronenhülse ausgeworfen und die nächste Patrone in die Kammer geführt wird. **Benjamin Tyler Henry** *(1821–98)* entwickelte die Patrone weiter, in der nun Treibmittel und Geschoss zusammengefasst wurden, und baute 1860 ein 16-schüssiges Repetiergewehr. **Oliver Winchester** *(1810–80)* wiederum konstruierte auf der Basis dieses Stutzens 1866 eines der meistverkauften Gewehre des Wilden Westens.

Die Maschinenpistole

Hugo Schmeisser *(1884–1953)* entwickelte die automatische Maschinenpistole, bei der die Nachladung automatisch erfolgt, zu einer einsatzfähigen Waffe, die gegen Ende des Ersten Weltkriegs zum Einsatz in der deutschen Armee kam. Der aus Deutschland emigrierte **Uziel Gal** *(1923–2002)* konstruierte ab 1948 eine Maschinenpistole für die israelische Armee, die unter dem Namen »Uzi« weite Verbreitung fand.
In der Endphase des Zweiten Weltkriegs war in Deutschland ein automatisches Gewehr gebaut worden, das in der Hand gehalten werden konnte, geringen Rückstoß besaß und auch Einzelschüsse abgeben konnte. Hieraus entwickelte **Michail Kalaschnikow** *(1919–2013)* das berühmte nach ihm benannte Gewehr, von dem bis heute bis zu 100 Mio. Stück gebaut worden sein sollen.

Pionier des Tiefdrucks
Ein Mitarbeiter einer Druckerei legt einen verchromten Tiefdruckzylinder in eine hochmoderne Tiefdruck-Rotationsmaschine ein. Der Tscheche ***Karl Klietsch*** *(1841–1926) hatte die Grundlagen für diese Drucktechnik gelegt.*

Die schwarze Kunst

Mit dem Druck von Büchern und später Zeitungen war ein Medium geschaffen, mit dem wissenschaftliche, politische, religiöse und unterhaltsame Texte ein großes Publikum erreichen konnten. Das 20. Jh. brachte mit dem Einsatz von Computer und Offsetdruck zwar das Ende der schwarzen Kunst von Gutenberg, dennoch werden Bücher und Zeitungen in nie gekannter Menge und Qualität gedruckt.

Die Voraussetzung für die Herstellung von Druckprodukten in Massen entwickelten Chinesen. Der Eunuch **Cai Lun** *(um 50–um 118)* beschrieb als chinesischer Ackerbauminister im Jahr 105 die Herstellung von Papier. Auch der Druck mit beweglichen Einzellettern wurde in China erfunden, als **Bi Sheng** *(gest. 1052)* im Jahr 1045 Schriftzeichen aus Ton schuf.

Johannes Gutenberg erfindet den Buchdruck neu

Wegen der großen Zahl der chinesischen Schriftzeichen konnte sich dieses Verfahren im Fernen Osten nicht durchsetzen. Um 1440 wurde es von **Johannes Gutenberg** *(um 1400–68)* in Mainz neu erfunden. Er benutzte gegossene Bleilettern und baute eine einfache Druckerpresse – damals gebräuchlichen Weinpressen nachempfunden. Seine hiermit geschaffenen Bibeln zeugen noch heute von der hohen Qualität der ersten Druckerzeugnisse. Der allgemeine Wissensdurst sowie die politischen und religiösen Auseinandersetzungen seiner Zeit begünstigten die Verbreitung dieser Technik, was Wissenschaften und Künste enorm beflügelte.

Beim Buchdruck befindet sich wie bei einem Stempel die Farbe an den erhabenen Stellen. Beim Kupferstich und bei der Radierung, die ebenfalls aus dem 15. Jh. datieren, wird die Farbe aus Vertiefungen vom Papier aufgesogen. 1797 entwickelte **Alois Senefelder** *(1771–1834)* ein drittes Druckverfahren, bei dem druckende und nichtdruckende Teile in einer Ebene liegen – die Lithografie, bei

Pionier des Buchdrucks
Diese prachtvolle Seite stammt aus der Gutenbergbibel, die ***Johannes Gutenberg*** (um 1400–68) *um 1455 in Mainz vollendete.*

der der zu druckende Inhalt auf einen glatt geschliffenen Stein aufgetragen und nach einigen weiteren Arbeitsschritten von diesem dann gedruckt wird. **Nicholas-Louis Robert** *(1761–1828)* läutete im Jahr 1798 mit der ersten Papiermaschine die Epoche der maschinellen Papierherstellung ein. Bevor diese Erfindung allerdings richtig zum Tragen kommen konnte, benötigte man einen billigen Rohstoff für das Papier. Diesen fand **Friedrich Gottlob Keller** *(1816–95)*, der 1844 ein Patent auf die Erzeugung von Papier aus Holzschliff erhielt.

Die Druckmaschine

Die erste komplett aus Eisen konstruierte Druckerpresse von Lord **Charles Mahone of Stanhope** *(1753–1816)* arbeitete noch nach demselben Prinzip wie zu Gutenbergs Zeiten: Ein Blatt Papier wird auf die eingefärbte, ebene Druckform gelegt und mittels einer Gegendruckplatte darauf gepresst. Bei der Schnellpresse von **Friedrich Koenig** *(1774 bis 1833)* aus dem Jahr 1812 wurde der Gegendruck von einem Zylinder ausgeübt. In der Rotationsdruckmaschine des Amerikaners **Richard Hoe** *(1812–86)* aus den 1840er-Jahren wurde auch die Druckform auf einen Zylinder gespannt. Und **William Bullock** *(1813–67)* schließlich ließ in seinem Patent aus dem Jahr 1863 das Papier von einer Rolle in die Druckmaschine befördern. Das Rotationsprinzip erlaubte viel größere Formate und höhere Druckgeschwindigkeiten, sodass der Papierausstoß der Pressen gewaltig zunahm.
Diese Beschleunigung gelang beim Setzen des Textes erst im Jahr 1886 **Ottmar Mergenthaler** *(1854 bis 1899)* in den USA mit der Setzmaschine. In seiner »Linotype« zirkulierten nicht die weichen Bleilettern, sondern harte Messingmatrizen. Waren diese mittels Tastendruck zu einer Zeile zusammengeführt, wurde die ganze Zeile mit flüssigem Metall ausgegossen. Anschließend wurden diese Zeilenblöcke zu Druckstöcken zusammengestellt.

Offset- und Tiefdruck verdrängen den Buchdruck

Anfang des 20. Jh. beschäftigten sich unabhängig voneinander **Ira Washington Rubel** *(gest. 1908)* und **Caspar Hermann** *(1871–1934)* in den USA und in Deutschland damit, die Lithografie von Alois Senefelder zu mechanisieren. Dies gelang ihnen dadurch, dass sie nicht mehr von dem schweren Stein direkt auf das Papier druckten, sondern von einer leichten zylindrischen Metallplatte auf ein Gummituch und erst von diesem aufs Papier – das Offsetdruckverfahren war geboren. Bald konnte hiermit schneller und besser gedruckt werden als mit den Buchdruckmaschinen vom Typ Gutenberg.
Das zweite für farbige Zeitschriften in hoher Auflage heute noch vorherrschende Druckverfahren ist der Tiefdruck. Dabei handelt es sich um eine Weiterentwicklung des Kupferstichs, mit den vertieften Stellen als Farbbassins. **Karl Klietsch** *(1841–1926)* gelang es Ende des 19. Jh., Fotos in eine zylindrische Druckform zu ätzen und die überschüssige Farbe beim Drucken automatisch zu entfernen. Das umständliche Ätzen des Druckzylinders wurde durch die elektromechanische Gravur von **Rudolf Hell** *(1901 bis 2002)* ab 1960 ersetzt.

Erfinder der Lithografie
Das Gemälde von 1829 zeigt ***Alois Senefelder*** (1771 bis 1834), *der die noch heute vor allem im künstlerischen Bereich verwendete Drucktechnik der Lithografie erfand.*

Der Computer erobert die Setzerei

In den 1970er-Jahren hielt der Computer Einzug in die Setzereien. 1965 stellte Rudolf Hell mit der Digiset die erste Maschine vor, die Zeichen digital erzeugte und mittels Elektronenstrahl auf das Fotopapier bannte. Texte konnten nun über eine Schreibmaschinentastatur erfasst und von einem Computer gespeichert und bearbeitet werden. Mit zunehmender Leistungsfähigkeit bei gleichzeitig sinkenden Preisen rückte nun die letzte Stunde der »Linotype« immer näher. 1984 stellte die Firma Adobe, die von **John Warnock** *(geb. 1940)* und **Charles Geschke** *(geb. 1939)* 1982 gegründet worden war, mit »PostScript« eine globale Seitenbeschreibungssprache vor, die den Austausch von Dateien aus unterschiedlichen Programmen erlaubte, 1993 zum »Portable Document Format« – kurz PDF – erweitert. **Tim Gill** *(geb. 1953)* schuf mit dem 1987 von der Firma Apple veröffentlichten Programm »QuarkXPress« ein äußerst erfolgreiches Produkt, mit dem Texte, Bilder und Grafiken gemeinsam gespeichert, bearbeitet und belichtet werden können. Inzwischen hat das Programm mit »InDesign« der Firma Adobe, das erstmals 1999 auf den Markt kam, allerdings eine ernsthafte Konkurrenz im Bereich der Layout-Programme bekommen.

»Mehr als das Gold hat das Blei die Welt verändert. Und mehr als das Blei in der Flinte das Blei im Setzkasten.«

Georg Christoph Lichtenberg

Das Ende der flüchtigen Welt

Camera obscura
Der Kupferstich von 1671 zeigt die Projektion von Landschaftsbildern in der Camera obscura. ***Girolamo Cardano*** *(1501–76) hatte ihre Funktion 1550 durch den Einbau einer Linse verbessert.*

Früher mussten Künstler Gemälde oder Zeichnungen anfertigen, um ein Bild von der Welt zu bewahren. Schriftsteller und Komponisten konnten ihre Werke zwar niederschreiben, aber die Aufführungen von Musikern oder die Vorträge von Rednern sind unwiederbringlich verklungen. Es war deshalb eine epochale Leistung, die flüchtige Welt als Foto, Tonaufnahme und Film zu bannen, sodass längst Vergangenes immer wieder angehört und angesehen werden kann.

Schon **Aristoteles** *(384–322 v. Chr.)* war die Camera obscura vertraut. In diesem Kasten, der ein kleines Loch besaß, war auf der transparenten Rückwand ein Abbild der Szene vor dem Loch zu sehen, wenn auch auf dem Kopf stehend. **Girolamo Cardano** *(1501–76)* verbesserte im Jahr 1550 Helligkeit und Schärfe der immer noch nicht dauerhaften Abbildung durch den Einbau einer Linse. **Daniele Barbaro** *(1513–70)* benutzte die Camera als Zeichenhilfe.

Die Fotografie

Wie aber könnte man dieses flüchtige Bild in der Kamera verewigen? Dies gelang als Erstem **Joseph Nicéphore Nièpce** *(1765 bis 1833)* im Jahr 1826. 3 Jahre später vereinbarte er eine Zusammenarbeit mit dem Bühnenbildner **Louis Daguerre** *(1787 bis 1851)*. Diesem gelang es schließlich, das Verfahren zu verbessern. Die älteste erhaltene Daguerreotypie stammt aus dem Jahr 1837. Hierbei wurde eine mit Silbersalz beschichtete Kupferplatte in einer Camera Obscura belichtet, anschließend mit Quecksilber entwickelt und danach fixiert. Die Öffentlichkeit nahm Daguerres Erfindung begeistert auf,

Einer der ersten Filmstreifen der Geschichte zeigt den Aufzug der Wache Unter den Linden in Berlin 1896.

Fotografie für alle
Die Aufnahme zeigt ***George Eastman*** (1854–1932, links) *mit* ***Thomas Alva Edison*** (1847 bis 1931). *Eastman machte die Fotografie zum Massenmarkt.*

Väter der Digitalkamera
Die Erfindung eines lichtempfindlichen Datenspeichers, die ***Willard Boyle*** (1924 bis 2011) *und* ***George E. Smith*** (geb. 1930) *im Jahr 1969 gelang, war die Voraussetzung für die Entwicklung von Digitalkameras wie der oben abgebildeten.*

denn nun konnte auch das einfache Bürgertum sich verewigen, was vordem nur den Reichen und Mächtigen möglich war. Fast zeitgleich hatte der englische Orientalist **William Henry Fox Talbot** *(1800–77)* das erste Positiv-Negativ-Verfahren entwickelt. Das Negativ entstand auf einem mit Silbersalz getränkten Papier. Nachdem es mit Wachs durchsichtig gemacht worden war, wurde es auf ein weiteres Fotopapier umkopiert. Damit waren Fotos beliebig reproduzierbar geworden. Aber das Verfahren blieb umständlich, verlangte umfangreiches Wissen und vor allem ein eigenes Fotolabor. Den Massenmarkt eroberte **George Eastman** *(1854 bis 1932)*. Mit der Konstruktion eines vergleichsweise kleinen Fotoapparats, der Kodak-Box, und seinem Prinzip, die Entwicklung des Films und Herstellung der Abzüge für den Fotografen zu übernehmen, war die Voraussetzung für die massenhafte Verbreitung der Fotografie geschaffen. Auf Umwegen nahm **John Wesley Hyatt** *(1837 bis 1920)* Einfluss auf die Geschichte der Fotografie, als er einen Ersatzstoff für die teuren Billardkugeln aus Elfenbein suchte. Aus mit Kampfer weich gemachtem Zellulosenitrat entwickelte er 1870 den ersten thermoplastischen Kunststoff – das leicht entflammbare Zelluloid. 1887 ließ sich der amerikanische Geistliche **Hannibal Goodwin** *(1822–1900)* den auf Zelluloid basierenden Rollfilm patentieren, den die Firma Kodak ab 1889 nutzte und der dank seiner Transparenz und Biegsamkeit Voraussetzung für das Aufkommen des Kinofilms war.

Die Digitalkamera

Der Kanadier **Willard Boyle** *(1924–2011)* und der Amerikaner **George E. Smith** *(geb. 1930)* entwickelten 1969 in den Labors der Firma Bell den Fotosensor ursprünglich als Datenspeicher. Schnell zeigte sich, dass das Bauteil lichtempfindlich war, sodass es bald in Kameras eingebaut wurde. Heute besteht ein Fotosensor aus Millionen lichtempfindlicher Zellen (Pixel), die eine hohe Bildauflösung gewährleisten. Die Digitalkamera hat heute den Rollfilm verdrängt.

Der Film

Der Jesuit **Athanasius Kircher** *(1602–80)* machte die Laterna Magica, die wahrscheinlich von **Christiaan Huygens** *(1629–95)* erfunden wurde, bekannt. Sie funktioniert ähnlich wie ein Diaprojektor und war im 19. Jh. ein beliebtes Unterhaltungsmittel. 1834 hatte der britische Mathematiker **William George Horner** *(1786–1837)* das später Zoetrop genannte Gerät erfunden, das im Prinzip allen späteren Filmprojektoren entspricht. Es handelt sich um eine drehbare Trommel, an deren Innenwand ein Papierstreifen mit Bildern von unterschiedlichen Phasen einer Bewegung liegt. Während der Drehung schaut der Betrachter durch vorbeiziehende Schlitze kurz auf die einzelnen Bilder. Aufgrund der Trägheit des Auges verschmelzen diese dabei zu einer einzigen Bewegung.
Eadweard Muybridge *(1830–1904)* hatte in den 1870er-Jahren die Serienfotografie eingeführt, indem er zwölf, 24 oder 36 Kameras nacheinander auslöste. So wurde erstmals der sichtbare Beweis erbracht, dass sich beim galoppierenden Pferd zeitweise alle vier Beine in der Luft befinden. Dies inspirierte **Louis Le Prince** *(geb. 1842)*, der im Jahr 1890 während einer Zugfahrt spurlos verschwand, dazu, eine Kamera zu bauen und im Jahr 1888 den ältesten noch erhaltenen Film aufzunehmen. Eine verbesserte Filmkamera stellte der Kinematograf dar, den der schottische Ingenieur **William Dickson** *(1860–1935)* zusammen mit der amerikanischen Erfinderlegende **Thomas Alva Edison** *(1847–1931)* im Jahr 1891 baute und bei dem 16–30 Bilder pro Sekunde aufgenommen werden konnten. Den Film

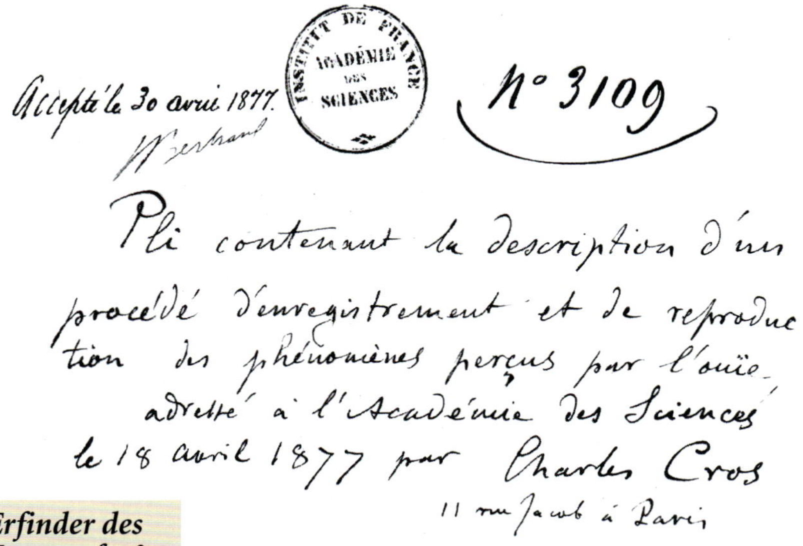
Accepté le 30 avril 1877.
Bertrand
INSTITUT DE FRANCE ACADÉMIE DES SCIENCES
N° 3109
Pli contenant la description d'un procédé d'enregistrement et de reproduction des phénomènes perçus par l'ouïe, adressé à l'Académie des Sciences le 18 avril 1877 par Charles Cros
11 rue Jacob à Paris

Erfinder des Fonografen?
Mit diesem Schreiben bestätigt die französische Akademie der Wissenschaften im April des Jahres 1877 dem Dichter und Erfinder ***Charles Cros*** (1842–1888), *dass er den Fonografen erfunden habe.*

betrachten konnte allerdings immer nur eine Person. Die erste öffentliche Filmvorführung fand mit dem Bioscop der Brüder **Max** *(1863–1939)* und **Emil Skladanowsky** *(1859–1945)* am 1. November 1895 im Berliner Varieté Wintergarten statt. Kurz vor Ende des Jahres folgten die Brüder **Auguste** *(1862–1954)* und **Louis Lumière** *(1864–1948)* mit ihrem Cinématografen in Paris. 1896 brachte **Oskar Messter** *(1866–1943)* den ersten brauchbaren Filmprojektor auf den Markt.

Der Tonfilm

Noch bevor der Film erfunden war, hatte Edison den Ton aufgezeichnet. Sein Fonograf von 1878 bestand aus einem Trichter, in den man hineinsprechen konnte. Die Schallwellen versetzten nun eine kleine Nadel in Schwingungen, die dadurch Vertiefungen in eine sich drehende Walze drückte. Drehte man die Walze erneut unter der Nadel hindurch, dann konnte man die Töne wieder hören. Die Idee dazu hatte 1 Jahr zuvor der französische Dichter **Charles Cros** *(1842–88)* geäußert. Dieses Gerät wurde vor allem als Diktiergerät genutzt; eine Vervielfältigung der Aufnahme war sehr aufwendig. Die ersten Filmvorführungen hatte Edison bereits mit Tönen vom Fonografen begleiten lassen. Doch setzte sich dieses Verfahren, aus dem die Schallplatte hervorgehen sollte, im Film nicht durch, da die Synchronisation nicht gelang. Man setzte in den Anfangsjahren auf Livebegleitung der stummen Filme durch Klavierspieler oder sogar Orchester.
Der polnische Ingenieur **Józef Tykocinski-Tykociner** *(1877–1969)* stellte 1922 in den USA den ersten Tonfilm vor. Im folgenden Jahr begann **Lee De Forest** *(1873–1961)* in den USA mit der kommerziellen Produktion von Tonfilmen. Die Grundidee beider war gleich: Der Ton befand sich in einer eigenen Spur auf dem Film neben dem Bild und wurde optisch abgetastet und dann über Lautsprecher wieder in Ton verwandelt.
Ray M. Dolby *(geb. 1933)*, dem es gelungen war, das Rauschen beim Tonaufnehmen sehr stark zu verringern, führte 1976 beim Lichtton vier Kanäle ein, sodass der Eindruck eines Raumklangs entstand. Zu den ersten hiermit gezeigten Filmen gehört »Krieg der Sterne« von George Lucas aus dem Jahr 1977.

Farbfoto und -film

Thomas Young *(1773–1829)* hatte im Jahr 1802 vermutet, dass das Auge nur drei Primärfarben wahrnehmen kann, woraus es alle anderen Farbeindrücke aufbaut. Diese Tatsache bildet die Grundlage dafür, dass man beim Farbfoto aus nur drei Grundfarben einen vielfarbigen Eindruck erzeugen kann.
Der schottische Physiker **James Clerk Maxwell** *(1831–79)* führte 1861 das erste Farbbild vor, indem er drei durch verschiedene Filter (Rot, Grün, Blau) aufgenommene Fotos mittels farbiger Beleuchtung übereinander projizierte. Dem Franzosen **Louis Ducos du Hauron** *(1837–1920)* gelangen wenig später die ersten Farbfotografien, für die er aber noch drei Fotos aufnehmen musste, die er dann zu einem Dia übereinanderlegte.
1907 stellten die Brüder Lumière das erste Verfahren vor, bei dem eine Farbfotografie mit nur einer Aufnahme erzeugt werden konnte. Als Farbgeber fungierte in den drei Grundfarben getöntes Stärkepulver. Dieses Verfahren wurde zwar von Fotografen genutzt, konnte sich freilich für den Privatgebrauch gegen die Schwarz-Weiß-Fotografie nicht durchsetzen. Dies gelang erst

Dreifarbenfotografie
Dieses Foto eines präparierten Hahns stammt von ***Louis Ducos du Hauron*** (1837–1920), *der das erste Farbdia anfertigte.*

Viele Kinos in einem

Seit 2000 ist das Cinemaxx in Berlin die Hauptspielstätte der Berlinale. ***Nat Taylor*** (1905–2004) *erfand diese Art des Kinos, das sogenannte Multiplexkino.*

den modernen Farbfilmen der Firmen Agfa und Kodak aus dem Jahr 1936, bei denen die drei farbgebenden Schichten übereinanderliegen.

Die ersten farbigen Kinofilme wurden mit dem Kinemacolor-Verfahren des Hypnothiseurs **George Albert Smith** *(1864 bis 1959)* von 1906 hergestellt, bei dem jeweils ein rotes und ein grünes Bild abwechselnd durchleuchtet wurde, weshalb es keine originalgetreue Farbwiedergabe erlaubte. **Herbert Kalmus** *(1881–1963)*, der Vater des Farbfilms, entwickelte ab 1917 das Technicolor-Verfahren. Dabei wurden zwei, später drei Negativfilme mittels verschiedener Farbfilter aufgenommen. Anfänglich wurden bei der Vorführung wie bei Smith zwei Farbbilder übereinander projiziert. Als Nächstes wurden erst zwei und dann drei Farbschichten direkt auf den vorführbereiten Farbfilm aufgebracht. In den 1930er-Jahren war das Verfahren soweit ausgereift, dass die großen Studios zunehmend Farbfilme drehten, was das Publikum mit großer Begeisterung aufnahm. Nach dem Zweiten Weltkrieg setzte sich auch im Kino das Negativverfahren von Kodak durch. Heute stellt die Firma Technicolor Digitalkinosysteme her, denen wohl die Zukunft gehört.

Die Multiplexe

Bis nach dem Zweiten Weltkrieg hatte jedes Kino nur einen Vorführraum. Dem Kanadier **Nat Taylor** *(1905–2004)* kam 1948 in Ottawa die Idee, zwei Filme gleichzeitig in einem Kino zu zeigen. Der Erfolg ermutigte ihn, es mit dreien gleichzeitig zu versuchen. Im Jahr 1979 war er schließlich bei 18 Leinwänden angelangt – das Multiplexkino war geboren. In Europa entstand das erste Kino der modernen Art in England im Jahr 1985, Deutschland erreichte der Trend 1990.

Schallplatte und CD

Die Tonaufzeichnung auf einem Zylinder wie bei Edisons Fonograf erwies sich als nicht sehr praktisch. Der deutschstämmige **Emile Berliner** *(1851–1929)* brachte 1887 in den USA die Schallplatte auf den Markt. Sie konnte im Gegensatz zum Fonografen kostengünstig vervielfältigt werden, sodass sie auch für den Endverbraucher erschwinglich war.

Den Weg von der mechanischen zur magnetischen Aufzeichnung bahnten der Däne **Valdemar Poulsen** *(1869–1942)* und der Österreicher **Fritz Pfleumer** *(1881–1945)*. Ersterer stellte im Jahr 1900 ein magnetisiertes Stahlband zum Zweck der Tonaufzeichnung vor, während Pfleumer daraus Ende der 1920er-Jahre das Tonband entwickelte, das nun auch dem Privatmann Tonaufnahmen ermöglichte und später im Videogerät sogar die Aufzeichnung von Bildern erlaubte. Auch als billiges Speichermedium für Computer wurde es genutzt. Dank des Magnetbands konnten auch erstmals Tonaufnahmen geschnitten werden.

Nachdem der erste Laser im Jahr 1960 von **Theodore Harold Maiman** *(1927–2007)* gebaut worden war, begannen Ende der 1970er-Jahre Versuche, Bild und Ton digital zu speichern und mittels Laserstrahl zu lesen. Dies führte zur Compact Disc – kurz CD genannt. Am 17. August 1982 begann in Hannover bei Polygram die weltweit erste Produktion einer CD (das Album »The Visitors« von ABBA) noch bevor der erste CD-Spieler zu kaufen war. Heute ist die CD durch die MP3-Technologie aber stark rückläufig, was sich auch in den Verkaufszahlen widerspiegelt. Auch als Datenspeicher für den Computer erfreute sich die CD großer Beliebtheit. In den 1990er-Jahren konnte die Speicherkapazität der kleinen Scheibe derart erhöht werden, dass ganze Filme darauf passen – die DVD war geboren.

Mehr eine Spielerei blieb lange Zeit die Holografie des Ungarn **Dennis Gábor** *(1900–79)* aus dem Jahr 1947, mit der entsprechend fotografierte Gegenstände dreidimensional im Raum schwebend projiziert werden können. Zunehmend wird jedoch ihr Nutzen für wissenschaftliche Zwecke erkannt.

In den 1980er-Jahren stieg die CD zu einem der beliebtesten Datenträger auf.

Anfangs wurden Telefongespräche von Hand vermittelt. Der Holzstich von 1894 zeigt eine Szene im Vermittlungsamt in Paris.

Der Siegeszug der Kommunikation

Eine Nachricht ist so schnell wie der Bote, der sie überbringt. Nutzt man den elektrischen Strom hierzu, kann sie fast augenblicklich jeden Punkt der Erde erreichen, zu dem eine Leitung führt. Werden die Nachrichten gefunkt, können sie an jedem beliebigen Punkt der Erde und darüber hinaus bis zum Mond und weiter empfangen werden.

Mit einer Batterie konstruierte **Samuel Thomas von Soemmerring** *(1755–1830)* 1809 den ersten elektrischen Telegrafen, der jedoch keine praktische Anwendung fand. 1837 benutzte der amerikanische Kunstmaler **Samuel Morse** *(1791–1872)* als Gerüst für seinen ersten Telegrafen eine Staffelei. Zusammen mit **Alfred Vail** *(1807–59)* brachte er sein Gerät anschließend in die später gebräuchliche Form und änderte auch das Prinzip: Ein Stift markiert entsprechend dem Morsealphabet Linien und Punkte auf einem Papierstreifen, aus denen sich Buchstaben und Zahlen ablesen lassen. **Werner Siemens** *(1816–92)* konstruierte 1846 ähnlich wie 7 Jahre zuvor der Physiker **Charles Wheatstone** *(1802–75)* in England einen Zeigertelegrafen, bei dem ein Zeiger auf einen der im Kreis angeordneten Buchstaben eingestellt wird, was zu einer entsprechenden Einstellung am Zeiger der Empfangsstation führt. Dieses Gerät konnte im Gegensatz zum Morsegerät auch von Laien bedient werden und bildete den Vorläufer des Fernschreibers.

Das Telefon

Das erste Telefon wurde von dem Italiener **Antonio Meucci** *(1808–89)* im Jahr 1860 in New York vorgeführt. Im nächsten Jahr tat **Philipp Reis** *(1834 bis 1874)* dasselbe in Frankfurt. Gleichzeitig waren damit das erste Mikrofon und der erste Lautspre-

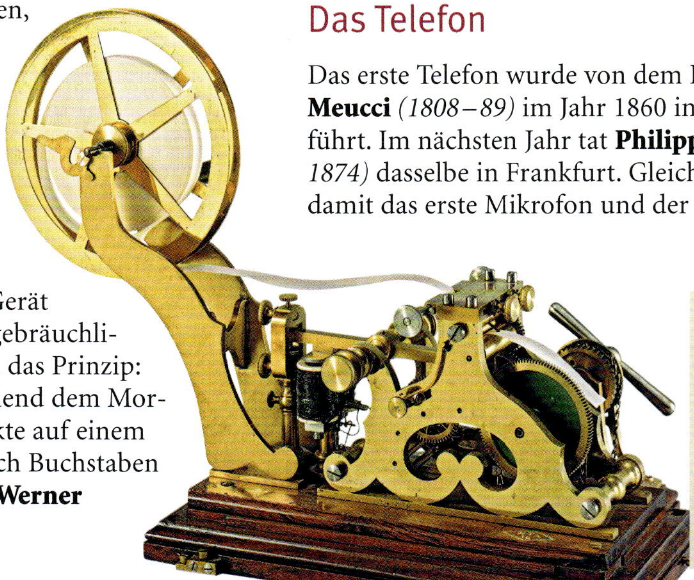

Frühe Telegrafie

Dieser Schreibtelegraf von ***Samuel Morse*** (1791–1872) *und* ***Alfred Vail*** (1807 bis 1859) *stammt aus dem Jahr 1844.*

cher erfunden, womit Schallwellen in elektrischen Strom und wieder zurück in Schallwellen verwandelt werden konnten.
Der Schotte **Alexander Graham Bell** *(1847–1922)* erhielt 1876 in Amerika das erste Patent auf ein Telefon. Er war es auch, der für die Verbreitung des Telefons sorgte. **Elisha Gray** *(1835–1901)*, der ein Patent für ein wesentlich funktionstüchtigeres Telefon nur 2 Stunden später als Bell eingereicht hatte, konnte sich gegen den Schotten nicht durchsetzen.
Die ersten Telefonnetze entstanden in den großen Städten, die dann ihrerseits miteinander verbunden wurden. Anfangs wurde jedes Gespräch vom »Fräulein vom Amt« vermittelt. Der zunehmende Einsatz des Schrittwahlschalters, den **Almon Strowger** *(1839–1902)* 1889 erfunden hatte, machte dies mit der Zeit überflüssig.

Drahtloser Funk

Im Jahr 1886 wies **Heinrich Hertz** *(1857–94)* die von **James Clerk Maxwell** *(1831–79)* angenommenen elektromagnetischen Wellen nach und es gelang ihm, sie über einen Abstand von wenigen Metern zu senden und zu empfangen. **Guglielmo Marconi** *(1874–1937)* wollte damit größere Distanzen überwinden. 1899 glückte ihm die erste drahtlose Verbindung über den Ärmelkanal und 1901 der erste Funkspruch über den Atlantik.
Jeder, der über ein entsprechendes Gerät verfügte, konnte nun die ausgestrahlten Funksprüche empfangen. Dies führte schnell zu der Idee, Musik und Sprachprogramme zu senden – das Radio war geboren. 1920 nahm die erste kommerzielle Radiostadion in den USA den Betrieb auf, Ende desselben Jahres wurde der erste Hörfunk in Deutschland ausgestrahlt.

Das Fernsehen

Die Entwicklungsgeschichte des Fernsehens ist von der Suche nach einem geeigneten Gerät geprägt, das Bilder abtasten kann. Der schottische Uhrmacher **Alexander Bain** *(1811–77)* beschrieb 1843 ein Verfahren, bei dem ein Bild punkt- und zeilenweise abgetastet wird, um es telegrafisch übertragen zu können. **Paul Nipkow** *(1860–1940)* erfand 1883 das

Über den Atlantik
*Der erste Funkspruch über den Atlantik gelang **Guglielmo Marconi** (1874 bis 1937) im Jahr 1901. Das nachkolorierte Foto zeigt ihn bei der Arbeit an seinen Geräten.*

»Elektrische Teleskop«, bei dem eine rotierende Scheibe das Bild in Einzelpunkte zerlegte. Mit so gewonnenen Bilddaten gelang **Dénes von Mihály** *(1894–1953)* im Jahr 1919 eine erste Fernsehübertragung über mehrere Kilometer. Ähnliches unternahm **Max Dieckmann** *(1882–1960)* im Jahr 1925. Als Bildschreiber für das Fernsehen schlug er die braunsche Röhre vor. Diese war bereits 1897 von **Karl Ferdinand Braun** *(1850–1918)* und **Jonathan Zenneck** *(1871–1959)* entwickelt worden. In ihr wird ein Elektronenstrahl mittels elektrisch geladener Ablenkplatten auf eine mit Leuchtstoff beschichtete Glasscheibe projiziert – ein Prinzip, nach dem der klassische Fernsehbildschirm bis heute funktioniert. Der russische Immigrant **Wladimir Zworykin** *(1889–1982)* entwickelte 1923/24 in den USA den ersten elektronischen Bildabtaster und 1927 führte **Philo Farnsworth** *(1906–71)* die erste vollelektronische Übertragung eines Bildes vor.
Nach dem Zweiten Weltkrieg wurde das Fernsehen zum Massenmedium. In den USA war bereits 1954 das Farbfernsehen eingeführt worden, in Deutschland fand ab 1967 das von **Walter Bruch** *(1908–90)* entwickelte technisch überlegende PAL-System Verwendung, das weltweit die größte Verbreitung erfuhr. 20 Jahre später begann mit »Astra 1A« das Zeitalter des Fernsehempfangs via Satellit.

Das Handy

Die Anfänge der mobilen Telefonie reichen bis in die 1920er-Jahre zurück. Erst in den 1990er-Jahren konnte sie sich weltweit durchsetzen, nachdem der GMS-Standard global eingeführt worden war.
Bei diesem Standard wird das Frequenzsprungverfahren, das der in Wien geborene Hollywoodstar **Hedy Lamarr** *(1914–2000)* 1942 entwickelt hatte, benutzt. Ende 2007 besaßen rund 2 Mrd. Menschen weltweit GMS-Handys.

Für die moderne Telekommunikation sind Anlagen wie die Erdfunkstelle Raisting am Ammersee in Bayern unerlässlich.

Pioniere von Computer und Internet

Computer-pionier
Der Erfinder des ersten Computers, ***Konrad Zuse*** (1910 bis 1995) *mit einem Nachbau dieses sogenannten »Z 1« im Berliner Museum für Verkehr und Technik.*

Geräte, die das Rechnen erleichtern, wie Abakus und Rechenschieber, gibt es schon lange. Der Übergang von solchen mechanischen Rechnern zum Elektronengehirn vollzog sich über einen längeren Zeitraum. Während des Zweiten Weltkriegs entstanden in den USA die theoretischen Grundlagen des Computers, während der erste frei programmierbare Computer gleichzeitig in Deutschland gebaut wurde.

In England hatte sich **Alan Turing** *(1912–54)* schon früh Gedanken über die Grundprinzipien des Computers gemacht. Hieran anknüpfend entwickelte **John von Neumann** *(1903–57)* 1945 den allgemeinen Bauplan eines Computers, der ohne Änderung der Schaltung in schneller Folge verschiedene Programme abarbeiten kann. Zu diesem Zweck musste er eine Eingabe- und Ausgabeeinheit besitzen, mittels derer man ihm Aufgaben erteilen und die Ergebnisse erfahren konnte und es musste einen Platz geben, an dem sowohl Daten als auch Programme gespeichert wurden. Das Steuerwerk interpretierte dann die Anweisungen eines Programms und bestimmte die Befehlsabfolge. Im Rechenwerk schließlich wurden Rechnungen und logische Operationen durchgeführt.

Von Neumann entstammte einer jüdischen Bankiersfamilie, die durch Kauf einen Adelstitel erworben hatte. Schon als Kind entpuppte er sich als Genie. Seine Studien hatte er in Deutschland und der Schweiz absolviert. Bereits vor der Machtergreifung der Nationalsozialisten war er häufig in den USA. Nach 1933 blieb er in Princeton und leistete dort seinen entscheidenden Beitrag zur Entwicklung des Computers.

Der Ingenieur **Konrad Zuse** *(1910–95)* war 1935 als Statiker zu den Henschel-Flugzeugwerken gekommen. Da er viele Rechenaufgaben zu erledigen hatte und ihn dies langweilte, machte er sich Gedanken, wie er ihre Erledigung vereinfachen könnte. 1938 baute er in Berlin seinen ersten mechanischen Rechner, den »Z1«, der die später von von Neumann theoretisch definierten Bestandteile bereits besaß. Im Jahr 1941 gelang ihm mit dem »Z3« der erste funktionsfähige Digitalrechner, der bereits programmierbar war und mit dem binären Zahlensystem, das nur aus den zwei Zahlen 0 und 1 besteht, arbeitete.

»Mark I« und »ENIAC«

Ohne von Zuse zu wissen, konstruierte **Howard Aiken** *(1900–73)* im Auftrag von IBM gemeinsam mit **Grace Hopper** *(1906–92)*, die die Programme schrieb, von 1939 bis 1944 den Großrechner »Mark I«. Den ersten rein elektronischen digitalen Universalrechner, der 27 t wog und »ENIAC« genannt wurde, stellten 1946 **John Presper Eckert** *(1919–95)* und **John W. Mauchly** *(1907–80)* vor.

Erste Rechenmaschinen

Eine erste mechanische Rechenmaschine mit Räderwerk war der Mechanismus von Antikythera, der möglicherweise von **Poseidonios** *(135–51 v. Chr.)* entworfen wurde. Der Tübinger Professor für Hebräisch und Astronomie **Wilhelm Schickhard** *(1592–1635)* baute 1623 die erste Rechenmaschine für die vier Grundrechenarten. **Blaise Pascal** *(1623 bis 1662)* folgte 1642 in Frankreich und **Gottfried Wilhelm Leibniz** *(1646–1716)* 1673 wiederum in Deutschland. Ein Meilenstein war 1703 die Einführung des binären Zahlensystems durch Leibniz, das anstelle von zehn Ziffern nur zwei verschiedene benutzt und das Alphabet des modernen Computers bildet.
1805 führte **Joseph-Marie Jacquard** *(1752–1834)* den von Lochkarten gesteuerten Webstuhl ein – die erste programmgesteuerte Maschine –, während der Engländer **Charles Babbage** *(1791–1871)* 30 Jahre später die erste programmgesteuerte Rechenmaschine entwarf. Das erste Computerprogramm entwickelte seine Mitarbeiterin, die geniale Mathematikerin **Ada Lovelace** *(1815–52)*. Um die Auswertung der Volkszählung in den USA zu vereinfachen, benutzte **Herman Hollerith** *(1860–1929)* 1890 Lochkarten, deren Information er mechanisch erfasste. Um seine Erfindung kommerziell auszuwerten, gründete er 1896 das später IBM genannte Unternehmen.

Transistor, Mikrochip und PC

Die ersten Computer, die in Europa und den USA in den 1940er-Jahren gebaut wurden, waren riesig und hatten doch nicht einmal die Kapazität eines heutigen Taschenrechners. Die Verkleinerung wurde 1947 dank der Erfindung des Transistors durch **William Shockley** *(1910–89)*, **John Bardeen** *(1908 bis 1991)* und **Walter Brattain** *(1902–87)* möglich. Wirklich winzig wurden die Schaltungen erst nach der Erfindung des Mikrochips durch **Jack Kilby** *(1923–2005)* im Jahr 1958. Die von **Robert Noyce** *(1927–90)* und **Gordon Moore** *(geb. 1929)* 1968 gegründete Firma Intel entwickelte immer leistungsfähigere Mikrochips, wodurch der Einsatz des Chips in fast allen Lebensbereichen möglich wurde. Heute können auf einem Chip über 1 Mrd. Transistoren untergebracht werden.
Der Siegeszug des Computers begann 1977 mit dem »Apple II«, den **Steve Wozniak** *(geb. 1950)* baute und **Steve Jobs** *(1955–2011)* vermarktete. Den Erfolg beflügelte ab 1984 die grafische Benutzeroberfläche des Apple Macintosh, der durch die von **Douglas Engelbart** *(1925–2013)* bereits 1963 erfundenen Computermaus gesteuert wurde.
Um Apple nicht allein das Feld zu überlassen, brachte IBM 1981 den ersten Personalcomputer auf den Markt – mit dem Betriebssystem der von **Bill Gates** *(geb. 1955)* und **Paul Allen** *(geb. 1953)* gegründeten Firma Microsoft.

»Wenn der Computer zu mächtig wird, dann zieht den Stecker aus der Steckdose.«

Konrad Zuse

Mechanische Erfassung
Die 1890 von ***Herman Hollerith*** (1860–1929) *entwickelte Zählmaschine konnte Daten mithilfe von Lochkarten verarbeiten.*

Gründer von Apple
Bei einer Präsentation führt ***Steve Jobs*** (1955–2011) *im Jahr 2006 ein Dia vor, das ihn und* ***Steve Wozniak*** (geb. 1950) *bei der Arbeit am »Apple II« zeigt.*

Das World Wide Web

1962 konzipierte **Joseph Licklider** *(1915–90)* in einem Aufsatz die Ideen, die später das Internet ausmachen sollten. Durch seine Definition wurde aus einer Rechenmaschine, als die der Computer damals genutzt wurde, ein Kommunikationsgerät. Der gebürtige Pole **Paul Baran** *(1926 bis 2011)* und der Brite **Donald Watts Davis** *(1924–2000)* hatten die Idee, Informationen in kleinen Portionen als Datenpakete über vernetzte Computer zu verschicken. Das war der Beginn der Dezentralisierung der Netze, was im Kalten Krieg auch aus militärischen Gründen unterstützt wurde, um bei einem Atomschlag noch kommunizieren zu können. **Robert E. Kahn** *(geb. 1938)* und **Vinton G. Cerf** *(geb. 1943)* entwickelten in den 1970er-Jahren zusammen das Internetprotokoll, das es Rechnern erlaubt, Informationen untereinander auszutauschen. Der Startschuss für das Internet, das ja nichts anderes ist als die Verbindung zwischen Computern in aller Welt, fiel 1969, als vier Großrechner in den USA verbunden wurden.
Ray Tomlinson *(geb. 1941)* verschickte 1971 die erste E-Mail, in der er bereits den berühmten Klammeraffen (@) als Trennzeichen nutzte. Hiermit konnten weltweit Informationen als eine Art elektronischer Brief ausgetauscht werden. **Robert Tappan Morris** *(geb. 1965)*, der heute Professor ist, legte mit seinem Morris-Wurm 1988 erstmals mehrere Tausend Rechner lahm.
Die wirkliche weltweite Informationsvernetzung aber begann 1989 bei der Europäischen Organisation für Kernforschung in Genf (CERN). Man wollte erreichen, dass alle Mitarbeiter der großen Arbeitsgruppen Zugriff auf die gesamte Information hatten und gemeinsam daran arbeiten konnten, auch wenn sie sich an verschiedenen Orten aufhielten. Daraufhin entwickelte **Timothy Berners-Lee** *(geb. 1955)* das World Wide Web (www). Er stellte die erste Seite ins Netz: http://info.cern.ch. Er schuf auch den ersten Browser, mit dem man das Web durchsuchen und die Seiten »umblättern« konnte.

Erfinder des World Wide Web
Der damalige UN-Generalsekretär Kofi Annan (rechts) lässt sich im Jahr 2003 von ***Timothy Berners-Lee*** (geb. 1955) *den ersten Webserver der Welt zeigen, den Berners-Lee eingerichtet hatte.*

Ab 1995 fand der Browser »Netscape Navigator« weite Verbreitung, der das Internet erst für den Laien benutzbar machte. Die Entwicklung stammte von **Marc Andreessen** *(geb. 1971)*.
1998 gründeten **Larry Page** *(geb. 1973)* und **Sergey Brin** *(geb. 1973)* die Suchmaschine Google, womit man im unendlichen Datenmeer des Internets schnell das Gesuchte finden kann. Inzwischen hat Google eine Monopolstellung bei den Suchmaschinen erreicht.
Dass auch materielle Produkte über das Internet vertrieben werden können, demonstrierten sehr erfolgreich **Jeff Bezos** *(geb. 1964)* mit seinem 1994 gegründeten Internetkaufhaus »Amazon« und **Pierre Omidyar** *(geb. 1967)*, der iranischer Abstammung ist und 1995 das Internetauktionshaus »Ebay« schuf.
Jimmy Wales *(geb. 1966)* und **Larry Sanger** *(geb. 1968)* realisierten im Jahr 2001 die Idee eines frei zugänglichen Wissensspeichers, an dem jedermann mitschreiben kann. Dieses stetig wachsende Internetlexikon »Wikipedia« gibt es heute in einer Vielzahl von Sprachen.
Die Idee, Musikdateien mit dem MP3-Format stark zu komprimieren, indem nur die wahrnehmbaren Töne gespeichert werden, geht auf den Deutschen **Karlheinz Brandenburg** *(geb. 1954)* zurück.

Die Macher von »Google«
Die Gründer der Internetsuchmaschine »Google« ***Larry Page*** (geb. 1973, links) *und* ***Sergey Brin*** (geb. 1973) *bei einem Auftritt im Jahr 2004.*

Erfindungen für den Alltag

Tupperware für alle

Der Erfolg der legendären bunten Tupperware-Artikel geht auf ihren Erfinder ***Earl Tupper*** (1907 bis 1983) *und* ***Brownie Wise*** (1913–92), *die für die Vermarktung sorgte, zurück.*

Neben Auto, Fernsehen und Handy gibt es noch eine ganze Reihe von kleinen oder großen Erfindungen, die den Alltag der Menschen erleichtern. Oft sind die Erfinder gänzlich unbekannt, weil die kleinen Helfer als allzu selbstverständlich angesehen werden.

William Painter *(1838–1906)* erfand im Jahr 1892 den Kronenkorken. Die Idee war derart erfolgreich, dass Painter schon im folgenden Jahr eine Firma gründete, die heute einer der größten Hersteller für Kronenkorken ist. Vor allem als Verschluss für kohlensäurehaltige Getränke verbreitete er sich rasch, da er selbst dem hohen Druck beim Transport standhalten konnte.
Die ersten Kältemaschinen entwickelte **Carl Linde** *(1842–1934)*. Dabei setzte er das nach ihm benannte Linde-Verfahren zur Verflüssigung von Gasen ein, bei dem die Gase sehr niedrige Temperaturen erreichen. Linde beauftragte den Mechaniker **Reinhold Burger** *(1866–1954)* mit der Herstellung eines isolierenden Behälters für flüssige Luft bei –195 °C. Burger ließ sich 1903 ein solches Gefäß patentieren, wofür er eine Erfindung des schottischen Chemikers **James Dewar** *(1842 bis 1923)* weiterentwickelte, der 1893 einen doppelwandigen, aus verspiegeltem Glas bestehenden Vakuumbehälter konstruiert hatte.
In den 1920er-Jahren präsentierte **Clarence Birdseye** *(1886–1956)* der Öffentlichkeit mit dem Schockfrosten ein industrielles Tiefgefrierverfahren. Birdseye gilt auch als Erfinder der Tiefkühlkost: 1930 brachte er in den USA Tiefkühlkost unter dem Namen »Birds Eye Frosted Foods« auf den Markt.
Earl Tupper *(1907–83)* stellte ab 1938 Kunststoffprodukte her, darunter sogar Gasmasken. Den legendären Erfolg seiner luft- und wasserdicht abschließenden Plastikbehälter hat er **Brownie Wise** *(1913–92)* zu verdanken, die in den 1950er-Jahren den Direktvertrieb über »Tupperpartys« einführte.

Fortschritte der Kühltechnik

Mit seinem Linde-Verfahren schuf ***Carl Linde*** (1842–1934) *die Möglichkeit, Eis industriell herzustellen. Weiterentwicklungen führten u. a. zur Konstruktion des ersten automatischen Kühlschranks 1910.*

Ruben Rausing *(1895–1983)* brachte die erste Tetra-Pak-Verpackung in Schweden auf den Markt, die er zusammen mit **Erik Wallenberg** *(1915–99)* entwickelt hatte, und revolutionierte damit den Getränkevertrieb. Die erste Abfüllanlage ging 1952 in einer Molkerei in Lund in Betrieb.
Von **Ermal Fraze** *(1913–89)* wird erzählt, er habe bei einem Picknick mit seiner Familie in Ohio den Öffner für das Dosenbier vergessen und deshalb nach einer schlaflosen Nacht die Getränkedose mit Aufziehlasche erfunden, die er sich 1963 patentieren ließ; heute ist sie neben der Flasche die wichtigste Verpackung für Bier und Softdrinks.

Große und kleine Helfer im Haushalt

Nicht etwa, um sich Arbeit zu ersparen, erfand **Josephine Cochrane** *(1839–1913)* 1886 in den USA die Spülmaschine – das hatte die vermögende Frau und Liebhaberin von Dinnerpartys nicht nötig. Sie wollte vielmehr den Geschirrverschleiß ihres Küchenpersonals verringern.

Noch heute sind Singer-Nähmaschinen weltweit im Einsatz.

Der Hausmeister **James Murray Spangler** *(1848 bis 1915)* war es als Asthmatiker leid, Staub aufkehren zu müssen. Deshalb bastelte er 1907 aus einem Ventilator, einer Kiste und einem Kissenbezug einen Staubsauger. Als **William Hoover** *(1849–1932)* seine Frau damit hantieren sah, war er so begeistert, dass er das Patent kaufte und die Staubsaugerproduktion in den USA aufnahm.

Revolution der Nassrasur

Heute werben Stars wie David Beckham für Rasierklingen. Am Beginn dieses Geschäfts stand eine Idee von ***King Gillette*** (1855–1932).

Zur gleichen Zeit versuchte **Melitta Bentz** *(1873–1950)* in Dresden mit Löschblättern aus Schulheften einen kaffeesatzfreien Kaffee aufzugießen. Als dieser große Begeisterung hervorrief, machte sie ihre Kaffeefilter zum Geschäftserfolg.
August Fischer *(1868–1940)* erfand 1932 den ersten Kunstharzkleber, der unter dem Namen UHU bis heute »alles« klebt.
1945 bemerkte **Percy Spencer** *(1894–1970),* als er vor einem Mikrowellenstrahler stand, dass sein Schokoriegel in der Tasche dahinschmolz. Kurz darauf meldete er ein Patent auf den Mikrowellenherd an.

Textilien fürs Grobe und fürs Feine

Der Amerikaner **Isaac Singer** *(1811–75)* war ein Sohn sächsischer Einwanderer jüdischer Herkunft. Als Mechaniker verbesserte er 1851 in New York eine existierende Nähmaschine und wurde innerhalb weniger Jahre mit dem millionenfachen Verkauf seiner Produkte an Hausfrauen in aller Welt reich.
Auch der Stoffhändler **Levi Strauss** *(1829–1902)* stammte als Sohn jüdischer Eltern ursprünglich aus Deutschland. Während des Goldrausches in Kalifornien zog er 1853 nach San Francisco und stellte schnell den Bedarf der Goldgräber an strapazierfähigen Hosen fest, die er anfangs aus Zeltbahnen fertigen ließ. Der aus Lettland stammende Schneider **Jacob Davis** *(1834–1908)* schlug ihm vor, die Haltbarkeit der Hosen durch die Anbringung von Nieten zu verbessern. Die Hosen, inzwischen aus blauem Stoff gefertigt und später Blue Jeans geheißen, wurden ein Riesenerfolg – bis heute.
Der schwedische Erfinder **Gideon Sundbäck** *(1880 bis 1954)* ließ sich 1913 eine verbesserte Version des Reißverschlusses patentieren, der von den 1930er-Jahren an bei Textilien zunehmend an die Stelle von Knöpfen trat.
Seide ist ein edler Stoff, der Anfang des 20. Jh. vor allem aus Japan bezogen wurde. Ihre Bedeutung ging zurück, nachdem **Wallace Carothers** *(1896–1937)* 1934 das Nylon erfunden hatte. Es war die erste vollsynthetische Faser, die zunächst als Seidenersatz bei Fallschirmen eingesetzt wurde. Legendär wurde die Kunstfaser in ihrer Form als Frauenstrumpf.

Kleine nützliche Dinge

Beim Rasieren soll **King Gillette** *(1855–1932)* die Idee einer zweischneidigen Klinge gekommen sein, die man nach Gebrauch wegwirft, statt sie mühsam zu schärfen. 1901 gründete er die Gillette Company, die enormen Auftrieb erhielt, als die US-Regierung 1917 36 Mio. Rasierklingen für ihre im Ersten Weltkrieg kämpfenden Soldaten orderte.
Lázló Bíró *(1899–1985)* ließ sich 1938 die Idee des Kugelschreibers patentieren, bei dem ein rollendes Kügelchen die Farbmasse auf das Papier bringt. Noch im selben Jahr floh er mit seiner jüdischen Frau vor den Nationalsozialisten von Ungarn nach Argentinien, wo sein Geburtstag seit seinem Tod als Tag der Erfinder gefeiert wird.
Artur Fischer *(geb. 1919)* ist einer der erfolgreichsten Erfinder aller Zeiten. Mit über 1000 Patenten – darunter die 1958 entworfenen Fischer-Dübel – liegt er nur knapp hinter **Thomas Alva Edison** *(1847–1931).*

Zufällig zum Erfolg

Der Zufall ist ein häufiger Geburtshelfer bei der Entdeckung von etwas Neuem. Das ist nicht verwunderlich, denn oft genug hat der Finder ja keine Ahnung von der Existenz des Fundes. Aber auch bei der gezielten Suche nach einer Substanz oder einem Verfahren muss der Zufall oft helfen, um zum Ziel zu gelangen.

»Heureka« – »Ich hab's«
Nachdem er beim Baden das Auftriebsprinzip entdeckt hatte, konnte ***Archimedes*** (285–212 v. Chr.) *z. B. das Volumen der Krone seines Herrschers und deren Materialreinheit klären.*

Einer der ältesten Zufallsfunde wird von **Archimedes** *(285–212 v. Chr.)* berichtet. Als er sich in den vollen Badezuber setzte und dieser überlief, fiel es ihm wie Schuppen von den Augen: Die übergelaufene Wassermenge entsprach exakt seinem Körpervolumen im verbliebenen Wasser.
Zuckende Froschschenkel sorgten bei dem Italiener **Luigi Galvani** *(1737–98)* für einen Geistesblitz. Er bemerkte, dass tote Frösche, die er beim Kochen in der Nähe einer Elektrisiermaschine abgelegt hatte, zu zucken begannen, wenn er sie mit einem Messer berührte. Mit dieser Beobachtung legte er die Grundlage für die Entwicklung elektrochemischer Zellen und damit der ersten Batterie durch **Alessandro Volta** *(1745–1827)*.

Neue Strahlung

Wilhelm Conrad Röntgen *(1845 bis 1923)* war ein schwaches grünes Leuchten in 2 m Entfernung von einem Versuchsaufbau aufgefallen. Als er sich näher damit beschäftigte, stellte er fest, dass diese neue Art von Strahlung weiter reichte als die Kathodenstrahlung, mit der er gerade experimentierte, und anders als alle bekannten Strahlungsarten auch Papier, Holz, ja sogar den menschlichen Körper mühelos durchdringen konnte.
1938 hatten **Otto Hahn** *(1879–1968)* und **Fritz Straßmann** *(1902–80)* in Berlin Uran mit langsamen Neutronen beschossen. Sie glaubten, dadurch Radium erzeugt zu haben, aber sie fanden nur Barium. Gegenüber dem bereits an seinen chemischen Fähigkeiten zweifelnden Hahn wagte die nach Schweden emigrierte Österreicherin **Lise Meitner** *(1878–1968)* den Schluss, sie hätten den Urankern gespalten, wobei Barium entstanden sei – die Kernspaltung war entdeckt.

»Vielleicht kannst Du irgendeine fantastische Erklärung vorschlagen.«
Otto Hahn an Lise Meitner

Fotos, Sprengstoffe, Gummi, Kleber …

Auch bei der Entdeckung der Fotografie gab der Zufall den entscheidenden Fingerzeig. **Louis Daguerre** *(1787–1851)* hatte schon seit Jahren versucht, ein Abbild der Welt auf eine mit Silbersalz bestrichene Platte zu bannen. Es bedurfte stundenlanger Belichtung bei Sonnenschein, bevor ein schwacher negativer Abglanz erschien. Als bei einem Versuch nach einer halben Stunde Belichtungszeit Wolken vor die Sonne zogen, verstaute Daguerre seine Platte wieder im Schrank. Als er sie am nächsten Tag hervorholte, traute er seinen

Umweg zur Kernspaltung
Im Bestreben, Radium zu erzeugen, produzierten ***Otto Hahn*** (1879–1968, links) *und Fritz Straßmann Barium.* ***Lise Meitner*** (1878 bis 1968, rechts) *sorgte für die Erklärung: Ihnen war die Kernspaltung gelungen.*

Die Reifenfirma Goodyear trägt ihren Namen zu Ehren des Erfinders.

Erfinder des Gummis

Die Illustration zeigt ***Charles Goodyears*** (1800–60) *Entdeckung: Chemisch bearbeitetes Kautschuk tropft auf die Herdplatte und wird zu Gummi.*

Augen nicht: Es war ein deutliches Bild zu erkennen – viel schärfer als seine bisherigen Aufnahmen und noch dazu positiv. Nun ging er auf die Suche nach der Substanz im Schrank, die das verursacht haben könnte, und fand sie in winzigen Tropfen von Quecksilber in den Ritzen des Schrankbodens.
In Basel hantierte **Christian Friedrich Schönbein** *(1799–1868)* abends in seiner Küche mit Chemikalien. Dabei verschüttete er ein wenig Schwefel- und Salpetersäure. Schnell wischte er die Flüssigkeiten mit der baumwollenen Küchenschürze seiner Frau auf und hängte sie nach dem Auswaschen über den Ofen zum Trocknen auf. Zu seinem Erstaunen ging sie dort mit einem Zischen in Flammen auf: Schönbein hatte die Schießbaumwolle entdeckt.
Auch beim Dynamit spielte der Zufall eine Rolle. **Alfred Nobel** *(1833–96)* suchte nach Wegen, das hochexplosive Nitroglycerin besser handhabbar zu machen. Eines Tages lief in einer Kiste eine Blechkanne mit dem Sprengöl aus, ohne dass etwas passierte. Die hochbrisante Flüssigkeit war von Kieselgur aufgesogen worden, die die Kanne vor Stößen hatte schützen sollen. In leicht veränderter Form ließ sich Nobel dies 1867 als Dynamit patentieren.
Nicht weniger zufällig entdeckte **Charles Goodyear** *(1800–60)* das Verfahren des Vulkanisierens. Er wollte Kautschuk so bearbeiten, dass es bei Hitze nicht mehr weich und klebrig bzw. bei Kälte brüchig war. Mehrfach hatte er es mit einer Beimischung von Schwefel versucht, aber erst als ein Stück der Masse auf eine heiße Herdplatte fiel, entstand eine trockene und elastische Substanz: Gummi.
Unseren heutigen Alltag bereicherten **Spencer Silver** *(geb. 1941)* und **Art Fry** *(geb. 1941)* mit dem als Post-it bekannt gewordenen Klebezettel. Silver hatte 1968 im Bestreben, einen starken Kleber zu entwickeln, nur eine klebrige Masse erstellt, die sich zudem leicht wieder ablösen ließ. 1974 besorgte sich sein Kollege Fry dieses Material, nachdem er sich beim Singen im Kirchenchor ein selbstklebendes und ablösbares Lesezeichen für seine Notenblätter gewünscht hatte. Er trug es auf kleine Zettel auf – und hatte die Post-its erfunden.

Wirkungen und Nebenwirkungen

Als der Bakteriologe **Alexander Fleming** *(1881 bis 1955)* 1928 nach den Ferien in sein Labor zurückkam, fand er die Petrischalen mit seinen Bakterienkulturen verschimmelt vor. Er bemerkte, dass die Bakterien um die Schimmelpilze herum abgetötet worden waren. Aus dieser Beobachtung entstand mit dem Penicillin das erste Antibiotikum.
Ein anderes Medikament fiel durch eine Nebenwirkung auf. Auf Basis der Arbeiten von **Ferid Murat** *(geb. 1936)*, **Robert F. Furchgott** *(1916–2009)* und **Louis J. Ignarro** *(geb. 1941)*, die die gefäßerweiternde Rolle von Stickoxid entschlüsselt hatten, entwickelte der Pharmakonzern Pfizer ein Herz-Kreislauf-Medikament. Doch die Wirkung war enttäuschend. Umso überraschter waren die Verantwortlichen, als die männlichen Probanden sich verärgert über den Abbruch der entsprechenden Studie zeigten. Befragungen brachten den Grund – nämlich erfreuliche Nebenwirkungen im männlichen Sexualleben – an den Tag. Seit 1998 vermarktet Pfizer diese Substanz unter dem Namen »Viagra«.

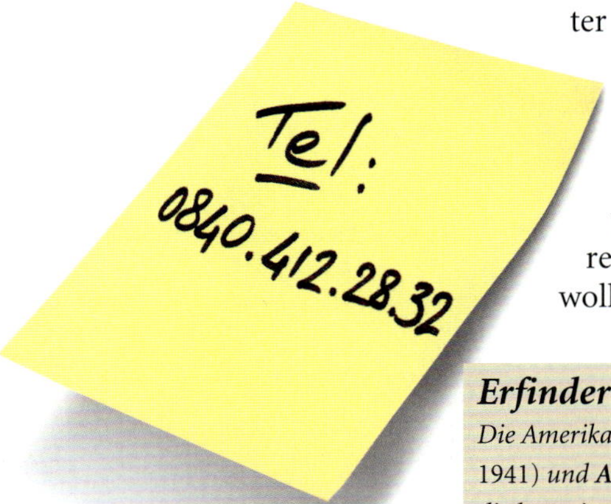

Erfinder der Haftnotizen

Die Amerikaner ***Spencer Silver*** (geb. 1941) *und* ***Art Fry*** (geb. 1941) *erfanden die kanariengelben Post-it Haftnotizen.*

Visionen und Prognosen

Viele Wissenschaftler und Techniker hatten Visionen von der zukünftigen Entwicklung von Wissenschaft und Technik. Manchmal waren sie zu vorauseilend, manchmal stießen sie damit eine reale Entwicklung an. Viele Pläne waren schlicht unrealistisch.

Seiner Zeit weit voraus war **Leonardo da Vinci** *(1452–1519)*. Viele seiner technischen Zeichnungen waren funktionstüchtig, wie sich später durch Nachbauten zeigte. Er entwarf eine Luftschraube, die als Vorläufer des Hubschraubers angesehen werden kann, einen Drachenflieger, einen Fallschirm und einen Panzer, der wohl einer Schildkröte nachempfunden war. Die Skizze eines Taucheranzugs mit Luftzufuhr findet sich ebenfalls in seinem umfangreichen Nachlass, der zum größten Teil erst im 20. Jh. entdeckt wurde.
Der britische Staatsmann **Francis Bacon** *(1561 bis 1626)* entwarf in seinem Werk »Nova Atlantis« das Leben auf einer Südseeinsel, auf der im »Haus Salomon« planmäßige wissenschaftliche Forschung betrieben wurde, und zwar mit dem Ziel, die Lebensumstände der Menschen zu verbessern. Dort gab es bereits eine Art Rundfunk, Flugzeuge, U-Boote sowie Kino und Fernsehen.

Große Projekte

Der Astronom **Johannes Kepler** *(1571–1630)* verfasste einen der ersten Science-Fiction-Romane. Er schilderte einen Flug zum Mond, während dessen die »Glieder sorgfältig verwahrt werden, damit sie nicht vom Leibe gerissen« werden. Denn man wurde empor geschleudert, wie »durch die Kraft des Pulvers gesprengt.«
Ein wahrhaft gigantisches Projekt wollte der Architekt und erklärte Pazifist **Herman Sörgel** *(1885–1952)* mit »Atlantropa« verwirklichen. Da er das Ende der fossilen Energiequellen kommen sah, plante er in der Straße von Gibraltar und den Dardanellen riesige Staudämme zu bauen, um das Meeresniveau des Mittelmeers zu senken, sodass der europäische und afrikanische Energiehunger der Zukunft mit der Leistung dort installierter Wasserkraftwerke gestillt werden könnte.

Durchaus nicht alle Visionäre sehen die Zukunft in rosigen Farben. Der Autor **H. G. Wells** *(1866 bis 1946)* hat in seinem 1914 erschienenen Buch »Die befreite Welt« die Nutzung der Kernenergie und den die Welt zerstörenden Einsatz der Atombombe, die mit einem neu entdeckten und schnell zerfallenden Element bestückt werden sollte, vorhergesagt. Und dies, obwohl damals nur bekannt war, dass eine unbekannte, enorme Energie im Atom schlummern musste, von Kernspaltung war noch keine Rede. Es ist eine Ironie der Geschichte, dass sich der Physiker **Leó Szilard** *(1898–1964)* nachdem er das Buch im Jahr 1932 gelesen hatte, die Idee der Energiegewinnung durch Kernreaktion patentieren ließ.
Aber auch wissenschaftliche Zukunftsstudien sehen große Gefahren voraus. Die wohl einflussreichste stellte im Jahr 1972 **Dennis L. Meadows** *(geb. 1942)* mit »Die Grenzen des Wachstums« vor. Hierin prophezeite er bei weiterem Wachstum der Weltbevölkerung sowie des Energie- und Rohstoffverbrauchs die Gefahr eines Zusammenbruchs der Weltwirtschaft in der zweiten Hälfte des 21. Jh. Seine Annahmen konnten bis heute nicht widerlegt werden.

»Atlantropia«
Große geografische Veränderungen plante ***Herman Sörgel*** (1885–1952) *in den 1930er- und 1940er-Jahren bei seinem Projekt »Atlantropia« ein.*

Dennis L. Meadows' Vision wird Wirklichkeit: Pakistaner demonstrieren im Jahr 2007 mit beschriftetem Brot gegen zu hohe Brotpreise.

Für Umwelt und Zukunft

Pionier der Windkraft

Innerhalb von nur zwei Jahrzehnten hat ***Aloys Wobben*** (geb. 1952) *ein Unternehmen aufgebaut, das Maßstäbe auf dem Weltmarkt der Windkraft-Technologie setzt.*

Ohne fossile Energieträger hätten die Zahl und der Wohlstand der Menschen auf der Erde in den letzten 200 Jahren nicht so rasant wachsen können. Kohle, Erdöl und Erdgas werden aber in nicht allzu ferner Zukunft zur Neige gehen und zudem bis dahin durch ihre Verbrennung das Klima verändern. Daher muss es gelingen, weniger Energie zu verbrauchen und diese aus Quellen zu gewinnen, die nicht versiegen können, wie z. B. Erdwärme, Gezeitenkraft, Sonnenenergie sowie Wind- und Wasserkraft.

Der sächsische Oberberghauptmann **Hans Carl von Carlowitz** *(1645–1714)* mit Amtssitz in Freiberg gilt mit seinem 1713 erschienenen Werk zur Forstwirtschaft als Schöpfer des Nachhaltigkeitsbegriffs. Er forderte, dafür Sorge zu tragen, dass nicht mehr Holz geschlagen wird als wieder nachwächst.
Karl Freiherr von Drais *(1785–1851)* gilt mit seinem zweirädrigen Laufrad als Erfinder des Fahrrads. Wegen seines hohen Wirkungsgrades von fast 100 % und der geringen Energie, die bei seiner Benutzung zur Fortbewegung benötigt wird, ist es das ökologischste Fortbewegungsmittel.
1854 erfand der US-Amerikaner **Daniel Halladay** *(1826–unbekannt)* das vielflügelige Windrad und damit die erste moderne Windkraftanlage, die noch heute als Antrieb für Wasserschöpfpumpen und zur Stromerzeugung auf Farmen in aller Welt eingesetzt wird.
Aloys Wobben *(geb. 1952)* gründete 1984 die Firma Enercon in Aurich, die zum größten Hersteller von Windenergieanlagen in Deutschland wurde. Das Unternehmen besitzt 40 % aller Patente im Bereich dieser Technologie weltweit.

Vater der Solarzelle

Solaranlagen wie diese fußen auf einem Patent, das sich ***Russell Ohl*** (1898–1987) *1946 ausstellen ließ.*

Der Brite **James Francis** *(1815–92)*, der Amerikaner **Lester Allen Pelton** *(1829–1908)* und der Österreicher **Viktor Kaplan** *(1876–1934)* entwickelten die nach ihren Erfindern benannten drei Turbinentypen, die noch heute in Wasserkraftwerken Strom preiswert und verlässlich erzeugen.
Dem britischen Physiker **William Thomson** – später **Lord Kelvin** *(1824–1907)* – gelang es im Jahr 1852 nachzuweisen, dass Kältemaschinen auch zum Heizen benutzt werden können. Diese als Wärmepumpen bezeichneten Geräte benötigen hierfür weniger Primärenergie, weil ein Teil der Wärme der Luft, dem Wasser oder der Erde entzogen wird.
Alexandre Edmond Becquerel *(1820–91)* beobachtete 1839 den fotoelektrischen Effekt, dass nämlich bei der Bestrahlung eines Metalls mit Licht ein Strom fließt. 1904 erkannte **Philipp Lenard** *(1862 bis 1947)*, dass mit wachsender Lichtintensität auch die Zahl der Elektronen wächst.
Russell Ohl *(1898–1987)*, der in den Bell Labs arbeitete, ließ sich 1946 die erste moderne Solarzelle patentieren, nachdem er bemerkt hatte, dass durch die Beleuchtung von Silizium ein Strom erzeugt werden kann. Der Siegeszug der Solarzelle begann mit dem ersten erfolgreichen Einsatz 1958 im Satelliten »Vanguard I«, der auf diese Weise 7 Jahre lang mit Strom versorgt wurde.
Im Jahr 1838 entdeckte **Christian Friedrich Schönbein** *(1799–1868)* das Prinzip der Brennstoffzelle, in der die chemische Reaktionsenergie direkt in Strom verwandelt wird, ohne dass hierbei Wärme entsteht, weshalb der Prozess auch kalte Verbrennung genannt wird. **Geoffrey Ballard** *(1932–2008)* gründete die nach ihm benannte Firma in Kanada, die große Anstrengungen unternimmt, die Brennstoffzelle als Antrieb für Fahrzeuge wirtschaftlich einsetzbar zu machen.

Windrad-technik

Das 1854 von ***Daniel Halladay*** *(1826–unbekannt) erfundene vielflügelige Windrad ist noch heute vielerorts im Einsatz. Das (defekte) Exemplar im Bild hat zugunsten eines modernen Nachfolgers ausgedient.*

Turbinenkonstrukteur

Für Flüsse mit großen Wassermengen baute ***Viktor Kaplan*** *(1876–1934) die nach ihm benannte Turbine. Das Foto zeigt ihn (Mitte) vor seiner ersten Turbine, die bis 1955 genutzt wurde.*

Mit Wasserkraftwerken wie diesem im russischen Rybinsk werden etwa 18 % der weltweit erzeugten elektrischen Energie gewonnen.

Mit der Brennstoffzelle in die Zukunft

Die Automobilindustrie setzt große Hoffnungen in die Brennstoffzelle aus der Firma von ***Geoffrey Ballard*** *(1932–2008) als umweltfreundliche Antriebsform.*

RELIGION UND PHILOSOPHIE

Seit der Antike äußerten sich die großen Philosophen zu Fragen des Menschseins und des Glaubens an Gott. Ihre Gedankengebäude sind Spiegelbilder ihrer Zeit und Gesellschaft – nicht selten führten diese Überlegungen zu revolutionären Umwälzungen, gaben den Menschen aber immer wieder auch Halt und Orientierung auf dem Weg in die Zukunft. Und seit Menschengedenken genießen diese Denker in allen Kulturkreisen höchstes Ansehen.

Die großen Religionsstifter

Alle Religionen greifen die großen Sinnfragen der menschlichen Gemeinschaft und des Einzelnen auf und versuchen, darauf eine Antwort zu geben. Diese Fragen sind von den verschiedenen Kulturen und zu unterschiedlichen Zeiten immer wieder anders gestellt und beantwortet worden.

Biblischer Prophet
So sah der Künstler Michelangelo den Propheten **Moses** (wohl 13. Jh. v. Chr.), *der auf der Flucht vor den Ägyptern das Rote Meer teilte, um den Israeliten einen Weg zu eröffnen.*

Die älteste der Religionen, die an den einen, »personalen« Schöpfergott glaubt, ist die jüdische. Als ihr Begründer und höchste Autorität in religiösen und rechtlichen Belangen gilt **Moses** *(wohl 13. Jh. v. Chr.)*. Das Alte Testament erzählt, wie er als Säugling von seiner Mutter in einem Binsenkörbchen ausgesetzt wird, da der Pharao angeordnet hatte, dass alle männlichen Neugeborenen der in Ägypten Fronarbeit leistenden Israeliten getötet werden sollten. Er wird von der Tochter des Pharaos gerettet und wächst am Pharaonenhof auf. Gott (Jahwe) beauftragt ihn als jungen Mann durch eine Erscheinung in einem brennenden Dornbusch, die Israeliten aus der ägyptischen Sklaverei zurück in das Gelobte Land Israel zu führen. Auf dem Weg durch die Wüste erscheint ihm Gott auf dem Berg Sinai und übergibt ihm die in Stein eingemeißelten Zehn Gebote sowie noch etwa 600 andere Gesetze und Kultvorschriften: die Thora, das wichtigste »Dokument« des Judentums.

Der Gekreuzigte
Seinen Anhängern verhieß **Jesus** (um 5 v. Chr. – 29/31 n. Chr.) *das »Reich Gottes«. Diese verbreiteten die Botschaft und das Christentum entwickelte sich.*

Der Auferstandene

Über die Regeln des Judentums setzte sich **Jesus** *(um 5 v. Chr. – 29/31 n. Chr.)* aus Nazareth hinweg. Eigentlich wollte er nur das Judentum reformieren, schuf aber eine eigene Religion. Mit etwa 30 Jahren begann er öffentlich aufzutreten und zog, begleitet von einer Schar von Jüngern, als Wanderprediger durch Palästina. Seine wichtigste Botschaft war die Ankündigung, das Reich Gottes stehe unmittelbar bevor. Ganz zentral in seiner Ethik sind die Liebe zu Gott und die Nächstenliebe, die sich zwar auch schon im Alten Testament finden, bei ihm aber zum Dreh- und Angelpunkt jeglicher Frömmigkeit und Moral werden. Mit seiner Lehre, die er in vielen Gleichnissen vortrug, seinem Anspruch, der von den Juden lang erwartete Messias zu sein, und seinem persönlichen Verhalten, das offen war für die Außenseiter und Ausgestoßenen der Gesellschaft, schuf er sich unter den Juden viele Feinde. Als Jesus um das Jahr 29 oder 31 mit einigen Anhängern zum Passahfest nach Jerusalem kam, wurde er von jüdischen Geistlichen unter dem Vorwand, er sei ein politischer Aufrührer, vor den römischen Statthalter **Pontius Pilatus** *(1. Jh. n. Chr.)* gebracht, der ihn zum Tod am Kreuz verurteilte. Nach christlichem Glauben ist er am dritten Tag nach seinem Tod wieder auferstanden und nach 40 Tagen in den Himmel aufgefahren.

Der Prophet Allahs

Die jüngste der großen monotheistischen Religionen wurde von **Mohammed** *(um 570–632)* aus Mekka begründet. Um 595 heiratete er Chadidja, eine reiche Kaufmannswitwe, und unternahm – wohlhabend geworden – ausgedehnte Handelsreisen, auf denen er mit den Religionen der Juden und der Christen in Berührung kam. Er beschäftigte sich daraufhin mit Fragen der menschlichen Sünde und des göttlichen Gerichts und zog sich immer häufiger zur Meditation in die Wüste um Mekka zurück. Dort wurden ihm um 610 nach islamischem Glauben die göttlichen Offenbarungen zuteil, die später im Koran aufgezeichnet wurden. Zunächst hatte Mohammed nur eine kleine Anhängerschaft und man versuchte, ihn nach dem Tod seiner Frau (619) aus Mekka zu vertreiben. Zu Einfluss und großem Ansehen gelangte er erst, als er im Jahr 622 nach Medina übersiedelte. Mit diesem Jahr beginnt die islamische Zeitrechnung. 630 konnte er siegreich nach Mekka zurückkehren und die schon in vorislamischer Zeit als Heiligtum verehrte Kaaba als Mittelpunkt seiner Religion in Besitz nehmen. Als er 632 starb, war er Herr über weite Teile Arabiens.

Östliche Religionsgründer

Als Siddhartha Gautama wurde der spätere **Buddha** *(um 560–480 v. Chr.)*, der »Erleuchtete«, im Vorland des nepalesischen Himalaja geboren. Seine Kindheit und Jugend verbrachte der Prinz in Luxus und Überfluss. Mit 29 Jahren aber erkannte er angesichts von Alter, Krankheit und Tod die Sinnlosigkeit seines bisherigen Lebens und verließ Heimat, Frau und Sohn, um zunächst in harter körperlicher Askese Erlösung zu suchen. Als er sie so nicht fand, wandte er sich der Meditation zu. Die »Erleuchtung« wurde ihm schließlich unter einem Feigenbaum sitzend zuteil: Weder Sinnengenüsse noch Selbstkasteiung, sondern der mittlere Weg einer maßvollen Weltentsagung führten zum Heil. Er erkannte die »vier edlen Wahrheiten«: Das Leben ist voller Leid; die Ursache dafür ist die Lebensgier; diese Gier muss man überwinden; der Weg dahin, zum Nirwana, führt über tugendhaftes Verhalten, Versenkung und erlösende Erkenntnis. Buddha gründete daraufhin einen Orden von Bettelmönchen, dem sich bald ein Kreis von Laien anschloss. Er selbst durchzog bis zum Ende seines Lebens als Wanderprediger das nordöstliche Indien.

Mit seiner Tugendlehre beeinflusste **Konfuzius** *(551 bis 479 v. Chr.)*, ein Zeitgenosse des Buddha, die chinesische Kultur bis ins 20. Jh. hinein. Er entstammte einer vornehmen, aber verarmten Familie und interessierte sich schon früh für Geschichte und die alten Riten. Als anerkannter Gelehrter wurde er sogar ein sehr erfolgreicher Minister. Später führte er ein unstetes Wanderleben und sammelte eine wechselnde Schar von Schülern um sich. Zentrales Element seiner Lehre ist seine Auffassung vom »Himmel« als moralische Instanz, der die Gesetze für die menschliche Gesellschaft in sich birgt, sodass sie der Mensch erkennen und in sein Handeln umsetzen kann. Im Mittelpunkt des Zusammenlebens stehen für Konfuzius die »Riten«, in deren Vollzug die Harmonie von Mensch und Kosmos erfahrbar wird. Schon für Konfuzius gilt als Richtschnur des Handelns die Regel »Was du nicht willst, dass man dir tu, das füg auch keinem andern zu.«

»Wer liebt, vollbringt selbst Unmögliches.«

Buddha

Der chinesische Philosoph **Laozi** *(4./3. Jh. v. Chr.)* ist der philosophische Gegenspieler des Konfuzius, denn anders als dieser ist er nicht der Tat zugewandt, sondern sieht im beschaulichen Sichversenken in das Ewige, in der Weltabgewandtheit das hohe Ziel des Weisen. Da er gegen Ende seines Lebens nach Westen gewandert sein und dort seine Lehre verkündet haben soll, wird Laozi von den Chinesen auch mit dem historischen Buddha gleichgesetzt. Der von Laozi begründete Taoismus ist die Lehre vom Dao, dem Urgrund allen Seins. Aus dieser All-Einheit geht die Zweiheit von Yin und Yang hervor; aus dem Wechselspiel dieser Kräfte entsteht alles Geschehen.

Vordenker der Humanität

Von den Parteiidelogen in der Volksrepublik China wurde ***Konfuzius*** (551 bis 479 v. Chr.) *zunächst negativ bewertet – heute gilt er wieder als ein Nationalphilosoph des Landes.*

Erleuchteter Asket

Mit dem Buddhismus begründete ***Buddha*** (um 560 bis 480 v. Chr.) *eine Weltreligion. Das Foto zeigt eine Skulptur des in Meditation versunkenen Buddha in Colombo, der Hauptstadt von Sri Lanka.*

Die Nachfolger der großen Meister

Das letzte Abendmahl von Fra Angelico aus dem 15. Jh. zeigt Jesus im Kreise seiner Jünger.

Fast alle großen Religionsstifter hatten direkte »Erben«, die das Werk ihrer Meister bewahrten, weiterführten und ihnen bis in die Gegenwart Geltung verschafften. Sie wählten dafür ganz verschiedene Mittel: die Apostel die Mission, die Kalifen die Heiligen Kriege und die östlichen Religionen die philosophische Schrift.

Das Christentum wurde nach Jesu Tod zunächst von seinen Aposteln (»Sendboten«) verbreitet, die versuchten, nicht nur die Juden, sondern auch andere Völker zu der neuen Religion zu bekehren. Der für die Verbreitung des Christentums wichtigste Apostel ist ausgerechnet der, der zu Lebzeiten Jesu gar nicht dazugehörte: **Paulus** *(1. Jh.)*. Er wurde in Tarsus in Südanatolien geboren. Neben seinem jüdischen Namen Saul trug er auch den römischen Namen Paulus, da seine Familie das römische Bürgerrecht besaß. Von Beruf war er Zeltmacher. Als strenggläubiger Jude beteiligte er sich an der Verfolgung der ersten Christen. Sein Leben änderte sich von Grund auf, als ihm auf einer Reise nach Damaskus um das Jahr 32 nach eigenen Angaben der auferstandene Christus erschien. Er fühlte sich dadurch zum Apostel berufen und widmete sein Leben der Missionstätigkeit für den christlichen Glauben. 34 hielt er sich in Jerusalem auf, um Petrus kennenzulernen. Die schnelle Verbreitung des Christentums vor allem unter den Nichtjuden – den Heiden –, ist auf seine ausgedehnten Reisen durch Kleinasien und Griechenland und auf seine Theologie zurückzuführen, die die Freiheit von den jüdischen Kultgesetzen verkündete und betonte, dass allein Kreuz und Auferstehung Jesu für das Heil von Bedeutung seien. Ein Konflikt mit seinen jüdischen Gegnern in Jerusalem führte 57/58 zur Verhaftung und Überführung des Paulus nach Rom, wo er um das Jahr 60 oder 62 unter Kaiser Nero als Märtyrer gestorben sein soll.

Der Menschenfischer

Einer der engsten Vertrauten Jesu, der oft als Wortführer der Apostel auftrat, war **Petrus** *(1. Jh.)*, der eigentlich Simon hieß. Vor seiner Berufung durch Jesus war er Fischer und lebte als verheirateter Mann in Kapernaum. Dass er Jesus verleugnete, als dieser im Palast des Hohepriesters verhört wurde, hat er zutiefst bereut. Nach Jesu Tod sammelte Petrus die Jünger um sich und wurde zu einer wich-

Apostel der Völker

Der Name **Paulus** (1. Jh.) *ist untrennbar mit der christlichen Mission verbunden. Die Karte zeigt die wichtigsten Wege, die er auf seinen Missionsreisen absolvierte.*

tigen Figur in der Jerusalemer Urgemeinde. Später unternahm er ausgedehnte Missionsreisen. Um das Jahr 60 kam er nach Rom, wo er zwischen 64 und 67 unter den Christenverfolgungen des Kaisers Nero das Martyrium erlitt. Sein Grab befindet sich in der Peterskirche. Die katholische Kirche betrachtet Petrus als von Jesus eingesetztes Oberhaupt der Kirche; diese Funktion geht nach katholischer Lehre auf die Päpste über.

Die Jünger Jesu

Wie sein Bruder Petrus war auch **Andreas** *(1. Jh.)* einer der ersten Jünger Jesu. Er soll später südlich des Schwarzen Meeres, in den unteren Donauländern und in Griechenland missioniert haben und den Märtyrertod gestorben sein.
Als der »Lieblingsjünger« Jesu gilt dagegen **Johannes der Evangelist** *(1. Jh.)*. Nach Jesu Tod war er mit Petrus und **Jakobus, dem Gerechten** *(gest. um 62),* einer der führenden Männer der Jerusalemer Urgemeinde. Der Überlieferung nach ist er vermutlich etwa 70 n. Chr. nach Ephesos gegangen und leitete dort die Christengemeinde. Unter dem römischen Kaiser Domitian wurde er auf die Insel Patmos verbannt, nach Domitians Tod (96) kehrte er nach Ephesos zurück, wo er das Johannesevangelium verfasste. Um das Jahr 100 ist er dort in hohem Alter gestorben. Johannes' Bruder **Jakobus der Ältere** *(1. Jh.)* wurde dagegen bereits im Jahr 44 unter dem jüdischen Herrscher Herodes Agrippa enthauptet. Nach der einen Legende soll Jakobus in Spanien gewirkt haben, nach einer anderen wurden seine Gebeine erst im 8. Jh. nach Spanien gebracht, wo sie feierlich beigesetzt wurden. Um die Kirche und ein dazugehöriges Kloster entstand die Stadt Santiago de Compostela, die im Mittelalter neben Jerusalem der bekannteste Wallfahrtsort der Christenheit war. Über **Jakobus den Jüngeren** *(1. Jh.)* ist außer seinem Namen nicht viel bekannt. Seit dem 4./5. Jh. wurde er haufig mit Jakobus, dem Gerechten, gleichgesetzt. **Simon** *(1. Jh.),* der auch Simon Zelotes genannt wurde, da er zeitweise der antirömischen, jüdisch-nationalistischen Widerstandsbewegung der Zeloten angehörte, und **Judas Thaddäus** (1. Jh.) gelten zuweilen als seine Brüder. Beide sollen in Persien missionarisch tätig gewesen und zu Tode gemartert worden sein: Simon mit einer Säge, Judas Thaddäus mit einer Keule.
Der Apostel **Philippus** *(1. Jh.)* war, bevor er sich Jesus anschloss, einer der Jünger von Johannes dem Täufer, der als prophetischer Bußprediger und »Vorläufer« Jesu ein asketisches Leben in der Wüste führte. **Bartholomäus** *(1. Jh.)* soll der Legende zufolge der Bräutigam der Hochzeit zu Kana gewesen sein. Später soll er als Missionar von Kleinasien bis nach Indien gewirkt haben und als Märtyrer zu Tode geschunden worden sein. Die bildende Kunst zeigt ihn deshalb oft mit abgezogener Haut und Messer. Über den angeblichen Verfasser des Matthäusevangeliums, **Matthäus** *(1. Jh.),* ist außer der Tatsache, dass er von Beruf Zöllner war, wenig

Der Lieblingsjünger

Gemeinsam mit Petrus und Jakobus führte ***Johannes der Evangelist*** (1. Jh.) *nach dem Tod Jesu die christliche Urgemeinde in Jerusalem.*

Das Hintergrundbild zeigt eine türkische Kachel mit dem Schriftzug »Allah ist groß.«

bekannt. Nach der Legende soll er in Äthiopien, Parthien oder Persien missioniert haben und dort am Altar den Märtyrertod gestorben sein. Der ungläubige **Thomas** *(1. Jh.),* der an der Auferstehung Jesu zunächst zweifelte, gilt der Legende nach als Zwillingsbruder Jesu oder wird mit Judas, dem Bruder des »Herrenbruders« Jakobus, gleichgesetzt. Thomas, der von Beruf Baumeister war, missionierte in Persien und Indien, wo er den Märtyrertod erlitt. **Judas Ischariot** *(1. Jh.),* der Jesus an die römischen Soldaten verriet, erhängte sich, als er die Folgen seiner Tat erkannte. Statt seiner wurde **Matthias** *(1. Jh.)* in den Zwölferkreis der Apostel gewählt; beide wurden später durch Paulus ersetzt.

Die ersten Anhänger des Islam

Die ersten Muslime waren Mitglieder der engsten Umgebung des Mohammed. Die erste, die an seine göttliche Sendung glaubte und ihn in seinem Glauben bestärkte, war seine erste Frau **Chadidja** *(gest. um 619).* Sie war fast 20 Jahre älter als er und hatte ihm als reiche Kaufmannswitwe von sich aus die Heirat angeboten. Sie gebar ihm trotz ihres Alters noch sechs Kinder, darunter seine Tochter **Fatima** *(um 606–632).* Diese heiratete **Ali ibn Abi Talib** *(600–661),* einen Vetter Mohammeds, der sich bereits als Kind zum neuen Glauben bekehrt hatte, und gebar ihm die Söhne Hasan und Husain. Nach Mohammeds Tod beanspruchte Ali die Nachfolge des Propheten (das Kalifat), wurde aber erst 656, nach der Ermordung des dritten Kalifen Othman ibn Affan zum Kalifen ausgerufen. Von den Schiiten werden lediglich Ali und seine Nachkommen als rechtmäßige Nachfolger Mohammeds verehrt, da Ali der erste männliche Anhänger Mohammeds war. Diese Position machte ihm **Abu Bakr** *(um 573–634),* der erste zum Islam übergetretene Erwachsene, streitig, da in seinen Augen die Bekehrung eines Kindes nicht so viel zählte wie die bewusste Entscheidung eines Erwachsenen. Dieser Streit über die Nachfolge führte in der Folge zur Spaltung des Islam in Sunniten und Schiiten. Abu Bakr war ein enger Freund Mohammeds und herrschte nach Mohammeds Tod als erster Kalif über die muslimische Gemeinschaft. Dabei unterdrückte er Versuche arabischer Stämme, sich wieder vom islamischen Gemeinwesen abzuspalten, und leitete mit militärischen Vorstößen nach Irak und Syrien die islamische Eroberungswelle ein.

Seine Tochter **Aischa** *(um 613–678)* war nach dem Tod der Chadidja unter den neun Ehefrauen des Mohammed seine Lieblingsfrau. Nach Mohammeds

Mohammeds Tochter

Angesichts des Todes Mohammeds rauft sich seine Tochter **Fatima** (um 606 bis 632) *die Haare. (Türkische Miniatur aus dem 16. Jh.)*

Blick in den taoistischen Man-Mo-Tempel in Hongkong.

Tod erlangte sie großen politischen und religiösen Einfluss in der jungen Gemeinde. Sie führte einen gegen den vierten Kalifen Ali ibn Abi Talib gerichteten Aufstand an, unterlag ihm aber 656 in der sogenannten Kamelschlacht, an der sie auf ihrem Kamel sitzend selbst teilnahm. Das Ende ihres Lebens verbrachte sie zurückgezogen in Medina.
Nachfolger des ersten Kalifen Abu Bakr war **Omar I. ibn al-Chattab** *(um 586–644)*, einer der Schwiegerväter des Mohammed. Er war der eigentliche Begründer des islamischen Großreichs, das sich über ganz Arabien, Syrien, Palästina, Mesopotamien, Iran, Ägypten und das benachbarte Nordafrika ausdehnte. Er wurde von einem christlichen Perser ermordet. Der dritte Kalif, **Othman ibn Affan** *(um 574–656)*, ein reicher Kaufmann, war einer von Mohammeds Schwiegersöhnen, der schon früh von Abu Bakr zum Islam bekehrt wurde. Er gilt zwar als schwacher Herrscher, erlangte aber große Bedeutung, da er den Koran zu einem für alle Muslime verbindlichen Einheitstext gestaltete. Zu den ersten Anhängern aus dem engsten Kreis Mohammeds zählte auch sein Adoptivsohn **Said ibn Haritha** *(um 578–630)*, der in der frühen islamischen Gemeinde eine prominente Rolle spielte und als erster Muslim im Kampf auf fremdem Boden fiel. Mohammeds Schüler **Amer ibn Abdullah ibn Al-Dscharah** *(gest. 640)*, der ihm bei allen wichtigen Ereignissen und Kämpfen tapfer zur Seite stand, hatte später als Feldherr bei der islamischen Eroberung Syriens einen entscheidenden Anteil und starb dort an der Pest.

»Glaube an dein Glück, so wirst du es erlangen.«

Ali ibn Abi Talib

Erben der Religionsstifter im Osten

Buddha setzte bewusst keinen Nachfolger ein, da er der Meinung war, die Lehre solle fortan der Meister seiner Jünger sein. Dies hatte allerdings zur Folge, dass sich die Mönche über die Bedeutung der Worte des Buddha bald zerstritten und verschiedene Schulen bildeten. Einheitlicher ging es im Konfuzianismus zu, wo sich zunächst zwei Strömungen herauskristallisierten. Die eine wurde von Mengzi, die andere von Xunzi vertreten. **Mengzi** *(372–289 v. Chr.)*, der an verschiedenen Fürstenhöfen als politischer Ratgeber wirkte, verbreitete und verteidigte die Lehren des von ihm hochverehrten Meisters so geschickt, dass er geradezu als der »zweite Meister« des Konfuzianismus gilt. Er vertrat die Meinung, dass die menschliche Natur an sich gut sei, da sie sich aus dem das Gute repräsentierenden Weltprinzip ableite. Diesem Weltprinzip könne man sich einerseits durch eine mystische, individuelle Beziehung nähern, andererseits durch tätige Menschenliebe und Gerechtigkeit im Staatswesen. Zum letztgenannten Punkt rief er vor allem die Herrschenden seiner Zeit auf.
Xunzi *(um 298–238 v. Chr.)* bestritt Mengzis Lehre von der natürlichen Güte des Menschen. Seine angeborene Schlechtigkeit könne man nur durch Erziehung mithilfe der Riten umformen. Die Riten dienten dabei dem Zweck, durch Gewöhnung rechtes Handeln und Humanität herbeizuführen. Im traditionellen China setzte sich die optimistische Lehre des Mengzi durch, während das moderne China die Lehre des Xunzi umso mehr schätzt.

Die taoistischen Lehren des Laozi wurden von verschiedenen Philosophen weiterentwickelt. Als zweiter Klassiker neben dem Werk des Laozi gilt das Buch des **Zhuangzi** *(4. Jh. v. Chr.)*. Es verkündet in poetischer, oft witziger Sprache mit vielen Bildern und Gleichnissen die Relativität aller Dinge bis hin zum Tod. Dahinter erscheint indirekt das im Gegensatz dazu beständige Wirken des Tao als des Urgrundes, dem sich auch der Mensch anpassen und anvertrauen soll. Zhuangzis Werk zählt nicht nur philosophisch, sondern auch literarisch zu den bedeutendsten Zeugnissen der chinesischen Kultur. Den dritten Klassiker des Taoismus, der bereits von frühen Einflüssen des Buddhismus mitgeprägt ist, verfasste **Lie-zi** *(wohl 4. Jh. v. Chr.)*, der dem Taoismus trotz einiger Übereinstimmungen mit dem Werk des Zhuangzi eine fatalistische und pessimistische Wendung gibt.

Schriftsteller des Glaubens

Begründer der Liturgie
Dieses Fresko zeigt den Kirchenvater **Ambrosius** (um 340–397), *der den Kirchengesang einführte und damit die Keimzelle der Gottesdienstordnung schuf.*

Ohne die vier Evangelisten wäre nur wenig über das Wirken Jesu bekannt geworden und das Christentum hätte sicher nicht dieselbe Entwicklung genommen. Eine entscheidende Rolle spielten auch die zahlreichen gelehrten Kirchenschriftsteller des 2. – 7. Jh., die die Bibel kommentierten und dabei auf Dauer die christliche Theologie mit dem Gedankengut der griechisch-römischen Antike verschmolzen. Im Mittelpunkt des jüdischen religiösen Schrifttums steht dagegen die Beschäftigung mit den Gesetzen, wie sie in der »schriftlichen« Thora Mose und der »mündlichen« Thora der späteren Kommentare überliefert sind.

Im Judentum sind die Schriftrollen der Thora heilig.

An erster Stelle im Neuen Testament steht das Matthäusevangelium, als dessen Verfasser seit dem 2. Jh. der Apostel **Matthäus** *(1. Jh.)* gilt. Es ist das umfangreichste der Evangelien und entstand etwa um das Jahr 90. Als Vorlagen dienten Matthäus neben dem Evangelium des Markus auch Sammlungen von Sprüchen Jesu, von Gleichnissen und Legenden. Solche Sprüche sind in die fünf großen Reden Jesu, etwa die Bergpredigt, eingeflossen. Die vielen Zitate aus dem Alten Testament, die Auseinandersetzung mit dem mosaischen Gesetz und die Tatsache, dass das Evangelium in hebräischer Sprache geschrieben wurde, legen den Schluss nahe, dass Matthäus sich an die jüdischen Mitglieder unter den frühen Christen wandte.

Der Evangelist **Markus** *(1. Jh.)* war Mitglied der Jerusalemer Urgemeinde und begleitete zusammen mit seinem Vetter Barnabas den Apostel Paulus auf dessen erster Missionsreise. Das Markusevangelium, um etwa 70 n. Chr. verfasst, ist das älteste und kürzeste der vier Evangelien des Neuen Testaments.

Wie Markus war auch **Lukas** *(1. Jh.)*, von Beruf Arzt, ein Mitarbeiter des Paulus. Er verfasste wahrscheinlich zwischen 80 und 90 das Lukasevangelium, wofür er nicht nur das Evangelium des Markus, sondern auch noch umfangreiches anderes Erzählgut als Quelle benutzte. Zusammen mit der Apostelgeschichte, in der er die Geschichte der Apostel Petrus und Paulus erzählt, will Lukas die Kontinuität der Heilsgeschichte aufzeigen, die mit der Geschichte Israels beginnt und sich über Jesus in der Kirche fortsetzt. Im Lukasevangelium finden sich auch besonders viele Hinweise auf das Verhalten Jesu gegenüber sozialen Außenseitern und Frauen.

Das Evangelium des Apostels **Johannes** *(1. Jh.)* unterscheidet sich in wesentlichen Punkten von den drei anderen Evangelien, da es nicht so sehr an einer Darstellung des historischen Jesus interessiert ist als vielmehr an einer theologischen Vertiefung des Glaubens an Christus. Johannes gilt auch als der Verfasser der »Apokalypse des Johannes«, in der er schildert, wie Christus dem Seher (dem Autor des Buches) erscheint und ihm das Weltende enthüllt: die kommende Schreckenszeit, die Herrschaft des Antichrists und seine Überwindung durch die Herrschaft Gottes. Die Bibelforschung konnte inzwischen nachweisen, dass beide Werke unmöglich vom gleichen Verfasser stammen können.

Vier Evangelisten *Das Gemälde aus dem 17. Jh. zeigt die vier Evangelisten* ***Matthäus, Johannes, Lukas und Markus*** *(v. l. n. r.) beim Studium heiliger Schriften.*

Die frühen Kirchenväter

Der älteste lateinische Kirchenschriftsteller war **Tertullian** *(um 160–um 222)*, auch »Vater des Kirchenlateins« genannt. Als Gegner der heidnischen Philosophie setzte er sich in über 30 erhaltenen Schriften mit fast allen wichtigen Problemen der frühen Kirche auseinander. **Cyprianus** *(um 200/210 bis 258)* wurde bereits kurz nach seinem Übertritt zum christlichen Glauben Bischof von Karthago. Er vertrat die einflussreiche Meinung, dass außerhalb der Kirche kein »Heil« möglich sei und machte sich für die Einheit der Kirche stark. **Lactantius** *(um 250 bis nach 317)* war einer der bekanntesten Verteidiger des frühen Christentums gegen heidnische Kritik und galt wegen seines guten Lateins als »christlicher Cicero«.

Ambrosius *(um 340–397)* wurde noch vor seiner Taufe 374 in Mailand zum Bischof gewählt. Als Prediger, Theologe und Seelsorger war er die beherrschende Gestalt der Kirche seiner Zeit. Im Mittelpunkt seiner Schriften steht die Auslegung der Bibel. Er führte nach östlichem Vorbild den Kirchengesang in den Gottesdienst ein. Unter dem Einfluss seiner Predigten bekehrte sich **Augustinus** *(354–430)*, der bedeutendste Kirchenlehrer des Altertums, 386 zum Christentum und wurde 395 zum Bischof in Nordafrika geweiht. Augustinus hinterließ über 100 Schriften, in denen er seine Theologie und Philosophie darlegt. Das heute noch bekannteste Werk sind seine autobiografischen »Bekenntnisse«, in denen er über seine früheren Irrtümer, Ausschweifungen und seine Suche nach der göttlichen Wahrheit berichtet.

»Irren ist menschlich.«

Hieronymus

Hieronymus *(um 347–419)* lebte einige Jahre als Einsiedler in der Wüste und leitete später in Bethlehem mehrere Klöster. Die wichtigste Leistung dieses großen Gelehrten war die Übersetzung der Bibel ins Lateinische. Papst **Gregor I., der Große** *(um 540–604)*, zunächst hoher römischer Politiker, dann Mönch, bereitete als Papst die weltliche Macht des mittelalterlichen Papsttums vor. Seine Schriften zur Auslegung der Bibel und seine »Dialogi« (Heiligenlegenden und Jenseitsvisionen) gehörten zu den meistgelesenen Werken des Mittelalters. Den Reformatoren gilt Gregor als »Erfinder des Fegefeuers«.

Kirchenväter des griechischen Ostens

Origenes *(um 185–254)*, der sich »um des Himmelsreichs willen« selbst entmannte, da er eine Textstelle bei Matthäus (19,12) falsch verstand, war ein sehr umstrittener, sogar exkommunizierter Kirchenvater. An der Denkweise Platons geschult, bemühte er sich, den christlichen Glauben als rational und als der Philosophie überlegen zu erweisen.

Förderer des Mönchtums

In Frage-und-Antwort-Form schrieb der auf diesem Fresko dargestellte **Basilius der Große** (um 330 bis 379) *seine asketisch orientierten Mönchsregeln nieder.*

Unumstritten sind dagegen die vier großen griechischen Kirchenväter Athanasius, Basilius der Große, Gregor von Nazianz und Johannes Chrysostomos. Die bekannteste Schrift des **Athanasius** *(um 295 bis 373),* dem »Vater der Orthodoxie«, ist seine Lebensbeschreibung des Eremiten und Heiligen Antonius, die entscheidend zur Anerkennung des Mönchtums in der Kirche beitrug. **Basilius der Große** *(um 330 bis 379),* Mönch, Bischof und Kirchenlehrer, gilt als eine der herausragenden Figuren der Kirchengeschichte. Seine Mönchsregel beeinflusste Benedikt von Nursia und damit viele andere Orden des Westens und ist bis heute die gültige Mönchsregel des orthodoxen Christentums. Von seinem Freund, dem Asketen und Bischof von Konstantinopel **Gregor von Nazianz** *(330–390),* sind über 50 Reden und Predigten erhalten. Am bedeutendsten sind seine »Fünf theologischen Reden«, in denen er die Dreifaltigkeitslehre erläutert. Einer seiner Nachfolger als Bischof von Konstantinopel war **Johannes Chrysostomos** *(zwischen 344 und 354 bis 407).* Er hinterließ das umfangreichste Werk von allen griechischen Kirchenvätern. Berühmt ist er vor allem wegen seiner Predigten, die ihm seinen Beinamen Chrysostomos (»Goldmund«) eintrugen. Die Kirchenväterzeit endet im Osten mit **Johannes von Damaskus** *(um 660–vor 754).* In einer islamischen Umgebung aufgewachsen, setzt er sich als erster in seinem Werk theologisch mit dem Islam auseinander.

»Über deinen Nächsten urteile erst, wenn du dich in seiner Lage befindest.«

Hillel

Jüdische Gelehrte

Als einer der bedeutendsten Gesetzeslehrer vor der Zerstörung des Tempels im Jahr 70 gilt den Juden **Hillel** *(um 60 v. Chr. – um 10. n. Chr.).* Von ihm sind sieben feste Regeln überliefert, um die Bibel auszulegen. Auf ihn, der die Gewaltlosigkeit predigte, berufen sich noch heute viele Juden. Nach Hillel lässt sich das jüdische Gesetz in der »Goldenen Regel« zusammenfassen: »Was du nicht willst, dass man dir tu, das füg auch keinem andern zu.«

Saadja ben Josef al-Faijumi *(882–942)* gilt als Vater der jüdischen Philosophie. Er stammte aus Ägypten und kam über Palästina nach Babylon, wo er Haupt (»Gaon«) einer bedeutenden jüdischen Schule wurde, die Glaubensanfragen von Gemeinden aus aller Welt beantwortete. Er übertrug das Alte Testament ins Arabische, verfasste das erste Gebetbuch und hatte mit seinem Hauptwerk »Buch der Glaubenssätze und Glaubenslehren« großen Einfluss auf andere jüdische Denker. Auch **Isaak ben Jakob Alfasi** *(1013–1103)* stammte aus Nordafrika, verbrachte die letzten 15 Jahre seines Lebens jedoch in Spanien. In seinem Hauptwerk befasst er sich nur mit dem Teil des Talmuds – der Sammlung der Gesetze und religiösen Überlieferungen des Judentums –, der zu seiner Zeit noch praktische Bedeutung hatte.

Isaaks Zeitgenosse **Raschi** *(1040–1105)* oder Salomo ben Isaak, war Winzer und Weinhändler in Troyes in der südlichen Champagne. Etwa zehn Jahre seines Lebens verbrachte er zu Studienzwecken an der jüdischen Hochschule in Worms. Raschi ist einer der bedeutendsten Interpreten der Bibel und des Talmuds. Der von ihm verfasste Talmudkommentar wird noch heute in den meisten Ausgaben mit abgedruckt. Seine Bibelkommentare hatten auch Einfluss auf christliche Erklärer der Bibel. **Jakob ben Ascher** *(um 1270–um 1340)* stammte aus Deutschland und galt im Mittelalter wegen seiner Kenntnis der jüdischen Gesetze als Autorität. Er widmete sein ganzes Leben dem Studium und versuchte in seinem Werk »Vier Säulen«, dem ständig aktualisierten und kommentierten jüdischen Recht eine Ordnung nach Sachgebieten zu geben.

Der in Hamburg geborene Rabbiner und Theologe **Samson Raphael Hirsch** *(1808–88)* war ein wichtiger Exponent des deutschen Judentums im 19. Jh. Er plädierte für eine Verbindung zwischen traditionellem Judentum und weltlicher Erziehung.

Hinaus in alle Welt!

Die großen Religionen haben auf sehr unterschiedliche Weise versucht, neue Anhänger zu gewinnen. Während sich die asiatischen Religionen vor allem auf den heimatlichen Kulturraum oder benachbarte Regionen beschränkten und auch die jüdische Religion nur in ihrem unmittelbaren Umfeld missionierte, breitete sich der Islam durch Eroberungskriege schnell aus. Einen anderen Weg wählten die Christen: Bei der Missionierung Europas ragen einzelne Persönlichkeiten heraus.

Das europäische Festland wurde vor allem durch zwei große Missionsbewegungen christianisiert: Die eine breitete sich, von Rom unabhängig, von Irland über Schottland und England aus und orientierte sich an mönchischen Idealen wie der asketischen Heimatlosigkeit. Die andere Bewegung ging von Rom aus und war lateinisch-bischöflich-hierarchisch geprägt; sie setzte sich letztendlich durch. Irland selbst wurde von **Patrick** *(um 385–461)* christianisiert, der aus Britannien stammte, mehrere Jahre als Mönch in Gallien gelebt und auch Italien sowie Mönchskolonien im Tyrrhenischen Meer besucht hatte. **Columban der Ältere** *(520–597)* gründete auf der Hebrideninsel Iona ein Kloster, von dem aus er 34 Jahre lang Schottland missionierte. **Columban der Jüngere** *(um 530–615)* wirkte als Missionar und Bußprediger bei den Angelsachsen, in Frankreich und bei den Alemannen am Zürichsee und gründete mehrere Klöster. Er verfasste eine strenge Mönchsregel, die eine Zeitlang in Oberitalien und Burgund verbindlich war. Sein irischer Schüler **Gallus** *(um 560–650)* missionierte seit 610 ebenfalls im Gebiet der Alemannen und gründete 612 eine Klause, aus der im 8. Jh. das Kloster St. Gallen entstand. Der irische Wanderbischof **Kilian** *(gest. um 689)* bekehrte die Franken und wurde in Würzburg ermordet.

In Gallien wurde das Christentum in seiner römischen Variante verbreitet, und zwar durch **Martin von Tours** *(316/317–397)*, einen der volkstümlichsten Heiligen der katholischen Kirche. Im heutigen Ungarn als Sohn eines römischen Offiziers geboren, schlug er zunächst selbst die Militärlaufbahn ein, gründete aber nach seinem Ausscheiden aus der Armee bei Poitiers das erste Kloster des Westens.

Missionierung im 21. Jh.: In einem katholischen Kindergarten in Afrika widmet sich eine Nonne in einer Bibelstunde ihren Zöglingen.

Apostel des Nordens

Das Gemälde von 1906 zeigt Bischof ***Ansgar*** (801–865) *bei der Taufe von Germanen.*

371 wurde er Bischof von Tours, lebte jedoch weiterhin asketisch wie ein Mönch. Durch seine Verbindung von Mönchsideal und missionarischer Tätigkeit wurde er zum Vorbild des abendländischen Mönchtums schlechthin.

Auch die südenglischen Missionare, die im 7.–9. Jh. die deutschen Stämme christianisierten, lehnten sich eng an Rom an. **Willibrord** *(658–739)* missionierte die Friesen im Auftrag der Karolinger und des Papstes. Dabei wurde er von **Bonifatius** *(672/673–754)* unterstützt, der 719 vom Papst mit der Germanenmission beauftragt wurde. Bonifatius missionierte auch in Hessen, Thüringen und Bayern, gründete Klöster, errichtete Erzbistümer, reformierte und ordnete das Kirchenwesen. 754 wurde er von heidnischen Friesen erschlagen.

Ansgar *(801–865),* der aus Nordfrankreich stammte, wurde 831 erster Bischof von Hamburg und trieb als päpstlicher Gesandter die Ausbreitung des Christentums in Schweden, Jütland und Schleswig voran; er gilt daher als der »Apostel des Nordens«. Der Heilige **Wenzel** *(um 903–929 oder 935)* förderte als Herzog von Böhmen die Christianisierung seines Landes. Von seinem heidnischen Bruder Boleslaw I. anlässlich der Taufe von dessen Sohn ermordet, wird er bis heute als Märtyrer und böhmischer Nationalheiliger verehrt.

Die griechischen Brüder **Kyrillos** *(826/827–869)* und **Methodios** *(um 815–885),* die »Slawenapostel«, wurden vom byzantinischen Kaiser mit der volkssprachlichen Mission in Mähren beauftragt. Dafür hatten sie schon vorher die notwendigen christlichen Texte übersetzt und ein Alphabet geschaffen, aus dem sich die kyrillische Schrift entwickelte. Kyrillos starb auf einer Reise nach Rom, sein Bruder und dessen Schüler wurden später nach Süden vertrieben, von wo aus sich das Christentum und die slawische Liturgie nach Serbien, Rumänien und Russland verbreiteten und dort einen großen kulturellen Wandel herbeiführten.

Die Ausbreitung des Buddhismus

Der indische Mönchsgelehrte **Bodhidharma** *(5./6. Jh.)* ging um 520 nach China und begründete dort im Shaolin-Kloster eine buddhistische Schule der Meditation, den Zen-Buddhismus. Im Mittelpunkt des Zen steht das Sitzen, um so durch Konzentration und Beobachtung eine Öffnung des Bewusstseins zu erreichen. Aus der Kombination der Meditations- und körperertüchtigenden Techniken des Bodhidharma entstand wahrscheinlich die spätere Shaolin-Kampfkunst.

Ende des 12. Jh. wurde der Zen-Buddhismus durch den japanischen Priester **Eisai Myÿan** *(1141–1215)* auch in Japan eingeführt. Eisai Myÿan kehrte von einer Reise nach China mit Zen-Schriften und angeblich auch den ersten Teesamen nach Japan zurück. Dort gründete er die Rinzai-Schule – sie ist heute die zweitgrößte Richtung des Zen-Buddhismus in Japan – und begann in mehreren Tempeln den neuen Glauben zu verbreiten, der besonders unter dem Kriegerstand der Samurai viele Anhänger fand. **Dÿgen Kigen** *(1200–53)* übertrug die Tradition der Sÿtÿ-Schule, heute die bedeutendste Richtung des japanischen Zen-Buddhismus, aus China nach Japan, wo er Tempel und Klöster gründete. Zen (»Selbstversenkung«) spielt im japanischen Kulturleben seither eine große Rolle und beeinflusste mit seiner Ästhetik nicht nur die Literatur und das Theater, sondern auch die Kunst der Teezeremonie, der Landschaftsgärtnerei, des Blumensteckens und der Tuschmalerei sowie verschiedene Sportarten, zu denen beispielsweise das Bogenschießen zählt.

Die Shaolin-Kampfkunst, die dieser Mönch während einer Show zeigt, geht auf den Zen-Buddhismus zurück.

Mit der Stimme des Herrn

Die Predigt ist auch heute noch ein wichtiges Medium, um den Menschen die biblische Botschaft zu vermitteln. Eine große Rolle spielte sie während der kirchlichen Reformbewegung des Mittelalters, deren Neuerungen durch Bettelorden und Wanderprediger verbreitet wurden, und bei der Mission im Zeitalter des Kolonialismus.

Pionier in Asien
*In seinem Gemälde »Die Wunder des Heiligen Franz Xaver« zeigt Peter Paul Rubens **Franz Xaver** (1506–52) in Rednerpose.*

Als einer der größten deutschen Prediger des späten Mittelalters gilt **Johann Geiler von Kaysersberg** (1445–1510). In seinen drastischen und volkstümlichen, in deutscher Sprache gehaltenen Predigten im Straßburger Münster kritisierte er kirchliche Missstände und forderte Reformen. Die Veröffentlichung seiner Predigten über die Narren in Sebastian Brants »Narrenschiff« machten ihn zu einem der berühmtesten Vertreter der Narrenliteratur. Eine vergleichbare Wirkung als Prediger entfaltete der sprachgewaltige Augustiner-Barfüßer **Abraham a Sancta Clara** *(1644–1709)*, der in Augsburg, Graz und Wien derbe, durch Witze, Wortspiele und satirische Sittenschilderungen belebte Predigten hielt, die die herrschende Unmoral anprangerten. Während über Wien Pest und Türkenkrieg hereinbrachen, hielt er dort Aufmunterungspredigten, zu denen die Menschen in Massen strömten. Sozialrevolutionäre Wirkung hatten die Predigten des jungen Hirten und Spielmanns **Hans Böhm** *(um 1450–76)*, genannt der Pfeifer von Niklashausen. Er löste im Frühsommer 1476 mit seinen durch Marienerscheinungen motivierten Predigten eine Massenwallfahrt nach Niklashausen bei Würzburg aus. Dort rief er zur Umkehr auf und verkündete seine schon fast kommunistisch zu nennende Sozialutopie: Gleichheit aller, Aufgabe des Privatbesitzes, jeder solle seinen Unterhalt mit seiner eigenen Hände Arbeit verdienen. Schon wenige Wochen später wurde er verhaftet und als Ketzer hingerichtet. Eine ähnliche Anziehungskraft hatte der Dominikanermönch **Girolamo Savonarola** *(1452–98)* in Oberitalien mit seinen flammenden Predigten gegen die Verkommenheit der Herrschenden und seinen apokalyptischen Heimsuchungsankündigungen. Als die Franzosen Italien eroberten und die Medici aus Florenz vertrieben (woran Savonarola tatkräftig mitwirkte), schienen sich seine Prophezeiungen zu erfüllen und er gelangte zu großer politischer Macht. Er errichtete einen streng religiös und asketisch ausgerichteten Gottesstaat, der allerdings nur kurze Zeit bestand. 1498 wurde er als Ketzer öffentlich gehängt.

Glaubensverkündung in Übersee

Einer der ersten Missionare in Asien war der Spanier **Franz Xaver** *(1506–52)*, ein Mitbegründer des Jesuitenordens. 1541 ging er als päpstlicher Gesandter nach Indien und unternahm von dort Missionsreisen nach Ceylon, Malakka und Japan. Dabei hatte er großen Erfolg, da er zunächst die Sprache, Riten und Gebräuche der fremden Völker studierte, um dann die christlichen Formen an die örtlichen

Gegebenheiten anzupassen. Einen ähnlichen Ansatz verfolgte der italienische Jesuit **Matteo Ricci** *(1552 bis 1610)*, der als der größte Missionar Chinas gilt. Bei den Chinesen war er nicht nur als Mathematiker, Geograf und Astronom hoch angesehen, sondern auch wegen seines viel gelesenen Buches »Über die Freundschaft«. Seit 1601 lebte er als hoher Staatsbeamter am Kaiserhof in Peking. Dank seines umfassenden Wissens und der Anpassung an die traditionellen chinesisch-konfuzianischen Werte hatte Ricci große Missionserfolge vor allem unter den gebildeten Schichten.
Der französische Jesuit **Jean de Brebeuf** *(1593 bis 1649)* missionierte vom Jahr 1626 an in Kanada beim Indianerstamm der Huronen, deren Sprache er lernte und über deren Lebensweise er lange Berichte verfasste. Er gilt daher als der erste Ethnologe der französischen Kolonie. Er starb bei einem Überfall von Irokesen auf seine Missionsstation am Marterpfahl.

Protestantische Prediger

Das 19. Jh. war die Blütezeit der protestantischen Missionsgesellschaften. Der Brite **William Carey** *(1761–1834)* gründete die erste baptistische Missionsgesellschaft und missionierte in Ostindien. Carey, der als Autodidakt etwa 40 Sprachen erlernte, übersetzte die Bibel in mehrere indische Sprachen, gründete die erste Zeitung in ostindischer Sprache und eine Volksschule, die vorbildhaft für das Schulwesen in Indien wurde. Auch der deutsche Missionar **Karl Gützlaff** *(1803–51)* war ein Sprachgenie. Er lernte nicht nur verschiedene chinesische Dialekte, sondern übersetzte auch die Bibel in diverse fernöstliche Sprachen. Er missionierte in Java, Singapur, Bangkok, Macao und Hongkong und ging dann als erster protestantischer Missionar nach Korea. Seine gefahrvollen Reisen ins Innere Chinas machten ihn zu einem der Wegbereiter für den methodistischen Arzt **Hudson Taylor** *(1832–1905)*, der ganz ins Innere Chinas vorstieß und dort als »Pionier im verbotenen Land« große Missionserfolge erzielte. Dabei arbeitete er in chinesischer Kleidung und trug einen Zopf.

Einflussreiche Prediger des 20. Jahrhunderts

Der Theologe und Pfarrer **Otto Dibelius** *(1880 bis 1967)* war eine der bedeutendsten Persönlichkeiten der evangelischen Kirche im 20. Jh. Zunächst ein Anhänger der Nazionalsozialisten, wurde er bereits 1933 einer ihrer entschiedensten Gegner und wirkte danach führend in der oppositionellen Bewegung der Bekennenden Kirche. Sein Eintreten für die Eigenständigkeit der Kirche führte zum Predigtverbot. Nach 1945 machte er sich als Bischof und Ratsvorsitzender der Evangelischen Kirche um den kirchlichen Wiederaufbau in Deutschland verdient.
Auch der Pfarrer **Martin Niemöller** *(1892–1984)* war zunächst Nationalsozialist, entwickelte sich aber als führendes Mitglied der Bekennenden Kirche in seinen Predigten und Vorträgen zum Widerstandskämpfer. Dies brachte ihm mehrere Haftstrafen und Aufenthalte in Konzentrationslagern ein und machte ihn zum Symbol des kirchlichen Widerstands. Nach dem Krieg war er ein engagierter, oft angefeindeter Gegner der Westbindung der Bundesrepublik sowie der Atomrüstung.
Einen völlig anderen Stil und eine ganz andere Reichweite besitzt der 1918 geborene amerikanische Baptistenpastor und Erweckungsprediger **Billy Graham** *(geb. 1918)*. Er organisierte seit 1946 über 400 Großveranstaltungen mit »Massenerweckungen« in der ganzen Welt, bei denen er vor über 200 Mio. Menschen predigte, um sie zum christlichen Glauben zu bekehren. Außerdem nutzte er schon früh das Fernsehen als Massenkommunikationsmittel. Als Anhänger einer bibeltreuen Richtung des Protestantismus vertritt das »Maschinengewehr Gottes« die konservative Moral der religiösen Rechten in den USA.

»Maschinengewehr Gottes«
In kurzen, einfachen Sätzen verkündet ***Billy Graham*** (geb. 1918) *auf seinen Kreuzzügen gegen zerfallende Moralvorstellungen das Evangelium.*

Patronin der Bergleute
Bergleute tragen 1998 eine Statue ihrer Schutzpatronin, der heiligen ***Barbara*** (etwa 3. Jh.) *auf ihren Schultern durch die Straßen Saarbrückens.*

Tod zur Ehre Gottes

Manche Menschen vertreten ihre Überzeugung so konsequent, dass sie auch der Tod nicht schreckt. Diese beeindruckenden Persönlichkeiten kämpfen in der Regel mit dem Wort für ihre Sache. Die Nachwelt hat die Lebens- und Leidensgeschichten dieser Märtyrer oft mit Legenden ausgeschmückt und verehrt sie bis heute mit Heiligtümern und Festen, Gedenktagen und -reden.

Als der erste Märtyrer der Christen gilt **Stephanus** *(um 1–um 36/40)*, einer der sieben Helfer der Apostel, die sich in Jerusalem um soziale Probleme kümmerten. Er wurde wegen Gotteslästerung angezeigt und von aufgebrachten Juden zu Tode gesteinigt. Der Philosoph **Justin,** genannt »der Märtyrer« *(um 100–165)*, versuchte als einer der ersten, das Christentum mithilfe der griechischen Philosophie zu verteidigen. Er wurde unter Kaiser Marc Aurel in Rom hingerichtet. **Laurentius** *(gest. 258)* war in Rom, ähnlich wie Stephanus in Jerusalem, mit der Verwaltung des örtlichen Kirchenvermögens und seiner Verwendung für karitative Zwecke betraut. Als Kaiser Valerian von ihm verlangte, alles Kirchenvermögen herauszugeben, verteilte er es unter die Mitglieder seiner Gemeinde. Daraufhin wurde er auf einem glühenden Gitterrost qualvoll zu Tode gefoltert – Tizian hat dieses Geschehnis in einem eindrucksvollen Gemälde verewigt.

Viele Christen starben zur Zeit der großen Verfolgungen unter den Kaisern Diokletian und Galerius . Dazu zählt der aus Ägypten stammende, oft mit schwarzer Hautfarbe dargestellte Heilige **Mauritius** *(gest. um 290)*. Er soll Anführer einer christlichen Legion des Kaisers gewesen sein. Als die Legion im schweizerischen Wallis nicht gegen Christen kämpfen wollte, erlitten die Soldaten dort das Martyrium. Der aus Kleinasien stammende Heilige **Georg** *(gest. um 303)* soll ebenfalls den Märtyrertod gestorben sein, da er seinem Glauben selbst unter Folter nicht abschwören wollte. Sein Kult kam durch die Kreuzfahrer nach Europa; in dieser Zeit entstand auch die Legende von Georg als dem Drachentöter.

Auch viele Frauen waren bereit, für ihre christliche Überzeugung zu sterben. Unter den Christenverfolgungen des römischen Kaisers Decius zu leiden hatte die sizilianische Märtyrerin **Agatha** *(gest. um 250)*. Sie wies als Christin das Werben des römischen Statthalters ab, der sie daraufhin ins Freudenhaus steckte, ihr die Brüste abschneiden ließ und sie schließlich auf glühenden Kohlen umbrachte. Opfer der Christenverfolgungen unter Diokletian wurde die heilige **Barbara** *(gest. um 306)*, die aus Kleinasien stammte. Sie soll von ihrem Vater

Drachentöter
Die Skulptur am Pilatushaus in Nürnberg erinnert an den Märtyrer und Heiligen ***Georg*** (gest. um 303).

Widerstand im Geiste Jesu

*Seinen aktiven Widerstand gegen das nationalsozialistische Regime bezahlte **Dietrich Bonhoeffer** (1906 bis 1945) mit dem Leben.*

wegen ihres Glaubens in einem Turm eingesperrt und von ihm eigenhändig geköpft worden sein. **Katharina** *(3./4. Jh.)*, die Patronin der Philosophen, galt im Mittelalter nach Maria als die ranghöchste Heilige der Kirche. Der Legende nach lebte sie um 300 im ägyptischen Alexandria und erzwang während der Christenverfolgungen ein theologisches Streitgespräch mit dem Kaiser. Die 50 heidnischen Philosophen, die dieser dazu aufbot, bekehrte sie zum Christentum. Während die Philosophen auf dem Scheiterhaufen endeten, wurde Katharina gerädert und dann, als das Rad zerbrach, enthauptet.

Unbeugsame Christen und ketzerische Reformatoren des Mittelalters

Der wohl berühmteste Heilige und Märtyrer Englands ist der Erzbischof von Canterbury, **Thomas Becket** *(1118–70)*. Er war zunächst Kanzler, Freund und Berater König Heinrichs II. Später als Erzbischof vertrat er in der Frage der Gerichtsbarkeit über den Klerus unerbittlich die Rechte der Kirche und die Politik des Papstes. Der drohenden Verhaftung entzog er sich durch seine Flucht nach Frankreich. Nach langen Verhandlungen kehrte er 1170 nach Canterbury zurück, wo er während des Gottesdienstes in der Kathedrale ermordet wurde. Der Stellvertreter des Erzbischofs von Prag, **Johannes von Nepomuk** *(um 1350–93)*, wurde von König Wenzel gefangengesetzt und nach Folterungen in der Moldau ertränkt. Anlass war der Legende nach seine Weigerung, das Beichtgeheimnis zu brechen und Wenzel zu verraten, was ihm dessen Frau gebeichtet hatte. Ebenfalls in Prag wirkte der tschechische Reformator **Jan Hus** *(um 1370–1415)*, der von den Reformgedanken des Engländers John Wycliffe beeinflusst war. Er bekämpfte trotz Predigtverbots und Kirchenbanns die Verweltlichung der Kirche. 1415 wurde er auf dem Konzil von Konstanz als Ketzer verbrannt.

Englands Märtyrer

*Der Erzbischof von Canterbury, **Thomas Becket** (1118–70), wurde von französischen Rittern erschlagen. Buchmalerei aus dem 15. Jh.*

Viele englische Reformatoren wurden nach dem Tod Heinrichs VIII. unter seiner Nachfolgerin Maria der Katholischen (»Bloody Mary«) hingerichtet. Der bedeutendste von ihnen war **Thomas Cranmer** *(1489–1556)*, Erzbischof von Canterbury. Er hatte drei der Ehen Heinrichs VIII. aufgehoben, das allgemeine Gebetbuch und die Glaubensartikel der anglikanischen Kirche verfasst und für die Verbreitung der Bibel in englischer Sprache gesorgt. Sein Mitarbeiter **Nicholas Ridley** *(um 1500–55)*, Bischof von London, wurde zusammen mit dem Prediger und Bischof von Worcester **Hugh Latimer** *(1485–1555)* auf dem Scheiterhaufen verbrannt.

Märtyrer im Dritten Reich

Der evangelische Theologe **Dietrich Bonhoeffer** *(1906–45)* war ein prominenter Vertreter der Bekennenden Kirche und Widerstandskämpfer gegen den Nationalsozialismus. Trotz Predigt- und Schreibverbots setzte er seine Arbeit bis zu seiner Verhaftung 1943 unbeirrt fort. Kurz vor Kriegsende wurde er hingerichtet. Der Franziskanerpater **Maximilian Kolbe** *(1894–1941)* wurde 1941 wegen seiner Hilfe für jüdische und polnische Flüchtlinge von der Gestapo verhaftet und nach Auschwitz gebracht. Dort bot er sich an, für einen seiner zum Tode verurteilten Mitgefangenen, einen Familienvater, zu sterben. Kolbe wurde ermordet, der Familienvater lebte noch bis 1995.

Nichtchristliche Märtyrer

Der jüdische Schriftgelehrte **Rabbi Akiba ben Josef** *(gest. um 136)* starb als Märtyrer wegen seiner Unterstützung des Freiheitshelden Bar Kochba. Dieser hatte sich nach seinem zunächst erfolgreichen Aufstand gegen die Römer zum Messias ausrufen lassen. Als er von den Römern vernichtend geschlagen wurde, wurden Tausende seiner Anhänger, darunter Rabbi Akiba, hingerichtet.
Husain *(um 626–680)* war der Sohn des Kalifen Ali ibn Abi Talib und der Fatima, der jüngsten Tochter Mohammeds. Er hielt den Herrschaftsanspruch der Familie des Propheten aufrecht. Als er versuchte, eine Revolte gegen den noch von seinem Vater eingesetzten Kalifen Jasid I. zu organisieren, fiel er mit 72 Getreuen im Kampf. Von den Schiiten wird er als der Glaubensmärtyrer schlechthin verehrt.

Gründer religiöser Gemeinschaften

Die Welt mit ihrem Materialismus, ihrer Unmoral und ihrer Vielfalt von nebeneinander bestehenden Meinungen veranlasste immer wieder Menschen zum mehr oder weniger radikalen Rückzug in Armut und Askese. Oft fanden sich Gleichgesinnte, die unter der Leitung ihres Meisters eine Gemeinschaft bildeten.

Auf dem Monte Cassino in Kampanien gründete **Benedikt von Nursia** *(um 480–wohl 547)* um 529 eine Mönchsgemeinschaft, die zur Keimzelle des abendländischen Mönchtums wurde. Die von ihm aufgestellte Benediktregel verpflichtet die Mönche zu Armut, Gehorsam gegenüber dem Abt und Ehelosigkeit. Sie verlangt außerdem feste Zeiten für Gebet und Arbeit, Lesung und Schlaf. »Ora et labora« (»bete und arbeite«) wurde zum Motto der Benediktiner. Ein halbes Jahrtausend später war der Orden zu so großem Reichtum gelangt, dass einigen Mönchen eine Rückbesinnung auf die ursprünglichen Werte nötig schien. Von dem zisterziensischen Reformkloster Citeaux aus wurde **Bernhard von Clairvaux** *(um 1090–1153)* 1115 als Abt zur Gründung des Tochterklosters Clairvaux ausgeschickt. Von dort aus wurden zahlreiche Niederlassungen in ganz Europa gegründet, die den Orden der Zisterzienser zu hoher Blüte brachten. Durch seine Persönlichkeit, seine Frömmigkeit und seine Redegabe prägte Bernhard seine Zeit und die mittelalterliche Mystik. Mit seinen flammenden Predigten war er auch an der Vorbereitung des 2. Kreuzzugs beteiligt.
Die Erfahrungen von Krieg, Gefangenschaft und Krankheit sowie eine Christusvision veranlassten **Franz von Assisi** *(1181/82 bis 1226)*, der aus einer wohlhabenden Familie stammte, sein bisheriges Leben aufzugeben und sein Handeln ganz in den Dienst der Nachfolge Christi zu stellen. Seit 1209 schlossen sich ihm Gleichgesinnte an, denen er Regeln gab, die sie zum Dienst an Menschheit und Kirche in Armut und Buße verpflichteten. Der »Orden der Minderen Brüder« breitete sich sehr rasch in ganz Europa aus. In den Schriften des Franziskus, besonders im »Sonnengesang«, fand seine tiefe Frömmigkeit ihren Niederschlag. Etwa zeitgleich wurde 1216 von dem Spanier **Dominikus** *(um 1170–1221)* in Süd-

Reformer des Mönchtums
Der Gründer des Reformklosters Clairvaux ***Bernhard von Clairvaux*** (um 1090 bis 1153), *gilt als eine der größten kirchlichen Autoritäten des 12. Jh.*

»Die Heilige Schrift lesen, heißt von Christus Rat holen.«
Franz von Assisi

Schutzpatron der Tiere
1228 wurde ***Franz von Assisi*** (1181/82 bis 1226) *heilig gesprochen. 1253 wurde ihm in Assisi die zu seiner Ehre errichtete Basilika geweiht.*

frankreich ein weiterer Bettelorden gegründet, um die als ketzerisch geltende Religionsgemeinschaft der Albigenser zu bekehren. Auch die Dominikaner breiteten sich schnell aus und widmeten sich vor allem der städtischen Seelsorge. Seit 1232 waren sie im Auftrag des Papstes an der Inquisition beteiligt, was ihr Ansehen erheblich belastete.
Der Baske **Ignatius von Loyola** *(1491–1556)* brach seine Offizierslaufbahn nach einer Verwundung 1521 ab und stellte sich ganz in den Dienst der Kirche. 1534 schloss er sich in Paris mit einigen Freunden zu einer religiösen Gemeinschaft, den Jesuiten, zusammen. Die Jesuiten, die ein besonderes Gelübde des Gehorsams gegenüber dem Papst ablegen, haben sich vor allem die Verteidigung und Ausbreitung des katholischen Glaubens zum Ziel gesetzt. Sie waren die treibende Kraft der Gegenreformation und hatten großen Erfolg in der Mission sowie auf den Gebieten von Wissenschaft und Unterricht.

Das Mönchtum in Ägypten

Die Anfänge des christlichen Mönchtums lagen indes in Ägypten. Der ägyptische Eremit **Pachomios** *(um 287–347)* erbaute 320 – 325 als erster ein Kloster, in dem sich bisher einzeln lebende Asketen zusammenschlossen, um gemeinsam nach einer festen Regel zu leben. Auch **Makarios der Ägypter** *(um 300–nach 380)* sammelte in der ägyptischen Wüste Eremiten um sich, die er zu einer Kolonie zusammenschloss. Die ihm zugeschriebenen Predigten spielen in der Literatur des ostkirchlichen Mönchtums eine große Rolle.

Ordensgründer in Mittelalter und Neuzeit

Der französische Benediktiner **Robert von Molesmes** *(um 1027 bis 1111)* war Mitbegründer des Reformklosters Molesmes und gründete 1098 das Kloster Citeaux bei Dijon, das zum Stammkloster der Zisterzienser wurde. **Bruno von Köln** *(um 1032 bis 1101)* verbrachte einige Zeit im Kloster Molesmes, bevor er 1084 im Chartreusegebirge der französischen Alpen ein Kloster – Kartause genannt – gründete. Die Ordensregel verpflichtet die Mitglieder zu einem geistig-beschaulichen Leben in Einsamkeit und Schweigen. **Hugo von Payens** *(um 1080–1136)* legte 1119 in Jerusalem mit sieben französischen Rittern das Gelübde ab, christliche Pilger vor den Sarazenen zu schützen, und wurde damit zum Begründer des ersten großen Ritterordens des Mittelalters, des Templerordens. **Norbert von Xanten** *(wohl 1082–1124)* gründete etwa zur gleichen Zeit im Tal von Prémontré bei Laon ein Kloster, das sich der Seelsorge widmete. **Klara von Assisi** *(1194 bis 1253)* verließ 1212 ihr reiches Elternhaus, um sich Franz von Assisi anzuschließen. Bald wurden aber sie und ihre Anhängerinnen zu einem Leben hinter Klostermauern gedrängt. Klara formulierte dort die erste Ordensregel einer Frau für Frauen.

»Beten heißt, die Gegenwart Gottes erleben.«

Franz von Sales

Im oberitalienischen Brescia stiftete 1535 **Angela Merici** *(1474–1540)* den Orden der Ursulinen, deren Mitglieder ursprünglich nicht in Klöstern, sondern bei ihren Familien lebten. Sie widmen sich vor allem der Erziehung und religiösen Bildung junger Mädchen.
Die beiden Franziskaner **Matthäus von Bascio** *(um 1495–1552)* und **Ludwig von Fossombrone** *(gest. nach 1555)* gründeten um 1526 den Reformorden der Kapuziner, um getreu den ursprünglichen Regeln des Franz von Assisi zu leben. Ihre Bezeichnung leitet sich aus ihrem rauen Gewand mit spitzer Kapuze ab. Als Seelsorger und Missionare waren die Kapuziner eine treibende Kraft der Gegenreformation. Berühmt wurden sie durch ihre derben Strafpredigten (Kapuzinerpredigten). Der katholische Theologe und Schriftsteller **Franz von Sales**

Gründer des Templerordens

Burgen wie diese im spanischen Ponferrada gehen auf **Hugo von Payens** (um 1080–1136) *zurück, den ersten Großmeister des Templerordens.*

(1567–1622) stiftete 1610 zusammen mit der Mystikerin **Jeanne Françoise Fremyot de Chantal** *(1572 bis 1641)* in Annecy den Orden der Salesianerinnen, der sich u. a. Erziehungsaufgaben widmet.
In der russisch-orthodoxen Kirche von großer Bedeutung war **Joseph von Wolokalamsk** *(1439 bis 1515)*, der 1479 das nach ihm benannte Kloster in der Nähe von Moskau gründete. Seine Mönchsregel sah ein enges Zusammenleben im Kloster mit strenger Unterordnung unter den Vorsteher vor. Joseph war ein einflussreicher Befürworter des Machtanspruchs der Kirche auf Staat und Gesellschaft und wurde damit zum Wegbereiter des russischen Staatskirchentums.
Bei den Protestanten ragt vor allem **Nikolaus Ludwig Graf von Zinzendorf** *(1700–60)* heraus, der Gründer der Herrnhuter Brüdergemeinde; in ihrem Zentrum steht die Verwirklichung der urchristlichen Brüderlichkeit. Charakteristisch ist auch ein großer Missionseifer, durch den die Religionsgemeinschaft heute in der ganzen Welt verbreitet ist.

Tanzende Derwische und aufklärerische Propheten

Die Mönche der islamischen Derwischorden führen ein der mystischen Frömmigkeit geweihtes Leben. Daneben widmen sie sich der religiösen Erziehung und Seelsorge, oft auch sozialen Aufgaben. **Djalal od-Din Rumi** *(1207–73)* war ein bedeutender persischer Dichter und der Begründer des vor allem in der Türkei verbreiteten Ordens der tanzenden Derwische, dessen Mitglieder durch Wirbeltänze zu mystischer Gotteserfahrung gelangen wollen. Der Ahmadija-Derwischorden geht auf **Sajjid Ahmad al-Badawi** *(um 1200–76)* zurück. Er ist der beliebteste islamische Heilige Ägyptens. Zu großem politischem Einfluss gelangte der von **Safi od-Din** *(gest. 1334)* gegründete Safawije-Orden in Persien, auf den die von 1501 bis 1722 herrschende Dynastie der Safawiden zurückgeht.
Sajjid Ali Mohammed *(1820–50)*, genannt Bab, begründete in Persien den aus dem schiitischen Islam hervorgegangenen Babismus, für den eine gleichnishafte Auslegung des Korans und die Gleichstellung der Frau charakteristisch sind. Bab und seine Anhänger sagten sich 1848 förmlich vom Islam los. Nach seiner Erschießung schlossen sich die meisten seiner Anhänger der Bahai-Religion an. Stifter dieser Gemeinschaft war **Mirsa Husain Ali** *(1817–92)*, genannt Baha Ullah, der sich als Prophet verstand und eine heilige Schrift verfasste. Er vertrat aufklärerische Prinzipien wie die Gleichheit und gegenseitige Liebe aller Menschen, unabhängig von Geschlecht, Rasse und Nation. Aus dem sunnitischen Islam hervorgegangen ist die Glaubensgemeinschaft Ahmadija in Pakistan, die 1889 von **Mirsa Ghulam Ahmad** *(1839–1908)* gegründet wurde. Diese Bewegung mit einer ausgeprägten endzeitlichen Messiaserwartung hatte große Missionserfolge, wurde 1974 jedoch aus der islamischen Weltgemeinschaft ausgeschlossen. Vor allem in Pakistan werden ihre Anhänger bis heute verfolgt.

Religionsstifter in Indien und Tibet

Mahavira *(6./5. Jh. v. Chr.)* stiftete in Indien die Religion des Jainismus. Nachdem er 12 Jahre lang als Asket nackt durch das Land gezogen war, soll er die Allwissenheit erreicht haben. Er gründete einen Orden für Mönche und Nonnen, die als (heute meist bekleidete) Wanderasketen umherziehen und fünf große Gelübde befolgen. Das wichtigste ist die Gewaltlosigkeit gegenüber allem Lebendigen, weshalb die Jaina Vegetarier sind. Ihr Ziel ist die Befreiung aus dem Geburtenkreislauf durch rechte Erkenntnis, rechtes Handeln und Askese. **Padmasambhava** *(8. Jh.)* war ein aus Nordindien stammender buddhistischer Lehrer und Wundertäter, der den Buddhismus in Tibet einführte. Er verschmolz den Buddhismus mit der einheimischen Religion und wurde so zum Mitbegründer des tibetischen Lamaismus.

Tanzende Derwische
Heute treten tanzende Derwische besonders in der Türkei als Touristenattraktion auf. ***Djalal od-Din Rumi*** (1207–73) *gründete den Derwischorden im 13. Jh.*

Große Mystiker

Der Mystiker richtet sein Streben darauf, durch die Abkehr von der Welt und durch meditative Praktiken das Göttliche zu erfassen und die Kluft zwischen sich und der Gottheit zu überbrücken. Mystische Erfahrungen sind ausgesprochen persönlich, sie reichen von visionären Erlebnissen und Prophezeiungen bis zur Schöpfung komplexer theologisch-philosophischer Systeme.

Mit Jesu Wundmalen
Nach verschiedenen Christusvisionen erschienen nach der Überlieferung 1375 am Körper von ***Katharina von Siena*** (um 1347–80) *die Wundmale Jesu.*

Eins mit Gott
Ein Bronzerelief an der Predigerkirche in Erfurt erinnert an den Theologen ***Meister Eckhart*** (um 1260–um 1328) *der hier – oft in der Volkssprache – predigte.*

Als »Vater der Mystik« gilt vor allem durch seine Predigten zum Hohelied der Bischof und Kirchenvater **Gregor von Nyssa** *(um 335–um 394)*, der Bruder von Basilius dem Großen. **Dionysius Areopagita** *(um 500)* hatte mit seiner Schrift »Mystica Theologia« einen großen Einfluss auf die theologisch-philosophische Mystik des Mittelalters. Besonders wichtig war seine Vorstellung von der Dreistufigkeit des Aufstiegs zu Gott durch Läuterung, Erleuchtung und Einigung (»unio mystica«). **Gregorios Palamas** *(1296/97–1359)* prägte die mittelalterliche Mystik der orthodoxen Kirche. Kennzeichnend für sie sind Konzentration, körperliche Übungen (ähnlich dem Yoga) und ständige Wiederholung des Jesusgebets (»Jesus, erbarme dich meiner, des Sünders«), um das Einswerden mit Gott zu ermöglichen.

In Deutschland begründete **Meister Eckhart** *(um 1260–um 1328)* eine mystische Theologie, die von der Idee des Aufgehens des menschlichen Ichs im Göttlichen geprägt war. Eckhart sah im »Seelenfünkchen« das Bild Gottes im Menschen, das er mit dem Streben zum Guten identifizierte. Die Mystik seines Schülers **Heinrich Seuse** *(1295?–1366)* war weniger spekulativ und stärker vom Motiv einer asketisch gelebten Nachfolge Christi geprägt.

Die Frauenmystik des Mittelalters

Im Gegensatz zu den meisten Männern hatten Frauen einen eher emotionalen Zugang zur Mystik, was in visionären und ekstatischen Erlebnissen seinen Ausdruck fand. Zu den Hauptvertreterinnen der Frauenmystik des 12. und 13. Jh. gehört neben **Hildegard von Bingen** *(1098–1179)*, die durch ihre prophetischen Visionen hohes Ansehen genoss, **Mechthild von Magdeburg** *(um 1208–82 oder 97)*.

Seit 1250 sammelte ihr Beichtvater die Aufzeichnungen ihrer mystischen Erfahrungen. Sie lebte im Zisterzienserinnenkloster in Helfta, wo sie die schwer kranke **Mechthild von Hackeborn** *(1241/42 bis 1299)* beeinflusste, deren Visionen von ihrer Mitschwester **Gertrud von Helfta** *(1256–1302)* schriftlich festgehalten wurden. Durch ihre eigenen Christusvisionen, die sie in Latein aufzeichnete, wurde Gertrud schließlich selbst zu einer der größten deutschen Mystikerinnen.
In Belgien wirkte **Juliana von Lüttich** *(um 1192 bis 1258)*, deren Visionen Papst Urban IV. 1264 zur Einführung des Fronleichnamsfestes bewogen. In Italien war neben **Klara von Assisi** *(1194–1253)* **Katharina von Siena** *(um 1347–80)* von Bedeutung, die sich durch ihre mystischen Erfahrungen verpflichtet sah, Papst Gregor XI. zur Rückkehr aus dem Exil in Avignon nach Rom zu bewegen. In England erfuhr **Juliana von Norwich** *(um 1340 bis nach 1413)* in ihren Visionen die Gottesliebe als Schlüssel zu allen Problemen des Daseins. **Theresia von Avila** *(1515–82)* versuchte in Spanien, ihre mystische Innerlichkeit, die durch strenge Askese, intensives Gebet und visionäre Erfahrungen charakterisiert war, mit Nächstenliebe, Seelsorge und praktischem Tun zu verbinden.

Große Mystiker der Neuzeit

Der große französische Mathematiker und Physiker **Blaise Pascal** *(1623–62)* hatte 1654 eine prägende mystische Erfahrung, die ihn zu seiner berühmten Schrift »Gedanken über die Religion« veranlasste. **François Fénelon** *(1651–1715)* gilt als ein Hauptvertreter des französischen Quietismus, einer der Mystik verwandten religiösen Haltung im Katholizismus, die innere Ruhe anstrebt. Der evangelische Theologe **Gottfried Arnold** *(1666–1714)* war von einer mystisch-spiritualistischen Frömmigkeit und schrieb ein einflussreiches Werk, in dem er Ketzer und Mystiker als die wahren Christen darstellte. Der ukrainische Philosoph und Barockdichter **Hryhorij S. Skoworoda** *(1722–94)*, der als Begründer einer eigenständigen russischen Philosophie gelten kann, war in seinem Philosophieren der antiken und mystischen Tradition des »Erkenne dich selbst« verpflichtet und richtete sein Streben auf das Innere des Menschen und auf das Göttliche in ihm.

Die jüdischen Kabbalisten

Jüdische Mystiker finden sich vor allem bei den Kabbalisten, einer esoterisch-spekulativen Richtung im Judentum. Als Verfasser des »Sohar«, des Hauptwerks der Kabbala, gilt **Schimon ben Jochai** *(2. Jh. n. Chr.)*. Heute wird auch die Ansicht vertreten, der »Sohar« sei erst im 13. Jh. entstanden und ein Werk des Spaniers **Mosche de Leon** *(um 1250–1305)*. Zu dieser Zeit war Spanien ein Zentrum der »prophetischen« Kabbala. Hauptvertreter dieser Strömung waren **Abraham ben Samuel Abulafia** *(1240–um 1292)*, der in der Ekstase den Zugang zum innersten Wesen des Menschen suchte, und sein Schüler **Josef Gikatilla** *(1248–1305/25)*. Gikatilla suchte die Kabbala als Grundlage rationaler Philosophie zu begründen und hatte großen Einfluss auch auf christliche Denker. Nach der Vertreibung der Juden aus Spanien 1492 wurde Galiläa zum Zentrum kabbalistischer Lehren. Hier wirkten **Isaak Luria** *(1534 bis 1572)* und sein Schüler **Chajim Vital** *(1543 bis 1620)*, die zu den Hauptvertretern der Spätkabbala gehörten, die messianische Hoffnungen, Volksglaube und Magie in sich vereinte.

Die mystische Richtung des Islam: der Sufismus

Die mystische Frömmigkeit im Islam findet im Sufismus ihren Ausdruck; der Sufi bemüht sich, alles zu überwinden, was ihn von Gott trennt. Ein sehr früher Vertreter des Sufismus war **Hasan al-Basri** *(gest. 728)*, der mit seinen Lehren großen Einfluss auf die mystische Richtung der islamischen Theologie hatte. **Husain ibn Mansur Halladj** *(858 bis 922)* lehrte die völlige Einswerdung des ekstatischen Mystikers mit Gott und wird auch heute noch verehrt. Einer der wichtigsten Vertreter des Sufismus war der spanisch-arabische Mystiker **Ibn al-Arabi** *(1165–1240)*. Er baute das sufistische Gedankengut zu einem grundlegenden philosophisch-theologischen System aus.

Heute wird die Kabbala auch im pseudoreligiösen Bereich propagiert. Das Foto stammt von einer Veranstaltung mit dem Popstar Madonna, bei der »Kabbalah-Wasser, Für die Seele« getrunken wurde.

Prediger in der Wüste
Seine Jünger schloss ***Antonius der Große*** *(251/252–356) zu Kolonien, einer Art Mönchsgemeinschaft, zusammen. (Gemälde von Lodovico Carracci, 17. Jh.)*

Einsam und asketisch

Mit religiös begründeter, zum Teil extremer Enthaltsamkeit von Speisen und Getränken, Kleidung, Behausung und Besitz sowie der völligen Abkehr von der menschlichen Gemeinschaft strebten zu allen Zeiten Asketen nach Vollkommenheit und der Hinwendung zu Gott.

In der frühchristlichen Zeit lebte **Antonius der Große** *(251/252–356)* als berühmter Eremit in der libyschen und ägyptischen Wüste. Seine große Anhängerschaft schloss er dort zu Einsiedlerkolonien zusammen und gründete so eine Vorform des Mönchtums. **Jakob von Nisibis** *(gest. 338)* zog sich lange Zeit als Asket und Eremit in die kurdischen Bergen zurück und wurde 309 zum Bischof von Nisibis gewählt, einer Stadt an der heutigen syrisch-türkischen Grenze. Dort ließ er eine berühmte Kirche bauen, die später zu seiner Grabstätte wurde. Sein Schüler war möglicherweise **Ephräm der Syrer** *(um 306–378)*, einer der größten Theologen der syrischen Kirche, der als Asket in einer Einsiedelei in Nisibis, später in Edessa (in der heutigen Türkei) lehrte. **Sara von Ägypten** *(4. Jh.)* verbrachte 60 Jahre als Einsiedlerin und »Wüstenmutter« in der libyschen Wüste, um Gott zu suchen. Sie war berühmt wegen ihrer Weisheit und ihres Glaubens. Ihre klugen Ratschläge wurden von ihren männlichen Glaubensbrüdern, den »Wüstenvätern«, in volkstümlich gehaltenen Büchern gesammelt.

Die Säulensteher

Eine besondere Form von Mönchsasketen sind im 4. – 6. Jh. die Säulenheiligen (Styliten) in Syrien und Palästina, die ihr Leben auf einer säulenartigen Plattform verbrachten, um drei asketische Ideale zu verwirklichen: das Verweilen an einem Ort, das Unbehaustsein und das Stehen vor Gott. Sie waren oft das Ziel von Wallfahrten und hatten mit ihren Predigten großen Einfluss auf das politische und religiöse Leben. Die berühmtesten Säulenheiligen waren die syrischen Asketen **Symeon der Stylit der Ältere** *(um 390–459*) und **Symeon der Stylit der Jüngere** *(521–592)*, der mit 6 Jahren Stylit wurde. **David von Thessaloniki** *(um 450–um 535)* lebte ähnlich wie ein Säulensteher 3 Jahre in harter Askese auf einem Mandelbaum und belehrte von dort aus die Menschen, bevor er den Rest seines Lebens im Kloster verbrachte.

Rückzug in Türme, Bäume und Berge

Das Kloster Einsiedeln verdankt seine Entstehung **Meinrad von Einsiedeln** *(um 797–861)*, der sich um 828 nach einigen Jahren Klosterlebens auf der Insel Reichenau als Einsiedler in die Schweizer Berge zurückzog. Dort wurde er von zwei Räubern wegen der Schätze erschlagen, die Pilger in der von ihm gebauten Kapelle niedergelegt hatten. Einen anderen Weg des Rückzugs aus der Welt wählte **Wiborada** *(gest. 926)*, die seit 916 eingeschlossen in einer Zelle in St. Gallen lebte und dort als hoch angesehene Seelsorgerin und Ratgeberin wirkte. Während des Einfalls der Ungarn wurde sie 926 ermordet. 1047 wurde sie als erste Frau heiliggesprochen. Auch **Simeon von Trier** *(gest. 1035)* ließ sich gegen Ende seines Lebens einschließen. Er lebte zunächst als Pilgerführer in Jerusalem, später als Mönch und Einsiedler in Bethlehem und am Sinai. 1028–30 war er Begleiter des Bischofs von Trier ins Heilige Land. Nach der Rückkehr nach Trier ließ er sich in einen Turm der Porta Nigra feierlich einmauern. **Edigna von Puch** *(gest. 1109)*, die wohl aus Frankreich stammte und einer drohenden Verheiratung entkommen wollte, floh als Pilgerin nach Bayern. Dort lebte sie 35 Jahre lang in Puch (Fürstenfeldbruck) in einer hohlen Linde und lehrte die Bewohner lesen und schreiben.

Der schweizerische Einsiedler **Nikolaus von Flüe** *(1417–87)*, genannt Bruder Klaus, trennte sich 1467 von seiner Frau und seinen zehn Kindern, um als Einsiedler in einer Schlucht in der Nähe seines Hofes zu leben. Dort widmete er sich dem Gebet und wurde immer wieder von mystischen Visionen heimgesucht. Bald schon wurde er als Heiliger verehrt und als Seelsorger und Ratgeber aufgesucht.

Benedikt der Mohr *(1526–89)* ist einer der wenigen Schwarzen, die heiliggesprochen wurden. Er war ein freigelassener Sklave und lebte seit seinem 21. Lebensjahr als Eremit am Monte Pellegrino auf Sizilien. Als der Papst 1564 das Eremitentum verbot, trat Benedikt dem Franziskanerorden in Palermo bei. Er genoss dort so hohes Ansehen, dass er zum Abt ernannt wurde, obwohl er Analphabet war.

Der französische Offizier **Charles de Foucauld** *(1858–1916)*, der in seiner Jugend einen ausschweifenden Lebenswandel geführt hatte, war zunächst Soldat in Algerien und erkundete 1883/84 als russischer Jude verkleidet Südmarokko und die algerische Sahara, die für Christen verboten war. 1890 schloss er sich dem strengen Orden der Trappisten an, 1901 wurde er zum Priester geweiht und ab 1905 lebte er im Hoggargebirge als Einsiedler unter den Tuareg, die ihn sehr verehrten und deren Sprache und Literatur er erforschte.

Die großen Eremiten der russisch-orthodoxen Kirche

Für die russisch-orthodoxe Kirche von immenser Bedeutung war **Antonij der Heilige** *(982–1073)*, der in seiner Jugend auf dem Berg Athos in Griechenland die Mönchsweihe empfing. Später wurde er nach Russland entsandt, wo er zunächst als Einsiedler und strenger Asket in der Nähe von Kiew in einer Höhle am Ufer des Dnjepr lebte. Auf ihn geht 1051 die Gründung des weltberühmten Kiewer Höhlenklosters zurück, das einen wesentlichen Anteil an der Verbreitung des Christentums und der Entwicklung einer eigenständigen russisch-christlichen Kultur hatte. Ebenso wichtig war der in der russisch-orthodoxen Kirche stark verehrte Heilige **Sergij von Radonesch** *(1314–92)*. Er war zunächst mit seinem Bruder zusammen Einsiedler in der Nähe von Moskau und errichtete dort zu Ehren der Dreifaltigkeit eine Kirche; bald fanden sich Gleichgesinnte und es entstand eine Klostergemeinschaft, das spätere Dreifaltigkeitskloster. Es entwickelte sich mit seinen zahlreichen Tochtergründungen zum bedeutendsten Kirchen- und Kulturzentrum des Moskauer Reiches und wurde bald russisches Nationalheiligtum.

Kloster-gründer in Russland

Als Eremit zog ***Sergij von Radonesch*** (1314–92) *Nachahmer an, die er vergeblich zu vertreiben suchte. Aus der so entstehenden Einsiedlerkolonie erwuchs das bedeutendste Kirchenzentrum Russlands.*

Soldat, Forscher und Mönch

In die Einsamkeit des Hoggargebirges in Algerien zog sich ***Charles de Foucauld*** (1858–1916) *zurück – u. a. in eine Einsiedelei in 2700 m Höhe.*

Auslöser der Reformation
Dieses Historiengemälde aus dem 19. Jh. illustriert die legendäre Szene, in der **Martin Luther** (1483–1546) *1517 am Tor der Schlosskirche zu Wittenberg seine 95 Thesen anschlug.*

Reformatoren und Reformer

Auch wenn man unter Reformation vor allem die durch Martin Luther ausgelöste religiöse Erneuerung der Kirche versteht, gab es in allen Religionen immer wieder Versuche, die religiösen Institutionen und Bräuche zu reformieren, indem man sich auf ihre Ursprünge besann.

Im Hintergrund das Titelblatt des Augsburgischen Bekenntnisses von 1530, der grundlegenden Bekenntnisschrift der lutherischen Kirche.

Der Augustinermönch und Priester **Martin Luther** *(1483–1546)* lehrte ab 1512 als Theologieprofessor an der Universität Wittenberg. Am 31. Oktober 1517 nahm Luther mit 95 Thesen in lateinischer Sprache, die er – so ist es zumindest überliefert – an der Schlosskirche in Wittenberg anschlug, kritisch Stellung zum Ablasshandel der Kirche, also der Vergebung von Sünden gegen Zahlungen, ferner zu Buße, Strafe, Schuld und Fegefeuer. Seine Thesen wurden ins Deutsche übersetzt, verbreiteten sich dank der neu erfundenen Buchdrucktechnik als Flugblätter schnell in ganz Deutschland und riefen gewaltiges Aufsehen hervor. Hinter dem äußeren Anlass des Ablasshandels stand die tief greifende Auseinandersetzung Luthers mit dem christlichen Glauben. Er stellte den einzelnen Christen in ein neues Verhältnis zu Gott: Nur der Glaube und das Vertrauen in die Gerechtigkeit Gottes, der seinen Sohn als alleinigen Vermittler zwischen Gott und den Menschen in die Welt gesandt habe, bewirkten Gottes Gnade. Alle Getauften seien gleich und frei in Glaubensfragen, unabhängig von der Autorität von Priestern und Papst, die lediglich Menschen und darum fehlbar seien. Nur die Heilige Schrift sollte Maßstab christlichen Handelns sein.
Den vom Papst geforderten Widerruf leistete Luther nicht, da er nur die Bibel gelten ließ. 1520 wurde ihm daraufhin der Kirchenbann angedroht, Luther aber verbrannte das entsprechende Dokument öffentlich und vollzog so den endgültigen Bruch mit der Kirche. Auch auf dem Wormser Reichstag 1521 lehnte Luther jeden Widerruf ab und wurde deshalb mit der Reichsacht, der weltlichen Ächtung, belegt. Vom Kurfürsten von Sachsen auf der Wartburg in Sicherheit gebracht, übersetzte Luther dort das Neue Testament erstmals ins Deutsche und beeinflusste so entscheidend die Entwicklung einer einheitlichen deutschen Hochsprache.
1525 heiratete Luther die frühere Nonne Katharina von Bora, mit der er sechs Kinder hatte. Dass nach vielen Kämpfen 1555 Katholiken und Protestanten im »Augsburger Religionsfrieden« als gleichberechtigt anerkannt wurden, hat er nicht mehr erlebt.

Der Schweizer Reformator **Ulrich Zwingli** *(1484 bis 1531)* war ab 1519 Pfarrer am Großmünster in Zürich. Unter dem Einfluss des Humanisten Erasmus von Rotterdam, den er persönlich kannte, und durch die Lektüre der Schriften Martin Luthers bestärkt, ging er gegen Missstände in der Kirche vor. Er begann mit einer Schrift gegen das Fastengebot. 1523 führte er mit dem Rat der Stadt Zürich die Reformation in Zürich ein, wobei nichts beste-

Schweizer Reformator
*Ab 1519 wirkte **Ulrich Zwingli** (1484 bis 1531) am Großmünster in Zürich und begründete dort eine eigenständige schweizerische reformatorische Bewegung.*

hen bleiben sollte, was nicht aus der Heiligen Schrift ableitbar war: Heiligenbilder wurden aus den Kirchen verbannt, Klöster aufgelöst, Prozessionen, Orgelspiel, Gemeindegesang, Firmung und letzte Ölung abgeschafft. Die Feiertage wurden beschränkt, die Abendmahlsfeier sollte nur noch an vier Sonntagen im Jahr stattfinden. Im Unterschied zu Luther räumte Zwingli der christlichen Obrigkeit das Recht ein, anstelle der Gemeinde zu handeln. Daraus entwickelte sich das Zürcher Staatskirchentum. Auch bei der Auffassung des Abendmahls hingen Luther und Zwingli unterschiedlichen Meinungen an. Während Luther die Lehre vertrat, Christus sei in Brot und Wein tatsächlich gegenwärtig, fasste Zwingli diese Gegenwart symbolisch auf: Brot und Wein bedeuteten Leib und Blut Christi.
Zwinglis Versuch, die Reformation in der ganzen Schweiz durchzusetzen, führte zu politischen Konflikten mit den katholischen Kantonen und schließlich zum Zweiten Kappeler Krieg, in dem Zwingli fiel. Den sich daraus ergebenden Rückschlag für die Reformation in der Schweiz machte der dritte der drei großen Reformatoren des 16. Jh., Johannes Calvin, wieder wett.

Der französisch-schweizerische Reformator **Johannes Calvin** *(1509–64)* gilt neben Luther als einflussreichster Reformator der abendländischen Kirche. 1533 musste der studierte Jurist aus seinem Wohnort Paris fliehen, weil er sich zur Reformation bekannte. Er ging zunächst nach Basel, dann nach Genf, wo er am Aufbau der protestantischen Kirche beteiligt war. 1538 wurde er dort wegen seiner übertriebenen Sittenstrenge vom Rat der Stadt ausgewiesen und ging nach Straßburg. In dieser Zeit lernte er durch die Teilnahme an mehreren Religionsgesprächen die führenden Theologen der deutschen Reformation kennen. 1541 wurde er nach Genf zurückberufen, wo er diesmal seine neue Kirchenordnung beim Rat der Stadt durchsetzen konnte: Er verbannte Musik und Schmuck aus den Kirchen und forderte Sittenstrenge und unbedingten Bibelgehorsam.
Der Kampf zwischen Anhängern und Gegnern Calvins endete nach zahlreichen Hinrichtungen und Verbannungen erst 1555 zugunsten der neuen Lehre Calvins. Diese entwickelte vor allem den Gedanken der »Prädestination«, der Vorbestimmung des Menschen zur Seligkeit oder Verdammnis; den Ausschlag gibt nach dieser Lehre das Maß, in dem der Einzelne zur Pflichterfüllung fähig sei.
Calvins Lehre, der Kalvinismus, verbreitete sich noch zu seinen Lebzeiten überall in Europa. Durch die Vorstellung, der Grad der göttlichen Erwählung sei an den Lebensumständen, insbesondere am wirtschaftlichen Erfolg erkennbar, hatte der Kalvinismus einen großen Einfluss auf die wirtschaftliche und soziale Entwicklung in Westeuropa und, nach der Auswanderung der kalvinistisch geprägten Puritaner, in Nordamerika. Der deutsche Wirtschaftswissenschaftler und Soziologe Max Weber vertrat in seinem Werk »Die protestantische Ethik und der Geist des Kapitalismus« sogar die Auffassung, der Kalvinismus habe ganz wesentlich zur Entstehung des »kapitalistischen Geistes« beigetragen.

»Das Wort Gottes ist frei.«

Martin Luther

Verbreiter der Reformation
*Von Genf aus machte sich **Johannes Calvin** (1509–64) um die Ausbreitung der Reformation verdient. Auf dem Gemälde mahnt ein Engel ihn (links), den Papst (Mitte) und Luther zu Frieden und Toleranz.*

Reformer des Mittelalters

Auch vor der Reformation hatten viele Geistliche und Denker versucht, die Kirche zu modernisieren. Unter **Hugo dem Großen** *(1024–1109)*, dem Abt des Klosters Cluny, kam die kluniazensische Klosterreform zu ihrer größten Entfaltung. Die Reform fordete das Zölibat, das Verbot des Ämterkaufs und die Entlastung der Mönche von Feld- und Handarbeit. Die kluniazensische Reform wirkte auch in der gregorianischen Reform unter Papst **Gregor VII.** *(um 1020–85)*, der leidenschaftlich gegen Ämterkauf und Priesterehe kämpfte sowie gegen die Einsetzung (Investitur) von Bischöfen und Äbten durch weltliche Herrscher. Ein Vorläufer der Reformation war der englische Theologe **John Wycliffe** *(vor 1330–84)*. Er übersetzte die Bibel ins Englische und kritisierte die Verderbnis der Geistlichkeit sowie den Besitz und die weltliche Herrschaft der Kirche. Zu Lebzeiten wurde er nicht verurteilt, doch das Konstanzer Konzil, das seine bedeutendsten Anhänger **Jan Hus** *(um 1370?–1415)* und **Hieronymus von Prag** *(1360 bis 1416)* hinrichten ließ, erklärte ihn 1415 posthum zum Ketzer und ließ seine Gebeine verbrennen.

Klosterreformer
*Ausgangspunkt der kluniazensischen Reform war das Kloster Cluny. Unter Abt **Hugo dem Großen** (1024–1109) wuchs der Kluniazenserorden zum größten Klosterverband seiner Zeit.*

Englischer Reformator
*Der Kupferstich zeigt **John Wycliffe** (vor 1330–84) der – gestützt auf die Bibel – grundlegende Veränderungen in der Kirche forderte.*

Bedeutende Anhänger der Reformation

Thomas Müntzer *(1486/89/90–1525)* war erst Anhänger, später Gegner Luthers. Er wandte sich vom strengen Bibelglauben Luthers ab, entwickelte eine mystische Theologie des Mit-Leidens mit Jesus und bemühte sich seit 1523, Bürger, Bauern und Bergleute um sich zu sammeln, um ein urchristlich-kommunistisches Reich zu errichten. Der Humanist **Ulrich von Hutten** *(1488–1523)* griff ab 1519 in vielen Schriften kirchliche Missstände und das Papsttum an. Er setzte sich mit Luther für eine Reichsreform mit einem starken Kaiser ein, scheiterte aber und floh 1521 zu Zwingli in die Schweiz. **Philipp Melanchthon** *(1497–1560)* war der bedeutendste Mitarbeiter Luthers und verfasste das für die lutherische Kirche grundlegende »Augsburgische Bekenntnis«, in dem Glauben und Lehre der evangelischen Kirche und die abgestellten Missbräuche der katholischen Kirche dargestellt werden.

Auch auf den Britischen Inseln breitete sich die Reformation aus. Das Projekt einer neuen Bibelübersetzung ins Englische verfolgte **William Tyndale** *(1490/95–1536)*, musste dazu aber auf den Kontinent flüchten, wo er sich seit 1524 auch bei Martin Luther in Wittenberg aufhielt. Seine reformatorischen Schriften erregten die Aufmerksamkeit der Inquisition, die ihn hinrichten ließ. König **Heinrich VIII. von England** *(1491–1547)* war als gläubiger Katholik anfangs ein Gegner Luthers, trennte dann aber England von der römischen Kirche. Anlass war die Weigerung des Papstes, seine erste Ehe mit Katharina von Aragonien zu annullieren, damit er sein Verhältnis zu Anna Boleyn legalisieren konnte. 1534 machte sich Heinrich zum Oberhaupt der englischen Staatskirche. Der schottische Reformator **John Knox** *(1513?–72)* musste

1554 nach dem Regierungsantritt der Tochter Heinrichs aus erster Ehe, Maria der Katholischen, aus England fliehen und ging zu Calvin nach Genf. 1559 kehrte er nach Schottland zurück und war Prediger in Edinburgh, wo er einen jahrelangen Kampf mit der katholischen Königin Maria Stuart ausfocht. Auch der schottische Theologe **Andrew Melville** *(1545–1622)* verbrachte einige Zeit in Genf. Melville war maßgeblich an der Verfassung der schottischen Kirche beteiligt, die von einem Gremium von Ältesten (»Presbytern«) geleitet wird. 1606 wurde er in London verhaftet und für 4 Jahre in den Tower gesperrt.

Neuerer innerhalb der katholischen und der orthodoxen Kirche

Gleichzeitig mit der Reformation gab es die »katholische Reform«, die ihren stärksten Ausdruck im Konzil von Trient (1545–63) fand. Gefordert wurde ein allgemeines Konzil schon 1518 von Luther, doch erst 1545 wurde es von Papst **Paul III.** *(1468–1549)* nach langen Auseinandersetzungen eröffnet. Papst **Pius IV.** *(1499–1565)* berief es 1562 zu seiner dritten Tagungsperiode ein und beendete es. Die Reformdekrete des Konzils betonten die Notwendigkeit der Seelsorge, forderten eine bessere Ausbildung der Priester und strebten die Verbreitung des katholischen Glaubens durch Schulgründungen und Missionstätigkeit an. Erst mit dem Zweiten Vatikanischen Konzil, das von Papst **Johannes XIII.** *(1881–1963)* 1962 einberufen wurde, fand wieder ein derart bedeutendes reformatorisches Konzil statt. Die ganze Amtszeit dieses Papstes war geprägt von einem Geist der Erneuerung, seinem Bemühen um eine zeitgemäße Verkündigung des Evangeliums und dem Kontakt zu anderen Konfessionen.
Der niederländische Bischof **Cornelius Jansen** *(1585–1638)* begründete die im 17./18. Jh. vor allem in Frankreich und den Niederlanden bedeutende katholische Reformbewegung des Jansenismus. Er überspitzte die Gnadenlehre des Augustinus, indem er die göttliche Gnade als eine »unwiderstehliche« Gnade verstand, gegenüber der der freie menschliche Wille praktisch bedeutungslos sei. Dieses Gnadenverständnis war verbunden mit einer von tiefer Verinnerlichung geprägten Spiritualität und strengen moralischen Grundsätzen, die sich auf die frühchristliche Lehre und Praxis beriefen.

Der Patriarch von Moskau, **Nikon** *(1605–81)*, leitete umfangreiche Reformmaßnahmen in der russischen Kirche ein, die einerseits eine stärkere Anlehnung an die griechisch-orthodoxe Kirche, andererseits eine Spaltung der russischen Kirche zur Folge hatten, da sie eine radikale Abkehr von der nationalkirchlichen Tradition bedeuteten.

Judentum und Islam

Der Rabbiner **Abraham Geiger** *(1810–74)* war durch seine wissenschaftlichen Arbeiten der geistige Vater des Reformjudentums. Er sprach sich für eine Anpassung der historisch bedingten rituellen Vorschriften an die Gegenwart aus. Ein weiterer führender Vertreter des Reformjudentums war **Samuel Holdheim** *(1806–60)*. Er trat für die Aufgabe sinnlos gewordener jüdischer nationaler Gesetze ein, da die Juden keine Nation mehr bildeten und die Gesetze der modernen Staaten nicht im Widerspruch zu den religiösen Gesetzen der Juden stünden. In den USA vertraten **David Einhorn** *(1809–79)* und **Samuel Hirsch** *(1815–89)* ähnliche Positionen.

Der Schriftsteller **Djamaladdin Al-Afghani** *(1838/39–97)* plädierte für die Einführung von Verfassungen in islamischen Ländern und für einen auf Vernunft gründenden Reformislam. Sein Schüler **Mohammed Abduh** *(1849 bis 1905)*, wurde zum führenden Vertreter einer modernen islamischen Theologie, indem er den Islam als Religion der Vernunft und des Fortschritts darstellte. Dabei stützte er sich auf islamisches und europäisches Gedankengut.

Reformer des Judentums
Die Modernisierung althergebrachter Glaubensvorschriften war das Anliegen ***Samuel Holdheims*** (1806–60). *Zudem kämpfte er für die Glaubensfreiheit.*

Luthers Erben

Als religiöse Gegenbewegung zu den »rechtgläubigen« Theologen, die mit ihrem Streit um die »wahre Lehre« Luthers das 17. Jh. beherrschten, entwickelten sich einerseits verschiedene neue, gefühlsbetonte Frömmigkeitsbewegungen, die sich auch als Gegenströmung zur Aufklärung verstanden, andererseits eine Theologie, die sich gerade der Aufklärung und einem naturwissenschaftlichen Weltbild verpflichtet sah.

Eine Sonderstellung nimmt der tschechische Theologe und Pädagoge **Johann Amos Comenius** *(1592 bis 1670)* ein, der den sogenannten Pansophismus begründete, eine religiös-philosophische Lehre, die ein auf Bildung und Wissenschaft beruhendes weltweites »Friedensreich« anstrebte. Comenius vertrat die Ansicht, dass das ganze Leben Erziehung sei. Sein Leitgedanke war, dass »jeder alles« lernen sollte, sein Ziel die Erziehung des Menschen zur Menschlichkeit.

Die neue Frömmigkeit: Quäker und Pietisten

Der Laienprediger **George Fox** *(1624–91)* kam in einem visionären Erlebnis in den 1640er-Jahren zu der Erkenntnis, dass allein das »innere Licht«, das als Stimme Gottes jeden Menschen erleuchtet, zum Heil führe. Seine Anhänger erhielten bald wegen des Zitterns, unter dem sie von ihrer göttlichen Erfahrung redeten, den Spottnamen Quäker (»Zitterer«). Zu ihren Grundsätzen gehören Gewaltfreiheit, Gleichheit (auch im Hinblick auf die Rechte der Frauen), Toleranz und Religionsfreiheit. Auf politischer Ebene spielten sie später eine große Rolle bei der Abschaffung der Sklaverei in den USA.
Der Theologe **Philipp Jacob Spener** *(1635–1705)* gilt als Begründer des lutherischen Pietismus. Seit 1670 hielt er in Frankfurt/Oder als Bibelstunden angelegte private Erbauungsversammlungen ab. In einem außerordentlich einflussreichen Werk forderte er neben anderem die vertiefte Beschäftigung mit der Bibel und die tätige Verwirklichung des Christentums. Zur Unterweisung der Jugend setzte er die Konfirmation durch. Von Spener stark beeinflusst war der Theologe und Pädagoge **August Hermann Francke** *(1663–1727)*, der in Halle (Saale) die Erziehungsanstalten der Franckeschen Stiftungen, das Zentrum des Pietismus, gründete. Seine Erziehungsgrundsätze waren gekennzeichnet durch strenge Beaufsichtigung der Zöglinge, Brechen des Eigenwillens, Freudlosigkeit und Verbannung des Spiels mit dem Ziel, auf diese Weise Frömmigkeit und Fleiß zu fördern. Der Mystiker **Gerhard Tersteegen** *(1697–1769)* wurde als Wanderprediger, vor allem am Niederrhein, zu einer führenden Gestalt der pietistischen Erweckungsbewegung in Deutschland.

Wegbereiter des Pietismus
Das Denkmal zeigt den Gründer der Franckeschen Stiftungen in Halle, ***August Hermann Francke*** (1663–1727), *mit zweien seiner jungen Schützlinge.*

Tolerant und barmherzig
Fortschrittliche Werte wie Hilfsbereitschaft, Gewaltfreiheit und Toleranz stellte **George Fox** (1624 bis 1691) *in den Mittelpunkt seines Glaubens. Im Bild eine »Quäkerspeisung« (1920).*

Erweckungsprediger – Methodisten, Baptisten, Pfingstler

Die erste große Erweckungsbewegung in England setzte mit den beiden Theologenbrüdern **John** *(1703–91)* und **Charles Wesley** *(1707–88)* ein, die den Methodismus begründeten: Durch »methodische« Bibellektüre und Frömmigkeitsübungen soll der Einzelne zu einer intensiven Glaubenserfahrung kommen. Einziger Maßstab für Glauben, Gemeindeordnung und Leben ist die Bibel. Die Bewegung breitete sich durch missionierende Prediger rasch aus und zählt heute rund 50 Mio. Mitglieder, vor allem im angelsächsischen Raum. Der aus England nach Amerika eingewanderte **Roger Williams** *(um 1603–83)* gründete dort bereits 1639 die erste Baptistengemeinde. Kennzeichnend für die Baptisten (»Täufer«) ist die Erwachsenentaufe, da ihrer Meinung nach nur der bewusst an Christus Glaubende die Taufe empfangen sollte. Mit der vom Indianermissionar **Jonathan Edwards** *(1703–58)* durch eine berühmte Predigt eingeleiteten großen Erweckungsbewegung breiteten sich die Baptisten in ganz Amerika aus. In Deutschland gründete **Johann Gerhard Oncken** *(1800–84)* die erste Baptistengemeinde. Während eines Londonaufenthalts kam er 1819 in Kontakt mit dem Methodismus, missionierte, nach Hamburg zurückgekehrt, ab 1823 für verschiedene Bibelgesellschaften und ließ sich 1834 von einem amerikanischen Baptisten in der Elbe taufen.

Ausgelöst von einer Erweckung des farbigen US-amerikanischen Bischofs **William J. Seymour** *(1870 bis 1922)* in einer Gebetsversammlung entstand 1906 in Los Angeles die Pfingstbewegung, der am stärksten wachsende Zweig des Christentums im 20. Jh. Im Mittelpunkt pfingstlerischer Frömmigkeit steht die »Erfüllung mit dem Heiligen Geist«, die einhergeht mit »Geistesgaben« wie Zungenreden, Prophetie und Krankenheilungen.

Der Neuprotestantismus

Von ähnlich großer Bedeutung für die protestantische Theologie der Neuzeit wie später der Schweizer **Karl Barth** *(1886–1968)* war im 19. Jh. **Friedrich Daniel Ernst Schleiermacher** *(1768–1834)* durch seinen Versuch, zwischen Theologie und Philosophie eine Verbindung herzustellen. Er setzte sich mit der »natürlichen Theologie« der Aufklärung auseinander, die der Frage nachgeht, ob es neben den auf Religionsstifter zurückgehenden Religionen auch eine allen Menschen auf natürlichem Wege zugängliche und durch die Vernunft erschließbare religiöse Erkenntnis gebe. Schleiermacher betonte dabei das religiöse Gefühl und Bewusstsein des Menschen. Die von ihm gesuchte Verbindung von Bildung und Religion sowie von christlichem und philosophischem Bewusstsein hatte einen großen Einfluss auf die Theologen des Neuprotestantismus, die der Aufklärung und einem modernen Weltbild verpflichtet waren. Zu ihnen gehörte **David Friedrich Strauß** *(1808–74)*, der mit seinem Buch »Das Leben Jesu« eine heftige Kontroverse auslöste. Darin interpretierte er die Evangelien als mythische und somit unhistorische Erzählungen. Sein Anliegen war es, die humanitären Aspekte im Christentum hervorzuheben. **Albrecht Ritschl** *(1822 bis 1889)* war der bedeutendste evangelische Theologe des Wilhelminischen Zeitalters. Er vertrat eine theologische Ethik, die sich am Vorbild des historischen Jesus orientierte, und setzte als wichtiger Vertreter des sogenannten Kulturprotestantismus das Reich Gottes mit der modernen Kultur weitgehend gleich. Sein Schüler **Ernst Troeltsch** *(1865–1923)* suchte den Protestantismus in eine »philosophische Bildungsreligion« zu überführen, die offen war für moderne Gedanken und Werte.

Anhänger der Gläubigentaufe
Dieser Prediger in einem Baptistengottesdienst ist ein Erbe von **Roger Williams** (um 1603–83), *der die Baptistenkirche im 17. Jh. in den USA gründete. Ihre Mitglieder werden erst im Erwachsenenalter getauft.*

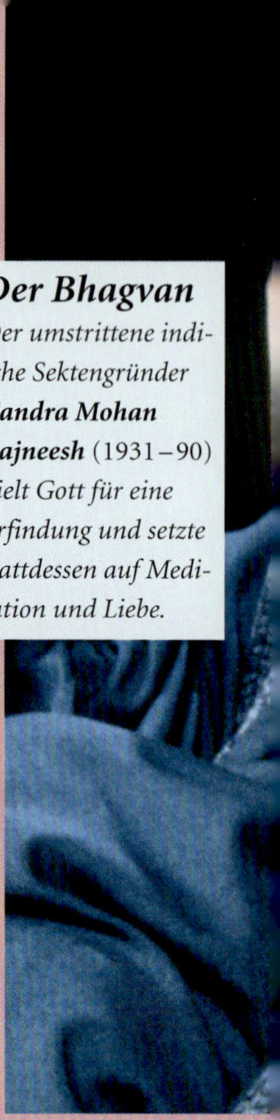

Der Bhagvan
*Der umstrittene indische Sektengründer **Candra Mohan Rajneesh** (1931–90) hielt Gott für eine Erfindung und setzte stattdessen auf Meditation und Liebe.*

Gurus, Ausbeuter und Schwindler

Im US-amerikanischen Bundesstaat Oregon bejubeln 1984 Anhänger euphorisch die Ankunft ihres Bhagvan.

Der Heiler
*Bei einem Massenselbstmord seiner Sekte, der Sonnentempler, kam 1994 **Luc Jouret** (1947 bis 1994) ums Leben, der sich gegenüber seinen Anhängern als Heiler ausgegeben hatte.*

Auf dem weiten Feld der Religion tummeln sich auch manche umstrittenen und fragwürdigen Gestalten. Nicht immer ist das seelische Wohl ihrer Anhänger Ziel dieser Sektenführer.

So entwickelte **Ron L. Hubbard** *(1911–86)* mit Scientology eine »Wissenschaft über den menschlichen Geist«, mit der in einem kostenintensiven Kurssystem »geistige Gesundheit« erreicht werden soll. Der Koreaner **San Myung Mun** *(1920–2012)* gründete 1954 die Vereinigungskirche. Ihr Ziel ist eine vollkommene, sündenlose Welt unter der Herrschaft der Mun-Familie. 1966 gründete der Inder **A. C. Bhaktivedanta Svami Prabhupada** *(1896 bis 1977)* die Hare-Krishna-Bewegung, die im Westen die Verehrung des indischen Gottes Krishna zu verbreiten sucht. Durch das Wirken des Gurus **Maharaj Ji** *(geb. um 1958)* breitete sich die 1960 in Indien entstandene Bewegung Divine Light Mission ab 1970 auch im Westen aus. Im Mittelpunkt stehen eine bestimmte Meditationstechnik und die Verehrung des Gurus. Von **David Berg** *(1919–94)* wurde 1968 in Kalifornien die Sekte der Children of God gegründet. Neue Mitglieder wurden durch sexuelle Kontakte gewonnen, auch Kinder wurden sexuell missbraucht. Der indische Sektenführer **Swami Omkarananda** *(1929–2000)* schuf 1966 in der Schweiz sein »Divine Light Zentrum«. 1979 wurde er wegen Mordanschlägen auf Widersacher zu 14 Jahren Haft verurteilt. 1974 errichtete **»Bhagvan« Candra Mohan Rajneesh** *(1931–90)* im indischen Pune ein religiös-therapeutisches Zentrum, dessen Programm psychische Selbsterfahrung nach westlichem Muster mit religiös-mystischer Erfahrung nach östlicher Tradition verband. Finanziert wurde die Bewegung, die 1985 auseinanderbrach, durch »freiwillige Selbstausbeutung« ihrer Anhänger.

Der Anführer einer Gruppe polygamer fundamentalistischer Mormonen, **Ervil LeBaron** *(1925–81)*, ließ viele seiner Konkurrenten und Gegner ermorden. **David Koresh** *(1959–93)* leitete die Sekte der Davidianer. Wegen verschiedener krimineller Delikte wurde das Sektenzentrum bei Waco (Texas) 1993 von den Behörden belagert und von den Davidianern in Brand gesetzt, wobei fast alle Mitglieder umkamen. **Paul Schäfer** *(1921–2010)*, der Begründer der berüchtigten Colonia Dignidad in Chile, gab vor, sich um Waisenkinder zu kümmern, unterdrückte und missbrauchte sie aber brutal. Die Anführer der Sonnentempler **Joseph Di Mambro** *(1924–94)* und **Luc Jouret** *(1947–94)* kamen 1994 bei einem Massen(selbst)mord ums Leben. Jouret war als Heiler aufgetreten, Di Mambo als geheimnisvoller Großmeister mit magischen Fähigkeiten. **Yahweh ben Yahweh** *(1935–2007)* leitete die Sekte Nation of Yahweh, die mit radikalen Methoden (auch Morden) die Auffassung vertritt, dass Gott schwarz sei und die Schwarzen die »wahren Juden«.

Die Weltherrschaft als Ziel

Der Unternehmer und Kirchenführer ***San Myung Mun*** *(1920–2012) ließ sich von Anhängern als »Sieger des Universums« und »Herr der Schöpfung« preisen. Das Bild links zeigt eine Massenhochzeit von Anhängern seiner »Wiedervereinigungskirche« im Jahr 1988, bei der sich 6000 Paare vom Kirchenführer persönlich trauen ließen.*

Krimineller Sektenchef

Im Jahr 2005 wurde ***Paul Schäfer*** *(1921 bis 2010) wegen zahlreicher Verbrechen verhaftet. 2006 wurde er wegen Kindesmissbrauchs zu 20 Jahren Haft verurteilt.*

Den Scientologen dient ein Kreuz mit acht Spitzen als Symbol ihres Glaubens (Hintergrundbild).

Scientologygründer

Um seine als Dianetik bezeichnete Lehre zu verbreiten, baute ***Ron L. Hubbard*** *(1911–86) die Scientologysekte auf.*

Guru der Davidianer

1993 ging das Anwesen der Davidianersekte in Texas in Flammen auf. ***David Koresh*** *(1959–93), der Anführer der Sekte, war unter den über 80 Todesopfern.*

Jahrtausend-philosophen

Die Wurzeln der abendländischen Philosophie liegen in Griechenland. Die von den griechischen Philosophen gebildeten Begriffe, ihre Fragestellungen und Denkstrukturen haben das Wissenschafts- und Geistesleben so maßgeblich beeinflusst, dass sie noch heute die theoretischen Grundlagen der großen Berufsstände prägen: Platon, Aristoteles und der Neuplatonismus das Denken der Theologen, die Stoa das der Juristen, Epikur das der Ärzte, Aristoteles überhaupt das Grundverständnis von Wissenschaft.

»Wenn schon die Götter nicht alles wissen, dann wohl kaum die Menschen.«

Aristoteles

Auf den Straßen und öffentlichen Plätzen Athens verbreitete **Sokrates** *(um 470–399 v. Chr.)* seine Lehre mündlich. Für ihn stehen nicht mehr wie bei seinen Vorgängern – den Naturphilosophen – Spekulationen über die Natur im Vordergrund seines Denkens und Philosophierens, sondern der Mensch, der aus Einsicht und eigener Verantwortung moralisch gut handeln soll. Sokrates' Methode ist das philosophische Gespräch. Zuerst fragt er seine Schüler nach scheinbar selbstverständlichen Dingen und deckt dabei mit den Mitteln der Ironie und dem Nachweis von Widersprüchen das vermeintliche Wissen als unbegründete Meinung auf. Dann führt er seine Gesprächspartner zu der zentralen Einsicht, dass wir Menschen gar nichts Genaues wissen. Die Grundlagen des wahren Wissens und der sittlichen Einsicht liegen nach Sokrates unter der Oberfläche der jeweils gültigen Anschauungen verborgen und müssen mithilfe der richtigen Fragetechnik wie von einer Hebamme nur ans Licht gezogen werden. Wegen angeblicher Gottlosigkeit und Verführung der Jugend wurde Sokrates vom Gericht zum Tod durch den Schierlingsbecher verurteilt, eine mögliche Flucht aus dem Gefängnis schlug er aus. Verheiratet war Sokrates mit Xanthippe, die – wohl zu Unrecht – zum Inbegriff der Zanksucht wurde.

Die Lehre des Sokrates wurde vor allem durch seinen Schüler **Platon** *(427–348/347 v. Chr.)* der Nachwelt überliefert. Platons Werke haben fast alle die

Der Staatsphilosoph
An der Akademie in Athen zeigt diese Sitzstatue ihren Gründer **Platon** (427–348/347 v. Chr.), *der seine Werke vor allem in Dialogform verfasste.*

Form von Dialogen, in denen Sokrates das Wort ergreift. Rede und Antwort leiten zur Erkenntnis des Guten. Platon führt in die Philosophie den Begriff der »Idee« ein, mit der er das sich immer gleich bleibende, wahrhaft Seiende bezeichnet, das den vielfältigen Erscheinungen der Welt zugrunde liegt. Im Gegensatz zur sinnlich wahrnehmbaren Welt sind die Ideen nur durch Vernunft erkennbar. Platon entwarf in seiner Schrift »Vom Staat« auch ein ideales Staatswesen, in dem die Menschen aufgrund ihrer natürlichen Anlagen zu verschiedenen Tätigkeiten und zur Arbeitsteilung bestimmt sind. Es wird von »Philosophenkönigen« regiert, die sich an der Idee des Guten orientieren und bei deren Ausbildung das staatliche Erziehungsideal der »Umwendung« des Lebens von einer triebhaften zu einer vernunftbestimmten Denk- und Lebensweise im Zentrum steht. Große Bedeutung hatte die Gründung einer Schule durch Platon, die Akademie in Athen, die bis 529 n. Chr. bestand und aus der als größter Schüler Aristoteles hervorgegangen ist.

Aristoteles *(384–322 v. Chr.)*, der wohl einflussreichste Denker der Philosophiegeschichte überhaupt, war bis zu Platons Tod Schüler der Akademie und wurde 343/342 Erzieher von Alexander dem Großen. Seine Wirkung auf das christlich-europäische, jüdische und islamisch-arabische Geistesleben ist unüberschaubar. Ein großer Teil der von Aristoteles zum ersten Mal definierten Begriffe – z. B. »Kategorie«, »Substanz«, »Abstraktion« – sind zu einem festen Bestandteil der Umgangs- und Wissenschaftssprache geworden. Die theoretischen Grundlagen der Anfänge vieler wissenschaftlicher Fächer wie Logik, Physik, Biologie, Meteorologie oder Astronomie sind stark von Aristoteles beeinflusst. Bahnbrechend war nicht nur seine Lehre von den logischen Grundgesetzen, von Begriff, Urteil und Schluss, sondern auch die Entwicklung von für die einzelnen Wissenschaften jeweils typischen Methoden, die zur Aufteilung der Philosophie in verschiedene Disziplinen führte. Ebenso bedeutend war seine Ausbildung einer sich auf Erfahrung und Beobachtung stützenden Forschung mit Materialsammlung und -auswertung. Da Aristoteles' Philosophie es möglich machte, auch religiöse Glaubensinhalte in ein systematisches Lehrgebäude einzugliedern, genoss sie bei allen drei großen westlichen Religionen hohe Wertschätzung und beherrschte insbesondere seit dem 13. Jh. das christliche Denken des Abendlands.

Mit Fragen zur Erkenntnis
Keinerlei Schriften hat **Sokrates** *(um 470–399 v. Chr.) hinterlassen. Um die Überlieferung seiner Erkenntnisse hat sich sein Schüler Platon verdient gemacht.*

Vorgänger und Nachfolger im Altertum

Thales von Milet (um 625 bis um 547 v. Chr.) hielt Wasser für den Urstoff aller Dinge.

Pythagoras von Samos (um 570 bis um 500 v. Chr.) lehrte Zahl und Maß als Wesen aller Dinge.

Parmenides von Elea (6./5. Jh. v. Chr.) lehrte, dass nur das Denken das wahre Sein erkennen lässt und dass uns die sinnliche Wahrnehmung täuscht.

Nach **Empedokles** (490–430 v. Chr.) sind Entstehen und Vergehen aller Dinge nur Mischung und Trennung der Elemente Feuer, Luft, Wasser und Erde.

Protagoras (um 485 – um 415 v. Chr.) lehrte die menschliche Bedingtheit allen Wissens und prägte den Satz »Der Mensch ist das Maß aller Dinge.«

Zenon von Kition (um 333 bis 262 v. Chr.) begründete die Philosophie der Stoa. Sie lehrt, dass allein die Tugend glücklich macht.

Epikur von Samos (341–271 v. Chr.) meinte, dass man Glückseligkeit nur durch ein Leben der Lust sowie frei von Schmerz und Unruhe erreichen kann.

Der römische Stoiker **Lucius Annaeus Seneca** (um 4 v. Chr. – 65 n. Chr.) stellte die konkrete Lebensbewältigung mithilfe von praktischer Philosophie in den Mittelpunkt.

Anicius Boethius (um 480 bis um 524 n. Chr.) ist mit seinen Aristoteles-Übersetzungen der wichtigste Mittler zwischen Altertum und Mittelalter.

Begründer neuer Weltbilder

Revolutionär des Weltbilds

Das neue heliozentrische Weltbild des ***Nikolaus Kopernikus*** (1473–1543) *stellt die Sonne in den Mittelpunkt des Kosmos.*

Vor dem Wehrturm, in dem Kopernikus' Arbeitszimmer lag, sind Kopien astronomischer Instrumente der Zeit ausgestellt.

Die ersten Versuche, den Aufbau des Himmels und der Welt zu erklären, sind aus dem alten Griechenland bekannt. Es gab sie, als man noch die Erde als den wichtigsten Himmelskörper, als die »Welt« schlechthin, ansah und von einem geozentrischen Weltbild, also von einem System, bei dem die Erde im Mittelpunkt der um sie kreisenden Himmelskörper steht, ausging. Dieses Weltbild blieb bis in die Neuzeit gültig und wurde insbesondere auch von der Kirche vertreten.

Aber schon in der Antike war ein Forscher auf der richtigen Spur. **Aristarchos von Samos** *(um 310 bis um 230 v. Chr.)* nahm als Erster an, dass die Erde und die Planeten die Sonne umkreisen. Er ist damit der Begründer des heliozentrischen Weltbilds. Aristarchos von Samos gab auch die erste genaue Methode zur Bestimmung kosmischer Entfernungen an und berechnete die Abstände der Sonne und des Mondes von der Erde. Der »griechische Kopernikus« fand mit seinem Weltbild jedoch kaum Anerkennung; dominierend waren bis ins 17. Jh. hinein die geozentrischen Vorstellungen des in der Wissenschaftsgeschichte übermächtigen Aristoteles und des Ptolemäus. Erst Kopernikus entdeckte viele Jahrhunderte später die Lehren des Aristarchos wieder und entwickelte sie weiter.

Der griechische Astronom **Claudius Ptolemäus** *(um 100–um 160)*, der im ägyptischen Alexandria wirkte, entwarf ein geozentrisches Weltsystem, bei dem sich die Planeten Merkur, Venus, Mars, Jupiter und Saturn sowie Sonne und Mond um die Erde als Mittelpunkt drehen. Den äußeren Rand dieses Weltsystems bildet die Fixsternsphäre. Zur Beschreibung der Planetenbewegung kombinierte er die verschiedenen Theorien seiner Vorgänger Apollonios und Hipparch und führte zusätzlich noch eine Ausgleichsbewegung ein, um die beobachteten Unregelmäßigkeiten zu erklären. Er verfasste das erste systematische Handbuch der mathematischen Astronomie, das durch seinen Inhalt und Aufbau verbindlich für alle astronomischen Handbücher bis über Kopernikus hinaus wurde. Auch die geografischen Vorstellungen von der Erde wurden bis in die Neuzeit durch Ptolemäus geprägt. Seine »Geographia« enthielt zwar keine Erdkarte, aber eine Anleitung zur Konstruktion von Gradnetzen und eine Länderaufteilung sowie die Lagebestimmung von rund 8100 Orten der antiken Welt. Nach diesen Angaben wurden bis Ende des 16. Jh. Weltkarten konstruiert, die allerdings merkwürdige Verzerrungen aufweisen, da Ptolemäus seine Angaben von verschiedenen Vorläufern übernahm, die unterschiedliche Maßeinheiten verwendeten.

Nikolaus Kopernikus *(1473–1543)* legte bereits 1514 in einem ersten Entwurf sein heliozentrisches Weltbild dar: Die Sonne bildet das Zentrum der kreisförmigen Planetenbahnen, auch die Erde, die sich täglich um ihre Achse dreht, kreist um die Sonne und wird ihrerseits vom Mond umkreist. Das Werk fand zunächst vor allem wegen der darin enthaltenen Gedanken zu einer Kalenderreform Beachtung. An den physikalischen Grundannahmen des ptolemäischen Systems – der Überzeugung von der Kreisförmigkeit der Bahnen und der Gleichförmigkeit der Bewegungen – rüttelte Kopernikus nicht, allerdings gelang es ihm auch nicht, mit seinem System bessere Angaben zu machen.
Erst Johannes Kepler, der erkannte, dass sich die Planeten nicht auf Kreis-, sondern auf Ellipsenbahnen bewegen, verhalf dem heliozentrischen System des Kopernikus zum Durchbruch. Kopernikus' Werk, das im Widerspruch zur kirchlichen Lehrmeinung stand, wurde 1616 während der Auseinandersetzungen mit Galileo Galilei von der katholischen Kirche auf den Index der verbotenen Schriften gesetzt und erst im Jahr 1835 wieder davon gestrichen.

Vertreter des Geozentrismus
Dieses im 15. Jh. entstandene Gemälde zeigt ***Ptolemäus*** (um 100–um 160) *mit einem Modell seines Weltbilds. Die Erde ruht im Mittelpunkt des Kosmos.*

Vorläufer und Nachfolger

Der Dichter **Hesiod** *(um 700 v. Chr.)* entwarf ein mythologisches Weltbild, ein Gesamtsystem der griechischen Götterwelt. Der Naturphilosoph **Anaximander von Milet** *(um 610–um 546 v. Chr.)* verfertigte die erste griechische Weltkarte und einen Himmelsglobus. Er entmythologisierte das Weltbild Hesiods. **Eudoxos von Knidos** *(4. Jh. v. Chr.)* entwarf das erste auf Beobachtung beruhende Modell der Planetenbewegung und ging von der Kugelgestalt der Erde aus. **Apollonios von Perge** *(um 262 bis um 190 v. Chr.)* entwickelte eine Theorie zur Darstellung der Bewegung der Planeten unter der Annahme einer im Zentrum stehenden Erde. **Hipparch von Nikaia** *(2. Jh. v. Chr.)* entwarf das erste Verzeichnis der Fixsterne; auch er entwickelte eine Theorie zur Planetenbewegung, um die von den Astronomen angenommene Kreis- und Gleichförmigkeit der Bewegungen mit den beobachteten Unregelmäßigkeiten in Einklang zu bringen. **Galileo Galilei** *(1564–1642)* geriet wegen seiner Verteidigung der Lehre des Kopernikus in Konflikt mit der Inquisition. **Johannes Kepler** *(1571 bis 1630)* erkannte die Ellipsennatur der Planetenbahnen. **Isaac Newton** *(1643–1727)* erklärte durch sein Gravitationsgesetz, das die Anziehungskraft zwischen zwei Massen beschreibt, die Planeten- und Mondbewegungen sowie die Gezeiten. **Edmond Halley** *(1656–1742)* wies die Eigenbewegung der Fixsterne nach und sagte korrekt die Wiederkehr des später nach ihm benannten Halleyschen Kometen voraus. **James Bradley** *(1693–1762)* gelang es, die Lichtgeschwindigkeit zu berechnen. Der Musiker und Astronom **Friedrich Wilhelm Herschel** *(1738–1822)* entdeckte die Eigenbewegung des Sonnensystems; bei seinen Forschungen wurde er von seiner Schwester **Caroline Herschel** *(1750 bis 1848)* unterstützt.

»Und sie bewegt sich doch!«

Galileo Galilei

Große Moralphilosophen

Szene aus dem Stück »Die schmutzigen Hände« von Jean-Paul Sartre auf der Bühne des Hamburger Thalia-Theaters. Philosophen wie Albert Camus und Sartre verbreiteten im 20. Jh. ihre philosophischen Gedanken auch mithilfe der (existenzialistischen) Literatur.

Die Ethiker aller Zeiten haben sich vor allem mit drei Fragen beschäftigt: Was ist das höchste Gut? Wie handle ich richtig? Wie ist es mit der Freiheit des Willens bestellt?

Der Grieche **Platon** *(427–348/347 v. Chr.)* war der Erste, der sich in seinen Schriften mit ethischen Fragen befasste, **Aristoteles** *(384–322 v. Chr.)* stellte dann die Ethik als eigenständige philosophische Disziplin neben Logik und Physik. Den schon in der Antike formulierten Gedanken eines von Natur gegebenen sittlichen Gesetzes verband im Mittelalter **Thomas von Aquin** *(um 1225–74)* mit der christlichen Offenbarung zu einer umfassenden theologisch-philosophischen Ethik, die bis zur Aufklärung mehr oder weniger gültig war.

Die britischen Moralphilosophen der Neuzeit und Aufklärung

Thomas Hobbes *(1588–1679)* übertrug die mathematisch-exakten Methoden der Wissenschaft des 17. Jh. auch auf seine Staats- und Gesellschaftslehre. Er ging davon aus, dass der Mensch im »Naturzustand« durch den Trieb zur Selbsterhaltung und ein unersättliches Machtstreben charakterisiert sei (»der Mensch ist dem Menschen ein Wolf«). Damit nicht ein Krieg aller gegen alle herrsche, müssten die Menschen auf ihr natürliches Recht verzichten und einen »Staatsvertrag« schließen, in dem sie einem Herrscher (»Souverän«) ihre Rechte übertragen. Der Souverän allein – ein Einzelner oder eine Versammlung – lege Moral und Recht fest, bestimme, was Glaube und was Aberglaube sei, um so alle Uneinigkeit aus dem Gemeinwesen zu bannen. **Anthony Ashley Cooper, 3. Earl of Shaftesbury** *(1671–1713)*, einer der bedeutendsten Vertreter der englischen Aufklärung, betonte dagegen den »natürlichen« Ursprung der Moral. Sittlichkeit ist für ihn »Liebe zur (kosmischen) Ordnung und Schönheit im Gesellschaftlichen«. Shaftesburys Betonung des Gefühls und seine Verbindung von ästhetischen und moralischen Kategorien im dem Menschen angeborenen »moralischen Sinn« hatte einen großen Einfluss auf die Dichter der Folgezeit, u. a. auch auf Schiller und Goethe. Auch der Theologe und Moralphilosoph **Joseph Butler** *(1692 bis 1752)* widersprach Hobbes' Thesen vom menschlichen Egoismus und verwies auf das Gewissen als moralische Instanz. **Francis Hutcheson** *(1694 bis 1746)* ging wie Shaftesbury von einem angeborenen »moralischen Sinn« aus, mit dem sich Handlungen beurteilen und ethische Normen erkennen lassen. Für das moralische Urteil besonders wichtig ist bei Hutcheson der Begriff der »benevolence« (Wohlwollen), also die Frage, ob eine Handlung das »Glück der größtmöglichen Zahl« bewirke. Damit nahm Hutcheson den Kernpunkt des Utilitarismus von **Jeremy Bentham** *(1748–1832)* und **John Stuart Mill** *(1806–73)* vorweg. Von Hutcheson

Existenzialist
Als »Wortmaschine« bezeichnete sich ***Jean-Paul Sartre*** (1905–80), *einer der umstrittensten Intellektuellen des 20. Jh., selbst.*

Vater des Positivismus
Mit dem Positivismus strebte ***Auguste Comte*** (1798–1857) *nach einer wissenschaftlich fundierten und vom Altruismus geprägten Weltkultur.*

Philosoph mit Nobelpreis
Für sein philosophisch-literarisches Werk wurde ***Albert Camus*** (1913–60) *1957 mit dem Nobelpreis für Literatur ausgezeichnet. Das Foto zeigt ihn mit seiner Frau nach der Ehrung.*

beeinflusst waren die meisten der späteren schottischen Philosophen, u. a. **Adam Smith** *(1723–90)*, David Hume und Adam Ferguson. **David Hume** *(1711–76)* gilt neben **John Locke** *(1632–1704)* als der wichtigste Vertreter des englischen Empirismus, der behauptet, dass Erkenntnis nur auf Erfahrung beruhe. Für Hume ist moralisches Handeln nicht auf Wissen, sondern auf Fühlen zu begründen. Er kritisierte die Herleitung ethischer Normen aus Fakten mit der berühmten Formel »Aus dem Sein folgt kein Sollen«. Mit seiner These, moralisch gute Eigenschaften ließen sich an ihrer Nützlichkeit erkennen, war auch er ein Wegbereiter des Utilitarismus. **Adam Ferguson** *(1723–1816)* war mit seinen wissenschaftlichen Methoden der Gesellschaftsbeschreibung einer der ersten bedeutenden Soziologen. Moralisches Verhalten und das Streben des Menschen nach Vollkommenheit sind nach Ferguson auf die Liebe zum Mitmenschen, auf Wertschätzung und Wohlwollen gegründet.
Den bedeutendsten Wandel im Denken der Moralphilosophie brachte schließlich der Deutsche **Immanuel Kant** *(1724–1804)* mit seinem »kategorischen Imperativ«, der reiner praktischer Vernunft entspringt und ausschließlich auf dem Prinzip der Pflicht sowie der Freiheit des Menschen gründet. Er lautet: »Handle nur nach derjenigen Maxime, durch die du zugleich wollen kannst, dass sie allgemeines Gesetz werde.«

Moderne Moralphilosophen

Der französische Philosoph **Auguste Comte** *(1798 bis 1857)* gilt wie Ferguson als einer der Väter der Soziologie und entwickelte die Denkrichtung des Positivismus, der die Gültigkeit menschlicher Erkenntnis grundsätzlich auf »harte Fakten« beschränkt und alles, was über das unmittelbar Wahrgenommene hinausgeht, nicht gelten lässt. Obwohl er Sinn- und Wertfragen ablehnte, ging Comte von einem »Gemeinschaftsgeist« aus, der den Egoismus des Einzelnen durch Uneigennützigkeit ersetzen sollte. In diesem »Altruismus« – der Begriff wurde von ihm geprägt – sah er das zukünftige, dem Egoismus überlegene Gesellschaftsprinzip. Der Philosoph und Schriftsteller **Jean-Paul Sartre** *(1905–80)* vertrat die Philosophie des Existenzialismus, die von der Absurdität des Daseins ausgeht. Sartre behauptet, dass der Mensch aufgrund seiner Freiheit dazu verurteilt ist, sein Dasein selbst zu entwerfen und verantwortlich handelnd zu übernehmen. Gott darf es in diesem System nicht geben, damit die radikale Freiheit des Menschen gewahrt bleibt. Sartre verstand den Existenzialismus daher als einen Humanismus, der keine andere Wirklichkeit als die des Menschen anerkennt: Damit das Zusammenleben der Menschen aber funktioniert, wählt das Individuum mit seiner eigenen Freiheit zugleich die Freiheit der anderen und der Menschheit als Ziel.

»Die Wissenschaft führt zur Voraussicht; Voraussicht führt zum Handeln.«
Auguste Comte

Auch dem schriftstellerischen Werk von **Albert Camus** *(1913–60)* liegt die Theorie des Absurden, die Vorstellung einer sinnleeren Welt, zugrunde. Der Mensch erscheint in ihr als »Der Fremde«, wie der Titel seines ersten Romans lautet. Bei Camus entwickelt sich aber aus der Spannung zwischen der Absurdität des Daseins und dem Verlangen des Einzelnen nach Sinnerfüllung die Revolte. Im Aufbegehren gegen die Sinnlosigkeit der Welt findet der Mensch wie der Arzt im Roman »Die Pest« den Weg über sich selbst hinaus zur Solidarität mit den Mitmenschen. Das Philosophieren des im angelsächsischen Raum sehr einflussreichen Briten **George Edward Moore** *(1873–1958)* ist geprägt durch die starke Betonung des »common sense«, des gesunden Menschenverstands. Er geht davon aus, dass die Bedeutung von »gut« nicht definierbar ist, vielmehr könne man nur eine Handlung oder einen Gegenstand als gut bezeichnen. Moores Ethik, bei der der Mensch auf seine Intuition – seine Eingebung – angewiesen ist, weist viele Berührungspunkte mit dem Utilitarismus auf, für den eine Handlung dann gut ist, wenn sie das höchstmögliche Maß an Gutem bewirkt. Der Philosoph **Max Scheler** *(1874–1928)* vertrat im Gegensatz zu Kants »Pflichtethik« eine »materiale« Wertethik, d. h., die sittlichen Werte werden als unwandelbare, objektive Wesenheiten aufgefasst und in einem hierarchischen System geordnet. Der Mensch könne diese Werte in freier Entscheidung und Verantwortlichkeit durch sein Gefühl erfassen. Als Soziologe arbeitete Scheler den inneren Zusammenhang zwischen den Arten des Wissens und dem ethischen Bewusstsein sozialer Gruppen heraus. **Hans Jonas** *(1903–93)* verfolgte in seinem Hauptwerk »Das Prinzip Verantwortung« einen Ansatz, der neben die Verantwortung gegenüber dem Mitmenschen auch die Verantwortung gegenüber zukünftigen Generationen und der Natur stellt. Er wandelte den kategorischen Imperativ Kants um in den »ökologischen Imperativ«. Er lautet »Handle so, dass die Wirkungen deiner Handlung verträglich sind mit der Permanenz echten menschlichen Lebens auf Erden.«

Für den Menschenverstand

*Einer der berühmtesten englischen Moralphilosophen war **George Edward Moore*** (1873 bis 1958), *der auf die Intuition des Menschen vertraute.*

Diskursethik

Zentrales Kriterium der Diskursethik ist das Argumentieren. **Jürgen Habermas** *(geb. 1929)* ist zusammen mit Karl-Otto Apel ein prominenter Vertreter dieser Richtung, die davon ausgeht, dass man durch den Gebrauch der Vernunft moralische Normen begründen kann. Habermas vertritt die Auffassung, dass die ethisch verbindlichen Grundlagen gesellschaftlicher Prozesse in der Sprache liegen. In die Sprache fließen nach Habermas die Geltungsansprüche der Wahrheit und der Vernünftigkeit ein; sie liegen jeglicher Verständigung (und damit menschlichem Handeln) als moralisch verbindliche Regeln zugrunde. Andererseits gehen in den Verständigungsprozess unhinterfragte Kenntnisse und die Lebenswelt des Einzelnen ein. Diese können durch die Sprache zum Ausdruck gebracht und zur Diskussion gestellt werden. **Karl-Otto Apel** *(geb. 1922)* entwickelte die These, dass in der argumentativen Auseinandersetzung gleichberechtigter Partner der Schlüssel für eine demokratische Ethik liege. Er geht von einer idealen »Kommunikationsgemeinschaft« als ethischer Grundlage aus, die bei jedem Argumentieren von allen Individuen vorausgesetzt werde und die man nicht bestreiten könne.

Schöpfer der Diskurstheorie

*Auf dem Gebiet der Moralphilosophie entwickelte **Jürgen Habermas*** (geb. 1929) *die viel beachtete Diskurstheorie.*

Tierethik

Der Philosoph und Bioethiker **Peter Singer** *(geb. 1946)* gilt als Begründer der modernen Tierethik. Er kritisiert die Ungleichbehandlung der Lebewesen aufgrund ihrer Art und die Bevorzugung des Menschen. Er stellt die These auf, dass die Zugehörigkeit zu einer Spezies bei der Frage des moralischen Unrechts, Leid zuzufügen oder zu töten, keine Bedeutung besitze, sondern dass allein die Fähigkeit zähle, Schmerz oder Glück zu empfinden – was ihn zu äußerst umstrittenen Folgerungen im Zusammenhang mit Abtreibungen, Tötung von behinderten Neugeborenen und Sterbehilfe führt.

Religiöse Denker

Universales Wissen
Die Kommentare des ***Albertus Magnus.*** (um 1200–80) *zu den Werken von Aristoteles markieren den Beginn der Philosophie in Deutschland.*

Die philosophische Beschäftigung mit dem Phänomen der Religion ist so alt wie die Philosophie überhaupt. Bis hinein in die Neuzeit waren Theologie und Philosophie untrennbar miteinander verbunden, erst mit der Aufklärung begann im Westen der Übergang zu einer Religionsphilosophie, die sich von der religiösen Tradition löste. Im 20. Jh. wurden jedoch wieder Konzepte entwickelt, die die Wirklichkeit religiöser Erfahrung verteidigten und Religion und modernes Denken in Einklang zu bringen versuchten.

Der irische Theologe und Philosoph **Johannes Scotus Eriugena** *(gest. um 877)* ragte aus seiner Zeit hervor, da er nicht einfach die Weisheit der Vorzeit sammelte und weitergab, sondern eigenständig philosophierte. Er vertrat die Idee von der Welt als göttlicher Selbstentfaltung, deren Ziel die Rückkehr der gesamten Schöpfung zum göttlichen Ursprung sei. **Anselm von Canterbury** *(1033 bis 1109)* gilt als »Vater« der mittelalterlichen Scholastik, die die christliche Offenbarungslehre mit philosophischem Denken verband. Sein wichtigster Grundsatz war, dass man mit der Vernunft den Glaubensinhalt soweit wie möglich durchdringen solle. Der streitbare Philosoph **Petrus Abaelardus** *(1079–1142)* erlangte durch seine Methodenlehre philosophiegeschichtliche Bedeutung, indem er aufzeigte, dass man Widersprüche in den Texten der Bibel und der Kirchenväter nicht mit starren Dogmen sondern nur mithilfe der Interpretation auflösen könne. Der Naturforscher, Philosoph und Theologe **Albertus Magnus** *(um 1200–80)* verhalf der Philosophie des Aristoteles zum Durchbruch und suchte aristotelisches Gedankengut und christlichen Glauben zu vereinbaren. Sein Schüler **Thomas von Aquin** *(um 1225–74)* war der bedeutendste Theologe und Philosoph des Mittelalters. Er verband die durch Augustinus geprägte Schultradition der Kirche mit den Lehren des Aristoteles zu einem philosophisch-theologischen System. Weil aber die Philosophie die Frage nach dem letzten Sinn des Menschen nicht sicher beantworten kann, wird sie von Thomas der Theologie untergeordnet, was er in die griffige Formel vom »Magddienst der Philosophie« brachte. Der englische Theologe und Philosoph **Roger Bacon** *(um 1214–um 1292)* gilt als wichtigster Vertreter der mittelalterlichen Erfahrungswissenschaft. Er lehnte die Berufung auf Autoritäten ab, die ohne einsichtige Gründe Anspruch auf Glauben erheben, und ließ nur die Erfahrung gelten. **Johannes Duns Scotus** *(um 1266–1308)* versuchte die Grenze zwischen Philosophie und Theologie neu zu ziehen. Er lehnte die Harmonisierungsversuche des Thomas von Aquin ab und suchte den Konflikt zwischen Wissen und Glauben zu entschärfen, indem er sowohl den Geltungsbe-

Philosoph des Mittelalters
Als Theologe und Philosoph entwickelte ***Thomas von Aquin*** (um 1225–75) *einen Gottesbeweis, den er in seiner Schrift »Summa theologiae« veröffentlichte.*

reich der philosophischen Vernunft als auch den Wissenschaftsanspruch der Theologie einschränkte. Ohne die philosophische Theologie generell zu verwerfen, bereitete er die Kritik **Wilhelm von Ockhams** *(um 1285–1349)* am herkömmlichen Zugang zur Transzendenz, dem Bereich, der jenseits aller Erfahrung und des Bewusstseins liegt, vor.

Neuzeitliche Denker

Der italienische Philosoph **Giordano Bruno** *(1548 bis 1600)* neigte einem Weltbild zu, in dem Gott als unpersönliche Größe, die in allen Dingen der Welt gegenwärtig ist, aufgefasst wird. Er stand damit im Gegensatz zur katholischen Kirche und wurde als Ketzer verbrannt. Der Schuhmachermeister **Jakob Böhme** *(1575–1624)* war der erste deutsch schreibende Philosoph, der allerdings mit seiner mystisch-spekulativen Theologie mit den Vertretern der protestantischen »reinen Lehre« in Konflikt geriet. Er suchte in der symbolischen Deutung realer Erfahrungen den innersten Grund des Seins zu erfassen. In Russland war **Nikolaj F. Fjodorow** *(1828/29–1903)* von großer Bedeutung. Er vertrat eine auf die Praxis hin orientierte Religionsphilosophie und forderte die totale Umgestaltung der Welt als sittliche Aufgabe der gesamten Menschheit. **Wladimir S. Solowjow** *(1853–1900)* war einer der größten Systematiker der russischen Philosophie. Im Zentrum seines Denkens steht die »All-Einheit«, und er suchte Religion, Philosophie und Wissenschaft im Sinne eines »ganzheitlichen Lebens« zu vereinigen.

Gegen biblische Mythen
Antike religiöse Vorstellungen, wie sie z. B. dieses Fresko aus dem 18. Jh. zum »Jüngsten Gericht« widergibt, bekämpfte ***Rudolf Bultmann*** (1884–1976).

Neue Suche nach dem Einklang von Religion und Philosophie

Der einflussreichste protestantische Theologe des 20. Jh., **Karl Barth** *(1886–1968)*, kritisierte den durch **Friedrich Schleiermacher** *(1768–1834)* begründeten liberalen Kulturprotestantismus mit seiner weitgehenden Gleichsetzung von Gott und Mensch, Kirche und Welt, Kultur und Reich Gottes. Für Barth ist Gott der ganz andere, den die Menschen nur durch sein Offenbarungshandeln in Jesus erfassen können. Nicht mehr der Mensch mit seinem »religiösen Bewusstsein«, sondern das Wort Gottes steht im Zentrum seiner Theologie. Einen ähnlichen Ansatz verfolgte auch **Rudolf Bultmann** *(1884–1976)*. Besonders bekannt wurde er durch seine Forderung, das Neue Testament von den mythischen Vorstellungen der Antike (z. B. der Dreiteilung der Welt in Himmel, Erde und Unterwelt/Hölle) zu befreien, um deren eigentlichen Gehalt dem Menschen verständlich zu machen. Der evangelische Theologe und Religionsphilosoph **Paul Tillich** *(1886–1965)* vertrat eine Theologie, die an der Autorität der Bibel festhält, gleichzeitig aber auch das kritische Denken der Neuzeit bejaht. Religion versteht er nicht als Sonderbereich der Kultur, sondern als deren »Substanz«, als Tiefendimension der Wirklichkeitserfahrung.

Der katholische Theologe, Philosoph und Naturwissenschaftler **Pierre Teilhard de Chardin** *(1881 bis 1955)* suchte die Ergebnisse der modernen Naturwissenschaft, vor allem die Evolutionstheorie Charles Darwins, mit der christlichen Heilslehre und Heilsgeschichte philosophisch in Einklang zu bringen. Der Religionsphilosoph **Romano Guardini** *(1885–1968)* wurde vor allem durch seine Schriften über Dichter und Philosophen bekannt, in denen er theologisch und philosophisch den Zusammenhang zwischen Denken und Dasein analysiert. **Karl Rahner** *(1904–84)* war entscheidend an der Öff-

nung der katholischen Theologie für das Denken des 20. Jh. beteiligt. Er versuchte, die theologische Tradition mit den Mitteln des modernen philosophischen Denkens zu erörtern.
Der bekannte polnische Philosoph **Leszek Kolakowski** *(1927–2009)* gilt als einer der führenden Vertreter des »liberalen« Marxismus, aber auch als Kritiker des Marxismus und der »Selbstvergötterung des Menschen«. In seinem Buch »Falls es keinen Gott gibt« setzt er sich mit religionsphilosophischen Themen auseinander.

Jüdische Denker

Der Philosoph **Philon von Alexandria** *(20 v.–50 n. Chr.)* suchte die griechische Philosophie mit dem jüdischen Denken zu vereinen. Er wollte beweisen, dass die wesentlichen Inhalte der griechischen Philosophie bereits in den Schriften des Alten Testaments vorhanden seien und nur noch freigelegt werden müssten. Der Gelehrte und Arzt **Moses Maimonides** *(1135–1204)* war der bedeutendste jüdische Religionsphilosoph des Mittelalters, der auch christliche Denker wie Thomas von Aquin und Albertus Magnus beeinflusste. Er bemühte sich um einen Ausgleich zwischen der Philosophie des Aristoteles und jüdischen Glaubensinhalten. Dabei hob er die grundsätzliche Übereinstimmung von Vernunft und Glauben hervor. Auf die moderne Pädagogik, Philosophie und Theologie entfaltete **Martin Buber** *(1878–1965)* mit seinem »dialogischen Prinzip« eine große Wirkung. Es beschreibt das unmittelbare Verhältnis des Menschen zum jeweiligen Gegenüber, sowohl im zwischenmenschlichen Bereich als auch im Verhältnis des Einzelnen zu Gott.

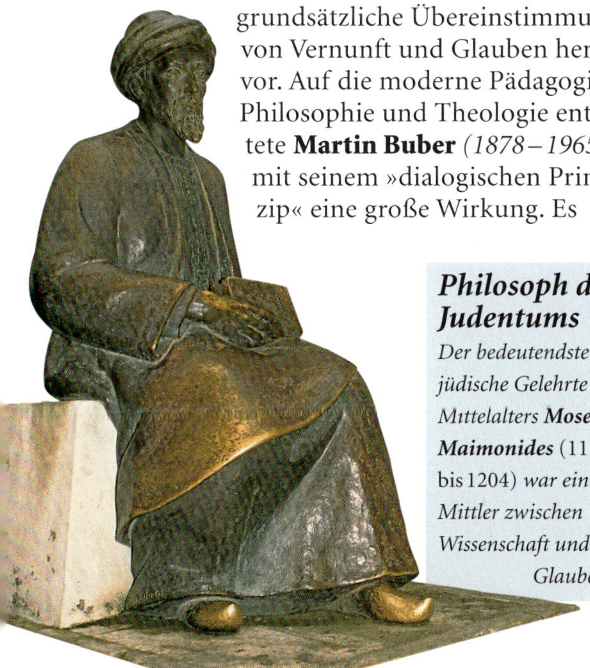

Philosoph des Judentums

Der bedeutendste jüdische Gelehrte des Mittelalters ***Moses Maimonides*** (1135 bis 1204) *war ein Mittler zwischen Wissenschaft und Glauben.*

Islamische Gelehrte

Der Theologe **Jakub ibn Ishak Al-Kindi** *(um 800 bis um 870)* führte als Erster die Philosophie in den Islam ein und suchte die islamische Theologie mit der Philosophie von Platon und Aristoteles zu verbinden. Auch der Philosoph **Abu Nasr Mohammed Alfarabi** *(um 870–950)* förderte durch seine arabischen Kommentare und Übersetzungen zu Platon und Aristoteles die Kenntnis der griechischen Philosophie im islamischen Kulturraum. Die nach dem Theologen **Abu-l-Hasan al Aschari** *(873–935)* benannte Schule der Aschariten trug maßgeblich zur Verbreitung der sunnitischen Glaubensrichtung bei, die sich nur auf die Reden und Taten des Mohammed beruft und seinen Nachfolger Ali nicht gelten lässt. Aschari versuchte zwischen traditionell-orthodoxen und philosophischen Positionen zu vermitteln und wurde so zum Wegbereiter einer der Scholastik nahe stehenden philosophischen Theologie. Der persische Philosoph und Arzt **Ibn Sina,** latinisiert **Avicenna** *(um 980–1037),* entwickelte die Lehren des Aristoteles weiter und gab mit seinen Unterscheidungen zwischen Stoff und Form, Möglichkeit und Wirklichkeit, Wesen und Sein der Scholastik im lateinischen Westen wichtige Impulse. **Abu Hamid Muhammad al-Ghasali** *(1059–1111)* gilt als einer der bedeutendsten Denker des Islam. Er wandte sich gegen die Versuche, philosophische Argumente auf theologischem Gebiet vorzubringen und begründete so eine Tradition der Philosophiekritik, die auch die Denker des Westens stark beeinflusst hat. In seinem Hauptwerk versuchte er, den Islam im Sinne der Mystik zu vertiefen. Auf die christliche, islamische und jüdische Theologie und Philosophie des Mittelalters von großem Einfluss waren die Lehren des **Ibn Ruschd,** latinisiert **Averroes** *(1126–98).* Er war der letzte bedeutende Vertreter der arabischen Scholastik und galt als der Aristoteles-Kommentator schlechthin. Widersprüche zwischen Vernunft und wörtlicher Bedeutung von Sätzen des Korans wurden von ihm durch die Einführung einer übertragenen Bedeutung der Koranverse aufgelöst.

Arbeiten über Marx und Gott

Der große polnische Philosoph ***Leszek Kolakowski*** (1927 bis 2009) *genoss wegen seiner Arbeiten über Sozialismus und Religion international höchstes Ansehen.*

Die großen Aufklärer

Begründer des Rationalismus
Mit seinem berühmten Satz »Ich denke, also bin ich« betonte ***René Descartes*** (1596–1650) *das Gewicht des Geistes gegenüber dem Glauben.*

Die Epoche der Aufklärung erreichte im 18. Jh. ihren Höhepunkt. Sie markiert einen tiefen Einschnitt in der Geschichte des abendländischen Denkens, der auch heute noch nachwirkt. Das zentrale Thema der Aufklärung ist die Vernunft, die nach Immanuel Kant den Menschen aus seiner »selbstverschuldeten Unmündigkeit« herausführen soll.

Der französische Philosoph, Mathematiker und Naturwissenschaftler **René Descartes** *(1596–1650)* gilt als Begründer des Rationalismus, der bevorzugten Denkweise der Aufklärung. Der Rationalismus geht von der Überzeugung aus, dass die Welt von gesetzmäßig berechenbarer Beschaffenheit sei und ihre Erkenntnis somit dem Verstand und der Vernunft offenstehe. Auf der Suche nach einer gesicherten Grundlage des Wissens stieß Descartes auf die Erkenntnis, dass der Mensch an allem, an Gott und der Welt, zweifeln kann – außer an seinem eigenen Denken. Diese neue Einsicht brachte Descartes in seinem Satz »Ich denke, also bin ich« zum Ausdruck.

Seine Auffassung, dass bestimmte Denkinhalte (beispielsweise ethische Werte) nicht durch Erfahrung gewonnen sein können, sondern im Bewusstsein vorgegeben sein müssen, führte Descartes zur These von den »angeborenen Ideen« und zum Begriff angeborener bzw. ewiger Wahrheiten. Descartes' Denkweise, die den lebendigen Organismus als Maschine auffasste, sowie seine Aufteilung der Welt in zwei voneinander verschiedene Substanzen – Geist und Materie – lieferten dem Menschen die geistigen Grundlagen für die Beherrschung der Natur durch die moderne Technik.

Wahrheit und Mathematik

Der niederländische Philosoph **Baruch de Spinoza** *(1632–77)* wandte bei seiner Suche nach der Wahrheit rigoros die von Descartes entwickelte mathematische Methode an. Denn je mehr der menschliche Geist weiß, desto besser erkennt er die Ordnung der Natur und desto leichter kann er sich Regeln geben. Spinoza vertrat die Lehre, nach der Gott in allen Dingen der Welt existiert. Gott ist die einzige, unteilbare, unendliche Substanz. Alle endlichen Erscheinungen – die Dinge und die Ideen – sind Daseinsweisen der einen Substanz. Ein jenseitiger Gott lässt sich daher ebenso wenig denken wie ein Ding, das nicht in die absolute Substanz integriert ist. Je mehr die Menschen die Einzeldinge erkennen, desto mehr erkennen sie Gott. Je besser sie Gott erkennen, desto mehr lieben sie ihn, und diese Liebe zu Gott ist ein Teil der unendlichen Liebe, mit der Gott sich selbst liebt. In dieser Erkenntnis und Liebe Gottes besteht das Heil der Menschen.

Moderner Bibelkritiker
Der Ordnung der Natur war ***Baruch de Spinoza*** (1632–77) *auf der Spur. Für ihn war Gott in jeder Sache präsent – also eher in der Natur als im Jenseits.*

»Die Idee des Meeres ist in einem Wassertropfen vereint.«

Baruch de Spinoza

Britische Aufklärer

Der Engländer **John Locke** *(1632–1704)* ist der Begründer und mit **David Hume** *(1711–76)* der Hauptvertreter des Empirismus, einer philosophischen Richtung, die davon ausgeht, dass Erkenntnis nur auf Erfahrung beruhe. Locke bestritt die von Descartes vertretene Lehre von den »angeborenen Ideen«: Alles, womit sich der Geist befassen kann, könne nur aus der Erfahrung stammen, die Seele sei in Wahrheit zunächst vollkommen leer. Locke sieht die Grenze menschlichen Erkenntnisvermögens durch die Lebensbedürfnisse bestimmt: Mehr als zu deren Befriedigung nötig sei, könnten und brauchten die Menschen nicht zu erkennen. Die christlichen Glaubensinhalte stimmen nach Locke vor allem im Bereich der Ethik mit den Einsichten der Vernunft überein.

In seinen politischen Schriften erklärt Locke Gleichheit, Freiheit und das Recht auf Unverletzlichkeit der Person und des Eigentums zu den obersten Rechtsgütern, die im Naturzustand der Menschheit jedoch nicht garantiert waren. Gegen einen Krieg aller gegen alle sichern sich die Menschen – wie schon bei **Thomas Hobbes** *(1588 bis 1679)* – durch die auf allgemeiner Zustimmung beruhende politische Gemeinschaft.

Lockes Staatstheorie hat die Entwicklung der modernen Demokratien und Verfassungsstaaten stark beeinflusst. Die amerikanische Unabhängigkeitserklärung von 1776, der französische Verfassungsentwurf von 1791 und sogar noch das deutsche Grundgesetz von 1949 lehnen sich in ihren Formulierungen eng an Lockes Thesen an. Lockes Hervorhebung der individuellen Freiheit und der kollektiven Gleichheit bestimmt bis heute unser Verständnis von Demokratie.

Kopernikus der Philosophie

Der aus Königsberg in Ostpreußen stammende **Immanuel Kant** *(1724–1804)* führte ein äußerlich sehr ruhiges Leben. Seine exklusiven Tischgesellschaften (angeblich besaß er nur Geschirr für sechs Personen) sind legendär, seine Pünktlichkeit Gegenstand vieler Anekdoten. Mit seinem Werk »Kritik der reinen Vernunft« wollte er eine »kopernikanische Wende« in der Philosophie herbeiführen. Er definiert darin den Begriff der »Metaphysik« neu, die nicht mehr wie bei den früheren Philosophen die Wissenschaft vom Absoluten, der Unsterblichkeit der Seele, der Entstehung der Welt, der Existenz Gottes ist, sondern eine Wissenschaft von den Grenzen der menschlichen Vernunft und der Art unserer Erkenntnis. Erkenntnisse beruhen nach Kant auf Erfahrung, auf Sinneswahrnehmung (»Anschauung«), setzen aber dennoch gewisse gegebene Grundstrukturen und -kategorien in den Sinnen und im Denken voraus. Sie bestimmen die Art und Weise, wie Menschen überhaupt die Empfindungen ordnen und Dinge denken können. Kant beschäftigte sich jedoch nicht nur mit Erkenntnistheorie, sondern auch mit praktischer Philosophie. Er versuchte ein letztes Begründungsprinzip für Handlungen und Normen aufzustellen und gelangte dabei zur Formulierung des »kategorischen Imperativs«, des obersten Sittengesetzes. Es besagt, der Mensch solle so handeln, dass der Gedanke, der ihn bei seinem Handeln leitet, jederzeit auch ein allgemeingültiges Gesetz werden könne.

»Aufklärung ist die Maxime, selbst zu denken.«

Immanuel Kant

Vernunft, Gerechtigkeit und Gott

Zu den großen Philosophen der Aufklärung zählt noch eine ganze Reihe weiterer Denker. **Edward Herbert** *(1583–1648)* beispielsweise war der Begründer des Deismus, der religiösen Anschauung der Aufklärung. Kennzeichnend ist die Vorstellung einer »natürlichen Religion«, eines allen Menschen auf natürlichem Weg zugänglichen Glaubens, der keiner Offenbarung bedarf.

Der Mathematiker und Philosoph **Gottfried Wilhelm Leibniz** *(1646–1716)* meinte, dass es keine bessere Welt als die bestehende gebe, weil Gott nur vollkommene Dinge schaffen könne. Der Jurist und Philosoph **Christian Thomasius** *(1655–1728)* vertrat die Lehre vom Naturrecht, das er auf das »natürliche Licht« der Vernunft gegründet sah. Er wirkte wesentlich an der Abschaffung der Hexenprozesse und der Folter mit.

Matthew Tindal *(um 1655–1733)* ging davon aus, dass nur im Christentum die »natürliche Religion« unverfälscht zu finden sei. **Anthony Collins** *(1676 bis 1729)* sah im freien Denken die Grundlage des Glaubens und der Theologie.

Der Franzose **Denis Diderot** *(1713–84)* war zusammen mit **Jean d´Alembert** *(1717–83)* Herausgeber der »Encyclopédie«, des Standardwerks der französischen Aufklärung. **Moses Mendelssohn** *(1728–86)* war ein Vorkämpfer für den Toleranzgedanken und für die politische und soziale Gleichstellung der Juden mit den Christen. Von der Aufklärung beeinflusst, stellte der russische Schriftsteller **Aleksandr Radischtschew** *(1749–1802)* gesellschaftliche Missstände wie die Leibeigenschaft dar – und wurde nach Sibirien verbannt. Der Schriftsteller **Stanislaw Staszik** *(1755–1826)* war ein führender Aufklärer in Polen. Er kämpfte für die Unabhängigkeit und soziale Gerechtigkeit.

Höchstes Sittengesetz
Fasziniert lauschen die Teilnehmer seiner Tischgesellschaft den Ausführungen ***Immanuel Kants*** (1724–1804; *am Tisch Zweiter von links). Das Gemälde stammt von Emil Doerstling.*

Freiheit und Toleranz!

Ein zentraler Gedanke der Aufklärung war die Forderung nach Toleranz. Die Verwirklichung des Toleranzgedankens führte zur politischen Gewährung der Freiheiten des Glaubens, Gewissens, Denkens und der Meinung, wie sie zuerst in der Erklärung der Menschenrechte in der amerikanischen Unabhängigkeitserklärung (1776) und in der Französischen Revolution (1789) formuliert wurden.

Für die religiöse Toleranz des Staates setzte sich **Samuel Freiherr von Pufendorf** *(1632–94)* ein. Mit seinem Eintreten für ein einheitliches Völkerrecht und ein Naturrecht, das als jedem Menschen eingepflanztes Rechtsbewusstsein von christlichen Dogmen unabhängig war, wurde er zum Wegbereiter der Aufklärung, mit seinen Auffassungen zum Eherecht ein Wegbereiter der Gleichberechtigung.
Der Franzose **Pierre Bayle** *(1647–1706)* bekämpfte jegliche Art von starren Lehrmeinungen und forderte unbedingte Toleranz, auch gegenüber Atheisten, sowie die Trennung von Kirche und Staat.
Der Schriftsteller und Philosoph **Voltaire** *(1694 bis 1778)*, der eigentlich **François Marie Arouet** hieß, war einer der witzigsten und schlagfertigsten Vertreter der Aufklärung. Er wandte sich in seiner Religionskritik und seinen politischen Aktivitäten gegen Fanatismus und Aberglauben, gegen Ungerechtigkeit und Unvernunft. Bei Justizirrtümern setzte er sich für die Rehabilitierung der Opfer ein, verlangte die Abschaffung der Leibeigenschaft und forderte, die Lebensbedingungen der Bauern deutlich zu verbessern. Seine Spottverse auf den Regenten Philipp II. von Orleans brachten ihm eine elfmonatige Haftstrafe in der Bastille ein.
Der für unser heutiges Demokratieverständnis wichtige **Jean-Jacques Rousseau** *(1712–78)* wollte zwar nicht wieder »zurück zur Natur«, aber durch die Erinnerung an die ursprünglichen Werte der Menschheit – Freiheit, Unschuld und Tugend – die Gegenwart verbessern. Die verloren gegangene natürliche Gleichheit der Menschen wollte er durch freie Vereinbarung aller in einem Gesellschaftsvertrag (»contrat sociale«) und die Übertragung ihres Einzelwillens auf den Gesamtwillen (»volonté générale«) ersetzt wissen. In seinem Werk »Émile oder Über die Erziehung« forderte er, dass Erziehung die freie Entfaltung der Persönlichkeit des Kindes ermöglichen solle.
Gotthold Ephraim Lessing *(1729 bis 1781)* kleidet in »Nathan der Weise« die Forderung nach Toleranz und Menschlichkeit in eine von Nathan erzählte Geschichte, die »Ringparabel«: Ein Vater lässt von einem seit Generationen nur dem Ältesten vererbten Ring, der die Gabe hat, vor Menschen und Gott angenehm zu machen, zwei Kopien anfertigen und hinterlässt jedem seiner drei Söhne einen als den echten. Die Brüder geraten in Streit, welcher nun der echte Ring sei, aber der Richter kann ihnen auch nur sagen, dass man den echten Ring an seiner wundertätigen Kraft erkennen könne. Mit dem Vater ist Gott gemeint, mit den Ringen die drei Religionen Judentum, Christentum und Islam. Jeder der drei Ringe ist – als Gabe des Vaters – echt und jede der drei Religionen im Besitz der echten Offenbarung von Gott, es ist also müßig darüber zu streiten, welche Religion die wahre Religion sei.

Philosoph und Literat
*Der tolerante Aufklärer **Gotthold Ephraim Lessing** (1729–81) warb mit seinen Werken für die Versöhnung der Religionen.*

Vordenker der Revolution
*Auf dem kolorierten Kupferstich aus dem 19. Jh. führt der Genius die Franzosen **Voltaire** (1694–1778) und **Jean-Jacques Rousseau** (1712–78) zum Tempel von Ruhm und Unsterblichkeit.*

Für den Staat und das Recht

Schon die antiken Gelehrten befassten sich mit dem Wesen, Sinn und Zweck des Staates und untersuchten seine Beziehungen zu Individuum und Gesellschaft und das Verhältnis von Macht und Recht.

Im frühen Christentum kam es durch **Augustinus'** *(354–430)* Bevorzugung des göttlichen Reiches zunächst zu einer Abwertung des weltlichen Staates, im Mittelalter fasste man ihn dagegen, **Thomas von Aquino** *(1224/25–74)* folgend, als Teil der vernünftigen Weltordnung Gottes auf. Seit der frühen Neuzeit wurde er im Abendland fast nur noch unter weltlichen Gesichtspunkten betrachtet.

Neuzeit und Aufklärung: Die Verweltlichung der Staatsidee

Einen Einschnitt in der Staatsauffassung markiert zu Beginn der Neuzeit das als Handbuch für Tyrannen missverstandene Werk »Il principe« (Der Fürst) des Florentiners **Niccolò Machiavelli** *(1469–1527).* Darin stellt er die Frage nach den Bedingungen erfolgreicher Politik. Seine Untersuchungen der politischen Wirklichkeit zwingen ihn zum Bruch mit der Tradition der christlichen Staatstheorie: Er beobachtet, dass dauerhafte politische Herrschaft nicht an christliche Tugenden gebunden ist, sondern an die Fähigkeit des Herrschers, politische Macht zu erwerben und zu erhalten. Indem er dem Herrscher bei einem Staatsnotstand zugesteht, bestimmte ethische Normen verletzen zu dürfen, wird Machiavelli zum Begründer der Lehre von der Staatsräson. Der französische Philosoph **Jean Bodin** *(1529/1530–96),* der die Auswirkungen des religiösen Bürgerkriegs zwischen Hugenotten und Katholiken am eigenen Leib zu spüren bekam, war ein entschiedener Befürworter religiöser Toleranz. In seinem staatstheoretischen Hauptwerk entwickelt er den Begriff der »Souveränität«: Der Herrscher steht als neutrale Macht über allen Parteien. Dem menschlichen Gesetz ist er nicht unterworfen, sondern nur an göttliches und natürliches Recht gebunden. Dafür muss er Religionsfreiheit und die Sicherheit aller Untertanen gewährleisten. Bodin wurde so zum geistigen Wegbereiter der Herrschaftsform des Absolutismus.

Vater des Völkerrechts

In den Wirren der niederländischen Reformation geriet ***Hugo Grotius*** *(1583–1645) in Gefangenschaft. Versteckt in einem Bücherkoffer gelang ihm 1621 die Flucht.*

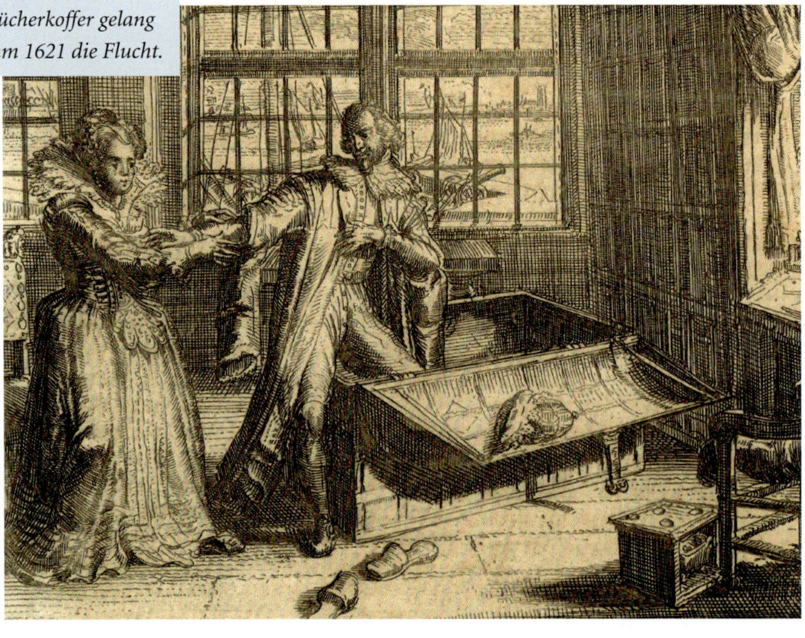

Der niederländische Rechtsgelehrte **Hugo Grotius** *(1583–1645)* gilt als »Vater des Völkerrechts«, da er in seinen Werken die Grundgedanken des klassischen Völkerrechts entwickelte, die bis zum Ende des Ersten Weltkriegs ihre Gültigkeit hatten. Als zentrale Grundsätze des Völkerrechts, das alle Staaten und Menschen umfasst und durch die Vorgaben der Vernunft bestimmt ist, etablierte Grotius die Staatengleichheit und den Gedanken der Gegenseitigkeit. **Thomas Hobbes** *(1588–1679)* meinte, der Mensch sei in seinem Naturzustand dem Menschen ein Wolf, und forderte, dass die Menschen untereinander einen Staatsvertrag abschließen müssten, um sich zu schützen. Der große englische Aufklärer **John Locke** *(1632–1704)* war ein Verfechter von Gleichheit, Freiheit und dem Recht auf die Unverletzlichkeit der Person.

Der Franzose **Charles de Montesquieu** *(1689 bis 1755)* entwickelte die neuzeitliche Lehre von der Gewaltenteilung. Er unterschied die drei Staatsfunktionen Exekutive (ausführendes Organ), Legislative (Gesetzgebung) und Judikative (Rechtsprechung) und ordnete sie den politisch-sozialen Kräften seiner Zeit entsprechend Königtum, Adel und Bürgertum zu. Die Gewaltenteilung ist zusammen mit den Forderungen Lockes seit den Verfassungen der aus den ehemaligen britischen Kolonien hervorgegangenen amerikanischen Staaten (ab 1776) Kennzeichen moderner Demokratien. Auch **Jean-Jacques Rousseau** *(1712–78)* gab mit seinem Kon-

Im 21. Jh. ist die Internationalisierung des Rechts weit fortgeschritten. Das Foto von 2006 zeigt Carla del Ponte, Chefanklägerin am Internationalen Strafgerichtshof für das ehemalige Jugoslawien in Den Haag, bei einer Pressekonferenz.

zept vom »Gesellschaftsvertrag« und »Gesamtwillen« wichtige Impulse für die Entwicklung des Demokratieverständnisses.

Die bürgerliche Gesellschaft

Die Prinzipien des Zusammenlebens freier Menschen untersuchte **Johann Gottlieb Fichte** *(1762 bis 1814)*. Er entwarf das Modell eines republikanischen Staates als Instrument höherer Formen der Gemeinschaft. Auf wirtschaftspolitischem Gebiet sah er eine planwirtschaftliche, sozialistische Ordnung des Staates kommen, die jedoch scheitern würde. **Georg Wilhelm Friedrich Hegel** *(1770 bis 1831)* fragte in seinen »Grundlinien der Philosophie des Rechts« nach den maßgeblichen Institutionen der Sittlichkeit und wie man sie aus dem übergeordneten Prinzip der Freiheit ableiten könne. Ein zentrales Thema war für ihn die »bürgerliche Gesellschaft«, die sich Gesetze gibt, um diese Lebensform zu erhalten. Das Auseinanderbrechen der Gesellschaft wird nach Hegel durch gesellschaftliche Institutionen, vor allem aber durch den »Staat« als »Wirklichkeit der sittlichen Idee«, verhindert. Der moderne Staat, der als Sachwalter der allgemeinen Vernunft die Freiheit verwirklicht, ist nach Hegel die Instanz, in der das Zusammenleben der Menschen seine höchste Form erhalten hat.

Unter dem Eindruck von Nationalsozialismus und Vietnamkrieg

Der Letzte, der ein klassisches rechtsphilosophisches Gesamtkonzept vorstellte, war **Gustav Radbruch** *(1878–1949)*. Recht ist nach Radbruch etwas Relatives, seine höchsten Werte Gerechtigkeit, Rechtssicherheit und Zweckmäßigkeit stünden zueinander in einem Spannungsverhältnis, das nicht durch vernünftige Einsicht, sondern nur durch persönliches Bekenntnis gelöst werden könne. In der Zeit des Nationalsozialismus vertrat Radbruch unerschrocken die Meinung, dass die Rechtssicherheit der Gerechtigkeit dort zu weichen habe, wo das Gesetz in unerträglichem Maß zur Gerechtigkeit im Widerspruch stünde. Dann trete an die Stelle des gesetzlichen Unrechts das übergesetzliche Recht. Der amerikanische Philosoph **John Rawls** *(1921–2002)*, einer der einflussreichsten politischen Denker seiner Zeit, entwickelte das Konzept der Gerechtigkeit als Fairness. Im Gegensatz zur seinerzeit vorherrschenden Theorie des Utilitarismus, der dem größtmöglichen Teil der Gesellschaft den größtmöglichen Nutzen verspricht, argumentiert Rawls 1971 in »Eine Theorie der Gerechtigkeit«, dass eine wirklich gerechte Gesellschaft dadurch charakterisiert sei, dass jedes Mitglied ihr zustimmen könne, auch wenn es über seine eigene Stellung in ihr noch nichts wüsste. Rawls vertrat die Auffassung, dass jedem Einzelnen die größtmögliche Freiheit zugestanden werden müsse und dass Ungleichheiten nur zu rechtfertigen seien, wenn sie dazu führten, dass auch die Benachteiligten sich verbessern könnten.

Seit Jahrtausenden symbolisiert Justitia, die römische Göttin der Gerechtigkeit, den Rechtsgedanken.

Utopische Gesellschafts-entwürfe

Schöpfer von Utopia

Mit seiner Schrift über die glückliche Insel Utopia – im Bild der Titelholzschnitt der Erstausgabe – prägte ***Thomas More*** *(1477/78–1535) den Begriff Utopie.*

Armut, Elend und Unrecht haben viele große Denker dazu inspiriert, über die bestmögliche Gesellschaft zu philosophieren. Einige von ihnen haben detaillierte Bilder von aus ihrer Sicht vollkommenen Gemeinwesen skizziert.

Das Phänomen fantastischer Gesellschaftsentwürfe ist nach dem 1516 erschienenen Roman »Utopia« (griechisch = Nicht-Ort) von **Thomas More** *(1477/78–1535)* benannt worden. More malt in seinem fiktiven Reisebericht ein Gegenbild zur sozialen Misere in Europa und beschreibt eine glückliche Inselgesellschaft, die auf der Grundlage eines Kommunismus lebt. Der englische Philosoph **Francis Bacon** *(1561–1626)* schildert in »Nova Atlantis« dagegen einen technisch perfekten Zukunftsstaat, der auf Naturerkenntnis und ihrer Nutzbarmachung für den Menschen beruht. **Tommaso Campanella** *(1568–1639)* beschreibt im »Sonnenstaat« (1602) einen christlich-kommunistischen Staat, in dem das als Quelle allen Übels verstandene Privateigentum abgeschafft ist. **Johann Gottfried Schnabel** *(1692–1750)* verfasste zu Beginn der 1740er-Jahre den Roman »Insel Felsenburg«, eine Gesellschaftsutopie, deren ideale Gemeinschaft abhängig ist vom moralischen Verhalten ihrer Mitglieder.

»Sonnenstaat«

Christlicher Ethik folgend entwarf ***Tommaso Campanella*** *(1568–1639) einen Staat, in dem das Privateigentum abgeschafft ist.*

In Frankreich entwarf **Henri de Saint-Simon** *(1760 bis 1825)* eine ideale sozialistische Gemeinschaft, deren Stütze alle produktiv Tätigen sind und in der das Privateigentum zwar nicht abgeschafft, aber besser genutzt werden soll. Der utopische Sozialist **Charles Fourier** *(1772–1837)* wollte die Gesellschaft in einzelne unabhängige, häuslich-agrarische Gemeinschaften neu ordnen. Der britische Frühsozialist **Robert Owen** *(1771–1858)* versuchte seine Ideen in seiner Siedlung »New Harmony« (Indiana, USA) zu verwirklichen. Dort sollten alle Mitglieder den gleichen Anteil am Ertrag der Produktionsstätten haben. Das Projekt scheiterte jedoch am Egoismus der Bewohner. Der Amerikaner **Edward Bellamy** *(1850–98)* schrieb 1888 den Bestseller-Roman »Ein Rückblick aus dem Jahr 2000 auf 1887«. Darin propagierte er öffentliches Eigentum, um die Gleichheit und das materielle Wohlergehen aller zu gewährleisten. Der Engländer **H. G. Wells** *(1866–1946)*, mit seinem Roman »Die Zeitmaschine« (1895) Mitbegründer der Science-Fiction-Literatur, entwarf in »A modern Utopia« (1904) einen von einer selbstlosen Elite regierten Weltstaat.

Für das 20. Jh. typisch sind Gegenutopien oder schwarze Utopien. So zeichnete der Russe **Jewgenij Samjatin** *(1884–1937)* in seinem Roman »Wir« (1924) eine satirische Zukunftsvision des totalitären Staats. **Aldous Huxley** *(1894–1963)* stellte mit seiner Satire »Schöne neue Welt« (1932) den Fortschrittsglauben bloß, und **George Orwell** *(1903 bis 1950)* entwarf mit den Romanen »Farm der Tiere« (1945) und »1984« (1949) Schreckensvisionen totalitärer Systeme.

Die neue Welt als Horror

Die undatierte Aufnahme zeigt ***Aldous Huxley*** *(1894–1963), der in »Schöne neue Welt« ein Horrorszenario ohne moralische und ästhetische Werte zeichnete. Der Roman wurde auch als Musical populär (Szene oben).*

Der große Bruder ist überall

In seiner negativen Utopie »1984« skizziert ***George Orwell*** *(1903–50) das bedrückende Porträt eines totalitären Überwachungsstaats.*

Vertrauen auf die Eliten

Berühmt wurde ***H. G. Wells*** *(1866 bis 1946) durch Romane wie »Die Zeitmaschine« und »Krieg der Welten« (das Hintergrundbild zeigt ein Szenefoto). Er entwarf aber auch einen elitär geprägten Weltstaat.*

Für die Trennung von Kirche und Staat

Was uns heute in den meisten westlichen Ländern selbstverständlich erscheint, nämlich die deutliche Trennung von Staat und Kirche, war lange Zeit undenkbar. Im Mittelalter berief sich die Kirche auf die Zweigewaltenlehre oder Zweischwertertheorie, nach der Christus der Kirche zwei Schwerter übergeben habe, die die weltliche und die geistliche Macht symbolisierten. Der Papst reichte dann das weltliche Schwert gleichsam als Lehen an den Kaiser weiter.

Guter Gottesstaat

Der große christliche Gelehrte ***Augustinus*** *(354–430) beeinflusste seine mittelalterliche Nachwelt mit der Betonung des Gegensatzes von Gut und Böse. U. a. entwickelte er die Erbsündenregel, nach der das Heil des Menschen von der Gnade Gottes abhängt.*

Der Bischof **Otto von Freising** *(1112–58)* formulierte eine andere Theorie der Gewaltenteilung. Sie besagt, dass beide Schwerter durch Christus gleichberechtigt an Kaiser und Papst verliehen würden. Seinem Neffen Friedrich Barbarossa widmete Otto, einer der bedeutendsten Geschichtsschreiber des Mittelalters, seine »Geschichte der zwei Reiche«, in der er die Weltgeschichte schildert. Dabei versucht er, einen Kompromiss zu finden zwischen den theologischen Vorstellungen des **Augustinus** *(354–430)*, der streng zwischen dem schlechten irdischen und dem guten Gottesstaat unterschied, und einer Geschichtsauffassung, die im christlichen Kaiserreich das Reich Gottes verwirklicht sieht. Der italienische Dichter **Dante Alighieri** *(1265–1321)* unterscheidet in seinem politischen Bekenntnis »Über die Monarchie« scharf zwischen der Sphäre der Kirche und der des Reiches. Dementsprechend wendet er sich gegen den päpstlichen Herrschaftsanspruch und ist der zu seiner Zeit revolutionären Meinung, dass der Kaiser die Weltherrschaft ausüben müsse, damit die göttliche Ordnung verwirklicht werden könne.

»Religion ist das Opium des Volkes.«

Karl Marx

Marsilius von Padua *(um 1275–1342/43)* veröffentlichte als Antwort auf Dantes Thesen 1324 anonym eine Schrift, in der er ebenfalls die Trennung von kirchlicher und staatlicher Gewalt fordert. Er wendet sich gegen den weltlichen Herrschaftsanspruch des Papstes und entwickelt eine auf die Souveränität des Volkes gegründete Staatslehre. Nach Bekanntwerden seiner Autorschaft musste Marsilius 1326 aus Paris, wo er Rektor der Universität war, fliehen und fand Asyl am Hof des Königs und späteren Kaisers Ludwigs IV., des Bayern, der auf politischem Weg die Trennung von Kirche und Staat durchzusetzen versuchte. Dort fand auch der englische Franziskanertheologe **Wilhelm von Ockham** *(um 1285–1349)* Zuflucht, der die ebenfalls ketzerische Ansicht vertrat, dass Kirche und Staat voneinander unabhängige legitime Gebilde seien, die aber auf Zusammenarbeit angewiesen seien; der Kaiser leite seine Macht aus dem Naturrecht ab und bedürfe keiner Legitimation durch den Papst.

Reformation und Neuzeit

Auch die Reformation trug langfristig zur weiteren Trennung von Kirche und Staat bei, selbst wenn **Martin Luther** *(1483–1546)* noch lehrte, dass Gott um des Heilsgeschehens willen die Welt auf zweierlei Art regiere (Zweireichelehre). Im geistlichen Reich geschehe dies durch das Evangelium und das Sakrament – in ihnen gilt nur die persönliche Beziehung des einzelnen Menschen zu Gott. Im weltlichen Reich herrschten das Gesetz und die von Gott gesetzten Ordnungen (Familie, Stand, Beruf) und Institutionen (Obrigkeit). Nach Luther gehört jeder Mensch beiden Reichen an und steht so unter dem doppelten Anspruch, als Mensch im weltlichen Reich Gesetz und Gewalt anzuerkennen bzw. anzuwenden und als Christ im geistlichen Reich auf Gewalt und Recht zu verzichten.

Aufklärerisch-liberale Staatstheoretiker, vor allem **John Locke** *(1632–1704)* mit seiner Forderung nach

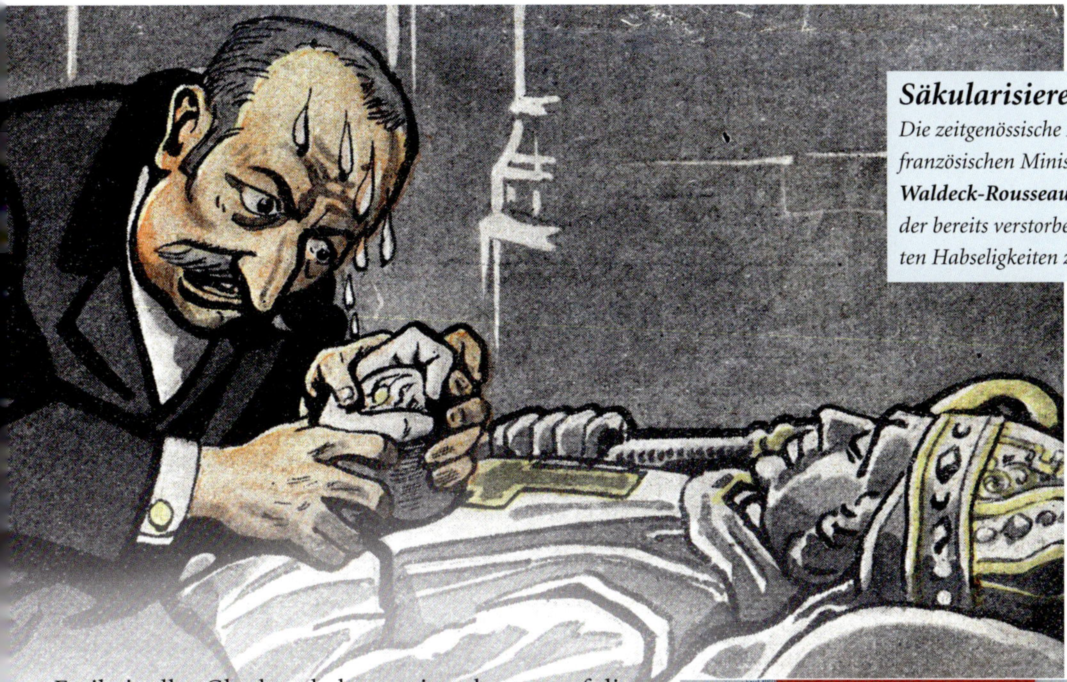

Säkularisierer Frankreichs

Die zeitgenössische Karikatur zeigt den französischen Ministerpräsidenten ***Pierre Waldeck-Rousseau*** (1846–1904), *der der bereits verstorbenen Kirche ihre letzten Habseligkeiten zu entringen versucht.*

Freiheit aller Glaubensbekenntnisse, hatten auf die führenden Gestalten der nordamerikanischen Unabhängigkeitsbewegung einen großen Einfluss und waren mit ein Grund für die Trennung von Kirche und Staat in der US-amerikanischen Verfassung. Ein Verfechter dieser Trennung war besonders auch der Verfasser der Unabhängigkeitserklärung von 1776 und spätere US-Präsident **Thomas Jefferson** *(1743–1826)*.

Säkularisierer im Islam

Der »Vater der Türken« ***Mustafa Kemal Atatürk*** (1881 bis 1938) *trennte Kirche und Staat in der Türkei. In Schulen wurde beispielsweise das Tragen von Kopftüchern verboten. Das Foto von 2005 zeigt eine Feier zum Schuljahresbeginn.*

19. und 20. Jahrhundert: Politik gegen Religion

In Deutschland suchte im sogenannten Kulturkampf vor allem **Otto von Bismarck** *(1815–98)*, Bestrebungen der katholischen Kirche zu unterbinden, die päpstliche Autorität in Glaubensfragen zu stärken und die Bindungen der nationalen Kirchen an Rom zu festigen. Der schärferen Trennung von Staat und Kirche dienten etwa der »Kanzelparagraf«, der Geistlichen die Behandlung staatlicher Angelegenheiten in Ausübung ihres Amtes bei Strafe untersagte, und die Einführung der Staatsschule und der Zivilehe. In Frankreich setzte Ministerpräsident **Pierre Waldeck-Rousseau** *(1846 bis 1904)* die mit der Französischen Revolution aufgekommene antikirchliche Haltung in eine kirchenfeindliche Gesetzgebung um, die 1905 zur Trennung von Staat und Kirche führte.

Die religionsfeindliche Ideologie von **Karl Marx** *(1818–83)* und **Wladimir Iljitsch Lenin** *(1870 bis 1924)* führte seit der russischen Oktoberrevolution 1917 im Einflussbereich der UdSSR zu einer ausgesprochen kirchenfeindlichen Trennung von Staat und Kirche, obwohl die Religionsfreiheit in der Verfassung der Sowjetunion theoretisch gewährleistet war. Die rechtliche Regelung des Verhältnisses, das die Kirche ganz unter die Hoheit des Staates stellte, sollte jedoch nur eine Übergangslösung bis zur völligen »Befreiung« des Menschen von Religion und Kirche darstellen.

Der türkische Präsident **Mustafa Kemal Atatürk** *(1881–1938)* führte nach dem Zusammenbruch des Osmanischen Reiches (1919) in seinem Land tief greifende Reformen durch, zu denen auch die Befreiung des öffentlichen Lebens von religiöser Bevormundung zählte. Er verbot religiös motivierte Bräuche wie das Tragen des Kopftuchs in der Öffentlichkeit und die bis dahin weit verbreitete Vielehe, setzte das islamische Recht (Scharia) außer Kraft und suchte die Gleichstellung der Frau mit dem Mann durchzusetzen.

Die Theoretiker der modernen Gesellschaft

New York – hier eine Straßenszene – ist ein Symbol des modernen Lebens. Mit der theoretischen Durchdringung der Moderne beschäftigen sich die Soziologen.

Im 18. und 19. Jh. veränderte sich die Gesellschaft tief greifend. Die Einheit des christlichen Weltbilds war zerbrochen, sodass der Mensch nun selbst für das gesellschaftliche und politische Geschehen verantwortlich war. Der Übergang von einer Agrar- in eine Industriegesellschaft, die Französische Revolution und der Aufstieg des Bürgertums prägten die Gesellschaftsstrukturen nachhaltig und führten zu teils dramatischen Verwerfungen. Mit naturwissenschaftlichen Methoden, die auf die Gewinnung von Daten und Fakten gerichtet waren, begann man nun, die Gesellschaft mit ihren Strukturen, Funktionsweisen und Wandlungen zu analysieren und zu erklären, aber auch auf ihre Fehlentwicklungen aufmerksam zu machen.

Der französische Soziologe **Émile Durkheim** *(1858–1917)* suchte die Soziologie als eine eigenständige Wissenschaft zu begründen, die sich auf Erkenntnisse stützt, die aus der sozialen Realität gewonnen werden. Er untersuchte die Bedeutung des Kollektivbewusstseins – der Gruppenmoral – für die moderne Gesellschaft: Das Kollektivbewusstsein übe auf die Individuen, obwohl es von ihnen selbst erzeugt werde, durch seine Regeln und Sanktionen einen überindividuellen sozialen Zwang aus und halte so die Gesellschaft zusammen. **Georg Simmel** *(1858–1918)* war um die Jahrhundertwende einer der einflussreichsten Intellektuellen in Deutschland. Er versuchte die Bildung von Gesellschaft einerseits »formal«, mithilfe grundlegender, »überhistorischer« Kategorien zu erfassen: Dazu zählen etwa Individuum und Gruppe, Über- und Unterordnung, Streit und Vertrag, Güterbesitz und Armut. Andererseits konnte er inhaltlich einen andauernden Wechselprozess von statischen und dynamischen Elementen beschreiben und die gesellschaftliche Dynamik der modernen Gesellschaft erfassen. **Max Weber** *(1864–1920)*, der mit

Mythos der Soziologie

Seine Arbeiten als Soziologe, Ökonom, Staatsrechtler und Philosoph machten ***Max Weber*** (1864–1920) *zu einem der bedeutendsten deutschen Wissenschaftler.*

»Die protestantische Ethik und der ›Geist‹ des Kapitalismus« eines der wichtigsten Werke der Soziologie verfasste, beobachtete einen ursächlichen Zusammenhang zwischen einer rationalen, kapitalistischen Wirtschaftsgesinnung und bestimmten Formen des asketischen Protestantismus. Als Beispiel dafür nannte er den Kalvinismus, der den Grad der Erwähltheit durch Gott am wirtschaftlichen Erfolg ablesen zu können meint.

Konflikte im Mittelpunkt

*Als Soziologe entwarf **Ralf Dahrendorf** (1929–2009) das Konzept der Konfliktsoziologie. Im politischen Bereich gilt er als Vordenker des Liberalismus.*

Amerikanische Modelle

Anders als in Europa war die Soziologie in den USA stärker praxisbezogen. Der Philosoph und Sozialpsychologe **George Herbert Mead** *(1863–1931)* hob in seinen Forschungen den Bezug zwischen Mensch und Umwelt sowie die unmittelbare Erfahrung als Grundlage menschlichen Denkens und Handelns hervor. Für das Herausbilden einer sozialen Identität betonte er die Bedeutung von Symbolen und Zeichen, von Gesten und vor allem von Sprache.
Charles Horton Cooley *(1864–1929)* untersuchte kleine, relativ stabile soziale Gruppen wie Familien, Freundeskreise, Nachbarschaften und kleinere Gemeinden, die er als Primärgruppen bezeichnete. Bei ihnen beobachtete er ein hohes Gruppenbewusstsein, gegenseitige Beeinflussung und starke soziale Kontrolle. Alle anderen Gruppen bezeichnete Cooley als Sekundärgruppen.
Talcott Parsons *(1902–79)* begründete den zeitweiligen Vorrang der amerikanischen Soziologie. Er entwickelte ein Theoriemodell über Struktur und Funktion sozialer Systeme, in dem der Gesamtzusammenhang einer Gesellschaft als ein Zusammenspiel von Handlungen in verschiedenen Teilsystemen (biologisches System des Organismus, Persönlichkeitssystem, soziales und kulturelles System) erfasst werden soll. Ein zentraler Gedanke bei der Stabilisierung der Gesellschaft im Kleinen wie im Großen ist, dass die gesellschaftlichen Gruppen bestimmten Rollenbildern anhängen, die dem Einzelnen durch die Institutionen Familie, Schule und Kirche sowie mithilfe sozialer Kontrolle und Sanktionen nahegebracht werden.
Parsons Schüler **Robert King Merton** *(1910–2003)* untersuchte dagegen auch die Probleme bei der möglichen Unvereinbarkeit von kulturellen, sozialen und individuellen Zielsetzungen. Dabei befasste er sich vor allem mit den Strukturen und Funktionen der Bereiche Wissenschaft, Bürokratie und Massenkommunikation.
Parsons' Ansatz, der die Wirkmechanismen untersucht, die eine Gesellschaft stabilisieren, wurde u. a. von dem deutsch-britischen Soziologen **Ralf Dahrendorf** *(1929–2009)* kritisch hinterfragt. Dahrendorf entwarf eine Theorie des Konflikts und des sozialen Wandels. Konflikte waren für ihn der Normalfall des sozialen Lebens. **Niklas Luhmann** *(1927 bis 1998)* entwickelte den Ansatz Parsons' dagegen zu einer »Systemtheorie« weiter, mit der er versuchte, die gesamte Wirklichkeit im Rahmen einer universalen theoretischen Konstruktion zu erfassen. Er stellte dabei nicht wie Parsons die Handlungen der sozialen Akteure ins Zentrum, sondern die Kommunikation. Gesellschaft war für ihn nicht eine Ansammlung von Menschen, sondern ein geschlossener Kommunikationsprozess, in dem auch symbolische Kommunikationsmedien wie beispielsweise Macht (in der Politik), Geld (in der Wirtschaft), Liebe, Kunst und Sport zur Anwendung kommen.
Der »amerikanischste« der deutschen Soziologen, **Richard Münch** *(geb. 1945)*, verteidigt den strukturell-funktionalen Ansatz Parsons' gegenüber Luhmanns Systemtheorie. Er betont anders als Luhmann, der von der Geschlossenheit der einzelnen Systeme ausgeht, die jeweils ihre eigenen Wertvorstellungen entwickeln, die gegenseitige Durchdringung der Werte und die Offenheit für die Kommunikationsmedien der jeweils anderen Funktionssysteme. Münch befasste sich auch mit der Bedeutung der globalen Kommunikationsströme für die Entwicklung der »Kommunikationsgesellschaft«.

»Wo nichts ist, da hat nicht nur der Kaiser, sondern auch der Proletarier sein Recht verloren.«

Max Weber

Kritik am Kapitalismus
Der deutsch-amerikanische Soziologe ***Herbert Marcuse*** *(1898–1979) lieferte mit seinem Konzept der »Großen Verweigerung« der Studentenbewegung Ende der 1960er-Jahre ein Fundament für ihre Forderung nach dem Ausstieg aus dem kapitalistischen System. Im Bild eine Szene der Mai-Unruhen in Paris 1968.*

Über Macht und Wissen
Nach ***Michel Foucault*** *(1926–84) ist Macht in allen menschlichen Zusammenhängen präsent, nicht zuletzt im Wissen und in der Sexualität.*

Glanzzeit der deutschen Soziologen

Frankfurt mit seinem Institut für Sozialforschung war lange Zeit eines der wichtigsten Zentren der deutschen Soziologie. Hier entwickelte **Karl Mannheim** *(1893–1947)* eine Theorie, die von der »sozialen Seinsverbundenheit« des Denkens und seiner Strukturen ausgeht: Das Denken und das Bewusstsein des Menschen sind von seinem jeweiligen sozialen Standort abhängig. Unter dem Eindruck des Nationalsozialismus forderte er die Entwicklung einer »geplanten Demokratie«, deren Grundlagen bereits in der Erziehung und durch die Ausbildung von Eliten gelegt werden müssten. Sein Schüler **Norbert Elias** *(1897–1990)* beschreibt anhand des Wandels des Verhaltens in den westlichen Oberschichten den Zusammenhang zwischen der Entwicklung der Gesellschaft und der Entwicklung der Psyche. Die Änderung von Institutionen bis hin zum Staat erscheint ihm eng verbunden mit der Änderung der Struktur der Psyche. Mit seinen Thesen hatte er auf Pädagogen, Psychologen und Literaturwissenschaftler großen Einfluss.

Max Horkheimer *(1895–1973)* und **Theodor W. Adorno** *(1903–69)* gelten als Hauptvertreter der »Frankfurter Schule« mit ihrer »kritischen Theorie«, die abendländische Vernunftkritik mit marxistischem, soziologischem und psychoanalytischem Gedankengut verbindet. In ihrem gemeinsam verfassten Werk »Dialektik der Aufklärung« vertreten sie die Meinung, dass Freiheit, politische Teilhabe, Bildung und echtes Glück unabdingbar an Aufklärung und Vernunft gebunden seien. Rationales Denken werde aber in der modernen Industriegesellschaft zur Sicherung der Herrschaft über die Beherrschten missbraucht.

Herbert Marcuse *(1898–1979)* lieferte mit seinen Arbeiten zur spätkapitalistischen Wohlstandsgesellschaft die theoretische Grundlage für die Studentenbewegung. Marcuse setzte sich mit dem Zusammenhang zwischen der Entwicklung von Wissenschaft und Technik einerseits und Faschismus, Entmenschlichung, zerstörerischen Auswirkungen der Technik andererseits auseinander. Vor diesem Hintergrund entwarf er das Ideal einer befreiten Gesellschaft, für die Vernunft, Selbstverwirklichung, Glück, Autonomie und Freiheit bestimmend sind.

Das Unbehagen an der Moderne

Der französische Philosoph **Michel Foucault** *(1926 bis 1984)* beschäftigte sich mit den Macht-, Ausgrenzungs- und Disziplinierungstechniken, die mit zur Ausprägung des modernen Menschen geführt haben. So definiert er in seiner »Geschichte der Sexualität« die Macht, die in der Sexualität offenbar wird, als diffuses, die gesamte Gesellschaft durchziehendes Kräftespiel.

Der kanadische Philosoph **Charles Margrave Taylor** *(geb. 1931)* übt in seinem Buch »Das Unbehagen an der Moderne« (1991) Kritik an der liberalen Idee des Individualismus, der zur Folge habe, dass man seine Bindungen an die Gemeinschaft und das Gemeinwohl aus dem Auge verliere. Ein realistischeres Verständnis des »Selbst« erkenne die sozialen und dialogischen Beziehungen zu anderen an, wodurch das Leben und die eigene Identität erst ihren Sinn erlangten.

Taylors Thesen beeinflussten den Kommunitarismus, eine vor allem in den USA verbreitete Bewegung, die sich für eine »bessere Gesellschaft« einsetzt, in der soziale Gerechtigkeit auf dem Prinzip der Gegenseitigkeit beruht. Bedeutende Protagonisten des Kommunitarismus sind beispielsweise die US-Amerikaner **Alasdair MacIntyre** *(geb. 1929)* und **Amitai Etzioni** *(geb. 1929)*.

Nihilisten, Anarchisten, Existenzialisten ...

Das 19. und 20. Jh. haben eine ganze Reihe von interessanten Denkansätzen hervorgebracht, die Wissenschaft und Literatur, Architektur und Kunst bis in die Gegenwart befruchten.

Von zwei Grundannahmen geht **Arthur Schopenhauer** *(1788–1860)* aus: Die Welt sei bloß eine Vorstellung, und die Welt sei an sich Wille. Die Verbindung zwischen beiden schafft er durch die These, dass das die Vorstellungswelt tragende und begründende Wesen der blinde Wille zum Leben sei. Auf der höchsten Stufe, der des Menschen, werde er fähig, sich selbst als unvernünftig und vernichtend zu durchschauen und sich dadurch von seinem eigenen Drang zu erlösen. Leben ist Leiden, die tiefste mögliche Beziehung zu einem anderen ist Mitleid, das daher zur Grundlage der Schopenhauerschen Moral wird.

Für den dänischen Theologen und Philosophen **Søren Kierkegaard** *(1813–55)*, den Stammvater aller Existenzphilosophie, sind die Frage persönlicher Schuld und stellvertretenden Leidens sowie die Begriffe Existenz und Angst, Freiheit und Entscheidung zentrale Begriffe seines Denkens. Existenz ist für ihn die Selbsterfahrung des Menschen. Er fordert den »subjektiven Denker«, der an seinem Gegenstand »unendlich interessiert« sei und deshalb verantwortlich handelnd für ihn eintrete, im Gegensatz zum objektiven, wissenschaftlichen Denker, der seinem Gegenstand unbeteiligt gegenüberstehe. Existenz begreift er als Verhältnis zu sich selbst und darin zu Gott und charakterisiert sie durch eine Vielfalt von Gegensätzen (wie Unendlichkeit und Endlichkeit, Möglichkeit und Notwendigkeit, Idealität und Realität). Der Mensch sei dazu bestimmt, sich der Vereinbarung dieser Gegensätze zu widmen. Verzweiflung sei das Nicht-selbst-sein-wollen und eine »Krankheit zum Tode«.

Friedrich Nietzsche *(1844–1900)*, der wohl sprachmächtigste deutsche Philosoph, suchte die gesamte abendländische Geistesgeschichte als eine Entwertung der höchsten Werte, des Göttlichen, zu deuten. Er machte sich durch seine absolute Verneinung der bestehenden Glaubens- und Wertvorstellungen zum Wortführer des Nihilismus, dem er in der griffigen Formel »Gott ist tot« Ausdruck verlieh. In seinem Hauptwerk »Also sprach Zarathustra« legt er dann seine Auffassungen vom »Willen zur Macht«, der »Ewigen Wiederkehr des Gleichen« und der »Umwertung aller Werte« dar. Wie Schopenhauer sieht auch er im Willen das Weltprinzip, allerdings tritt er nicht um der Erlösung willen für eine Verneinung des Willens zum Leben ein. Ziel ist für Nietzsche im Gegenteil die Überwindung Gottes und des Menschen im »Übermenschen«, der jenseits der überholten Moralvorstellungen und durch seinen »Willen zur Macht« neue Werte und eine neue Lebensordnung schaffe.

Das Hintergrundbild zeigt die eigenhändige Niederschrift des Gedichts »Vogel Albatros« von Friedrich Nietzsche.

Überwindung Gottes

*In seiner Philosophie bekämpfte **Friedrich Nietzsche** (1844–1900) die Grundlagen der christlichen Religion und Moral zugunsten des Willens zur Macht.*

Gewaltsam für die Anarchie
1881 ermordeten russische Anarchisten bei einem Bombenattentat in Sankt Petersburg den russischen Zaren Alexander II. Sie beriefen sich auf die Ideen und Arbeiten ihres Vordenkers ***Michail Bakunin*** (1814–76).

Die russischen Anarchisten

Nihilisten, die die bestehende Wertordnung radikal infrage stellten, waren auch die russischen Anarchisten. **Michail Bakunin** *(1814–76)* war der Vordenker des revolutionären Anarchismus. Er ging von der radikalen Freiheit des Einzelnen aus, weshalb er auf dem Weg der Revolution jegliche Obrigkeit und Klassenordnung abschaffen wollte, um ein herrschaftsloses Zusammenleben zu ermöglichen. Grund und Boden sowie die Arbeitswerkzeuge wollte er in Gemeinschaftseigentum überführen, das Privateigentum an Konsumgütern jedoch beibehalten. **Pjotr Kropotkin** *(1842–1921)*, der bedeutendste Vertreter des kommunistischen Anarchismus, wollte auch die Konsumgüter zu Gemeineigentum machen. In der anarchistischen Gesellschaft gibt es für ihn keinen Unterschied mehr zwischen Stadt und Land, körperlicher und geistiger Arbeit.

Denker im 20. Jahrhundert

Das Denken des wohl bedeutendsten Philosophen des 20. Jh., des Existenzphilosophen **Martin Heidegger** *(1889–1976)*, kreiste ganz um das »Sein«. In seinem Werk »Sein und Zeit« (1927) stellt er die Frage nach dem Sein im Unterschied zum Seienden (dem, was existiert). Es geht ihm um die in der Alltäglichkeit verstellten Grundstrukturen des Seins überhaupt und nicht um das menschliche Sein für sich genommen. Als letzter Sinn des Seins gilt ihm die Zeit. Heidegger entfaltete auch in Frankreich, den USA, Japan, Italien und Spanien große Wirkung. Der österreichisch-britische Philosoph **Ludwig Wittgenstein** *(1889 bis 1951)* führte während des Ersten Weltkriegs ein philosophisches Tagebuch, das 1922 unter dem Titel »Tractatus logico-philosophicus« erschien. Von 1920 bis 1926 arbeitete er als Volksschullehrer, danach als Gärtner in einem Kloster sowie als Architekt. Wittgenstein beschäftigte sich Zeit seines Lebens mit der Sprache, dem Wesen, der Form und der Wahrheit des Satzes. Das Wesen des Satzes besteht nach Wittgenstein in seiner Bildhaftigkeit; um sein Wesen zu verstehen brauche man nur an die Hieroglyphenschrift zu denken, »welche die Tatsachen, die sie beschreibt, abbildet.« Sätze sagen nur insoweit etwas aus, als sie Bilder und Modelle der Wirklichkeit sind, so wie wir sie denken. Sätze der Logik besagen daher nichts über die Wirklichkeit, sie geben nur einen Sachverhalt doppelt wieder und sind streng genommen sinnlos. Der »Tractatus« endet mit dem berühmten Satz: »Wovon man nicht sprechen kann, darüber muss man schweigen.«

Strukturalisten und Dekonstruktivisten in Frankreich

Der französische Ethnologe **Claude Lévi-Strauss** *(1908–2009)* versuchte allgemeine (strukturale) Gesetzmäßigkeiten im Leben verschiedener Kulturen aufzudecken. Unterschiedliche Formen sozialer Beziehungen (wirtschaftliches Handeln, Heirat etc.) gehorchten den Gesetzen eines allen Hervorbringungen des menschlichen Geistes gleichermaßen zugrunde liegenden »strukturalen Unbewussten«. Der Sprach- und Kulturphilosoph **Jacques Derrida** *(1930–2004)* gilt als Begründer der Dekonstruktion, einer Methode der Textinterpretation, die es ermöglicht, Texte neu zu lesen, indem man die inneren Unstimmigkeiten aufzeigt und den Unterschied herausarbeitet zwischen dem, was der Text selbst sagt und dem, was der Verfasser mit dem Text meint. Zentral ist für Derrida die Vorstellung, dass es keine Unmittelbarkeit der »Präsenz«, keine Identität gebe, sondern alles »nachträglich« und »Aufschub« sei. Derrida will der Schrift den Vorrang vor dem gesprochenen Wort zurückgewinnen. Denn in der Schrift komme die zeitliche Verzögerung, das Nicht-Identisch-Sein zum Ausdruck.

Vorrang der Schrift
Als Begründer der Dekonstruktion hatte ***Jacques Derrida*** (1930–2004) *großen Einfluss auf Philosophie, Literaturwissenschaft und Architektur, z. B. auf Frank O. Gehry.*

Philosophen des Orients

Westliche und östliche Philosophien haben sich bis in die Neuzeit immer wieder befruchtet und gegenseitig durchdrungen. Jüdische und arabische Gelehrte entfalteten eine große Wirkung auf das westliche Denken, empfingen aber auch aus dem Westen wichtige Anregungen.

Zwischen Religion und Erkenntnis

Zu den großen jüdischen Philosophen zählt ***Maimonides*** (1135–1204). *Im Bild eine prächtige mittelalterliche Buchmalerei aus seinem Werk »Führer der Unschlüssigen«, in dem er sich um die Auflösung der Widersprüche zwischen naturwissenschaftlicher Erkenntnis und Religion bemühte.*

Als erster jüdischer Philosoph des Abendlands gilt **Salomon ben Jehuda Ibn Gabirol** *(um 1021 bis 1058/70)*, der in Spanien wirkte und das Denken über gut 600 Jahre beeinflusste. Er verbindet religiöse Ideen des Judentums mit arabischen Interpretationen des Aristoteles und nimmt auch Gedanken des Neuplatonismus auf. Vor allem wegen seines Pantheismus, der Auffassung, dass Gott in allen Dingen der Welt existiert, stieß er bei den Juden auf Widerstand. Der ebenfalls aus Spanien stammende Dichter, Arzt und Philosoph **Jehuda ben Samuel Hallevi** *(vor 1075–1141)* stellte in seinem »Buch des Kusari« in verschiedenen Dialogen die Auseinandersetzung des Königs Kusari mit Vertretern des Judentums, der aristotelischen Philosophie, des Islams und des Christentums dar, um die Überlegenheit der jüdischen Religion hervorzuheben. Der südfranzösische Philosoph, Mathematiker, Astronom, Bibelkommentator und Talmudgelehrte **Levi Ben Gerson** *(1288–1344)* ist der wohl bedeutendste jüdische Philosoph des Mittelalters. Er vertrat in der Nachfolge von Ibn Ruschd, genannt **Averroes** *(1126 bis 1198)*, zu dessen Werk er Kommentare verfasste, den Aristotelismus, die Weiterentwicklung der Philosophie des Aristoteles. Er versuchte jüdisches und aristotelisches Gedankengut miteinander in Einklang zu bringen und befasste sich mit philosophischen Problemen, die von seinen Vorgängern, insbesondere **Maimonides** *(1135–1204)*, nur oberflächlich behandelt worden waren: Fragen der Natur und der Unsterblichkeit der Seele, der Prophetie, der Allwissenheit Gottes, der göttlichen Vorsehung, des Wunders und der Schöpfung. Gott beschreibt Levi Ben Gerson mit dem aristotelischen Begriff des einen Denkens. Die Existenz Gottes suchte er aus den Gesetzmäßigkeiten des Kosmos abzuleiten.

»Ich suche das Ende dessen, was kein Ende hat.«

Muhammad Iqbal

Islamische Denker

Neben den berühmten mittelalterlichen Denkern und Religionsphilosophen **Al-Kindi** *(um 800 bis um 870)*, **Alfarabi** *(um 870–950)*, **Al-Aschari** *(873/874 bis 935/936)*, **Avicenna** *(um 980–1037)* und **al-Ghasali** *(1059–1111)* beschäftigte sich auch der große persische Arzt **Mohammed ibn Sakarija Rhazes,** genannt **ar-Razi** *(865?–925)*, mit der Philosophie. Er entwarf eine Lehre von der Entstehung der Welt aus den fünf Urprinzipien Gott, Materie, Seele, Raum und Zeit. Mit der islamischen Geistlichkeit geriet er in Konflikt, da er behauptete, Propheten hätten dieselben Seelenpartikel wie alle anderen Menschen und könnten daher keine besonderen Fähigkeiten von Gott erhalten. Der indische Dichter und Philosoph **Muhammad Iqbal** *(um 1875–1938)* ist der wichtigste islamische Philosoph der Neuzeit. Studien in Europa führten ihn dazu, die orientalischen Philosophien mit denen des Westens zu vergleichen. Nach seiner Rückkehr nach Indien machte er sich für politische Reformen und den tätigen Einsatz des Einzelnen stark, er forderte gedankliche Anstrengungen, um nach Jahren des Verfalls wieder zu geistigem Aufstieg zu gelangen.

Zehn Gebote Gottes

Das Gemälde aus dem 19. Jh. zeigt **Moses** (wohl 13. Jh. v. Chr.) *mit den Gesetzestafeln, die die Grundlage der jüdischen Thora bilden.*

Bedeutende Gesetzgeber

Keine Gesellschaft funktioniert ohne Gesetze und Regeln. Schon früh hat man deshalb versucht, ihnen Allgemeingültigkeit und Verbindlichkeit zu geben, auch indem man sie sammelte und aufzeichnete.

Die älteste vollständig erhaltene Rechtssammlung ist die des babylonischen Königs **Hammurapi** *(18./17. Jh. v. Chr.)*, der von 1728 bis 1686 v. Chr. das Zweistromland regierte. Veröffentlicht wurde sie auf einem 2,25 m hohen Pfeiler, der 1902 gefunden wurde und sich heute im Louvre befindet.
Für die Juden ist **Moses** *(wohl 13. Jh. v. Chr.)* der große Gesetzgeber, der von Gott die Zehn Gebote und noch etwa 600 weitere Gesetze erhalten haben soll, die das wichtigste Gesetzbuch des Judentums, die Thora, bilden.
Drakon *(geb. um 650 v. Chr.)* zeichnete um 621 v. Chr. erstmals die in Athen praktizierten Gesetze auf. Dabei führte er auch wichtige Neuerungen ein wie die Unterscheidung zwischen vorsätzlicher und nicht vorsätzlicher Tötung. Die Härten seiner Strafgesetze sind als »drakonische Strafen« sprichwörtlich geworden. **Solon** *(etwa 640–nach 561 v. Chr.)* verfügte in Athen die Abschaffung der Schuldknechtschaft der Bauern und verbesserte vor allem das Familien- und Erbrecht. Seine Verfassung beteiligte alle männlichen Bürger an der Regierung, jedoch wurden sie je nach Besitz in vier Klassen mit unterschiedlichen Rechten eingeteilt. Trotz dieser Einschränkungen gilt Solon als Begründer der athenischen Demokratie.
Ashoka Maurya *(um 273–um 232 v. Chr)*, der das erste indische Großreich schuf, verkündete seinen Untertanen die buddhistische Ethik zum Wohl von Mensch und Tier in zahlreichen Fels-, Säulen- und Höhleninschriften. Sie sind im Nordwesten seines Riesenreichs im heutigen Afghanistan auch in Aramäisch, Griechisch und Iranisch eingraviert.
Der byzantinische **Kaiser Justinian** *(482–565)* veranlasste eine Sammlung des römischen Rechts, das »Corpus Iuris Civilis«, das mit Gesetzeskraft ausgestattet war. Im Mittelalter wurde es in Oberitalien in der berühmten Juristenschule von Bologna den Bedürfnissen der Zeit angepasst. Das römische Rechtsbuch machte einen so großen Eindruck, dass es neben der Bibel als Offenbarung abendländischer Weisheit und Kultur schlechthin galt.

Gründer islamischer Rechtsschulen

Die Sunniten folgen bis heute vier verschiedenen Rechtsschulen. Die größte ist die der Hanefiten, der etwa ein Drittel aller Muslime angehören. Sie wurde von dem Theologen **Abu Hanifa** *(699–767)* gegründet. Die Hanefiten erlauben zur Rechtsfindung auch das »Fürguthalten« mittels eines Vernunfturteils.
Der Rechtsgelehrte **Malik ibn Anas** *(um 710–795)* sammelte die rechtlichen und rituellen Normen, die sich nach dem Tod Mohammeds in Medina ausgebildet hatten, und schuf damit das älteste Gesetzeswerk des Islam. Die Rechtsschule der Schafiiten wurde von **Abu Abd Allah Asch-Schafii** *(767–820)* begründet, der das islamische Gewohnheitsrecht zu einer systematischen Rechtslehre ausbaute. Auf **Ahmed Ibn Hanbal** *(780–855)* geht die Schule der Hanbaliten zurück, die streng traditionalistische Ansichten vertritt und nur den Koran und die Sunna (die Überlieferungen über Mohammed) gel-

ten lässt. Sie findet ihre Anhänger vor allem in Saudi-Arabien. Die Schiiten folgen einer eigenen Rechtsschule, deren höchste Autorität ihr Gründer **Djafar as-Sadik** *(um 700–765)* ist.

Gesetzgeber des Mittelalters

König **Heinrich II. von England** *(1133 bis 1189)* erweiterte die Kompetenz der königlichen Gerichtsbarkeit gegen das Lokalrecht der Gemeinden, Großgrundbesitzer und der Kirche. Er schuf so die Grundlage für das »Common law«, die angloamerikanische Rechtsordnung, die im Gegensatz zu den auf römischem Recht basierenden Rechtsordnungen Europas und Lateinamerikas auf Gewohnheitsrecht beruht, das aber durch Gerichtsurteile weiterentwickelt wird. Heinrichs Sohn **Johann I. ohne Land** *(1167 bis 1216)* wurde von Adel und Geistlichkeit 1215 gezwungen, die Magna Charta zu unterschreiben, eine Urkunde, die zunächst hauptsächlich Lehnsrechte regelte, sich im Lauf der Zeit aber zum Grundgesetz des englischen Verfassungsrechts weiterentwickelte.
Der sächsische Ritter **Eike von Repgow** *(um 1180 bis nach 1233)* verfasste den »Sachsenspiegel«, das bedeutendste Rechtsbuch des deutschen Mittelalters. Seine Sammlung des sächsischen Gewohnheitsrechts erlangte bald Gesetzeskraft und blieb in einigen Teilen Deutschlands bis 1900 gültig. Das komplizierte römische Recht fasste zum ersten Mal der Stadtschreiber von Schwäbisch Hall **Conrad Heyden** *(um 1385–1444)* in leicht verständlicher, deutscher Sprache zusammen. Sein »Klagspiegel« hatte dadurch einen großen Anteil an der Verbreitung des römischen Rechts in Deutschland.

Recht im Mittelalter
Das Foto zeigt eine reich illustrierte Doppelseite des »Sachsenspiegels«, der von **Eike von Repgow** (um 1180 bis nach 1233) *zusammengestellt wurde.*

Neuzeitliche Gesetzgeber

Der Humanist **Johann Freiherr von Schwarzenberg** *(um 1463–1528)* verfasste 1507 die Bambergische Halsgerichtsordnung, eine Strafgerichtsordnung, die Vorbild für die Carolina, das erste allgemeine deutsche Strafgesetzbuch, wurde. Die Carolina, die unter Kaiser **Karl V.** *(1500–58)* zum Reichsgesetz erhoben wurde, spiegelt einerseits noch die Grausamkeiten des Mittelalters wider, andererseits steht sie unter dem Einfluss der rationalen römisch-italienischen Strafrechtslehre.
Unter König **Charles II.** *(1630–85)* setzte das englische Parlament 1679 die Habeas-Corpus-Akte durch, wonach kein Untertan ohne richterliche Überprüfung in Haft genommen und gehalten werden durfte. Die Habeas-Corpus-Akte inspirierte die von **Thomas Jefferson** *(1743 bis 1826)* formulierte amerikanische Unabhängigkeitserklärung mit ihrem Menschenrechtskatalog.
Napoleon *(1769–1821)* veranlasste eine französische Gesetzessammlung aus fünf Teilbereichen des Rechts. Davon ist das Zivilgesetzbuch, der Code civil oder Code Napoléon, der Grundgedanken der Französischen Revolution übernimmt, noch heute im Wesentlichen gültig.

Für die Menschenrechte
Die Unabhängigkeitserklärung der USA wurde wesentlich von **Thomas Jefferson** (1743 bis 1826) *formuliert. Die Abbildung oben zeigt ihn (Zweiter von links), im Hintergrundbild sind die Unterschriften sämtlicher Unterzeichner zu sehen.*

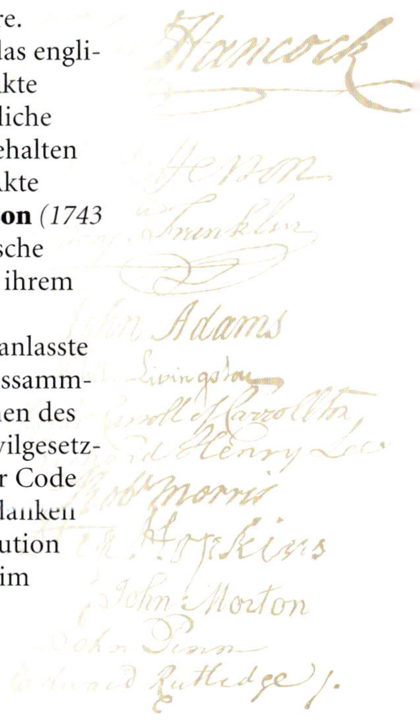

Auf den Spuren der Geschichte

Ursachen und Zusammenhänge geschichtlicher Ereignisse aufzuzeigen gehört seit der Antike zum Selbstverständnis des Historikers. Geschichte ist dabei mitunter so glänzend dargestellt und beschrieben worden, dass die Geschichtsschreibung selbst zur Weltliteratur wurde.

Als »Vater der Geschichtsschreibung« gilt **Herodot** *(um 485–um 424 v. Chr.)*. Er unternahm weite Reisen nach Asien, Afrika und Europa und malte in seinen »Historien« ein farbiges Bild von den Ländern und Völkern der damaligen Welt. Sein Hauptthema war jedoch die Entstehung und Entwicklung des Gegensatzes zwischen Griechen und Persern, der in den Perserkriegen (500/490–448 v. Chr.) gipfelte. Der Grieche **Thukydides** *(um 460–nach 400 v. Chr.)* gilt als Begründer der politischen Geschichtsschreibung. Er befasste sich zunächst mit der Vorgeschichte und den Ursachen des Peloponnesischen Krieges zwischen Athen und Sparta (431–404 v. Chr.) und schilderte dann in knapper Sprache den eigentlichen Krieg streng chronologisch, stets auf Tatsachen bedacht. Thukydides nennt Namen und Zahlen, verwendet Augenzeugenberichte und zieht Urkunden, zum Teil im Wortlaut, heran. Nicht mehr die Götter, wie noch weithin bei Herodot, sondern der Mensch mit seinem Streben nach Macht sowie der Zufall bestimmen bei ihm den Gang der Geschichte. Die von Thukydides getroffene Unterscheidung zwischen Anlässen und tieferen Ursachen historischer Ereignisse ist bis heute Grundkategorie historischen Denkens. **Xenophon** *(um 430–nach 355 v. Chr.)* setzte das unvollendete Werk des Thukydides, das mit dem Jahr 411 v. Chr. plötzlich abbricht, bis ins Jahr 362 v. Chr. fort. 401 v. Chr. nahm er am Zug von Kyros dem Jüngeren gegen dessen Bruder, den Perserkönig Artaxerxes, teil. Diese Geschehnisse beschreibt er in seinem Werk »Anabasis«.

Polybios *(um 200–um 120 v. Chr.)* kam 168 v. Chr. als griechischer Kriegsgefangener nach Rom. Dort verfasste er eine Universalgeschichte in 40 Büchern über die Zeit von 264 bis 144 v. Chr. und über die Ursachen für den Aufstieg Roms. Der römische Historiker **Sallust** *(86–34 v. Chr.)* beschäftigte sich 100 Jahre später mit der Frage, wer am Verfall Roms die Schuld trug, und machte dafür den Adel verantwortlich. **Livius** *(um 59 v. Chr.–17 n. Chr.)* stellte die römische Geschichte von der Gründung der Stadt 753 v. Chr. bis 9. v. Chr. dar. Der jüdische Geschichtsschreiber **Josephus Flavius** *(37/38 bis um 100)* ging mit dem späteren Kaiser Titus im Jahr 70 nach Rom und verfasste dort Bücher über die jüdische Geschichte und über den jüdischen Krieg (66–70). **Tacitus** *(55–nach 116)* behandelte die römische Kaiserzeit seit dem Tod des Augustus und wollte darin den politischen und moralischen Verfallsprozess unter der Monarchie aufzeigen.

Politischer Historiker
Der kritische Umgang mit historischen Quellen charakterisiert das Werk des **Thukydides** (um 460–nach 400 v. Chr.). *Die Statue steht vor dem Parlament in Wien.*

Englands Geschichte

Die Buchmalerei aus dem 12. Jh. zeigt den ersten großen englischen Geschichtsschreiber ***Beda Venerabilis*** (um 673–735).

Plutarch *(um 46–um 120)* verfasste neben Biografien über römische Kaiser auch 23 Parallelbiografien, in denen je ein bedeutender Grieche und Römer einander gegenübergestellt sind. Fast gleichzeitig entwickelte auch **Sueton** *(um 70–um 130)* die Biografie als Form der Geschichtsschreibung. **Arrian** *(etwa 95–175)* ist die wichtigste Quelle für den Siegeszug Alexanders des Großen durch Asien, **Appian** *(2. Jh.)* schrieb eine umfassende römische Reichsgeschichte von den Anfängen bis in seine Gegenwart. Auch die 80-bändige Geschichte Roms des Griechen **Cassius Dio** *(um 163–um 235)* bildet eine wichtige Quelle für die römische Geschichte.

Kirchen- und Themengeschichte

Eusebios von Caesarea *(um 263–339/340)* schrieb eine zehnbändige Kirchengeschichte, die vor allem wegen der Verwendung von inzwischen verlorenen Quellen aus den ersten 3 Jahrhunderten von unschätzbarem Wert ist. Der Römer **Cassiodor** *(um 490–583)* verfasste eine zwölfbändige Geschichte der Goten, Bischof **Gregor von Tours** *(538/39–594)* eine Geschichte der Franken. **Beda Venerabilis** *(um 673–735)* wurde durch seine bis 731 reichende englische Kirchengeschichte zum Begründer der englischen Geschichtsschreibung, **Paulus Diaconus** *(um 720–nach 787)* zeichnete die Geschichte der Langobarden auf. **Einhards** *(um 770–840)* Biografie Kaiser Karls des Großen war die erste Herrscherbiografie des Mittelalters. **Cosmas von Prag** *(um 1045–1125)* schrieb die erste Chronik Böhmens, **Fulcher von Chartres** *(1059–1127/28)* war der Chronist der Anfänge des christlichen Königtums in Palästina.

Neuzeitliche Historiker

Für den Untergang des Römischen Reichs machte **Edward Gibbon** *(1737–94)* das Christentum verantwortlich. **Leopold von Ranke** *(1795–1886)* wollte die Geschichte nicht aus der Gegenwart heraus beurteilen, sondern anhand der Quellen beschreiben. Er prägte die Geschichtswissenschaft bis weit ins 20. Jh. hinein. **Johann Gustav Droysen** *(1808–84)* wollte aus der Weltgeschichte politische Lehren für die Gegenwart ziehen. **Theodor Mommsen** *(1817–1903)* erhielt für seine »Römische Geschichte« 1902 den Nobelpreis für Literatur. **Jules Michelet** *(1798–1874)* verfasste eine stark patriotisch, demokratisch und antikirchlich geprägte Geschichte Frankreichs. Eine anschaulich erzählte 10-bändige Geschichte Englands schrieb **Thomas Macaulay** *(1800–59)*. Der Schweizer **Jacob Burckhardt** *(1818–97)* befasste sich vor allem mit der Renaissance in Italien, der Belgier **Henri Pirenne** *(1862–1935)* untersuchte die Bedeutung des islamischen Einbruchs in die Mittelmeerwelt für die Geschichte Europas. Zu den Forschungsschwerpunkten des Niederländers **Johan Huizinga** *(1872–1945)* gehörten die Welt des späten Mittelalters und der Kulturverfall der Gegenwart. Der Brite **Arnold Joseph Toynbee** *(1889–1975)* nahm eine die ganze Weltgeschichte umfassende Kulturanalyse vor. Der Franzose **Marc Bloch** *(1886–1944)* beschäftigte sich mit dem Mittelalter aus sozialgeschichtlicher Perspektive. Er begründete die »Annales-Schule«, die wichtigste Gruppe französischer Historiker im 20. Jh. Ihr gehörten auch **Fernand Braudel** *(1902 bis 1985)*, **George Duby** *(1919–96)* und **Philippe Ariès** *(1914–86)* an. Der Engländer **Eric Hobsbawm** *(1917–2012)* war ein undogmatischer Kritiker des Kapitalismus. Sein Interesse galt der Epoche zwischen 1789 und 1914 sowie dem 20. Jh.

Historiker Roms

Über 50 Jahre arbeitete ***Theodor Mommsen*** (1817 bis 1903) *an seinem Werk »Römische Geschichte«, das noch heute als Standardwerk gilt.*

Über Markt und Kapital

Wie lassen sich wirtschaftliche Zustände, Abläufe und Abhängigkeiten aus dem Verhalten der Beteiligten und aus der Wirtschaftsordnung erklären? Soll man den Markt sich selbst überlassen oder eingreifen? Und falls eingreifen – dann wie stark? Seit dem 18. Jh. wird diesen und anderen Fragen intensiv nachgegangen.

Ökonom des freien Marktes
Auf das Eigeninteresse des Einzelnen setzte ***Adam Smith*** (1723–90). *Eine »unsichtbare Hand« steuere die Summe dieser Einzelinteressen zu einem für die Allgemeinheit positiven Ergebnis.*

Als »Vater der Volkswirtschaftslehre« gilt der Schotte **Adam Smith** *(1723–90)*. Er begründete die »klassische Nationalökonomie«, die britische Volkswirtschaftslehre des 18. und 19. Jh. In seinem Hauptwerk »Der Wohlstand der Nationen« betont er Arbeit und Arbeitsteilung als Quellen des Wohlstands, im Gegensatz zu früheren Ökonomen, die die Bedeutung des Geldvorrats oder des Produktionsfaktors Boden hervorgehoben hatten. Der freie Wettbewerb, der auf wohlverstandenem Selbstinteresse beruhe und nicht von Markteingriffen des Staates gestört werde, führt nach Smith zu einer Harmonie des sozialen und wirtschaftlichen Lebens. Der Philosoph und Jurist **Jeremy Bentham** *(1748–1832)* begründete den Utilitarismus als geschlossenes ethisches System, das von seinen Schülern **David Ricardo** *(1772–1823)*, dem bedeutendsten Theoretiker der klassischen Nationalökonomie, und **John Stuart Mill** *(1806–73)* weiterentwickelt wurde. Der Utilitarismus zielt auf das »größte Glück der größten Zahl«, das aus bestimmten Vorbedingungen folge. Er wurde zur Grundlage der klassischen Nationalökonomie und begründete vor allem im 19. Jh. in Großbritannien eine wohlfahrtsstaatliche Sozialpolitik. **Thomas Robert Malthus** *(1766–1834)* entwickelte eine von den herrschenden Lehren völlig abweichende pessimistische Bevölkerungstheorie. Nach ihr wird die mögliche Größe der Bevölkerung begrenzt durch die Menge der verfügbaren Nahrungsmittel. Malthus wandte sich ausdrücklich gegen die Vorstellung, das Bevölkerungswachstum sei ein sicheres Zeichen für den Wohlstand eines Volkes und erklärte es im Gegenteil für das menschliche Elend seiner Zeit verantwortlich. Bis heute sind die aus seiner Lehre abgeleiteten Forderungen nach Geburtenkontrolle in unterentwickelten Ländern aktuell.

»Bevölkerungsgesetz«
Nach der Theorie von ***Thomas Robert Malthus*** (1766–1834) *vereiteln hohe Geburtenraten in Entwicklungsländern die Behebung sozialer Missstände.*

Der Franzose **Jean Baptiste Say** *(1767–1832)* machte die Lehren von Smith in Frankreich bekannt. Auf ihn geht die in der Volkswirtschaftslehre übliche Einteilung in Produktion, Verteilung und Verbrauch zurück.

Anhänger des Tauschens
Um die Waren zu verbilligen, forderte ***Pierre Joseph Proudhon*** (1809–65), *eine Tauschzentrale. Gemälde »Proudhon und seine Kinder« von Gustave Courbet.*

Gegen den Kapitalismus

Einen ganz anderen Ansatz verfolgten die Theoretiker des Sozialismus und des Kommunismus. Der Frühsozialist **Claude Henri de Saint-Simon** *(1760 bis 1825)* wollte mit technokratischen Mitteln die von ihm scharf kritisierte Ausbeutung, deren Ursache er im bestehenden Eigentumsrecht sah, abschaffen. **Pierre Joseph Proudhon** *(1809–65)* kämpfte gegen die ungleiche Verteilung des Privateigentums.
1844 lernte er **Karl Marx** *(1818–83)* kennen, der ihn vergeblich zur Mitarbeit an der Organisation einer revolutionären proletarischen Partei bewegen wollte. Mit seinem Freund und Mitarbeiter **Friedrich Engels** *(1820–95)* verfasste Marx 1848 das »Kommunistische Manifest«, später entstand sein Hauptwerk »Das Kapital«. Marx und Engels lehrten, dass sich jeder Mensch durch Arbeit verwirkliche. Dieses sei jedoch dem Lohnarbeiter im Kapitalismus nicht möglich, da er nicht Eigentümer der Güter sei, die er herstelle. Er sei daher dem Ergebnis seiner Arbeit entfremdet. Nur durch eine Enteignung der Kapitalbesitzer in einer Revolution könne dieser Missstand beseitigt werden.

Theoretiker des 20. Jahrhunderts

Der US-Amerikaner **Thorstein Veblen** *(1857–1929)* begründete eine Richtung in der Volkswirtschaftslehre, die die Wechselbeziehungen zwischen wirtschaftlichem Handeln und den Institutionen als einen Entwicklungsprozess auffasst, der nicht ohne soziale Konflikte abläuft, weshalb – anders als beim rein marktwirtschaftlichen Modell, das vom Gleichgewichtsgedanken ausgeht, – eine Kontrolle der wirtschaftlichen Tätigkeit nötig sei. Der Brite **John Maynard Keynes** *(1883 bis 1946)* bestimmte bis in die 1970er-Jahre die moderne Volkswirtschaftslehre. Seiner Analyse legte er wie die klassischen Nationalökonomen gesamtwirtschaftliche Größen zugrunde, ging aber anders als sie nicht von der harmonischen Vorstellung aus, Störungen des Wirtschaftsablaufs würden durch die »Selbstheilungskräfte« des Marktes beseitigt. Keynes befürwortete deshalb die Steuerung des Wirtschaftsgeschehens durch eine aktive Wirtschaftspolitik.
Der Österreicher **Joseph Alois Schumpeter** *(1883–1950)* trug wesentlich zum Verständnis von Konjunkturverläufen bei. Er erklärte das kapitalistische Wirtschaftssystem durch Veränderungen, die vor allem von »dynamischen Unternehmern« herbeigeführt würden, die Innovationen durchsetzten, Pioniergewinne erzielten und für einen Konjunkturaufschwung sorgten. Der Prozess »schöpferischer Zerstörung« durch Wettbewerb ermögliche Wachstum und technischen Fortschritt.
Der US-Amerikaner **Milton Friedman** *(1912–2006)* befasste sich vor allem mit Geldpolitik und Geldwertstabilität. Mit seiner Auffassung, auch die Sozialversicherungen, das Gesundheits- und das Bildungswesen sollten der marktwirtschaftlichen Steuerung überlassen werden, beeinflusste er die Politik Ronald Reagans und Margaret Thatchers. Ein strikter Gegner dieser Forderungen war **John Kenneth Galbraith** *(1908 bis 2006)*, der in seinem bekanntesten Werk »Gesellschaft im Überfluss« versuchte, die Unzulänglichkeit des herrschenden Wirtschaftssystems durch das Missverhältnis von privater Verschwendung und öffentlicher Armut zu erklären.

»Eigentum ist Diebstahl.«
Pierre Joseph Proudhon

Für den Sozialstaat
Als Berater der Präsidenten Franklin D. Roosevelt und John F. Kennedy befürwortete ***John Kenneth Galbraith*** (1908 bis 2006) *den umfassenden Ausbau des Sozialstaats.*

KUNST, ARCHITEKTUR UND DESIGN

Ob klassisches Stillleben oder fortschrittliche Abstraktion, barocke Kirche oder modernes Bürogebäude, Alltagsgegenstand oder Luxusartikel: Unzählige Künstler, Architekten und Designer haben der Welt, wie wir sie kennen, ihren Stempel aufgedrückt. Immer wieder mündeten originelle Ideen herausragender Köpfe in neue Stilrichtungen, und revolutionäre Entwürfe der großen Künstlergenies führten zum radikalen Bruch mit dem Vergangenen und begründeten Epochen.

GUGGENHEIM MUSEUM

Mythologische Motive
In seinem Gemälde »Die Anbetung der Könige« porträtierte der Renaissancemaler ***Sandro Botticelli*** (um 1445–1510) *sich selbst (rechts).*

Aufbruch zu neuen Wegen in der Malerei

Die Wirklichkeit ist dreidimensional, ein Gemälde jedoch eine zweidimensionale Fläche. Das hat Künstler immer wieder aufs Neue angetrieben, mit Pinsel und Farbe kreative Antworten auf diesen Widerspruch zu finden. Die jeweiligen stilistischen Neuerungen sind nicht zuletzt Ausdruck des Zeitgeists. Während die Renaissance eine wirklichkeitsgetreue Abbildung anstrebte, kehrte in der Moderne die Flächigkeit zurück.

Auf seine Zeitgenossen muss es wie ein Wunder der Malerei gewirkt haben: **Giotto** *(um 1267–1337)* gestaltete seine Bilder so bewegt und kraftvoll, dass der Betrachter sich dem Geschehen nah fühlt. Durch einen anderen Blickpunkt, die Plastizität und die klare Gruppierung der Figuren gab der italienische Maler dem Dargestellten – in Opposition zum herkömmlichen Malstil des Mittelalters – eine dreidimensionale Anmutung und einen erzählerischen Zusammenhang, was zu seiner Zeit, in der Epoche der Gotik, geradezu kühn war.

War der Blick der Künstler des Mittelalters auf das Jenseits ausgerichtet, begann an der Schwelle zur Neuzeit die Eroberung der sichtbaren Welt. Schon die Zeitgenossen erlebten den neuen Stil der flämischen Meister des 15. Jh. als radikalen ästhetischen Umbruch. Lebensnah und räumlich präzise fing **Robert Campin** *(um 1375 – 1444)* in seinen Bildern die Realität ein und versetzte in mutiger Abkehr von der Tradition biblische Szenen in eine bürgerliche Welt. **Jan van Eyck** *(um 1390–1441)* wandte als Erster die Ölmalerei konsequent an. Der leuchtende Glanz und die durchschimmernden Lasuren der Farbschichten lassen die Bildgegenstände in seinen wirklichkeitsgetreuen, detailgenauen Gemälden fast greifbar anmuten. In Abkehr von der Typisierung des Mittelalters fanden van Eyck wie auch **Rogier van der Weyden** *(um 1399–1464)* einen individuell charakterisierenden Porträtstil. Ein Sonderling der Malerei, dessen fantastische Bildwelten bis in die Gegenwart Rätsel aufgeben, ist der Niederländer **Hieronymus Bosch** *(um 1450–1516)*.

Die Entdeckung der Perspektive

Etwa zeitgleich führte ein Künstler der italienischen Frührenaissance von gerade einmal 21 Jahren quasi im Alleingang die vom Baumeister Brunelleschi und dem Bildhauer Donatello entwickelte Zentralperspektive in der Malerei ein – **Masaccio** *(1401 bis 1428)*. Was Giotto erst ansatzweise gelungen war – eine täuschend echt wirkende Raumillusion zu erzeugen –, das beherrschte das junge Malergenie virtuos. Eine andere Technik, um räumliche Tiefe zu suggerieren – neben der sich auf die Größe der Bildgegenstände beziehenden Linearperspektive –, führte **Leonardo da Vinci** *(1452–1519)* in der Hochrenaissance zur Perfektion. Bei der Farb- und

Der Höllenmaler

Brennende Landschaften und grausige Details kennzeichnen das Werk von **Hieronymus Bosch** (um 1450–1516) *wie in »Die Versuchung des heiligen Antonius.«*

Luftperspektive entsteht die optische Illusion durch die Farben, welche die Formen in der Ferne undeutlich werden lassen.
In der neuen Kunst, die eine Rückbesinnung auf die Antike proklamierte, drückt sich auch ein neues Menschenbild aus: Das Diesseits, die Natur und das Individuum werden nun selbstbewusst erforscht. Dieser weltanschauliche Wandel ging mit dem Aufstieg des städtischen Bürgertums einher.
Neue, für das christlich geprägte Mittelalter noch unerhörte Themen der Renaissance waren die klassische Mythologie, die **Sandro Botticelli** *(um 1445 bis 1510)* beispielsweise in seinem Gemälde »Die Geburt der Venus« monumental vor Augen führt, und auch die Naturmystik in **Giorgiones** *(1477/78 bis 1510)* Landschaften. **Tizian** *(um 1488–1576)* erzielte durch die subtile Anwendung der Farbe die plastische, sinnliche Expressivität seiner Bilder.
Die Technik **El Grecos** *(um 1541–1614),* mit wenigen Farbtönen, den geschraubten Bewegungen überlanger Figuren und mit Lichteffekten Dramatik zu erzielen, wirkte bis ins 20. Jh. hinein. In seiner Kunst zeigt sich, dass die Zeit vom Verlust allgemeingültiger Glaubenssicherheiten und Ideale gekennzeichnet war. Dieses Phänomen der Unsicherheit scheint auch bei anderen sogenannten Manieristen wie **Parmigianino** *(1503–40)* oder **Tintoretto** *(1519–94),* auf.
Die Genrebilder von **Jan Vermeer** *(1632–75)* wiederum feiern die Schönheit von Licht und Farbe. In schimmerndem Farbschmelz ließ der niederländische Barockmaler seine Alltagsszenen erstrahlen, die ein allegorischer Zauber umgibt. Die Übersetzung der Realität in ein Mosaik farbiger Flächen verleiht seinem Werk etwas sehr Modernes. **Antoine Watteau** *(1684–1721)* bestimmte durch die elegante Leichtigkeit seiner Figuren und eine subtile Kolorierung wesentlich die Rokokomalerei mit.

Neuer Umgang mit Farbe und Fläche

Der nichts beschönigende Realismus, aber auch die abgründigen Traumwelten, die **Francisco Goya** *(1746–1828),* beseelt vom Geist der Aufklärung, in die Malerei und Grafik einführte, brachen mit allen bis dahin gültigen Stilkonventionen. Der klassizistische Maler **Jean Auguste Dominique Ingres** *(1780 bis 1867)* modellierte virtuos und so noch nicht gesehen mit Farbe und Linie seine zwischen Kühle und Sinnlichkeit changierenden Aktdarstellungen, verband in seinen Porträts psychologisches Einfühlungsvermögen und physische Genauigkeit. Während die klassizistischen Maler dem Zeichenstift den Vorrang gaben, erkannte der Romantiker **Eugène Delacroix** *(1798 bis 1863)* den emotionalen Wert der Farbe. Die dunkle Seite der Romantik kommt in den Bildern von **Johann Heinrich Füssli** *(1741–1825)* zum Ausdruck.

Die Unabhängigkeit der USA, die Französische Revolution und die Industrialisierung veränderten die Welt politisch, wirtschaftlich und gesell-

Barocker Genremaler

»Das Mädchen mit der Perle« von **Jan Vermeer** (1632–75) *ist eines der bekanntesten Werke des niederländischen Malers.*

Poetischer Autodidakt
Naiv-realistische Szenen mit traumhaften Anklängen wie »Exotische Landschaft« (1907) charakterisieren das Werk ***Henri Rousseaus*** (1844 bis 1910).

schaftlich radikal. **Adolph Menzel** *(1815–1905)*, ein Vertreter des Realismus, griff als einer der Ersten die Themen des beginnenden Industriezeitalters auf. **Édouard Manets** *(1832–83)* Werk »Das Frühstück im Grünen« rief 1863 einen Skandal hervor. Manet war bestrebt, seine Bildkompositionen in große Farbflächen zu gliedern, um so die Zweidimensionalität zurückzuholen. Ein geradezu revolutionärer Schritt, der ebenso in die Kunst der Moderne wies wie der freie Umgang mit der Wirklichkeit in den traumhaft-poetischen Bildern von **Henri Rousseau** *(1844–1910)*.
Warum diese Rückbesinnung auf die Flächigkeit, nachdem zuvor wirklichkeitsgetreue Raumdarstellung das höchste Ziel gewesen war? Die ersten Fotografien lieferten realistischere Abbildungen als jedes Gemälde. Und in Paris faszinierte die fremdartige Ästhetik japanischer Holzschnitte, im ausgehenden 19. Jh. der letzte Schrei. Die Künstler Europas sahen sich vor neue Herausforderungen gestellt.

Die Abstraktion und das Wesentliche

Die schaurige Gestalt mit dem aufgerissenen Mund auf **Edvard Munchs** *(1863–1944)* berühmtem (und 2004 im Zuge eines Diebstahls schwer beschädigtem) Gemälde »Der Schrei« steht für die existenzielle Entfremdung des modernen Menschen. In großen schwingenden Linienzügen und Hell-Dunkel-Farbkontrasten verdichtete der norwegische Wegbereiter des Expressionismus Landschaften und Figuren zu beeindruckenden Metaphern von Einsamkeit, Liebe und Tod.

Meister der Farbfeldmalerei
Die riesigen Farbflächen ***Barnett Newmans*** (1905–70) *üben auf den Betrachter eine beinahe unheimliche Anziehungskraft aus.*

Mit **Paul Klee** *(1879–1940)* zogen Poesie und Fantasie in die abstrakte Kunst ein. Der Schweizer wollte hinter die Erscheinung der Dinge blicken und reduzierte seine Bildmotive auf das Wesentliche, das er in poetisch-märchenhaften oder auch ironisch-skurrilen Bildern zum Ausdruck brachte.
Eine wichtige Stilrichtung der amerikanischen Kunst nach 1945 war das Color-Field-Painting, die Farbfeldmalerei. **Barnett Newmans** *(1905–70)* Werk erregte Aufsehen, weil hier die reinen Farbflächen den Betrachter in einen unendlich scheinenden Farbraum quasi hineinziehen.

Der Alltag wird Kunst

Die Künstler der Pop-Art wandten sich Mitte der 1950er-Jahre ab von den abstrakten Kunstrichtungen und erklärten das Populäre, den Alltag zur Kunst. **Robert Rauschenberg** *(1925–2008)* und **Jasper Johns** *(geb. 1930)*, Letzterer bekannt durch seine hintergründige Verwendung der US-Flagge, begründeten in den USA den neuen Stil mit; **Richard Hamilton** *(1922–2011)* führte den Begriff Pop 1956 in London in die Kunstszene ein. Der Engländer **Peter Blake** *(geb. 1932)* gestaltete das Cover des legendären Beatles-Albums »Sgt. Pepper's Lonely Hearts Club Band«. **Georg Baselitz** *(geb. 1938)* gilt als der große Wilde der deutschen Malerei nach 1945. Seine wuchernden, verzerrten Figuren mit kleinen Köpfen, die so skandalträchtig wie gesellschaftskritisch sind, stellt er immer wieder auch auf den Kopf.

Künstlerisches Genie zur Ehre Gottes

Ihre Fresken, Altarbilder, Schnitzereien und Skulpturen schmücken Kirchen und Klöster; Christus, die Madonna, Heilige und Themen aus Altem und Neuem Testament stellten sie virtuos dar – in ihrer Kunst brachten Maler, Schnitzer und Bildhauer die Ehrfurcht des Menschen vor Gott und seinen Lobpreis zum Ausdruck. Viele dieser Werke sind stilbildende Meisterstücke, an denen sich auch der gesellschaftliche und kunstgeschichtliche Wandel vom Mittelalter bis in die Neuzeit ablesen lässt.

Schöpfer des »Abendmahls«
Mit der »Mona Lisa« und dem »Abendmahl« schuf ***Leonardo da Vinci*** (1452–1519) *zwei der berühmtesten Gemälde der Welt.*

Maler, Bildhauer, Architekt, Kunsttheoretiker, Naturforscher und Ingenieur: Das Genie von **Leonardo da Vinci** *(1452–1519)* umfasste mehr als nur eine künstlerische Disziplin und lässt sich deshalb kaum auf ein Sujet begrenzen. Dennoch hat der Linkshänder, einer der Großmeister der Hochrenaissance, gerade auch in der christlichen Kunst Wesentliches, ja revolutionär Neues gestaltet. Als die erste klassische Manifestation der Ideale seiner Zeit gilt sein zwischen 1495 und 1497 geschaffenes berühmtes Wandgemälde »Das Abendmahl« für das Refektorium von Santa Maria delle Grazie in Mailand. Seit die aufwendige, 20 Jahre in Anspruch nehmende Restaurierung 1999 abgeschlossen wurde, erstrahlt das UNESCO-Weltkulturerbe wieder fast in ursprünglichem Glanz.

»Schon die kleinste Katze ist ein Meisterwerk.«
Leonardo da Vinci

Psychologisch motivierte Darstellung

Die biblische Szene, die Jesus inmitten seiner Jünger beim letzten Abendmahl zeigt, ist schon zuvor von vielen Künstlern gemalt worden. Da Vinci jedoch bannt sie in bis dahin nie gesehener Lebhaftigkeit und mit vielschichtigem Bedeutungsgehalt aufs Bild. In der Unruhe, die die Jünger sichtlich erfasst hat, meint man auf dem Gemälde zu erkennen, dass Christus gerade die schicksalhaften Worte vom Verrat gesprochen hat. In der expressiven Darstellung von Mimik und Gestik der Apostel gelingt Leonardo, was ihm seinen Aufzeichnungen zufolge als das höchste und schwierigste Ziel der Malerei galt: »die inneren Regungen der menschlichen Seele« wiederzugeben. Um Vorbilder für den passenden Gesichtsausdruck von Jesus und den Aposteln zu finden, studierte der italienische Künstler die Menschen auf den Straßen Mailands. Die neuartigen Techniken, die er für solch außergewöhnliche Ausdrucks- und Aussagekraft erfand, sind zum einen feinste Nuancierungen der Umrisse und Formen in Licht- und Schattentönen, und zum anderen die Ausrichtung der Raumperspektive auf die Figuren, was ihre Beziehungen untereinander verdeutlicht. Dadurch, dass beispielsweise im »Abendmahl« der Fluchtpunkt hinter dem Haupt Christi liegt, kommt der so in den Mittelpunkt gerückten Figur eine tiefe sinnbildliche Bedeutung zu.

»Selbstbildnis von 1500«
Das berühmte Selbstpoträt des 28-jährigen ***Albrecht Dürer*** (1471 – 1528) *ähnelt Christusbildern der Zeit.*

Das Hintergrundbild zeigt die Signatur Albrecht Dürers.

Leonardo strebte die Einheit von Figur und Raum an. Die wissenschaftlich analysierten Geometrien für die Positionierung der Figuren und Gegenstände im Raum dienten ihm jedoch nie als Selbstzweck oder nur der perfekten Wiedergabe der Realität. In seinen Werken wollte er, anders als etwa die Frührenaissance es tat, die in ständigem Werden und Vergehen begriffene Welt als Einheit erscheinen lassen. Nur wenige Werke kann man Leonardo heute mit Sicherheit zuschreiben. Die »Felsgrottenmadonna« und die »Heilige Anna Selbdritt« gehören dazu. Das zarte Sfumato, die in weichen Tonübergängen modellierende Malweise, die seine »Mona Lisa« so faszinierend und rätselhaft vieldeutig wirken lässt, kennzeichnet auch diese, heute im Pariser Louvre ausgestellten, Meisterwerke.

Mit Zirkel und Richtschnur

Fasziniert von der italienischen Kunst der Renaissance machte sich ein deutscher Künstler als junger Geselle auf nach Venedig, um später mit einer neuen Vorstellung von der Welt und der Aufgabe des Künstlers in seine Geburtsstadt Nürnberg zurückzukehren: **Albrecht Dürer** *(1471 – 1528)*. Wie auch Leonardo da Vinci stellte der Maler, Grafiker und Zeichner wegweisende kunsttheoretische Überlegungen an, versuchte die Kunst aus der Erkenntnis ihrer Formgesetze zu erneuern. Die Schönheit eines Kunstwerks erschien ihm mit »Zirkel und Richtschnur« konstruierbar zu sein. Entsprechende theoretische Abhandlungen – Meilensteine der Kunstliteratur – hat er hinterlassen. Vor allem aufgrund seiner Holzschnitte und Kupferstiche hatte der größte grafische Künstler seiner Zeit großen Einfluss auf die Kunst seines Jahrhunderts – er verschaffte der Grafik eine ähnliche Anerkennung wie der Malerei. Religion und Glaube stellten für den Anhänger Martin Luthers, den ein hohes künstlerisches wie moralisches Sendungsbewusstsein auszeichnete, zentrale Themen dar. Motive wie das Leiden Christi, das Leben von Maria und das der Heiligen dominieren in den grafischen Werken und den zahlreichen Altären, die Dürer schuf. Eine Ikone der christlichen Kunst, die bis heute viele Gebetbücher, Andachtsbilder und Traueranzeigen ziert, sind Dürers »Betende Hände«, eine Detailstudie für den im 18. Jh. in Frankfurt abgebrannten Heller-Altar. Die Verbindung von Formschönheit und erzieherischem Ansatz in Dürers Kunst erweist sich exemplarisch in einem seiner schönsten Stiche: »Ritter, Tod und Teufel«. Standhaft bleibt der darauf abgebildete christliche Streiter trotz der Erscheinungen von Tod und Teufel auf dem Pfad des Glaubens. Die Formkraft der italienischen Renaissance und ein aus der Spätgotik rührender Symbolismus verbinden sich zu einem neuen, eigenständigen, typisch nordischen Ausdruck.
Indes hat sich der exzellente Grafiker später auch zum ebenso bedeutenden Maler weiterentwickelt. Weithin bekannt ist Dürers 1500 entstandenes Selbstporträt in Christusgestalt. Ein anderer Höhepunkt seines malerischen Werks sind die zwei Altartafeln »Die vier Apostel«, die Dürer 1526 seiner ins lutherische Lager übergetretenen Heimatstadt Nürnberg schenkte – als Mahnmal für den »wahren christlichen Glauben«. Lebensgroß und geradezu plastisch erscheinend sind darauf Johannes, Paulus, Petrus und Markus abgebildet. Sie umgeben die unsichtbare Gottheit, den heimlichen Mittelpunkt des zweiteiligen Altars.

Kunstwerke zum Lobpreis Gottes

Leonardo da Vinci und Albrecht Dürer waren zwei herausragende Künstler, deren künstlerisches Schaffen vor allem religiös motiviert war. In Zeiten, in denen eine religiöse Haltung die Welt prägte, galt das jedoch für viele Künstler. Eines der berühmtesten Beispiele der Kunst zum Lobpreis Gottes ist die Sixtinische Kapelle im Vatikan, die **Michelangelo** *(1475 – 1564)* so genial mit einem Panoptikum an Szenen von der Schöpfungsgeschichte bis zum

Jüngsten Gericht ausmalte. Der Florentiner **Cimabue** *(um 1240–1302)*, zu dessen Zeit die Gotik aufkam, hinterließ der Nachwelt u. a. die »Maestà«, eine zweifach lebensgroße Madonnentafel, die jetzt in den Uffizien in Florenz hängt. Dort sind auch zwei weitere berühmte Madonnenbilder aus dem 13. Jh. zu bewundern: eines von **Duccio** *(um 1255 bis 1319)* sowie eine Maestà, eine majestätische Darstellung der Muttergottes, von **Giotto** *(um 1267 bis 1337)*. Dessen Werke zeichnen eine bis dahin nicht erreichte räumliche Tiefenwirkung und anschauliche Darstellung der Gefühle der Akteure aus.

Altarwerke und Madonnen

Auf das Anliegen der Renaissance, die Natur wirklichkeitsgetreu wiederzugeben, wiesen bereits die Fresken und Altarwerke zweier italienischer Maler der Gotik hin, **Gentile da Fabriano** *(um 1385 bis 1427)* und **Simone Martini** *(um 1284–1344?)*. Etwa zur gleichen Zeit erreichte die altrussische Malerei im Werk des Mönchs und Malers **Andrej Rubljow** *(um 1360–1430)*, der den Andachtsstil mit einem frühen Realismus verband, einen Höhepunkt. Zur Zeit der ausklingenden Gotik und beginnenden Renaissance malte der Dominikanermönch **Fra Angelico** *(um 1400–55)* in Italien innige Altar- und Andachtsbilder sowie Fresken.
Was in seiner Malerei erst anklang – Perspektive und Körperdarstellung – haben Künstler der Renaissance wie **Piero della Francesca** *(um 1415 bis 1492)* und **Andrea Mantegna** *(1430/31–1506)* in ihren sakralen wie weltlichen Werken vervollkommnet. Durch eine kühne perspektivische Untersicht zeichnen sich **Corregios** *(um 1489 bis 1534)* Kuppelfresken im Dom zu Parma aus. Gewissermaßen ein Spezialist für Madonnen war **Raffael** *(1483–1520)*, der die visionäre Erscheinung des Göttlichen wunderbar mit der Körperlichkeit und dem Bildaufbau der Hochrenaissance verband, so in seiner »Sixtinischen Madonna«.
In den Niederlanden führten die sakralen Werke von **Jan van Eyck** *(um 1390–1441)* und von **Rogier van der Weyden** *(um 1399–1464)* die Spätgotik zu einer Blüte. Zeugnis davon legt der prächtige Genter Altar von van Eyck ab. Sehr verbreitet waren während der Gotik vor allem in den Niederlanden und in Deutschland die Schnitzaltäre, die Künstler wie **Tilman Riemenschneider** *(um 1460–1531)*, **Veit Stoß** *(um 1450–1533)* und **Michael Pacher** *(um 1435–1498)* mit Holzschnitzereien verzierten.

»Genius ist ewige Geduld.«

Michelangelo

Sixtinische Kapelle
In überaus kräftigen Farben gestaltete ***Michelangelo*** (1475–1564) *die Decke der Sixtinischen Kapelle im Vatikan.*

Bildschnitzer von Würzburg
Zarte Figuren wie die Trauernden am Grab Jesu auf dem Kreuzigungsaltar von Detwang zeichnen ***Tilman Riemenschneider*** (um 1460–1531) *aus.*

Krönung des Barock

Der erfolgreichste Maler des Barock, **Peter Paul Rubens** (1577–1640), *galt als »Wunder der Welt«. Im Bild das Gemälde »Christus- und Johannesknabe«.*

Isenheimer Altar

Neben Albrecht Dürer gilt **Matthias Grünewald** (um 1480–1528) *als bedeutendster deutscher Renaissancekünstler. Sein bekanntestes Werk ist der Isenheimer Altar – im Bild eine seiner Tafeln – in Colmar.*

Auch nördlich der Alpen hatte der Geist der Renaissance großen Einfluss auf die christliche Kunst. Das Frühwerk von **Lucas Cranach dem Älteren** *(1472–1553)* kennzeichnen warm leuchtende Farben und intensiver Ausdruck. Von expressiver Kraft und Dramatik ist **Matthias Grünewalds** *(um 1480–1528)* Bilderzyklus für den weltberühmten Isenheimer Altar im elsässischen Colmar.

Visionäre Mystik und Lichtvisionen

Im Manierismus, also zwischen Renaissance und Barock, versenkten sich im 16. Jh. viele Maler – vielleicht als Reaktion auf Glaubenskriege, Gegenreformation und die Krisenstimmung der Zeit – geradezu ekstatisch in christliche Bildthemen. Eine visionäre Mystik charakterisiert die religiösen Figurenbilder und Porträts von **El Greco** *(um 1541 bis 1614)* in Spanien. Im Spätwerk des Venezianers **Tintoretto** *(1519–94)* wandeln sich biblische Szenen in Lichtvisionen mit oftmals gespenstisch irrationaler Atmosphäre.

Das Barock kennzeichnet die Helldunkelmalerei. Naturalistisch und düster-dramatisch malte der auch wegen seines manchmal unberechenbaren Temperaments bekannte **Caravaggio** *(1571–1610)* biblische Themen. Barocke Fülle und pathetische Bewegtheit gab **Annibale Carracci** *(1560–1609)* den Heiligen in seinen Fresken und Altarbildern.

Peter Paul Rubens *(1577–1640)*, einer der bedeutendsten Künstler des Barock, kreierte im Auftrag der Kirche monumentale Altar- und Deckenbilder, beispielsweise in der Antwerpener Kathedrale, wo er ein typisches Motiv der christlichen Malerei, die »Kreuzabnahme Christi«, eigenwillig interpretierte. **Giovanni Battista Tiepolo** *(1696–1770)* dekorierte Kirchen mit einer Fülle von lichtdurchfluteten Altarbildern und Fresken.

Die spielerische Eleganz des Rokoko

Im Kirchenbau und der Kirchenausstattung fand der Rokokostil, der das Pathos des Barock hin zum Leichten, Anmutigen und verspielt Zierlichen verfeinerte, höchste Vollendung – vor allem in Süddeutschland. Die Bildhauer und Stuckatoren **Paul Egell** *(1691–1752)* und **Joseph Anton Feuchtmayer** *(1696–1770)* schmückten Kirchen wie Sankt Maria in Birnau (Feuchtmayer) mit Skulpturen und Stuckarbeiten; vom Stuckator und Maler **Johann Baptist Zimmermann** *(1680–1758)* stammen die Deckenfresken und Stuckaturen in der Wallfahrtskirche in Wies; der Bildhauer **Ignaz Günther** *(1725 bis 1775)* schuf für viele Kirchen und Abteien anatomisch mitunter eigenwillig gestaltete grazile Gewandfiguren.

Auch später wurden christliche Motive in der Kunst immer wieder aufgegriffen – in Russland beispielsweise von **Michail Wrubel** *(1856–1919)*, der an der Ausgestaltung der Wladimir-Kathedrale in Kiew beteiligt war. Die Neuzeit und die vernunftbetonte, säkulare Geisteshaltung der Aufklärung beförderten jedoch weltliche Themen in den Vordergrund künstlerischer Arbeiten. Die große Zeit der religiös motivierten Kunst war vorbei.

Die Maler der Fürsten

Viele Könige, Päpste und Adlige vergaben umfangreiche Aufträge an bedeutende Künstler, verpflichteten diese teilweise fest an den Hof. Der Ruhm manches Fürstenmalers war so groß, dass ihm der Ehrentitel »Malerfürst« zuteil wurde. Diese Künstler in Diensten der Mächtigen waren immer auch wichtige Chronisten ihrer Zeit.

Das gemalte Porträt bot für Herrscher und Adlige, später auch das Bürgertum, die einzige Möglichkeit, sich repräsentativ abbilden zu lassen. Zu den herausragendsten Porträtisten zählte der Italiener **Tizian** *(um 1488 – 1576),* der u. a. 1548 als Hofmaler zwei Porträts von Kaiser Karl V. anfertigte. Die eindringliche psychologische Schilderung war die besondere Spezialität dieses zur Zeit der Renaissance in ganz Europa umworbenen Porträtisten.

Die Herrscher schmückten sich mit der Kunst der Maler; diesen wiederum sicherte die Anstellung bei Hof ihr Einkommen und – bei aller Abhängigkeit – die Freiheit, künstlerisch innovativ zu sein. **Raffael** *(1483–1520)* arbeitete im Auftrag der Päpste. Das für seine Madonnenbilder berühmte Genie der Renaissance stattete die päpstlichen Prachträume im Vatikan mit großartigen Fresken aus. **Hans Holbein der Jüngere** *(1497/98 – 1543),* als Hofmaler Heinrichs VIII. in London tätig, fing in seinen Porträts mit unbestechlichem Blick das Charakteristische einer Person ein. Der große Barockmaler **Peter Paul Rubens** *(1577 – 1640)* agierte als Malerfürst in Antwerpen und auf internationalem Parkett. Ebenfalls in Antwerpen arbeitete **Anthonis van Dyck** *(1599–1641),* später Hofmaler Karls I. in London. **Frans Hals** *(um 1585 – 1666)* dagegen setzte virtuos die gehobene Gesellschaft der Niederlande in Szene. Am Hof von Madrid machte **Diego Velázquez** *(1599 bis 1660)* eine steile Malerkarriere. Als Palastkämmerer oblag es ihm zudem, die Gemächer von König Philipp IV. auszustatten. Der Hofmaler **Charles Le Brun** *(1619 – 90)* bewies sein Talent auch als versierter Leiter der königlichen Werkstätten von Ludwig XIV. Sein französischer Landsmann **Antoine Pesne** *(1683 – 1757)* wiederum stand am preußischen Hof in Diensten. Der Italiener **Giovanni Battista Tiepolo** *(1696 – 1770)* war als Schöpfer großer Dekorationen bei Adel und Kirche europaweit gefragt. Im England des 18. Jh. schätzte man **Joshua Reynolds** *(1723 – 92)* und **Thomas Gainsborough** *(1727 – 88)* als Porträtisten der vornehmen Gesellschaft.

Repräsentation und Kritik

Dass ein Amt bei Hof und Kritik an Missständen sich nicht unbedingt ausschlossen, beweist die große Kunst von **Francisco Goya** *(1746 – 1828),* Hofmaler in Madrid. **Jacques-Louis David** *(1748 bis 1825),* bei Ludwig XVI. in Diensten, sympathisierte später mit der Französischen Revolution, bevor er als Hofmaler die Herrschaft Napoleons I. pries.
Zu den Ikonen unter den Porträts des europäischen Hochadels gehört **Franz Xaver Winterhalters** *(1805 bis 1873)* Bildnis der österreichischen Kaiserin Elisabeth mit Diamantsternen im Haar. Der Beginn einer neuen Ära in der repräsentativen Abbildung der Mächtigen lässt sich bei **Franz von Lenbach** *(1836 – 1904)* erkennen. Der Porträtist Bismarcks nahm auch Fotografien als Vorlage zu Hilfe.

Staatsmaler Venedigs
Im Auftrag von Fürstenhöfen, Kaisern, Königen und Päpsten und vor allem der Dogen Venedigs malte ***Tizian*** (um 1488–1576) *Werke wie die »Venus von Urbino«.*

Visionäre Naturmaler

Für sich genommen war Landschaft in der Antike und im Mittelalter kein Thema der Kunst. Landschaftsmotive dienten lediglich als Schauplatz oder Symbol für die seinerzeit vorwiegend sakrale Kunst. Albrecht Altdorfer hat als einer der Ersten im 16. Jh. Landschaftsbilder gemalt. In der Romantik hat William Turner das Genre zu einem Höhepunkt geführt.

Hohe Bäume rahmen im Vordergrund des Bildes einen gewundenen Pfad, der zu einem Schloss hinführt. Beschirmt wird das Panorama von einem kühn geschwungenen Wolkenhimmel. »Donaulandschaft mit Schloss Wörth bei Regensburg« erscheint uns heute einfach als ein schönes Landschaftsbild. Als **Albrecht Altdorfer** *(um 1480–1538)*, einer der Hauptmeister der deutschen Spätgotik, um 1525 dieses Gemälde schuf, stieß er damit jedoch innerhalb der europäischen Kunst in Neuland vor. Im ausgehenden Mittelalter entstand ein neues, dem Diesseits zugewandtes Weltbild, das ein Interesse beinhaltete, die Wirklichkeit der Natur gemäß wiederzugeben. Die Maler der »Donauschule«, zu denen der Regensburger Maler, Grafiker und Baumeister Altdorfer gehörte, hoben die Darstellung von Landschaft in einen eigenständigen Rang. Altdorfers »Donaulandschaft« gilt als eines der ersten Gemälde der europäischen Kunst, das eine Landschaft eigenständig ohne Figuren zeigt. Auch eine Thematik, die das Genre der Landschaftsmalerei später prägen sollte, war in Altdorfers Bild schon angelegt – die Natur wurde zum Träger von Gefühlsstimmungen.

Visionen in Licht und Farbe

Die Konturen des Sees verschmelzen mit Ufer und Bergen, auf dem stillen Wasser in Gelb, Orange und Grün dümpeln zwei verzerrt wirkende Boote: Wie die Impressionisten Jahrzehnte später ließ der englische Maler **William Turner** *(1775–1851)* auf seinen Bildern die Farben ineinanderfließen, löste in seinem Spätwerk gar die Bildgegenstände bis fast zur Abstraktion hin auf. Diese Zauber- und Truggebilde aus Licht und Farbe, in die der bedeutende Vertreter der Romantik seine Landschaftsbilder verwandelte, ziehen auch im 21. Jh. den Betrachter noch in den Bann. Als »duftige Visionen aus farbigem Dampf« bezeichnete ein Zeitgenosse, der Maler John Constable, etwas abschätzig den Malstil des Kollegen. Dennoch war der passionierte Reisende, der seine Motive oftmals auf Streifzügen durch Europa fand, zu seiner Zeit keineswegs ein verkanntes Genie. Turner wurde 1807 als Professor für Perspektive an die Royal Academy in London berufen, verfasste zudem Lehrwerke über Malerei. Auch wenn wir

Maler in der Natur
Zu den ersten, die Eindrücke einer Landschaft vor Ort festhielten, zählt ***William Turner*** (1775–1851). *Im Bild sein Gemälde »Le Rigi à l'aube«.*

Typischer Romantiker
Zu den berühmtesten Werken ***Caspar David Friedrichs*** (1774–1840) *zählt das 1818 entstandene Gemälde »Kreidefelsen auf Rügen«.*

Turner heute vor allem als genialen Landschaftsmaler schätzen – in seinen Werken griff er auch literarische und historische Themen sowie die Ereignisse seiner Zeit auf. Diese integrierte er, z. B. in seinem berühmten Gemälde »Das Sklavenschiff«, in die Darstellung von Naturphänomenen.

Die Erfinder von Landschaftswelten

Gesellschaftliche Veränderungen, ein weltliches Denken und ein neues Interesse an der Natur hatten zur Folge, dass die Landschaftsmalerei sich im 17. Jh. in den Niederlanden zur selbstständigen Kunstgattung entwickelte. Neben der Kirche gab dort auch das wohlhabende Bürgertum Kunstwerke für den privaten Gebrauch in Auftrag – und das brachte einen Wandel der als interessant befundenen Bildmotive mit sich.
Als eigenständiges Bildthema hatte bereits **Ambrogio Lorenzetti** *(um 1290–1348)* Landschaft hin und wieder aufgegriffen. **Konrad Witz** *(um 1400–45/46)* stellte in einer Altartafel eine Landschaft dar. **Dürer** *(1471–1528)* und **da Vinci** *(1452 bis 1519)* skizzierten in ihren Aquarellen bzw. Zeichnungen erstmals Landschaft ohne Staffage. In der Malerei jedoch blieb das Motiv an zumeist biblische oder mythologische Themen gekoppelt, so bei **Adam Elsheimer** *(1578–1610)* oder **Annibale Carracci** *(1560–1609)*. Ein Wandel zeichnete sich in **Joachim Patinirs** *(um 1480–1524)* allegorischen »Weltlandschaften« ab. **Pieter Bruegel der Ältere** *(um 1530–69)* machte in seinen »Jahreszeitenbildern« erstmals die Landschaft zum eigentlichen Thema und vermittelte dadurch Aussage und Stimmung. **Jan van Goyen** *(1596–1656)*, **Jacob van Ruisdael** *(1628/29–82)*, **Aelbert Cuyp** *(1620–91)* und **Meindert Hobbema** *(1638–1709)* führten das neue Genre in den Niederlanden zur Blüte.

»Die Landschaft ist bei Weitem die lieblichste Abteilung der Malerei wie der Poesie.«
John Constable

Zwischen Realismus, Stimmungsmalerei und Metaphysik

Zwei französische Maler des Barock entwickelten stilprägende Landschaftsdarstellungen: In **Claude Lorrains** *(1600–82)* idyllisch-arkadischen Kompositionen wurde Landschaft zum Träger eines psychischen Ausdrucks; **Nicolas Poussin** *(1594–1665)* erfand die ins Erhabene gesteigerte heroische Landschaft, wie sie später **Joseph Anton Koch** *(1768 bis 1839)* mit poetischem Ausdruck auflud. Realistische Ansichten von Städtepanoramen gaben die Maler **Giovanni Antonio Canaletto** *(1697–1768)* und **Francesco Guardi** *(1712–93)* wider.
Landschaft war auch das Thema der deutschen und der englischen Romantik. Die romantischen Bilder **Caspar David Friedrichs** *(1774–1840)* haben oft eine metaphysisch-religiöse Dimension. Der Engländer **John Constable** *(1776–1837)* dagegen stellte das Sujet wirklichkeitsnah dar, was sich im Realismus eines **Gustave Courbet** *(1819–77)* fortsetzte. Den russischen Marinemaler **Iwan Aiwasowsky** *(1817–1900)* faszinierte insbesondere das Meer. Der Freilichtmaler **Camille Corot** *(1796–1875)* entwarf reine Stimmungslandschaften, die auf den Impressionismus einwirkten. **Ando Hiroshige** *(1797–1858)* und **Katsushika Hokusai** *(1760 bis 1849)*, zwei Meister des japanischen Farbholzschnitts, wählten häufig eine Landschaft als Motiv und beeinflussten stark die europäischen Impressionisten und den Jugendstil. **Paul Gauguin** *(1848 bis 1903)* suchte in der Südsee die unverfälschte Natur. Die Landschaften seiner Heimat inspirierten den Australier **Arthur Streeton** *(1867–1943)*. Die Moderne fand in der Natur keine Gewissheiten mehr. So vermitteln die Landschaften des Expressionisten **Emil Nolde** *(1867–1956)* ein leidenschaftliches, aber auch bedrückendes Naturerlebnis.

Die Maler des Lichts

Chronist der Großstadt
Das Großstadtleben war das Hauptthema von **Edgar Degas** (1834–1917). *Im Bild ist ein Ausschnitt aus »Ballettsaal der Oper Peletier« von 1872 zu sehen.*

Wasser, Wolken, Sonne, Felder, das bunte Großstadttreiben – die Impressionisten fassten in ihren Bildern Naturphänomene und moderne Alltagsszenen in ein flimmerndes, wie vom Licht durchflutetes Mosaik von Farbflecken.

Das Licht, immer wieder das Licht. Es leuchtet in den Mohnfeldern und Flüssen, die **Claude Monet** *(1840–1926)* mit nuanciert nebeneinander gesetzten Pinselstrichen auf die Leinwand bannte. **Camille Pissarro** *(1830–1903)* und **Alfred Sisley** *(1839–99)* ließen es in ihren Landschaftsbildern strahlen. Das Spiel mit dem Sonnenlicht wirft Schatten in **Auguste Renoirs** *(1841–1919)* Gartenszenen. In den 1870er-Jahren machte sich eine Gruppe von Künstlern in Paris auf, die Regeln der konventionellen Atelierkunst zu brechen. Die Impressionisten, wie die Bilderstürmer nach Monets »Impression, soleil levant« (Stimmung bei Sonnenaufgang) genannt wurden, malten im Freien – und entfernten sich im Lauf der Zeit immer weiter von der gegenständlichen Form. Wesentliche Förderer der Impressionisten waren **Gustave Caillebotte** *(1848–94)* und insbesondere **Édouard Manet** *(1832–83)*, der anfangs sogar als ihr Kopf galt, obwohl er nie gemeinsam mit ihnen ausstellte.

Wechselspiel von Licht und Farben

Den Sinneseindruck eines Motivs und die Flüchtigkeit des Augenblicks wollten Monet und seine Malerkollegen so authentisch wie möglich im Bild festhalten. Um den Wechsel von Licht und Farben in ihren Werken einzufangen, malten sie häufig das gleiche Sujet zu verschiedenen Tageszeiten. Den Stil der heute gefeierten Künstler – die Auflösung der Konturen und Farben in oszillierende Nuancen, abgeschnittene Bildränder oder ungewöhnliche Perspektiven – empfand man Ende des 19. Jh. durchaus als Provokation.
Die Impressionisten, zu denen mit **Berthe Morisot** *(1841–95)* und **Mary Cassatt** *(1844–1926)* auch zwei Frauen gehörten, waren auch Chronisten des pulsierenden Pariser Großstadtlebens. **Edgar Degas** *(1834–1917)* hatten es vor allem die Balletttänzerinnen der Pariser Oper angetan. Aber als Maler des modernen Alltags sparte er die Schattenseiten der Gesellschaft nicht aus – ein berühmtes Beispiel ist »Die Absinthtrinker«.

Auf dem Weg in die Moderne

Zurückgezogen arbeitete **Paul Cézanne** *(1839 bis 1906)* in der Provence. Dem so eigenbrötlerischen wie genialen Maler ging es jedoch weniger um die Darstellung vibrierender Lichtstimmungen. Aufgrund seiner Neuerungen in Farbsetzung und Bildaufbau gilt der Postimpressionist als Vater der Moderne. Monets berühmte Seerosenbilder wiederum nahmen die serielle Kunst des 20. Jh. vorweg. Die Malerei der flirrenden Lichteffekte setzte sich von Frankreich ausgehend in ganz Europa und Amerika durch. In Deutschland fanden **Max Liebermann** *(1847–1935)*, **Max Slevogt** *(1868–1932)* und **Lovis Corinth** *(1858–1925)*, in England der Amerikaner **James Abbott McNeill Whistler** *(1834 bis 1903)* und **Walter Sickert** *(1860–1942)*, in Italien **Giuseppe De Nittis** *(1846–84)* sowie in den USA **Childe Hassam** *(1859–1935)* eigenständige künstlerische Ausprägungen dafür.

Das Hintergrundbild zeigt die »Seerosen« von Claude Monet (1908).

Der Namensgeber

*Ihren Namen erhielt die Epoche nach **Claude Monets** (1840–1926) Gemälde »Impression, soleil levant« (Stimmung bei Sonnenaufgang, 1872).*

Botschafterin in Amerika

*Die Amerikanerin **Mary Cassatt** (1844–1926) machte den Impressionismus mit Werken wie »Dame in einer Loge mit einer Perlenkette« (1879) in Amerika populär.*

Realist und Impressionist

*Tief in die Augen blickt **Max Liebermann** (1847–1935) seiner Porträtbüste (1932). Stark vom Impressionismus geprägt verzichtete er gleichwohl nicht auf realistische Motive.*

Heiterkeit und Anmut

*In freier Natur versuchte **Auguste Renoir** (1841–1919), die wechselnden Lichterscheinungen festzuhalten. »Aline Charigot mit Hund« (1880) ist ein Beispiel dafür.*

Vereint zu neuen Ufern

Sie gaben sich prägnante Namen wie »Blauer Reiter« oder »Dada« – die oftmals verschworenen Gemeinschaften von Künstlern verhalfen neuen Kunstströmungen und Stilen zum Durchbruch, indem sie gegen etablierte Kunstinstitutionen und starre Regeln rebellierten.

Seit sich in der Renaissance das Selbstverständnis des Künstlers als geistig-schöpferisches Individuum herausgebildet hat, verstehen sich Kreative meist als Individualisten. Dass sich diese unabhängigen Köpfe vor allem ab dem 19. Jh. zu Künstlergruppen mit einem oft programmatischen Selbstverständnis zusammenschlossen, hat mit einer besseren Interessenvertretung der Künstler nach außen zu tun, jedoch auch mit neuen künstlerischen und weltanschaulichen Ideen.
Franz Pforr *(1788–1812)* und **Johann Friedrich Overbeck** *(1789–1869)* gründeten 1809 in Wien die erste dieser modernen Künstlervereinigungen, den »Lukasbund«; die Gruppe wurde bald darauf als »Nazarener« bekannt und Vorbild für die Präraffaeliten, die sich 1848 in London um **Dante Gabriel Rossetti** *(1828–82)* zusammentaten. Wie auch die 1888 in Paris gebildete Vereinigung symbolistischer Künstler, die »Nabis« um **Pierre Bonnard** *(1867 bis 1947)* und **Paul Sérusier** *(1864–1927)*, wollte diese Gruppe eine Vertiefung der von ihnen als oberflächlich empfundenen akademischen Kunst erreichen. In Russland organisierten die realistisch orientierten »Peredwischniki« von 1870 bis 1923 Wanderausstellungen, um ihre Kunst einem breiten Publikum zugänglich zu machen. Dieser Künstlervereinigung schloss sich auch der bedeutende Maler **Ilja Repin** *(1844–1930)* an. Wichtig für das künstlerische Selbstverständnis der Künstler der damals noch jungen Nation USA wurde die von **Thomas Cole** *(1801–48)* Anfang der 1820er-Jahre initiierte Hudson River School. **Frederic Edwin Church** *(1826–1900)* war der populärste dieser romantischen Landschaftsmaler, deren Gruppe bis 1890 Bestand hatte.

Schöpfer des »Blauen Pferds«
Jede Farbe hatte für ***Franz Marc*** (1880 bis 1916) *eine spezielle Bedeutung: Blau stand z. B. für Geistigkeit.*

Künstlergruppe gleich Stilrichtung

Aus der Bezeichnung für eine Künstlervereinigung wurde häufig der Name für die entsprechende Stilrichtung, beispielsweise der Impressionismus. Als »Fauves« (wilde Tiere) verspottete ein Kunstkritiker anlässlich des Pariser Herbstsalons von 1905 die in reinen leuchtenden Farben und vereinfachter Form malende Künstlergruppe um **Henri Matisse** *(1869 bis 1954)* und den späteren Kubisten **Georges Braque** *(1882–1963)*. Die Gruppe der Fauves hat sich bereits zwischen 1907 und 1909 wieder aufgelöst. Die Bezeichnung Fauvismus jedoch ist geblieben.

Intensive Farben
Die Farben in den Mittelpunkt stellend, konzentrierte sich ***Henri Matisse*** (1869–1954) *auf Umrisslinien und Flächen.*

Verfechter des Jugendstils
Mitglieder der Wiener Sezession posieren 1902 anlässlich einer Ausstellung für den Fotografen. ***Gustav Klimt*** (1862–1918) *ist der zweite von links hinten.*

Leitfigur der Symbolisten
Beeinflusst von Paul Gauguin malte ***Paul Sérusier*** (1864 bis 1927) *Bilder wie »Waschfrauen in Bellangenet«. Ähnlich denkende Künstler scharten sich in der Gruppe »Nabis« um ihn.*

Die Sezessionen

Meist aus Protest gegen Zensurmaßnahmen oder akademische Malweisen spalteten sich Ende des 19. Jh. die Sezessionen von konservativeren Künstlervereinigungen ab. Bis heute sehr bekannt ist die 1897 gebildete Wiener Sezession, die österreichische Form des Jugendstils, deren führende Persönlichkeit **Gustav Klimt** *(1862 – 1918)* war.
Dass selbst innerhalb dieser Verbünde um die inhaltliche Ausrichtung gestritten wurde, zeigt sich in diversen Abspaltungsprozessen. So ging der berühmte »Blaue Reiter« um **Wassily Kandinsky** *(1866–1944)*, **Franz Marc** *(1880–1916)* und **Alexej von Jawlensky** *(1864–1941)* 1911 aus der Münchner Sezession hervor. »Der blaue Reiter« steht für eine idealistisch-romantische, spirituelle Strömung des deutschen Expressionismus.
Turbulent ging es in der 1898 ins Leben gerufenen Berliner Sezession zu. Die skandalöse Zurückweisung einer Ausstellung mit Werken des Norwegers **Edvard Munch** *(1863–1944)* war der Anlass für die Trennung vom Verein Berliner Künstler. Doch bald kam es auch innerhalb der Sezession, der beispielsweise **Max Beckmann** *(1884–1950)* angehörte, zu Abspaltungen; sie hatte dennoch bis 1933 Bestand. In diesem Jahr wurden die Werke vieler moderner Künstler vom nationalsozialistischen Regime für »entartet« erklärt, ein tiefer, tragischer Einschnitt sowohl für die Kreativen persönlich als auch für die deutsche Kunstszene.

Manifeste für die Erneuerung

Auch im weiteren Verlauf des 20. Jh. bildeten Künstler Gruppierungen, um für ihre künstlerischen Positionen und Visionen von Leben und Gesellschaft zu kämpfen. **Ernst Ludwig Kirchner** *(1880 bis 1938)*, **Erich Heckel** *(1883–1970)*, **Karl Schmidt-Rottluff** *(1884–1976)* und **Fritz Bleyl** *(1880–1966)* schlossen sich 1905 in Dresden zu der Künstlergruppe »Die Brücke« zusammen, um ihre expressionistische Kunst sowie einen Lebensstil fern bürgerlicher Konventionen durchzusetzen. Obwohl Querelen 1913 zur Auflösung der »Brücke« führten, wirkte die Gemeinschaft auch auf nachfolgende Künstlergenerationen stilbildend.
Für eine Kunst, die das Tempo des modernen, durch den technischen Fortschritt geprägten Lebens aufgriff, stritten die italienischen Futuristen um den Maler und Bildhauer **Umberto Boccioni** *(1882 bis 1916)* sowie den Maler, Innenarchitekten und Bühnenbildner **Giacomo Balla** *(1871–1958)* in den 1910er-Jahren.
Gegen die Lebensweise und Kultur des Bürgertums protestierten die Dadaisten mittels Provokation, Satire und Schockeffekten. Um den sinnfreien Begriff »Dada«, der der künstlerischen Bewegung den Namen gab, ranken sich Legenden. Der Dada-Gedanke verbreitete sich durch die Manifeste des Schriftstellers Tristan Tzara ab 1916 von Zürich ausgehend in ganz Europa und Amerika. Durch besonders kunstkritische Töne tat sich die New Yorker Gruppe um **Marcel Duchamp** *(1887–1968)* und **Man Ray** *(1890–1976)* hervor. Berlin-Dada – dazu zählten **Hans Richter** *(1888–1976)* und **Raoul Hausmann** *(1886–1971)* – ging es eher um die kritische Hinterfragung der Gesellschaft. Zu den Gründern der Pariser Gruppe gehörte **Francis Picabia** *(1879–1953)*. In Hannover arbeitete **Kurt Schwitters** *(1887–1948)* an seinem Gesamtkunstwerk, dem »Merzbau«. Die bewusst als Antikunst verstandene Haltung der Dadaisten beeinflusste nach 1945 die Aktionskunst.

Meister des Unwirklichen
Die Motive ***Salvador Dalís*** (1904–89), *eines Hauptvertreters des Surrealismus, stammen aus der Welt der Träume und des Irrationalen.*

Auch die künstlerische Bewegung der Surrealisten geht auf ein Manifest zurück. Der Schriftsteller André Breton verfasste es 1924 in Paris. Kurioserweise konnte es danach eine surrealistische Malerei eigentlich gar nicht geben. Dass dies ein Irrtum war bewiesen später so bedeutende Surrealisten wie **Salvador Dalí** *(1904 bis 1989)*, **Joan Miró** *(1893 bis 1983)*, **Giorgio De Chirico** *(1888 bis 1978)*, **Max Ernst** *(1891 bis 1976)* und **René Magritte** *(1898 bis 1967)*, die heute zu den ganz Großen der Kunstgeschichte gezählt werden. Die bildenden Künstler, Literaten und Filmemacher wollten die Welt der Träume und des Unbewussten ausloten. Die Surrealisten waren eine recht streitbare Gruppe, die nicht nur in künstlerischer, sondern auch in weltanschaulicher Hinsicht großen Einfluss ausübte.

Stilprägend für Kunst, Architektur und Design

In die Architektur des Bauhauses hinein wirkte die strenge geometrische Klarheit der Kunst der 1917 bis 1931 bestehenden niederländischen Gruppe »De Stijl«, deren herausragender Vertreter **Piet Mondrian** *(1872–1944)* ist. Die berühmte Dessauer Architekten- und Designerschmiede des Bauhauses selbst ist zwar eine vom Architekten **Walter Gropius** *(1883–1969)* 1919 ursprünglich in Weimar gegründete Ausbildungsstätte. Als Künstlergruppe verband die dort Lehrenden, darunter die Künstler **Paul Klee** *(1879–1940)* und **Oskar Schlemmer** *(1888–1943)*, eine gemeinsame Idee und die daraus resultierende Ästhetik – nämlich die Idee, Kunst und Technik zu einer Einheit zu verschmelzen. Die 1933 aufgelöste Avantgardestätte prägt Architektur, Kunst und Design bis in die Gegenwart. Der Verbund »Abstraction-Création« bildete zwischen 1931 und 1936 in Paris das Zentrum verschiedener abstrakter Stilrichtungen. Unter den Mitgliedern war auch der belgische Bildhauer und Maler **Georges Vantongerloo** *(1886–1965)*.

Medienwirksames Etikett statt Avantgarde

Die Bedeutung des Phänomens der Künstlervereinigung als Avantgarde, die eine Veränderung von Kunst, Leben und Gesellschaft anstrebt, hat nach dem Zweiten Weltkrieg abgenommen. Trotzdem gab und gibt es auch nach 1945 prägende Gruppierungen. Durch die Einbeziehung der Alltagskultur in die Kunst wirkte die Londoner »Independent Group« um den Künstler **Richard Hamilton** *(1922 bis 2011)* und den Architekten **James Stirling** *(1926 bis 1992)* Anfang der 1950er-Jahre bahnbrechend für die Pop-Art in Großbritannien. Einen Stil, der die Qualitäten von Licht, Bewegung und Materialien als Gestaltungsfaktoren einbezog, entwickelte die 1958 bis 1967 bestehende Düsseldorfer Vereinigung »Zero«, der der durch seine »Nagelbilder« bekannte **Günther Uecker** *(geb. 1930)* angehörte. Gegenwärtig ist es eher ein medienwirksames Etikett, das Künstler vereint. Aus Kunststudenten hat der Sammler Charles Saatchi die britische Kunstbewegung der 1990er-Jahre geformt. Er gab der Gruppe um **Damien Hirst** *(geb. 1965)*, **Angus Fairhurst** *(1966–2008)*, **Sarah Lucas** *(geb. 1962)* und **Tracey Emin** *(geb. 1963)* auch den Namen: »Young British Artists«.

Young British Artists
Vor dem roten Jesus-Kreuz von ***Sarah Lucas*** (geb. 1962) *posieren* ***Damien Hirst*** (geb. 1965) und ***Angus Fairhurst*** (1966–2008) in der Tate Gallery für den Fotografen.

Der Blick der Künstlerinnen auf die Welt

Energische Frauen

*Dunkle Motive mit entschlossenen Frauengestalten – hier »Judith mit dem Haupt des Holofernes« – malte **Artemisia Gentileschi*** (1593–1652/53).

Als Musen und Modelle berühmter Maler wie Picasso oder Dalí sind sie oft eher bekannt denn als eigenständige Künstlerinnen. Immer wieder haben jedoch auch Frauen die Kunstgeschichte geprägt oder geben der aktuellen Kunstszene wichtige Impulse.

Die Naturmalerin

*Auf einer Reise nach Surinam zeichnete **Maria Sibylla Merian***(1647–1717) *»Granatapfel und Blauer Morpho«.*

Die bildende Kunst ist stets eine Domäne der Männer gewesen. In gewissem Maße gilt dies sogar noch heute. Der Grund dafür liegt in der Stellung der Frau in der Gesellschaft, die sich erst nach der Französischen Revolution sowie in einer zweiten Emanzipationsbewegung Anfang des 20. Jh. zu wandeln begann. Einflussreiche Künstlerinnen kennt die Kunstgeschichte dennoch.
Die italienische Malerin **Artemisia Gentileschi** *(1593–1652/53)* ist eine von ihnen. In ihren von Caravaggio beeinflussten Bildern fällt die realistische Darstellung energisch handelnder Frauen auf. Ein anderes Thema beschäftigte die deutsche Malerin, Kupferstecherin und Naturforscherin **Maria Sibylla Merian** *(1647–1717),* die Insekten- und Blumenbilder malte und stach. An die Virtuosität des Haarlemer Porträtisten Franz Hals reichten wenige seiner Nachfolger heran – bis auf eine Frau, die Barockmalerin **Judith Leyster** *(1609–60).*

Gefragte Porträtmalerinnen ihrer Zeit

Im Rokoko und im anschließenden Klassizismus gelangten einige Künstlerinnen vor allem als gefragte Porträtmalerinnen zu öffentlicher Anerkennung, so die Italienerin **Rosalba Carriera** *(1675 bis 1757),* die Französin **Elisabeth-Louise Vigée-Lebrun** *(1755–1842),* Malerin der Königin Marie Antoinette, und **Angelika Kauffmann** *(1741–1807),* im österreichischen Schwarzenberg zu Hause und zu ihrer Zeit ein europäischer Star. **Berthe Morisot** *(1841–95)* und **Mary Cassatt** *(1844–1926)* prägten die Szene der Impressionisten in Paris mit. In einer Zeit, in der man Frauen die Eignung zur Bildhauerei absprach, entwickelte **Camille Claudel** *(1864–1943)* sich zu einer der genialsten Vertreterinnen dieser Zunft. Sie zerbrach jedoch menschlich und künstlerisch an der gescheiterten Liebesbeziehung zu ihrem Mentor Auguste Rodin. Ihre letzten 30 Lebensjahre verbrachte die Bildhauerin in einer Irrenanstalt.

Divenhaft und charismatisch

Wie kaum eine andere fasziniert die charismatische Rebellin **Frida Kahlo** *(1907–54)* die Menschen bis heute als Künstlerin und aufgrund ihrer Persönlichkeit. In ihren Bildern verarbeitete die bekannteste Malerin Mexikos die seelischen und körperlichen

Mexikos Kunstidol
Von der mexikanischen Volkskunst und religiösen Votivbildern beeinflusst malte ***Frida Kahlo*** (1907–54) *Werke wie »Die zwei Fridas« (1939).*

Qualen, die sie infolge einer Kinderlähmung und eines Verkehrsunfalls erleiden musste, aber auch allgemeine Frauenthemen.
Als künstlerisch gleichberechtigt galt die Frau erstmals in der Geschichte im Kubo-Futurismus, der damit wenige Jahre vor dem Ersten Weltkrieg wegbereitend wirkte. Als die beste Malerin unter den russischen Futuristen gilt **Ljubow Popowa** *(1889 bis 1924).* Die schweizerische Malerin, Bildhauerin, Lehrerin und Tänzerin **Sophie Taeuber-Arp** *(1889–1943)* stand lange im Schatten ihres Mannes Hans Arp, obwohl sie mit den großen Konstruktivisten ausstellte. Sophie Taeuber-Arps Schicksal teilten in Bezug auf die öffentliche Wahrnehmung viele Künstlerinnen, die Lebensgefährtinnen bedeutender Künstler waren, so die deutsche Malerin **Gabriele Münter** *(1877–1962),* die Lebensgefährtin des genialen Wassily Kandinsky, oder die französische Malerin russischer Herkunft **Sonia Delaunay** *(1885–1979),* Ehefrau von Robert Delaunay.
Über mangelnde öffentliche Anerkennung konnte sich **Tamara de Lempicka** *(1898–1980)* nicht beklagen. Die amerikanische Künstlerin polnischer Herkunft, eine recht exzentrische Diva, gehörte zu den Stars der Art-déco-Maler und war eine begehrte Porträtistin der mondänen Welt der 1920er- und 1930er-Jahre. Tiefes menschliches Mitgefühl und die Anklage gesellschaftlicher Missstände kennzeichnen das Werk der deutschen Grafikerin und Bildhauerin **Käthe Kollwitz** *(1867–1945),* eine Vertreterin des Expressionismus. Zu den Pionieren der Fotomontage rechnet man die deutsche Malerin und Grafikerin **Hannah Höch** *(1889–1978),* die sich der Dada-Bewegung angeschlossen hatte. Eine der größten US-amerikanischen Malerinnen des frühen 20. Jh. war die von ihrem späteren Ehemann, dem Fotografen und Galeristen Alfred Stieglitz, geförderte **Georgia O'Keeffe** *(1887–1986),* die abstrakte Blumen- und Landschaftsbilder malte.

Schöpferin der »Nanas«
Markenzeichen von ***Niki de Saint-Phalle*** (1930–2002) *sind sinnenfrohe Frauengestalten, im Bild »Trois Nanas« (1974).*

Bunte Frauen und surreale Objekte

Mit ihrer doppelsinnigen Objektkunst sorgte die Schweizerin **Meret Oppenheim** *(1913–85)* für Furore. Ihr »Das Frühstück im Pelz« von 1936 wurde zu einer Ikone des Surrealismus. Auch **Niki de Saint-Phalle** *(1930–2002)* hat in der Kunst des 20. Jh. prägende Spuren hinterlassen. Berühmt wurde die französische Bildhauerin und Malerin mit ihren großfigurigen bunten Frauengestalten, den »Nanas«. In den zahlreichen Kunstströmungen nach 1945 sind die Handschriften von Frauen stark vertreten: Zu den abstrakten Expressionisten zählt die Amerikanerin **Helen Frankenthaler** *(1928 bis 2011),* zu den Op-Art-Künstlern die Engländerin **Bridget Riley** *(geb. 1931).*

Feministischer Blick auf die Dinge

In den Werken nicht weniger zeitgenössischer Künstlerinnen spiegelt sich ein feministischer Blick auf die Dinge wider, so bei der Fotorealistin **Audrey Flack** *(geb. 1931),* einer der wichtigsten lebenden bildenden Künstlerinnen der USA, der österreichischen Medienkünstlerin **Valie Export** *(geb. 1940)* und der deutschen Objekt- und Videokünstlerin **Rosemarie Trockel** *(geb. 1952),* bekannt für ihre hintergründigen Strick- und Häkelobjekte.
Eine Künstlerin, die sich gegenwärtig in gesellschaftliche Fragen einmischt und dafür Straßenplakate, aber auch andere Medien nutzt, ist die Amerikanerin **Jenny Holzer** *(geb. 1950).* Um die Sensibilisierung der Wahrnehmungsfähigkeit geht es der Deutschen **Rebecca Horn** *(geb. 1944),* die in ihren Performances und Rauminstallationen Materialien wie Vogelfedern verwendet. Aus einer Generation, die keine Scheu davor kennt, autobiografische Erfahrungen öffentlich zu machen, stammt die Londonerin **Tracey Emin** *(geb. 1963),* mit die Bekannteste aus der Gruppe der Young British Artists.

Maler des Sämanns
Das zentrale Motiv in der Kunst ***Vincent van Goghs*** (1853–90) *ist das des Sämanns, das der Wegbereiter des Expressionismus zeitlebens variierte.*

Revolutionäre der Kunst

Sie haben zu verschiedenen Zeiten gelebt und in unterschiedlichen künstlerischen Stilen gemalt. Aber jeder auf seine Art haben Caravaggio, Pablo Picasso, Vincent van Gogh und Andy Warhol revolutionäre Schritte in der Kunst gewagt und diese damit verändert.

Wie von einem geheimnisvollen Licht angestrahlt, leuchten die Figuren auf den Gemälden von **Caravaggio** *(1571–1610)* aus dem Dunkel des Hintergrunds heraus. Wunderbar plastisch und lebensnah wirken die Gestalten und Details, die keine Distanz vom Betrachter trennt. Der italienische Maler brach radikal mit der Tradition und begründete die Helldunkelmalerei des Barock. Einer Sensation kam damals nicht nur die Maltechnik gleich. Auch die ungeschönte Darstellungsweise, in der der Künstler Heilige zeigte oder ungewaschene Pilgerfüße ins Bild hob, faszinierte die Zeitgenossen und erregte zugleich Anstoß.

Auch die Bilder des niederländischen Malers **Vincent van Gogh** *(1853–90)* gewinnen ihre soghafte Wirkung aus der Farbe. Geradezu ekstatisch und so nie gesehen, leuchten die überlegt gesetzten Farbkontraste bei dem Postimpressionisten. Aufgewühlte, kräftige Pinselstriche und verwegene zeichnerische Wirbel signalisieren auch bei harmlosen Motiven wie Sonnenblumen die Unruhe der Moderne. Zu Lebzeiten hat das heute gefeierte Malergenie nur wenige Bilder verkauft. Der sensible Künstler, der stets um seine psychische Gesundheit rang, setzte seinem Leben selbst ein Ende.

Abstraktion und Serienkunst

Der Weg von **Pablo Picasso** *(1881–1973)* dagegen war im Leben wie in der Kunst von der Sonne beschienen. Der Jahrhundertkünstler zählt in so vielen Stilrichtungen zur Avantgarde der Moderne, dass man ihn schwerlich auf eine festlegen kann. Eines der Schlüsselwerke des 20. Jh. ist sein Gemälde »Les Demoiselles d' Avignon« von 1907, das erste kubistische Bild. Was bislang gültig war in der Malerei – eine klassisch idealisierte oder an der Wirklichkeit orientierte Darstellung der menschlichen Gestalt und die Raumillusion durch die Zentralperspektive – setzte der Spanier außer Kraft.

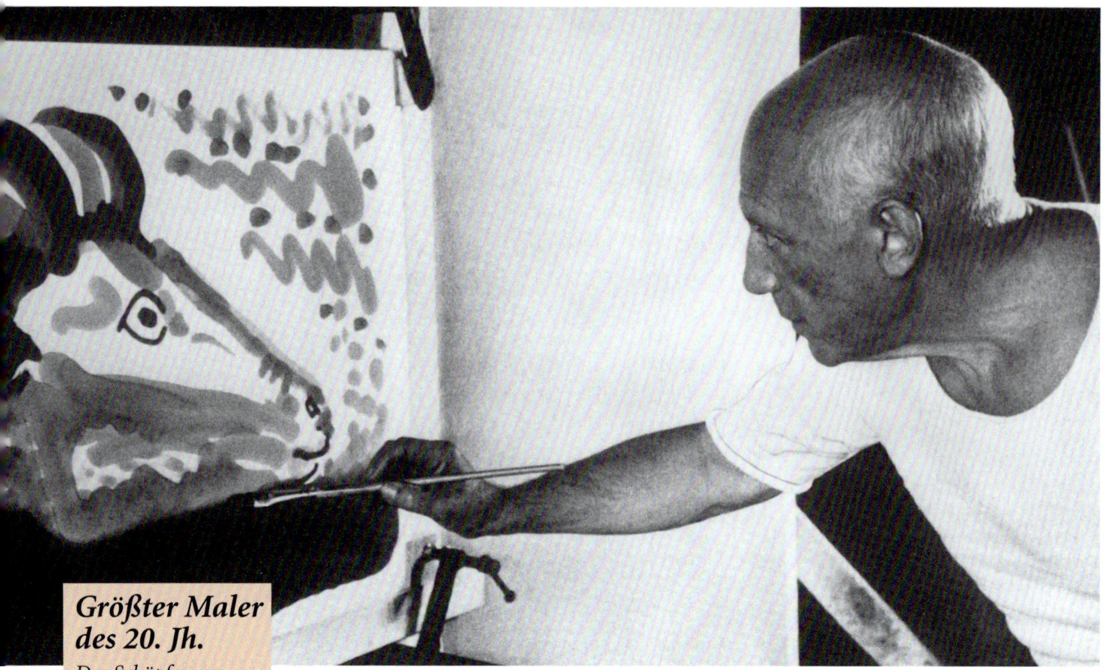

Größter Maler des 20. Jh.
Der Schöpfer von »Guernica« und der »Friedenstaube«, ***Pablo Picasso*** (1881–1973), *bei der Arbeit an einem Stiermotiv. Picasso war begeisterter Zuschauer von Stierkämpfen.*

Verzerrt sind die fünf nackten Bordelldamen dargestellt, afrikanischen Masken gleich. Das Gegenständliche beginnt sich in zersplitterten Formen und Farben aufzulösen hin zur Struktur und Abstraktion. Ästhetische Hierarchien kehrte Picasso radikal um, Schönheit entsteht in seinem Oeuvre auch aus dem Hässlichen und der Deformation.

Ob Suppendosen, Idole oder Katastrophen die Vorlage waren – in seinen Bildern reihte **Andy Warhol** *(1928–87)* alles, was den modernen »Way of Life« ausmacht, in Serie aneinander und lud es so mit neuer Bedeutung auf. In seiner legendären Arbeits- und Wohnstätte, der Factory in New York, ließ der führende Vertreter der Pop-Art in Masse fabrizieren. Die von dem deutschen Philosophen Walter Benjamin vertretene These, dass das Kunstwerk durch Reproduktionsmöglichkeiten wie Fotografie oder Film seine Einmaligkeit einbüße und Massenware werden würde, trieb der amerikanische Künstler auf die Spitze. Durch die Serienproduktion stellte er die Originalität in Frage – und schuf doch wieder Kunst und sogar Kultobjekte.

»Kunst-Macher« und Papst der Pop-Art
»Campbell's Suppendose I« – ***Andy Warhol*** (1928–87) *thematisierte u. a. das Alltägliche.*

Bruch mit allen Traditionen

Nicht immer jedoch findet Neues gleich Anerkennung. Viele Kunstrevolutionäre, deren Werke heute bewundert werden, mussten im Verlauf der Kunstgeschichte um öffentliche Akzeptanz kämpfen. Das gilt z. B. für **Giuseppe Arcimboldo** *(1527 bis 1593),* der heute als früher Gründervater der Surrealisten gefeiert wird. Seine genialen Bilderfindungen – z. B. ein aus Blüten oder Früchten gestaltetes Gesicht, dienten als Sinnbilder für die Herrschaft der Habsburger.
Zu prachtvollen erregenden Schauspielen machte **Peter Paul Rubens** *(1577–1640)* seine Gemälde. Wie der flämische Meister des Barocks Licht und Farbe dynamisch zu einer Einheit führte, war ein kostbares Vermächtnis für die nachfolgenden Maler. Dramatisch ließ **Rembrandt** *(1606–69)* das Licht in seinen neuartigen Gruppenbildern wirken. Selbst an sich überhaupt nicht spannende Sujets inszenierte das größte Genie der holländischen Malerei als interessantes Ereignis, so in der berühmten »Nachtwache«.
Immer wieder hat **Paul Cézanne** *(1839–1906)* geradezu besessen ein Motiv gemalt, den Montagne Sainte-Victoire. Der »Vater der Moderne« wollte die Grundformen Kegel, Kugel und Zylinder hinter der äußeren Erscheinung der Natur und der Dinge hervordestillieren. Diese Vorform der Abstraktion sowie seine neuen Bildordnungen und Farbsetzungen, die Modellierung und Tiefe erzeugten, haben beispielsweise Picasso beeinflusst.
Gemeinsam mit Picasso hat **Georges Braque** *(1882 bis 1963)* den Kubismus entwickelt, die Zerlegung der Bildgegenstände in extrem vereinfachte Formen mit dem Ziel, das Wesen hinter der äußeren Anschauung zu zeigen. Ab 1912 entwickelten die beiden zudem erste Collagen. **Juan Gris** *(1887 bis 1927)* und **Fernand Léger** *(1881–1955)* fanden eigene Ausprägungen des neuen Stils, der in kaum 10 Jahren die europäische Kunst veränderte.

Die Revolution der Moderne

Um 1910 befreite **Wassily Kandinsky** *(1866–1944)* in einem revolutionären Schritt die Malerei gänzlich von der Gegenständlichkeit. Farben und Formen bekommen bei diesem Maler eine rein geistige Bedeutung, seine wolkengleichen Farbgebilde drücken seelische Empfindungen aus. Noch weiter ging **Kasimir Malewitsch** *(1878–1935).* 1915 stellte der Russe sein programmatisches »Schwarzes Quadrat auf weißem Grund« vor. Malewitsch reduzierte die Kunst auf die wenigst möglichen geometrischen Elemente, schuf das reine, absolute Bild, das dennoch ein extrem verdichtetes Symbol von viel-

schichtiger Bedeutung ist. Der illusionistischen Wiedergabe der Realität erteilte die abstrakte Kunst eine radikale Absage, sie wurde zu einer der bedeutsamsten Kunstsprachen des 20. Jh.
Robert Delaunay *(1885–1941)* komponierte seine Bilder allein aus den Kontrasten nebeneinander gesetzter Farben. Vertreter der konkreten Kunst wie **Theo van Doesburg** *(1883–1931)* und **Max Bill** *(1908–94)* begriffen die Abstraktion als mathematisch kalkulierte, reine Geometrie. Aber kein Stil ohne Gegenbewegung: Künstler wie **Jean Fautrier** *(1898–1964)*, **Pierre Soulages** *(geb. 1919)*, **Wols** *(1913–51)* und **Hans Hartung** *(1904-89)* wollten in der Informellen Kunst nach 1940 mittels der Geometrie wieder Geistiges ausdrücken.

Surreales, Actionpainting und Monochromes

Auch die Fantasie und die Erforschung des Labyrinthischen im menschlichen Geist haben immer ihren Platz in der modernen Kunst gehabt. Puppen ähnliche Figuren bevölkern die verödeten Stadtlandschaften in **Giorgio De Chiricos** *(1888–1978)* rätselhaften Bildern. Der italienische Maler fand mit seiner »Pittura metafisica« große Anerkennung bei den Surrealisten, den Chronisten des Traums und des Unbewussten wie **Salvador Dalí** *(1904–89)*, **Max Ernst** *(1891–1976)* und **Joan Miró** *(1893 bis 1983)*. **René Magritte** *(1898–1967)* dagegen wollte in seinen surrealen Bildwelten eine »Kunst des Denkens« finden, die Schein und Sein reflektiert.
Der sehr emotionale und dynamische Malstil des abstrakten Expressionismus in der Mitte des 20. Jh. gilt als eine Reaktion auf die Bedrohung durch Atombombe und Kalten Krieg. Leidenschaftliche Bewegungen verflechten sich in den Werken **Willem De Koonings** *(1904–97)* zu abstrakten, teils auch gegenständlichen Bildstrukturen. Den wohl extremsten Beitrag zu dieser Richtung lieferte **Jackson Pollock** *(1912–56)* mit dem Actionpainting. In tranceartigen Bewegungen schleuderte er Farbe auf die Leinwand und schuf so Bilder von erregender Ausdruckskraft. Dieser ekstatische Malprozess sollte in psychischen Tiefen verborgenen Kräften zum Ausdruck verhelfen.
Auf den Bildern von **Yves Klein** *(1928–62)* ist nichts als ein leuchtendes Ultramarinblau zu sehen. Trotzdem vibrieren die monochromen Leinwände vor innerer Spannung. Der Franzose überwand mit dieser »Suggestion eines Badens im Raum« die Zweidimensionalität der Fläche. **Lucio Fontana** *(1899–1968)* fand dafür eine andere Möglichkeit: Der Italiener versah seine monochromen Bilder mit Durchlöcherungen und Einschnitten und verlieh ihnen so eine dreidimensionale Anmutung. Diese Methode ging als »Spazialismo« in die Kunstgeschichte ein.

Hollands Künstlermythos
In seinem »Selbstbildnis mit Saskia« präsentiert ***Rembrandt*** (1606–69) *sich und seine erste Frau Saskia 1636 als glückliches Paar.*

Das Hintergrundbild zeigt die Signatur Rembrandts.

Die Rückkehr des Gegenständlichen

Die gegenständliche Darstellung kehrte, wenn auch verfremdet, Ende der 1970er-Jahre bei den sogenannten Neuen Wilden zurück. Deutsche Künstler wie **Salomé** *(geb. 1954)*, **Rainer Fetting** *(geb. 1949)*, **Elvira Bach** *(geb. 1951)* oder **Martin Kippenberger** *(1953–97)* schöpften die malerischen Möglichkeiten vor allem in einer aggressiven Farbgebung radikal aus, was dem Stil – in Anlehnung an den Fauvismus (Fauves = Wilde Tiere) – seinen Namen gab.
Die vergleichbare Bewegung des New image painting in den USA prägen **Julian Schnabel** *(geb. 1951)* und **David Salle** *(geb. 1952)*. In Italien stand die Gruppe der Transavanguardia mit Künstlern wie dem Griechen **Jannis Kounellis** *(geb. 1936)* und **Sandor Chia** *(geb. 1946)* für dieses Programm.

Das naturnahe Leben als Quelle der Inspiration

Impressionistisch geprägt, malte Severin Kroyer Bilder wie »Sommerabend am Strand« (1893).

Die Weite der norddeutschen Landschaft, die Meeresküsten in England und Frankreich – vor allem Ende des 19. und Anfang des 20. Jh. entschieden sich viele Maler in Europa für ein gemeinschaftliches Leben in naturnaher Umgebung.

Von der Ursprünglichkeit der Natur und vom kreativen Zusammenleben mit Gleichgesinnten versprachen sich die Maler, die sich fernab der fortschreitenden Industrialisierung und der Hektik der Großstadt auf dem Lande in Künstlerkolonien niederließen, neue Inspirationsquellen für ihre Kunst. Oftmals avancierten diese Orte zu geistigen Zentren.

Maler des nordischen Lichts

Der Däne ***Severin Kroyer*** (1851–1909) *war die zentrale Figur der Künstlerkolonie in Skagen. Neben der Landschaftsstand für ihn die Porträtmalerei im Mittelpunkt seines Schaffens.*

Freilichtmaler wie **Théodore Rousseau** *(1812 bis 1867)*, die sich in Barbizon südöstlich von Paris angesiedelt hatten, bereiteten dieser alternativen Lebensform wie auch dem Stil des Impressionismus den Weg. Vorbildcharakter für einige deutsche Gemeinschaften hatte das belgische Tervuren, wo unter anderen **Camille van Camp** *(1834–91)* arbeitete. In Worpswede bei Bremen ließen sich **Fritz Mackensen** *(1866–1953)*, **Otto Modersohn** *(1865 bis 1943)*, Modersohns Frau **Paula Modersohn-Becker** *(1876–1907)* oder auch der Jugendstilkünstler **Heinrich Vogeler** *(1872–1942)* von der kargen Weite des Teufelsmoors anregen. **Adolf Hoelzel** *(1853–1934)* von der Künstlerkolonie Neu-Dachau wiederum schöpfte Inspiration aus der Landschaft bei München.

Künstlerkolonien gaben Impulse für die Kunst

Der französische Maler **Paul Gauguin** *(1848–1903)* und sein Umkreis fanden im bretonischen Pont-Aven zu ihrem Stil. In Skagen in Dänemark entdeckten Maler wie **Severin Kroyer** *(1851–1909)* die Magie des nordischen Lichts für eine neuartige Landschaftsmalerei. In norwegischen Asgardstrand, wo **Edvard Munch** *(1863–1944)* ein Sommerhaus hatte, fanden Künstler immer wieder ihre Motive in der eindrucksvollen Fjordlandschaft.

Die lebensreformerischen Bewegungen auf dem Monte Verità bei Ascona in der Schweiz ab den 1910er- und 1920er-Jahren zogen auch bildende Künstler an, so den Bildhauer und Maler **Hans Arp** *(1887–1966)*, die Russin **Marianne von Werefkin** *(1860–1938)* und ihren zeitweiligen Lebensgefährten **Alexej von Jawlensky** *(1864–1941)*.

Saint Ives in Cornwall, wo der Maler und Grafiker **Ben Nicholson** *(1894–1982)* 1928 eine Künstlerkolonie mitbegründete und wo auch seine Frau, die Bildhauerin **Barbara Hepworth** *(1903–75)* lebte, ist noch heute ein Sammelpunkt für Künstler.

Idyll vor dem Krieg

»Sommerabend« (1905) entstand bevor ***Heinrich Vogeler*** *(1872–1942) den Ersten Weltkrieg erlebte. Danach wurden seine Werke schwermütiger.*

Gestalterin des Einfachen

In einfachen Kompositionen suchte ***Paula Modersohn-Becker*** *(1876–1907) das Ursprüngliche zu erfassen. Selbstporträt (um 1905)*

Bildhauerin von Saint Ives

In Cornwall schuf ***Barbara Hepworth*** *(1903–75) abstrakte Skulpturen, die sie teils auch bemalte.*

Bretagne und Tahiti

Während seiner Zeit in Pont-Aven malte ***Paul Gauguin*** *(1851–1909) »Kleiner Bretone mit Gans«. Später zog es ihn nach Tahiti.*

Dadaist und Surrealist

Zeitweise lebte auch ***Hans Arp*** *(1887 bis 1966) auf dem Monte Verità am Lago Maggiore. Er schuf zahlreiche Freiskulpturen aus Marmor oder Bronze.*

Verpackungskünstler
1985 verhüllte das Künstlerpaar ***Christo*** (geb. 1935) *und* ***Jeanne-Claude*** (geb. 1935) *die Pariser Brücke Pont Neuf. Das Foto zeigt sie 2006 zwischen einem Modell und einem Foto dieses Projekts.*

Die Künstler der modernen Welt

Im 20. Jh. hat die Kunst sich endgültig davon befreit, etwas repräsentieren, ja sogar etwas abbilden oder bedeuten zu müssen. Die Kunst ist seither geprägt von einer zuvor unvorstellbaren Erweiterung des Kunstbegriffs. Malerei, Installation, Objektkunst, Performance und Aktion – unterschiedlichste Stile und Formen bestehen nebeneinander. Was ist gute Kunst, was ist schön, wie verständlich muss ein Kunstwerk sein? Darauf gibt die moderne Kunst keine leichten Antworten. Ein Rest von unergründlichem, faszinierendem Geheimnis ist möglicherweise der einzige Maßstab, an dem die Qualität von Kunst spürbar wird.

Kunst und Antikunst
Gebrauchsgegenstände wie dieses Knäuel erhob ***Marcel Duchamp*** (1887 bis 1968) *zu Kunstwerken – und stellte damit das Kunstverständnis seiner Zeit auf den Kopf.*

Kaum ein anderer prägte die Kunst des 20. Jh. mehr als **Marcel Duchamp** *(1887–1968)*. Zunächst als Maler tätig, begründete der Amerikaner die Objektkunst, die statt der Abbildung eines Gegenstands diesen selbst präsentiert. Mit seinen »Readymades«, in denen er Gebrauchsgegenstände zu Kunstwerken erhob, erweiterte er den Kunstbegriff, ja er stellte diesen gar infrage. Kunst kommt bei Duchamp ohne formale Absicht und Anschaulichkeit aus, verzichtet sogar auf den schöpferischen Akt. Protest gegen etablierte Kunstauffassungen und die Ironisierung der modernen Zivilisation waren die Anliegen des erfinderischen Künstlers.

Künstler des Konstruktivismus, der auf einfachen geometrischen Formen beruht, wie der Ungar **László Moholy-Nagy** *(1895–1946)* und **Wladimir Tatlin** *(1885–1953)*, schufen ebenfalls Objektkunst. Der Russe erweiterte diese zu geometrischen Raumkonstruktionen, die Malerei, Architektur und Bildhauerei verbinden. Zudem entwarf er »Ingenieurkunst« wie das »Luft-Fahrrad« und ein riesiges drehbares, aber nie realisiertes Kongressgebäude. Von der Objektkunst ist der Gedanke nicht weit, die Dinge in Bewegung zu versetzen. Der Amerikaner **Alexander Calder** *(1898–1976)* und der Schweizer **Jean Tinguely** *(1925–91)* sind herausragende Vertreter dieser kinetischen Kunst. Die teils auch akustische Phänomene einbeziehenden Maschinenskulpturen von Tinguely faszinieren den Betrachter im Museum wie auf öffentlichen Plätzen. Eine weitere Möglichkeit, Bewegung in die Objekt- und

Raumkunst einzubeziehen, ist das Licht. Schon Moholy-Nagy hatte damit experimentiert. Vorbereitet durch die visuellen Experimente von Op-Art-Künstlern wie **Victor Vasarely** *(1908–97)*, entwickelten Künstler wie **Dan Flavin** *(1933–96)* in den 1960er-Jahren eine neue Form der Lichtkunst. Der Vertreter der Minimalart konstruierte seine »Licht-Ikonen« aus Glühbirnen und Leuchtstoffröhren.

Zwischen Provokation und Bedeutung

Als herausragende Künstlerpersönlichkeit prägte **Joseph Beuys** *(1921–86)* die europäische Kunstszene nach 1945. Der Aktionskünstler erweiterte den Kunstbegriff hin zur sozialen Plastik, was ein kreatives Mitgestalten am gesellschaftlichen Organismus und eine Ingangsetzung von Bewusstseinsprozessen meinte. Der Künstler propagierte eine Aufhebung der Trennung von Kunst und Leben. »Jeder Mensch ist ein Künstler« lautete sein Credo. Gleichwohl schuf der Zeichner und Bildhauer formal aufregende, hintersinnige Kunstwerke wie die »Honigpumpe« oder den »Fettstuhl«.
Im Fluxus und in der Aktionskunst geht es darum, die Grenzen zwischen den Künsten, aber auch zwischen Künstlern und Publikum aufzuheben. Oft war und ist strittig, ob Performances wie die von **Wolfgang Flatz** *(geb. 1952)*, der sich z. B. mit Darts-Pfeilen bewerfen ließ, einfach nur der Provokation dienten oder tatsächlich der Aufstörung bequemen bürgerlichen Denkens und der Bewusstmachung.
Auch das auf der Pop-Art basierende Werk von **Jeff Koons** *(geb. 1955)*, des Königs des Kitsches, der Beliebiges und Triviales zum Kunstwerk vergrößert und zeitweise die Beziehung zu seiner Ehefrau, dem Pornostar Ilona Staller, als öffentliches Ereignis stilisierte, schillert zwischen Kunst und Provokation.
Der Brite **Damien Hirst** *(geb. 1965)* beherrscht das ambivalente Spiel mit Kunst und Skandal ebenfalls versiert. Seine umstrittenen Kunstwerke setzen sich oft mit dem Thema Vergänglichkeit und Tod auseinander. Berühmt wurde der Vertreter der Young British Artists mit einem in Formaldehyd schwimmenden toten Tigerhai. Sein mit Diamanten besetzter Platinabguss eines echten Totenschädels wurde im Sommer 2007 für 75 Mio. Euro verkauft.

Die Malerei findet zeitgenössische Formen

Obwohl die Malerei im 20. und 21. Jh. ihre Vorrangstellung in der Kunst eingebüßt hat, ist sie doch immer in vielen Formen präsent gewesen.
Symbolbeladene Traumvisionen von glühender Farbigkeit malte **Marc Chagall** *(1887–1985)*, der aus der russischen Volkskunst und der jüdischen Religion seine Inspiration schöpfte.
Chiffren der Einsamkeit und der Kehrseite des amerikanischen Traums sind **Edward Hoppers** *(1882–1967)* stilisiert realistische Bilder von Landschaften, Städten und Interieurs.
Mit Porträts, für die expressive Farben und eine Tendenz zum Karikaturistischen kennzeichnend sind, wurde der Australier **Sir William Dobell** *(1899–1970)* bekannt, mit sozialkritischen Bildern sein Landsmann **Arthur Boyd** *(1920–99)*.
Geheimnisvolle abstrakte Meditationsflächen entwickelte **Mark Rothko** *(1903–70)*, indem er farbige Rechtecke übereinanderlegte. Als Gegenpol zum konsumorientierten American Way of Life wies der Amerikaner der Kunst eine spirituelle Aufgabe zu. **Cy Twombly** *(1928–2011)* entnahm die Titel seiner weißgrundigen, pastellfarbenen Bilder mit Schrift- und Textfragmenten oft der griechischen Mytholo-

Farbfeldmaler
»Gelb und Rot« aus dem Jahr 1956 ist ein typisches Werk von ***Mark Rothko*** (1903–70). *Er empfahl einen Betrachterabstand von 45 cm, um die Intensität des Bilderlebnisses zu erhöhen.*

Großer Aktionskünstler
»Die Versuchung des 20. Jahrhunderts« heißt diese Werkskulptur von ***Joseph Beuys*** (1921–86) *in der Pinakothek der Moderne in München.*

Pop-Art-Papst
Der amerikanische Künstler ***Roy Lichtenstein*** (1923–97) *im Jahr 1995 vor seinem 1962 geschaffenen Ölgemälde »Forget it!, Forget me!«*

gie, was die archaische Wirkung seines lyrisch-literarischen Stils unterstreicht.
Satte leuchtende Farben kennzeichnen dagegen das malerische Werk von **Fernando Botero** *(geb. 1932).* In altmeisterlicher Technik malt er dickleibig-dralle, sinnliche Figuren, meist Frauen, mit unproportionierten Köpfen. Dabei versteht der kolumbianische Maler, der präkolumbische und europäische Kunst aufgreift, sein Werk durchaus auch als Kritik an den politischen Verhältnissen in Lateinamerika.
Auf den deutschen Expressionismus bezieht sich die Stilrichtung des Neoexpressionismus. Die vitale, kraftvolle Ölmalerei des Dänen **Per Kirkeby** *(geb. 1938),* die sich viel mit der Natur auseinandersetzt, ist dafür ein Beispiel ebenso wie das symbolische Zeichensystem in den Bildern von **A. R. Penck** *(geb. 1939)* oder die ungestüme, farbstarke Pinselschrift des Niederländers **Karel Appel** *(1921–2006).*
Mit seiner »Malerei des kapitalistischen Realismus« – großformatige Rasterbilder und eine geistvoll-ironische Bildsprache sind die Kennzeichen – gewann **Siegmar Polke** *(1941–2010)* starken Einfluss auf die deutsche Malerei seit Ende der 1970er-Jahre. Einer der bekanntesten deutschen Nachkriegskünstlerpersönlichkeiten, **Jörg Immendorff** *(1945–2007),* kritisierte in ausdrucksstarken, symbolbefrachteten Bildern Gesellschaft, Politik und Kunstbetrieb, porträtierte aber auch Altbundeskanzler Gerhard Schröder. Schockierenden Charakter haben oftmals die hyperrealistischen Motive von **Gottfried Helnwein** *(geb. 1948).* Der österreichische Maler und Grafiker gestaltet auch Plattencover, Poster und Medientitelblätter. Mit einer zeitgenössischen Form der gegenständlichen Malerei feiern die Künstler der Neuen Leipziger Schule, zu denen **Neo Rauch** *(geb. 1960)* gehört, Erfolge.

Die Erben der Pop-Art

In der Welt des Konsums, der Massenmedien, der Werbung und des Comic suchten Pop-Art-Künstler wie **Claes Oldenburg** *(geb. 1929)* und **Roy Lichtenstein** *(1923–97)* ironisch-subversiv ihre Motive. Obwohl ebenfalls der Pop-Art zugehörig, hat der in den USA lebende Brite **David Hockney** *(geb. 1937)* mit diesem warenweltlichen Repertoire wenig im Sinn. Er malt Swimmingpools und kalifornische Lifestyle-Idyllen so kühl und glatt, dass es einen schon wieder Frösteln macht. Der Pop-Art-Papst Andy Warhol hat mit **Jean-Michel Basquiat** *(1960 bis 1988)* gearbeitet, der als Graffiti-Sprayer begann und als Maler und Poet Karriere machte. Der Amerikaner haitianisch-puertoricanischer Herkunft steht für eine eigenständige Kunst farbiger Amerikaner. Die Art brut, die unverbildete Kunst, kombinierte der jung an Aids verstorbene Künstler mit Zeichen und Comicfiguren. Auch die Graffiti-Kunst **Keith Harings** *(1958–90)* knüpft an die Pop-Art an.

Material, Objekt und Verpackung halten Einzug in die Kunst

Der Maler **Frank Stella** *(geb. 1936)* brach mit traditionellen Bildformaten wie Rechteck oder Quadrat, stattdessen bezog er die Form der Leinwand in die Gestaltung ein. Stella begreift jedes Gemälde als Objekt und widerspricht mit seinen »geformten Leinwänden« dem Postulat, ein Bild sei eine Art Fenster in eine künstliche Welt.

Das Hintergrundbild zeigt das Piktogramm eines Hundes von Keith Haring.

Bilder müssen in der Moderne nicht nur aus Farbe gestaltet sein. Mittels Feuer abgebrannte Materialien wie Sand, Erde, Stroh oder Haare bezieht **Anselm Kiefer** *(geb. 1945)* in seine Bilder und Installationen ein. Mythologie, Geschichte und Politik sind seine Themen. Orte der Erinnerung, aber auch Verdrängung spürt der Deutsche auf und rührt damit oft an Tabus. Plastisch hervortretende Malgründe aus Sand, Gips, Erde, Kalk und Farbe kreierte **Jean Dubuffet** *(1901–85)*. Davon stark beeinflusst sind die Bilder mit mythischem Charakter des Katalanen **Antoni Tàpies** *(1923–2012)*.

»Kunst ist die Unmöglichkeit, eine endgültige Form zu finden.«

Anselm Kiefer

Christo *(geb. 1935)* und **Jeanne-Claude** *(geb. 1935)* nutzen Materialien völlig anders. In spektakulären, die Vertrautheit der Alltagswelt brechenden Aktionen verpackt das Künstlerpaar Objekte, Gebäude und Landschaften. Den Berliner Reichstag haben sie schon verhüllt und den Central Park in New York in safrangelb erstrahlen lassen.

Mit kargen Materialien wollten die Künstler der Arte povera, der »ärmlichen Kunst«, auf in der heutigen Welt vergessene Zusammenhänge beispielsweise mit der Natur verweisen. **Mario Merz** *(1925 bis 2003)*, **Iannis Kounellis** *(geb. 1936)* und **Luciano Fabro** *(1936–2007)* haben diesen Kunststil im Italien der 1960er-Jahre entwickelt.

Die Botschaft hinter dem Konzept

Bei der Konzeptkunst steht die Idee im Vordergrund. Was der Künstler sagen will, erschließt sich erst aus der intellektuellen Nachvollziehung des Konzepts, was diese Kunstrichtung nicht unbedingt leicht zugänglich macht. Dennoch treffen die Konzeptkünstler oftmals gesellschaftspolitische und kunstreflexive Aussagen. Der ukrainische Maler und Konzeptkünstler **Ilja Kabakow** *(geb. 1933)* thematisiert – in Abgrenzung vom sozialistischen Realismus – die Existenzbedingungen des Menschen. Das Spiel mit und die Kritik an der Popkultur steht im Mittelpunkt der Konzept- und Medienkunst von **John Baldessari** *(geb. 1931)*. In der in den 1980er-Jahren entstandenen Appropriation Art, der Kunst der Aneignung, fertigen Künstler wie der Maler, Grafiker und Fotograf **Richard Prince** *(geb. 1949)* oder die Malerin und Konzeptkünstlerin **Sherrie Levine** *(geb. 1947)* Kopien von Kunstwerken, von Fotografie und Werbung an und hinterfragen so Produktion und Rezeption von Kunstwerken in der Konsumgesellschaft. Die politisch denkende Konzeptkünstlerin **Josephine Meckseper** *(geb. 1964)* beschäftigt sich kritisch mit Konsum und der Ästhetisierung der Politik. Das Thema der Objekte, Gemälde und Rauminstallationen von **Eva Hesse** *(1936–70)* war die Weiblichkeit in der von Männern beherrschten Avantgarde.

Kunst bespielt den Raum

Seit den 1960er-Jahren erobert die Kunst in Form der Installation den Raum. Die Künstler positionieren ihre Objekte hier in einem räumlichen Zusammenhang oder gestalten gleich den ganzen Ort. Für seine Rauminstallationen und raumgreifenden Inszenierungen war der US-Amerikaner **Jason Rhoades** *(1965–2006)* bekannt. Der gebürtige Kubaner **Felix Gonzalez-Torres** *(1957–96)* verhalf mit seinen stillen, minimalistischen Installationen und Skulpturen belanglosen Dingen zur Bedeutung. Um gesellschaftliche Prozesse geht es dem in den USA lebenden Spanier **Inigo Manglano-Ovalle** *(geb. 1961)*, der mit seinen Installationen in Kassel auf der Dokumenta XII für Aufsehen sorgte.

Konzeptkünstlerin
Werke wie »CDU-CSU« machten die in New York lebende deutsche Künstlerin ***Josephine Meckseper*** (geb. 1964) *der Öffentlichkeit bekannt.*

Die Porträtisten des modernen Menschen

Hintergrundbild: »Frau mit schwarzen Socken« von Egon Schiele.

Das Lebensgefühl der Moderne ist gekennzeichnet von Entfremdung, Isolation und einem Verlust der inneren Sicherheit. Die Maler des 20. und 21. Jh. haben das in ihren Darstellungen des Menschen zum Ausdruck gebracht. Statt Harmonie und Schönheit spiegeln nun Verzerrungen, unverhältnismäßige Proportionen und Abstraktion die Seelenzustände des Menschen wider.

Ein geheimnisvolles Lächeln umspielt die ebenmäßigen Gesichtszüge der »Mona Lisa«. Von der Harmonie und Schönheit, die **Leonardo da Vinci** *(1452–1519)* diesem wohl berühmtesten Bild der Kunstgeschichte in Bezug auf den Bildaufbau, die Proportionen und die Abbildung der porträtierten Dame mitgegeben hat, findet sich in den Menschendarstellungen der Kunst des 20. und 21. Jh. kaum noch etwas. Die Moderne gibt ein anderes Bild des Menschen wider als die Renaissance. Der mangelnde Bezug zum Glauben, das anonyme Leben in der Großstadt, die fortschreitende Technisierung und nicht zuletzt die Gräuel des Ersten Weltkriegs erschütterten Ende des 19. und Anfang des 20. Jh. das Selbstverständnis des Menschen. Die bildenden Künstler haben das in ihren Werken zum Ausdruck gebracht.

Ornamentale Elemente
Mosaikartig setzt ***Gustav Klimt*** (1862–1918) *rechteckige Ornamente zur Darstellung des männlichen Körpers, runde zu der des weiblichen ein.*

Psychische Abgründe, Sozialkritik

Trotz der dekorativen, ornamentalen Jugendstilelemente scheinen in **Gustav Klimts** *(1862–1918)* Porträts der gehobenen Gesellschaft oder auch in seinem berühmten Gemälde »Der Kuss« psychische Abgründe und eine zu seiner Zeit provokante Melange von Eros und Tod auf. Das Kreatürliche des Menschen arbeitete Klimts Landsmann, der österreichische Expressionist **Egon Schiele** *(1890 bis 1918)*, durch die nervöse, splittrige Konturierung und die verzerrte Darstellung des Körpers in seinen Porträts und Selbstbildnissen heraus. Wie auch den anderen expressionistischen Künstlern, beispielsweise **Ernst Ludwig Kirchner** *(1880–1938)* und **August Macke** *(1887–1914)*, ging es ihm darum, die inneren Seelenzustände des menschlichen Individuums in Bilder zu bannen. Die psychologisierenden Porträts, die **Oskar Kokoschka** *(1886–1980)* malte, spiegeln in ihrem extremen Ausdruck und der psychischen Überreiztheit das Lebensgefühl des Fin de Siècle wider. Anklage gegen die von Gewalt erfüllte Zeit im und nach dem Ersten Weltkrieg erhob **Max Beckmann** *(1884–1950)* in vielen seiner gleichnishaften Bilder, in denen sich auf engem Raum dem Weltgeschehen ohnmächtig ausgelieferte groteske Gestalten drängen. Die Gestalt und die inneren Befindlichkeiten des Menschen waren auch das Thema der expressionistischen Bildhauer **Ernst Barlach** *(1870–1938)* und **Wilhelm Lehmbruck** *(1881–1919)*.
Vertreter der Neuen Sachlichkeit, wie **Otto Dix** *(1891–1969)*, **Christian Schad** *(1894–1982)* oder **George Grosz** *(1893–1959)* übten unter dem Deck-

Überlange Körperformen
Typisch für die Malerei von ***Amedeo Modigliani*** (1884 bis 1920) *sind wie bei diesem Porträt seiner Lebenspartnerin Jeanne Hebuterne überlängte Körperformen.*

mantel scheinbar naturalistischer Porträts Sozialkritik, indem sie das Hässliche und die existenziellen Nöte des Menschen aufspürten.

Abstrakte Linien, stilisierte Körper, geschundene Kreaturen

Die abstrakten Maler, allen voran **Pablo Picasso** *(1881–1973)*, erschütterten die konventionelle Vorstellung von der Abbildung des Menschen, indem sie für die Verselbstständigung von Farbe und Form kämpften. Mit abstrakten Linien fing Picasso die Persönlichkeit der Porträtierten ein, so in seinem Bild von Gertrude Stein, in dem die Gesichtszüge der Schriftstellerin wie unter einer Maske verborgen liegen. **Henri Matisse** *(1869–1954)* dagegen ging es um die Vorherrschaft der reinen Farbe. Über das Porträt seiner Frau Amélie soll er gesagt haben, er male keine Frau, sondern ein Bild. Die bis zur Grenze der Abstraktion reduzierten, flächigen Gesichter, die **Alexej von Jawlensky** *(1864–1941)* ab 1934 selbst »Meditationen« nennt, erinnern an moderne Ikonen. Bei **Oskar Schlemmer** *(1888 bis 1943)* wird der Mensch zu einer Figur, die in geometrischen Bildgefügen zu einem unauflöslichen Teil des Raumes wird.
Den ungewöhnlichen Porträtstil von **Amedeo Modigliani** *(1884–1920)* kennzeichnen überlange und stilisierte Körperformen, ohne dass der italienische Maler und Bildhauer die Individualität der Frauen, die er malte, ganz in der Abstraktion verschwinden lässt. Die zahlreichen dünnen, langen Menschengestalten, die der Bildhauer **Alberto Giacometti** *(1901–66)* schuf, scheinen sich kaum gegen den Raum behaupten zu können, so fragil sind sie.

In den schockierenden, expressiven Menschendarstellungen von **Francis Bacon** *(1909–92)* wirken selbst die Machthaber, so der »Schreiende Papst«, geschunden und verzweifelt. Die Porträts, die Bacons Freund, der englische Maler **Lucian Freud** *(1922–2011)*, verfertigte, sind zwar immer realistisch, pointieren aber mit psychologischem Tiefblick schonungslos das Wesentliche eines Menschen. Die englische Königin Elisabeth II. soll über das Porträt, das der Enkel Sigmund Freuds von ihr gemalt hat, nicht gerade erfreut gewesen sein.

Das Porträt im Zeitalter der technischen Reproduzierbarkeit

Der Fortschritt der Fotografie bot der Porträtkunst der Maler neue Chancen. **Andy Warhols** *(1928–87)* weltberühmte Serienbilder, beispielsweise von modernen Mythen wie Elvis Presley und Marilyn Monroe, gehen mit den Möglichkeiten der Fotografie, ein Motiv der Wirklichkeit entsprechend abbilden und in unendlicher Zahl reproduzieren zu können, geradezu subversiv um. Ebenso tun dies die nach Fotografien gemalten »realistischen« Bilder von **Chuck Close** *(geb. 1940)* oder **Gerhard Richter** *(geb. 1932)*.
Die Art, wie **Edward Hopper** *(1882–1967)* menschliche Figuren in die Landschaften, Städte und Interieurs seiner Bilder stellte, lässt sie verloren und isoliert voneinander wirken. Dieses moderne Lebensgefühl des Verlorenseins fängt auch **David Hockney** *(geb. 1937)* in seinen Gemälden ein. Die Menschen scheinen bei ihm förmlich in der Sterilität und Künstlichkeit von Hotellobbys oder Swimmingpoolanlagen aufzugehen. Flüchtigen, oft abgründigen seelischen Zuständen forscht **Francesco Clemente** *(geb. 1952)* in seinen erotischen und symbolischen Selbstdarstellungen nach. Dem italienischen Künstler stand auch schon die Schauspielerin Gwyneth Paltrow Modell – für Aktbilder im Hollywood-Spielfilm »Große Erwartungen«.

Hässliche Details
In vielen seiner Werke hob der Maler ***Otto Dix*** (1891 bis 1969) *in schonungsloser Detailgenauigkeit das Abstoßende hervor.*

Karikatur, Cartoon und Comic

Menschen und Gesellschaft in komisch überzeichneter Form darzustellen scheint ein urmenschliches Bedürfnis zu sein. Die Anfänge der Karikatur reichen in die Antike zurück. Seit Ende des 19. Jh. haben die Karikaturisten in den Comiczeichnern Brüder im Geiste gefunden.

Der Maler und Kupferstecher **William Hogarth** *(1697–1764)* begründete im 18. Jh. die englische Karikatur. Satirische Zeitschriften waren im 19. und frühen 20. Jh. ein wichtiges Medium, um gesellschaftliche Missstände anzuprangern, so für Karikaturisten und Zeichner wie **Honoré Daumier** *(1808 bis 1879)* in Frankreich, **George Cruikshank** *(1792 bis 1878)* und **Aubrey Beardsley** *(1872–98)* in Großbritannien oder den Norweger **Olaf Gulbransson** *(1873–1958)* in Deutschland.
Der Künstler **Henri de Toulouse-Lautrec** *(1864 bis 1901)* porträtierte mit dem Blick des Spötters das Paris seiner Zeit. Die Maler **Käthe Kollwitz** *(1867 bis 1945)*, **George Grosz** *(1893–1959)* und **Otto Dix** *(1891–1969)* bezogen in der Weimarer Republik in ihren Werken politisch Stellung. Dass die Karikatur noch immer eine scharfe Waffe ist beweist die Debatte um die gegen religiösen Fundamentalismus gerichteten Cartoons von **Doug Marlette** *(1949–2007)*, die ihm eine Vielzahl von Drohbriefen einbrachten.

Schöpfer von Max und Moritz
Seine Arbeiten machten ***Wilhelm Busch*** (1832–1908) *zum volkstümlichsten Humoristen Deutschlands. »Lehrer Lämpel« (rechts) ist eine seiner bekanntesten Figuren.*

In Honoré Daumiers Karikatur bedankt sich der Tod beim deutschen Reichskanzler Bismarck für die reiche Ernte im Deutsch-Französischen Krieg 1870/71.

Geschichten in Bilderfolgen

Zwar gilt der Deutsche **Wilhelm Busch** *(1832 bis 1908)* als einer der Urväter des Comicgenres, doch erschienen die ersten Bildgeschichten, die Dialoge als Sprechblasen integrierten, Ende des 19. Jh. in den USA. Ein Geniestreich gelang **George Herriman** *(1880–1944)* 1913 mit der Serie »Krazy Kat«. An der Erfolgsgeschichte des Comic hat **Walt Disney** *(1901–66)* großen Anteil. Comicfiguren wie seine Micky Maus ebenso wie **Carl Barks'** *(1901 bis 2000)* Donald Duck oder das Vorstadtkind Charlie Brown aus **Charles M. Schulz'** *(1922–2000)* Erfolgsserie »Die Peanuts« sind nicht nur Kindern ans Herz gewachsen. Mit Seemann Popeye von **Elzie Segar** *(1894–1938)*, Kater Garfield von **Jim Davis** *(geb. 1945)* oder Fritz the Cat von **Robert Crumb** *(geb. 1943)* bereicherten bald auch garstige Vertreter die Comics. Dass das Genre nicht nur eine Domäne der USA ist, zeigen der Belgier **Hergé** *(1907–83)*, der »Tim und Struppi« schuf, die Corto-Maltese-Serie des Italieners **Hugo Pratt** *(1927–95)* sowie die Geschichten um den kleinen Gallier Asterix, erfunden von Zeichner **Albert Uderzo** *(geb. 1927)* und Autor **René Goscinny** *(1926–77)*.

Spöttischer Chronist

Der Maler **Henri de Toulouse-Lautrec** *(1864 –1901) bei der Arbeit an »Tanz im Moulin Rouge« (links). Mit Plakaten wie dem oben wurde er berühmt.*

Vater der »Peanuts«

Ganz ohne Erwachsene kommt die weltweit erfolgreiche Comicserie »Die Peanuts« aus, deren Schöpfer **Charles M. Schulz** *(1922–2000) hier vor einem Blatt mit der Figur des Charlie Brown posiert.*

Politische Comics

Die Iranerin **Marjane Satrapi** *(geb. 1969) trug wesentlich zur Politisierung des Comics bei, als sie in »Persepolis« ihre Kindheit im Iran und die Auswirkungen der islamischen Revolution auf den Alltag beschrieb.*

Gallische Helden

Noch dem Tod seines Freundes René Goscinny im Jahr 1977 übernahm der französische Künstler **Albert Uderzo** *(geb. 1927) auch dessen Part des Autors an ihren Asterix-Comics.*

Als wären die Statuen zum Leben erwacht

Die griechische Antike hat die Grundlagen für die abendländische Entwicklung der Bildhauerkunst geschaffen. Das Barock hat die Plastik um einen illusionistischen Raum erweitert. Die Moderne bricht mit der Idealisierung. Drei geniale Bildhauer repräsentieren mit ihrem Werk diese Schritte innerhalb der Kunstgeschichte: Phidias, Bernini und Rodin.

Urheber moderner Skulptur
Die Bronzefigur »Der Denker« ist ***Auguste Rodins*** (1840–1917) *wohl berühmtestes Werk.*

Er gilt als der größte und bekannteste Bildhauer der Antike, aber über das Leben von **Phidias** *(um 500 bis um 432 v. Chr.)* ist wenig Gesichertes überliefert. Zeitgenössischen Quellen zufolge gründet sich der Ruhm des Griechen vor allem auf drei bis zu 17 m hohe Kolossalstatuen: zwei Athena-Skulpturen im und am Weg zum Parthenon und eine Zeus-Figur in Olympia, die als eines der sieben Weltwunder der Antike angesehen wird. Erhalten sind die imposanten, aus kostbaren Materialien gefertigten Statuen nicht. Nur kleinere Nachbildungen oder Abbildungen auf Münzen geben einen Eindruck der Ehrfurcht gebietenden Kultfiguren wieder.

Der erstklassig ausgebildete Künstler entwickelte das Verfahren weiter, unterschiedliche Materialien wie Marmor, Holz, Bronze, Gold und Elfenbein zu einem Ensemble zu vereinen. Insgesamt 1100 kg Gold sollen für den Überzug der Gewandung der aus Holz geschnitzten »Athena Parthenos« verwendet worden sein.

Lange Zeit wurde Phidias auch der prachtvolle, 160 m lange, mit seiner lebendig anmutenden Bewegtheit und mit souveräner Leichtigkeit Raumillusion erzeugende Parthenonfries zugeschrieben, da er die Oberaufsicht über den von Perikles in Angriff genommen Wiederaufbau der Akropolis in Athen innehatte. Wahrscheinlicher ist jedoch, dass der Fries und der marmorne Skulpturenschmuck des dorischen Tempels, des berühmtesten noch existierenden Baudenkmals der griechischen Antike, von mehreren Künstlern gestaltet wurden. Dennoch wurde der Bildhauer Namensgeber für den Phidias-Stil, der auf die Parthenonskulpturen angewandt wird. Dieser Stil prägte die athenische Skulptur über das Ende des 5. Jh. v. Chr. hinaus.

Statuen wie auf einer Bühne – das Barock

Was Phidias für die Antike, ist **Gianlorenzo Bernini** *(1598–1680)* für das Barock – der größte Bildhauer und in seinem Fall auch Baumeister seiner Zeit. Wie sein lebensgroßer marmorner David zum Wurf ausholt, wie dessen Gesichtsausdruck den starken Willen im Kampf gegen Goliath widerspiegelt, erweckt den Eindruck, als würde die Statue leben. Den hellenistischen Skulpturen ähnlich, drückt Bernini in diesem Kunstwerk den Einklang von Körper und Seele, von äußerer und innerer Bewegung aus. Neu und kühn an den Skulpturen des Barockkünstlers war es, den Raum um eine Figur und ihr unsichtbares Gegenüber gleichsam mitzudenken. Der Raum zwischen David und seinem Gegner ist wirksam und gewissermaßen Teil der Statue, auch wenn Goliath nicht abgebildet ist. Immer wieder hat der italienische Bildhauer sich mit der Ausschmückung der Peterskirche befasst und großartige Lösungen gefunden, um die Weiträumigkeit des Doms aufzufangen. In genialer Verbindung von Architektur und Plastik entwarf er das bronzene Tabernakel für den Hauptaltar unter der Kuppel.

Dem leidenschaftlich am Theater Interessierten ging es – wie der Barockkunst überhaupt – darum, Architektur, Plastik und Malerei zu verbinden und seinen Werken gleichsam eine Bühne zu geben. Wunderbar gelungen ist Bernini solch ein Gesamtkunstwerk mit der »Verzückung der hl. Theresa« in der Cornaro-Kapelle in der Kirche Sta. Maria della Vittoria. Das Licht, das die auf einer Wolke schwebende Heilige und den Engel in ein schimmerndes Weiß entrückt, kommt von einem verborgenen Fenster. Die Quelle der Goldstrahlen hinter den beiden Figuren ist ein illusionistisches Gewölbefresko. Ein ähnliches Gesamtkunstwerk, nur in noch größerem Ausmaß, schuf Bernini mit dem »Thron Petri« im Petersdom.

Schöpfer des römischen Barock

70 Jahre wirkte ***Gianlorenzo Bernini*** *(1598–1680) in Rom und hinterließ eine Vielzahl von Werken. Im Bild die Fontana del Moro auf der Piazza Navona.*

Die Begründung der modernen Skulptur

Während Berninis Werk klassische Eleganz und Schönheit ausstrahlt, sprechen aus den Skulpturen von **Auguste Rodin** *(1840–1917)* die Gebrochenheit und die Qual der Moderne. Die Oberfläche seiner Figuren ist bewegt und zerklüftet, das Spiel des Lichts auf den kraftvollen, überbetonten Formen intensiviert die Ausstrahlung von pulsierender Energie. Schon das erste Werk des französischen Bildhauers, der Bronzekopf »Der Mann mit der gebrochenen Nase«, irritierte die Zeitgenossen mit seinem ungeschönten Realismus und stieß auf Ablehnung. Das Werk sei »unfertig«, warf die konservative Kritik dem Künstler vor. Rodin indes machte als Erster aus der Unfertigkeit ein ästhetisches Prinzip. Das galt für die Oberflächenbehandlung seiner Kreationen und für die Form als Ganzes: Der Bildhauer erhob den Torso zum eigenständigen Motiv.

Rodins monumentaler Entwurf für den Eingangsbereich eines Pariser Museums – das »Höllentor«, inspiriert von Dantes »Göttlicher Komödie« – blieb unvollendet, aber eine von den dafür vorgesehenen 200 Figuren – die Sitzstatue »Der Denker« – wurde zu einer Ikone der Moderne. Den bald zu Ruhm gekommenen und zum Mittelpunkt der Pariser Gesellschaft avancierten Meister verband 10 Jahre eine Liebesbeziehung zu der Bildhauerin Camille Claudel. Zahlreiche erotisch motivierte Arbeiten Rodins wie die überlebensgroße Marmorgruppe »Der Kuss« spiegeln diese Verbindung wider. 1898 kam es indes zum Bruch zwischen den beiden genialen Künstlern. Der Dichter Rainer Maria Rilke wurde 1905 Rodins Privatsekretär. Den daraus resultierenden Dokumenten des Schriftstellers verdanken wir einige Einsicht in das Werk und die Person Rodins.

Bedeutende zeitgenössische Persönlichkeiten ließen sich von Rodin porträtieren. Seine Balzac-Statue vermittelte ein neues, nicht mehr nur heroisches Bild des schöpferischen Menschen. Auch das Denkmal entkleidete der Begründer der modernen Skulptur von jeglicher Glorifizierung und schuf mit seiner Bronzegruppe »Die Bürger von Calais« einen neuen Denkmaltypus.

Das Hintergrundbild zeigt die Signatur Auguste Rodins.

Bildhauer des Manierismus
*In Florenz schuf **Giambologna** (1529 bis 1608) zahlreiche Figurengruppen, Brunnenanlagen und Altäre wie diesen Altar in der Klosterkirche San Marco.*

Die Kunst, dem Material die Form abzutrotzen

Der Beginn der Bildhauerkunst liegt in der griechischen Antike. Auf sie haben sich die Renaissance und der Klassizismus berufen. In der Moderne halten stattdessen Abstraktion, Zerklüftung und Installation Einzug in die Kunstgattung.
Die Werke der griechischen Antike sind uns auf den ersten Blick vertraut. Denn den Bildhauern gelang zu der Zeit eine bedeutende, die Skulptur prägende Entdeckung, nämlich die von den idealen Proportionen des menschlichen Körpers, die zum lange Zeit gültigen Maßstab für klassische Schönheit wurde. So steht der »Speerträger« von **Polyklet** *(5. Jh. v. Chr.)* in entspannter Position, das tragende Stand- und das entlastete Spielbein asymmetrisch ausbalanciert. Dieser Kontrapost verlieh den griechischen Freiplastiken eine natürlich anmutende Erscheinung. Noch lebendiger und feiner im psychologischen Ausdruck ist die »Knidische Aphrodite« von **Praxiteles** *(um 390–um 320 v. Chr.)* gelungen.
In der Renaissance, die sich auf die Antike berief, wurde das Reiterstandbild ein beliebtes Motiv, wie es **Andrea del Verrocchio** *(1435–88?)* mit seinem »Reiterstandbild des Bartolomeo Colleoni« meisterhaft kreierte. Ein lebensgroßes bronzenes Reiterstandbild nach antikem Vorbild realisierte als erster neuzeitlicher Künstler **Donatello** *(1386/87 bis 1466)*. Mit seinem ehemaligen Lehrmeister **Lorenzo Ghiberti** *(1378–1455)*, neben ihm der bedeutendste Bildhauer der Frührenaissance, hatte Donatello bald begonnen, auf dem Gebiet der Bronzeplastik zu rivalisieren. Als Erster wandte der Italiener in seinen Reliefs die Zentralperspektive an und schuf mit dem bronzenen »David« die erste lebensgroße, völlig frei stehende nackte Statue seit der Antike.
Der in der Toskana geborene **Michelangelo** *(1475 bis 1564)* hat sich stets ursprünglich als Bildhauer bezeichnet. Im Gegensatz zum klassisch-griechischen Stil zeigt das Genie der Hochrenaissance den als antiken Athleten dargestellten biblischen Helden in seiner berühmten »David«-Skulptur nicht in der Siegerpose, sondern betont den konzentrierten Moment vor der Tat.

Theatralische Belebtheit und klassische Strenge

Mit der marmornen Figurengruppe »Raub der Sabinerin« gestaltete **Giambologna** *(1529–1608)* eine der schönsten Lösungen für eine Figura serpentinata, eine typisch manieristische, spiralförmig von unten nach oben entwickelte Figur im Kontrapost. Sein Schüler **Adriaen de Vries** *(um 1545 bis 1626)* gab den Skulpturen des Manierismus eine neue seelische Belebtheit. Die Bildhauerkunst des Barock kennzeichnet eine freie und malerische Gestaltung mit theatralischer Bewegtheit, wie sie die deutschen Meister **Balthasar Permoser** *(1651 bis 1732)* und **Andreas Schlüter** *(1659?–1714)* sowie in Frankreich **Pierre Puget** *(1620–94)* in ihren Werken erreichten. Klassizistische Bildhauer wie **Jean Antoine Houdon** *(1741–1828)* schulten ihre Werke an der idealistischen Reinheit antike Skulpturen. Der kühle, von einem barocken Schwung belebte Stil von **Antonio Canova** *(1757–1822)* wurde in ganz Europa bewundert. Aus Canovas Schule ging der Däne **Bertel Thorvaldsen** *(1768/70–1844)* hervor. In Deutschland wirkten **Johann Heinrich von Dannecker** *(1758–1841)*, **Gottfried Schadow** *(1764–1850)* und **Christian Daniel Rauch** *(1777 bis 1857)*, in England **John Flaxman** *(1755–1826)*.

Viele Formen in der Moderne

Die Moderne eröffnete dem plastischen Schaffen neue Möglichkeiten zwischen Gegenständlichkeit und Abstraktion. Die Statuen des ursprünglich als Maler arbeitenden **Aristide Maillol** *(1861–1944)* haben nichts von der ruhelosen Energie der Werke Rodins, sie zeichnet eine harmonische Ausgeglichenheit sowie eine klare Plastizität aus.
Maßgebliche Bildhauer am Beginn des 20. Jh. waren die Kubisten **Alexander Archipenko** *(1887–1964)* und **Henri Laurens** *(1885–1954)* sowie der Vertreter des Konstruktivismus **Naum Gabo** *(1890–1977)*. **Constantin Brancusi** *(1876–1957)* schuf stark abstrahierte Skulpturen. Der Rumäne, der die Entwicklung der modernen Plastik wesentlich prägte, wollte der Essenz der Dinge in seinen ausdrucksvoll polierten Skulpturen aus Stein, Metall und Holz eine Form geben. Brancusis »Urformen« und die Kunst der Naturvölker beeinflussten einen anderen bedeutenden Vertreter der modernen Skulptur, den Briten **Henry Moore** *(1898–1986)*. Mit Moore stand **Barbara Hepworth** *(1903–75)* in den 1930er-Jahren an der Spitze der Avantgarde in England.
Für die Plastiken des Surrealisten **Hans Arp** *(1887–1966)* sind sanft geschwungene, abstrakte organische Formen bezeichnend. Die dünnen, überlängten Menschengestalten von **Alberto Giacometti** *(1901–66)*, einem der wichtigsten Bildhauer des 20. Jh., wirken so fragil und ausgemergelt, als würden der sie umgebende Raum und das Licht sie aufzehren. **Isamu Noguchi** *(1904–88)*, ein amerikanischer Bildhauer japanischer Herkunft, vereinte fernöstliche Symbolformen und westliche Moderne.

Fragile, dünne Gestalten
Das Foto zeigt den schweizerischen Künstler ***Alberto Giacometti*** (1901–66) *im Jahr 1960 bei der Arbeit an einem der für ihn typischen Werke.*

Die Plastik erobert den Raum

Die menschliche Figur ist in ganz verschiedenen stilistischen Ausprägungen eines der Hauptthemen einiger herausragender Bildhauerinnen des 20. Jh.: **Louise Bourgeois** *(1911 bis 2010)*, **Niki de Saint Phalle** *(1930 bis 2002)*, **Magdalena Abakanowicz** *(geb. 1930)* und **Elisabeth Frink** *(1930–93)*.
Seit Beginn der zweiten Hälfte des 20. Jh. erweitern viele Bildhauer ihre Kunst in den Raum, stellen ihre Figuren oder andere Elemente zu sogenannten Environments und Installationen zusammen. Dazu zählen der der Pop-Art nahe stehende **George Segal** *(1924 bis 2000)* oder der Konzeptkünstler **Bruce Nauman** *(geb. 1941)*. In **Richard Serras** *(geb. 1939)* monumentale Skulpturen aus Blei- und Stahlplatten ist der sie umgebende Raum, seien es Landschaft oder Architektur, stets einbezogen.
Eine ironische, entlarvende Sicht auf den Alltag vermitteln die Kreationen des Briten **Barry Flanagan** *(1941–2009)* sowie die des Amerikaners **Duane Hanson** *(1925–96)*, der Durchschnittsbürger als lebensgroße, hyperrealistische Figuren aus Kunstharz und Fiberglas nachbildete.
Immer in kritischem Bezug zu Gesellschaft und Zeitgeist stehen zwei bedeutende zeitgenössische Künstlerinnen, die sich schwerlich auf nur eine Sparte festlegen lassen: Schrill, bunt und apokalyptisch zeigen sich die raumgreifenden Konstruktionen der Deutschen **Isa Genzken** *(geb. 1948)*, während die englische Bildhauerin und Objektkünstlerin **Rachel Whiteread** *(geb. 1963)* in ihren weißen Objektgebilden den Leerraum mitdenkt.

Abstrakte Skulpturen
Zu den wichtigsten Werken von ***Constantin Brancusi*** (1876–1957) *zählt die Skulpturenserie »Mademoiselle Pogany«. Das Werk im Bild trägt die Nummer 1.*

Auch das Handwerk kann eine Kunst sein

Das Mittelalter kannte keine strenge Trennung zwischen Handwerk und Kunst. In der industriellen Produktion ging, anders als noch in der Werkstatt oder Manufaktur des Handwerkers, der enge Bezug von kreativem Entwurf und Fertigung verloren. Vormals künstlerisch und individuell gestaltete Gebrauchsgegenstände waren nun billig und in Masse zu haben; damit verloren sie jedoch an Exklusivität und Wertschätzung. Reformer setzen sich im 19. Jh. für eine Wiederbelebung des Kunsthandwerks ein.

Meister der Goldschmiede

Das »Salzfass« ***Benvenuto Cellinis*** *(1500–71) zeigt den Meeresgott Neptun und die Erdgöttin Tellus. Der Triumphbogen dient als Pfefferbüchse.*

Der Stand der Goldschmiede galt im Mittelalter als einer der vornehmsten des Handwerks und der Künste. Da war es nur folgerichtig, dass den Goldschmieden vornehmlich die Herstellung sakraler Objekte anvertraut war – von Kirchengerät bis zum Altar. So hat **Nikolaus von Verdun** *(um 1130–nach 1205)* den Dreikönigsschrein im Kölner Dom gestaltet. Ab der Renaissance fertigten die Goldschmiede mehr und mehr auch repräsentative Gegenstände und Gebrauchsgerät im Auftrag von Fürsten, Städten und Zünften. In den neben Antwerpen führenden Zentren der Goldschmiedekunst des 16. Jh., Utrecht und Nürnberg, wirkten **Adam van Vianen** *(1568/69 bis 1627)* und **Wenzel Jamnitzer** *(1508?–85)*. Dieser bedeutende Goldschmied des Manierismus führte als neue Goldschmiedetechniken Naturabgüsse von Tieren und Pflanzen ein. In Frankreich und Italien schuf **Benvenuto Cellini** *(1500–71)* hervorragende Goldschmiedearbeiten, darunter den berühmtesten Salzstreuer der Kunstgeschichte, das »Salzfass« für Franz I. Fürsten holten im 17. und 18. Jh. bedeutende Kunsthandwerker an ihre Residenzen. **Johann Melchior Dinglinger** *(1664–1731)* gestaltete als Hofgoldschmied von Kurfürst August dem Starken barocke Prunkstücke wie die 165 emaillierten Goldfigürchen »Der Hofhalt des Großmoguls zu Delhi«, die heute im Grünen Gewölbe in Dresden zu bewundern sind. Am Hof von Kaiser Rudolph II. in Prag war Adam van Vianens Bruder **Paulus van Vianen** *(um 1570–1613)* als Kammergoldschmied tätig.

Moderner Schmuck und innovative Glaskunst

Fast 300 Jahre später kreierte ein russischer Goldschmied im Auftrag des Zaren Ostereier aus Gold, Email und Edelsteinen, die so berühmt wurden, dass sie untrennbar mit seinem Namen verbunden sind: **Carl Fabergé** *(1846–1920)*. Die Preziosen, die sich wie eine Dose öffnen lassen und Miniaturgoldschmiedearbeiten enthalten, gelten noch heute als Synonym für Luxus. Für Luxus steht selbstredend auch der Name Tiffany, nicht erst seit

Meister des Jugendstils

Das »Glasfenster mit Clematis« aus dem Jahr 1900 von ***Louis Comfort Tiffany*** *(1848–1933) ist ein Beispiel seiner Kunst.*

Truman Capotes Kurzroman »Frühstück bei Tiffany« und die Verfilmung mit Audrey Hepburn ihn zum Inbegriff für Träume von Reichtum gemacht haben. Nach dem Tod des Firmengründers **Charles Lewis Tiffany** *(1812–1902)* übernahm sein Sohn **Louis Comfort Tiffany** *(1848–1933)* das weltbekannte Schmuckunternehmen Tiffany & Co. in New York. Der Kunsthandwerker entwickelte das mehrfach irisierende »Favrile«-Glas. Seine Glaskreationen mit ornamentalen Mustern und stilisierten Pflanzenformen, so die Tiffanylampen, sind herausragende Zeugnisse des Jugendstils. Der Erfinder des modernen Schmucks, **René Lalique** *(1860–1945)*, ließ sich von Naturformen inspirieren und griff Insektenmotive auf. Anders als die traditionelle Juwelierkunst, bezog der Goldschmied und Glaskünstler billige Materialien wie Email, Horn oder Glas in seine Jugendstilkreationen ein. Nach 1911 konzentrierte er sich auf die Glaskunst – Parfumflakons, Vasen, Lampen und sogar Autokühlerfiguren vornehmlich im Art-déco-Stil. 1847 gründete **Louis François Cartier** *(1819–1904)* das Schmuckatelier Cartier in Paris, heute eine der exklusivsten Marken für Uhren und Schmuck. Bald belieferte er unter anderen prominenten Zeitgenossen die Kaiserin Eugénie mit Schmuck. Sein Enkel **Louis Cartier** *(1875–1942)* entwickelte die erste Armbanduhr für Herren.

Begehrtes Luxusgut und Kunst aus Porzellan

Geschirr oder Vasen aus Porzellan gehören heute selbstverständlich zu unserem Alltag. Die Herstellung des ursprünglich aus China stammenden feinkeramischen Materials musste in Europa jedoch erst erfunden werden. Zuvor wurde das begehrte Luxusgut aus Fernost importiert. Dementsprechend kostbar waren Porzellangegenstände.
Den Naturforschern **Ehrenfried Walter Graf von Tschirnhaus** *(1651–1708)* und **Johann Friedrich Böttger** *(1682–1719)* gelang es 1708 erstmals, weißes Hartporzellan herzustellen. 1710 wurde im Auftrag von August dem Starken die Porzellanmanufaktur Meißen gegründet, deren Leitung Böttger bis zu seinem Tod innehatte. Meißen war lange das Maß der Dinge in der Porzellanherstellung: **Johann Gregorius Höroldt** *(1696–1775)* entwickelte dort einen richtungsweisenden Stil der Porzellanmalerei; Komödianten, Schäfer, Liebespaare, schöne Damen oder Tiere modellierte der Bildhauer **Johann Joachim Kändler** *(1706–75)* als zierliche Porzellanfiguren nach.
Der Meißener Modellmeister erweiterte damit das Potenzial des neuen Werkstoffs und begründete die Porzellanplastik. In der Porzellanmanufaktur Nymphenburg gestaltete **Franz Anton Bustelli** *(1723–63)* Meisterwerke des Rokoko. Ebenso wie Meißen oder Nymphenburg existiert die englische Porzellanmanufaktur Wedgwood bis heute. Ihrem Gründer **Josiah Wedgwood** *(1730–95)* wird die Industrialisierung des Töpferhandwerks zugeschrieben. 1768 erfand der Keramiker und Unternehmer die Wedgwoodware, eine nach ihm benannte nahezu wasserdichte Art von Tonware. Er ließ zudem die in klassizistischem Stil gehaltenen europaweit begehrten Arbeiten aus seiner Manufaktur von namhaften Modelleuren und Zeichnern entwerfen, darunter der Bildhauer **John Flaxman** *(1755–1826)*.

Pionier der Herstellung von Porzellan

Der erfolgreichen Herstellung weißen Porzellans durch ***Johann Friedrich Böttger*** (1682 bis 1719) *verdankt die Porzellanmanufaktur Meißen große Teile ihres Ruhms.*

Bedeutende Möbelmacher schufen neue Stile

Bereits im Ägypten der Pharaonen und in der Antike wurden kostbar verzierte Möbel zur Ausstattung auch der privaten Räume geschätzt. Nachdem das Mittelalter die Möblierung des Privatbereichs eher zweckorientiert sah, kehrte mit der Renaissance die gehobene Wohnkultur nach Europa zurück. Stilbildend, nicht nur was das Mobiliar anging, wurde die Hofhaltung der französischen Könige. Der Kunstschreiner **André Charles Boulle** *(1642–1732)* entwarf und fertigte die Prunkmöbel und Innendekorationen für Versailles. Der Ebenist Ludwigs XIV., wie man Handwerker, die mit Ebenholz und anderen Edelhölzern arbeiten, nannte, prägte mit seinen mit reichen Einlegearbeiten verzierten Möbeln den Louis-quatorze-Stil. Sein Schüler **Charles Cressent** *(1685–1768)*, einer der renommiertesten Ebenisten des 18. Jh., bestimmte die Möbelkunst zur Zeit Ludwigs XV.

Drei große Möbelmacher ihres Landes schufen im England des 18. Jh. nach ihnen benannte neue Stile. **Thomas Chippendale** *(1718–79)* bevorzugte Mahagoni für seine Möbelkreationen, die Rokokodekor mit gotischen und chinesischen Formen verbanden. Sehr beliebt waren die bequemen Sitzmöbel des Kunsttischlers, die zudem reiche Durchbruchsarbeiten in den Lehnen charakterisieren. **Thomas Sheraton** *(1751–1806)* nahm mit seinem zweibändigen Vorlagenwerk für Innendekorationen und Mobiliar maßgeblichen Einfluss auf die Möbelherstellung in England. Die Entwürfe des Kunstschreiners und Möbelzeichners zeichnen Feingliedrigkeit, Eleganz sowie Einlegearbeiten und Malereien aus – eigene Werke von ihm sind nicht bekannt. Eleganz ist ebenfalls typisch für den Stil von **George Hepplewhite** *(gest. 1786)*. Ihre Leichtigkeit in der Anmutung hebt die von dem Möbelschreiner entworfenen Stücke, die mit reichen Intarsien geschmückt sind, von dem etwas schwerfälligeren Chippendalestil ab.

»Mechanische Möbel«
Diese Standuhr mit Musikmechanismus aus dem Jahr 1787 ist ein Beispiel für Arbeiten aus der Werkstatt ***David Roentgens*** *(1743–1807).*

Möbelstücke mit Geheimfächern und anderen technischen Spielereien, damals als »mechanische Möbel« bezeichnet, verhalfen **David Roentgen** *(1743–1807)* zu Ruhm und Aufträgen von fast allen europäischen Fürstenhäusern. Handwerkliche Perfektion und vielfarbige Verzierungen waren die Markenzeichen seiner erst im verspielten Rokokostil, dann klassizistisch gestalteten Einrichtungsgegenstände. Für einen Schreibschrank des deutschen Kunsttischlers soll Ludwig XVI. die enorme Summe von 100 000 Livre bezahlt haben.

Michael Thonet *(1796–1871)* erfand um 1830 eine Methode, Holz im Dampf zu biegen. Die Stühle, seit 1861 auch Schaukelstühle, die der in Wien ansässige Tischler und Industrielle auf diese Art herstellte, wurden weltbekannt.

Zurück zur Qualität des Handwerks

Verschiedene Reformbewegungen steuerten im 19. Jh. gegen die Entwertung kunsthandwerklicher Gegenstände durch die industrielle Produktion. Der englische Kunsthandwerker und Sozialreformer **William Morris** *(1834–96)*, der Begründer des Arts and Crafts Movement, gab diesbezüglich wichtige Impulse, indem er eine Wiederbelebung des Kunsthandwerks forderte. An Morris' Ideen knüpfte der Architekt, Designer und Zeichner **Arthur Mackmurdo** *(1851–1942)* an, der in England den Jugendstil wesentlich voranbrachte. Mit dem Jugendstil setzte eine Erneuerung des Kunsthandwerks ein. Individuelles Design und handwerkliche Qualitätsarbeit waren wieder untrennbar.

Erfinder der Bugholztechnik
Mithilfe von Dampf gelang es ***Michael Thonet*** (1796–1871), *Holz zu neuen Formen zu verbiegen und z. B. elegante Schaukelstühle herzustellen.*

Mäzenin der Avantgarde

Die Aufnahme aus den 1960er-Jahren zeigt ***Peggy Guggenheim*** (1898–1979) *in ihrer Sammlung moderner Kunst im Palazzo Venier dei Leoni in Venedig.*

Die Patrone der schönen Künste

Russischer Sponsor

Ilja Repin malte dieses Porträts seines Förderers, des russischen Großindustriellen ***Sawwa Mamontow*** (1841 bis 1918).

Ohne großzügige Mäzene wäre ein großer Teil der bedeutenden Werke der Kunstgeschichte wohl kaum entstanden.

Am Beginn des Mäzenatentums steht mit **Gaius Cilnius Maecenas** *(70–8 v.Chr.)* ein Gönner der römischen Dichter Horaz und Vergil. Der Name des reichen römischen Politikers überlebte bis heute in der Bezeichnung für wohlhabende Förderer von Kunst und Wissenschaft.
Weltliche und kirchliche Herrscher sind stets wichtige Auftraggeber für Kunst und Kultur gewesen. **Jean de France** *(1340–1416),* Herzog von Berry, gab das Stundenbuch »Les très riches heures« in Auftrag, eine der berühmtesten Bilderhandschriften des Mittelalters. Die Blüte der Renaissancekunst ist untrennbar mit dem Mäzenatentum durch Adel und Päpste verbunden. Papst **Julius II.** *(1443–1513)* gewann Michelangelo für die Ausmalung der Decke in der Sixtinischen Kapelle. **Lorenzo de' Medici** *(1449–92)* erhielt den Beinamen der Prächtige, weil er Florenz zum damaligen Zentrum der Künste machte. Auch sein Sohn Papst **Leo X.** *(1475–1521)* tat sich als Mäzen hervor. Unter **Isabella d'Este** *(1474–1539)* wurde der Hof von Mantua zu einem der kultiviertesten in ganz Europa. In Frankreich kam es unter der Herrschaft von **Franz I.** *(1494 bis 1547)* zu einer enormen Entwicklung der Künste; so lud der König Leonardo da Vinci an seinen Hof. Der Sonnenkönig **Ludwig XIV.** *(1638–1715)* verlieh seiner Herrschaft durch die Künste Glanz und entfaltete ein so noch nicht da gewesenes Mäzenatentum. Mit dem Aufstieg des Bürgertums betätigten sich zunehmend auch Vertreter aus Wirtschaft, Bankwesen und Handel oder reiche Privatiers als Mäzene. Der Unterstützer der Maler der Hudson River School, **Daniel Wadsworth** *(1771–1848),* gründete in Connecticut das erste öffentliche Kunstmuseum der USA. Der russische Unternehmer und Kunstliebhaber **Sawwa Mamontow** *(1841–1918)* protegierte Künstler wie Ilja Repin und Michail Wrubel.

Mäzene der Avantgarde

Das Mäzenatentum leistet gerade seit dem Beginn der Moderne eine wichtige Unterstützung für die Kunst, muss diese sich doch auf dem freien Markt behaupten. Die US-amerikanische Millionärin **Peggy Guggenheim** *(1898–1979)* hat als Mäzenin eine zentrale Rolle bei der Etablierung der Avantgardekunst des 20. Jh. gespielt. Ihre umfangreiche Sammlung ist weltweit in den Guggenheim-Museen präsent. Zu einer Marke hat der Werbeprofi, Sammler und Kunsthändler **Charles Saatchi** *(geb. 1943)* ab Ende der 1980er-Jahre die Kunst der Young British Artists (YBA) gemacht. Die Künstler, deren Werke der Brite kauft und ausstellt, können sich der Aufmerksamkeit des Kunstmarkts sicher sein.
Fasst man Kunstförderung etwas weiter, haben Persönlichkeiten wie der Fotograf **Alfred Stieglitz** *(1846–1946),* der Verleger und Schriftsteller **Paul Cassirer** *(1871–1926)* oder der Verleger, Kunsthändler und Schriftsteller **Daniel-Henry Kahnweiler** *(1884–1979)* durch Ausstellungen oder Veröffentlichungen ebenfalls wesentlich zum Bekanntwerden der Künstler der Moderne beigetragen.

Kandinsky-Sammler

Spektakuläre Architektur zeichnet das Museum aus, in dem die Privatsammlung von ***Solomon R. Guggenheim*** *(1861–1949) in New York untergebracht ist.*

Kunstsammler aus Leidenschaft

Durch Stiftungen, Öffentlichmachen ihrer wertvollen Kunstsammlungen oder gar Museumsgründungen haben Sammler einen wichtigen Beitrag zur Entwicklung der Museumslandschaft geleistet. Viele Kunstwerke, die wir heute im Museum bewundern, haben ursprünglich zu einer privaten Kollektion gehört.

Manchmal liegt die Leidenschaft für die Kunst in der Familie. Kardinal **Scipione Borghese** *(1576 bis 1633)* initiierte die Borghese Collection, die die römische Adelsfamilie seit dem 17. Jh. aufgebaut hat. Heute sind die Werke etwa von Caravaggio, Raffael, Tizian und Bernini in der Galleria Borghese zu sehen. Der Stahlmagnat **August Thyssen** *(1842 bis 1926)* begann zu sammeln, als er 1905 einen Auftrag an Rodin vergab. Sein Sohn **Heinrich Baron von Thyssen-Bornemisza** *(1875–1947)* baute die Sammlung aus, dessen Sohn **Hans Heinrich Thyssen-Bornemisza** *(1921–2002)* machte sie öffentlich zugänglich. Nach familiären Vermögensstreitigkeiten wurde die Sammlung, die Alte Meister sowie Kunst des 19. und 20. Jh. umfasst, 1993 an den spanischen Staat verkauft und ist im Madrider Museo Thyssen-Bornemisza zu bewundern.

Auch Könige und Fürsten haben mit Passion Kunst gesammelt, was auch der Repräsentation diente. Die überaus wertvollen Kunstsammlungen, die Kurfürst **Friedrich August I. von Sachsen** *(1670–1733)* und sein Sohn Kurfürst **Friedrich August II.** *(1696 bis 1763)* aufgebaut haben, sind noch heute ein Schatz Dresdens. **Ludwig I. von Bayern** *(1786 bis 1868)* ließ u. a. in München die Alte und die Neue Pinakothek errichten. Dort sind auch die altdeutschen und niederländischen Tafelgemälde aus der Sammlung von **Sulpiz Boisserée** *(1783–1854)* ausgestellt.

Sammler und Bauherr

König ***Ludwig I. von Bayern*** (1786 bis 1868) *war ein bedeutender Förderer der Künste. Er machte München zu einer Stadt der Kunst.*

Aus Stiftungen gehen Museen hervor

Die erste bürgerliche Museumsstiftung in Deutschland gründete **Johann Friedrich Städel** *(1728 bis 1816)*. Das Städel-Museum in Frankfurt verdankt seine Existenz dem Privatbankier, der seine weltberühmte Sammlung mit vorwiegend holländischer und deutscher Kunst für das Publikum öffnete.

Die Londoner Tate Gallery ist eines der bedeutendsten Museen der Welt. Gegründet hat sie der englische Zuckerhändler **Sir Henry Tate** *(1819–99)*, der seine Sammlung dem Staat spendete und den Bau der ersten Tate Gallery finanzierte. Französische Kunst hatte es den Moskauer Sammlern und Geschäftsleuten **Sergej Schtschukin** *(1854–1936)* und **Iwan Morosow** *(1871–1925)* angetan. **Pawel Tretjakow** *(1832 bis 1900)* förderte die russische Künstlergruppe der Peredwisch-

niki. Der Brite **Calouste Sarkis Gulbenkian** *(1869 bis 1955)* hat seine letzten Jahre in Lissabon verbracht. Deshalb sind dort seine Stiftung und das Museu Calouste Gulbenkian zu Hause, das die riesige Kollektion des Erdölmagnaten beherbergt.

Die Guggenheim-Kunsttempel

In den USA hat privates Kunstsponsoring Tradition. **Elisabeth Hart Jarvis Colt** *(1827–1905)*, die Frau des Waffenproduzenten Samuel Colt, hat ihre Kunstsammlung an das Wadsworth Atheneum Museum of Art gegeben. Dass die Villa des Industriellen **Henry Clay Frick** *(1849–1919)* in Manhattan nach seinem Tod in ein Kunstmuseum, die Frick Collection, umgewandelt wurde, war Vorbild für viele Mäzene in den USA. **Andrew W. Mellon** *(1855 bis 1937)* stiftete seine Kunstsammlung der National Gallery of Art in Washington D.C., deren Bau er auch finanzierte.
Das erste Guggenheim-Museum in New York, einer der Kunsttempel schlechthin, hat **Solomon R. Guggenheim** *(1861–1949)* gegründet. Der Industrielle hat u. a. die weltweit größte Sammlung von Kandinsky-Werken zusammengetragen. Legendär ist die Antipathie von **Albert Coombs Barnes** *(1872 bis 1951)* gegenüber dem Kunstestablishment. Während Arbeiter jederzeit seine Werke der Klassischen Moderne und des Impressionismus in der Barnes Foundation sehen durften, hatten ansonsten nur ausgewählte Besucher Zugang. In Malibu, Kalifornien, gründete der Ölmagnat **Jean Paul Getty** *(1892 bis 1976)* das J. Paul Getty Museum für seine Sammlung, die seit 1997 größtenteils im Getty Center in Los Angeles ausgestellt ist.
Avantgardekunst des 20. Jh., darunter das Gesamtwerk von Joseph Beuys, sammelte der Mitbegründer des Kosmetikunternehmens Wella, **Karl Ströher** *(1890–1977)*. Das Landesmuseum Darmstadt und das Museum für Moderne Kunst Frankfurt teilen sich die modernen Kunstpreziosen. Den Kunsthistoriker und Unternehmer **Peter Ludwig** *(1925–96)* und seine Frau **Irene** *(1927–2010)* nennt man ob ihrer Sammelleidenschaft die »deutschen Guggenheims«. Zum Kunstfundus der Stifter des Museum Ludwig in Köln gehört die größte Pop-Art-Kollektion außerhalb der USA. Die Sammlung ist inzwischen in fünf Ländern auf 19 Museen verteilt.
Der bedeutendste deutsche Kunstsammler des 20. Jh., **Heinz Berggruen** *(1914–2007)*, ein Kunsthändler und Freund Picassos, hat seine Gemäldesammlung seiner Heimatstadt Berlin weit unter Wert überlassen. Kontroversen gab es wegen nationalsozialistischer Verstrickungen der Flicks um **Friedrich Christian Flicks** *(geb. 1944)* Flick Collection mit moderner Kunst, die dennoch seit 2004 in Berlin ausgestellt ist.
Der Galerist und Mitbegründer der Art Basel, **Ernst Beyeler** *(1921–2010)*, und seine Frau Hildy haben für ihre Werke der klassischen Moderne – darunter Monet, Cézanne, van Gogh und Picasso, aber auch Bacon und Pop-Art – die Fondation Beyeler bei Basel bauen lassen. Die einzigartige Sammlung mit Meisterwerken aus der islamischen Welt, die Prinz **Sadruddin Aga Khan** *(1933–2003)* angelegt hat, wird ab 2011 im neuen Aga-Khan-Museum in Toronto ihr Zuhause finden.

Ölbaron und Kunstfreund
Mit seiner weltberühmten Kunstsammlung bereicherte ***Jean Paul Getty*** (1892–1976) *die Kunstszene der USA. Das Foto zeigt ihn bei einer Ausstellungseröffnung im Jahr 1963 in London.*

Kunsthistoriker und das Museumswesen

Das Museum ist eine vergleichsweise junge Institution und Ausdruck bürgerlichen Selbstverständnisses. Erst im 19. Jh. entstanden in größerem Stil öffentliche Kunsttempel, mit initiiert von der Öffnung des Louvre als Galerie 1793. Geprägt haben den Aufbau der modernen Museumskultur auch Kunsthistoriker in einflussreichen Positionen wie **Wilhelm von Bode** *(1845–1929)*, ein Mitbegründer des deutschen Museumswesens, der Gründungsdirektor des New Yorker Museum of Modern Art **Alfred Barr** *(1902–81)* oder **Bernhard Berenson** *(1865–1959)*.

Baumeister in Rom
Kuppel und Säulen sind die bemerkenswertesten Elemente, die ***Michelangelo*** *(1475–1564) beim Bau der Peterskirche in Rom einsetzte, den er ab 1546 leitete.*

Architektur zum Lobpreis Gottes

Die Pyramide von Sakkara in Ägypten, die Dombauten zu Florenz und Rom: eine der bedeutendsten Gestalten des Altertums und zwei Genies der Renaissance schufen meisterhafte Bauwerke zum Ruhm der göttlichen Macht. Imhotep baute seinem Pharao eine Leiter zu den Göttern. Brunelleschi begründete eine neue Architektursprache und revolutionierte den Kuppelbau. Michelangelos Kuppel krönt das zentrale Gotteshaus der katholischen Kirche, den Petersdom.

Am Anfang der grandiosen Tempelanlagen und Pyramiden des alten Ägypterreichs steht ein Name: **Imhotep** *(um 2700 v. Chr.)*. Der geniale Baumeister von Pharao Djoser errichtete für seinen Herrn etwas völlig Neues, die Stufenpyramide von Sakkara, das erste monumentale Gebäude, das jemals ganz aus Kalkstein gebaut wurde. Aber nicht nur die Konstruktion und das Baumaterial, das im Gegensatz zum bislang verwendeten Lehm dem enormen Gewicht des Stufenbaus standhalten konnte, waren revolutionär neu. Imhotep erfand mit dem Grabmal auch eine Form, die das Bild der Ägypter von der Erschaffung der Welt symbolisch nachbildete und dem Pharao den Weg in die Unsterblichkeit ebnen sollte. Denn nach ägyptischem Glauben war der Sonnengott Re von einem Berg herabgestiegen, um die Menschen zu erschaffen. Imhoteps Pyramide sollte eine Verbindung zwischen den Göttern und dem König herstellen. Über die Stufen, eine Treppe zum Himmel, konnte der Pharao, so Imhoteps visionäre Idee, nach seinem Tod zum Schöpfer Re gelangen. Seit Imhoteps Zeiten wendeten alle großen Pyramidenbauer das gleiche System an. Seine Pyramide war zum Symbol für die gesellschaftliche und religiöse Ordnung geworden. In gewisser Weise nimmt die Ausrichtung des Sakkara-Baus zum Himmel sogar die Kirchen späterer Zeiten vorweg. Ihr Erfinder war zudem Schriftgelehrter, Ratgeber des Pharao sowie Hoher Priester und gilt als Begründer der ägyptischen Medizin. Im Neuen Reich Ägyptens wurde er wie ein Gott verehrt. Über das Leben des Universalgenies ist wenig bekannt. Aber ein Standbild des Djoser, das bei Sakkara im Schatten der Pyramide gefunden wurde, überliefert mit der Signatur Imhoteps die älteste Künstlerunterschrift der Weltgeschichte.

Strenge Ordnung und harmonische Proportionen: Brunelleschi

Ein ähnlich gewichtiger Geniestreich gelang im Italien der Frührenaissance **Filippo Brunelleschi** *(1377–1446)*, wenn dies auch nicht, wie im Fall Imhoteps, gleich die Religion selbst beeinflusste, wohl aber eine neue Architektur ermöglichte. Der Baumeister und Bildhauer, der zudem einer der Erfinder der Zentralperspektive ist, konstruierte für den Dom von Florenz erstmals eine Kuppel aus zwei getrennten Schalen und verband diese so, dass sie sich gegenseitig stützen konnten. Eine 42 m Durchmesser umfassende und enorm hohe Kuppel einzuwölben, war bis dahin als fast unmöglich erschienen. Anders als bei Bauten der Antike ist die Florentiner Domkuppel nicht halbkugelförmig, sondern nach oben zugespitzt, was sie sehr elegant erscheinen lässt. Brunelleschis andere Kirchenbauten zeigen, dass der Schöpfer einer neuen, rationalen Architektursprache antike und andere historische bauliche Vorbilder sehr genau studierte und auf eigene Weise weiterentwickelte.
Symmetrie und Regelmäßigkeit betont das strenge Schema des Grundrisses von San Lorenzo – ebenfalls in Florenz –, das erste, vollständig nach Brunelleschis Konzept realisierte Gebäude. Den separaten Raumteilen liegt eine Standardeinheit zugrunde, die der Baumeister zu größeren Raumeinheiten gruppierte, ein Bruch mit den Bauvorstellungen der Gotik. Auch das Kircheninnere charakterisiert eine strenge Ordnung und Einheitlichkeit. Wie der Italiener Räume, Säulen und Gewölbe als Ganzes zusammenführte, wirkt wunderbar harmonisch in den Proportionen und ist geprägt von seinem Glauben an die universelle Gültigkeit harmonischer Proportionen. Wie viele Revolutionäre der Kunstgeschichte fand der Architekt für einen seiner weitreichendsten Entwürfe nicht das Verständnis der Zeitgenossen. Für den nicht vollendeten Bau von Santa Maria degli Angeli, ein Zentralbau mit Kuppel, ließ er sich von den runden bzw. polygonalen Bauten der römischen und frühchristlichen Zeit anregen.

Gewaltige Domkuppel
Das Historiengemälde (Ausschnitt) von 1878 zeigt jene legendäre Szene, in der ***Filippo Brunelleschi*** (1377–1446) *mithilfe eines Eis den skeptischen Bauherren seine Konstruktionspläne für die Kuppel des Florentiner Doms erläutert haben soll.*

Ein Bildhauer schafft Räume: Michelangelo

Der Bildhauer und Maler **Michelangelo** *(1475 bis 1564)* war in seinen letzten 30 Lebensjahren vorwiegend als Architekt tätig. Folgenreiche Neuerungen führte er während der Neugestaltung des Kapitols in Rom ein. Die Anlage des Platzes, dessen Mittelpunkt das Reiterstandbild Mark Aurels bildet, wirkt wie ein Bühnenbild. Der Besucher steigt auf einer Freitreppe auf den von drei Seiten von Palastfassaden gesäumten, leicht ansteigenden, symmetrisch in Form eines Trapezes gestalteten Platz und sieht sich von einem riesigen Außenraum umschlossen. Als die bedeutendste Aufgabe seines Lebens betrachtete der so vielseitig begabte, geniale Künstler der Hochrenaissance seine Arbeiten am Petersdom in Rom, dessen Bauleitung er seit 1546 innehatte. Wie bereits beim Kapitol arbeitete er mit mächtigen Pilastern – an Säulen erinnernde Wandpfeiler –, die er zu einer neuartigen, mehrere Geschosse verbindenden Kolossalordnung zusammenfügte. Dieses Mittel, Raum oder Fassade zu strukturieren, wurde vorbildlich für das Barock. Die von Michelangelo entworfene Kuppel mit 42,43 m Durchmesser krönt die Peterskirche. Wie Brunelleschis Florentiner Kuppel ist sie mit doppelter Schale und gotischem Profil konstruiert. Der Bildhauer Michelangelo, der auch die Arbeit an der Peterskirche begriff, als würde er an einer Skulptur arbeiten, erreichte

Als Verbindung zwischen Gott und dem König gedacht war die Stufenpyramide von Djoser.

Erbauer der Hagia Sophia

Die Hagia Sophia – hier eine Ansicht aus dem Jahr 1852 – ist einer der bekanntesten Sakralbauten der Welt. Ihre Erbauer ***Anthemios von Tralleis*** (5. Jh. bis 534) *und* ***Isidoros von Milet*** (442 bis 537) *machten sich damit unsterblich.*

jedoch eine sehr viel größere Dynamik und Plastizität. Der Ehrfurcht, die wir vor Gott empfinden, hat Michelangelo ein beeindruckendes Pendant im Raum gegeben.

Die frühen Baumeister – oft anonym

Die religiösen Gesinnungen, aus denen heraus die Tempel der Antike, die Moscheen des Islam und die christlichen Kirchen erbaut worden sind, unterscheiden sich. Aber in der Architektur der imposanten sakralen Bauten gibt es über die Epochen hin enge Verbindungslinien. Über die Baumeister der bedeutenden Gotteshäuser frühchristlicher Zeit und des Mittelalters wissen wir jedoch wenig.
Seit fast 2500 Jahren thront der Parthenon auf der Athener Akropolis, den die griechischen Baumeister **Iktinos** *(etwa 460–430 v. Chr.)* und **Kallikrates** *(um 470–20 v. Chr.)* errichtet haben. Der ursprünglich der Göttin Athene geweihte Tempel, der als die vollendete Verkörperung der klassisch-dorischen Architektur gilt, diente später als christliche Kirche und danach als Moschee. Zur Moschee wurde im osmanischen Reich auch ein Meisterwerk aus byzantinischer Zeit – die Hagia Sophia (Kirche der Heiligen Weisheit) in Konstantinopel, dem heutigen Istanbul. Der prächtig ausgestattete Bau mit der wie schwerelos über dem Raum schwebenden riesigen Kuppel, seit 1934 ein Museum, war von seiner Fertigstellung an so berühmt, dass sogar die Namen seiner Erbauer überliefert sind: **Anthemios von Tralleis** *(5. Jh.– um 534)* und **Isidoros von Milet** *(442–537)*. Mit der Konstruktion der Hagia Sophia setzte sich später **Sinan** *(um 1500–88)* auseinander, der ab 1538 unter drei Sultanen Baumeister für das gesamte Osmanische Reich und für den Bau zahlreicher Moscheen verantwortlich war.
Von den meisten großen Kirchen und Kathedralen des Mittelalters wissen wir nicht, wer sie erbaut hat. Das begann sich mit der Gotik im 12. Jh. zu ändern. Als erster richtungsweisender Sakralbau dieses Stils gilt der Neubau der königlichen Abteikirche von Saint-Denis bei Paris nach den Bauplänen von **Abt Suger** *(1081–1151)*. Der Entwurf für die schöne Fassade des Doms von Orvieto wird dem Italiener **Lorenzo Maitani** *(vor 1275–1330)* zugeschrieben. Der Deutsche **Erwin von Steinbach** *(um 1244 bis 1318)* galt lange Zeit als alleiniger Erbauer des Straßburger Münsters. **Peter Parler** *(1333?–99)* wurde von Kaiser Karl IV. nach Prag berufen, um dort den von anonymen Meistern begonnenen Dombau fortzuführen.
Nach dem Tod von Brunelleschi wurden die Entwürfe von **Leon Battista Alberti** *(1404–72)* maßgeblich für die Architektur der Frührenaissance. Der italienische Künstler und Gelehrte überließ die Ausführung seiner Baukonzepte, so beim Neubau der Fassade von Santa Maria Novella in Florenz, jedoch anderen. **Bramante** *(1443/44–1514)* begründete die klassische Architektur der italienischen Hochrenaissance. Er verwirklichte die Idealvorstellung eines Zentralbaus im Sinne der Antike. Der erste Entwurf für die Peterskirche in Rom stammt ebenfalls von dem italienischen Baumeister.

Barocke Pracht und heiteres Rokoko

Höhepunkte der römischen Barockbaukunst schufen **Gianlorenzo Bernini** *(1598–1680)*, der eher klassische Proportionen bevorzugte, und sein großer Rivale in der Architektur, **Francesco Borromini** *(1599–1667)*, der die Architektur vom Diktat des rechten Winkels befreite. Sein Meisterwerk ist die Universitätskirche Sant'Ivo alla Sapienza in Rom. Einen genialen Nachfolger fand Borromini in dem Theatinermönch **Guarino Guarini** *(1624–83)*. Mehr noch als der Römer verband Guarini in seinen Turiner Kirchen Gotik und Renaissance, was den Barockstil nördlich der Alpen sehr beeinflusste. Dort schuf **Johann Bernhard Fischer von Erlach** *(1656–1723)* herausragende Sakralbauten wie die Karlskirche in Wien. **Jakob Prandtauer** *(1660 bis 1726)*, dem führenden Klosterbaumeister von Österreich, gelang mit dem Stift Melk sein bedeutendstes Werk. Einer der Hauptmeister des deutschen Spätbarock ist **Johann Michael Fischer** *(1692–1766)*. Eine Architektenfamilie des Spätbarock und Rokoko, die Thumbs, begründeten die Vorarlberger Bauschule mit. Davon zeugen die

Juwel des Rokoko

*Die von **Johann Baptist** (1680–1758) und **Dominikus Zimmermann** (1685 bis 1766) erbaute Wieskirche in Oberbayern ist ein Hauptwerk des Rokoko.*

Abteikirche Sankt Peter im Schwarzwald und die Wallfahrtskirche Birnau von **Peter Thumb** *(1681–1766)*. Die Brüder **Cosmas Damian** *(1686–1739)* und **Egid Quirin Asam** *(1692–1750)* arbeiteten meist gemeinsam und entwickelten das bayerische Rokoko, das, wie bei der Klosterkirche Weltenburg, von einem Sinn fürs Theatralische gekennzeichnet ist. Ein weiteres Juwel des Rokoko, die Wallfahrtskirche »Wies« in Bayern, haben ebenfalls zwei Brüder erbaut, **Dominikus** *(1685–1766)* und **Johann Baptist** *(1680–1758)* **Zimmermann**.
In der von **Christopher Wren** *(1632–1723)* nach dem großen Brand von London neu aufgebauten St.-Pauls-Kathedrale verbinden sich Barockelemente und Klassizismus. Den an der Antike und der Renaissance geschulten Klassizismus charakterisiert auch das Phantéon in Paris von **Jacques-Germain Soufflot** *(1713–80)*. Die nationale französische Ruhmeshalle war ursprünglich eine Kirche. An das Panthéon erinnert wiederum **Benjamin Latrobes** *(1764–1820)* Entwurf für die Kathedrale von Baltimore in den USA.

Aus Moscheen werden Kirchen

Nach der Rückeroberung der maurisch besetzten Iberischen Halbinsel für das Christentum wurden die Moscheen in Kirchen umgewandelt, so auch in Córdoba, woran der Architekt **Hernán Ruiz II.** *(1514?–69)* wesentlich beteiligt war. Eines der architektonischen Hauptwerke des Malers und Bildhauers **Alonso Cano** *(1601–67)* ist die Fassade der Kathedrale von Granada. Bis heute wurde die Sagrada Família in Barcelona nicht vollendet. 43 Jahre hat allein **Antonio Gaudí** *(1852–1926)*, der Meister des katalanischen Jugendstils, daran gearbeitet.

Im säkularen 20. Jh. spielte der Kirchenbau keine solch wesentliche Rolle mehr. Trotzdem sind immer wieder eindrucksvolle Sakralbauten entstanden, so die Wallfahrtskirche Notre-Dame-du-Haut von **Le Corbusier** *(1887 bis 1965)* im französischen Ronchamp und die zahlreichen Kirchen des Schweizers **Mario Botta** *(geb. 1943)*.

Moderner Kirchenarchitekt

*Die 1996 eingeweihte Kirche »San Giovanni Battista« in dem Schweizer Bergdorf Mogno zählt zu den Werken **Mario Bottas*** (geb. 1943).

Baukunst zum Ruhm weltlicher Macht

Imposante und kunstvoll ausgestattete Bauwerke waren im Mittelalter hauptsächlich Kirchen, denn die architektonische Prachtentfaltung sollte dem Ruhm Gottes dienen. Das begann sich in der Renaissance und im Barock zu ändern, als Fürsten, das reiche Bürgertum und insbesondere die absolutistischen Herrscher ihrer Macht und ihrem Rang auch in repräsentativen Stadtpalästen, Schlössern und Residenzen Ausdruck verleihen wollten.

Mit Stadtpalästen für Herrscher wie die Medici oder reiche Bürger setzte **Michelozzo** *(1396–1472)* in der Renaissance neue Maßstäbe. Sein Palazzo Medici mit drei voneinander abgesetzten Geschossen, repräsentativ gestalteten Fassaden und Arkadenhof erhebt sich über einem Sockel und drückt so den Rang des Auftraggebers, Cosimo de' Medici, aus. Enthusiastisch äußerte sich Goethe bei seiner italienischen Reise über die Bauten von **Andrea Palladio** *(1508–80)*. Die Villen, Paläste und Kirchen des italienischen Baumeisters und Architekturtheoretikers zeichnen klassische Eleganz und Klarheit aus. Seine Neuerungen in der Baukunst – in der Anordnung von Säulen und Pilastern, im Anbau von Loggien und Arkaden – waren so bedeutend, dass die klassizistische Richtung der europäischen Architektur bis zum 18. Jh. nach dem Renaissancebaumeister Palladianismus genannt wurde. Für Palladio galten in der Architektur allgemeingültige Regeln, wie er sie in der Baukunst der Antike und den Erkenntnissen des berühmten römischen Baumeisters und Architekturtheoretikers **Vitruv** *(1. Jh. v. Chr.)* verwirklicht sah.

Renaissance-architekt
Innenhof des Palazzo Medici in Florenz. Mit diesem Palazzo schuf ***Michelozzo*** *(1396–1472) einen neuen Typus von Stadtpalästen.*

Etwa 45 km nordwestlich von Madrid ließ sich der König von Spanien Philipp II. von seinem Hofarchitekten **Juan Bautista de Toledo** *(um 1515–67)* und dessen Mitarbeiter und Nachfolger **Juan de Herrera** *(um 1530–97)* eine imposante Residenz im Stil der Renaissance bauen – die Schloss- und Klosteranlage El Escorial.

Versailles wird das Vorbild für Schlösser in ganz Europa

In Frankreich entwickelte sich eine eigene Form der Renaissancearchitektur, wie sie am schönsten in der Hoffassade von **Pierre Lescot** *(um 1500/10–78)* am Westflügel des Louvre zum Ausdruck kommt. Am Neubau des ursprünglichen Schlosses der französischen Könige in Paris, der sich weit über 100 Jahre hinzog, waren noch weitere Baumeister beteiligt, bis Ludwig XIV. alle Kräfte auf seine neue Residenz Versailles konzentrierte. **Claude Perrault** *(1613–88)* gestaltete die östliche Außenfassade des Louvre im Stil des Classicisme, der klassisch ausgerichteten französischen Form des Barock. **Louis Le Vau** *(1612/13–70)* vollendete als Bauleiter den Südflügel. Ab 1661 war der Erste Architekt des Königs in Versailles tätig. Mit dem Prachtbau setzte sich der Sonnenkönig ein bauliches Symbol seiner absolutistischen Macht. Le Vau war maßgeblich beteiligt an

Gesamtansicht der Schlossanlage von Versailles, 1668.

der Entwicklung der klassischen französischen Schlossbaukunst; Schloss Vaux-le-Vicomte ist dafür ebenfalls ein Beispiel. Sein Mitarbeiter **François d'Orbay** *(1634–97)*, der ebenso am Bau des Louvre mitwirkte, übernahm als sein Nachfolger die Bauleitung von Versailles. Der Classicisme blieb im 16. und 17. Jh. der maßgebliche Baustil in Frankreich. Sein Begründer **Salomon de Brosse** *(um 1571 bis 1626)* hat das Palais du Luxembourg in Paris entworfen, heute Sitz des Senats. Einige herausragende Schlösser stammen von **François Mansart** *(1598 bis 1666)*. **Jules Hardouin-Mansart** *(1646–1708)*, ab 1674 Hofarchitekt von Ludwig XIV., beherrschte das offizielle Bauwesen in Frankreich; er war mit der Erweiterung von Versailles befasst und errichtete den berühmten Invalidendom. Sein Schüler und Mitarbeiter **Robert de Cotte** *(1656/57–1735)*, der an vielen Schlossbauten beteiligt war, leitete zum Régence über, einem eher elegant-privaten Stil. Versailles war damals das Vorbild für fast alle Schlösser in Europa. In Italien ließ Karl IV., König von Sizilien und Neapel, von **Luigi Vanvitelli** *(1700 bis 1773)* das Versailles nachempfundene, eindrucksvoll große Schloss in Caserta bei Neapel errichten.

Barocke Schlossbaukunst

Im Barock, einhergehend mit dem Absolutismus die Blütezeit des Schlosses, entwarfen auch Baumeister in Deutschland und Österreich außergewöhnliche Schlösser, Residenzen und Repräsentationsbauten. **Andreas Schlüter** *(um 1660–1714)* leitete ab 1699 den An- und Umbau des Berliner Stadtschlosses, dessen Wiederaufbau inzwischen vom Deutschen Bundestag und vom Land Berlin beschlossen wurde.

Der größte Bau von **Balthasar Neumann** *(1687 bis 1753)* ist die Erzbischöfliche Residenz in Würzburg mit dem geradezu atemberaubenden Kaisersaal in Weiß, Gold und Pastellfarben. **Matthäus Daniel Pöppelmann** *(1662–1736)* schuf als Oberlandbaumeister von August dem Starken den Zwinger in Dresden. Prinz Eugen ließ sich vor den Toren von Wien nach den Plänen von **Johann Lucas von Hildebrandt** *(1668–1745)* sein Belvedere errichten, ein weitläufiges spätbarockes Ensemble von Architektur, Innenausstattung und Gartenbaukunst. Die englische Barockarchitektur prägte **Sir John Vanbrugh** *(1664 bis 1726)*, ein Dramatiker und Architekt, der einige Schlösser auf der britischen Insel baute. Mit äußerst prunkvollen Bauwerken wie dem Großen Palais im heutigen Puschkin entwickelte **Bartolomeo Francesco Rastrelli** *(1700–71)* eine russische Sonderform des Spätbarock.

Architekt der Zarin

*Der Russe italienischer Herkunft **Bartolomeo Francesco Rastrelli*** (1700 bis 1771) *errichtete viele Barockbauwerke in und bei Sankt Petersburg, z. B. den Katharinenpalast in Puschkin.*

Das Vorbild der Antike prägt die Adelspaläste

Wie die Renaissance beruft sich der Klassizismus auf das Vorbild der Antike, was sich in der Architektur fürstlicher Residenzen niederschlug. Das Petit Trianon von **Ange-Jacques Gabriel** *(1698–1782)* in Versailles ist dafür ein Beispiel. Ludwig XV. ließ das Lustschloss für seine Mätresse Madame de Pompadour bauen. Die elegant-klassizistischen Adelspaläste, Plätze und ganze Straßenzüge des schottischen Architekten **Robert Adam** *(1728–92)* und seines Bruders **James** *(1732–94)* prägen London. Die griechische Antike war das Ideal von **Karl Friedrich Schinkel** *(1781 bis 1841)*. Davon zeugt das städtische Zentrum Berlins, das der Baumeister in der ersten Hälfte des 19. Jh. mit seinen Bauten prägte, sowie zahlreiche Stadtpalais und Schlösser.

Architekten für ein Paradies auf Erden

Vom Garten Eden spricht die Bibel – das christliche Paradies ist also als Gartenlandschaft gedacht worden. Einen idealen Rückzugs- und Erholungsort in der Natur haben die europäischen Gartenkünstler der Neuzeit gestaltet. Große Traditionen der Gartenarchitektur gibt es ebenso im islamischen und im asiatischen Kulturkreis.

Während der mittelalterliche Garten, in dem meist Nutz- und Heilpflanzen angepflanzt wurden, von Mauern umgeben ist, öffnet sich in der Renaissance das Wohnhaus hin zum Garten und dieser zur Landschaft. Eine geometrische Gliederung, lange Achsen und breite Kieswege charakterisieren die Renaissancegartenkunst um die Villen und Stadtpaläste des Adels und des wohlhabenden Bürgertums wie den Boboli-Garten der Medici in Florenz. Diesen haben **Niccolò Tribolo** *(1500–50)* und später **Bartolomeo Ammanati** *(1511–92)* und **Giorgio Vasari** *(1511–74)* gestaltet. Bassins, Hecken, Beete, Bäume, Statuen – oft der antiken Mythologie entlehnt –, Wasserspiele und Grotten, wie die von **Bernardo Buontalenti** *(um 1531–1608)* in Boboli, lockern die Ziergärten dieser Epoche auf. Eine Symbiose von Natur und Kulturlandschaft gelang **Giacomo Barozzi da Vignola** *(1507–73)* mit dem Garten der Villa Lante in Bagnaia und **Pirro Ligorio** *(um 1510–83)* mit dem meisterhaften Entwurf für die Gartenanlage der Villa d'Este in Tivoli. **Salomon de Caus** *(1576–1626)* konzipierte den Hortus Palatinus im Heidelberger Schloss. Der nie vollendete Garten galt seinerzeit als Sensation.

Englische Landschaftsgärten
Blick in den Garten und den Park von Chatsworth House, der zu den schönsten zählt, die ***Lancelot Brown*** (1716–83) *geschaffen hat.*

Englischer und französischer Stil

Im Barock übernahm Frankreich die führende Rolle in der Gartenkunst. Der französische Garten ist nach strengen rationalen Regeln konzipiert, ein Ausdruck absolutistischer Herrschaft, der selbst die Natur untertan sein sollte. Der Gartenarchitekt **André Le Nôtre** *(1613–1700)* war der Meister dieser Kunst. Er hat für Ludwig XIV. den Schlosspark von Versailles gestaltet. Die Ausblicke im Garten von Vaux-le-Vicomte hat er effektvoll durch perspektivische Mittel inszeniert. Aus der Schule von Le Nôtre kamen **Dominique Girard** *(um 1680–1738)*, der an den Schlossgärten Nymphenburg, Schleißheim bei München, Belvedere Wien und Augustusburg in Brühl mitgewirkt hat, und **Martin Charbonnier** *(um 1655–1729)*, der Gestalter der Königlichen Gärten in Hannover-Herrenhausen. Gleichsam als Gegenideal zu dieser durchkonstruierten Akkuratesse entwickelte sich in England Mitte des 18. Jh. der Landschaftsgarten, auch als Ausdruck einer liberaleren Gesinnung. Als Prototyp gilt Stourhead Garden, entworfen von dem Bankier **Henry Hoare II.** *(1705–85)* und seinem Architekten **Henry Flitcroft** *(1697–1769)*. Auch der englische Garten ist gestaltete Natur, aber geschwungene Wege, unregelmäßig verteilte Baumgruppen und kleine Seen lassen ihn natürlicher erscheinen. Künstliche Ruinen, Tempel und exotische Bauten sind außerdem dafür charakteristisch. **William Kent** *(1685–1748)*, der den Garten von Chiswick House in London umgestaltet hat, sowie in seiner Nachfolge **Lancelot Brown** *(1716–83)* begründeten den typischen englischen Landschaftsgarten. Zu den schönsten Gartenanlagen unter den rund 210, die Brown geschaffen hat, gehören Stowe in Kent, Blenheim Palace und Chatsworth. Der klassizistische Architekt **William Chambers** *(1723–96)* integrierte von China inspirierte Parkgebäude wie Pagoden in seine Landschaftsgärten. Hauptsächlich als Architekt war **John Nash** *(1752–1835)* tätig, der beispielsweise den Garten von Buckingham Palace neu gestaltete.

Englische und französische Vorbilder prägten zu der Zeit die Parkanlagen in Deutschland, so den Wörlitzer Park bei Dessau von dem Baumeister **Friedrich Wilhelm von Erdmannsdorff** *(1736 bis 1800)*, den Muskauer Park von Prinz **Hermann von Pückler-Muskau** *(1785–1871)* bei Görlitz oder den Bergpark Kassel-Wilhelmshöhe von **Heinrich Christoph Jussow** *(1754–1825)*. Der Schlossgarten von Schönbrunn wurde dagegen von **Johann Ferdinand Hetzendorf von Hohenberg** *(1733–1816)* nach strengen französischen Prinzipien angelegt.

Auf dem Kontinent

Als wichtiger Schritt für die Einführung des englischen Gartens auf dem Kontinent wird der Park von Ermenonville bei Paris gesehen. Der Marquis **René Louis de Girdardin** *(1735–1808)* hat den Garten um sein Anwesen selbst entworfen. Der Typus des englischen Gartens wurde für öffentliche Parks maßgeblich, wie ihn der Gartenarchitekt **Ludwig von Sckell** *(1750–1823)* im Englischen Garten München verwirklicht hat. Das Vorbild englischer Gärten ist auch für die Anlagen von **Peter Joseph Lenné** *(1789–1866)* maßgeblich. Der Generaldirektor der königlichen Gärten in Preußen, der auch die theoretischen Schriften des Franzosen **Gabriel Thouin** *(1747–1829)* bezüglich des romantischen Gartens aufgriff, hat den Park von Schloss Sanssouci umgestaltet und dabei die bedeutenden Gartenelemente durch Sichtachsen miteinander verbunden. Der führende Gartenarchitekt seiner Zeit sah sich zudem in sozialer Verantwortung und schuf Grünanlagen für die Naherholung der Bevölkerung. Der englische Architekt **Joseph Paxton** *(1803–65)* ist bekannt für seine Gewächshäuser nach der zu der Zeit neuen Technik der Eisen- und Glaskonstruktion. Dem Geist der Moderne ist der Garten der Villa Noailles im französischen Hyères verpflichtet, den der armenische Architekt und Künstler **Gabriel Guévrékian** *(1900–70)* in den 1920er-Jahren konzipierte. Auch einige Künstler und Schriftsteller haben die Gärten ihrer Anwesen selbst gestaltet, so **Johann Wolfgang von Goethe** *(1749–1832)*, der englische Dichter **Alexander Pope** *(1688–1744)* oder der schottische Schriftsteller und Künstler **Ian Hamilton Finlay** *(1925–2006)*.

Nach strengen Regeln ist der französische Barockgarten, der überall in Europa nachgeahmt wurde, durchkonstruiert. Im Bild der Schlosspark in Schwetzingen.

Meister der Sichtachsen

Fast ein halbes Jahrhundert lang prägte ***Peter Joseph Lenné*** (1789–1866) *die Gartenkunst in Preußen, wobei er wie bei Schloss Sanssouci dem englischen Vorbild folgte.*

Visionäre auf der Suche nach der idealen Stadt

Im 4. Jh. v. Chr. befand Aristoteles: »Des Menschen körperliches und animalisches Dasein mag durch das Land befriedigt sein, seine geistigen Bedürfnisse können nur durch die Stadt erfüllt werden.« Seit der Antike haben die Menschen den städtischen Raum der jeweiligen Epoche gemäß gestaltet. Die Ideen der Städteplaner prägen manche Stadt bis heute.

Symmetrisch und nach geometrischen Figuren geformt sahen die Anlagen einer idealtypischen Renaissancestadt aus, wie sie Herzog **Vespasiano Gonzaga** *(1531–91)* im italienischen Sabbioneta errichten ließ oder wie sie der württembergische Baumeister **Heinrich Schickhardt** *(1558–1635)* entwarf. Die bedeutendste stadtplanerische Leistung seiner Zeit gelang **Emmanuel Héré** *(1705–63)* mit der Neugestaltung des repräsentativen Stadtzentrums von Nancy um den Stanislas-Platz. Den Städtebau im Absolutismus spiegelt das süddeutsche Karlsruhe wider, dessen straffe sternförmige Gliederung **Friedrich Weinbrenner** *(1766–1826)* konzipiert hat. Karlsruhe wiederum inspirierte **Pierre L'Enfant** *(1754–1825)* beim Entwurf für die neue US-Bundeshauptstadt Washington. Das klassizistische Stadtbild von München prägten die bayerischen Hofarchitekten **Friedrich von Gärtner** *(1792 bis 1847)* und **Leo von Klenze** *(1784–1864)*.

Stadtvisionen in der Moderne

Baron **Georges Eugène Haussmann** *(1809–91)* war für den Bau der signifikanten modernen Pariser Boulevards, Radialstraßen und Sternplätze verantwortlich. **Ebenezer Howard** *(1850–1928)* dagegen begründete in England die ursprünglich sozialreformerische Gartenstadtbewegung. In Deutschland war dafür die Gartenstadt Hellerau bei Dresden ein idealtypisches Beispiel – mitgestaltet von den Architekten **Richard Riemerschmid** *(1868–1957)* und **Hermann Muthesius** *(1861–1927)*. Der Architekturerneuerer **Le Corbusier** *(1887–1965)* war als Städteplaner ein Absolutist der Geometrie, wie das indische Chandigarh zeigt. Brasília, die 1960 eingeweihte Hauptstadt Brasiliens, charakterisiert die Vorliebe des Architekten **Oscar Niemeyer** *(1907 bis 2012)* für organische Formen.
Manche Stadtutopie wurde nicht verwirklicht, so die Salinenstadt Chaux in Arc-et-Senans von **Claude Nicolas Ledoux** *(1736–1806)* und viele von **Otto Wagners** *(1841–1918)* Ideen für Wien, das jedoch von seinen Jugendstilbauten geprägt ist.

Brasiliens Stararchitekt
Wie ein Ufo steht das von ***Oscar Niemeyer*** (1907–2012) *entworfene Oscar-Niemeyer-Museum am Ufer der Guanabarabucht. Niemeyer entwarf die brasilianische Hauptstadt Brasília, die 1987 zum Weltkulturerbe erklärt wurde.*

Idealstadt der Renaissance

In der norditalienischen Poebene verwandelte ***Vespasiano Gonzaga*** (1531 bis 1591) *das Dorf Sabbioneta in ein prächtiges Renaissancestädtchen. Im Bild der Herzogspalast.*

Das Kapitol (Farblithografie von 1859) stand im Mittelpunkt des Entwurfs von Pierre L'Enfant für die neue Hauptstadt Washington.

Planungsvorbild für Indien

Vielen indischen Städten und zahlreichen internationalen Architekten dient das von ***Le Corbusier*** (1887–1965) *gestaltete Chandigarh als Vorbild.*

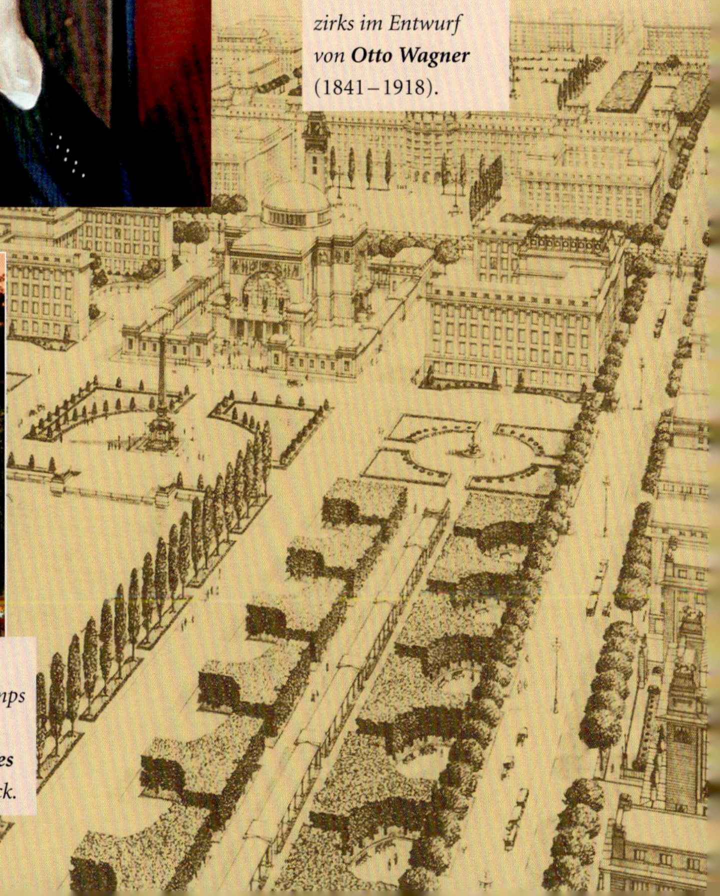

Jugendstil in Wien

Blick auf das Zentrum des XXII. Wiener Gemeindebezirks im Entwurf von ***Otto Wagner*** (1841–1918).

Umgestalter von Paris

Prachtstraßen wie die Avenue des Champs Elysees durchziehen die französische Hauptstadt Paris. Sie gehen auf ***Georges Eugène Haussmann*** (1809–91) *zurück.*

Meister der Gitterfläche
Direkt am Roten Platz in Moskau liegt das Kaufhaus GUM, an dessen Errichtung, insbesondere der Dachkonstruktion, ***Wladimir Schuchow*** (1853–1939) *beteiligt war.*

Die Praktiker der Baukunst

Bis ins 18. Jh. hinein verstanden sich Architekten und Ingenieure umfassend als Baumeister. Erst mit der beginnenden industriellen Revolution strebten die beiden Berufsbilder auseinander. Seither sind Bauingenieure dafür zuständig, Architekturentwürfe ins technisch Machbare zu übersetzen. Und auch in dieser neuen Berufssparte traten bald herausragende Könner auf den Plan, die so grandiose und symbolträchtige Werke wie den Pariser Eiffelturm errichteten.

Sowohl Maschinenbauer als auch Bauingenieur war **George Stephenson** *(1781–1848)*, ein Hauptbegründer des Eisenbahnwesens, ohne das die Industrielle Revolution nicht denkbar wäre. 1825 wurde die zwischen Stockton und Darlington verlaufende erste öffentliche Eisenbahnstrecke der Welt eingeweiht, deren Bau der Engländer geleitet hatte. Der Bau der Liverpool-Manchester-Eisenbahn 1829 begründete endgültig seinen Ruhm. Viele seiner Pioniertaten im Eisenbahnwesen entstanden in Zusammenarbeit mit seinem Sohn **Robert Stephenson** *(1803–59)*, ebenfalls ein genialer Ingenieur. Vater und Sohn gründeten 1823 in Newcastle die erste Lokomotivenfabrik der Welt. Auch *Der Adler*, die erste Eisenbahnlokomotive, die in Deutschland fuhr, ist von den Stephensons konstruiert und gebaut worden. Unter der Leitung von Robert Stephenson, der sich später auf den Brückenbau spezialisierte, ging 1838 die erste Eisenbahnlinie Londons an den Start.

Zwei Stahlfachwerktürme schreiben Baugeschichte

Wenigen Ingenieuren ist die Ehre zuteilgeworden, dass ein Bauwerk nach ihnen benannt worden ist. Im Fall des Eiffelturms ist das anders. Der französische Ingenieur **Gustave Eiffel** *(1832–1923)* hat das heutige Wahrzeichen von Paris als Eingang der Weltausstellung 1889 und als Denkmal der 100-Jahr-Feier der Französischen Revolution gebaut. Von dem Architekten des Stahlfachwerkturms spricht heute niemand mehr, Eiffel jedoch bekam ein Monument am Fuß des 300 m hohen Turms. Den Parisern gefiel die »tragische Straßenlaterne« übrigens ursprünglich gar nicht. Eiffel hat außerdem das Trägersystem für die amerikanische Freiheitsstatue entwickelt, weltweit Brücken und Viadukte sowie den Westbahnhof in Budapest gebaut, war am Bau des

Konstrukteur des Eiffelturms
Der undatierte Holzstich zeigt ***Gustave Eiffel*** (1832–1923) *vor dem Turm, der seinen Namen trägt.*

Panamakanals beteiligt und leistete Pionierarbeit auf dem Gebiet der Windkanäle und damit für den Flugzeugbau.

Was Eiffel für Frankreich ist, bedeutet **Wladimir Schuchow** *(1853–1939)* den Russen. Zahlreiche seiner Erfindungen bereiteten der modernen Baukunst den Weg. Der herausragende Konstrukteur entwickelte zudem eine Form der Erdölverarbeitung, das Kracken, sowie einen neuartigen eisernen Erdöltank. Der Meister der Einfachheit und Effizienz ging nicht nur bei seinen 417 Eisenbahnbrücken den Weg der Standardisierung und Serienfertigung von Bauteilen. 1895 meldete der Ingenieur seine neuartigen Netzdächer zum Patent an. Dieses Prinzip übertrug er dann auf vertikale Gitterkonstruktionen. Die räumlich gekrümmte Gitterfläche, das Hyperboloid, beim Turmbau anzuwenden, war nicht nur neu, sondern auch elegant. Nach der Russischen Revolution erhielt Schuchow einen seiner größten Aufträge: den Schuchow-Radioturm in Moskau zu errichten, einen 150 m hohen hyperbolischen Stahlfachwerkturm.

Pioniere im Zeitalter der Industrialisierung

Mit neuartigen Baumaterialien wie Eisen, Stahl oder Beton und der damit verbundenen neuen Epoche der Baugeschichte im 19. und der ersten Hälfte des 20. Jh. gingen zahlreiche Pionierleistungen von Ingenieuren einher. Der Architekt **Joseph Paxton** *(1803–65)* wandte seine neuen Techniken der Eisen- und Glaskonstruktion epochemachend beim Kristallpalast für die Londoner Weltausstellung 1851 an. Einen wichtigen Beitrag zum Eisenkonstruktionsbau leistete **Jakob Ignaz Hittorff** *(1792 bis 1867)* mit dem Gare du Nord in den 1860er-Jahren in Paris. **Alberto del Palacio y Elissague** *(1856 bis 1939)* konstruierte das Dach der Jugendstil-Bahnhofshalle des Madrider Atocha Bahnhofs aus Gusseisen und Glas, **Johann Wilhelm Schwedler** *(1823 bis 1894)* die bei der Einweihung 1888 neuartigen Bahnhofshallen des Frankfurter Hauptbahnhofs aus Stahl. Gleisanlagen und Brücken gehören zu den Pioniertaten des Eisenbahnbaus, wie sie **Thomas Brassey** *(1805–70)*, **Joseph Locke** *(1805–60)* oder **Wendel Bollman** *(1814–84)* hervorgebracht haben.

Brücken, Türme und viel mehr

Bauingenieure sind gefragt, wenn es große Weiten zu überspannen gilt wie bei Brücken. Weltbekannte Brücken konstruiert haben **Johann August Roebling** *(1806–69)* mit der Brooklyn Bridge in New York, **John Fowler** *(1817–98)* und **Benjamin Baker** *(1840–1907)* mit der Forth Bridge in Schottland, **John Wolfe-Barry** *(1836–1918)* mit der Tower Brigde in London und **Josef Baermann Strauss** *(1870–1938)* mit der Golden Gate Bridge in San Francisco.

Auch um baulich in die Höhe zu streben, Wasser zu kanalisieren und Berge zu überwinden, bedarf es erfinderischer Ingenieurskunst. **Gustav Adolf Wayss** *(1851–1917)*, **François Hennebique** *(1842–1921)*, **Eugène Freyssinet** *(1879–1962)* – der Erfinder des Spannbetons – und **Robert Maillart** *(1872–1940)* nutzten den für moderne Bauweisen unerlässlichen Stahlbeton innovativ im Hoch-, Brücken- und Hallenbau. **Fritz Leonhardt** *(1909–99)* verwendete in Stuttgart für den weltweit ersten Fernsehturm seiner Art die Stahl- und Spannbetonbauweise.

Große Kanalbauingenieure waren **James Brindley** *(1716–72)*, **Loammi Baldwin Jr.** *(1780–1838)*, **Canvass White** *(1790–1834)* und **Benjamin Wright** *(1770–1842)*. Die Leitung für den Panamakanalbau oblag ab 1906 **George Washington Goethals** *(1858 bis 1928)*. **Ferdinand de Lesseps** *(1805–94)*, der als Erbauer des Sueskanals gilt, war zuvor an diesem gigantischen Bauprojekt gescheitert.

Sir Marc Isambard Brunel *(1769–1849)* erbaute den ersten Tunnel unter der Themse, der 1843 geöffnet wurde. Den ersten wichtigen Bergtunnel, den Mont-Cenis-Tunnel in den Alpen, hat **Germain Sommeiller** *(1815–71)* gebaut. **Carl Ritter von Ghega** *(1802–60)* machte mit der Semmeringbahn erstmals vor, wie das Hochgebirge per Eisenbahn zu überwinden ist.

Erbauer der Brooklyn Bridge

Hinter der von ***Johann August Roebling*** (1806–69) *erbauten New Yorker Brooklyn Bridge leuchten die Lichter der Skyline von Manhattan.*

Die Avantgardisten der Moderne

Als architektonische Wahrzeichen unserer Zeit ragen die Wolkenkratzer in die Höhe, fallen spektakuläre Museumsbauten ins Auge. Was die Baumeister der Moderne an bedeutenden Gebäuden errichtet haben, prägt unsere städtische Umgebung und das zeitgenössische Lebensgefühl.

Als Gegenbewegung zum lange vorherrschenden Historismus suchte man Ende des 19. Jh. eine andere Baukunst, die dem industriellen Zeitalter angemessen war. Symbol dieser neuen Architektur war das Hochhaus, sein Geburtsort das nach einem Brand neu aufgebaute Zentrum von Chicago. Das Home Insurance Building in Chicago von **William Le Baron Jenney** *(1832–1907)* gilt als das erste Hochhaus der Welt. Es wurde für die Verwendung von Stahlskeletten beim Hochhausbau richtungweisend. Auch die offenen, in senkrechte Fensternischen gegliederten Wände des Chicagoer Marshall Field Warenhauses von **Henry Hobson Richardson** *(1838–86)* wiesen in die Zukunft. Als der erste wirklich moderne Architekt wird der Amerikaner **Louis Sullivan** *(1856–1924)* angesehen. Sein Wahlspruch »Form follows function« sollte Architektur und Design des 20. Jh. bestimmen. Sullivans Kaufhaus »Schlesinger & Mayer Store« war ein wichtiger Beitrag zur Architektur der Chicagoer Schule. Das Stahlskelett bestimmt hier das gitterartige Raster der Fassade. Backstein und Stahl verbindet die Fassade des Chrysler Buildings in New York. **William van Alen** *(1882–1954)* ließ sich für das mit 319 m Höhe Ende der 1920er-Jahre höchste Gebäude der Welt vom Art déco inspirieren.

Architekt des Modernisme
Die Casa Mila in Barcelona ist eines der bekanntesten Werke von ***Antonio Gaudi*** (1852–1926). *Seit 1984 gehört das Gebäude zum Unesco-Weltkulturerbe.*

Jugendstil in Spanien, sachliche Moderne in Wien

In Europa hatte sich ebenfalls eine neue künstlerische Bewegung durchgesetzt, die die Macht des Historismus brach – der Jugendstil. Das Ideal der natürlichen, nicht wiederholbaren Form strebte **Antonio Gaudí** *(1852–1926)* an, der Meister des katalanischen Modernisme. Seine Casa Mila in Barcelona mit den fantastisch anmutenden Kaminen ist dafür ein Ausdruck. Etwa zeitgleich hat **Otto Wagner** *(1841–1918)* in Wien das Postsparkassenamt gebaut, das durch die Klarheit der Marmorverkleidung außen und das gläserne Tonnengewölbe innen bahnbrechend wurde. Wagners Nutzstil aus Funktion, Konstruktion und Material machte Wien um 1900 zur zweiten Metropole moderner Architektur neben Chicago. Sein Schüler **Adolf Loos** *(1870–1933)* wandte sich strikt gegen Dekor und Ornament. Beim Wohn- und Geschäftshaus am Michaelerplatz in Wien konnte der Österreicher seine die moderne Architektur prägende puristische Haltung noch nicht ganz verwirklichen.

Russische Architektur zwischen Moderne und Zuckerbäckerstil

Anders sah die Baukunst in Russland und der Sowjetunion aus. Das bei der Fertigstellung 1893 allseits bestaunte Warenhaus GUM in Moskau, vom Architekten **Alexander Nikanorowitsch Pomeranzew** *(1848/49–1918)* in Zusammenarbeit mit dem Ingenieur **Wladimir Schuchow** *(1853 bis 1939)* erstellt, bezieht sich auf die altrussische Architektur, hat aber moderne Elemente wie eine Dachkonstruktion aus Glas und Stahl. Die historisierende sowjetische Architektur mit Aufbauten, Türmchen und Dekor, wie sie sich beispielsweise in **Lew Rudnews** *(1885–1956)* Lomonossow-Universität in Moskau zeigt, wird etwas abschätzig auch »Zuckerbäckerstil« genannt.

Die Avantgarde der 1920er-Jahre

Für eine avantgardistische Architektur, für Neues Bauen, das Funktionalität, Sachlichkeit und Form verbindet, steht in Deutschland nach dem Ersten Weltkrieg das 1919 ursprünglich in Weimar gegründete Bauhaus. Das nach dem Entwurf von Bauhausgründer und -leiter **Walter Gropius** *(1883–1969)* Mitte der 1920er-Jahre in Dessau errichtete neue Gebäude der Hochschule für Gestaltung ist ein prototypisches Beispiel für den bis heute einflussreichen Bauhausstil: schlichtes Weiß, Glas und Beton, asymmetrische Maße, geometrische, kubische Formen und eine Auflösung der trennenden Funktion der Wände. Für Gropius hatte die Mauer nur noch die Funktion eines »Curtain Wall«, einer Art Vorhangfassade. Der deutsche Architekt, der wie viele seiner Bauhausmitstreiter nach der Machtergreifung der Nationalsozialisten emigrierte, betonte stets die soziale Verantwortung der Architektur. Unter der Leitung von **Ludwig Mies van der Rohe** *(1886–1969)* wurde das Bauhaus zu einer Architektenschule. Der von ihm entworfene Deutsche Pavillon für die Weltausstellung 1929 in Barcelona – fließende, lichtdurchflutete Räume aus Glas und Stahlbeton, schlichte Formen und edle Materialien – verkündete gleichsam eine Architekturprogrammatik, die ab 1932 unter dem Begriff »Internationaler Stil« kursierte. Der Niederländer **Jacobus Johannes Pieter Oud** *(1890 bis 1963)* und der mit einflussreichste Architekturerneuerer des 20. Jh., der Schweizer **Le Corbusier** *(1887–1965)*, gehören ebenfalls zu den Vertretern dieses Stils. Beide Architekten haben Wohnhäuser zur 1927 entstandenen Weißenhofsiedlung in Stuttgart beigesteuert, eines der bedeutendsten Zeugnisse des Neuen Bauens. Auch **Hans Scharoun** *(1893–1972)*, von dem die Philharmonie in Berlin stammt, war am Weißenhof tätig. Runde, gezackte und geschwungene Formen, Backstein, aber auch Beton sind dagegen für die expressionistische

Gründer des Bauhauses

Geometrische Formen, Glas und Beton zeichnen die von **Walter Gropius** (1883–1969) *entworfenen Gebäude aus. Im Bild sein »Meisterhaus« in Dessau.*

> ***»Man darf nur dann etwas Neues machen, wenn man etwas besser machen kann.«***
>
> Adolf Loos

Architektur typisch, wie sie sich im Einsteinturm in Potsdam von **Erich Mendelsohn** *(1887–1953)* zeigt oder im Hamburger **Chilehaus von Fritz Höger** *(1877–1949)*. Die meisten expressionistischen Architekten wandten sich später dem Neuen Bauen zu.

Museen, die den Kunstwerken die Schau stehlen

Museen und andere Kulturhäuser sind oft Bauwerke, mit denen eine Stadt sich schmücken kann, auch weil Architekten hierfür herausragende Entwürfe gemacht haben. Einen Meilenstein der Museumsarchitektur bildet **Frank Lloyd Wrights** *(1867 bis 1959)* Guggenheim Museum in New York. Der bedeutendste Architekt der USA in der ersten Hälfte des 20. Jh. hat die Ausstellungsräume 1943 geplant. Über einem kreisrunden Grundriss windet sich eine spiralförmige Betonrampe in die Höhe, eine gläserne Kuppel krönt das Gebäude. Wright, ein Schüler von Louis Sullivan, suchte für diese »organische Architektur« den Einklang mit der jeweiligen Umgebung, auch der Natur.

Wie bei Wrights spektakulärem Bau stiehlt manche moderne Museumsarchitektur den Kunstwerken fast die Schau, so ein weiteres Guggenheim Museum, das **Frank Owen Gehry** *(geb. 1929)* in den 1990er-Jahren im spanischen Bilbao entwarf. Wie ein an Land geschwommener Wal erhebt sich das aus geschwungenen Teilformen raffiniert zusammengefügte Bauwerk aus Beton, Stahl, Stein und Titan in die Höhe. Gehry verwendet ebenfalls organisch unregelmäßige Formen. Der Amerikaner ist jedoch ein Vertreter des Dekonstruktivismus, einer Mitte der 1980er-Jahre aufgekommenen Richtung der Architektur, die traditionelle statische Verhältnisse auflöst und Gegensätzliches unmittelbar zusammenfügt. Durchgängig weiß, sehr ästhetisch und auf die landschaftlichen wie die historischen Gegebenheiten bezogen sind die Gebäude von **Richard Meier** *(geb. 1934)*. Der Vertreter des internationalen Stils hat Museumsbauten wie das Getty Center in Los Angeles oder das Museum für zeitgenössische Kunst in Barcelona entworfen. **Ieoh Ming Pei** *(geb. 1917)* hat mit seiner Stahl-Glas-Pyramide, die den neu errichteten unterirdischen Eingang des Louvre überdeckt, dem ehrwürdigen Museum ein spannendes Pendant gegeben. Ebenfalls in Paris erstreckt sich ein futuristisch anmutender Gebäudekomplex, der an ein Gewirr von Bohrinseln und Raffinerien erinnert – das Centre Pompidou aus den 1970er-Jahren. **Renzo Piano** *(geb. 1937)* und **Richard Rogers** *(geb. 1933)* errichteten das weltbekannte Kultur- und Museumshaus im Stil

Unregelmäßige Formen

Charakteristisch für die Bauten von ***Frank Owen Gehry*** (geb. 1929) *ist eine gebrochene Geometrie mit kippenden Räumen und abgewinkelten Ebenen wie hier beim Neuen Zollhof in Düsseldorf.*

»Nobelpreisträgerin« der Architektur

Eine ungewöhnliche Formensprache wie hier im Leipziger BMW-Werk bevorzugt die vielfach preisgekrönte ***Zaha M. Hadid*** (geb. 1950). *2004 wurde sie als erste Frau mit dem Pritzker-Preis ausgezeichnet, dem weltweit angesehensten Architekturpreis.*

des sich an einer technologischen Ästhetik orientierenden Hightech. Die Neue Staatsgalerie in Stuttgart von **James Stirling** *(1926–92)* fällt wie das Centre Pompidou durch poppig bunte Elemente auf. Der schottische Architekt mixt bei dem Bau jedoch, wie es für die Postmoderne charakteristisch ist, verschiedenste baugeschichtliche Zitate. Den dänischen Architekten **Jorn Utzon** *(geb. 1918)* hat der Entwurf für eines der markantesten und berühmtesten Gebäude des 20. Jh. international bekannt gemacht – die Sydney Opera. Gewölbten Segeln gleich ragen die mit weißen Keramikfliesen verkleideten Schalen des Dachs Richtung Meer. In seiner Heimat hat der weltweit tätige Niederländer **Rem Koolhaas** *(geb. 1944)* die in einer sachlich-kühlen Ästhetik gehaltene Arbeits- und Spielstätte des Nederlands Dans Theaters gebaut. 2006 hat der spanische Architekt **Santiago Calatrava** *(geb. 1951)* in seiner Heimatstadt Valencia das Megaprojekt einer »Stadt der Künste und der Wissenschaften« in organisch-futuristischem Design vollendet. Der Vater der zeitgenössischen spanischen Bauavantgarde, **Rafael Moneo** *(geb. 1937)*, arbeitet derzeit an der Erweiterung des Prados in Madrid. Ein Pluralismus der Formen und eine Anbindung der Architektur an den jeweiligen Ort und seine Geschichte kennzeichnen seine Bauten, so das 1986 eröffnete Museum für Römische Kunst im spanischen Mérida.

Für Politik und Gesellschaft

Auch durch Bauwerke, die das gesellschaftliche und politische Leben repräsentieren, prägen Architekten das Bild der Stadt. Unter der Leitung von **Wallace Harrison** *(1895–1991)* errichtete ein internationales Team renommierter Architekten, darunter Le Corbusier und **Oscar Niemeyer** *(1907–2012)*, 1949 bis 1951 das UNO-Verwaltungsgebäude in New York, eines der ersten Hochhäuser in der US-Metropole, das vollständig mit einer Vorhangfassade versehen ist. **Geoffrey Bawa** *(1919–2003)* hat das Parlamentsgebäude in Sri Lanka gebaut und moderne Architektur mit regionalen und kulturellen Aspekten seiner tropischen Heimat verbunden. Der Umbau des Berliner Reichstags mit der begehbaren filigranen Glaskuppel, jetzt der Sitz des deutschen Bundestags, stammt von dem Briten **Norman Foster** *(geb. 1935)*, ein Vertreter des Hightech.

Die Kultstätten der modernen Welt sind nicht zuletzt die Sportstadien und -anlagen. **Günter Behnisch** *(1922–2010)* und **Frei Otto** *(1925–2015)* haben diesbezüglich mit dem zwischen 1969 und 1972 gebauten Olympiastadion in München Maßstäbe gesetzt, auch wegen der Dachkonstruktion aus transparenten Acrylplatten. Ebenfalls in München hat das schweizerische Architektenbüro Herzog & de Meuron mit dem Fußballstadion Allianz Arena für Furore gesorgt. International bekannt geworden sind die Architekten **Jacques Herzog** *(geb. 1950)* und **Pierre de Meuron** *(geb. 1950)*, Vertreter einer neuen Einfachheit in der Baukunst, mit der Erweiterung der Tate Gallery of Modern Art in London. Die Skispringer heben seit 2002 am Berg Isel in Innsbruck von der neu gebauten Schanze der irakischen Architektin **Zaha M. Hadid** *(geb. 1950)* ab, einer der führenden Vertreterinnen des Dekonstruktivismus.

Für Orte der Erinnerung und der Mahnung, bei denen Architektur zu einem politisch-symbolischen Zeichen wird, steuern die Baumeister der Moderne ebenfalls immer wieder ihre Kreativität bei: Der Entwurf für das Holocaust-Mahnmal in Berlin stammt vom Amerikaner **Peter Eisenman** *(geb. 1932)*. **Daniel Libeskind** *(geb. 1946)*, der auch den Erweiterungsbau des Jüdischen Museums in Berlin konzipierte, hat 2003 den Wettbewerb für die Neubebauung von Ground Zero in New York gewonnen. Sein Entwurf für das prestigeträchtige New Yorker Projekt wurde in einem Gemenge politischer und wirtschaftlicher Interessen allerdings derart verwässert, dass davon kaum etwas realisiert werden wird.

Das Hintergrundbild zeigt ein Architekturmodell des französisch-schweizerischen Architekten und Stadtplaners Le Corbusier.

Einflüsse aus vielen Disziplinen

Vielfältige kulturelle Einflüsse spiegeln sich in den Arbeiten von ***Daniel Libeskind*** (geb. 1946). *Bevor er zur Architektur kam, war der gebürtige Pole professioneller Musiker. Das Foto zeigt ihn 2007 bei einem Vortrag.*

Zwischen Kunst und Funktionalität

Vasen und Stühle

*Klassiker wie die Aalto-Vase von **Alvar Aalto** (1898–1976) werden immer wieder variiert. Hier die Variation eines finnischen Designers aus dem Jahr 2006.*

Von »Disegno« sprach schon der Künstler Giorgio Vasari im 16. Jh., er meinte damit aber eine Zeichnung oder Skizze als Idee für ein Kunstwerk. Das Design als Entwurf vor allem für Gebrauchsgegenstände, als ästhetische und funktionale Gestaltung, wie wir es heute verstehen, und somit der Beruf des Designers entstand jedoch erst im Zuge der Arbeitsteilung, die sich im 18. und 19. Jh. als Folge der Industrialisierung entwickelte. Designer gestalten, im Gegensatz zum Künstler, keine vom Zweck losgelösten Kunstwerke. Künstlerisch-kreativ tätig sind sie dennoch und viele Designklassiker der Moderne sind heute im Museum ausgestellt.

Zwischen Künstlertum, Kunsthandwerk und industrieller Produktion stand das Design im ausgehenden 19. Jh. und darauf folgend im Jugendstil und Art déco. Kühne Neuerungen in der Wohnarchitektur kamen in England von dem Architekten und Designer **Edward William Godwin** *(1833–86)*, der von der japanischen Innenraumgestaltung beeinflusst war. Davon zeugt seine schlicht-elegante »Anrichte« (um 1867) aus Kastenelementen und einer Art Gerüst, die in ihrer geometrischen Strenge wie ein früher Verweis auf den Künstler Piet Mondrian wirkt. Der tschechische Maler und Grafiker **Alfons Mucha** *(1860–1939)*, der mit seinen Plakaten für die Schauspielerin Sarah Bernhardt berühmt wurde, hat auch Innendekorationen, Stoffdrucke, Buchschmuck und Täfelungen entworfen – Meisterleistungen des Jugendstils. Eine spezifisch schottische Variante des Jugendstils entwickelte **Charles Rennie Mackintosh** *(1868–1928)*. Klare geometrische Formen und eine intellektuelle Eleganz kennzeichnen die Möbelentwürfe des Architekten und Designers. Das Art déco charakterisieren geometrische Strukturen, gemischt mit ornamentalen Elementen. Möbel in diesem Stil, früh schon auch aus Stahlrohr, gestaltete die irische Designerin und Architektin **Eileen Gray** *(1879–1976)*. Der österreichische Architekt und Designer **Josef Hoffmann** *(1870–1956)* entwarf außer Bauten Schmuck, Leder und Metallarbeiten, Möbel und Trinkgläser.

Die klassische Moderne verbindet Ästhetik und Funktion

Für die klassische Moderne in Architektur und Design, für einen strengen, sachlichen und doch ästhetischen Stil, steht in den 1920er-Jahren das Bauhaus. In der richtungsweisenden Hochschule für Gestaltung galt das Ideal, Kunst, Handwerk und Technik zu verbinden. In den Lampen und Stahlrohrmöbeln, die in Dessau und im ästhetischen Umfeld des Bauhauses entstanden, finden Form und Funktion zu einer überzeugenden Einheit; die Dinge wirken, als seien Technologie und Zweck unmittelbar Form geworden. Aus dem damals noch neuen Material Stahlrohr hat der amerikanische

Architekt und Designer **Marcel Breuer** *(1902–81)* 1925/26 den »Wassily-Stuhl« entworfen, eines der ersten Stahlrohrmöbel. Zum Kultstatus hat es der »Barcelona-Stuhl« von **Ludwig Mies van der Rohe** *(1886–1969)* gebracht, den der Architekt eigens für den deutschen Pavillon auf der Weltausstellung in Barcelona 1929 kreierte. Die aufwendige Konstruktion aus Stahlbändern und Leder ist allerdings eher ein Synonym für einen luxuriösen Stil denn für den breiten Markt gedacht. Der niederländische Architekt **Mart Stam** *(1899–1986)*, Gastdozent am Bauhaus, hat mit dem Stahlrohrstuhl für die Firma Thonet von 1926 einen der ersten Freischwinger entworfen. Die generelle Urheberschaft der hinterbeinlosen Stühle ist nicht geklärt, diese Art Stühle entsprach wohl dem Zeitgeist. Von **Le Corbusier** *(1887–1965)* stammt die verstellbare »Liege LC 4« von 1928 mit verchromtem Stahlrohrrahmen, mit Kuhfell bespannter Liegefläche und einer schwarzen Leder-Nackenrolle. Ebenfalls aus verchromtem Stahlrohr ist sein »Sessel LC 3« mit lose eingelegten Kissen aus schwarzem Leder. Zu den bekanntesten Erzeugnissen des Bauhauses zählt **Wilhelm Wagenfelds** *(1900–90)* »Lampe WG 24« mit der halbkugelförmigen Milchglasglocke und dem Glasfuß. Der Designer hat die noch heute begehrte Tischleuchte zusammen mit dem Silberschmied **Carl Jakob Jucker** *(1902 bis 1997)* entworfen.

Wichtige Impulse hat das Design immer wieder von Architekten bekommen. Der belgische Architekt, Designer und Kunstschriftsteller **Henry van de Velde** *(1863–1957)* zählt dazu, dessen Entwürfe für Geräte, Möbel und Innenräume durch ihre materialgerechte Form wirken. Dem Bauhaus nah stand die holländische Gruppe De Stijl, der **Gerrit Rietveld** *(1888–1964)* angehörte. Der berühmte »Rot-Blaue Stuhl« des niederländischen Architekten und Designers von 1923 erfüllt alle formalen Ideale der Künstlergruppe – eine puristische Geometrie und die Reduktion auf die elementaren Farben. Als Möbelstück ist er nicht wirklich bequem – so gleicht er eher einer zweckfreien Skulptur.

Designer des Wassily-Stuhls
Auf seinem Stuhlklassiker sitzend blickt ***Marcel Breuer*** (1902–81) *im Jahr 1980 in die Kamera des Porträtisten.*

Grandiose Raumgestaltung
Die Jugendstilvilla Esche in Chemnitz – im Bild die Eingangshalle – ist ein Gesamtkunstwerk von ***Henry van de Velde*** (1863–1957).

Stilbildendes Design aus Skandinavien

Skandinavische Architekten und Designer wirkten ebenso stilbildend für die klassische Design-Moderne. Der Däne **Poul Henningsen** *(1894 bis 1967)*, der sich zudem stark politisch engagierte, hat 1925 die »PH-Lampe« entworfen, die ein warmes, weiches Licht gibt. Der Finne **Alvar Aalto** *(1898 bis 1976)* hat den Freischwinger, der in den 1920er-Jahren ursprünglich für Stahlrohrmöbel entwickelt worden war, 1931/32 in Birkenholz umgesetzt. Ein sehr bekanntes Designstück von **Eero Saarinen** *(1910–61)*, einem amerikanischen Architekten und Designer finnischer Herkunft, ist der einbeinige »Tulpenstuhl« mit trompetenförmigem Fuß.

Der Brite **George Carwardine** *(1887–1947)* ist eher den Erfindern zuzuordnen. Der Kraftfahrzeugingenieur hat jedoch mit der Arbeitsleuchte

»Anglepoise« 1930 das Prinzip der Beweglichkeit des Lampenarms entwickelt, das bis heute gültig ist und die Form von Lampen am Arbeitsplatz prägt.

Kontinuität der Bauhaustradition in den 1950er-Jahren

Für eine Kontinuität des modernen Designs von den späten 1920er- bis zu den 1960er-Jahren stand **Egon Eiermann** *(1904–70)*. Die Möbel des deutschen Architekten und Designers prägten in ihrer Klarheit und Einfachheit das moderne Wohnen der Nachkriegszeit. Besonders bekannt sind Eiermanns »Korbsessel E 10« (1954) und der »Klappstuhl SE 18«. Eine rationale Ästhetik vertrat die Ulmer Hochschule für Gestaltung, deren Rektor **Max Bill** *(1908–94)* am Bauhaus studiert hatte. Berühmt wurde der »Ulmer Hocker« des Schweizers, der auch als Tablett oder als Teil eines Regals verwendet werden kann.
Sitzgelegenheiten zu gestalten ist für die Designer offensichtlich eine besonders beliebte Aufgabe, und so sind gerade viele Stühle Designklassiker geworden. Das gilt auch für den »Ameise-Stuhl« von 1952 sowie den »Stuhl 3107« von 1955, beide von **Arne Jacobsen** *(1902–71)* gestaltet. Der dänische Architekt und Designer hat aber auch Textilien und Bestecke entworfen. Der amerikanische Bildhauer und Designer italienischer Herkunft **Harry Bertoia** *(1915–78)* verfolgte mit dem berühmten, nach ihm benannten Drahtgitterstuhl von 1952 »Diamond, Modell 420« den Gedanken der Leichtigkeit im Raum. Einer der bekanntesten Stühle von **Charles Eames** *(1907–78)* ist der Lounge-Chair, den er 1955 für den Filmregisseur Billy Wilder entworfen hat. Der amerikanische Architekt und Designer hat einige Projekte gemeinsam mit seiner Frau **Ray Eames** *(1916–88)*, einer Malerin und Designerin, entwickelt.

Zwischen Pop, Bel Design und Postmoderne

Dem dänischen Architekten und Designer **Verner Panton** *(1926–98)*, der die Pop-Art in die Welt der Möbel einführte, gelang 1959/60 der Entwurf eines Freischwingers aus Vollplastik. Der elegant-kurvige »Panton Stuhl« wurde zum Designklassiker. Die futuristischen, verspielten, farbenfrohen Entwürfe des Möbeldesigners und Innenarchitekten sind prototypisch für die psychedelischen Designs der 1970er-Jahre.
Eine besondere Rolle in der Designgeschichte spielte nach 1945 Italien. Zu den bedeutendsten Designern der italienischen Nachkriegszeit zählt **Achille Castiglioni** *(1918–2002)*, der lange mit seinem Bruder **Pier Giacomo** *(1913–68)* ein kongeniales Team bildete. Gern setzten die beiden Designer Alltagsgegenstände oder bestehende Produkte auf überraschende Weise neu zusammen, wie bei dem Stuhl »Mezzadro« von 1957, bei dem ein Traktorsitz zu einem Freischwinger umfunktioniert wird. Bei aller Zweckentfremdung waren die Entwürfe der

Stuhlklassiker
Stühle wie das Ei (unten) und das Modell links aus der »Serie 7« von ***Arne Jacobsen*** (1902–71) *sind zum Inbegriff dänischen Designs geworden.*

Castiglionis immer funktional und formschön. Raffiniert und einfach sollte nach dem Credo von Achille Castiglioni ein Design sein.
Alessandro Mendini *(geb. 1931)* stellte als einer der Ersten einer neuen Designavantgarde das italienische »Bel Design« infrage und kehrte die bisher gültigen Kategorien von gutem Design und Kitsch um. Beim sogenannten Banal Design, das der Architekt und Designer mitentwickelte, wird Alltagsobjekten durch innovative Farben und Formen ein neues ironisches Erscheinungsbild gegeben. Mendini re-designte zudem berühmte Sitzmöbel wie den Thonet-Stuhl und Breuers Wassily-Sessel. Er war der Vordenker und spätere Leiter des Mailänder Studio Alchimia, einer bedeutenden Designergruppe.
Auch **Michele De Lucchi** *(geb. 1951)*, der in den 1970er- und 1980er-Jahren für seine skurrilen und humorvollen Designobjekte bekannt war, sich dann aber wieder dem Bel Design zuwandte, gehörte dem Studio Alchimia und danach der zweiten stilbildenden Mailänder Designergruppe, Memphis, an. Diese war 1981 von **Ettore Sottsass** *(1917–2007)* gegründet worden und entwickelte eine postmoderne, emotionale Formensprache. Durch die Infragestellung des funktionalistischen Designs wurden Studio Alchimia und Memphis zu Wegbereitern des postmodernen Designs.
Spätestens nachdem **Philippe Starck** *(geb. 1949)* 1982 die spektakuläre Inneneinrichtung für die Privaträume des damaligen französischen Staatspräsidenten François Mitterand im Élysée-Palast gestaltet hatte, stieg er zum Stardesigner der 1980er-Jahre auf. Der französische Designer und Architekt, der von Architektur bis zu Alltagsgegenständen alles gestaltet und dabei durchaus dafür eintritt, dass Design erschwinglich sein sollte, ist auch gegenwärtig einer der weltweit einflussreichsten Gestalter. Obwohl er ein Vertreter des Neuen Design ist, das sich gegen das Konzept der »guten Form« auflehnt, und so manchen seiner Entwürfe die Widersprüche des modernen Designs kennzeichnen – nämlich zwischen Gebrauchsgegenstand und Kunstobjekt zu changieren –, erklärt Starck die Gestaltung jedes Produkts von seinem Sinn her und lehnt unmotiviertes Styling ab. Zu seinen bekanntesten Entwürfen zählt das Motorrad »Moto 6.5« für die Firma Aprilia (1995), das ein wenig nostalgisch die elegante Stromlinienform zum hauptsächlichen Gestaltungsprinzip macht.

Stardesigner der 1980er
Die raketenförmige Zitronenpresse von 1990 zählt zu den Entwürfen von ***Phlippe Starck*** (geb. 1949). *Sie ist auch ein Beispiel für einen gewissen Mangel an Funktionalität zugunsten des Designs – die Presse hat kein Sieb.*

Freiheit des Stils im Design der Gegenwart

Zu den herausragenden Gestaltern der Gegenwart gehört der Deutsche **Richard Sapper** *(geb. 1932)*. Mit dem Modell »Tizio« (1972) schuf er eine der erfolgreichsten Arbeitsplatzleuchten der Welt. Sapper wandte hier als Erster die Niedervolt-Halogentechnik für eine Tischleuchte an. Entgegen der rein funktionalistischen Gestaltung möchte er »der Form einen Sinn geben«. Wie mancher moderne Designer ist **Ron Arad** *(geb. 1951)* damit konfrontiert, dass er sich mit seinem Anarchodesign, das mit künstlerischem Hintersinn Versatzstücke der Zivilisation recycelt, einerseits gegen die Industrie auflehnt, ihr aber zugleich Impulse gibt. Der israelische Designer, Architekt und Bildhauer legt Wert auf den Unikatcharakter seiner Arbeiten, ist dabei aber durchaus kommerziell erfolgreich. Wie sagte schon der österreichische Architekt Josef Frank zu Bauhauszeiten: »Welchen Stil wir verwenden, ist unwichtig. Was die Moderne uns gegeben hat, ist die Freiheit.«

»Ich bin ein populärer Designer, mein Museum ist das Zuhause der Leute.«

Philippe Starck

Designer zwischen Philosophie und Markt

Im 20. Jh. erlebte die gleichzeitig funktionale und ästhetische Gestaltung von alltäglichen Gegenständen eine enorme Blüte. In ihren Entwürfen mussten die Designer den Alltag mitdenken, gleichzeitig Image und Lebensstil transportieren und den Anforderungen des Marktes genügen.

Für den Grandseigneur des Designs **Ettore Sottsass** *(1917–2007)* mussten die Dinge einen Sinn haben. Design hatte für den italienischen Architekten und Designer immer mit dem Leben zu tun. Nun eignen sich die unkonventionellen, oftmals popbunten, zwischen Erhabenem und Trivialem changierenden Objekte, die die 1981 von Sottsass gegründete Mailänder Designgruppe »Memphis« in den 1980er-Jahren entwickelte, sicherlich nicht für jedes Wohnzimmer. Aber die Art, wie der gegen zu formal gedachtes Design opponierende Design-Avantgardist der 1970er- und 1980er-Jahre spielerisch, mit Witz und Ironie Alltagskultur zum Ausdruck brachte, revolutionierte das Alltagsdesign. Das politische Ziel des Designphilosophen war es immer, Design auch der breiten Masse zugänglich zu machen. Und so finden sich viele seiner Entwürfe ebenso in unserem alltäglichen Umfeld wie im Museum. Der gebürtige Innsbrucker war von 1958 bis 1980 Designberater für Olivetti und hat für das Unternehmen oftmals stilbildende Rechenmaschinen, Schreibmaschinen und Computer gestaltet. Berühmt machte ihn die knallrote, tragbare Schreibmaschine »Valentine« von 1969. Ettore Sottsass, der keine Grenzen zwischen Architektur, Skulptur, Design und Malerei sah, hat immer den Spagat geschafft zwischen Kunst und Industrie.

Revolutionär des Designs
*Unkonventionelle Entwürfe wie die knallrote Reiseschreibmaschine »Valentine« machten **Ettore Sottsass*** (1917–2007) *in aller Welt berühmt.*

Geniale Designs für Image und Markt: Raymond Loewy

Auch wenn **Raymond Loewy** *(1893–1986)* aller Wahrscheinlichkeit nach nicht, wie oft kolportiert wird, die Coca-Cola-Flasche entworfen hat – der amerikanische Industriedesigner französischer Herkunft hat das Erscheinungsbild verschiedener bedeutender Marken entscheidend mitbestimmt. Wie kaum ein Anderer prägte er das moderne Alltagsdesign in vielen Bereichen, ebenso den Geschmack und Lebensstil mehrerer Generationen. Das gilt beispielsweise für eines seiner bekanntesten Designs, die Optimierung der Lucky-Strike-Packung. Loewy hat der Zigarettenschachtel 1940 jenes Aussehen gegeben, das Kultcharakter erreichen sollte. Für Rosenthal entwarf er 1954 das Geschirr »Studio Line 2000«, das als Inbegriff moderner Keramik galt. Der »Coldspot Super Six«-Kühlschrank, 1934 entworfen, war der erste, dessen Aussehen ebenso vermarktet wurde wie seine Technik, wodurch das Image bei den Haushaltsgeräten wichtig wurde. »Hässlichkeit verkauft sich schlecht«, lautete das Credo der genialen und schillernden Designerpersönlichkeit. Form und die Anforderungen des Marktes sollten nach seiner Ansicht einhergehen. Loewy, Pionier der Stromlinienform, hat die Shell-Muschel, den Studebaker-Straßenkreuzer und die Greyhound-Busse gestaltet und ebenso als Berater der NASA die Innenräume

Der Bleistiftanspitzer von 1933 ist ein Klassiker von Raymond Loewy.

Designer des »American Way of Life«

Als zentrale Gestalt des amerikanischen Industriedesigns gilt ***Raymond Loewy*** *(1893–1986), der aber auch als Karosseriedesigner bei Lancia (Foto um 1960) arbeitete.*

der Apollo-Raumkapsel und der Raumstation Skylab. Seine Designgrundsätze beeinflussen noch heute die industrielle Formgebung.

Design ist aus dem Alltag nicht wegzudenken

Der Ansturm auf die neuesten Apple-Computer, auf iPod und iPhone, schnittige Autos, schicke Einrichtungen und trendige Haushaltsgeräte belegt es: Marken bestimmen das moderne Leben – und das Äußere der Produkte, die uns im Alltag umgeben, ist dabei fast so wichtig wie ihre Funktion. Dass solche Konsumgüter praktisch in der Anwendung sind und dabei schön und trendgerecht aussehen, obwohl sie in Masse hergestellt werden, das ist der Verdienst der Designer, nach deren Entwürfen diese Waren für den persönlichen Gebrauch produziert werden. Denn die industrielle Produktion hat andere Anforderungen als etwa das Kunsthandwerk: Der Entwurf für ein Produkt muss für den Massenfertigungsprozess geeignet sein.

Die Gestaltung von Konsumgütern begann sich um die Wende zum 20. Jh. zum Industriedesign hin zu wandeln – einem den Erfordernissen der Massenproduktion angepassten ästhetischen Entwurf. Der deutsche Architekt und Designer **Peter Behrens** *(1868–1940)* wirkte bahnbrechend für die neue Gesinnung in Architektur und Kunsthandwerk, funktional, industriell produzierbar und doch ästhetisch zu gestalten. In den 1920er-Jahren schuf er für das Unternehmen AEG ein einheitliches Erscheinungsbild vom Fabrikbau über die Werksuhr bis zur Typografie – das weltweit erste Corporate Design. Ebenso beschäftigte er sich mit dem Design von Haushaltsgeräten für die damalige Allgemeine Elektricitäts-Gesellschaft. Zweckmäßige Formen sind, wie überhaupt für das Industriedesign im Deutschland der 1920er-Jahre, typisch für seine Gestaltung.

Die weltweit erste Einbauküche entwickelte die sozial engagierte und für eine neue Innenraumgestaltung im Sinne der Berufstätigkeit der Frau eintretende österreichische Architektin **Margarete Schütte-Lihotzky** *(1897–2000)*. Ihre »Frankfurter Küche« von 1926 wurde zum Verkaufsschlager.

Als weiterer großer Industriedesigner gilt **Günter Kupetz** *(geb. 1925)*. In Deutschland hat wohl jeder schon einmal einen Kupetz in der Hand gehabt: die »Perlenflasche«. Seit 1971 ist die Normbrunnenflasche für Mineralwasser – damals die Grundlage für das Mehrwegsystem – mehr als 5 Mrd. Mal hergestellt worden. Die Pril-Spülmittelflasche von 1960 gehört ebenso zu Kupetz' bekanntesten Designs.

Hi-Fi-Anlagen, Computer und Handys werden Kultobjekte

Die puristische Produktgestaltung für die Geräte der Braun AG, die von **Dieter Rams** *(geb. 1932)* stammt, wurde richtungsweisend für funktionales Industriedesign. Legendär ist der »Schneewittchen-Sarg« von Rams, **Hans Gugelot** *(1920–65)* und **Wilhelm Wagenfeld** *(1900–90):* Die bahnbrechende Radio-Plattenspieler-Kombinationen SK4 gilt als ein Meilenstein in der Entwicklung von Musikanlagen. Dieter Rams hat auch mehrfach ausgezeichnete Möbelsysteme entworfen.

Der Designstil von Rams wird gern auch mal von einem Designer der jungen Generation zitiert: **Jonathan Paul Ive** *(geb. 1967)*. Der Engländer ist für die Gestaltung der gesamten Apple-Produktlinie verantwortlich und hat das eintönige Standardgrau der PC beim revolutionären iMac gegen bunten transparenten Kunststoff ausgetauscht. Auch der Musicplayer iPod und das Mobiltelefon iPhone, alle von Ive entworfen, sind längst Kult.

Die Gestaltung der formschönen Audiogeräte von Bang & Olufsen hat **Jacob Jensen** *(geb. 1926)* als langjähriger Chefdesigner des Unternehmens maßgeblich entwickelt. Der Däne ist einer der bekanntesten Industriedesigner Skandinaviens.

Der Apple-Designer

Die Gestaltung von Computern – das Foto zeigt eine Computermaus – revolutionierte ***Jonathan Paul Ive*** (geb. 1967). *Auch iPod und iPhone stammen aus seiner Hand.*

Design und Lebensgefühl

Ein Neuseeländer, **Joseph Sinel** *(1889–1975)*, hat das frühe Industriedesign in den USA wesentlich vorangebracht und salonfähig gemacht. Er gestaltete beispielsweise Schreibmaschinen für Remington, Waagen und tragbare Rechenmaschinen.

Ein für den Mann unerlässliches Konsumgut, das auch ein Image transportieren kann, ist der Rasierer. Der britische Industriedesigner **Kenneth Grange** *(geb. 1929)* hat den Wilkinson Protector Rasierer entworfen, aber auch Kameras für Kodak und Schreibgeräte für Parker.

Autos, Motorräder und -roller sind für viele Menschen ein wesentlicher Teil des Lifestyles. Nur wenige motorisierte Fahrzeuge haben jedoch eine ganze Ära und das Lebensgefühl von Generationen geprägt. Dazu zählen der VW-Käfer, in den 1930er-Jahren erfunden und konstruiert von **Ferdinand Porsche** *(1875–1951)*, mit dem Karosseriedesign von **Erwin Komenda** *(1904–66)*, der 1946 von **Corradino d'Ascanio** *(1891–1981)* konzipierte Vespa-Roller – ein Inbegriff italienischen Lebensstils –, der britische Kleinwagen Mini vom Autodesigner **Alec Issigonis** *(1906–88)* und der Citroen 2CV, gestaltet von **Flaminio Bertoni** *(1903–64)* und in Deutschland liebevoll »Ente« genannt.

Gestaltung mit Tieren

Den »Wasserkessel mit vogelförmiger Flöte« schuf ***Michael Graves*** (1934 bis 2015) *1985 für Alessi. Das Tiermotiv setzte er auch in seinen architektonischen Arbeiten ein.*

Haushaltsgeräte als Designklassiker

Zu den Dingen, die wir jeden Tag benutzen, gehören Geschirr, Besteck und Gebrauchsgegenstände für die Küche. Einige Designklassiker aus diesem Bereich gehen auf das Konto finnischer und italienischer Designer. Der Finne **Kaj Franck** *(1911–89)* hat Wasserkaraffen und Trinkgläser aus Pressglas entworfen sowie die frei kombinierbaren Geschirrserien »Kilta« und »Teema«. Der bekannte Designer vermied überflüssige Dekoration und reduzierte seine Entwürfe auf das Wesentliche. Sein Landsmann **Tapio Wirkkala** *(1915–85)* ist bekannt für seine organischen Vasenentwürfe, die an Skulpturen und Blüten erinnern, so die Vase »Kantarelli« (1946). Wirkkala hat viel für Rosenthal entworfen, darunter das Tafelbesteck »Kurve« (1963), diverse Schalen, Vasen und Porzellanservice. Berühmt wurde der Kaffeekessel »Finel« von **Antti Nurmesniemi** *(1927–2003)*, der aber auch Stühle, Hocker und Bänke entworfen hat.

Der Schwede **Sigvard Bernadotte** *(1907–2002)*, ein Designer von königlichem Geblüt, hat einen dänischen Designklassiker von 1950, die Kunststoff-Rührschüssel »Margrethe«, nach seiner Nichte, der damaligen dänischen Prinzessin und späteren Königin benannt. Von dem Pionier des Industriedesigns in Skandinavien stammen viele Silberprodukte in modernem skandinavischem Design.

Wenn es um Geschirr, Tisch- und Küchengeräte geht, darf ein Name nicht fehlen: Alessi. Das 1921 von dem Geschäftsmann Giovanni Alessi gegründete Unternehmen, das etwa 2000 Küchenartikel im Sortiment hat, ist fast ein Synonym für elegantes italieni-

Pop-Art und Design
Die farbenfrohe Ringleuchte stammt von **Verner Panton** (1926–98), *der sich stark von der Pop-Art inspirieren ließ.*

sches Design. Namhafte Designer und Architekten haben für Alessi Entwürfe gemacht, darunter die Italiener **Marco Zanuso** *(1916–2001)* – das Tafelbesteck »Duna« –, **Aldo Rossi** *(1931–97)* – die Espressomaschine »La cupola« – sowie **Andrea Branzi** *(geb. 1938)* und der niederländische Architekt **Wiel Arets** *(geb. 1955)*. Der »Wasserkessel mit vogelförmiger Flöte«, den der amerikanische Architekt und Designer **Michael Graves** *(1934–2015)* im Jahr 1985 für Alessi gestaltet hat, ist eines der populärsten Designobjekte der Postmoderne. Des Weiteren gehören **Richard Sapper** *(geb. 1932)* mit dem Flötenkessel »Bollitore« von 1984 und **Philippe Starck** *(geb. 1949)* mit der Alessi-Zitronenpresse von 1990 zu den Kreativen, denen Alessi seinen Ruf als Produzent von modernen Designklassikern verdankt.

Erfindungen schreiben Designgeschichte

Manche Erfindung hat zugleich Designgeschichte geschrieben oder ist aus unserem Alltag nicht mehr wegzudenken, so das Scrabble-Spiel von Alfred **Mosher Butts** *(1899 bis 1993)*, die Lego-Steine von **Ole Kirk Christiansen** *(1891–1958)*, der Kugelschreiber von **László Biró** *(1899 bis 1985)*, der Reißverschluss von **Whitcomb Judson** *(1836–1909)*, die Jeans, die **Levi Strauss** *(1829–1902)* ursprünglich als Arbeitshose auf den Markt brachte, und der Trenchcoat von **Thomas Burberry** *(1835 bis 1926)*, der mehr ist als nur ein Mantel, nämlich das klassische Kleidungsstück für die lässig-coolen Detektive aus Hollywoods Schwarzer Serie.

Ein unverwüstlicher Designklassiker ist das Zippo-Feuerzeug, dessen Form seit 1937 im Wesentlichen nie verändert wurde. Sein Erfinder **George G. Blaisdell** *(1895–1978)* wollte ein Feuerzeug entwickeln, das gut aussah und einfach zu bedienen war. Seinen Namen verdankt das Feuerzeug dem knackenden Geräusch, das beim Anknipsen zu hören ist.

Einrichtung und Gestaltung

Preiswerte Möbel können durchaus von Designerhand gestaltet sein. Für das Einrichtungshaus Ikea haben auch schon **Verner Panton** *(1926–98)*, **James Irvine** *(1958–2013)* und **Nils Gammelgaard** *(geb. 1944)* Möbel entworfen. **Terence Conran** *(geb. 1931)*, Designer, Möbelproduzent, Unternehmer und Autor, hat mit der Habitat-Kette modernes Design erschwinglich gemacht. In der Regel sind Designermöbel allerdings kein Schnäppchen. Zu den führenden spanischen Designern gehört **Jorge Pensi** *(geb. 1949)*, der Möbel (z. B. den Stuhl Toledo von 1988) und Leuchten im expressiven Minimalismus entwirft. Dezent, schlicht, schnörkellos und elegant ist der Stil des Franzosen **Patrick Jouin** *(geb. 1967)*, der viel Möbeldesign macht. Poppige, organische Formen schätzt **Karim Rashid** *(geb. 1960)*, der außer Möbeln auch Mode und Beleuchtungen entwirft und in den Bereichen Kunst, Architektur und Interieur tätig ist.

Design mit blauem Blut
Wegen der Ehe mit einer Bürgerlichen verlor **Sigvard Bernadotte** (1907 bis 2002) *1934 seinen Prinzentitel. Das Foto zeigt ihn 1997 mit einer Reihe von ihm gestalteter Haushaltsgeräte.*

FOTOGRAFIE, FILM UND MODE

Als die Fotografie noch in den Kinderschuhen steckte, konnte niemand ahnen, dass sich daraus innerhalb weniger Jahrzehnte eine gigantische Industrie entwickeln würde. Die ersten Bilder, die bewegt waren, wiesen Hollywood den Weg zum Aufstieg. Die Stars, die auf der Leinwand große Erfolge feierten, prägten nicht zuletzt auch die Mode der Zeit: Was die Diven im Film trugen, entwickelte sich zum neuesten Trend. Manch ein Modeschöpfer profitierte davon und etablierte sich in der exklusiven Liga der Spitzendesigner.

Erfinder der Fotografie

1839, als ***Louis Jacques Mandé Daguerre*** (1787–1851) *die Daguerre-Kamera erfand, gilt als Jahr der Erfindung der Fotografie. Rechts eines seiner ersten damit fotografierten Stilleben*

Die Pioniere der Fotografie

Im Gegensatz zur Malerei gelang es mit der neuen Technik der Fotografie, die Wirklichkeit naturgetreu abzubilden. Anfangs war das Fotografieren von technichen Fragen geprägt, erst später kam der künstlerische Aspekt hinzu.

Auf der Suche nach einer Möglichkeit, die Wirklichkeit detailgetreu abzubilden, versuchte **Joseph Nicéphore Niepce** *(1765–1833),* ein französischer Hobbyforscher, schon seit 1813, mit der Camera Obscura aufgenommene Bilder mithilfe von verschiedenen Methoden und Chemikalien zu fixieren. Dabei entwickelte er das Positivverfahren der Heliografie. Nach einer Begegnung mit **Louis Jacques Mandé Daguerre** *(1787–1851)* arbeiteten die beiden Franzosen gemeinsam an der Verbesserung der Methode. Nachdem Niepce im Jahr 1833 unerwartet früh verstorben war, forschte Daguerre allein weiter. Als dieser schließlich das nach ihm benannte Daguerreotypieverfahren entwickelte, mit dem es möglich wurde, Bilder dauerhaft festzuhalten, schrieb man das Jahr 1839.

Etwa zur gleichen Zeit dachte auch **William Henry Fox Talbot** *(1800–77),* ein engagierter englischer Forscher, Archäologe und Philologe, über verschiedene Möglichkeiten, Abbilder der Natur auf Papier zu bannen, nach. Seine Forschungen führten im Jahr 1835 zur Entwicklung eines Negativverfahrens, das die mehrmalige Reproduktion eines Bildes von einem Negativ ermöglichte. Damit war das Fundament der modernen Fotografie gelegt.

Die Anfänge des Fotojournalismus

Knapp 100 Jahre nach den ersten fotografischen Versuchen Niepces wurde im August 1908 im französischen Chanteloup der Mann geboren, dessen Werk die Geschichte der Fotografie entscheidend beeinflussen sollte: **Henri Cartier-Bresson** *(1908 bis 2004).* Als Spross eines großbürgerlichen Elternhauses war er kulturell gebildet und lange galt sein Interesse dem Zeichnen und Malen. Erst als er im Jahr 1931 eine Reise an die Elfenbeinküste unternahm, erwachte sein Interesse an der Fotografie. Die ersten Fotos, die auf der Rückreise entstanden, bildeten die Grundlage seiner Karriere. 4 Jahre später bekam er die Gelegenheit, bei Paul Strand in New York Erfahrungen auf dem Gebiet des Filmens zu sammeln. Im Verlauf des Zweiten Weltkriegs geriet er 1940 in deutsche Kriegsgefangenschaft, 3 Jahre später gelang ihm die Flucht; fortan war Cartier-Bresson im französischen Widerstand aktiv.

Der Franzose war ein Meister darin, den sogenannten »moment décisif«, also den »entscheidenden Moment«, zu erwischen: Sein Ziel war es, von der Umwelt möglichst als unbemerkter Beobachter das wirkliche, echte Leben abzubilden. Sein Streben, die besonderen Momente des Lebens einzufangen, verlieh seinen Bildern eine enorme Glaubwürdigkeit. Das Interesse an seinen Aufnahmen war groß, und insbesondere in den Jahren nach dem Zweiten Weltkrieg kam ihm die beständig anwachsende Nachfrage des aufblühenden Zeitungs- und Zeitschriftenmarkts nach Bildern zugute. Gemeinsam mit seinen Kollegen **David Seymour** *(1911–56)* und **Robert Capa** *(1913–54)* gründete er im Jahr 1947 in New York schließlich die Agentur »Magnum«. Zum einen versprachen sie sich davon, die Vermarktung ihrer Fotografien besser regulieren zu können, zum anderen wollten sie sich die Rechte am eigenen Bild sichern. Denn erst das Recht am eigenen Bild hat zur Folge, dass der Fotograf unabhängig von Auftraggebern ist und frei arbeiten kann. »Magnum«-Gründungsmitglied Robert Capa bezahlte diese Unabhängigkeit mit dem Leben, als er im Jahr 1954 anlässlich einer Fotodokumentation über Truppenbewegungen in Vietnam auf eine Mine trat. Auch David Seymour wurde getötet, als er 1956 während der Sueskrise in Ägypten versuchte, einen Austausch von Gefangenen zu fotografieren.
Die Aufnahmen, die »Magnum« fortan vermarktete, waren geprägt von dem besonderen Stil dieser auf den Moment gegründeten »Livefotografie«. Diese wurde hauptsächlich ermöglicht durch das im Vergleich zu den ersten Fotoapparaten handliche Format der Kamera *Leica*, die die technischen Voraussetzungen für die neue Art des Fotojournalismus bot. So entstanden Fotografien von herausragender Qualität, zeitgeschichtliche Dokumente von hohem Wert. Die Agentur, die neben dem Hauptsitz in Paris heute auch Filialen in New York, London und Tokio besitzt, hat bis heute einen elitären Anspruch.

Szenen aus dem Alltag

Die Arbeiten der gebürtigen Italienerin **Tina Modotti** *(1896 bis 1942)* sind gekennzeichnet von einer Vorliebe für Motive aus dem Alltag. Als sie im Jahr 1918 aus ihrer norditalienischen

Kriegsberichterstatter

Dieses berühmte Foto von ***Robert Capa*** (1913–54) *ging um die Welt. Es zeigt einen sterbenden Soldaten im Spanischen Bürgerkrieg von 1936.*

Pioniere der Fotografie

Samuel Borne (1834–1912)
Der Brite Samuel Borne gilt als Begründer der Reisefotografie. Große Beachtung fanden besonders seine Aufnahmen aus Indien.

Alexander Gardner (1821–82)
Der Schotte Alexander Gardner gilt als einer der Pioniere auf dem Gebiet des Kriegsjournalismus: Seine Aufnahmen des amerikanischen Bürgerkriegs wurden 1866 als »Gardner's Photographic Sketch Book of the War« publiziert.

Julia Margaret Cameron (1815–79)
Eine Frau war es, die das Fotografieren auch mit einem künstlerischen Anspruch betrieb: Julia Margaret Cameron inszenierte ihre Motive – zumeist Menschen – im Stil der präraffaelitischen Malerei.

Eadweard Muybrigde (1830–1904)
Er gilt in Bezug auf die Landschaftsfotografie als Schlüsselfigur. Sein besonderes Verdienst aber sind Fotosequenzen, die Bewegungen dokumentieren.

Jacques Henri Lartigue (1894–1986)
Einer der ersten Fotografen, der Wert auf die fotografische Dokumentation des Moments legte, war Jacques Henri Lartigue. Einen hohen dokumentarischen Wert haben seine Aufnahmen aus der Belle Epoque, der Zeit um die Wende vom 19. zum 20. Jh., in der sich Kunst und Kultur besonders intensiv und vielfältig weiterentwickelt haben.

Der Dokumentarfotograf

*Auch **Walker Evans** (1903 bis 1975) fotografierte soziale Missstände – im Bild eine in den 1930er-Jahren in Armut lebende Familie in den USA.*

Blick für Alltag und Elend

*Ein besonderer Reiz für **Tina Modotti** (1896–1942) waren elende Verhältnisse und soziale Gegensätze. Das obere Foto zeigt ein Mädchen aus Mexiko, aufgenommen 1928.*

Geburtsstadt Udine nach San Francisco übersiedelte, verdiente sie sich ihren Lebensunterhalt zunächst als Textilarbeiterin, später als Schauspielerin. Fortan verkehrte sie in Künstlerkreisen und griff schließlich zur Kamera. Gemeinsam mit **Edward Weston** *(1886–1958)*, einem amerikanischen Porträtfotografen, der technisch perfekte und somit eher nüchtern wirkende Aufnahmen (»straight photography«) bevorzugte, siedelte sie 1923 nach Mexico-Stadt um. Beeindruckt von den Malereien des mexikanischen Künstlers Diego Rivera entdeckte sie die für die Kunst Mexikos damals typischen großflächigen Wandmalereien als Gegenstand ihrer Fotografien. Im Lauf der Zeit wurde ihr das mexikanische Leben immer vertrauter und sie begann, alltägliche Szenen zu fotografieren: stillende Mütter, Haushaltsgegenstände, gewöhnliche Straßenszenen waren fortan ihr Motiv. Außerdem fertigte sie Detailstudien an, beispielsweise von abgearbeiteten Händen, und sie entdeckte die indianisch-mexikanische Kultur als Fotomotiv. 1928, nach einer Begegnung mit dem kubanischen Revolutionär Julio Antonio Mella, wandelte sich Tina Modotti von einer Fotografin zur politischen Aktivistin: Ihre fotografische Phase war mit diesem Zusammentreffen beendet.

Ganz anders ging **August Sander** *(1876–1964)* an die Fotografie heran: Systematisch, gründlich und mit beinahe pedantischer Akribie begann er im Jahr 1911, möglichst typische Vertreter der verschiedensten Berufe und Menschen aus unterschiedlichen Ständen mit der Kamera zu dokumentieren. Über mehrere Jahrzehnte hinweg widmete er sich dieser Aufgabe. Sein Werk beeindruckte dabei zum einen durch die Perspektive, die das Individuum in den Hintergrund setzte, ohne dabei unpersönlich zu wirken, zum anderen aber auch durch die unglaubliche Fülle an Material. Bis in die 1950er-Jahre hinein beschäftigte sich der Fotograf intensiv mit dieser Porträtreihe, die als beinahe enzyklopädisches Werk erst 1980, lange nach dem Tod des Künstlers, von dessen Sohn Gerd Sander herausgegeben wurde.

Neue Sachlichkeit

Dagegen wirken die Arbeiten von **Alexander Rodtschenko** *(1891–1956)* geradezu avantgardistisch: Seine Fotografien weisen häufig geometrische Gestaltungsmomente auf, er gilt als wichtiger Vertreter des fotografischen Konstruktivismus. Auch **László Moholy-Nagy** *(1895–1946)*, der seit 1923 auf Wunsch von Walter Gropius als Professor am Bauhaus in Weimar wirkte, hatte einen nüchternen Blick auf die Produkte, die er dort in leitender Funktion der Metallwerkstatt entwickelte, und ebenfalls auf die Dinge, die er für die Kamera arrangierte und ablichtete. Nach Zwischenstationen in Amsterdam und London siedelte Moholy-Nagy 1937 in die USA über, um in Chicago eine Stelle als

Leiter einer Designschule (»New Bauhaus«) anzutreten. Er blieb zeitlebens dem Bauhaus verpflichtet. Der Ungar **André Kertész** *(1894–1985)* veröffentlichte seine Aufnahmen zumeist in großen Zeitschriften und Illustrierten. Er schätzte den künstlerischen Blick auf die Dinge des Alltags. So entstanden eindrucksvolle Einzelbilder, oft aber auch ganze Serien, die im Stil der »Neuen Sachlichkeit« gehalten waren. Ein anderer Fotograf ungarischer Herkunft, **Gyula Halász** (Künstlername Brassaï, *1899 bis 1984)*, gelangte durch seinen Bildband über das Nachtleben von Paris (»Paris de Nuit«, 1933) zu Weltruhm. Er war ein Meister der damals noch kaum entwickelten Fotografie bei Nacht.

Fotografie als Kunst

Der Ruf von Paris als Welthauptstadt der Kultur lockte den in Amerika geborenen **Man Ray** *(1890 bis 1976)* in den 1920er-Jahren nach Europa. Er begann seine Laufbahn als Maler und wandte sich anfangs der Fotografie nur zu, um seine bildnerischen Werke zu reproduzieren. Dann aber begann Man Ray, der sich als begabter Porträtfotograf erwies, mit der Kamera zu experimentieren. Er schuf Kunstwerke, in denen die Übergänge zwischen fotografischer Abbildung und künstlerischer Abstraktion fließend sind. Damit wurde sein fotografisches Werk beim Publikum weitaus beliebter als es seine malerischen Arbeiten jemals waren.
Die Kunst der Landschaftsfotografie beherrschte wie kein anderer der Amerikaner **Ansel Adams** *(1902–84)*, der es verstand, seine Begeisterung für die Schönheiten der Nationalparks seiner Heimat und anderer Naturwunder fotografisch zu dokumentieren. Seine Schwarz-Weiß-Aufnahmen, die er durch Abstufung der verschiedenen Grauwerte technisch immer weiter perfektionierte, verhalfen ihm zu Weltruhm. Nicht zuletzt der hohe ästhetische Wert seines Werkes war es, der dem Künstler, der sich als Naturschützer verstand, auch politisch Gehör verschaffte. Auf sein Werk geht die Gründung einiger Nationalparks in den USA zurück.
Adams' Landsmann und Zeitgenosse **Walker Evans** *(1903–75)* dagegen dokumentierte von Menschen für Menschen geschaffene Behausungen der unterschiedlichen Bevölkerungsschichten, beispielsweise viktorianische Gebäude in Neu-England und New York, Häuser im Wohnviertel für Farbige in Atlanta und viele andere. Zwischen 1935 und 1945 lichtete er auch die Lebensverhältnisse der schwarzen Landbevölkerung ab. Sein besonderer Realismus wurde zu einem wichtigen Wegbereiter der dokumentarischen Fotografie, die dann später ihren Höhepunkt im Schaffen von Henri Cartier Bresson und den anderen Mitgliedern der Agentur »Magnum« fand.
Weit entfernt vom Realismus zahlreicher Zeitgenossen verstand **Helmut Newton** *(1920–2004)* das Bild als einen ästhetischen und erbaulichen Genuss für die Sinne. Er gilt als einer der Erfinder der Akt- und Porträtfotografie: Sein bevorzugtes Motiv waren schöne Frauen der High Society, Models oder Persönlichkeiten aus der Welt des Glamour, die er porträtierte und mithilfe weniger Accessoires (Pumps, Pelze o. Ä.) erotisierte.
Auch **David Hamilton** *(geb. 1933)* widmet seine Aufmerksamkeit der Mädchenfotografie. Seine mithilfe von Weichzeichnern romantisierenden Aufnahmen fanden in Büchern, auf Postkarten und Postern weltweit Verbreitung. Der niederländische Fotograf **Anton Corbijn** *(geb. 1955)* gelangte mit seinen Fotografien von Popsängern und anderen Stars zu beachtlichem Ruhm.

Fotograf der Musikszene
Der Künstler ***Anton Corbijn*** (geb. 1955) *kreiert auch viele Plattencover, z. B. von U2 und Depeche Mode. Das Foto zeigt ihn vor einer seiner Aufnahmen des Leadsängers Bono von U2.*

Der Aktfotograf
Der gebürtige Berliner ***Helmut Newton*** (1920–2004) *war seit den 1970er-Jahren weltweit einer der begehrtesten Mode- und Aktfotografen.*

Pionier des Business
Am Übergang zwischen handwerklicher Arbeit und industrieller Produktion stand **Georges Méliès** (1861 – 1938) *– hier bei Arbeiten an »Reise zum Mond«.*

Als die Bilder laufen lernten

Technische Wegbereiter
Gemeinsam mit seinem Bruder **Auguste** (1862 – 1954) *erfand* **Louis Lumière** (1864 bis 1948) *den Kinematografen, der gleichzeitig Aufnahme- und Vorführgerät war. Links ein Werbeplakat für eine Vorführung*

Unter dem Titel »Mad Movies« oder »Als die Bilder laufen lernten« präsentierte der britische Komiker Robert Allen Monkhouse in den 1960er-Jahren dem Fernsehzuschauer eine Serie über die Zeit, als das Kino noch in den Kinderschuhen steckte. Die Popularität dieser Serie sorgte dafür, dass die frühen Jahre der Filmgeschichte heute oft mit der Redewendung »Als die Bilder laufen lernten« beschrieben werden.

Der Traum, dem Zuschauer bewegte Bilder zu präsentieren, ist aber schon sehr viel älter: Bereits im 16. Jh. gab es in Italien erste Experimente mit der Camera Obscura, der Urform der fotografischen Kamera. 1822 zeigte **Louis Jacques Mandé Daguerre** *(1787 – 1851)* in Paris das Diorama, eine Schaubühne mit halb durchsichtigem, zweiseitig bemaltem Prospekt, auf dem mithilfe von Beleuchtungseffekten eine Illusion von bewegten Bildern erzeugt wurde.
Schließlich präsentierten die Brüder **Auguste** *(1862 – 1954)* und **Louis Lumière** *(1864 – 1948)* – gemeinsame Inhaber einer Fabrik für fotografische Geräte – 1895 in Lyon den »Cinématographe«; seitdem gelten die beiden als die Pioniere des Kinos. Ihre ersten, kurzen Filme zeigen Szenen aus dem Alltag: Arbeiter, die eine Fabrik verlassen, An- und Abreisende am Bahnhof oder ein Baby, das gefüttert wird. Realistisch und zugleich kunstvoll geben sie einfache Bewegungen wider und vergegenwärtigten dem Betrachter das Neue des Mediums Film.

Die Anfänge des kommerziellen Kinos

Unter den ersten Zuschauern war auch der Franzose **Georges Méliès** *(1861 – 1938)*. Der Sohn eines Schuhfabrikanten, dem 1888 in Paris der Einstieg ins Showgeschäft gelungen war, erkannte das Potenzial der neuen Erfindung und baute eine eigene Kamera. Sogleich begann er, Spielfilme zu drehen, die er nach einem selbst verfassten Drehbuch produzierte. Er wurde zu einem wichtigen Pionier der kommerziellen Kinounterhaltung. Obwohl seine Filme – darunter »Die Reise zum Mond» (1902)«

Magier des Mystischen
Mit »Metropolis« – im Bild ein Filmplakat – schuf ***Fritz Lang*** (1890–1976) *1926 einen Kinoklassiker und den ersten Science-Fiction-Film im deutschen Kino.*

und »Die Reise durch das Unmögliche« (1904) – noch immer sehenswert sind, blieb ihm ein finanzieller Erfolg zeitlebens versagt.

Einer, der die frühen Jahre des Kinos wie kein anderer prägte, war **Charlie Chaplin** *(1889 – 1977).* Er wuchs in einem Armenhaus auf und begann mit 8 Jahren, seinen Lebensunterhalt als Bühnenkünstler selbst zu verdienen. Der Zufall brachte ihn zur Keystone-Company und zur Zusammenarbeit mit dem Regisseur **Mack Sennet** *(1880 – 1960).* Chaplins Markenzeichen – Melone und Spazierstock – machten ihn als Schauspieler unvergessen und trugen zur Popularität des Mediums Film bei. Zwei seiner Filme, »Moderne Zeiten« (1936) und »Der große Diktator« (1940), zählen zu den Klassikern der Stummfilmära. Chaplin gelang es hervorragend, die Stimmungen seiner Zeit auf Zelluloid einzufangen, doch als Regisseur hatte er wenig Erfolg. Als späte Anerkennung für seine Arbeit erhielt er 1972 den Ehren-Oscar für sein Lebenswerk.
Den umgekehrten Weg von Europa nach Amerika ging der Österreicher **Fritz Lang** *(1890 bis 1976).* Seine Karriere begann er als Drehbuchautor bei der Berliner Filmgesellschaft Decla, ab 1919 führte er Regie und schuf Klassiker wie »Metropolis« (1926). 1933 emigrierte Lang und arbeitete ab 1934 in den USA.

Ein Medium erobert die Welt

Der Siegeszug des neuen Medium war unaufhaltsam: Reisende Zelttheater bereiteten selbst in Indien den Boden für die ersten ortsfesten Kinos, die ab 1910 dort errichtet wurden. Doch die Filmtraditionen in der britischen Kolonie blieben lange von europäischen Konventionen beeinflusst. Und obwohl in Schanghai bereits 1896 die erste Filmvorführung Chinas stattfand, dauerte es bis in die 1930er- und 1940er-Jahre, bis das chinesische Kino eine eigene Blütezeit erlebte. In Japan schließlich waren es die gewaltigen Zerstörungen durch das große Erdbeben von 1923, die zahlreiche – auch kulturelle Veränderungen – bewirkten und auch die Filmkunst beeinflussten. Und in Australien und Südamerika entstanden immer wieder eigene, kleine Filmproduktionen mit »einheimischen« Themen.
Besonders erwähnenswert in diesem globalen Zusammenhang ist die Rolle des russischen Theaterregisseurs **Sergej Eisenstein** *(1898 – 1948),* der die Mittel des Theaters in das neue Medium übertrug und als einer der bedeutendsten Filmemacher überhaupt gilt. Seine Filme »Streik« und »Panzerkreuzer Potemkin« (1925) zählen zu den Klassikern der Filmgeschichte.

Die Geburt des Mythos Hollywood

Ein Mann, der unbedingt – und zwar gleich aus zwei Gründen – zu den Pionieren des Filmgeschäfts zählt, ist **David Wark Griffith** *(1875–1948).* Er begann seine Karriere als Filmschauspieler bei *Biograph*, einer amerikanischen Filmgesellschaft, zeichnete aber schon bald für den Einsatz seiner Schauspielerkollegen verantwortlich und arbeitete fortan als Regisseur. Raffinierte Schnitttechniken verleihen seinen Filmen eine eigene Dynamik und besondere Spannungsmomente, die sein gesamtes Werk auszeichnen. Seine bedeutendsten Meriten aber

Der kleine Tramp
Als melancholischer Verlierertyp hatte ***Charlie Chaplin*** (1889–1977) *– hier bei einer Aufnahme für »Alaska« – das Publikum immer auf seiner Seite.*

Meister des Stummfilms
Szene aus »Nosferatu«, bei dem **Friedrich Wilhelm Murnau** (1888 bis 1931) *mit revolutionärer Kamera- und Montagearbeit Regie führte.*

erwarb sich David Wark Griffith auf ganz andere Weise: 1910 diente ihm ein kleines Dorf im amerikanischen Kalifornien als Kulisse für seinen Film »In old California«: Hollywood – so der Name diesen kleines Dorfes – bot mit seinen vielen Sonnenstunden optimale Drehvoraussetzungen. Und das war in den frühen Jahren des Kinos ganz besonders wichtig, steckte doch damals auch die Licht- und Beleuchtungstechnik noch in den Kinderschuhen. Ein Mythos war geboren!

Große Produzenten und Regisseure

Die Karriere von Fritz Lang wäre ohne ihn wohl ganz anders verlaufen: **Erich Pommer** *(1889 bis 1966)*, der seit 1913 in Wien für die Filmfirma *Eclair* Filme produzierte, gewährte dem talentierten Lang ideale Arbeitsbedingungen und zeichnete als Produzent für Langs Film »Metropolis« verantwortlich. Nachdem sein Arbeitsvertrag bei der *Ufa*, dem großen deutschen Filmkonzern jener Jahre, im Jahr 1933 aufgelöst worden war, emigrierte Erich Pommer in die USA und kehrte 1946 als Filmoffizier der amerikanischen Militärregierung nach Deutschland zurück. Seine Nachkriegsproduktionen bereiteten zwei großen Stars des deutschen Nachkriegsfilms, Hans Albers und Hildegard Knef, den Weg zum Erfolg.

Entdecker der Dietrich
Zu den Meisterwerken, die **Erich Pommer** (1889 bis 1966) *produzierte, zählt auch »Der blaue Engel« mit Emil Jannings und Marlene Dietrich, als deren Entdecker Pommer gilt.*

Einer der ersten Regisseure, der mit seiner Arbeit schon früh kommerziellen Erfolg erzielte, war **Cecil B. DeMille** *(1881 bis 1959)*. 1913 gründete er mit Sam Goldwyn und Jesse L. Lasky die Jesse L. Lasky Feature Play Co., die spätere Paramount. Sein erster Film »The Squaw Man« (1914) war einer der ersten richtigen Langfilme und brachte DeMille gleich finanziellen Erfolg. Die Meinung des Publikums war dem Regisseur DeMille sehr wichtig, in seiner Arbeit berücksichtigte er von Anfang an Themenwünsche aus den Reihen der Zuschauer – und war nicht zuletzt auch deshalb finanziell erfolgreich.

Der Berliner **Ernst Lubitsch** *(1892 – 1947)* begann seine Karriere als Schauspieler am Deutschen Theater in Berlin. Dann aber feierte er mit seiner Filmkomödie »Schuhpalast Pinkus« (1916) einen ersten Kinoerfolg. Ab 1922 arbeitete er in Hollywood: Seine Themen – zumeist Komödien, die gekonnt mit überkommenen Rollenerwartungen und bürgerlichen Hierarchien spielen – fanden den Gefallen des Publikums. Markenzeichen seiner künstlerischen Arbeit war der raffinierte Einsatz von Requisiten, die ihm dazu dienten, Geschehnisse zu erzählen, ohne sie explizit zu inszenieren, und die er gekonnt einsetzte, um den Zuschauer zum Komplizen eines hintersinnigen Filmgeschehens zu machen. Auch der Deutsche **Friedrich Wilhelm Murnau** *(1888 – 1931)* kam in Hollywood zu Ehren: Der Regisseur von »Nosferatu, eine Symphonie des Grauens« (1922) und »Der letzte Mann« (1924) wurde bei der Verleihung der ersten Oscars für seinen Film »Sunrise« (1926/27) mit drei Auszeichnungen bedacht.

Ein bedeutender Filmschaffender war auch **Buster Keaton** *(1895 – 1966)*. Per Zufall lernte er 1917 den beliebten Komiker Roscoe »Fatty« Arbuckle kennen, der ihn vom Fleck weg engagierte. Als der Schauspieler und Regisseur 1919 von seinem Kriegsdienst aus Frankreich in die USA zurückkehrte, war Arbuckles Studio von New York nach Hollywood umgezogen; daher ließ sich Keaton ebenfalls in Kalifornien nieder. In den Jahren 1920 bis 1923 führte er bei 19 Kurzfilmen Regie, danach verlief seine Karriere wechselhaft: In den 1940er-Jahren kehrte er auf die Theaterbühne zurück.

Doch nicht nur in Hollywood, auch in Frankreich wurde Filmgeschichte geschrieben: In seinem Film »J`accuse« (1919) inszenierte Regisseur **Abel Gance** *(1889 – 1981)* Kriegsszenen so realistisch, dass das Werk noch heute als ein wichtiges Filmdokument gegen den Wahnsinn des Krieges gilt. Ein weiteres Werk dieses Regisseurs dagegen, »Napoleon« (1927), war technisch so aufwendig produziert, dass ihm erst Jahrzehnte nach seiner Entstehung – nämlich nach umfangreichen Restaurierungsarbeiten an alten Filmrollen 1979 in London und 1981 im Todesjahr von Abel Gance in New York – ein später Erfolg beschieden war.

Die Stars der frühen Jahre

Der Bau von Kinos und die Begeisterung der Menschen für das neue Unterhaltungsmedium begründeten eine steigende Nachfrage nach Filmen, sodass es für die Filmstudios rentabel wurde, ein festes Ensemble von Darstellern zu beschäftigen. Zudem änderte sich die Aufnahmetechnik: Erste Nahaufnahmen brachten die Gesichter der Darsteller deutlich größer ins Bild und ließen mehr Individualität zu. Davon profitierten die Schauspieler, von denen einige wenige in den Rang einer Filmlegende aufstiegen.

Stern des Stummfilms

Ausdrucksstark in Mimik und Gestik, drehte ***Asta Nielsen*** (1881 – 1972) *über 70 Filme, von denen allerdings lediglich 30 erhalten sind.*

Frühes Traumpaar

Mit ***Mary Pickford*** (1893 – 1979) *und* ***Douglas Fairbanks*** (1883 – 1939) *waren zwei Superstars des frühen Films miteinander verheiratet.*

Die Dänin **Asta Nielsen** *(1881 – 1972)* war einer der ersten Stars in der Geschichte des Kinos. Noch zu Zeiten des Stummfilms lieferte sie in deutschen Filmproduktionen wie »Der fremde Vogel« (1911) und »Die arme Jenny« (1912) vor der Kamera echte dramatische Leistungen ab und kann daher als die Erfinderin der künstlerischen Filmschauspielerei gelten. Das Aufkommen des Tonfilms bereitete ihrer Karriere allerdings ein frühes Ende.
Mary Pickford *(1893 – 1979)*, die bereits als 5-Jährige in verschiedenen Vaudeville-Theatern auf der Bühne stand, zählt ebenfalls zu den frühen Topstars des Films. Ihr Weg führte sie schon in jungen Jahren über den Broadway nach Hollywood, wo sie 16-jährig die Zusammenarbeit mit dem Filmproduzenten und Regisseur David Wark Griffith begann. In Hollywood begegnete sie dann dem Schauspieler **Douglas Fairbanks** *(1883 – 1939)*, dessen Karriere als Komödiant Ähnlichkeit mit der des großen, unvergesslichen **Charlie Chaplin** *(1889 – 1977)* aufweist, und mit dem sie von 1920 bis 1936 verheiratet war. Zudem gründete sie gemeinsam mit Fairbanks, Chaplin und Griffith die »United Artists«, eine der wichtigsten Filmgesellschaften Hollywoods, die bis heute Bestand hat.
Die Schwestern **Lilian** *(1896 – 1993)* und **Dorothy Gish** *(1898 – 1968)* standen 1912 gemeinsam in D. W. Griffith' Film »Ein unsichtbarer Feind« vor der Kamera. Beide waren große Stummfilmstars, allerdings bevorzugten sie unterschiedliche Genres: Während sich Dorothy der Komödie zuwandte und sich ab 1926 auf das Bühnenschauspiel verlegte, arbeitete Lilian bis ins hohe Alter bevorzugt als Dramenschauspielerin.
Eine der ersten Schauspielerinnen, die die »Femme fatale« verkörperte, war **Gloria Swanson** *(1899 bis 1983)*, u. a. in dem Klassiker »Blaubarts achte Frau« (1938). Jahre später begeisterte sie in einem sensationellen Comeback in dem Film »Boulevard der Dämmerung« (1950), einer Tragikomödie, die die Licht- und Schattenseiten der Traumfabrik Hollywood zum Thema hat. Swanson verkörperte darin gewissermaßen sich selbst – eine vergessene Stummfilmdiva.

Frühe Größen des deutschen Kinos

Seine Karriere als Schauspieler begann der deutsche Schauspieler **Emil Jannings** *(1884 – 1950)* am Görlitzer Stadttheater, wo er zunächst Dekorationen malte und Programmzettel verteilte, bevor er seine Begeisterung fürs Darstellen entdeckte. Später spielte er große Theaterrollen unter dem Regisseur Max Reinhardt in Berlin. Weltweiten Erfolg allerdings bescherte ihm seine Rolle als Professor Immanuel Rath in »Der blaue Engel« (1930) – ein Film, mit dem zugleich die grandiose Karriere von **Marlene Dietrich** *(1901–92)* startete; ihr Lied »Ich bin von Kopf bis Fuß auf Liebe eingestellt« bleibt unvergessen.

Mann mit Strohhut
Das Markenzeichen von ***Maurice Chevalier*** (1888–1972) *war ein Strohhut. Der Sänger und Schauspieler war sowohl im Film als auch auf der Bühne zu Hause.*

Der Tonfilm setzt sich durch

Große Skepsis über seine Fähigkeiten als Stummfilmschauspieler ließ **Maurice Chevalier** *(1888 bis 1972)* sogar ein großartiges Angebot zur Zusammenarbeit mit Mary Pickford ausschlagen. Karriere machte er, der seine Laufbahn in Vorstadt-Varietés und Cafés als Sänger und Chansonniers begonnen hatte, erst in der Tonfilmzeit mit Filmen wie »Die lustige Witwe« (1934) nach der Musik von Franz Lehar und dem Operettenfilm »Die Liebesparade (1929) unter der Regie von Ernst Lubitsch.
Mit dem Abenteuer- und Liebesfilm »Casablanca« (1942) gelang es gleich zwei Schauspielerpersönlichkeiten, sich selbst ein filmgeschichtliches Denkmal zu setzen: **Humphrey Bogart** *(1899–1957)* und **Ingrid Bergman** *(1915–82)* spielten die Hauptrollen in dieser melodramatischen Liebesgeschichte vor zeitgeschichtlichem Hintergrund so überzeugend, dass sie trotz zahlreicher weiterer herausragender schauspielerischer Leistungen in anderen Filmen bis heute vor allem mit »Casablanca« verbunden werden. Bergman gelangte später durch die Filme des Regisseurs Roberto Rossellini zu weiteren Ehren.
Eine ungewöhnliche Bandbreite an Rollen verkörperte **Spencer Tracy** *(1900–67)*: Er wirkte in Gangsterfilmen, Western und romantischen Abenteuerfilmen ebenso mit wie in sogenannten Screwball-Komödien, deren erheiternde Effekte auf den skurrilen Hauptpersonen und deren ungewöhnlichem Verhalten beruhen.
Westernfilme bescherten den amerikanischen Schauspielern **Clark Gable** *(1901–60)* und **Gary Cooper** *(1901–61)* den großen Erfolg, wobei es insbesondere Gable verstand, das Idealbild des amerikanischen Mannes zu verkörpern. Cooper hingegen etablierte sich in der Rolle des Frauenlieblings, die ihn beim Publikum unvergessen machte.
Der französische Schauspieler **Jean Gabin** *(1904 bis 1976)* brillierte als Charakterdarsteller, der vor der Kamera bewusst minimalistisch agierte. Seine wohl bekannteste Rolle ist die des Kommissars Maigret in den Filmen, die nach den Kriminalromanen des Belgiers Georges Simenon gedreht wurden.

Augen als Markenzeichen
Auch in »Opfer einer großen Liebe« (1939) setzt ***Bette Davis*** (1908–73) *ihre ausdrucksstarken Augen ein.*

Starke Frauen

Weibliche Bösewichte oder Neurotikerinnen verkörpernd kam **Bette Davis** *(1908–73)* in Filmen wie »Dangerous« (1935) und »Jezebel« (1938) zu erstem Ruhm, später agierte sie bevorzugt als emanzipierte Frau. Ihre ausdrucksvollen und attraktiven Augen wurden gar zum Gegenstand eines berühmten Songs (»Bette Davis' Eyes«).
Bei **Katharine Hepburn** *(1907–2003)* war es die Stimme, deren Klarheit, Reinheit und Diktion von Kritikern immer wieder hervorgehoben wurde. 1983 und 1995 wurde sie von Journalisten zur besten Filmschauspielerin der Geschichte gewählt.
Auch **Anna Magnani** *(1908–73)* gehört zu den großen Schauspielerinnen ihrer Zeit. Sie bewies eine große emotionale Authentizität und verstand es, glaubwürdig in andere Rollen zu schlüpfen. Zu ihren großen Erfolgen gehören »Rom, offene Stadt« (1945) und »Die tätowierte Rose« (1955).

Den vielleicht legendärsten Film der Geschichte schuf Michael Curtiz mit »Casablanca« (1942). Das Filmplakat im Bild wirbt mit den Hauptdarstellern Ingrid Bergman und Humphrey Bogart.

Schöpfer legendärer Filme

Kaum waren die Grundsteine gelegt, nahm die Entwicklung des Films einen rasanten Verlauf. Anfänglich zogen Wanderkinos von Ort zu Ort, doch ab Beginn des 20. Jh. entstanden immer mehr feste Vorführstätten, die auf ein wechselndes Programm angewiesen waren. Diese sogenannten Nickelodeons – deren Name von der amerikanischen 5-Cent-Münze herrührt, die im Volksmund »Nickel« genannt wird und als Eintritt bezahlt wurde – schufen einen schnell wachsenden Markt, der nun von zahlreichen namhaften Regisseuren bedient wurde.

In Europa dominierten der französische, der italienische und der skandinavische Film: Der französische Filmregisseur **Jean Renoir** *(1894–1979)* arbeitete ganz ohne grelle Effekte; intensiv und gründlich sind die Bilder, die er dem Publikum zeigte und die gerade deshalb eine ganz eigene Wirkung auf den Betrachter haben.
In Schweden waren es **Victor Sjöström** *(1879 bis 1960)* und sein Freund und Kollege **Mauritz Stiller** *(1883–1923)*, die Filmgeschichte schrieben. Der gebürtige Ungar **Michael Curtiz** *(1882–1962)*, der während einer Assistenz in Skandinavien europäische, insbesondere schwedische, Filmtechniken kennenlernte, wirkte in den Jahren des Ersten Weltkriegs in seiner Heimat. Nach der Verstaatlichung der Filmfirma Phoenix, für die er gearbeitet hatte, ließ Curtiz sich in Wien nieder und feierte mit dem Film »Die Sklavenkönigin« (1924) einen großen Erfolg. 1926 dann emigrierte er in die USA, wo ihn Harry Warner unter Vertrag nahm. Zu den vielen Filmen, die er in der Folgezeit für Warner Brothers schuf, gehört auch »Casablanca« (1942) mit den Schauspielern Humphrey Bogart und Ingrid Bergmann – ein grandioser Welterfolg, der die Zuschauer auch heute noch unwiderstehlich in seinen Bann zieht.
Große Wirkung mit seinen Filmen erzielte auch **John Ford** *(1894–1973)*, von dem insbesondere seine Western einem breiten Publikum bekannt sind: Mit seinem Film »Ringo« (1939) schrieb er Filmgeschichte, als er das Monument Valley, eine wilde, ungestüme Landschaft im Westen der Vereinigten Staaten, als Drehort wählte – und damit einen Mythos begründete, der seitdem untrennbar mit dem Genre Western verbunden ist. Die Schauspielerlegende John Wayne spielte in 14 seiner Produktionen die Hauptrolle und seine Werke – darunter »Rio Grande« (1950) – sind auch heute noch zeitlose, gute Unterhaltung.

Unterhaltung, Spannung – und Nachdenkliches

Auch wenn sich **William Wyler** *(1902–81)* nicht auf ein Genre festlegen lässt, eines ist allen seinen Werken gemeinsam: Immer gelang es ihm, vertraute Strukturen aufzubrechen und den Unterhaltungsaspekt eines Films um kritische Elemente zu erweitern. Zu seinen großen, als Klassiker geltenden Filmen zählt unfraglich »Zeit der Liebe, Zeit des Abschieds« (1936).
Zu den in die frühen Jahre des Kinos hineingeborenen Persönlichkeiten gehört auch **Alfred Hitchcock**

(1899–1980). Der in London geborene Sohn eines Gemüsehändlers begann seine Karriere in England, wo er 1927 mit »Der Untermieter« seinen ersten großen Erfolg feierte. Der Film – Hitchcocks erster Thriller – spielt in London und erzählt die Geschichte eines Mannes, der zu Unrecht als Serienmörder verdächtigt wird. Alfred Hitchcock hatte sein Metier gefunden: Spannungsgeladene, unheimliche Thriller, die ihm wie »Die Vögel« (1963) zu Weltruhm verhalfen. Hitchcock verstand es zeit seines Lebens meisterhaft, die literarischen Vorlagen seiner Filme in bewegte Bilder umzusetzen; seine Filme sind Kunstwerke, in denen der Unterschied von Literatur und Film mit filmischen Mitteln gekonnt herausgearbeitet wurde.

Zwei Filme des Franzosen **Marcel Carné** *(1906 bis 1996)* mit Jean Gabin in der Hauptrolle, nämlich »Hafen im Nebel« (1938) und »Der Tag bricht an« (1939) begründeten den Ruf des Regisseurs als einer der wichtigsten französischen Filmschaffenden. Mit seinem Film »Kinder des Olymp« (1945) schuf Carné schließlich ein wirkliches Meisterwerk, das die Zuschauer auch heute noch in den Bann zieht.

Stilistisch sehr verschieden sind die Werke der italienischen Regisseure **Luchino Visconti** *(1906–76)* und **Roberto Rossellini** *(1906–77)*. Während Visconti seine monumentalen Filme von üppiger Ausstattung und außergewöhnlicher Länge – bis zu 4 Stunden Unterhaltung bannte er auf Zelluloid – als ein Gesamtkunstwerk verstand, sind Rossellinis Filme emotional aufwühlend und sparen das Triste, Traurige und Zerstörerische ganz bewusst nicht aus.

Zauberer des Kinos

Die Filme **Federico Fellinis** (1920–93) *– im Bild bei Dreharbeiten zum Film »Das Lied der Straße« (1954) – sind immer auch ein Spektakel.*

»Der dritte Mann« (1949) lautet der Titel eines Spielfilms des britischen Regisseurs **Carol Reed** *(1906–76)*, der in den 1930er-Jahren zum Film gekommen war und der gegen Ende seiner Karriere mit verschiedenen Filmen, insbesondere mit dem Musical »Oliver« (1967), auch in Hollywood zu Ehren gelangte.

Maya Deren *(1917–61)* war eine der wenigen Frauen im frühen Filmgeschäft. Ganz bewusst grenzte sie sich mit ihrem Schaffen vom Mythos Hollywood ab, produzierte künstlerische, sinnliche, provokante Werke. Ihre wenigen Filme, alle unabhängig produziert, sind amerikanische Avantgarde und wertvolle Filmkunst zugleich.

Große Magier des Films

Eine der ganz großen Regisseurpersönlichkeiten des Kinos war **Billy Wilder** *(1906–2002)*. Bei seinem Tod hinterließ er ein umfangreiches Werk, darunter »Der Major und das Mädchen« (1942) und »Manche mögen's heiß« (1959). Seine Filme sind temporeich, manchmal respektlos und oft von trockenem Humor. Zudem verstand Wilder es geradezu meisterhaft, die Fähigkeiten der jeweiligen Schauspieler filmisch zu nutzen, er machte u. a. Marlene Dietrich, Audrey Hep-

Kalte Atmosphäre

Viele der Filme **Stanley Kubricks** (1928 bis 1999, rechts) *zeichnen sich durch eine kalte Atmosphäre aus. Das Foto zeigt ihn 1975 bei Dreharbeiten.*

Italienischer Regiestar
Mit der Schauspielerin Ingrid Bergmann schuf ***Roberto Rossellini*** (1906–77) *Filme wie »Stromboli« (1949). 7 Jahre lang war er mit ihr verheiratet.*

Experimental-Künstlerin
In den 1940er- und 1950er-Jahren galt die Sozialistin ***Maya Deren*** (1917–61) *als herausragende Avantgarde-Regisseurin Amerikas.*

burn und Marilyn Monroe zu großen Stars.
Anders als Wilder versuchte der Schwede **Ingmar Bergman** *(1918 bis 2007)* gar nicht erst, den Massengeschmack zu befriedigen, dennoch ziehen seine starken Frauengestalten und deren Wunsch nach Selbstbestimmung im Leben Millionen von Zuschauern in ihren Bann. Liebe, Tod, Sex und Körperlichkeit – sein Werk fädelt das gesamte Spektrum an Beziehungskrisen auf wie Perlen auf eine Schnur. In seinen späteren Filmen griff Bergman auch den Glauben an Gott und die Frage nach dem Sinn des Lebens auf und handelte sich damit insbesondere in Deutschland vehemente Kritik von katholischer Seite und gar Protestaufrufe gegen sein Werk ein. Dabei faszinierte Bergman nicht nur durch seine Themen, die der Masse des Publikums anfänglich noch fremd waren, auch filmtechnisch und -ästhetisch gelang es ihm, neue Maßstäbe zu setzen. Ingmar Bergmann zählt fraglos zu den ganz Großen des Filmgeschäfts, der ein eindrucksvolles, immer wieder von Neuem begeisterndes Oeuvre hinterließ. 1997 wurde er auf den renommierten Filmfestspielen von Cannes als bester Filmregisseur aller Zeiten geehrt.
Auch der Italiener **Federico Fellini** *(1920–93)* war – wenn auch auf andere Art – ein Meister der Filmkunst: Seine Filme erzählen große Geschichten, beinahe Märchen, seine Inszenierungen stellen häufig Personen in den Vordergrund, leben aber weniger von Handlung und einer Aussage als von Fantasie und Vorstellungskraft. Dabei war er meist darauf bedacht, die Sympathie und das Verständnis, das er den Filmcharakteren entgegenbringt, auch für den Zuschauer verständlich zu machen und auf diese Weise den Betrachter mit einzubeziehen in das filmische Geschehen. Zu den ganz großen Erfolgen dieses »Zauberkünstlers des Kinos« gehören »Das Lied der Straße« (1954) und »Fellinis Casanova« (1976) sowie »Ginger und Fred« (1986). Ähnlich wie Bergman handelte er sich konservative Kritik ein: Die Vatikanzeitung »Osservatore Romano« warnte die Gläubigen vor dem Besuch des Films »Das süße Leben« (1960) und forderte gar dessen Verbot.

»Gesichter sind die Lesebücher des Lebens.«
Federico Fellini

Stanley Kubrick *(1928–99)* wird ebenfalls zu den bedeutendsten Filmemachern aller Zeiten gezählt. »Lolita« verhalf dem Amerikaner im Jahr 1961 zu seinem Durchbruch, »Dr. Seltsam oder: Wie ich lernte, die Bombe zu lieben« (1964) und »Full metal Jacket« (1987) zeigen in ihrer Unterschiedlichkeit die Stärken des Regisseurs, der sich auf die Inszenierung von Träumen ebenso verstand wie auf die feinsinnige Satire – und am Set für seine kompromisslos perfektionistische Arbeitsweise berühmt und berüchtigt war.

Im Osten etwas Neues

Auch im östlichen Teil der Welt entstanden interessante, Aufmerksamkeit erregende Filme: zu den großen Regisseuren gehörte dort **Andrej Tarkowski** *(1932–1986)*, dessen Filme »Iwans Kindheit« (1962), »Solaris« (1971/72) und »Nostalghia« (1982/83) den Zuschauer an vielen Stellen erschrecken und die mystisch oder gar apokalyptisch wirken.
In jüngerer Zeit erfreuen sich die Filme der beiden Chinesen **Wong Kar-Wai** *(geb. 1958)* und **Zhang Yimou** *(geb. 1951)* einiger Aufmerksamkeit. Beide Regisseure distanzieren sich mit ihren Werken vom Kriegs- bzw. Schwertkämpferimage, die das Hongkong-Kino im Westen bekannt gemacht haben, wobei Wong Kar-Wai moderner und innovativer arbeitet als Zhang Yimou, dessen Filme von westlichen Kritikern wegen ihrer vermeintlich geringen, der chinesischen Zensur geschuldeten Aussagekraft immer wieder gescholten werden.

Einflussreiche Filmproduzenten

Erfolg für »Warner Bros.«

*Die Brüder **Harry** (1881–1958), **Albert W.** (1883–1967), **Sam** (1887–1927) und **Jack L. Warner** (1892–1978) gründeten die nach ihnen benannte Produktionsfirma Warner Bros. Das Foto von 1940 zeigt Kulissen in einem ihrer Studios.*

Hollywood ist das Zentrum des internationalen Filmbusiness und Sitz der großen Filmproduktionsfirmen.

Seine Aufgaben erledigt er im Hintergrund: Er treibt das Geld auf für ein Filmprojekt, sucht Regisseur und Darsteller aus, überlegt und bucht Drehorte – kurzum: Der Filmproduzent ist es, der alle Fäden zieht. Er hat den Kopf in den Wolken, wenn es darum geht, an den Erfolg eines Projekts zu glauben, und die Füße am Boden, wenn er sich um die finanzielle und organisatorische Realisation eines Films kümmert.

In Deutschland war es in den Anfangsjahren des Kinos vor allem **Erich Pommer** *(1889–1966)*, der in Zusammenarbeit mit dem Regisseur **Fritz Lang** *(1890–1976)* als Produzent der Filme »Metropolis« (1927) und »Der blaue Engel« (1929/1930) Filmgeschichte schrieb. Bedeutsam sind auch die Werke, die der Italiener **Carlo Ponti** *(1912–2007)* produzierte: Er zeichnete u. a. für Fellini's »La Strada« (1954) und »Doktor Schiwago« (1965) verantwortlich.

Gründerväter der großen US-Studios

Eine Reihe bedeutender Produzenten aus der Frühzeit des Kinos gründete Firmen, deren Namen jeder Kinogänger kennt und die das Filmgeschäft bis heute dominieren. Als einer der Ersten glaubte der gebürtige Ungar **Adolph Zukor** *(1873–1976)*, der nach seiner Einwanderung in die USA in Chicago als Fellhändler zu Erfolg und Geld gekommen war, an die Zukunft der bewegten Bilder. Schon früh investierte er in die »Nickelodeons«, wie die ersten

Italienischer Starproduzent

*Das undatierte Foto zeigt **Carlo Ponti** (1912–2007) mit seiner Ehefrau Sophia Loren. Ponti arbeitete mit den wichtigsten Regisseuren des 20. Jh. zusammen.*

Kinos in den USA genannt wurden. Im Jahr 1912 gründete er gemeinsam mit seinem Finanzier, dem Theaterproduzenten **Daniel Frohmann** *(1851 bis 1940)* eine Filmverleihfirma, die sie *Famous Players* nannten – ein Unternehmen, das unter dem Namen *Paramount Pictures* immer noch in der Filmbranche erfolgreich ist. Schon in den frühen 1920er-Jahren erkannte Zukor den Trend, abendfüllende Langfilme herzustellen, und griff ihn auf. Zu den erfolgreichen Filmen, die seine Studios produzierten, gehören die Filme »Les amours de la reine Élisabeth« (1912) mit Sarah Bernhardt in der Titelrolle, »Der Graf von Monte Christo« (1913), »Dr. Jekyll and Mr. Hyde« (1920), »Der große Gatsby« (1926) und viele andere mehr.

1917 machte sich der in Weißrussland geborene **Louis B. Mayer** *(1885–1957)* von Boston, wo er mit dem Betrieb eines kleinen Theaters einen ersten finanziellen Erfolg errungen hatte, auf nach Hollywood. Dort traf er auf den Filmproduzenten Irvin Thalberg, mit dem er gemeinsam ein Filmstudio gründete, das er 1924 in einen Zusammenschluss mit zwei weiteren Studios führte. Eines davon war die von **Samuel Goldwyn** *(1882–1974)* gegründete Goldwyn Pictures Corporation. Mit dem so entstandenen, bis heute erfolgreichen Studio *Metro-Goldwyn-Mayer* (MGM) produzierte er 1925 seinen erfolgreichsten Film, das Historienepos »Ben Hur«. Zudem verstand sich Mayer vortrefflich darauf, berühmte Stars vertraglich an sein Unternehmen zu binden – zu den ganz großen Persönlichkeiten, die MGM unter Vertrag hatte, gehörten Greta Garbo, Clark Gable, Judy Garland, Spencer Tracy, Johnny Weissmüller und viele andere mehr.

Einflussreich und erfolgreich war auch der deutschstämmige Filmproduzent **Carl Laemmle** *(1867 bis 1939)*, der als Gründer und Geschäftsführer der *Universal Studios* zugleich den Mythos Hollywood als Hauptstadt der Filmindustrie mitbegründet hat.

Ein anderes Filmunternehmen, das heute noch Bestand und große Bedeutung hat, gründeten vier Brüder: **Harry** *(1881–1958)*, **Albert W.** *(1883 bis 1967)*, **Sam** *(1887–1927)* und **Jack L. Warner** *(1892 bis 1978)*. Sie veröffentlichten 1927 den ersten Tonfilm: »The Jazz Singers«. Mit der Zeichentrickserie »Looney Tunes« rund um die Hauptfigur »Schweinchen Dick« hatten die Brüder zunächst großen finanziellen Erfolg, in den Jahren des Zweiten Weltkriegs produzierten sie aber auch anspruchsvolle Filme, darunter – mit Regisseur Michael Curtiz – den Filmklassiker »Casablanca«. Unter dem Markennamen *Warner Bros.* bringt das zum Time-Warner-Konzern gehörende Unternehmen – in jüngster Zeit insbesondere mit den Harry-Potter-Filmen – seit Jahren echte Kassenschlager in die Kinosäle der Welt.

Erfolgreiche Fusion

*Die Studiogründungen von **William Fox*** (1879–1976) *und **Joseph Schenck*** (1878–1961) *mündeten im Jahr 1935 in die Firma* 20th Century Fox.

Die *Fox Film Corporation* gründete **William Fox** *(1879–1976)* im Jahr 1915, nachdem er mit dem Kauf und Betrieb eines kleinen Kinos in Brooklyn erste unternehmerische Erfolge gehabt hatte. Dem Trend der Branche folgend zog er 4 Jahre später um nach Kalifornien. Nach der Weltwirtschaftskrise der 1920er-Jahre wurde das Unternehmen mit der Produktionsfirma *20th Century Pictures* zusammengelegt, die **Joseph Schenck** *(1878–1961)*, der ebenfalls als Produzent tätig war, im Jahr 1930 gegründet hatte; heute gehört die *20th Century Fox Film Corporation* zu den großen Unternehmen in der Unterhaltungsbranche.

Dompteur der Stars

*Eine herausragende Fähigkeit von **Louis B. Mayer*** (1885 bis 1957) *lag in dem erfolgreichen Umgang mit Filmstars, von denen er zahlreiche exklusiv an seine Firma MGM band.*

Große Produzenten der Gegenwart

Gegenwärtig ist es vor allem **Steven Spielberg** *(geb. 1946)*, der sich nicht nur als Regisseur und Drehbuchautor, sondern auch als Produzent einiger wichtiger Filme – darunter im Jahr 1993 der bewegende Historienfilm »Schindlers Liste« – auf sich aufmerksam macht. Seine 1994 gegründete Produktionsfirma *Dreamworks* musste er allerdings im Jahr 2005 aufgrund finanzieller Probleme an *Paramount Pictures* verkaufen.

Auch der Schauspieler und Regisseur **Woody Allen** *(geb. 1935)* produziert viele seiner Filme selbst. Und **Michael Eisner** *(geb. 1942)*, der von 1984 bis 2005 die *Walt Disney Studios* führte, vereinte oft und sehr erfolgreich die Aufgaben eines Managers mit denen eines Produzenten.

Auf dem Regiestuhl

Meister aller Genres

Nimmt man den Erfolg seiner Filme an den Kinokassen zum Maßstab, ist ***Steven Spielberg*** (geb. 1946) *der erfolgreichste Regisseur aller Zeiten.*

Die künstlerische Gesamtverantwortung beim Entstehen eines Films liegt in der Hand des Regisseurs: Bei ihm laufen die Fäden zusammen, aus denen das Kunstwerk Film gestrickt wird. Er entscheidet, welcher Darsteller eine Rolle verkörpern soll, sein Einfluss auf Szenerie und Ausstattung ist immens, seine Vorstellungen machen den Film am Ende zum Produkt – kein Wunder also, dass der Person des Regisseurs viel Aufmerksamkeit entgegengebracht wird.

Kriminalfilme waren es, mit denen **Alfred Hitchcock** *(1899–1980)* den Grundstein für seine Karriere legte und die ihm erste Erfolge einbrachten. Unvergessen aber ist er für seine Thriller und dafür, dass es ihm in seinen Filmen gelang, über das reine Spannungsmoment hinaus dem Geschehen immer die Frage nach der Moral und der Haltbarkeit bestehender Ordnungen hinzuzufügen. Zudem verschaffte er sich auch durch technische Perfektion Achtung und Ansehen.

Garant für Hochspannung

Die Abbildung zeigt ***Alfred Hitchcock*** (1899–1980) *1963 auf der Titelseite des Magazins »Life« anlässlich des Kinostarts von »Die Vögel«.*

Dagegen stellte der in Istanbul geborene **Elia Kazan** *(1909–2003)* stets den individuellen Schauspieler – und eben nicht das Konstrukt des Geschehens – in den Mittelpunkt. Ihn, einen Sohn griechischer Eltern, hatte es im Alter von 4 Jahren mit seiner Familie nach New York verschlagen, wo er 1933 als Bühnenarbeiter erste Kontakte zur Welt des Theaters knüpfte. Zunächst versuchte er sich in verschiedenen kleinen Rollen als Schauspieler, wechselte dann aber 1938 ins Regiefach. Seine innovative Arbeit mit den Schauspielern – Kazan verlangte, dass diese sich einer Rolle nicht unterwürfen, sondern sie aus ihrem Inneren heraus verstehen und vorleben sollten – führte dazu, dass er zahlreiche Künstler – Menschen, die seinen Anspruch verstanden und ihn vor der Kamera umsetzten – neu entdeckte. Es sind u. a. Marlon Brando, James Dean und Paul Newman, die ihre Karriere auch der Zusammenarbeit mit Elia Kazan verdanken. Zu seinen bedeutendsten Werken zählen »Endstation Sehnsucht« (1951) und »Jenseits von Eden« (1955).

Ein Mann allerdings hat die Filmgeschichte geprägt wie kein anderer: **Steven Spielberg** *(geb. 1946)*. Egal welchem

Genre er sich widmet, immer gelingt es dem Amerikaner, ein Millionenpublikum in den Bann zu ziehen. Zu seinen größten Erfolgen zählen die Filme »Der weiße Hai« (1975), »E.T. – Der Außerirdische« (1982), »Jurassic Park« (1993) und »Schindlers Liste« (1993). Diese Auswahl bildet indes nur einen kleinen Ausschnitt aus dem Gesamtwerk des außerordentlich erfolgreichen Künstlers. Im Jahr 1997 gründete Steven Spielberg zusammen mit Jeffrey Katzenberg, der lange Jahre bei Disney gearbeitet hatte, und dem Musikproduzenten David Geffen die Firma DreamWorks SKG und widmet sich unter diesem Label auch der Herstellung von Animationsfilmen. Eine der erfolgreichen Produktionen dieses Labels sind beispielsweise die Filme der »Shrek«-Serie: »Shrek – Der tollkühne Held« (2001); »Shrek – Der tollkühne Held kehrt zurück« (2003/2004) und »Shrek 3« im Jahr 2007.

Laienschauspieler als Markenzeichen

*Während der Dreharbeiten zu einem seiner Filme prüft **Pier Paolo Pasolini** (1922–75) die Kameraeinstellung.*

Zu den ganz großen Künstlern unter den Regisseuren zählt auch **Orson Welles** *(1915–85)*. Seine Karriere begann er als Theaterschauspieler, als Sprecher in Radiohörspielen wurde er landesweit bekannt. So wurde auch Hollywood auf ihn aufmerksam, wo er 1941 mit seinem Film »Citizen Kane« einen künstlerischen Film schuf, der durch seine vielschichtige Erzählweise, seine ungewöhnliche Bildsprache und einen herausragenden Soundtrack hervorstach. Auch wenn diesem Film der finanzielle Erfolg lange verwehrt blieb, zählt er heute doch zu den großen Klassikern der Filmkunst.

Abseits von Hollywood

Das filmische Schaffen des Spaniers **Luis Buñuel** *(1900–83)* ist von Tabubrüchen und Regelverstößen durchzogen. Seine Kontakte zu den großen Künstlern seiner Heimat – darunter der Schriftsteller Garcia Lorca und der Surrealist Salvador Dali – hatten großen Einfluss auf seine Arbeit. Gemeinsam mit dem Franzosen **Jacques Tati** *(1908–82)* gehört er zu den Meistern seines Fachs, auch wenn dessen Genre eher die Komik und Tati nicht nur ein großer Regisseur, sondern auch ein gefragter Entertainer war. Seinen beiden letzten Filmen (»Playtime«, 1967, und »Traffic«, 1971) blieb der Erfolg allerdings versagt, sie bedeuteten das Ende einer großen Karriere.

»Wer sich für den lächerlichen Beruf eines Filmemachers entscheidet, hat verdient, was ihm widerfährt.«

Orson Welles

Der Japaner **Akira Kurosawa** *(1910–98)* verstand sich darauf, Film und Musik zu einer Einheit zu verschmelzen. Er mischte Stile und Epochen, inszenierte Brüche und schaffte so Filmkunstwerke von Bedeutung. Sein wohl wichtigstes Werk ist der Film »Die sieben Samurai« (1954), der dem Western »Die glorreichen Sieben« (1960) von John Sturges als Vorlage diente.

Pier Paolo Pasolini *(1922–75)* versuchte sich zunächst als Poet, Novellist und Philosoph, bevor er sich erst zu Beginn der 1960er-Jahre dem Film zuwandte. Seine Filme waren häufig Milieustudien, so auch »Wer nie sein Brot mit Tränen aß« (1961) und »Mamma Roma« (1962), seine Darsteller – neben ein paar ganz wenigen großen Schauspielern – zumeist Laiendarsteller, die all seinen Filmen eine ungewöhnliche Authentizität verliehen.

Der Brite **John Schlesinger** *(1926–2003)* begann seine Karriere als Dokumentarfilmer, bevor er sich auch der narrativen Filmkunst zuwandte. Gleich sein erster Film »Nur ein Hauch Glückseligkeit« wurde 1962 auf der Berlinale mit dem »Goldenen Bären« ausgezeichnet. Schlesinger gilt als einer der ersten Regisseure, die ihre Filme auf ein immer internationaler werdendes Publikum hin ausrichteten. Oft sozialkritisch gegen die französische Bourgeoisie und somit nicht unumstritten sind die Filme des Franzosen **Claude Chabrol** *(1930–2010)*, der unerschrocken populäre Filme ebenso wie künstlerisch wertvolle Werke produzierte. Der Brite **Ken Russell** *(1927–2011)* dagegen wurde mit einer Literaturverfilmung weltbekannt:

Sein Film »Liebende Frauen« (1969) beruht auf einer Romanvorlage von D. H. Lawrence und verschaffte ihm internationale Aufmerksamkeit und Anerkennung.
Eine der ersten Frauen, die sich als Regisseurin einen Namen machte, ist die Belgierin **Agnes Varda** *(geb. 1928):* Ihre Werke sind der »Nouvelle Vague« zuzurechnen, einer Filmkunstrichtung, die sich bewusst abwandte vom populären Stil der Hollywoodproduktionen.
Lange vor ihr war mit **Leni Riefenstahl** *(1902 bis 2003)* schon eine andere begabte Regisseurin zu – allerdings zweifelhaftem – Ruhm gekommen. Die persönliche Nähe der Tänzerin, Schauspielerin, Regisseurin und Fotografin zu Adolf Hitler und dem Nationalsozialismus sowie die in späteren Jahren fehlende Auseinandersetzung mit der nationalsozialistischen Vergangenheit machen sie zu einer der kontroversesten Persönlichkeiten der Filmgeschichte. Ihr bekanntestes Werk ist der Dokumentarfilm »Triumph des Willens« (1934) über den Reichsparteitag der NSDAP in Nürnberg.
Große politische Themen bannte der Spanier **Carlos Saura** *(geb. 1932)* auf die Leinwand. Die Filme Sauras, der unter dem autoritären Regime des General Franco arbeiten musste, waren zeitkritisch, obwohl sie der Zensur unterlagen und die Kritik daher nur versteckt geäußert werden konnte. Sie sind für den Zuschauer daher keine leichte Kost.

Polnischer Star
Mit Filmen wie »Tanz der Vampire« (1967) und »Rosemarie's Baby« (1968) gelang ***Roman Polanski*** (geb. 1933) *der Durchbruch. Auch »Chinatown« (1974) – im Bild eine Filmszene – gehört zu seinen großen Werken.*

Stilprägend
Im Jahr 2007 wurde ***Martin Scorsese*** (geb. 1942) *für das Gangsterepos »Unter Feinden« mit dem Regie-Oscar geehrt.*

Der gebürtige Pole **Roman Polanski** *(geb. 1933)* verstand es, filmtechnisch mit nur wenigen Ressourcen auszukommen; seine Filme, darunter »Tess« (1979) mit Nastassja Kinski und »Der Pianist« (2001) wurden wohl auch deshalb zu großen Erfolgen.

Originelle Ansätze

Sydney Pollack *(1934–2008)* verstand sich perfekt darauf, die Rollen seiner Filme mit den passenden Schauspielern zu besetzen – so kommt es, dass seine Filme stets wirken wie aus einem Guss. Zu seinen großen Erfolgen zählen die Filme »Tootsie« (1982) und »Jenseits von Afrika« (1985).
Der deutsche Filmregisseur und Autor **Edgar Reitz** *(geb. 1932)* war einer der ersten Regisseure überhaupt, der sich in dem komplexen Thema »Heimat« widmete. Seine gleich betitelte Filmtrilogie versucht, die Heimat nicht romantisch zu verklären, sondern sich realitätsnah dem Alltag zu stellen und das Sujet in seiner ganzen Vielschichtigkeit und Historizität aufzuarbeiten; dieser Versuch, Geschichte so verstehbar zu machen, hat dem Regisseur große Anerkennung eingebracht.
Der tschechische Regisseur und Schauspieler **Jiri Menzel** *(geb. 1938)* gilt als einer der wichtigsten osteuropäischen Vertreter der Filmkunst. Für seinen 1966 entstandenen Film »Liebe nach Fahrplan« erhielt er 1967 einen Oscar.
Martin Scorsese *(geb. 1942)* widmet sich in seinen Filmen den großen amerikanischen Themen: Egal ob Heimkehrer aus dem Vietnamkrieg oder Mafiosi, seine Filme gehen in die Tiefe und versuchen sich an der Aufarbeitung gesellschaftlich komplexer Themen. Scorsese zählt fraglos zu den Klassikern des modernen Films, der sich zunehmend auch in Hollywood einen Namen verschafft. Zwei seiner wichtigsten Filme sind »Die Zeit nach Mitternacht« (1986) und »Gangs of New York« (2002).
Das Metier von **David Cronenberg** *(geb. 1943)* dagegen ist der Horrorfilm. Der kanadische Regisseur machte sich u. a. mit den Filmen »Die Fliege«

Regie- und Schauspielstar
Wie oft in seinen Filmen führte **Woody Allen** (geb. 1935) *auch in »Harry außer sich« (1997) nicht nur Regie, sondern stand auch als Schauspieler u. a. mit Robin Williams vor der Kamera.*

(1986) und »Spider« (2002) einen Namen. Und auch in den Filmen des **David Lynch** *(geb. 1946)* steht das Böse im Vordergrund: Die Thriller »Blue Velvet« (1986) und »Mullholland Drive – die Straße der Finsternis« (2001) brachten dem Künstler viel Anerkennung ein.
Geradezu meisterhaft versteht sich **Oliver Stone** *(geb. 1946)* auf die Produktion politischer Filme: Er, der im Alter von 21 Jahren freiwillig in den Vietnamkrieg zog, machte sich mit gesellschaftskritischen Filmen – darunter »Wall Street« (1987), »Geboren am 4. Juli« (1989) und »John F. Kennedy – Tatort Dallas« (1991) einen Namen.
Jean-Luc Godard *(geb. 1930)* feierte in den 1960er-Jahren seinen ersten Erfolg, als ihm mit dem Film »Außer Atem« (1960) der Durchbruch gelang. Seine Filmkunst ist von zeitloser Qualität, künstlerisch wertvoll, anregend und unterhaltsam zugleich.
Ähnlich gelten auch die Filme des **François Truffaut** *(1932–84)* als große filmische Erzählungen, z. B. »Sie küssten und sie schlugen ihn« (1959). Sowohl Godard als auch Truffaut zählen zu den ganz großen Vertreten der »Nouvelle Vague«, dem weniger vorhersagbaren, weniger etablierten Kino.

Kassenschlager und Filmkunst

Mit seinem Erfolg »Einer flog über das Kuckucksnest« (1975) schrieb **Milos Forman** *(geb. 1932)* Filmgeschichte. Seine künstlerischen Anfänge nahm er in seiner Heimat und als er 1968 aus politischen Gründen nach der Niederschlagung des Prager Frühlings in den USA blieb, gelang es ihm, die Filme Hollywoods um seinen – europäischen – Blickwinkel zu ergänzen.
Als Komiker hat sich **Woody Allen** *(geb. 1935)* einen Namen gemacht, seine Filme begeistern ein Millionenpublikum: Zu seinen größten Erfolgen zählen die Werke »Play it again, Sam« (1971) und »Was sie schon immer über Sex wissen wollten, aber nie zu fragen wagten« (1972).
Mit den »Terminator«-Filmen gelangte **James Cameron** *(geb. 1954)*, der bei der Gestaltung seiner Filme auf Spezialeffekte und raffinierte Tricks setzte, zu einem ersten Erfolg. Der Film »Titanic« (1997), einer der größten Kassenschlager der Filmgeschichte, brachte Cameron dann den endgültigen Durchbruch, wurde dieser doch mit elf Oscars ausgezeichnet.
Sein Antikriegsfilm »Apocalypse Now« (1979) bescherte **Francis Ford Coppola** *(geb. 1939)* weltweite Anerkennung und setzte filmische Maßstäbe – die Qualität des modernen Unterhaltungskinos wird heute noch oft an Coppolas wohl berühmtester Produktion gemessen.
In den Bereich der gehobenen Filmkunst gehört der britische Filmregisseur und Experimentalkünstler **Peter Greenaway** *(geb. 1942)*. Er machte gleich mit seinem ersten Spielfilm »Der Kontrakt des Zeichners« (1982) auf sich aufmerksam. Das Werk ist zwar eigentlich ein klassischer Kriminalfilm, in dem es um die Suche nach dem Mörder geht, doch verfolgt der Regisseur filmisch das erklärte Ziel, das Medium zu erneuen, indem er sich stilistisch der grotesken Übertreibung bedient.
Seine Bekanntschaft mit Francis Ford Coppola führte den deutschen Regisseur **Wim Wenders** *(geb. 1945)*, der sich vor allem mit dem Film »Die Angst des Tormanns beim Elfmeter« (1972) einen Namen gemacht hatte, in die USA. Sein wohl erfolgreichster Film ist »Paris, Texas« (1984), der auf einem Text des Autors Sam Shepard beruht.

Macher von »Paris, Texas«
In seinem Film »Don't come knocking« (2005) erzählt **Wim Wenders** (geb. 1945) *die Geschichte eines abgehalfterten Westernstars. Das Foto zeigt ihn bei den Dreharbeiten.*

Von Glanz und Glamour

Ob Liebhaber oder Geliebte, Herzensbrecher oder Femme fatale – Schauspielerinnen und Schauspieler werden für die Rollen geliebt, die sie spielen. Sie bringen Glanz in den Alltag, Glamour ins heimische Wohnzimmer, sie präsentieren dem Zuschauer Aufregung und Abenteuer. Es sind diese kleinen Fluchten aus der realen Welt, die große Namen für immer unvergessen machen und mit denen sich Darstellerinnen und Darsteller in unseren Herzen und Gedächtnissen verewigen.

Die Schwedin **Greta Garbo** *(1905–90)* ist fraglos mehr als nur ein Filmstar – sie ist Legende: Ihr schauspielerisches Können zeigte sie vor allem in tragischen Rollen, ihre Ausstrahlung machte sie zu einem Weltstar. 1955 erhielt sie den Ehren-Oscar. Auch **Marilyn Monroe** *(1926–62)*, die sich durch einen unvergleichlichen Sex-Appeal auszeichnete und die Französinnen **Brigitte Bardot** *(geb. 1934)* sowie **Catherine Deneuve** *(geb. 1943)* sind Schauspielerinnen von Weltrang – lebendig in ihren Darstellungen und mit sinnlicher Ausstrahlung.
Zur Riege der europäischen Weltstars zählt auch die Italienerin **Anna Magnani** *(1908–73)*. Ihr gelang in der Rolle der Pina in »Rom, offene Stadt« 1945 der berufliche Durchbruch. 1955 erhielt sie dann für ihre Darstellung der Witwe Serafina in »The Rose Tatoo« unter der Regie von Daniel Mann einen Oscar. Die Rolle der »Scarlett« in dem Südstaatenepos »Vom Winde verweht« machte die britische Schauspielerin **Vivien Leigh** *(1913–67)* bekannt. Große Rollen spielte sie auch in »Anna Karenina« (1948) und »Endstation Sehnsucht« (1951).

Turbulenzen im Film und im Leben

Mit ihrer Rolle als Ehefrau des Marshalls einer kleinen amerikanischen Stadt in dem Western »Zwölf Uhr mittags« spielte sich **Grace Patricia Kelly** *(1929 bis 1982)* in die Herzen der Zuschauer. 1955 lernte sie dann Fürst Rainier III. de Grimaldi, den Regenten des Kleinstaats Monaco, kennen, den sie im Jahr 1956 heiratete. Als Fürstin von Monaco lebte sie bis zu ihrem Unfalltod in Monte Carlo.
Audrey Hepburn *(1929–93)* erhielt gleich für eine ihrer ersten Filmrollen in »Ein Herz und eine Krone« (1953) einen Oscar. Sie verkörperte die Verletzlichkeit, die Unschuld, die Größe und Persönlichkeit ihrer Filmcharaktere stets sehr glaubhaft.
Obwohl **Elizabeth Taylor** *(1932–2011)* durchaus über schauspielerisches Talent verfügte und in zahlreichen Filmen wie »Kleines Mädchen, großes Herz« (1944) und »Der Vater der Braut« (1950) große Rollen spielte, machte sie vornehmlich durch ihr turbulentes Privatleben – die Schauspielerin war achtmal verheiratet – auf sich aufmerksam.
Ihre Schönheit verhalf **Sophia Loren** *(geb. 1934)* zu einer großen Filmkarriere: Filmregisseur Carlo Ponti entdeckte sie als 16-Jährige für seine Filme, erfand ihren Künstlernamen und heiratete sie im Jahr 1957. Bis heute hat die Schauspielerin in mehr als 100 Filmen mitgespielt und zahlreiche Auszeichnungen erhalten – 1962 auch einen Oscar als beste Darstellerin für »Und dennoch leben sie«.

BB – das lockende Weib
»Und immer lockt das Weib« ist einer der berühmtesten Filme mit ***Brigitte Bardot*** (geb. 1934). *Später sorgte sie mit rechtslastigen Äußerungen für Skandale.*

»Meine Jugend und meine Schönheit schenkte ich den Männern.«

Brigitte Bardot

Hollywood-mythos

Schauspielerische Glanzleistungen, dazu mehrere Ehen und zahlreiche Affären sowie ihr geheimnisumwobener Tod machten **Marilyn Monroe** (1926 bis 1962) *zum Mythos.*

Diva und Grandseigneur

In »Prêt-à Porter« (1994) spielen **Sophia Loren** (geb. 1934) *und* **Marcello Mastroianni** (1924–96) *ihre komödiantischen Talente aus.*

In den letzten Jahren sind es Schauspielerinnen wie **Isabelle Huppert** *(geb. 1953)*, **Julia Roberts** *(geb. 1967)*, **Nicole Kidman** *(geb. 1967)*, **Drew Barrymore** *(geb. 1975)*, **Kate Winslet** *(geb. 1975)*, **Sienna Miller** *(geb. 1981)* und **Keira Knightley** *(geb. 1985)*, die ein Millionenpublikum verzaubern.

Herzensbrecher und dunkle Gestalten

Auch zahlreiche männliche Schauspieler haben sich in die Herzen des Publikums gespielt. **Marcello Mastroianni** *(1924–96)*, Komödiant und Charakterdarsteller, gehört unbedingt zu den ganz Großen der Branche, er spielte u. a. in »Das süße Leben« (1960) und »Die Stadt der Frauen« (1980). **David Niven** *(1909–83)* verstand sich bestens auf die Rolle des Gentleman, **Laurence Olivier** *(1907–85)* und **Richard Burton** *(1925–84)* zählten zu den besten Schauspielern ihrer Generation, die oft die Rolle des Herzensbrechers spielten. Ein ganz anderes Männerbild dagegen verkörperte **James Dean** *(1931–55)*, der sich gegen etablierte Rollen und Weltbilder wandte und so zu einem Idol für eine ganze Generation wurde. »Jenseits von Eden« und »Denn sie wissen nicht, was sie tun« (beide 1955) und sein früher Unfalltod ließen Dean zu einer Kultfigur werden. **Dustin Hoffman** *(geb. 1937)* und **Tom Hanks** *(geb. 1956)* gehören zu den Schauspielern, die in den 1980er- und 1990er-Jahren ihre größten Erfolge hatten. Für Dustin Hoffman waren dies insbesondere die Produktionen »Kramer gegen Kramer« (1979), »Tootsie« (1982) und »Rain Man« (1988), für Tom Hanks die beiden Filme »Forrest Gump« (1994) und »Apollo 13« (1995). Und im Kino der Gegenwart verzaubern **Michael Douglas** *(geb. 1944)* und **George Clooney** *(geb. 1961)* die Generation der über 30-jährigen Zuschauer, während **Leonardo Di Caprio** *(geb. 1974)* auch die Aufmerksamkeit eines jüngeren Publikums gewiss ist. Wer allerdings die Welt im Film spiegeln möchte, der kommt ohne die Darstellung des Bösen nicht aus: **Anthony Hopkins** *(geb. 1937)*, **Alain Delon** *(geb. 1935)* und **Warren Beatty** *(geb. 1937)* überzeugen in dunklen Rollen. Hopkins kam z. B. durch die Darstellung des Hannibal Lecter in »Das Schweigen der Lämmer« (1990) zu Weltruhm. Delon brillierte in »Der eiskalte Engel« (1967), Beatty in »Bonnie und Clyde« (1967).

Kultfigur der 1950er

Filme wie »Giganten« (1955; Szenefoto) machten **James Dean** (1931 bis 1955) *berühmt. Er kam 1955 bei einem Autounfall ums Leben.*

Aschenputtel und Prinz
In »Pretty Woman« (1990) mit ***Julia Roberts*** (geb. 1967) *und* ***Richard Gere*** (geb. 1949) *werden eine schöne Prostituierte und ein Finanzmogul zum Paar.*

Traumpaare der Leinwand

Der Traum vom großen Glück zu zweit – auf der Leinwand erstrahlt er in immer neuem Glanz. Liebe und Leidenschaft sind die großen Themen, die einen Film unvergessen machen, die ihm auch das Zeug zum Kassenschlager geben. Schicksalhafte Begegnungen und leidenschaftliche Filmszenen lassen denn auch die Schauspielerinnen und Schauspieler, die die große Liebe auf der Leinwand präsentieren, zur Legende werden.

Sie sind das wohl berühmteste Tanzpaar der Welt: **Fred Astaire** *(1899–1987)* und **Ginger Rogers** *(1911 bis 1995)*. Fred Astaire, ein nahezu perfekter Tänzer, hatte in Ginger Rogers eine Partnerin gefunden, die sich meisterhaft darauf verstand, Eleganz und Glamour im Tanz auszudrücken. Gemeinsam strahlten sie Harmonie und seelischen Gleichklang aus, was ihre zehn gemeinsamen Filme – die alle dem Unterhaltungsfilm zuzurechnen sind – noch heute sehenswert und interessant machen.
Unvergessen als Leinwandliebespaar sind auch **Cary Grant** *(1904–86)* und die gewitzte, schlagfertige **Katherine Hepburn** *(1907–2003)*, u. a. in den Filmen »Leoparden küsst man nicht« (1938) und »Die Nacht vor der Hochzeit« (1940).

Paar im Film und im Leben
In »Der Swimmingpool« standen ***Romy Schneider*** (1938–82) *und* ***Alain Delon*** (geb. 1935) *gemeinsam vor der Kamera. Auch privat waren sie jahrelang, von 1958 bis 1964, liiert.*

Clark Gable *(1901–60)* dagegen begann seine Karriere mit Rollen als Draufgänger und Raubein, bevor ihm an der Seite von **Vivien Leigh** *(1913–67)* der Durchbruch gelang: Die beiden spielten sich als Liebespaar in »Vom Winde verweht« (1939) als Rhett Butler und Scarlett O`Hara Seite an Seite in die Herzen des Filmpublikums.
In dem eigentlich als Antikriegsfilm gegen das nationalsozialistische Deutschland gedrehten Film »Casablanca« (1942) sind es insbesondere die Szenen, die sich zwischen **Humphrey Bogart** *(1899 bis 1957)* und **Ingrid Bergman** *(1915–82)* in »Rick`s Café Américain« abspielen, die das Werk zum Klassiker machten und auch die beiden Darsteller in den Rang von Legenden hoben.
Zahlreiche Filmpartner tummelten sich an der Seite von **Doris Day** *(geb. 1924)*: In einigen Komödien

präsentierte sie sich als Paar gemeinsam mit **Rock Hudson** *(1925–85)*, so beispielsweise in »Bettgeflüster« (1959) und »Ein Pyjama für zwei« (1961). Aber auch mit Filmpartner **Cary Grant** *(1904–86)* feierte sie Erfolge, z. B. in »Ein Hauch von Nerz« (1961) – die Komödie wurde im Jahr 1963 für drei Oscars nominiert.

Europäische Traumpaare

An der Seite von **Burt Lancaster** *(1913–94)* wurde **Claudia Cardinale** *(geb. 1939)* in »Der Leopard« (1962) zum Weltstar: Als Fürst Salina und Angelica bleiben sie in einer der prächtigsten Kinoproduktionen Europas dem Publikum unvergessen. Später stand die Schauspielerin mit anderen berühmten Kollegen vor der Kamera, darunter **Alain Delon** *(geb. 1935)* in »Sie fürchten weder Tod noch Teufel« (1966) und **Henry Fonda** *(1905–82)* in »Spiel mir das Lied vom Tod« (1968).
Ein Traumpaar des Kinos der 1960er-Jahre waren **Sophia Loren** *(geb. 1934)* und **Marcello Mastroianni** *(1924–96)*. Die beiden standen lange Jahre gemeinsam vor der Kamera; zu ihren wichtigsten Filmen zählen »Gestern, heute und morgen« (1963) und »Hochzeit auf italienisch« (1964).
Die »Sissi«-Trilogie brachte **Romy Schneider** *(1938 bis 1982)* und ihrem Filmpartner **Karlheinz Böhm** *(1928–2014)* als Kaiserin Sissi und Kaiser Franz Joseph Weltruhm. Später stand Romy Schneider auch mit Alain Delon, mit dem sie in Frankreich lange zusammenlebte, in dem Film »Der Swimmingpool« (1969) vor der Kamera, ebenso mit **Michel Piccoli** *(geb. 1925)* und **Yves Montand** *(1921–91)*.
Im Deutschland der Nachkriegszeit schafften es **Marika Kilius** *(geb. 1943)* und **Hans Jürgen Bäumler** *(geb. 1942)* zum Traumpaar der Nation: Das berühmte Eiskunstlaufpaar verewigte in den Filmen »Die große Kür« (1964) und »Das große Glück« (1967) seine gemeinsame Sportlerkarriere im Film.

Moderne Märchen

Eine schöne Frau, die ihren Lebensunterhalt als Liebesdienerin verdient und sich dabei einen Millionär angelt – das ist die Geschichte des Films »Pretty Woman« (1990), der **Richard Gere** *(geb. 1949)* in der Rolle des Finanzmoguls Edward Lewis und **Julia Roberts** *(geb. 1967)* als Prostituierte Vivian Ward weltberühmt und Julia Roberts über Nacht zum Superstar machte.
Ein ganz besonderes Paar beherrscht gegenwärtig die Medien: **Angelina Jolie** *(geb. 1975)*, die ihre Karriere als Lara Croft in »Tomb Raider« (2001) begann, stand für den Film »Mr. und Mrs. Smith« (2005) gemeinsam mit **Brad Pitt** *(geb. 1963)* vor der Kamera. Aus dem Filmpaar wurde auch in Wirklichkeit ein Traumpaar, für das die Medien den Namen »Brangelina« erfanden. Durch ihr aufregendes Privatleben – das Paar hat drei gemeinsame sowie drei adoptierte Kinder – machen »Brangelina« immer wieder von sich reden.

Inbegriff des Traumpaars
»Vom Winde verweht« machte ***Vivien Leigh*** (1913 bis 1967) *und* ***Clark Gable*** (1901–60) *1939 zum Prototyp des Traumpaars.*

Komisches Filmduo

Liebe allein ist nicht alles – jedenfalls wenn von Filmtraumpaaren die Rede ist: Als komisches Duo »Dick & Doof« spielten sich **Stan Laurel** *(1890 bis 1965)* und **Oliver Hardy** *(1892–1957)* in die Herzen der Zuschauer – in all ihren Filmen hatten sie stets die Lacher auf ihrer Seite.

Ginger und Fred
Mit ***Fred Astaire*** (1899–1987) *bildete* ***Ginger Rogers*** (1911–95) *in den 1930er-Jahren ein grandioses Filmtanzpaar. Szene aus »Swing Time« (1936)*

Spektakuläre Stunts und überdrehte Abenteuer

Stunts, Tricks, Explosionen, Zerstörungen und wilde Verfolgungsjagden sind der Stoff, aus dem Actionfilme gemacht werden. Im Mittelpunkt des Geschehens stehen ein meist männlicher Held und eine häufig martialische Handlung. Natürlich hat auch dieses populäre Genre seine großen Helden – ebenso wie der nicht ganz so actionreiche Western und der Abenteuerfilm.

Eigentlich hatte der Actionfilm einen ausgesprochen schlechten Start in die Filmgeschichte: Einer der ersten Filme dieser Sparte war »Robot Monster« (1953), in dem **George Nader** *(1921–2002)* die Hauptrolle spielte. Die dünne Handlung und die miserable Qualität des Films brachten ihm den Ruf eines der schlechtesten Filme aller Zeiten ein. Doch mit steigenden Budgets, besseren Drehbüchern, Regisseuren und Schauspielern wurde der Actionfilm bald zu einem wichtigen Teil des Filmbusiness.

Zwischen Gut und Böse

Er war kein Mann der Worte, eher ein Mann der Tat: **Charles Bronson** *(1921–2003)* brillierte, wenn er sich in der Rolle des Bösen oder des Außenseiters präsentieren konnte. Er spielte nicht nur in Western (»Spiel mir das Lied vom Tod«, 1968), sondern auch in Actionfilmen (»Antlitz des Todes«, 1994). Auch **Clint Eastwood** *(geb. 1930)* verkörperte stets den eher wortkargen Helden – zu seinen bekanntesten Filmen gehören »Coogan's großer Bluff« (1968), »Joe Kidd« (1972) und »Million Dollar Baby« (2004).

Viele der Filme, in denen **Harrison Ford** *(geb. 1942)* mitwirkte, waren echte Blockbuster – also Kassenschlager und Straßenfeger. Unter anderem stand Ford als Han Salo in den »Star Wars«-Filmen der 1970er-Jahre, in »Der weiße Hai« (1975) und »Apocalypse Now« (1979) vor der Kamera.
Ist Ford eher der Rubrik »Abenteuerfilm« zuzuordnen, so sorgte der in Österreich geborene **Arnold Schwarzenegger** *(geb. 1947)* in seinen Terminatorfilmen für Action pur. Seiner Schauspielerkarriere ließ er aber mit der Fertigstellung des letzten Terminatorfilms eine andere folgen: Schwarzenegger war von 2003–2011 Gouverneur des US-Bundesstaats Kalifornien. Im Juli 2015 feierte Schwarzenegger sein Comeback in einem weiteren Terminatorfilm.
Mit dem Film »Rocky« wurde **Sylvester Stallone** *(geb. 1946)* weltberühmt. Er brillierte auch in »Rambo«, einem Film, der sich mit dem Vietnamkrieg und der Rolle der Kriegsheimkehrer kritisch auseinandersetzt, als Actionheld.

Indiana Jones
Als der Archäologe Indiana Jones erlebt **Harrison Ford** (geb. 1942) *in der Indiana-Jones-Reihe haarsträubende Abenteuer. Das Foto zeigt ihn (links) mit Sean Connery.*

Einsamer Held

Die »Stirb langsam«-Filme – im Bild eine Szene aus der dritten Folge (2007) – wurden zum Markenzeichen von **Bruce Willis** (geb. 1955).

Terminator

Als Held der Terminator-Reihe gelangte ***Arnold Schwarzenegger*** (geb. 1947) *zu Weltruhm. Das Szenefoto stammt aus dem Film »Terminator 3« (2003).*

Einer der Rocky-Filme war es auch, der dem schwedischen Schauspieler **Dolph Lundgren** *(geb. 1957)* zu Bekanntheit verhalf; in dem Film »Rocky IV – Der Kampf des Jahrhunderts« (1985) spielte er einen sibirischen Boxer. **Michael Dudikoff** *(geb. 1954)* kam über eine Nebenrolle in der Fernsehserie »Dallas« zur Schauspielerei. Seinen größten Erfolg feierte er 1985 mit »American Fighter«, einem Kassenschlager, der vier Fortsetzungen erlebte.

Kampfkunst und smarte Action

Seine Kampfkunstfilme machten **Bruce Lee** *(1941 bis 1973)* zu einer Kultfigur: Er hatte schon als Kind in zahlreichen Kampfsportfilmen, die den Zuschauern viel Action boten, vor der Kamera gestanden. Als er dann im Alter von 18 Jahren in die USA kam, war es seine ganz spezielle Art, die Kampfkunst Kung Fu zu interpretieren und auszuüben, die ihn ins Filmgeschäft brachte: Das von ihm entwickelte »Jeet Kune Do« (dt.: »Weg der abfangenden Faust«) wurde legendär. Der Film »Der Mann mit der Todeskralle« (1973) zeigte Bruce Lee in der Hauptrolle und war der erste Kung-Fu-Film, der in Hollywood – und eben nicht in Hongkong – gedreht wurde.

Als Trainer asiatischer Kampfkunst lernte **Steven Seagal** *(geb. 1951)* einen amerikanischen Filmagenten kennen, der ihn für den Film entdeckte. In den 1980er-Jahren hatte er mit Streifen wie »Alarmstufe: Rot« große Erfolge.

Als einsamer, aber smarter Held, dem es gelingt, eine ganze Gruppe von Gangstern der Reihe nach auszuschalten, hat sich **Bruce Willis** *(geb. 1955)* in dem Film »Stirb langsam« (1988) in das Gedächtnis der Kinogänger gespielt. Weitere Filme, in denen er mitspielte, sind u. a. »Pulp Fiction« (1994) und »Armageddon« (1998).

Für **Mel Gibson** *(geb. 1956)* kam der Erfolg mit seiner Darstellung des Polizisten Martin Riggs in dem Film »Zwei stahlharte Profis«(1987) – ein Film, der zugleich das Genre des Actionfilms insofern bereicherte, als er der Gewalt eine komödiantische Note beizufügen verstand.

Auch der belgische Schauspieler **Jean-Claude Van Damme** *(geb. 1960)* wurde vor allem durch Actionfilme bekannt; er spielte u. a. als Stuntman von Chuck Norris in dem Film »Missing in Action« (1984) und später in »Geballte Ladung – Double Impact« (1991). Seine Rolle als Maximus in dem Historienfilm »Gladiator« (2000) brachte **Russell Crowe** *(geb. 1964)* weltweite Bekanntheit und einen Oscar als bester Hauptdarsteller ein.

Frauen in Action

Zu den wenigen Frauen, die ihre Bekanntheit nicht zuletzt dem Actionfilm verdanken, gehören **Drew Barrymore** *(geb. 1975)*, die mit dem Film »Der Höllentrip« (1980) einen ersten großen Erfolg feierte, und **Angelina Jolie** *(geb. 1975)*, die als Lara Croft in dem Film »Tomb Raider« die Zuschauer in Spannung versetzte.

Meister des Kung Fu

Mit nur 32 Jahren verstarb ***Bruce Lee*** *(1941–73), der größte Kampfkünstler aller Zeiten. Der Film »Mein letzter Kampf«, aus dem dieses Bild stammt, wurde erst nach seinem Tod fertiggestellt.*

Motorrad-Rocker
In »Easy Rider« (1969) beschrieben ***Dennis Hopper*** *(1936–2010) und* ***Peter Fonda*** *(geb. 1940) das Lebensgefühl der 1960er-Jahre.*

Die großen Helden des Kinos

Sie erleben aufregende Abenteuer und leidenschaftliche Beziehungen, sie durchleiden schwere Zeiten und sterben den Heldentod. In der Erinnerung der Zuschauer aber bleiben sie lebendig – Filmstars werden auch für ihre Rollen geliebt!

Henry Fonda *(1905–82)* ist der wohl bedeutendste amerikanische Charakterdarsteller: Glaubhaft verkörperte er den ehrenhaften, moralisch gefestigten Mann, der versucht, durch seine Taten zu überzeugen. Bereits für eine seiner ersten Filmrollen in »Der junge Mr. Lincoln« (1939) wurde er für die herausragende Darstellung von den Kritikern gelobt. Mit den Filmen »Faustrecht der Prärie« (1946) und »Die zwölf Geschworenen« (1957) feierte er weitere Erfolge; später brillierte er auch in der Rolle des Übeltäters und Bösewichts. Aus seiner zweiten Ehe mit Frances Seymour Brokaw gingen die beiden Kinder **Jane Fonda** *(geb. 1937)* und **Peter Fonda** *(geb. 1940)* hervor, die beide ebenfalls Schauspieler sind. Gemeinsam mit Stars wie **Dennis Hopper** *(1936–2010)* stand Peter Fonda auch in dem Kultfilm »Easy Rider« (1969) vor der Kamera.

Wenn ein Name für das Genre des Westernfilms steht, dann seiner: **John Wayne** *(1907–79)* gelang der große Durchbruch als Schauspieler mit seiner Rolle als »Ringo Kid« in dem Western »Ringo« (1939), dem viele weitere folgen sollten.

Anthony Quinn *(1915–2001)* spielte zunächst kleine Nebenrollen in unbedeutenden Filmen. Erst als er für seine Nebenrolle in dem Film »Viva Zapata!« 1953 mit einem Oscar ausgezeichnet worden war, erhielt er auch Hauptrollen, z. B. die des »Zampano« in Fellinis Film »La Strada – Das Lied der Straße« (1954). Sie öffneten ihm den Weg zum ganz großen Erfolg.

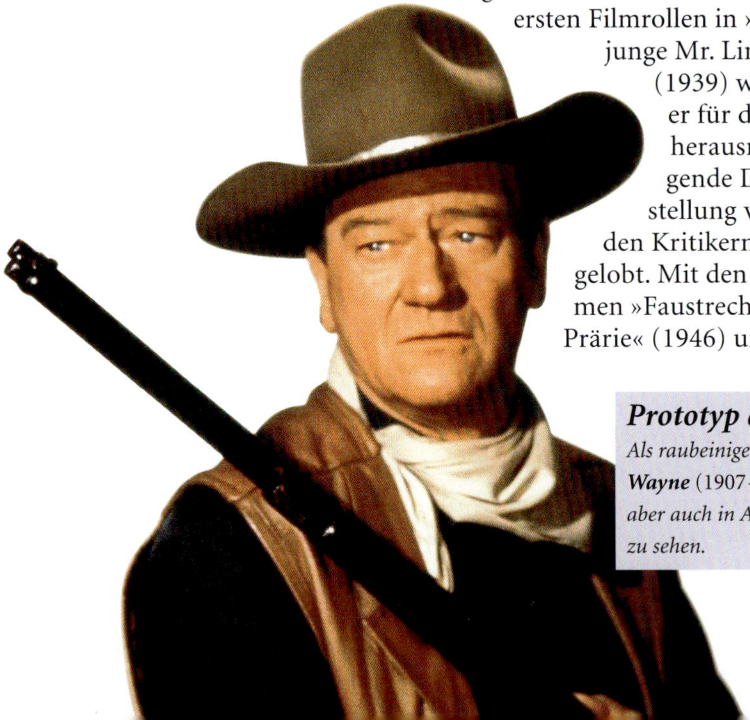

Prototyp des Westernhelden
Als raubeiniger Westernheld wurde ***John Wayne*** *(1907–79) zum Mythos. Er war aber auch in Abenteuer- und Kriegsfilmen zu sehen.*

Vielseitige Künstler

Ein französischer Schauspieler italienischer Herkunft ist der Star des europäischen Kinos: Stets mit einem Trenchcoat bekleidet brillierte **Lino**

Oscar-Königin

*Mit 14 Nominierungen und zwei Oscars ist **Meryl Streep** (geb. 1949) an dem berühmten Preis gemessen die erfolgreichste Schauspielerin aller Zeiten. Das Szenefoto zeigt sie als Karen Blixen in »Jenseits von Afrika« (1985).*

Mit Akribie am Set

*Für seine intensive Rollenvorbereitung ist **Dustin Hoffman** (geb. 1937) bekannt. Seinen Durchbruch hatte er 1967 mit »Die Reifeprüfung«. Das Szenefoto daraus zeigt ihn mit Katharine Ross.*

Ventura *(1919–87)* als Kommissar in verschiedenen Kriminalfilmen. Zur gleichen Zeit machte auch **Jean-Louis Trintignant** *(geb. 1930)* von sich reden: An der Seite von **Brigitte Bardot** *(geb. 1934)* wurde er 1956 mit dem Film »Und immer lockt das Weib« zum Weltstar. **Tony Curtis** *(1925–2010)* agierte in mehr als 60 Filmen vor der Kamera, er ist eine der großen Legenden, die Hollywood hervorgebracht hat: Nicht nur seine Filme – darunter »Trapez« (1956) und »Manche mögen's heiß« (1959) –, auch seine zur Seite gekämmte und später von Elvis Presley kopierte Haartolle machen ihn unvergesslich. Zu den großen Charakterdarstellern des Kinos zählen auch **Rod Steiger** *(1925–2002)* und **George C. Scott** *(1927–99)*. Stets gelang es ihnen, den kantigen, oft kauzigen Figuren, die sie spielen, eine glaubhafte Gestalt zu geben.

Seine herausragende Wandlungsfähigkeit als Schauspieler beeindruckt Kritiker und Zuschauer immer wieder von Neuem: Der Brite **Ben Kingsley** *(geb. 1943)* verkörperte zahlreiche historische Persönlichkeiten, darunter Mahatma Gandhi, Simon Wiesenthal, Perikles und Wladimir Lenin.

Schauspielerkollegin **Meryl Streep** *(geb. 1949)* verfügt über ein ähnliches künstlerisches Potenzial: Ob als Karen Blixen in »Jenseits von Afrika« (1985), als Francesca Johnson in »Die Brücken am Fluss« (1995) oder als diktatorische Chefin in »Der Teufel trägt Prada« (2006) – ihre Darstellungen sind immer überzeugend. Keine andere Schauspielerin wurde für ihr filmisches Schaffen so oft ausgezeichnet wie sie.

Noch immer präsent auf der Leinwand ist auch **Dustin Hoffman** *(geb. 1937)*, der mit seiner ersten Hauptrolle in »Die Reifeprüfung« (1967) einen Welterfolg landete. Auch in weiteren Filmen, so in dem Scheidungsdrama »Kramer gegen Kramer« (1979) und in »Rain Man« (1988), bewies er sein Talent als Charakterdarsteller. Während der Film »Kramer gegen Kramer«, in dem Dustin Hoffman einen alleinerziehenden Vater verkörpert, eine gesellschaftliche Diskussion auslöste, spielte er in »Rain Man« einfühlsam den autistischen »Raymond« und schuf so eine Öffentlichkeit für Menschen mit einer geistigen Benachteiligung, die zumeist am Rande der Gesellschaft stehen.

Die jüngere Generation

Auch das Kino der Gegenwart kommt ohne große Namen nicht aus: **Tom Cruise** *(geb. 1962)* erschien 1981 in dem Film »Endlose Liebe« zum ersten Mal auf der Leinwand; zu seinen bekannten Filmen zählen »Rain Man« (1988), »Die Firma« (1993), »Last Samurai« (2003) und »Mission: Impossible« (1996, 2000 und 2006).

Ein aktueller Frauenschwarm ist **Johnny Depp** *(geb. 1963)*, der z. B. in »Chocolat« (2000) an der Seite von Juliette Binoche, in »Wenn Träume fliegen lernen« (2004) sowie in den drei Filmen »Fluch der Karibik 1–3«, 2003/2006/2007) mitspielte.

Der britische Schauspieler **Orlando Bloom** *(geb. 1977)* wurde durch seine Rolle als »Legolas« in der Filmtrilogie »Herr der Ringe«, 2001/2002/2003) berühmt. Seitdem spielte er in zahlreichen weiteren Filmen, u. a. in »Troja« (2004) und »Fluch der Karibik 1 und 2«, 2003/2006) mit.

> ***»Sie müssen mich schon erschießen, damit ich aufhöre.«***
>
> Ben Kingsley

Zu den weiblichen Superstars der jüngeren Generation zählen z. B. **Cate Blanchett** *(geb. 1969)*. die 1998 mit ihrer Darstellung der Königin Elisabeth I. von England in »Elisabeth« bekannt wurde, **Gwyneth Paltrow** *(geb. 1972)*, die 1998 für ihre Darstellung der Viola De Lesseps in »Shakespeare in Love« einen Oscar erhielt, und **Tilda Swinton** *(geb. 1960)*, die meist ungewöhnliche Rollen in Filmen abseits des Mainstreams spielt.

Mit dem größten Vergnügen

Filme sollen Vergnügen bereiten, und Filme wollen unterhalten: Heiter zu sein ohne zu verletzen – nur wenigen großen Komödianten gelingt es, menschliche Schwächen pointiert darzustellen und entstehende Konflikte humorvoll, aber überlegt zu lösen. Dann aber gilt selbstverständlich: Lachen ist die beste Medizin!

Er kletterte in schwindelerregender Manier an Wolkenkratzern entlang und gilt als größter Komiker des Stummfilms: **Harold Clayton Lloyd** *(1893 bis 1971)* begann als Darsteller in 10-minütigen Kurzfilmen, als die Filmbranche noch in ihren Kinderschuhen steckte, drehte dann in den 1920er-Jahren zahlreiche Langfilme, in den 1930er-Jahren Tonfilme, und arbeitete gegen Ende seiner Karriere in den 1960er-Jahren auch als Produzent.

Die frühen Stars

Wahrscheinlich der berühmteste Komiker aller Zeiten ist **Charlie Chaplin** *(1889–1977)*. Weltbekannt machte ihn seine Rolle als Tramp – ein paar alte Schuhe, eine übergroße Hose, eine äußerst enge Jacke, Melone und Schnurrbart wurden in Filmen wie »Goldrausch« (1925) und »Lichter der Großstadt« (1931) zu seinen Markenzeichen.
Slapstick war auch das Metier des Franzosen **Jacques Tati** *(1907–82)*. Er verstand sich meisterhaft darauf, die vielen kleinen Unzulänglichkeiten des Lebens spöttisch zu inszenieren. Einer seiner frühen Filme, »Soigne ton gauche« (1936) wird von den Kritikern als der gelungenste bezeichnet, Weltruhm allerdings bescherte ihm erst der Film »Die Ferien des Monsieur Hulot« (1953), in dem der Hauptdarsteller – Tati's Alter Ego – heftig mit den Tücken des Alltags kämpft.
Eine Brille, ein aufgemalter Schnurrbart und eine Zigarre waren die Markenzeichen von **Groucho Marx** *(1890–1977)*, der mit seinen Brüdern **Chico Marx** *(1887–1961)* und **Harpo Marx** *(1888–1964)* als Komikertruppe »The Marx Brothers« mit vielen Filmen große Erfolge feierte. Gemeinsam gelang es ihnen, ihre zufällig entstandenen Erkennungszeichen – Chico als Frauenheld mit spitzem Hut und Harpo stumm, aber verschmitzt – in weltbekannte Markenzeichen umzumünzen und die dadurch festgelegten Rollen immer glaubhaft und äußerst witzig zu präsentieren.

Priester und Gendarmen

Als schlitzohriger Pfarrer »Don Camillo« wurde der französische Schauspieler **Fernand Joseph Désiré Contandin**, der sich mit Künstlernamen **Fernandel** *(1903–71)* nannte, bekannt. Ein weiterer Franzose, nämlich **Louis de Funès** *(1914–83)*, war in verschiedenen populären Kriminalkomödien wie »Der Gendarm von Saint Tropez« oder »Die große Sause« im komischen Film ab der Mitte der 1960er-Jahre außerordentlich erfolgreich.
Über Jahrzehnte hinweg arbeiteten die Freunde **Jack Lemmon** *(1925–2001)* und **Walter Matthau** *(1920 bis 2000)* erfolgreich als Komikerduo zusammen: Sie standen 1966 für »Der Glückspilz« zum ersten Mal gemeinsam vor der Kamera und brillierten dann in neun weiteren Filmen – in

Komische Brüder
Durch ihren anarchischen Humor wurden die Marx Brothers ***Groucho*** (1890 bis 1977, links), ***Chico*** (1887–1961, rechts) *und* ***Harpo Marx*** (1888–1964) *bekannt.*

Dem rosaroten Panther auf der Spur
Als Inspector Clouseau war sich **Peter Sellers** (1925–80) *in den Gaunerkomödien um den Diamant »Rosaroter Panther« für keine Fahndungsmethode zu schade.*

denen sie ihr komödiantisches Talent voll ausspielen konnten – als komisches Duo.
Der britische Schauspieler **Peter Sellers** *(1925–80)* bleibt insbesondere für seine Rolle als Inspector Jacques Clouseau in »Der rosarote Panther« (1963) unvergessen. **Danny de Vito** *(geb. 1944),* dessen Markenzeichen seine mit 1,54 m geringe Körpergröße bei recht robustem Körperbau ist, erwarb sich im Genre der Comedy vor allem durch seine Rolle als Gavin D'Amato in »Der Rosenkrieg« (1989) Verdienste.

Vielseitige Künstler

In einer Komödie des großen Alfred Hitchcock gab die Amerikanerin **Shirley MacLaine** *(geb. 1934)* ihr Debüt als Schauspielerin: Mit ihrer Rolle als Jennifer Rogers legte sie in »Immer Ärger mit Harry« (1955) den Grundstein für ihre Karriere. Nach anfänglich zahlreichen Komödien spielte sie in den 1950er- und 1960er-Jahren auch ernsthaftere Rollen, z. B. in »Das Mädchen Irma La Douce« (1963).

Ein verrücktes Paar
Der Titel des Films, aus dem diese Szene stammt, »Ein verrücktes Paar« (1994), steht auch für seine beiden Hauptdarsteller, ***Jack Lemmon*** (1925–2001, links) *und* ***Walter Matthau*** (1920–2000), *die über viele Jahre ein Komikerduo bildeten.*

Die amerikanische Schauspielerin **Bette Midler** *(geb. 1945)* gilt als Meisterin der Comedy. Bekannt wurde sie durch eine Rolle am Broadway und in komödiantisch-musikalischen Unterhaltungsprogrammen in New Yorker Nachtclubs. Eine ihrer bekanntesten Komödien ist »Der Club der Teufelinnen« (1996). Bette Midler kann aber auch ernsthafte Charaktere glaubhaft verkörpern. Für ihre Rolle als Mary Rose Foster in dem Film »The Rose« wurde sie 1980 für einen Oscar nominiert.
Der italienische Regisseur und Schauspieler **Roberto Benigni** *(geb. 1952)* widmet sich bevorzugt der Tragikomödie: Weltweiten Ruhm bescherte ihm sein Werk »Das Leben ist schön« (1997), das einen ganz ungewöhnlichen Umgang mit den Erfahrungen des Juden Guido in einem Konzentrationslager offenbart – eine ungewöhnliche Produktion, die viel Aufsehen erregte und mit zahlreichen Auszeichnungen bedacht wurde.
Die Amerikanerin **Whoopi Goldberg** *(geb. 1955)* ist eine wandlungsfähige Schauspielerin – und eine ausgezeichnete Komödiantin, die beispielsweise in »Sister Act – Eine himmlische Karriere« (1992) überzeugte.
Bernhard Victor (Vicco) Christoph Carl von Bülow wurde unter dem Künstlernamen **Loriot** *(1923–2011)* bekannt. Gemeinsam mit seiner Filmpartnerin **Evelyn Hamman** *(1942–2007)* spielte er sich mit Sketchen und Filmen (»Ödipussi«, 1988), in denen stets trockener Humor die Atmosphäre bestimmt, in die Herzen von Millionen Film- und Fernsehzuschauern.

»White Christmas«
Mit »White Christmas« gelang ***Bing Crosby*** *(1904–77) 1942 ein Welterfolg. Das Bild zeigt ihn (v. l. n. r.) mit Grace Kelly, Frank Sinatra und Celeste Holm in »Die oberen Zehntausend« (1956).*

Dramatik durch Musik

Musik und Film gehörten schon immer zusammen – bereits die ersten Stummfilme wurden meist akustisch unterlegt: In vielen Kinos gab es Erzähler, die die Ereignisse auf der Leinwand kommentieren, und es gab Jahrmarktorgeln, Sänger oder Musikanten, die eine Filmvorführung begleiteten; zusätzlich sorgten Geräuscheffekte für Spannung und Überraschung. Später wurde die Musik dann Gegenstand des Films selbst, und Sängerdarsteller feierten große Erfolge.

Nicht alle Kritiker sind überzeugt, dass **Jack Buchanan** *(1890–1957)* auch wirklich singen konnte, doch seine Persönlichkeit strahlte das »gewisse Etwas« aus, das ihn auch vor der Kamera auszeichnete. Zu seinen besten Filmen zählen britische Produktionen mit den Schauspielerinnen **Anna Neagle** *(1904–86)* und **Elsie Randolph** *(1904–82)*, die sich beide ausgezeichnet darauf verstanden, Buchanans aristokratischer Haltung die richtige Portion an Understatement entgegenzusetzen.
Der Franzose **Maurice Chevalier** *(1888–1972)* trat zunächst in kleinen Cafés auf, bevor ihm mit dem Film »Die Liebesparade« (1930) der Durchbruch gelang. Stets korrekt gekleidet, mit Strohhut und häufig einem Spazierstock in der Hand, tanzte und sang er sich in die Herzen der Zuschauer.
Zu den bekanntesten Sängern und Schauspielern gehört **Bing Crosby** *(1904–77)*. Seine Rolle in »White Christmas« (1954) machte ihn zum Weltstar und den gleichnamigen Song zu einem der größten Verkaufserfolge aller Zeiten. Crosby diente **Frank Sinatra** *(1915–98)*, der in vielen Musicals, Dramen, Abenteuerfilmen und Komödien mitspielte und bereits in den 1940er-Jahren einen Nummer-1-Hit (»I'll never smile again«) landete, als Vorbild.
Nicht zuletzt ihre spärliche Bekleidung machte die Schauspielerin, Sängerin und Tänzerin **Josephine Baker** *(1906–75)* zum Weltstar.

Populäre Musikfilme

Mit dem Aufkommen des Tonfilms erlebte in den 1930er-Jahren die Gattung des Filmmusicals einen ersten Höhepunkt. **Fred Astaire** *(1899–1987)* und **Ginger Rogers** *(1911–95)* waren die unvergessenen Stars dieser Ära.
Der amerikanische Tänzer und Sänger **Gene Kelly** *(1912–96)* begeisterte ebenfalls vor allem durch seine Rollen in Musicals, z. B. als Jerry Mulligan in »Ein Amerikaner in Paris« (1951). Neben ihm gilt die Tänzerin **Cyd Charisse** *(1921–2008)* als eine sehr wichtige Musicaldarstellerin.
Schon mit ihrem Debütalbum »The Barbra Streisand Album« legte **Barbra Streisand** *(geb. 1942)* im Jahr 1963 einen fulminanten Karrierestart hin. Immer wieder steht sie nicht nur selbst vor der Kamera, sondern führt auch Regie (»Yentl«, 1983).
Liza Minelli *(geb. 1946)* kam schon früh mit dem Showgeschäft in Berührung, doch erst ihre Rolle als Sally Bowles in dem Musical »Cabaret« (1972) brachte ihr Weltruhm. Später spielte sie immer wieder in Musikfilmen, u. a. 1975 in dem Broadway-Musical »Chicago« und 1984 an der Seite von Chita Rivera in dem Filmmusical »The Rink«.
Im deutschsprachigen Raum verstand es der österreichische Schauspieler und Sänger **Peter Alexander** *(1926–2011)* über viele Jahre, die Zuschauer heiter und komödiantisch zu unterhalten. Der Publikumsliebling stand in 40 Filmen, darunter z. B. »Im weißen Rössl« (1960) und von 1963 bis 1995 in der »Peter Alexander Show« vor der Kamera.

Tänzer und Aristokrat

Der bedeutendste Tänzer der Filmgeschichte, ***Fred Astaire*** *(1899–1987, links), und das Idealbild des aristokratischen Engländers vor der Kamera,* ***Jack Buchanan*** *(1890–1957), standen in dem Musical »Vorhang auf!« (1953) gemeinsam vor der Kamera.*

Englands Star der 1930er und 1940er

Meist erzählen die Filme mit ***Anna Neagle*** *(1904–86) – hier in »Irene« (1940) – romantische Geschichten aus der besseren Gesellschaft.*

Typisch für Josephine Baker (1906–75) waren exzentrische Kostüme wie dieser Federschmuck bei einer Revueshow im Jahr 1962.

»Treffpunkt Herz«

Dieser Titel einer von ***Peter Alexander*** *(1926–2011) 1975 moderierten Fernsehgala kann auch als Titel des Gesamtwerks des erfolgreichsten Sängers, Schauspielers und Entertainers im deutschsprachigen Raum dienen.*

Frühe Erfolge

Wer in jungen Jahren erfolgreich auf der Bühne oder vor der Kamera steht und große Erfolge feiern kann, der hat es später oft schwer, an diese Erfolge anzuknüpfen: Nicht wenige Kinderstars, die sich als aufgeweckte, liebenswerte und pfiffige Persönlichkeiten in die Herzen der Zuschauer spielten, waren dem Erfolgsdruck nicht lange gewachsen. Einige gerieten sogar in Konflikt mit den Gesetzen, verspielten ihr Glück mit Drogen und Alkohol. Es gehört eben sehr viel Energie dazu, auf den Brettern, die die Welt bedeuten, den Boden unter den Füßen zu behalten.

Gerade 6 Jahre alt war er schon ein richtiger Star: An der Seite des großen Charlie Chaplin spielte **Jackie Coogan** *(1914–84)* 1921 in dem Film »Der Vagabund und das Kind« (1921) einen Jungen, der von seiner Mutter kurz nach der Geburt verlassen wird. Die große Rolle brachte ihm frühen Ruhm, aber nur ein kurzes Glück: Seine Mutter und sein Stiefvater bereicherten sich an seinem Einkommen, Coogan verklagte sie. So war in den USA der Anlass für das sogenannte Coogan-Gesetz gegeben, das seitdem die Einkünfte Minderjähriger vor dem Zugriff auch der Eltern gesetzlich schützt.
Jackie Coogan konnte danach kaum an seine frühen Erfolge anknüpfen – einzig seine Rolle als »Uncle Fester« in der Fernsehserie »The Addams Family« verschaffte ihm noch ein wenig Erfolg.
In den frühen 1930er-Jahren sang und tanzte sich **Shirley Temple** *(1928–2014)* in die Herzen des Kinopublikums: Ihr wuscheliger Lockenkopf war ihr Markenzeichen, ihre großen Augen sicherten ihr die Sympathien eines Millionenpublikums, ihr natürliches Wesen begeisterte das Publikum und lenkte die Menschen ab vom tristen Alltag. Sie war der große Star in den Zeiten der Wirtschaftskrise und garantierte über 4 Jahre hinweg (1935 bis 1938) all den Filmen, in denen sie mitspielte, auch den finanziellen Erfolg. In späteren Karrierejahren gelang es ihr jedoch nicht, an die frühen Erfolge anzuknüpfen.

Zum Wohl der Eltern
Die Hauptrollen in »Der Vagabund und das Kind« spielten Charlie Chaplin und ***Jackie Coogan*** *(1914–84). Seine Mutter und seinen Stiefvater musste Coogan als Volljähriger gerichtlich zur Auszahlung der Reste seines Vermögens zwingen.*

Judy Garland (eigentlich **Frances Ethel Gumm**, *1922–69)* trat zunächst gemeinsam mit ihren älteren Schwestern Sue und Virginia Gumm als »The Gumm Sisters« ins Rampenlicht. Sie spielte in einigen Musicals an der Seite von **Mickey Rooney** *(1920–2014)*, der selbst im Alter von 5 Jahren als »Mickey McGuire« der Star einer Kurzfilmserie war.

Schwedische Kinderstars

Als rot bezopfte freche Göre hat sich die schwedische Schauspielerin **Inger Nilsson** *(geb. 1959)* in die Herzen von Kindern gespielt: In vier Filmen verkörperte Inger Nilsson Pippi Langstrumpf und sie prägte damit für den Film ein neues Bild von einer selbstbestimmten glücklichen Kindheit, in der das Wohlbefinden des Kindes Vorrang vor Anstands- und Benimmregeln genießt. Und der rotznäsige Michel aus Lönneberga, der ebenso wie Pippi Langstrumpf eine Schöpfung der schwedischen Schriftstellerin Astrid Lindgren ist, wurde von dem Schweden **Jan Ohlsson** *(geb. 1962)* glaubwürdig verkörpert, der sich heute vollständig aus der Öffentlichkeit zurückgezogen hat.

Kinderstar und Politikerin
Einer der größten Erfolge von ***Shirley Temple*** (1928–2014) *war 1937 »Heidi«. Nach ihrer Karriere arbeitete sie u. a. als US-Botschafterin in Prag.*

Rotznase aus Lönneberga
Als der kleine Michel in »Michel muss mehr Männchen machen« war **Jan Ohlsson** (geb. 1962) *immer zu unberechenbaren Streichen aufgelegt.*

Nicht vielen gelang es, den Erfolg der Kinderjahre im Erwachsenenalter fortzusetzen. **Kurt Russell** *(geb. 1951)* schaffte es. Er spielte den 12-jährigen Waisen in dem Fernsehwestern »The Travels of Jamie McPheeters« (1963/64) und wurde daraufhin von der Walt Disney Company als Schauspieler verpflichtet. Dort avancierte er zum Action-Helden und spielte in großen Kinohits mit, u. a. in »Das Ding aus einer anderen Welt« (1982) und in jüngerer Zeit in »Poseidon« (2006).

Verschiedene Wege zum Film

Auch **Jodie Foster** *(geb. 1962)* legte den Grundstein für ihre Weltkarriere früh, und zwar 1965 mit Werbeaufnahmen für ein Sonnenschutzmittel. Später trat sie in zahlreichen Fernsehserien (u. a. »Sesamstraße«, »Bonanza«, »Kung Fu«) auf. Ihre erste größere Rolle spielte sie im Alter von 10 Jahren in »Flucht in die Wildnis« (1972). Immer wieder stellte sie von nun an ihr großes Können unter Beweis und zeigte sich auch in ernsthaften, aussagekräftigen Rollen, beispielsweise in »Taxi Driver« (1976) oder jüngst in »Die Fremde in dir« (2007). **Drew Barrymore** *(geb. 1975)* feierte als Teenagerin in »E.T. – Der Außerirdische« (1982) einen herausragenden Erfolg. Dann brachten Drogen- und Alkoholkonsum ihre Karriere ins Schlingern, ehe sie Ende der 1990er-Jahre z. B. mit »Drei Engel für Charlie« auch als Erwachsene zum Star aufstieg.

Schon sehr früh gelang **Elijah Wood** *(geb. 1981)* der Sprung in die Riege der etablierten erwachsenen Schauspieler. Als 8-Jähriger hatte er in »Zurück in die Zukunft II« (1989) zum ersten Mal vor der Kamera gestanden. Den großen Durchbruch erzielte er mit der Rolle des Hobbit Frodo in der Film-Trilogie »Herr der Ringe« (2001/2002/2003). Nette Geschichten mit Happy End machten die Zwillinge **Mary Kate** und **Ashley Olsen** *(geb. 1986)* schon in jungen Jahren zu Filmstars. Seit 1992 traten sie zumeist gemeinsam vor die Kamera, anfänglich in Kinderfilmen, später in humorvollen Jugend-, dann in romantischen Liebesfilmen wie »Verliebt in Rom« (2002) oder Fernsehserien. Dem Kinderstar der 1970er-Jahre, **Tatum O'Neal** *(geb. 1963),* bekam der frühe Ruhm dagegen schlecht: Zwar wurde sie für ihre Rolle als »Addie Loggins« in »Papermoon« bereits als 10-Jährige 1973 mit einem Oscar als beste Nebendarstellerin ausgezeichnet. Als erwachsene Schauspielerin spielte sie dagegen nur wenig bedeutsame Rollen. Ebenso erging es **Macaulay Culkin** *(geb. 1980),* der in der Rolle des Kevin in »Kevin allein zu Haus« (1990) fulminant startete, dann aber nicht an diesen Erfolg anknüpfen konnte.

Aktuelle Stars

Zu den Kinderstars der neueren Zeit zählt unbedingt **Daniel Radcliffe** *(geb. 1989).* Als 10-Jähriger hatte er in einer Fernsehproduktion David Copperfield verkörpert, Weltruhm aber brachte ihm 2001 seine Rolle als Harry Potter im ersten Harry-Potter-Film. Etwas jünger ist **Freddie Highmore** *(geb. 1992),* der als 7- bzw. 8-Jähriger in Fernsehproduktionen mitspielte, ehe ihn seine Rolle als Peter in »Wenn Träume fliegen lernen« (2004) dem großen Kinopublikum bekannt machte.

Das Mädchen und der Außerirdische
Von den diversen Kinderdarstellern in »E. T. – Der Außerirdische« (1982) gelang nur **Drew Barrymore** (geb. 1975) *der Durchmarsch zum erwachsenen Weltstar.*

Im Kinosaal ist das Filmerlebnis am schönsten.

Die Matadore des Zeichentrickfilms

Anfänge des Zeichentricks

Das erste Projektionsgerät, das gezeichnete Bilder bewegte, war das Praxinoskop von **Émile Reynaud** (1844–1918). *Damit gilt er als der Urvater des Zeichentrickfilms.*

Viel Arbeit ist vonnöten, bevor ein Zeichentrickfilm fertig ist: Erst viele aufeinanderfolgende einzelne Bilder, die mit einer speziellen Trickfilmkamera aufgenommen werden, erzeugen die Illusion von Bewegung. Zu Beginn des Trickfilmzeitalters gegen Ende des 19. Jh. wurden all diese Bilder von Hand gezeichnet, gegen Ende des 20. Jh. hat der Computer auch hier für eine Revolution gesorgt.

Mit der Erfindung seines Praxinoskops, einem Projektionsgerät, das mithilfe von Spiegeln bewegte Bilder erzeugt, legte der Franzose **Émile Reynaud** *(1844–1918)* 1877 die Grundlagen der Zeichentrickfilmtechnik. Im Jahr 1914 kreierte dann der Karikaturist **Winsor McCay** *(1871–1934)* mit »Gertie the Dinosaur« die erste wirklich populäre Zeichentrickfigur.
Wie kein anderer hat **Walt Disney** *(1901–66)* den Zeichentrickfilm geprägt. Er schuf im Jahr 1928 gemeinsam mit dem Zeichner **Ub Iwerks** *(1901 bis 1971)* die legendäre Micky Maus. In den folgenden 9 Jahren produzierten die Walt Disney Studios mehr als 100 Zeichentrickfilme mit der legendären Maus. Dabei stellten sie ihr zunächst Minnie Mouse als weibliche Begleiterin und später Pluto, Goofy und Donald Duck an die Seite. Zeitgleich produzierte Walt Disney die »Silly Symphonies«, eine Zeichentrickfilmserie, die inhaltlich gern auf Volkssagen zurückgriff und viel mit unterstützender Musik arbeitete. 1937 entstand schließlich »Schneewittchen und die sieben Zwerge«, der erste abendfüllende Zeichentrickfilm.
Doch nicht nur Walt Disney war mit seinen Studioproduktionen erfolgreich: Die Brüder **Max** *(1883 bis 1972)* und **Dave Fleischer** *(1894–1979)* entwickelten das Rotoskop, mithilfe dessen auch komplexere Bewegungsszenen (z. B. Tanzszenen) filmisch realisiert werden konnten. Max Fleischer selbst schuf »Koko der Clown«, in seinem Studio entstand aber auch der Film »Popeye, der Seemann« – eine Figur, die von **Elzie Segar** *(1894–1938)* gezeichnet wurde. Auch die Figur der Betty Boop, die als eine der ersten sexualisierten Comicfiguren gilt, wurde unter den Fittichen der Fleischer-Brüder produziert und bescherte den beiden Cartoonisten **Willard Bowsky** *(1907–44)* und **Ted Sears** *(1900–58)* großen Erfolg. **William »Bill« Hanna** *(1910–2001)* und **Joe Barbera** *(1911–2006)* sind die geistigen Väter von Tom und Jerry: Die Geschichten von der gewitzten Maus Jerry, die den Kater Tom ständig überlistet, begeistern seit ihrer Erfindung im Jahr 1940 ein Millionenpublikum. Hanna und Barbera erdachten zudem die »Familie Feuerstein«, eine Zeichentrickserie, die in der Steinzeit spielt.

Katzen, Enten, Hasen …

Ein gelber Kanarienvogel namens Tweety und Sylvester, ein glückloser Kater, sind die Figuren, die **Bob Clampett** *(1913–84)* und **Fritz Freleng** *(1906 bis 1995)* gemeinsam entwickelten. Beide Künstler arbeiteten für die Warner Brothers Studios. Fritz Freleng war auch an der Erfindung von Bugs Bunny, Speedy Gonzales und einigen weiteren bekannten Zeichentrickfiguren beteiligt.
Für die Warner Brothers Studios im US-amerikanischen Kalifornien arbeitete ebenfalls **Tex Avery** *(1908–80)*, der gemeinsam mit **Chuck Jones** *(1912 bis 2002)* die Figuren Bugs Bunny und Daffy Duck erschuf.
Auch wenn sie zunächst in Zeitungen publiziert wurden – an den »Peanuts« führt bei der Auflistung der erfolgreichsten Trickfilme kein Weg vorbei: Zeichner und Cartoonist **Charles M. Schulz** *(1922 bis 2000)* erfand die Geschichten rund um Charlie Brown, Linus, Lucy, Snoopy und die anderen Mitglieder der lustigen Bande und kam so weltweit zu großem Ruhm.
Ganz im Gegensatz zu den liebenswerten Peanuts sind die Simpsons eine oft anstrengende Familie, die es ebenfalls zu enormer Bekanntheit gebracht hat. Mittlerweile gibt es über 400 Episoden der Zeichentrickserie. Ihr Erfinder und Zeichner ist der Amerikaner **Matt Groening** *(geb. 1954)*.

Das Spiel von Maus und Katz

Die Idee, ein Katz-und-Maus-Spiel umzudrehen und die Maus daraus als Siegerin hervorgehen zu lassen, setzen ***William Hanna*** *(1910 bis 2001) und* ***Joe Barbera*** *(1911 bis 2006) bei »Tom und Jerry« um.*

Schnellster Zeichner

Die frühen Filme von Walt Disney wurden hauptsächlich von ***Ub Iwerks*** *(1901 bis 1971) gezeichnet. Er galt als schnellster Zeichner der Welt.*

Kraftspender Spinat

In den Popeye-Zeichentrickfilmen bezieht die Figur von ***Elzie Segar*** *(1894 bis 1938) seine Kraft aus Unmengen von Dosenspinat.*

Vater von »Bugs Bunny«

1995 wurde der amerikanische Trickzeichner ***Chuck Jones*** *(1912–2002) mit einem Stern auf dem Hollywood Walk of Fame in Los Angeles geehrt.*

Schöpfer großer Autorenfilme

Immer wieder gab es Regisseure, die mit ihren Filmen nicht nur für Unterhaltung sorgen wollten, sondern sich mit hohem künstlerischem Anspruch über inhaltliche und formale Konventionen hinwegsetzten. Insbesondere im Frankreich der 1950er-Jahre entstanden die sogenannten »Autorenfilme« – Produktionen, deren Regisseur als Autor galt, als autonomer Künstler, der mit jedem seiner Filme ein eigenes Kunstwerk schuf.

Macher von »Citizen Kane«
Bei »Citizen Kane« (1941) führte Orson Welles (1915–85) nicht nur die Regie, sondern spielte auch die Hauptrolle (Szenebild oben).

Das von **Orson Welles** *(1915–85)* im Jahr 1941 produzierte Filmdrama »Citizen Kane« – ein Film, der die Geschichte vom raschen Aufstieg eines Verlegers und Medienmagnaten zum Thema hat – zählt zu den ersten bedeutsamen Autorenfilmen und gilt heute als Klassiker. Das zeitgenössische Publikum allerdings brachte dem Film kaum Verständnis entgegen. Ursache dafür war nicht zuletzt eine Boykottkampagne des Medienzaren William Randolph Hearst, der sich offenbar in der Filmfigur des Citizen Kane wiedererkannt hatte. So blieb dem Regisseur der wirtschaftliche Erfolg versagt.

Im Heimatland des Autorenfilms

In Frankreich hatten derweil Redakteure und Autoren der Filmzeitschrift »Cahiers du Cinéma« die Forderung erhoben, der Regisseur solle künstlerischen Ansprüchen genügen. Diesem Postulat folgten u. a. **Jean-Luc Godard** *(geb. 1930)*, **Claude Chabrol** *(1930–2010)* und **Jacques Tati** *(1909–82)*, drei Regisseure, die mit ihren Werken Filmgeschichte schrieben: Ihre assoziative Erzählweise, ihre kühnen filmischen Einstellungen und ihr unabhängiger Umgang mit filmischen Traditionen machen die meisten ihrer Filme auch heute noch sehenswert. **François Truffaut** *(1932–84)* zählte in den 1950er-Jahren zu jenen Autoren, die regelmäßig für »Cahiers du Cinéma« schrieben. Er fand in der Produktion von Autorenfilmen seine Lebensaufgabe. Insbesondere sein 1959 bei den Filmfestspielen in Cannes ausgezeichnetes Werk »Sie küssten und sie schlugen ihn« (1958/59) brachte ihm viel Anerkennung ein.
Auch **Alain Resnais** *(1922–2014)* gehört zu den wichtigen Autorenfilmern: Sein Werk »Hiroshima, mon amour« (1959) entspinnt sich am tragischen Ort des Atombombenabwurfs in Japan. Es ist ein düsteres Liebesdrama zwischen einer Französin und einem Japaner, in dem Resnais durch eine genialische Bildmontage dafür sorgt, dass Gegenwart und erinnerte Vergangenheit beinahe nahtlos verschmolzen werden. Ein weiterer Franzose, **Louis Malle** *(1932–95)*, gilt eher als Außenseiter dieser Bewegung, da er sich der Theorie verweigerte; von der Kritik wird sein Werk häufig als stilistisch gebrochen und wenig kreativ bezeichnet.
Weitere prominente Autorenfilmer waren **Robert Bresson** *(1907–99)* und **Jean Cocteau** *(1889–1963)*. Bresson verstand sich vor allem darauf, die kleinen Gesten ins Visier zu nehmen und gilt als Meister, wenn es darum geht, menschliche Verhaltensweisen

»Multi-Character-Form«
In dem Episodenfilm »Short Cuts« (1993) setzte ***Robert Altman*** (1925–2006) *– hier bei Dreharbeiten – weniger auf den Einzeldarsteller als viel mehr auf ein großes Schauspielerensemble.*

gekonnt zu inszenieren. Dagegen war Jean Cocteau nicht nur ein sehr vielseitiger Künstler – neben seiner Tätigkeit als Regisseur arbeitete er auch als Schriftsteller, Theaterautor, Maler und Bildhauer –, sondern auch filmtechnisch ausgesprochen kreativ: Großaufnahmen und Doppelbelichtungen schufen besondere Effekte, die das Werk des Künstlers noch heute auszeichnen.

Anspruchsvolles aus Amerika

Der amerikanische Regisseur **Robert Altman** *(1925 bis 2006)* verstand sich darauf, Muster und Strukturen der verschiedenen Filmgenres gekonnt und trickreich so einzusetzen, dass ihnen eine eigene Bedeutung zukam. Zwei seiner Filme, nämlich »M.A.S.H.« (1970) – eine schwarze, bittere Satire, die in einem Armeekrankenhaus zur Zeit des Koreakriegs spielt –, sowie »Nashville« – ein Filmdrama, das die Country- und Gospel-Musikszene im US-amerikanischen Bundesstaat Nashville mit Themen amerikanischer Bundespolitik kombiniert – gelten in den USA als kulturell besonders wertvoll und werden von der US National Film Registry als bewahrungswürdiges Kulturgut eingestuft. Und auch **Stanley Kubrick** *(1928–99)*, dessen Filme von herausragender technischer Brillianz sind und dabei über eine ganz besondere, tiefe Symbolik der Unnahbarkeit verfügen, zählt zu den Regisseuren, die sich um die Filmproduktion abseits der Hollywood-Klischees verdient gemacht haben.
Als Sohn eines kommunistischen Widerstandskämpfers sah sich der Grieche **Constantin Costa-Gavras** *(geb. 1933)* zur Auswanderung aus Griechenland gezwungen – seine künstlerischen Wurzeln liegen daher im Frankreich der 1950er-Jahre, in das er zunächst gelangte. Bekannt wurde er vor allem durch die Produktion von politisch engagierten Filmen, in denen er zumeist konkrete politische Situationen in unterschiedlichen Ländern der Welt thematisierte: In seinem Film »Z« spielt er beispielsweise auf die Hintergründe der Militärdiktatur im Griechenland der 1960er-Jahre an, in »Vermisst« (1982) thematisiert er den Militärputsch in Chile 1973 und das US-amerikanische Engagement zugunsten des neuen Regimes der Generäle. Dennoch vermeidet Costa-Gavras die konkrete Benennung von Personen und Hintergründen, um so der Filmaussage – die zugleich ein politisches Statement ist – eine größere Allgemeingültigkeit zu verleihen.
Griechische Wurzeln hatte auch **John Cassavetes** *(1929–89)*, der als einer der Ersten und zugleich wichtigsten Schöpfer des amerikanischen Independentfilms gilt. Er ließ den Schauspielern weitgehend freie Hand über das Geschehen, und schrieb, um ihren Handlungen zu entsprechen, sogar gelegentlich das Drehbuch um. Auf diese Weise entstanden einige der eigenwilligsten und innovativsten Werke der Filmgeschichte, u. a. »Schatten« (1958).

Moderne Avantgarde

Zu einer nächsten Generation von Regisseuren, die sich vornehmlich als Künstler abseits des Mainstreams verstehen, gehören **Peter Greenaway** *(geb. 1942)*, beispielsweise mit »Der Kontrakt des Zeichners« (1982), **Pedro Almodavar** *(geb. 1949)*, z. B. mit der Tragikomödie »Frauen am Rande des Nervenzusammenbruchs« (1988), die Brüder **Ethan** *(geb. 1957)* und **Joel Coen** *(geb. 1954)* mit »Blood Simple« (1984) sowie **Luc Besson** *(geb. 1959)* mit dem düsteren Endzeitfilm »Der letzte Kampf« (1983) oder dem grandiosen Unterwasserepos »Im Rausch der Tiefe« (1988), an dessen Drehbuch er schon als Jugendlicher gearbeitet hatte.

Beziehungen im Zentrum
In den Filmen von ***Pedro Almodavar*** (geb. 1949) *geht es immer um Zwischenmenschliches, wobei häufig extreme Charaktere die Szenerie dominieren.*

»Bonanza«
14 Jahre lang lief die Westernserie »Bonanza«, in der ***Pernell Roberts*** (geb. 1928, links), ***Lorne Green*** (1915 bis 1987, vorn), ***Dan Blocker*** (1928–72, hinten) *und* ***Michael Landon*** (1936–91, rechts) *Hauptrollen spielten.*

Kino zu Hause

Mit dem Siegeszug des Fernsehens in den 1950er-Jahren kam auch die Ausstrahlung von Fernsehserien und Seifenopern in Mode. Doch egal ob wöchentliche Serie oder tägliche Seifenoper – ihre Stars sind den Zuschauern gute Vertraute. Sie tragen einen hohen Anteil am Wiedererkennungswert einer Serie, liefern dem Zuschauer Identifikationsmöglichkeiten und garantieren so den Erfolg der Produktion.

Eine der ältesten populären Fernsehserien ist »Bonanza«, eine Westernserie, die den Zuschauern das Leben im Westen der USA im 19. Jh. fiktiv vor Augen führt. Zu den großen Stars dieser Serie, die von 1959 bis 1973 zunächst im amerikanischen, später auch im deutschen Fernsehen lief, zählten **Lorne Green** *(1915–87)* in der Rolle des Ben Cartwright, **Pernell Roberts** *(1928–2010)* als Adam Cartwright, **Dan Blocker** *(1928–72)* als Eric »Hoss« Cartwright und **Michael Landon** *(1936–91)* als »Little Joe«.
Eine Familiengeschichte der ganz besonderen Art erfreute sich dann in den 1960er-Jahren großer Beliebtheit: »The Addams Family« erzählte von den Schattenseiten des Familienalltags, satirisch nahm sie die heile Welt auf die Schippe. Zu den wichtigen Stars der TV-Serie gehörten **Carolyn Jones** *(1930 bis 1983)* als Morticia Addams, **John Allen Astin** *(geb. 1930)* als Gomez Addams, **Jackie Coogan** *(1914 bis 1984)* als Onkel Fester, **Ken Weatherwax** *(1955 bis 2014)* als Pugsley Addams sowie **Lisa Loring** *(geb. 1958)* als Wednesday Addams. Sämtliche Figuren der Serie kommen ein wenig skurril und verschroben daher. Für die Kinoversion, die in den 1990er-Jahren gedreht wurde, standen dann andere Schauspieler vor der Kamera (u. a. **Anjelica Huston** *(geb. 1951)* als Morticia, **Raúl Juliá** *(1940–94)* als Gomez Addams und **Christopher Lloyd** *(geb. 1938)* als Onkel Fester).
Ausgesprochen erfolgreich war auch die Serie »Star Trek«, die die deutschen Fernsehzuschauer unter dem Titel »Raumschiff Enterprise« begeisterte. Die Männer und Frauen an Bord der »Enterprise« bestritten in den Jahren 1966–69 eine Vielzahl von Folgen, in denen es ausnahmslos darum geht, neue Welten zu entdecken. Zur Stammbesetzung des Raumschiffs gehörten **William Shatner** *(geb. 1931)* als Captain Kirk, **Leonard Nimoy** *(1931–2015)* als Commander Spock, **Kelley DeForest** *(1920–99)* als Lt. McCoy, **James Doohan** *(1920–2005)* als Lt. Scott, **George Takai** *(geb. 1937)* als Lt. Sulu und **Nichelle Nichols** *(geb. 1932)* als Lt. Nyota Uhura.

Auf dem Weg in neue Welten ist das »Raumschiff Enterprise«. Im Bild ist das Raumgefährt aus der 2001 bis 2005 entstandenen letzten Staffel zu sehen.

Familiensagas

In den 1980er-Jahren schlug dann die große Stunde der Familiensaga: In den US-amerikanischen Produktionen »Dallas« und »Denver« geht es um Macht und Intrigen, beide Fernsehserien waren ausgesprochen erfolgreich und fesselten die Zuschauer über unzählige Folgen hinweg an den Bildschirm. Auf der »Southfork Ranch« in »Dallas« war es das Team um Ekel »J. R. Ewing«, das begeisterte. In der Rolle des Bösewichts, der sämtliche Fäden in der Hand hält, brillierte **Larry Hagman** *(1931–2012)*; **Linda Gray** *(geb. 1942)* verkörperte als Sue Ellen Ewing seine Frau, **Mary Crosby** *(geb. 1959)* als Kristin Shephard spielte Sue Ellens Schwester, und **Barbara Bel Geddes** *(1922–2005)* verkörperte J. R.'s Mutter und die Matriarchin des Clans. Sie ist verheiratet mit Jock Ewing, der von **Jim Davis** *(1909–81)* dargestellt wurde, während sich **Patrick Duffy** *(geb. 1949)* in der Rolle des Bobby Ewing gelegentlich seinem fiesen Bruder entgegenzustellen wagte. Die Folgen dieser Serie wurden in 67 Sprachen synchronisiert und in den meisten großen Industrienationen der Welt ausgestrahlt. Ähnlich gestrickt ist die konkurrierende Fernsehserie »Denver-Clan«: Im Ölgeschäft zu Geld gekommen, sind die Carringtons eine wohlhabende Familie, und auch in dieser Serie dreht sich alles um Geld, Macht, Sex und ein bisschen Liebe. **John Forsythe** *(1918–2010)* verkörperte den Blake Carrington, **Linda Evans** *(geb. 1942)* seine Frau Krystle, die Schauspielerin **Pamela Bellwood** *(geb. 1951)* als Claudia und **Pamela Sue Martin** *(geb. 1953)* als Fallon spielten die beiden Töchter des Ehepaars. Eine große Portion Intrige und Aufregung bringt das Auftauchen von Blake Carringtons früherer Ehefrau Alexis, die von der britischen Schauspielerin **Joan Collins** *(geb. 1933)* dargestellt wurde, in die Handlung. 8 Jahre lang, von 1981 bis 1989, waren die Folgen von »Dynasty« – so der Originaltitel – im Fernsehen zu sehen, bevor der Stern dieser Serie langsam verglühte.

Verglichen mit den üblen Machtspielen und Intrigen, mit denen sich die Familien Ewing und Carrington auseinandersetzen, sind die Geschichten, die sich auf dem Land in »Unsere kleine Farm« zutragen, geradezu niedlich: Die 207 Folgen dieser Serie wurden von 1974 bis 1983 gedreht und führen den Zuschauern das Leben in der amerikanischen Prärie gegen Ende des 19. Jh. vor Augen. In einem kleinen Dorf namens Walnut Grove stellt sich die Familie um Charles Ingalls tugendhaft und mit viel Pioniergeist und Gottesfurcht den Problemen des Alltags. An der Seite von Charles Ingalls, der von Michael Landon dargestellt wurde, bewährt sich seine Frau Caroline – dargestellt von **Karen Grassle** *(geb. 1942)* in vielen aufreibenden und vertrackten Situationen als eine ebenso tüchtige wie aufrechte Frau. Die beiden Töchter der Familie wurden von **Melissa Gilbert** *(geb. 1964)* in der Rolle der Laura Ingalls und **Melissa Sue Andersen** *(geb. 1962)* in der Rolle der Mary Ingalls dargestellt.

Bösewicht J. R.
Ihren Reichtum verdanken die Ewings – im Bild ***Larry Hagman*** (1931–2012) *als J. R. – der Ölfirma »Ewing Oil«, um deren Führung es in der erfolgreichen Fernsehserie »Dallas« geht.*

Der »Knight Rider«
Mit der Action-Krimi-Serie »Knight Rider« wurde ***David Hasselhoff*** (geb. 1952) *als Schauspieler bekannt. Auch als Sänger ist er populär.*

Anwältin Ally McBeal
Anerkannt im Beruf, im Privatleben als Single nicht gerade glücklich ist die von ***Calista Flockhart*** (geb. 1964) *verkörperte Serienheldin Ally McBeal.*

Am Strand und in der Klinik

Der große Star der Fernsehserie »Knight Rider« war **David Hasselhoff** *(geb. 1952)*, der ein Auto, das mit künstlicher Intelligenz ausgestattet ist, fährt. Gemeinsam mit seinem Fahrer, dem Serienhelden Michael Knight, ist »K.I.T.T.« – so lautet der Name des schwarzen Fahrzeugs – erfolgreich im Kampf gegen Unrecht und Verbrechen. Hasselhoff war in der Rolle des Lt. Mitch Buchannon auch als Rettungsschwimmer aktiv: In den mehr als 240 Folgen der Serie »Baywatch – Die Rettungsschwimmer von Malibu« gehörte er mit **Jeremy Jackson** *(geb. 1980)* als Hobie Buchannon zur Stammbesetzung der Serie um die oft dramatischen Einsätze eines Teams von Rettungsschwimmern im kalifornischen Malibu. Die Serie wurde von 1989 bis 2001 ausgestrahlt und zu einer der erfolgreichsten Produktionen der Fernsehgeschichte.

Großer Beliebtheit erfreuen sich auch Arzt- bzw. Krankenhausserien: »Emergency Room – Die Notaufnahme« startete 1994. Bis zum Serienende 2009 begeisterte sich ein Millionenpublikum für die Ereignisse und die persönlichen Schicksale der Patienten und des medizinischen Personals, das in der Notaufnahme eines fiktiven Krankenhauses in Chicago arbeitet. Zur Besetzung der Serie gehörten u. a. **George Clooney** *(geb. 1961)* in der Rolle des Kinderarztes Doug Ross, **Noah Wyle** *(geb. 1971)* als Dr. John Carter und **Anthony Charles Edwards** *(geb. 1962)* als Dr. Mark Green. Auch **Maura Tierney** *(geb. 1965)* als Dr. Abby Lockhart und **Mekhi Phifer** *(geb. 1974)* in der Rolle des Dr. Gregory Pratt spielten sich in die Herzen der Zuschauer.

Seit 2005 läuft »Grey's Anatomy«, eine Krankenhausserie, in der das Geschehen um die Ärztin Meredith Grey (**Ellen Pompeo**, *geb. 1969)* im Mittelpunkt steht. Gemeinsam mit ihren Kollegen Cristina Yang (**Sandra Oh,** *geb. 1971)*, Isobel Stevens (**Katherine Marie Heigl**, *geb. 1978)*, George O'Malley (**Theodore Raymond Knight**, *geb. 1973)* und Alex Karev (**Justin Chambers,** *geb. 1970)* arbeiten sie in einer Klinik im amerikanischen Seattle.

Von Recht, Liebe und Haushalt

Im Jahr 1997 ging mit »Ally McBeal« eine Serie an den Start, in deren Mittelpunkt die gleichnamige Hauptperson, eine in Boston lebende erfolgreiche Anwältin, steht. Ihr beruflicher Alltag und ihr Privatleben, das von einer Dreiecksbeziehung zu ihrer Jugendliebe und dessen Frau geprägt ist, liefern den Stoff, für die 113 Folgen, die der Schauspielerin **Calista Flockhart** *(geb. 1964)*

Erfolg und Ansehen einbrachten. Im Jahr darauf fand eine weitere Serie viel Beachtung: In »Sex and the City« stand die Schauspielerin **Sarah Jessica Parker** *(geb. 1965)* als Carrie Bradshaw im Mittelpunkt des Geschehens um vier Frauen, die beruflich gut auf eigenen Beinen stehen können, die aber dennoch auf der Suche nach einer erfüllenden Beziehung sind und ihren Alltag und ihre Träume mit ihren Freundinnen diskutieren. Weitere Schauspielerinnen, die der Serie zu Beachtung verhalfen, sind **Kim Cattrall** *(geb. 1965)* in der Rolle der Samantha Jones, **Kristin Davis** *(geb. 1965)* als Charlotte York sowie **Cynthia Nixon** *(geb. 1966)* als Miranda Hobbes.

Um Liebe, Familie, den Erfolg und das Scheitern von Paarbeziehungen geht es auch in zwei anderen bekannten amerikanischen Familienserien: Im Mittelpunkt der »Gilmore Girls« steht Lorelai (gespielt von **Lauren Graham,** *geb. 1967)*, eine alleinerziehende Mutter, die versucht, ihrer Tochter Rory (**Kimberley Alexis Bledel,** *geb. 1981)* eine gute Ausbildung zu ermöglichen und dabei auf die finanzielle Hilfe ihrer eigenen Eltern angewiesen ist. Der Alltag der Kleinfamilie in einer amerikanischen Kleinstadt ist nicht einfach, immer wieder sieht sich Lorelai mit verschiedenen Problemen konfrontiert, und die Zielgruppe der Jugendlichen und jungen Erwachsenen, an die sich die TV-Serie richtet, findet im Filmgeschehen zahlreiche Identifikationsmöglichkeiten (u. a. Liebeskummer, Generationenkonflikt, Schulprobleme), die den Erfolg der »Gilmore Girls« erklären. Ganz ähnlich verhält es sich mit einer anderen US-Fernsehserie, nämlich den »Desperate Housewives«. Die Serie erzählt die Geschichte und die Schicksale von vier Hausfrauen und ihren Familien, die als Nachbarinnen in derselben Straße einer US-amerikanischen Kleinstadt wohnen. Zu den Schauspielerinnen, die durch diese TV-Serie große Bekanntheit erlangt haben, zählen u. a. **Teri Hatcher** *(geb. 1974)* in der Rolle der alleinerziehenden Susan Mayer, **Felicity Huffman** *(geb. 1962)* als gestresste Hausfrau Lynette Scavo, **Marcia Cross** *(geb. 1962)* als Bree Van De Kamp sowie **Eva Longoria** *(geb. 1975)*, die Gabrielle Solis spielt.

Beruf und Familie

In »Desperate Housewives« zerreibt sich ***Felicity Huffman*** (geb. 1962) *als Lynette Scavo zwischen Haushalt und Beruf.*

»Ich habe es geliebt, sie zu spielen.«

Calista Flockhart über ihre Rolle als Ally McBeal

Deutsche Serien und ihre Stars

Eine der ersten in Deutschland produzierten Fernsehserien waren die Geschichten aus dem Leben der »Familie Hesselbach«, die den deutschen Alltag in einer hessischen Kleinstadt parodierten und die Zuschauer begeisterten. Insbesondere **Wolf Schmidt** *(1913–77)* in seiner Rolle als Karl »Babba« Hesselbach und die Frankfurter Volksschauspielerin **Liesel Christ** *(1919–96)* erspielten sich dabei mit ihrer offenen, herzerfrischenden und ehrlichen Art die Zuneigung der Zuschauer.

In den 1980er-Jahren war es dann die »Schwarzwaldklinik«, die das Publikum an den Bildschirm fesselte. Zu den Schauspielern, die durch diese Serie zu großer Bekanntheit gelangten, gehören allen voran **Klausjürgen Wussow** *(1929–2007)* als Professor Klaus Brinkmann, **Gaby Dohm** *(geb. 1943)* als Schwester Christa Mehnert bzw. später Dr. Christa Brinkmann und **Sascha Hehn** *(geb. 1954)* als Dr. Udo Brinkmann.

Aus der »Lindenstraße«, die im Jahr 1985 im WDR an den Start ging, ist im Lauf der Jahre ein Dauerbrenner geworden: Inzwischen gibt es mehr als 1500 Folgen dieser Seifenoper, die wöchentlich gesendet wird, wobei **Marie-Luise Marjan** *(geb. 1940)* in ihrer Rolle als Helga Beimer wohl die bekannteste Darstellerin ist.

Auch einige Krimiserien begeistern zum Teil schon seit Jahrzehnten ihr Publikum: **Erik Ode** *(1910–83)* war von 1969 bis 1976 »Der Kommissar«, **Siegfried Lowitz** *(1914–99)* brillierte von 1977 bis 1985 in über 100 Folgen als »Der Alte«, ein bärbeißiger, aber erfolgreicher Kriminalkommissar, und **Horst Tappert** *(1953–2008)* ermittelte als Kommissar »Derrick« vor der Kamera. **Ottfried Fischer** *(geb. 1953)* spielte in der Krimiserie »Der Bulle von Tölz« bis 2009 den Hauptkommissar Benno Berghammer.

Die erfolgreichste Krimiserie im deutschen Fernsehen drehte sich um Horst Tappert als Oberinspektor Derrick (links) und Fritz Wepper als Inspektor Harry Klein. Die Serie mit 283 Folgen wurde in fast 100 Ländern ausgestrahlt.

Kleider machen Leute

Frauen als Mannequins
»Die Volière« ist ein Fantasiekostüm von ***Madame Paquin*** (1869–1936). *Sie war die Erste, die Frauen als Models engagierte.*

Bis zur Französischen Revolution war die Macht der Männer immer auch eine Modemacht: Prunk und Putz der Herrscher standen für deren Bedeutung. Erst seit etwa 200 Jahren ist Mode zu einer Domäne der Frauen geworden – zumindest, wenn es um das Tragen modischer Kleidung geht.

Eine der ersten Trendsetterinnen in Sachen Mode war die Mätresse des französischen Königs Ludwig XV., **Madame de Pompadour** *(1721–64)*. Ihr besonderes Verdienst ist die Einführung einer beutelartigen Handtasche zur Aufbewahrung von Kosmetikutensilien und Riechsalz, die heute gern von Bräuten als Accessoire verwendet wird.
Auch **Marie Antoinette** *(1755–93)*, Erzherzogin von Österreich und Königin von Frankreich und Navarra, verstand es, sich mithilfe ihrer Kleidung selbst zu inszenieren; ihr verdankt die Modemacherin **Rose Bertin** *(1747–1813)*, die die Regentin mit Accessoires, Spitzen, Bändern und ausgefallenen Hutkreationen standesgemäß ausstattete, ihren beruflichen Erfolg. Aber auch die französische **Kaiserin Joséphine** *(1765–1814)*, die in zweiter Ehe mit Napoleon verheiratet war, liebte den Prunk und die Mode.
Etwa zur selben Zeit lebte **Julie Récamier** *(1777–1849)*, die als eine der schönsten Frauen ihrer Zeit galt. In ihrem Salon in Paris traf sich die feine Gesellschaft. Kein Wunder also, dass auch die Kleider, die sie trug, modische Trends setzten.

Schöne Trendsetterin
Das Gemälde von 1802 zeigt ***Julie Récamier*** (1777 bis 1849), *deren elegante Erscheinung großen Einfluss auf die Mode ihrer Zeit hatte.*

Jahrzehnte später richteten sich die Blicke modisch interessierter Zeitgenossen nach wie vor gen Frankreich: **Kaiserin Eugénie** *(1826–1920)*, die Ehefrau von Napoleon III., trug Kleider des britischen Modeschöpfers Charles Frederick Worth und verhalf ihm dadurch zu großem Ansehen und Erfolg. Am kaiserlichen Hof in Wien war es **Elisabeth von Österreich-Ungarn** *(1837–98)*, kurz Sisi genannt, die zur Modeikone wurde.

Mode für alle

Waren es anfänglich die Regentinnen, die durch ihre Art sich zu kleiden modische Trends setzten, richtete sich ab dem späten 19. Jh. die Aufmerksamkeit auf die Modemacher. Die Französin **Jeanne Lanvin** *(1867–1946)* war eine der ersten Modeschöpferinnen, die auf eine gute Tragbarkeit ihrer Modelle achtete: Kurze Hängerkleidchen boten den Frauen ein ungewohntes Maß an Bewegungsfreiheit. **Madame Paquin** *(1869–1936)* war die Erste, die Frauen als Mannequins engagierte. **Madeleine Vionnet** *(1876–1975)* gilt als die Erfinderin des »Schrägschnitts«: Ihre Modelle schneiderte sie aus breit gewebten Stoffen diagonal zum Fadenlauf, sodass ihre Kleidung sehr körperbetonend wirkte. Ganz anders war der Stil der **Madame Grès** *(1903 bis 1993)*: Sie orientierte sich bei ihrer Arbeit an den klassischen Gewändern der Antike.
Mit dem Siegeszugs zunächst des Kinos und später des Fernsehens waren es dann zunehmend Schauspielerinnen, die stilbildenden Einfluss auf die Kleidung der Bevölkerung hatten: **Marlene Dietrich** *(1901–92)* zeigte sich in der Öffentlichkeit häufig in strenger Herrenkleidung und galt damit als modische Revolutionärin. Dagegen verfügte **Grace Kelly** *(1929–82)* über eine ganz eigene, sehr weibliche Form von schlichter Eleganz.
Gegenwärtig sind es vor allem Frauen aus dem Showgeschäft, deren Kleidung stilprägend wirkt: **Victoria Beckham** *(geb. 1974)* gelingt es stets, sich in den Medien geschickt selbst zu inszenieren. Ähnlich wie der amerikanische Popstar **Madonna** *(geb. 1958)* kreiert sie eine eigene Modelinie.

Das Tragen von bis dahin den Herren vorbehaltenen Anzügen machte Marlene Dietrich (Foto 1930) zur Moderevolutionärin.

Aristokratische Diva

Als Hollywoodstar und später Fürstin von Monaco war ***Grace Kelly*** *(1929–82) stets in den Medien präsent und beeinflusste mit ihrer Kleidung die Modewelt.*

Tragbarkeit ist Trumpf

Mit Modellen wie diesem rückte ***Jeanne Lanvin*** *(1867 bis 1946) die Alltagstauglichkeit von Kleidung stärker in den Fokus der Modeszene.*

Pop- und Modeikone

Eine Schaufensterdekorateurin arrangiert im März 2007 Mode der amerikanischen Popikone ***Madonna*** *(geb. 1958) in einem Düsseldorfer Kaufhaus.*

Klassiker der Mode

»Nietenhose« oder Blue Jeans

Der Klassiker für Jedermann ist die von ***Levi Strauss*** *(1829–1902) erfundene Blue Jeans. Im letzten Drittel des 20. Jh. entwickelte sie sich zum Modeartikel – man trug nicht irgendeine Jeans, sondern z. B. eine ausgebleichte Levi's 501.*

Wenn er geboren wird, ist der Mensch nackt, und sein Körper ist der Umwelt schutzlos ausgeliefert. Vom ersten Atemzug ist daher Kleidung – in ihrer einfachsten Form ein Tuch, in das z. B. der Säugling gewickelt wird – nützlich, wärmt und schützt. Mit der Mode aber verhält es sich anders: Sie schmückt, sie grenzt ab, sie engt manchmal ein, und immer sagt sie etwas aus über den Menschen, der sie trägt. Auch wer sich gängigen Trends verweigert, sich bewusst zeitlos kleidet, bekennt – modisch gesehen – Farbe und drückt aus, über der Sache stehen zu wollen. So wird selbst diese Art von Ignoranz zu einer Haltung.

Eine, die Mode lebte und verkörperte, war **Gabrielle »Coco« Chanel** *(1883–1971)*. Der Zufall brachte sie, das Kind eines Vaters, der sich mit Gelegenheitsarbeiten durchschlug und das die Mutter sehr früh verloren hatte, in Kontakt mit einem reichen Offizier, Ètienne Balsan, der sie in die Gesellschaft einführte. Coco Chanel nutzte die Gelegenheit, Hutentwürfe zu gestalten und im Hause Balsans, ihres Geliebten, ein eigenes Hutatelier zu eröffnen. Bald war es indes ihr ganz persönlicher Kleidungsstil, der Aufsehen erregte. Tragbar musste ihre Mode sein, beinahe schon charakteristisch einfach: Gerade Linien und die Verwendung von leichten, anschmiegsamen Materialien wie Jersey waren schon früh ihr Markenzeichen. Viele ihrer Modelle sind von zeitloser, klassischer Eleganz und auch heute noch sehr ansehnlich. Auch das legendäre »kleine Schwarze«, ein schlichtes schwarzes Gesellschaftskleid, verdankt die Modewelt dieser Dame, die selbst weder zeichnen noch nähen konnte, dafür aber sehr früh über einen sicheren Geschmack und eine natürliche Eleganz verfügte, aus der sie trefflich Kapital zu schlagen verstand. Sie selbst verkörperte, was ihre Mode ausdrückte, war modern und führte ein unabhängiges Leben. Sie trug kurze Röcke und propagierte den Kurzhaarschnitt für Frauen. Als Accessoires setzte sie auf Modeschmuck. Ihren Erfolg verdankte Coco Chanel

»Ein Mann kann anziehen was er will – er bleibt doch nur ein Accessoire der Frau.«

Coco Chanel

Gerade Linien, wertige Materialien

Das Foto von 1954 zeigt ***Gabrielle »Coco« Chanel*** *(1883–1971), deren Erfolgsgeschichte mit einem eigenen Hutatelier begann.*

Wetterfest und nobel
Schaufenster mit exklusiver Bekleidung des noblen Modelabels Burberry. ***Thomas Burberry*** (1835–1926) *hatte das Unternehmen im 19. Jh. gegründet.*

ihrer Arbeit. Dabei war ihr Funktionalität wichtiger als künstlerischer Ausdruck.
Doch sie tummelte sich nicht allein auf dem Feld der Mode: Ihre große Gegenspielerin war **Elsa Schiaparelli** *(1890–1973)*, die aus einer römischen Gelehrtenfamilie stammte und deren Erfolg zunächst auf den von ihr entworfenen Strickpullovern gründete. Später arbeitete sie nicht nur Pullover, sondern auch Kleider und vor allem außergewöhnliche Hutkreationen. Alle ihre Modelle zeichneten sich durch ungewöhnliche Muster aus.
Ganz generell verstand Schiaparelli Mode als eine Form von Kunst. Sie ließ Stoffe, mit denen sie arbeiten wollte, bunt bedrucken, große Künstler – u. a. Salvador Dali – fertigten die Entwürfe. Ihre Modelle fielen auf, doch Elsa Schiaparellis unkonventioneller Stil gefiel nicht immer: Ihre großflächigen, spektakulären Muster – auf ein cremefarbenes Abendkleid ließ sie einmal einen ganzen Hummer abbilden – erregten Aufsehen und boten viel Gesprächsstoff, und so manches Kleidungsstück schockierte.

Die Anfänge der Haute Couture

Dem Erfolg von Coco Chanel und Elsa Schiaparelli war eine Entwicklung vorausgegangen, die **Charles Frederick Worth** *(1826–95)* in der Mitte des 19. Jh. in Gang gesetzt hatte: Der Engländer war 1845 aus seiner Heimat nach Paris übergesiedelt, wo er zunächst als Stoffverkäufer in einem Modehaus arbeitete. Erst 1855, nachdem er einen Preis auf der Weltausstellung gewonnen hatte, konnte er einen eigenen Modesalon eröffnen. Worth legte sehr großen Wert darauf, seine Kleider quasi als Gesamtkonzept zu verwirklichen: Er war ein Modeschöpfer, sein Name war Stil, er bürgte auch für eine bestimmte Qualität – die Haute Couture war geboren! Bis dahin waren es die Putzmacherinnen gewesen, die in Absprache mit der Trägerin eines Kleides Individualität schufen. Zu Worths Kundinnen zählten Kaiserin Eugénie von Frankreich, Königin Victoria von England, die Fürstin Metternich von Österreich sowie andere Angehörige der europäischen Aristokratie, außerdem die gesamte bürgerliche Oberschicht.
Einer der Mitarbeiter von Worth war der Franzose **Paul Poiret** *(1879–1944)*. Er ließ sich von den fernöstlichen Kostümen der an den Pariser Bühnen gastierenden Ballettensembles aus Russland inspirieren und verwendete in aller Regel auffällige, kräftige Farben. Paul Poiret gelang es allerdings nicht, sein Geschäft durch die schwierige Phase der Weltwirtschaftskrise in den 1920er-Jahren zu manövrieren, und er starb verarmt als Clochard.
Louise Melenotte wurde unter dem Künstlernamen **Louiseboulanger** *(1878–1950)* bekannt: Sie arbeitete bevorzugt mit leichten, durchsichtigen Materialien und kreierte die ungleiche Rocklänge – ihre Abendkleider waren vorn gerade knielang, während sie hinten bis zum Knöchel reichten.
Typisch für die Entwürfe der temperamentvollen Modemacherin **Augustabernard** *(1886–1946)* waren dagegen pastellfarbene oder weiße Kleider, die sie aus Crêpe de Chine fertigte.

Fernöstliche Einflüsse
Dieser Theatermantel aus dem Jahr 1912 von ***Paul Poiret*** (1879–1944) *ist beispielhaft für den eigenwilligen, fernöstlich inspirierten Stil des Franzosen.*

Praktische Mode

Der deutsch-amerikanische Industrielle **Levi Strauss** *(1829–1902)* verdankt seine Berühmtheit und seinen Erfolg einem einzigen Kleidungsstück: die strapazierfähige, mit Nieten verstärkte Hose, die er zunächst aus Zeltplanen, später dann aus mit Indigo gefärbtem Denim herstellen ließ, trat von San Francisco aus als »Blue Jeans« ihren Siegeszug rund um den Globus an. Noch heute ist die Levi Strauss & Company ein erfolgreiches privates Handelsunternehmen für Textilien und die Jeans aus keinem Kleiderschrank mehr wegzudenken.
Ein anderer Mann, der mit funktionaler Kleidung erfolgreich wurde, ist **Thomas Burberry** *(1835 bis 1926)*: Ebenfalls in den 1870er-Jahren entwickelte er – allerdings in Europa – einen wasserfesten Stoff, aus dem er Wander- und Sportbekleidung fertigte. Als dann das britische Militär im Ersten Weltkrieg mit den »Burberry-Trenchcoats« ausgestattet

wurde, war der Siegeszug des noch heute erfolgreichen Londoner Unternehmens nicht mehr aufzuhalten. Auch **John Barbour** *(1849–1918)* verdankt sein Auskommen einem wetterfesten Kleidungsstück: Die Wachsjacken aus dem Hause Barbour sind von einer hohen handwerklichen Qualität, sie gelten als robust und langlebig.

Funktionalität, Kunst und Kommerz

Einer der wenigen Amerikaner, die im Modegeschäft schon früh zu Erfolg kamen, war **Main Rousseau Bocher** *(1890–1976)*, der als **Mainbocher** bekannt wurde. Er war nach dem Ersten Weltkrieg nach Europa gekommen, um sich in Paris als Sänger und Musiker niederzulassen und eher zufällig – durch das Anfertigen von Modeskizzen – in die Welt der Mode hineingeraten. Nach dem Zweiten Weltkrieg ging Mainbocher zurück in die USA, wo er verschiedene Frauenuniformen, u. a. für das Rote Kreuz und die Pfadfinderinnen, entwarf. Seine Farbwahl – er bevorzugte Beige- und Grautöne – und sein schlichter Stil inspirierten später selbst so große Modeschöpfer wie Christian Dior.

Der französische Designer Captain **Edward Molyneux** *(1891–1974)*, dessen militärischer Dienstgrad auf seinen Kriegsdienst in der britischen Armee im Jahr 1917 zurückgeht – begann als Zeichner in einem englischen Modehaus, bevor er 1919 in Paris einen Haute-Couture-Salon eröffnete. Er kreierte das Brautkleid der griechischen Prinzessin Marina, der späteren Herzogin von Kent, und entwarf zahlreiche Filmkostüme.

Der Spanier **Cristobal Balenciaga** *(1895–1972)* arbeitete zunächst in eigenen Modesalons in Madrid und Barcelona. 1937 verließ er seine Heimat als Flüchtling vor dem beginnenden Bürgerkrieg und machte sich in Paris selbstständig. Er legte großen Wert auf Eleganz und Harmonie und verstand sich stets als Künstler, auch wenn er es sich durchaus zur Aufgabe machte, auch praktische Kleidungsstücke wie warme Strumpfhosen oder Regenstiefel zu entwerfen.

Nina Ricci *(1883–1970)* war eine Schneiderin; allerdings entwarf sie ihre Modelle nicht am Schneidertisch, sondern steckte sie am lebenden Modell ab. Das von ihr 1932 in Paris gegründete Haute-Couture-Haus besteht noch heute.

Die in der Ukraine geborene **Sonia Delaunay-Terk** *(1885–1979)* war eigentlich eine Malerin – entsprechend künstlerisch gestaltete sie auch ihre Kleidungsstücke. 1923 eröffnete sie in Paris ein Modeatelier, in dem sie Mäntel, Kleider und Jacken nach ihren Entwürfen fertigen ließ. Als dann aber ab den 1930er-Jahren die Funktionalität von Kleidung immer bedeutsamer wurde, zog sich die Künstlerin aus der Modeproduktion zurück und widmete sich wieder der Malerei.

Marcel Rochas *(1902–55)* verstand sich ebenfalls als Künstler, zeitlebens stand er in großer Konkurrenz insbesondere zu Elsa Schiaparelli. Er entwarf zahlreiche Filmkostüme und ließ sich von asiatischen Mustern und Kleidungsstilen beeinflussen.

Der Franzose **Christian Dior** *(1905–57)* war zunächst Maler und Galerist, bevor er im Auftrag des Modehauses von **Robert Piquet** *(1901–51)* Modeskizzen und später Entwürfe fertigte. Im Jahr 1947 war es dann der Textilfabrikant Marcel Boussac, der Dior als künstlerischen Leiter für ein neues Modehaus engagierte. Dior war bereits mit seiner ersten Kollektion, die er »The New Look« nannte und die sich durch eine idealisierte, sehr weibliche Silhouette auszeichnete, ausgesprochen erfolgreich. Zudem verstand er sich darauf, seine Produkte – Damen- und Herrenaccessoires, Parfüme, Lederwaren, Handschuhe und vieles mehr – sehr breit zu vermarkten.

»New Look«
Diese Kleider gehörten zu der legendären Kollektion von ***Christian Dior*** (1905–57), *die in den 1950er-Jahren als »The New Look« in die Modegeschichte einging.*

Der Name als Programm

»Nude Look«
Als einer der ersten Modeschöpfer verwandte ***Yves Saint Laurent*** (1936 bis 2008) *transparente Stoffe und kreierte so den »Nude Look« mit. Das Foto zeigt ihn 1961 im Atelier.*

Ob klassisch oder sportlich – Designermode zeichnet sich dadurch aus, dass sämtliche Modelle einer Kollektion ebenso wie die zugehörigen Lizenzprodukte einer Linie (Accessoires, Parfüms, Lederwaren etc.) den ganz besonderen Stil der jeweiligen Marke erkennen lassen. Im Gegensatz zur Konfektionsware, die mit tragbaren Modellen eine Vielzahl von Käufern bedienen möchte, bieten Designerkollektionen außergewöhnliche Schnitte.

Rüschen und eine nostalgisch-romantische, sehr verspielte Linie waren das Markenzeichen der Kleidkreationen, die die Kollektionen von **Laura Ashley** *(1925–85)* auszeichneten. Ihre meist wadenlangen Kleider sind der krasse Gegensatz zur Mini-Mode, der **Mary Quant** *(geb. 1934)* ihren Erfolg verdankt. Ihre minikurzen Hängerkleidchen, die sie bereits gegen Ende der 1950er-Jahre entworfen hatte, wurden in den 1960er-Jahren von dem äußerst schlanken britischen Fotomodell Twiggy getragen und damit zum wesentlichen Bestandteil der Mode einer ganzen Generation. In Paris war es dann der Modedesigner **André Courrèges** *(geb. 1923)*, der die kniefreien Röcke auch in der Haute Couture salonfähig machte.
Der Italiener **Giorgio Armani** *(geb. 1934)* begann nach abgebrochenem Medizinstudium seine Karriere als Schaufensterdekorateur des Mailänder Warenhauses »La Rinascente«, bevor er bei Cerruti Designer für Herrenmode wurde. 1970 eröffnete er zusammen mit seinem für die Finanzen zuständigen Geschäftspartner Sergio Galeotti ein eigenes Designstudio in Mailand. Das Unternehmen des Designers umfasst heute die exklusive »Giorgio Armani«-Linie, eine Zweitkollektion namens »Emporio Armani«, die preiswertere »Mani«-Kollektion sowie eine Golf- und Wintersportkollektion, zudem Accessoires, Parfüms und Kosmetika.

Französische Haut Couture

Pierre Cardin *(geb. 1922)* arbeitete in seinen Anfangsjahren für Madame Paquin und kurzzeitig für Elsa Schiaparelli und eröffnete erst im Jahr 1950 ein eigenes Atelier. Er gehört zu den ersten Designern, die für ihre Kollektionen auch aus Chemiefasern hergestellte Stoffe verwendeten und Konfektionskollektionen für Warenhäuser entwarfen, sodass er unbedingt den Wegbereitern der Prêt-à-porter-Mode (Mode von der Stange) zuzurechnen ist. Ausgefallene, ja beinahe avantgardistische Ideen waren der Grund dafür, dass **Yves Saint Laurent** *(1936–2008)* nach 4-jähriger Tätigkeit als künstlerischer Leiter im Jahr 1961 das Haute-Couture-Haus Dior verließ, um sich selbstständig zu machen. Der Designer liebt das Spiel mit durchsichtigen Materia-

Legende in schwarz
Im Januar 2004 präsentiert sich ***Giorgio Armani*** (geb. 1934), *der selbst häufig legere schwarze Kleidung trägt, mit seinen Models auf dem Laufsteg dem Publikum.*

Gründerin von DKNY
*Mit ihrem Modelabel prägt **Donna Karan*** (geb. 1948) *seit 1985 den Kleidungsstil moderner Frauen.*

lien und ungewöhnlichen Farbkombinationen wie Rot, Orange und Lila sowie den Materialmix – seine ungewöhnlichen Kreationen sind unverkennbar.

Von der Stange

Zu den wichtigen Modeschöpfern, die einem Prêt-à-porter-Unternehmen vorstehen, gehört **Thierry Mugler** *(geb. 1948)*. Seine Modeschauen sind aufwendig, nahezu theatralisch, seine figurbetonten Entwürfe und ein ungewöhnlicher Materialmix machen seine Kollektionen sehr auffällig.
Gianni Versace *(1946–97)* erregte mit seinen die Jugendlichkeit betonenden Entwürfen Aufsehen und hatte damit weltweit Erfolg. Seit seinem frühen Tod leitet seine Schwester **Donatella Versace** *(geb. 1957)* das Unternehmen.
Vier Buchstaben bezeichnen das Label der Designerin **Donna Karan** *(geb. 1948)*: DKNY steht für Donna Karan New York und für jugendliche, bequeme, praktische Kollektionen, die nicht nur Oberbekleidung, sondern auch Unterwäsche, Schmuck, Accessoires und Kosmetika umfassen. Ähnlich erfolgreich arbeitet **Calvin Klein** *(geb. 1942)*, der großen Wert auf die Funktionalität seiner Modelle legt und mit seinem Design nicht nur sämtliche Modesparten besetzt, sondern auch noch Inneneinrichtungen entwirft. Sportlich, aber edel ist dagegen die Linie von **Ralph Lauren** *(geb. 1939)*, der sich einem Country- und Western-Stil verpflichtet fühlt und gern auf traditionelle Muster – z. B. das Schottenkaro – zurückgreift.

Deutsche Modekünstler

Im deutschsprachigen Raum sind vor allem der Österreicher **Helmut Lang** *(geb. 1956)* und die deutsche Modeschöpferin **Jil Sander** *(geb. 1943)* erfolgreich. Helmut Lang setzt bei seinen Entwürfen auf eine minimalistische Linie, für die er gern synthetische Materialien verwendet. Jil Sander bevorzugt ebenfalls klare Linien, ihre Entwürfe sind elegant und schnörkellos. Markenzeichen ihrer Business-Linie, mit der sie auf erfolgreiche Geschäftsfrauen als Kundinnen zielt, sind der klassische Hosenanzug sowie ein schlichter Trenchcoat. Auch **Wolfgang Joop** *(geb. 1944)* gehört zu den Designern, die international auf sich aufmerksam machen: Seine Jeans-Kollektion fand sogar in den USA Anklang. Und im Bereich der Businessmode für Herren nimmt das Unternehmen Boss, das seit 1967 von den Enkeln des Firmengründers **Hugo Boss** *(1885–1948)* geleitet wird, eine führende Position ein.

Schlicht und schnörkellos
*Farblich extravagant, aber einfach geschnitten ist der Kurzmantel aus einer Sommerkollektion von **Jil Sander*** (geb. 1943), *den ein Model auf dem Laufsteg präsentiert.*

Zopf und Sonnenbrille
Einen hohen Bekanntheitsgrad genießt der Modedesigner ***Karl Lagerfeld*** (geb. 1933), *dessen persönliche Markenzeichen Pferdeschwanz und Sonnenbrille sind.*

Sportlicher Stil
Schwungvolles Kleid des italienischen Modeschöpfers ***Emilio Pucci*** (1914 bis 1992) *aus dem Jahr 1977. Pucci – selbst erfolgreicher Sportler – setzte auf einen sportlich-jugendlichen Stil.*

Eine Frage des Stils

Ob klassisch und zeitlos, elegant oder sportlich, konservativ oder avantgardistisch – Mode ist immer auch eine Frage des persönlichen Stils der Modeschöpfer. Die besondere Art und Weise, z. B. Farben zu kombinieren, Muster im Schnitt eines Kleids zu platzieren oder die Verwendung bestimmter Stoffe und Materialien zeichnet einige Designer besonders aus – Modeinteressierte erkennen im fertigen Modell gar seinen Schöpfer!

So manches Modell eines berühmten Designers ist nicht wirklich alltagstauglich – zu schlank sind die Körper, um die der Künstler seinen Entwurf drapiert, zu vielfältig die Anforderungen, denen Alltagskleidung standhalten muss. Und dennoch gehen gerade von den Kreationen der Designer, die auch abseits von ausgetretenen Pfaden wandern, Impulse für die Kleidung von der Stange – die sogenannte Prêt-à-porter-Mode – aus, z. B. von den Entwürfen des in Sankt Petersburg geborenen Modeschöpfers **Erté** *(1892–1990)*, der nicht nur Modezeichnungen fertigte, sondern vor allem Film- und Bühnenkostüme in einem ganz unverkennbaren Art-Déco-Stil und mit auffälligen Farbkontrasten.
Emilio Pucci *(1914–92)* bevorzugte einfache, schnörkellose Schnitte und kreierte in den 1950er-Jahren einen sportlich-jugendlichen Stil, mit dem er sich bewusst von der Haute-Couture absetzte. Er entwarf die Capri-Hose, eine dreiviertellange, leichte Sommerhose, das NASA-Emblem der Apollo-Raumflüge und die Hostessenkleidung einer australischen Fluggesellschaft.
Der Spanier **Paco Rabanne** *(geb. 1934)* erregte vor allem in den 1960er-Jahren großes Aufsehen mit seinen futuristischen Entwürfen, die er oft auch aus ungewöhnlichen Materialen fertigte: Metall- und Plastikteile verliehen seinen Modellen – die allerdings nur kurze Zeit Begeisterung hervorriefen – das ganz besondere Etwas.

Ausgefallenes für den Laufsteg

Die Kreationen von **Sonia Rykiel** *(geb. 1930)* sind zumeist aus Trikot- oder Strickstoffen gefertigt und wirken ob ihrer Zweckmäßigkeit häufig unkonventionell. Auf ihre eigene Art und Weise auffällig sind auch die Entwürfe von **Emanuel Ungaro** *(geb. 1933)*: Der Franzose arbeitet sowohl mit Blumen- als auch mit grafischen Mustern, die von der zeitgenössischen Kunst mit inspiriert sind und auf den Laufstegen der Welt stets Aufsehen erregen.
Einem sehr damenhaften Stil verpflichtet fühlt sich **Hubert de Givenchy** *(geb. 1927)*, der ausgefallene Kreationen liebt. Neben Grace Kelly und Jacqueline Kennedy war vor allem die Schauspielerin Audrey Hepburn als seine Kundin bekannt, die privat und vor der Kamera zumeist seine Kleider trug. Der eigenwillige deutsche Modeschöpfer **Karl Lagerfeld**

(geb. 1933) arbeitet sehr ideenreich, immer wieder kreiert er innovative Kleidungsstücke wie Lederkostüme oder kurze Plisseeröcke. Seit dem Jahr 1984 arbeitet er für das Haus Chanel, gründete aber zeitgleich auch sein erstes eigenes Label »KL«, zu dem sich im Lauf der Jahre weitere Linien gesellten. Er gehört weltweit zu den erfolgreichen, bekannten Modedesignern, sein Pferdeschwanz und seine dunkle Sonnenbrille sind seine persönlichen Markenzeichen.

Punk und Mode
*Die Modeschöpferin **Vivienne Westwood** (geb. 1941) posiert in der Gemäldegalerie des Kulturforums in Berlin für den Fotografen. Sie führte Elemente des Punk in die Mode ein.*

Mode, Provokation und Kunst

Miuccia Prada *(geb. 1949)* entwickelte in den 1990er-Jahren den »Prada«-Stil: in Anlehnung an die Mode der 1950er-Jahre arbeitete sie mit auffälligen Mustern und Stoffen aus Polyesterjersey.
Der Italiener **Franco Moschino** *(1950–94)* setzte seine Ideen oft ein, um zu provozieren: Der Schriftzug »Channel No 5« auf einem von ihm entworfenen T-Shirt hatte eine Niederlage des Designers gegen den namhaften Konkurrenten vor dem Kadi zur Folge, und auch sein ausschließlich aus schwarzen BH's gefertigtes Cocktailkleid fand nicht überall Gefallen. Dennoch – oder vielleicht gerade wegen seiner witzig-provokanten Art – arbeitete Franco Moschino bis zu seinem Tod sehr erfolgreich.
Die Engländerin **Vivienne Westwood** *(geb. 1941)* gehört zu den Designern, die mit ihren Entwürfen gern schockieren – nicht alle ihrer Modelle sind tragbar. In Anlehnung an den Kleidungsstil der Punks entwarf sie in den 1970er-Jahren Leder- und Gummimode, ihre aktuellen Kollektionen sind häufig mit Bändern, Gurten, Schnürungen und Raffungen versehen und noch immer sehr gewöhnungsbedürftig.
Ähnlich auffällig, wenn auch stilistisch anders gelagert, sind die hautengen, seitlich geschlitzten und geschnürten Glanzleder- und Latexkleider aus Stretchmaterialien, auf die sich der in Tunesien geborene und in Paris lebende Designer **Azzedine Alaïa** *(geb. 1940)* versteht. Und auch die Kollektionen eines **Walter Van Beirendonck** *(geb. 1957)* – darunter Neopren-Latzhosen und grün gestreifte Sakkoanzüge – sind eher als Kunst denn als Kleidung zu verstehen.
Domenico Dolce *(geb. 1958)* und **Stefano Gabbana** *(geb. 1962)* schufen gemeinsam eine körperbetonte Mode, die unter dem Namen »Dolce & Gabbana« eine Damen- und eine Herrenkollektion sowie Jeans, Accessoires und Brillen erfolgreich vermarktet. Kommerziell sehr erfolgreich sind auch **Tommy Hilfiger** *(geb. 1952)* mit seiner sportlichen Linie, **René Lacoste** *(1904–96)* mit dem berühmten Krokodil im Logo, die deutsche Designerin **Gabriele Strehle** *(geb. 1951)* mit ihrer Modemarke »Strenesse« und die Niederländer **Viktor Horsting** *(geb. 1969)* und **Rolf Snoeren** *(geb. 1969)*, die ihre kreativ-künstlerischen Entwürfe unter dem Markennamen »Viktor & Rolf« vertreiben.
Die Mode im 21. Jh. wird immer globaler: Der Japaner **Kenzo Takada** *(geb. 1939)* machte in den 1970er-Jahren mit auffallenden Prêt-à-porter-Modellen auf sich aufmerksam, und er lässt sich gern von traditionellen Mustern seines Heimatlands inspirieren. Sein Landsmann **Issey Miyake** *(geb. 1938)* greift in seinen Entwürfen ebenfalls auf den Stil japanischer Gewänder zurück, fertigt aber auch gern Strickwaren an. Und **Rei Kawakubo** *(geb. 1942)* arbeitet erfolgreich als eine freie Stylistin, die sich in ihren Entwürfen eine ganz eigene Ästhetik in Schwarz und Grau schafft.

Technoid
*Bei seiner Arbeit, die oft in verspielte und bunte Kreationen mündet, vertraut **Issey Miyake** (geb. 1938) stark auf moderne Computertechnologien.*

Perfekt gestylt von Kopf bis Fuß

Rassige Stilettos
*Exklusive, ausgefallene Schuhkreationen machten **Manolo Blahnik** (geb. 1942) zu einem Weltstar der Schuhdesigner.*

Perfektes Styling ist mehr als nur das Tragen von einer dem Anlass angemessenen Kleidung – es verlangt auch Liebe zum Detail. Von A wie Ansteckblume über Juwelen und Schmuck bis hin zu Z wie Zylinder – wer es modisch liebt, hat auch bei den Accessoires die Qual der Wahl.

Schmuck und Juwelen sind die Luxusgüter der modernen Gesellschaft schlechthin. Zu den ganz Großen in diesem Geschäft zählt **Charles Louis Tiffany** *(1812–1902)*, der sein Unternehmen 1837 in New York gründete. Von Beginn an waren seine Preise nicht verhandelbar – ein Novum im Handel. Tiffany & Co. hat seinen Stammsitz auch heute noch in New York sowie Dependancen weltweit.
Das von dem griechisch-stämmigen Unternehmer **Sotirio Bulgari** *(1857–1932)* 1884 in Rom gegründete Unternehmen hat sich ebenfalls auf den Handel mit stilvollen Juwelen, Uhren, Schmuck, Parfüm und raffinierten Accessoires spezialisiert.
Während Juwelen und Schmuck allein der Zierde dienen, haben Uhren noch einen praktischen Nutzen: Wie kein anderer steht der Name von **Louis-François Cartier** *(1819–1904)* für hochwertiges Uhrendesign. Dagegen wurde der russische Juwelier und Goldschmied **Peter Carl Fabergé** *(1846–1920)* vor allem mit seinen aufwendig verzierten, kunstvollen Eiern, die er als Schmuckstücke zum Osterfest entwarf, bekannt: Diese sogenannten Fabergé-Eier wurden für das traditionelle russische Osterfest gefertigt und von der Zarenfamilie hoch geschätzt.

»Es gibt keinen Sättigungspunkt des Designs.«
Salvatore Ferragamo

Für Füße, Hände und Haut

Wertvoll, weil von Hand gearbeitet – dieses Qualitätsmerkmal gilt auch für hochwertige Schuhe. Der 1914 in die USA ausgewanderte Italiener **Salvatore Ferragamo** *(1898–1960)* ließ sich einige Jahre später im Umfeld Hollywoods nieder und entwarf unzählige Schuhmodelle für Stars wie Mary Pickford, Marlene Dietrich, Greta Garbo, Marilyn Monroe und andere mehr. Er entwickelte den Keilabsatz und achtete stets darauf, dass seine Schuhkreationen nicht nur stilvoll, sondern auch bequem zu tragen waren. Der Franzose **Charles Jourdan** *(1883 bis 1976)* verstand sich ebenfalls meisterhaft aufs Schuhdesign: Er arbeitete für die Haute-Couture-Marken Christian Dior und Pierre Cardin. Gegenwärtig sind es vor allem die Schuhmodelle des Spaniers **Manolo Blahnik** *(geb. 1942)*, die von zahlreichen weiblichen Stars auch vor der Kamera getragen werden: Blahniks Erfolg gründet sich u. a. auf die Stilettos, die z. B. Sarah Jessica Parker in der TV-Serie »Sex and the City« trug.
Ein Lederprodukt war es auch, das dem Sattlermeister **Guccio Gucci** *(1881–1953)* Erfolg brachte: Die von ihm entworfene Gucci-Tasche mit Bambusgriff machte ihn international berühmt. Heute vertreibt das Unternehmen neben Taschen exklusive Mode, Textilien, Schuhe und Accessoires.
Zu guter Letzt sind die Kosmetika als Artikel, die das Aussehen einer Person positiv beeinflussen, zu nennen: **Helena Rubinstein** *(1870–1965)* zählt zu den Pionieren dieser Branche, ebenso **Elisabeth Arden** *(1878–1966)* und **Max Factor** *(1877–1938)*. Und die Gründerin der Kosmetikkette »The Body Shop«, **Anita Roddick** *(1942–2007)*, legte an ihre Produkte stets besonders strenge Maßstäbe an: »Body-Shop«-Kosmetika sind aus natürlichen Essenzen und werden unter Verzicht auf Tierversuche hergestellt.

»Body-Shop«-Gründerin
*Für umweltbewusste Kunden schuf **Anita Roddick** (1942–2007) natürliche Kosmetika, für deren Produktion hohe ethische Maßstäbe gelten.*

Brasiliens Supermodel
Gisele Bündchen (geb. 1980) *präsentiert im Januar 2005 eine aktuelle Kreation – im April 2014 beendete sie ihre Karriere.*

Aufwendige Kreationen anmutig präsentiert

Der britische Seidenhändler und Modeschöpfer Charles Frederick Worth war im 19. Jh. der Erste, der seine Kreationen am lebenden Modell vorführte und so den Beruf des Models schuf. In den Modezentren der Welt wie New York, Mailand, Paris und London präsentieren heute hochbezahlte Topmodels jeweils im Frühling und Herbst eines Jahres die neuesten Kollektionen berühmter Designer.

Eine der ersten Frauen, der es gelang, lange Zeit öffentlich als Model präsent zu sein, war die Schwedin **Lisa Fonssagrives** *(1911–92)*. Über viele Jahre hinweg zierte ihr Bild die Titelblätter bedeutender Frauenzeitschriften. Daher gilt sie als das erste Supermodel. In den 1940er- und 1950er-Jahren traten Frauen wie **Dovima** *(1927–90)* und die Schwestern **Dorian Leigh** *(1919–2008)* und **Suzy Parker** *(1932–2003)* in ihre Fußstapfen. Das Lächeln von Dovima – die aufgrund eines fehlenden Stückchens Vorderzahn darauf bestand, stets mit geschlossenem Mund fotografiert zu werden –, wurde gar mit Mona Lisa verglichen. In den 1960er-Jahren etablierten sich andere Modevorstellungen – die bekanntesten Models dieser Zeit waren die Britinnen **Twiggy** *(geb. 1949)*, die mit ihrer jugendlichen, sehr dünnen Figur dem Modeideal der 1990er-Jahre das Feld bereitete, und **Jean Shrimpton** *(geb. 1942)*. Beide verstanden sich darauf, den Geist der »Swinging Sixties« glaubhaft darzustellen und leibhaftig zu verkörpern. Berühmte Models der 1970er-Jahre waren die Amerikanerin **Jerry Hall** *(geb. 1956)*, die auch als Ehefrau des Rockstars Mick Jagger Aufmerksamkeit auf sich zog, sowie in Deutschland **Uschi Obermaier** *(geb. 1946)*, die zum Sexsymbol einer ganzen Generation wurde.

Die große Zeit der Supermodels

Einige wenige Frauen schaffen es, in der Modebranche so weit nach oben zu kommen, dass sie nicht nur in ihrer Verkaufsfunktion, sondern darüber hinaus als eigenständige Persönlichkeit wahrgenommen werden. In den 1990er-Jahren gehörten u. a. zu ihnen: **Claudia Schiffer** *(geb. 1970)*, die als Model für das Modehaus Chanel und dessen Designer Karl Lagerfeld berühmt wurde, die Britin **Naomi Campbell** *(geb. 1970)*, die Australierin **Elle Macpherson** *(geb. 1963)*, die Amerikanerin **Cindy Crawford** *(geb. 1966)*, die Kanadierin **Linda Evangelista** *(geb. 1965)* sowie die Französin **Laetitia Casta** *(geb. 1978)*. Auch **Eva Padberg** *(geb. 1980)* und **Nadja Auermann** *(geb. 1971)* haben jeweils zahlreiche Cover der großen Modemagazine geziert. Vor allem aber ist hier **Heidi Klum** *(geb. 1973)* zu nennen, die sich nicht nur auf die Präsentation von Mode versteht, sondern auch in der Lage ist, das Geschäft z. B. mit Fernsehshows wie »Germany's Next Topmodel« in seiner ganzen Breite auszunutzen.
Zu den jüngeren Gesichtern auf den Titelseiten der aktuellen Modemagazine gehört **Gemma Ward** *(geb. 1987)*. Die Australierin hat im Lauf ihrer noch jungen Karriere schon für zahlreiche bekannte Marken – darunter Prada, Versace, Gucci – in Werbekampagnen posiert. Aber auch die Brasilianerin **Gisele Bündchen** *(geb. 1980)*, das britische Model **Kate Moss** *(geb. 1974)* und die Niederländerin **Doutzen Kroes** *(geb. 1985)* haben sich auf den Laufstegen der namhaften Designer und in den Modemagazinen weltweit einen Namen gemacht.

Star in der Modeszene
Vor der Kamera von ***Peter Lindbergh*** (geb. 1944) *standen und stehen die berühmtesten Models der Welt: Linda Evangelista, Naomi Campbell, Cindy Crawford und Claudia Schiffer lichtete Lindbergh ebenso ab wie auf diesem Foto Marie-Sophie Wilson, Tatjana Patitz und Lynne Koester (von links nach rechts).*

Sie setzen die Models in Szene

Gäbe es allerdings die Fotografen nicht, die sich darauf verstehen, die Models gekonnt in Szene zu setzen, wäre den Frauen in der Modebranche wesentlich weniger Erfolg beschieden. In die Riege jener großen Persönlichkeiten, die sich um die Modefotografie verdient gemacht haben, gehört unbedingt der deutschstämmige Künstler **Horst P. Horst** *(1906–99)*. Lange arbeitete er mit Lisa Fonssagrives zusammen, für das Modemagazin »Vogue« lichtete er aber auch zahlreiche andere Models ab. Eng arbeitete Horst mit dem in Russland geborenen Baron **George Hoyningen-Huene** *(1900–68)* zusammen, der auf dem Höhepunkt seiner Karriere in Hollywood zahlreiche Filmgrößen mit der Kamera porträtierte.
Zu den bedeutenden Porträtfotografen zählt auch **Richard Avedon** *(1923–2004)*, der jahrelang für die Modezeitschrift »Harper's Bazaar« tätig war. Und der britische Modefotograf **Antony Armstrong-Jones,** besser bekannt als **Lord Snowdon** *(geb. 1930)*, machte nicht nur durch seine gekonnten Modeaufnahmen von sich reden, er ist auch der offizielle Fotograf der britischen Königsfamilie.
Im Gegensatz zu dem eher traditionellen Stil der Aufnahmen Lord Snowdons verstand sich der deutschstämmige australische Fotograf **Helmut Newton** *(1920–2004)* darauf, seine Fotografien erotisch zu inszenieren. Des Weiteren zählen auch die beiden Deutschen **Peter Lindbergh** *(geb. 1944)* und **Juergen Teller** *(geb. 1964)* zu den bekannten Starfotografen.

Jahresgehalt 100 000 Dollar
In den 1950er-Jahren erzielte ***Suzy Parker*** (1932–2003) *als erstes Model ein Jahresgehalt von 100 000 US-Dollar. Das Foto zeigt sie 1960 mit ihrem Sohn.*

MUSIK UND LITERATUR

Mit mündlich überlieferten Sagen, Märchen und Fabeln begann die Geschichte der Literatur. Über viele Epochen und in zahlreichen Genres entwickelten große Dichterfürsten und Literaten sie bis zum modernen Gegenwartsroman. Die Meilensteine auf dem Entwicklungsweg der Musik von ihren Ursprüngen bis zu den aktuellen Erfolgsstücken im Konzertsaal, auf der Opernbühne und in den Hitparaden setzten einige wenige Genies und zahlreiche große Künstler mit bis heute klangvollen Namen.

Musik als Bühnenstück

Reformator der Oper
Die Auseinandersetzung um die Inhalte der Oper – seriös oder unterhaltsam – beendete ***Christoph Willibald Gluck*** (1714–87). *Die Abbildung zeigt ein Bühnenbild zu seinem Werk »Orfeo ed Euridice«.*

Musik im Wechsel mit Spielszenen kannten schon die Dramen der Antike. Im Mittelalter gab es liturgische und weltliche Spiele, Triumphaufzüge, Masken- und Tanzspiele. Die Renaissance wiederum entwickelte von Musik unterstützte Schulkomödien, doch erst im frühen Barock wurde aus den Vorläufern eine neue und erfolgreiche Kunstform: die Oper.

Sie war zunächst eine italienische Erfindung. Unmittelbare Vorformen der Oper waren die Pastoralen mit Musikbegleitung von **Angelo Poliziano** *(1454–94)*, **Giovanni Battista Guarini** *(1538 bis 1612)*, **Torquato Tasso** *(1544–95)* und die Madrigalkomödien von **Adriano Banchieri** *(1568–1634)* und **Orazio Vecchi** *(1550–1605)*. Aber erst der junge **Claudio Monteverdi** *(1567–1643)* brachte in seinem »L'Orfeo« alle Elemente zusammen, die die neue Gattung Oper ausmachten: Instrumental begleitete Sprechgesänge (Rezitative), die die Handlung trugen, Arien für die Emotionen, Rollen mit eigener Identität und die Musik als Dienerin des Wortes. Uraufgeführt am 24. Februar 1607 in Mantua gilt seine »Favola in musica« als erste Oper der Musikgeschichte und löste italienweit, wenig später auch in Frankreich, England und Mitteleuropa zunehmend Begeisterung aus. Im Jahr 1637 wurde in Venedig das erste öffentliche Opernhaus der Welt eröffnet, für das Komponisten wie **Francesco Cavalli** *(1602–76)* oder **Antonio Draghi** *(1635 bis 1700)* zahlreiche Opern schufen. Hier in der reichen Lagunenstadt an der Adria komponierte einige Jahrzehnte später **Antonio Vivaldi** *(1678–1741)*, der nicht nur rund 350 Instrumentalkonzerte schuf, sondern auch mehr als 40 Opern.

Anfänge der modernen Oper
Mit »L'Orfeo« begründete ***Claudio Monteverdi*** (1567–1643) *die moderne Oper. Das Hintergrundbild zeigt eine Bühnenszene aus einer Aufführung der Oper des Theaters Erfurt im Jahr 2007.*

Hofoper und Reformen

Von Italien aus wirkte die Oper zunächst in Frankreich weiter. Begeistert für Literatur, Theater und Tanz hatte der Sonnenkönig Ludwig XIV. an seinem Hof ein kulturelles Klima geschaffen, das Opern wie »Alceste« (1674) oder »Cadmus et Hermione« (1675) seines Hofkomponisten, des Begründers der französischen Nationaloper **Jean-Baptiste Lully** *(1632–87)*, möglich machte. Dessen Werk wurde von **Jean-Philippe Rameau** *(1683–1764)* fortgeführt, der im »Buffonistenstreit« um die Inhalte der Oper für den Vorrang der Sprache im Sinne des seriösen, dramatischen Gehalts eintrat, während Künstler wie **Alessandro Scarlatti** *(1660–1725)* oder **Francesco Durante** *(1684–1755)* für die typisierte Opera seria und unterhaltsame Opera buffa der neapolitanischen Schule eintraten. **Giovanni Battista Pergolesi** *(1710–36)* und **Niccolo Piccini** *(1728–1800)* gelten als weitere Spezialisten dieser heiteren Opera buffa.

Die Lösung in dieser Auseinandersetzung um die Inhalte brachten die Reformbestrebungen von **Christoph Willibald Gluck** *(1714–87)*. In Werken wie »Orfeo ed Euridice« (1762) und »Iphigénie en Tauride« (1779) schuf er eine durchdramatisierte Oper, die den Pomp der Intrigen- und Arienoper zugunsten einer textlich und musikalisch klar gehaltenen Idee des

Menschseins hintanstellte. In Deutschland hatte **Heinrich Schütz** *(1585–1672)* neben geistlichen Stücken mit »Daphne« (1627) die erste deutsche Oper geschrieben. **Georg Philipp Telemann** *(1681 bis 1767)* war mit mehr als 50 Bühnenwerken ein Meister der Barockoper und Kirchenmusik.

Der englische Sonderweg

Mit dem frühen Tod **Henry Purcells** *(1659–95)* und Opern wie »Dido and Aeneas« (1689) endete eine kurze Zeit musikalischer Blüte des englischen Kulturlebens. Oper als Mischung von Bühnenspektakel, Dichtung, Gestik, musikalischer Interpretation und gesellschaftlichem Ereignis hatte aber im Londoner Bürger- und Hofleben einen festen Platz und so importierte man vor allem italienische Werke mit ihrer typischen, leicht fassbaren Form. Als **Georg Friedrich Händel** *(1685–1759)* 1710 nach London zog, änderte sich die Situation. Der an der italienischen Tradition geschulte Komponist schrieb mehr als 40 Opern und 30 Oratorien für das englische Publikum, darunter »Giulio Cesare in Egitto« (1724), »Rodelinda« (1725) und »Ariodante« (1735). Konkurrenz bekamen seine zumeist historischen Bühnendramen von 1728 an durch sozialkritisch bürgerliche Werke wie die »Beggar's Opera« (1728), die sein ehemaliger Librettist **John Gay** *(1685–1732)* gemeinsam mit dem Komponisten **John Pepusch** *(1667–1752)* verfasst hatte. Händel konzentrierte sich daraufhin mehr auf geistliche Oratorien und schuf Meisterwerke wie den »Messias« (1742).

Genie Mozart

Schöpfer der »Zauberflöte«
Das Gemälde von Barbara Krafft aus dem Jahr 1819 zeigt ***Wolfgang Amadeus Mozart*** (1756–91), *dessen bedeutendste Oper »Die Zauberflöte« mit ihrer Mischung aus Zauberstück, Märchen und Ideendrama alle damaligen Gattungsbegriffe sprengte.*

Während Glucks Reformen vor allem die französische Oper beeinflussten, pflegte man am Wiener Kaiserhof die italienische Tradition mit Werken wie »Armida« (1771) und »Tarare« (1787) von **Antonio Salieri** *(1750 bis 1825)*. Erste deutschsprachige Singspiele von **Johann Adam Hiller** *(1728–1804)*, **Karl Ritter von Dittersdorf** *(1739–99)* oder **Georg Benda** *(1722–95)* blieben regionale Phänomene. Wichtige neue Impulse brachte erst **Wolfgang Amadeus Mozart** *(1756 bis 1791)*. Er griff die stark formalisierten Vorgaben der tragischen Opera seria und der heiteren Opera buffa auf, individualisierte die Charaktere durch präzise Personenzeichnung und widersprach dem schematischen Aufbau der Gattung, indem er in enger Zusammenarbeit mit **Lorenzo da Ponte** *(1749–1838)* Sprache und Musik, Handlung und Ornamentik im Dienst des Bühnengeschehens vermischte. So entstanden Meisterwerke wie »Idomeneo« (1781), »Die Entführung aus dem Serail« (1782), »Le Nozze di Figaro« (1786), »Don Giovanni« (1787), »Cosi fan tutte« (1790) und »Die Zauberflöte« (1791). Die Idee, Theater aus der Musik zu entwickeln und Handlung und Gefühl ebenso instrumental wie darstellerisch anzulegen, beeinflusste Komponisten wie **Ludwig van Beethoven** *(1770 bis 1827)*, der in seine einzige Oper »Fidelio« (1814) zudem ideelle Elemente der Oper der Revolutionsjahre und Napoleonischen Ära etwa eines **Luigi Cherubini** *(1760 bis 1842)* oder **Étienne Nicolas Méhul** *(1763–1817)* integrierte.

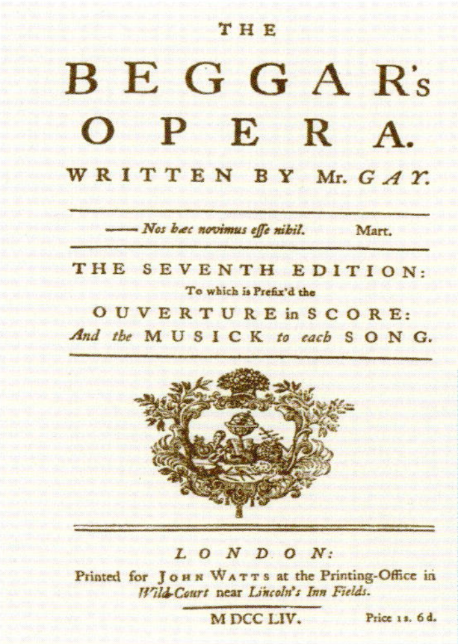

THE
BEGGAR's
OPERA.
WRITTEN BY Mr. GAY.
——Nos hæc novimus esse nihil. Mart.
THE SEVENTH EDITION:
To which is Prefix'd the
OUVERTURE in SCORE:
And the MUSICK to each SONG.
LONDON:
Printed for JOHN WATTS at the Printing-Office in Wild-Court near Lincoln's Inn Fields.
MDCC LIV. Price 1s. 6d.

Neue Themen
Der Literat **John Gay** (1685–1732) *und der Komponist* **John Pepusch** (1667 bis 1752) *machten in »Die Bettleroper« (Titelblatt der 7. Ausgabe des Librettos) den einfachen Mann zum Bühnenhelden.*

Vom Auftragnehmer zum Originalgenie

Szene aus einer Aufführung von »Der Barbier von Sevilla« von Gioachino Rossini am Mecklenburgischen Staatstheater Schwerin (2008).

Das 19. Jh. war die Epoche der Bürgerlichkeit. Das feudale Herrschaftssystem der Aristokratie zerfiel. Neue Werte wie Besitz, Bildung, aber auch Fortschritt und Nation, die nicht an Religion oder die ständische Herkunft durch Geburt gebunden waren, bestimmten die Gedankenwelt in Europa. Das hatte Folgen für die Kunst. Der höfische Auftragskomponist verschwand zugunsten des aus sich selbst heraus schaffenden Originalgenies, das die Welt als Ganzes zu erfassen versuchte. Die Idee des Gesamtkunstwerks war geboren.

Meister der »Grand opéra«
Mit »Die Hugenotten« schuf ***Giacomo Meyerbeer*** (1791 bis 1864) *das zentrale Meisterwerk der französischen »Grand opéra«. Die Abbildung zeigt eine Szene daraus.*

Der Übergang vom klassischen Denkmuster des »Schönen, Wahren, Guten« (Goethe) zur romantischen Vorstellung der Empfindung als Kern des Menschlichen fiel der Oper leicht. In Italien entwickelten **Gaetano Donizetti** *(1797–1848)* mit »Lucia Di Lammermoor« (1834), **Vincenzo Bellini** *(1801–35)* mit »Norma« (1831) und **Gioachino Rossini** *(1792–1868)* mit »Der Barbier von Sevilla« (1816) den die schöne Melodie feiernden Belcanto und machten ihn zum Stilideal der italienischen Frühromantik. Derweil setzten Komponisten des alltägliche Themen integrierenden »Verismo« wie **Giuseppe Verdi** *(1823–1901)* und **Giacomo Puccini** *(1858–1924)* die bisherige Aneinanderreihung von Liedern und Dialogen fort. Und während sich in Frankreich die Grande Nation in der Grand Opéra zelebrierte, die **Giacomo Meyerbeer** *(1791–1864)* mit »Die Hugenotten« (1836) perfektioniert hatte, oder mit der Opéra comique von Komponisten wie **Daniel-François-Esprit Auber** *(1782–1871)*, **Adolphe Adam** *(1803–56)* und **Jacques Offenbach** *(1819–80)* zerstreute, kündigten sich in Deutschland neue Töne an. Der erste Wegweiser in die Richtung der Veränderung war **Carl Maria von Webers** *(1786–1826)* »Der Freischütz« (1821), eine mit Waldromantik und Mythologie kokettierende Erfolgsoper.

Wagners Welten

Die zentrale Persönlichkeit der romantischen Oper jedoch war **Richard Wagner** *(1813–83)*. Er löste sich vom bisherigen Modell der formalen Gliederung und verstand die Musik als die Krone der Kunst, in der Dichtung, Philosophie, Theater und Choreografie zusammentreffen. Insbesondere seine Spätwerke, der vierteilige Zyklus »Der Ring des

Nibelungen« (1853–74), »Tristan und Isolde« (1857/59) und »Parsifal« (1877/82) erweiterten die Klangsprache, indem sie Figuren Leitmotive zuwiesen, die je nach Handlungsfortschritt verarbeitet wurden. Wagner ergänzte die klassische Harmoniefolge mit je sechs zu einem Grundton passenden Akkorden um weitere Klänge. Er entlehnte seine selbst geschriebenen Libretti der germanischen Mythologie. Mit dem Bau des Festspielhauses in Bayreuth von 1872 an schuf er darüber hinaus die Basis für einen bis heute florierenden Künstlerkult.

Weg in die Moderne

In seiner einzigen komischen Oper »Die Meistersinger von Nürnberg« (1861/67) etablierte Wagner außerdem mit dem die Zunftregeln brechenden Sänger Walter von Stolzing den Typus des unabhängigen Künstlers in der Oper, an den wiederum die Komponisten des 20. Jh. anknüpften. **Richard Strauss** *(1964 bis 1949)* erweiterte in »Salome« (1905) und »Elektra« (1909) die Ideen der Leitmotivik, der – schon bei Wagner auftretenden – Dissonanz und der sprachgestischen Prägnanz. Mit »Ariadne auf Naxos« (1912/16) experimentierte er in Orchestrierung und Personenkonstellation wiederum mit extremer Reduktion der bühnendramatischen Mittel, und »Die Frau ohne Schatten« (1919) überhöhte das romantische Ideal träumerischer Mystik ins Metaphysische. Demgegenüber zeichnen sich sowohl die auf einer Vorlage Georg Büchners basierende Oper »Wozzeck« (1921) von **Alban Berg** *(1885–1935)* als auch **Paul Hindemiths** *(1895–1963)* »Cardillac« (1926) und **Arnold Schönbergs** *(1874–1951)* »Moses und Aron« (1930/32) durch dissonante, atonale Motivik aus.

Getanzte Kunst

Hatte die Oper in den 1930er-Jahren einen vorläufigen Schlusspunkt erreicht, stand das Ballett in voller Blüte. Spät hatte es sich von seinen Vorläufern des höfischen Prunk- und Gesellschaftstanzes emanzipiert, dessen Entwicklung der tanzvernarrte Sonnenkönig Ludwig XIV. mit der Gründung des »Ballet du Cour« geprägt hatte. Erst in der Frühromantik verhalf der Theoretiker und Choreograf **Jean-Georges Noverre** *(1727–1810)* dem Ausdruckstanz zum Durchbruch. **Carlo Blasis** *(1797–1878)* erfand den Spitzentanz, Primaballerinen wie **Marie Taglioni** *(1804–84)*, **Fanny Elßler** *(1810–84)* und **Carlotta Grisi** *(1819–99)* perfektionierten ihn in Rollen wie Jules Perots »Giselle« (1841). Vor allem mit **Pjotr Tschaikowskys** *(1840 bis 1893)* Werken »Schwanensee« (1877) und »Der Nussknacker« (1895) entstand die heute gängige Vorstellung von klassischem Ballett.

Zur selben Zeit setzte mit **Sergej Djaghilews** *(1872 bis 1929)* Truppe »Ballets Russes« eine Fortentwicklung ein, die die dramatische, mit Gestik und Mimik unterstützte Choreografie zulasten von Musik und Libretto in den Vordergrund stellte. Das Ensemble inspirierte zahlreiche jüngere Komponisten wie **Igor Strawinsky** *(1882 bis 1972;* »Le Sacre du Printemps«, 1913), **Maurice Ravel** *(1875–1937;* »Daphnis et Chloé«, 1912) oder **Erik Satie** *(1866 bis 1925;* »Parade«, 1917) zu neuen Werken. Der Neoklassizismus von **George Balanchine** *(1904 bis 1983)*, dem letzten Choreografen der »Ballet Russes«, prägte von 1920 an die westeuropäische Vorstellung von Bühnentanz, während sich in Russland ein neuer Realismus und in Amerika der sich von Ausdruckstanz ableitende Modern Dance durchsetzten. Die effektvollen Großproduktionen von **Maurice Béjarts** *(1927–2007)* »Ballet du XXe Siècle« und das Tanztheater einer **Pina Bausch** *(1940–2009)* verfeinerten das zeitgenössische Ballett zur umfassenden Darstellungskunst, Bühnenstars wie **Rudolf Nurejew** *(1938–93)* wiederum schafften es, das Publikum weiterhin mit klassischen Rollen zu begeistern.

Klassiker fürs Ballett

Der Russe ***Pjotr Tschaikowsky*** (1840 bis 1893) *schuf mit Werken wie »Schwanensee« die Musik, mit der heute klassisches Ballett assoziiert wird.*

Protagonist des »Verismo«

Plakat einer Aufführung des »Othello« von ***Giuseppe Verdi*** (1823–1901) *im Casino Municipal in Nizza 1887. Verdi integrierte anders als seine der Romantik verbundenen Vorläufer gern alltägliche Themen in das Bühnenspiel.*

Im Hintergrundbild ist eine Partiturseite der Notenhandschrift von Giuseppe Verdi zu seiner Oper »La Traviata« zu sehen.

Gott zur Ehre, den Menschen zur Freude

Der mittelalterliche Mensch lebte in enger Beziehung zum christlichen Gott. Alles, was er tat, verwies auf das Himmelreich, so auch die Musik. Im Lauf der folgenden Jahrhunderte lockerte sich diese enge Beziehung.

Meister des Kontrapunkts
Die mehrstimmige Kompositionstechnik für geistliche Vokalmusik führte ***Giovanni da Palestrina*** (1525–94) *zur klassischen Vollendung.*

In frühen Gottesdiensten kannte man keine Instrumente, man sang Psalmen oder gregorianische Choräle. Handschriftlich festgehalten wurden diese, nachdem die Notenschrift des **Guido von Arezzo** *(992–1050)* eingeführt wurde. Die wichtigste Innovation in der Musik des Mittelalters war vom 12. Jh. an die Entwicklung der Mehrstimmigkeit. Zur Melodie gesellte sich die Harmonie und wurde zur Grundlage musikalischer Gestaltung. Weltliche Kunstmusik existierte in Gestalt des Minnesangs ab dem 11. Jh. Sie blieb wie der städtische Meistersang ab dem 14. Jh. für die Folgezeit von geringer Bedeutung.

Inbegriff der Klassik
Die Zeichnung von Moritz von Schwind aus dem 19. Jh. zeigt ***Ludwig van Beethoven*** (1770–1827) *bei der Arbeit an der Komposition der »Mondscheinsonate«.*

Übergang zur Neuzeit

Der Weg zur musikalischen Neuzeit war vor allem von zwei Strömungen geprägt. Während die Renaissance die gesungene Mehrstimmigkeit der geistlichen Motette und des weltlichen Madrigals perfektionierte, sorgte sich die Kirche um die Textverständlichkeit. **Giovanni da Palestrina** *(1525–94)* entwickelte das klare Regelwerk des Kontrapunkts, das den schönen Zusammenklang der Melodien bei gleichzeitiger guter Textverständlichkeit zum Ziel hatte. Die protestantische Musik bevorzugte dagegen das einfache, affektbetonte Kirchenlied.

Die meisten Strömungen dieser Zeit liefen im Werk von **Johann Sebastian Bach** *(1685–1750)* zusammen, dem Genie der Barockzeit und systematischen Vordenker der Moderne. Spross einer musikbegabten Familie, Komponist und Organist, schuf er als Kapellmeister am Hof von Köthen und von 1723 an als Kantor der Thomaskirche in Leipzig ein mehr als 1000 Werke umfassende Œuvre, das von der »Kunst der Fuge« über die zahlreichen Kantaten und Concerti bis hin zu Chorwerken wie der »Matthäuspassion« den Maßstab für die jeweiligen Musikgenres setzte. Zentral für die Nachwelt wurden vor allem die beiden Bände des »Wohltempe-

Größter Barockkomponist

*Zum musikalischen Erbe des **Johann Sebastian Bach** (1685–1750) zählen weit über 1000 Werke. Er gab der Musik bis heute wirkende Impulse.*

rierten Klaviers« (1722/44), die nicht nur die Affektenlehre seiner Zeit, nach der jeder Tonart ein Charakter zugeordnet werden kann, sondern auch die Unterteilung des Klangraums in zwölf Halbtonschritte kunstvoll festlegte. Die beiden Sammlungen wurden über ein knappes Jahrhundert hinweg zum bekanntesten Werk des Komponisten, der zunächst von Jüngeren überstrahlt wurde, bis von etwa 1830 an auf Initiative von **Felix Mendelssohn-Bartholdy** *(1809–47)* die Wiederentdeckung Bachs einsetzte.

Trend zum Melodiösen

In der Musikgeschichte des 18. Jh. gab es mehrere Höhepunkte und Veränderungen. Nach Johann Sebastian Bach änderte sich der Publikumsgeschmack. Statt komplexer barocker Klanggebäude waren einfachere, melodieorientierte Werke gefragt. Zudem löste sich der Komponist aus der Abhängigkeit von aristokratischen und geistlichen Auftraggebern. Diese »klassisch« genannte Periode wurde von drei Persönlichkeiten geprägt. Die erste war **Joseph Haydn** *(1732–1809)*. Er schrieb zwar noch im Auftrag von Adeligen, hatte aber bereits genügend Freiheiten, um drei grundlegende musikalische Formen zu entwickeln: die Solo-Sonate, das Streichquartett und die Sinfonie. Allen drei Gattungen lag die sogenannte Sonatenform zu Grunde. Auf einen Kopfsatz mit zwei konkurierenden Themen folgten ein langsamer, lyrischer Satz, ein auflockerndes Intermezzo – zumeist ein Tanz, Menuett oder Scherzo – und schließlich ein Finalsatz, der die Komposition zusammenfassend abrundet. **Wolfgang Amadeus Mozart** *(1756–91)* perfektionierte diese Idee in melodischer Hinsicht und revolutionierte mit musikalischem Einfallsreichtum darüber hinaus weitere Gattungen von der Oper bis zum »Requiem« (1791). Als Wunderkind von seinem Vater Leopold an den Fürstenhöfen herumgereicht, war er bereits mit 13 Jahren Kapellmeister in Salzburg und bis Mitte der 1780er-Jahre einer der beliebtesten Komponisten in Wien. Neben Sinfonien, Sonaten, Instrumentalkonzerten und Kammermusik veränderte Mozart vor allem die Opernwelt, die er mit »Die Hochzeit des Figaro« (1786), »Don Giovanni« (1787) und »Die Zauberflöte« (1791) um sozialkritische, fantastische Themen und die deutsche Sprache erweiterte.

War Mozarts Arbeit zum Teil noch von Aufträgen abhängig, konnte **Ludwig van Beethoven** *(1770–1827)* durch die Unterstützung von Gönnern bereits als freischaffender Klaviervirtuose und Komponist leben. Durch seine frühe Taubheit stark behindert entwickelte er rund die Hälfte seines Werkes nur aus dem Kopf heraus und führte in seinen 32 Klaviersonaten und neun Sinfonien die durch Haydn begonnene Entwicklung fort. Sein Spätwerk, vor allem der Schlusssatz der »9. Sinfonie« mit Friedrich Schillers »Ode an die Freude«, überschritt jedoch die formalen und inhaltlichen Grenzen der klassischen Musik und wies als Ausdruck des individuell Genialen den Weg zum Gesamtkunstwerk der Romantik.

Bürger und Romantiker

Mit Mozart und Beethoven hatte die Musikgeschichte einen einstweiligen Schlusspunkt erreicht. Die bislang vorherrschenden Formen von der Oper über die Sonate bis zur Sinfonie waren soweit ausgereizt, dass eine grundlegende Neuorientierung nötig wurde. **Franz Schubert** *(1797–1828)* war einer der Ersten, der das begriff und seine Arbeit darauf ausrichtete. Als Sohn eines musikunverständigen

Europäische Vielfalt

John Dowland (1562–1626)
In England schuf der Hoflautenist mit dem »First Booke Of Songs« (1597) eine eigene, traurig-poetische Liedform.

Domenico Scarlatti (1685–1759)
In Spanien erlebte die Cembalomusik mit den rund 550 Sonaten des aus Italien stammenden Hofkomponisten ihren Höhepunkt.

Orlando di Lasso (1532–94)
Mit rund 500 Motetten und 60 Messen gehörte der Flame zu den produktivsten Komponisten der Hochrenaissance.

Dietrich Buxtehude (1637–1707) und **Johann Pachelbel** (1653–1706)
Als führende Vertreter der deutschen Schule brachten sie die Orgelmusik auf einen Stand, den Johann Sebastian Bach später perfektionierte.

Marin Marais (1656–1728)
Er war der Star der Pariser Gambenszene und schuf rund 600 Kompositionen für das dem Cello ähnliche Instrument.

Luigi Boccherini (1743–1805)
Ohne seine rund 300 Kammerkompositionen wäre das Repertoire spätbarocker Streichermusik um zahlreiche herausragende und immer noch viel gespielte Kompositionen ärmer.

Sinfoniker der Romantik
Titelblatt der »Ausgewählten Lieder« von ***Johannes Brahms*** (1833–97). *Brahms komponierte vor allem in den traditionellen Gattungen Sinfonie, Kammermusik und Lied.*

Volksschullehrers ganz auf sich allein gestellt, inszenierte der Komponist und Klaviervirtuose sich und seine Kunst in sogenannten Schubertiaden, einem geselligen Beisammensein im kleinen Kreis. Damit holte er die Musik aus der Öffentlichkeit der Wiener Bühnen ins Private des bürgerlichen Wohnzimmers, machte sie zu »Kammermusik« und füllte die klassische Form mit Empfindsamkeit und Gefühl. Schubert wurde mit Zyklen wie der »Winterreise« (1827) zum Erfinder des Kunstlieds und gilt außerdem als genialer Schöpfer von Klaviermusik und Streichquartetten, Kompositionen für das neue bürgerliche Publikum. Seine Sinfonien wurden erst posthum bekannt.

Nachfolger Beethovens

Beethovens Strenge blieb für die Nachwelt eine Herausforderung. So wie sich im 19. Jh. einerseits der rege bürgerliche Kulturbetrieb mit Verlagen und Zeitschriften, Kritikern und Virtuosentum entwickelte, so blieb der Klassiker auf der anderen Seite lange das Maß der Beurteilung. Komponisten wie **Johannes Brahms** *(1833–97)* oder **Franz Liszt** *(1811–86)* wurden mal als Bewahrer, mal als Revolutionäre der von Beethoven geschaffenen Form betrachtet.

Eine Möglichkeit, den vorhandenen Rahmen mit neuen Inhalten zu füllen, bot sich in der Programmmusik. Nicht mehr das einzuhaltende Modell war nun die Vorgabe, sondern die Geschichte, die erzählt werden sollte. Der Franzose **Hector Berlioz** *(1803–69)* wagte mit der »Symphonie Fantastique« (1830), also mit einem Orchesterwerk, das die Traumreise eines romantischen Jünglings umschreiben sollte, als einer der Ersten die Ablösung. Die Vorstellung, Instrumentalmusik mit außermusikalischen Inhalten zu füllen, wurde bald auch von den Vertretern der verschiedenen nationalen Schulen übernommen. Brahms schrieb »Ein deutsches Requiem« (1868), **Edward Grieg** *(1843–1907)* komponierte mit der »Peer-Gynt-Suite« (1875) einen akustischen Tummelplatz für norwegische Feen und Trolle, **Bedrich Smetana** *(1824–84)* gab einem Orchesterzyklus den Titel »Mein Vaterland« (1874–79), **Jean Sibelius** *(1865 bis 1957)* schuf seine »Finlandia« (1899) und **Richard Wagner** *(1813–83)* eine ganze Reihe von Opern, die an germanischer Mythologie orientiert waren. Als Höhepunkt und Schlussstrich dieser sich

»Wer die Musik liebt, kann nie ganz unglücklich werden.«
Franz Schubert

Romantische Kunstlieder
Das Foto zeigt die Orgel in der Pfarrkirche in Lichtental, an der ***Franz Schubert*** (1797–1828) *seine ersten musikalischen Erfolge feierte. Auf dem Notenpult liegt ein Manuskript von Joseph Haydn.*

Schöpfer von »Peer Gynt«
Vor allem mit seinen Kompositionen zu Ibsens Stück »Peer Gynt« verschaffte ***Edward Grieg*** (1843 bis 1907) *der norwegischen Musik Weltgeltung.*

Lyrische Pianostücke
Das Klavierspiel revolutionierte ***Frédéric Chopin*** (1810–49) *mit einer neuen Technik, auch seine Kompositionen widmete er beinahe vollständig dem Klavier.*

mit der sinfonischen Dichtung überschneidenden Stilrichtung fasste **Richard Strauss** *(1864–1949)* philosophische Inhalte (»Also sprach Zarathustra«, 1896) oder Naturschilderungen (»Eine Alpensinfonie«, 1913) in Töne, bis mit den Katastrophenerfahrungen des Ersten Weltkriegs solche Experimente als naive Spielereien aus der Mode kamen.

Romantisches und Volksmusik

Weniger programmatisch als strukturell wurde die Vorstellung der Einheit von Musik und Dichtung für **Robert Schumann** *(1810–56)* zum Lebensinhalt. Er gilt als der Romantiker schlechthin, der mit Zyklen wie den »Kinderszenen« (1838), der »Dichterliebe« (1840) und dem »Klavierkonzert a-Moll« (1845) Paradebeispiele poetischer Gefühlsmusik schuf. Sein Pendant **Felix Mendelssohn Bartholdy** *(1809–47)* war ein Universalgelehrter. Der Großvater Philosoph, der Vater erfolgreicher Bankier, er selbst umfangreich humanistisch gebildet, konnte der Komponist und Dirigent auf materiell gesicherter Basis seine Kunst pflegen. Sein umfangreiches Schaffen umfasst alle wesentlichen Gattungen, von Bühnenmusiken über Sinfonien bis hin zu dem Klavierzyklus »Lieder ohne Worte« (1829–45).

Thematisch nahe zur Programmmusik auf der einen und den nationalen Schulen auf der anderen Seite war die Beschäftigung mit der Volksmusik inhaltliche Inspiration. Hierher gehören die Liederzyklen **Frédéric Chopins** *(1810–49)* ebenso wie im weiteren Sinne das Klavierwerk des Polen. In der Nähe Warschaus als Sohn eines französischen Vaters und einer polnischen Mutter geboren, wanderte Chopin nach Paris aus, um fern der Heimat als Pianist Karriere zu machen. Er knüpfte an Tänze wie die Mazurka oder die Polonaise an und entwickelte daraus einen Musikstil, der die Virtuosität in den Dienst des poetischen Ausdrucks stellte. Damit näherte sich die Idee der Unabhängigkeit der Kunst von formalen Vorgaben, also die Ablösung vom »Modell Beethoven« einem an Empfindung und persönlicher Wahrnehmung orientierten Klangverständnis. Der Ungar **Béla Bartók** *(1881–1945)* schließlich ging noch einen Schritt weiter und betrachtete die Volksmusik als Grundlage seines umfangreichen Schaffens schlechthin.

Mit dem Ende des 19. Jh. nahm das Lebenstempo atemberaubend zu. Erfindungen revolutionierten die Arbeitswelt. Entdecker erforschten die letzten geheimnisvollen Gebiete des Erdballs. Nicht einmal mehr die menschliche Psyche war vor der Entschlüsselung sicher. Was den einen als Offenbarung erschien, wirkte jedoch auf andere bedrohlich. Der Vorstellung der »Belle Époque«, der »Schönen Epoche«, stand die Lesart des »Fin de Siècle« (Das Ende des Jahrhunderts) gegenüber. Die Verunsicherung saß tief, inspirierte aber Komponisten, nach neuen Klängen zu suchen, die die bürgerliche Musik hinter sich ließen. **Claude Debussy** *(1862–1918)* etwa kam über die Weltausstellung in Paris mit javanischer Gamelan-Musik in Kontakt und integrierte deren Idee des musikalischen Flusses in seine Kompositionen. Gemeinsam mit **Maurice Ravel** *(1875–1937)*, der wie Debussy von der russischen und dem exotischen Reiz der ostasiatischen Musik beeinflusst war, gab er mit Orchesterwerken wie »La Mer« 1903/05) die klare klassisch-romantische Motivik zugunsten der klingenden Stimmungen und Bilder auf und entwickelte so – an der Schwelle zur Avantgarde – die »impressionistische« Tonsprache.

Folkloristische Elemente
In seinen Kompositionen griff ***Béla Bartók*** (1881–1945) *immer wieder auf folkloristische Themen zurück. Er ist einer der meistgespielten Komponisten des 20. Jh.*

Im Hintergrund ein Notenblatt von Béla Bartók mit seiner Unterschrift.

Die Stars am Pult

Der Grammy-Weltrekordler

Der britische Dirigent ungarischer Herkunft ***Sir Georg Solti*** (1912–97) *arbeitete weltweit mit bedeutenden Orchestern. 31-mal wurde er mit dem bedeutenden Musikpreis »Grammy« ausgezeichnet. Damit hält er den Weltrekord. Das Foto zeigt ihn in den 1980er-Jahren bei einer Probe.*

In der griechischen Antike bezeichnete das »Orchestra« einen runden oder hufeisenförmigen Platz vor der Theaterbühne, der den Aufführungen des Chores vorbehalten war. Diese Bedeutung behielt der Begriff bis etwa ins 17. Jh. hinein bei, wie überhaupt das Orchester als differenziertes, musikalisch sinnvoll nach Regeln organisiertes Klanggefüge sich erst seit der Loslösung der Instrumentalmusik von den stimmbetonten Vorgängerformen entwickelte. Geleitet wurden diese Orchester zumeist durch einen Kapellmeister oder einen Solisten, der noch Teil des Ensembles war.

Mit den Komponisten der klassischen Periode (Haydn, Mozart, Beethoven), vor allem aber mit den Romantikern (Berlioz, Wagner, Mahler) erweiterte sich das Instrumentarium auf der Suche nach neuen Klangfarben sprunghaft. Aus dem variablen Dutzend der Barockzeit wurden Apparate mit Hundert oder mehr Musikern. Das erforderte eine neue Form der Leitung durch einen Dirigenten, der dem Orchester zugewandt dessen musikalische Organisation bestimmt. Während es im Barock genügte, durch einfachen Auf- und Niederschlag etwa vom Cembalo aus den Takt anzugeben, verfeinerte sich nun die Körpersprache des Dirigenten. Nach der Erfindung des Taktstocks durch **Johann Friedrich Reichardt** *(1752–1814)* bürgerte es sich ein, damit in der rechten Hand Tempo und Taktart anzugeben, mit der Linken hingegen, wie auch durch Körper- und Kopfbewegungen, den Ausdruck und die individuelle Interpretation zu unterstützen.

Romantische Opulenz

Der Dirigent, der als Maestro das Chaos der Instrumente ordnet und notierte Musik in ein klingendes Kunstwerk verwandelt, ist daher eine Erfindung des 19. Jh., wobei die zu Zeiten Vivaldis und Mozarts noch selbstverständliche Einheit von Komponist und Dirigent in Persönlichkeiten wie **Felix Mendelssohn** *(1809 bis 1847)*, **Hans Pfitzner** *(1869 bis 1949)*, **Franz Liszt** *(1881–86)*, **Gustav Mahler** *(1860–1991)* und **Richard Strauss** *(1864–1949)* bis hin zu **Benjamin Britten** *(1913 bis 1976)* und **Pierre Boulez** *(geb. 1925)* ihre Fortsetzung fand. Zu den frühen herausragenden Persönlichkeiten am Orchesterpult gehörten die Wagner-Dirigenten **Hans Richter** *(1843–1916)* und **Hans von Bülow** *(1830–94)*, der Klassikspezialist **Otto Klemperer** *(1885–1973)*, der Bayreuth- und Strauss-Experte **Hans Knappertsbusch** *(1888–1965)*, der Russlandförderer und Gründer des renommierten Tanglewood Music Festivals **Sergej Alexandrowitsch Kussewizki** *(1874–1951)*, der Hochromantiker **Charles Lamoureux** *(1834–99)*, der Spätromantiker und Brucknerfan **Arthur Nikisch** *(1855–1922)* und der Beethoven- und Opernvisionär **Arturo Toscanini** *(1867–1957)*, der zu den einflussreichsten Persönlichkeiten seines Fachs überhaupt zählte.

Komponist und Dirigent
Der Franzose ***Pierre Boulez*** (geb. 1925) *zählt zu den prägenden Persönlichkeiten der internationalen Musikszene. Auch als Komponist und Musiktheoretiker erwarb er sich große internationale Anerkennung.*

Halbgötter im Frack

Die Verbreitung der Schallplatte und die Professionalisierung der Ausbildung trugen wesentlich dazu bei, dass das 20. Jh. viele herausragende Dirigenten hervorbrachte. Zum einen gab es nun eine größere Bühne für – vergleichbare – Interpretationen, auf der anderen Seite boten feste Orchester wie die Berliner Philharmoniker (gegr. 1882), die Wiener Philharmoniker (gegr. 1842) oder die New Yorker Philharmoniker (gegr. 1842) feste Stellen, die kontinuierliches künstlerisches Arbeiten ermöglichten. Zu den Dirigenten der zweiten Generation zählte **Bruno Walter** *(1876–1962)*, der nicht nur Spätwerke von Gustav Mahler uraufführte, sondern von Wien bis New York die Orchestersprache prägte. **Wilhelm Furtwängler** *(1886–1954)* schuf als Leiter der Berliner Philharmoniker und in Bayreuth einen kraftvollen Stil, den sein Nachfolger in Berlin, **Herbert von Karajan** *(1908–89)*, perfektionierte. Ähnlich partiturgenau, jedoch möglichst unter Vernachlässigung der Person des Dirigenten, arbeiteten **Karl Böhm** *(1894–1981)*, **Sergiu Celibidache** *(1912 bis 1996)* und **Sir Georg Solti** *(1912–97)*, wohingegen Kollegen wie **Leonard Bernstein** *(1918–90)* oder **Ferenc Fricsay** *(1914–63)* auch subjektives Pathos der Interpretation zuließen, solange es durch die Musik begründbar war.

Entdeckung des Historischen

Drei Faktoren trugen dazu bei, dass sich ab den 1960er-Jahren die Vorstellung vom Dirigieren grundlegend veränderte: Der Geist der Hippieära wandte sich gegen den Personenkult der Vorjahre, die Fortschritte der Musikwissenschaft und Ausbildung ließen verfeinerte Deutungen zu, und die Hinwendung zur Alten Musik, also zu Werken vor 1830, und zur historischen Aufführungspraxis auf Originalinstrumenten sorgten für ein modifiziertes Klangverständnis. Zu den Pionieren dieser Werkidee gehören **Trevor Pinnock** *(geb. 1946)*, **Christopher Hogwood** *(1941–2014)*, **Sir Roger Norrington** *(geb. 1934)*, **Nikolaus Harnoncourt** *(geb. 1929)* und **Sir John Eliot Gardiner** *(geb. 1943)*. Aber auch weniger stilistisch festgelegte Dirigenten wie **Claudio Abbado** *(1933–2014)*, **Daniel Barenboim** *(geb. 1942)*, **Riccardo Chailly** *(geb. 1953)*, **Pierre Boulez** *(geb. 1925)* oder **Christian Thielemann** *(geb. 1959)* ließen sich von historischen Klangvorstellungen beeinflussen.

Dirigent und Medienstar
Im Goldenen Saal des Wiener Musikvereins probt ***Herbert von Karajan*** (1908 bis 1989) *im Jahr 1966 mit den Wiener Philharmonikern.*

Genies im Konzertsaal

Der »Jahrhundertgeiger«
Bereits mit 11 Jahren trat ***Yehudi Menuhin*** *(1916–99) in der Carnegie Hall in New York auf. Menuhin entwickelte auch eine Bewegungsschule für Geiger.*

Der Virtuose ist eine Erfindung des 19. Jh. Selbstverständlich gab es auch schon vorher grandiose Musiker, die vom Publikum gefeiert wurden. Doch erst der Übergang von der höfisch unterhaltsamen zur bürgerlich leistungsorientierten Konzertkultur, zusammen mit der romantischen Idee des Originalgenies, machte den Typus des exaltierten Stars möglich, der als Künstler und Persönlichkeit die Massen betört.

Eine Ausnahme bildet in diesem Zusammenhang die Oper, die mit Kastraten wie **Farinelli** *(1705–82)* bereits im Barock umschwärmte Persönlichkeiten hervorbrachte. An deren Tradition knüpften dann der größte Belcantotenor ohne operativen Eingriff, **Giovanni Battista Rubini** *(1794–1854)*, aber auch die schillernde Diva der Frühromantik, **Maria Malibran** *(1808–36)*, an. Um sie herum bildete sich eine Tradition der Verehrung, die auch so berühmte Opernstars wie **Enrico Caruso** *(1873–1921)*, **Maria Callas** *(1923–77)* und **Luciano Pavarotti** *(1935 bis 2007)* erlebten.

Tenor und Superstar
Als Opersänger, aber auch als populärer Künstler wurde ***Luciano Pavarotti*** *(1935–2007) weltberühmt. Das Foto zeigt ihn 2004 in der Metropolitan Opera in New York.*

Geige, Klavier und andere

Im Fall der Instrumentalisten entwickelt sich das Virtuosentum mit zunehmendem Schwierigkeitsgrad der Werke. Waren bis zur Romantik Komponisten wie Antonio Vivaldi, Wolfgang Amadeus Mozart, Ludwig van Beethoven oder auch noch Franz Schubert häufig auch die besten Interpreten der eigenen Stücke, beginnt mit Künstlern wie **Niccoló Paganini** *(1782–1840)*, **Clara Schumann** *(1819–96)* oder **Franz Liszt** *(1811–86)* mehr und mehr der Vortrag selbst in den Mittelpunkt zu treten. Die Werke werden anders geschrieben, sie dienen wie das zu dieser Zeit aufblühende Instrumentalkonzert auch der Präsentation des spielerischen Könnens. Das gilt vor allem im Fall der beiden Paradeinstrumente der Virtuosen: dem Klavier und der Geige.

Pianisten wie **Wilhelm Backhaus** *(1884–1969)*, **Sergei Rachmaninow** *(1873–1943)*, **Wladimir Horowitz** *(1903–89)*, **Swjatoslaw Richter** *(1915 bis 1997)* und **Arthur Rubinstein** *(1887–1982)* stehen für das »Goldene Zeitalter des Klavier«, die Pendants an der Geige waren **David Oistrach** *(1908 bis 1974)*, **Jascha Heifetz** *(1901–87)*, **Yehudi Menuhin** *(1916–99)* und **Isaac Stern** *(1920–2001)*.

Darüber hinaus gelang es herausragenden Persönlichkeiten wie den Cellisten **Pablo Casals** *(1876 bis 1973)* und **Mstislaw Rostropowitsch** *(1927–2007)*, dem Gitarrenmeister **Andrés Segovia** *(1893–1987)*, dem Trompeter **Maurice André** *(1933–2012)* oder auch dem Flötisten **Jean-Pierre Rampal** *(1922 bis 2000)* ihr Können gegenüber der Dominanz von Klavier und Geige zu behaupten.

Frühe Operndiva
Eine grandiose Stimme, verbunden mit einer charismatischen Ausstrahlung und großen schauspielerischen Fähigkeiten, zeichnete ***Maria Callas*** *(1923–77) aus.*

Gefeierter Pianist
Vor allem als Interpret der Werke Chopins, Liszts und Skrjabins wurde ***Sergei Rachmaninow*** *(1873–1943) bekannt. Das Foto zeigt ihn als Kind.*

Im Hintergrund ein Programmzettel der Mailänder Scala, auf deren Bühne 1834 Maria Malibran eine Hauptrolle in der Rossini-Oper »Otello« sang.

Virtuoser Flötist
Auf der Musik des 18. Jh. lag der Schwerpunkt der künstlerischen Arbeit des Franzosen ***Jean-Pierre Rampal*** *(1922–2000).*

Gefragter Solist
Die undatierte Aufnahme zeigt den Trompeter ***Maurice André*** *(1933–2012). Sein Repertoire reichte von der Barockmusik bis zum Jazz.*

Die Stars der Gegenwart

Chinas Starpianist
Eine ausgeprägte Gestik begleitet ***Lang Langs*** (geb. 1982) *virtuoses Pianospiel. Er ist der erste Weltstar klassischer westlicher Musik aus dem asiatischen Kulturkreis.*

Die Erfindung der Tonaufzeichnung revolutionierte die Musikwelt. Nun konnte man überall auf der Welt Vergleiche anstellen. Das hatte Rückwirkungen nicht nur auf den Publikumsgeschmack, sondern auch auf die technischen Ansprüche an die Künstler selbst, deren Brillanz und Perfektion während des 20. Jh. stetig zunahm. Darüber hinaus gab es Interpreten, deren Kompetenz von Anfang an über jeder Kritik stand.

Der Pianist **Friedrich Gulda** *(1930–2000)* präsentierte bereits als Teenager Aufnahmen, deren Vitalität und Deutungstiefe verblüfft. Seine Kollegin **Martha Argerich** *(geb. 1941)* faszinierte im Alter von 16 Jahren durch ihre musikalische Impulsivität, **Maurizio Pollini** *(geb. 1942)* stellte sich 1960 als Gewinner des berühmten Warschauer Chopin-Wettbewerbs der Öffentlichkeit vor. Alfred Brendel *(geb. 1931)* wiederum schaffte es über mehr als ein halbes Jahrhundert hinweg, seinen Ruf als herausragender Schubert- und Mozartinterpret auszubauen, wohingegen **Arturo Benedetti Michelangeli** *(1920–95)* vor allem für sein feinsinniges Verständnis der Werke von Claude Debussy verehrt wurde. Manch ein Pianist legte wie **Wladimir Ashkenazy** *(geb. 1937)* oder **Jewgenij Kissin** *(geb. 1971)* einen genialischen Start als Wunderkind hin, andere wurden wie **Krystian Zimerman** *(geb. 1956)* gezielt von Gönnern wir Herbert von Karajan gefördert.
Die größte Entdeckung dieses einflussreichen Dirigenten war die Geigerin **Anne-Sophie Mutter** *(geb. 1963)*. Karajan stellte sie 1976 als Solistin mit

Perfektion auf der Geige
Die amerikanische Geigerin ***Hilary Hahn*** (geb. 1979) *im Jahr 2001 bei einer Orchesterprobe in Köln. Als 6-Jährige gab sie ihr erstes öffentliches Konzert.*

den Berliner Philharmonikern vor und initiierte damit eine Weltkarriere, die die Künstlerin aus Rheinfelden bis an die Spitze der internationalen Klassikszene führte. Dort traf sie auf herausragende Kollegen wie **Gidon Kremer** *(geb. 1947)* und **Itzhak Perlman** *(geb. 1945)*. Als die amerikanische Geigerin **Hilary Hahn** *(geb. 1979)* sich als 18-Jährige mit einem der schwersten Werke ihres Fachs, den Solopartiten von Johann Sebastian Bach, der Weltöffentlichkeit empfahl, war erneut klar, dass es auch zur nächsten Generation der Konzertmusiker einen gewaltigen Qualitätssprung gegeben hatte – die weltweit ausgereifte Musikpädagogik war in der Lage, in einem fort technisch enorm versierte

Klangflächenkomponist
In seinen Kompositionen verzichtet ***György Ligeti*** *(1923–2006) auf rhythmisches Profil und erzeugt »Klangflächen«. Das Foto zeigt ihn 1997.*

Solisten hervorzubringen. Jedenfalls war der Standard der Interpretation niemals höher als am Beginn des neuen Musikjahrhunderts und der Blick auf Künstler wie den chinesischen Pianisten **Lang Lang** *(geb. 1982)*, die aus bislang wenig wahrgenommenen Kulturregionen die Szene bereichern, verspricht sogar eine sich rasant entwickelnde globale Musikzukunft.

Komponisten der Moderne

Mit **Gustav Mahler** *(1860–1911)* begann die Moderne. Skeptisch wandte sich der Komponist und Dirigent von der romantischen Vorstellung eines Richard Wagner ab, der in der Musik ein alles umfassendes Gesamtkunstwerk aus Klang, Dichtung, Theater und Bild schaffen wollte. Mit Mahlers neun Sinfonien hielt die Außenwelt Einzug in der Kunst, ein Vogelzwitschern etwa konnte zu einem Motiv werden, die Harmonien wurden ausgeweitet und die Klangfarben neu gedeutet. Damit trafen sich Mahlers Ideen mit denen des Impressionismus. **Claude Debussy** *(1862–1918)* und **Maurice Ravel** *(1857–1937)* lösten ähnlich wie in der Malerei auf der Suche nach neuen Klängen harmonische Zusammenhänge zugunsten des atmosphärischen Klangeindrucks auf. Am weitesten ging **Arnold Schönberg** *(1874–1951)*, der die bisherigen Gestaltgesetze über den Haufen warf. Disharmonie war für ihn ein eigenständiger Klang. Außerdem erschien ihm das System aus Dur und Moll-Tonleitern als zu eng. Er kreierte daher Folgen von jeweils zwölf Tönen, worin alle Töne einer Oktave einmal vorkommen sollten. Sie wurden zur Basis der »Zwölftonmusik«, die Schüler wie **Alban Berg** *(1885 bis 1935)*, **Anton Webern** *(1883–1945)* und die zeitgenössische Musik im Allgemeinen beeinflusste.

Alles ist möglich

Allen Neuerungen gemeinsam war der Aufstand gegen das als ungenügend empfundene Alte. So wurden über das 20. Jh. hinweg zahlreiche Vorschläge gemacht, wie man das Dilemma der Tradition überwinden könne. **Igor Strawinsky** *(1882 bis 1971)* etwa integrierte außereuropäische, kontrastreiche Effekte in Kompositionen wie »Le Sacre Du Printemps« (1913) und galt damit als Leitfigur des Expressionismus.

George Gershwin *(1898–1937)* öffnete die klassische Musik zur Nachbardisziplin Jazz, der als Vater der amerikanischen Moderne geltende **John Cage** *(1912–92)* verweigerte sich der Form bis hin zu seinem Klavierstück »4'33'« (1952), das nur aus Stille besteht. Seine minimalistischen Erben **Philip Glass** *(geb. 1937)* und **Steve Reich** *(geb. 1936)* entwickelten ein System aus Wiederholungen, das durch kleine motivische Verschiebungen Veränderung erzeugt. In Europa strebte **Carl Orff** *(1895 bis 1982)* nach einer Erneuerung des Musiktheaters im antiken Sinn.

Die musique concrète und die Kreise um **Karlheinz Stockhausen** *(1928–2007)* und **Luciano Berio** *(1925–2003)* experimentierten mit elektronischer Klangerzeugung. **Olivier Messiaen** *(1908–92)* setzte seine Studien von Zahlenmystik und Vogelstimmen in die Grundlagen der seriellen Musik um, und **György Ligeti** *(1923–2006)* versuchte mit Klangflächenkompositionen, Rhythmus und Intervalle außer Acht zu lassen. Im Ganzen gesehen herrschte seit dem Ende der Romantik ein tief reichender Zweifel gegenüber allem vor, was Unterhaltung und Vordergrund versprach.

Schöpfer der »Carmina burana«
Einer der bedeutendsten Komponisten des 20. Jh. war ***Carl Orff*** *(1895–1982). Das Foto zeigt eine Szene aus seiner Oper »Der Mond« (2006).*

Von Amerika in die Welt

Um den Jazz ranken sich Legenden von Tanzpalästen und verrauchten Clubs, von Glamour und Drogen, Karrieren und Schicksalen. Gemeinsam mit dem Blues ist er die Keimzelle der afroamerikanischer Popularmusik und kann auf ein Jahrhundert Geschichte zurückblicken, das ihn von New Orleans aus erfolgreich in die Welt führte.

Die Herkunft des Wortes »Jazz« ist umstritten. Fest steht, dass seit Ende des 19. Jh. vor allem in New Orleans und dessen Vergnügungsviertel Storyville eine neuartige, bunt gemischte Unterhaltungsmusik entstand, für die sich der Name »Jazz« einbürgerte. Manche Einflüsse stammten aus der europäischen Marsch- und Salonmusik, die Rhythmik war afrikanisch-karibisch, die Form nahm Elemente von schwarzen amerikanischen Traditionen wie Blues, Gospel, Ragtime und dem Vaudeville-Varieté auf. Heute kann »Jazz« als Oberbegriff für fast alle Varianten improvisierender Musik verwendet werden. Die Übergänge zu Klassik, Rock-, Pop- und Weltmusik sind fließend.

Ella Fitzgerald – das Hintergrundbild zeigt ein Filmplakat – war eine der größten Jazzinterpretinnen.

König und Königin

Der König der Trompete, ***Louis Armstrong*** *(1901–71), und eine der größten Jazzsängerinnen,* ***Ella Fitzgerald*** *(1918 bis 1996) traten – so wie hier 1956 – gelegentlich gemeinsam auf.*

Von New Orleans nach New York

Die erste Jazz-Schellackplatte wurde 1917 in New York von der Original Dixieland Jazz Band (»Livery Stable Blues«) aufgenommen. Künstlerisch gesehen trat der neue Sound indes mit **Louis »Satchmo« Armstrong** *(1901–71)* im Winter 1925 aus seinem bisherigen Nischendasein heraus. Der Trompeter, Sänger und Autodidakt entwickelte nicht nur das Spiel und den Sound seines Instruments weiter, sondern wurde als Entertainer und Virtuose zur wichtigsten Integrationsgestalt des frühen Jazz. Nachdem im Anschluss an die Schließung von Storyville 1917 zahlreiche Musiker in anderen Städten Arbeit suchten, entwickelten sich auch in Memphis, Kansas City, Chicago und New York jazzähnliche Formen von Tanz- und Unterhaltungsmusik. Zu den Stars der frühen Jahre gehörten der Pianist **Jelly Roll Morton** *(um 1890–1941)* und der Klarinettist **Benny Goodman** *(1909–86)*, die Melodien stammten häufig aus dem Repertoire der New Yorker Musicalmeile »Tin Pan Alley«, für deren Verlage auch **George Gershwin** *(1898–1937)* zahlreiche Revuen schrieb.
Mit dem Pianisten und Bandleader **Duke Ellington** *(1899–1974)* entwickelte sich der frühe New-Orleans- und Chicago-Stil zum Swing weiter, dem in den 1930er-Jahren beliebtesten Jazzstil. 1927 stellte der Newcomer aus Washington für den »Cotton Club« in Harlem das erste von zahlreichen Orchestern zusammen. Ellington schrieb zwischen 3000 und 5000 Kompositionen, darunter Hits wie »I Don't Mean A Thing« (1932) und Suiten wie »Black, Brown and Beige« (1943). Im Unterschied dazu wurde **Ella Fitzgerald** *(1918–96)* vor allem als Interpretin berühmt. Den Durchbruch schaffte sie mit »A Tisket, A Tasket« (1936), stilbildend wurde sie durch ihren unerschöpflichen melodischen Einfallsreichtum und die Perfektionierung des wortlosen, improvisierenden Scat-Gesangs.

Bebop bis Free Jazz

In den frühen 1940er-Jahren suchten junge Musiker bei Jam Sessions wie im Harlemer Club »Minton's Playhouse« nach einer freieren Ausdrucksform, die mehr Ausdrucksmöglichkeiten bot als die streng geregelten Swing Arrangements der Big Bands. Es war die Geburtsstunde des Bebops, der durch Musiker wie den Saxofonisten **Charlie Parker** *(1920 bis 1955)*, den Trompeter **Miles Davis** *(1926–91)* oder den Pianisten **Thelonious Monk** *(1917–82)* den Jazz von der Unterhaltungsmusik zur Kunstform

Bis heute ist New Orleans vom Jazz geprägt – im Bild eine Gedenkveranstaltung für die Opfer des Hurrikans »Katrina« 2005.

Trompeter des Bebop
Lange Improvisationen kennzeichnen den Bebop, der in den 1940er-Jahren den Jazz dominierte. ***Miles Davis*** (1926 bis 1991) *war einer seiner Protagonisten.*

machte. Der Solist wurde zum Bandleader, die Songform stellte statt dem Arrangement die Improvisiation zwischen zwei Themen in den Mittelpunkt. Innerhalb eines guten Jahrzehnts durchlief der Jazz von nun an eine geradezu rasante Entwicklung, die von der engen formalen Gliederung bis zur Auflösung von Harmonik, Melodik und Rhythmus reichte. Dem Bebop folgten Cool Jazz, Hard Bop und Modal Jazz, bis 1960 mit dem Album »Free Jazz« des Saxofonisten **Ornette Coleman** *(geb. 1930)* die vollständige Freiheit des Ausdrucks ausgerufen wurde.

Von Coltrane bis heute

Nun, nachdem alle Regeln aufgehoben waren, blieben als Möglichkeiten der Weiterentwicklung nur noch individuelle Spielweisen oder die Verknüpfung mit anderen Klangkulturen. Die bis heute prägendste Gestalt war der Saxofonist und Komponist **John Coltrane** *(1926–67)*, dessen hymnische, auf Klangflächenwirkung bedachte Linien eine neue Sphäre spiritueller Musikerfahrung eröffneten. Der Pianist **Bill Evans** *(1929–80)* wiederum erweiterte die Jazzharmonik um Farben des klassischen Expressionismus. Andere versuchten Kombinationen mit brasilianischer (Bossa Nova), kubanischer (Cubop, Salsa) und afrikanischer Musik, mischten Improvisation mit populären Strömungen (Soul Jazz, Boogaloo, Beat Jazz), mit Kammermusik (Chamber Jazz) und experimentierten mit der Rockmusik (Fusion, Jazz Rock). Den amerikanischen Ursprüngen stellten vor allem die Europäer eigene Ideen gegenüber wie etwa der deutsche Posaunist **Albert Mangelsdorff** *(1928–2005)* sein verblüffendes dreistimmiges Solospiel. So ist Jazz inzwischen ein offenes Klangsystem mit der Improvisation als wichtigstem Merkmal, dessen Bandbreite vom traditionellen Post-Bop der **Brüder Wynton** *(geb. 1961)* und **Branford Marsalis** *(geb. 1960)* bis zu zahlreichen neuen Entwicklungen wie World Jazz, Crossover, Smooth oder Lounge Jazz reicht.

King of Swing
Die Bigband, die ***Benny Goodman*** (1909–86) *1934 gründete, wurde zum erfolgreichsten Orchester der USA. Goodman selbst (Foto 1980) war Orchesterleiter und Klarinettist.*

Charme und Esprit

Der »Spatz von Paris«
*Welweit war **Edith Piaf** (1915–63) mit Chansons wie »Non, je ne regrette rien« und »Milord«, ihrem wohl größten Hit, erfolgreich.*

Das Chanson steht für mehr, als seine deutsche Übersetzung »Lied« vermuten lässt. Mit ihm sind Jahrhunderte Musikgeschichte verknüpft, von den französischen Barden des Mittelalters bis zum »Nouvelle Chanson« der Gegenwart. Es steht für Melodien der Revolutionsjahre um 1789 wie »Ça ira« genauso wie für »La vie en rose« der Wirtschaftswunderzeit, für die Minnelyrik der Troubadours ebenso wie für die literarischen Formen des Fin-de-Siècle.

Die Ursprünge des »Chansons« und der mit ihm verbundenen Tradition kunstvollen Gesangs reichen zurück bis ins 11. Jh. Damals stand die Bezeichnung für jedes singbare, lyrische oder epische Gedicht in Strophenform, und die kulturelle Blüte der Gotik unterstützte die Entwicklung zahlreicher verschiedener Gattungen. In der anonymen »Complainte« wie etwa »Le Roi Renaud« (um 1200) beklagten Mutter und Ehefrau das Schicksal ihres Sohnes bzw. Ehemanns im Krieg. Im »Rolandslied« des Pfaffen Konrad, dem berühmtesten Chanson de geste (um 1100) wiederum wurde frühchristliches Heldenleben verherrlicht.

Zur selben Zeit entwickelte sich in der höfischen Kultur das lyrische Chanson der provençalischen Troubadours und deren Pendants nördlich der Loire, der Trouvères, deren Verse wie bei **Adam de la Halle** *(1237–88)* das ritterliche Leben vom liebend-treuen Minnedienst, über Kampf, Abschied und Verlust und sogar bis hin zum Ehebruch zum Thema hatte. Schließlich gab es auch derbere und volkspoetische Varianten vom Bänkelsang bis hin zu den nach den Puys, den Versammlungsorten der Minnesänger, benannten »Puy«-Liedern, die sich kritisch mit dem Klerus und der Obrigkeit auseinandersetzten.

Lieder der Revolution

Mit dem Hundertjährigen Krieg (1339–1453) zwischen Frankreich und England verblassten die mittelalterlichen Traditionen. Aus der ursprünglichen Einstimmigkeit wurden komplexe Formen, Dichter wie **François Rabelais** *(1494–1553)* und Komponisten wie **Gilles Binchois** *(1400–60)*, **Guillaume Du Fay** *(1400–74)* und **Josquin Desprez** *(um 1457 bis 1521)* verhalfen dem Chanson an der Schwelle zur Neuzeit zu wachsender Komplexität. Während an den Fürstenhöfen des Barock in Anlehnung an den tanzfreudigen Sonnenkönig Ludwig XIV. das Ballett prosperierte, machte das Volk in satirischen Liedern seinem Ärger über die Missstände des Feudalsystems Luft. Als dann die Französische Revolution die gesellschaftlichen Verhältnisse neu ordnete, sorgten Kampflieder wie »La Carmagnole des Royalistes« für patriotische Stimmung und Dichter wie **Pierre-Jean de Béranger** *(1780–1857)* machten Stimmung gegen Kaiser Napoleon und dessen Eroberungspolitik.

> ***»Ich besinge den heiteren Frieden, die Arbeit, die Liebe …«***
> Maurice Chevalier

Café-Concerts und Varieté

Die Vorläufer des modernen Chansons entstanden in den Café-Chantants und Cabarets im Paris der zweiten Hälfte des 19. Jh. Dort fand das Stadtbürgertum sein kritisch satirisches Zuhause. Als eine Geburtsstunde dieser neuen Kunstform galt 1881 die Eröffnung des Künstlerkabaretts »Le Chat Noir« auf dem Montmartre in Paris, wo sich bald die

neuen Stars des Genres wie **Aristide Bruant** *(1851–1925)* und **Yvette Guilbert** *(1867–1944)* die Ehre gaben. Sie etablierten die populäre Form des naturalistischen Chansons als Mischform satirischer, erotischer und nicht zuletzt politisch-gesellschaftlicher Themen in häufig schlichter Begleitung durch Klavier oder Salonorchester.
Über Gastspiele exportierten sie diese Großstadtfolklore auch nach Berlin, wo sich daraufhin bis zur Machtergreifung der Nationalsozialisten eine lebhafte literarisch-politische Chansontradition um Komponisten wie **Friedrich Hollaender** *(1896–1976)*, **Mischa Spoliansky** *(1898–1985)* und **Rudolf Nelsen** *(1878 bis 1960)*, Autoren wie **Frank Wedekind** *(1864 bis 1918)* und **Kurt Tucholsky** *(1890–1935)* und Sängerinnen wie **Trudé Hesterberg** *(1892–1967)* und **Claire Waldoff** *(1884–1957)* entwickelte.

Belgischer Chansonnier
Nach einem durchwachsenen Karrierestart stieg **Jacques Brel** (1929–78) *ab Ende der 1950er-Jahre mit oft sozialkritischen Chansons zu einem Weltstar auf. Im Bild eines seiner Plattencover.*

Die Ära der Stars

Die Jahre nach dem Ersten Weltkrieg waren bestimmt von der zunehmenden Professionalisierung des Unterhaltungsgeschäfts. Aufwendige Revuen tourten durch die europäischen Hauptstädte, Stars wie **Maurice Chevalier** *(1888–1972)* knüpften an die Melodien der ersten Chansongeneration an. Nach der deutschen Besatzung erlebte Paris eine seiner kreativsten Phasen und im Gefolge von Existenzialismus und Cool Jazz gesellten sich zu den bereits etablierten Stars wie **Minstiguett** *(1875–1956)*, **Charles Trenet** *(1913–2001,* »La mer«) und **Edith Piaf** *(1915–63,* »Milord«) die jungen Wilden von **Juliette Gréco** *(geb. 1927,* »Le fourmi«), **Georges Brassens** *(1921–81,* »Le gorille«) und **Yves Montand** *(1921–91,* »Feuilles mortes«) über **Charles Aznavour** *(geb. 1924,* »Tu veux«) bis hin zu Surrealisten wie **Boris Vian** *(1920 bis 1959,* »Je suis snob«). Mit **Jacques Brel** *(1929–78,* »Amsterdam«) schließlich wurde das Chanson zur Aussage eines individualistischen Künstlertums und **Serge Gainsbourg** *(1928–91)* schlug mit dem internationalen Skandal- und Kultsong »Je t'aime« die Brücke zum psychedelischen Nonsense der Beatkultur.

Lieder der Existenzialisten
Auf Texten literarischer Größen wie Jean-Paul Sartre und Albert Camus beruhen die Chansons von **Juliette Gréco** (geb. 1927). *Das Foto zeigt sie 2005.*

Nouvelle Chanson

Obwohl die anglofone Musikkultur seit den späten 1960er-Jahren weltweit Erfolge feierte, gelang es dem französischen Chanson über die 1970er- und 1980er-Jahre hinweg seine Popularität zu erhalten. Künstler wie **Françoise Hardy** *(geb. 1944)*, **Julien Clerc** *(geb. 1947)*, **Michel Sardou** *(geb. 1947)*, aber auch der nimmermüde »Monsieur 100 000 Volt« **Gilbert Bécaud** *(1927–2001,* »Nathalie«) sorgten für Kontinuität, die seit Mitte der 1990er-Jahre von Künstlern der dritten Generation fortgesetzt wird. **Thomas Fersen** *(geb. 1963)*, **Vincent Delerm** *(geb. 1976)*, **Benjamin Biolay** *(geb. 1973)* oder auch **Yann Tiersen** *(geb. 1970)* knüpfen in Instrumentierung, Thematik und liedhaft einfacher Gestaltung ihrer Kompositionen an Vorbilder wie Brassens und Gainsbourg an und Bands wie »Noir Désir« und »Air« tragen die Idee des Chansons weiter in die Sphäre von Rockmusik und Pop.

Im Pariser Theater »Olympia« traten zahlreiche Chansonniers auf. Das Hintergrundbild zeigt den Theatereingang mit Werbung für ein Konzert von Charles Aznavour.

»Cats« ist das bekannteste und beliebteste Musical der Welt. Im Bild eine Szene aus dem Düsseldorfer Capitol-Theater.

Spritzige Musicals, grandiose Filmmusiken

Die Entwicklung des Musicals hängt eng mit einem Straßenzug in New York zusammen. Der Broadway mit seinen Unterhaltungsbühnen gilt als die Geburtsstätte der zu Beginn des 20. Jh. entstandenen Gattung des populären Singspiels.

Vorläufer und verwandte Formen gab es viele, beispielsweise die amerikanischen Vaudeville- und Minstrel-Shows, außerdem die Revuen, Ballette und Operetten aus Europa. An der Form hat sich bis heute kaum etwas verändert. Meist handelt es sich um ein zweiteiliges Bühnenstück mit gastronomischer Pause, in dem dialogische Elemente sich mit von Solisten, Ensembles oder Chören gesungenen Songs und getanzten Szenen abwechseln. In der Frühzeit waren Musicals noch weitgehend handlungsfreie Verknüpfungen von Showelementen, die sich jedoch zunehmend mit gesellschaftlichen, literarischen und fantastischen Themen füllten und zu Geschichten erweiterten. Seit den 1980er-Jahren hat sich das Musical auch in Europa durchgesetzt.

Broadway Melody

New York war in der zweiten Hälfte des 19. Jh. eine rasant wachsende Stadt. Mit der Zunahme der Bevölkerung stieg auch deren Vergnügungsbedürfnis. Im Jahr 1893 ließ der Impresario **Charles Frohman** *(1860–1915)* gegenüber dem ein Jahrzehnt zuvor eröffneten ersten Metropolitan Opera House beim Times Square mit dem Empire Theatre die erste Entertainmentbühne am Broadway bauen. Der Unterhaltungsboom verlangte nach neuen Stücken und so waren bald darauf mit Musikkomödien wie »Little Johnny Jones« (1904) von **George Michael Cohan** *(1878–1942)* und Revuen wie

Unterhaltung und Ernstes
*Über populäre Musicals kam **George Gershwin** (1898–1937) zur ernsten Musik und schrieb z. B. die Oper »Porgy and Bess«.*

»Alexander's Ragtime Band« (1911) von **Irving Berlin** *(1888–1989)* die Vorläufer des Musicals zu erleben. Mit »Show Boat« (1927) von **Jerome Kern** *(1885–1945)* fiel dann der eigentliche Startschuss für das Genre.

Gershwin & Co

In unmittelbarer Nähe zum Broadway hatten sich von etwa 1900 an in der »Tin Pan Alley« genannten 28. Straße die meisten Musikverlage Amerikas niedergelassen. Dadurch war eine enge Zusammenarbeit von Verlegern, Komponisten, Buchautoren, Künstlern, Regisseuren und Ensembles gewährleistet und viele Stars der frühen Musicaljahre wie **Cole Porter** *(1891–1964)* und **Richard Rodgers** *(1902 bis 1979)* starteten dort ihre Karriere. Auch **George Gershwin** *(1898–1937)* fing seine Laufbahn als Gutachter für Unterhaltungsmusik in der Tin Pan Alley und als Probenpianist am Broadway u. a. bei dem Erfolgsstück »Ziegfield Follies« (1918) von **Florenz Ziegfield** *(1867–1932)* an, bevor er selbst als Komponist von Musicalrevuen wie »Lady be good« (1924), »Oh Kay« (1926), »Strike up the Band« (1927) und »Girl Crazy« (1930) berühmt wurde. Als Workaholic von immenser Produktivität mit großer Nähe zur Klangwelt des noch jungen Jazz schuf er außerdem grandiose Konzertwerke wie die »Rhapsody in blue« (1924) für Klavier und Orchester und die erste amerikanische Oper »Porgy and Bess« (1935).

Komponist der »West Side Story«
Das bekannteste Werk **Leonard Bernsteins** (1918 bis 1990) *ist das 1957 uraufgeführte Musical »West side story«.*

Musical und Film

Das im Jahr 1927 mit »The Jazz Singer« aus der Taufe gehobene neue Medium Tonfilm verdankt Gershwin weitere Evergreens wie »Shall we dance« (1937) und »Ein Amerikaner in Paris« (1928). Es entwickelte sich darüber hinaus parallel zum Musical als ergänzende und konkurrierende Kunstform. Zu den wichtigsten Kapiteln des frühen Tanz- und Musikfilms zählen »The Broadway Melody« (1929), »The Wizard of Oz« (1939), »Kiss me, Kate« (1948) und »My fair lady« (1956).
In Deutschland erwiesen sich im Anschluss an »Der Kongress tanzt« (1931) die Ufa-Studios als ungemein produktiv.
Mit dem Beatles-Film »Help« (1965) fand das Episodenhafte des späteren Videoclips seinen Vorläufer. Die Bearbeitung von **Richard O'Briens** *(geb. 1942)* legendärer Transvestiten-Horrorkomödie »The Rocky Horror Picture Show« (1975) ist der am längsten durchgehend im Kino gespielte Musikfilm der Welt. Populäre Tanzfilme wie »Saturday Night Fever« (1977), »Grease« (1978), »Flashdance« (1983) und »Dirty Dancing« (1987) sorgten für Kontinuität.

Bernsteins Botschaft

Nach dem Zweiten Weltkrieg gesellten sich neue, kritische Inhalte zur reinen Unterhaltung. Einen entscheidenden Schritt nach vorn machte das Musical mit **Leonard Bernsteins** *(1918–90)* »West side story«. Die im August 1957 am Broadway uraufgeführte Übertragung des »Romeo und Julia«-Stoffs auf die Welt der urbanen Straßenbanden entfachte rege Diskussionen über Stil und Thema des Musicals, setzte aber nur den Trend der inhaltlichen Öffnung fort, der mit **Richard Rodgers** *(1902–79)* Kriegsmelodram »South Pacific« (1949) oder dessen Shakespeare-Adaption »The Boy from Syracuse« (1938) bereits begonnen hatte und mit **Jerry Bocks** *(1928–2010)* »Anatevka« (1964) die Verbindung zu den Rockopern der Hippie-Ära wie **Galt McDermots** *(geb. 1928)* »Hair« (1967) oder **Pete Townshends** *(geb. 1945)* »Tommy« (1970) herstellte.

»Der König der Löwen«
Für seine Filmmusik zu »Der König der Löwen« erhielt **Hans Zimmer** (geb. 1957) *1995 einen Oscar, für die Musik zu »Gladiator« 2001 einen Golden Globe.*

Rock, Pop, Musical

Ein Schlüsselwerk dieser Jahre ist »Jesus Christ Superstar« (1971), mit dem nicht nur die christliche Passion in Musicalform gebracht wurde, sondern auch der Komponist **Andrew Lloyd Webber** *(geb. 1948)* auf sich aufmerksam machte. Sein Gespür für eingängige Melodien und reizvolle Plots sorgten seit den 1980er-Jahren für eine Renaissance des angesichts der Konkurrenz von Film und Fernsehen aus der Mode gekommenen Musicals. Die Adaptionen der Lebensgeschichte der argentinischen Präsidentengattin Eva Perón »Evita« (1976) und von Gedichten von T. S. Eliot mit »Cats« (1981) löste einen weltweiten Boom des populären Musiktheaters aus, den Webber mit »Starlight Express« (1984), »Das Phantom der Oper« (1986) und »Sunset Boulevard« (1993) fortzusetzen verstand. Neben »Chess« (1984) und »Mamma Mia« (1999) des Abba-Komponisten **Benny Andersson** *(geb. 1946)* sowie »Der König der Löwen« (1997) von **Elton John** *(geb. 1947)* und **Tim Rice** *(geb. 1944)* zählen Webbers Stücke zu den erfolgreichsten Musicals dieser Zeit.

Vielseitiger Komponist
Der amerikanische Komponist **John Williams** (geb. 1932) *schrieb u. a. die Filmmusiken zu »Die Asche meiner Mutter«, »E.T.«, »Jurassic Park«, »Star Wars – Episode I« (Szenefoto) und »Indiana Jones«. Für »Schindlers Liste« erhielt er 1993 einen Oscar.*

Klingende Bilder

Der erste Tonfilm war ein Musikfilm. Er hieß »The Jazz Singer« (1927) und erzählte mit **Al Jolson** *(1886–1950)* in der Hauptrolle die Geschichte eines jüdischen Sängers, der zum Broadwaystar aufstieg. Zu diesem Zeitpunkt existierte bereits eine agile Filmmusikszene, die in der Stummfilmära seit 1895 vor allem im Zusammenspiel von bewegten Bildern und Livemusik bestand. Fasziniert von dem neuen Medium, arbeiteten zahlreiche namhafte Komponisten wie **Camille Saint-Saëns** *(1835–1921:* »L'Assassinat du Duc de Guise«, 1908), **Arthur Honegger** *(1892–1955:* »Napoléon«, 1926/27), **Dimitri Schostakowitsch** *(1906–75:* »Das neue Babylon«, 1929) oder auch **Darius Milhaud** *(1892–1974:* »Cavalcade d'Amour«, 1939) frühzeitig für die Filmbranche, zumal sich dadurch eine lukrative Einnahmequelle eröffnete. Darüber hinaus kristallisierten sich Teams von Komponisten und Regisseuren heraus, die wie **Gottfried Huppertz** *(1887–1937)*/**Fritz Lang** *(1890–1976:* »Metropolis«, 1927) oder **Edmund Meisel** *(1894–1930)*/**Sergei Eisenstein** *(1898–1948):* »Panzerkreuzer Potjemkin«, 1925) in enger Zusammenarbeit ihre ästhetischen Ideen entwickelten.

Die Revolution des Tonfilms

Seit den 1930er-Jahren wurde Musik zum festen Bestandteil des Films. Hollywood wurde zum Arbeitgeber zahlreicher Stars der Branche wie **Harold Arlen** *(1905–86)*, **Frank Loesser** *(1910–69)* und **Friedrich Hollaender** *(1896–1976)*. In den 1930er-Jahren produzierte auch die deutsche Ufa zahlreiche Musikfilme wie »Leichte Kavallerie« (1935) oder »Wunschkonzert« (1940) mit **Marika Röck** *(1913–2004)*. Nach dem Zweiten Weltkrieg verfeinerte sich der Einsatz von Musik im Film parallel zum steigenden technischen Aufwand der Produktionen. Wieder waren es Teams von Komponisten und Regisseuren wie **Bernard Herrmann** *(1911 bis 1975)*/**Alfred Hitchcock** *(1899–1980:* »Der unsichtbare Dritte«, 1959), **Nino Rota** *(1911–79)*/**Federico Fellini** *(1920–93:* »La Strada«, 1954; »La Dolce Vita«, 1960), **Ennio Morricone** *(geb. 1928)*/**Sergio Leone** *(1929–89:* »Spiel mir das Lied vom Tod«, 1968) und **John Williams** *(geb. 1932)*/**Steven Spielberg** *(geb. 1946:* »Indiana Jones«, 1981–89), die die Entwicklung vom Begleitklang zum wichtigen dramaturgischen Element vorantrieben. Inzwischen entsteht die Musik zu einem Film in der Regel erst in der Phase des Bildschnitts. Komponisten wie **Hans Zimmer** *(geb. 1957:* »Rain Man« 1988; »Gladiator«, 2001), **Thomas Newman** *(geb. 1955:* »American Beauty«, 1999) oder **Ryuichi Sakamoto** *(geb. 1952:* »Der letzte Kaiser«, 1987) arbeiten ähnlich wie ihre berühmten Vorgänger **John Barry** *(1933–2011:* »James Bond«-Reihe, ab 1962) und **Henry Mancini** *(1924–94:* »Der rosarote Panther«, ab 1963) als eigenständige Künstler, deren Musik auch ganz unabhängig von den Filmbildern konsumiert werden kann.

Hauptsache Unterhaltung

Der Entertainer ist Teil des Showbusiness und als solcher ein junges kulturelles Phänomen. Zwar kannte bereits das 19. Jh. bürgerliche Salons und Varietés, Vaudeville-Revuen und Cabarets. Deren Vorstellungen gliederten sich jedoch in Moderationen durch einen Conférencier und einzelne Darbietungen der Artisten, Künstler und Spezialisten. Die Verschmelzung der getrennten Rollen in einer Person, die sowohl den Unterhaltungspart wie auch die verschiedenen Zwischentexte übernimmt, fand erst mit dem Siegeszug der Unterhaltungskultur im 20. Jh. statt.

Entertainer-Weltstars
Über Jahrzehnte waren die Freunde ***Frank Sinatra*** (1915 bis 1998, links) *und* ***Dean Martin*** (1917 bis 1995, rechts) *erfolgreich. In der Bildmitte* ***Bing Crosby*** (1903–77).

Als Metropolen des Showgeschäfts kristallisierten sich in den USA vor allem Los Angeles mit Hollywood und der Filmbranche, New York mit der Theatermeile Broadway und Las Vegas mit den Revuen der Spielcasinos heraus. Darüber hinaus haben Großstädte wie Paris, London, Berlin, Moskau und Peking eigene Traditionen der Unterhaltungskultur entwickelt.

Moulin Rouge

Im Jahr 1902 veröffentlichte **Scott Joplin** *(um 1867 bis 1917)* seinen Ragtime »The Entertainer« und setzte dem neuen Berufsstand, der vor allem mit den Tanzrevuen der Jahrhundertwende populär wurde, ein musikalisches Denkmal. In festen Häusern wie den Folies Bergère (gegr. 1869/72) und Moulin Rouge (gegr. 1889) in Paris, dem Wintergarten (gegr. 1888) in Berlin und den Vaudeville-Theatern in Manhattan (»Ziegfield Folies«, 1907 bis 1957), aber auch mit Gastspielen reisender Ensembles wie »The Chocolate Dandies« wurden die Showprogramme bekannt und brachten mit Tänzerinnen wie **Mata Hari** *(1876–1917)*, **Colette** *(1873 bis 1954)* oder **Gertrude Hoffman** *(1871–1966)* erste Stars des Genres hervor. Weltweit berühmt wurde **Josephine Baker** *(1906–75)* als Ikone der Goldenen Zwanziger.

Vom Rat Pack bis Robbie

Den entscheidenden Popularitätsschub bekamen die Entertainer aber mit der Einführung des Tonfilms, der seit Ende der 1920er-Jahre Revuefilme um die Welt schickte, und durch das Fernsehen, das die Veranstaltungen in die Privatsphäre integrierte. Musik-Entertainer wie **Bing Crosby** *(1903–77)* und **Nat King Cole** *(1919–65)* wurden von Showmastern wie dem »Rat Pack« **Frank Sinatra** *(1915–98)*, **Dean Martin** *(1917–95)* und **Sammy Davis Jr.** *(1925–90)* abgelöst. **Elvis Presley** *(1935–77)* trug die Idee des Entertainers in die Sphäre des Rock 'n' Roll, Sängerinnen wie **Shirley Bassey** *(geb. 1937)*, **Liza Minelli** *(geb. 1946)* und **Barbra Streisand** *(geb. 1942)* verknüpften sie mit Soul, Varieté und Pop. In Deutschland übernahmen **Johannes Heesters** *(1903–2011)*, **Heinz Rühmann** *(1902–94)* und **Peter Alexander** *(1926–2011)* die Rolle der TV- und Filmunterhalter. Kam der Entertainer in den 1970er-Jahren aus der Mode, so erlebte er mit Tourneeprogrammen von Popstars wie **Madonna** *(geb. 1958)* und **Robbie Williams** *(geb. 1974)* ein Comeback.

Schauspiel und Gesang
Die amerikanische Diva ***Barbra Streisand*** (geb. 1942) *hat mehr als 60 Musikalben veröffentlicht und in 17 Kinofilmen mitgewirkt.*

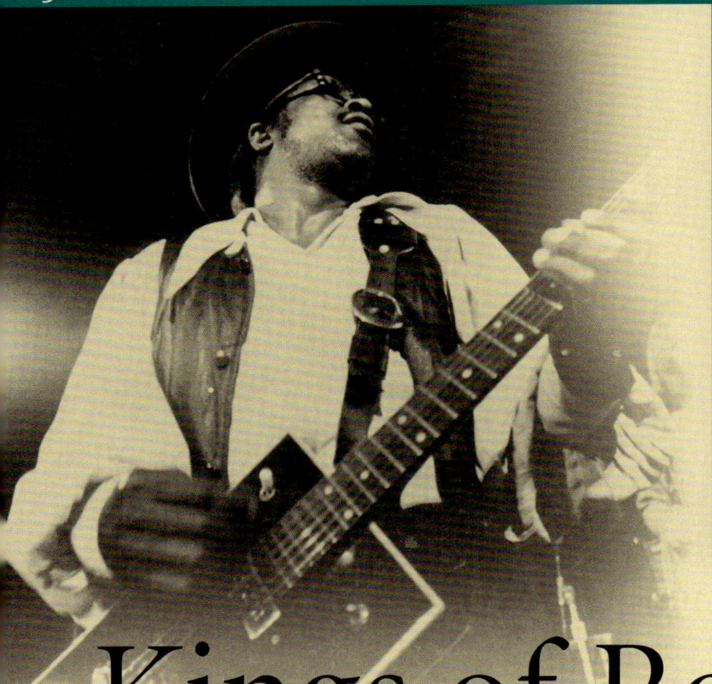

»Rock around the clock«

Den ersten großen Rock-'n'-Roll-Hit hatte **Bill Haley** (1925–81) *im Jahr 1954 mit »Rock around the clock«.*

Kings of Rock 'n' Roll

»Schlimmer Bengel«

Übersetzt bedeutet der Name **Bo Diddley** (1928 bis 2008) *etwa »schlimmer Bengel«. Diddley machte u. a. sein eigenartiges Gitarrenspiel bekannt.*

Wörtlich übersetzt bedeutet Rock 'n' Roll »Wiegen und Rollen«, in den USA diente der Begriff unter Jugendlichen Mitte des 20. Jh. als Slangausdruck für Sex. Bald wurde er auch für allgemeine rhythmische Bewegungsabläufe verwendet und 1953 brachte er es zum Titelbestandteil einer Radiosendung in den USA. Die dort gesendete Musik erhielt nun das Etikett Rock 'n' Roll.

Die Wurzeln dieses revolutionären Musikstils liegen im amerikanischen Rhythm and Blues der Schwarzen und der Countrymusic der Weißen. Der Rock 'n' Roll verschmolz diese Musikrichtungen. Für den Durchbruch des Musikstils sorgte **Bill Haley** *(1925–81)* 1954/55 mit Hits wie »Rock around the clock« und »See you later alligator«. **Elvis Presley** *(1935–77)* stieg dann zum ungekrönten König des Rock 'n' Roll auf. Zu seinem großen Erfolg trugen Hits wie »Heartbreak Hotel«, »Don't be cruel« und »All shook up« sowie seine auffällige Kleidung und unkonventionell laszive Bewegungen auf der Bühne bei.

Markenzeichen Sonnenbrille

Nachdem er seine Brille verlegt hatte, musste sich **Roy Orbison** (1936–88) *bei einem Auftritt 1963 mit der Sonnenbrille behelfen – und hatte sein Markenzeichen gefunden.*

Im Sog des rasanten Aufstiegs der weißen Musiker Presley und Haley gelang nun auch schwarzen Künstlern der Sprung in die Hitlisten. Zu den bekanntesten zählen **Chuck Berry** *(geb. 1926)*, der durch sein virtuoses Gitarrenspiel in Hits wie »Roll over Beethoven« zum Vorbild vieler Beatgruppen wurde, **Little Richard** *(geb. 1932)* mit Hits wie »Tutti Frutti« und »Good Golly Miss Molly« und der Rhythm-and-Blues-Musiker **Fats Domino** *(geb. 1928)*, der heute zu den großen Rock-'n'-Roll-Legenden gezählt wird.

Wild und schillernd

Eine der wildesten Persönlichkeiten in der Rock-'n'-Roll-Szene war **Jerry Lee Lewis** *(geb. 1935)*, der sich seinen Beinamen »Killer« durch äußerst temporeiche und aggressive Musik (»Breathless«) verdiente, bei der er z. B. sein Klavier mit Händen und Füßen traktierte. In den späten 1950er-Jahren feierte **Buddy Holly** *(1936–59)* mit »That'll Be the Day« und »Peggy Sue« große Erfolge. Erhebliches Aufsehen erregte **Bo Diddley** *(1928–2008)* nicht nur mit seiner Musik (Hits wie »Bo Diddley« und »I'm a man«), sondern auch mit seiner Gitarre, die er mit einem selbstgebastelten Tremologerät versehen hatte. Nicht weniger schillernd trat **Roy Orbison** *(1936–88)* auf, dessen große Zeit in den 1960er-Jahren mit Hits wie »Only the lonely« und damit am Übergang von Rock 'n' Roll zu Beat und Rock begann.

Mit seiner weichen, vibratoreichen Stimme wurde Elvis Presley zum Idol einer Teenagergeneration und zum »King of Rock 'n' Roll«.

Klänge bis ins Weltall

Als Beispiel irdischer Pop- und Rockmusik wurde das Stück »Johnny B. Goode« von ***Chuck Berry*** *(geb. 1926) mit der Raumsonde »Voyager 1« ins Weltall geschickt.*

Wurzeln im Rhythm and Blues

Viele afroamerikanische Elemente prägen den Musikstil von ***Fats Domino*** *(geb. 1928), dessen raue und brummende Stimme Millionen Fans begeisterte.*

Künstler an der Gitarre

Am 3. Februar 1959 kam ***Buddy Holly*** *(1936–59) bei einem Flugzeugabsturz ums Leben. Der Tag ging als »The day the music died« in die Musikgeschichte ein.*

Heroen aus Rock und Pop

Die Hitparaden der letzten 50 Jahre haben viele Geschichten zu erzählen: von Urgesteinen der Pop- und Rockmusik und One Hit Wonders, von harten Jungs und smarten Lieblingen der vornehmlich weiblichen Teenies, von Interpreten leiser Töne und begnadeten Gitarrenvirtuosen. Doch die Musik ist mehr, sie ist eine, wenn nicht gar die Ausdrucksform der populären Kultur des 20. Jh. Und einige der Künstler und Interpreten, die sie prägten, sind unsterblich geworden.

Durch Schlagzeilen zum Ruhm

Zur Popikone wurde ***Madonna*** (geb. 1958) *nicht zuletzt aufgrund ihres freizügigen Auftretens. Ihr Kegel-BH ist legendär.*

Als Gründungsväter des Pops dürfen **The Beatles** gelten. Kaum eine andere Band hat die Popmusik so beeinflusst wie die vier »Pilzköpfe« aus Liverpool, **John Lennon** *(1940–80)*, **Paul McCartney** *(geb. 1942)*, **George Harrison** *(1943–2001)* und **Ringo Starr** *(geb. 1949)*, die in den Sixties rund um den Globus Massenhysterien auslösten. Überhaupt waren die 1960er-Jahre die erste große Epoche des Pop, die mit der Hippiebewegung untrennbar verbunden ist. Legendär wurden die Künstler des Woodstock-Festivals 1969, darunter: **Joe Cocker** *(1944–2014)*, Rhythm-and-Blues-Sänger mit unverwechselbar rauchiger Stimme, **Jimi Hendrix** *(1942 bis 1970)*, früh verstorbener Pionier der elektrischen Gitarrenmusik, **Janis Joplin** *(1943–70)*, ausdrucksvollste weiße Bluesinterpretin, und **Bob Dylan** *(geb. 1941)*, einer der bedeutendsten Songwriter der letzten 50 Jahre, der zudem eine Ikone der Bürgerrechts- und Friedensbewegung dieser Zeit wurde.

Eine ebenfalls politische Botschaft verband **Bob Marley** *(1945–81)* mit seiner Musik, der wichtigste Vertreter des aus der jamaikanischen Folkmusik entstandenen Reggae. Seine Songs wandten sich gegen Rassismus und soziale Ungerechtigkeit. **The Doors** gelangten vor allem durch ihren charismatischen Sänger **Jim Morrison** *(1943–71)* zu Kultstatus. Aufsehen

Die »Pilzköpfe«

Wohin die ***Beatles*** *(Hintergrundbild) auch kamen – die Jugend der Welt lag ihnen zu Füßen (Foto rechts). Oft konnten sie nur verkleidet oder unter Polizeischutz zu ihren Konzerten anreisen.*

Plakat zum Dokumentarfilm über das legendäre Woodstock-Konzert im Jahr 1969.

erregte die Band durch ihre von Improvisation und Morrisons exzentrischem Auftreten geprägte Bühnenshows.

Bejubelt und umstritten

Als Frontmann der Band The Doors konnte ***Jim Morrison*** (1943–71) *seine poetische Ader ausleben. Er wurde zum Sexsymbol und zur Skandalfigur.*

Auf neuen Wegen

Vor allem Ende der 1960er- und in den 1970er-Jahren ging die Popmusik neue Wege. **Pink Floyd** um **Roger Waters** *(geb. 1944)* und **David Gilmour** *(geb. 1944)* entwickelten maßgeblich den von experimentellen Klängen geprägten Psychedelic Rock, bevor sie vor allem mit dem Album »The Wall« (1979) zur Supergroup aufstiegen und sich dann in den 1980er-Jahren dem Artrock verschrieben. Härtere Töne hörte das Publikum von Bands wie **The Rolling Stones** von Sänger **Mick Jagger** *(geb. 1943)* und Gitarrist **Keith Richards** *(geb. 1943)*, die als Leitbilder der rebellischen Jugend zu den erfolgreichsten Rockmusikern aller Zeiten aufstiegen. Um den Titel der lautesten Band konkurrierten dagegen Bands wie **Deep Purple** um Gitarrist **Ritchie Blackmore** *(geb. 1941)*, Sänger **Ian Gillan** *(geb. 1945)* und Keyboarder **Jon Lord** *(1941–2012)* sowie **Led Zeppelin** um Sänger **Robert Plant** *(geb. 1948)* und Gitarrist **Jimmy Page** *(geb. 1944)*. Beide Gruppen gelten als Wegbereiter des Hard Rock und des Heavy Metal.
Gegen die bürgerliche Gesellschaft und ihre Konventionen wandte sich der Punk. Bekannteste Vertreter des in den 1970er-Jahren aufkommenden Punkrock sind die britischen **Sex Pistols** mit Frontman **Johnny Rotten** *(geb. 1956)*, die nach ihrer Verunglimpfung der Nationalhymne »God Save The Queen« in ihrer Heimat viele Gegner hatten, und der »Godfather of Punk«, der US-Amerikaner **Iggy Pop** *(geb. 1947)*. In Deutschland etablierten sich Anfang der 1980er-Jahre deutschsprachige Punkbands, vor allem **Die Toten Hosen** mit Sänger **Campino** *(geb. 1962)* und **Die Ärzte** um **Farin Urlaub** *(geb. 1963)* und **Bela B.** *(geb. 1962)*, deren provokantes Album »Die Ärzte« 1987 auf den Index jugendgefährdender Medien kam.

Popikonen und Megastars

Die Dauergäste in den Charts der Seventies und Eighties waren jedoch Vertreter der weniger aggressiven Töne und Texte. Eine der größten Popikonen aller Zeiten dürfte der Liebhaber von extrovertierten Sonnenbrillen, der Engländer **Elton John** *(geb. 1947)*, sein, den ein breites Spektrum mit rockigen Stücken wie Balladen zum Superstar machte. »Slowhand« **Eric Clapton** *(geb. 1945)* – der Spitzname rührt von seiner Virtuosität an der Gitarre her – ist ein weiterer Dinosaurier der Popmusik, der heute noch Stadien füllt. Grand Dame und weiblicher Superstar dieser Ära ist **Tina Turner** *(geb. 1939)*, deren kraftvolle Stimme jahrzehntelang die Rock-, Blues- und Soulmusik prägte. Der vielleicht bedeutendste Rocksänger dieser Zeit war der exzentrische Brite **Freddie Mercury** *(1946–91)*, dem als Leadsänger der Gruppe **Queen** Hits wie »Bohemian Rhapsody« und »We are the champions« gelangen.
Die Popmusik der 1980er-Jahre ist zudem untrennbar mit Namen wie **Madonna** *(geb. 1958)*, **Michael Jackson** *(1958–2009)* und **Prince** *(geb. 1958)* verbunden. Mit ihren extravaganten Auftritten drückten sie der Jugendkultur ihrer Zeit den Stempel auf.
Die Hitparaden der 1990er-Jahre dominierten der Britpop und Boygroups. Der erfolgreichste Vertreter der ersten Richtung ist wohl die Band **Oasis**, die nicht nur wegen der Skandale ihrer bekanntesten Bandmitglieder, der Brüder **Liam** *(geb. 1972)* und **Noel Gallagher** *(geb. 1967)*, Schlagzeilen machten, sondern auch mit eingängigen Songs. Auf die Kaufkraft weiblicher Teenies setzen dagegen Boygroups wie **Take That** rund um den ebenso als Solostar umjubelten **Robbie Williams** *(geb. 1974)*. Bei ihren Auftritten fallen reihenweise Fans in Ohnmacht – manches ändert sich eben auch in 50 Jahren Popgeschichte nicht.

Von Helden und Abenteurern

Um Kriege, Götter und Helden geht es in den spannenden und an Abenteuern reichen Epen der Antike. Sie stehen an der Schwelle zwischen mündlicher Überlieferung und schriftlicher Fixierung – bis dahin hatten die Dichtersänger ihre Vorträge improvisiert vor Publikum dargeboten – und damit am Beginn der europäischen Literatur.

Der »Odyssee« zufolge bewarf ein Riese den fliehenden Odysseus mit diesen Felsen vor den Zyklopeninseln im Ionischen Meer.

»Ilias« und »Odyssee« sind die Titel dieser epochalen Werke, die noch heute jedes Kind kennt. Sie handeln von der Entführung der schönen Helena durch Paris und dem sich daran entzündenden Krieg um Troja, den Kämpfen zwischen Achill und Hektor, der List des Odysseus und seinen Irrfahrten auf dem Rückweg in die Heimat. Über **Homer** *(8. Jh. v. Chr.)*, ihren Schöpfer, ist wenig Gesichertes bekannt. Vieles aus dem Dickicht von Legenden, die sich um den Dichter ranken, hat die moderne Forschung ins Reich der Fabel verwiesen. Schon im Altertum konkurrierten sieben Städte darum, Homers Geburtsstadt zu sein. Jedenfalls stammte er aus dem ionischen Kleinasien und muss hochgebildet gewesen sein. Gut möglich, dass die angebliche Blindheit Homers, über die immer wieder berichtet wurde, einer Idealisierung des Dichters geschuldet ist. Denn die Blindheit verstand man im antiken Mythos als ein Zeichen dafür, dass Visionen vor dem inneren Auge besonders deutlich wurden. Schon in der Antike

Dichter von Trojas Helden

Das imaginäre Porträt zeigt ***Homer*** (8. Jh. v. Chr.). *Auf der Buchmalerei aus dem 15. Jh. rechts ist die Eroberung Trojas mithilfe des Trojanischen Pferds zu sehen.*

wurde über seine Person diskutiert, im 19. Jh. sah man ihn gar als fiktive Gestalt an. Heute gilt er wieder als historische Persönlichkeit.
In der Wissenschaft wurde lange die »homerische Frage« behandelt, ob nämlich Homer überhaupt der Verfasser der Epen war. Im Allgemeinen geht man heute davon aus, dass der Dichter die Heldenepen tatsächlich so kunstvoll komponiert hat. Die außergewöhnliche Leistung Homers liegt in der Verwendung einer Kunstsprache, wie sie nie gesprochen wurde. Die Einteilung der »Odyssee« in 24 Gesänge weist noch auf den Bezug zum mündlichen Vortrag hin. Die Geschichten um die Helden von Troja entstammen jedoch nicht der Fantasie eines Sängers, Homer bezog sich auf bekannte Sagen. Die historische Glaubwürdigkeit des Stoffs um den Trojanischen Krieg ist bis heute umstritten. Die Wirkung Homers kann gar nicht hoch genug eingeschätzt werden. Für die alten Griechen war er der Gestalter ihres Götter- und Menschenbildes und die Basis ihrer Literatur. Später entflammte Homer allerdings die Griechenliebe der Klassik.

Vergil, der römische Dichterfürst

Mit der »Aeneis«, dem Epos von den Ursprüngen Roms, hat **Vergil** *(70 v. Chr. – 19 v. Chr.)* den Römern eine Herkunftssage gegeben, die im alten Rom eine ähnliche Funktion hatte wie die Werke Homers bei den Griechen. Auch in Inhalt und Gestaltung seines Werks knüpft der römische Dichter an Homer an. Die »Aeneis« schildert das Schicksal von Äneas, der nach dem Fall von Troja fliehen kann und mit seinen Begleitern in Latium eine neue Heimat findet. In schweren Kämpfen besiegt Vergils Held die Einheimischen und vereinigt Trojaner und Latiner zum Volk der Römer. Vergils Epos wurde die Grundlage für die religiöse und politische Orientierung des antiken Roms und der Maßstab für alle folgenden römischen Epiker. Aber darüber hinaus wurde Vergils Werk auch zum Vorbild für die europäische Literatur bis ins 18. Jh. hinein. Berühmt ist der vielseitige Römer außerdem für seine Hirtengedichte sowie ein Buch über das Landleben.

Wegen seine Berühmtheit bereits zu Lebzeiten und den demzufolge zahlreichen Bemühungen um biografisches Material über den Dichter wissen wir über die Person Vergils mehr als über die meisten seiner antiken Dichterkollegen. Selbst Details wie die hohe Statur des Dichters, seine bäuerlich anmutende dunkelbraune Hautfarbe und eine Vorliebe des ansonsten als tugendhaft gepriesenen Vergil für schöne Knaben haben seine Biografen dokumentiert.
Vergil stammte aus einem kleinen Ort in der Poebene. Anders als für ihn vorgesehen schlug der gut ausgebildete Römer nicht die Laufbahn eines Politikers ein, sondern erkannte seine wahre Berufung als Dichter. In Rom erfreute sich der neue Stern am Dichterhimmel der Protektion von Octavian, dem späteren Kaiser Augustus.
Offenbar legte Vergil großen Wert auf Perfektion. Seinem Testament zufolge sollten seine nicht fertiggestellten Schriften nach seinem Tod vernichtet werden. Dazu zählte auch die »Aeneis«. Kaiser Augustus erfüllte ihm diesen Wunsch allerdings nicht. Kein Wunder, denn das Werk diente nicht zuletzt der epischen Fundierung seiner Herrschaft.

Roms Nationaldichter
Diese Büste von Joerg Syrlin dem Älteren aus dem 15. Jh. zeigt ***Vergil*** (70 v. Chr. bis 19 v. Chr.), *der mit der »Aeneis« das Nationalepos der alten Römer schuf.*

Große Abenteuer in der Literatur

Wolfram von Eschenbach
(um 1170/80 – um 1220)
Mit seinem in 25 810 Versen geschriebenen Artusroman »Parzival« beeinfluste er die Entstehung des neuzeitlichen Abenteuerromans.

Ludovico Ariosto (1474 – 1533)
Sein Ritterroman »Der rasende Roland«, der sich inhaltlich auf das altfranzösische »Rolandslied« und andere Sagen stützt, war ebenfalls ein früher Vorläufer des Abenteuerromans.

James Fenimore Cooper (1789 – 1851)
In seiner »Lederstrumpf«-Serie um den Trapper Natty Bumppo schilderte er die Kolonisation des Westens der USA.

Karl May (1842 – 1912)
Deutschen Lesern ist der Wilde Westen aus seinen zahlreichen Romanen vertraut. Zudem wählte er u. a. Mittelamerika und den Vorderen Orient als Orte seiner Abenteuerbücher.

Robert Louis Stevenson (1850 – 94)
Sein Roman »Die Schatzinsel« führt den Leser in die Weiten des Meeres.

Jack London (1876 – 1916)
Sein 1904 erschienener Roman »Der Seewolf« dreht sich um den Schöngeist Humphrey van Weyden, der auf einem Robbenfangschiff Dienst tun muss.

Herman Melville (1819 – 91)
Formal und philosophisch komplex ist sein Seeroman »Moby Dick« um den erbitterten Kampf Kapitän Ahabs gegen den weißen Wal.

Rudyard Kipling (1865 – 1936)
Im indischen Dschungel wächst Mowgli auf, das Findelkind aus »Das Dschungelbuch«. Dieses Werk des Nobelpreisträgers steht dem Genre des Entwicklungsromans nahe.

Dichtkunst in der Sprache des Volkes

Das Lateinische wurde nach der Antike als Sprache der Gelehrsamkeit und der Literatur weiter gepflegt. Troubadoure, Minnesänger und Romanautoren erzählten jedoch mehr und mehr in ihrer jeweiligen Volkssprache. Was für uns heute selbstverständlich ist, gründet im Mittelalter: Englisch, Deutsch, Französisch oder Italienisch wurden literaturfähig.

Wagners Sujet
Um den mittelhochdeutschen Dichter **Tannhäuser** (13. Jh.) *rankt sich die Oper »Tannhäuser« von Richard Wagner. Im Bild eine Opernszene der Bayreuther Festspiele 2007.*

Im Minnesang warben die mittelhochdeutschen Dichter, die zugleich Komponisten waren, um eine meist adlige Dame. **Friedrich von Hausen** *(12. Jh.)*, **Reinmar der Alte** *(gest. vor 1210)* und **Heinrich von Morungen** *(12./13. Jh.)* erwiesen sich als Meister des klassischen Minnesangs, in dem es weniger um die Erhörung des Liebeswerbens seitens der idealisierten Frau geht als um ritterliche Tugenden. **Walther von der Vogelweide** *(um 1170–um 1230)* stellte dieses ritualisierte literarische Gesellschaftsspiel in Frage und setzte ihm in seinen Liedern eine erfüllte Liebesbeziehung entgegen. Als der letzte Minnesänger gilt **Oswald von Wolkenstein** *(um 1377–1445)*. Der Dichter **Tannhäuser** *(13. Jh.)* wurde im Mittelalter Held einer Sage, die sich um sein »Bußlied« rankte. Die Romantik hat sich später dieses Mythos' angenommen – und Richard Wagner in seiner »Tannhäuser«-Oper.

»Ich kann keine Buchstaben.«

Wolfram von Eschenbach

In der Epik wurden besonders gern Geschichten um König Artus als Sujet gewählt. **Hartmann von Aue** *(12./13. Jh.)* schrieb die ersten mittelhochdeutschen Artusromane. **Wolfram von Eschenbach** *(um 1170/80–um 1220)* rückte in seinem »Parzival« die religiöse Thematik in den Mittelpunkt. **Gottfried von Straßburg** *(13. Jh.)* griff in »Tristan und Isolde« ein anderes beliebtes Thema dieser Zeit aus dem bretonischen Sagenkreis auf, in dem es um die Macht der Liebe geht. Die drei Dichter gelten als die großen Epiker der Zeit der Staufer.

Troubadoure, Artusepik und dichtende Frauen

Waren es im deutschsprachigen Raum die Minnesänger, die von der Liebe sangen, so übernahmen das in Südfrankreich die Troubadoure. **Wilhelm IX.** *(1071–1127)*, Herzog von Aquitanien, gilt als ältester Troubadour. Als einer der Ersten verfasste er Lyrik in Volkssprache – im südfranzösischen Raum die Langue d'oc. **Marcabru** *(1. Hälfte 12. Jh.)*, **Bernart de Ventadour** *(um 1125–Ende 12. Jh.)*, **Arnaut Daniel** *(um 1150–nach 1200)* und **Guiraut Riquier de Narbonne** *(um 1230–um 1295)* machten sich mit ihren kunstvollen Liedern – teils auch über politische Themen – einen Namen. Im nördlichen Frankreich nannte man diese Sängerdichter Trou-

Englisch als Literatursprache

*Szene aus einer Verfilmung der »Canterbury Tales« von **Geoffrey Chaucer** (um 1340–1400). Er machte das Mittelenglische zur Literatursprache.*

vère. **Thibaut IV. de Champagne** *(1201–53)*, König von Navarra, einer der bedeutendsten Trouvères des französischen Mittelalters, **Le Châtelain de Coucy** *(12. Jh.)* und **Hélinand de Froidmont** *(um 1160–nach 1229)* schrieben in altfranzösischen Dialekten. **Chrétien de Troyes** *(etwa 1140 bis vor 1190)* verfasste die ersten und mit bedeutendsten höfischen Romane der Artusepik. Sein »Perceval« verknüpft die Artussage erstmals mit dem Gralsmythos. Von **Thomas d'Angleterre** *(12. Jh.)* stammt eine der ersten erhaltenen Bearbeitungen des Tristan-und-Isolde-Stoffs.

Die früheste bekannte Dichterin Frankreichs ist die schon zu Lebzeiten von Zeitgenossen gepriesene **Marie de France** *(1130/40 bis um 1200)*, der die erste französische Fabelsammlung zugeschrieben wird. Die Schriftstellerin Irmtraud Morgner hat **Beatriz de Dia** *(12. Jh.)* im 20. Jh. zur Romanheldin erkoren und die Trobadora den Stand der Frauenemanzipation im Jahr 1968 erkunden lassen. **Christine de Pisan** *(1365–nach 1429)* wandte sich in ihrem Werk gegen frauenfeindliche Tendenzen in der spätmittelalterlichen Literatur. **Margarete von Navarra** *(1492–1549)* schrieb eine bedeutende Novellensammlung nach dem Vorbild von **Giovanni Boccaccios** *(1313–75)* »Decamerone«, die dem psychologischen Roman vorgreift. Die oftmals satirischen Balladen von **François Villon** *(gest. 1431)* bildeten den Höhepunkt und Abschluss der mittelalterlichen französischen Lyrik. Von der tiefsinnigen Sprachkunst des Abenteurers, der mehrfach im Gefängnis saß, ließen sich später Rimbaud oder auch Brecht inspirieren.

Sie schufen Weltliteratur

Dante Alighieri *(1265–1321)* machte das Italienische zur Literatursprache, obwohl er insbesondere seine theoretischen Abhandlungen in Latein schrieb. Mit dem allegorischen Lehrgedicht »Die Göttliche Komödie« schuf er ein Meisterwerk der Weltliteratur. Immer wieder erhob Dante in seiner Dichtung seine Jugendliebe Beatrice zur idealen Geliebten. Der Humanist und Dichter **Francesco Petrarca** *(1304–74)* schrieb sowohl Lateinisch als auch Italienisch. Im Zentrum seiner Lyrik steht wie bei Dante eine Frauengestalt, seine große Liebe Laura.

Bis heute ist **Geoffrey Chaucer** *(um 1340–1400)*, der auch als Übersetzer tätig war, für seine »Canterbury Tales« berühmt, ein buntes Panorama englischen Lebens am Ausgang des Mittelalters. Ebenso wichtig für die englische Literatur ist, dass Chaucer in einer Zeit, als in England vorwiegend in Latein, Französisch oder Anglonormannisch geschrieben wurde, die Volksprache benutzte und so das Mittelenglische zur Literatursprache erhob.

Die Identität von **Thomas Malory** *(um 1408–71)* ist nicht eindeutig geklärt. Er hat jedoch mit seiner Erzählsammlung »Le Morte d'Arthur« die erste englische Prosaadaption des Artusstoffs verfasst.

Joanot Martorell *(1410–68)* schrieb in katalanischer Sprache. Sein Ritterroman »Tirant lo Blanc« war eine Inspirationsquelle für den spanischen Nationaldichter **Miguel de Cervantes Saavedra** *(1547 bis 1616)*, der mit dem Ritterroman über den klugen Narren »Don Quijote« einen der herausragendsten spanischen Beiträge zur Weltliteratur verfasste.

Populärer Minnesänger

*Schon zu seinen Lebzeiten war der König von Navarra, **Thibaut IV. de Champagne** (1201–53), ein beliebter Minnesänger. Von ihm sind rund 60 Lieder erhalten.*

Könner auf allen Gebieten

Er beherrschte alle literarischen Gattungen. In Weimar schuf ***Johann Wolfgang von Goethe*** *(1749 bis 1832) grandiose Werke der Weltliteratur wie »Faust« und »Die Leiden des jungen Werthers«.*

Die unsterblichen Klassiker

Nur die größten Literaten sind in den Dichterolymp aufgestiegen. Sie gelten als die literarischen Heroen ihrer Nationen. Ihre Motive und Figuren sind zeitlos. Mit ihren Werken übten sie enormen Einfluss auf nachfolgende Schriftsteller aus.

Die bedeutendsten Werke aller Zeiten entstanden meist unter schwierigen Umständen. Denn oft erfuhren die Schriftsteller und ihr Opus zu Lebzeiten nicht die Würdigung, die sie verdienten – und allzu oft wurden sie für ihre genialen Arbeiten nur sehr schlecht bezahlt. So hatten die meisten Schriftsteller andere Berufe und schrieben nur »nebenher«; viele waren übrigens Juristen und arbeiteten am Hof oder in der Verwaltung. Und so grenzt es bei vielen Literaturklassikern an ein Wunder, dass sie entstehen und bekannt werden konnten und dass sie der Nachwelt überliefert wurden. Die »ewige Bestsellerliste« ist lang, Tausende Schriftsteller vieler Nationen schufen wunderbare, revolutionäre und geniale Werke – Gedichte, Romane, Theaterstücke … Doch welche sind die Besten?

Der größte Literat aller Zeiten ist wohl **William Shakespeare** *(1564–1616)*. Er besticht durch überbordende Vielfalt: Motive, Schauplätze und Charaktere kennen keine Grenzen. Dagegen ist der »göttliche« **Dante Alighieri** *(1265–1321)* durch ein einziges Werk, die »Göttliche Komödie« berühmt geworden. In Russland gelten **Aleksandr Puschkin** *(1799–1837)*, **Lew Tolstoj** *(1828–1910)* und **Fjodor Dostojewskij** *(1821–81)* als die »großen Drei«. Deutschland ist ohne die Dichterfürsten **Johann Wolfgang von Goethe** *(1749–1832)* und **Friedrich von Schiller** *(1759–1805)* mit ihrer Weimarer Klassik kulturell nicht denkbar. Die größten Heroen der französischen Literatur sind wohl **Molière** *(1622 bis 1673)*, dessen Komödien wahre Meisterwerke sind, und **Victor Hugo** *(1802–85)* als Vertreter der Romantiker.

Szene aus dem Ballett »Ein neuer Sommernachtstraum« nach William Shakespeare

Philosoph des Mittelalters

Hölle, Fegefeuer, Paradies – in der »Göttlichen Komödie« durchwandert ein Sünder diese Stationen des Jenseits. Das Gemälde zeigt den Dichter ***Dante Alighieri*** *(1265 bis 1321) bei der Übergabe seines Werks an einen Mönch.*

Schöpfer eines neuen Stils

Seinem Temperament zum Opfer fiel ***Aleksandr Puschkin*** *(1799–1837), der Gedichte und Romane wie »Eugen Onegin« schrieb: In einem Duell wurde er tödlich verletzt.*

Gewaltverächter

Der Russe ***Lew Tolstoj*** *(1828 bis 1910) war ein großer Moralist. Seine Romane wie »Krieg und Frieden« und »Anna Karenina« machten ihn zum literarischen Idol.*

Gesellschaftskritiker

Die Spezialität ***Molieres*** *(1622–73) waren zeitkritische Sitten- und Charakterkomödien wie »Der Menschenfeind«.*

Moliere stand häufig in seinen Stücken auf der Bühne. Die Abbildung zeigt ihn am 16. 2. 1673 in einer Aufführung des »Eingebildeten Kranken«. Unmittelbar danach verstarb er.

Erfinder neuer Literaturformen

Mystiker des Augenblicks
Mit seinem Romanzyklus »Auf der Suche nach der verlorenen Zeit« hat ***Marcel Proust*** *(1871–1922) für eine Zäsur in der Literatur gesorgt. Gemälde von 1900.*

Das Hintergrundbild zeigt einige Schreibutensilien von Marcel Proust sowie handschriftliche Notizen und Manuskriptseiten aus seinem Werk »Auf der Suche nach der verlorenen Zeit«.

Mit neuen Genres und der Abwandlung des Bisherigen finden Literaten künstlerische Entsprechungen für die sich verändernde Welt. In dem Maß, wie mit der Moderne die Gewissheiten über die Welt und das Ich brüchig werden, zersplittern die bislang festgefügten Formen von Epik, Dramatik und Lyrik.

Die utopische Literatur entwirft ein ideales Gegenbild zu herrschenden Verhältnissen oder – wie in der Antiutopie – die Schreckensvision einer zukünftigen Gesellschaft. Als einer der ersten Romane des damals neuen Genres gilt »Utopia« von **Thomas More** *(1477–1535)*. Der englische Staatsmann und Humanist kritisierte anhand eines Reiseberichts über eine irreale glückliche Insel reale Missstände.

Auseinandersetzung mit Welt und Künstler

Als Schöpfer der Kunstform des Essays, der subjektiven Reflektion über Gesellschaft, Politik, Kultur oder Weltanschauung, wird **Michel Eyquem de Montaigne** *(1533–92)* angesehen. In der Devise »Was weiß ich?« des französischen Schriftstellers und Philosophen drückt sich der mit der Renaissance einsetzende neuzeitliche Skeptizismus aus. In der Renaissance, die das Individuum entdeckte, entstand auch die Künstlerbiografie. Der italienische Maler **Giorgio Vasari** *(1511–74)* porträtierte als einer der Ersten seine Künstlerkollegen in literarischen Lebensbeschreibungen. Fiktiver setzt sich der Künstlerroman, der im 18. Jh. in Mode kam und sich bis ins 21. Jh. fortsetzt, mit der Figur des Künstlers auseinander. Als erster deutscher Künstlerroman gilt **Wilhelm Heinses** *(1746 bis 1803)* »Ardinghello« von 1787.

Komödie und Satire in neuer Gestalt

Komik dient der Unterhaltung, kann jedoch auch ein Mittel sein, um über menschliche Schwächen oder Politisches zu räsonieren. **Ludovico Ariosto** *(1474–1533)* brachte vor allem sein Hauptwerk, das Ritterepos »Der rasende Roland«, Weltruhm ein. Er verfasste ebenso die ersten italienischen Komödien. **Alessandro Tassoni** *(1565–1635)* schuf für Italien das Genre des heroisch-komischen Epos. In Spanien prägte **Lope de Vega** *(1562–1635)* – in seinem Land der führende Literat des 16. Jh. – die neue Form der Comedia mit drei Akten, wechselnden Versmaßen und der Figur des lustigen Gegenspielers des Helden. In Frankreich begründete **Pierre Carlet Chamblain de Marivaux** *(1688–1763)* das psychologische Lustspiel.

Scharfzüngig spitzt die Satire das Komische zu. Die Form gab es bereits in der Antike. **John Dryden** *(1631–1700)*, **Jonathan Swift** *(1667–1745)*, **Alexander Pope** *(1688–1744)* und **Samuel Johnson** *(1709 bis 1784)* gehörten zu denjenigen, die in England versiert mit spitzer Feder Kritik austeilten und das Genre erneuerten. In Frankreich gelangte die Satire durch **Voltaire** *(1694–1778)* zu einem Höhepunkt.

Fantastische Geschichten

Die Welt der Werke ***Edgar Allan Poes*** (1809–49) *ist Thema des Musicals »POEtry, das im Jahr 2000 in Hamburg uraufgeführt wurde.*

Novelle, Shortstory und Kurzgeschichte verdichten die Erzählung

Die Heimat der Novelle, der »kleinen Neuigkeit«, die anders als das Märchen ein real vorstellbares Ereignis schildert, ist Italien. **Giovanni Boccaccios** *(1313–75)* »Decamerone« galt lange als Vorbild, was die Form des Zyklus mit Rahmenerzählung angeht. **Johann Wolfgang von Goethe** *(1749–1832)* definierte die Novelle als »unerhörte Begebenheit«. **Heinrich von Kleist** *(1777–1811)*, **Annette von Droste-Hülshoff** *(1797–1848)* und **Theodor Storm** *(1817–88)* führten die deutschsprachige Novelle im 19. Jh. zu einer Blüte.

Eine bis heute gepflegte amerikanische und englische kurze Prosaform, die Shortstory, begründeten **Washington Irving** *(1783–1859)*, **Edgar Allan Poe** *(1809–49)* und **Nathaniel Hawthorne** *(1804–64)*. Das deutsche Pendant, die Kurzgeschichte, bekam vor allem nach dem Zweiten Weltkrieg Bedeutung. Autoren wie **Heinrich Böll** *(1917–85)*, **Wolfgang Borchert** *(1921–47)* und **Marie Luise Kaschnitz** *(1901–74)* verarbeiteten in dieser Erzählkomposition mit offenem Schluss die Erfahrungen von Nationalsozialismus, Krieg und Wiederaufbau.

Literarisches Abbild der Moderne im Roman

Den Grundstein für den bürgerlichen Roman des Realismus legte **Daniel Defoe** *(1660–1731)* mit der auf Beobachtung beruhenden Wirklichkeitsdarstellung in seinen Werken. Sein Roman »Robinson Crusoe« löste eine Flut von Robinsonaden aus, einen neuartigen Abenteuerroman. Eine neue Epoche des europäischen Romans leitete **Samuel Richardson** *(1689–1761)* mit seinen empfindsamen Briefromanen ein. Den chronologischen Ablauf der Handlung wirbelte **Laurence Sterne** *(1713–68)* in seinem »Tristram Shandy« gehörig durcheinander. Mit der Art und Weise, wie sein Icherzähler sprunghaft vom einen zum anderen schweift, wird Sternes Werk zum Vorläufer des modernen Romans ebenso wie **Denis Diderots** *(1713–84)* »Jakob und sein Herr«. Der Schriftsteller und Philosoph Diderot lieferte zudem Theorie und Beispiele für das in der Aufklärung entstehende bürgerliche Trauerspiel.

Der Geschmack eines Gebäcks, der Madeleine, löst beim Protagonisten von **Marcel Prousts** *(1871 bis 1922)* »Auf der Suche nach der verlorenen Zeit« einen komplexen Vorgang des Erinnerns aus. Der Innenraum des Icherzählers wird zur Projektionsfläche in der mehrbändigen »Recherche«, die den Beginn des modernen Romans markiert. Die objektive Wirklichkeit und das subjektive Erleben der Protagonisten verflechten auch **Virginia Woolf** *(1882–1941)* und **James Joyce** *(1882–1941)* kunstvoll in ihren Werken. Zusammen mit Proust prägten die englische Schriftstellerin und der Ire den Roman der literarischen Moderne. Joyces Jahrhundertroman »Ulysses« haben vermutlich nur wenige ganz gelesen – ein Schicksal, das die moderne Alltagsodyssee mit Prousts »Recherche« teilt. Dennoch faszinieren gerade diese komplexen literarischen Weltanalysen die Leser nach wie vor.

Mit experimentellen Verfahren wie der Simultantechnik, dem inneren Monolog oder dem Bewusstseinsstrom gaben auch **Franz Kafka** *(1883–1924)* und **Robert Musil** *(1880–1942)* in ihren Romanen die Vielschichtigkeit der äußeren und inneren Realität wieder. **Nathalie Sarraute** *(1902–99)* und **Claude Simon** *(1913 bis 2005)*, berühmte Vertreter des Nouveau Roman, der in den 1950er-Jahren in Frankreich entstand, zersplittern die Erzählperspektive noch radikaler, ja verzichten sogar auf eine individuelle Romanfigur mit feststehender Identität.

Urquell der Robinsonaden

Immer noch populär ist die Figur Robinson Crusoe, mit der ***Daniel Defoe*** (1660 bis 1731) *eine neue Art Abenteuerroman schuf. Im Bild ein Buchumschlag von 1900.*

Dramen fürs Theater

Die Wiege des Theaters stand in Griechenland. Dort wurden im 5. Jh. v. Chr. die klassischen Tragödien verfasst. Sie sind von so starker Wirkung, dass sie nach ihrer Wiederentdeckung im 17. und 18. Jh. ein grandioses Comeback erlebten. Die großen Theaterstücke der Weltliteratur wären ohne diese Vorreiter nicht denkbar.

Dritter Schauspieler
In den Tragödien von ***Sophokles*** (497/96 bis 406/05 v. Chr.) *bilden Morde – im Fall des »Ödipus« der am Vater – oft die Basis der Handlung.*

Der älteste der drei großen Tragiker ist **Aischylos** *(525–456 v. Chr.)*. Geboren wurde er in Eleusis als Sohn eines reichen Grundbesitzers. Mutig kämpfte er mit den Griechen gegen die Perser: Bezeugt ist, dass er an der Schlacht von Marathon (490 v. Chr.) und der Schlacht von Salamis (480 v. Chr.) teilnahm. Der Dichter soll 90 Dramen verfasst haben, doch nur ein Bruchteil ist erhalten, darunter »Die Perser«, »Sieben gegen Theben« und »Die Orestie«. Aischylos führte einen zweiten Schauspieler ein – das war zu seiner Zeit völlig neu. Vorher standen lediglich ein Chor und ein Akteur, der Protagonist, auf der Bühne. Nun konnten zwei Schauspieler also in einen richtigen Dialog treten. Für seine Mühen erhielt Aischylos würdige Preise: 13 Mal gewann er den Tragödienwettbewerb in Athen. Ihm zu Ehren wurde außerdem ein Gesetz erlassen, nach dem, anders als zuvor, ein Theaterstück mehrfach aufgeführt werden durfte. Am Ende seines Lebens unternahm er mehrere Gastreisen nach Sizilien, wo er 456 v. Chr. starb.

Aus einer vornehmen Athener Familie stammte **Sophokles** *(497/96–406/05 v. Chr.)*. Er war ein hoch angesehener, sehr beliebter Mitbürger und bekleidete mehrere offizielle Posten, u. a. als Schatzmeister, Heerführer und Priester. Im Tragikerwettbewerb stellte er seinen Kollegen Aischylos noch in den Schatten, denn Sophokles gewann ihn 24 Mal. In seinen Tragödien führte er den dritten Schauspieler auf der Bühne ein; so konnte er die Handlung noch viel ereignisreicher und die Dialoge abwechslungsreicher gestalten. Über 100 Dramen verfasste er, wie bei Aischylos sind nur wenige erhalten geblieben. Dazu gehören »Antigone«, »Elektra« und »König Ödipus«. In diesem Drama um die menschlichen Abgründe tritt Ödipus auf, der seinen Vater erschlägt und seine Mutter heiratet – zunächst allerdings, ohne sich dessen bewusst zu sein. Die Stoffe, die Sophokles aus mythischen Überlieferungen gewann, und seine Stücke selbst sind auch im 21. Jh. noch auf den Theaterbühnen präsent. Er starb 90-jährig in Athen.

Der jüngste der drei großen Tragiker war **Euripides** *(um 480–406 v. Chr.)*. Er konnte nur viermal den Tragödienwettbewerb gewinnen. Während die beiden Vorgänger viel Verehrung erfuhren, war Euripides' Werk schon in der Antike umstritten. Von seinem Leben ist nur wenig bekannt. Geboren wurde er in Salamis. 2 Jahre vor seinem Tod verließ er seine Heimat und ging an den makedonischen Königshof in Pella, wo er auch starb. Zu seinen bedeutenden Werken zählen »Medea« und »Iphigenie in Tauris«. Oft erscheint in seinen Werken am Ende der Deus ex Machina, der Gott aus der Maschine: Ein Kran ließ einen Gott herunter, der am Ende Verwicklungen und Konflikte löste. Als Euripides starb, war das auch das Ende für die griechische Tragödie. Und es sollte lange dauern bis zu ihrer Auferstehung.

Schöpfer der Tragödie
Blutig geht es zu in »Die Orestie« von ***Aischylos*** (525–456 v. Chr.), *dessen Werke als erste griechische Tragödien gelten. Szenenbild einer Aufführung in Jena.*

Erneuerer der Tragödie
Das Gemälde von 1819 zeigt ***Jean Racine*** (um 1639 bis 1699)*, der als königlicher Geschichtsschreiber Ludwig XIV. vorliest.*

Auferstehung in Frankreich

Rund 21 Jahrhunderte später, im 17. Jh., entdeckte der französische Theaterautor **Jean Racine** *(um 1639–99)* die Werke des Euripides wieder. Ergriffen von den effektvollen und tragischen Stoffen, nahm er sie in seinen Stücken wieder auf. Auch die strenge Form entwickelte er für seine Dramen weiter. So brachte er die klassische französische Tragödie zu neuer Blüte. Besonders bekannt wurde »Phädra« nach dem Stoff von Euripides. Es ist ein erschütterndes Drama um die rasende Liebe Phädras zu ihrem Stiefsohn, um tragischen Tod und verzehrende Leidenschaft. Racine stammte aus einer bürgerlichen Familie und wurde früh ein Waisenkind. Er genoss eine streng religiöse Erziehung, startete dann aber eine Karriere als Theaterschriftsteller. Das erste große Werk schrieb er mit 25 Jahren: »Alexander der Große«. Mit 33 war er durch seine Stücke schon so bekannt, dass er die höchsten Weihen eines französischen Dichters empfing: die Aufnahme in die Académie française. Mit 37 zog er sich nach seiner Heirat von der Bühne zurück und wurde königlicher Geschichtsschreiber. Schon mit 59 Jahren starb er.
In ständiger Rivalität mit Racine stand der andere große französische Theaterdichter: **Pierre Corneille** *(1606–84)*. Aus einer Familie bedeutender Juristen stammend, studierte auch er zunächst Jura. Doch soll er Probleme gehabt haben, frei zu sprechen – den Anwaltsberuf gab er aus diesem Grund wieder auf. Vielmehr wandte er sich dem geschriebenen Wort zu – und verbuchte dort große Erfolge. So ging er nach Paris und wurde Theaterschriftsteller. Nachdem er zunächst einige Komödien geschrieben hatte, gelang ihm mit der Tragikomödie »Der Cid« (1637) der Durchbruch. Hier geht es um zwei Menschen, die sich lieben, obwohl ihre Familien verfeindet sind – doch die Liebenden haben eine Zukunft. »Der Cid« löste in Frankreich einen heftigen Streit um gute und anständige Literatur aus. Gleichwohl schaffte auch Corneille schließlich den Sprung in die Académie française. Corneille und Racine waren mit dafür verantwortlich, dass das 17. Jh. in Frankreich als goldenes Zeitalter des Theaters gilt.

Antike Komödiendichter

Aristophanes (um 445 – 385 v. Chr.)
Er war der bedeutendste Komödienschreiber im alten Griechenland.

Menander (342 – 291 v. Chr.)
Der griechische Dichter schildert in seinen Stücken das athenische Bürgertum – mit all seinen Schwächen und Leidenschaften.

Plautus (um 250– um 184 v. Chr.)
Der Römer soll u. a. Bühnenarbeiter, Müllersknecht und Kaufmann gewesen sein. Berühmt wurde er durch seine Übernahmen zeitgenössischer griechischer Themen für die römische Bühne.

Terenz (185 – 159 v. Chr.)
Der in Karthago geborene Dichter kam als Sklave nach Rom. Hier bekam er aber später die Freiheit. Die Reinheit seiner Sprache begeisterte die Nachwelt. Nach Plautus gilt er als wichtigster altrömischer Komödienautor.

Politische »Wortmaschine«
»Die schmutzigen Hände« von ***Jean-Paul Sartre*** (1905–80) *– im Bild eine Szene am Hamburger Thalia-Theater – handelt von Entscheidungsfreiheit, Engagement und Verantwortlichkeit.*

Theater der Neuzeit

Der englische Theaterfürst **William Shakespeare** *(1564–1616)* zeichnete sich durch die enorme Fülle an Stoffen, Motiven, Personen und Stücken aus und stellte damit seinen Konkurrenten **Christopher Marlowe** *(1564–93)* in den Schatten, der während eines Wirtshausstreits erstochen wurde.
In Frankreich schrieb **Molière** *(1622–73)* seine unvergleichlichen Komödien. Sein Landsmann **Victor Hugo** *(1802–85)* überwand das klassische Drama und verfasste romantische Stücke wie »Hernani«. Der italienische Dramatiker **Carlo Goldoni** *(1707–93)* arbeitete eigentlich als Anwalt. Die Commedia dell'Arte, die italienische Stegreifkomödie mit ihren festgelegten Typen und Masken, war Goldoni zu einfach, und so reformierte er mit anspruchsvolleren Stücken das italienische Theater.
Der Aufklärer **Gotthold Ephraim Lessing** *(1729 bis 1781)* begeisterte das deutsche Bürgertum fürs Theater, z. B. mit »Nathan der Weise«. Die klassischen Stoffe nahmen **Johann Wolfgang von Goethe** *(1749–1832)* und **Friedrich Schiller** *(1759–1805)* wieder auf. Goethe soll staunend die Tragödien des Euripides gelesen haben. Der Wegbereiter für das moderne Drama war **Georg Büchner** *(1813–37)*. Sein »Woyzeck« steht noch heute für extreme menschliche Schicksale. Früh, mit 23 Jahren, wurde Büchner vom Typhus aus dem Leben gerissen.

Modernes Theater

Neuen Wind ins europäische Theaterleben brachten die modernen Stücke, die im 19. Jh. und um die Jahrhundertwende entstanden. Der russische Dichter **Anton Tschechow** *(1860–1904)* war eigentlich Arzt und Journalist. Seine Stücke »Drei Schwestern« und »Der Kirschgarten« geben mit sparsamen Mitteln den Charakteren vor der Handlung den Vorzug und werden noch heute gespielt. Die »Nordlichter« **Henrik Ibsen** *(1828–1906)* und **August Strindberg** *(1849–1912)* brachten neue Gefühle auf die Bühne. Sie zeigten, wie es in der Seele und den Träumen der Hauptfiguren wirklich aussieht. Der irische Schriftsteller **George Bernard Shaw** *(1856–1950)* erneuerte mit gesellschaftskritischen und provozierenden Stücken wie »Pygmalion« das Theater. Der Deutsche **Gerhard Hauptmann** *(1862–1946)* schilderte den täglichen Überlebenskampf der Arbeiter. Mutig und immer noch beeindruckend sind die Figuren aus den Theaterstücken von **Bertolt Brecht** *(1898–1956)*. »Die Mutter Courage« und die »Dreigroschenoper« sind wohl die prominentesten Beispiele für Brechts episches Theater, das auf die Distanz des Zuschauers setzt. In Frankreich war **Jean Anouilh** *(1910–87)* der erfolgreichste Dramatiker im 20. Jh. Er verfasste eher klassische Theaterstücke und griff auch verschiedene alte Stoffe wieder auf, z. B. in »Antigone«. Für eine gewisse Zeit dominierten die Existenzialisten **Jean-Paul Sartre** *(1905–80)* und **Albert Camus** *(1913–60)* die literarische Szene in Frankreich. In Pariser Cafés verfassten sie ihre Stücke und zelebrierten ihren ganz eigenen Lebensstil. Auf die Spitze trieben **Eugène Ionesco** *(1909–94)* und **Samuel Beckett** *(1906–89)* das Bühnengeschehen mit ihrem absurden Theater.

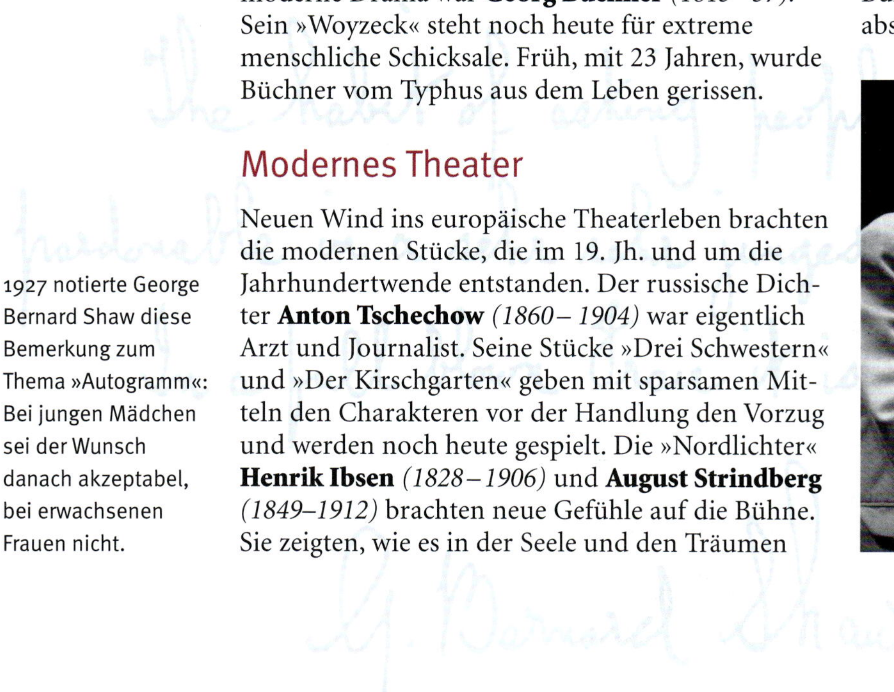

1927 notierte George Bernard Shaw diese Bemerkung zum Thema »Autogramm«: Bei jungen Mädchen sei der Wunsch danach akzeptabel, bei erwachsenen Frauen nicht.

Genie des Absurden
Das Foto zeigt ***Samuel Beckett*** (1906–89) *als Regisseur (l.) mit Schauspieler Martin Held bei Proben für Becketts Stück »Das letzte Band«.*

Bucheinband einer Ausgabe der berühmtesten Märchensammlung der Welt, »Tausendundeine Nacht«.

Es war einmal …

… ist ein klassischer Beginn der Märchen der Brüder ***Jacob*** (1785–1863) *und* ***Wilhelm Grimm*** (1786–1859). *Die Germanisten wurden wegweisend für das Märchengenre.*

Erzähler von Märchen und Fabeln

Ob der schlaue Reineke Fuchs oder der vorlaute, ängstliche Meister Lampe: Die Tiere aus der Fabel, denen typisierte menschliche Eigenschaften zugeordnet werden, hat jeder spätestens in der Schule für sich entdeckt. Märchen begleiten uns in der Kindheit, begeistern aber auch Erwachsene.

Am Anfang der europäischen Fabeldichtung steht ein Name: **Aisopos** *(etwa 6. Jh. v. Chr.)*. Seine Fabelsammlungen waren grundlegend für diese Gattung. Zum Erneuerer dieser Form der Erzählung wurde **Jean de La Fontaine** *(1621–95)*. Der Franzose vertiefte sie zu einer psychologischen Darstellung menschlichen Zusammenlebens und zur Gesellschaftssatire. Da die Fabel eine belehrende Absicht hat, war sie stets in Epochen beliebt, die neue Werte vermitteln wollten, so in der Aufklärung. **Christian Fürchtegott Gellert** *(1715–69)*, der volkstümlichste Dichter des Zeitalters der Vernunft, wurde berühmt durch seine »Fabeln und Erzählungen«. Der große Theaterautor **Gotthold Ephraim Lessing** *(1729–81)* schrieb ebenfalls Fabeln. Der bekannteste russische Fabeldichter ist **Iwan Krylow** *(1769 bis 1844)*. Als einer der wenigen unter den modernen Schriftstellern griff **Wolfdietrich Schnurre** *(1920 bis 1989)* diese Gattung auf.

Als Europas erster großer Märchenerzähler gilt **Giambattista Basile** *(1575–1632)*. Seine Märchensammlung »Pentamerone« beeinflusste nicht zuletzt **Charles Perrault** *(1628–1703)*, der vielen Märchenmotiven wie Aschenputtel oder Dornröschen ihre uns bekannte Gestalt gab. Die »Kinder- und Hausmärchen« der Brüder **Jacob** *(1785–1863)* und **Wilhelm Grimm** *(1786–1859)* wurden zum Volksbuch.

Mehr Fantasie im Kunstmärchen

Anders als beim Volksmärchen gestalten die Autoren des Kunstmärchens die fantastische Erzählung in den Motiven freier. Die Dichter der Romantik wählten besonders gern diese Form, so **Ludwig Tieck** *(1773–1853)*, **Adelbert von Chamisso** *(1781 bis 1838)*, **Friedrich de la Motte Fouqué** *(1777 bis 1843)* und **Clemens Brentano** *(1778–1842)*. **E.T.A. Hoffmanns** *(1776–1822)* skurrile Geschichten inspirierten die französischen Dichter **Charles Nodier** *(1780–1844)* und **Gérard de Nerval** *(1808 bis 1855)*. Bereits auf den Realismus deuten die Werke von **Wilhelm Hauff** *(1802–27)* und **Eduard Mörike** *(1804–75)* hin. Untrennbar mit dem Genre verbunden ist der Name **Hans Christian Andersen** *(1805–75)*, der in seinen Märchen oft Tiere und Dinge sprechen lässt. Während **Carlo Collodi** *(1826–90)*, der Erfinder des Pinocchio, für Kinder schrieb, enthüllt **Oscar Wilde** *(1854–1900)* auch gesellschaftliche Missstände. Heute findet das Märchen in der Fantasy seine vielbeachtete Fortsetzung.

Dänemarks Nationaldichter

An das Märchen »Die kleine Meerjungfrau« des Dänen ***Hans Christian Andersen*** (1805–75) *erinnert diese Skulptur in Kopenhagen.*

Spötter mit spitzer Feder

Humor, Spott, Witz und Ironie können viele Nuancen haben. Und je nach Epoche findet das Komische in der Literatur unterschiedliche Ausprägungen. Die Satire war und ist für die Autoren ein beliebtes Genre, um Kritik an den Verhältnissen und an menschlichen Schwächen zu üben.

Autor von Märchendramen
*Der Ruhm von **Carlo Gozzi** (1720 bis 1806) beruht auf zehn Märchendramen. Das Szenebild zu seinem Stück »König Hirsch« stammt aus einer Aufführung des Wachtangow-Theaters in Moskau.*

Das Wort »Komik« leitet sich vom griechischen Begriff »kómikós« ab. Und bereits die Autoren der Antike verstanden sich versiert auf die Kunst, in Drama und Prosa die Art von Übertreibung zu kultivieren, die die Leser zum Lachen, aber auch zum Nachdenken bringt – nicht zuletzt, weil in jeder guten Komödie die Tragödie steckt und hinter dem Zerrspiegel der Zuspitzung die Wahrheit. Meister der antiken Komödie waren der Grieche **Aristophanes** *(um 445 – um 385 v. Chr.)* sowie die Römer **Titus Maccius Plautus** *(um 250 bis um 184 v. Chr.)* und **Terenz** *(um 185 bis 159 v. Chr.)*. Römischen Dichtern – maßgeblich **Gaius Luciulius** *(wohl 180 – 103/102 v. Chr.)*, **Horaz** *(65 – 8 v. Chr.)* und **Decimus Iunius Juvenal** *(um 60 n. Chr. – nach 128 n. Chr.)* – wird auch die Erfindung der Form der Satire zugeschrieben, der Kritik an den Verhältnissen durch Übertreibung, Ironie und Spott. »Der Satiriker ist ein gekränkter Idealist: Er will die Welt gut haben, sie ist schlecht und nun rennt er gegen das Schlechte an«, hat der Spötter **Kurt Tucholsky** *(1890 – 1935)* einmal gesagt.

Unterhaltung und Belehrung

Für liebende Frauen, die aus ergötzlichen Geschichten sowohl Unterhaltung als auch nützlichen Rat schöpfen sollten, hat **Giovanni Boccaccio** *(1313 bis 1375)* angeblich seine Novellensammlung »Decamerone« geschrieben – drastisch-realistische Schilderungen über die Launen des Glücks und amouröse Abenteuer.

Satirischer Kritiker
*Mit Werken wie »Deutschland, Deutschland über alles« warnte **Kurt Tucholsky** (1890 bis 1935) u. a. vor der Bedrohung durch den Nationalsozialismus.*

Das Hintergrundbild zeigt die Unterschrift von Oscar Wilde.

Von derb-drastischer Komik sind die Schwankerzählungen von **Hans Folz** *(um 1440–1513)*, die meist auf einen moralischen Nutzen abzielen. Sein Meistersingerkollege **Hans Sachs** *(1494–1576)*, der auch schwankhafte Spruchgedichte und Komödien verfasste, kam als Opernheld in Wagners »Die Meistersinger von Nürnberg« zu Ehren.
Über die Komik sollte in der Literatur des Mittelalters und der frühen Neuzeit oftmals Moralisches und Belehrendes vermittelt werden. Als Volksaufklärer verstand sich der Schriftsteller und Jurist **Sebastian Brant** *(1457–1521)*. Seine gereimte Moralsatire das »Narren Schyff« von 1494 gehört zu den erfolgreichsten Dichtungen dieser Zeit. **John Skelton** *(um 1460–1529)* prangerte in seinen drastischen Verssatiren Korruption und ausschweifendes Leben bei Adel und Klerus an. Vor Fabulierkunst und Fantastik sprühen **François Rabelais'** *(um 1494 bis 1553)* fünf vom Geist des Humanismus geprägten Bücher über die merkwürdigen Abenteuer der Riesen Gargantua und Pantagruel.
Die Lebensgeschichte eines naiven jugendlichen Abenteurers im Dreißigjährigen Krieg, die **Johann Jakob Christoffel von Grimmelshausen** *(1621–76)* in dem Roman »Der Abentheurliche Simplicissimus Teutsch« oft mit schelmischem Humor beschreibt, ist auch als moralisch-satirische Allegorie vom Leben des Menschen in dieser Welt zu verstehen.
Der französische Schriftsteller und Philosoph **Voltaire** *(1694–1778)* setzte seine glänzende stilistische Kunst ein, um die Vorstellungen der Aufklärung zum Ausdruck zu bringen. Sein Roman »Candide oder Der Optimismus« verbindet kunstvoll Lesevergnügen und ernsten Hintergrund.

Von der Romantik zur Nonsenseliteratur

Der Arlecchino, der Harlekin, ist der König der italienischen Commedia dell'Arte. **Carlo Gozzi** *(1720 bis 1806)* hat die volkstümliche Stegreifkomödie in seinen Märchenstücken fortgeführt. Die Dichter der Romantik wollten die als banal empfundene Alltagswelt mit ihrer Universalpoesie verzaubern, einen Gegensatz zur rationalen Aufklärung setzen. **Jean Paul** *(1763–1825)* tat das mit seiner speziellen humorvollen, satirischen und empfindsamen Erzählweise, die den humoristischen Roman in Deutschland prägte. Anekdoten, Sagen oder Zeitungsberichte dienten **Johann Peter Hebel** *(1760 bis 1826)* als Anregung für seine populären, unterhaltsamen und lehrreichen Kalendergeschichten.
Die zwei bedeutendsten Vertreter der Altwiener Volkskomödie, **Ferdinand Raimund** *(1790–1836)* und **Johann Nepomuk Nestroy** *(1801–62)*, schrieben nicht nur Theaterstücke, sondern standen zudem selbst auf der Bühne. Zu den heute noch meistzitierten deutschen Schriftstellern gehört **Wilhelm Busch** *(1832–1908)* mit seinen trefflich karikierenden Bildgeschichten, seinen pointierten Aphorismen und Reimen.
Nur scheinbar unsinnig ist die Nonsenseliteratur etwa von **Christian Morgenstern** *(1871 bis 1914)* und **Joachim Ringelnatz** *(1883–1934)*. Die Gedichte des unkonventionellen Moralisten Ringelnatz zeichnet ein hintergründiger Humor aus. Der Pole **Stanislaw Jerzy Lec** *(1909–66)* hat wiederum Morgenstern und Ringelnatz übersetzt und stellte selbst in seinen Aphorismen und Epigrammen menschliche Schwächen satirisch bloß.

Gegen die Normen

Mit »König Ubu« brach ***Alfred Jarry*** (1873–1907) *zahlreiche Theaterkonventionen, nicht zuletzt mit seiner damals schockierenden Sprache.*

Komödien halten der Gesellschaft den Spiegel vor

Mit geschliffener Feder hielt **Oscar Wilde** *(1854 bis 1900)* in seinen Komödien der viktorianischen Gesellschaft den Spiegel vor, während **Noel Coward** *(1899–1973)* mit seinen frivolen Gesellschaftsstücken zum führenden Lustspielautor Großbritanniens der 1920er-Jahre avancierte. Die französischen Theaterautoren haben die Kunst der pointierten Komik stets beherrscht. So werden **Georges Feydeaus** *(1862–1921)* satirische Komödien heute noch gespielt. Anarchischer und böser sind die Dramen von **Alfred Jarry** *(1873–1907)*, der Dadaismus, Surrealismus und das absurde Theater beeinflusste. Die Uraufführung seines grotesk-komischen Dramas »König Ubu« löste einen der größten Skandale der französischen Theatergeschichte aus: Der Ausruf »Merdre!« (in der deutschen Übersetzung «Schoiße!« oder »Schreiße!«) führte zu Tumulten im Publikum. Die zeitgenössischen Bühnen hat **Yasmina Reza** *(geb. 1959)* mit ihren geistreichen Komödien erobert.

»Das Schreiben, das Schreiben, soll man nicht übertreiben, das kostet bloß Papier.«

Wilhelm Busch

Die blaue Blume der Romantik

Lebemann

Weil er Titel und Vermögen erbte, hatte ***Lord Byron*** *(1788–1824) die Unabhängigkeit, die ihm sein bewegtes Leben erlaubte. Auf diesem Porträt ist er als Grieche kostümiert.*

Sehnsucht und Gefühl, die ursprüngliche Natur und als übergreifendes Symbol die blaue Blume stehen für die Literatur der Romantik. Die Dichter wollten weg von der klassischen Literatur, wenigstens ein Stück weit auch weg von dem Vernunftgedanken der Aufklärung, sie wollten die Welt »wieder verzaubern«. Sie rückten die Volkskunst und das Bewusstsein für das Mittelalter wieder in den Mittelpunkt. Selbst standen sie oft zwischen den gesellschaftlichen und politischen Realitäten ihres Landes einerseits und ihren Vorstellungen von Freiheit andererseits. Fast alle setzten sich intensiv mit den Gedanken der Französischen Revolution auseinander.

In England zählte **Samuel Taylor Coleridge** *(1772 bis 1834)* zu den frühen Romantikern. Berühmt wurde sein balladenhaftes Gedicht »Der alte Matrose«, das von einer Seefahrt berichtet, die zum Albtraum wurde. Naturverbunden wie viele Romantiker zog es ihn in die Landschaft des »Lake District« in Nordengland, wo er ungestört an seinen Werken arbeiten konnte. Auch andere Vertreter der englischen Romantik, allen voran **William Wordsworth** *(1770–1850)*, ließen sich um 1800 in der einsamen Gebirgslandschaft nieder. Ihre Gemeinschaft bekam den Namen »Lake School«. Die Naturgedichte »Lyrische Balladen«, die Coleridge gemeinsam mit Wordsworth verfasste, wurden hier zu Papier gebracht. Die Ballade »Christabel«, von unglaublichem Klangreiz, entstand angeblich in Opiumtrance – dieser Sucht war Coleridge in den späten Jahren verfallen.

»Wenige Menschen können schneller leben, als ich es tat.«

Lord Byron

Ein Hauptvertreter der englischen Romantik ist **Lord Byron** *(1788–1824)*. Der weit gereiste Dichter – seine Wege führten ihn auch in den Orient – führte ein ausschweifendes, bewegtes, teils auch unglückliches Leben. Berühmt wurde Byron mit dem Versepos »Ritter Harold's Pilgerfahrt«. Seine Werke begründeten einen neuen Stil in der Literatur, den Byronismus. Weltschmerz, Einsamkeit, aber auch Unabhängigkeit drücken das Lebensgefühl der Byroniden aus. Lord Byron starb in Griechenland, wo er sich am Freiheitskampf gegen die Türken beteiligt hatte, an den Folgen einer Unterkühlung.
Frustriert über den Verlauf der Französischen Revolution reiste **François René de Chateaubriand** *(1768–1848)* im Jahr1791 nach Nordamerika. Die

Von der rauen Schönheit des Lake Districts in der englischen Grafschaft Cumbria ließen sich zahlreiche romantische Schriftsteller inspirieren.

Realität oder Fantasie?
In seinen Werken thematisierte ***E. T. A. Hoffmann*** (1776–1822) *– hier abgebildet mit Ludwig Devrient – u. a. auch das Unheimliche an Automaten.*

Eindrücke von dieser Reise beeinflussten seine beiden frühen romantischen Erzählungen »Atala« und »René«. René ist aus der europäischen Zivilisation zu einem Indianerstamm geflohen, wo er u. a. romantische Naturerfahrungen macht. Mit Chateaubriand hielt der Weltschmerz Einzug in die französische Literatur. Der Dichter war aber auch Politiker und begann unter Napoleon I. seine Karriere, 1822–24 war er französischer Außenminister. Später zog er sich aus der Politik zurück und widmete sich ganz seinem literarischen Werk.

Victor Hugo *(1802–85)* war der wohl populärste Schriftsteller des 19. Jh. in Frankreich. Er bearbeitete fast alle Gattungen und sein Roman »Der Glöckner von Notre Dame« brachte es – nicht zuletzt durch die Verfilmung von 1939 mit Charles Laughton als Quasimodo – zu Weltruhm. Er forderte eine Literatur, die anerkenne, dass »das Hässliche neben dem Schönen existiert«. Die höchsten Weihen empfing Hugo, als er 1841 in die Académie Française gewählt wurde. Er war aber auch politisch aktiv und zog 1848 in die Nationalversammlung Frankreichs ein. Als Napoleon III. durch einen Staatsstreich die Macht übernahm, brachte sein Widerstand dagegen dem Dichter das Exil zunächst in Brüssel, dann auf den Kanalinseln Guernsey und Jersey ein. Hier hatte Hugo seine produktivste Schaffensperiode. Erst 1870 kehrte er nach Paris zurück, wo er 1885 starb. Die Regierung beschloss ein Staatsbegräbnis und Hunderttausende folgten seinem Sarg.

Der Dichter **Novalis** *(1772–1801)*, der vielleicht bedeutendste Frühromantiker, hieß eigentlich Georg Philipp Friedrich Freiherr von Hardenberg. Sein Vater war Gutsbesitzer und Salinendirektor und auch Novalis schlug nach diversen Studien diese Richtung ein und wurde 1799 Salinenassessor. Er stand in freundschaftlichem Verhältnis zu Friedrich Schiller und hatte Kontakt zu großen Literaten wie Johann Wolfgang von Goethe, Jean Paul und Johann Gottfried von Herder. Seinen Romanhelden Heinrich von Ofterdingen lässt er vor einer geplanten Reise von der blauen Blume träumen. Heinrich macht sich auf den Weg, glaubt die Blume unterwegs in verschiedenen Gestalten zu entdecken und findet sie schließlich in der Augsburgerin Mathilde. Hier bricht der Roman ab. Seither wurde die blaue Blume zum Symbol für die romantische Sehnsucht schlechthin.

E. T. A. (Ernst Theodor Amadeus) Hoffmann *(1776–1822)* – den Vornamen »Amadeus« hatte er sich aus Verehrung für Mozart zugelegt – war Schriftsteller, Komponist und Zeichner. Gleichzeitig arbeitete er als Jurist im Staatsdienst. Und so war sein Leben geprägt von der Zerrissenheit seiner Existenz als Beamter und Künstler. Er selbst war ein Opfer der Zensur, die ihm auch eine Strafversetzung einbrachte. In seinen Werken regiert die dunkle Seite des Menschen, das Gruselige und Groteske. Berühmt wurden »Die Elixiere des Teufels«, in denen es um ein Doppelleben, um Begierden, Abenteuer und Verbrechen geht.

Zivilisation als Grundübel
Der Dichter und Politiker ***François René de Chateaubriand*** (1768–1848) *war der einflussreichste Vertreter der frühen französischen Romantik.*

Auf der Suche nach dem Fremden und Geheimnisvollen

William Blake *(1757–1827)* sowie der schottische Lyriker **Robert Burns** *(1759–96)* waren bedeutende Wegbereiter der englischen Romantik. Eine wichtige Romantikergruppe bildeten die »Lake Poets«, deren Hauptvertreter William Wordsworth und Samuel Taylor Coleridge die »Lyrischen Balladen« herausgaben. Der englische Dichter **Percy Bysshe Shelley** *(1792–1822)* floh aus seinem autoritären aristokratischen Elternhaus, entführte seine Geliebte und führte ein wildes Wanderleben, bis er schließlich auf einer Bootsfahrt ertrank. **John Keats'** *(1795–1821)* Ruhm als romantischer Lyriker ist vor allem auf seinen Oden und seinen Sonetten begründet. Er starb sehr früh an Tuberkulose.

Die Brüder **August** *(1767–1845)* und **Friedrich Schlegel** *(1772–1829)* bildeten in Jena das Zentrum eines romantischen Zirkels. Hier verkehrte neben Novalis auch **Ludwig Tieck** *(1773–1853)*, der mit seiner Märchenkomödie »Der gestiefelte Kater« und seinen Märchennovellen berühmt wurde. Ein zweiter Zirkel deutscher Romantiker bildete sich in Heidelberg. Hier dichteten die Freunde **Achim von Arnim** *(1781–1831)* und **Clemens Brentano** *(1778–1842)*. Letzterer führte ein ruheloses, krisengeschütteltes Leben. Gemeinsam gaben sie »Des Knaben Wunderhorn« heraus. Die darin enthaltenen Volks- und Kunstlieder waren z. T. von ihnen bearbeitet worden. Von Arnim war verheiratet mit **Bettina von Arnim** *(1785–1859)*, der Schwester Brentanos. Diese war eine bedeutende Frauengestalt der jüngeren Romantik und ihr Berliner Salon ein kultureller Treffpunkt. Die schlichten, volksliedhaften Gedichte **Joseph Freiherr von Eichendorffs** *(1788–1857)* bilden einen Höhepunkt der spätromantischen Lyrik. Sie wurden z. T. von Mendelssohn Bartholdy u. a. vertont. Auch hier dominieren die Sehnsucht und das Motiv des Wanderers.

Alfred de Mussets *(1810–57)* frühe Werke gehören zur französischen Romantik – die wichtigen Themen sind Melancholie, Erinnerung, Leidenschaft. Hier spiegelt sich auch die tragische Liebesbeziehung zur Dichterin George Sand wider. »Deutschland« von **Madame de Staël** *(1766–1817)* vermittelte Frankreich die deutsche Kultur und prägte lange Zeit das Deutschlandbild der Franzosen. Der Hauptvertreter der Romantik in Italien war **Alessandro Manzoni** *(1785–1873)*. Auch der Russe **Aleksandr Puschkin** *(1799–1837)* schuf romantische Werke.

Neuromantische Züge finden sich bei den Schriftstellern **Rainer Maria Rilke** *(1875–1926)* und **Stefan George** *(1868–1933)*. Auch **Hermann Hesses** *(1877 bis 1962)* Romane weisen neuromantische Züge auf.

Atheistischer Rebell

Das Gemälde zeigt ***Percy Bysshe Shelley*** (1792–1822) *vor der Kulisse der Caracalla-Thermen in Rom. In Italien schrieb er sein Hauptwerk, das Drama »Der entfesselte Prometheus«.*

Von Napoleon respektiert

Mehrfach musste ***Madame de Staël*** (1766–1817) *im Schloss Coppet am Genfer See Asyl suchen, das sie zu einem Zentrum des europäischen Geisteslebens machte.*

Nervenkitzel für Millionen

»Königin des Verbrechens«
Mit »Die Mausefalle« schrieb ***Agatha Christie*** (1890–1976) *einen Krimiklassiker. Seit 1952 wird er im St Martin's Theater in London aufgeführt.*

Wohlige Gänsehaut, knisternde Spannung – das sind die Merkmale eines Literaturgenres, das im 18. Jh. aufkam. Mit Schauer- und Gruselromanen, Gespenster- und Detektivgeschichten schlagen die Autoren dieser Sparte bis heute Millionen Leser in ihren Bann.

Als Erfinder des Schauerromans gilt der Brite **Horace Walpole** *(1717–97)*. Sein bahnbrechender Roman »Die Burg von Otranto« spielt in einem düsteren Schloss, in dem sich allerlei Mysteriöses ereignet. Besonders viele britische Schriftsteller haben sich dem Unheimlichen gewidmet, etwa **Ann Radcliffe** *(1764–1823)* mit »Udolphos Geheimnisse« rund um eine unschuldige junge Frau und ein mysteriöses Schloss oder **Mary Shelley** *(1797 bis 1851)*, deren Roman »Frankenstein oder der moderne Prometheus« heute zu den berühmtesten Stoffen der Weltliteratur gehört. Nicht weniger berühmt ist **Bram Stokers** *(1847–1912)* Roman »Dracula« über den blutsaugenden Grafen in Transsylvanien; Stokers irischer Landsmann **Joseph Sheridan Le Fanu** *(1814–1912)* widmete sich Vampiren und Geistern in kürzeren Erzählungen.

Blutsauger
Der gelernte Jurist ***Bram Stoker*** (1847 bis 1912) *vermischte in »Dracula« Grusel und Gewalt mit Liebe und Erotik. Der Vampir wurde erstmals nicht als seelenlos dargestellt.*

Es war aber der US-Amerikaner **Edgar Allan Poe** *(1809–49)*, der die Form der Kurzgeschichte schuf – und sie mit Übersinnlichem, Unheimlichem und Makabrem anfüllte. Mit Erzählungen wie »Der Doppelmord in der Rue Morgue« begründete Poe in Amerika die Gattung der Detektivgeschichte. Stark von Poe beeinflusst sind die fantastischen Horrorgeschichten von **H. P. Lovecraft** *(1890 bis 1937)*, dem Wegbereiter der Science-Fiction. Als Meister der unheimlichen Spannung im deutschsprachigen Raum gelten **E. T. A. Hoffmann** *(1776–1822)* und **Jeremias Gotthelf** *(1797–1854)*. Besonders in Hoffmanns Erzählungen (z. B. »Die Elixiere des Teufels«) werden alltägliche Szenerien vom Unheimlichen durchdrungen, während der Schweizer Pastor Gotthelf z. B. in »Die schwarze Spinne« das Gute gegen das mystische Böse ausspielt. Etwas geradezu Wahnhaftes haben die Texte des Franzosen **Gérard de Nerval** *(1808–55)* – vor allem sein Werk »Aurelia« bewegt sich auf einem schmalen Grat zwischen Wahn und Wirklichkeit.

Aus den Schauerromanen entstand der Kriminal- bzw. Detektivroman. Vorreiter im deutschsprachigen Raum war der Schweizer **Friedrich Glauser** *(1896–1938)*, der »Wachtmeister Studer« großes kriminalistisches Gespür beweisen ließ. Als erster typisch britischer Detektivroman gilt »Der Monddiamant« von **Wilkie Collins** *(1824–89)*, noch berühmter wurden aber die Geschichten rund um Sherlock Holmes von **Arthur Conan Doyle** *(1859 bis 1930)* und **Agatha Christies** *(1890–1976)* Hercule-Poirot- und Miss-Marple-Reihen. Die zahlreichen Neuauflagen und Verfilmungen nicht nur ihrer Werke beweisen es: Der Nervenkitzel, auf den man im wirklichen Leben gern verzichtet, macht beim Lesen richtig Spaß!

Oft verfilmt
Der bekannteste der über 300 historischen Abenteuerromane von **Alexandre Dumas d. Ä.** (1802 bis 1870) *ist »Die drei Musketiere« (Filmplakat von 1921). Heute gibt es sogar ein Musical.*

Der Roman als Spiegel der Welt

Wer kennt sie nicht: Die drei Musketiere und die Buddenbrooks, Effie Briest und Madame Bovary, Oliver Twist und Rodion Raskolnikow – die Hauptfiguren einiger der bekanntesten Romane aller Zeiten? Diese Werke beschreiben die Zeit, in der sie entstanden – und veränderten sie. Diese Zeit war das 19. Jh., das Jahrhundert der großen historischen und vor allem Gesellschaftsromane, die aufschlussreiche Einblicke in zeitgenössische Zustände und Befindlichkeiten gewähren.

Pionierarbeit für den Roman des 19. Jh. leistete **Henry Fielding** *(1707–54)*. Besonders sein berühmtes Werk »Tom Jones – Die Geschichte eines Findelkinds« beschreibt humorvoll-satirisch und dennoch realistisch englische Sitten und Gewohnheiten. Als Gründungsvater des historischen Romans kann dagegen **Walter Scott** *(1771–1832)* angesehen werden – sein Werk »Waverley« spielt im Schottland des 18. Jh. Die Figuren der historischen Romane sollen den Leser mit der Geschichte verbinden und ihm so den Einfluss der Vergangenheit auf die Gegenwart deutlich machen. »Rot und Schwarz« des Franzosen **Stendhal** *(1783–1842)* nutzt die napoleonische Ära als Hintergrund, um die tragische Geschichte eines Kleinbürgers zu erzählen, der – redlich um sozialen Aufstieg bemüht – zwischen Militär, Klerus und Adel zerrieben wird.

Alessandro Manzonis *(1785 bis 1873)* Roman »Die Verlobten« spielt bereits im 17. Jh., dennoch spiegeln seine Figuren und die Geschehnisse um sie herum auch die Zeit des Autors wider und vermitteln Ideen der Romantik. **Honoré de Balzac** *(1799–1850)* wiederum widmet sich wie sein Landsmann Stendhal dem Realismus und entwirft in »Eugénie Grandet« das Bild eines jungen Mädchens, dem in einer von Geld bestimmten adligen Welt die wahre Liebe versagt bleibt. Eine ganz andere Welt, nämlich die bäuerliche, schildert **Jeremias Gotthelf** *(1797–1854)* u. a. in »Geld und Geist«. Der Schweizer Pastor beschreibt darin den Verfall menschlicher Werte auf einem kapitalistisch geführten Bauernhof. **Alexandre Dumas der Ältere** *(1802–70)* vermischt in seinen Abenteuer- und Historienromanen Geschichte mit Legende und erzählt z. B. von den »Drei Musketieren«, die im Frankreich des 17. Jh. unter König Ludwig XIII. ihre Abenteuer erleben, oder dem »Grafen von Monte Christo«, der nach der Französischen Revolution

Kritiker sozialer Missstände
Mit »Die toten Seelen« kritisierte ***Nikolaj Gogol*** (1809–52) *das System der Leibeigenschaft. Die Abbildung zeigt die Auspeitschung von Leibeigenen in der russischen Provinz in der Mitte des 19. Jh.*

So real wie möglich
Das Hauptwerk von ***Honoré de Balzac*** (1799–1850), *»Die menschliche Komödie«, war ein ursprünglich auf 137 Erzählwerke ausgelegtes Gesellschaftsbild Frankreichs; rund 90 konnte er vollenden.*

»Denken ist der Schlüssel aller Schätze.«

Honoré de Balzac

unschuldig gefangen genommen wird. **Victor Hugo** *(1802–85)* schildert dagegen in »Die Elenden« sehr präzise die Problematik der Unterschicht Frankreichs und drängt auf eine Milderung der sozialen Ungerechtigkeit.
Ein völlig anderes Sujet wählt **Adalbert Stifter** *(1805–68)* in »Der Nachsommer«: Seine Hauptfigur Heinrich Drendorf reift in einer idealisierten Welt, in der Künstlichkeit – also Kunst – und Natur im Einklang stehen und sich die Gesellschaft in einer natürlichen Ordnung befindet, zum erwachsenen Mann heran.

Satire und politisches Engagement

Satirische Kritik an der Gesellschaft übt der russisch-ukrainische Schriftsteller **Nikolaj Gogol** *(1809–52)* in »Die toten Seelen« – und zwar mittels einer ins Absurde reichenden Handlung. An stereotyp dargestellten Charakteren – z. B. spießbürgerlichen Gutsbesitzern – stellt er ein marodes soziales System bloß, in dem sogar verstorbene Leibeigene noch eine Ware sind, mit der man Geschäfte machen kann. Ebenfalls satirisch überzeichnet, aber präzise getroffen, beschreibt der Engländer **William Makepeace Thackeray** *(1811–63)* in »Jahrmarkt der Eitelkeit« die Londoner Gesellschaft zu Beginn des 19. Jh., und zwar quer durch alle Schichten. Wesentlich bekannter ist indes sein Landsmann **Charles Dickens** *(1812–70)*, der vor allem in »Oliver Twist« mit einer tüchtigen Prise Ironie soziale Missstände wie die Ausbeutung von Armen und Schwachen anprangert. **Charlotte Brontës** *(1816 bis 1855)* »Jane Eyre« ist wie Dickens' Held Oliver Twist ein Waisenkind, das nach einem sozialen Aufstieg als Gouvernante Zutritt zu Adelskreisen erhält, sich aber trotzdem erst ihre Selbstständigkeit erkämpft, bevor sie den Gutsherrn heiratet. Das oft verfilmte Werk Brontës, die selbst als Gouvernante arbeiten musste, gilt als einer der frühesten Frauenromane der Literaturgeschichte.
Der polnische Autor **Józef Ignacy Kraszewski** *(1812–87)*, der sich für die Unabhängigkeit Polens von Russland einsetzte und deshalb über 20 Jahre in Dresden im Exil leben musste, widmete sich in vielen historischen Romanen der gemeinsamen Vergangenheit Sachsens und Polens zur Zeit August des Starken im 18. Jh. Die Beziehung zwischen Deutschen und Polen im 19. Jh. spielt auch in **Gustav Freytags** *(1816–95)* umfassendem dreibändigem

Autobiografische Züge
Die erfolgreichste der drei englischen Schriftstellerschwestern Brontë war ***Charlotte Brontë*** (1816–55). *Ihr Roman »Jane Eyre« wurde u. a. mit Orson Welles und Joan Fontaine verfilmt.*

Das Hintergrundbild zeigt eine Textpassage aus einem handschriftlichen Manuskript Gottfried Kellers.

Roman »Soll und Haben« eine Rolle – hier stehen sich bürgerliche und adlige Familien gegenüber, und trotz einiger positiv gezeichneter jüdischer Figuren sind in der Kaufmannsgeschichte antisemitische Tendenzen erkennbar.

Von der Milieustudie zur Familiensaga

Sehr vergnüglich geht es in **Anthony Trollopes** *(1815–85)* satirisch angelegtem Roman »Septimus Harding, Stationsvorsteher« zu, in dem der fromme Septimus Harding gegen intrigante Machenschaften der Kirche opponiert, wobei sich ein skurriles Porträt englischer Kleinstadtmentalität auffächert. Einen tieferen Blick in die russische Gesellschaft gewährt **Iwan Turgenjew** *(1818–83)*: Anders als sein Landsmann Gogol erlebte er die Abschaffung der Leibeigenschaft in Russland 1861. In seinem Roman »Väter und Söhne« prallen die Anschauungen der alten und der neuen Generation aufeinander. Dagegen müssen sich die Bürger von »Middlemarch« in **George Eliots** *(1819–80)* gleichnamigem Roman mit den Neuerungen der Industrialisierung auseinandersetzen. In vier Handlungssträngen beschreibt die englische Autorin das Verhältnis des Einzelmenschen zur Gesellschaft. In **Theodor Fontanes** *(1819–98)* »Effie Briest« geht es um eine junge Frau, die an den Konventionen der preußischen Gesellschaft in der Bismarckära zerbricht. Ebenfalls an der Welt scheitert »Der grüne Heinrich« von **Gottfried Keller** *(1819–90)*, der auf seiner Wanderschaft keine Selbstverwirklichung findet – trotzdem ist Kellers Welt eine heitere, in der es immer noch den persönlichen Lebenssinn zu entdecken gibt. Ein zwiespältiges Verhältnis zur Gesellschaft hat Rodion Raskolnikow, **Fjodor Dostojewskijs** *(1821–81)* Held aus »Schuld und Sühne«: Einerseits ist er aufgrund seiner Armut Teil der Unterschicht, andererseits fühlt sich der äußerst talentierte Student dem Bildungsbürgertum zugehörig – mehr noch, er glaubt sich als außergewöhnlicher Mensch den anderen überlegen. Im Bemühen, diesen Widerspruch aufzulösen, wird er zum Mörder und schließlich zum reuigen Christen. Von einer Kluft zwischen Anspruch und Wirklichkeit handelt **Gustave Flauberts** *(1821 bis 1880)* »Madame Bovary«. Die Titelheldin träumt von einem luxuriösen Leben, wie es in Unterhaltungsromanen und Frauenzeitschriften präsentiert wird, und scheitert deshalb an ihrer eigenen Realität. Eine faszinierende Vermischung von realer Gesellschaft des 19. Jh., fremden Kulturen und fiktionalen Welten leistet **Jules Verne** *(1828–1905)* in seinen Abenteuerromanen. In »In 80 Tagen um die Welt« bereist ein äußerst britischer Gentleman zahlreiche Länder, während in »20 000 Meilen unter dem Meer« ein französischer Professor Riesenkraken begegnet und sogar die legendäre versunkene Stadt Atlantis durchstreift.

> ***»Wehe dem Herzen, das in seiner Jugend nicht geliebt hat.«***
>
> Iwan Turgenjew

Lew Tolstoj *(1828–1910)* hat mit zwei Romanen die Literatur des 19. Jh. geprägt: »Krieg und Frieden« ist ein historischer Roman, in dem aus der Perspektive eines Adligen aus der Zeit der napoleonischen Kriege erzählt wird. Der Roman »Anna Karenina« handelt dagegen von Ehe und Moral in der adligen russischen Gesellschaft. In ihm wird die

Utopische Welten

In seinen Romanen nahm ***Jules Verne*** (1828–1905) *manche technische Entwicklung des 20. Jh. vorweg. Im Bild eine Illustration in Anlehnung an »20 000 Meilen unter dem Meer« mit U-Boot und Taucher.*

Skandalerfolg

»Madame Bovary« erregte die Gemüter – zu schockierend schilderte ***Gustave Flaubert*** (1821–80) *das im Selbstmord endende Leben der Heldin, als zu kühl, unparteiisch und zu wenig moralisierend galt sein Stil.*

»Der Verfasser soll in seinem Werke sein wie Gott im Weltall: überall gegenwärtig und nirgends sichtbar.«

Gustave Flaubert

Geschichte dreier Familien in meisterhafter Weise miteinander verwoben. Ein Bild der breiteren Gesellschaft zeichnet **Wilhelm Raabe** *(1831–1910)* in seiner »Chronik der Sperlingsgasse«. Anhand von individuellen Schicksalen werden hier gesellschaftliche Zusammenhänge beleuchtet. Auch **Emile Zola** *(1840–1902)* verdeutlicht in »Germinal« Strömungen der Zeit an einer kleinen Gruppe von Menschen. Französische Bergarbeitergeraten hier bei dem Versuch, etwas gegen die Kluft zwischen arm und reich und ihre unmenschlichen Arbeitsbedingungen zu unternehmen, auch untereinander in Konflikt. Den Lebensweg einer einzelnen Person verfolgt der US-Amerikaner **Henry James** *(1843 bis 1916)* in »Bildnis einer jungen Dame«, in dem die Romanheldin Lady Isabel Archer sich erst ihre Unabhängigkeit erkämpft, um sie dann doch gutgläubig an einen Ehemann abzugeben, der nur auf ihr Geld aus ist. Im Hauptwerk des polnischen Schriftstellers **Boleslaw Prus** *(1847–1912)*, »Die Puppe«, steht die aufrichtige Liebe eines Kaufmanns zu einer verarmten Adligen im Mittelpunkt, die aber nicht fähig ist, Gefühle zu empfinden. Prus spinnt um diese Kernkonstellation eine umfassende Milieustudie der Stadt Warschau im späten 19. Jh. Ein schonungsloses Sittenbild des Paris des 19. Jh. entsteht in **Guy de Maupassants** *(1850–93)* erfolgreichstem Roman »Bel Ami«, in dem ein mittelloser Ex-Offizier mithilfe seines Charmes und allerlei skrupelloser Intrigen in die obersten Kreise der Pariser Gesellschaft aufsteigt.

Der Engländer und Sohn polnischer Eltern **Joseph Conrad** *(1857–1924)* war Kapitän auf mehreren britischen Schiffen. Seine außergewöhnlichen Erfahrungen sind in sein Werk eingeflossen – so spielt »Herz der Finsternis« im Urwald des Kongos. Entscheidend ist aber die symbolische Ebene der Handlung, auf der die Reise ins Dickicht eine Reise in das trotz aller Zivilisation verrohte, dunkle Innere widerspiegelt. Tief in die Verhältnisse einer typischen Familie des viktorianischen Zeitalter entführt dagegen Conrads guter Freund und Kollege **John Galsworthy** *(1867 bis 1933)* seine Leser, der in »Die Forsyte Saga« humorvoll und mit Ironie die Geschichte von 4 Generationen skizziert.
Schließlich ist der vielleicht letzte große Roman des 19. Jh. ebenfalls eine Familiensaga: **Thomas Manns** *(1875–1955)* »Buddenbrooks – Verfall einer Familie« erzählt die Geschichte einer Lübecker Kaufmannsdynastie, der es nicht gelingt, ihre Traditionen und überkommenen Werte aufrechtzuerhalten oder anzupassen, als neue Zeiten anbrechen und das 20. Jh. sich nähert.

Nobelpreisgekrönt

Für die neueste Verfilmung der »Buddenbrooks« von ***Thomas Mann*** (1875–1955) *drehte man am Originalschauplatz, in der Mengstraße in Lübeck.*

Literaten mit politischer Feder

Poet der Armen
Im Wahlkampf 1970 unterstützte der Dichter **Pablo Neruda** (1904–73; *r.) den Präsidentschaftskandidaten Salvador Allende (l.). Das Foto zeigt sie auf einer Kundgebung.*

Viele Schriftsteller sehen in der Literatur ein Mittel, um auf Missstände in der Gesellschaft hinzuweisen – in der Hoffnung, dadurch Veränderungen bewirken zu können. Allerdings gab es immer Machthaber, die solche Veränderungen zu verhindern suchten. Nicht selten wurden deshalb politisch engagierte Schriftsteller verfolgt, vertrieben oder eingesperrt.

Zu ihnen gehörte der Hesse **Georg Büchner** *(1813–37)*. Mit nur 23 Jahren starb er im Exil, gleichwohl hat er z. B. mit »Dantons Tod« und »Woyzeck« unvergessene Literatur geschaffen. Sein erstes Werk war indes »Der Hessische Landbote« (1834), eine radikaldemokratische Flugschrift, die die sozialen Missstände im Großherzogtum Hessen anprangert und den berühmten Revolutionsaufruf »Friede den Hütten! Krieg den Palästen!« enthält. Die Obrigkeit setzte alle Hebel in Bewegung, um den Verfasser der Schrift ausfindig zu machen. Als Büchner schließlich per Steckbrief gesucht wurde, floh der junge Autor nach Straßburg. Seine Heimat sollte er nicht wiedersehen, nach viermonatigem Aufenthalt in Zürich verstarb Georg Büchner an Typhus.

»Der Teufel schläft nicht.«
Fjodor Dostojewskij

Noch bedeutender ist ohne Zweifel der Russe **Fjodor Dostojewskij** *(1821–81)*, zu dessen bekanntesten Werken Romane wie »Schuld und Sühne« und »Die Brüder Karamasow« zählen. Er verbrachte seine Studienzeit in St. Petersburg und kam mit seiner ersten Veröffentlichung »Arme Leute« schnell zu einiger Bekanntheit. 1847 trat er einem Kreis sozialistischer Revolutionäre bei. Nach einem politischen Vortrag wurde er denunziert und daraufhin zum Tode verurteilt. Kurz vor der Hinrichtung erfolgte die Begnadigung und Dostojewskij wurde für 4 Jahre nach Sibirien verbannt, wo er Zwangsarbeit leisten musste. Anschließend hatte der epilepsiekranke Schriftsteller noch einen 5-jährigen Militärdienst zu absolvieren, bevor er 1859 nach St. Petersburg zurückkehren konnte.

Pablo Neruda *(1904–73)* war ein chilenischer Schriftsteller, der 1971 für seine Gedichte mit dem Nobelpreis für Literatur ausgezeichnet wurde – und er war auch Politiker. Als Konsul erlebte er in Madrid den Spanischen Bürgerkrieg und schloss sich einer Gruppe an, die sich gegen den faschistischen General Francisco Franco engagierte. Zurück

Der Revolutionär
Als Wegbereiter der literarischen Moderne gilt **Georg Büchner** (1813 bis 1837). *Seine Stücke sind aus den Spielplänen der Theater bis heute nicht wegzudenken.*

in Chile trat Neruda der Kommunistischen Partei bei. Seine politische Karriere führte ihn bis in den Senat. Als die KP mit der Regierung in schwere Konflikte geriet, musste Neruda in den Untergrund gehen. 1949 floh er nach Argentinien, konnte aber 1952 zurückkehren. Seine politische Karriere gipfelte 1969 in der Präsidentschaftskandidatur, die er allerdings zugunsten seines Freundes Salvador Allende zurückzog.

Mit scharfem Blick und spitzer Feder

Es erstaunt wenig, dass viele Schriftsteller in der Politik aktiv geworden sind – schließlich haben sie oft einen besonders scharfen Blick für die Umstände ihrer Zeit. Und genauso wenig verwundert es, wenn Politiker zur Feder greifen, um ihre Visionen literarisch festzuhalten – Worte bewirken doch manchmal mehr als Taten.

Einer der ersten Politiker, der sich auch literarisch betätigte, war **Gaius Julius Cäsar** *(100–44 v. Chr.)*. Er verfasste die berühmten »Commentarii de Bello Gallico« über den Gallischen Krieg. In erster Linie als Dichter bekannt ist **Johann Wolfgang von Goethe** *(1749–1832)* – dass er auf vielen Gebieten talentiert war, ist indes kein Geheimnis. Als Mitglied des Ministerrats in Weimar war Goethe u. a. Leiter der Kriegskommission, Direktor des Wegebaus und Leiter der Finanzverwaltung. **Alessandro Manzoni** *(1785–1873)* gehörte in Italien zum Senat und wirkte an der Einigung des Landes unter Viktor Emmanuel mit. **Heinrich Heine** *(1797–1856)* stellte sich gegen die regierende Macht und verfasste als engagierter Journalist zahlreiche kritische Essays und satirische Schriften. Der polnische Dichter **Adam Mikkiewicz** *(1798–1855)* setzte sich für ein unabhängiges Polen ein. **Benjamin Disraeli** *(1804–81)* stand als englischer Premierminister auf der Seite der Macht und prägte nicht nur die Politik in der Viktorianischen Epoche, sondern durch seine Romane auch die Literatur dieser Zeit. Einer seiner Amtsnachfolger brachte es sogar zum Literaturnobelpreis: **Sir Winston Churchill** *(1874–1965)* erhielt diese Auszeichnung für seine Darstellung des Zweiten Weltkriegs.
Besonderes politisches Engagement zeigte der französische Schriftsteller **Emile Zola** *(1840–1902)*: Er setzte sich in der Dreyfus-Affäre für den fälschlich des Landesverrats beschuldigten jüdischen Offizier Albert Dreyfus ein und trug damit zu dessen Rehabilitierung bei. Unter dem Eindruck antisemitischer Tendenzen schrieb der in Paris lebende Österreicher **Theodor Herzl** *(1860–1904)* sein Buch »Der Judenstaat«, in dem er die Notwendigkeit eines jüdischen Staates darlegt – ein Baustein für die spätere Gründung Israels.
Bertolt Brecht *(1898–1956)* war ein Verfechter des Marxismus. Während der nationalsozialistischen Herrschaft musste er aus Deutschland fliehen, 1948 ließ er sich in Ostberlin nieder. In Konflikt mit dem kommunistischen Regime der Sowjetunion geriet der russische Schriftsteller **Alexandr Solschenizyn** *(1918–2008)*. Er wurde 1945 verhaftet und für 3 Jahre verbannt. Solschenizyn blieb unbeugsam – sein Werk über das sowjetische Lagersystem »Der Archipel GULAG« führte 1974 zu seiner Ausweisung. Erst 1994 kehrte der Autor nach Russland zurück.

Der Sowjetkritiker
Auch gegenüber dem postsowjetischen Russland blieb ***Alexandr Solschenizyn*** (1918–2008) *kritisch. Das Foto zeigt den in seine Heimat zurückgekehrten Dichter 1994 während einer Rede vor dem russischen Parlament.*

Der Desillusionierer
Sein Publikum sollte nicht mitfühlen, sondern nachdenken und hinterfragen. ***Bertold Brechts*** (1898–1956) *Werke, wie hier »Mutter Courage«, wurden von den Nationalsozialisten verbrannt.*

Odyssee im Weltraum
Der Kinofilm »2001 – Odyssee im Weltraum« von 1968 – im Bild eine Filmszene – basiert auf der Kurzgeschichte »Der Wächter« von ***Arthur C. Clarke*** (1917–2008).

Reisen in andere Welten

Ob erfundene Zukunft oder die Zauberländer von Mythos und Imagination: Science-Fiction und Fantasy entführen uns in fremde Universen. Oftmals spiegelt sich in den Utopien und Fantasien jedoch auch unsere Gesellschaft wider.

Am Beginn der Science-Fiction-Literatur steht **Jules Verne** *(1828–1905)*, der auf der Grundlage fantastischer technisch-wissenschaftlicher Ideen zukünftige und auch längst vergangene Welten erfand. Andere Autoren wie **Herbert George Wells** *(1866–1946)* in »Die Zeitmaschine« setzten die Gesetze von Raum und Zeit außer Kraft. Nicht wenige Schriftsteller des Genres warnten mithilfe der Zuspitzung ins Futuristische vor Gefahren für unsere reale Gesellschaft. Die Antiutopien von **Aldous Huxley** *(1894–1963)*, **George Orwell** *(1903 bis 1950)* oder **Ray Douglas Bradbury** *(1920 bis 2012)* sind dafür berühmte Beispiele. In dieser Tradition schreibt auch **Herbert W. Franke** *(geb. 1927)*, während **Stanislaw Lems** *(1921 bis 2006)* »Solaris« ins Philosophische reicht. **Arthur C. Clarke** *(1917–2008)* wiederum gehörte zu den modernen technischen Visionären des Genres. **Douglas Adams'** *(1952–2001)* Kultbuch »Per Anhalter durch die Galaxis« zeichnet dagegen ein doppelbödiger Humor aus. Eine nahe, von der Elektronik beherrschte Zukunft entwerfen die Schriftsteller des Cyberpunk, so **William Gibson** *(geb. 1948)* und **Neal Stephenson** *(geb. 1959)*.

Zauberland der Fantasie

Die Fantasy lockt uns in die Welten von Mythen und Sagen. **J. R. R. Tolkien** *(1892–1973)* löste mit seiner Trilogie »Der Herr der Ringe« Ende der 1960er-Jahre einen Fantasyboom aus. Seine Nachfolge haben **Stephen R. Donaldson** *(geb. 1947)* mit seinen »Chronicles of Thomas Covenant« und **Tad Williams** *(geb. 1957)* angetreten. Der US-Amerikaner schuf mit seinem Romanprojekt »Otherland« eine zeitgemäße Variante zu Tolkiens Kultbüchern. Oft fechten Antihelden oder Außenseiter den Kampf von Gut und Böse aus. **Peter S. Beagle** *(geb. 1939)* jedoch macht ein Fabelwesen zum Protagonisten seines Klassikers »Das letzte Einhorn«. Als einer der wenigen Deutschen hat sich **Michael Ende** *(1929–95)* einen festen Platz in dem stark im englischsprachigen Raum verorteten Genre erobert. Während die Science-Fiction fest in der Hand von Schriftstellern ist, sind in der Fantasyliteratur auch Frauen sehr erfolgreich, so **Marion Zimmer Bradley** *(1930–99)* und natürlich die Harry-Potter-Erfinderin **Joanne K. Rowling** *(geb. 1965)*.

Autor von »Otherland«
Vier Bände umfasst ***Tad Williams*** (geb. 1957, rechts) *»Otherland«-Saga, eine Fantasygeschichte, in der alle Hoffnung auf den mysteriösen »Anderen« ruht.*

Vater der Science-Fiction

Als Autor wissenschaftlich belehrender Romane verstand sich ***Jules Verne*** *(1828 bis 1905), dessen Ideen oft auf akribisch recherchierten technischen und wissenschaftlichen Möglichkeiten seiner Zeit beruhten.*

»Per Anhalter durch die Galaxis« lässt Douglas Adams (1952 bis 2001) die Protagonisten seines Kultbuchs reisen. Das Foto stammt aus der Verfilmung des Stoffs von 2005.

Wider Raum und Zeit

Im Kinofilm (1959) betätigt der Schauspieler Rod Taylor »Die Zeitmaschine«. ***Herbert George Wells*** *(1866–1946) schrieb das Buch, auf dem der Film beruht.*

»Der Herr der Ringe«

In der fantastischen Mythenwelt »Mittelerde« spielt die 1954/55 erschienene Romantrilogie »Der Herr der Ringe« von ***J. R. R. Tolkien*** *(1892–1973). Das Szenenbild rechts stammt aus der 2001 bis 2003 realisierten Verfilmung des Stoffs.*

Autoren der Moderne

Afroamerikanische Literatin
Das Szenenbild stammt aus »Menschenkind«, einer Literaturverfilmung nach einem Roman der Nobelpreisträgerin ***Toni Morrison*** (geb. 1931).

Die Literaturströmungen um die Wende zum 20. Jh., dem Beginn der Moderne, rangen um moralisch-kulturelle und soziale Erneuerung ebenso wie um neuartige Ästhetiken. Auf vielfältige Weise greifen seither die großen Erzähler die Themen der Zeit auf – ob Nobelpreisträger oder Autoren von Unterhaltungs- und Spannungslektüre.

Heinrich Mann *(1871–1950)* beleuchtete in seinem frühen Roman »Professor Unrat« – der Vorlage des Films »Der blaue Engel« – satirisch die wilhelminische Gesellschaft. Ebenso wie Mann zwang der Nationalsozialismus **Lion Feuchtwanger** *(1884 bis 1958)* und **Carl Zuckmayer** *(1896–1977)*, dessen Militärsatire »Der Hauptmann von Köpenick« Heinz Rühmann eine Paraderolle bescherte, ins Exil. Als Einlösung eines Gelübdes verfasste **Franz Werfel** *(1890–1945)* im US-Exil das äußerst erfolgreiche »Lied von Bernadette«. Einen der größten Bucherfolge des 20. Jh. errang **Erich Maria Remarque** *(1898–1970)* mit seiner Kriegsbeschreibung »Im Westen nichts Neues«.
Zu einem wichtigen Literaturforum für politisch-zeitkritische, in Bezug auf die Form innovative Schriftsteller wie **Günter Grass** *(1927–2015)*, **Max Frisch** *(1911–91)*, **Ingeborg Bachmann** *(1926–73)*, **Paul Celan** *(1920–70)* und **Martin Walser** *(geb. 1927)* wurde in der Bundesrepublik die »Gruppe 47«. In der DDR mussten Autoren wie **Anna Seghers** *(1900–83)*, **Christa Wolf** *(1929–2011)* und **Stefan Heym** *(1913–2001)* den Spagat meistern, in einer Diktatur schriftstellerisch tätig zu sein.

Die internationale Literatur

Das Bild, das die modernen amerikanischen Schriftsteller von ihrem Land zeichnen, zeigt oftmals die Kehrseiten des amerikanischen Traums. Mit seinem lakonisch-knappen Stil drang der Nobelpreisträger **Ernest Hemingway** *(1899–1961)* über den Realismus seiner Kurzgeschichten und Romane um Männerdomänen wie Krieg, Stierkampf und Jagd hinaus ins Existenzielle vor. Pulitzer- und Nobelpreis erhielt **Pearl S. Buck** *(1892 bis 1973)* für ihre Schilderungen chinesischer Alltagsprobleme. Lange als pornografisch missverstanden wurde **Vladimir Nabokovs** *(1899–1977)* berühmter, von Stanley Kubrick verfilmter Roman »Lolita«. Düster und satirisch beschrieb **Joseph Heller** *(1923–99)* in seinem bekanntesten Roman »Catch-22« das Militär. **Toni Morrison** *(geb. 1931)* brachte ihre bewegende Darstellung afroamerikanischen Lebens 1993 den Nobelpreis ein.
Die angelsächsische Tradition, mit gesellschaftskritischem und psychologischem Antrieb in vorwiegend realistischer Darstellungsweise spannend zu erzählen, setzen in den USA der Gegenwart **Joyce Carol Oates** *(geb. 1938)*, **Philip Roth** *(geb. 1933)*, **Richard Ford** *(geb. 1944)*, **John Updike** *(1932–2009)* und **Jonathan Franzen** *(geb. 1959)* fort. In Großbritannien werden **Somerset Maugham** *(1874–1965)*, die 2007 nobelpreisgekrönte **Doris Lessing** *(1919 bis 2013)*, **Ian McEwan** *(geb. 1948)* und **Salman Rushdie** *(geb. 1947)* für ihre Erzählkunst gerühmt, in Neuseeland **Katherine Mansfeld** *(1888–1923)*.
Neben den Sprachexperimenten des Nouveau Roman wurde in Frankreich die realistische Erzähltradition fortgeführt, so von **Marguerite Yourcenar** *(1903–87)* und **Michel Tournier** *(geb. 1924)*. Kaum eine Schriftstellerin hat die Unterscheidung zwischen Autobiografie und Fiktion so weit aufgehoben wie **Marguerite Duras** *(1914–96)*, etwa in ihrem Bestseller »Der Liebhaber«. **Michel Houelle-**

becq *(geb. 1958)* sorgt mit seinen Romanen wider den sexuellen Selbstverwirklichungswahn für Debatten.

Der italienische Autor **Umberto Eco** *(geb. 1932)* hat mit seinem historischen Krimi »Der Name der Rose« formal Maßstäbe gesetzt. Montagetechnik und die Intertextualität – die Verflechtung verschiedener literarischer Texte und Quellen – weisen den Weltbestseller als ein Paradebeispiel für den postmodernen Roman aus.

Mit der Verknüpfung von Surrealem, Traum und Wirklichkeit schaffen die lateinamerikanischen Literaten **Gabriel García Márquez** *(1927–2014)*, **Jorge Luis Borges** *(1899 bis 1986)*, **Isabel Allende** *(geb. 1942)* und **Alejo Carpentier** *(1904 bis 1980)* den magischen Realismus ihrer Geschichten.

Erzähler und Abenteurer

Auf dem Foto von 1955 ist der begeisterte Fischer ***Ernest Hemingway*** (1899 bis 1961), *der »Der alte Mann und das Meer« schrieb, links zu sehen.*

»Die Blechtrommel«

Kritisch schweift der Blick von ***Günter Grass*** (1927–2015) *im Jahr 2007 über die Gesamtausgabe seiner Werke. Grass war einer der bedeutendsten deutschsprachigen Autoren der Gegenwart.*

Zeitthemen und Krimispannung

Auch Spannungsliteratur spiegelt die Welt wider. Im Verbrechermilieu amerikanischer Großstädte müssen sich **Dashiell Hammetts** *(1894–1961)* und **Raymond Chandlers** *(1888–1959)* hart gesottene Detektive Sam Spade und Philip Marlowe bewähren. Die Psychologie von Täter und Opfer stellten der Kommissar-Maigret-Erfinder **Georges Simenon** *(1902–89)* und **Patricia Highsmith** *(1921–95)* in den Mittelpunkt ihrer Krimis; der Schweizer **Friedrich Dürrenmatt** *(1921–1990)* griff im Kriminalroman Zeitprobleme auf. Sozialkritik und Krimispannung zu verbinden hat insbesondere in Skandinavien Tradition, etwa in **Henning Mankells** *(geb. 1948)* Romanen um Kommissar Wallander oder beim Autorenduo **Maj Sjöwall** *(geb. 1935)* und **Per Wahlöö** *(1926–75)*. Als die englische Queen of Crime gilt **P. D. James** *(1920 bis 2014)*. **John le Carré** *(geb. 1931)* bindet in seine Spionagethriller zeitgenössische Themen, internationale Politik und die Frage nach der Moral ein, den Kalten Krieg spiegeln die James-Bond-Romane von **Ian Fleming** *(1908–64)*.

Autobiografische Romane

In ihren Romanen verarbeitete ***Marguerite Duras*** (1914 bis 1996) *immer wieder Erlebnisse aus ihrem turbulenten Leben.*

Von Millionen Lesern geliebt: die Unterhaltungliteratur

Von den Literaturkritikern werden sie oft verschmäht, dafür verschlingen Millionen Leser unterhaltend geschriebene Bücher wie die von **Johannes Mario Simmel** *(1924–2009)* oder **Archibald Cronin** *(1896–1981)*. Und wer hat nicht mit **Margaret Mitchells** *(1900–49)* Scarlett O'Hara im Südstaatenepos »Vom Winde verweht« mitgelitten, war betroffen von **Harriet Beecher Stowes** *(1811–96)* die Sklaverei anklagendem Roman »Onkel Toms Hütte« oder hat angesichts der Intrigen um **Daphne du Mauriers** *(1907–89)* Romanheldin »Rebecca« den Atem angehalten. Oft sind es bestimmte Figuren, die den Lesern ans Herz gewachsen sind, wie **Giovanni Guareschis** *(1908–68)* »Don Camillo und Peppone« oder **Jarolslav Haseks** *(1883–1923)* »braver Soldat Schwejk«. Anspruch und Unterhaltung verbanden **Erich Kästner** *(1899–1974)* und **Ephraim Kishon** *(1924–2005)* in ihren Satiren. Zu den Bestsellerautoren der Gegenwart gehören **John Grisham** *(geb. 1955)* mit seinen Justizthrillern und der Horrorspezialist **Stephen King** *(geb. 1947)*.

Mutter von Pippi & Co
Ursprünglich erfand die Schwedin ***Astrid Lindgren*** (1907 bis 2002) *die Figur Pippi Langstrumpf für ihre Tochter – die Erzählung wurde ihr größter Erfolg.*

Die Helden der Kinder

Viele Helden der Kinder- und Jugendliteratur sind unsterblich geworden. Waren es zunächst hauptsächlich Figuren der Erwachsenenliteratur, die auch junge Menschen begeisterten, so entwickelte sich Ende des 18. Jh., getragen vom Gedanken der Aufklärung, ein eigenes Genre, das gezielt Kinder und Jugendliche in den Mittelpunkt stellte. Zunächst eher zum Zweck gesellschaftlicher Bildung, später dann zunehmend unterhaltend, ziehen seither die unterschiedlichsten Charaktere die Kinder in ihren Bann.

Die großen Helden der Romanklassiker des 18. und 19. Jh. begeistern auch jugendliche Leser – meist in gekürzten und adaptierten Ausgaben. Da ist beispielsweise der unglückliche Waisenknabe Oliver Twist von **Charles Dickens** *(1812–70)*. Die Romane über die Jagd auf den weißen Wal Moby Dick von **Herman Melville** *(1819–91)* und »Die Schatzinsel« von **Robert Louis Stevenson** *(1850–94)* stehen für die Abenteuer- und Entdeckerliteratur des 19. Jh. Hierzu zählen auch **James Fenimore Coopers** *(1789 bis 1851)* »Lederstrumpf«, **Jonathan Swifts** *(1667 bis 1745)* »Gullivers Reisen« und **Rudyard Kiplings** *(1865–1936)* »Dschungelbuch«. Der Überlebenskampf des Schiffbrüchigen Robinson Crusoe von **Daniel Defoe** *(1660–1731)* löste in der Literatur die Bewegung der Robinsonaden aus.

Tom Sawyer und Huckleberry Finn werden von **Mark Twain** *(1835–1910)*, dem großen Vertreter des amerikanischen Realismus, mit den Grundproblemen der amerikanischen Zivilisation, z. B. der Sklaverei, konfrontiert. Politisch wirksam wurde **Harriet Beecher Stowes** *(1811–96)* »Onkel Toms Hütte«, das die Lebensbedingungen der schwarzen Sklaven schildert.

Struwwelpeter und seine Kollegen, erdacht vom deutschen Nervenarzt **Heinrich Hoffman** *(1809 bis 1894)*, hatten genauso wie die frechen Buben Max und Moritz von **Wilhelm Busch** *(1832–1908)* nichts zu lachen. Mit beiden Werken hielt die Bildgeschichte Einzug in die deutsche Kinderliteratur – beide Künstler illustrierten ihre Werke selbst.

Kinder, Tiere, Indianer und Cowboys

Starke Mädchen kämpfen gegen das Böse wie Dorothy Gale, geschaffen von **Lyman Frank Brown** *(1856–1919)*, dessen »Zauberer von Oz« als erstes amerikanisches Kinderbuch gilt. Mutige Mädchen wie **Lewis Carrolls** *(1832–98)* »Alice im Wunderland« wagen sich in fremde Welten. Und freche Mädchen wie Pippi Langstrumpf von **Astrid Lindgren** *(1907–2002)* setzen sich über jegliche Etikette hinweg und treten für die Schwachen der Welt ein. Kichernde Mädchen wie Hanni und Nanni, erdacht von **Enid Blyton** *(1896 bis 1968)*, führen die Leser in die schillernde Welt der Internate ein. Von dieser Autorin stammen auch die beliebten Kinderkrimis »Fünf Freunde«.

Der renitente Nils Holgersson, der auf Wildgänsen durch ganz Schweden reist, ist ein Werk der schwe-

Im Herzen ein Kind

Seine gegenwartsbezogenen Kinderbücher, z. B. »Emil und die Detektive« (1928), *waren für die damalige Zeit sehr ungewöhnlich – **Erich Kästner*** (1899 bis 1974) *schrieb für und über Kinder.*

dischen Autorin **Selma Lagerlöf** *(1858–1940)*. Mit dem frechen Michel aus der Suppenschüssel von Astrid Lindgren wäre er wohl ein unschlagbares Paar geworden. Peter Pan, eine Figur des schottischen Erzählers **James M. Barrie** *(1860–1937)*, wurde nie erwachsen.

»Der kleine Prinz« wagt einen neuen, unverstellten Blick auf die Dinge. Sein Erschaffer ist der französische Flieger und Schriftsteller **Antoine de Saint-Exupéry** *(1900–44)*. Ein normaler, aber mutiger Junge, der mit seinen Detektiven für Gerechtigkeit sorgt, ist **Erich Kästners** *(1899–1974)* berühmteste Figur Emil. »Emil und die Detektive« wurde in mehr als 50 Sprachen übersetzt. Der Räuber Hotzenplotz und seine Gegenspieler finden ihre Vorbilder dagegen in der traditionellen Volksliteratur. Ihr geistiger Vater ist **Otfried Preußler** *(1923–2013)*, der darüber hinaus noch viele andere berühmte Kinderbücher wie »Die kleine Hexe« oder »Der kleine Wassermann« geschrieben hat.

Auch Tiere sind Helden bekannter Kinderbücher: Der Maulwurf aus »Wind in den Weiden« von **Kenneth Grahame** *(1859–1932)* – ein Klassiker der englischen Kinderbuchliteratur – erlebt große Abenteuer in der menschlichen Zivilisation. **Janoschs** *(geb. 1931)* Tiger und Bär leben in ihrer ganz eigenen Welt; die Bücher zeichnen sich durch einen märchenhaft-fantastischen Stil aus. Für alle Indianer- und Cowboyfans ließ **Karl May** *(1842–1912)* den Indianerhäuptling Winnetou mit seinem Blutsbruder Old Shatterhand im Wilden Westen großartige Abenteuer bestehen.

Zwei junge Harry-Potter-Fans auf einer »Zauberparty« zum Verkaufsstart von »Harry Potter und der Orden des Phönix«.

Fantastische Welten

Der französische Schriftsteller **Jules Verne** *(1828–1905)* steht mit seinen Werken am Beginn der Science-Fiction-Literatur. In »20 000 Meilen unter dem Meer«, schickt er Kapitän Nemo in der »Nautilus« auf eine unglaubliche U-Boot-Reise. Viele fantastische und gefährliche Erlebnisse auf ihrer Fahrt haben auch Jim Knopf und Lukas, der Lokomotivführer, in dem gleichnamigen Buch von **Michael Ende** *(1929 bis 1995)*. Die Abenteuer- und Fantasyfans des 21. Jh. allerdings stürzen sich mit dem Zauberlehrling Harry Potter in dessen atemberaubende Kämpfe gegen die schwarze Macht des Lord Voldemort. Die britische Schriftstellerin **Joanne K. Rowling** *(geb. 1965)* hat mit ihren sieben Bänden eine Begeisterung ausgelöst, die ihresgleichen sucht.

Schöpfer von Nimmerland

*Die Kinder einer Bekannten inspirierten **James M. Barrie*** (1860–1937) *zu seinen Geschichten von Peter Pan, Captain Hook, Elfen und Indianern, die den Leser in eine Traumwelt, das Nimmerland, entführen.*

Die Umlaute ä, ö und ü werden wie a, o, u behandelt. *Kursiv* gedruckte Seitenzahlen weisen auf eine Abbildung der Person hin.

A

B

C

H

I

J

M

Q

R

S

T

U

V

W

Bildnachweis

akg = akg-images
pa = picture-alliance

Umschlag u. corbis/Sygma/Thierry Orban, alle anderen akg; 6 u. pa/dpa, o. und 7 akg; 8 und 8/9 pa/dpa, 9 pa/KPA/Theissen; 10 o. The Boeing Company, u. l. pa/ maxppp; 10/11 akg; 11 akg/Dieter E. Hoppe; 12 l. Apple, r. akg; 12/13 akg/Marion Kalter; 13 u. pa/dpa; 14/15 akg; 16 o. akg/Erich Lessing, u. pa/Bildagentur Huber/F. Damm; 17 o. akg, u. pa/maxppp; 18–20/21 akg; 21 l. akg/Bildarchiv Monheim, r. akg; 22 o. akg/Jürgen Raible, u. akg; 23 o. Bildagentur Huber/Fantuz Olimpio, u. akg/Pirozzi; 24 o. pa/maxppp, u. akg/Erich Lessing; 25 Hintergrund, o. M. und u. l. akg, o. l. pa/KPA/HIP/The British Library, o. r. pa/KPA/TopFoto, u. r. akg/Rainer Hackenberg; 26 akg; 27 o. akg/Erich Lessing, u. akg; 28 pa/dpa; 29 akg; 30 o. pa/Helga Lade Fotoagentur, u. akg; 31 akg/Joseph Martin; 32 l. akg/Rabatti-Domingie, M. und r. akg; 33 Hintergrund akg, o. l. akg/Tristan Lafranchis, o. r. und u. pa/dpa; 34 l. akg, r. akg/Erich Lessing; 35 l. akg, r. akg/Erich Lessing; 36 u. l. pa/dpa/dpaweb, o. und u. r. pa/dpa; 37 o. pa/dpa, u. akg/AP; 38 o. akg/Erich Lessing, u. akg; 39 l. akg, r. pa/dpa/dpaweb; 40 akg; 41 l. pa/maxppp, r. pa/IMAGNO; 42 akg; 43 o. akg, u. l. pa/dpa, u. r. akg/Erich Lessing; 44 akg; 45 o. akg, u. akg/John Hios; 46 pa/KPA/TopFoto; 47–48 pa/dpa; 49 pa/dpa/dpaweb; 50 o. akg/Erich Lessing, u. akg; 51 o. pa/KPA/TopFoto, u. pa/dpa; 52 akg/Erich Lessing; 53 o. akg/Jürgen Raible, u. pa/KPA/TopFoto; 54 o. pa/united archives, u. akg; 55 o. akg/British Library, u. akg; 56 akg; 57 pa/maxppp; 58 akg; 59 o. pa/dpa, u. pa/dpa/dpaweb; 60 l. akg, r. pa/dpa; 61 l. ullstein bild/imagebroker.net, r. akg, 62 o. pa/dpa, u. akg; 63 pa/dpa; 64 o. pa/dpa, u. pa/maxppp; 65–66 pa/dpa; 67 akg/Erich Lessing; 68–69 pa/dpa; 70 pa/dpa/dpaweb; 71 o. pa/KPA/TopFoto, u. akg/AP; 72 o. akg, u. l. akg/Gert Schütz, u. r. pa/dpa; 73–74 pa/dpa; 75 l. pa/dpa, r. pa/dpa/dpaweb; 76 o. pa/dpa, u. akg/Dieter E. Hoppe; 76/77 pa/dpa; 78 o. akg, u. pa/dpa; 79 l. pa/KPA/TG, r. pa/dpa; 80 l. pa/KPA/HIP/Museum of London, Hintergrund pa/dpa; 81 o. Sipa/Nisberg, u. pa/KPA/Top-Foto; 82 pa/dpa/dpaweb; 83 o. pa/dpa, u. pa/dpa/dpaweb; 84 akg, 85 o. pa/ZB, u. pa/dpa; 86 pa/KPA/HIP/Oxford Science Archive; 87 pa/dpa; 88 o. akg/John Hios, u. pa/dpa; 89 o. laif/Hollandse Hoogte, u. pa/dpa; 90 o. pa/dpa/dpaweb, u. akg; 91 akg/Erich Lessing; 92 l. akg/Cameraphoto, r. pa/dpa; 92/93 pa/dpa; 93 l. akg, r. akg/album; 94 o. akg, u. akg/Erich Lessing; 95 pa/dpa; 96 o. akg/album, u. pa/ZB; 97 Hintergrund und u. r. akg, o. und u. l. pa/dpa; 98/99 pa/dpa; 100 und 101 l. akg, r. pa/maxppp; 102 pa/dpa; 103 o. akg, u. l. pa/dpa, u. r. pa/maxppp; 104 l. pa/maxppp, r. pa/united archives; 105 o. akg, u. akg/Dodenhoff; 106 o. pa/dpa, u. akg; 107 pa/dpa/dpaweb; 108 o. pa/united archives, u. dpa; 109 o. l. pa/KPA/TopFoto, o. M. und u. akg, o. r. pa/maxppp; 110 pa/dpa; 111 o. akg, u. pa/dpa; 112 pa/dpa; 112/113 akg; 113 mr-kartographie; 114 o. akg/Sotheby´s, u. akg; 115 akg/Sotheby´s; 116 akg; 117 o. l. pa/KPA/HIP/Ann Ronan Picture Library, o. r. pa/dpa, u. pa/Chad Ehlers; 118 l. corbis/Bettmann, o. r. mr-kartographie, u. r. akg; 119 o. pa/united archives, u. Interfoto/Bildarchiv Hansmann; 120 akg; 121 o. akg/Henning Bock, u. akg; 122 o. akg, u. pa/united archives; 123 o. akg, u. mr-kartographie; 124 akg; 125 o. l. pa/IMAGNO, M. r. akg, u. Hintergrund pa/dpa, u. r. pa/KPA/HIP/The British Museum; 126 o. l. pa/dpa/dpaweb, o. r. pa/dpa/kina, u. pa/KPA/HIP/The British Library; 127 akg; 128 o. pa/dpa/dpaweb, u. pa/maxppp; 129 l. akg, r. pa/maxppp; 130 o. l. akg, M. l. pa/dpa, u. r. pa/KPA/HIP/Ann Ronan Picture Library; 131 l. akg/Erich Lessing, r. akg; 132 o. pa/dpa, u. akg; 133 l. pa/maxppp, r. pa/KPA/TopFoto; 134 l. akg, r. ullstein bild; 134/135 akg/Gerard Degeorge; 135 o. l. pa/KPA/TopFoto, o. r. und u. akg; 136 und 137 o. pa/dpa, u. laif/Gerhard Heidorn; 138 o. pa/KPA/TopFoto, u. mauritius images/ANP Photo; 139 pa/KPA/HIP/Ann Ronan Picture Library; 140 o. pa/dpa, u. pa/united archives; 141 pa/dpa; 142 pa/KPA/HIP/Ann Ronan Picture Library; 143 o. akg/Herve Champollion, u. pa/dpa; 144 l. pa/Bildagentur Huber, r. pa/dpa; 145 o. pa/dpa/dpaweb, u. pa/maxppp; 146 akg; 147 pa/dpa; 148 akg/Bildarchiv Monheim; 149 pa/dpa; 150 Hintergrund Photodisc, o. und u. akg; 151 o. l. pa/IMAGNO, o. r. pa/KPA/HIP/Ann Ronan Picture Library, u. l. pa/united archives, u. r. pa/KPA/TopFoto; 152 o. akg/NASA, u. pa/dpa; 153 o. und u. pa/dpa, M. akg/RIA Nowosti; 154 o. pa/dpa, u. pa/maxppp; 155 o. akg/RIA Nowosti, u. l. NASA, u. r. pa/dpa; 156/157 pa/Sven Simon; 158 akg; 159–160 o. pa/dpa, u. pa/dpa/dpaweb; 161 l. pa/dpa, r. akg; 162 o. Getty Images/AFP, u. pa/dpa; 163 l. pa/dpa/dpaweb, r. akg; 164 akg/Erich Lessing; 165 o. pa/dpa, u. akg; 166 o. Süddeutsche Zeitung Photo/Rue des Archives, u. pa/dpa; 167 o. ullstein bild/Lengemann, u. pa/dpa; 168 o. akg/Rabatti-Domingie, M. Miele, u. akg; 169 o., M. r. und u. pa/dpa, M. l. Dr. Ing. h.c. F. Porsche AG; 170 pa/dpa; 171 akg; 172 l. laif/Emile Savitry/Rapho, r. laif/eyedea; 173 o. und u. pa/dpa, M. pa/ZB; 174 pa/dpa; 175 l. pa/Bildagentur Huber, r. pa/maxppp; 176 o. akg, u. akg/Sambraus; 177 o. ullstein bild/Roger Viollet, u. pa/dpa; 178 o. pa/dpa, u. akg; 178/179 und 179 o. pa/dpa, u. pa/KPA/HIP; 180 o. pa/Photoshot, u. akg; 181 o. akg, u. pa/dpa; 182 o. akg, u. pa/dpa/dpaweb; 183 o. akg, u. pa/dpa; 184 o. pa/dpa, u. Kellogg´s; 185 pa/dpa; 186 akg; 187 o. pa/maxppp, u. l. pa/dpa, u. r. pa/KPA/HIP/The National Archives; 188 pa/dpa; 188/189 pa/maxppp; 189 o. pa/dpa, u. ullstein bild/Granger Collection; 190 o. pa/dpa, u. pa/KPA/TopFoto; 190/191 pa/KPA/Horst Jürgen Schunk; 191 o. l. pa/dpa/dpaweb, o. r. pa/SCHROEWIG, u. pa/dpa; 192 o. pa/dpa, u. akg; 193 akg; 194 pa/dpa; 195 o. pa/united archives, u. pa/dpa/dpaweb; 196 o. pa/KPA/TopFoto, u. pa/dpa; 197 pa/dpa; 198 pa/united archives; 198/199 akg; 199–205 o. l. pa/dpa, o.r. akg, u. photos.com; 206 pa/dpa/dpaweb; 207 o. und u. r. pa/dpa, u. l. pa/dpa/dpaweb; 208 o. akg, u. pa/Sven Simon; 209 o. pa/dpa/dpaweb, u. pa/dpa; 210 l. pa/Photoshot, r. pa/dpa; 211 pa/dpa; 212 o. pa/dpa, u. pa/ASA; 212/213 pa/ASA; 213 o. l. ullstein bild/Melzer, o. r. und M. pa/KPA/HIP/National Motor Museum, u. pa/ASA; 214 l. pa/dpa/dpaweb, r. pa/dpa; 215 o. pa/dpa, u. Getty Images/LOIC VENANCE; 216 o. akg, u. pa/dpa; 216/217 Hintergrund akg; 217 o. pa/ASA, M. pa/dpa, u. Süddeutsche Zeitung Photo/Rue des Archives; 218/219 pa/Keystone; 220 pa/KPA/Hackenberg; 221 Hintergrund pa/maxppp, o. akg, u. pa/KPA/Theissen; 222 o. akg, u. pa/ZB; 222/223 Hintergrund akg/Paul Almasy; 223 akg; 224 l. akg/Rainer Hackenberg, r. akg/Erich Lessing; 224/225 Hintergrund akg/Erich Lessing; 225 l. akg, r. akg/Erich Lessing; 226 pa/ZB; 227 o. akg/Orsi Battaglini, u. akg; 228 pa/dpa; 229 o. mauritius images/Janusz Pokorski, u. akg/Erich Lessing; 230 o. und u. l. akg, u. r. akg/Erich Lessing; 231 o. pa/maxppp, u. pa/dpa; 232 akg; 233 o. l. pa/KPA/Heinz Mollenhauer, o. r. pa/KPA/HIP/Oxford Science Archive, u. pa/united archives; 234 akg; 235 o. und u. l. akg, u. r. pa/KPA/HIP/Ann Ronan Picture Library; 236 pa/dpa; 237 o. pa/dpa/dpaweb, u. pa/KPA/HIP/Ann Ronan Picture Library; 238 l. akg, r. Hintergrund pa/ZB; 239 o. pa/KPA/HIP/Ann Ronan Picture Library, u. pa/maxppp; 240 pa/maxppp; 241 l. akg, r. pa/chromorange; 242 o. pa/dpa, u. corbis/Bill Stormont; 243 o. akg, u. akg/album; 244 o. pa/dpa, u. akg; 245 pa/dpa; 246 o. akg/Doris Poklekowski, u. pa/dpa; 247 pa/dpa; 248 l. pa/KPA/HIP/The British Library, r. akg/Erich Lessing; 249 akg; 250 o. und u. r. pa/ZB, u. l. pa/dpa; 251 pa/dpa; 252 akg; 252/253 akg/Erich Lessing; 254/255 pa/Okapia; 255 o. pa/Photoshot, u. pa/NHPA/Photoshot; 256 pa/Okapia; 257 o. akg, u. pa/dpa; 258 pa/maxppp; 258/259 pa/IMAGNO; 259 pa/dpa; 260–261 akg; 262 pa/dpa; 263 Hintergrund Interfoto/Bildarchiv Hansmann, o. l. pa/dpa, o. r. pa/KPA/TopFoto, u. l. AP/Ravel Call, u. r. pa/KPA/HIP/Ann Ronan Picture Library; 264 akg; 264/265 pa/dpa/dpaweb; 265 und 266 o. pa/maxppp, u. akg/Bildarchiv Monheim; 266/267 Hintergrund pa/dpa/dpaweb; 267 John Deere; 268 pa/dpa/dpaweb; 269 l. pa/dpa, r. pa/maxppp; 270 pa/dpa/dpaweb; 271 o. akg, u. pa/united archives; 272 o. akg, u. pa/dpa/dpaweb; 273 o. akg, u. picture-alliance/KPA/HIP/National Motor Museum; 274 o. pa/SCHROEWIG, u. akg; 275 o. l. akg/Tony Vaccaro, o. M.pa/SCHROEWIG, o. r. akg, u. pa/Bildagentur Huber; 276 l. The Boeing Company, r. akg; 277 pa/dpa; 278 akg/RIA Nowosti; 279 o. pa/dpa, u. akg; 280 o. GM Corp., u. akg; 281 l. pa/Photoshot, r. pa/dpa; 282 o. pa/dpa, u. akg; 283–284 akg; 285 l. akg, r. Canon Deutschland; 286 o. pa/maxppp, u. akg; 287 pa/dpa; 288 o. akg, u. akg/Erik Bohr; 289 o. akg, u. Visum/Alfred Büllesbach; 290 pa/dpa; 291 l. akg, r. pa/dpa/dpaweb; 292 pa/dpa; 293 o. Tupperware Deutschland, u. akg; 294 o. pa/dpa/dpaweb, u. pa/dpa; 295 akg; 296 o. pa/ASA, u. 3M Deutschland; 297 o. ullstein bild, u. pa/dpa; 298 o. pa/dpa, u. pa/KPA/Thomas; 299 Hintergrund und o. l. pa/dpa, o. r. akg, u. r. Ballard; 300/301 akg/Bildarchiv Monheim; 302 l. akg/Andrea Jemolo, r. pa/Godong; 303 o. akg, u. pa/dpa/dpaweb; 304 akg/Orsi Battaglini; 305 o. mr-kartographie, u. akg; 306 o. akg, u. akg/British Library; 307 akg/Mark de Fraeye; 308 o. akg/Gerhard Ruf, u. pa/maxppp; 309 akg/Erich Lessing; 310 akg; 311 pa/Godong; 312 o. akg/Michael Zapf, u. pa/dpa; 313 akg/Erich Lessing; 314 und 315 o. pa/dpa, u. pa/Bildagentur Huber; 316 o. akg, u. akg/British Library; 317 o. akg/Electa, u. akg/Stefan Diller; 318 akg/Schuetze/Rodemann; 319 pa/dpa; 320 o. akg/Rabatti-Domingie, u. pa/ZB; 321 laif/eyedea; 322 akg/Electa; 323 o. akg, u. pa/dpa; 324–325 akg; 326 o. akg/Bildarchiv Monheim, u. akg; 327 pa/KPA/TopFoto; 328 pa/HB Verlag; 328/329 akg; 329–330/331 pa/dpa; 331 Hintergrund, o. und u. r. pa/dpa, M. pa/dpa/dpaweb, u. l. pa/maxppp; 332/333 akg/Bruno Perousse; 334 l. Hintergrund akg/Erich Lessing, r. akg; 335 akg; 336 pa/dpa/dpaweb; 337 l. pa/dpa, M. akg, r. pa/maxppp; 338 o. akg/Archiv Mehrl, u. ullstein bild; 339 o. akg, u. akg/Veintimilla; 340/341 akg/Erich

Lessing; 341 o. pa/dpa, u. akg/ Herve Champollion; 342 akg; 343 l. akg, r. Hintergrund pa/ Bildagentur Huber/R. Schmid; 344–346 akg; 347 o. pa/dpa/dpa-web, u. pa/dpa; 348 o. akg, u. pa/maxppp; 349 Hintergrund, o. l. und u. akg, o. r. pa/ZB; 350 akg/Rabatti-Domingie; 351 o. pa/maxppp, u. ecopix/Gruetjen; 352 o. pa/HB Verlag, u. akg; 353 pa/dpa; 354 l. akg/Manuel Bidermanas, r. pa/dpa; 355 akg; 356 o. akg, u. pa/dpa; 357–358 akg; 359 o. und u. r. akg, u. l. pa/ZB; 360 pa/KPA/Thomas; 361 o. akg/British Library, u. akg; 362 o. pa/maxppp, u. pa/ dpa; 363 o. akg/Erich Lessing, u. akg; 364/365 pa/Bildagentur Huber/G. Simeone; 366 akg/ Erich Lessing; 367 o. akg/Joseph Martin, u. akg; 368 o. akg, u. picture-alliance/ZB © VG Bild-Kunst, Bonn 2008; 369 akg/ Pietro Baguzzi; 370 o. akg, u. pa/KPA/HIP/The British Museum; 371 o. akg/Erich Lessing, u. pa/HB Verlag; 372 l. akg/ Erich Lessing, r. akg/Herve Champollion; 373 akg/Rabatti-Domingie; 374 pa/maxppp; 375–376 akg; 377 Hintergrund akg/Sotheby`s, o. l. akg/Erich Lessing, u. M. akg/Bildarchiv Pisarek, o. r. und u. akg; 378 l. akg, r. pa/dpa; 379 akg; 380 o. pa/dpa, u. pa/dpa/dpaweb; 381 o. akg/Rabatti-Domingie, u. akg; 382 o. akg © Banco de México Diego Rivera & Frida Kahlo Museums Trust/VG Bild-Kunst, Bonn 2008, u. akg/Dieter E. Hoppe; 383 akg; 384 o. pa/ KPA/United Archives © VG Bild-Kunst, Bonn 2008, u. akg © 2008 Andy Warhol Foundation for the Visual Arts/ARS, New York; 385 o. akg, u. akg/Erich Lessing; 386 pa/dpa; 386/387 Hintergrund akg; 387 o. l. akg, o. r. akg © VG Bild-Kunst, Bonn 2008, u. l. akg/Sotheby`s, u. M. pa/Photoshot, u. r. akg/Bianconero; 388 o. pa/dpa, u. akg/ Rabatti-Domingie © Succession Marcel Duchamp/VG Bild-Kunst, Bonn 2008; 389 o. akg © Kate Rothko-Prizel & Christopher Rothko/VG Bild-Kunst, Bonn 2008, u. pa/dpa/dpaweb © VG Bild-Kunst, Bonn 2008; 390 pa/dpa © VG Bild-Kunst, Bonn 2008; 391 Hintergrund akg © The Estate of Keith Haring, u. pa/dpa © VG Bild-Kunst, Bonn 2008; 392 l. akg/Erich Lessing, r. akg; 393–394 akg; 395 o. l. pa/KPA/TopFoto, o. r. akg, M. und u. r. pa/dpa; 396 pa/dpa; 397 o. pa/Bildagentur Huber, u. Hintergrund akg; 398 akg/Orsi Battaglini; 399 o. akg/Erich Lessing © VG Bild-Kunst, Bonn 2008, u. akg/Paul Almasy; 400 akg/Erich Lessing; 400/401 akg/ Sotheby`s; 401 pa/IMAGNO; 402 akg; 403 l. Hintergrund akg/Bianconero, r. akg; 404 akg; 404/405 pa/dpa; 405 akg; 406 pa/Bildagentur Huber; 406/407 Hintergrund akg/Erich Lessing; 407 akg/Rabatti-Domingie; 408 akg; 408/409 akg/Bildarchiv Monheim; 409 pa/Bildagentur Huber; 410 akg/Orsi Battaglini; 410/411 akg/Visioars; 411 akg/ Claudia Quaukies; 412 akg/ Robert O'Dea; 412/413 Hintergrund akg/Bildarchiv Monheim; 413 pa/Bildagentur Huber; 414 pa/dpa; 415 o. pa/Bildagentur Huber, o. Hintergrund akg, M. und u. pa/dpa, u. Hintergrund pa/IMAGNO; 416 o. pa/Keystone, u. akg; 417–418 pa/dpa; 419 akg/Bildarchiv Monheim; 420 akg/Schütze/Rodemann; 420/421 Hintergrund akg/Walter Limot; 421 o. pa/dpa/dpaweb, u. pa/dpa; 422 pa/dpa/dpaweb; 423 o. akg/Tony Vaccaro, u. pa/ dpa; 424 © Fritz Hansen; 425 o. pa/dpa/dpaweb, u. Alessi; 426 Olivetti S.p.A.; 427 l. akg, r. akg/Paul Almasy; 428 o. Apple, u. Alessi; 429 o. pa/dpa, u. pa/ dpa/dpaweb; 430/431 corbis/ Reuters/Eric Gaillard; 432 akg; 433 Photo by Robert Capa © 2001 Cornell Capa/Magnum Photos/Agentur Focus; 434 akg; 435 o. Carmen Valino, u. pa/ dpa; 436 l. pa/dpa, r. akg/Walter Limot, u. pa/maxppp; 437 o. pa/ maxppp, u. pa/empics; 438 o. akg/album, u. akg; 439 l. akg, r. akg/album; 440 akg/album; 441 akg; 442 o. akg/album, u. akg; 443 l. akg/Bianconero, r. akg/ album; 444 o. Hintergrund akg, M. pa/dpa, u. akg/album; 445 akg/album; 446 o. pa/KPA, u. akg; 447 o. pa/dpa, u. akg; 448 o. pa/SCHROEWIG, u. akg/album; 449–451 o. akg/album, u. akg; 452–456 akg/album; 457 l. pa/ dpa, r. akg/album; 458–459 akg/ album; 460 akg; 461 Hintergrund akg/Daniel Frasnay, o. l. pa/KPA, o. r. akg, u. pa/KPA; 462 o. l. akg, u. pa/dpa/dpaweb; 462/463 pa/KPA; 463 pa/dpa; 464 pa/maxppp; 464/465 Hintergrund pa/dpa; 465 o. l., M. und u. l. akg/album, o. r. Interfoto/Archiv Friedrich, u. r. pa/ dpa; 466 akg; 467 akg/album; 468 akg; 468/469 Cinetext; 469 pa/dpa; 470 o. l. pa/Photoshot, o. r. akg/album; 470/471 akg/ album; 471 pa/KPA; 472 akg; 473 o. r. und Hintergrund akg/ album, u. l. pa/dpa, u. r. pa/ KPA/TopFoto; 474 o. pa/dpa, u. action press/Everett Collection/ CSU Archives; 475 l. pa/dpa, r. akg; 476 akg/Erich Lessing; 477 o. akg/Paul Almasy, u. pa/dpa; 478 o. pa/SCHROEWIG, u. pa/ dpa; 479–480 pa/dpa; 481 o. pa/ dpa/dpaweb, u. pa/dpa; 482 pa/ dpa/dpaweb; 483 pa/dpa; 484–486 pa/ZB; 486/487 akg; 487 o. akg/Erich Lessing, u. akg; 488 o. pa/ZB, u. akg; 489 o. Hintergrund akg, o. akg/Joseph Martin, u. pa/ZB; 490 akg/Jürgen Sorges; 490/491 und 491 akg; 492 o. akg, u. l. akg/Erich Lessing, u. r. akg; 493 akg; 494 pa/ KPA; 495 o. pa/maxppp, u. pa/ IMAGNO; 496 o. akg/Niklaus Stauss, u. pa/dpa/dpaweb; 497 o. und Hintergrund akg, u. l. pa/ maxppp, u. r. akg/Horst Maack; 498 o. akg/Marion Kalter, u. pa/ dpa; 499 o. akg/Marion Kalter, u. pa/ZB; 500 Hintergrund akg, u. pa/united archives; 500/501 pa/dpa; 501 o. akg/Binder, u. pa/KPA; 502 pa/KPA/TopFoto; 503 o. pa/maxppp, Hintergrund akg/Paul Almasy, u. pa/dpa/dpa-web; 504 o. pa/dpa, u. akg; 505 pa/KPA; 506 o. pa/dpa, u. akg/ album; 507 o. pa/united archives, u. akg/album; 508 o. l. pa/KPA/ TopFoto, o. r. pa/dpa, u. pa/ Photoshot; 509 Hintergrund akg/album, o. und M. pa/KPA, u. pa/KPA/TopFoto; 510 l. pa/ dpa, r. akg/AP; 511 o. l. akg, o. r. pa/Photoshot, u. akg/album; 512 o. akg/Herve Champollion, u. akg/Erich Lessing; 513 l. akg/ Erich Lessing, r. akg; 514 pa/ dpa; 515 o. akg/album, u. akg; 516 o. akg, u. pa/ZB; 517 o. l. pa/maxppp, o. r., u. l. und Hintergrund akg, u. r. pa/dpa; 518 akg/Erich Lessing; 519 o. pa/ dpa, u. Süddeutsche Zeitung Photo/Rue des Archives/CCI; 520 o. akg, u. pa/ZB; 521 akg/ Erich Lessing; 522 o. pa/dpa/ dpaweb, u. l. akg, u. r. akg/Binder; 523 akg; 524 l. akg/RIA Nowosti, r. pa/Sven Simon; 524/525 akg; 525 akg © VG Bild-Kunst, Bonn 2008; 526 o. pa/maxppp, u. pa/ Bildagentur Huber; 527 o. akg, u. akg/ Nimatallah; 528 l. pa/ maxppp, r. akg/Erich Lessing; 529 o. pa/dpa, u. akg/album; 530 l. pa/maxppp, r. akg/Gilles Mermet; 531 o. akg, u. akg/album; 532 o. akg, u. pa/maxppp; 533 o. l. akg, o. r. pa/maxppp, u. pa/ dpa; 534 o. akg, u. pa/dpa/dpa-web; 535 o. pa/dpa, M. akg, u. pa/ZB; 536 o. akg, u. l. Little, Brown Book Group, u. r. pa/ dpa; 537 o. Hintergrund pa/dpa/ dpaweb, o. und r. akg, l. pa/dpa, u. akg/album; 538 pa/dpa; 539 o. l. akg, o. r. und u. pa/dpa; 540 pa/dpa; 541 o. l. und M. pa/dpa, o. r. akg, u. akg/album.